* 这个单词云（word cloud）根据英文原著中的所有文本生成，显示了本手册中应用频率最高的100个单词。每个单词的大小表示它在本手册中出现的频率高低。像“the”和“of”这样常见的单词被排除在外，以单数和复数形式出现的单词被合并在一起。最小的单词大概出现了150—200次。最大的单词出现的次数依次为：学习（learning）3266次，学生（students）1726次，知识（knowledge）1029次，研究（research）931次，学习者（learners）697次，教师(teachers）687次。

本单词云由R. 基思·索耶应用wordle.net生成。

［美］R. 基思·索耶（R. Keith Sawyer） 主编
徐晓东 杨 刚 阮高峰 刘海华 等 译

THE CAMBRIDGE HANDBOOK OF
THE LEARNING SCIENCES

剑桥学习科学手册

第2版

SECOND
EDITION

上

教育科学出版社
·北 京·

Contents
目 录

上 册

第一部分 基础理论

第二部分 方法论

第三部分 促进有效学习的实践

下　　册

第四部分　一起学习

第五部分　学科知识学习

第六部分　将学习科学研究引入课堂

图　目　录

表 目 录

本书撰稿人

多尔・亚伯拉罕森
Dor Abrahamson
加州大学伯克利分校
University of California, Berkeley

杰里・安德里森
Jerry Andriessen
智慧和蒙罗学习研究中心
Wise & Munro Learning Research

罗杰・阿塞韦多
Roger Azevedo
北卡罗来纳州立大学
North Carolina State University

迈克尔・贝克
Michael Baker
法国国家科学研究中心
Centre National de la Recherche Scientifique

瑞安・贝克
Ryan Baker
哥伦比亚大学教育学院
Teachers College, Columbia University

萨沙・巴拉布
Sasha Barab
亚利桑那州立大学
Arizona State University

卡尔・贝赖特
Carl Bereiter
多伦多大学
University of Toronto

苏珊・布里奇斯
Susan Bridges
香港大学
University of Hong Kong

马里奥・卡雷特罗
Mario Carretero
马德里自治大学
Autonoma University of Madrid

陈桂涓
Carol K. K. Chan
香港大学
University of Hong Kong

卡拉克・A. 钦
Clark A. Chinn
罗格斯大学
Rutgers University

保罗・科布
Paul Cobb
范德堡大学
Vanderbilt University

艾伦・柯林斯
Allan Collins
西北大学
Northwestern University

凯文・克劳利
Kevin Crowley
匹兹堡大学
University of Pittsburgh

伊丽莎白・A. 戴维斯
Elizabeth A. Davis
密歇根大学
University of Michigan

克里斯・迪德
Chris Dede
哈佛大学
Harvard University

沙伦・J. 德里
Sharon J. Derry
北卡罗来纳大学教堂山分校
University of North Carolina at Chapel Hill

安德烈・A. 迪塞萨
Andrea A. diSessa
加州大学伯克利分校
University of California, Berkeley

迈克尔・艾森伯格
Michael Eisenberg
科罗拉多大学博尔德分校
University of Colorado, Boulder

于尔约・恩格斯托姆
Yrjö Engeström
赫尔辛基大学
University of Helsinki

诺埃尔・埃涅迪
Noel Enyedy
加州大学洛杉矶分校
University of California, Los Angeles

巴里・J. 菲什曼
Barry J. Fishman
密歇根大学
University of Michigan

里基・戈德曼
Ricki Goldman
纽约大学
New York University

詹姆斯・G. 格里诺
James G. Greeno
匹兹堡大学
University of Pittsburgh

埃丽卡·罗森菲尔德·霍尔沃森 Erica Rosenfeld Halverson	威斯康星大学 University of Wisconsin
辛迪·E. 梅洛–西尔弗 Cindy E. Hmelo–Silver	印第安纳大学 Indiana University
迈克尔·J. 雅各布森 Michael J. Jacobson	悉尼大学 University of Sydney
桑纳·耶尔韦莱 Sanna Järvelä	奥卢大学 University of Oulu
亚思明·B. 卡法 Yasmin B. Kafai	宾夕法尼亚大学 University of Pennsylvania
雅埃尔·卡莉 Yael Kali	海法大学 University of Haifa
马努·卡普尔 Manu Kapur	南洋理工大学国家教育学院 National Institute of Education, Nanyang Technological University
保罗·A. 基施纳 Paul A. Kirschner	荷兰开放大学 Open University of the Netherlands
卡伦·克努森 Karen Knutson	匹兹堡大学 University of Pittsburgh
蒂莫西·科施曼 Timothy Koschmann	南伊利诺伊大学医学院 Southern Illinois University School of Medicine
约瑟夫·S. 克拉切克 Joseph S. Krajcik	密歇根州立大学 Michigan State University
卡罗·D. 李 Carol D. Lee	西北大学 Northwestern University

彼得・李
Peter Lee
伦敦大学教育学院
Institute of Education, London

罗布・林格伦
Robb Lindgren
伊利诺伊大学厄巴纳－香槟分校
University of Illinois at Urbana–Champaign

陆静妍
Jingyan Lu
香港大学
University of Hong Kong

理查德・E. 迈耶
Richard E. Mayer
加州大学圣巴巴拉分校
University of California, Santa Barbara

三宅直美
Naomi Miyake
东京大学
University of Tokyo

纳伊拉・苏亚德・纳西尔
Na’ilah Suad Nasir
加州大学伯克利分校
University of California, Berkeley

米切尔・J. 内森
Mitchell J. Nathan
威斯康星大学
University of Wisconsin

纳尔奇斯・帕雷斯
Narcis Pares
巴塞罗那庞培法布拉大学
Universitat Pompeu Fabra, Barcelona

罗伊・佩亚
Roy Pea
斯坦福大学
Stanford University

詹姆斯・W. 佩莱格里诺
James W. Pellegrino
伊利诺伊大学芝加哥分校
University of Illinois, Chicago

威廉・R. 毗努伊勒
William R. Penuel
科罗拉多大学博尔德分校
University of Colorado, Boulder

帕尔米尔・佩鲁
Palmyre Pierroux
奥斯陆大学
University of Oslo

布赖恩・J. 赖泽
Brian J. Reiser
西北大学
Northwestern University

K. 安・伦宁格
K. Ann Renninger
斯沃斯莫尔学院
Swarthmore College

安・S. 罗丝伯里
Ann S. Rosebery
美国技术教育研究中心
TERC

R. 基思・索耶
R. Keith Sawyer
北卡罗来纳大学教堂山分校
University of North Carolina at Chapel Hill

玛琳・斯卡尔达马利亚
Marlene Scardamalia
多伦多大学
University of Toronto

安娜・斯法德
Anna Sfard
海法大学
University of Haifa

迈克・夏普尔斯
Mike Sharples
(英国)开放大学
The Open University

金伯利・M. 谢里登
Kimberly M. Sheridan
乔治梅森大学
George Mason University

布鲁斯・L. 谢林
Bruce L. Sherin
西北大学
Northwestern University

申南秀
Namsoo Shin
首尔大学
Seoul National University

乔治・西门子
George Siemens
阿萨巴斯卡大学
Athabasca University

彼得・司马格林斯基
Peter Smagorinsky
佐治亚大学
University of Georgia, Athens

南希・巴特勒・松格
Nancy Butler Songer
密歇根大学
University of Michigan

詹姆斯・P. 斯皮兰
James P. Spillane
西北大学
Northwestern University

库尔特・斯夸尔
Kurt Squire
威斯康星大学
University of Wisconsin

格里・斯塔尔
Gerry Stahl
德雷塞尔大学
Drexel University

康斯坦茨・施泰因屈勒
Constance Steinkuehler
威斯康星大学
University of Wisconsin

里德・史蒂文斯
Reed Stevens
西北大学
Northwestern University

丹尼尔・苏瑟斯
Daniel Suthers
夏威夷大学马诺阿分校
University of Hawai' i at Manoa

艾丽斯・塔巴克
Iris Tabak
内盖夫本古里安大学
Ben Gurion University of the Negev

贝思・沃伦
Beth Warren
美国技术教育研究中心
TERC

尤里・威伦斯基
Uri Wilensky
西北大学
Northwestern University

菲利普・H. 温尼
Philip H. Winne
西蒙弗雷泽大学
Simon Fraser University

卡尔姆・扎恩
Carmen Zahn
瑞士应用科学与艺术大学
University of Applied Sciences and the Arts

Preface
序 言

R. 基思·索耶

长久以来，科学家对“人是如何学习的”建构了许多发现，本书就是写给想知道这些发现的所有人看的，包括教育研究者、教师、教育行政管理人员、教育政策制定者、教育咨询人员和教育软件设计师。本书向读者介绍了变革教育和学校强有力的方法，这些方法建基于学习科学，目的是设计新的学习环境以帮助人们更加深入和有效地学习。

2006年，《剑桥学习科学手册》第1版开始发行。作为第一部全面介绍学习科学研究的著作，该书的读者非常广泛，并被大学的学习科学课程作为教材使用，尤其在美国和欧洲有大量的读者，它也被译成汉语和日语公开发行，其影响是国际化的。同时，因为该书的巨大影响力和学习科学领域令人激动的最新进展，其第2版应运而生。

《剑桥学习科学手册（第2版）》描绘了自2006年第1版发行以来学习科学领域的新进展。本书系统诠释了教育工作者如何应用学习科学来设计有效的和创新的学习环境，包括学校课堂和非正式的学习环境，如科学中心或课后俱乐部、在线学习和教育软件。第2版的每一章都描述了令人振奋的新的课堂环境，这些环境是基于人是如何学习的新科学设计的。它组合应用了新的课程材料、新的协作活动、对教师的支持及教育创新软件，并经常应用具有独特优势的超越学校围墙的互联网来促进学习。本书是一本真正的“手册”，因为读者可以应用它来设计建立在学习科学基础之上的未来学校，使教育工作者可以充分发挥计算机和网络技术的潜力以改善学生的学习体验。学习科学正在为建立学校和其他学习场所的深度联系提供支持，这些场所包括图书馆、科学中心和历史博物馆、课后俱乐部、在家即可获得的在线学习活动空间，甚至包括学生与工作中专业人士间的协作空间。

尤其需要注意的是，本书描述了如何应用学习的新科学和新的计算机技术来设计贯通课堂内外的有效学习环境。正如本书第 2 章“学习科学的基础”指出的，学习科学是一门“设计科学”，它将研究与实践整合起来。因此，重新设计学校以使其建基于科学研究之上是一项庞大的任务，需要阅读本书的所有人的参与，包括教师、家长、学校领导、政策制定者和教育研究者。

有关第 2 版的说明

虽然本书第 2 版与第 1 版主题有少量重复，但是大部分内容都是关于学习科学的最新进展的：在全书的 36 章中，有 23 章的内容是第 1 版中没有的，其中 20 章的主题不曾在第 1 版中作为专门章节讨论过。另外 13 章的主题虽然与第 1 版有重复，但内容基本都是重新撰写的。

在第 2 版中，章节的主题和作者的选择经历了一个广泛征集、集体协商的过程，其涉及整个学习科学共同体，也考虑了第 1 版的读者和使用者的意见。为了最终决定第 2 版的章节主题，我收集了三种信息：

- 利用调查猴子（SurveyMonkey）网站进行了在线调查，调查了国际学习科学学会（The International Society of the Learning Sciences，ISLS）委员们的意见，询问他们第 1 版的哪些主题仍应在第 2 版中保留，以及应该加入哪些新的主题。通过此项调查，我获得了 90 份反馈信息。
- 通过剑桥大学出版社对正在剑桥大学中使用第 1 版的 7 位教师进行了相同的调查。
- 应用谷歌学术（Google Scholar）调查了每一章的引用频次。

这三种信息反馈总体上是一致的，因此，我应用这些信息确定了 36 章的主题。然后，我对国际学习科学学会的成员进行了第二次调查，让他们推荐每一章节主题的作者。因为国际学习科学研究领域队伍和影响的不断扩大，我需要在第 2 版中增加非美国本土的作者数量。毕竟，每年一次的国际学习科学会议已在许多不同的国家和地区召开过，且都做了积极的学习科学研究规划。总体上，国际学习科学学会会定期举办两个会议，包括偶数年举办的国际学习科学大会（International Conference of the Learning Sciences, ICLS）

以及奇数年举办的计算机支持的协作学习（Computer Supported Collaboration Learning, CSCL）大会。国际学习科学大会 2008 年在荷兰举行，2012 年在澳大利亚举行。计算机支持的协作学习大会在加拿大（1999 年）、荷兰（2001 年）、挪威（2003 年）、中国台湾（2005 年）、希腊（2009 年）和中国香港（2011 年）等国家和地区都举办过。

因为学习科学领域具有如此规模广大的国际参与者——国际学习科学学会的会员来自六个大洲，因而在第二次调查中，我咨询了国际学习科学学会的成员，让他们提供美国以及非美国的每个主题的建议作者名单。因此，第 2 版的 72 名作者来自几乎所有积极进行学习科学研究的国家。其中有 47 名来自美国，11 名来自欧洲国家，4 名来自加拿大，6 名来自亚洲东部国家，3 名来自以色列，1 名来自澳大利亚（这与第 1 版只有 5 名作者来自美国之外的国家形成了对比）。

《剑桥学习科学手册（第 2 版）》的 36 章共分为六个部分。

第一部分：基础理论。每一章聚焦一个基础的概念，每个概念自从二十世纪八九十年代学习科学产生起就对学习科学研究有相当的影响力。所有这些基础的概念在第 2 章中都进行了概要介绍。

第二部分：方法论。学习科学家应用各种方法论，包括实验心理学方法。虽然实验设计对学习科学研究有实质性的贡献，但我并未用一章来专门论述，因为这样的介绍可以很容易地在其他著述中找到，同时实验设计在设计真实世界学习环境时不经常被使用。这部分章节聚焦创新的方法论，其中一些是由学习科学共同体开发的，它们通常会将研究与实践联系起来，在因素分析和系统分析之间架设桥梁（详见第 2 章）。

第三部分：促进有效学习的实践。该部分的每一章描述了一种基于学习科学研究的课堂创新实践，这些实践记录了学习结果逐渐改善的过程。

第四部分：一起学习。大量的教育研究发现协作有利于学习。不像早期的教育软件，每个学生独自坐在自己的电脑旁自主学习，互联网和无线手持设备的出现为学生协作学习提供了支持，计算机的重要价值便是把学生连接起来。这部分章节揭示了如何设计学习环境以促进更有效的学习会话。

第五部分：学科知识学习。在第 2 版中，这部分是全新的内容。这些章节首先面向学习科学家群体，其次面向各个学科的教育研究者。这部分的每一章都聚焦于两点：一是基于学科内容的独特认识论、实践和发现改变了哪些我们对学习进行一般性思考的方式；二是这一学科相关的学习研究如何丰

富了我们对学习研究的普遍认识。

第六部分：将学习科学研究引入课堂。在全球范围内，为了应对21世纪知识和创新时代的挑战，众多教育系统都依靠学习科学研究成果来帮助它们重新设计学校。学习科学一直努力在研究与实践之间搭建桥梁，因此，其研究者已经准备好提供实践解决方案。这部分章节主要为教育政策制定者总结学习科学中的关键信息，探索教育工作者采纳学习科学的发现并把它们应用于变革学校、课堂和教师实践时会发生什么。

在本书中的导言和结论部分，我解释了为什么学习科学不仅对教育具有重要意义，而且对整个社会都具有重要价值。主要的发达国家和全球经济都在迅速地发生变化。在这两章中，我采用了大量新近的研究解释了今天的学校教育与知识经济时代需求不匹配的矛盾。令人高兴的是，学习科学正在揭示如何教授知识社会所需的深层知识、技能和态度，我们希望学习科学能够提供未来学校的蓝图。

本书所包含的六部分结构并不一定是学习科学领域内确定的划分方法，还有很多其他划分方法。在我前面的描述中，每个章节的主题好像很自然地契合六个部分，但是另外一个编者可能会想出另外不同的组织结构。本书的很多章节的主题涵盖面都超越一个划分部分，并可被置于其他部分的章节中。同样，本书的六个部分之内和六个部分之间的章节有大量的交叉引用（cross-referencing），这种一致性和相互联系是学习科学的特征之一。

完成像《剑桥学习科学手册（第2版）》这样的著作是一项艰巨的任务。本书的72位作者都对此做出了重要贡献，其他很多学习科学共同体的成员通过对本书章节初稿的阅读和评论也间接做出了贡献。对于任何专业共同体来讲，涌现的知识都是全部参与者集体创造的，学习科学共同体同样如此。很多重要学者的名字虽然没有作为作者出现，但他们对学习科学的发展同样做出了许多贡献。在编写本书的过程中，我发现这个专业共同体中的成员深深地理解他们自己只是这个广大的实践共同体的参与者之一，其产生的知识不能被任一研究者所独有。通过开放共享和协同工作，学习科学研究者的工作在不到20年的时间里取得了巨大的进步。我希望本书能够作为一种资源以促进实践共同体的快速发展，让每一个关心教育的人了解到这些新的发现，并开始着手设计未来学校。

我要感谢剑桥大学出版社的编辑们，他们对本项目一以贯之的工作和承诺是令人鼓舞的。几年中，我与社内的多个编辑讨论了本书第2版的结构和进度，他们一直在剑桥大学出版社从事心理学图书的编辑工作。菲尔·劳克林（Phil Laughlin）是2006年本书第1版最初的编辑。他的工作后来被埃里克·施瓦兹（Eric Schwartz）接替，此后埃里克·施瓦兹的工作又被西米纳·卡林（Simina Calin）接替，随后依次是埃米莉·斯潘格勒（Emily Spangler）、艾迪娜·伯克（Adina Berk）。伯克女士审批了本书第2版的出版申请，并在2012年3月签订了合同。其后，伯克女士在2012年8月离开了剑桥大学出版社。2013年3月，戴维·雷佩托（David Repetto）接任本书的编辑，他专业的工作使得本项目变成今天的成果。

我要感谢国际学习科学学会的领导。在准备本书第2版的过程中，我主要依据的是前面提及的两项调查工作，国际学习科学学会则将调查分发给了委员们。国际学习科学学会董事会也提供给我几项有关学习科学的重要统计信息，这对我完成本书序言的过程很有帮助。最后，我由衷感谢每位作者的辛勤工作。与如此高度专业化的学者们一起工作实在是一件令人高兴的事情，正如他们自己所言，他们都“按时按质”地完成了自己负责的章节写作。我尤其要感谢愿意接受我的建议的作者，在很多情况下，我提出了较为详细的建议，需要作者们投入大量的时间来重写第二稿，这样的工作量无疑是巨大的。我的首要目标是以我们的目标读者的心态进行阅读，然后提出建议，这些目标读者可能是学习科学领域的新人，因此我需要识别出对这些新人可能难以理解的段落和术语。本书共有36章，其中每一章都有相当严格的篇幅限制，因此我的第二个目标是确保每一章都尽可能简洁并聚焦到核心主题上。通过与这些学者的密切合作，以及多次对书稿的修改和校对，我也深深地理解了为什么学习科学对教育会有如此重要的影响力。

第1章
导言：学习的新科学

R. 基思 · 索耶

毋庸置疑，学习科学是一个研究教与学的跨学科领域。它的研究范围十分广阔，不仅包括学校课堂情境中的正式学习，也包括家庭内、工作中以及同伴之间所发生的非正式学习。学习科学的目的在于更好地理解哪些认知和社会过程可以产生最有效的学习，并利用这些知识来重新设计课堂和其他学习环境，使人们可以更加有效和深入地进行学习。有关学习的科学包含认知科学、教育心理学、计算机科学、人类学、社会学、信息科学、脑神经科学、教育学、设计研究、教学设计，以及其他的领域。直到20世纪80年代末，这些学科领域中研究学习的学者们意识到他们需要发展出一种新的科学方法，以超越自身学科限制，并与其他学科进行整合。于是，1991年学习科学这一新的领域诞生了，其标志是第一届学习科学国际会议的召开和《学习科学杂志》（*Journal of the Learning Sciences*）的首次出版。 1

到20世纪，所有主要的工业化国家都已将正规教育普及至千家万户。然而，在19世纪至20世纪这类学校形成和发展的时期，研究者们对人类是如何学习的却知之甚少。即便是在学校开始发展成我们今日所熟知的庞大机构的20世纪20年代，也没有研究者持续研究人们是如何学习的。其结果就是，如今的学校是围绕着如下的常识性假设所设计的，而这些假设却从未得到过科学的验证：

- 知识是有关世界的**事实**（facts）以及有关问题解决的**程序**（procedures）的集合。事实即类似“地球的自转轴呈23.45°倾斜”的陈述；程序则是关于过程的逐项说明与解释，如对多位数加法中如何进位的阐述。

- 学校教育的目的是将这些事实和程序灌输到学生头脑中。当一个人掌握了大量的事实和程序之后，我们就认为他受到了教育。
- 教师了解这些事实和程序，教师的职责就是将这些内容传达给学生。
- 应该让学生先学习简单的事实和程序，然后再逐步学习更加复杂的事
2 实与程序。“简单”与“复杂”的界定，以及学习材料的恰当顺序，通常是由教师、教科书作者，或者是诸如数学家、科学家、历史学家等早已成年的领域专家安排的——而不是根据儿童如何学习的研究决定的。
- 检验学校教育成功与否的方法是测试学生掌握了多少事实与程序。

这些关于学校教育的传统观点，被称作教授主义（instructionism）（Papert，1993）。教授主义倾向于将学生培养成适合 20 世纪初工业化社会经济发展所需求的人才。而如今社会的技术更加先进、竞争更加激烈，教授主义所培养的学生越来越无法适应先进社会的需要，且这一问题愈演愈烈。经济学家和组织理论家一致认为，当今社会是知识经济社会，经济是建立在知识基础上的（Bereiter，2002；Drucker，1993）。在知识经济时代，仅靠对事实和程序的记忆和模仿就想获得成功是行不通的。我们培养出的毕业生必须对复杂概念有更加深刻的理解，并能够利用这些概念创造出新概念、新理论、新产品和新知识。他们还必须以批判性的眼光检视日常所见，并以口头和书面的形式清晰地表达自己的观点，还得理解科学思维与数学思维。他们需要学习整合的、可用的知识，而不是教授主义所强调的相互独立的、脱离情境的事实。此外，他们还要对自己负责，需要进行继续教育与终身学习。这些能力对社会经济、参与性民主制度的持续成功，以及构建和谐幸福的个人生活来讲都是极其重要的。此外，教授主义尤其不适用于对那些能够进行知识创新，并不断深化其内涵的专业人才进行教育。在如今的创新型经济社会中，它早已脱离时代了。

在 20 世纪 70 年代初，我们在心理学、计算机科学、哲学、社会学以及其他学科的研究基础上创立了学习的新科学。通过对儿童学习的深入研究，科学家们发现教授主义存在着严重的缺陷。通过近 20 年的研究，即到 20 世纪 90 年代，学习科学研究者们对学习的几个基本观点的意见达成了一致——这些共识已由美国国家研究委员会发表（Bransford，Brown，& Cocking，2000）：

- **深度理解概念的重要性。**对于脑力工作者的研究表明，专业知识的确包含事实与程序，但是仅掌握这些事实与程序的人无法胜任脑力工作者的工作。对他们来讲，只有知道在何种情境下运用对应的知识，且能根据不同的新情境的需要对其进行恰当修正时，这些关于事实的陈述性知识和程序性知识才是“有用的”。传统教授主义原则下学习到 3
的知识难以在课堂之外运用。当学习者深度理解某些概念时，他们所学到的事实和程序才能以一种更加实用的方式，真正迁移到真实的情境中去。
- **注重教，也注重学。**仅提高教师的教学水平，是无法让学生学会深度理解概念的。学生只有积极地参与自己的学习活动，才能深度理解概念。学习的新科学正是在关注学生学习过程的同时关注教学的技术。
- **创设学习环境。**学校的职责在于帮助学生习得成为专家所需的一系列知识：既包括基础的事实与程序，也包括帮助他们对真实世界进行推理的深度的概念理解。通过学习科学的研究，我们已经确定了有助于深度的概念理解的主要学习环境特征。
- **在学习者先前知识的基础上进行建构的重要性。**学生并不是等待被灌输的空容器。他们在上课之前，就对现实世界如何运转有了先入之见，这些先入之见中的一部分是基本正确的，而另一部分则是迷思概念（misconception）。对儿童来说最佳学习方式是在基于先前知识创设的情境中展开学习；如果教学未能涉及先前知识，那么学生的学习往往只针对考试所需，学生在课堂环境之外依旧会使用那些迷思概念。
- **反思的重要性。**如果学生尝试描述自己正在学习的知识，那他们就能学得更好——通过对话、写作、报告或者作品，让他们反思性地分析自己的知识获取程度。

本手册介绍了这种学习的新科学，以及研究者如何运用这种新科学为未来学校的设计打好基础。这种新科学被称为学习科学（the learning sciences），原因在于它是一门交叉学科：这一领域的研究者是来自心理学、教育学、计算机科学、人类学以及其他学科的专家。跨学科的协作使学习研究产生了新的观点、新的方法与新的视角。但家长、教师、政策制定者乃至大量教育研究者在内的大众都未能意识到学习科学领域中涌现的重大发现。由于缺乏对学习科学的了解，许多人依旧认为学校教学应该遵循教授主义的原则。家长和政策制定者所接受的就是教授主义的教育，所以当孩子有了不同的学习体验时他们会感到不安。许多教师终其一生都在学习教授式课堂所需的技巧，那么要想让他们理解一种新的学校教育方式自然也会出现困难。本手册的目的就是为不同的受众展示如何设计创新性学习环境和课堂，以继续推进学习科学的发展。

4 • **教师**通过对学习科学的了解，能够使得自身课堂教学更加有效。
• **家长**通过对学习科学的了解，能对学校教育有更深入的理解（学习科学能够解释教授主义为何会失败，也能解释它何时会失败）。更重要的是当教授主义失败时，知道应该用哪种基于当代科学的学习环境来替代教授主义。
• **管理者**通过对学习科学的了解，能够更好地领导学校走进21世纪。
• **政策制定者**通过对学习科学的了解，能够更好地理解现有课程中、教师培训项目中、标准化测试中存在的问题，以及如何对未来进行构建。
• **教育企业家**通过对学习科学的了解，能够更好地将创新落实到人类学习中去，并能够设计更有效的学习环境。
• **专业人员**通过对学习科学的了解，能够更好地理解大众为何对科学、技术、国际关系、经济以及其他学科知识不甚了解。
• **教育研究者**通过对学习科学的了解，能够发现自身领域与学习科学之间的联系，并能够在建构未来学校的研究中占有一席之地。

教育的目标

传统的教育研究旨在为教育工作者指出如何完成他们的课程目标，而不是如何设定这些目标。当学习科学家进入一线课堂时，他们发现不少学校并未教授能够促进智力发展的*深层知识*（deep knowledge）。20世纪80年代的认知科学家发现，当学生学习的不是表面知识而是深层知识，并且学习如何在真实社会与实践情境中运用这些知识时，这些知识会被记忆得更牢靠，并且能够被运用到更广泛的情境中去（见表1.1）。

表 1.1　深层学习与传统课堂实践的比较

深层学习（认知科学的发现）	传统课堂实践（教授主义）
深层学习要求学习者在新旧知识、概念、经验间建立联系。	学习者认为课程材料与其已有知识是无关的。
深层学习要求学习者将他们的知识整合到相关概念系统中。	学习者将课程材料视为不连贯的知识碎片。
深层学习要求学习者寻找模式和基本原理。	学习者在不理解知识原理和过程的情况下，对于事实和程序进行记忆和执行。
深层学习要求学习者对新观点进行评价，并将新观点与结论相互联系。	学习者很难理解与课本问题不同的新观点。
深层学习要求学习者了解知识产生的对话过程，还要求学习者批判性地检视对话的逻辑。	学习者将事实与程序视为全知的权威所传授的静态知识。
深层学习要求学习者对自己的理解以及学习过程进行反思。	学习者仅记忆知识，并不对他们的学习目的和学习策略进行反思。

学习科学的核心基础观点之一，是学生如果参与到和学科专家工作类似的日常活动中，他们就能学到更深层的知识。近年来，真实实践（authentic practices）成为许多美国教育标准文件的重要指示。以历史学科为例，改革（reform）倡导通过探究历史事件开展历史学习，而不是对事件发生的日期和顺序进行死记硬背：运用历史学家的史料分析与质疑反思方法来分析原始的数据材料（National Center for History in the Schools，1996）。自然科学方面，《美国国家科学教育标准》（National Science Education Standards）要求学生参 5
与到科学探究的真实实践中去：建构解释，并准备论据来证明这些解释的合理性（National Research Council，1996，p.105）。

为了更好地理解如何让学生参与到真实实践中去，学习科学的改革大都建立在专业实践研究的基础之上。

- 专业人员参与探究的过程如下：以某个驱动性问题开始，使用学科特有的方法提出假设性回答，然后收集并评价相关证据，最后根据证据决定支持还是推翻前面提出的假设。
- 专业人员在协作中会利用复杂的表征相互交流。
- 科学家和数学家会利用具体化模型或可视化模型，我们认为学生也应该这么做。

对真实实践的关注，要基于对专家知识的新认识，这种认识亦是当今知识经济的基础。20 世纪八九十年代，科学家们开始研究自然科学本身。他们
6 发现，新手成为某学科成员的过程，是通过学习如何参与该学科所有重要的专业实践完成的。越来越多的自然科学的前沿之作都是跨学科的交叉研究，由此可见，学生需要学习跨学科的通用基础模型、基本原理以及相关实践，而不是教授主义环境下科学课堂中出现的相互独立的知识碎片——例如学生学习太阳系，然后学习光合作用，再学习力与运动，却从不涉及对这些主题之间相互联系的学习。

对脑力工作者的研究显示，他们经常使用各式各样的先进工具将他们的专长（expertise）应用到复杂的社会情境中去，同时也并没有放弃诸如铅笔、白纸、粉笔与黑板等传统工具。这些发现让学习科学研究者对知识有了情境性（situativity）的认识（Greeno & Engeström，本书第 7 章）。“情境性”意味着知识并不只是学习者头脑中静态的知识结构，而是包括学习者自身、所使用工具、环境中的他人以及运用知识的活动在内的一系列认知过程。情境性的观点让我们不再将学习视为概念的传递与获得，学习的过程除了获取内容外，还包括随时间发生变化的协作活动参与模式（Rogoff，1990，1998）。这一系列研究促使学习科学开始关注学生的小组学习与协作学习（详见第四部分的相关章节）。

当然，学生并不具备同高级专家一样的能力。学习科学家所述的“学生参与的真实实践”，指的是与专家实践类似的、真实的、有意义的、符合学生思维发展特点的简化版本。学习科学研究的一大重要目标，就在于确认哪种实践是适合学生参与和学习的，以及怎样在不失专业实践可靠性的前提下设计出适合学生年龄阶段的学习环境。

专业知识的本质

为了防止温室效应，我们应该减少尾气排放吗？我们应该拒绝培育和食用转基因作物（GMOs）吗？我们应该开展干细胞研究吗？市场化机制能够被用于解决社会问题吗？当今时代的这些热点话题表明，公众明显缺乏对科学实践的认知。美国国家科学教育标准认为：美国人在日常生活中需要根据科学信息和思维方式进行决策的时刻日益增多（National Research Council,

1996，p.11）。

20 世纪初，主要工业化国家均认识到科学与技术在其发展中所起到的巨大作用，不少学者开始分析科学知识的本质。20 世纪上半叶，哲学家们就科学知识的本质达成了共识：科学知识是对世界的表述，以及能够运用到这些表述中的逻辑操作。这一观点被称为*逻辑实证主义*（logical empiricism）（McGuire，1992；Suppe，1974）。逻辑实证主义连同行为主义、传统课堂实践一起建构了教育中的教授主义方法：专业知识包含事实和程序，而教学就是将这些事实和程序传输给学生的过程。 7

到 20 世纪 60 年代，社会学家、心理学家和人类学家对“科学家们究竟是如何工作的”开展了研究，他们逐渐发现科学知识并不仅仅是对世界的表述及其逻辑操作。在这个新的视角中，科学知识包括科学研究的方法和深层知识的模型，这二者通过解释性原理联结成为一个整体性的概念框架（Songer & Kali，本书第 28 章）。学习科学研究者通常将逻辑实证主义与这个拓展视角相比较，并将其视为科学的两种不同的*认识论*。后者的认识论认为，科学实践包括科学实验、试误过程、检验假设、辩论以及论证这些部分。科学工作也不是个体努力的结果，它包括与科学界同行的不断交流。科学研究者会经常对其他研究者的观点进行评价，并且思考向他人证实和说明自身见解的最佳方法。

在这个新视角中，科学知识是情境性的、实践性的、通过协作产生的。传统科学课堂的讲授以及分步的实验操作，就完全没有考虑到科学知识的这些性质。但这些科学知识的性质对大众来讲是十分有用的，他们在报纸上读到某一种新药的相关报道的时候，在与医生讨论自己即将接受的手术的风险的时候，抑或在评估社区的新建筑是否会对自身健康造成影响的时候，都需要用到这些科学知识。

这种专家知识的视角已经超越了科学知识的界限。例如，素养研究者就发现高阶的文化素养并不局限于知道单词的拼法和读法。文化素养应该体现在一系列复杂的相关实践中——阅读食谱，浏览某产品的分类广告，或者给同事写电子邮件（Smagorinsky & Mayer，本书第 30 章）。社会科学中的教育者们发现，历史学家之所以被称为专家，是由于他们知道如何开展史学探究与论证等复杂的实践活动（Carretero & Lee，本书第 29 章）。

8 学习所涉及的过程

学习科学所关注的焦点在于：一个学习环境中究竟都发生了什么？这个环境如何才能提升学生的学习绩效？学习环境包括环境中的个体（教师、学习者以及其他人），环境中的计算机及其角色，教室的结构与布局及教室中的物品，还有社会与文化的环境因素。我们所关心的主要问题有：学习是如何发生的？不同的学习环境会对学习产生何种影响？我们能够通过学习环境的改善来促进学习吗？一部分研究者专攻学习环境中的具体成分——软件设计、教师应担任的角色、每个学生参加的具体活动等等。还有一部分研究者则将学习环境作为一个整体系统来考察：教师、计算机软件和学习同伴能够从哪些方面支持学生个体的学习？我们如何才能创造出一个“学习共同体”？我们如何才能设计出使学生积极和持续参与的学习材料与学习活动？学习科学这种*多元化*与*系统化*的协同对比，请参见第 2 章“学习科学的基础”。

学习如何发生：从新手到专家的转变

早期认知科学研究的一大贡献在于对知识工作的周密研究。人工智能的研究者们通过对专家的访谈和观察，希望能用计算机程序来复制这些专家的知识专长。在程序能够模拟这些专长之前，研究者必须对构成这些专长的知识本质进行详细的界定与描述。当这些研究者将他们的兴趣转向教育时，他们还得考量一个新的转变：专家是如何习得这些专长的？要从新手成长为专家，学习者需要经历怎样的心路历程？这些问题都属于发展心理学与认知心理学相结合的认知发展研究的范畴。而学习科学的重要理论基础之一，就是认知发展理论。

学习科学家主要研究构成专长的知识是如何运作的，他们研究新手是如何思考的，新手会有哪些迷思概念，然后再设计可以将学习者的迷思概念合理且最有效地转变为专家概念的课程（diSessa，本书第 5 章）。

学习如何发生：先前知识的使用

学习科学研究最重要的指导原则之一就是：学习总是在原有的知识背景
9 下发生的。学生进入课堂的时候并不是等着被灌满的“空瓶子”，而是带着对现实世界如何运转的不成熟的观点和迷思概念的——它们又被称为“朴素物理学”、“朴素数学”或者“朴素生物学”。许多认知发展研究者都研究过儿童的世界观，以及儿童的世界观从学前时期到早期学校教育阶段是如何发展的。从这些研究中得到的有关认知发展的基础知识对于学校改革来讲至关重要，因为这样的改革是建立在学习科学基础之上的。

基于教授主义的课程是在行为主义者的假设之上发展和建立的，他们认为儿童进入学校的时候没有任何想法，而学校所起的作用就是用知识将这些空空的脑袋填满。基于教授主义的课程早在学习科学发现儿童如何思考，以及他们将何种知识结构带到课堂之前，就已经设计好了。

促进更好的学习：脚手架

学习科学的基础之一就是建构主义。学习科学已经证明：当儿童积极参与自我建构时，他们对知识的理解会更深刻，知识的应用范围也更广，同时学习的动机也更强。至于哪些学习环境能够支持学习者有效建构自身知识，学习科学的研究也得到了非常具体的结果。

为了描述促进深层学习所应提供的支持，学习科学家使用了脚手架（scaffolding）这一术语。脚手架指的是为学习者量身定制的，为促使学习者达到其当前学习目标所提供的帮助（Reiser & Tabak，本书第 3 章）。最佳的脚手架所提供的帮助应该是促进儿童学习的。举例来说，如果告诉学生应该怎么做一件事情，甚至替他们完成这件事情，对于眼前的目标来讲是有利的，然而这并不是一个好的脚手架，因为儿童没有积极参与到知识的建构中。与此相比，有效的脚手架通过提供线索与提示来帮助学习者自己解决问题。有效的学习环境能为学习者积极的知识建构提供脚手架，就像在建筑工地上用脚手架来帮助工人们进行建设一样。当建筑工人需要在更高的地方工作时，就需搭建另外的脚手架，当工程竣工之时，就可以拆掉所有的脚手架。在有效的学习环境中，我们可以根据学习者的需要逐渐增加、修正或者撤去脚手架，直到这个脚手架完全被拆除为止。

促进更好的学习：外化与表达

学习科学研究发现，当学习者外化（externalize）并表达（articulate）自己正在形成的知识时，学习会变得更有效（Bransford et al., 2000）。这个过程听起来简单，做起来却很复杂，因为学习者在第一次学习某些东西的时候，10

并不能将其清晰地表述出来。事实上最好的学习方式就是，学习者在知识尚未成型之时就尝试对其进行表达，并将这种表达贯穿于整个学习过程。表达与学习在反馈中得以相互加强，携手并进。在不少情况下，学习者只有在尝试表达某个知识时，才真正开始了学习的过程，换句话说，学习者可以通过发声思维，完成比默不作声更快、更深刻（有效）的学习。

20世纪20年代，苏联心理学家维果茨基（Lev Vygotsky）最先发现了这个有趣的现象。直到20世纪70年代，（西方）教育心理学家们才开始注意到同样的现象，于是维果茨基的著作逐渐被翻译成英语和其他语言，维果茨基也因此被认为是学习科学的理论奠基人之一（Nathan & Sawyer，本书第2章）。维果茨基对于表达的教育价值的解释，是基于心智发展理论的。维果茨基认为所有知识都始于可见的社会交互，然后慢慢被学习者内化并形成想法。对于内化过程的具体本质，学习科学家们各抒已见，然而，无论这些观点和解释相互之间有什么样的区别，学习科学家们都有一个共识：学习者之间的协作和对话是至关重要的，因为它使学生从表达中获益甚多。

学习科学研究最重要的主题之一，在于怎样支持学习者的表达过程，以及哪种表达形式对学习最有帮助。学习科学已经证明，在有脚手架为支撑的环境下进行表达，效果更好——学习者被引导表达特定的知识，并采用最有可能引发反思的形式进行表达。学习者需要在他人的帮助下表达自己正在发展的理解，他们还不知道如何对自己的想法进行反思，也不知道如何谈论这些想法。第四部分“一起学习”的章节对支持有效学习交互的脚手架环境给出了部分案例，并进行了探讨。

促进更好的学习：反思

表达对于学习很有帮助的原因之一就在于它为反思（reflection）或元认知（metacognition）——对学习过程和知识的思考——的产生提供了可能（Winne & Azevedo，本书第4章）。学习科学已经多次证明反思对深层理解学习的重要性。许多基于学习科学的课堂设计都考虑到了反思能力的培养，其大多是通过提供更易于学生表达他们发展中的理解的工具实现的。一旦学生表达了他们发展中的理解，学习环境就应支持学生对他们刚刚的表达进行反
11 思。学习科学研究的核心主题之一就在于探讨如何支持学生进行有效的教育性反思。

促进更好的学习：具体知识到抽象知识的建构

发展心理学家让·皮亚杰最广为人知的发现，就是学习的正常过程始于较为具体的信息，然后逐步变得较为抽象。在 19 世纪 60 年代至 70 年代，皮亚杰的影响导致学校中广泛地使用了“教具”，例如数学课中使用的彩色木块与木棒。当然，并不是所有学校教育中的抽象概念都能用涂了色的积木来表示，但是计算机上的复杂图形可以允许我们将复杂的概念以可视化的形式呈现出来。

学习科学吸纳了皮亚杰的理论初衷，并开发了计算机软件来可视化更多表征类型的知识。甚至一些非常抽象的学科实践都能够在计算机中被可视化地表征，科学辩论也能够被表征出来（Andriessen & Baker，本书第 22 章），科学探究的每一步骤也都可以被表征出来。

在使抽象知识具体化的过程中，上述系统也能够为学生表达较为抽象的概念知识提供脚手架。学习者的表达不再以简单的言语呈现，而是可视化的和图形化的，并且在许多情形中，概念的可视化与空间化理解先于言语化理解，并能够促进言语化理解。

教育技术学

20 世纪 50 年代，斯金纳展示了他的“教学机器”，并宣称它们使教师“落后于时代”了（Skinner，1954/1968，p.22）。随后的 20 世纪 60 年代，第一个基于斯金纳行为主义的教育软件被设计出来，这些系统被称为计算机辅助教学（computer-assisted instruction，CAI），并一直沿用至今。到了 20 世纪 70 年代，一些人工智能（artificial intelligence，AI）研究者投入到教育研究之中，并且开发了智能导师系统以及其他应用（Bobrow & Collins，1975；Sleeman & Brown，1982；Wenger，1987）。20 世纪 80 年代，认知科学家罗杰·尚克（Roger Schank）和西蒙·佩珀特（Seymour Papert）对外宣称计算机能够从根本上改革学校教育。

到了 20 世纪 90 年代，许多国家的政治家、家长以及企业家都达成了强烈的共识：计算机必须进入学校（Cuban，2001）。在这期间计算机和互联网进入课堂的计划得到了强有力的推动。在美国，这一推动包含了联邦政府的

12 E-rate计划：政府为每个学校的互联网付费。截至2009年，美国97%的教师在日常课堂中都有至少一台电脑可以使用，并且，其中有93%的电脑都是联网的，平均每5.3个学生拥有一台电脑。这些数据与1998年的报告中发布的每12.1人有一台相比有明显的提升（Gray，Thomas，& Lewis，2010；Parsad & Jones，2005）。

然而，这笔巨大投资的结果却让人十分失望。截至2000年，仍然没有任何的研究能够证明学生成绩的提高与计算机的使用是直接相关的。当研究者试图搞清楚计算机发挥的作用为何如此低时，他们发现计算机的应用并不是基于学习科学理论的：教师仅仅将计算机作为附件加入已有的教授主义课堂之中（Cuban，2001）。学习科学研究者清楚地意识到计算机在教师和学生身上的应用失败了，如果要引用拉里·库班（Larry Cuban）的名言来说就是"卖得很多，用得很少"（Cuban，2001）。

计算机的应用只有在设计之初就考虑到我们对儿童学习的理解，并且在课堂中与教师和学生的互动相融合的时候，才能对学习起到推动作用。学习科学研究解释了学校中的计算机为何没有起到预期的作用。因为迄今为止，大部分的教育软件还是基于教授主义理论的，计算机仍然扮演着传统教师的角色——软件作为专家，将信息传递给学习者。恰恰相反，学习科学研究认为计算机应该作为促进者，支持和帮助学习者开展深层学习——例如，帮助学习者对发展中的知识进行协作与反思。

本书的不少章节都提到了下一代的教育软件与技术——完全基于学习科学，与教师和学校紧密合作并共同设计。计算机将作为课堂改革的一部分被使用，并且只在已有研究证实对课堂最具影响的那部分使用。对学习科学研究与实践来讲，教育软件是一个重要部分，因为当今计算机的图形与处理能力都支持深层学习。

- 计算机能够将抽象的知识表征为具体的知识。
- 计算机工具能够让学习者以可视化或者言语化的方式表达自己发展中的知识。
- 计算机能够让学习者通过用户界面处理和反思他们发展中的知识，用户界面的设计同时支持知识的表达、反思与学习。
- 计算机支持可视化和言语化相结合的反思模式。
- 13 基于互联网的网络学习者可以分享和整合他们发展中的理解，并且通过协作学习获得提升。

教育软件仅是本书内容的一小部分，本书其他章节的内容还包括新型教学策略、组织学生形成协作小组的新方式、跨年级和跨学科的新型课程等。一些章节甚至包括对于学校教学与学习的一些激进的新观点。

设计科学

致力于创造有效学习环境的学习科学家们会关注这样的问题：我们如何测量学习？如何判断哪种学习环境最有效？如何分析学习环境，辨别出成功的创新之处，并找到需要改进的环节？换言之，我们应该如何统领我们的科学知识，来创造出最有效的学习环境？这些都是教育科学研究中的基本问题（Shavelson & Towne，2002）。

科学研究的基础方法是实验设计（experimental design），参加实验研究的学生会被随机分配到不同的学习环境中。然而大部分教育研究是准实验研究——并不将学生随机分配到对应环境中，而是找两个各方面都十分接近的班级，在一个班使用一种教学方法，在另一个班使用另一种教学方法，然后分析哪个班级的学生学得更多、更好（Shavelson & Towne，2002）。实验与准实验研究设计能够为教育者和政策制定者提供不同教育方法的相对优点。但这两种方法并不能对教学方法起作用的原因做出解释，也不能揭示某种方法是如何通过一步一步地引导学生学习的课堂活动起到作用的。如果我们能够深入到课堂活动流程中去，我们就能够轻而易举地通过不断的修正来改善教学方法。学习科学通过整合一系列的方法论，来对学习过程产生更深刻的理解，本书的第二部分“方法论”就会涉及这些问题。本书的第二部分将阐述课堂中的对照实验、认知心理学实验室中的实验、通过社会学和人类学方法开展的社会交互研究，以及一种被称为设计研究（design-based research）的混合方法论（Barab，本书第 8 章）。

学习科学研究者已经证实深层学习在复杂的社会情境和技术环境下更容易发生。要在复杂的社会与技术环境下研究学习，学习科学研究者需要采用：（源自人类学的）民族志方法，（源自社会学的）民俗方法学和话语分析，14
以及（源自发展心理学的）社会文化心理学。采用民族志方法的代表性研究者有露西·萨奇曼（Lucy Suchman）、埃德·哈钦斯（Ed Hutchins）、珍·莱夫（Jane Lave），他们早在20世纪80年代就开始对共同体中的日常学习过程做精确的记录（Hutchins，1995；Lave，1988；Scribner & Cole，1973；Suchman，1987）。

大多数学习科学研究者会利用大量的录像数据来记录学习发生的瞬间，然后将这些视频数据带回研究室进行分析——这种方法论就是我们所说的交互分析（interaction analysis）（Enyedy & Stevens，本书第10章）。交互分析适用于找到学习发生的以下情况：（1）学习者之间的关系、交互的模式，以及这些关系和模式随着时间推移所发生的变化；（2）学习者参与的实践，即个人或小组解决问题的过程，以及其随时间所发生的变化；（3）个体学习。个体学习只有在呈现出前面两种变化的基础上，才能被理解。

然而，一节课的时间并不足以进行深层学习，其结果就是学习科学研究者们会开展历经整学年，甚至多学年的长期研究。在研究所涉及的课程之中，学习科学研究者们不断地将问题具体化，或者泛在化，以此研究课堂中的微观发生（Chinn & Sherin，本书第9章），并分析课堂对深度理解概念的长期发展起到何种作用。

学习科学研究是复杂且艰难的。一般的学习科学研究项目最短也要一年的时间，这期间研究者需要与教师和学校紧密协作，共同改变学习环境，预留出环境改变效果呈现所需的时间，并且观察学习的改变是如何逐步发生的。有些项目需要对学习者做数年的跟踪研究，或者在数年的时间内关注某教师如何逐步地将新活动和软件工具引入课堂之中。当几年的观察结束之后，艰巨的工作才刚刚开始，因为研究者需要处理大量的视频材料——多数情况下是数百小时的材料——这些材料需要被仔细检阅、反复观看，不少材料都需要被加以转录，然后进行更加细致的分析，包括量化编码和统计分析。

学习科学出现的领域

在20世纪七八十年代，很多认知科学家试图通过人工智能技术来设计软件，以促使人们更好地学习（Bobrow & Collins，1975；Sleeman & Brown，
15 1982）。在此期间，他们创立了教育人工智能大会（Artificial Intelligence in Education，AIED）并延续至今。1978年美国西北大学决定对这一领域进行

重大支持，然后聘请耶鲁大学的认知科学家罗杰·尚克成立了学习科学研究所（the Institute of the Learning Sciences，ILS）。同年，约翰·斯利·布朗（John Seely Brown）、詹姆斯·G. 格里诺（James G. Greeno）与施乐公司（Xerox）CEO 戴维·卡恩斯（David Kearns）共同在加利福尼亚州的帕洛阿尔托市成立了学习研究所（the Institute for Research on Learning，IRL）。同时范德堡大学（Vanderbilt University）学习与技术中心（Center for Learning and Technology）应用认知科学的知识与先进技术来开发课程。麻省理工学院西蒙·佩珀特（Seymour Papert）的 Logo 小组开发了支持建构主义学习的计算机学习环境。

1989 年夏，罗杰·尚克、艾伦·柯林斯（Allan Collins）和安德鲁·奥托尼（Andrew Ortony）认为应该创办一个以认知科学教育应用为主题的期刊，于是 1991 年 1 月《学习科学杂志》创刊，珍妮特·科洛德纳（Janet Kolodner）担任该杂志的编辑。同年，在西北大学的学习科学研究所召开了教育人工智能大会，尚克认为这是学习科学领域的第一次（真正的）国际会议。可是，学习科学领域和教育人工智能领域所关心的内容逐渐发生了分歧：教育人工智能关注如何利用人工智能技术设计辅助系统和其他教育工具；而学习科学领域则更关注现实环境中的学习，以及按照学习者的需求设计、开发软件，至于是否有人工智能则并不是重点。例如，学习科学主要关注的是支持表达、反思与合作所需要的技术，而当时的教育人工智能领域并不考虑这些问题。所以在 1991 年的教育人工智能大会之后，人工智能领域与学习科学领域就分道扬镳了。第二次学习科学国际会议（国际学习科学大会）在 1996 年召开，并以两年一次的频率持续至今。同时计算机支持的协作学习大会在这期间举行。在 2002 年，国际学习科学学会宣布成立，学会负责国际学习科学大会和计算机支持的协作学习大会两大会议的策划与组织，为《学习科学杂志》提供智力支持，并帮助创立了《国际计算机支持的协作学习杂志》（*International Journal of Computer Supported Collaborative Learning*，iJCSCL；参见 www.isls.org）。

结论

自从现代学校体制建立以来，人们对教育学究竟应该是一门艺术还是一门科学的问题一直争辩不休。科学语言的运用可能会使一些教育者感到不适。而几乎每个人都能回忆出优秀教师的教学艺术（artistry）——他们总能突破重重困难和阻碍，让每个学生的表现都超乎自己的想象。教师们很清楚
16 自身工作的复杂性——课堂中的每分每秒都有数以千计的事情在不断发生，而科学所提供的还原论，即便能无限地截取片段找出切入点，也很难让我们理解这其中究竟发生了什么。曾几何时，科学家在大学的实验室中研究学习，然后以不容教师置疑的口吻将其研究结果从象牙塔中发表出来，这种传统的教育研究方法终归起不到什么作用（Cremin，1961）。

与先前的教育研究不同，学习科学研究者们在中小学中花费了大量的时间——他们当中的许多人在成为研究者之前本身就是全职教师。学习科学研究者们都致力于提升课堂中的教学与学习——很多人每周都花费大量时间留在教学一线，直接与一线教师和学区工作人员一起工作。他们中的一些人甚至从高校中请假出来，投身于一线课堂之中，与一线教师一起教学，以了解理论是如何在实践之中发挥作用的。总而言之，学习科学是一门新的科学，其宗旨在于为教育创新提供坚实的科学基础。

参考文献

Baron, J. (1985). *Rationality and intelligence*. New York: Cambridge.

Bereiter, C. (2002). *Education and mind in the knowledge age*. Mahwah, NJ: Erlbaum.

Bobrow, D. G., & Collins, A. (1975). *Representation and understanding: Studies in cognitive science*. New York: Academic Press.

Bransford, J. D., Brown, A. L., & Cocking, R. R. (Eds.) (2000). *How people learn: Brain, mind, experience, and school*. Washington, DC: National Academy Press.

Burtis, P. J., Bereiter, C., Scardamalia, M., & Tetroe, J. (1983).The development of planning in writing. In B. M. Kroll, & G. wells (Eds.), *Explorations in the development of writing: Theory, research, and practice* (pp.153–174). New York: Wiley.

Cole, M. (1996). *Cultural psychology: A once and future discipline*. Cambridge, MA: Harvard University Press.

Collins, A., & Brown, J. S. (1988). The computer as a tool for learning through reflection. In H. Mandl, & A. Lesgold (Eds.), *Learning issues for intelligent tutoring systems* (pp. 1–18). New York: Springer.

Cremin, L. A. (1961). *The transformation of the school: Progressivism in American education,*

1876–1957. New York: Knopf.

Cuban, L. (2001). *Oversold and underused: Computers in the classroom*. Cambridge, MA: Harvard University Press.

Drucker, P. F. (1993). *Post-capitalist society*. New York: HarperBusiness.

Dunbar, K., & Klahr, D. (1989). Developmental differences in scientific discovery strategies. In D. Klahr, & K. Kotovsky (Eds.), *Complex information processing: The impact of Herbert A. Simon* (pp.109–143). Mahwah, NJ: Erlbaum.

Flower, L., & Hayes, J. R. (1980). The cognition of discovery: Defining a rhetorical problem. 17
College Composition and Communication, 31, 21–32.

Gray, L., Thomas, N., & Lewis, L. (2010). *Teachers' use of educational technology in U.S. public schools: 2009* (NCES 2010–040). Washington, DC: National Center for Education Statistics, Institute of Education Sciences, U. S. Department of Education.

Heath, C., & Luff, P. (1991). *Collaborative activity and technological design: Taskcoordination in the London Underground control rooms.* Paper presented at *the Proceedings of ECSCW'91*.

Hughes, J. A., Shapiro, D. Z., Sharrock, W. W., Anderson, R. J., & Gibbons, S. C.（1988）.*The automation of air trafic control*（Final Report SERC/ESRC Grant no. GR/D/86257）. Lancaster, UK: Department of Sociology, Lancaster University.

Hutchins, E. (1995). *Cognition in the wild*. Cambridge: MIT Press.

Kahneman, D., Slovic, P., & Tversky, A. (Eds.) (1982). *Judgment under uncertainty: Heuristics and biases*. New York: Cambridge.

Kuhn, D. (1989). Children and adults as intuitive scientists. *Psychological Review*, 96, 674–689.

Kuhn, D. (1990). Introduction. In D. Kuhn (Ed.), *Developmental perspectives on teaching and learning thinking skills* (pp.1–8). Basel: Karger.

Lave, J. (1988). *Cognition in practice: Mind, mathematics, and culture in everyday life*. New York: Cambridge.

Liebowitz, J. (Ed.) (1998). *The handbook of applied expert systems*. Boca Raton, FL: CRC Press.

McGuire, J. E. (1992). Scientific change: Perspectives and proposals. In M. Salmon, J. Earman, C. Glymour, J. Lennox, P. Machamer, J. McGuire, J. Norton, W. Salmon, & K. Schaffner (Eds.), *Introduction to the philosophy of science* (pp.132–178). Englewood Cliffs, NJ: Prentice Hall.

National Center for History in the Schools. (1996). *National standards for history*. Los Angeles, CA: National Center for History in the Schools.

National Research Council. (1996). *National science education standards*. Washington, DC: National Academy Press.

Newell, A., & Simon, H. A. (1972). *Human problem solving*. Englewood Cliffs, NJ: Prentice Hall.

Palincsar, A. S., & Brown, A. L. (1984). Reciprocal teaching of comprehension fostering and comprehension monitoring. *Cognition and Instruction*, 1(2), 117–175.

Papert, S. (1980). *Mindstorms: Children, computers, and powerful ideas*. New York: Basic Books.

Papert, S. (1993). *The children's machine: Rethinking school in the age of the computer*. New York: Basic Books.

Parsad, B., & Jones, J. (2005). *Internet access in U.S. public schools and classrooms: 1994–2003* (NCES 2005–015). Washington, DC: National Center for Education Statistics.

Rogoff, B. (1990). *Apprenticeship in thinking: Cognitive development in social context*. New York: Oxford University Press.

18 Rogoff, B. (1998). Cognition as a collaborative process. In D. Kuhn, & R. S. Siegler (Eds.), *Handbook of child psychology, 5th edition, Volume 2: Cognition, perception, and language* (pp.679–744). New York: Wiley.

Salomon, G. (Ed.) (1993). *Distributed cognitions: Psychological and educational considerations*. New York: Cambridge.

Saxe, G. B. (1991). *Culture and cognitive development: Studies in mathematical understanding*. Hillsdale, NJ: Erlbaum.

Schauble, L. (1990). Belief revision in children: The role of prior knowledge and strategies for generating evidence. *Journal of Experimental Child Psychology*, 49, 31–57.

Scribner, S., & Cole, M. (1973). Cognitive consequences of formal and informal education. *Science*, 182(4112), 553–559.

Shavelson, R. J., & Towne, L. (2002). *Scientific research in education*. Washington, DC: National Academy Press.

Siegler, R. S. (1998). *Children's thinking* (Third Edition.). Upper Saddle River, NJ: Prentice Hall.

Skinner, B. F. (1954/1968). The science of learning and the art of teaching. In B. F. Skinner (Ed.), *The technology of teaching* (pp.9–28). New York: Appleton-Century-Crofts. (Original work published in 1954 in the *Harvard Educational Review*, 24(2), 86–97).

Sleeman, D., & Brown, J. S. (Eds.) (1982). *Intelligent tutoring systems*. New York: Academic Press.

Suchman, L. A. (1987). *Plans and situated actions: The problem of human-machine communication*. New York: Cambridge University Press.

Suppe, F. (1974). The search for philosophic understanding of scientific theories. In F. Suppe (Ed.), *The structure of scientific theories* (pp.3–241). Urbana: University of Illinois Press.

Voss, J. F., Perkins, D. N., & Segal, J. W. (Eds.) (1991). *Informal reasoning and education*. Mahwah, NJ: Erlbaum.

Wenger, E. (1987). *Artificial intelligence and tutoring systems: Computational and cognitive approaches to the communication of knowledge*. San Francisco, CA: Morgan Kaufmann.

第一部分

基础理论

第2章 学习科学的基础

米切尔·J. 内森　R. 基思·索耶

学习科学除了探讨关于学习的基础科学研究（Kolodner，1991），还涉及有效学习环境的设计与实施。就此而言，学习科学也涵盖了斯托克斯（Stokes，1997）“以实用性为导向的基础性研究”这一概念。基于这样的追求，学习科学在横跨物理、社会、科技等大范围的研究领域中出现，并吸收了关于学习现象的多种理论观点。本章，我们将从一开始就影响学习科学发展的知识基础开始，通过综合这本书里的多个章节，确定学习科学的核心要素。 21

学习科学的原则和主题

连接研究与实践

学习科学家对真实世界中的教育系统——课程、软件、教学实践以及社会和互动模式——的设计和实施进行研究，并进行基础的科学研究。由于拥有共同的关注点，学习科学家们集中地参与到研究与实践的连接之中。学习科学研究的方法与教育研究的历史形成鲜明的对比。过去，研究者和实践者都视对方为“眼中钉”，相互给予最多的批判和最少的信任。对研究和实践相结合的关注将学习科学和原有相关学科区分开来，比如“基础科学”——认知心理学、教育心理学、人类学——以及“以实用性为导向”的教学设计和教育技术。思想学校（Schools for Thought）是一个早期学习科学的典型项目，由詹姆斯·S. 麦克唐奈基金会（James S. McDonnell Foundation）提供研究资金在北美洲开始实施（Lamon et al.，1996）。思想学校的创新成果包括：

知识论坛（Knowledge Forum）（科学和修辞学；Scardamalia & Bereiter，本书第20章），《贾斯珀·伍德伯里的冒险》（*The Adventures of Jasper Woodbury*）（数学；Cognition and Technology Group at Vanderbilt，1997），交互式教学（Reciprocal Teaching）（阅读；Palincsar & Brown，1984），以及培养学习者共同体（Fostering Communities of Learners）（课堂文化；Brown & Campione，1994）。思想学校促进了我们对于知识上、社会上、技术上动态的学习环境
22 中的课堂学习、教授、评估的本质的科学理解，也非常有助于基于实证原则的学习环境设计的发展和实施。

拓展：从研究型干预到普遍实施

一个学习科学项目的理想过程是这样的：首先运用一个在真实世界环境中被多次评估的迭代设计方法来发展教育创新；然后在一个可被观察的测试场所证明创新的有效性——通常是一间教室或一所学校，里面有与研究团队紧密合作的参与教师；之后，在测试场所以外的地方拓展创新，以形成广泛适用的教学法实践、设计原则和教育政策（Spillane，Reiser, & Reimer，2002）。尽管拓展有效的干预在教育改革中至关重要，但成功的拓展举措还是非常少见的（Penuel，Fishman，Cheng，& Sabelli，2011）。学习科学团队的成员已经成功拓展了几个创新举措，包括思想学校（Lamon et al.，1996）、认知导师代数（Cognitive Tutor Algebra；Koedinger & Corbett，2006）、基于网络的科学探究环境（web-based inquiry science environment，WISE）（Linn & Slotta，2000）、《亚特兰蒂斯探密》（*Quest Atlantis*；Barab，Thomas，Dodge，Carteaux，& Tuzun，2005）、SimCalc（Tatar et al.，2008）等。在基于研究进行创新并将其转化为真实世界的实践来改善学生的学习成果方面，这些成功的项目提供了有效的经验。

拓展的效果可以依据传播的广度和创新的忠实程度来界定（RAND，2004）。相比之下，当代对于成功拓展研究的评价，倾向于强调在特定情境下推出合适的措施以及实践的重要性（Dede，2006；McDonald，Keesler，Kauffman，& Schneider，2006）。最新的评价指出，有效的改革必须与当地学习环境的有限条件相匹配，并且实践者必须在基础性改革的实施中发挥核心作用。教育拓展研究者们通常希望与教师、学校领导者、设计者形成合作的关系来制定每项措施。拓展研究者们在努力改善实施成果——通过连续的、迭代的“设计—实施—评价—重新设计”的周期。

学习研究的科学与工程学方法

人类心智研究的目标，以认知心理学为例，是去建立一个描述、解释、预测人类行为和发展的可靠模型与广泛理论，并且使得这些模型与理论能够经受科学同行的审查。科学理论拓展了我们对于学习的理解，并且使新的、 23
有效的创新设计更容易进行。关于人类行为、学习、教育、工作场所培训和人为因素等的研究已经被这种科学精神主导了一个多世纪（Cremin，1961）。

但是，如果目标是开发能改变学校和教室的可评估的教育创新，科学方法就有严重的局限性。例如：在有利于该方法有效实施的情境下，科学所研究的复杂社会现象通常以大大简化的行为研究为基础（比如，研究在心理实验室中的个体），这使它们的生态效度大打折扣，也使得它们在多种多样的真实情境下变得更难以拓展应用。科学理论描述学习和行为，然而却很少指明促进学习所需的教学支持是什么（Schwartz，Martin，& Nasir，2005）。因此，有关学习的科学理论缺乏对教学设计的“约束性”说明（Nathan，1998），这意味着学习环境的设计者必须在规划和实施时做出许多非理论性的决策。

学习科学是一个脱胎于工程思想的设计科学。在工程方法里，用理论去解释世界的运行方式几乎不可能成功，但是通过提供“事物应该如何”的令人满意的解决方案，即通过满足现有条件并且充分达到在主要约束下的既定目标的创新，可以获得成功（Simon，1996）。在设计有效的学习环境和学习活动上，不能只基于科学验证过的学习理论：前沿理论的到来太慢、太直接、太理想主义。工程学和其他基于设计的方法会使用更快的创新测试方式。基于设计的方法（Barab，本书第 8 章）作为迭代的“设计—实施—评价—重新设计”方法的一部分，是目标驱动的、情境化的，通常采用频繁的形成性评价（Pellegrino，本书第 12 章）。这允许高度互动、高度实证的课程修正，使得调整解决方案来适应当地的限制、做出常见科学模型未指明的快速决策成为可能。

有影响力的学习理论

认知科学

认知科学是认知心理学与计算机科学的交叉领域，它以计算来类比认知（Chalmers，1993/2011）。计算广义上包括计算机科学家已经开发和研究的多种类型的计算系统，从基于规则或算法的系统到联结的或大规模的平行系统。认知科学的目标是开发一个基于实证的并且通过计算可验证的（即可
24 编程的）认知理论（Newell & Simon，1976）。认知科学家研究最多的心理过程和结构有：注意、感知、语义和情境记忆、语言的发展和使用、概念和分类、推理和决策、问题解决、程序和概念学习以及知觉。许多认知科学家们坚持计算等效原则（也被称为多重现实原则）：在一组特定的输入（如屏幕上的文字和图片）下，认知系统可以使用截然不同的底层识别运算、表征、材料基质（如计算机的硅片或人脑的神经元），实现相同的输出（如行为）。

情境认知理论

情境认知理论在很大程度上受到了现象学及其核心观点的影响，认为我们是通过直接感知与环境互动过程中的行为可能性，知道并了解这个世界的（Gibson，1977）。现象学认为，知觉和表象作为与世界的基础性互动而存在，而不作为关于世界的内部心理表征而存在（Dreyfus，2002）。现象学关注人类、技术和信息源以及物质环境这个复杂组织的、情境下的活动（Greeno，1997）。因此，现象学的核心是世界中的行动者和行动，而不是内部心理过程（Anderson，2003；Larkin，Eatough，& Osborn，2011）。情境认知不接受主要以计算过程和结构为基础的认知模型，这种结构由信号系统组成，是抽象的、模态的、任意映射到世界中的。

从情境认知的角度来看，认知行为是具身的（embodied）、嵌入式的（embedded）、延展的（extended）。当身体状态和精神资源紧密地与智能行为相关联时，对具身认知的探讨（Abrahamson & Lindgren，本书第 18 章；Nathan，2014）才是有价值的（Glenberg，1997）。嵌入式认知（与分布式认知密切相关）认为，认知是由个人所处的物质和社会环境所主导的，在这种情况下，环境是用来摆脱任务需求的，否则任务需求可能会被精神主导。哈钦斯（Hutchins，1995）的航海研究是分布式认知研究的一个很有影响力的

例子，该项工作研究一个团队与仪器、工具、地图以及团队栖息空间的交互。延展认知理论进一步认为，在某些情况下，社会和物质环境，及处于其中的个人，共同构成了认知系统（Clark & Chalmers，1998）。

建构主义

建构主义认为，学习涉及主动创造心智结构，而不是被动地内化从他人 25
或从环境中获得的信息。建构主义的创始人让·皮亚杰认为，所有的学习都以心智客体，即图式为认知中介，其在本质上属于康德的先验范畴（例如，空间、时间、因果关系）。皮亚杰最初关注当孩子与现实世界进行互动与实验时，图式是如何出现的。对于皮亚杰来说，图式首先以具体行为的形式出现，逐步发展为更为抽象和概念化的心智实体。

建构主义已经广泛地影响了教育，并且成为学习科学方法的核心元素之一。一些学习科学家也一直被建构主义的变式所影响。例如，激进的建构主义者（von Glasersfeld，1989）认为，因为我们每个人都形成了自己的现实，所以不可能再有外部的真理。社会建构主义者［如米德（G. Mead）和维果茨基］认为，知识建构过程本质上是以社会互动为中介的，包括对语言的使用。

旧金山探索博物馆（San Francisco Exploratorium）以及其他互动科学中心（Crowley，Pierroux，& Knutson，本书第 23 章）的成立，直接受到 20 世纪 60 年代皮亚杰思想在美国传播的影响（Flavell，1963）。建构主义对于教育的重要贡献之一是西蒙·佩珀特（Papert，1980）的 Logo 编程语言的发展。Logo 编程语言的问世可追溯至他从日内瓦与皮亚杰学成归来后不久。它使得孩子们能够通过对空间的探索和对行动的控制来构建几何和计算的概念，而这是通过构建一只动画“乌龟”来进行编程并实现的。建构主义在阅读方面（整体语言教学与自然拼读教学）也产生过较有影响的“大辩论”，类似的还有“数学之争”（回归基本教学与建构主义教学），它对教育改革、中小学教育领域中一系列集中的课程与教育标准的制定也有影响。

社会文化理论

到了 20 世纪 80 年代，即在 20 世纪 70 年代有关人工智能和认知科学的研究兴起之后，很多学者已经开始意识到，他们距离理解和用计算机模拟人类智能的目标仍然很遥远。在 20 世纪 80 年代，对于人工智能的幻想灰飞烟灭，以至于这一时期被我们戏称为“人工智能的冬天”。研究人员开始退一步思考，为什么认知科学没有取得更大的成功。最具影响力的回答是由一组相互关联的方法得出的，包括社会文化理论的方法、情境法、分布式认知方法（Greeno & Engeström，本书第 7 章）。社会文化理论的方法以观察开始——所有的智能行为都是在一个人造的、充满工具和机器的复杂环境中得以实现的，而这同时也是有着合作者和搭档的社会环境。

26 沿着这些线路，一些有趣的研究将关注点落在非西方社会的非正式学习上（例如 Lave，1988）。同样有影响的研究调查了知识工作的社会分布特征，包括对海军舰艇导航（Hutchins，1995）、伦敦地下控制室、办公系统、空中交通管制中心（Hughes，Shapiro，Sharrock，Anderson，& Gibbons，1988）的研究。这些研究显示，除了正规学习外，几乎所有的学习都发生在复杂的社会环境中，并且认为，如果一个人认为学习是发生在一个独立学习者心中的心智过程，那么学习将会变得难以理解。

社会文化学者借鉴了俄罗斯心理学家维果茨基（Vygotsky，1978）的社会互动是智力发展的主要动力的经典理论。他认为，随着社会互动逐渐内化，人类思维会在人际交往发展的过程中展现。通过类似脚手架的支撑机制（Reiser & Tabak，本书第 3 章），儿童可能比单独操作时表现出更高的水平，并且这些机会能促进智力发展。

社会文化理论的方法已经广泛地影响了与学习科学相关的学科。

- 由于 20 世纪 80 年代和 90 年代网络技术的迅速发展，人工智能研究人员在某种程度上开始强调分布式认知。
- 认知心理学研究人员开始研究认知发展中的团队合作、协作、组织动力以及社会环境的作用。
- 教育研究人员开始研究课堂协作、学生团体中的协作讨论以及项目团队。

学习科学家特地运用这些方法来解释非正式学习（Crowley et al.，本书第 23 章），即学校以外的学习，不论是和家人在家里，和同学在操场，又或者是在学习贸易或其他基于文化的、有价值的技能学徒班里（Lave & Wenger，1991；Collins & Kapur，本书第 6 章）。

美国实用主义

实用主义者约翰·杜威提出了以儿童为中心的教学法，这种教学法主要依据儿童的兴趣和经验进行学习环境的设计。杜威的理论强调探究的重要性，当儿童是通过提出假设和基于现实与推理检验假设，并像科学家、哲学家一样与世界互动时，学得最好。这个理论与皮亚杰的理论密切相关。皮亚杰和杜威是同时代的人，他们在20世纪影响广泛。

实用主义者米德在20世纪上半叶提出，语言和交流始于具体、简单的动作姿势，然后才变得抽象（这里请注意和皮亚杰密切的相似之处），这一理论学说是从有机体的现实互动中涌现出来的。随后，米德的学生布卢姆（H. G. Blumer）发展了符号互动论，并重点分析了人们是如何交换符号的——是通过口头符号，还是手势和肢体语言。在20世纪六七十年代，布卢姆的观念进一步被发展成加芬克尔（H. Garfinkd）的民俗方法学，它认为理解社会现象最好的方式是询问参与者所进行的实践以及他们如何理解所进行的实践。民俗方法学的另一种形态——话语分析，建议分析社会背景的最好方式应是调查参与者是如何谈论社会背景和传递其相关性的。这些方法对于学习科学中使用定性和民俗方法学研究通过视频记录的自然情境下发生的学习的研究人员具有一定的影响力（Goldman，Zahn，& Derry，本书第11章）。 27

学习行为的范围

学习的时间尺度

学习科学研究学习的维度横跨空间、时间、规模水平。图2.1揭示了一种可视化学习现象的统一性质的方法，即只需变化单一参数——时间（Newell，1990）。从个人主义心理学习的角度来看，是一组共享的心理过程统合了所有的学习现象。与之相反，学习科学认为是发生在设计有序的学习环境中——比如教室、家庭、工作场所、博物馆、心理实验室——的学习统合了学习现象。在每个案例中，学习环境都是在历史背景下，为了应对文化限制和期望而设计的一个人工制品，其目的是带来社会期望的学习成果。 28

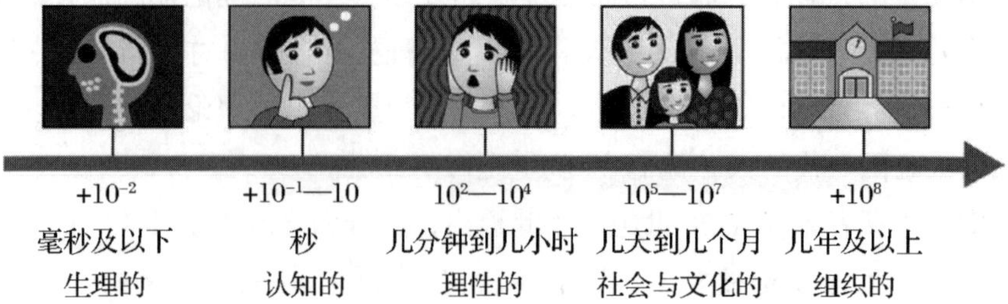

图 2.1　人类学习的对数时间尺度（改编自：Nathan & Alibali，2010）

因素研究

为了充分调查学习科学涉及学习现象的范围，除了分析时间维度，内森和阿里巴里（Nathan & Alibali，2010）对学习研究的系统分析法和因素分析法做了区分。因素分析法把重点放在一个复杂的学习环境的组成元素上。就其本身而言，其依赖于分解式假设：假设系统中的许多成分（例如情境）是可以被分解的，是可以被独立分析的（Greeno & Engeström，本书第 7 章）。而系统分析法则反对分解式假设。因此，它是在复杂的系统水平上分析学习的。

因素分析法包括研究中使用的相关分析法和要素研究、结构化方程模型、因素分析和电脑建模方法。虽然许多认知心理研究本质上是因素的，但其中一些研究也可能是系统的，例如，从情境认知的角度进行的研究。因此，在研究图 2.1 右端的内容时，若采用因素分析法中的所有变量分析方式或全部方式，将是一种错误的方法。利用学习分析的方法，例如教育数据挖掘（Baker & Siemens，本书第 13 章）和认知神经科学中的全脑研究，都是反对这个模式的。同样地，即使大量定性研究和系统的方法保持一致，一些方法，例如发声思维报告法，依旧会从任务和环境影响的方面进行因素分解。

分析的水平

科学家们在不同分析水平上研究复合系统：一些现象需要通过分析完整的系统（更高层次的分析）来研究；另外一些现象通过分析系统的组成元素（更低层次的分析）也能被很好地研究。学习环境是复杂的社会、技术系统，那些用来分析参与者的心理特征的“低层次”的分析方法通常被称为个人主义方法或还原法。

较高层次的分析描述有必要与针对相同系统的较低层次的分析描述保持

一致。因为这些系统具有随附性：较高层次分析的属性或实体通过较低层次分析的属性或进程实现或以其为例证。准确来说，随附性是指一个系统的较高层次描述的改变必定引起较低层次描述的一致性改变（Sawyer，2005）。 29

图 2.2 提供了一个简单系统的随附性的例子，即一笔一画用简便的方式组成了字母，而字母组成了单词。这里的单词就处于“最高层次”，它伴随字母出现，而字母则伴随着笔画得以出现。

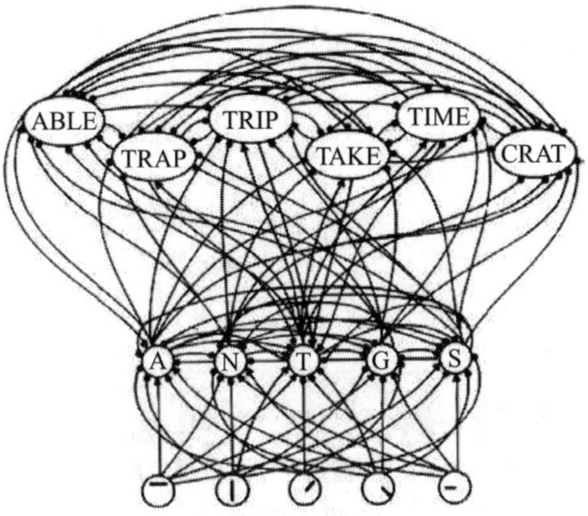

图 2.2 一个随附性的例子：笔画组合形成字母进而组合形成单词

（Rumelhart & McClelland，1986）

系统研究

在科学史上，因素还原法取得了重大的成功。这就让一些教育研究者认为较低层次的分析方法（比如：针对某个学习者的心理研究）是对教育研究最有价值的方法。与之相反，学习科学的研究方法取决于现象的本质，它既重视因素研究，也重视系统的研究。

在复杂的系统中，较高层次总是依附着较低层次。但是，对一些复杂的系统来说，较高层次呈现偶发性特征，这些特征在因素层面的术语上难以被分析和解释。系统性方法假设情境和行为是不可分解的。这些方法包括：情境认知法、文化历史活动理论方法（CHAT）、社会学习理论方法（Miyake & Kirschner，本书第 21 章）、民俗方法学。这些方法都选择系统级分析单元，并且这些方法都认为保留学习环境的基本要素比将环境简化成一组可分解的因素要好（Leont’ev，1981；Wertsch，1985）。

30 作为设计科学的学习科学

作为一个领域，学习科学借鉴因素理论和系统理论的观点，开发、实施和评价针对不同时间尺度上观察到的行为的有效学习环境设计（见图 2.3）。在这个部分，我们基于这两种研究回顾一些关键发现，并且为利用其观点成功实现科学的广阔目标提供线索：为了促进我们对学习的基本理解，同时将这二者的观点应用到现实世界的学习环境设计中。

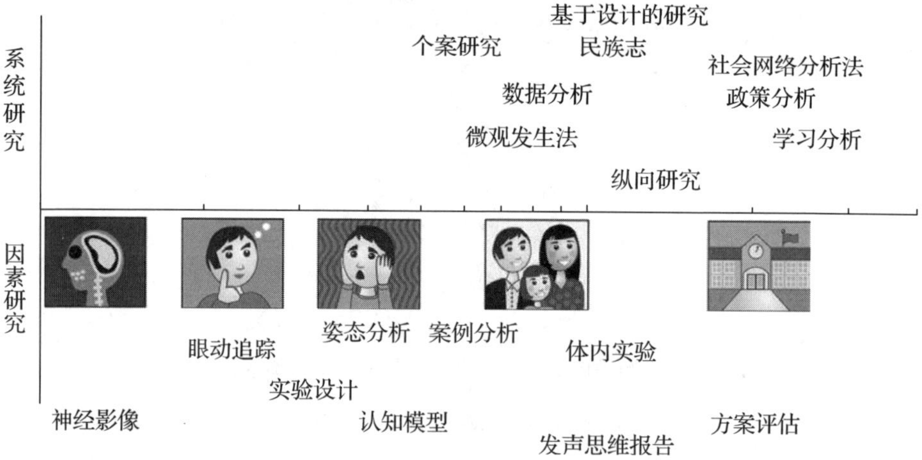

图 2.3　标注在对数时间尺度上的系统研究（上部分）和因素研究（下部分）

基本视角：以证据为基础的学习和设计原则

一些综述性的文献对近几十年中有关因素学习的研究进行了文献总结（Dunlosky，Rawson，Marsh，Nathan，& Willingham，2013；Graesser，Halpern，& Hakel，2008；Pashler et al.，2007）。为便于理解学习，这些综述集中在一些重要原理上：重复练习的重要性；对认知和注意资源需求的管理；使学习者参与建构意义和知识的活动；元认知。研究者就如何建立有效的学习环境给出以下设计指南。

有策略地进行重复和练习

学习极大地受益于有策略的重复和练习，尤其是当它伴随着可靠、及
31 时的反馈时。当重复和练习分开不同的时段进行时，效果通常会更好。测试提供的反馈是很有价值的，这部分是因为它模拟了即将到来的评估以及必要

的检索实践——通过从记忆提取信息来回应问题。对于某些特定的测试对象（例如有限条件下知觉和运动的速度与准确性），如果只是简单地不断重复练习，而不是将不同行为进行混合（通常被称为更有效的练习方式），那么练习就会出现瓶颈。那些针对概念的多种测试，则因混合了多种类型的任务，并为学习者提供了区分练习项目和进行策略选择的机会，所以能使学习者更容易从交错练习中获益。

管理好整合多种信息来源时的认知需求

接触和整合不同的信息来源是拓展多样化学习方式的关键。通常，当它们以互补的模式呈现时，人们对事情的记忆便更可靠，并能持续更长时间。比如当人们将语言和心理意象联结起来时，就能记忆有关事物的更多信息。

尽管人的一生能记住大量信息，但认知过程却是由容量较小的“工作记忆”系统来调节和编码信息的。当有实质、即时的任务要求时，这些容量会进一步被限制，如在快速变化的事件中做出决策时。这有时也被称为认知负荷。学习环境则可以通过减少分割注意力的信息来源、减少连接和组合不同形式概念关系的需求来减轻认知负荷，并由此改善学习。此外，认知负荷还可以通过以下方式得到降低，如通过提供结构良好的学习材料、提供有组织的和连贯的体验以及将复杂的信息分割成可操纵的部分等方式来降低学习者的认知负荷。而且，教学者还可以通过呈现故事和案例研究来减轻认知负荷，因为这类信息的组织方式是学习者熟悉的叙事形式。

使学习者参与建构意义和知识

毋庸置疑，当学习者积极参与意义和知识的建构时，学习就会更为有效。但是，如果认知负荷被过度降低，即学习材料被过度组织、任务要求过于简单，那么学习者就会在没有任何学习障碍的情况下非常被动和肤浅地处理信息（McNamara，Kintsch，Songer，& Kintsch，1996）。

学习科学已经表明，当学习者被鼓励通过知觉、运动、语言、先前知识建构新的经验和概念时，学习将会更加有效。换句话说，学习活动越倾向于
建构意义，就越有益于学习者有效的知识建构。这些有意义的学习活动包括 32
学习者练习测试，提出和回答有深度的问题，表达个人观点，与他人就某一观点解释和对话（Andriessen & Baker，本书第 22 章），以及参与合作项目（Krajcik & Shin，本书第 14 章），等等。这些学习活动因富含学习者遇到的

挫折而变得富有成效，因为它们激活了学习者与之相关的先前知识，帮助学习者形成了多样化的学习经验、构建了启发性的解释、积累了分布式的实践活动经验，以此填补了通向目标知识的鸿沟（Collins & Kapur，本书第6章）。

积极的意义建构对理解抽象形式（例如，公式和图表）尤为重要。这些信息的抽象形式可以用来进行类比映射、泛化以及将知识灵活地转移到新领域等。但是，由于嵌入在技术和符号系统中，这些应用也与真实世界环境中的应用分离开来。这需要教学者将形式主义中具体的、耳熟能详的观念和实验方法结合起来，以增强学习者有效的意义建构。例如，当进步形式主义支持对抽象表征进行有意义的解释，并使解释与抽象表征相关时，学习者获取、应用抽象表征的能力就会得到提升（Nathan，2012）。

重视元认知意识

元认知是人类认知的基石，包括对人的理解水平的监控，和对一个人学习什么以及如何学习的反思（Winne & Azevedo，本书第 4 章）。当学习者开始评估自身的进步，并使用评价结果指导自己的推理过程或重组他们的学习环境时，元认知的价值就会突显。然而，大多数学习者需要有效的监督和自律意识，并且他们需要通过反馈来验证自我评估的有效性。例如，通常学习者对学习方法的选择不太明智，这会导致他们对学习成果的错误预测（Dunlosky et al.，2013）。然而，通过适当的支持，学习者可以发展良好的监控和自我调节能力，进而提高他们的效率、记忆力和自我监控水平。

系统视角：以证据为基础的学习和设计原则

对系统的研究表明，研究者不可能分析相互隔离的参与者行为，或与学习环境隔离的学习行为。从这个角度看，环境不能被视为一个孤立发生基本“规律”的容器，而是一个能提高学习效率的复杂因果领域的完整部分。珍·莱夫通过情境学习的研究有力地说明了这一点，她认为日常认知是“对心智、身体、行为和文化组织环境的综合与拓展，而不是分隔”（Lave，1988，p.1）。

33 ### 系统研究的方法

系统研究旨在阐明人们在教室、工作场所、博物馆以及他们每天生活的社区等学习环境中进行的学习实践和使用的学习资源，以此来建立社会秩序，并使他们的世界有意义。系统研究的方法包括微观发生法（Chinn & Sherin，本书第 9 章）、话语分析、交互分析和民俗方法学。交互分析在学习科学共同体中有着重大的影响（Enyedy & Stevens，本书第 10 章），其基本假设是将学习看作“一种正在发生或者已经发生的分散而持续的社会过程，并且人们必须以一种协作的方式发现和认识到学习的发生”（Jordan & Henderson，1995，p.42）。

基于设计的研究（Barab，本书第 8 章）是另一种用于阐明学习的相互作用、变化机制及变化所致影响的系统研究方法（Brown，1992；Cobb，Confrey，Lehrer，& Schauble，2003；Hawkins，1997）。与设计科学相一致，基于设计的研究不着重描述已经存在的行为，而是通过设计学习环境来促进最有效的学习行为的发生（Barab & Squire，2004；Simon，1996）。研究者围绕政策与应用型研究，已经形成了一系列基于设计的研究成果（Penuel & Spillane，本书第 32 章）。研究结果表明，基于设计的研究缩小了研究和应用之间的差距，并对研究和实践领域都做出了重要贡献。

系统研究的总结性发现

系统研究用系统的方法对学习这一复杂的系统现象进行分析。学习环境设计受的系统研究的影响主要体现在学习共同体和社会性学习环境的构建两方面。例如，学习环境设计可以通过满足社会的、参与性的、个体间相互联系的需求来揭示人际关系间相互作用的本质。许多著名的学习科学影响下的课程设计都立足于系统研究，包括基于问题的学习（Lu，Bridges，& Hmelo-Silver，本书第15章）、基于项目的学习（Krajcik & Shin，本书第14章）和基于探究的学习。研究者可以将系统研究的成果划归至三大综合领域：支持协作和争论的领域；引导学习者参与学科实践的领域和为有指导的探究与基于项目的学习提供适当支持的领域。

协作会话与讨论学习

会话是小组协作和个人学习的中介。与那些在竞争性或基于个人主义的结构化学习环境中的学习者相比，合作小组中的成员能得到更多的学习收获（Cohen，1994）。此外，协作会话的质量还影响着学习者今后的知识迁移（Barron，2003）。计算机支持的协作学习（Stahl，Koschmann，& Suthers，本书第 24 章）则通过共享陈述和任务结构来增强主体间协作的意义。 34

一些潜在的研究阐明了协作和讨论是如何促进个体参与者学习的。例如，当学习者对学习过程产生疑问并听取解释时，学习效果会得到提高。因此，学习参与者必须形成准确的阐述性发言和问题以使讨论有效（Andriessen & Baker，本书第 22 章）。并且会话者必须明确自己的知识，从而有利于其建立新的连接。协作可以揭露和弥合知识的差距与错误理解。讨论能让学习者反思他们的推理过程，进而促进其观念的转变（diSessa，本书第 5 章）。思想和表达的共识及共建则会影响学习者后续的、持续的互动（Cobb，Gravemeijer，Yackel，McClain，& Whitenack，1997）。

然而，学习者通常不会自发地开展协作（Azmitia，1996）。他们需要借助模型、指导或直接说明来发展并应用协作能力，如反向思考、积极聆听、批判性评价及尊重他人意见（Krajcik，Czerniak，& Berger，2002）。

以一种可理解的形式参与真实的学科实践

研究表明，积极参与真实的学科实践能够改善学习成果，比如参与如下促进学习的项目：《贾斯珀·伍德伯里的冒险》（Cognition and Technology Group at Vanderbilt，1997），培养学习者共同体（Brown & Campione，1994），孩子们是全球科学家（Kids as Global Scientists；Songer，1996）。尽管学习者在真实实践中的参与受到一些因素的影响（Edelson & Reiser ，2006），但学科实践为其获得对真实的环境和合理实践的理解提供了有意义的背景信息。学科实践为新知识和新实践间的联系提供了机会。它将学习者引向了对所学内容的未来应用，提高了学习者的学习动机。此外，真实的学科实践还可以帮助学生理解该学科的认识论——一个领域中的知识的组织和产生方式。

正如协作会话与讨论学习所述，学习者本身并不知道如何开展真实的实践。因此，我们需要遵循一种可接受的、符合学习者发展过程的方式来构建学习环境和活动。研究证实，有技巧的教学法实践对于鼓励和支持学生的发展来说是必要的，其能有效地培养学生进行自主学习的能力。教学者可以通过设计工具来阐明那些对学生来说能够理解的、吸引学生参与的而又不超出学生负荷范围的现象（例如：天气系统数据）（Songer & Kali，本书第 28 章）。
35 学习者则可以利用在社会技术学习环境下的分布式认知来帮助自己管理潜在的高认知负荷（Edelson & Reiser ，2006）。外部专家也可以帮助学生解决其中一些复杂的问题。教学方法（例如：认知学徒制）能够组织建模、辅导、提供脚手架和撤去脚手架等方法的使用，并通过引导学习者参与来促进他们在概念上和程序上的技能发展。学习环境需要明确专家专业实践背后的“隐性知识”，即他们已经获得的且不再需要有意识地获取的深层专业知识。

指导式探究和基于项目的学习

与非指导式的探究学习和简单的听取信息式学习相比，指导式探究能使学习过程更有效（Furtak，Seidel，Iverson，& Briggs，2012；Hmelo-Silver，Duncan，& Chinn，2007）。指导式探究的有效性体现在它能使得许多前面讨论过的有效学习机制都被置于统一的系统之内。学习者在其中能反复地生成和表达他们的知识，提出深刻的问题，进行自我解释，并证明他们的推理。另外，探究经验常常包含反复的测试。

和指导式探究类似，基于项目的学习（Krajcik & Shin，本书第14章）允许学习者通过动手、解释和应用想法去解决有意义的问题进而学习。通常，与传统的讲授式课堂相比，基于项目的学习课堂中的学生在测试中的表现会更好（Marx et al.，2004）。格雷泽和他的同事（Graesser et al，2008）指出：学生不可能自发地从事探究、训练和基于项目的学习，他们需要大量的帮助或脚手架来发现主要原理、连接先前知识，并使用有效的学习和监控策略（Reiser & Tabak，本书第3章）。

反思拓展：整合系统的观点和因素的观点

拓展是学习科学研究的核心目标。系统的观点强调了设计创新、设计内容和设计使用之间的重要关系。但是，管理好系统的复杂性是很困难的（Wilensky & Jacobson，本书第16章），同时，若试图控制它们可能会导致意想不到的后果。因素研究为精确操作和控制提供了强大的方法论支持，使得研究设计团队能建立拓展研究成果的因果关系。但因素分析法的还原论对教学情境的限制性条件和不常见的拓展并不敏感（Debe，2006）。因此，在开发连接研究和实践的有效学习创新上，整合系统的观点和因素的观点会产生更有效率的方法。

与传统的拓展方法不同，内森和阿里巴里（Nathan & Alibali，2010）提出了精简化方法（scale-down method）。精简化方法首先采用系统的观点对学习系统进行解读——在学习自然发生的复杂环境中（比如课堂中）分析学习环境。然后，通过对系统观察进行分析，提出改善系统的假设：首先，识别那些潜在的影响系统性能的近似可分解系统内的子系统；其次，对于这些子系统中的设计与功效进行修正；然后，重新将这些子系统整合到系统之中； 36

最后，将整个系统作为整体，在自然环境中观察系统中的行为。

完全可分解系统是由具有独立功能的模块组成的相对简单的系统。近似可分解系统则与此相反，它由一些系统组成部分构成。尽管“从长期来看，其任何一个子系统的运行在总体上取决于其他系统的运行”，但其中“各子系统在短期内都近似独立于其他子系统”（Simon，1962，p.474）。因此，近似可分解系统的子系统内部间的相互作用是相对较强的，而子系统与其余系统之间的相互作用是相对较弱的，但这种相互作用并不能被忽略。举例来说，扫视，也就是直接的眼球运动，可从视觉任务的许多方面完全分解出来，而阅读理解则是近似可分解的，因此它们能被测量并相对独立地得到提升，但归根结底它们还是要与环境及任务目标发生相互作用（Perfetti，1989）。

精简化方法的目的是在可能的情况下，通过改善子系统的设计——无论是课程材料、交互模式，还是教师行为——来改善系统的性能。一个子系统的设计改良和性能优化除了可以借鉴精度准确、控制可靠的因素分析法，还可以借鉴研究和设计中的系统分析法。通过这种路径，一个近似可分解系统的改善就能以递进的方式进行，必要时可交替使用因素分析法和系统分析法。例如，系统研究中所使用的测量工具的发展有赖于近似可分解性：人们需要将系统行为中的一个部分分解出来，再将它整合进有利于分类或量化的分析框架中。

在设计、评估和改善复杂的技术系统和社会系统时，工程作业也利用了近似可分解性。在工程历史上曾使用过的一种方法是*功能分解法*（Bradshaw，1992）。功能分解法允许设计者优化近似可分解系统的性能，如飞机的机翼设计，设计者可以综合使用因素分析法（测量升降机）和系统分
37 析法（在风洞中观察机翼的运作），以提高该系统的整体性能。功能分解法的有效性体现在复杂的系统中，与重新设计整个系统相比，测试和修改一个子系统会显得更经济和更容易。

由于设计技术系统的行为和目标从根本上与大多数人们的行为和目标并不相同，因此教育领域的研究与实践不能直接借鉴功能分解法。但是学习环境的设计仍然可以从类似功能分解的技术中获得一些启发。实验室研究提供了一组用于支持精简化方法的因素分析法。基于计算机的同伴学习、教学助理和学习者模拟都可以分解和改善复杂协作和教学互动（Biswas，Leelawong，Schwartz，Vye，& The Teachable Agents Group at Vanderbilt，2005；

Dillenbourg & Self，1992；Ur & VanLehn，1995）。借鉴在医疗培训和考核中使用的标准化病人案例，研究者在教师培训和考核中使用标准化学生案例和标准化家长案例可以改进整体学习环境的设计（Dotger，2010）。

使用因素分析法分析复杂系统存在的问题是，分解式假设忽略了当系统的组成因素被重新引入到系统中时特定参与者与教学背景环境间的内在交互。精简化方法则强调了重新整合过程的重要作用。因此，二次设计的子系统必须被谨慎而细致地重组，这一过程必须由熟知因素分析法并对其感兴趣的实践者进行。然后，实践者必须对更大的系统非常熟悉，其子系统才能在真实世界的学习环境中利用系统分析法被研究。

一种与精简化方法相匹配的新研究方法正在不断发展之中，尤其是在数学教育领域。达文波特（Davenport，2013）介绍了一门在中学广泛使用的数学课程——连接数学 2（Connected Mathematics 2）。他将实验方法、学习分析、眼动跟踪结合起来，重新设计了这一课程。其中，印刷材料对文字和图像内容的组织、为获得概念和技能而制作的练习时间表、用来测试的练习、家庭作业中有效例子的应用和自我解释，以及教师专业发展都被视为近似可分解的子系统。这些子系统会由一个专家小组进行观察和修正，然后被作为以课堂实施为目的的完整系统重新加以整合。在第二个例子中，莱勒、金、埃尔斯和威尔逊（Lehrer，Kim，Ayers，& Wilson，出版中）使用了一系列的设计实验来支持中学生的统计推理。虽然该研究的重点是形成一个系统，以使学生的学习沿着假设的学习进程发展，但研究者依旧确认了一些近似可分解的部分来使学生行为的测量和教师的发展更加结构化。

精简化方法是一种富有成效的解决系统分析法和因素分析法之间矛盾的 38
方法（Anderson，Reder，& Simon，1996）。由于学习发生在生态系统情境中，许多学习科学的研究和发展的前景都以系统的视角关注复杂的相互作用和真实的实践。因素分析法则在控制、分析和重新设计子系统中发挥次要的补充作用。通过有效地结合因素分析法和系统分析法，精简化方法能改善和促进教育创新的设计、开发和实施，从而促进关于学习的和基于实证的理论得到有效的发展。

结论

学习科学是一个在多学科的历史交叉中重点关注学习和学习环境设计的跨学科领域。它将研究方法和实践方法相结合，并认为这两种方法是相互促进的。例如，观察学习理论落地于新学习环境时会发生什么，以促进新的学习机制的基础性认识和新的设计原则的产生。

学习科学理论基础涵盖了广泛的社会科学理论。其中一些理论——如认知主义和建构主义——专注于个人学习层面。这些理论的产生通常与因素研究的方法论有关。还有一些与系统研究的方法论相关的理论则可以更好地帮助我们了解嵌入式学习和情境学习，以理解学习如何被社会和文化影响。因为在某些情况下，学习也会不可避免地和社会与文化互相影响。这些理论大多与系统研究方法论有关。

本书的这一章节介绍了学习科学研究的两个核心特点：连接研究与实践；综合跨学科范围有关学习的因素观点和系统观点。研究者认为，这一研究对提高我们在学习科学的认识上有极大帮助，同时也有助于设计和创新有效的学习环境，以促进学习效果和质量的提高。

参考文献

Anderson, J. R., Reder, L. M., & Simon, H. A. (1996). Situated learning and education. *Educational Researcher*, 25 (4), 5–11.

Anderson, M. L. (2003). Embodied cognition: A field guide. *Artificial Intelligence*, 149, 91–130.

Azmitia, M. (1996). Peer interactive minds: Developmental, theoretical, and methodological issues. In
39 P. B. Baltes, & U. M. Staudinger (Eds.), *Interactive minds:Life-span perspectives on the social foundation of cognition* (pp. 133–162). New York: Cambridge University Press.

Barab, S., & Squire, K. (2004). Design-based research: Putting a stake in the ground. *The Journal of the Learning Sciences*, 13 (1), 1–14.

Barab, S., Thomas, M., Dodge, T., Carteaux, R., & Tuzun, H. (2005). Making learning fun: Quest Atlantis, a game without guns. *Educational Technology Research and Development*, 53 (1), 86–107.

Barron, B. (2003). When smart groups fail. *The Journal of the Learning Sciences, 12*, 307–359.

Barsalou, L. W. (2008). Grounded cognition. *Annual Review of Psychology*, 59, 617–645.

Biswas, G., Leelawong, K., Schwartz, D., Vye, N., & The Teachable Agents Group at Vanderbilt. (2005). Learning by teaching: A new agent paradigm for educational software. *Applied Artificial Intelligence*, 19 (3–4), 363–392.

Bradshaw, G. F. (1992). The airplane and the logic of invention. In R. N. Giere (Ed.), *Cognitive models of science* (pp. 239–250). Minneapolis: University of Minnesota Press.

Brown, A. L. (1992). Design experiments: Theoretical and methodological challenges in creating complex interventions in classroom settings. *The Journal of the Learning Sciences*, 2 (2), 141–178.

Brown, A. L., & Campione, J. C. (1994). Guided discovery in a community of learners. In K. McGilly (Ed.), *Classroom lessons: Integrating cognitive theory and classroom practice* (pp. 229–270). Cambridge, MA: MIT Press/Bradford Books.

Chalmers, D. J. (1993/2011). A computational foundation for the study of cognition. *Journal of Cognitive Science*, 12 (4), 323–357.

Clark, A., & Chalmers, D. (1998). The extended mind. *Analysis*, 58 (1), 7–19.

Cobb, P., Gravemeijer, K., Yackel, E., McClain, K., & Whitenack, J. (1997). Mathematizing and symbolizing: The emergence of chains of signification in one first-grade classroom. In D. Kirshner, & J. A. Whitson (Eds.), *Situated cognition: Social, semiotic, and psychological perspectives* (pp. 151– 233). Mahwah, NJ: Lawrence Erlbaum Associates.

Cobb, P., Confrey, J., Lehrer, R., & Schauble, L. (2003). Design experiments in educational research. *Educational Researcher*, 32 (1), 9–13.

Cognition and Technology Group at Vanderbilt. (1997). *The Jasper Project: Lessons in curriculum, instruction, assessment, and professional development*. Mahwah, NJ: Lawrence Erlbaum Associates.

Cohen, E. G. (1994). Restructuring the classroom: Conditions for productive small groups. *Review of Educational Research*, 64 (1), 1–35.

Collins, A., Joseph, D., & Bielaczyc, K. (2004). Design research: Theoretical and methodological issues. *The Journal of the Learning Sciences*, 13 (1), 15–42.

Cremin, L. A. (1961). *The transformation of the school: Progressivism in American education, 1876–1957* (vol. 519). New York: Knopf.

Davenport, J. (2013). Reciprocal relations between research and practice: How improving curricular materials led to new research questions. Paper presentation to the Annual Meeting of the American Educational Research Association (San Francisco).

Dede, C. (2006). Evolving innovations beyond ideal settings to challenging contexts of practice. In R. K. 40
Sawyer (Ed.), *The Cambridge handbook of the learning sciences* (pp. 551–566). New York: Cambridge University Press.

Design-Based Research Collective. (2003). Design-based research: An emerging paradigm for educational inquiry. *Educational Researcher*, 32 (1), 5–8.

Dillenbourg, P., & Self, J. (1992). People power: A human-computer collaborative learning system. In C. Frasson, G. Gauthier, & G. McCalla (Eds.), The 2nd International Conference of Intelligent Tutoring Systems, Lecture Notes in Computer Science, 608, Springer-Verlag, 651–660.

Dotger, B. H. (2010). "I had no idea": Developing dispositional awareness and sensitivity through a cross-professional pedagogy. *Teaching and Teacher Education*, 26 (4), 805–812.

Dreyfus, H. L. (2002). Intelligence without representation – Merleau-Ponty's critique of mental representation: The relevance of phenomenology to scientific explanation. *Phenomenology and the Cognitive Sciences*, 1 (4), 367–383.

Dunlosky, J., Rawson, K. A., Marsh, E. J., Nathan, M. J., & Willingham, D. T. (2013). Improving students' learning with effective learning techniques: Promising directions from cognitive and educational psychology. *Psychological Science in the Public Interest*, 14 (1), 4–58.

Edelson, D. C., & Reiser, B. J. (2006). Making authentic practices accessible to learners: Design challenges and strategies. In R. K. Sawyer (Ed.), *The Cambridge handbook of the learning sciences* (pp. 335–354). New York: Cambridge University Press.

Flavell, J. H. (1963). *The developmental psychology of Jean Piaget* (vol. 1). Princeton, NJ: Van Nostrand.

Furtak, E. M., Seidel, T., Iverson, H., & Briggs, D. C. (2012). Experimental and quasi-experimental studies of inquiry-based science teaching: A meta-analysis. *Review of Educational Research*, 82 (3), 300–329.

Garinkel, H. (1967). *Studies in ethnomethodology*. Englewood Cliffs, NJ: Prentice Hall.

Gibson, J. J. (1977). The concept of affordances. In R. Shaw, & J. Bransford (Eds.), *Perceiving, acting, and knowing: Toward an ecological psychology* (pp. 67– 82). Hillsdale, NJ: Lawrence Erlbaum Associates.

Glenberg, A. M. (1997). What memory is for: Creating meaning in the service of action. *Behavioral and brain sciences*, 20 (1), 41–50.

Graesser, A. C., Halpern, D. F., & Hakel, M. (2008). 25 principles of learning. Washington, DC: Task Force on Lifelong Learning at Work and at Home. Retrieved December 8, 2008, from http://www.psyc.memphis.edu/learning/ whatweknow/index.shtml.

Greeno, J. G. (1997). On claims that answer the wrong questions. *Educational Researcher*, 26 (1), 5–17.

Hawkins, J. (1997). *The National Design Experiments Consortium: Final Report*. New York: Center for Children and Technology, Educational Development Center.

Hmelo-Silver, C. E., Duncan, R. G., & Chinn, C. A. (2007). Scaffolding and achievement in problem-based and inquiry learning: A response to Kirschner, Sweller, and Clark (2006). *Educational Psychologist*, 42 (2), 99–107.

Hutchins, E. (1995). *Cognition in the wild*. Cambridge, MA: MIT Press.

Hughes, J. A., Shapiro, D. Z., Sharrock, W. W., Anderson, R. J., & Gibbons, S. C. (1988). *The automation of air trafic control* (Final Report SERC/ESRC Grant no. GR/D/86257). Lancaster, UK: Department of Sociology, Lancaster University.

Jordan, B., & Henderson, A. (1995). Interaction analysis: Foundations and practice. *The Journal of the Learning Sciences*, 4 (1), 39–103. 41

Koedinger, K. R., & Corbett, A. T. (2006). Cognitive tutors: Technology bringing learning science to the classroom. In R. K. Sawyer (Ed.), *The Cambridge handbook of the learning sciences*. New York: Cambridge University Press.

Kolodner, J. L. (1991). The Journal of the Learning Sciences: Effecting changes in education. *Journal of the Learning Sciences*, 1, 1–6.

Krajcik, J., Czerniak, C., & Berger, C. (2002). *Teaching science in elementary and middle school classrooms: A project-based approach.* Second Edition. Boston, MA: McGraw-Hill.

Lamon, M., Secules, T., Petrosino, A. J., Hackett, R., Bransford, J. D., & Goldman S. R. (1996). Schools for thought: Overview of the project and lessons learned from one of the sites. In L. Schauble, & R. Glaser (Eds.), *Innovation in learning: New environments for education* (pp. 243–288). Mahwah, NJ: Lawrence Erlbaum Associates.

Larkin, M., Eatough, V., & Osborn, M. (2011). Interpretative phenomenological analysis and embodied, active, situated cognition. *Theory & Psychology*, 21 (3), 318–337.

Lave, J. (1988). *Cognition in practice: Mind, mathematics and culture in everyday life*. New York: Cambridge University Press.

Lave, J., & Wenger, E. (1991). *Situated learning: Legitimate peripheral participation*. New York: Cambridge University Press.

Lehrer, R., Kim, M. J., Ayers, E., & Wilson, M. (in press). Toward establishing a learning progression to support the development of statistical reasoning. To appear in A. P. Mahoney, J. Confrey, & K. H. Nyugen (Eds.), *Learning over time: Learning trajectories in mathematics education*. Charlotte, NC: Information Age Publishers.

Leont'ev, A. N. (1981). The problem of activity in psychology. In J. V. Wertsch (Ed.), *The concept of activity in Soviet psychology* (pp. 37–71). Armonk, NY: Sharpe.

Linn, M. C., & Slotta, J. D. (2000). WISE science. *Educational Leadership*, 58 (2), 29–32.

Marx, R. W., Blumenfeld, P. C., Krajcik, J. S., Fishman, B., Soloway, E., Geier, R., & Tal, R. T. (2004). Inquiry-based science in the middle grades: Assessment of learning in urban systemic reform. *Journal of Research in Science Teaching*, 41 (10), 1063–1080.

McDonald, S. K., Keesler, V. A., Kauffman, N. J., & Schneider, B. (2006). Scaling-up exemplary interventions. *Educational Researcher*, 35 (3), 15–24.

McNamara, D. S., Kintsch, E., Songer, N. B., & Kintsch, W. (1996). Are good texts always better? Interactions of text coherence, background knowledge, and levels of understanding in learning from text. *Cognition and instruction*, 14 (1), 1–43.

Nathan, M. J. (1998). The impact of theories of learning on learning environment design. *Interactive Learning Environments*, 5, 135–160.

Nathan, M. J. (2012). Rethinking formalisms in formal education. *Educational Psychologist*, 47 (2), 125–148.

Nathan, M. J. (2014). Grounded mathematical reasoning. In L. Shapiro (Ed.), *The Routledge handbook of embodied cognition* (pp. 171–183). Routledge: New York.

42 Nathan, M. J., & Alibali, M. W. (2010). Learning sciences. *Wiley Interdisciplinary Reviews: Cognitive Science*, 1 (3), 329–345.

Newell, A. (1990). *Unified theories of cognition*. Cambridge, MA: Harvard University Press.

Newell, A., & Simon, H. A. (1976). Computer science as empirical inquiry: Symbols and search. *Communications of the ACM*, 19 (3), 113–126.

Palinscar, A. S., & Brown, A. L. (1984). Reciprocal teaching of comprehension-fostering and comprehension-monitoring activities. *Cognition and instruction*, 1 (2), 117–175.

Papert, S. (1980). *Mindstorms: Children, computers, and powerful ideas*. New York: Basic Books.

Pashler, H., Bain, P. M., Bottge, B. A., Graesser, A., Koedinger, K., McDaniel, M., & Metcalfe, J. (2007). Organizing Instruction and Study to Improve Student Learning. IES Practice Guide. NCER 2007–2004. *National Center for Education Research*.

Penuel, W. R., Fishman, B. J., Cheng, B. H., & Sabelli, N. (2011). Organizing research and development at the intersection of learning, implementation, and design. *Educational Researcher*, 40 (7), 331–337.

Perfetti, C. A. (1989). There are generalized abilities and one of them is reading. In L. Resnick (Ed.), *Knowing, learning, and instruction: Essays in honor of Robert Glaser* (pp. 307–335). Hillsdale, NJ: Lawrence Erlbaum Associates.

RAND (2004). *Expanding the Reach of Education Reforms: What Have We Learned about Scaling Up Educational Interventions?* RAND Health.

Robbins, P., & Aydede, M. (Eds.) (2010). *The Cambridge handbook of situated cognition*. New York: Cambridge University Press.

Rumelhart, D. E., & McClelland, J. L. (1986). *Parallel distributed processing: Explorations in the microstructure of cognition* (vol. 1). Foundations. Cambridge, MA: MIT Press.

Sawyer, R. K. (2005). *Social emergence: Societies as complex systems*. New York: Cambridge University Press.

Schwartz, D. L., Martin, T., & Nasir, N. (2005). Designs for knowledge evolution: Towards a prescriptive theory for integrating first-and second-hand knowledge. In P. gardenfors, & P. Johansson (Eds.), *Cognition, education, and communication technology* (pp. 21–54). Mahwah, NJ: Lawrence Erlbaum Associates.

Simon, H. A. (1962). The architecture of complexity. *Proceedings of the American Philosophical Society*, 106 (6), 467–482.

Simon, H. A. (1996). *The sciences of the artificial*. Cambridge, MA: MIT Press.

Songer, N. B. (1996). Exploring learning opportunities in coordinated network enhanced classrooms: A case of kids as global scientists. *The Journal of the Learning Sciences*, 5 (4), 297–327.

Spillane, J. P., Reiser, B. J., & Reimer, T. (2002). Policy implementation and cognition: Reframing and refocusing implementation research. *Review of Educational Research*, 72 (3), 387–431.

Stevens, R., & Hall, R. (1998). Disciplined perception: Learning to see in technoscience. In M. Lampert, & M. L. Blunk (Eds.), *Talking mathematics in school: Studies of teaching and learning* (pp. 107–149). Cambridge: Cambridge University Press.

Stokes, D. E. (1997). *Pasteur's quadrant: Basic science and technological innovation*. Washington, DC: Brookings Institution Press. 43

Tatar, D., Roschelle, J., Knudsen, J., Shechtman, N., Kaput, J., & Hopkins, B. (2008). Scaling up innovative technology-based mathematics. *The Journal of the Learning Sciences*, 17 (2), 248–286.

Ur, S., & VanLehn, K. (1995). Steps: A simulated, tutorable physics student!. *Journal of Artificial Intelligence in Education*, 6, 405–437.

Von Glasersfeld, E. (1989). Cognition, construction of knowledge, and teaching. *Synthese*, 80 (1), 121–140.

Vygotsky, L. S. (1978). *Mind in society: The development of higher mental process.*

Wertsch, J. V. (1985). *Vygotsky and the social formation of mind*. Cambridge, MA: Harvard University Press.

第3章

脚手架

布赖恩·J. 赖泽　艾丽斯·塔巴克

44　在一间教室里，7 年级的学生正在开发一个探索影响当地河水质量的因素的科学模型。他们对模型进行动态测试，但是还没有能力对这些影响因素的关系进行复杂的数学表征。在另一间教室里，11 年级的学生正在阅读一手的历史材料，讨论如何对历史事件做出连贯一致的解释，但是他们还缺乏历史学家分析一手文献时使用的广博的学科知识和经验。这些学习者是如何参与这些专业实践活动的？——这些活动需要专家知识和技能，但是他们尚不具备。这些情况可能类似于以下过程：小孩子在掌握平衡技巧之前可以应用训练车来学习骑两轮车；在大楼比较低的楼层完全建好之前，建筑工人可以应用脚手架先建造楼的顶层。

脚手架的历史根源

采用建筑施工中脚手架的隐喻，伍德、布鲁纳和罗斯（Wood, Bruner, & Ross, 1976）提出了*脚手架*的概念，用以描述儿童在更有知识、能帮助他们解决问题的人的支持下，如何完成他们不能独自完成的更复杂的任务[①]

---

① 脚手架的概念也出现在奥苏贝尔（Ausubel，1963）的论著中，用以说明先行组织者（advance organizer）能够促进学习者从文本中学习。解释性的文本或者概念图都可以充当先行组织者，先行组织者介绍新的术语和概念及其含义，以及术语与概念之间的关系。这些先行组织者能够使学习者形成一个初始的心理结构，奥苏贝尔称这个心理结构为“概念的脚手架”，它可以通过提供一个整合新知识的组织以促进后续文本的加工。通过这种方式，先行组织者为后续的知识形成了一个概念框架，类似于建筑工程中的脚手架。在学习科学有关脚手架的研究中，人们不经常参考脚手架的这种用法，因为这些研究更多与学习的社会文化取向相联系。但是，这一定义指出了学习科学中脚手架的含义与更广泛的建构主义视角中脚手架含义的一致性，建构主义者认为，学习者在先前知识与新经验的互动的基础上积极建构他们自己的知识。

（Palincsar，1998；Rogoff，1990）。人们可以通过各种不同的机制提供脚手架。在先前引用的例子中，历史课堂上，教师指导和课程材料提供了脚手架（Reisman，2012）；有关河水质量模型的研究中，一部分援助来自支持性的软件环境（Fretz et al.，2002）。 45

脚手架的一个核心思想是学习者与更有知识的其他人或者教学代理（agent）共同完成工作。脚手架不仅能使学习者完成自己独立不能完成的更复杂的任务，而且也能帮助学习者从这些经验中学习。在对河水质量建模的例子中，专家应用相当复杂的数学模型来探索各个因素之间可能的关系，比如叶子的数量与氧气含量的关系，同时他们也会测试他们的猜想是否与实证一致，通过对不同模型的论证，来检验哪个模型能对他们周围的世界做出最好的解释。对于影响河水质量的各个因素之间的关系，这些中学生在能用数学方法表征和测试这些关系之前，就能够对这些关系进行推理。如果学生们得不到帮助，数学方面的挑战将阻碍他们探索这些因素之间的因果关系。通过口头说明这些因素之间的关系（比如，当河水中叶子的数量增加时，水中溶解的氧的含量也会增加），这一脚手架环境能够使学生探索河水质量模型，而不用考虑数学方面的问题（Fretz et al.，2002）。在这样的环境中，学生们可以就河水质量模型进行探索、比较和辩论，对隐藏的因果机制达成共识（Schwarz et al.，2009），且不用考虑数学计算方面的超负荷任务。

在阅读历史文本的例子中，历史学家们有一系列针对材料的概念性问题，这些问题会影响历史学家对材料的阅读和解释，比如有关作者的问题，这样写材料为什么可以支持作者的观点，或者如何通过当时发生的历史事件解释什么信息可以被记录或者省略（Reisman，2012）。通过对这些问题的推理，学生能够取得进步，但是他们不可能单靠自己就把这些问题引入他们的学习中。教师通过口头的或者书面的提示把这些问题引进来，这样学生阅读一手历史文献的过程中，就会不断地意识到这些问题。教师呈现概念性问题，监控和调整任务完成过程，以便学生将精力聚焦于更熟练地回答问题上。通过这种方式，教师的口头提示以及课程资料的提示为学生的学习提供了脚手架，使得他们能够专注于调查和分析那些他们尚不能独自进行的计划、监控和实施。

学习科学中脚手架的概念及其应用有着多样化的研究传统。这种思想起源于维果茨基关于成人－儿童互动以及同伴互动的研究，这些研究主要集中于语言发展情境（Cazden，1979，1997；Ratner & Bruner，1978；Rogoff， 46

1990；Wertsch，1979；Wood et al.，1976）。这种思想吸取了维果茨基关于发展的理念，认为学习发生在最近发展区（zone of proximal development，ZPD）（Rogoff，1990）。最近发展区是指学习者当前不能独自完成，但在合适的帮助下可以完成的任务范围；最近发展区拓展了他们独立进行活动的范围（Rogoff，1990；Stone，1998；Wood et al.，1976）。通过积极地全程参与这些更复杂的任务，儿童从这些经验中学习，并超越了他们独自完成任务的能力范围。脚手架的研究也受到经典的学徒制研究的影响。在学徒制环境中，当具有不同程度专门知识的人参与完成真实任务时，学习就发生了（Collins & Kapur，本书第6章；Greenfield，1984；Hutchins，1996；Jordan，1989；Lave，1997）。

脚手架如何促进学习

与“知识更丰富的其他人”（在有关脚手架的早期研究中经常被称为“导师”）协作能够帮助学习者在他们当前知识水平与更复杂的实践之间搭建桥梁。在获取知识和技能的某些方面，也需要为学习者搭建桥梁。学习者也许不能完整地定义问题，不能清晰地界定任务的目标、预期成果或者所需的资源，他们相关的技能体系也可能不完善。调整解决问题的过程、决定采取什么行动以及采取行动的时机与方法，经常使学习者面临严峻的挑战。因此，学习者需要利用脚手架，通过参与活动来获得一系列的相关行为，并熟练掌握这些行为（Wertsch，1979）。

知识更丰富的人在提供脚手架后常常默认学习者已经具备了这些知识和技能。因此，学习者总会接收到他们尚不理解的指导建议，他们将被迫建构对这些指导建议的理解并建立这些指导建议与特定任务之间的联系（Wertsch，1979；Wertsch & Stone，1985）。导师为学习者示范相关行为或者帮助学习者实施这些行为（Goffman，1974），比如，手把手地教学习者织布（Greenfield，1984），或者让学习者改述他们的话以使他们更好地理解任务（Cazden，1979；O’Connor & Michaels，1993），这些都能够帮助学习者建构对指导建议的理解。这个过程对于非语言形式的行为和指导建议也是成立的（Reid & Stone，1991）。通过不断地重复互动，学习者模仿示范的行为并把它们与指导建议以及特定任务联系起来。这是一种解释脚手架如何使学习得以发生的机制，这种机制被称为预叙（prolepsis）（Wertsch & Stone，1985）。

同样，脚手架所支持的这种共同进行的活动倾向于从其他规范的行为开始，在此过程中导师会提供建议、暗示或者提示来帮助学习者调整相关的行 47
为。随着时间的推移，学习者应用这些指导并开始调整他们自己的行为，这个过程中导师的指导逐渐减少，脚手架慢慢撤离。最后，当逐渐内化“其他知识更丰富的人的语言”后，就不再需要外在的指导了，没有导师公开的言语指导，学习者也可以调整他们自己的行为。

脚手架与其他传统教学方法有根本的不同，传统的教学方法会把复杂的技能和任务分解成尽可能小的组成部分。把技能和任务分解的这种教学设计方法根源于行为主义方法在学习和教育中的应用（Greeno，Collins，& Resnick，1996）。根据行为主义者的理论，学习者要获得更复杂的行为首先要获得相对简单的行为，比如，在已知的序列上增加新的一步。把任务分解，并且先行教授这些分解的任务，然后把这些分解的任务组合成一个更复杂的行为，这已经成为传统教学设计中一种常用的方法（Gagné，1965）。在传统的教学设计中，学习需要通过设计小规模的任务以发展特定的次级技能。这样的任务也许不能反映学习情境之外的真实任务。

与传统教学法相反，脚手架是情境化教学法的要素，它将新技能的学习置于更复杂的任务中，比如学徒制和基于项目的学习（Collins & Kapur，本书第 6 章；Krajcik & Shin，本书第 14 章）。应用这些情境化教学法，学习者能够完成真实世界中的或者专家级的复杂任务，这会促进学习者发展次级技能和必要的知识，在此情境中，学习者学习和应用知识与技能，就像这些知识和技能当初建构时那样（Edelson，2001）。当学习者要完成一项情境化的专家级的任务时，将指导嵌入情境是脚手架教学逻辑的本质。

因为脚手架是情境化的、综合性的，所以它能促进迁移，提高学生对课程目标以及课程目标和程序之间关系的理解能力。传统教学围绕技能的分解进行组织，往往不能帮助学生理解次级技能的使用目标和应用情境。在传统教学中，学习者将特定技能（比如解线性方程或者学习光合作用的公式）本身及特定技能中包含的子技能作为学习目标，他们不学习这个知识与其他知识的相关性，以及如何应用这个知识。这样就会导致惰性知识的产生（Bransford，Brown，& Cocking，2000），即学习者不能应用他们的所学。相反，当学习者在完成整体目标应用任务的过程中学习次级技能时，他们学到了这些次级技能是如何一同起作用的（Collins，Brown，& Newman，1989；Edelson，2001），以及在何时如何应用这些技能，这有助于学习者将来独立而恰当地应用这些技能。

48 脚手架如何转变学习任务?

学习科学研究基本聚焦于为学科学习设计有效的学习环境，比如阅读、科学探究或者数学，其重点是促进学习者建构、应用和提炼知识，而不是把观点看成固定的或者最终形式的知识（Scardamalia & Bereiter，本书第 20 章）。由此，大量的研究已对如下方面进行了探索，包括：如何有目的地设计脚手架；对用以分析学习者与其他学习者以及教师之间丰富交互的脚手架的概念进行拓展；学习者学习时所使用的工具（Lajoie，2005；Puntambekar & Hubscher，2005）。我们研究这些情境中脚手架的功能以及如何设计一些要素来实现这些功能。

为了分析学习过程中脚手架的功能（Wood et al.，1976），我们需要研究脚手架如何转变学习任务而使得学习目标更容易达成、更加富有成效（Sherin，Reiser，& Edelson，2004）。在学科学习中，当学习者不清楚相关学科学习的策略，不能很好地使用和协调这些策略，或者对学科学习的目标没有十分清晰的概念，也不知道学科知识如何改变实践时，学习者的学习就会面临挑战。比如，如果数学学习者不熟悉特定的程序，他们在应用这些程序时就会有困难，他们可能不理解学习的目标是掌握解决方案，而不是简单的正确答案（Lampert，1990；McClain & Cobb，2001）。

金塔纳和其同事们（Quintana et al.，2004）认为，在意义建构、表达和反思、管理探究和问题解决过程三个方面，脚手架能够转变学习任务，从而使学习更有效（Guzdial，1994）。搭建意义建构脚手架意味着帮助学习者理解问题或者数据。搭建管理探究和问题解决过程脚手架是指帮助学习者选择策略并执行任务以解决问题。这种脚手架超越了仅仅帮助学习者理解问题解决的一个要素的层面，还可以帮助他们获得有关完成学习任务的策略性知识（Many，2002；van de Pol，Volman，& Beishuizen，2010）。搭建表达和反思脚手架是指帮助学习者在解决问题的过程中表达他们的思想，并对有效学习方法进行反思（Winne & Azevedo，本书第 4 章）。在学科学习过程中，可以从这三个方面考虑设计有效的脚手架。

*脚手架能简化任务要素，以便学生学会所学内容。*这是伍德及其同事（Wood et al.，1976）描述的脚手架的一项非常重要的功能。脚手架能够转变任务以便学习者投入到简化后对学习仍然具有价值的任务中。比如，在一名导师与一个学生共同完成代数题的过程中，导师处理一些更难的计算问题， 49
这使得学习者专注于代数操作而减少了使用策略和运算方面的认知负荷。脚手架也能捕捉颇具破坏性的错误，从而使得学习更加有效（Merrill，Reiser，Merrill，& Landes，1995）。

*脚手架能管理过程，以便学习者在真实问题情境中投入对学科知识要素的学习。*为学习者提供策略方面的帮助已经逐渐成为脚手架方法的核心。学习者常常不能选择合适的策略，这很容易阻碍问题解决。及时恰当的策略指导能让问题解决保持在正确的轨道上，这使得学习者能够持续地完成大量的工作，并从问题解决的经验中学习（Hmelo-Silver，Duncan，& Chinn，2007；Merrill et al.，1995）。

*脚手架能减少挫败感和风险，以便学习者保持学习兴趣。*从最早应用脚手架的隐喻出发，伴随着脚手架认知方面的益处，脚手架也被认为有情感方面的益处（Wood et al.，1976）。搭建脚手架的目的是平衡学习者积极参与问题解决的过程，同时帮助学习者建构专业知识和自信心，最大限度地减少他们动机和认知方面无助的挣扎和失败（Hmelo-Silver et al.，2007；Lepper，Woolverton，Mumme，& Gurtner，1993）。

*脚手架能使学习者的注意力聚焦于问题中他们容易想当然的方面。*人们在总结脚手架的特征时，总是说它能“帮助”学习者，或者使学习任务“更容易”，实际上从长远来看，脚手架的一个重要角色是帮助学习者投入到他们容易忽视的问题的重要方面。伍德和其同事（Wood et al.，1976）指出，脚手架能通过“标注关键特征”来指导学习者注意到他们目前的工作与预期成果之间的“差异”。通过把任务中学习者容易想当然和回避的方面问题化（problematizing）（Reiser，2004），以及鼓励学习者投入到对学习有效的复杂学习过程中（Kapur & Bielaczyc，2012），脚手架能够帮助学习者学习。

*脚手架能够促进学习者解释和反思。*脚手架设计研究聚焦的一个方面就是促进学习者的解释和反思。做中学的方法最近已经在学科学习中得到广泛重视，但是成功地获得问题的答案不一定能保证学习者能从中有效地学习（Barron et al.，1998）。脚手架不仅要帮助学习者成功地获得答案，还需

要帮助学习者建构解释，比如为什么一个特定的数学方法是成功的，或者识别一些自然现象的科学机制。在学习者解决问题的过程中，脚手架能帮助学习者以对学习更有效的方式来表达和解释他们的想法（Linn，Bell，& Davis，2004；Quintana et al.，2004；Scardamalia & Bereiter，本书第 20 章；Winne & Azevedo，本书第 4 章）

50 脚手架使得情境化的做中学成为可能。以上这些优势组合起来使得学习者更有可能在更加类似专家才能完成的任务情境中更有收获地学习，更能把他们的所学与真实情境建立联系（Collins et al.，1989；Edelson，2001）。除了学习次级技能，他们还学习如何协调和组织这些行为来达成复杂的学科学习目标。另外，搭建脚手架这种情境化教学法能增进学习者对学科价值和学科认识论的理解（Blumenfeld et al.，1991）。

如何将脚手架嵌入学习环境中?

在设计的学习环境中，可以通过把脚手架嵌入各种设计要素中，来实现脚手架的功能。脚手架能嵌入教师的干预策略和活动结构中，嵌入学生利用书面材料或者软件工具学习时的口头提示中，或者嵌入学生用来表达他们观点的工具中。下面，我们给出这些不同脚手架设计的例子。

将脚手架嵌入教与学的交互过程中

不管是一对一的交互、小组交互，还是全班交互，教师都可以通过示范、建议和提问等方式在学生当前能力水平与所需要的类似专家的学科技能水平之间架起桥梁（van de Pol et al.，2010）。教师能帮助学习者注意到学科情境中最重要的而学习者通常却认为是次要的方面（即问题化）（Engle & Conant，2002）。他们能示范学科特定的策略并引导学生表达所学的内容（Lee，2001）。在课堂情境中，存在多种最近发展区（Palincsar，1998），因为不同的学习者具有不同的知识和技能水平。在这种情况下，学习者可以与教师一起搭建脚手架。比如，当两个学习者一起解决一个问题时，一个学生可以为同伴示范和解释某种策略。然后，教师可以把这种策略展示给全班同学，鼓励学习者发展自己的策略并分享给全班，使全班同学都学会这种策略（Lee，2001）。

教师通过课堂对话搭建脚手架能培育一种学科学习的文化氛围。对于学生的学习，教师扮演了关键听众的角色，他们能据此培养学生学科实践的规范和价值观，鼓励学习者不仅获得一个可能的正确答案，而是得出一个更具有文化价值的答案，比如更优化的数学解决方案或者一个更详细的科学的因果关系链（Herrenkohl, Tasker, & White, 2011；McClain & Cobb, 2001；Tabak, 1999）。这是脚手架的关键特征，不像传统的学徒制。在传统的学徒制教学中，学习的情境与真实世界中的实践没有联系。在课堂中必须创设这种文化氛围，这种氛围通常会取代基于学徒制的学习，驱动参与者的行动，反映共同体的价值观和规范（Berland & Reiser, 2011；Herrenkohl, Palincsar, Dewater, & Kawasaki, 1999；Michaels, O'Connor, & Resnick, 2008）。 51

将脚手架嵌入活动和人工制品的结构中

课堂中的学习共同体与实践共同体的割裂和目标文化的缺失给经典的脚手架策略带来了挑战。多对一的生师比使得这一挑战更难以应对。反映学科实践的经过设计的活动结构（角色及其动作安排）能够应对这些挑战。比如，来源于学科实践中的认知策略能用于活动结构的设计，以便鉴别活动的不同阶段，从而使得策略更加明确。教师能够对活动中标记的每个阶段呈现的策略或者实践做出示范，随后这种责任将被逐渐转移到学生身上。一种应用这种方法的先进设计是*交互教学*（Palincsar & Brown, 1984）。在这种方法中，活动中的每个阶段都标记着熟练的阅读者理解课文的策略，包括提问、阐明、总结和预测。相似的经过设计的活动结构被用于其他学科以标记策略和进行示范，比如工程设计（Hmelo, Holton, & Kolodner, 2000）、科学探究（Metz, 2011）、社会科学中的讨论（Nussbaum & Edwards, 2011）及科学辩论（Berland, 2011；McNeill & Krajcik, 2009）。

教师还可以通过给学习者分配清晰的角色来支持这些策略的实施（Herrenkohl et al., 1999）。教师可以通过课堂对话、嵌入人工制品来介绍那些组织和支持学科活动的清晰角色。人工制品嵌入活动结构的一个例子就是*协作脚本*（Kollar, Fischer, & Hesse, 2006）。协作脚本是一种书面材料，该材料通过为参与学科推理提供有效的方法使得协作结构化。

将脚手架嵌入计算工具中

古兹迪阿尔（Guzdial, 1994）创造了一个词——*软件实现的脚手架*

（software-realized scaffolding）来描述嵌入软件工具中的脚手架。软件实现的
52 脚手架能够减少对学习无效的操作，提供策略指导，使领域的结构更透明，支持表达和反思（de Jong，2006；Quintana et al.，2004）。比如，计算工具能够降低无助于学习的复杂性，使学习者能够绕过复杂的数学创造和科学模型的检验（Fretz et al.，2002），将复杂数据集进行科学的可视化而不被数据的复杂性压倒（Edelson & Reiser，2006）。软件工具能够帮助学生表达他们的观点，比如提出新问题、观点或不同意见，从而对建构知识的会话做出贡献，（Scardamalia & Bereiter，本书第 20 章）。这样的工具能支持特定学科的实践，比如结构－功能推理（Vattam et al.，2011）或者理论驱动的数据查询（Tabak & Reiser，2008），还能够支持一般的或者特定学科某个方面的讨论，并帮助学习者对讨论的结构进行表达和反思（Andriessen & Baker，本书第 22 章；de Vries，Lund，& Baker，2002；Suthers，Vatrapu，Medina，Joseph，& Dwyer，2008）。软件工具使得问题解决的步骤具有可选择性，从而帮助学生进行复杂的探究（Guzdial，1994；Vattam et al.，2011）。

将脚手架嵌入计算工具的另一个流行做法就是应用提示。提示可以是句子的主干或者问题，它们被嵌入模拟、数据分析或者解释建构的工具当中，通过对过程提出具体问题或者对特定的动作提供建议来对学习者进行引导。提示扮演着更有知识的人的角色，为学习者在适当时机提供自身未拥有的学科或者过程知识（Davis，2003；Demetriadis，Papadopoulos，Stamelos，& Fischer，2008；Lee & Chen，2009；McNeill & Krajcik，2009）。就像保姆和儿童之间的活动脚手架一样，学生能够吸收这些问题并将其作为内部言语来引导他们后续的独立活动。人工智能技术也被用于为下一个动作提供建议或者对错误提供反馈上（Koedinger & Corbett，2006；Wu & Looi，2012）。

人类互动中隐藏在有效脚手架背后的预叙机制，也可以被软件的交互界面支持。标签和提示可以反映领域中底层的专家模式。学习者借助这些表征完成任务，努力在他们的动作和表征之间创建意义和连接。随着时间的推移，通过成功的、有效的任务表现，学习者逐渐理解界面中标签的含义及它们作为学科概念实体的角色（Greeno，1983）。

分布式脚手架

分布式脚手架（Puntambekar & Kolodner，2005）是这样一个概念，它描述了有效嵌入学习环境各个方面的脚手架案例，包括嵌入式教学、同伴互

动、活动结构和材料，还有计算机产品（Dillenbourg & Jermann，2010）。利用分布式脚手架，各种具有不同功能和限制的材料和社交工具能够被策略性地应用，为学习者提供他们需要的各种大量的支持以帮助他们学会学科求知、做事以及交流的方法。分布式脚手架分为三种类型：差异化脚手架、冗余脚手架、协同脚手架。 53

差异化脚手架

差异化脚手架设计的策略是应用不同的方法支持任务的不同方面。庞大的学习目标创造了很多支持方面的需求，单一的支持是不能满足这些需求的。还有，不同的工具或多或少适应不同的需要，差异化的脚手架意在为不同需要提供最好的支持。比如，软件脚手架可以更好地支持深层分析和意义建构，因为它可以出现在学生学习的每一个相关步骤中，这时教师就能更好地支持元认知和调节策略的发展，因为这需要对学习者学习过程的复杂性的评估和对原理的串联（Raes，Schellens，de Wever，& Vanderhoven，2012）。

冗余脚手架

设计脚手架的目的是，当学习者投入到实时的继发性任务中时能支持学习者的学习。因此，就有一些学习者在完成任务的过程中有错过脚手架支持的危险（Greenfield，1984）。对于课堂情境来说尤其如此：多样的学习者需要不同的支持。冗余脚手架可以在任务的相同方面通过不同的方式提供支持，目的是最大限度地减小这种风险。冗余脚手架通过不同的模式提供不同的支持，这样就使得不能从单一脚手架中受益的学习者也能够受益，或者需要更多帮助的学习者获得更多的帮助。比如，通过设计项目来学习科学的学习者，可能被提示去描述他们在多种设计方案中做出选择时是如何考虑的。提示可能是设计日志的第一句话。一些学习者可能没有理解提示的意图，或者完全沉浸在设计中，因此没有考虑到在各种设计方案中做出选择的理由。但是，考虑选择各种设计方案背后的理由是获得能力的关键。因此，全班讨论过程中，教师后来的口头提示可以作为冗余脚手架帮助更多的学习者从这一支持中获益（Puntambekar & Kolodner，2005）。

协同脚手架

传统的学徒制很少对教育情境和日常专业实践情境进行区分，而学校教

育情境是与专业学科情境非常不同的。对于学习者来讲，把他们自己正在发
54 展的技能与学科专业的目标和价值观建立联系是一个挑战。在这些情境中，为学习者提供脚手架的过程需要额外的策略，即对于同样的任务同时提供不同的支持。在设计这种策略时，一些支持策略也能帮助学习者利用其他的并行支持策略。

比如，在前面我们提到了预叙机制如何在采用软件实现的脚手架中发挥作用——软件中菜单的选项表征了不同的学科概念实体，帮助学习者从与任务无关的交互转到与任务紧密相关的交互上（Tabak & Reiser，2008）。在传统的脚手架中，如果起初这些指导对儿童来讲没有意义，指导者就会明确地控制儿童的行为直到儿童理解这些指导的意义。要想完善通过软件实现的脚手架，可能就需要在其中提供一些额外的支持以帮助学习者理解软件菜单所表征的含义。比如，教师可以作为学习者的同伴来操作软件，同时把他的想法和脚手架的原理表达出来（Tabak & Baumgartner，2004）。实际上，软件在提供"假定的知识"指导的同时，也具有示范和表达方面的功能（Tabak，2004）。课堂研究表明教师的引导和嵌入的脚手架提示，能同时进行以支持学习者的学习（McNeill & Krajcik，2009）。

学习科学中应用脚手架的挑战

在真实世界情境中学到的知识最终会被应用，而像课堂这样被设计出来的学习环境，与之相比是非常不同的（Squire，MaKinster，Barnett，Luehmann，& Barab，2003）。在课堂情境中，脚手架学习过程的模糊本质可能会构成学习的障碍，有可能导致对成果而不是过程的过分重视。考虑一下历史课堂，学习者被要求比较不同的、具有潜在冲突的历史资料（Reisman，2012）。这种建构知识的活动可能与当前的学校文化相冲突，当前学校文化更重视从权威那里获得答案（Jimenez-Aleixandre，Rodriguez，& Duschl，2000；Scardamalia & Bereiter，本书第20章）。

设计研究者企图把实践共同体中的规范和价值观渗透到表征和活动中（Berland & Hammer，2012；Enyedy & Goldberg，2004；Lehrer & Schauble，2006），以便学习者意识到他们认为重要而在实践中却是辅助的步骤。在历
55 史课堂的例子中，这意味着创造合理的争论将驱动课堂活动的进行。因此，

学习者会把分析材料之间的区别，作为一种仔细阅读历史文献以发展基于证据的解释的一种方法，并认识到这对于学习历史到底意味着什么。

另外一个在课堂情境中应用脚手架的挑战是很难提供适当程度的支持，和以恰当的速度逐步减少这种支持。这些要素是脚手架的本质特征，不仅要保证学习者在他们的最近发展区中学习，而且要保证当支持减少的时候，他们有机会发展他们的能力。但是，直到最近，学习科学中才有大量有关脚手架的研究在理解当学习者从事复杂的学科实践（比如，科学建模，基于证据的推理，历史资料的收集）时如何为学习者提供支持方面取得了更多的进展，但是在如何为单个的学习者定制支持，以及随着时间的推移，当学习者的能力得到发展后如何减少支持等方面的研究仍然较少。在软件实现的脚手架中，个性化的支持和撤离一直是个难题，因为到目前为止，还很难设计能有效地与学习者的当前能力保持一致，并动态地调整软件的表征以使之与学习者实时变化的能力相适应的工具。教师的冗余脚手架或者协同脚手架可能会提供更多的动态支持，但是还没有开发出有关教师的支持如何撤离的清晰的模型。也有按照课程结构撤离脚手架的研究，即从比较简单和高度支持的活动逐步过渡到更复杂和较少支持的活动（Linn，Clark，& Slotta，2003），以便脚手架随着时间的推移逐渐撤离——即便在活动内部，它给予学习者的支持也相当稳定。

在让学习者投入到有意义的复杂的任务中时，我们总想最大限度地发展学习者的潜能并使之迁移到校外情境中，但在如何权衡提供充足的支持以便学习者不被困难压倒与使学习具有一定的挑战性两者之上，人们感到不知所措（Sawyer，2011）。这造成了过度媒介化（Gutiérrez & Stone，2002）或者过度脚本化（Dillenbourg，2002）的风险，它会发生在任何情境的脚手架中，包括指导者自发地与儿童互动的情境、传统的学徒制情境、课堂以及其他学习情境。存在这样一种风险——不能对学习者独立的学习表现进行准确的评估并提供超越他们当前需要的支持。这会限制学习者拓展他们的能力。这种挑战在课堂情境中会加剧，因为在课堂上很难实施定制的脚手架搭建和撤离。如果脚手架不能与个人或者群体的能力相匹配，或者当学习者获得能力后脚手架不能撤离，那么即使它开始时与学习者的能力相匹配，也会最终在学习者获得能力之后提供过多的支持。

在有关脚手架的研究中，很难将脚手架的功能与设计的其他方面区分开来。脚手架是复杂多层面学习环境中固有的部分，因此很难不顾其他支持

而单独“控制”脚手架。但是，一系列研究表明，包含脚手架的学习环境能
56 够帮助学习者应对挑战、达成预期学习目标、成功地完成任务，而在过去学生要完成这些任务是不可想象的（de Jong，2006；Hmelo-Silver et al.，2007；Kali，Linn，& Roseman，2008；van de Pol et al.，2010）。

学习科学中的脚手架：未来展望

大多数学习科学家认为脚手架是学习环境设计的要素。为应对这些情境中学习对支持的需要和包含的独特挑战，相应的脚手架已经得到了进一步的发展，比如计算机代理和活动结构已经拓展了先前对于脚手架的观念。虽然在课堂情境中这些脚手架有助于复杂学习环境的设计（Puntambekar & Hubscher，2005），但这种对脚手架概念的解释已经引发了对其术语的争议以及这是否已经脱离了脚手架本意的争论（Palincsar，1998；Pea，2004；Puntambekar & Hubscher，2005；Stone，1998）。

需要说明的是，应用太严苛的定义可能会排斥创新，比如最近对游戏中脚手架的探索（Wong，Boticki，Sun，& Looi，2011）或者对将手势作为脚手架的探索（Alibali & Nathan，2007）都显示出这一趋势。同时，如果我们开始把脚手架作为“教学支持”的同义词，我们就会忽视其他教学理论所含的关键设计目标。我们关于脚手架的观念是有价值的，因为它聚焦于如何转变学习任务从而使得学习目标更容易达成和使学习更有效（Sherin et al.，2004）。脚手架必须能够识别学习中的障碍，重构学习任务，应用谈话、活动结构或者技术使得做中学更有效（Quintana et al.，2004），而又不抹杀任务的复杂性和文化的相关性。在我们关于脚手架的观念中，协调的行动和与文化相关是核心。如果脚手架的观念变得过宽以致失去这些要素，那就是在冒险，会导致学到惰性知识的教学设计结果，而不能达到有力的学习效果。

当我们展望未来有关脚手架的研究的时候，强调学习环境设计中应用脚手架的一些挑战是很重要的。值得关注的两个核心问题是：首先，如何在这些情境中培育学科文化以便学习者识别和接受这些活动的目标；其次，如何更好地给予合适的支持并恰当地撤离。学习科学领域在这些问题的研究中处于一个有利的地位，有关学习的新进展不断推动着这些问题的解决，这些研究跨越了学习共同体与情境的物理和社会边界（Looi et al.，

2011；Luckin，2010；Moje，2004），以及机器学习、学习分析和人工智能的边界（Mu，Stegmann，Mayfield，Rosé，& Fischer，2012；Shen，2010；Slotta， 57
Tissenbaum，& Lui，2013；Suthers & Verbert，2013；Wu & Looi，2012）。

参考文献

Alibali, M. W., & Nathan, M. J. (2007). Teachers' gestures as a means of scaffolding students' understanding: Evidence from an early algebra lesson. In R. Goldman, R. D. Pea, & S. J. Derry (Eds.), *Video research in the learning sciences* (pp. 349–365). Mahwah, NJ: Erlbaum.

Ausubel, D. P. (1963). *The psychology of meaningful verbal learning: An introduction to school learning*. New York: Grune and Stratton.

Barron, B., Schwartz, D. L., Vye, N. J., Moore, A., Petrosino, A., Zech, L., & Bransford, J. D. (1998). Doing with understanding: Lessons from research on problem-and project-based learning. *Journal of the Learning Sciences*, 7 (3–4), 271–311.

Berland, L. K. (2011). Explaining variation in how classroom communities adapt the practice of scientific argumentation. *Journal of the Learning Sciences*, 20 (4), 625–664.

Berland, L. K., & Hammer, D. (2012). Students' framings and their participation in scientific argumentation. In M. S. Khine (Ed.), *Perspectives on scientific argumentation* (pp. 73–93). New York: Springer.

Berland, L. K., & Reiser, B. J. (2011). Classroom communities' adaptations of the practice of scientific argumentation. *Science Education*, 95 (2), 191–216.

Blumenfeld, P., Soloway, E., Marx, R., Krajcik, J., Guzdial, M., & Palincsar, A. S. (1991). Motivating project-based learning: Sustaining the doing, supporting the learning. *Educational Psychologist*, 26, 369–398.

Bransford, J. D., Brown, A., & Cocking, R. R. (Eds.) (2000). *How people learn: Brain, mind, experience and schools*. Washington, DC: National Academy Press.

Cazden, C. B. (1979). *Peekaboo as an instructional model: Discourse development at home and at school*. Stanford, CA: Department of Linguistics, Stanford University.

Cazden, C. B. (1997). Performance before competence: Assistance to child discourse in the zone of proximal development. In M. Cole, Y. Engeström, & O. Vasquez (Eds.), *Mind, culture, and activity: Seminal papers from the laboratory of comparative human cognition* (pp. 303–310). New York: Cambridge University Press.

Collins, A., Brown, J. S., & Newman, S. E. (1989). Cognitive apprenticeship: Teaching the crafts of reading, writing, and mathematics. In L. B. Resnick (Ed.), *Knowing, learning, and instruction:*

Essays in honor of Robert Glaser (pp. 453–494). Hillsdale, NJ: Erlbaum.

Davis, E. A. (2003). Prompting middle school science students for productive relection: Generic and directed prompts. *Journal of the Learning Sciences*, 12 (1), 91–142.

de Jong, T. (2006). Scaffolds for scientific discovery learning. In J. Elen, & R. E. Clark (Eds.), *Handling complexity in learning environments: Theory and research* (pp. 107–128). Amsterdam: Elsevier.

58 de Vries, E., Lund, K., & Baker, M. (2002). Computer-mediated epistemic dialogue: Explanation and argumentation as vehicles for understanding scientific notions. *Journal of the Learning Sciences*, 11, 63–103.

Demetriadis, S. N., Papadopoulos, P. M., Stamelos, I. G., & Fischer, F. (2008). The effect of scaffolding students' context-generating cognitive activity in technology-enhanced case-based learning. *Computers & Education*, 51 (2), 939–954.

Dillenbourg, P. (2002). Over-scripting CSCL: The risks of blending collaborative learning with instructional design. In P. A. Kirschner (Ed.), *Three worlds of CSCL: Can we support CSCL?* (pp. 61–91). Heerlen: Open Universiteit Nederland.

Dillenbourg, P., & Jermann, P. (2010). Technology for classroom orchestration. In M. S. Khine, & I. M. Saleh (Eds.), *New science of learning* (pp. 525–552). New York: Springer.

Edelson, D. C. (2001). Learning-for-use: A framework for integrating content and process learning in the design of inquiry activities. *Journal of Research in Science Teaching*, 38 (3), 355–385.

Edelson, D. C., & Reiser, B. J. (2006). Making authentic practices accessible to learners: Design challenges and strategies. In R. K. Sawyer (Ed.), *The Cambridge handbook of the learning sciences* (pp. 335–354). New York: Cambridge University Press.

Engle, R. A., & Conant, F. R. (2002). Guiding principles for fostering productive disciplinary engagement: Explaining an emergent argument in a community of learners classroom. *Cognition and Instruction*, 20 (4), 399–483.

Enyedy, N., & Goldberg, J. (2004). Inquiry in interaction: How local adaptations of curricula shape classroom communities. *Journal of Research in Science Teaching*, 41 (9), 905–935.

Fretz, E. B., Wu, H. -K., Zhang, B., Davis, E. A., Krajcik, J. S., & Soloway, E. (2002). An investigation of software scaffolds supporting modeling practices. *Research in Science Education*, 32 (4), 567–589.

Gagné, R. M. (1965). *The conditions of learning*. New York: Holt, Rinehart, and Winston.

Goffman, E. (1974). *Frame analysis: An essay on the organization of experience*. New York: Harper & Row.

Greenfield, P. M. (1984). A theory of teacher in the learning activities of everyday life. In B. Rogoff, & J. Lave (Eds.), *Everyday cognition: Its development in social context* (pp. 117–138). Cambridge, MA: Harvard University Press.

Greeno, J. G. (1983). Conceptual entities. In D. Gentner, & A. L. Stevens (Eds.), *Mental models*.

Hillsdale, NJ: Erlbaum.

Greeno, J. G., Collins, A. M., & Resnick, L. B. (1996). Cognition and learning. In D. C. Berliner, & R. C. Calfee (Eds.), *Handbook of educational psychology* (pp. 15–46). New York; London: MacMillian Library Reference USA; Prentice Hall International.

Gutiérrez, K., & Stone, L. (2002). Hypermediating literacy activity: How learning contexts get reorganized. In O. Saracho, & B. Spodek (Eds.), *Contemporary perspectives in literacy in early childhood education* (pp. 25–51). Greenwich, CT: Information Age Publishing.

Guzdial, M. (1994). Software-realized scaffolding to facilitate programming for science learning. *Interactive Learning Environments,* 4, 1–44.

Herrenkohl, L. R., Palincsar, A. S., Dewater, L. S., & Kawasaki, K. (1999). Developing scientific communities in classrooms: A sociocognitive approach. *Journal of the Learning Sciences*, 8 (3–4), 451–493. 59

Herrenkohl, L. R., Tasker, T., & White, B. (2011). Pedagogical practices to support classroom cultures of scientific inquiry. *Cognition and Instruction*, 29 (1), 1–44.

Hmelo, C. E., Holton, D. L., & Kolodner, J. L. (2000). Designing to learn about complex systems. *The Journal of the Learning Sciences*, 9 (3), 247–298.

Hmelo-Silver, C. E., Duncan, R. G., & Chinn, C. A. (2007). Scaffolding and achievement in problem-based and inquiry learning: A response to Kirschner, Sweller, and Clark (2006). *Educational Psychologist*, 42 (2), 99–107.

Hutchins, E. (1996). Learning to navigate. In S. Chaiklin, & J. Lave (Eds.), *Understanding practice: Perspectives on activity and context* (pp. 35–63). New York: Cambridge University Press.

Jimenez-Aleixandre, M. P., Rodriguez, A. B., & Duschl, R. A. (2000). "Doing the lesson" or "doing science": Argument in high school genetics. *Science Education*, 84, 757–792.

Jordan, B. (1989). Cosmopolitical obstetrics: Some insights from the training of traditional midwives. *Social Science & Medicine*, 28 (9), 925–937.

Kali, Y., Linn, M. C., & Roseman, J. E. (2008). *Designing coherent science education: Implications for curriculum, instruction, and policy*. Teachers College, Columbia University.

Kapur, M., & Bielaczyc, K. (2012). Designing for productive failure. *Journal of the Learning Sciences*, 21 (1), 45–83.

Koedinger, K., & Corbett, A. T. (2006). Cognitive tutors: Technology bringing learning sciences to the classroom. In R. K. Sawyer (Ed.), *The Cambridge handbook of the learning sciences* (pp. 61–96). West Nyack, NY: Cambridge University Press.

Kollar, I., Fischer, F., & Hesse, F. W. (2006). Collaboration scripts – A conceptual analysis. *Educational Psychology Review*, 18 (2), 159–185.

Lajoie, S. P. (2005). Extending the scaffolding metaphor. *Instructional Science*, 33 (5– 6), 541–557.

Lampert, M. (1990). When the problem is not the question and the solution is not the answer: Mathematical knowing and teaching. *American Educational Research Journal*, 27, 29–63.

Lave, J. (1997). The culture of acquisition and the practice of understanding. In D. Kirshner, & J. A. Whitson (Eds.), *Situated cognition: Social, semiotic, and psychological perspectives* (pp. 63–82). Mahwah, NJ: Erlbaum.

Lee, C. -Y., & Chen, M. -P. (2009). A computer game as a context for non-routine mathematical problem solving: The effects of type of question prompt and level of prior knowledge. *Computers & Education*, 52 (3), 530–542.

Lee, C. D. (2001). Is October Brown Chinese? A cultural modeling activity system for underachieving students. *American Educational Research Journal*, 38 (1), 97–141.

Lehrer, R., & Schauble, L. (2006). Scientific thinking and science literacy: Supporting development in learning in contexts. In W. Damon, R. M. Lerner, K. A. Renninger, & I. E. Sigel (Eds.), *Handbook of child psychology, 6th ed.* (vol. 4). Hoboken, NJ: John Wiley and Sons.

60 Lepper, M. R., Woolverton, M., Mumme, D. L., & Gurtner, J. (1993). Motivational techniques of expert human tutors: Lessons for the design of computer-based tutors. In S. P. Lajoie, & S. J. Derry (Eds.), *Computers as cognitive tools* (pp. 75–105). Hillsdale, NJ: Erlbaum.

Linn, M. C., Bell, P., & Davis, E. A. (2004). Specific design principles: Elaborating the scaffolded knowledge integration framework. In M. C. Linn, E. A. Davis, & P. Bell (Eds.), *Internet environments for science education*. Mahwah, NJ: Erlbaum.

Linn, M. C., Clark, D., & Slotta, J. D. (2003). WISE design for knowledge integration. *Science Education*, 87 (4), 517–538.

Looi, C. K., Zhang, B., Chen, W., Seow, P., Chia, G., Norris, C., & Soloway, E. (2011). 1∶1 mobile inquiry learning experience for primary science students: A study of learning effectiveness. *Journal of Computer Assisted Learning*, 27 (3), 269–287.

Luckin, R. (2010). *Re-designing learning contexts: Technology rich, learner centred ecologies*. New York: Routledge.

Many, J. E. (2002). An exhibition and analysis of verbal tapestries: Understanding how scaffolding is woven into the fabric of instructional conversations. *Reading Research Quarterly*, 37 (4), 376–407.

McClain, K., & Cobb, P. (2001). An analysis of development of sociomathematical norms in one first-grade classroom. *Journal for Research in Mathematics Education*, 32 (3), 236–266.

McNeill, K. L., & Krajcik, J. (2009). Synergy between teacher practices and curricular scaffolds to support students in using domain-specific and domain-general knowledge in writing arguments to explain phenomena. *Journal of the Learning Sciences*, 18, 416–460.

Merrill, D. C., Reiser, B. J., Merrill, S. K., & Landes, S. (1995). Tutoring: Guided learning by doing.

Cognition and Instruction, 13 (3), 315–372.

Metz, K. E. (2011). Disentangling robust developmental constraints from the instructionally mutable: Young children's epistemic reasoning about a study of their own design. *Journal of the Learning Sciences*, 20, 50–110.

Michaels, S., O'Connor, C., & Resnick, L. B. (2008). Deliberative discourse idealized and realized: Accountable talk in the classroom and in civic life. *Studies in Philosophy and Education*, 27, 283–297.

Moje, E. B. (2004). Powerful spaces: Tracing the out-of-school literacy spaces of Latino/a youth. In K. Leander, & M. Sheehy (Eds.), *Spatializing literacy research and practice* (pp. 15–38). New York: Peter Lang.

Mu, J., Stegmann, K., Mayfield, E., Rosé, C., & Fischer, F. (2012). The ACODEA framework: Developing segmentation and classification schemes for fully automatic analysis of online discussions. *International Journal of Computer-Supported Collaborative Learning*, 7 (2), 285–305.

Nussbaum, E. M., & Edwards, O. V. (2011). Critical questions and argument stratagems: A framework for enhancing and analyzing students' reasoning practices. *Journal of the Learning Sciences*, 20, 443–488.

O'Connor, M. C., & Michaels, S. (1993). Aligning academic task and participation status through revoicing: Analysis of a classroom discourse strategy. *Anthropology and Education Quarterly*, 24 (4), 318–335.

Palincsar, A. S. (1998). Keeping the metaphor of scaffolding fresh – A response to C. Addison Stone's "The metaphor of scaffolding: Its utility for the field of learning disabilities." *Journal of Learning Disabilities*, 31 (4), 370–373.

Palincsar, A. S., & Brown, A. L. (1984). Reciprocal teaching of comprehension-fostering and comprehension-monitoring activities. *Cognition and Instruction*, 1, 117–175. 61

Pea, R. D. (2004). The social and technological dimensions of scaffolding and related theoretical concepts for learning, education, and human activity. *Journal of the Learning Sciences*, 13 (3), 423–451.

Puntambekar, S., & Hubscher, R. (2005). Tools for scaffolding students in a complex learning environment: What have we gained and what have we missed? *Educational Psychologist*, 40 (1), 1–12.

Puntambekar, S., & Kolodner, J. L. (2005). Distributed scaffolding: Helping students learn science from design. *Journal of Research in Science Teaching*, 42 (2), 185–217.

Quintana, C., Reiser, B. J., Davis, E. A., Krajcik, J., Fretz, e., Duncan, R. G., . . . Soloway, E. (2004). A scaffolding design framework for software to support science inquiry. *The Journal of the*

Learning Sciences, 13 (3), 337–386.

Raes, A., Schellens, T., de Wever, B., & Vanderhoven, E. (2012). Scaffolding information problem solving in Web-based collaborative inquiry learning. *Computers & Education*, 59 (1), 82–94.

Ratner, N., & Bruner, J. (1978). Games, social exchange and the acquisition of language. *Journal of Child Language*, 5 (3), 391–401.

Reid, D. K., & Stone, C. A. (1991). Why is cognitive instruction effective? Underlying learning mechanisms. *Remedial and Special Education*, 12 (3), 8–19.

Reiser, B. J. (2004). Scaffolding complex learning: The mechanisms of structuring and problematizing student work. *The Journal of the Learning Sciences*, 13 (3), 273–304.

Reisman, A. (2012). Reading like a historian: A document-based history curriculum intervention in urban high schools. *Cognition and Instruction*, 30 (1), 86–112.

Rogoff, B. (1990). *Apprenticeship in thinking: Cognitive development in social context*. New York: Oxford University Press.

Sawyer, R. K. (2011). What makes good teachers great? The artful balance of structure and improvisation. In R. K. Sawyer (Ed.), *Structure and improvisation in creative teaching*, 1–24. New York: Cambridge University Press.

Schwarz, C. V., Reiser, B. J., Davis, E. A., Kenyon, L., Acher, A., Fortus, D., . . . Krajcik, J. (2009). Developing a learning progression for scientific modeling: Making scientific modeling accessible and meaningful for learners. *Journal of Research in Science Teaching*, 46 (6), 632–654.

Shen, J. (2010). Nurturing students' critical knowledge using technology-enhanced scaffolding strategies in science education. *Journal of Science Education and Technology*, 19 (1), 1–12.

Sherin, B. L., Reiser, B. J., & Edelson, D. C. (2004). Scaffolding analysis: Extending the scaffolding metaphor to learning artifacts. *The Journal of the Learning Sciences*, 13 (3), 387–421.

Slotta, J. D., Tissenbaum, M., & Lui, M. (2013). Orchestrating of complex inquiry: Three roles for learning analytics in a smart classroom infrastructure. Paper presented at *the Proceedings of the Third International Conference on Learning Analytics and Knowledge*.

Smith, C., Maclin, D., Houghton, C., & Hennessey, M. G. (2000). Sixth-grade students' epistemologies of science: The impact of school science experiences on epistemological development. *Cognition and Instruction*, 18 (3), 349–422.

62

Squire, K. D., MaKinster, J. G., Barnett, M., Luehmann, A. L., & Barab, S. L. (2003). Designed curriculum and local culture: Acknowledging the primacy of classroom culture. *Science Education*, 87 (4), 468–489.

Stone, C. A. (1998). The metaphor of scaffolding: Its utility for the field of learning disabilities. *Journal of Learning Disabilities*, 31 (4), 344–364.

Suthers, D. D., Vatrapu, R., Medina, R., Joseph, S., & Dwyer, N. (2008). Beyond threaded discussion:

Representational guidance in asynchronous collaborative learning environments. *Computers and Education*, 50, 1103–1127.

Suthers, D. D., & Verbert, K. (2013). Learning analytics as a middle space. Paper presented at *the Proceedings of the Third International Conference on Learning Analytics and Knowledge*.

Tabak, I. (1999). Unraveling the development of scientific literacy: Domain-specific inquiry support in a system of cognitive and social interactions. *Dissertation Abstracts International* (vol. A 60, p. 4323). Evanston, IL: Northwestern University.

Tabak, I. (2004). Synergy: A complement to emerging patterns of distributed scaffolding. *Journal of the Learning Sciences*, 13 (3), 305–335.

Tabak, I., & Baumgartner, E. (2004). The teacher as partner: Exploring participant structures, symmetry and identity work in scaffolding. *Cognition and Instruction*, 22 (4), 393–429.

Tabak, I., & Reiser, B. J. (2008). Software-realized inquiry support for cultivating a disciplinary stance. *Pragmatics & Cognition*, 16 (2), 307–355.

van de Pol, J., Volman, M., & Beishuizen, J. (2010). Scaffolding in teacher-student interaction: A decade of research. *Educational Psychology Review*, 22 (3), 271–296.

Vattam, S., Goel, A. K., Rugaber, S., Hmelo-Silver, C. E., Jordan, R., Gray, S., & Sinha, S. (2011). Understanding complex natural systems by articulating structure-behavior-function models. *Educational Technology & Society*, 14 (1), 66–81.

Wertsch, J. V. (1979). From social-interaction to higher psychological processes-clarification and application of Vygotsky theory. *Human Development*, 22 (1), 1–22.

Wertsch, J. V., & Stone, C. A. (1985). The concept of internalization in Vygotsky's account of the genesis of higher mental functions. In J. V. Wertsch (Ed.), *Culture, communication, and cognition: Vygotskian perspectives* (pp. 162– 179). Cambridge: Cambridge University Press.

Wong, L. -H., Boticki, I., Sun, J., & Looi, C. -K. (2011). Improving the scaffolds of a mobile-assisted Chinese character forming game via a design-based research cycle. *Computers in Human Behavior*, 27 (5), 1783–1793.

Wood, D., Bruner, J. S., & Ross, G. (1976). The role of tutoring in problem solving. *Journal of Child Psychology and Psychiatry*, 17, 89–100.

Wu, L., & Looi, C. -K. (2012). Agent prompts: Scaffolding for productive relection in an intelligent learning environment. *Educational Technology & Society*, 15 (1), 339–353.

第4章
元认知

菲利普·H. 温尼　罗杰·阿塞韦多

63 从最简单的层面上讲，元认知是对个体思维内容和思维过程的思考。追溯到20世纪60年代中期，认知心理学的大量研究表明：元认知在所有认知任务中，从日常行为和问题解决到学科的专业技能发展，都发挥着至关重要的作用。以这些开拓性的研究为基石，新近的诸多研究已经证明了元认知如何在学习中发挥至关重要的作用。我们通过综述研究以及对上述研究结果进行论证，来进一步阐释人是如何学习的，以期为学习环境的设计提供更好的指引。

本文以探究关键问题“什么是元（meta）”为起点，将元认知区分为两种类型：一种是关于知识的形式，另一种是关于如何使用知识的元认知。以此区分作为研究基础，本文对元认知的实证研究进行述评，最后，讨论并总结关于元认知和学习研究的几大趋势。

什么是元？

元认知是学习者对信息加工的认知及关于认知特征的描述。当学习者对认知事件进行判断（自身的知识与技能能否成功执行认知任务）时，元认知产生于认知事件之前。当学习者对事件过程进行监控，考量当前使用的认知策略是否合适或是否有替代策略以提高进程时，元认知与认知事件同时进行。当然，当学习者反思某个认知事件、评估其效用、进行顺向迁移（forward-reaching transfer），以决定在后续类似任务中是否重复采用该认知事件时，元认知产生于认知事件之后（Salomon & Perkins，1989）。

前缀“元”在学习科学中使用得非常广泛，举几个例子：元理解、元注意、元学习、元交流、元组件、元记忆等（Tarricone，2011，p.1）。元是本章中最重要的迷思概念，易让人混淆。因为元认知加工相比常规的认知加工层次更高或更加抽象。我们认为元认知与认知本身的差别仅在于学习者思考的主题，而不是其执行过程，由此观点得出两大推论：第一，元认知和认知的研究遵循相同的一般规范，揭示认知如何发展的方法同样也可以揭示元认知如何发展；第二，元认知理论和原理的发展，应当能反映出认知理论和原理的发展，至少与认知理论和原理和发展极为相似，考虑到这种重叠的好处，我们应挖掘大量关于认知的文献，以推进对元认知的理解。 64

第一种类型：对不同形式知识的元认知

认知心理学家研究了传统意义上的三种形式迥然不同的知识：

- **陈述性知识**的表述形式为：“事情是这样的”。对陈述性知识的元认知包含对如下内容的信念：自我效能、认知论信念（epistemological beliefs）（Muis & Duffy，2013）、对任务的理解（Greene，Hutchison，Costa，& Crompton，2012）。这一类元认知还包括对如下内容的信念：特殊策略的应用能力（Jacobs & Paris，1987）及成功应用的可能性（结果期望；Bandura，2001）。
- **程序性知识**是关于如何执行认知工作以完成任务的知识。例如，学习者知道如何记忆第一个字母（first-letter mnemonic），或在进行网络检索时，给检索关键词添加引号作为关键词组以缩小检索范围。如果涉及多领域，这些程序可以是特殊的也可以是一般的。它们可以是（在统计范围内）能够得到特定结果的算法，也可以是不确定是否能得到特定结果的启发式算法。
- **条件性知识**明确了什么条件下一个命题是正确的，或一个程序对达成目标是否是恰当的。条件性知识的常规表征采用“如果-那么”（if-then）形式。例如，如果一个词的字体形式是粗体，那么不管是否理解其含义，都应多加注意这个词。

对陈述性知识的元认知

对陈述性知识的元认知，简言之，就是对获取了该知识的认知。这点非
65 常好理解：如果你知道巴黎是法国的首都，那么你一直都会记得巴黎是法国的首都。对陈述性知识的元认知的核心特征是，陈述性知识是可语言化的。

陈述性知识可以是任何有关事实的叙述或以书面语句形式表达的知识。因此，除了学校科目外，陈述性知识还包括对任务及其情境的说明或认识，对特殊策略适用性的判断（Jacobs & Paris，1987），对个人需具备哪些知识以及对哪些知识可满足任务要求的推断。当然，学习者可能存在错误的观念。例如，有学习者可能认为他不擅长使用强调概念的学习策略（如假设及推断——特征策略）去借助软件模拟（任务特征）共同协作解决科学问题，因此，他就认为不应投入太多精力来完成这类任务。然而这位学习者可能低估或高估了这些要素的程度、它们的相互关联和影响，以致做出了错误的判断。

获得对陈述性知识的元认知不能确保学习者会采取合适的（学习）策略。学习者可能缺乏动机或能力实施合适的策略（Järvelä & Renninger，本书第33章）。因此，学习者自身的对与学习有关的陈述性知识的元认知通常很难预测学习结果（Veenman，2007）。

对程序性知识的元认知

程序性知识是关于执行任务的过程和行为的知识，通常被称为*知道如何做*（know-how）的知识（Chi，1983；Jacobs & Paris，1987；Kluwe，1982；Kuhn，2000；Paris，Lipson，& Wixson，1983；Schraw，1998，2001；Schraw & Moshman，1995）。程序性知识通过实践应用和经验积累不断发展，在熟悉的问题解决情境中成为自觉的知识（Garner，1987；Hartman，2001；Schraw & Moshman，1995；Slusarz & Sun，2001）。

早在20世纪70年代末，认知心理学家就记录、跟踪了程序性知识的学习曲线。一开始，学习者的认知意识非常强烈，部分原因是完成任务的程序颇具挑战性，随着学习者逐步掌握程序的要素，程序就可以被自动执行了——行为的序列得以内化，而无须意识的注意或控制即可自动执行。这种高度自动化的行为程序通常大部分或全部是内隐的，因此对元认知的意识是很弱的。相比而言，对陈述性知识的元认知则通常能被人们意识到。

学习暗含的要求是学习者在学习复杂程序时，应能提早进行学习设计，以将程序性知识显性化并内化。当学习者将此程序性知识与已有的自觉行为建立联结时，这点至关重要，因为学习者可能意识不到这些自觉的程序性知识是如何影响他们的行为的。特别是如果期望的学习结果是程序性知识的一种变化时，相应地，引导学习者意识到其对程序性知识的元认知就更为重要。 66

对条件性知识的元认知

条件性知识是有关与任务关联的陈述性知识和程序性知识的适用时机和原因的知识（Schraw，1998），尤其是关于学习的影响因素的知识和意识，例如：为什么策略是有效的，应何时使用策略，何时使用是合适的（Jacobs & Paris，1987，p.259）。条件性知识涉及对任务或情境的敏感性，同时涉及对受任务情境影响的策略选择的敏感性。

没有条件性知识，陈述性知识和程序性知识都将失去效用（Jacobs & Paris，1987；Paris et al.，1983；Pintrich，2002；Schneider & Lockl，2002；Schraw，2001）。在陌生复杂问题和情境策略的顺应和迁移中，条件性知识发挥着至关重要的作用（Desoete，2008）。但是顺应和迁移因缺乏完备的领域知识、认知监控薄弱或不周全、策略无效、缺乏对任务要求和目标的意识而受到限制（Garner，1990；Hartman，2001）。情境影响策略的使用、迁移以及对认知的管理。策略受任务目标的驱动，受任务复杂性和要求的影响，通常还受到情境及情境变化的深刻影响（Pintrich，2002）。另外，新型复杂的问题要求确保有效策略的使用（Pintrich，2002；Zimmerman，2011）。当处理复杂、不确定、反馈极少或模糊的任务时，我们不仅需要对策略过程进行监控和管理，还需要情境条件知识或条件性知识与自我效能感。

第二种类型：对思维形式的元认知

元认知可根据涉及的思维形式分类。再次将元认知区分为如下三种：

- **元认知监控**能让人们意识到对特定事例的元认知知识与该事例知识的标准之间的匹配程度。

- **元认知控制**将元认知监控的结果作为依据，生成意向以指导思维和行为达成目标。
- **自我协调的学习**在参与不断拓展的复杂任务中，囊括了元认知监控和元认知控制的多个事例，随着时间推移不断塑造、调节着思维。

67

元认知监控

哈特（Hart，1965，1967）研究了舌尖现象（tip-of-the-tongue），即话到嘴边却无法言说的现象。这是元认知的一种形式，因为这是个体对认知过程的意识。哈特的研究（及后续他人的众多研究）探究了元认知监控，它们阐明了人们是否及如何准确评估认知行为，以及人们是否及如何准确地对认知活动的影响因素进行元认知监控。

元认知控制

学习科学的里程碑是米勒、加兰特和普里布拉姆（Miller，Galanter，& Pribram，1960）的《行为的计划与结构》（*Plans and the Structure of Behavior*）一书的出版，该书描述了成功的认知系统，该系统以先前对环境的响应产生的反馈为基础，具备不断调整对未来环境的响应的能力。例如，"正向迁移"是一种重要的学习形式，是人们对元认知监控的回应。这些应答行为构成元认知控制。

年幼的孩子显然不能进行有效的元认知控制，但已有研究证明他们的这种能力可以随着年龄的增加不断增长。弗拉维尔、弗里德里克斯和霍伊特（Flavell，Friedrichs，& Hoyt，1970）对幼儿园到四年级的孩子进行了研究。一开始，孩子们需努力记住清单上的项目，按顺序准确无误地进行回忆。接着，孩子们学习清单上的项目，通过按压一组按钮中的某个按钮，显示与某物体对应的图片。根据孩子们回忆的结果将他们的行为分为四类：按下按钮之后，说出该图片对应的物体名字；指尖即将按下按钮（但是还没有按下）时，说出期望其显示的物体的名字；按下按钮之后，复述该图片对应的物体名字；在一组按钮上指出一系列物体出现的顺序。结果年长的孩子（而不是年幼的孩子）随着时间流逝转变了学习方式——他们学会监控其学习过程以完成按顺序回忆的目标——并进行了元认知控制：不断调整学习方法，以更好地记住清单上的项目。

自我协调的学习

为了扩展元认知的成效，学习者必须认识到有多种对学习有用的方法和策略，即他们需要具备多种形式的程序性知识。同时，他们需要知道各种方法和策略应用的条件，即条件性知识，还有特定任务中“是什么”的知识，即陈述性知识。但是仅仅拥有这些知识还不够，有能力的学习者需要通过执行任务，将他们所知道的与细化的结果联结起来。有能力的学习者采取*自我协调的学习*（self-regulating learning, SRL），在参与学习任务的过程中，竭尽 68
所能，将三种形式的知识、三种形式的思维方式结合起来，调整学习方式，提升自身能力，最后达到目标（Winne，2011）。

专题学习者就是按照这种方式学习的，通过元认知拓展自我协调的学习的范畴，包括：影响学习的条件（条件性知识）；设置目标和规划以达成目标；随着任务的执行，跟踪计划的进展并诊断错漏；随着任务的执行不断调整策略，并为后续类似的学习任务做部署（Azevedo，Johnson，Chauncey，& Graesser，2011；Baumeister & Vohs，2004；Boekaerts，1999；Corno，1986；Paris & Paris，2001；Pintrich，2000；Winne，1995，2011；Zimmerman，1986，1989，2008；Zimmerman & Schunk，2001，2011）。

自我协调的学习的一个表现是拓展了条件性知识的模式，为其增添了选择：*如果－那么－其他*（if-then-else）。“如果”某种条件形式被预测为是成功的，“那么”选择并应用。但是，如果该条件形式不是有效的，则要选择被预测为比较有成功把握的“其他”。例如，学习者可能开始时使用谷歌获取关于基因序列的知识，以发现人类是如何在地球上繁衍生息的。如果获得的材料令人困惑不解（监控发现需要诸多努力才能理解），学习者可能就会转向采用其他方法，例如与知识渊博的朋友交谈。

有关元认知在学习中的作用的实证研究

我们将有关元认知的实证研究综述为六大类：

- 校准（calibration）研究：探讨元认知与行为表现的匹配度。
- 动机与元认知研究。

- 元认知的自我报告研究：对完成学习任务后关于信心和学习的改善情况的自我报告的研究。
- 元认知与自我协调的学习研究。
- 领域一般元认知能力研究。
- 嵌入式在线测量：学习过程的元认知加工研究。

校准研究：探讨元认知与行为表现的匹配度

校准的对象是个体对自身表现的预判断与自身实际表现的匹配程度。因
69 此，校准测量了有效的元认知监控的重要属性（Nelson，1996）。校准的准确性与内隐的自我管理有效性存在一定的比例关系（Zimmerman & Moylan，2009）。例如，学生为通过学习测试，需要对信息的综合理解、知识的复述进行准确监控，为后续成功的学习提供向导。依赖于自身的理解水平，学生可能继续使用相同的方法重新学习，也可能转变使用另一方法重新学习，或继续前行探寻新信息。

校准并非易事。学习者通常会错误感知对学习材料的掌握程度，高估自身的表现，导致学习者草草结束学习，并没有将所学信息转变为知识（Hacker，Bol，& Bahbahani，2008）。另一种恰好相反的情况是，学习者可能低估了自身的表现。校准中这种消极的偏差造成学生不合理地分配学习时间，花不必要的时间学习他们已经掌握的知识，而不是花更多的时间学习他们未完全掌握的知识，进而有损学生的学业表现。校准过程在文本理解、多媒体学习、考试准备、计算机化学习环境中的学习、课堂情境中的协作学习中都至关重要。

校准研究探究了如下六个核心问题。

校准如何因学习者的知识水平和任务难度而异？

诸多研究表明，校准的准确度与个体的知识水平或质量相关（Bol，Hacker，O’Shea，& Allen，2005；Hacker，Bol，Horgan，& Rakow，2000；Nietfeld，Cao，& Osborne，2005）。一般来说，相比学业水平较低的同伴，学业水平更高的学习者校准更为准确，但在评判自我表现时自信心相对不足。另一项持续研究的结果是，后测——在完成任务后评判自身的表现——明显比前测要更准确（Maki & Serra，1992；Pressley & Ghatala，1990）。

任务难度也影响校准的准确度。例如，尤斯林、温曼和奥尔森（Juslin，

Winman, & Olsson, 2000）发现了*难易效应*（hard-easy effect）：学习者对简单问题判断得更准确，但是自信不够；对困难问题判断得不够准确，但过于自信。

如何根据学习刺激的作用和任务的真实性区分校准的准确度？

多项研究检验了学习刺激的作用与任务的真实性。刺激可能是课程学分，例如大学生参与集体互动时获得的学分。任务的真实性可能是与学生的个人目标对应的，如学习如何进行有效的网络检索。相反，校准研究使用的许多任务并非真实的，例如，要求参与者学习陌生部落语言中的词组（这是为了控制先前学习条件，也就是确保参与者对这些词组一无所知）。 70

在一项生态有效的研究中，哈克及其同事（Hacker et al., 2008）操纵了可能影响元认知的外部条件，在大学课程中采用不同的刺激进行准实验研究。学生在获得外部奖励的条件下，在三次测验中的每一次都能多获得1—4个分数点，这依赖于学生对测验项目的校准准确度，准确度越高获得的分数点越多。在该研究中，刺激提高了校准的准确度，但仅限于低水平的学生，这可能是由于这部分学生需要更强的动机以获取更多的分数点。在施劳及其同事（Schraw, Potenza, & Nebelsick-Gullet , 1993）的类似研究中，学生可以通过在考试中取得进步或提升自己校准准确度而获得加分。尽管两种刺激条件都提升了学生的表现，但是因提升校准准确度加分比因提升考试成绩加分更有效用。

这些研究无法实现将学习刺激的效用与任务真实性的效用相互分离进行测试（Bol & Hacker, 2012）。在后续研究中，应将学习刺激与任务真实性的效用单独进行测试。例如，在被试组内，当学生完成真实的任务与完成人为控制的任务时，应分别检测校准的准确度，同时交叉控制有无刺激措施的条件。

学生如何通过自我报告判断自身的校准偏差？

已有研究揭示了学习者如何根据投入的精力（时间）或使用的学习方法对学习成效进行预测（Bol, Riggs, Hacker, & Nunnery, 2010）。在关于考试能力的研究中，也发现了类似的研究结果：在消除了学习者对考试的预期、排除了努力的因素后，学习者对自信心的整体感知增强了其对学习的评价（Hacker et al., 2008）。

群组交互和社会性比较如何影响校准的准确度？

新近研究发现通过实验控制各种学习条件，譬如为独立学习或小组学习提供指南，能提高校准的准确度（Bol et al.，2010；Kramarski & Dudai，2009）。其他研究证明，小组学习结合问题指引能增强元认知监控和学业成就（Kramarski & Dudai，2009）。产生这些结果的原因之一是小组学习带来了
71 明显的社会性比较。有些实验设计将假想（fictitious）同伴的平均表现的信息呈现给学习者，结果表明：社会性比较增强了学习者的自信心，而更强的自信心与更卓越的表现息息相关。其他研究结果认为对自己的判断缺乏自信的参与者尤其易受到社会性比较的影响。

绝对准确与相对准确之间的联系是什么？

校准研究对两种形式的准确度进行研究。*绝对准确*衡量的是从记忆中检索知识的水平（Nietfeld，Enders，& Schraw，2006），例如，能准确回答测试题目的百分比。举个例子，学习者估计自己能准确回答80%的测试项目，而实际上，得分也在这一水平。这就是非常完美的绝对准确。比较而言，*相对准确*（也被称为*差别率*）测量学习者能准确区分哪些知识更可能从记忆中检索出来，而哪些可能性更小的程度（Nelson，1996）。两种类型的准确度对学生进行有效的自我协调的学习（Maki，Shields，Wheeler，& Zacchilli，2005）、设定学业成就目标都至关重要，也就是说绝对准确与相对准确绝不是毫无关联的（Maki et al.，2005）。

校准的准确度能在多大程度上预测学业成就？

尽管准确的元认知监控是高效自我协调的学习的基础，但研究者对实证性问题（准确监控是否提高了学业成就）关注甚少。相关研究和实验研究证明，良好的元认知监控能够对学习决策产生有益影响（Metcalfe & Finn，2008），但是这一类型的学习能否带来学业成就并不清楚（Dunlosky & Rawson，2012）。有研究表明，校准的准确度与成就水平存在正相关（Hacker et al.，2000）：更高的准确度与良好的记忆力相关；过于自信的学习者会过早停止学习。尼特费尔特及其同事（Nietfeld et al.，2006）和博尔及其同事（Bol，Hacker，Walck，& Nunnery，2012）证明，参与实施校准准确度的实验干预的学习者，相比没有此干预的学习者能获得更高的学业成就。

总的来说，校准研究获得如下结论：（1）内部条件控制元认知监控，学习刺激和真实性任务的外部条件影响校准的准确度。（2）社会性影响形式的外部条件会造成学习者校准准确度的偏差，并对绝对准确和相对准确之间的关系产生积极影响。（3）对学习成果的反馈与自我反思会对后续的自我协调的学习产生周期性影响。

动机与元认知研究 72

几项研究探究了学习者自我报告的动机（学习者陈述做出选择的理由及自己拥有这样的行为气质特征的理由）和元认知能力这两者之间的联系。这些研究中有几个使用学习动机策略问卷（Motivated Strategies for Learning Questionnaire；Pintrich，Smith，Garcia，& McKeachie，1993）和学习动机策略量表（Motivational Strategies of Learning Scales；Suárez & Fernández，2011）作为动机倾向维度的度量方式，测量内容包括元认知策略、复述、组织和精细加工策略。通过使用这两个调查表，苏亚雷斯和费尔南德斯（Suárez & Fernández，2011）发现积极期望和防御性悲观（defensive pessimism）的产生与自我报告的元认知自我管理正相关，与自我报告的自我设碍（self-handicapping）负相关。

皮尔斯和兰格（Pierce & Lange，2000）探究了自我报告策略知识（内部条件）、策略使用（元认知控制）和成败归因，与努力、能力、任务难度、运气或外界帮助的关系。在该研究中，美国中西部城市二年级和三年级学生学习以图片形式表征的信息，随后对信息进行分类、回忆。一天过后，学生对成败归因和知识学习策略进行自我报告。一项路径分析（path analysis）表明：将成败归因于努力程度与自我报告的知识学习策略正相关。当学生学习时，二者与自我报告的策略使用（元认知控制）正相关。这些结果恰与早期施奈德、科尔凯和韦纳特（Schneider，Korkel，& Weinert，1987）的研究矛盾，他们采用德国样本表明，学习过程中努力程度的归因与元认知控制无相关性。

成就目标取向（achievement goal orientation）理论可以解释个体学习的各式动机。尤为突出的是，此理论将掌握目标取向（mastery goal orientation，期望扎实地学习和理解新材料）和表现目标取向（performance goal orientation，期望能向他人证明自己的能力；Meece，Anderman，& Anderman，2006）相比较。福特、史密斯、魏斯宾、加利和萨拉斯（Ford，

Smith，Weissbein，Gully，& Salas，1998）采用动机的观点进行研究，在该研究中大学生在计算机模拟的雷达追踪环境中练习锁定模糊不清的目标。参与者在犯错即受罚的条件下，也能够选择程度复杂、连续的实践任务。自我报告的掌握目标取向而非表现目标取向，与元认知监测水平紧密相关；高层次的掌握目标取向能够预测更活跃的元认知参与。

贝尔和科兹洛夫斯基（Bell & Kozlowski，2008）在同样的计算机模拟的雷达追踪环境中，比较学习的探究法（学习者积极获取、探究学习材料）和程序法（学习者按着预先设定好的序列学习，而不是进行开放式探究）。侧
73 重探究法的学习环境强化了元认知（学习监控、计划等等）。掌握目标取向同样强化了元认知。反过来，强化的元认知增强了反馈加工（元认知控制）。

梅勒、莫尔登和加德纳（Miele，Molden，& Gardner，2009）通过对学习者进行阅读练习时尝试理解课本、试图避免错误的动机水平进行检验，调查学习者在阅读中如何训练元认知控制。学习者重新阅读文段以避免理解错误，被认为是训练元认知控制的证据。在实验1中，设计教学导入引发大学生学习的预防（回避行为）取向或进取（掌握）取向后，大学生学习颇有难度的概念文本。在实验2中，按照大学生的自我报告的性格取向，对其属于预防取向还是进取取向进行分类。当参与者认为自身综合理解能力薄弱时，训练元认知控制的动机取向就会促使他们调整选择。参与者具有情境（事先预知的）取向或性格取向趋于避免错误时，相比力求获得文本意义的参与者，他们重新阅读的频率更高、时间更长。这些动机取向促使学习者对某种学习策略更有效地进行元认知预测（监测）。

在一项研究中，大学生参加测验，一组有分数评定，另一组没有。松古尔（Sungur，2007a）对一组自我报告的测量值进行整理，包括：掌握目标取向、表现目标取向、影响认知（元认知知识）的知识因素、管理认知的方法（计划、信息管理、监控、调试和评价；Schraw & Dennison，1994）。每个目标取向（内部条件）的测量值，与上述两者（影响认知的知识因素、管理认知的方法）的元认知知识的自我报告测量值（另一内部条件）之间呈中等程度的正相关关系。

中学科学课的学生参与了松古尔（Sungur，2007b）的研究，填答学习动机策略问卷（Pintrich et al.，1993），获得与动机相关的分数等级：内在（掌握）目标取向、任务价值、学习信念的控制和自我效能感。其中两个量表与元认知相关：元认知管理与努力程度管理。且这两个量表所测的内容与所有

的动机变量都具有中等强度的相关性。在路径分析中，四个动机变量（内部条件）对学生自我报告的元认知使用（元认知控制）产生积极影响。自我报告的元认知使用和自我效能感对自我报告的努力程度监控产生积极影响，即元认知控制的另一种表述。

斯塔弗里亚诺普洛斯（Stavrianopoulos，2007）采用三份自我报告量表测量大学生的目标取向得分：掌握、表现趋近和表现回避。参与者在该研究中 74
预测自身的词汇条目知识，随后研究者对这些词汇的定义内涵进行多项选择测验，并将最后得分与预测进行比较。这为自我报告的元认知监控校准提供了客观的参考。继多项选择测验之后，参与者能够提取、整合多达25%的词汇条目。元认知监控校准的准确度与上述目标取向的三个量表的成绩呈中等程度的正相关，并从统计学上解释了一些项目上非零的差异量（元认知控制）。

弗鲁特和奥尔特（Vrugt & Oort，2008）对自我报告的掌握目标取向和表现目标取向与元认知相关的数个变量之间的关系进行了研究。元认知知识根据个人知识、学习策略、自我报告的任务类目进行划分。认知管理的观点认为：应按照自我报告的计划、学习监控与评价及对认知状态的感知来实施操作。自我报告的条目中包含了对学习的深度认知策略、精细化策略、组织策略和批判性思维的使用的描述，以引发学生对学习过程的感知。自我报告条目同样反映了学生对努力程度的管理。大量荷兰的大学生参与了此项研究。弗鲁特和奥尔特将样本分成两组，一组投入学习的精力相对较多，一组投入的精力相对较少。结构方程模型使用投入学习精力较多一组的数据验证了掌握目标取向与自我报告元认知知识的高度相关，与使用深度认知策略和元认知策略的中度相关。对暴露自身弱项的情境进行回避的倾向与元认知知识呈中度负相关。证明自我能力取向（获得学习方法取向）与通过应用深度认知策略、精细化策略、组织策略或批判性思维进行学习呈中度正相关。对于报告投入较少学习精力的一组，观察得到的模型本质上与上述模型是一致的。唯一区别在于：对暴露自身弱项的情境进行回避的取向，与学习时采用深度认知策略的取向呈边缘显著负相关。

总的来说，这些研究证明：动机，尤其学习者对学习的目标取向——掌握、表现、逃避——影响学习者的元认知监控和学习者如何训练元认知控制。然而，时至如今，对各种动机的研究视域普遍较为狭窄，对元认知的测量方式几乎仅限于学习者的自我报告，而这种研究方法有着众所周知的缺陷

（Winne，2011；Winne & Perry，2000；Winne，Zhou，& Egan，2011）。另外，这些研究的效应量较小。因为元认知行为对思维的缜密性要求较高，所以，毫无疑问，动机在元认知监测中发挥着重要作用。但是，基于已有的研究，我们对动机与元认知的交互作用知之甚少。

75 对元认知的自我报告研究

在学习阶段之前或之后收集测量数据测量元认知，这种占主导地位的测量已过时。自我报告的常见形式包括对信念、能力的自我报告，对各种表现形式或表现水平的期望的自我报告（Dunlosky & Bjork，2008；Dunlosky & Metcalfe，2009；Schraw，2009；Winne，2010）。例如，元理解研究一贯强调对个体学习进行判断，判断以三种形式呈现：易学性判断（ease of learning，EOL）、学习判断（judgment of learning，JOL）、回顾性信心判断（retrospective confidence judgment，RCJ）。根据内尔松和纳伦斯（Nelson & Narens，1990）的框架，易学性判断主要先于学习而获得，并对将要学习的信息的难易进行评价。易学性判断可以被理解为对困难任务的预测，与自我协调的学习的计划阶段紧密关联（如决定学习应分配的时间）（Winne，2010）。回顾性信心判断在学习者对学习测验应答之后被测量，要求参与者对自身应答的信心进行等级评定。回顾性信心判断可能影响后续的易学性判断和未来学习策略的选择（Dunlosky & Bjork，2008；Dunlosky & Metcalfe，2009）。学习判断可以发生在学习过程的任何点，但是，研究者通常在参与者学习完特定材料之后，或学习阶段结束之时等策略点进行测量。研究者会要求参与者对最近学习的知识能回忆的概率进行可能性判断；或比较少见地，对所学材料的理解程度如何进行判断。学习判断与学习的收获阶段相联系，可能是当前有关元认知判断研究文献中，研究频率最高的。

元认知与自我协调的学习研究

学习者难以进行有效的自我协调的学习，理由如下。

首先，学习者通常会监测误导其对元认知控制的训练的认知特征，例如是否需要对学习任务进行复习，或学习任务需要花费多少精力。这种情况下，学习者会使用不合适的元认知标准监测认知（Koriat，1997）。例如，学习者通常对自己回忆的能力过于自信，因为他们对知识的真实理解存有错觉（Koriat & Bjork，2006）。或者，学习者判断自己掌握了知识，不是因为能真正提取这些知识，而是因为他们能辨认这些知识（Dunlosky & Rawson，2012）。同时，学习者偶尔身陷难易效应，他们越是判断任务难度高，越是过度自信（Koriat，Ma’ayan，& Nussinson，2006）。同样，当学习者身陷复杂任务时，任务固有的认知负荷会抢占认知资源，这在一定程度上占用了元认知所需的认知资源（Pieschl，Stahl，& Bromme，2013）。

与元认知同等重要的是富有成效的自我协调的学习，自我协调的学习取决于其他关键因素。自我管理的学习者通常对他们的知识、信念和意志力富有动机、目标明确、坚持不懈、一心一意（Järvelä & Renninger，本书第33 76
章）。富有成效的自我协调的学习需要强烈的自我意识，包括自我控制、自我效能感、自尊、自我修养和自我实现（McCombs，1986；Zimmerman，1995，2000）。同时，高效的自我协调的学习者会自制学习策略以达成期望的学习目标，并检测策略的有效性（Corno，1986；Purdie，Hattie，& Douglas，1996；Wolters，1998，2005；Zimmerman，1989）。

个体对成就的期望和对自我实现的需求促进自我管理技能的发展（Järvelä & Renninger，本书第33章）。学习者对自我协调的学习能力的感知，受内外部联合比较的影响，这种比较直接影响学习者的自我管理过程（Butler & Winne，1995）。例如，意志力控制在动机、情绪和环境因素的管理中意义重大（Boekaerts，2011；Corno，1986；Pintrich，2000）。同样，自我谈话能坚定个人信念，强化能够达到目标的学习策略，这都影响自我管理的发展（Schunk，1986；Vygotsky，1978）。其他影响自我管理的关键因素包括自我意识、自我判断、自我概念和自我效能感（Bandura，2001；McCombs，1986；Zimmerman，1989，1995）。尽管这些因素一贯与元认知割裂开来，但它们本质上与元认知过程是相互交织的（Bandura，2001；Boekaerts，1995）。

领域一般元认知能力研究

几乎所有的元认知研究都具有领域特殊性，这是有道理的，因为，元认知是关于知识的认知，而知识通常具有领域特殊性。然而，有研究者做出假定：元认知能力可能以领域一般能力为基础。研究者已开发多个自我报告工具，以学习者自我感知的方式，评估领域一般元认知（Schraw & Dennison，1994）和自我管理能力（Pintrich，2000），学习者在常规应答量表中回答，“在该项描述中我符合哪个等级”。然而，感知与实际可能并不匹配（Winne，2010；Winne & Perry，2000）。对该领域研究的争论是当学习者沉浸于开放的任务中时，当下学习与元认知的范畴能否在学习者对提出的问题的回应中准确体现，一般来说所提的问题是关于特殊任务以外的更加普适的情境的（Cromley & Azevedo，2011；McNamara，2011；Schellings & Hout-Wolters，2011；Veenman，2011；Winne，2010；Winne & Muis，2011）。

元认知加工的嵌入式追踪

元认知和自我协调的学习的测量不与学习者执行学习任务同步进行，
77 相比之下，嵌入式追踪测量则在学习过程中收集数据（Azevedo & Aleven，2013；Winne，2010）。这些方法可以被分为无干扰测量和干扰测量（Schraw，2009）。干扰测量即学习者能在一定程度上意识到研究员的存在，因此任务参与及表现可能被数据的收集影响（Kirk & Ashcraft，2001）。在线干扰测量广为人知的例子是，要求学习者进行出声思维，即要求学习者在开展学习任务时说出自己的认知和元认知过程（Azevedo et al.，2011，2013），但尚不明确该方法是否会阻碍、不影响或改善表现。

随着新兴技术发展，研究者可以使用无干扰的基于计算机的学习环境（computer-based learning environments，CBLEs），收集学习者在学习过程中、问题解决和推理中涉及认知和元认知过程的追踪数据（Aleven，Roll，McLaren，& Koedinger.，2010；Azevedo et al.，2013；Biswas，Kinnebrew，& Segedy，2013；Greene，Dellinger，Binbasaran Tuysuzoglu，& Costa，2013；Hadwin，Oshige，Gress，& Winne，2010；Lester，Mott，Robison，Rowe，& Shores，2013；Moos & Stewart，2013；Veenman，2013；Winne & Hadwin，2013；Winne，Hadwin，& Gress，2010）。这就允许研究者即时获取学习阶段展开的认知和元认知过程（Pellegrino，本书第 12 章，嵌入式评价）。研究者可以追踪眼动数据、学习者键盘记录、视音频时间标记数据、屏幕记录、学习者与 CBLEs 之间的对话。例如，阿塞韦多及其同事（Azevedo et al.，2011，2013）使用元导师（MetaTutor）——一种智能化多助理超媒体系统——追踪学习过程中人类复杂的生物学认知和元认知过程。

将追踪数据的解释作为可靠的对元认知和自我协调的学习的反馈依赖于几项关键假设。第一，必须对假设的理论建构可靠的追踪路线（Azevedo et al.，2011；Winne & Perry，2000）。例如，当学习者对句子结构进行分解以强化学习时，元认知监控所用的特定标准是什么？学习者是否真的应用了元认知控制对该内容进行标记？这些应用是否与上述标准一致？第二，必须假设元认知和自我协调的学习差别各异的特征对应着不同的表述方式——使用不同的追踪。当学习者标记一段内容为“重要”、另一段内容为“复习”时，学习者当真会使用这些判断左右后续的元认知控制吗？第三，由于自我协调的学习的适应性，当学习者在追随目标的过程中对过去的成功经验做出决策时，不同形式的追踪能否检测、比较随时而变的情况？（Azevedo & Witherspoon，2009；Schunk，2001；Winne，2001；Winne & Perry，2000；Zimmerman，2008）

可以用多种方式收集追踪数据。例如，对目标明确的计划的追踪可能通过学习者的表达方式——“我想学习心脏的瓣膜、其功能，及其如何在循环系统中发挥保健作用”——捕获：使用通过 MetaTutor 学习时的出声思维数据。学习者可以点击进入相关的目录内容，将与该主题相关的标签导航设为 78
“重点关注”。学习者还可以键入关键词组进行检索，以查找与该主题相关的内容。

其他追踪数据也可以通过 MetaTutor 收集：学习者键入文本与系统的教学助理之一进行对话。例如，当学习者与教学助理进行文本对话，提出如何基于人类心脏的复杂图表做出合理推断、建立模型时，系统就会将此探究过程进行追踪记录。附加传感器同样能跟进信息追踪，例如，在人机的文本对话之中，追踪学习者眼睛注视的范畴以追踪学习策略的选择：是跳过、阅读标题，还是整合信息资源。类似于 MetaTutor，系统中的登录文件数据是有时间标记的，可用于探索交互类型，包括学习者采用的日常学习方法、学习者如何使用条件性知识以及如何在众多学习策略中转换。

可使用多种方法对追踪数据进行量化分析，如传统的推论统计，或较新的教育数据挖掘（Baker & Siemens，本书第 13 章；Baker & Winne，2013）和图形理论方法（Winne，Gupta，& Nesbit，1994）。出声思维追踪数据的质性分析揭示了动机和其他因素对学习者改变元认知过程的决策的影响。

收集追踪数据的嵌入式研究证明：在学习环境搭建促进元认知监测的脚手架，为学习者的自我协调的学习提供了重要支撑。脚手架的设计应鼓励学习者将他们持续发展的理解力进行外化，以改善元认知知识（Azevedo，即将出版）。

未来展望

我们对大量的元认知研究进行了综述。然而，对元认知监测的目标的研究并不多见。即，人们认知的注意对象是什么？在自我协调的学习领域，对学习者在元认知监控中使用（错用）的策略方面，我们应做更多的发现研究。例如，诸多研究表明：流畅或容易提取的经验能塑造学习者对学习的元认知判断（Metcalfe，2009）。但是，学习者还使用了哪些其他策略？当学习者视学习为井然有序的知识收集（如辩论）过程时，对比视学习为单一的认知事件（如一种学习策略）时，其策略是否迥然不同？

我们建议进一步研究三大主题：第一，真实的学习环境中，而不是研
79 究的情境中（研究者中断自然进行的学习任务，要求学习者报告元认知情况），是什么触发了元认知事件？出声思维提供了探索该问题的一种方法（Azevedo et al.，2011；Greene，Costa，& Dellinger.，2011）。追踪是另一种令人信服的方法（Aleven et al.，2010；Azevedo et al.，2013；Biswas et al.，2010；Winne et al.，2011）。我们建议：利用追踪来预测出声思维数据。也就是说，探索追踪数据的模式能否准确预测学习者何时参与以及如何描述元认知监控。

我们建议深入研究的第二大领域是诸如不同的能力、知识、动机之类的个体差异是否与元认知关联。当前人们对不同的元认知形式和应用频率知之甚少。以及，当个体的元认知改变时，个体其他方面是否也变化了？例如，当学习者沿着元认知变化的轨迹从新手成为专家时，是否也发展了自我效能感？

第三，我们对人们如何做出训练特殊形式的元认知控制的决策知之甚少。元认知监控中的决策是否与其他形式的决策一样，支撑元认知控制？例如，经典研究中的决策因素（Weber & Johnson，2009）和启发式决策因素（Gigerenzer & Gaissmaier，2011）对元认知控制的影响是否相似？从相关领域迁移的研究方法，能否顺应并阐明元认知控制训练中做出的抉择？如之前提及的，学习者使用什么标准选择元认知控制训练的形式？

结论

元认知研究为我们探寻人如何学习、如何设计学习环境以支持学习发挥着重大作用。本章的核心结论如下：

1. 学习的构建本质上由元认知监测、元认知控制和元认知知识的特征所塑造。

2. 元认知运作因人而异，从不同角度影响学习，最终取决于元认知对象是陈述性知识、程序性知识还是条件性知识。

3. 为提升元认知的效用，应在学习环境中搭建合适的脚手架（Reiser & Tabak，本书第3章），脚手架应与任务的特征、学习的知识、学习者的个性化特征匹配。

4. 元认知塑造了自我协调的学习的方式。为帮助学习者开展高效的自我协调的学习，学习环境的设计应促进元认知策略的有效使用。 80

5. 动机与元认知紧密交织，关系错综复杂，认识到这点是设计有效学习环境的根基。

总之，元认知是学习、问题解决和表现的基础特征。与之相应，元认知研究对学习科学意义重大。元认知的实证研究利用一系列方法收集、分析元认知数据，为发现能够改善学习环境的设计的基本原则提供了巨大潜在可能。

参考文献

Aleven, V., Roll, I., McLaren, B., & Koedinger, K. (2010). Automated, unobtrusive, action-by-action assessment of self-regulation during learning with an intelligent tutoring system. *Educational Psychologist,* 45, 224–233.

Azevedo, R. (in press). Metacognition and multimedia learning. In R. E. Mayer (Ed.), *The Cambridge handbook of multimedia learning*. Second Edition. Cambridge, MA: Cambridge University Press.

Azevedo, R., & Aleven, V. (Eds.) (2013). *International handbook of metacognition and learning technologies*. Amsterdam, the Netherlands: Springer.

Azevedo, R., Feyzi-Behnagh, R., Duffy, M., Harley, J., & Trevors, G. (2012). Metacognition and self-regulated learning in student-centered leaning environments. In D. Jonassen, & S. Land (Eds.), *Theoretical foundations of learning environments*. Second Edition (pp. 171–197). New York: Routledge.

Azevedo, R., & Hadwin, A. F. (2005). Scaffolding self-regulated learning and metacognition: Implications for the design of computer-based scaffolds. *Instructional Science,* 33, 367–379.

Azevedo, R., Harley, J., Trevors, G., Feyzi-Behnagh, R., Duffy, M., Bouchet, F., & Landis, R. S. (2013). Using trace data to examine the complex roles of cognitive, metacognitive, and emotional self-regulatory processes during learning with multi-agent systems. In R. Azevedo, & V. Aleven (Eds.), *International handbook of metacognition and learning technologies* (pp. 427– 449). Amsterdam, the Netherlands: Springer.

Azevedo, R., Johnson, A., Chauncey, A., & Graesser, A. (2011). Use of hypermedia to convey and assess self-regulated learning. In B. Zimmerman, & D. Schunk (Eds.), *Handbook of self-regulation of learning and performance* (pp. 102–121). New York: Routledge.

Azevedo, R., & Witherspoon, A. M. (2009). Self-regulated learning with hypermedia. In D. J. Hacker, J. Dunlosky, & A. C. Graesser (Eds.), *Handbook of metacognition in education* (pp. 319–339). Mahwah, NJ: Routledge.

Baker, R. S. J. D., & Winne, P. H. (Eds.) (2013). Special issue on motivation, metacognition, and self-regulated learning. *Journal of Educational Data Mining,* 5 (1).

81 Bandura, A. (2001). Social cognitive theory: An agentic perspective. *Annual Review of Psychology,* 52, 1–26.

Baumeister, R. F., & Vohs, K. D. (Eds.) (2004). *Handbook of self-regulation: Research, theory, and applications*. New York: Guilford.

Bell, B. S., & Kozlowski, S. W. J. (2008). Active learning: Effects of core training design elements on self-regulatory processes, learning, and adaptability. *Journal of Applied Psychology,* 93 (2), 296–316.

Biswas, G., Jeong, H., Kinnebrew, J., Sulcer, B., & Roscoe, R. (2010). Measuring self-regulated learning skills through social interactions in a teachable agent environment. *Research and Practice in Technology-Enhanced Learning,* 5 (2), 123–152.

Biswas, G., Kinnebrew, J. S., & Segedy, J. R. (2013). Analyzing students' metacognitive strategies in open-ended learning environments. *Proceedings of the 35th annual meeting of the Cognitive Science Society*. Berlin, Germany.

Boekaerts, M. (1995). Self-regulated learning: Bridging the gap between meta-cognitive and meta-motivation theories. *Educational Psychologist,* 30 (4), 195–200.

Boekaerts, M. (Ed.) (1999). Self-regulated learning. *International Journal of Educational, Research,* 31 (6), 445–457.

Boekaerts, M. (2011). Emotions, emotion regulation, and self-regulation of learning. In B. Zimmerman, & D. Schunk (Eds.), *Handbook of self-regulation of learning and performance* (pp. 408–425). New York: Routledge.

Bol, L., & Hacker, D. J. (2012). Calibration research: where do we go from here? *Frontiers in Psychology,* 3, 299.

Bol, L., Hacker, D. J., O'Shea, P., & Allen, D. (2005). The inluence of overt practice, achievement level, and explanatory style on calibration accuracy and performance. *Journal of Experimental Education,* 73, 269–290.

Bol, L., Hacker, D. J., Walck, C. C., & Nunnery, J. (2012). The effects of individual or group guidelines on the calibration accuracy and achievement of high school biology students. *Contemporary Educational Psychology,* 37, 280–287.

Bol L., Riggs R., Hacker D. J., & Nunnery J. (2010). The calibration accuracy of middle school students in math classes. *Journal of Research in Education,* 21, 81–96.

Butler, D., & Winne, P. (1995). Feedback and self-regulated learning: A theoretical synthesis. *Review of Educational Research,* 65 (3), 245–281.

Chi, M. T. (Ed.) (1983). *Trends in memory development research* (vol. 9). Hillsdale, NJ: Erlbaum.

Corno, L. (1986). The metacognitive control components of self-regulated learning. *Contemporary Educational Psychology,* 11, 333–346.

Cromley, J., & Azevedo, R. (2011). Measuring strategy use in context with multiple-choice items. *Metacognition and Learning,* 6 (2), 155–177.

Desoete, A. (2008). Multi-method assessment of metacognitive skills in elementary school children: How you test is what you get. *Metacognition and Learning,* 3, 189–306.

Dunlosky, J., & Ariel, R. (2011). Self-regulated learning and the allocation of study time. In B. Ross (Ed.), *Psychology of learning and motivation, Vol. 54* (pp. 103–140). San Diego, CA: Elsevier Academic Press.

Dunlosky, J., & Bjork, R. (Eds.) (2008). *Handbook of metamemory and memory.* New York: Taylor & Francis.

Dunlosky, J., & Metcalfe, J. (2009). *Metacognition.* Thousand Oaks, CA: Sage. 82

Dunlosky, J., & Rawson, K. A. (2012). Overconidence produces underachievement: Inaccurate self-evaluations undermine students' learning and retention. *Learning and Instruction,* 22, 271–280.

Flavell, J. H., Friedrichs, A. G., & Hoyt, J. D. (1970). Developmental changes in memorization processes. *Cognitive Psychology,* 1(4), 324–340.

Ford, J. K., Smith, E. M., Weissbein, D. A., Gully, S. M., & Salas, E. (1998). Relationships of goal orientation, metacognitive activity, and practice strategies with learning outcomes and transfer. *Journal of Applied Psychology,* 83, 218–233.

Garner, R. (1987). Strategies for reading and studying expository text. *Educational Psychologist,* 22 (3), 299–312.

Garner, R. (1990). When children and adults do not use learning strategies: Toward a theory of settings. *Review of Educational Research,* 60, 517–529.

Gigerenzer, G., & Gaissmaier, W. (2011). Heuristic decision making. *Annual Review of Psychology,* 62, 451–482.

Greene, J. A., Costa, L-J., & Dellinger, K. (2011). Analysis of self-regulated learning processing using statistical models for count data. *Metacognition and Learning,* 6, 275–301.

Greene, J. A., Dellinger, K., Binbasaran Tuysuzoglu, B., & Costa, L. (2013). A two-tiered approach to analyzing self-regulated learning process data to inform the design of hypermedia learning environments. In R. Azevedo, & V. Aleven (Eds.), *International handbook of metacognition and learning technologies* (pp. 117–128). New York: Springer.

Greene, J. A., Hutchison, L. A., Costa, L., & Crompton, H. (2012). Investigating how college students' task deinitions and plans relate to self-regulated learning processing and understanding of a complex science topic. *Contemporary Educational Psychology,* 37, 307–320.

Hacker, D. J., Bol, L., & Bahbahani, K. (2008). Explaining calibration in classroom contexts: The effects of incentives, relection, and attributional style. *Metacognition and Learning,* 3, 101–121.

Hacker, D. J., Bol, L., Horgan, D., & Rakow, E. A. (2000). Test prediction and performance in a classroom context. *Journal of Educational Psychology,* 92, 160–170.

Hacker, D. J., Dunlosky, J., & Graesser, A. (Eds.) (2009). *Handbook of metacognition in education.* New York: Routledge.

Hacker, D. J., Keener, M. C., & Kircher, J. C. (2009). Writing is applied metacognition. In A. Graesser, J. Dunlosky, & D. Hacker (Eds.), *Handbook of meta-cognition in education* (pp. 154–172). Mahwah, NJ: Erlbaum.

Hadwin, A. F., Oshige, M., Gress, C. L. Z., & Winne, P. H. (2010). Innovative ways for using study to orchestrate and research social aspects of self-regulated learning. *Computers in Human Behavior,* 26, 794–805.

Hart, J. T. (1965). Memory and the feeling-of-knowing experience. *Journal of Educational Psychology,* 56 (4), 208–216.

Hart, J. T. (1967). Memory and the memory-monitoring process. *Journal of Verbal Learning and Verbal Behavior,* 6, 685–691.

Hartman, H. J. (2001). *Metacognition in learning and instruction: Theory, research and practice.*

Amsterdam, the Netherlands: Springer.

Jacobs, J. E., & Paris, S. G. (1987). Children's metacognition about reading: Issues in deinition, measurement, and instruction. *Educational Psychologist,* 22, 255–278. 83

Juslin, P., Winman, A., & Olsson, H. (2000). Naïve empiricism and dogmaticism in conidence research: A critical examination of the hard-easy effect. *Psychological Review,* 107, 384–396.

Kirk, E. P., & Ashcraft, M. H. (2001). Telling stories: The perils and promise of using verbal reports to study math strategies. *Journal of Experimental Psychology: Learning, Memory, and Cognition,* 27 (1), 157–175.

Kluwe, R. H. (1982). Cognitive knowledge and executive control: Metacognition. In D. R. Grifin (Ed.), *Animal mind – Human mind* (pp. 201–224). Springer-Verlag.

Koriat, A. (1997). Monitoring one's own knowledge during study: A cue-utilization approach to judgments of learning. *Journal of Experimental Psychology: General,* 126, 349–370.

Koriat, A., & Bjork, R. A. (2006). Illusions of competence during study can be remedied by manipulations that enhance learners' sensitivity to retrieval conditions at test. *Memory & Cognition,* 34 (5), 959–972.

Koriat, A., Ma'ayan, H., & Nussinson, R. (2006). The intricate relationship between monitoring and control in metacognition: Lessons for the cause-and effect relation between subjective experience and behavior. *Journal of Experimental Psychology: General,* 135, 36–69.

Kramarski, B., & Dudai, V. (2009). Group-metacognitive support for online inquiry in mathematics with differential self-questioning. *Journal of Educational Computing Research,* 40 (4), 377–404.

Kuhn, D. (2000). Metacognitive development. *Current Directions in Psychological Science,* 5, 178–181.

Lester, J. C., Mott, B. W., Robison, J., Rowe, J., & Shores, L. (2013). Supporting self-regulated science learning in narrative-centered learning environments. In R. Azevedo, & V. Aleven (Eds.), *International handbook on metacognition and learning technologies* (pp. 471–483). Amsterdam, the Netherlands: Springer.

Maki, R. H., & Serra, M. (1992). The basis of test predictions for text material. *Journal of Experimental Psychology: Learning, Memory, and Cognition,* 18 (1), 116–126.

Maki, R. H., Shields, M., Wheeler, A. E., & Zacchilli, T. L. (2005). Individual differences in absolute and relative metacomprehension accuracy. *Journal of Educational Psychology,* 97, 723–731.

McCombs, B. L. (1986). The role of the self-system in self-regulated learning. *Contemporary Educational Psychology,* 11, 314–332.

McNamara, D. (2011). Measuring deep, relective comprehension and learning strategies: Challenges and successes. *Metacognition and Learning,* 6, 195–203.

Meece, J. L., Anderman, E. M., & Anderman, L. H. (2006). Classroom goal structure, student motivation, and academic achievement. *Annual Review of Psychology,* 57, 487–503.

Metcalfe, J. (2009). Metacognitive judgments and control of study. *Current Directions in Psychological Science,* 18 (3), 159–163.

Metcalfe, J., & Finn, B. (2008). Evidence that judgments of learning are causally related to study choice. *Psychonomic Bulletin & Review,* 15, 174–179.

84 Miele, D. B., Molden, D. C., & Gardner, W. L. (2009). Motivated comprehension regulation: Vigilant versus eager metacognitive control. *Memory & Cognition,* 37 (6), 779–795.

Miller, G. A., Galanter, E., & Pribram, K. H. (1960). *Plans and the structure of behavior.* New York: Holt, Rinehart & Winston.

Moos, D. C., & Stewart, C. (2013). Self-regulated learning with hypermedia: Bringing motivation into the conversation. In R. Azevedo, & V. Aleven (Eds), *International handbook of metacognition and learning technologies* (pp. 683– 697). New York: Springer.

Muis, K., & Duffy, M. (2013). Epistemic climate and epistemic change: Instruction designed to change students' epistemic beliefs and learning strategies and improve achievement. *Journal of Educational Psychology,* 105, 213–222.

Nelson, T. O. (1996). Gamma is a measure of the accuracy of predicting performance on one item relative to another item, not of the absolute performance on an individual item. *Applied Cognitive Psychology,* 10, 257–260.

Nelson, T. O., & Narens, L. (1990). Metamemory: A theoretical framework and some new findings. In G. H. Bower (Ed.), *The psychology of learning and motivation* (pp. 125–173). New York: Academic Press.

Nietfeld, J. L., Cao, L., & Osborne, J. W. (2005). Metacognitive monitoring accuracy and student performance in the classroom. *Journal of Experimental Education,* 74 (1), 7–28.

Nietfeld, J. L., Enders, C. K., & Schraw, G. (2006). A Monte Carlo comparison of two measures of monitoring accuracy. *Educational and Psychological Measurement,* 66, 258–271.

Paris, S. G., Lipson, M. Y., & Wixson, K. K. (1983). Becoming a strategic reader.*Contemporary Educational Psychology,* 8, 293–316.

Paris, S. G., & Paris, A. H. (2001). Classroom applications of research on self-regulated learning. *Educational Psychologist,* 36 (2), 89–101.

Pierce, S. H., & Lange, G. (2000). Relationships among metamemory, motivation and memory performance in young school-age children. *British Journal of Developmental Psychology,* 18, 121–135.

Pieschl, S., Stahl, E., & Bromme, R. (2013). Is adaptation to task complexity really beneicial for performance? *Learning and Instruction,* 22, 281–289.

Pintrich, P. R. (2000). The role of goal orientation in self-regulated learning. In M. Boekaerts, P. Pintrich, & M. Zeidner (Eds.), *Handbook of self-regulation* (pp. 451–502). San Diego, CA:

Academic Press.

Pintrich, P. R. (2003). A motivational science perspective on the role of student motivation in learning and teaching contexts. *Journal of Educational Psychology,* 95 (4), 667–686.

Pintrich, P. R., Smith, D., Garcia, T., & McKeachie, W. (1993). Predictive validity and reliability of the Motivated Strategies for Learning Questionnaire (MSLQ). *Educational and Psychological Measurement,* 53, 801–813.

Pressley, M., & Ghatala, E. S. (1990). Self-regulated learning: Monitoring learning from text. *Educational Psychologist,* 25 (1), 19–33.

Purdie, N., Hattie, J., & Douglas, G. (1996). Students' conceptions of learning and their use of self-regulated learning strategies: A cross-cultural comparison. *Journal of Educational Psychology,* 88, 87–100.

Salomon, G., & Perkins, D. N. (1989). Rocky roads to transfer: Rethinking mechanisms of a neglected 85
phenomenon. *Educational Psychologist,* 24, 113–142.

Schellings, G., & Hout-Wolters, B. (2011). Measuring strategy use with self-report instruments: Theoretical and empirical considerations. *Metacognition and Learning,* 6 (2), 83–90.

Schneider, W., Korkel, J., & Weinert, F. R. (1987). The effects of intelligence, self-concept, and attributional style on metamemory and memory behaviour. *International Journal of Behavioral Development, 10*, 281–299.

Schneider, W., & Lockl, K. (2002). The development of metacognitive knowledge in children and adolescents. In T. J. Perfect, & B. L. Schwartz (Eds.), *Applied metacognition* (pp. 224–258). Cambridge University Press.

Schraw, G. (1998). Promoting general metacognitive awareness. *Instructional Science,* 26, 113–125.

Schraw, G. (2001). Current themes and future directions in epistemological research: A commentary. *Educational Psychology Review,* 14, 451–464.

Schraw, G. (2009). Measuring metacognitive judgements. In D. J. Hacker, J. Dunlosky, & A. C. Graesser (Eds.), *Handbook of metacognition in education*. New York: Routledge.

Schraw, G., & Dennison, R. S. (1994). Assessing metacognitive awareness. *Contemporary Educational Psychology,* 19, 460–475.

Schraw, G., & Moshman, D. (1995). Metacognitive theories. *Educational Psychology Review,* 7, 351–371.

Schraw, G., Potenza, M. T., & Nebelsick-Gullet, L. (1993). Constraints on the calibration of performance. *Contemporary Educational Psychology,* 18, 455–463.

Schunk, D. (1986). Verbalization and children's self-regulated learning. *Contemporary Educational Psychology,* 11, 347–369.

Schunk, D. (2001). Social cognitive theory of self-regulated learning. In B. Zimmerman, & D. Schunk

(Eds.), *Self-regulated learning and academic achievement: Theoretical perspectives* (pp. 125–152). Mahwah, NJ: Erlbaum.

Slusarz, R., & Sun, R. (2001). The interaction of explicit and implicit learning: An integrated model. In J. D. Moore, & K. Stenning (Eds.), *Proceedings of the 23rd annual conference of the Cognitive Science Society* (pp. 952–957). Edinburgh: Erlbaum.

Stavrianopoulos, K. (2007). Adolescents' metacognitive knowledge monitoring and academic help seeking: The role of motivation orientation. *College Student Journal,* 41I, 444–453.

Suárez, J. M., & Fernández, A. P. (2011). Evaluación de las estrategias de autorregulación afectivo-motivacional de los estudiantes: Las EEMA-VS. *Anales de Psicología,* 27 (2), 369–380.

Sungur, S. (2007a). Contribution of motivational beliefs and metacognition to students' performance under consequential and nonconsequential test conditions. *Educational Research and Evaluation,* 13 (2), 127–142.

Sungur, S. (2007b). Modeling the relationships among students' motivational beliefs, metacognitive strategy use, and effort regulation. *Scandinavian Journal of Educational Research,* 51 (3), 315–326.

Tarricone, P. (2011). *The taxonomy of metacognition*. New York: Psychology Press.

86 Veenman, M. J. (2007). The assessment and instruction of self-regulation in computer-based environments: A discussion. *Metacognition and Learning,* 2, 177–183.

Veenman, M. (2011). Alternative assessment of strategy use with self-report instruments: A discussion. *Metacognition and Learning,* 6, 205–211.

Veenman, M. (2013). Assessing metacognitive skills in computer-based learning environments. In R. Azevedo, & V. Aleven (Eds.), *International handbook of metacognition and learning technologies* (pp. 157–168). Amsterdam, the Netherlands: Springer.

Vrugt, A., & Oort, F. J. (2008). Metacognition, achievement goals, study strategies and academic achievement: Pathways to achievement. *Metacognition and Learning,* 3 (2), 123–146.

Vygotsky, L. (1978). *Mind in society: The development of higher psychological processes*. Cambridge, MA: Harvard University Press.

Weber, E. U., & Johnson, E. J. (2009). Mindful judgment and decision making. *Annual Review of Psychology,* 60 (1), 53–85.

Winne, P. H. (1995). Inherent details of self-regulated learning. *Educational Psychologist,* 30, 173–187.

Winne, P. H. (2001). Self-regulated learning viewed from models of information processing. In B. Zimmerman, & D. Schunk (Eds.), *Self-regulated learning and academic achievement: Theoretical perspectives* (pp. 153–189). Mahwah, NJ: Erlbaum.

Winne, P. H. (2010). Improving measurements of self-regulated learning. *Educational Psychologist,*

45, 267–276.

Winne, P. H. (2011). A cognitive and metacognitive analysis of self-regulated learning. In B. J. Zimmerman, & D. Schunk (Eds.), *Handbook of self-regulation of learning and performance* (pp. 15–32). New York: Routledge.

Winne, P., Gupta, L., & Nesbit, J. (1994). Exploring individual differences in studying strategies using graph theoretic statistics. *Alberta Journal of Educational Research, 40,* 177–193.

Winne, P. H., & Hadwin, A. F. (2013). Study: Tracing and supporting self-regulated learning in the Internet. In R. Azevedo, & V. Aleven (Eds.), *International handbook of metacognition and learning technologies* (pp. 293–308). New York: Springer.

Winne, P. H., Hadwin, A. F., & Gress, C. L. Z. (2010). The Learning Kit Project: Software tools for supporting and researching regulation of collaborative learning. *Computers in Human Behavior,* 26, 787–793.

Winne, P. H., & Muis, K. R. (2011). Statistical estimates of learners' judgments about knowledge in calibration of achievement. *Metacognition and Learning,* 6, 179–193.

Winne, P. H., & Perry, N. E. (2000). Measuring self-regulated learning. In M. Boekaerts, P. Pintrich, & M. Zeidner (Eds.), *Handbook of self-regulation* (pp. 531–566). Orlando, FL: Academic Press.

Winne, P. H., Zhou, M., & Egan, R. (2011). Designing assessments of self-regulated learning. In G. Schraw, & D. H. Robinson (Eds.), *Assessment of higher-order thinking skills* (pp. 89–118). Charlotte, NC: Information Age Publishing.

Wolters, C. (1998). Self-regulated learning and college students' regulation of motivation. *Journal of Educational Psychology,* 90, 224–235.

Wolters, C. (2005). Regulation of motivation: Evaluating an underemphasized aspect of self-regulated learning. *Educational Psychologist,* 38, 189–205. 87

Zimmerman, B. (1986). Becoming a self-regulated learner: Which are the key processes? *Contemporary Educational Psychology,* 11, 307–313.

Zimmerman, B. (1989). A social cognitive view of self-regulated learning and academic learning. *Journal of Educational Psychology,* 81, 329–339.

Zimmerman, B. (1995). Self-regulation involves more than metacognition. A social cognitive perspective. *Educational Psychologist,* 30, 217–221.

Zimmerman, B. (2000). Attaining self-regulation: A social cognitive perspective. In M. Boekaerts, P. Pintrich, & M. Zeidner (Eds.), *Handbook of self-regulation* (pp. 13–39). San Diego, CA: Academic Press.

Zimmerman, B. (2001). Theories of self-regulated learning and academic achievement: An overview and analysis. In B. Zimmerman, & D. Schunk (Eds.), *Self-regulated learning and academic achievement: Theoretical perspectives* (pp. 1–37). Mahwah, NJ: Erlbaum.

Zimmerman, B. (2008). Investigating self-regulation and motivation: Historical background, methodological developments, and future prospects. *American Educational Research Journal,* 45 (1), 166–183.

Zimmerman, B. (2011). Motivational sources and outcomes of self-regulated learning and performance. In B. J. Zimmerman, & D. H. Schunk (Eds.), *Handbook of self-regulation of learning and performance* (pp. 49–64). New York: Routledge.

Zimmerman, B. J., & Moylan, A. R. (2009). Self-regulation: Where metacognition and motivation intersect. In D. Hacker, J. Dunlosky, & A. Graesser (Eds.), *Handbook of metacognition in education* (pp. 299–315). New York: Routledge.

Zimmerman, B. J., & Schunk, D. H. (Eds.) (2001). *Self-regulated learning and academic achievement: Theoretical perspectives*. Mahwah, NJ: Erlbaum.

Zimmerman, B. J., & Schunk, D. H. (Eds.) (2011). *Handbook of self-regulation of learning and performance.* New York: Routledge.

第5章

概念转变研究的历史：线索和断层

安德烈 · A. 迪塞萨

有些主题对于学生而言显得格外难，而且传统的教学方法往往收效不佳。在各个年龄阶段的教学中都能找到这样的主题，包括物理学中的物质和密度、牛顿力学、电学和相对论，生物学中的进化论和遗传学。① 这些主题学习起来非常困难，因为学习它们需要学生经历概念转变的过程。概念转变与问题较少的学习形成对比，例如技能的获得（比如，学习一项体育技能或长除法的一个算法）和事实的获得［比如，加法或乘法的“基本数学事实”（basic number facts）的学习］。如果在这些领域存在困难，那么为了产生快速、无误的表现，就有更明显的理由进行绝对大量的学习或者必要的练习。 88

“概念转变”这个词贴切地表达了学生学习的主要困难：学生必须在旧观点的情境中建立新观点；因此，强调的是“转变”而不是简单的积累［白板论（tabula rasa，或 blank slate）］或获得。大量证据表明，在很多领域中先前观点（prior ideas）制约了学习。概念转变中的“概念”不能仅仅从字面意思进行理解。各种理论认为（概念转变的）困难除了位于“概念”（concepts）之中，还位于“信念”（beliefs）、“理论”（theories）或者“本体”（ontologies）之类的实体中。

概念转变是学习科学的核心研究领域之一，其原因包括以下几点。第一，对于科学中许多核心的重要的观点，学习者不经历概念转变是无法成功学习的。第二，理解概念转变需要我们处理一些有关学习的最深奥的理论问题。什么是知识？何时以及为何难以获得知识？什么是深层理解（deep understanding）？怎么培养这种能力？概念转变不仅对教育学很重要，对发

---

① 概念转变的范式（paradigm）很少用于科学的其他领域，数学中用得就更少。

展心理学、认识论以及科学史和科学哲学都很重要。例如，牛顿、哥白尼、达尔文是如何完成他们那举世瞩目的科学革命的？

89 很难对概念转变研究进行述评。问题（转变什么？为何难以转变？转变是如何发生的？）只能被缓慢地解决，而且解决方法也是试验性的、局部的。许多学科已经开展了概念转变研究，形成了宽阔的视角，但这些视角很难被统一。目前还没有被广泛接受的、表述清晰的且经过检验的概念转变理论。相反，这个领域包含多重视角，这些视角以类似万花筒的方式将许多常识性的观点和理论性的观点结合起来。在本章中，我强调的是关键的线索（threads）和断层（fault lines）——前者遵照历史的顺序，后者则关注了一些重要的视角上的变化以及观点的差异。

引入

力的概念提供了一个极好的概念转变的例子。图 5.1 描述的是专家根据“把球抛到空中”这个简单事情形成的概念。物理学家会说小球离开手后只受一个力——重力（图中的粗箭头）。重力作用于小球的速度（细箭头），使速度不断减小直到为零，这时小球达到最高点。然后，重力继续“拉”着小球向下运动，使小球向下加速运动。

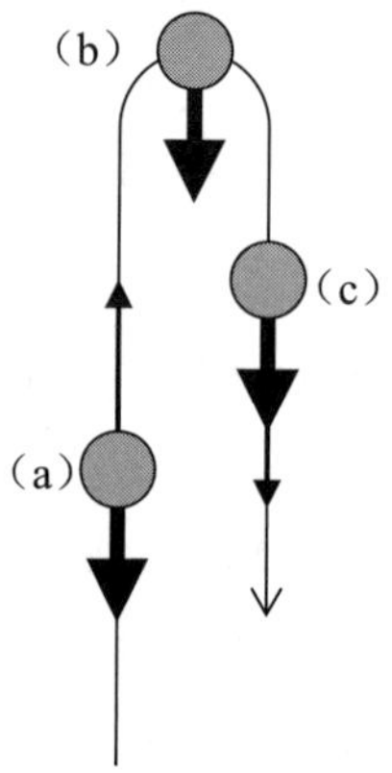

图 5.1　专家对上抛的解释：

（a）小球只受一个力——重力（粗箭头），重力使得小球的速度（细箭头）越来越小；

（b）重力在最高点使得小球的速度为零；

（c）重力使得小球向下的速度越来越快

在概念转变研究开始之前，教学者会将学生学习上抛时遇到的学习困难归因于物理学的抽象或者它的复杂性。教学干预可能包括重组或简化要点。“说得好听点”就是针对学生学习的困难，采取一个白板式的反应，它假定学习是一种简单的获得。然而，认真倾听学生的解释会有令人吃惊的发现。学生不仅缺乏相关知识，他们的想法也与专家不同。图 5.2 举例说明了一个典型的初学者的解释，他们认为球受到两个力的作用。手给球一个力，这个力克服重力，并让球向上运动，向上的力逐步减少直到在最高点和重力保持平衡。然后，重力接替过来，并拉着它向下运动。

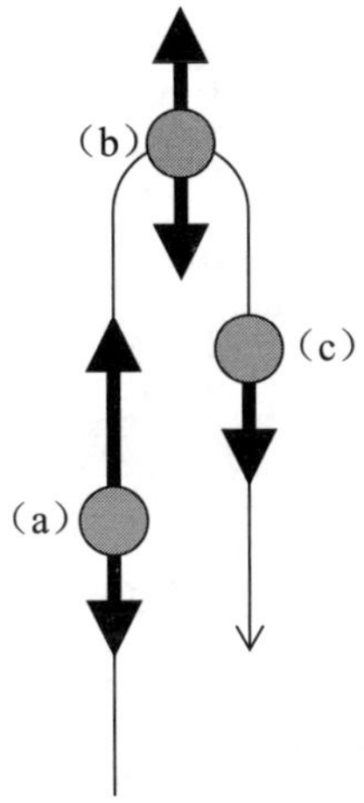

图 5.2　初学者认为上抛过程中小球受两个力：
（a）手给小球一个向上的力，这个力克服重力使得小球向上运动；
（b）手给小球的力越来越小，最终与重力持平；
（c）手给小球的力完全被重力克服

小球受两个力的解释表明学生有力的前概念（prior concept），他们对什么力起作用的看法与专家不同。教学必须关注先前观点并转变它们：进入概念转变。

教师应该如何处理学生的“迷思概念”（misconception）？比如这个例子：在早期的概念转变研究中，大部分的研究者假定学生的观点是连贯的（coherent），就像物理学家那样。在这种假定下，教师除了说服学生放弃他们的先前观点，接受科学的正确概念之外，几乎没有其他选择。但是，一个截然不同的观点正在逐步发展。与将学生的观点视为连贯的不同，这种观点认为学生的观点由许多准独立的（qusi-independent）元素构成。这种观点没有完全拒绝学生已有的概念，而认为可以仔细挑选学生已有概念中最有用

的观点，重组这些观点，从而建立一个规范性的概念。比如，学生注意到在
90 小球抛出后，到达最高点时，小球达到了平衡。而平衡大致描述了物理学中一个非常重要的原则：能量守恒定律。与之类似，这种不正确解释中向上的“力”并非不存在，它实际上是物理学家所说的*动量*（momentum）。

学生的朴素观点是连贯的、强有力地整合在一起的，还是零散的，这是两种完全相反的看法，它形成了概念转变历史中分水岭似的断层。这个断层将贯穿本章，就如同这个断层已经贯穿在概念转变研究历史中一样。

下面开始讲述概念转变研究的大事记。

91 皮亚杰研究的启示

皮亚杰在儿童理解方面做了大量的研究（Gruber & Voneche，1997）。他发现儿童的想法与成人完全不同。这个发现对概念转变的基础产生了非常重要的影响。皮亚杰引入了*发生认识论*（genetic epistemology）——有关知识和智力是逐步形成的理论，这与传统的哲学家（比如，柏拉图、笛卡尔、康德）的关注点不同，他们关注的是永恒不变性和确定性。皮亚杰的研究涉及许多领域，包括生物学（“活着”的概念）、物理学（“力”）、空间和时间［透视性（perspective）和同时性（simultaneity）］、表现法（素描）、编目方法以及逻辑学。他有关生物学的研究对概念转变研究产生了极大的影响。

皮亚杰创建了*建构主义*（constructivism）的核心观点：新观点通常源自旧观点。的确，这个方向孕育了概念转变自身。儿童的思考方式从系统上说与成人完全不同，这一令人震惊的发现，和建构主义共同组成了从皮亚杰研究到概念转变最重要的线索。

皮亚杰的一些其他方法和理论也影响了概念转变研究。比如，皮亚杰引入临床访谈，将其作为调查儿童想法的一种方法。他那宏大的认识论计划一直致力于探索科学史与儿童思维发展观之间的关系，认为两者的发展原则即使不完全相同，也是相似的。他想法中的另一些元素——将不平衡和再平衡作为转变、同化和顺应、反思与抽象等的一种机制——在概念转变研究早期是非常重要的观点。

现代概念转变研究与皮亚杰截然不同的地方在于：皮亚杰发展了一个与领域无关的智力“阶段理论”，即无论在哪个领域，概念转变都是大体相同

的。相反，现代的概念转变研究提出了一个领域具体的路径，认为每个领域的概念都有其自身的序列。

科学哲学和科学史的影响

托马斯·库恩（Thomas Kuhn）是一位很有影响力的科学史学家，他的研究工作对概念转变研究产生了很大的影响。然而，库恩的观点在科学史上曾遭到强烈反对，反对者的一些观点最近开始对概念转变研究产生了影响。在库恩的反对者中，斯蒂芬·图尔明（Stephen Toulmin）尤其值得一提。正如我在引入部分介绍的，连贯说与零散说之间持续的断层可以追溯到库恩（连贯说）与图尔明（零散说）之间的对立。

库恩的科学革命 92

在库恩（Kuhn，1970）里程碑式的著作《科学革命的结构》（*The Structure of Scientific Revolutions*）中，他有关科学发展的观点与先前研究者截然不同。库恩反对科学递增式发展的观点。相反，他认为通常“解决难题”的时期，即常规科学（normal science），经常被革命打断，而革命是彻底转变的时期，其运作方式与常规科学完全不同。尤其是，整个学科基体（disciplinary matrix，即在最早的版本中所提到的含混不清但著名的“范式”）在革命中都转变了。哪些问题是明智的问题，如何判断提出的解决方法中哪些方法是可靠的，等等，所有这些在革命中都被转变了。库恩将科学革命比喻为格式塔转换（gestalt switches）[如贾斯特罗（Joesph Jastrow）的鸭兔图（duck-rabbit）和纳克方块（Necker cubes）等]。科学革命中，“旧范式”和“新范式”的实践者关注的是不一样的东西。当连贯的观点迫使许多事情需要立即转变时，格式塔转换就发生了。

库恩用不可通约性（incommensurability）来阐述他有关科学革命的观点。不可通约性意味着新的理论不能用旧的理论的术语来描述，反之亦然。不可通约性由概念革命的定义属性和对问题本质的解释构成。同样，库恩有关不可通约性的论证构成了概念转变研究的长期线索。相反，库恩观点中的社会学方面反而没有进入概念转变研究中。

> 科学知识，就像语言一样，本质上要具有一个群体（group）的共同属性，否则就什么都不是。为了理解它，我们有必要认识那些创造和使用它的群体的具体特征。（Kuhn，1970，p.208）

图尔明对强连贯性的摒弃

早期概念转变研究的潮流是在库恩之后出现的，而且它忽略了对立的视角。斯蒂芬·图尔明（Toulmin，1972）的《人类的理解》（*Human Understanding*）在《科学革命的结构》几年之后就出现了，这本著作清晰地介绍了连贯性的对立面，即与之对立的零散的断层。

《人类的理解》在开篇进行了广泛的回顾性评论，并否定了关于哲学家在科学思考中所假定的连贯性的程度和种类［图尔明用系统性（systematicity）来形容］。图尔明将对“系统性的狂热”（cult of systematicity）追溯到逻辑数学的连贯性模型上，这种连贯性来自某些数学形式，比如欧几里得几何的公理体系。①

93 图尔明认为连贯性的假设是致命的错误。不仅没有一个适合于所有科学的统一的框架（正如哲学家康德声称的那样），而且特定理论是强连贯性的假设也是失败的。图尔明直接对库恩的不可通约性进行了批判。图尔明反驳道，不可通约性只会在犯了假定强连贯性的错误时才会出现。而且，如果一个人错误地感知到不可通约性，也只能说明转变通常是神秘地出现的——所有的转变都是一瞬间就发生了的（库恩的“格式塔转换”）。

> 与其将一个自然科学的内容看成是一个严谨连贯的自然体系，不如把它看作一个概念的集合体，或者是“群体”（population），它最多有逻辑系统性的局限（Toulmin，1972，p.128）。

在他抨击连贯性的背景下，图尔明做了一个重要的关于方法论的观察。他主张必须放弃占统治地位的概念转变“之前和之后”（before and after）的观点（革命性的）。

---

① 图尔明的批评不限于严格的系统性的逻辑形式。比如，他也反对科林伍德（B. G. Collingwood）提出的“层级假设的系统性”模型，这与后续的讨论紧密相关。

> 这种方法的转变［远离强连贯性］迫使我们放弃所有那些静止的、“快照式”的分析。……相反，我们必须给出更加历史性的、“电影式”的描述。（Toulmin，1972，p.85）。

这就并行存在一种转变：概念转变的“之前和之后”研究逐步向基于过程的解释转变。

迷思概念

> 即使是班里最聪明的学生也会有错误的观点，这些观点是基于那些顽固的迷思概念而形成的，是传统的教学方法无法克服的。［参见《一个小宇宙》（*A Private Universe*）的宣传资料（Harvard-Smithsonian Center for Astrophysics，1987），http：//www.learner.org/resources/series28.html］

从20世纪70年代中期开始，一个巨大的社会运动，我们称之为迷思概念运动，开启了教育学、发展和实验心理学的现代概念转变研究。这项运动在20世纪80年代早期得到了蓬勃发展，并产生了大量的著作，到了90年代早期，尽管它的影响力依然很强，但是规模有所缩小。通过一个早期的收集了成千上万的研究的文献目录，我们可以看到这项运动的影响力（Pfundt & Duit，1988）。康弗里（Confrey，1990）对物理、生物和数学中的迷思概念做过一个很好的综述。

三位欧洲学者在这项运动中做出了重要的贡献。德赖弗（R. Driver）、维耶诺（L. Viennot）和蒂贝尔吉安（A. Tiberghien）做了一些主题的基础研究，比如小学生有关物质的概念，初中生有关热和温度的概念，高中生有关力和运动的概念，这些研究经常包括一些教学干预（Driver，1989；Tiberghien，1980；Viennot，1979）。这些研究者和其他研究者发现、记录并从理论上考
虑了“错误信念”（false beliefs），比如“像微小灰尘一样的物质是没有任 94
何重量的”，“物体的速度与作用力成正比”［牛顿发现力控制的是加速度（acceleration），而不是速度］，以及“热和冷是不同的东西”。

在美国，早期重要的迷思概念研究者包括霍金斯（Hawkins，1978），克莱门特（Clement，1982）、明斯特尔（Minstrell，1982）和麦克洛斯基（McCloskey，

1983a，1983b）。霍金斯将那些系统地阻碍了科学学习的错误观点称为“关键的阻碍”（critical barriers）。其他研究者用不同的术语来描述这个观点，比如另有概念（alternative conceptions）、另有框架（alternative frameworks）、直觉理论（intuitive theories）或朴素理论（naïve theories），以及朴素信念（naïve beliefs）。术语迷思概念（misconceptions）是被使用最广泛的。

迷思概念研究的一个积极影响是将教育研究的重要性引入实际教学中。教师看到了一些生动的例子，即学生们面对简单的概念问题回答错误。这种面对简单问题的糟糕表现往往在教学中持续数年，并且难以消散。显而易见，学生有根深蒂固的、“难以放弃的”、错误的先前观点。常见的解决方法是“克服”迷思概念，说服学生放弃先前观点。

这个简单的事情——根深蒂固的错误的先前观点阻碍了学习并且需要被克服——吸引了教育者，并引发了大量的投资和广泛关注。许多主要的研究者逐渐形成了更加精确的观点，稍后本章将综述其中的一些观点。但是，公众的影响和大部分研究，很大程度上依然停留在证明迷思概念存在这个简单层面上，而不是解决更深层次的问题，比如：什么是概念？我们能够将概念分解成碎片吗？它们是一元化的吗？多重的概念能融入连贯的整体吗？假如可以，整体的连贯性如何？对于学习科学最重要的事情就是，真正科学的概念是如何从朴素概念中形成的。

三种早期的思路

用科学史类比

三条重要且相关的概念转变研究线索，在迷思概念运动早期几乎同时凸显出来。最富有影响力的线索可能是将学生思维的发展与科学史的发展的类比，其最早是由皮亚杰提出的。苏珊·凯里（Carey，1991，1999）是在儿童概念转变的情境中最坚定地使用库恩科学转变观点的研究者之一。她系统地使用了不可通约性的观点，将其当作概念转变的一个主要标志。不可通约性将概念转变与“丰富”（增加新的观点或者信念）或者单纯地转变信念区分开来。凯里的主要研究工作集中在生物学，她声称在生物学中儿童经历了一个无意识但重要的概念革命（Carey，1985）。比如，“活着的”“真实的”“有
95 意识的”（心理学层面的希望和欲望）这些概念在儿童形成正确的生物学概念之前是混乱的，在生物学中，“活着的”的正确含义是指身体机能的持续

运转、生命的维持。凯里受皮亚杰的影响，但是却认为领域无关（domain-independent）的智力理论不能解释儿童在生物学概念上的转变。凯里大量实证的以及理论的论证构成了一个颇具影响力的里程碑，尤其是在发展心理学家之间。

凯里曾经和玛丽安娜·怀泽（Marianne Wiser）在热和温度的领域合作，在这个领域中出现了一个显著的科学史类比的分支。儿童的概念转变和科学史的发展不仅在形式（结构和过程，比如概念、理论、不可通约性、彻底的重构）上相似，而且在内容上也表现出了惊人的共性。怀泽和凯里（Wiser & Carey，1983）阐述了一个案例：热和温度的朴素概念与早期科学家们的观点是类似的。

用科学史进行类比被研究者以各种方式应用。卡米洛夫－史密斯（Karmiloff-Smith，1988）否认或不重视儿童发展和科学史在内容上的相似，但她强调转变过程的相似性。纳西希安（N. Nercessian）提倡实证性地使用“认知–历史–分析法”（cognitive-historical-analysis）来鉴别科学家在转变理论中使用的方法。这些方法包括使用类比和意象模型（imagistic model）、从较简单的理论逐步获得更加高级的理论、思维实验和使用极端的案例。纳西希安建议教育者使用同样的方法来帮助学生在学校获得概念转变（Nercessian，1992，p.40）。

理论说

理论说（the theory theory）声称儿童或者初学者对理论的理解与科学家非常相似。凯里坚持提倡理论说的看法。关于“心智理论”（theories of mind），艾利森·高普尼克（Allison Gopnik）认为，儿童和科学家的心智存在强相似（Gopnik & Wellman，1994）。其他研究者则更加保守地支持弱相似（Vosniadou，2002）。理论说学者一般站在连贯 / 零散说的连贯一方。

迈克尔·麦克洛斯基（McCloskey，1983a，1983b）开展了一系列的研究，这些研究可能是迷思概念研究中最著名的。他声称学生带着明显连贯的且能被清晰表达的理论（见图 5.2）开始物理学习，在教学中，学生的这些理论经常被拿来和牛顿物理学相比较。麦克洛斯基的理论说与中世纪科学家的观点在内容上很相似，比如约翰·布里丹（John Buridan）和伽利略。然而与其他研究者相比，他却没有涉及太多转变过程的相似性比较，比如，并没有提及库恩或者科学哲学。他将科学史中观点相似的内容当作实证性事实，而与转变的理论无关。

96 麦克洛斯基的研究产生了非常大的影响。尽管遭受实证的和理论的批评，但是麦克洛斯基的研究经常被当作权威来阐述物理中的朴素观点是强连贯的，而且，理论上讲科学理论也确实如此。

概念转变的理性观

引入概念转变的理性观标志着早期的另一个里程碑的诞生。理性观认为，学生会像科学家一样坚持他们当前的观点，除非有很好的理由让他们放弃当前的观点。波斯纳、斯特赖克、休森和格特左戈（Posner，Strike，Hewson，& Gertzog，1982）建立了第一个并且是最著名的理性模型。他们指出学生和科学家会转变他们的概念体系，前提是必须满足以下条件：（1）他们开始不满意他们的先前概念（用库恩的话说是经历了“大量的反常”）；（2）新概念必须是可理解的；（3）新概念除了可理解，还必须是看似合理的；（4）新概念对后续的工作必须是富有成效的［用拉卡托斯（Lakatos，1970）的话说，必须提供一个发展中的范式（progressing paradigm）］。

波斯纳和他的同事们的框架是折中的。他们吸收了库恩和拉卡托斯两者的观点，尽管拉卡托斯批评库恩将科学看作暴民统治。波斯纳的框架还吸收了库恩的反对者图尔明有关“概念生态学”的观点。这个框架的后续版本回避了纯粹的理性框架，承认了一些因素，如动机和非语言形式的知识（Strike & Posner，1990）。

波斯纳和他的同事们坚持认为他们的框架是认识论层面的，而没有反映心理现实或是提供一种教学模式。尽管如此，仍然有许多科学教育者围绕着这个框架组织教学（Smith，Maclin，Grosslight，& Davis，1997）。有些教育者甚至直接向学生介绍这个框架（Hewson & Hennessey，1992）。

对迷思概念运动的评价

积极的贡献：

- 迷思概念强调质性的理解和解释，反对仅仅强调量化的问题解决这一历史背景。
- 与学习的“白板”模型相反，迷思概念让建构者的想法具有可见性。
- 迷思概念为教学问题提供了一些焦点，为学习提供了新的测量方法。

它减少了对领域普遍性困难的关注，转而强调领域特殊性。

消极的影响：

- 大部分的迷思概念研究都相当缺乏理论的支撑。迷思概念的“深度”经常没有被校正，“概念”或者“理论”的含义也没有被检验。
- 迷思概念研究只强调先前知识的消极影响。
- 迷思概念研究尽可能地避免讨论学习实际上是否合理。
- 迷思概念促使理论说观点和教学中的“冲突”模型占据了先天优势（波斯纳等人的框架；Hewson & Hewson，1983；McCloskey，1983a）。

97

参看史密斯、迪塞萨和罗斯切利（Smith，diSessa，& Roschelle，1993）的著作可以获取更多有关迷思概念运动的分析。

超越迷思概念

特定领域的概念转变

学生或者儿童在某个特定的年龄阶段对某个特定的领域了解多少？从皮亚杰开始，这已经成为一个重要的问题。现代概念转变研究相比以前的研究，在更加具有教学意义的领域，在更加准确的、实证的支持下探讨这个问题。

在生物学领域[①]，一个大的研究团体［苏珊·凯里、弗兰克·凯尔（Frank Keil）、波多野谊余夫（Giyoo Hatano）、稻垣佳世子（Kayoko Inagaki）以及其他研究者］分享了一些具有创新性的方法，这些方法是批判性的，建立在彼此的观点之上。凯里认为具体领域的一个概念转变——包括“彻底的重构”而不仅仅是“观点的累加”——发生在儿童时期（Carey，1985，1988）。她坚持认为“动物”的先前概念是潜藏在儿童关于心理学的朴素理论中的：在他们的有意识的（心理学的）活动中，动物与无生命的物体截然不同。相反，年幼儿童的生物学概念集中于动物的结构和内部加工上，几乎完全忽略

① 朴素心理学和朴素物理学是其他重要的研究领域。有关物理研究的报道最不稳定。有关儿童认知的研究揭示了儿童具有惊人的物理方面的能力（Baillargeon，1986；Spelke，Philips，& Woodword，1995）。但是，中期的研究较少受到关注。后期的研究是由迷思概念专家完成的。

了“身体机能”。她声称真正的生物学概念出现在十岁左右。

不断发展的儿童生物学修正并完善了凯里的观点，形成了极为丰富的生物学知识浮现观。两位主要的革新者是弗兰克·凯尔和波多野谊余夫（以及他的合作者稻垣佳世子）。这些研究者将明显不同的生物学思考方面的浮现往回推了至少六年。凯尔开展了一系列的项目，用多个方法来隔绝儿童对生物学现象的感知，包括动物的生物学本质、遗传、生物学传染病以及有生命的物体“内部”特有的属性。在后来的研究（Keil，1994）中，凯尔指出 4 岁的儿童或者是更小的儿童能够预料到岩石内部是杂乱无序的，而植物和动物
98 的内部是更有组织的。凯尔指出，非常小的孩子认为通过画画或者是其他的方式，可以轻易将臭鼬变成浣熊，然而稍大一点的儿童，不过仍然是 6 岁内的，认为这种方式是不能本质上改变动物的。他指出儿童很早就知道，在建立动物的本质属性过程中，遗传（“先天”）比环境（“后天”）要重要得多。

稻垣佳世子和波多野谊余夫（Inagaki & Hatano，2002）描述了一个重要的朴素理论——*生机论生物学*（vitalist biology）——将一个新的规则引入早期生物学中。这个理论吸收、使用了一个“至关重要的力”来解释动物的活动、健康和生长。实验表明生机论生物学出现在 6 岁。波多野谊余夫、稻垣佳世子和凯尔反驳并用实证主义否定了凯里声称的生物学产生于心理学的观点。然而，稻垣佳世子和波多野谊余夫同意凯里关于从童年生物学向机制生物学（10—12 岁）的转变构成了真正的概念转变的观点。

零散知识

理论说这个线索在朴素生物学、心理学和物理学中占优势地位。它代表了连贯 / 零散这个断层中“连贯”的一方。一个对立的观点——“零散知识”——站在了“零散”的一方。明斯特尔（J. Minstrell）和迪塞萨是零散知识的早期提倡者。他们对理论说的批判类似于图尔明对强连贯性的批判。

明斯特尔（Minstrell，1982，1989）将朴素观点视为教学的资源而非物理概念转变中的绊脚石。他直接挑战了迷思概念说单纯认为朴素观点是错误的这一观点，也挑战了理论说关于朴素理论必须被当作整体来接受或者否定的观点。明斯特尔将朴素观点描述成*面元*（facets），认为这些观点不需要被否定，而需要被“迁移”到一个完全不同的、更强的、更加科学的概念结构中。面元的研究已经描述了许多领域成百上千个观点，这些是学生在进入教学时已经拥有的（Hunt & Minstrell，1994）。连贯的朴素理论在这种思路中已

不见踪影了。

迪塞萨（diSessa，1983）引入了一种观点，认为朴素物理学由成千上万个元素构成，这些元素被称为现象本原（p-prims），它类似于明斯特尔的面元。现象本原让人们能够意识到，哪些事件是自然的（现象本原发挥作用），哪些是令人惊讶的，及其原因。现象本原众多，而且组织松散，有时候是高情境性的，而不是“理论”。只要有良好的教学设计，现象本原可以被融入——而不是被抛弃——优秀的教学中。比如，“欧姆定律的现象本原”是指：电压越大，电流越大；电阻越大，电流越小。欧姆定律的现象本原可以被视为电路理论中欧姆定律的简化版，而且可以用来帮助学生理解其他物理学知识，比如热量守恒定律（diSessa，即将出版）。

零散知识在概念转变的早期教育研究中，最多只能被称为少数观点（Driver，1989；Smith et al.，1997）。它至今仍然被发展心理学忽视。详见迪 99
塞萨、吉莱斯皮和埃斯特利（diSessa，Gillespie，& Esterly，2004）所做的历史性综述。然而，零散知识观在教育界却逐步成为主流。比如，马西娅·林（Linn，2006）详细阐述了作为教学框架的“脚手架式的知识整合”。这个观点明确承认了直观观点的多样性，而将整合（增加连贯性）在事实上定义为概念的发展（conceptual advancement）。

理论的碎片

我很早就提到概念转变研究就像万花筒一样千变万化：许多线索以各种方法结合形成了许多不同的理论观点。这节我会从其中一些线索着手来描述概念转变的理论问题。

我讨论了两组理论问题。第一，包含在概念转变中的心智实体（mental entities）是什么？它们是如何组织的？第二，为何概念转变如此之难？转变又是如何发生的？这些问题的不同答案从根本上改变了我们对一个优秀的教学设计的看法。

概念转变的组件与系统

概念转变中什么发生了转变？显而易见的答案是“概念”。令人震惊的是，在这个领域中，概念这个词的意义及其在概念转变中的角色几乎从未达成统一。

凯里（Carey，1988）将信念（beliefs）和概念区分开来。信念是关系实体。比如，“人是动物”涉及两个概念——人和动物，牛顿定律（$F = ma$）涉及力、质量和加速度这几个概念。凯里认为信念改变相对容易，难点在于改变恰好能够表达信念的那个概念。当儿童最终相信人是动物时，就意味着他们形成了一个完全不同的动物概念，这与他们之前的概念形成对比。

在凯里的理论说中，概念是更大规模系统——朴素理论——的要素，该理论强有力地约束了概念的内涵。概念转变的大部分理论都是以这种方式嵌套在其中的。至少存在两个层次［概念是理论系统（system）中的组件（components）］，其中涉及系统层次的关系约束是关键。系统层次的关系约束了各个概念，因此增加式的转变是困难的。这将我们直接引到了连贯/零散断层的核心。如果系统约束太强（也就是，如果连贯性是高的），那么转变就是不可想象的，正如图尔明指出的。因此大量的案例恰恰停留在理解系统层次的关系上，即凯里案例中的朴素理论。

关于知识是如何卷入嵌套于系统的组件中的，沃斯纳多（S. Vosniadou）
100 提供了两个版本。第一，针对儿童关于地球形状的模型（球体，薄饼形，等等），她在系统水平上提出了框架理论（framewrok theories）。当儿童被问到有关地球形状的问题时，他们的框架理论将具体模型的产生约束在少数几个可能之中。在这个案例中，模型（models）被嵌套在框架理论中受其约束。模型转变相对容易，但框架理论转变却需要很长的时间。在最近的研究中，沃斯纳多将她的观点扩展到了力和运动，并且发展了一系列嵌套的版本。比如，在约安奈德斯和沃斯纳多（Ioannides & Vosniadou，2002）的研究中，框架理论约束了意义（meanings）（不是模型），比如“力”，并且更高、更相关层次的（理论）部分仍然是转变困难的焦点。①

概念转变的另一个嵌套观点将所包含的概念当作组成成分，但是更高层次的内容不是理论，而是本体（基本的分类包括物质、过程或者观点）。齐（Chi，1992）猜想概念受到他们假定的本体的强烈约束。在早期的研究中，齐主张朴素的物理概念是嵌套在物体的本体中的，但是牛顿学概念位于一个完全不同于物质的本体中——“基于约束的过程”。转变本体和转变理论都非常难。在教学中，齐建议先教新的本体，然后被修正的概念会在本体中自然地发展。

---

① 沃斯纳多经常强调框架理论的本质是“背景假设”（background assumptions），这与科林伍德的观点相似，而图尔明却批评这种假设表达不明确、可验证性差。

零散知识的支持者认为经典知识术语（概念、理论、本体）一直没有在做解释概念转变的科学工作，我们需要新的术语。明斯特尔引入了面元。我引入了一系列的概念，每一个都有它自己的定义：比如，现象本原、心智模型和协调种类（coordination classes）（diSessa，1996；diSessa & Wagner，2005）。一个协调种类是关于特定种类概念的模型。协调种类是一个复杂系统，包含许多协调的部分，包括现象本原。这里面嵌套了一个循环：现象本原嵌套在协调种类（概念）中，而协调种类——与心智模型和其他实体一起——组成了学生的“概念生态”，其与“理论”类似，但不同于理论。

概念（协调种类）是可以被明显地模型化的，这个事实对于概念转变[①]的这些观点而言是独一无二的，而且对于教学设计有非常重要的意义。了解概念的内部元素就如同烹饪蛋糕有了原料清单。了解这些内部元素是如何配置的就几乎如同有了一个食谱。

约束和转变的模型

依据库恩的理论，如果概念发展的连续阶段确实是由不可通约性来表
征的，那么也就可以解释为何概念转变如此之难了。但是不可通约性的批评 101
者们提出了一个极具挑战性的问题：在各种情况下概念转变是如何发生的？受科学史的启发，许多研究者提出类比和开发意向模型等机制。一个共同的假设是区分含混的原始概念（比如，区分热和温度）和合并旧的类别（比如，将植物、动物加入生物这个类别）是战胜不可通约性中非常重要的过程（Carey，1988，1999；Smith et al.，1997）。

零散知识说的一个常见挑战是：学习者如何将一大套元素（比如，现象本原）集合到一个系统（比如，一个科学的概念）中？不像烘焙一个蛋糕，一个人不可能从一家店集齐所有的概念原料。相反，当学生发展一个概念时，他们需要有各种经历。此外，概念原料必须被整合到一个平稳的操作系统中。协调种类理论定义了一类连贯体（coherence），并称之为队列（alignment），它为学生提供一些系统的、明显好处理的困难。理论也描述了一些克服它们的标准路径。

在那些可能没有朴素理论（化学、数学）的领域，不可通约性不能精确地描述学习的特征。在这些知识领域，概念转变的连贯理论不能解释学习的

---

① 凯里、沃斯纳多和齐都没有描述概念的内部结构。

困难。零散知识说在这些情况下会更加适合，因为即使没有朴素理论，学习仍然会收集和协调零散知识。

令人吃惊的是，即使很少有证据证明理性模式能够解决概念转变的问题，但它依然被看好。高普尼克和韦尔曼（Gopnik & Wellman，1994）提到的元素与波斯纳等人提到的大部分相同。他们也提到了准理性的方法，它与专业的科学方法相呼应，例如否认转变的必要和通过辅助假设的形成来避开深层转变。

尽管皮亚杰的平衡发展理论已经逐步淡出公众视野，但是该理论的新版本已经出现了。稻垣佳世子和波多野谊余夫提供了概念转变的两个模式，在这两个模式中，新的观点会打破先前观点的连贯性，而且重建的连贯性会促进概念转变（Inagaki & Hatano，2002，pp.173–175）。也可以参考约安奈德斯和沃斯纳多的观点（Ioannides & Vosniadou，2002，p.58）。

教学

找到概念转变研究对教学的含义，和概念转变研究本身一样复杂。然而，我们仍发现了一系列对零散知识观的描述和它对教学的启示。

102 1. 零散知识允许我们对概念转变进行“观察”：教师或者教学者组织学生学习一小段时间。零散知识可以进行足够小的粒径分析，从而使追踪学习的真实时间成为可能（diSessa，即将出版）。这意味着，教学设计能够用过程数据来生成形成性反馈，而不是仅使用研究前 / 后的数据。

2. 零散知识能够解释为什么概念转变费时间。概念转变的每一个视角（view）都假定它需要很长时间。但是，零散知识（为这一现象）提供了一种独特的原因解释，允许人们监控和克服困难。一个问题是，产生一个连贯的概念需要将使用这个概念的多个不同方式协调进来（参见上文所述的方法）。

3. 零散知识需要许多情境中的学习。复杂的情境是零散知识观中的一个事实。没有其他选择，必须让学生在学习过程中接触各种情境，这样他们才能在每个情境中学习。

4. 学生有丰富的概念资源可以利用。概念转变领域中的零散知识观中一个几乎是独一无二的特色是，它认为“朴素”（naïve）的学生拥有非常多的观点，其中许多观点能够甚至必须被重新用来发展科学理解（diSessa，即将出版）。

5. *逐一直面和替换原有观点是一个不可行的教学策略。*在学生的概念生态中有成百上千的相关观点，逐个地消除所有的错误观点是不可行的，即使它听起来令人满意。

6. *从元概念的角度教授学生是与零散知识观不符的。*大部分同时期的研究者认为学生应该了解他们自己的学习，了解科学概念的性质（Winne & Azevodeo，本书第 4 章）。正如库恩不同于图尔明，对学生和科学家的观点的性质的理解，零散知识观不同于理论说。

7. *零散知识是灵活的且足够细微，从而能够追踪学习中的个体差异。*“一个理论适合所有”并不存在。零散知识足够细微，这允许研究者描述学生的差异，了解它是如何影响学习的（Kapon & diSessa，2012）。

与零散知识观不同，连贯说或理论说可能导致不同的教学设计。迄今为止，我们没有可靠的实证证据证明，基于前面提及的理论方法中的任何一种方法的教学设计会优于其他的。关于这点的潜在原因如下。

1. 教学是设计与理论的复杂混合体。良好的朴素设计能够忽略现有理论的作用而制定出成功的教学方法。几乎所有的报告都指出，充满灵感的干预使得概念发生了转变，但是它们中没有一个给出了无可非议的正向比较结果。

2. 持有不同理论观点的研究者提倡使用相似的教学策略。不管是抽取、 103
重组朴素知识的元素，还是让学生意识到他们先前理论的错误，零散知识说和理论说的支持者都提倡让学生进行讨论。教学中的类比、隐喻和可视化模型是被广泛应用的，而不是某个理论特有的。

3. 目前，许多或者大多数对干预的评价都主要依赖于前后测，但这对于弄清楚概念转变的具体过程作用甚微。

研究展望

连贯：一个主要的断层

托马斯·库恩在概念转变研究早期产生了巨大的影响，他认为科学理论的转变是彻底的和历史性的。他的观点影响了理论说，理论说认为概念转变是在用一个连贯的理论取代另外一个，而问题的症结恰恰是先前理论的连贯性。对于理论说研究者来说，连贯是一个口头禅，它被用来定义属性，从而保证理论这个术语符合朴素观（Wellman & Gelman，1992）。最近，图尔明对库恩的批评——科学理解不是强连贯的——已经被学习科学同时期的概念转变研究者推广。这些零散理论者注意到几乎没有连贯模型的存在[①]，而且支持连贯的数据也是模糊不清和充满疑问的。即使有一些有影响力的研究忽略了连贯的问题且其他一些研究认为它不重要而不予考虑，也有越来越多的证据表明零散知识观为解决教学困难和关注到概念转变的可能性提供了更加合适的框架（Chi，1992，p.161）。

最近的研究明确地提供了实证的和理论的论据和反方论据来论证朴素观点中的连贯性（Ioannides & Vosniadou，2002；diSessa et al.，2004；Hammer & Elby，2002）。现今，零散观看起来更占优势。例如，明斯特尔有关面元的分析已经被广泛应用，并且开展了广泛的教学实践——我没有发现基于理论说的教学超越了研究的原型。

生物学教学也有连贯 / 零散课程。尽管许多研究者致力于研究朴素理论的观点，朴素生物学的现代观点仍有强连贯性逐渐削弱的趋势。由凯尔和其他研究者开发的有关生物学知识的多条线索犯了一个逻辑错误——它们彼此的连贯度是多少还没有得到证实。正如稻垣佳世子和波多野谊余夫所描述
104 的，生机论（vitalism）只是朴素生物学的一部分，而不是完整的、普遍存在的理论。而定义朴素生物学机械论阶段的“理论”既没有简洁的特征，也没有实证测量的连贯性。稻垣佳世子和波多野谊余夫指出：比朴素理论更简单的生物学推理方式（比如，基于相似性而不是生物学分类的推理）反而会持续到成人。成人在经过“转变到机械论生物学”后，依然长时间使用生机论。这些观察与强连贯“理论”和格式塔转换是不一致的。

解决连贯 / 零散的争论需要深层次的理论发展和额外的实证工作。我们需要更好的认知模型和更加准确的实证支持。来源于科学史的“理论”的隐喻模糊地涵盖了知识系统的强系统性和弱系统性，正如库恩和图尔明的争论所例证的。诸如“理论体现非正式的概念，允许不同类型解释的存在，支持不同的预言，表达基本的本体论观点”（Gopnik & Meltzoff，1997）的说明同

① 撒加德（Thagard，2000）的研究是一个值得注意的例外。

样模糊。这个领域需要进一步的研究。

关于连贯 / 零散的争论是微妙的。没有人会认为学生对物理或生物的思考是完全没有系统性的。而且，依据现有的所有有关科学能力的观点，当科学能力真正被获得时，它们必须有强大的系统性。[①] 当然，核心的问题是说明系统性的本质和程度。[②]

近期研究的焦点

这里有一系列关于近期研究的具体建议。

1. *详细说明概念领域的研究内容的发展。*例如，有关朴素生物学的丰富的实证研究为发展和检验概念转变理论提供了重要的资源。而且，教育应用将很有可能像依赖概念转变的领域一般理论一样多地依赖领域特殊的内容。

2. *使情境性成为关注的核心。*朴素物理学研究表现出对问题情境、问题设计、问题形成（观察、提取、发生）等的敏感性依赖（diSessa et al., 2004）。在朴素生物学中，只有当受到明显的提示时，实验对象才会显示出早期生机论者的敏感性。但是，与此相反，没有哪个物理学学生会被认为在仅仅是受到提示时想到了牛顿定律就说他们理解了牛顿定律。理解物理学包括有意识地了解那些你正在用的概念是什么并谨慎地应用它们。当然，这必须是学生自主进行的。一般而言，发展研究一贯会报告一种思维方式对另一种思维方式的“入侵”（例如，心理学“入侵”生物学，或者重力“入侵”密度）。但我们必须考虑相关的情境。什么时候教学？为什么？ 105

3. *假设领域间存在差异，用实验验证共性（或差异）。*几乎所有的概念转变研究都假设领域间存在共同的困难和共同的心理机制。但是有越来越多的证据表明在不同领域发生的概念转变是不同的。

4. *发展清晰的建构模型，如“概念”和“理论”，并用数据检验它们，同时模型需要突出相关结构（连贯性）。*研究者需要保证自己研究的结构有具体的意义。究竟什么是“根深蒂固”的信念？我也系统地强调过，对朴素能

---

① 关于系统性的发展的观点，请参见迪塞萨（diSessa，1993）的研究。

② 几乎没有研究者相信直觉思维具有演绎上的连贯性。然而，连贯性的明确替代形式却既罕见又模糊。韦尔曼和盖尔曼（Wellman & Gelman，1992）提出了连贯性所包含的两层含义：缺乏矛盾（正如他们指出的，这适用于一组彼此无关的信念），以及概念“相互参照”（其中“参照”未被他们定义）。

力和通过教学得到的能力的本质和连贯性水平的理解的重要性。

5. 接受来自实体模型的过程性验证和转变的挑战。图尔明赞成抛弃概念转变的快照式模型和对转变理论的快照式验证。每个人都同意转变是缓慢的，但几乎没有理论来追踪这个缓慢的进程。令人震惊的是，几乎没有概念转变研究来追踪学生在学习时每时每刻的想法（Chinn & Sherin，本书第9章）。用转变的具体细节将转变的“前与后”观点之间的空隙填满，这可能是概念转变研究的“金戒指”。

参考文献

Baillargeon, R. (1986). Representing the existence and the location of hidden objects: Object permanence in 6- and 8-month infants. *Cognition*, 23, 21–41.

Carey, S. (1985). *Conceptual change in childhood*. Cambridge, MA: MIT Press/ Bradford Books.

Carey, S. (1988). Reorganization of knowledge in the course of acquisition. In S. Strauss (Ed.), *Ontogeny, phylogeny, and historical development* (pp. 1–27). Norwood, NJ: Ablex.

Carey, S. (1991). Knowledge acquisition: Enrichment or conceptual change? In S. Carey, & R. Gelman (Eds.), *The epigenesis of mind* (pp. 257–291). Mahwah, NJ: Lawrence Erlbaum Associates.

Carey, S. (1999). Sources of conceptual change. In E. Scholnick, K. Nelson, S. Gelman, & P. Miller (Eds.), *Conceptual development: Piaget's legacy* (pp. 293–326). Mahwah, NJ: Lawrence Erlbaum Associates.

106 Chi, M. T. H. (1992). Conceptual change across ontological categories: Examples from learning and discovery in science. In F. Giere (Ed.), *Cognitive models of science: Minnesota studies in the philosophy of science* (pp. 129–160). Minneapolis: University of Minnesota Press.

Clement, J. (1982). Students' preconceptions in introductory mechanics. *American Journal of Physics*, 50 (1), 66–71.

Confrey, J. (1990). A review of the research on student conceptions in mathematics, science, and programming. In C. Cazden (Ed.), *Review of research in education, 16* (pp. 3–56). Washington, DC: American Educational Research Association.

diSessa, A. A. (1983). Phenomenology and the evolution of intuition. In D. Gentner, & A. Stevens (Eds.), *Mental models* (pp. 15–33). Hillsdale, NJ: Lawrence Erlbaum Associates.

diSessa, A. A. (1993). Toward an epistemology of physics. *Cognition and Instruction*, 10 (2–3), 105–225; Responses to commentary, 261–280. (*Cognition and Instruction* Monograph No. 1).

diSessa, A. A. (1996). What do "just plain folk" know about physics? In D. R. Olson, & N. Torrance

(Eds.), *The handbook of education and human development: New models of learning, teaching, and schooling* (pp. 709–730). Oxford: Blackwell Publishers, Ltd.

diSessa, A. A. (2002). Why "conceptual ecology" is a good idea. In M. Limón, & L. Mason (Eds.), *Reconsidering conceptual change: Issues in theory and practice* (pp. 29–60). Dortrecht: Kluwer.

diSessa, A. A. (in press). The construction of causal schemes: Learning mechanisms at the knowledge level. *Cognitive Science*.

diSessa, A. A., Gillespie, N., & Esterly, J. (2004). Coherence vs. fragmentation in the development of the concept of force. *Cognitive Science*, 28, 843–900.

diSessa, A. A., & Wagner, J. F. (2005). What coordination has to say about transfer. In J. Mestre (Ed.), *Transfer of learning from a modern multi-disciplinary perspective* (pp. 121–154). Greenwich, CT: Information Age Publishing.

Driver, R. (1989). Students' conceptions and the learning of science. *International Journal of Science Education*, 11, 481–490.

Gopnik, A., & Meltzoff, A. (1997). *Words, thoughts, and theories*. Cambridge, MA: MIT Press.

Gopnik, A., & Wellman, H. (1994). The theory theory. In L. A. Hirschfeld, & S. A. Gelman (Eds.), *Mapping the mind: Domain specificity in cognition and culture* (pp. 257–293). New York: Cambridge University Press.

Gruber, H., & Voneche, J. (1977). *The essential Piaget*. New York: Basic Books.

Hammer, D., & Elby, A. (2002). On the form of a personal epistemology. In B. Hofer, & P. Pintrich (Eds.), *Personal epistemology* (pp. 169–190). Mahwah, NJ: Lawrence Erlbaum Associates.

Harvard-Smithsonian Center for Astrophysics (1987). *A private universe*. Video. Annenberg/CPB: www.learner.org.

Hawkins, D. (1978). Critical barriers to science learning. *Outlook*, 29, 3–23.

Hewson, P., & Hennesy, M. G. (1992). Making status explicit: A case study of conceptual change. In R. Duit, F. Goldberb, & H. Niedderer (Eds.), *Research in physics learning: Theoretical and empirical studies* (pp. 176–187). Kiel, Germany: IPN.

Hewson, W. H., & Hewson, M. G. A. (1983). The role of conceptual conflict in conceptual change and 107
the design of science instruction. *Instructional Science*, 13, 1–13.

Hunt, E., & Minstrell, J. (1994). A cognitive approach to the teaching of physics. In K. McGilly (Ed.), *Classroom lessons: Integrating cognitive theory and classroom practice* (pp. 51–74). Cambridge, MA: MIT Press.

Inagaki, K., & Hatano, G. (2002). *Young children's naive thinking about the biological world*. New York: Psychology Press.

Ioannides, C., & Vosniadou, C. (2002). The changing meanings of force. *Cognitive Science Quarterly*, 2, 5–61.

Kapon, S., & diSessa, A. A. (2012). Reasoning through instructional analogies. *Cognition and Instruction*, 30 (3), 261–310.

Karmiloff-Smith, A. (1988). The child as a theoretician, not an inductivist. *Mind and Language* 3 (3), 183–195.

Keil, F. (1994). The birth and nurturance of concepts by domains: The origins of concepts of living things. In L. Hirschield, & S. Gelman (Eds.), *Mapping the mind: Domain specificity in cognition and culture* (pp. 234–254). Cambridge: Cambridge University Press.

Kuhn, T. S. (1970). *The structure of scientific revolutions*. Second Edition. Chicago: University of Chicago Press.

Lakatos, I. (1970). Falsification and the methodology of scientific research programmes. In I. Lakatos , & A. Musgrave (Eds.), *Criticism and the growth of knowledge* (pp. 91–196). London; NY: Cambridge University Press.

Linn, M. C. (2006). The knowledge integration perspective on learning and instruction. In R. K. Sawyer (Ed.), *The Cambridge handbook of the learning sciences* (pp. 243–264). New York: Cambridge University Press.

McCloskey, M. (1983a). Naive theories of motion. In D. Gentner, & A. Stevens (Eds.), *Mental models* (pp. 299–323). Hillsdale, NJ: Lawrence Erlbaum Associates.

McCloskey, M. (1983b). Intuitive physics. *Scientific American*, 122–130.

Minstrell, J. (1982). Explaining the "at rest" condition of an object. *The Physics Teacher*, 20, 10–14.

Minstrell, J. (1989). Teaching science for understanding. In L. Resnick, & L. Klopfer (Eds.), *Toward the thinking curriculum* (pp. 129–149). Alexandria, VA: Association for Supervision and Curriculum Development.

Nercessian, N. (1992). How do scientists think? In F. Giere (Ed.), *Cognitive models of science: Minnesota studies in the philosophy of science* (pp. 3–44). Minneapolis: University of Minnesota Press.

Pfundt, H, & Duit, R. (1988). *Bibliography: Students' alternative frameworks and science education*. Second Edition. Kiel, Germany: IPN.

Posner, G. J., Strike, K. A., Hewson, P. W., & Gertzog, W. A. (1982). Accommodation of a scientific conception: Toward a theory of conceptual change. *Science Education*, 66 (2), 211–227.

Smith, C., Maclin, D., Grosslight, L., & Davis, H. (1997). Teaching for understanding: A study of students' preinstruction theories of matter and a comparison of the effectiveness of two approaches to teaching about matter and density. *Cognition and Instruction*, 15, 317–393.

Smith, J. P., diSessa, A. A., & Roschelle, J. (1993). Misconceptions reconceived: A constructivist analysis of knowledge in transition. *Journal of the Learning Sciences*, 3 (2), 115–163.

108

Spelke, E. S., Phillips, A., & Woodword, A. (1995). Infants' knowledge of object motion and human action. In D. Sperber, D. Premack, & A. Premack (Eds.), *Causal cognition: A multidisciplinary debate* (pp. 44–78). Oxford: Clarendon Press.

Strike, K. A., & Posner, G. J. (1990). A revisionist theory of conceptual change. In R. Duschl, & R. Hamilton (Eds.), *Philosophy of science, cognitive science, and educational theory and practice* (pp. 147–176). Albany, NY: SUNY Press.

Thagard, P. (2000). *Coherence in thought and action*. Cambridge, MA: MIT Press.

Tiberghien, A. (1980). Modes and conditions of learning: The learning of some aspects of the concept of heat. In W. Archenhold, R. Driver, A. Orton, & C. Wood-Robinson (Eds.), *Cognitive development research in science and mathematics: Proceedings of an international symposium* (pp. 288–309). Leeds, UK: University of Leeds.

Toulmin, S. (1972). *Human understanding*. (vol. 1). Ox ford: Clarendon Press.

Viennot, L. (1979). Spontaneous reasoning in elementary dynamics. *European Journal of Science Education*, 1, 205–221.

Vosniadou, S. (2002). On the nature of naïve physics. In M. Limón, & L. Mason (Eds.), *Reconsidering conceptual change: Issues in theory and practice* (pp. 61–76). Dordrecht: Kluwer Academic Publishers.

Wellman, H., & Gelman, S. (1992). Cognitive development: Foundational theories of core domains. *Annual Review of Psychology*, 43, 337–375.

Wiser, M., & Carey, S. (1983). When heat and temperature were one. In D. Gentner, & A. Stevens (Eds.), *Mental models* (pp. 267–298). Mahwah, NJ: Lawrence Erlbaum Associates.

第6章 认知学徒制

艾伦·柯林斯　马努·卡普尔

109 纵观历史，教与学均以学徒制为基础。儿童学习说话、种植农作物、制作家具以及缝制衣服。但是他们并不是在学校学会这些事情的，而是他们的家庭及社区中的长辈告诉他们如何做，并且帮助他们学会的。甚至在现代社会，我们仍通过学徒制来学习一些重要的事情：在家庭中学习母语；工人在一份新工作的开始几个月中学习关键的工作技能；科学家们通过与他们的前辈们一起并肩工作，作为他们攻读博士学位的一部分，来学习如何进行世界级的研究。但是对于其他绝大多数的知识，学校教育代替了学徒制。要求受教育的学生数量在最近两个世纪急剧增加，在大规模的现代学校中利用学徒制进行教育逐渐变得行不通了。学徒制要求很小的生师比率，然而这在现代经济背景下的大型教育系统中是不现实的。

在现代社会，当一个人拥有资源和强烈的学习愿望时，他们也经常会雇用一个教练或辅导教师以这种学徒制的方式来教他们——这表明即使在现代社会中学徒制仍然是更有效的教育方式。如果有某种方法既可以发挥学徒制的强大功效，又可以做到不花费太多费用就为每两三名学生雇一名教师，那么这将是改善学校教育的一个强有力的方式。在 20 世纪 70 年代和 80 年代，计算机和教育领域的研究者对于怎样用技术来转变学校的教学进行了研究。在一系列的文章中（Collins & Brown，1988；Collins，Brown，& Newman，1989），我们探索了怎样给学生提供类似于学徒制这样的学习经验，并为他们提供了与学徒制相关的密切关注和及时反馈。

从传统学徒制到认知学徒制

在对非洲一家裁缝店的研究中，莱夫（Lave，1988）概括了传统学徒制的主要特征。首先，传统学徒制密切关注在某一领域中执行任务的特殊方法。其次，在传统学徒制中，技能是顺利完成现实任务的工具，学习是嵌入在社会性和功能性的情境中的，而学校教育则不同，它的技能和知识通常是从现实世界应用中抽象出来的。学徒们通过一种被莱夫称为观察、辅导 110
（coaching）和练习的组合方式来学习领域特定的方法。在这些活动的过程中，学徒们反复观察师傅和他（或她）的助手执行（或示范）目标过程，这通常包括一系列不同但相关的次级技能。然后，学徒在师傅的指导和帮助下试着执行过程。指导的一个重要内容是引导性参与（guided participation）：师傅几乎在新手们获得每个必要技能之前都提供密切的反馈来帮助新手完成整个任务。当学徒掌握了越来越多的技能后，师傅会减少自己的参与，对学徒提供更少的提示和反馈。最后，当学徒已经能够顺利而稳定地执行整个任务时，师傅就完全退出指导。

当然，当听到“学徒制”这个术语时，大部分人都会想到非常传统的职业，例如制鞋或农业。我们认识到必须更新学徒制的概念以便其与现代学科，如阅读、写作和数学相适应。我们将更新后的学徒制称为“认知学徒制”，以强调以下两个方面的内容（Brown，Collins，& Duguid，1989；Collins et al.，1989）。

首先，“学徒制”强调，认知学徒制主要针对教学过程，这过程中专家通常是处理复杂任务的。与传统学徒制一样，认知学徒制强调知识必须用来解决现实生活中的问题。概念性知识可以在不同情境中习得，这既鼓励学生对概念和事实本身的意义进行更深的理解，也鼓励学生在它们与问题解决情境之间建立丰富的联系。既关注专家过程又关注情境学习是传统学徒制和认知学徒制共有的特征。

其次，“认知”强调要关注认知技能，而不是身体层面的技能。传统学徒制发展了教的领域，在这些领域中执行目标技能的过程是外显可见的，这样便于学生和老师观察、评论、加工和修改，并且这个过程与具体产品有着相对明确的映射关系。但在现有学校大多数科目的教学中，教师无法对学生应用技能和知识解决问题与完成任务的过程进行有效的调整，因为他们看不到学生头脑中的认知过程。同样的道理，学生也无法获知教师解决问题的认知过程来作为观察和模仿学习的基础。在学徒制方法可以应用于学习认知技能之前，学习环境必须得以改变以使得这些内部思维过程外显化。设计认知学徒制是用来将这些认知过程外显化的，这样学生就可以观察、参与和实践它们了。

认知学徒制与传统学徒制之间有两个主要的区别。第一，由于传统学徒制设在工作场所，分配给学习者的问题和任务不是出于教育目的的，而是源
111 自工作要求。因为工作决定了学生要实践的任务，因此可以应用传统学徒制进行教学的领域有限。与传统学徒制不同的是，在认知学徒制中挑选任务和问题是为了说明特定技术和方法的功能、给予学生在多种情境中应用这些方法进行实践的机会、逐渐增加任务的难度，以便各种技能和模型组件得以整合。简而言之，任务是按顺序编排的，反映了学习需求的变化。

第二，传统学徒制强调在相应用途的情境中教授技能，而认知学徒制强调一般化的知识，以便在很多不同的情境中应用。认知学徒制拓展了实践的应用范围，并且明确了应用规则，这样学生可以学习在不同的情境下应用这些技能。

认知学徒制的框架

认知学徒制注重构成学习环境的四个维度：内容、方法、顺序和社会学（见表6.1）。

表6.1 设计认知学徒制环境的原则

专家技能需要的知识类型		
内容	领域知识	学科具体的概念、事实和程序
	启发式策略	完成任务所需的一般应用技术
	控制策略	指导解决过程的一般方法
	学习策略	如何学习新概念、事实和程序的知识

续表

促进专家技能发展的方法		
方法	示范	教师操作一项任务以便学生可以观察
	辅导	当学生执行任务时教师观察并提供帮助
	脚手架	教师提供支持来帮助学生执行任务
	表达	教师鼓励学生表达出他们的知识和想法
	反思	教师使得学生能够比较彼此的行为表现
	探索	教师建议学生提出自己的问题并解决这些问题
安排学习活动顺序的关键		
顺序	增加复杂性	逐渐增加有意义任务的难度
	增加多样性	在多种情境中实践，以此强调应用范围的广阔性
	全局技能到局部技能	在执行局部任务前将整个任务概念化
学习环境的社会特征		
社会学	情境化学习	学生在现实任务的情境中学习
	实践共同体	交流用于完成有意义任务的不同方法
	内部动机	学生建立个人目标来寻求技能和解决方案
	合作	学生们一起完成他们的目标

内容

最近的认知研究开始区分掌握专家技能所需要的知识种类。当然，专家必须掌握与特殊领域相关的明确的概念、事实和程序——研究者称之为*领域知识*（domain knowledge）。这种知识通常能在课本、课堂讲授和课堂演示中找到。例如，阅读中的领域知识包括词汇、句法和语音规则等。

领域知识对于专家表现来说是必要不充分条件。此外，专家知道怎样使用他们的领域知识来解决现实世界的问题。我们称这第二种知识为*策略知识*（strategic knowledge）。现有研究已经区分出了三种策略知识。

1. *启发式策略*一般是完成“职业诀窍”（tricks of the trade）或任务的有效技术和方法，它们不会一直有效，但是当它们起效时，作用是巨大的。绝大多数启发式策略是专家们在解决问题的实践中自动获得的。然而，有一些尝试值得注意，它们试图将启发式学习外显化（Schoenfeld，1985）。在数学中，一种解决问题的启发式方法就是设法找出简单案例的解决方法，并且看这种方法能否被推广。

2. 控制策略或元认知策略控制执行任务的过程。控制策略有监控、诊断
112 以及补救要素。如何实施任务的决策，通常依赖于对个人当前目标的评估：既要分析当前的困难，也要分析解决这些困难的可用策略。例如，阅读理解的一种监控策略是尝试陈述已阅读部分的要点，如果做不到，那么最好重新阅读原文。

3. 学习策略是学习领域知识、启发式策略和控制策略的策略。关于如何学习的策略知识范围甚广，其跨度从探索某一新领域的一般策略到为解决问题或执行复杂任务而拓展、重构已有知识的具体策略。例如，如果学生想学会更好地解决问题，他们需要学习如何将教材中例题的每一解题步骤与课本所介绍的原理进行联系（Chi，Bassok，Lewis，Reimann，& Glaser，1989）。如果学生想写得更好，他们需要学着去分析其他文章的优点和不足。

113 方法

策略性知识通常为隐性知识：专家往往不自觉、无意识地应用策略。对于怎样解决和完成一个领域内的问题，领域知识仅能为学生提供不够充足的线索。强调学徒制的教学方法是为了让学生有机会在情境中观察、参与并发现专家策略性知识。

与认知学徒制相关的六个教学方法大致可分为三类。前三种方法（示范、辅导和脚手架）是传统的学徒制的核心。目的在于帮助学生在实践过程中通过观察、指导获得一套完整的技能。接下来的两种方法（表达和反思）旨在帮助学生集中他们的意见，并增加他们获取和控制解决问题策略的意识。最后一种方法（探索）旨在鼓励学习者自主学习，不仅形成专业的问题解决过程，而且完整地阐述出所要解决的问题。

1. 示范主要演示专家执行任务的过程，以便学生能进行观察并对需要完成的目标过程形成概念模型。在认知领域，这就要求将常规的内部过程和活动外显化。例如，老师可能以一种声调大声朗读来示范读书的过程，而在表达自己的思想感情时则用另一种声调（Collins & Smith，1982）。在数学中，舍恩菲尔德（Schoenfeld，1985）通过在课堂上为学生解决新的难题来示范解决问题的过程。最近的研究表明，专家延迟示范过程，直到学生尝试去生成他们自己的想法和策略，这对于示范任务来说是很有效的（Kapur，2008；

Schwartz & Martin，2004）。

2. 辅导包括观察学生执行任务并为其提供建议、挑战、脚手架、反馈、示范、提醒和新任务，目标是使他们的行为水平更接近专家。辅导与在学生试图完成任务的过程中产生的特定事件或困难相关。在帕林斯卡和布朗（Palincsar & Brown，1984）的阅读交互式教学（reciprocal teaching）中，老师通过让学生问问题、阐明困难、归纳总结和进行预测来辅导他们。

3. 脚手架指老师为帮助学生执行任务而提供的支持（Wood，Bruner，& Ross，1976）。辅导广泛使用各种不同的方法来促进学习，而脚手架则在比较狭窄的范围内为学生提供支持。这些支持可以采取建议或帮助的形式，如帕林斯卡和布朗（Palincsar & Brown，1984）的交互式教学；也可以采用现实中 114
的支持形式，如斯卡尔达马利亚、贝赖特和斯坦巴克（Scardamalia，Bereiter，& Steinbach，1984）在提高写作水平中使用的提示卡片，或者教练在教下坡滑雪时使用的短滑雪板（Burton，Brown，& Fischer，1984）。老师给予支持的时间是很关键的。一种方法是在最开始的时候提供支持，然后逐渐减少支持直到学生可以独立完成任务为止；另一种方法是当学生不能通过或完成任务的时候提供支持。研究表明，在事先不给予支持而是在学生不能完成任务的时候给予支持，这个时候更有益于学生完成任务（Kapur，2012；Schwartz & Martin，2004；VanLehn，Siler，Murray，Yamauchi，& Baggett，2003）。

4. 表达涉及让学生明确地陈述某个领域中的知识、推理或问题解决过程。探究式教学（Collins & Stevens，1983）是通过提问学生以引导他们表达和完善自己理解的策略。教师也可以鼓励学生在解决问题时明确表达他们的想法，或者让学生在合作活动中扮演评论家或班长的角色以便其向其他同学明确表达自己的想法。例如，应用探究式教学的老师在阅读教学中可能会问学生为什么一篇文章的摘要很好而另一篇的摘要不好，以便让他们形成关于一个好摘要的明确模型。在数学教学中，老师也许会让学生对不正确的答案和正确答案进行一个比较，以便让学生掌握目标概念的关键特征（Kapur & Bielaczyc，2012）。

5. 反思涉及学生将自己的问题解决过程与专家、其他学生的进行对比，最后，还要跟专家的内部认知模式比较。可以通过使用多种技术“重播”以比较专家和新手的表现来增强反思。某些形式的“摘要回放”（abstracted replay）是为了强调专家和学生行为的关键特征（Collins & Brown，1988）。在阅读或写作中，鼓励反思的方法通常是先记录学生说出的想法，随后重放录音并将其与专家和其他学生的想法进行比较。

6. *探索*是指引导学生自主解决问题。探索对于学生确定自己感兴趣或是能够解决的问题是非常关键的。探索作为一种教学方法通常先为学生制定总的目标，然后鼓励他们关注感兴趣的特定子目标，或者在发现更有意义的问题时对总目标进行修订。例如，老师可能让学生去图书馆调查并写出恐龙消失的原因。在数学教学中，老师也许会让学生去解决他们还没有学习过的复
115 杂问题，即使最初的解决方法是错误的，老师也能在此基础上建立探索框架去教授目标概念（Kapur & Rummel，2012）。

顺序

认知学徒制提供了一些原则来引导学习活动的先后顺序。

1. *增加复杂性*指构建多个任务的先后顺序时，要注意让这些任务越到后面需要用到越多专家行为所必需的技能和概念（Burton et al.，1984；White，1984）。例如，在阅读中增加复杂性，可能包括从阅读相对较短的文章——包含简单的句法和具体的描述，逐渐发展到阅读观点复杂关联、使用了抽象概念导致较难概括的文章。

2. *增加多样性*同样涉及构建多个任务的先后顺序，要求越到后面，任务所需要的策略或技能也越宽泛、越多样。某项技能被学得越好，就越需要在教学中引入那些需要多种技能和策略的任务，这样学生就可以知道何种条件下可以（和不可以）应用它们。此外，当学生学习应用技能解决多样化的问题时，他们的策略就可以与情境建立丰富的关联，这样就更容易被迁移到不熟悉或新颖的问题情境中。对于数学教学，增加任务多样性可以通过混合类型迥异的问题来实现，如要求学生用代数和几何相结合的方法来解决问题。

3. *全局技能到局部技能*。在裁缝业中（Lave，1988），学徒在学习将布块缝成衣服前要先学会把布裁剪成布块。这个编排原则的主要作用是让学生在关注细节之前先建构一个总的概念地图（conceptual map）（Norman，1973）。对整体活动有一个清晰的概念模型有助于学生弄清楚他们正在执行的子任务的意义，从而提高他们自我监控和自我修正的能力。例如，在代数教学中，可能会让学生用计算机来执行低水平的计算——局部技能——这样学生可以集中精力于任务的全局结构，以及解决一个复杂的真实问题所需要的更高水平的推理和策略。

社会学

裁缝学徒在一家繁忙的裁缝店而非一个特定的、被分离的学习环境中学习他们的手艺。他们生活在裁缝店主和其他学徒的圈子中，这些人的技艺水
平是处于不同层次的。从一开始，这些学徒就被要求直接参与实际的服装裁 116
制活动，而不是迅速掌握独立制衣的技术。所以，学徒们是在真实问题的应用情境中，在关注专家实践及由之定义的文化中学习技能的。此外，学徒制社会组织的某些方面关注学习与专家技能本质的实用意义，这对于学习者的动机、信心是非常重要的，更重要的是，这还影响了他们对学习时遇到的问题的态度。这些方面提出了影响学习社会学的几个特征。

1. 情境化学习。促进学习的一个关键要素是，使学生在一种反映现实世界任务本质的环境中执行任务并解决问题（Brown et al.，1989；Lave & Wenger，1991）。例如，阅读和写作教学可以把学生置于这样的情境中：让学生们去建设一个他们家乡的网站。杜威在他的实验学校创造了一个情境化的学习环境，他让学生通过设计和组建一所俱乐部来完成一个强调算术和计划技能的任务（Cuban，1984）。

2. 实践共同体原则要求构建一个学习环境，在这个环境中参与者可以积极地交流、操作与专家知识相关的技能（Lave & Wenger，1991；Wenger，1998）。这样的共同体会给成员一种归属感，并以个体投入（personal investment）和相互依赖为特征。它不是强迫性的，但是可以通过公共项目和共享经验来营造。例如，为阅读实践共同体设计的活动可以是让学生讨论如何解释特别难的文章。

3. 内部动机。与情境化学习和构建实践共同体的问题相关的就是提高学生的内部动机。莱珀和格林（Lepper & Greene，1979）认为创建合适的学习环境非常重要，这些环境可以让学生因内在动机而不是外部原因——如取得好成绩或是取悦教师——去完成任务。例如在阅读和写作中，学生利用电子邮件与另一个地方的学生进行交流可以让学生获得这种内部动机。

4. 合作是指让学生一起工作，来培养他们合作解决问题的能力。通过合作解决问题来学习是扩展学习资源的一个强有力的推动力和机制。在阅读教学中，促进合作的形式可能是让学生成对合作，让一名学生表达他在阅读时的思维过程，让另一名学生询问他做出不同推断的原因。

117 认知学徒制研究的主题

自认知学徒制首次被引入，几年来，已经有大量研究尝试发展包含这些原则的学习环境。这些原则中有些已经得到了进一步发展，特别是情境化学习、实践共同体、学习者共同体、脚手架、表达和反思。

情境化学习

基于目标的行动计划（Nowakowski et al.，1994；Schank，Fano，Bell，& Jona，1994，）包含了认知学徒制的许多原则。这些原则可以被置于以计算机为基础的环境或自然的环境中。基于目标的行动计划通常要求学习者完成真实的任务并为他们搭建所需的脚手架。例如，在一个基于目标的情境中，研究者要求学习者向一些已婚夫妇介绍如何判断自己的孩子患上一种被称为镰状细胞贫血症的遗传疾病的可能性。为了给这些夫妇提出建议，学习者必须找出会导致这一疾病的基因组合，并通过测试确定父母的基因结构。系统为学习者提供了脚手架支持，比如用来寻求建议的各类专家的档案。在更多其他基于目标的情境中，学习者的挑战性任务还包括：汇集新闻广播、解决环境问题或是为酒店开发计算机预订系统。基于目标的情境使得将认知技能和领域知识在情境中整合运用成为可能，这样人们不仅学习了他们需要的基本技能，还学习了何时以及如何应用这些技能。

视频和计算机技术增强了创建模拟环境的能力，在这个环境中学生可以进行情境式的学习。视频技术这种新用途的一个例子是由范德堡大学认知与技术小组开发的支持中学数学教学的贾斯帕系列（Jasper series）视频资源（1997年）。在一系列15—20分钟的视频中，学生被置入不同的问题解决情境中，例如，为学校市场制订商业计划或为受伤的老鹰制订营救计划。这些问题都很棘手，并且反映了真实生活中复杂的规划和解决问题的过程。中学生以小组形式携手合作数日，逐一解决问题。这种问题解决方式使学生对数学概念内涵的理解，远比解决传统学校数学问题时获得的理解丰富。

这些情境化学习的任务与绝大多数学校任务不同，因为学校中的任务是脱离情境的。想象一下，如果在学习打网球时，教练仅仅告知我们比赛规则，然后就只是让我们练习正手、反手击球，却没有让我们参加甚至观看任何网球比赛。如果教练这样教，我们就很难理解所学知识或技能的关注重点。在学校，学生在学习代数和莎士比亚的作品前并没有人告知学生在生活中如何使用它们。但现实中教练教网球的方式可不是这样，教练可能会先演示如何握拍和挥拍，但很快就会安排你去击球并与人对打。一个好的教练可能让你在对打和练习特殊的技能之间来回练习——将全局目标和关注局部知识的情境学习结合起来。情境化学习的本质思想是既关注完成任务，又关注执行任务所需的潜在能力。 118

实践共同体

莱夫和温格（Lave & Wenger，1991；Wenger，1998）写了大量介绍实践共同体以及学习如何在这些情境中发生的文章。他们用合理的边缘参与（legitimate peripheral participation）这个概念来描述学徒参与社区实践的方式。他们描述了四个学徒制的案例，并且重点阐述了学徒们从开始成为共同体成员到成为共同体核心成员的过程中建构个人身份的过程。他们也注意到了学徒制对学习来说也许效率不高，就像他们研究的切肉机的案例那样，学徒们在单独的房间工作，并且与工作共同体是分开的。高效率的学徒制需要创造机会让学徒们合理地参与共同体的实践。

人们在社区中角色的重要程度及被其他成员的敬重程度决定了他们的身份（Lave & Wenger，1991）。重要的角色是指那些能直接对集体活动和社区知识做出贡献的人。成为实践共同体中更重要的参与者的动机可以为学习提供强有力的动力。史密斯（Smith，1988）认为，如果孩子敬佩的人在阅读和写作的话，他们也会学习阅读和写作，也就是说，他们愿意加入“文学俱乐部”并努力学习以成为其中的一员。要成为他们想要成为的这一类人，学会阅读是其中一部分，身份是深层学习的核心。

温格（Wenger，1998）认为，人们参加了各种各样的实践共同体——家庭、工作、学校和业余爱好。他认为实践共同体是不同的人聚在一起从事不同的活动，如车库工人、无线电工作者、戒酒者和科学研究者。“对于个体，学习意味着参与到共同体的实践中并对其做出贡献。对于共同体，学习意味着改进实践的效果并培养新一代成员。对于组织，学习意味着与不同的实践共同体建立联系，这样组织就能知道自己知道什么，从而变得更有效、更有价值。”（Wenger，1998，p.7–8）。

119 学习者共同体

在莱夫和温格（Lave & Wenger，1991）实践共同体概念的基础上，近年来在教育领域中出现了“学习共同体”（learning communities）这一概念。学习共同体的目标是丰富集体知识并以此带动个体知识的增长（Scardamalia & Bereiter，1994）。学习共同体的关键特征是存在一种可以让每个人参与到为增进理解的集体努力中而学习的文化（Brown & Campione，1996）。

学习共同体必须有四个特征（Bielaczyc & Collins，1999）：（1）成员有各种不同的专家知识，乐于贡献，同时共同体支持他们的发展；（2）共同体有旨在持续提高集体知识和技能的共同目标；（3）共同体重视学习方法的学习；（4）共同体有共享所学知识的机制。成员没有必要都吸收共同体所知道的所有知识，但每个人都应该知道共同体中哪些成员掌握相关的专家知识以便咨询。这与学校教育的传统观点大相径庭，学校教育强调个体知识和表现，并期望学生可以在同样的时间获得同样的知识。

布朗和坎皮恩（Brown & Campione，1996）为一至八年级的学生开发了一个名叫培养学习者共同体（Fostering a Community of Learners，FCL）的模式。FCL鼓励多样化的兴趣和才能，以便从整体上丰富这个课堂共同体的知识。应用FCL课堂的学科是生物学和生态学，主要关注诸如濒危物种、食物链和食物网之类的主题。学生的总体组织结构包括：（1）以小组形式开展关于中心主题的研究，每个学生专攻一个特定的次级主题领域；（2）在研究小组和其他小组中分享他们所学到的知识；（3）准备并参与一些“重要的任务”，这些任务要求学生结合他们个体的学习进行，以便小组的所有成员能对中心主题和次级主题达到更深的理解。教师配合学生的工作，当他们需要帮助时提供支持。

FCL模式中通常每年设三个研究周期。教师在每个周期开始时提供一系列的共享材料以构造一个共同的知识基础，然后把学生分成几个研究小组，分别让其关注与中心主题相关的某个特定研究主题。例如，如果研究食物链，则该课堂可能分成5或6个研究小组，每个小组集中研究食物链的一个特定方面，如光合作用、消费者、能量交换等。学生以小组和个人的形式研究他们的次级主题。个人研究指学生在小组次级主题的范围内开展各自的
120 研究议程。学生也参加常规的“汇报”部分：每个小组向其他小组解释各自的工作，互相提问并回答，由此提炼各自对主题的理解。研究活动包括交互

教学（Palincsar & Brown，1984）、引导式写作和作文、课外咨询学科专家以及跨年级辅导。在周期的最后部分，每个次级主题小组的学生聚在一起形成一个“拼图”小组（“jigsaw” group）（Aronson，1978），以便分享不同次级主题的学习成果并协同完成后续任务。在“拼图”小组中，问题的各个片段汇集在一起形成一个完整的对主题的理解。研究周期的最后，学生们在小组之间共享知识，借此机会展示成果并进行反思（Brown & Campione，1996，p.303）。

构建学习共同体方法的一个关键思想是完善共同体的集体知识，并且以这样的方法促进个体学生的学习。这与绝大部分学校采用的方法完全相反，学校的学习被视作个体的追求，教学的目标是将教科书和教师的知识传输给学生。学校文化经常阻碍知识的分享——限制学生彼此交谈、合作解决问题或完成项目、分享或讨论各自的观点。测试和评级也同样是基于个体的，测试时，学生不许利用其他资源，如其他学生、书本或计算机。这个传统的方法通常基于教授主义（Sawyer，本书第 1 章）。整个方法的目标就是确保个体学生掌握课程要求的所有知识。因此，学习共同体方法与学校教育所基于的教学取向是存在根本不同的。

脚手架

脚手架是一种支持学生独立处理自身能力之外的复杂、困难任务的模型（Reiser & Tabak，本书第 3 章）。脚手架能够帮助学生处理结构化的或是高度受限的任务。当学生不知道做什么或感到困惑时，帮助系统会提供建议，引导他们怎么做，或是在需要时提供提示，等等。脚手架最常见的形式是提供完成复杂任务所需的整体结构，然后引导学生完成任务的各个组成部分，并向他们展示各个组成部分如何整合为完整任务。脚手架帮助学生执行那些超出他们能力的任务。昆塔纳等人（Quintana et al.，2004）为设计脚手架提出了 20 个特定的策略，以支持基于计算机的学习环境中的意义建构、探究、表达以及反思。在绝大多数情境中，当学生能够独立完成任务时，脚手架会自然撤离。

在一项对基于计算机的学习环境的分析中，赖泽（Reiser，2004）指出，关于脚手架的大部分工作集中于为学生构造任务，以便使学生更容易完成任务。但他强调脚手架的另一个重要作用——问题化学生的表现，或者直接就学生执行任务时使用的关键内容和策略提出质疑，由此，学生能更多地反思他们的学习。虽然这可能使任务更加困难，但是它可以促进学习。

脚手架的概念是由伍德等人（Wood et al.，1976）最先运用到教与学当中的，随后，结合了维果茨基（Vygotsky，1978）的最近发展区的概念，描述了成人如何支持学生完成他们自己不能独立完成的任务。这需要对学习者所不能完成的任务有一个动态的判断，并且要利用这些信息去适应接下来的教学。因此，脚手架研究的焦点是支持个体的学习（Davis & Miyake，2004）。但科洛德纳等（Kolodner et al.，2003）指出脚手架对小组同样重要。因此，例如在教科学时，他们关注协作活动，让学生协作解决一些简单问题，他们称之为“准备单元”（launcher units）。参与这些活动并进行自我反思能使学生更有效地开展协作，并理解协作的价值。

在学校，需要额外帮助的学生经常被看作差生。因此，学生们很不愿意请求帮助。当通过计算机提供脚手架时，不会有批评，其他学生也不知道某个学生需要帮助。计算机提供的脚手架不需要请求就可以提供个别化的教学支持。

表达

要想从特定的情境中提炼知识，将想法和知识表达出来是很重要的，这样它们才可能被迁移到其他的情境中（Bransford，Brown，& Cocking，2000）。这里有几个成功的案例，说明小组讨论在课堂中如何发挥效用。例如：兰珀特、里滕豪斯和克伦博（Lampert，Rittenhouse，& Crumbaugh，1996）展示了五年级的孩子如何形成探究重要数学概念的共同体。兰珀特让学生彼此讨论自己推理的结果，并进行解释。这种技术甚至在幼儿教育（Cobb & Bauersfeld，1995）中也取得了成功，并可能成为日本数学教育成功的基石之一（Stigler & Hiebert，1999）。

培养科学表达的一个著名的方法是日本开发的板仓法（Itakura）（Hatano & Inagaki，1991）。首先，学生在一个简单的实验中预测将要发生什么事，他们可能有不同的预测。例如，一个实验要求学生预测将土块丢入水中会发生什
122 么现象。学生做了最初的预测后，进行讨论，彼此论证为什么自己的预测是正确的。在修正了预测后，进行实验，接着讨论为什么实验会有这样的结果。

桑多瓦尔和赖泽（Sandoval & Reiser，2004）开发了一个叫作生物引导式探究性学习环境（Biology Guided Inquiry Learning Environment，BGuILE）的计算机系统，该系统支持学生在人口遗传学的情境中做出科学的论证。系

统向学生呈现了干旱时期在加拉帕戈斯（Galapagos）岛上许多鸟雀死亡的秘密。为了揭开这个秘密，学生必须分析大量科学家收集的数据并得出结论说明为什么一些鸟雀死亡了而其他的还幸存着。在他们确定了导致鸟雀死亡的原因后，系统中的解释构造工具（Explanation Constructor tool）提示学生提出基于遗传学的合理论据。因此，系统为学生表达他们的观点提供了脚手架，这一方式下他们的表述比通常的要清楚明确得多。

由斯卡尔达马利亚和贝赖特（Scardamalia & Bereiter，本书第20章，1994）开发的知识论坛®是一个学生通过计算机网络用写作表达他们想法的环境。这一模式采用的方法是让学生在几周或几个月时间内调查不同学科领域中的问题。工作时，学生们在一个所有人均可访问的在线知识库中将其观点和研究发现作为笔记录入进去。软件通过诸如理论建构脚手架（如“我的理论”“我需要理解”）或辩论脚手架（如“××的证据”）之类的功能帮助学生构建他们的笔记。学生可以通过知识库阅读，添加文本、图表、问题、链接等其他笔记，并且评论彼此的工作。当评论其他学生的工作时，系统会自动通知他们。

共同体的核心活动是对公共知识库做出贡献。贡献可以采用以下方式：（1）个人笔记（individual notes），学生可以陈述问题、提出初始理论、概括需要理解的问题以探究问题或是完善自己的理论、上传一幅图像或表格等；（2）视图（view），师生可以创建图表对相关的笔记加以组织；（3）链接（build-ons），允许学生将新笔记链接到已有的笔记上；（4）概括式笔记（“Rise Above It” notes），它用于将知识库中的笔记加以整合。所有这些贡献方式都通过协作完成，目标是使学生参与累积性的知识建构过程，通过问题识别、讨论以及共同体对话不断发展他们的理解。其重点是促进集体理解的过程，而不是个体的学习和表现。

学习设计可以产生富有成效的失败（productive failure）（Kapur，2008），它可以给予学生机会去陈述和外化领域知识，以便学生表达和解决新问题。
在这种学习设计的第一阶段，学生很难使用他们之前的所学去想出一个问题 123
解决方案——例如写一个公式来表征数学中某一分布的方差或者解决一个不良架构的问题，这超出了他们以前学过的内容。生成阶段为学生探索多样表征和解决方案的优点和不足提供了机会，同时学生可以灵活地改进它们。生成阶段之后为巩固阶段，在巩固阶段，学生可以探索并得出问题解决方案，或有机会探索问题的深层结构（Kapur，2008）。在巩固阶段，学生通过组织他们形成的表征以及使用规范性的解决方法来学习目标概念（对于更详细的描述，请参阅 Kapur & Bielaczyc，2012）。在一系列研究中，卡普尔（M. Kapur）和他的同事已经证明，富有成效的失败的学习设计可以给学生更加流畅的直接指导，同时会有更显著的概念性收益和迁移性收益。

反思

反思鼓励学生回顾他们在情境中的表现并将其与其他表现比较，例如与他们之前的表现或是专家的表现比较。反思无论对儿童还是成人的学习都非常重要，因此颇受关注。舍恩（Schon，1983）描述了关于实践的系统反思对许多参与复杂活动的专业人员的重要性。学习环境设计者经常在任务中为反思提供支持，如让学生参加讨论，对引导自己行为的策略进行反思等。反思可以突出行为表现中的关键因素，并鼓励学生思考优秀表现产生的原因以及他们可以如何提高。

反思可以采取两种形式，它们都可以通过技术来提高：（1）与其他人比较行为表现；（2）用一套表现评测标准比较自己的行为表现。

- **与其他人比较行为表现。**因为技术让记录执行过程变得可能，人们可以回顾自己执行任务的过程。“抽象重播”是一种有用的反思形式，其中所有关键的决策都会被重播出来（Collins & Brown，1988）。在一个教授复杂问题解决的系统中，学习者可以将他们自己的决策和专家的决策进行比较，以知道怎样做才会更好。人们学习的最有效的方法之一就是通过比较不同的行为表现（包括他们自己的），来确定是什么因素导致了成功，这叫**知觉学习**（perceptual learning）（Bransford，Franks，Vye，& Sherwood，1989）。因为这可以帮助学习者感知到成功解决问题与哪些因素有关。
- 124 **用一套表现评测标准来比较自己的行为表现。**改善行为表现最有效的方法之一是用表现评测标准来评估自己做得如何。例如，怀特和弗雷德里克森（White & Frederiksen，1998）指出，用一套由八个指标构成的评测标准对项目中的学生行为进行评价，发现其行为表现相比那些执行相同任务却无反思的学生提高得更多。事实上这种反思对差生比对优生更有效。

有效的认知学徒制要求学习者在做事之前预先思考要做什么，尽力执行规划的任务，事后反思自己做得如何（Gardner，1991）。如果他们能明确表述评估自己所做事情的标准，那么这将有助于他们规划下个周期要做的事。

计算机和其他的记录技术的广泛应用使得行为表现的产生和反思更加容易。例如，学生现在可以制作自己的新闻广播、音乐会或戏剧，通过录音磁带、录像带或是有线电视传送给学校或父母。而且，他们可以重放、反思并编辑，直至满意为止。使用记录行为表现技术的一个最好例子是“艺术推进”（Arts Propel）项目（Gardner，1991）中的循环操作模式，即在任务执行后，根据一套表现标准进行反思，然后再重新执行任务。

结论

对于上述的这些例子，在过去的25年已经有了进一步广泛的研究，这些研究在学习环境设计中已经融入了认知学徒制的相关原则。随着基于计算机的学习环境变得更为普遍，很有可能会持续发展出新的方法将认知学徒制原则融入这些环境的设计中。

参考文献

Aronson, E. (1978). *The jigsaw classroom*. Beverly Hills, CA: Sage Publications.

Bielaczyc, K., & Collins, A. (1999). Learning communities in classrooms: A reconceptualization of educational practice. In C. M. Reigeluth (Ed.), *Instructional-design theories and models: A new paradigm of instructional theory* (pp. 269–292). Mahwah, NJ: Lawrence Erlbaum Associates.

Bransford, J. D., Brown, A. L., & Cocking, R. (2000). *How people learn: Brain, mind, experience and school.* Expanded Edition. Washington, DC: National Academies Press.

Bransford, J. D., Franks, J. J., Vye, N. J., & Sherwood, R. D. (1989). New approaches to instruction: 125
Because wisdom can't be told. In S. Vosniadou, & A. Ortony (Eds.), *Similarity and analogical reasoning* (pp. 470–497). New York: Cambridge University Press.

Brown, A., & Campione, J. (1996). Psychological theory and the design of innovative learning environments: On procedures, principles, and systems,. In L. Schauble & R. Glaser (Eds.), *Innovations in learning: New environments for education* (pp. 289–325). Mahwah, NJ: Lawrence Erlbaum Associates.

Brown, J. S., Collins, A., & Duguid, P. (1989). Situated cognition and the culture of learning. *Educational Researcher*, 18 (1), 32–42.

Burton, R., Brown, J. S., & Fischer, G. (1984). Skiing as a model of instruction. In B., Rogoff, & J. Lave (Eds.), *Everyday cognition: Its developmental and social context* (pp. 139–150). Cambridge, MA: Harvard University Press.

Chi, M. T. H., Bassok, M., Lewis, M. W., Reimann, P., & Glaser, R. (1989). Self-Explanations: How students study and use examples in learning to solve problems. *Cognitive Science*, 13, 145–182.

Cobb, P., & Bauersfeld, H. (Eds.) (1995). *The emergence of mathematical meaning: Interaction in classroom cultures*. Mahwah, NJ: Lawrence Erlbaum Associates.

Cognition and Technology Group at Vanderbilt. (1997). *The Jasper Project: Lessons in curriculum, instruction, assessment, and professional development*. Mahwah, NJ: Lawrence Erlbaum Associates.

Collins, A., & Brown, J. S. (1988). The computer as a tool for learning through relection. In H. Mandl, & A. Lesgold (Eds.), *Learning issues for intelligent tutoring systems* (pp. 1–18). New York: Springer.

Collins, A., Brown, J. S., & Newman, S. E. (1989). Cognitive apprenticeship: Teaching the craft of reading, writing, and mathematics. In L. B. Resnick (Ed.), *Knowing, learning, and instruction: Essays in Honor of Robert Glaser* (pp. 453–494). Hillsdale, NJ: Lawrence Erlbaum Associates.

Collins, A., & Smith, E. E. (1982). Teaching the process of reading comprehension. In D. K. Detterman, & R. J. Sternberg (Eds.), *How much and how can intelligence be increased?* (pp. 173–185). Norwood, NJ: Ablex.

Collins, A., & Stevens, A. L. (1983). A cognitive theory of interactive teaching. In C. M. Reigeluth (Ed.), *Instructional design theories and models: An overview* (pp. 247–278). Hillsdale, NJ: Lawrence Erlbaum Associates.

Cuban, L. (1984). *How teachers taught.* New York: Longman.

Davis, E. A., & Miyake, N. (Eds.) (2004). Special issue: Scaffolding. *Journal of the Learning Sciences*, 13 (3), 265–451.

Gardner, H. (1991). Assessment in context: The alternative to standardized testing. In B. Gifford, & C. O'Connor (Eds.), *Future assessments: Changing views of aptitude, achievement, and instruction* (pp.77–120). Boston: Kluwer.

Hatano, G., & Inagaki, K. (1991). Sharing cognition through collective comprehension activity. In L. Resnick, J. Levin, & S. D. Teasley (Eds.), *Perspectives on socially shared cognition* (pp. 331–348). Washington, DC: American Psychological Association.

Kapur, M. (2008). Productive failure. *Cognition and Instruction*, 26 (3), 379–424.

Kapur, M. (2012). Productive failure in learning the concept of variance. *Instructional Science*, 40 (4),

651–672.

Kapur, M., & Bielaczyc, K. (2012). Designing for productive failure. *Journal of the Learning Sciences*, 21 (1), 45–83. 126

Kapur, M., & Rummel, N. (2012). Productive failure in learning and problem solving. *Instructional Science*, 40 (4), 645–650.

Kolodner, J. L., Camp, P. J., Crismond, D., Fasse, B., Gray, J., Holbrook, J., Puntambekar, S., & Ryan, M. (2003). Problem-based learning meets case-based reasoning in the middle-school science classroom: Putting learning-by-design into practice. *Journal of the Learning Sciences,* 12 (4), 495–547.

Lampert, M., Rittenhouse, P., & Crumbaugh, C. (1996). Agreeing to disagree: Developing sociable mathematical discourse. In D. Olson, & N. Torrance (Eds.), *Handbook of education and human development* (pp. 731–764). Oxford: Blackwell's Press.

Lave, J. (1988). *The culture of acquisition and the practice of understanding* (Report No. IRL88–0007). Palo Alto, CA: Institute for Research on Learning.

Lave, J., & Wenger, E. (1991). *Situated learning: Legitimate peripheral participation*. New York: Cambridge University Press.

Lepper, M. R., & Greene, D. (1979). *The hidden costs of reward*. Hillsdale, NJ: Lawrence Erlbaum Associates.

Norman, D. A. (1973). Memory, knowledge, and the answering of questions. In R. L. Solso (Ed.), *Contemporary issues in cognitive psychology: The Loyola symposium* (pp. 135–165). Washington, DC: Winston.

Nowakowski, A., Campbell, R., Monson, D., Montgomery, J., Moffett, C., Acovelli, M., Schank, R., & Collins, A. (1994). Goal-based scenarios: A new approach to professional education. *Educational Technology*, 34 (9), 3–32.

Palincsar, A. S., & Brown, A. L. (1984). Reciprocal teaching of comprehension-fostering and monitoring activities. *Cognition and Instruction*, 1 (2), 117–175.

Quintana, C., Reiser, B. J., Davis, E. A., Krajcik, J., Fretz, E., Duncan, R. G., Kyza, E., Edelson, D., & Soloway, E. (2004). A scaffolding design framework for software to support science inquiry. *Journal of the Learning Sciences*, 13 (3), 337–386.

Reiser, B. J. (2004). Scaffolding complex learning: The mechanisms of structuring and problematizing student work. *Journal of the Learning Sciences*, 13 (3), 273–304.

Sandoval, W. A., & Reiser, B. J. (2004). Explanation-driven inquiry: Integrating conceptual and epistemic scaffolds for scientific inquiry. *Science Education*, 88, 345–372.

Scardamalia, M., & Bereiter, C. (1994). Computer support for knowledge-building communities. *Journal of the Learning Sciences*, 3 (3), 265–283.

Scardamalia, M., Bereiter, C., & Steinbach, R. (1984). Teachability of relective processes in written composition. *Cognitive Science*, 8, 173–190.

Schank, R. C., Fano, A., Bell, B., & Jona, M. (1994). The design of goal-based scenarios. *Journal of the Learning Sciences*, 3 (4), 305–346.

Schoenfeld, A. H. (1985). *Mathematical problem solving*. Orlando, FL: Academic Press.

Schon, D. A. (1983). *The relective practitioner: How professionals think in action.* New York: Basic Books.

127 Schwartz, D. L., & Martin, T. (2004). Inventing to prepare for future learning: The hidden efficiency of encouraging original student production in statistics instruction. *Cognition and Instruction*, 22 (2), 129–184.

Smith, F. (1988). *Joining the literacy club*. Portsmouth, NH: Heinemann.

Stigler, J., & Hiebert, J. (1999). *The teaching gap: Best ideas from the world's teachers for improving education in the classroom*. New York: Free Press.

VanLehn, K., Siler, S., Murray, C., Yamauchi, T., & Baggett, W. B. (2003). Why do only some events cause learning during human tutoring? *Cognition and Instruction*, 21 (3), 209–249.

Vygotsky, L. S. (1978). *Mind in society: The development of higher mental processes*. (M. Cole, V. John-Steiner, S. Scribner, & E. Souberman, Eds.) Cambridge, MA: Harvard University Press.

Wenger, E. (1998). *Communities of practice: Learning, meaning, and identity.* New York: Cambridge University Press.

White, B. Y. (1984). Designing computer games to help physics students understand Newton's laws of motion. *Cognition and Instruction*, 1 (1), 69–108.

White, B. Y., & Frederiksen, J. R. (1998). Inquiry, modeling, and metacognition: Making science accessible to all students. *Cognition and Instruction*, 16 (1), 3–118.

Wood, D., Bruner, J. S., & Ross, G. (1976). The role of tutoring in problem solving. *Journal of Child Psychology and Psychiatry and Allied Disciplines*, 17, 89–100.

第7章 在活动中学习

詹姆斯·G. 格里诺　于尔约·恩格斯托姆

在传统心理学中，关于学习的研究是在个体层次上展开的。行为主义的本质是研究生物个体的行为，而认知主义的实质是在个体的认知过程中研究其心理过程和结构。本章提出了一种针对学习的新的研究方法，其分析的单位是大于一个人的——要么是两个人或是两个人以上，如一个组、一个班级、一个社区，要么是与客体一起或在技术系统中学习的个人。许多研究学习的科学家在这些层面进行研究，这是一个区别于基于个体层面来进行分析的实验认知心理学的领域。我们将这些更高层次的学习系统作为*活动系统*，因为学习科学研究的重点往往是探讨这些系统中的人们是怎样通过参与活动去学习的，比如解决问题、制作或设计一些活动。一个活动系统可以像教室一样大，里面有教师和学生，或是小至和文本或计算机程序交互的单独个体。关于活动系统的研究主要关注不同个体彼此交互作用的方式，以及为这些行为和交互提供资源和约束的情境系统。活动系统的定义是从广义上来设计的，它包含一系列理论化的活动系统的观点，包括：文化历史活动理论（Engeström，1987），情境学习理论（Lave & Wenger，1991），情境行动理论（Suchman，1987），分布式认知理论（Hutchins & Klauson，1998）和文化心理学理论（Cole，1996；Rogoff，2003）。在本章中我们将使用*情境化*这一概念，用它来指所有这些研究项目中的一般方法。 128

在活动系统中，定期和重复出现的活动模式被称为实践模式。那些懂得如何去参与共同实践的人们被称为实践共同体。当个体想加入一个实践共同体时，他们并不知道如何去参与这些共同的实践。因此，起初他们是共同体的外围成员，然而他们的学习轨迹会逐渐引导他们全面地参与共同体的实践（Lave & Wenger，1991）。

129 为了说明实践的概念，应主要考虑在学校教室里进行的对话模式。学校是具有独特实践的组织，为了让学生以教育者重视的方式学习，需要引导他们适应与学校活动系统相关的实践，包括参与课堂、学习小组和做家庭作业。

在学校教室里经常发生的一类型事件被标记为 IRE 或 IRF（I 代表启动，R 代表回应，E 代表评价，F 代表反馈）。教师先进行第一轮活动，即"启动"，该活动通常以问问题的形式开始。然后，教师要求一个学生来加入第二轮活动，即"回应"，让学生给出一个答案。教师接下来进行第三轮活动，对学生的答案进行"评价"，有时还会增加"反馈"，即提供解释或说明（Wells，1993）。

话语分析，尤其是谢格洛夫的研究（Schegloff，2007），在简要情节中对上述几个轮回模式进行了深入研究。谢格洛夫的分析关注邻接对中可以完成对话中的一个功能单元的两个回合的对话。我们假设，IRE 和 IRF 都是一种常见邻接对的扩展，QA（问答）即提出的问题与相应的答案。在很多普通的对话讨论中，问答的功能是向提问者提供他所没有的信息。在 IRE 或 IRF 中，在和学生进行交流活动时，教师会问一个知道答案的问题，在与学生的对话中判断学生是否知道答案。 IRE 和 IRF 在很多学校的教学实践中很常见（Bellack，Kliebard，Hyman，& Smith，1966；Mehan，1979；Sinclair & Coulthard，1975）。

在 IRE 和 IRF 中，学生被定位为一个被动的参与者：我们会对他的知识进行评估，而不期待他会为逐步理解学科领域的知识积极地贡献他的想法与已知的信息（Harré & Van Langenhove，1999；对于定位与位置识别的讨论参见 Holland，Lachicotte，Skinner，& Cain，1998）。相反的是，学习科学家们正在积极地与教师开发学生能够积极参与的对话实践。如默瑟（Mercer，1995）提到的探究性对话的例子，雷斯尼克、迈克尔斯和奥康纳（Resnick，Michaels，& O'Connor，2010）提到的可解释的对话（Accountable Talk）①，还有蔡平、奥康纳和安德森（Chapin，O'Connor，& Anderson，2009）提到的学术生产力（academically productive）的对话。例如，恩格尔和科南特（Engle &

---

① 可解释的对话是美国匹兹堡大学学习研究所的注册商标。"在课堂互动的对话问责形式中，教师提出一个有相对较详细答案的问题。随着最初的反应出现，教师随后将一组学生的解释进行发展、挑战，并进行反问。这个过程包括教师和学生之间以及学生之间的扩展交流与各种'对话动作'，如要求其他学生解释第一个回答者说了什么，挑战学生——有时通过'重新表达'学生的贡献（'让我看看我是否正确理解了你的意思。你是不是说……？'），由教师重新整理学生们的想法，并将其提供给整个集体。"（Resnick et al., 2010, p. 179）

Conant，2002）在培养学习者共同体项目（Brown & Campione，1994）中研究了五年级的学生和他们的老师在课堂活动中的互动，在该项目中学生分组合作写了一些关于濒危物种的报告。他们着重分析了学生们关于虎鲸（通常被称为“杀人鲸”）应该怎样被分类的拓展辩论：虎鲸到底是鲸鱼还是海豚[①]。恩格尔和科南特假设，当学生被赋予权利和责任时，他们会更深入地参与，并更加主动地学习科学。因此，他们试图构建一种新的对话实践，鼓励学生质疑科学层面上的实质性问题，并且为学生提供吸收、挑战、支持这一问题的支持性资源。[我们随后会在本章讨论另一个对由恩格尔（Engle，2006）所做的根据这个课堂环境获得的数据的分析。] 130

纵观人类整个社会和历史，个体在活动系统中的交互主要是和实践共同体中的其他成员进行的。在复杂的现代社会中，特别是在学校中，活动系统通常包括来自不同实践共同体的成员——这可能为他们的参与带来问题（Eckert，1990），或者其产生的多样性有可能成为创造性成果的来源（Engeström，2001）。

在本章的其余部分，我们将讨论三个问题。在第二节中，我们将提出一个用于分析活动系统行为的框架，我们假设一个系统组件的改变 ——特别需要指出，学生需要能够理解预期的学习成果——可以作为活动系统中有意义学习的重要组成部分。在第三节中，我们会讨论不同层次的理论的关系，特别是那些更注重于个体参与的学习理论以及那些认为学习是活动系统中的实践改变的学习理论[同时参见本书第 21 章中，由三宅直美（Naomi Miyake）和保罗 · A. 基施纳（Paul A. Kirschner）提出的另一种处理这些不同层次分析的方法]。在第四节，我们将讨论关于理解和学习的概念的研究，根据情境化观点，我们的分析将侧重于活动系统水平上的理解和学习。

分析系统水平活动与学习的框架

恩格斯托姆（Engeström，1987）基于维果茨基（Vygotsky，1987）的

① 两者都是正确的，但学生的资料来源不一致。虎鲸与海豚是同一族缘的，与鲸鱼有区别，但虎鲸、海豚和鲸鱼都被包含在鲸目动物系统发育序列，这一序列通常被称为鲸鱼。学生们的这一争论来源于一个超过 12 周的活动，当时他们正在实地考察海洋世界，那里的一名工作人员告诉他们，很多人都认为虎鲸是鲸鱼，但它们并不是——它们其实是海豚。

理论开发了一个用于分析活动系统的框架。在恩格斯托姆的框架中（见图7.1），一个活动系统的三个主要组成部分包括主体或其代理（agent；它可以
131 是一个人，也可以是一组人）、客体（主体正在从事的事情）和资源，其中主体会按照一定的目的来对客体进行转化。该框架假定一个活动系统的目标是将客体转化为预期的结果。例如，学习环境中的活动系统具有引导学习者达到预期学习结果的目的。

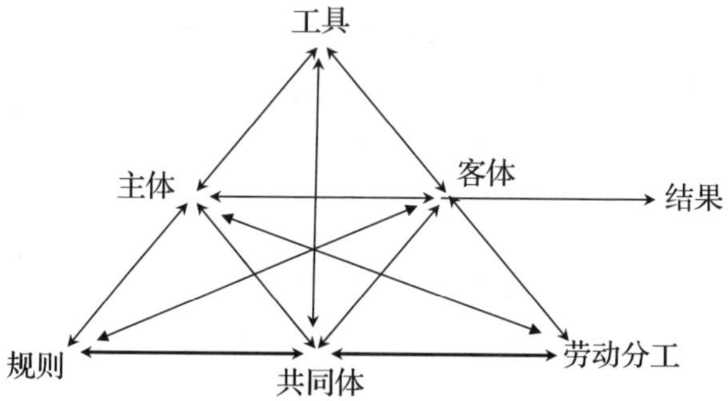

图 7.1 活动系统的通用模型（Engeström，1987，p.78）

我们通过哈钦斯（Hutchins，1995a）对一项活动的分析来说明使用这种分析方案的可行性。该活动所涉及的客体是确定美国海军船只的位置，在海图上把该位置标记出来，并记在船舶的航行日志上。这个任务，被称为“固定位置”，由一组包括船员和军官的人员（共十人）执行，每小时进行至少一次。以靠近陆地的地方为固定标志，船员可以使用被称为照准仪的仪器看见这一地标，该照准仪提供了一些关于船和地标的相对方位的数字化测量信息。这些信息通过电话线传送到搭在船桥上的房间中，在这个房间中，一名官员根据甲板上报告的方向在海图上画出每个地标的位置线（Lines of Position）。三条绘制出来的位置线在图上相交的地方就是船的位置。最后，该军官在该位置所对应于船舶当前的轴承的方位上画一条线，并且该长度和船舶当前速度相对应，以规划出船舶到下一个固定位置的路径。

使用恩格斯托姆的框架时，这个活动的主体（或主体代理）是这十位人员，客体是船固定时候的位置及其表示方式。期间所使用的资源包括照准仪、电话机以及绘制用的图表。

在这个例子中，没有学习会必然发生。活动系统的学习涉及识别系统在实践过程中的变化，以及指出系统变化是怎么样完成的。最近的几项研究的结论是，在实践中导致改变的一个重要机制是主体扩展了对客体的理解。例

如，恩格斯托姆（Engeström，2001）发现，一组儿童的护理者扩大了活动的客体，将其从分散的单个咨询扩展到长期护理关系，由此导致了跨行政单位（administrative units）的更多合作和沟通。 132

从情境化观点来看，这种扩展性是活动系统中的学习的一个重要的指标。组织学习理论家提出了不同的扩展性假设（Argyris & Schön ，1978），如："单环学习"和"双环学习"之间的区别。单环学习中，活动和实践之间发生了改变，但参与者对其的基本理解没有改变，该活动的目的或资源的利用是和实现该系统的目标相关的。双环学习中，参与者对活动的一些基本方面的认识发生了改变。双环学习可以在某个范围内产生一种剧烈的扩展，并在系统上对活动产生影响，这种扩展往往可以在学习活动中被观察到。

扩展性的概念由恩格斯托姆（Engeström，1987）从理论上进行阐述，根据恩格斯托姆和圣尼诺（Engeström & Sannino，2010）的综述，已经有了一系列的关于扩展学习理论的研究。例如，在一项活动中，医疗保健活动对象得到了扩展，从分散的单个咨询扩展到长期护理关系，进而涉及各种医护人员（Engeström，2001）。这个例子表明，最低限度的扩展也会包括时间和社会空间维度的变化（Engeström，Puonti，& Seppänen，2003）。当在活动系统中设计和实施必要的改变时，参与者所面临的学习挑战就是要在扩展的客体方面掌握相关的能力。

一种有限的课堂教学的客体是学生只需掌握日常知识和程序性技能，从而能够在测试中准确地背诵或运用知识。对教学客体的扩展就是要求学生理解某个领域的概念和原则，并培养出能够创新性地生成和应用概念与原则的思维习惯。学习科学家们不断研究，试图开发出更有利于扩展学习客体的条件。

活动的另一个方面涉及双环学习的主体（或参与者的代理）的作用。金奈特（Ginnett，1993）早期对航空公司的工作人员进行研究的例子很好地说明了这一点。金奈特有机会观察和比较两类机长的表现：那些被检查飞行员评价为特别擅长创建高效团队的机长（HI-E 机长）和那些拥有同样能力但获得低评级的机长（LO-E 机长）。金奈特观察到的这些表现是在飞机起飞前的一小时，从新机组人员进入第一站之前的正式机组人员简报中所获得的。最有趣的发现与机长对机组人员界限问题的理解和谈论方式有关。高效团队的机长致力于扩大团队的界限。他们把全部飞行机组人员包含在"我们"中，而某些低效团队的队长却相反，他们认为机组人员只包含驾驶舱内的人员，

133 并把乘务员称为“你”。在某些情况下，高效团队的机长也试图把安检人员、维修人员和空中交通管制员，甚至乘客作为他们团队的一部分——而不是外人（Ginnett，1993，p.87）。

金奈特还发现，优秀的机长还会阐述和扩充乘务组的常规守则（Ginnet，1993，p.96–97）。在金奈特的数据中，技能高超的机长有勇气偏离常规而达到一种“不完美”的状态。“他们会声明自己不知道某个特定信息，即使这些信息通常是很现成的，……他们对待自己的弱点是开放的。”（Ginnett，1993，p.90）。

在另一实例中，恩格尔（Engle，2006）假设学习中交互作用的扩展性框架（与限制性框架相反）会导致更有效的学习和更广泛的迁移。扩展性框架包括对学习客体更广泛的理解，以及对学习者主体地位的扩展性理解（学习者积极参与建构自己的知识和对学科内容的理解）。扩展性框架的想法是由恩格尔、阮和门德尔松（Engle，Nguyen，& Mendelson，2011）进行实证研究得出的，他们认为：“情境为扩展提供了框架，可以给学生制造在更广阔的对话交流中积极跨越时代、地点、人物和活动的机会。”（Engle et al.，2011，p.605）。扩展性学习情境的边界是广阔且可渗透的，这使其可以与更多的情境联系起来。

当所学的新的技能和概念彻底得到强化时，这些技能和概念并没有回答“是什么”和“怎么做”的问题，而是将其嵌入对整个活动系统未来结构的设想和构建中，也就是说，回答的是“为什么”和“在哪里”的问题。这个扩展的方面已被描述为基于语境的（contextualizing）或是向上抛锚的（anchoring upward）研究（Engeström，1990，p.194）。

在最近的学习研究中，马顿和他的同事（Marton & Tsui，2004；Marton & Pang，2006）系统化地使用了“学习客体”的概念。马顿对三个层面上的学习客体进行区分，即：（1）教师预期的学习客体；（2）具体实施的有关“在实际教学中有可能学到什么东西”的学习客体（Marton & Tsui，2004，p.4）；（3）学生最终实际上的学习客体（见图7.2）。在马顿的概念模型中，三个学习客体之间可能存在较大的差异。

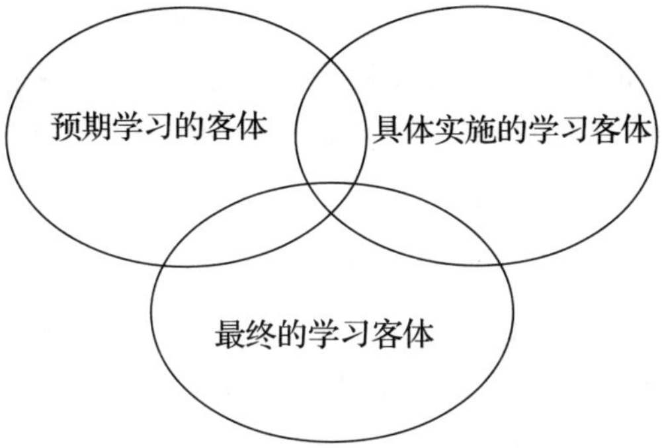

图 7.2　学习客体的三个方面（Marton & Tsui，2004，p.4–5）

然而，对于在活动系统中的学习研究来说，马顿的概念是存在问题的。在马顿的概念体系中，有意向的学习客体被描述为教师的个人垄断。然而，学习者也有意识。他们的生活兴趣和工作问题可能成为他们预期的学习客体，这可能或多或少公然地与教师意向的客体相冲突。学习者地位的问题在许多关于扩展性学习的研究中一直被强调（Engeström，2011；Sannino， 134
2008）。因此，需要一个扩展版本的马顿概念模型（见图 7.3）。

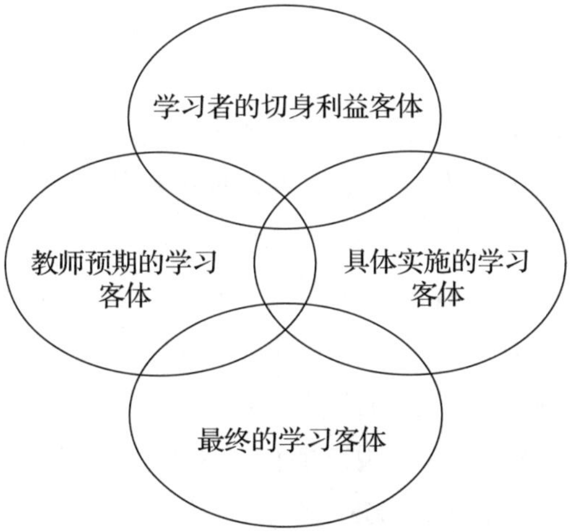

图 7.3　扩展的学习客体

扩展性学习被理解为客体或主体（代理）的扩展，或者是两者的共同扩展，这种扩展通常是活动中的一个漫长的过程，要求纵向研究设计。在活动系统中，为了促进和精简活动学习的进程，形成了干预法，如变革实验室（Change Laboratory）已经被开发出来（Engeström，2011；Virkkunen &

Newnham，2013）。变革实验室的周期通常为十周，其中活动系统（或多个合作的活动系统）的参与者主要分析他们的活动在发展中存在的矛盾，并为他们的活动设计出一个新的客体和相对应的新模式，并为推动新设计的实施采取措施。变革实验室的相对紧凑的模式允许研究者对有效数据进行收集并对扩展性学习过程中的交互步骤进行仔细分析。最近的分析主要关注在变革实
135 验室的干预下各类冲突的话语表现（Engeström & Sannino，2011）和学习行为的循环（Engeström，Rantavuori，& Kerosuo，2013）。

活动学习往往涉及不同观点中的学习客体的协调。在变革实验室的干预中，当参与者通过阐明新的客体来掌握和改变学习过程时，这点就会表现出来，其表现形式就是对干预者最初计划和意向的偏离（Engeström et al.，2013；Engeström & Sannino，2012）。

这一过程类似于古铁雷斯和她的同事（Gutiérrez，2008；Gutiérrez，Baguedano-López，& Tejeda，1999；Gutiérrez，Rymes，& Larson，1995）所描述的过程。古铁雷斯和她的同事分析了教师的客体或权威的“脚本”和学习者的客体或“相反脚本”（counter-script）之间的差距，以及两者是怎样发生碰撞和冲突的。当偶然发现共同点时，他们就可以为有意义的协商学习建立一个可扩展的混合客体。古铁雷斯和她的同事们把这些事件描述为在教学过程中“第三空间”的出现。

可扩展混合客体可能是对学习者客体比较直接的映射，同时这些客体也切实关系到教师预期的客体。例如，在巴西电影《人类之城》（*City of Men*，2007）中，一个在贫民窟教学的小学教师，试图将历史上拿破仑战争的故事教给学生，但他却面临着诸多的冷漠、阻挠和干扰。随着冲突的加剧，答应了学生的实地考察被取消了，一个男孩突然提出了自己对拿破仑战争过程的关注，并借助于他们在贫民窟的帮派斗争详细解释了拿破仑战争的一些细节。这个从学生那里收集他们观点的例子说明了冈萨雷斯、莫尔和阿曼蒂（González，Moll，& Amanti，2005）在《知识的资本》（*Funds of Knowledge*）一书中所说的重要基本观点：共同体所掌握的观点和知识可以被纳入多样和可靠的学校教学内容当中。

在变革实验室的干预中，常见的扩展学习客体的产生方式是产生新颖的想法或发明一个新的模型，它们是偏离干预者预期的客体和学习者的最初兴趣的。像这样新奇的想法往往由一个或多个学习者提出来，它往往与干预者和其他学习者的想法不同，这可能需要多次努力以获得他们的接纳和支持

（Engeström，Pasanen，Toiviainen，& Haavisto，2005；Engeström et al.，2013；Sannino，2008）。

涉及活动系统的现象和概念的解释模式

传统的认知心理学研究个体的知识和学习。通过认知心理学家的实验设计研究我们发现，个别学生会故意远离那些常见的学习环境。认知心理学 136
家通常认为他人、材料和实践是某人学习的环境因素。这与我们在本章中提出的情境化观点相对。然而，认知观点和情境化观点并不是不相容的；相反，我们认为，对个体学习和认知的分析与对活动系统的分析两者是兼容的（Enyedy & Stevens，本书第 10 章）：在不同层次的分析上，它们追求对同种现象的多种解释。

将重点放在活动系统，可以产生关于学习是如何发生的三种不同模式的解释，其中两种涉及理论的个体层面和活动系统层面的一体化联系：

1. 个体通过参与活动系统进行学习，同时，该个体的学习可以通过活动系统内的特性和流程得以解释说明。有人可能会称之为"自上而下"的解释，这是因为活动系统中的一个组成部分——一个学习者——的学习是由高水平的活动系统来解释的。

2. 活动系统是作为一个整体存在于实践中的，其进化和互动随着时间的变化而变化，其中学习可以被解释为参与者个体的内部心理表征和行为。这是一种"自下而上"的解释，有时也被称为还原主义、个人主义或机械主义。

3. 在整个学习活动系统中，学习是根据活动系统的特性和过程来解释的。这是一个横向的解释，因为对原因和结果的分析都在相同的级别上进行。

（传统的认知心理学侧重于解释第四种模式的学习：个体是如何依据其特征、学习过程和学习行为来学习的。这种形式的解释是横向的，一般忽略了活动系统、社会实践和学习情境的作用。）

模式一：个体学习的系统假设

学习是通过一个或多个个体来解释的，其中解释性的概念和变量都是活动系统的特性（见图 7.4）。

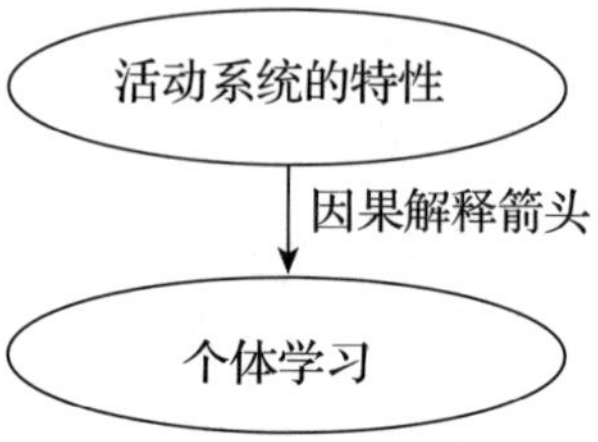

图 7.4　个体学习的系统假设

举个例子，鲍尔斯、科布和麦克莱恩（Bowers, Cobb, & McClain, 1999）对教学和学习的位值概念进行了研究。教师带领着她的三年级学生进行了关于数量的表示、计算和推理的活动，活动的客体包括区分出来的单个对象、由 10 组成的组和由 100 组成的组的图表。在这个指令发出前和发出后，教师
137 会对个别学生进行访谈，这增加了他们在概念上对数字符号的定量含义及其操作的理解。这种学习的结果会根据活动系统的特性来进行解释——活动和实践与教师的教学方案相关。

在另一个例子中，莫斯和卡斯（Moss & Case, 1999）对四年级的学生参加的课堂活动——集体实践——进行了研究，该课堂活动旨在促进他们对于有理数的概念和表现形式的理解。莫斯和卡斯发现，他们设计的活动是有效的：在课堂上，每个学生都达到了他们想要达到的个人学习目标，因此，这种学习又被解释为个体参与集体实践的结果。

在这些课堂实例中，自变量——被解释的现象——是在个体层面分析的学习结果：学生个体对考官提出的问题给出的答案或测验的表现的改变量。这些活动包括使用和讨论具有定量特性的客体表征：这些客体被解释为数字符号的参照物，可以用来提出涉及算术运算的问题。由于参与了这些实践，当学生被要求解释某些数字符号的意义时，他们的推论会更加成功。

在另一实例中，鲍尔斯和他的同事（Bowers et al., 1999）讨论了互动的规范，包括通用的社会规范（如加入他人的解决方案和解释中）和社会数学规范（如使用定量术语解释），并且说明了教师和学生参与建立这些规范的过程。在图 7.1 中，这些规范是制约课堂对话实践活动的规则。（这些规范也

可作为资源，在活动合作中，通过塑造系统成员间互动的方法来促进参与。）这些规范还涉及参与者在活动中所分配到的不同方面的责任（劳动分工），以期望学生在自己的学习中得出更有意义的解释，而不只是循规蹈矩地得到正确答案。

恩格尔（Engle，2006）也记录了学生通过参与活动系统所进行的概念学习。恩格尔以小学五年级的学生作为研究对象，他们要以小组合作的形式一起写一篇关于濒危物种的报告。当这些学生参与了要求他们讨论不同于已有学习项目中的物种的栖息地的活动之后，他们对栖息地的解释和评估会更加深入。这能强化学习，访谈个别学生以及评估小组成果时可以体现这一点。在学生完成他们的报告期间，恩格尔（Engle，2006）还考察了学生工作报告中与老师互动的记录，发现老师经常通过将这种报告视为学生原创性的材料而非其他的资源（source）来肯定学生所做出的贡献，并且老师会肯定学生所贡献的信息和资源的通用性。恩格尔称这种互动模式为扩展性框架（expansive framing）。随后，恩格尔又进行了另一项实证研究，结果发现，当一个老师使用扩展性框架时，在与控制条件下相比，学生能够更成功地将学习迁移到新的环境中去（Engle et al.，2011）。像由鲍尔斯和他的同事（Bowers et al.，1999）还有莫斯和卡斯（Moss & Case，1999）研究的课堂实例那样，我们建议在恩格尔的教学活动研究中融入活动客体的扩展性变化。换句话说，即所学的知识并不作为一种被记住的静态知识呈现出来，而被转化为不同的类型——一种伴随着材料和知识建构的积极参与形式。学生的活动可以被视为仅仅为了满足任务要求而构建呈现的文本，相反，老师也可以将学生的作品构建成对于广大受众和某段时间内的重大事件来说具有重要意义的成果。这导致了更深层次的概念学习和更大的转变。 138

模式二：通过个体参与来解释活动中的改变

在这种解释模式下，学习是指在活动系统中作为一个整体随着时间的变化而发生的变化。例如，参与联合活动的模式可能改变（Rogoff，1990），交互的路径也有可能发生改变。在模式二中，活动系统的改变被解释为基于系统组件的活动和交互，即还原主义的或“自下而上”的一种解释形式（见图 7.5）。

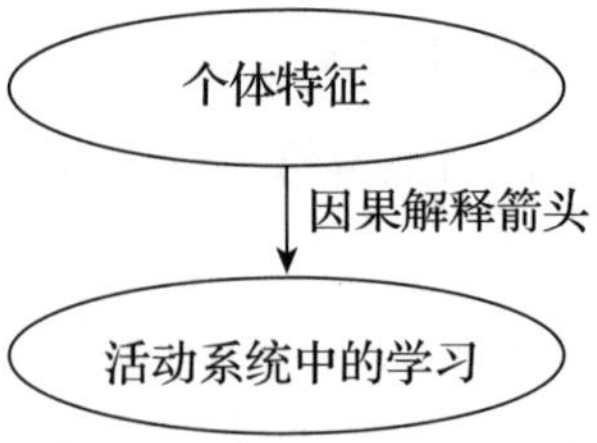

图 7.5 通过个体参与来解释活动中的改变

在模式二的一个例子中，哈钦斯和克劳森（Hutchins & Klausen，1998）利用分布式认知的概念，来解释飞机机组人员成功使他们改变飞行高度的请求获得支持的案例。机组人员对改变高度这个需求的解释，有赖于组员个体对这方面知识的掌握，因此，他们的成功取决于协调合作，以及将个体的知识整合并将其转化为一个一致的说法。分布式认知过程也被哈钦斯（Hutchins，1995b）记载了，他分析了飞机驾驶舱的机组人员在物质资源支持
139 下是怎样做到在飞机降落着陆的时候想起改变襟翼和缝翼的设置的。哈钦斯（Hutchins，1993，1995a）同时也分析了海军舰艇导航团队的成员的参与情况：参与其中将会给初级成员带来发展能力的机会，这些能力是他们在等级进步上所需要具备的；参与其中还会有助于初级成员在团队活动中执行更复杂的任务、承担更大的职责。哈钦斯证明了，活动系统基于对成员的工作安排为其提供了有效的学习环境：资历较浅的成员与更高级的团队成员有更多的交流和合作，进而从中获得了更多的信息。

活动系统的改变依据各个组成部分的改变来解释，这些低水平的解释有时被称为活动系统中现象的基本机制（Machamer，Darden，& Craver，2000）。

范德桑德和格里诺（Van de Sande & Greeno，2012）对一个案例的分析就属于这类解释，在这一案例中，参与者当中至少有一人缺乏对问题解决过程的了解，但他们通过问题解决的对话成功地得以相互理解。范德桑德和格里诺对这类案件进行解释，他们假设存在一种机制使得参与者（在一种情况下，由参与者使用的交互式计算机程序）能够发展出一种可以协调他们的问题解决框架的共同点（Clark & Schaefer，1989），从而让参与者可以在该问题上继续共同工作。

模式三：通过活动系统特性假说来解释活动系统现象

内尔塞西安、库尔兹－米尔克、纽斯泰特和戴维斯（Nersessian，Kurz-

Milke，Newstetter，& Davies，2003）在他们的生物医学工程实验室采取了第三种模式来分析活动系统，其目的是要找到一种方法去合成可以在人体内正常运作的人造血管。和哈钦斯一样，他们将实验室称为分布式认知系统。他们将学习置于活动系统的层次上，在整个实验室性能发生改变的基础上进行研究和开发人造系统。他们记录了学习的轨迹，其涉及研究人员开发和使用的材料设备的修改，以及研究人员个人对这些合成设备的功能和历史的理解的改变。他们认为，问题的解决是基于模型的推理，其中研究人员和设备结合在一个复杂的社会技术系统中，共同提高它的性能（见图 7.6）。他们清晰地将他们的解释方法与个人主义和还原认知心理学的概念进行了对比。 140

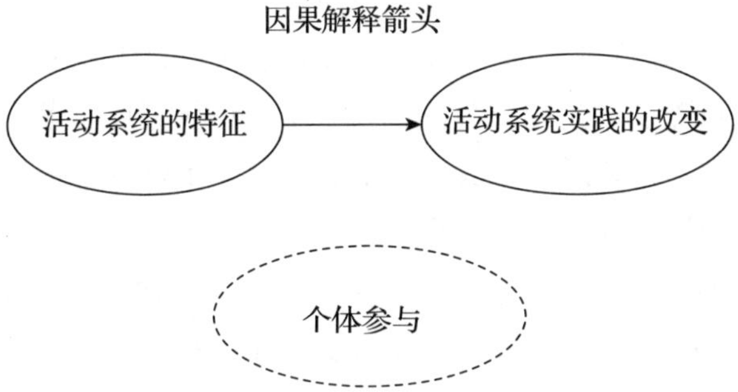

图 7.6　通过活动系统特性假说来解释活动系统现象

这些研究证明了在活动系统水平的分析上进行解释的价值，特别是在这种时候：要解释的现象是在活动系统中作为一个整体而发生的转型、改变和学习，而不是仅有一个参与者的学习。

在活动中学习概念

许多学习科学的研究强调了更深层次的概念理解的重要性，而不强调那种仅会造成不连贯事实记忆的学习形式（Sawyer，本书第 1 章）。实验认知心理学家对学习概念的研究主要局限在实验室的个体研究层面，并致力于区分具有不同刺激的学习规则。在本节中，我们反而认为“概念及其意义在实践的环境中发展和演变，并在实践中保持，因为它们有利于共同体活动的开展”（Hall & Greeno，2008，p.213）。特别是，“功能性概念”（Greeno，2012）——那些在集体日常实践中基于个体而被塑造和使用的整体资源——

这种情境化的分析方法提供的解释要比个人认知分析过程提供的更好。

为了说明正规概念和功能性概念之间的区别，鲍尔斯和他的同事（Bowers et al.，1999）研究了位值加减概念的教学案例，这一案例我们已在
141 第 2 节讨论过。在大部分数学教学中，位值被定义为正规概念，即在不同位置数字的值等于 10 的幂的倍数；转入或借贷规则可以不参照这种数字的量化形式。鲍尔斯开发了“糖果工厂微世界”（Candy Factory microworld），麦克莱恩（K. McClain）将其用了在她的教学中，学习环境被设计为与提供学习正规概念一样为学生提供功能性概念的地方。为此，麦克莱恩向学生展示了三种类型的对象：个、卷（含 10 个）和箱（100 个或 10 卷）。此外，麦克莱恩还向学生展示了两个操作：包装（从个到卷或从卷到箱）和拆箱（从箱到卷或从卷到个）。该学习环境有助于活动的开展，能让学生从机制上推断出制造或销售大量糖果的过程。与此同时，学生还认真地思考了添加或减少的数量，然后用数字来表示。麦克莱恩的教学强调了这两个位值概念的协调使用，对学生的理解有着明显的帮助。

这一位值的功能推理给学生提供了相同点（Clark & Schaefer，1989）或锚（Hutchins，2005），帮助他们顺利地交流和更有效地沟通。由于功能性概念被嵌入在共享的情境活动中，它们通常像活动中会使用的工具和人造制品一样分布在人群中。这些共享的功能性概念在理解和解决问题的任务中充当资源。在恩格斯托姆的框架中（见图 7.1），概念是主体在根据系统的目标改变客体的活动中可以利用的工具之一。

一种有效的方法是考虑将概念域比作空间，对概念的学习就如同慢慢在空间中移动，学习者能够识别出可以在活动中高效地使用的概念资源。我们可以将概念域类比为一个用于搜索的空间，这一类比支持那些通用的关于情境的想法：推理和问题解决在系统内实施，其中包括个人或多人与其他系统的互动，这些系统为个人或多人的活动提供了资源。

这个想法也符合达维多夫（Davydov，1990）的说法，即从善于提升到具体应用，其中该概念域可能有众多相关联的概念性结合体，其中个人或团体要善于识别这些概念性资源的潜在用途。格里诺（Greeno，1991）和舍恩菲尔德（Schoenfeld，1998）提出的概念域，比如数学，可以被隐喻成一个实体环境。舍恩菲尔德（Schoenfeld，1998）提出，认识和理解数学类似于烹饪大师对原料成分特性的认识和理解，他对这些原料的准备和使用，会影响到一个菜式的味道和质感，厨师所具备的知识也体现在其准备的过程中。

屈森斯（Cussins，1992，1993）提出了一个涵盖认知观点的哲学理论，其基本隐喻是一种认知路径——人在某区域内的走动。屈森斯的关键概念是观点依赖性（perspective dependence）和稳定性（stabilization）。为了证明这些概念，可以想象一个人站在城市的中央。如果此人不管他初始的地点就能够找到他期望的任何位置，他的观点独立性比率能达到最大。当那个人完全无法找到他在该范围内所期望的某个位置时，观点依赖性比率接近于零。人们通过实际练习学会在该区域范围内任意走动。这样一来，他们就构建了他们的认知路径。屈森斯认为，路径存在于环境中，同时也是认知的客体；它们基于经验同时持续地受环境的影响（Cussins，1992，p.673–674）。当多条认知路径被标识时，有些路径就会相交，这些交叉点就是路标（landmark）。某些领域就是由具有路标的网状结构构成的。随着该结构变得更清晰，所述观点依赖性比率也会相应增加。 142

认知路径发展的第二个维度的特征是稳定性。稳定性涉及在不断变化的现象中绘制分界线（Cussins，1992，p.677）。人们通过命名，即在经验上增加一个语言结构实现稳定性（Cussins，1992，p.679–680）。图 7.7 显示，当观点依赖性比率越高的时候，认知路径的稳定性也就越高。

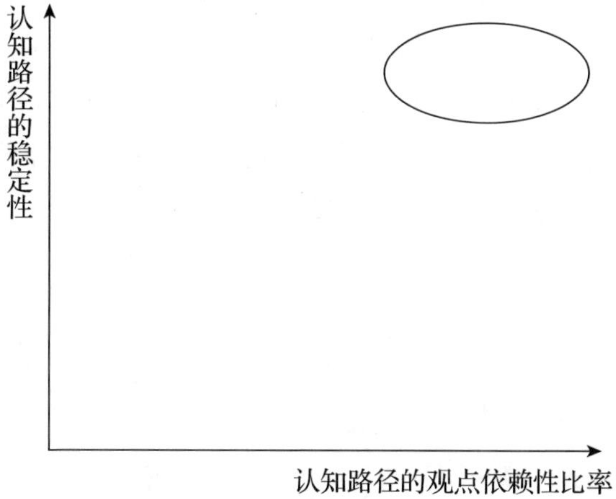

图 7.7　高观点依赖性比率和高稳定性概论（Cussins, 1992, p. 683）

在社区和工作场所，认知路径通常是在小组活动中构建的。当尝试去表达想法或概念，特别是以提议或定义的形式表达的时候，认知路径会更清楚明确地显示出来。

在这段旅程隐喻的变化中，人类学家英戈尔德（Ingold，2007）对两种运动模式做出了区别：徒步和运输。徒步是人类居住在地球的基本方式。徒步 143

的线路通常是弯曲和不规则的，且全面缠绕。它们没有最终目的地；另一方面，运输线路通常是笔直和规则的，只在节点处相交（Ingold，2007，p.81）。

从屈森斯和英戈尔德的报告中我们可以看出，认知路径的构建者，或者是行路人，被隐含地认为是一个在相对原始的空间中移动的个体。这些理论忽视了行路人与已经存在的路径间的相互作用。在对屈森斯 – 英戈尔德线（Cussins-Ingold line）进行分析时，在已知的信息和学习者自身的知识结构间，当旧的概念碰到新的概念时，需要对屈森斯 – 英戈尔德线加以补充。

瓦格纳（J. F. Wagner）为证明概念学习主要是一个扩展学习的过程提供了更进一步的证据。瓦格纳对一个在上统计课的大学生进行了访谈，反复地评估她对样本的大小和样本均值的概率分布特性这两个概念关系的理解。瓦格纳发现，随着时间的推移，该学生在更多情况下运用的是样本均值的分布的概念。瓦格纳将这个发现解释为学习者逐渐对概念支持的情境学习做出反应的例子。这与扩展性学习的总体思路是一致的，即在某情境的范围内，可以使用某一概念来扩展个体学习。

瓦格纳认为，抽象不是理解迁移的关键，而知识支持的迁移必须以某种方式解释活动情境的不同。根据瓦格纳的理论，一般来说，迁移主要不是由主体陈述规则的能力支持的，“而是由可扩张的、潜在的、与情境相关的知识资源和知识的协调支持的，个体可以通过这些内容知道他的规则是如何在不同情境下起作用并对情境产生敏感性的”（Wagner，2006，p.10）。瓦格纳的研究结果符合我们的要求，即概念域的学习是了解在一个在空间隐喻环境中的哪里可以找到，以及如何使用资源的过程。

结论

学习活动中的情境观正面临着新的挑战并且需要持续的理论和方法的发展。我们已经提供了几个分析活动系统中的学习的例子，演示了什么样的方法可以显著地丰富我们的个人理解和团体学习。我们提供的学习方式与广义
144 上组织学习中的“组织”有所不同，因为我们提供了一种超越个体且包括个体的检视学习的方法。

对活动系统的关注使我们能将重点放在识别三种解释模式上，其中两种涉及个体水平和活动系统水平上的理解。这三种模式的任何一种都是对传统

认知心理学的重要扩展。传统认知心理学采用第四种“横向”的解释模式，即停留在个体层面上。对活动学习的研究应该明确学习者使用的解释模式。最难的任务就是将三种模式汇集起来进行研究，并为多层次的学习过程提供补充。

我们认为，着眼于活动客体的延伸可以给概念化学习提供更有效的方式。我们指出了两个方面的扩展，一个专注于客体，另一个专注于学习的环境和参与学习过程的方式，特别是活动系统中学生的学习方式。探索这两者之间的关系也为今后的研究带来方向。

学习的情境观有时被理解为对概念学习重要性的否认。与此相反，我们认为概念是任何领域中深入学习的基础。但概念不仅仅是口头或象征性的标签或定义。特别是功能性概念，它嵌入在活动系统的实践中，分布在材料和人工制品之间并体现着参与者的表现。

参考文献

Argyris, C., & Schön, D. A. (1978). *Organizational learning: A theory of action perspective*. Reading, MA: Addison-Wesley.

Bateson, G. (1972). *Steps to an ecology of mind*. New York: Ballantine Books.

Bellack, A. A., Kliebard, H. M., Hyman, R. T., & Smith, F. L., Jr. (1966). *The language of the classroom*. New York: Teachers College Press.

Bowers, J., Cobb, P., & McClain, K. (1999). The evolution of mathematical practices: A case study. *Cognition and Instruction*, 17, 25–64.

Brown, A. L., & Campione, J. C. (1994). Guided discovery in a community of learners. In K. Mcgilly (Ed.), *Classroom lessons: Integrating cognitive theory and classroom practice* (pp. 229–270). Cambridge, MA: MIT Press.

Chapin, S. H., O'Connor, C., & Anderson, N. C. (2009). *Classroom discussions: Using math talk to help students learn*. Sausalito, CA: Scholastic/Math Solutions.

Clark, H. H., & Schaefer, E. (1989). Contributions to discourse. *Cognitive Science*, 13, 19–41.

Cole, M. (1996). *Cultural psychology: A once and future discipline*. Cambridge, MA: Harvard University Press/Belknap.

Cussins, A. (1992). Content, embodiment and objectivity: The theory of cognitive trails. *Mind,* 101, 651–688.

145 Cussins, A. (1993). Nonconceptual content and the elimination of misconceived composites!. *Mind & Language,* 8, 234–252.

Davydov, V. V. (1990). *Types of generalization in instruction: Logical and psychological problems in the structuring of school curricula.* Reston: National Council of Teachers of Mathematics.

diSessa, A. A. (1993). Toward an epistemology of physics. *Cognition and Instruction*, 10, 105–225.

Eckert, P. (1990). Adolescent social categories: Information and science learning. In M. Gardner, J. G. Greeno, F. Reif, A. H. Schoenfeld, A. diSessa, & E. Stage (Eds.), *Toward a scientific practice of science education* (pp. 203–218). Hillsdale, NJ: Lawrence Erlbaum Associates.

Engeström, Y. (1987). *Learning by expanding: An activity-theoretical approach to developmental research*. Helsinki: Orienta-Konsultit.

Engeström, Y. (1990). *Learning, working and imagining: Twelve studies in activity theory*. Helsinki: Orienta-Konsultit.

Engeström, Y. (2001). Expansive learning at work: Toward an activity theoretical reconceptualization. *Journal of Education and Work*, 14, 133–156.

Engeström, Y. (2011). From design experiments to formative interventions. *Theory & Psychology*, 21 (4), 598–628.

Engeström, Y., Pasanen, A., Toiviainen, H., & Haavisto, V. (2005). Expansive learning as collaborative concept formation at work. In K. Yamazumi, Y. Engeström, & H. Daniels (Eds.), *New learning challenges: Going beyond the industrial age system of school and work* (pp. 47–77). Kansai: Kansai University Press.

Engeström, Y., Puonti, A., & Seppänen, L. (2003). Spatial and temporal expansion of the object as a challenge for reorganizing work. In D. Nicolini, S. Gherardi, & D. Yanow (Eds.), *Knowing in organizations: A practice-based approach* (pp. 151–186). Armonk: Sharpe.

Engeström, Y., Rantavuori, J., & Kerosuo, H. (2013). Expansive learning in a library: Actions, cycles and deviations from instructional intentions. *Vocations and Learning*, 6, pp. 81–106.

Engeström, Y., & Sannino, A. (2010). Studies of expansive learning: Foundations, findings and future challenges. *Educational Research Review*, 5 (1), 1–24.

Engeström, Y., & Sannino, A. (2011). Discursive manifestations of contradictions in organizational change efforts: A methodological framework. *Journal of Organizational Change Management*, 24 (3), 368–387.

Engeström, Y., & Sannino, A. (2012). Whatever happened to process theories of learning? *Learning, Culture and Social Interaction*, 1 (1), 45–56.

Engle, R. A. (2006). Framing interactions to foster generative learning: A situative account of transfer in a community of learners classroom. *Journal of the Learning Sciences*, 15, 451–498.

Engle, R. A., & Conant, F. (2002). Guiding principles for fostering productive disciplinary engagement: Explaining an emergent argument in a community of learners classroom. *Cognition and Instruction*, 20, 399–484.

Engle, R. A., Nguyen, P. D., & Mendelson, A. (2011). The inluence of training on transfer: Initial evidence from a tutoring experiment. *Instructional Science*, 39, 603–628.

Ginnett, R. C. (1993). Crews as groups: Their formation and their leadership. In E. L. Wiener, G. L. Kanki, & R. L. Helmreich (Eds.), *Cockpit resource management*. San Diego, CA: Academic Press. 146

González, N., Moll, L., & Amanti, C. (Eds.) (2005). *Funds of knowledge: Theorizing practices in households, communities, and classrooms*. Mahwah, NJ: Lawrence Erlbaum Associates.

Greeno, J. G. (1991). Number sense as situated knowing in a conceptual domain. *Journal for Research in Mathematics Education*, 22, 170–218.

Greeno, J. G. (2012). Concepts in activities and discourses. *Mind, Culture, and Activity,* 19, 310–313.

Gutiérrez, K. D. (2008). Developing a sociocritical literacy in the third space. *Reading Research Quarterly*, 43 (2), 148–164.

Gutiérrez, K., Baguedano-López, P., & Tejeda, C. (1999). Rethinking diversity: Hybridity and hybrid language practices in the third space. *Mind, Culture, and Activity*, 6 (4), 286–303.

Gutiérrez, K. D., Rymes, B., & Larson, J. (1995). Script, counterscript, and underlife in the classroom – Brown, James versus Brown v. Board of Education. *Harvard Educational Review*, 65, 445–471.

Hall, R., & Greeno, J. G. (2008). Conceptual learning. In T. Good (Ed.), *21st century education: A reference handbook* (pp. 212–221). London: Sage Publications.

Harré, R., & Van Langenhove, L. (1999). *Positioning theory: Moral contexts of intentional action*. Malden: Blackwell.

Heath, S. B. (1983) *Ways with words: Language, life, and work in communities and classrooms*. Cambridge: Cambridge University Press.

Holland, D., Lachicotte, W., Skinner, D., & Cain, C. (1998). *Identity and agency in cultural worlds*. Cambridge, MA: Harvard University Press.

Hutchins, E. (1993). Learning to navigate. In S. Chaiklin, & J. Lave (Eds.), *Understanding practice: Perspectives on activity and context* (pp. 35–63). Cambridge: Cambridge University Press.

Hutchins, E. (1995a). *Cognition in the wild*. Cambridge, MA: MIT Press.

Hutchins, E. (1995b). How a cockpit remembers its speeds. *Cognitive Science*, 19, 265–288.

Hutchins, E. (2005). Material anchors for conceptual blends. *Journal of Pragmatics*, 37, 1555–1577.

Hutchins, E., & Klausen, T. (1998). Distributed cognition in an airline cockpit. In Y. Engeström, & D. Middleton (Eds.), *Cognition and communication at work* (pp. 15–34.) Cambridge: Cambridge University Press.

Ingold, T. (2007). *Lines: A brief history*. London: Routledge.

Johnson-Laird, P. N. (1983). *Mental models*. Cambridge: Cambridge University Press.

Lave, J., & Wenger, E. (1991). *Situated learning: Legitimate peripheral participation*. Cambridge: Cambridge University Press.

Machamer, P., Darden, L., & Craver, C. F. (2000). Thinking about mechanisms. *Philosophy of Science*, 67, 1–25.

Marton, F., & Pang, M. F. (2006). On some necessary conditions of learning. *The Journal of the Learning Sciences*, 15 (2), 193–220.

Marton, F., & Tsui, A. B. M. (2004). *Classroom discourse and the space of learning*. Mahwah, NJ: Lawrence Erlbaum Associates.

147 Mehan, H. (1979). *Learning lessons: Social organization in the classroom*. Cambridge, MA: Harvard University Press.

Mercer, N. (1995). *The guided construction of knowledge: Talk amongst teachers and learners*. Clevedon: Multilingual Matters.

Mitchell, S. D. (2003). *Biological complexity and integrative pluralism*. Cambridge: Cambridge University Press.

Moss, J., & Case, R. (1999). Developing children's understanding of the rational numbers: A new model and an experimental curriculum. *Journal for Research in Mathematics Education*, 30, 122–147.

Nersessian, N. J., Kurz-Milke, E., Newstetter, W. C., & Davies, J. (2003). Research laboratories as evolving distributed cognitive systems. In R. Alterman & D. Kirsh (Eds.), *Proceedings of the twenty-fifth annual conference of the Cognitive Science Society* (pp. 857–862).

Newell, A., & Simon, H. A. (1972). *Human problem solving*. Englewood Cliffs, NJ: Prentice-Hall.

Resnick, L. R., Michaels, S., & O'Connor, M. C. (2010). How (well-structured) talk builds the mind. In D. D. Preiss, & R. J. Sternberg (Eds.), *Innovations in educational psychology: Perspectives on learning, teaching, and human development* (pp. 163–194). New York: Springer.

Rogoff, B. (1990). *Apprenticeship in thinking: Cognitive development in social context*. New York: Oxford University Press.

Rogoff, B. (2003). *The cultural nature of human development*. New York: Oxford University Press.

Sannino, A. (2008). From talk to action: Experiencing interlocution in developmental interventions. *Mind, Culture, and Activity*, 15, 234–257.

Schegloff, E. A. (2007). *Sequence organization in interaction: A primer in conversation analysis, Volume 1*. Cambridge: Cambridge University Press.

Schoenfeld, A. H. (1998). Making mathematics and making pasta: From cookbook procedures to really cooking. In J. G. Greeno, & S. V. Goldman (Eds.), *Thinking practices in mathematics and science education* (pp. 299–312). Lawrence Erlbaum Associates.

Schoenfeld, A. H. (2006). Design experiments. In J. L. Green, G. Camilli, & P. B. Elmore (Eds.),

Handbook of complementary methods in education research (pp. 193– 206). Washington, DC: American Educational Research Association.

Sinclair, J. McH., & Coulthard, R. M. (1975). *Towards an analysis of discourse: The English used by teachers and pupils*. London: Oxford University Press.

Suchman, L. (1987). *Plans and situated action: The problem of human-machine communication*. Cambridge: Cambridge University Press.

Van de Sande, C. C, & Greeno, J. G. (2012). Achieving alignment of perspectival framings in problem-solving discourse. *Journal of the Learning Sciences,* 21 (1), 1–44.

Virkkunen, J., & Newnham, D. S. (2013). *The Change Laboratory: A tool for collaborative development of work activities*. Rotterdam: Sense Publishers.

Vygotsky, L. S. (1987). R. W. Rieber & A. S. Carton (Eds.), *The collected works of L.S. Vygotsky, volume 1: Problems of general psychology*. New York: Plenum.

Wagner, J. F. (2006). Transfer in pieces. *Cognition and Instruction*, 24 (1), 1–71.

Wells, G. (1993). Reevaluating the IRF sequence: A proposal for the articulation of theories of activity and discourse for the analysis of teaching and learning in the classroom. *Linguists and Education*, 5, 1–37.

第 | 二 | 部 | 分

方法论

第8章

基于设计的研究：设计改变的方法论工具包①

萨沙·巴拉布

基于设计的研究（design-based research，DBR）主要研究特定环境中的学习过程。研究者设计特定的环境，并系统地对环境做出改变。基于设计的研究并没有像"食谱"一样的固定方法，而是以直接实践的同时完善理论为目的，在自然环境下研究学习的方法的集合。基于设计的研究［有时也会被称作设计实验（design experiments）］的目的在于，对一个简单的学习环境进行细致深入的研究。这种深入的研究通常发生在真实的情境中，经过多次的迭代实践，进而发展出新理论、产品和可以在其他学校或者班级推广的实践。科布、康弗里、迪塞萨、莱勒和朔伊布勒（Cobb，Confrey，diSessa，Lehrer，& Schauble，2003）在描述基于设计的研究时说： 151

> 设计实验的典型之处在于承担了"设计"特定学习方式和系统地研究这些学习方式两大任务。学习的情境则根据支持其存在的方式而定。这种设计好的情境需要在实践中进行测试和修正。而连续的迭代就发挥着实验中的系统变量的作用。（Cobb et al.，2003，p.9）

迭代设计的过程不仅仅简单地让研究者了解了世界是什么样的，还包含了在检验系统的变化如何影响学习和实践的更广泛的目标下，如何有效地改

---

① 本研究得到了比尔及梅琳达·盖茨基金会（Bill and Melinda Gates Foundation）的资助。特别感谢阿莫里（Alan Amory）对本研究的宝贵反馈，他的反馈为本研究提供了国际视角。此外，还特别感谢格申菲尔德（Alan Gershenfeld），他的宝贵反馈让我不断思考基于设计的研究意味着什么：它有可能产生大规模的持续影响。

变世界（Barab & Squire，2004）。正是这种创新使得基于设计的研究方法成为发展新理论、新实践的有效方法。

可以通过一种重要的方法——巴斯德象限（Pasteur's Quadrant）理解基于设计的研究的焦点（Stokes，1997；见图 8.1）。这种象限模型对科学研究的特征进行了分类，左上方的象限是纯基础研究，其出发点是单纯地理解，而不考虑应用。右下方的象限主要是纯应用研究，不探寻这些应用现象背后
152 蕴含的理论知识。虽然左下角的留白是斯托克斯（D. E. Stokes）有意为之的，但里夫斯和赫德伯格（Reeves & Hedberg，2003，p.265）认为大部分教育研究应该属于这个贫瘠的象限，因为它们既未涉及理论层次的探讨，也没有解决实际问题。本章主要讨论右上方的象限，这是基于设计的研究所在之处，这一象限的研究"既是理论理解的前沿，亦来自对于实践应用的思考"（Stroke，1997，p.74）。巴拉布和斯夸尔（Barab & Squire，2004，p.6）认为："这样的探究系统可能没有从实证主义科学传统或民族志传统出发，而更多地从探究的务实路径中获得知识。在这种环境中，我们不再以真实性的高低来甄别理论，而是通过他们在实践中的效用（Dewey，1938）来下结论。"基于设计的研究者们在展示实验所造成的影响的同时，也要能够用实验中发展的相关理论对这种影响做出解释。

		应用方面	
		否	是
寻求理解	是	纯基础研究（波尔）	应用引起的基础研究（巴斯德）
	否		纯应用研究（爱迪生）

图 8.1　科学研究的巴斯德象限模型

基于设计的研究不仅仅包含对实验结果的汇报：基于设计的研究突破了描述性的研究结果陈述，提供了吉（Gee，2013）所述的"陈述事实"(storied truth)，由此其他人就可以对研究的过程进行洞察，从而为他们的工作获取有用的信息。陈述事实是与特定的情境分不开的，它们是建立在对扎根理论依据的反思性思考中的（Toulmin，1958；Andriessen & Baker，本书第 22 章）。这种理论依据能够将每个人都有的个人情感和潜在意见转换为一种和外部世界相关的有意义的理论依据的论点（warranted argument）。那这种观点的分享就涉及方法论使用的精确性和理由说明的充分性，以方便他人对该研究的

价值做出判断，也方便他们将该研究联系到自己的创新情境中。批判基于设计的研究的人大多是控制型实验研究方法的倡导者。他们认为基于设计的研究并没有任何的实证数据去支持其宣称的结果：这种研究顶多能够提供形成性的观点，而这种观点将来必须通过对照实验来验证。此外，许多学术上的要求都鼓励研究者将“可证实”的方法论和实证主义方法一同使用，这其中就包括对照实验（Engeström，2011，p.598）。在本章中，我认为基于设计的研究不仅仅是更严谨的、实验性的研究的先驱，更提供了一种研究的模式，这种模式可以为理论主张与理论诠释提供严谨的、实证的基础进而使其更具启发性（illuminative）、对他人来说更有帮助，因为这种方法更加注重于揭示 153
事物发生的机制，以及这些机制能够实现的环境之间的衔接（articulation）。一个设计研究的阐述如果是被精细设计且详细写出的，它就可以支持斯塔克（Stake，1995）所述的微小归纳法（petite generalization），即这种研究可以为其他研究者在他们自己的研究中存在的机遇和挑战提供洞见与启示以及有效应对的策略。

与那些将实验设计推崇为最高标准的研究者相反，使用基于设计的研究的教育研究者认为，我们必须认识、理解并能够整合真实世界实践的杂乱状态，如果该状态对于真实世界有解释性价值的话，就需要将其作为理论主张（claim）的一部分。从这个角度看，实验室或者其他人造环境中，将教学和学习作为两个相互独立的变量的这种实验设计一定会导致我们的片面理解，还有理论的不完整。支持基于设计的研究的一大论点是：在实证研究的理论验证过程中，在情境中展示该理论的价值当属理论验证的关键过程。实验研究在检验理论方面当然是没有问题的，但它的问题在于仅仅给出某个显著的变量，然而验证其是否显著的过程并没有阐述如何将一个特定的变量或者理论在真实世界的实践中执行下去。在学习环境中，如果发现研究与实践相关联，就一定要考虑到（而不是控制）会出现的混淆变量（confounding variables）（Greeno & Engeström，本书第 7 章）。情境并不是一个存放学习发生所需要的没有实体的“规律”的容器，而是引起学习发生的复杂的因果机制的有机结合（Maxwell，2004）。

如果研究者只研究可控条件下的现象，那么他们的诠释就很有可能脱离情境中的规律，仅涉及人造的意义和交互动态，这么一来我们就有理由怀疑这些推断都没有考虑到真实世界的学习实践情况。由于学习科学研究者一直提倡在真实学习环境中创设学习活动和改变学习方式，学习科学的研究就经常发生在自然情境中，它会涉及很多混淆变量、政治议题，以及多种另有假设，还会在研究的过程中用详尽的描述对这些条件进行说明。由于基于设计的研究的出发点是注重实践的，所以展现出某种干预在某种特定情况下造成的特定影响就成了这种方法论过程的核心，这一核心验证了研究在一般情形下的有效性。然而，尽管体现情境化的效果是基于设计的研究的重要元素之一，但是开发、设计与产生新理论同样也是该类研究的关注点。情境化效果只是验证过程的重要因素，正如巴拉布和斯夸尔（Barab & Squire，2004）所述：

> 虽然提供情境化效果的可信依据对于特定的设计结果来说是**必要**
> 条件，但并不是**充分**条件。基于设计的研究要求的不是仅仅展示特定
> 154 的设计工作，还要求研究者（突破目前的设计模板）给出基于证据的
> 学习理论陈述，这些理论陈述关注当前的理论问题，能够促进该领域
> 内理论知识的进一步发展。（p. 5–6）

简单地说，学习科学研究的本质要素之一，在于它超出了对真实世界的观察，它涉及系统地设计学习环境，以允许新理论的产生和发展（Barab & Squire，2004）。然而由于我们的方法要求在真实情境下进行研究和设计，所以将观察到的结果对应到相关理论的本质上的工作就特别具有挑战性——在做出因果声明时，控制大部分变量使其保持恒定要容易得多。研究者往往在某个环境的基础上以及改善环境的理论构思上开展基于设计的研究，这使得这个过程更加复杂。基于设计的研究的方法论就是为了解决这些复杂的问题而产生的，这些出发点也使得基于设计的研究机制在执行研究时需要承担必要的复杂性。由于它的核心假设是实验所在的环境一定会与干预的实现进行交互，同时也会与干预共同决定其实现的过程，所以诸如实验室之类的、具有严格条件限制的环境仅能对极少的应用情境以及其背后的理论进行解释，同时也很难对自然情境下干预的影响进行测量。

背景界定

我们一般认为，基于设计的研究是在 1992 年出现的，最初是由布朗（Brown，1992）和柯林斯（Collins，1992）提出的在真实生活情境中开

展研究和设计工作的新方法。要在复杂的学习环境中通过实验设计测量特定变量的因果影响是十分困难的。而基于设计的研究能随时间的推进迭代地（iteratively）改变学习环境——收集有关这些变量效果的证据，并将结果运用到未来的设计中（Brown，1992；Collins，1992）。基于设计的研究对理解某些事情发生的内在机制非常有用（Shavelson & Towne，2002），或者说对理解在何种条件下特定的交互或者事件会发生非常有用。这是由于基于设计的研究完全在自然的情境中展开，它能够对多个交互的变量进行识别和检验，由此产生*系统层面*（systems-level）的理解。

推动基于设计的研究的发展的另一个理念是：实验心理学中的“因素假设”在学习环境中是没有作用的（Greeno & Engeström，本书第 7 章）。因素假设是指人们可以脱离特定情境去分析个体认知过程的假设。而学习科学家的核心假设则认为，个体和学习环境是不可分的，所有内容在局部的情境细节中都是相互影响和相互决定的（Brown，Collins，& Duguid，1989；Kirshner & Whitson，1997；Salomon，1993）。莱夫（Lave，1988）认为： 155

> 我们有理由怀疑所谓的认知实际上是一个复杂的社会现象。事情的关键不在于头脑中的知识序列以一种复杂的方式与头脑外的世界相对应，而在于它们以一种社会性的方式存在着，无法被分割为独立的部分。人们日常观察到的“认知”是分布式的——是延伸到思维、身体、活动和包括其他参与者的文化情境之中的，而不是被孤立地储存于这些地方的。（p.1）

认知，并不是发生在头脑所限制的区域内的*无实体*（disembodied）的空洞思考，而是分布于*理解者*（knower）、学习环境，甚至是活动情境的意义中的分布式过程（Salomon，1993）。同理，知识并不是抽象的、通用的，而是与一系列情境相关联的，应该被视为“故事性的”（storied）——这里所述的故事性从实证角度与知识的“真实性”相互对应，从认识论角度与知识应如何被学习互相对应，从实用角度与这种知识在它所产生的世界中是否具有一定的影响性相互对应（Gee，2013）。从情境的角度来看，在实验室的环境中研究一个现象，例如动机、元认知甚至在实验室环境下的学习，所得到的结果虽然都是科学可靠的，但必定受到在真实世界环境中难以找到实现价值这一事实的局限（Greeno & Engeström，本书第 7 章）。

除此之外，要理解复杂环境中的学习并设计新的学习环境，基于设计的研究还要达到第三种目标：促进参与者在研究中的学习。这对于学习科学家们来讲是非常有价值的，因为基于设计的研究的一个核心任务是带来情境化效果。那么这就带来了将这些情境化发现归纳起来的挑战，或者说将情境化发现进行推广的挑战：这就需要理解复杂学习环境实施中周围的情境动态（contextual dynamics），只有这样，研究结果才能够在其他情境中起到作用。这么做的目的是促进情境中的理论（theory-in-contex）的发展："情境中的理论"表明理论总是基于情境化的细节的。对基于设计的研究的描述，应该既涉及理论，又包含情境化的细节，以便他人能够理解如何在自身情境的基础下重新诠释理论。

理解理论、设计与实施之间的关系的一种方式是考虑杜威（Dewey，1915）提出的实践（praxis）理念，即将理论运用到行动中。对于杜威来讲，实践并不是一个单向的过程，而是一个涉及探究的交互过程。理论和实践在这个过程中相互影响。康弗里（Confrey，2006）评论实践的过程时曾说杜威"认识到在事情的最开始，（通过探究活动）将有疑问的问题转换为假设具有不
156 确定性，随着事情的发展，人们最终可以（将问题）转换为确定的情形，产生一系列的知识陈述"（p.139）。这样一来，理论就可以来自行动，正如行动也可以来自理论一样。基于设计的研究被认为是实践的一种形式，它将设计和实施作为实践的环节。杜威的交互实践理念进一步暗示了由于情境化细节的不同，实践中的理论（和设计）会被曲解，即使在合理的理论指导下也很有可能发生致命的设计突变。康弗里（Confrey，2006）在同一篇文章中也提到，基于设计的研究会产生解释性的框架，"这种框架表明一个人不可能将任何事情都预测精确，因为每件事情的实现都是不同的，但是多件事情的实现就会产生一定的发展倾向，这样便可以指引决策的制定和一些参数的设置"（p.139）。因此，要发展情境中的理论，其重点就在于将理论和情境细节联系起来，并在情境中实现理论——基于设计的研究在阐明这一过程中特别有效。

基于设计的研究的概念界定

要开展基于设计的研究，首先要提出有意义的、可以用实证的方法进行研究的问题，要将研究工作与理论相互联系，要提供逻辑清晰、前后一致

的推理线索，要解释研究数据和方法以便专家进行详细审查和批判，还要运用可信的方法论，以确保得出的结论都是有效的（Shavelson，Philips，Towne，& Feuer，2003）。由于这些内容都要在自然情境中被实现，而且还要包含系统性的调整对于学习环境的改善有所启发的理论部分，所以这种研究就能够解释为什么能产生特定干预和它是如何发生的。如果想让基于设计的研究成为广被采纳的发展与建构理论的方法论，并产生能让他人运用的相关的设计，那么这种理论和方法的严密性就是十分必要的。柯林斯和他的同事们（Collins，1992；Collins，Joseph，& Bielaczyc，2004）列举了传统心理学实验方法和基于设计的研究之间七种主要的不同之处。我在此基础上增加了第八个区别，即研究目的（见表 8.1）。

表 8.1　基于设计的研究与心理学实验的核心要素区别比较 157

	基于设计的研究	心理学实验
研究地点	真实世界的学习环境	实验室
变量复杂度	多类、各种相关变量	少数相关变量
变量处理	不预设所有的重要变量；变量可以在研究中产生	预先选择少数变量；研究的变量恒定
研究过程	研究过程是灵活的、在研究中不断发展的	使用固定的过程
社会交互	复杂的社会交互；伴有协作和分享	个体相互孤立
结果呈现	在实践中描述设计的过程	研究假设是否被验证
参与者角色	研究者和参与者积极地参与到研究的设计之中	研究者不能干预被试；被试不能干预实验设计
研究目的	展示研究造成的影响并解释其内在机制	检验理论

图 8.2 描绘了基于设计的研究的核心要素特征（设计、理论、问题、自然情境），还从视觉上表征了这些要素及其交互是如何影响理论预测的设计的，并辨析了特定理论的长处与问题解决的设计的相关性。不仅仅是基于设计的研究发生在自然环境之中，而是整个研究都与环境交互，研究的设计、问题，乃至理论都与环境融合在一起，且这些是不易分割的。最后还要指出，基于设计的研究一般都设计多重迭代（iterations），柯林斯（Collins，1992）将其称为逐步细化（progressive refinement），因为每一次迭代都是对

设计的一次细化与精练，既能够检验这种创新的价值，也能在一定程度上促进理论的演化。

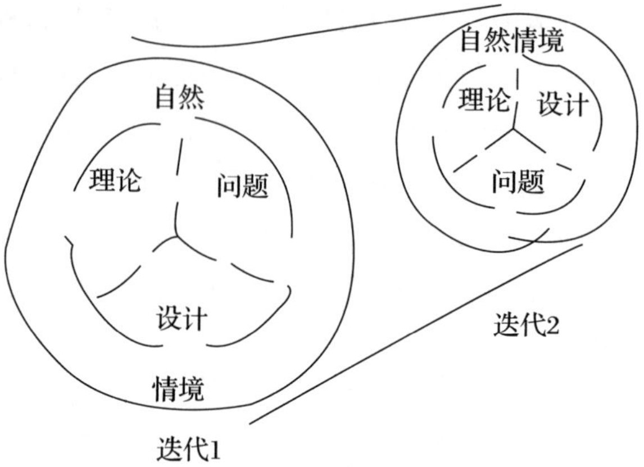

图 8.2　基于设计的研究的一般特征图

158 要清晰地表明理论与设计、设计与问题、理论与问题以及设计的连续迭代之间的联系，就需要使用非常严谨的方法，而这种严谨的方法必须有让人信服的论据（然而事实上却很少能够完全排除其他可能解释）。康弗里（Confrey，2006）认为，在研究中，可以从以下三个方面实现方法论证据的严谨性：

1. 研究者已经对实验 / 调查本身进行了充分的研究和分析；
2. 与数据、理论密切相关的陈述是合理的、稳定的、重要的，并接受其他可能的解释；
3. 观点与教育实践之间的相关性必须是明确的和有操作意义的。

这些原则的严谨性提供了推理的逻辑证据链，也被证实对他人是有益的。采用基于设计的研究的研究者如果希望他人能够相信（并且能够受益于）自己正在研究的理论，就必须采用科学严谨的方法。

基于设计的研究的一个挑战在于，以一种让他人能够根据自身的情况，将研究结果重现到自己实践中的方式呈现研究的结果。另一个挑战在于，基于设计的研究不能像实验研究一样排除其他假设。考虑到这些复杂的情况，研究者的观点应该如何提出才能让他人信服呢？通常情况下，研究者就需要在质的数据和量的数据之间取得一个平衡，尽管数据收集的过程都是在最接近自然的情境中进行的。即使是在组间做对照实验，研究者也不能像一般实验研究一样仅仅展示发生的和没有发生的结果，而要找到更合理的结果撰写方法。打开“情境中的理论”这一黑箱，就意味着我们要揭示其间交互的复杂性：这种复杂交互不能通过传统的解析和还原成分变量的分析方法描述出来。恰恰相反，我们必须将理论和它们所在的丰富的情境之间的联系展现出来，并在描述过程性洞见的同时提供情境化的研究结果。让基于设计的研究得出令人信服的结果是非常难的，因为这需要进行复杂的叙述（Abbott，1992；Mink，Fay，Golob，& Vann，1987）并且建立丰富的交互模型（Lesh & Kelly，2000），而不是像传统研究一样把结果一说了事。本章的后半部分将详述其中的部分挑战，尤其是从理论验证到产生实际影响这方面的内容。

改变设计，设计改变

从输入-产出到有意义的研究结果

麦金西和康帕尼（McKinsey & Company，2004）将研究产出（outputs）——实验直接的、有形的产出——与更有意义的研究结果（outcomes）做了区分，
其中研究结果是指某个干预产生的更持久的变化。更普遍地说，如果我们将 159
其视为商业上的“投资回报率”并多加考虑，就能够在某种程度上确保学习科学家们不过分关注理论建构研究的可测量性和持续影响。如果我们能够仔细考虑哪些必要的输入能够创生（enact）出深层的变革理论[①]，再结合研究产出与研究结果的关系（见图 8.3），我们就能预防一些华而不实（boutique）的研究取向——一定能得到某些特定结果和理论探析，但是却又无法应用到其他课堂和学校中的研究。变革理论是对复杂的组织性变革发生的内在机制和过程的表述。基于设计的研究的核心任务之一就是进行特定的实验干预，通过先前研究者的启示以及一系列一致的底层理论假设，最终将变革理论实例化。

图 8.3　影响阐述（impact articulation）理论

---

① 根据康奈尔和克莱姆 (Connell & Klem，2000)，变革理论应该是在表面上讲得通的（逻辑合理）、实际上可行的（现有资源下可以实施）、可以测验的（研究结果可以被评估，相关机制可以被分析），以及有意义的（研究结果对得起研究投入）。

图 8.3 通过描绘输入到变革理论到研究产出与研究结果的过程，强调了基于设计的研究的另一个潜在的问题，即不理想的情境化研究结果以及它造成的影响——这个结果比得到无法推广的理论还要糟糕。研究产出是干预的直接结果，考虑到因果关系，我们也可以认为它与干预是紧密联系的。而这些干预往往是可以被即时测量的。比较复杂的是研究结果，研究结果不应该是干预的直接结果，而应能够在未来应用中产生更多影响。研究结果包含更复杂的因果关系，并且应该能够在独立于干预的情境中展现其效果。举个例子，在土壤里添加化肥可以直接提升农作物的产量，但是并不能保证农作物的质量，甚至可能使其不如自然生长的农作物。再举一个例子，行为矫正可能有立竿见影的产出——提升或者降低绩效，但是它有可能在长期条件下造成负面的影响。巴勒特（Barrett，2006）曾提到这种类似的养料依赖，他指出“这种我们不希望出现的内容——‘负面依赖’——会导致我们为了目前需求而透支掉自身的能力，进而未来就无法在不借助外部支持的条件下做到自给自足”。我认为基于设计的研究者必须能够为研究结果和他们的所作所
160 为负责，包括那些计划外的研究结果：基于设计的研究的核心原则之一就在于考虑理论发展或者特定教学方法所造成的计划外的影响。

从传统角度来讲，产生学习科学的基础的大部分教育心理学和认知科学研究（Brown，1992）认为产出是立竿见影的，且有可能是孤立的（sequestered）学习和评估，也就是说学习完全可以在没有他人和工具的支持下自主发生。这种关于学习的即时和孤立的观点一直主宰着对于学习的评估。而问题就在于，如果一个理想化的系统能够给出最高的产出，那么它往往是消耗结果得来的。举例来说，我们经常说学校教育的目的是应对标准化考试（一种产出），那么这就造成了潜在的问题，即教师和课本都塞满了为了考试所准备的内容，却与真实世界的应用（一种结果）愈发疏远。我们经常批评学校是如此致力于提升学生的标准化考试分数和表现，以至于标准化考试损害了对知识的热情、对灵感的激发、对批判思考能力的培养等一系列内容。

批判理论家彼得·麦克拉伦（Peter McLaren）曾提出“读与写的能力根本无法让一个有文化的人正确地，或者说‘有见地地’从政治的角度上理解这个世界，以及他们在这个世界中的位置”（McLaren，1988，p.319）。现在，我们应该考虑更广义上的结果，并且用基于设计的研究来揭示学习成绩提升背后所付出的代价，以及如何进一步地提升研究效果，即考虑这些即时

的产出能够在何种情况下达成长期的、更有影响力的结果。从个体层面来讲，结果与学习收获完全是两码事，前者能够刺激学生学习的热情，或者能够让学生在没有要求的情况下将学习到的东西应用于实践（Barab，Thomas，Dodge，Squire，& Newell，2004）。除了个体变化外，学习科学研究还能在更广泛的生态系统中发生，这样，我们必须考虑我们的研究对我们的工作拓展的现实环境的影响——尤其应考虑那些要成功开展研究就必须有的基础环境以及其改变。有关我们的设计以及设计所在的环境系统的内容，将在下一节详述。

从设计到服务再到最优化系统

基于设计的研究的要素之一，就是基于某种理论研究所发生的环境——它可能是一个课程，或者是一个产品，抑或是一条政策，也有可能是一个系统，甚至是一个项目——只要有一个从理论出发的想法，且该想法影响了设计，相关实践一旦成功，就能够为我们有意义的假设、理论或者原理提供支撑。从可能性的（problematically）角度来讲，我们经常将设计出的课程、政策或者项目视为一个固定的目标。与之对应，我们常认为设计自身并不是一个特定的对象，而更像是一种服务，其职责与特定的生态系统紧密联系，这一系统有（或者没有）有效支持原位设计（design in situ）的能力。我们必须将设计视为一种服务（而不是一种产品），设计的有效性一定是与设计能否引发环境系统的优化联系在一起的。[①] 情境学理论专家颠覆了传统意义上的脱离其产生作用的情境的知识概念，我们也将基于设计的研究的“设计”视为一个基础性的情境化服务，这一服务需要不断优化与支持。 161

如果设计是一个情境化的服务，那么（即便我们不说这从理论上讲是不可能的）我们就很难将设计与其情境相互分开来讨论。这也就在一定程度上促生了毗努伊勒、菲什曼、郑和萨贝利（Penuel，Fishman，Cheng，& Sabelli，2011）对于基于设计的应用型研究的探讨（Penuel & Spillane，本书第 32 章），他们提出了四个核心要素：（1）要从多个利益相关者的角度关注实践中反复出现的问题；（2）致力于迭代的、协作的设计；（3）通过系统的调查，发展与课堂学习和执行有关的理论；（4）关注发展系统持续变化的能

① 在商业游戏产业中，游戏设计者通常要听从“游戏社区经理”的意见，根据他们所提供的数据不断地优化自己的游戏，“游戏社区经理”会通过多种方法来获取玩家 / 玩家社区的需求，以保证游戏设计者能够最优化玩家体验。

力。从这个角度来看，基于设计的研究并不是在自然情境之中发生的，而是与相关情境一同发生作用的，应该被视为分布式环境系统的一部分——其中一些情境能够更好地实现特定的设计。如果研究的目的是将这种变化展示出来的话，我们所面临的挑战就更大，这种情况下，研究实施的过程不仅要能够“容忍”颠覆性的新方法（Christensen，2011），还要能够使每一种方法最大化地实现其潜能。

学习科学家将他们的设计安排在机构（课堂、学校或者社区）之中，机构中可能有协助者（facilitator）来为情境中的设计提供相应的优化支持。为了帮助这些协助者，许多教育软件都为教师设置了仪表盘，教师可以在这里监控学生学习，并通过这个界面调整系统参数，使其更好地支持学生学习。我们的研究绝不应该将设计独立于它将要整合的生态系统之外；相反，我们应该让利益相关者与协助者一同协作，协助者的潜在行为有可能成为原位设计的一部分。在这种类型的研究中，研究者一定要花时间和未来环境系统中
162 的协助者一起工作——不再将他们视为等待被分析的被试，而认为他们的洞察力与作用对于系统来说是必要的，并将他们视为合作伙伴。随着时间的推移和基于设计的研究的开展，这些洞察力能够发展成项目实施所需的工具，而这些工具能够帮助协助者维持一个动态的系统元素，并以此持续不断地调整有效的干预，保持其处于最优化水平。无论是从理论上还是实践上来讲，设计、系统、文化、利益相关者以及参与者联合起来，才能代表设计实施中的经验，反映潜在的设计所依托的理论，这些东西在任何描述中都应该存在。

从故事到事实，再到陈述事实

基于设计的研究是一种强大的方法论，它能够陈述有效的理论，并将这些理论用于改善研究产出与研究结果。虽然将这些内容展示出来是验证干预有效的重要方法，但如果研究结果无法用一些理论推测来解释究竟是什么导致这些变化的话，这些研究结果也就没有什么说服力。因此，基于设计的研究的另一个核心部分在于解释变化背后的原理与机制，这一内容被吉（Gee，2013）称为陈述事实（storied truths）。正是通过对于原因的解析、找到变化实现的潜在机制，我们才能够为希望了解相关案例以及案例背后的启示的研究者，将情境化故事变成拥有现实价值的论点。只有基于设计的研究的方法论才能够满足这个要求，因为这种研究在揭示与描述潜在机制的方面尤为有效。实验研究的方法论能够辨别出有意义的变化究竟有没有发生，但

是，它无法阐明干预的什么方面导致了这个故事的展开。而基于设计的研究作为陈述事实可以清晰地解释其发生的原因，既做到格尔茨（Geertz，1976）所述的经验接近（experience-near），即描述情境化故事，又做到经验远离（experience-distance），即帮助那些有兴趣的人们在自己工作中利用核心机制或假设。

无论是理论还是事实，一旦能够具有超越特殊（the particular）的能力，即能够基于一般原理但又独立于任何其他的特例，就会变得无比的强大。为了在这些方面变得强大，基于设计的研究的结果必须能够超越其自身的特例，不管这个特例多么吸引眼球。如果无法超越特例，那这一个个故事就仅仅是相互独立的逸闻趣事，而不能为学习理解和学习环境设计添砖加瓦。这么做的风险之一在于，任何故事的意义和用途都被永远地绑定在它真实发生的那个情况当中，与其相对的风险是，如果脱离这个情况，那么理论就将被置于无形之中，这样的话即使理论应用被实现，它也无法影响实现之后的世界。很明显，我们发现了一个悖论，但我们认为这个悖论已经通过理论与现实关系的讨论部分地解决了。因为我们认为理论并不是独立于现实世界的事实，而是一种与现实世界绑定的陈述事实。那么这种命题就能够支持下面的 163
观点："人类不仅不断地改变和创造他们所处的环境，他们还创造并不断转化他们自己的生命，不断地从根本上改变自己，而且在这个过程中积累关于自身的知识。因此，人类的活动是人类生命存在的基础形式——人类的活动无论是物质层面的、实践层面的，还是我们喜闻乐见的日常所必需的社会协作活动，其目的都在于通过协作改变创造的工具，来改变整个世界和人类自身。"（Stetsenko，2005，p.72）。

陈述事实是通过一系列的反思性行为产生的，是"与世界交互的对话"（Gee，2013，p.72）。也就是说，陈述事实是基于实际发生的事情的，而不是仅通过推测与猜想得到的。这一基础确保了任何陈述事实都有它的价值。如果所有的理论都是陈述事实，那么在理论推进过程中将所有的理论情境化也就成了必要的步骤。这里的情境化既是解释性的，即这种理论基础能帮助我们进一步整理出其主线脉络；又是必要的，它对将在未来实施陈述事实的必要条件进行了一一说明。陈述事实以一种非常真实的方式活生生地存在且绑定于这个故事之中；与此同时，如果我们的描述比较合适，那它与其他的故事也会更加相关。我们对于陈述事实的概念，在方法论上与斯塔克（Stake，1995）的概念有所呼应，斯塔克的概念很好地陈述并且仔细地处理了设计叙述，并将其理论基础定为*微小归纳法*。之所以将理论基础设定为此，是因为基于设计的研究者要尽自己所能，即使无法做到始终如一，也要不断地找出个案与总体的联系，反之亦然。

从研究个案中产生的陈述事实是非常强大的，尤其是在其他研究者能从中看到对他们自己的工作的价值的时候。要带来改变，就需要将多个陈述事实整理成串，这些陈述事实可能来自实际观察，也可能来自研究设计，还有可能纯属研究者的美好愿想。拉图尔（Latour，1987）认为，对科学领域的社会学家来讲，事实并不是被发现的，而是被制造出来的，制造事实是一个非常复杂的过程，除了要有高水平的研究还要有其他行为的支持，并且还要有能够创造体现研究价值的情境。拉图尔主张的核心在于这样一个概念，即事实的来源是分布于不同的时间的，并且包括科学家的和共同体的特定行为：在不同的节点与链接中通过辩证法探究事实的原因，然后将其集合起来建构一个制造事实的网络。每一个在操作上被视为节点或者链接的行为，都被组织起来，然后在更广义的网络上被情境化。这一建构事实的过程是有意为之的又是自然发生的，这么说的重点在于任何单独的、情境化的研究结果都不能形成一个普适的结果——在这里要表明的是，即便陈述事实也不可以——就是在这种情况下，格拉泽和斯特劳斯（Glaser & Strauss，1967）才提出通过多重扎根的方法，让许多观点相互重叠，以达到理论的“饱和”（saturate）。

164 总结与讨论

教育研究者已经有效地运用设计研究方法开发了高效的技术工具，开展了课程干预，尤其是已经发展了促进教与学过程的理论（Bransford，Brown & Cocking，2000；Design-based Research Collective，2003）。此外，与控制实验方法论相比，这种“设计实验”能够在理论被情境化时，对复杂的动态给出深入的洞察与解释。基于设计的研究的核心在于研究者坚信他们所产生的革新是基于理论角度的，不断地测试和修正也会影响理论的形成和实践的开展。然而，有些讽刺意味的是，尽管布朗（Brown，1992）和柯林斯（Collins，1992）开发设计实验是为了能够在自然主义背景下理解学习并发展理论，但是每当学习科学家的研究涉及控制学习环境时，它都会在一定程度上损害研究结果的信度（因为研究者自己并不是已有学习环境的客观观察者）。因此，学习科学家除了要在复杂情境中做研究之外，还要应对将其结果有效地运用到其他的情境中的挑战，尽管在某些程度上，他们只用对自己研究的结果负责。

对这类研究的批评者认为，如果没有使用实验方法论，那得到的结果最多算是形成性的见解，而只有在通过控制实验验证后，其结果才叫结论。如果这种观点属实，那么无论学习科学家提供多少复杂情境中学习发生的例证，我们都很难说服政策制定者、教师以及相关研究人员相信我们的研究的理论与实践价值（Levin & O'Donnell，1999）。向人们说明（而不是忽略掉）这些不同团体所关注的不同焦点，是我们必要的工作。如果我们希望打通研究者与政策制定者之间的信任鸿沟（还有对我们同行中经常说的“基于科学的研究”——其实就是指控制实验设计——的首要位置的争论），我们就需要投身于改变公众对于研究中哪些数据算作可信证据的看法，还要让我们的方法论变得更为卓越。我们肩负着建构理论根基、支持个性发展、在自然情境中开展研究、严谨地收集和分析数据等等诸多重要的责任，还要能够以一种让他人相信我们研究价值的情境化效果的方式呈现研究成果，与此同时还要展示其经验远离（experience-distant）的价值。

本章中，我们又重述了学习科学假设的核心要素。我们认为随着工作的进展，核心的挑战从小“r”，即重点关注这一项研究的框架型研究，逐步发展为大“R”，即为了变革的研究。我们通过讨论研究产出与研究结果的区别，强调了要突破传统研究只关注记录在标准化考试中的学习成绩变化的这种陋习，从更广阔的角度上考虑研究的影响。与此类似，托里斯（Torres，1998）尤其强调我们必须“揭开自由主义教育中的两大谜题，越接近 20 世纪末，这两个问题就愈发可疑：其一是教育是一个中立的活动，其二是教育是无关政治的活动”（p. 7–8）。即便是动机十足的研究，考虑这些计划外的结果时也一定要扩展角度来看问题，这个反思的过程会在你思考如何加强结果而不是仅仅最大化产出的时候体现出来。 165

鉴于要在更高层面上将研究置于实施情境之中（Penuel & Spillane，本书第 32 章），我们认为应将实施的情境视为基于设计的研究的核心部分，而不是将其视为一个研究发生的地方。这就不能再将设计视为一种产品，而应将其视为一种服务，它的有效与否在很大层面上，与研究过程中当地利益相关者对研究不断的优化与改善的程度有着不可分割的联系。这么来看，实验实施的环境就不只是实验“测试”发生的空间，而是设计的基础要素之一——在传统研究中，它会被视为独立变量或者干扰变量。这一点也符合恩格斯托姆（Engeström，2011）对基于设计的研究的观点，他认为：这种研究（指传统实验研究——译者注）分析的部分是模糊的；这种研究是线性的，将实践者、学生和研究的使用者都排除在外，而且也没有为可扩充的社会革新提供可能。如果我们将分析的单位提升为设计原位，那么作为结果，我们所能得到的理论一定会从抽象理论变为陈述事实。由于陈述事实的实施方式是能保证其在自然世界实施并与实施过程产生共鸣的，所以研究者的职责是提供足够丰富的解释，以便读者能够重现斯塔克（Stake，1995）所说的微小归纳法。

开展基于设计的研究的方法是多种多样的，要给出一个所有研究者都能够在所有的设计、理论以及情境中都可以使用的“规范的”操作步骤很显然是不可能的。然而我们可以根据本章给出的基本原理，将基于设计的研究的实践步骤归纳为以下方面：

1. 在目前研究的基础上，清晰地提出假设和理论基础。这意味着我们在某些时候可以在基于设计的研究开展之前，就对我们的假设与理论进行界定，而其他情况下理论与假设是从基于设计的研究中产生的。当理论猜想越来越明显的时候，研究团队就应该将其变为书面材料，即便是非常朴素的观点也要记下来。

2. 收集大量、多种类型的理论数据。这就要求我们进行现场观察，记录现场数据，进行访谈，发放问卷，还要进行文献分析。这一部分非常重要的一点是，所有提供的数据都应是与理论紧密相关的、能够解释发展中的理论的。

166 3. 不断收集与理论相关的数据资料。我们建议研究团队每周都开会，将数据支持或者否定的理论猜测重新进行检视，并且对如何系统性地修改设计以让它能够最好地服务于理论进行探讨。这一阶段也是研究团队共同参与建构陈述事实的过程。

4. 一定要考虑设计与实施之间不可分割的关系。我们很容易将设计视为定型的东西，我们前面也提出了恰恰相反的观点：应该将设计视为一种服务，设计应该在它们将要面对的生态系统中被不断地调整和优化。要将对生态系统的整合作为设计过程的一部分以得到更有影响的研究结果。

5. 区分研究结果与研究产出。不少设计只注重于不断调整和优化设计与应用过程，并期望以此达到理想的产出（一般来讲，都是标准化考试的分数），而并不是更为长远的结果。如果能考虑到计划外的多种不同设置的影响，以及研究产出是否是以消耗研究结果为代价，我们将会受益良多。

6. *阐明研究背后的课程以及与其相伴的议程*。人们往往会将教育和设计的课程视为完全与政治无关。我们认为应该拆解与设计决定、潜在理论以及研究解读相关的隐性假设。抽出一定时间来反思自己的假设往往能够让我们看到影响自己研究的无意识的偏见。

7. *邀请不同立场的人对理论和设计提出批评与建议*。在多数项目中，我们都要让教师和学生，乃至更加外围的人员对项目的设计进行评论，对理论提出自己的意见。这些不同身份的人的意见对我们来讲是非常宝贵的反馈。

8. *展现多种可信的阐述结构*。这些结构既应包含学生或教师提出他们不喜欢某一个特定实验的非正式记录，也应包括本地利益相关者对研究进行评价的正式会议，或者将研究分享到学术会议、给杂志投稿从而获得的反馈，等等。

9. *辩证地看待理论、设计以及现有文献*。要在研究过程中积极参与会议和类似的交流讨论，同时与同事多讨论相关研究。对于学术文献和相关商业应用这两方面，两手抓，两手都要硬。

学习科学对学习的研究是一定会考虑到其情境的。这也是我们的研究能够真正改变实践的原因所在，但是这个特性同时也在破坏我们研究结论的普适性。作为仍在发展壮大的共同体，我们的责任就是确保基于设计的研究不断地实施下去，并为下一代学习科学研究者提供更加严谨的方法论，让他们的研究结论在理论上更加有效，要让大家都认为我们的研究是增长见识的、 167
是令人信服的、是真实有用的——陈述事实。陈述事实随着时间产生，通过一系列小规模的研究实验以及社会实践不断发展壮大。不管怎样，它们会随着时间的推移变成一个庞大的理论，会随着发展积累力量，这是因为它们是在真实世界中产生的，会对真实世界产生影响，这就使得它们能不断地增强理论自身。我们一定要考虑整体网络中的外围节点，因为它们生成的陈述事实能将理论进行诠释和精炼，并通过这个过程提升理论的价值。即便我们所得到的是理论无法应用的情境特征，它也能实现自己的价值。人类过分苛求的本质以及知晓与参与的情境化本质，意味着每个故事（事实）都会有独特的细节，有的细节能够改变潜在的信息，而有的细节能够补充核心思想。正因如此，代表某类人群的陈述事实在另一类人看来可能会大有不同，乃至于即便我们进行有意义的转化，它也需要一个额外的框架因素才能够适用到这个新的设定中。

最优秀的学习科学研究能够发展陈述事实，使其经得起不同环境的转换，即便有新的参与者、新的作者和新的情境，也能保持。经得起复述且能够在一系列情境中被再运用的陈述事实应该能够进行范式转换，而且也必须能够进行组织变革。仅仅使用更丰富的量化方法或者采用质性方法论都无法提供这种转换与变革。我们必须让政策制定者和我们的同事们相信，一个好的研究并不仅仅遵循实验的方法，而必须能够诠释和发展情境中的理论。好的科学研究包括使用理论来影响真实世界的实践（通过设计），并且这种实践也能进一步地影响理论的形成——这就是基于设计的研究的精髓所在。情境并不是理论外面那层随时可以撕掉的包装，也不是说去掉情境之后我们就能够得到看起来很好实施的理论。情境与理论是相互交织的，它们的这种交织方式既能够让他人看到情境中的理论，又能够让他们将这些理论运用到自己的情境之中。以一种让他人能够对我们的研究价值信服的态度来做好这样一件事，本身就是基于设计的研究必须面对的核心挑战，如果我们真的想将学习科学发展为社会科学中不可或缺的一部分，那这么做就更加必要。

参考文献

Abbott, A. (1992). What do cases do? Some notes on activity in sociological analysis. In C. C. Ragin, & H. S. Becker (Eds.), *What is a case? Exploring the foundation of social inquiry* (pp. 53–82). Cambridge, MA: Cambridge University Press.

Barab, S. A., MaKinster, J., & Scheckler, R. (2003). Designing system dualities: Characterizing a web-supported teacher professional development community. *Information Society*, 19 (3), 237–256.

168 Barab, S. A., & Squire, K. (2004). Design-based research: Putting a stake in the ground. *The Journal of the Learning Sciences*, 13 (1), 1–14.

Barab, S. A., Thomas, M., Dodge, T., Squire, K., & Newell, M. (2004). Critical design ethnography: Designing for change. *Anthropology & Education Quarterly*, 35 (2), 254–268.

Barrett, C. B. (2006). *Food aid's intended and unintended consequences. FAO. Agriculture and Economics Division*. ESA Working Paper No. 06–05.

Beane, J. (1996). On the shoulders of giants! The case for curriculum integration. *The Middle School Journal*, 28, 6–11.

Bransford, J. D., Brown, A. L., & Cocking, R. R. (2000). *How people learn: Brain, mind, experience, and school*. Washington, DC: National Academy Press.

Brown, A. L. (1992). Design experiments: Theoretical and methodological challenges in creating complex interventions in classroom settings. *The Journal of the Learning Sciences*, 2 (2), 141–178.

Brown, J. S., Collins, A., & Duguid, P. (1989). Situated cognition and the culture of learning. *Educational Researcher,* 18 (1), 32–42.

Campbell, D. T., & Stanley, J. C. (1972). *Experimental and quasi-experimental designs for research*. Chicago: Rand McNally & Company.

Christensen, C. M. (2011). *The innovator's dilemma: The revolutionary book that will change the way you do business*. New York: Harper Business.

Christensen, C. M., Baumann, H., Ruggles, R., & Sadtler, T. M. (2006). Disruptive innovation for social change. *Harvard Business Review*, 84 (12), 1–11.

Cobb, P., Confrey, J., diSessa, A., Lehrer, R., & Schauble, L. (2003). Design experiments in educational research. *Educational Researcher*, 32 (1), 9–13.

Collins, A. (1992). Toward a design science of education. In E. Scanlon, & T. O'Shea (Eds.), *New directions in educational technology* (pp. 15–22). New York: Springer-Verlag.

Collins, A., Joseph, D., & Bielaczyc, K. (2004). Design research: Theoretical and methodological issues. *The Journal of the Learning Sciences*, 13 (1), 15–42.

Connell, J. P. & Klem, A. M. (2000). You can't get there from here: Using a theory of change approach to plan urban education reform. *Journal of Educational Psychological Consulting,* 11, 93–110.

Confrey, J. (2006). The evolution of design studies as a methodology. In R. K. Sawyer (Ed.), *The Cambridge handbook of the learning sciences* (pp. 135–151). New York: Cambridge University Press.

Design-based Research Collective. (2003). Design-based research: An emerging paradigm for educational inquiry. *Educational Researcher*, 32 (1), 5–8.

Dewey, J. (1915). *The school and society*. Chicago: University of Chicago Press.

Dewey, J. (1938). *Logic, the theory of inquiry*. New York: H. Holt and Co.

Engeström, Y. (2011). From design experiments to formative interventions. *Theory & Psychology*, 21 (5), 598–628.

Gee, J. (2013). *The anti-education era: Creating smarter students through digital learning*. New York: Palgrave Macmillan.

Geertz, C. (1976). From the native's point of view: On the nature of anthropological understanding. In K. Basso, & H. A. Selby (Eds.), *Meaning in anthropology.* Albuquerque: University of New Mexico Press.

Glaser, B. G., & Strauss, A. L. (1967). *A discovery of grounded theory: Strategies for qualitative research*. Chicago: Aldine.

169 Gomez, L. (2005, April). The Learning Sciences: A consequential form of social science. Presented at the American Educational Research Association, Montreal, CA.

Kirshner, D., & Whitson, J. A. (Eds.) (1997). *Situated cognition: Social, semiotic, and psychological perspectives*. Mahwah, NJ: Lawrence Erlbaum Associates.

Lagemann, E. C., & Shulman, L. S. (1999). *Issues in education research: Problems and possibilities*. San Francisco: Jossey-Bass Publishers.

Latour, B. (1987). *Science in action*. Cambridge, MA: Harvard University Press.

Lave, J. (1988). *Cognition in practice: Mind, mathematics, and culture in everyday life*. New York: Cambridge University Press.

Lesh, R. A., & Kelly, A. E. (2000). Multitiered teaching experiments. In A. E. Kelly, & R. A. Lesh (Eds.), *Handbook of research design in mathematics and science education* (pp. 197–230). Mahwah, NJ: Lawrence Erlbaum Associates.

Levin, J. R., & O'Donnell, A. M. (1999). What to do about educational research's credibility gaps?. *Issues in Education: Contributions from Educational Psychology,* 5, 177–229.

MaKinster, J. G., Barab, S. A., Harwood, W., & Andersen, H. O. (2006). The effect of social context on the reflective practice of pre-service science teachers: Incorporating a web-supported community of teachers. *Journal of Technology and Teacher Education,* 14 (3), 543–579.

Maxwell, J. (2004). Causal explanation, qualitative research, and scientific inquiry in education. *Educational Researcher*, 33 (2), 3–11.

McKinsey & Company. (2004). *Using Logic models to bring together planning, evaluation, and action: Logic model development guide*. Battle Creek, MI: W. K. Kellogg Foundation.

McLaren, P. L. (1988). On ideology and education: Critical pedagogy and the politics of empowerment. *Social Text,* 19/20, pp. 153–185.

Messick, S. (1992). The interplay of evidence and consequences in the validation of performance assessments. *Educational Researcher*, 23 (2), 13–23.

Mink, L. O., Fay, B., Golob, E. O., & Vann, R. T. (1987). *Historical understanding*. Ithaca, NY: Cornell University Press.

Penuel, W., Fishman, B., Cheng, B. H., & Sabelli, N. (2011). Organizing research and development at the intersection of learning, implementation, and design. *Educational Researcher*, 40, 331–337.

Reeves, T. C., & Hedberg, J. G. (2003). *Interactive learning systems evaluation*. Englewood Cliffs, NJ: Educational Technology Publications.

Salomon, G. (Ed.) (1993). *Distributed cognitions: Psychological and educational considerations*. New York: Cambridge University Press.

Shavelson, R. J., Phillips, D. C., Towne, L., & Feuer, M. J. (2003). On the science of education design studies. *Educational Researcher*, 32 (1), 25–28.

Shavelson, R. J., & Towne, L. (2002). *Scientific research in education*. Washington, DC: National Academy Press.

Stake, R. (1995). *The art of case study research*. Thousand Oaks, CA: Sage Publications.

Stetsenko, A. (2005). Activity as object-related: Resolving the dichotomy of individual and collective planes of activity. *Mind, Culture, and Activity*, 12 (1), 70–88.

Stokes, D. E. (1997). *Pasteur's quadrant: Basic science and technological innovation*. Washington, DC: Brookings Institution Press.

Torres, C. A. (1998). *Education, power, and personal biography: Dialogues with critical educators*. New York: Routledge. 170

Toulmin, S. (1958). *The uses of argument*. New York: Cambridge University Press.

Wenger, E. (1998). *Communities of practice: Learning, meaning, and identity*. Cambridge: Cambridge University Press.

第9章 微观发生法

卡拉克·A. 钦　布鲁斯·L. 谢林

171 微观发生法涉及对学习、推理和问题解决过程的细致分析。微观发生法的目的不仅是识别影响学习的因素，还包括理解当学习发生时，这些因素如何一步一步地对学习进行调节。在本章中，我们将讨论一系列用以深刻而细致地理解学习过程的方法。这些方法需要是可靠的方法。幸运的是，学习科学家不需要发明全新的方法。在学习科学成为一个单独的研究领域之前，学习和发展就是多学科聚焦的研究领域。因此学习科学家可以从那些现有的学科中借鉴研究方法。

但是，学习科学作为一个单独的研究领域出现，有一部分原因就是有关学习的一系列信念使它与其他学科区分开来。这些信念，反过来也限制了我们使用的研究方法。这些信念不仅决定了我们需要借鉴哪些方法，也要求我们调整现有的方法以便其更好地满足我们特定的研究目的。因此，本章我们以这些信念为起始，这对我们选择研究方法是尤为重要的。

首先，在学习科学中，学习不是一个只在洞察的那一刻才发生的稀有而戏剧性的事件。相反，学习的发生是持续性的，伴随着思考的每一个时刻，一小步一小步地在进行。也就是说，掌握重要的知识经常需要一段非常长的时间。其次，学习的发生也不是线性的，从较少的理解到较多的理解，它的发生经常是多个方面并驾齐驱的。因此，学习有时候会在短期内导致更不好的表现。再次，学习和学习事件是异质的。“学习”不是一个我们做出一般化结论的单一的整体的现象。相反，学习有多种类型，每种都需要针对各自的不同的研究。最后，也许是最重要的，学习科学家把学习看作从根本上需要通过中介的（mediated）活动。一般来讲，学习不是由个人独立的思维过程驱动的。我们从社会环境中学习，其中最关键的是其他人提供给我们的文化工具。

关于学习的这些信念对我们采用什么样的方法有重要的启示。比如，这些信念启示我们不能期望在重要的学习发生时找到少量孤立的瞬间。这些信念也启示我们，如果我们想促进许多重要类型的学习发生，我们就需要提供包含文化工具以及能够调节学习的其他个体的学习环境。 172

在本章，我们将讨论一个被设计用来分析具有这些特征的学习的方法：微观发生法。我们将讨论它的起源，以及它如何被研究者采用并拓展到学习科学中。在本文后续的部分，我们将以微观发生法的一个概览开始，然后，细致地讨论发展心理学辉煌的起点——罗伯特·西格勒（Robert Siegler）的贡献。接着，我们会给出学习科学中应用微观发生法的原型案例，这个例子取自舍恩菲尔德、史密斯和阿卡维（Schoenfeld，Smith，& Arcavi，1993）的研究。随后，我们会讨论应用微观发生法时的一些变量，以及学习科学调整它们的特殊方法。

微观发生法概览

微观发生法的目的是细致地阐明学习发生的过程。很多广泛应用的研究学习的其他方法不能实现这个目标。比如，考虑下面的三个方法，分析它们为什么在研究学习过程上无能为力。

*横向发展研究*考察不同年龄的学习者的表现，比如研究 6 岁、8 岁和 10 岁的学生在简单的实验任务中的表现。这些研究可能会记录随着时间的推移学生在表现上的进步，但是它们不能对学生的表现是何时和怎样进步的给出答案。实际上，每个儿童只被研究了一次，因此，个体的变化根本没有被研究。

*纵向发展研究*与横向发展研究不同，它对相同学习者在不同时间的表现进行研究。研究者可研究相同儿童 6 岁、8 岁以及 10 岁时在简单实验任务中的表现。如果，研究结果表明儿童进步了，这个方法就能表明单个儿童学习了，但是关键的学习过程有可能是在两次观察之间的两年内的某个时候发生的。当学习事件发生的时候，观察人员并没有进行观察，因此应用这种方法不能对学习发生的详细过程进行研究。

*教学实验*通过对两种或者更多不同教学情境下学习的比较来研究学习。

173 比如，当学习如何设计和解释实验时，学生通过给出设计的理由或者通过陈述他们应用的规则来学习，研究者通过设计好的前后测来探测学生学习的收获（Lin & Lehman，1999）。通过这样的研究，研究者能对具体的学习过程做出一些推论（比如，当学生能够解释做出推理的原因时，就表明学生对实验逻辑有了稳健的理解）。但是，由于没有对前后测之间的数据进行收集和分析，对于这段时间内学习过程的细节我们就一无所知了。

与以上这些方法相比，微观发生法的目的是考察学习发生的过程，通过这种方式可以对学习过程做出强有力的推论。比如，研究者可以在一段持续的时间内观察学生在计算机模拟的环境中做实验的情况，在这段时间内每个学生做几十个实验（Kuhn，Schauble，& Garcia-Mila，1992）。除了观察学生做实验，还可以让学生出声解释每个实验中他们正在做什么和他们为什么这样做，从实验中他们得出了什么结论以及为什么得出这些结论（Enyedy & Stevens，本书第 10 章）。通过几十个实验，学生不仅在实验设计上有所提高，并且提高了对实验的解释能力。通过细致地研究这几十个实验中学生做了什么、说了什么，研究者能够对什么触发了变化、变化是如何发生的，及其他有关知识变化的真实过程做出结论［也可参看，迪塞萨（A. A. diSessa）有关概念转变的论述，本书第 5 章）］。比如，研究者可能发现，总是在获得几个聚焦于实验条件的变化而得出结论的例子之后，才能更仔细地控制实验变量。这也许表明学生需先理解只有控制实验才能提供清晰的结论，之后他们才会意识到应该设计这样的实验。

在一个简要的有关微观发生法的历史研究中，卡坦（Catán，1986）认为是维尔纳（H. Werner）及其他格式塔学派的心理学家发明了微观发生法。探究每时每刻学习过程的微观发生法，后来被苏联社会文化学派的心理学家进一步发展，包括维果茨基和鲁利亚（A. Luria），还有皮亚杰和受到皮亚杰影响的学者。近些年，一种杰出的微观发生法已经被发展心理学家们创造出来，特别是西格勒及其同事（Siegler & Chen，1998；Siegler & Crowley，1991；Siegler & Stern，1998），还有库恩和她的同事（Kuhn，1995；Kuhn & Phelps，1979，1982）。学习科学家也已经在应用这种方法，尤其在案例研究或者有关学习的比较案例研究中。在学习科学中这方面的研究包括舍恩菲尔德和迪塞萨的研究（diSessa，本书第 5 章；Schoenfeld et al.，1993）。

现代发展心理学中的微观发生法 174

一个原型案例

西格勒认为（Siegler，2006；Siegler & Crowley，1991）微观发生法有三个主要的特征。

1. “观察要能够跨越能力迅速变化的时间段。”（Siegler，2006，p.469）对照我们先前举出的学习设计和解释实验的例子，这有两层含义。首先，研究者必须在学生获得能力之前就开始观察学生的实验能力，他们应持续地观察学生的实验过程，直到很多或者大多数学生已经掌握了该技能。通过这种方法，研究者的观察就包含了发生变化的时刻。其次，研究者已经创设了一个足够集约的学习环境以至于变化能在较短的时间内发生，短到研究者能在研究的几个小时内捕捉到变化。有关儿童发展的研究表明，没有集约的学习经验，类似这样复杂的技能的发展是缓慢的。我们的期望是，在集约的学习环境中变化过程能够得到加速，以至于在研究的时间段而不是几个月或者几年中观察到变化。

2. “在这个时间段，相对于技能变化的速度，观察是高密度的。”（Siegler，2006，p.469）在学习设计和解释实验的例子中，学生做出的每个实验设计以及他们做出的每一个推理都要被观察。因为变化就在多个设计和解释实验的研究过程中发生——也许需要经历几十个研究过程——观察的频率要足够高，以便当变化发生的时候研究者能够探测到这些变化。

3. “对于观察的分析是很密集的，其目的是基于观察对表征和进程进行推理。”（Siegler，2006，p.469）在微观发生研究中，研究者不只研究行为之间的突发事件（比如，当做一个推理的时候，在对一个控制变量做出推理行为之后，确定会有更高频率的控制实验行为）。研究者需要超越对行为的观察，对涉及的认知结构和过程做出推论。对于认知发展心理学家来讲，这意味着要对认知表征提出假设。对于其他学者，这可能意味着做出推理，比如，对文化活动的参与类型做出推理。

西格勒和詹金斯（Siegler & Jenkins，1989）的有关儿童使用加法策略的研究是微观发生法在当代发展心理学中应用的一个很好的例子。西格勒和詹 175

金斯尤其专注于被称为“最小策略”的加法策略，在这个例子中，应用最小策略的儿童把 7 和 2 两个数字相加，他们首先拿出比较大的那个数字（在这个例子中是 7），然后简单地再向上加两次（“8，9”）。这种策略与其他策略形成了鲜明对比，比如从 1 开始数或者猜测。这种最小策略比其他策略更快更有效，比如逐一数出从 1 到 9 所有的数字。在这项研究中，西格勒和詹金斯给没有一开始就使用最小策略的 4 岁和 5 岁的孩子提出许多加法的问题，这项研究历时 11 周，学生进行了 33 次问题解决实验。研究者没有给孩子们任何指导，并对每一次问题解决过程都进行了录像。依据他们观察到的视频中孩子的行为以及孩子们对他们如何解决问题的解释，西格勒和詹金斯推理出孩子们使用的策略。

应用这种微观发生法得出的一个重要的发现是，儿童使用的策略具有易变性：在解决问题的过程中，儿童会使用很多不同的策略，当一个新的策略出现后，他们也会继续使用原来旧的策略。另外一个发现是，直到他们已经使用了被称为捷径求和的策略之后，他们才开始使用最小策略。应用最小策略解决问题的过程中，比如求 7 加 2 的结果，学生们会先说“1，2，3，4，5，6，7”，然后暂停一下，再说出“8，9”。而且，在首次应用最小策略之前，学生们为解决问题花费了平时两倍的时间，虽然这些问题平均来说不比其他问题难。综合这些研究发现，西格勒和詹金斯做出结论：通过认识如何简化捷径求和策略，学生们发现了最小策略（也可参看 Crowley，Shrager，& Siegler，1997）。只有获得儿童如何一个一个地解决很多问题的详细的、深入的、微观发生的信息，才能得出这个结论。

因为微观发生法需要对学习者完成相似的或相同的任务进行长时间的观察（比如，解决许多数学问题），那么研究的隐患就是学习者可能会厌倦完成相同的任务。一种解决办法就是把任务分解，以避免在完成任何一个任务的过程中学生感到疲劳。另外一个解决办法就是应用学生感兴趣的问题，当他们还在探索如何进行数字加法运算的时候，也许应该加入一些对孩子们来讲有吸引力的加法问题。

在学习科学中应用微观发生法

不同的微观发生研究在很多具体方面还是很不同的。虽然所有的微观发生研究的目标都是细致地阐明学习过程，但是在实践中它们还是有很多不同。同时，学习科学家还会对该方法进行微调来实现他们自己独特的研究目的。在本部分，我们会讨论这些多样化的维度，并重点讨论学习科学研究者如何应用这些方法。

微观发生研究中的变量

微观发生研究在很多方面都不同。在这一部分，我们将讨论这些不同的维度。

主题和年龄

已经证明，微观发生方法可以用于很多不同主题和年龄的研究（详见 Siegler，2006）。研究中涉及的学习者年龄不等，从婴幼儿到大学生和年长的成人都有（Chinn，2006）。研究的学习领域很多样，包括记忆策略、科学推理、口头和书面语言运用、知觉、力和运动以及数学问题解决（Chinn，2006；Siegler，2006）。微观发生法与很多理论视角都是兼容的，包括皮亚杰的理论、动力系统理论、社会文化理论和信息加工理论（Siegler，2006），基本上包括任何聚焦于细致地研究学习过程的理论。

策略应用和概念理解

在学生学习做实验、解决问题或者写作的过程中，很多微观发生研究对学生的策略发展进行了考察。策略发展适合用微观发生法进行研究，这是因为研究者能在微观发生研究中给参与者一系列的问题，借以引发研究者感兴趣的策略的发生，并通过一个一个的问题检验参与者运用了什么策略和新策略是如何产生的。前面讨论的西格勒关于最小策略的研究就采用了这种方法。

学习科学中许多研究采用微观发生法来考察概念转变（diSessa，本书第 5 章）。通过对学生如何发展更规范的理解进行一个时刻一个时刻的细致分析，我们可以理解概念转变。对概念理解的聚焦会牵涉到结构化的观察以及给予参与者的任务类型。当聚焦于策略运用的时候，研究者可能会给参与者形式类似的重复性的问题解决任务。相反，当聚焦于概念知识的时候，研究可能会采用引导性互动和临床访谈的形式，在此过程中，研究者可以提出各种各样的问题。

除此之外，一些研究同时考察了概念和策略知识。比如，朔伊布勒（Schauble，1996）让成人和儿童共同完成一项任务：通过实验研究浸没物体 177

的受力状态。朔伊布勒不仅考察了参与者实验策略的发展，而且考察了参与者对浸没物体受力状态理解的变化情况。

个人学习和协作学习小组

大多数微观发生研究都聚焦于个人学习，通常设置了访谈情境。但是，微观发生法也可以用于研究协作小组的学习，就像泰勒和考克斯（Taylor & Cox，1997）对学生学习解决多步骤数学应用题进行的研究一样。随着研究应用的深入，微观发生法还可以用于对课堂水平的学习进行研究，考察独立写作、协作小组的交谈和全班讨论中的学生的学习过程（Chinn，2006）。比如，巴克兰、钦和邓肯（Buckland，Chinn，& Duncan，2010）研究了在为期一年的基于模型的探究课程中12名学生科学建模和论证能力的发展，对每次学生构造的模型以及每个论证的变化都进行了分析。因为学习科学聚焦于研究自然情境中的学习，在此情境中学习受到其他人和周围环境的影响，所以研究群体学习对研究者尤其有吸引力（Enyedy & Stevens，本书第10章）。

但是，群体越大，观察就越有可能疏漏关键学习事件。比如，当一个四人小组讨论数学问题的时候，其中一个学生可能很少发言，这就导致研究者无法探究该生是如何思考的，对于那些有了关键性的理解却在那个时刻保持沉默的学生，研究者也无法探测其思考过程。因此，当从访谈情境（或者其他关注一个单独的学习者的情境）转到更自然的小组学习情境时，微观发生研究者需要做出更加仔细的分析和权衡。

提供教学支持和实验室中的微观发生研究

到这里为止，我们已经讨论了一种常见的微观发生研究形式：将学习者置于一种普通的情境，分析独立的学习者的学习过程以及他们之间的不同。许多这样的研究将学生置于纯粹的发现环境中，比较不同学生在这些情境中的学习过程。这些研究不提供实验条件和教学指导。但是，就像我们前面提到的，学习科学研究者相信：大部分学习的发生需要中介，中介的形式是文化制品和情境化的社会实践（经常被称为“脚手架”）。实际上，大量研究表
178 明，相对于有指导的发现环境，没有其他教学支持的发现环境不是最理想的学习环境（Hmelo-Silver，Duncan，& Chinn，2007；Mayer，2004）。

下面我们将讨论给学习者提供教学指导的微观发生研究。一些这样的研究把微观发生法与实验设计结合起来。比如，瑞特勒－约翰逊和阿里巴里

（Rittle-Johnson & Alibali，1999）采用一个微观发生设计实验来教四年级和五年级的学生如何解决等式问题，比如“3+4+5=3+ ______”。他们对聚焦促进对等式意义理解的概念教学，以及聚焦一步一步成功实施的程序教学进行了比较。通过研究接受概念教学的儿童的发展轨迹，研究人员可以了解儿童如何获得和保持这些概念。与概念教学相比，接受程序教学的儿童的发展轨迹说明了在处理相似问题的过程中，程序教学发生后很短时间内儿童就会取得进步，但是在迁移问题上，这些学生通常会恢复使用之前不正确的问题解决程序。通过对实验干预中儿童解决一系列问题进行微观发生法研究，研究者能够对不同教学方案中学生详细的变化轨迹进行检验和比较。

样本大小和持续时间

微观发生研究的实施和分析都非常耗费精力。因此，同时实施长周期的高密度观察研究以及大样本研究是不现实的。如果研究者想增加样本量（当研究的样本量足够大以至于可以运用统计学知识分析时），他们就必须减小观察的密度或者减少问题的数量。在西格勒和詹金斯（Siegler & Jenkins，1989）的研究中，他们让 9 个学生在 33 次讨论中解决大量的加法问题，而在瑞特勒 – 约翰逊和阿里巴里（Rittle-Johnson & Alibali，1999）研究中，他们让 48 个学生在 15—25 分钟的讨论中解决大约 30 个问题。因为学生数目比较大，瑞特勒 – 约翰逊和阿里巴里（Rittle-Johnson & Alibali，1999）的研究能够对不同条件下学生的学习进行比较，但是他们不能对学生解决大量问题的学习轨迹进行追踪。

其他增大样本容量的研究者可能会保持很长时间的观察，但是却要减小观察密度。比如，如果一个研究团队想研究 100 名儿童在两种不同的教学条件下 5 周之内实验技能的变化情况。要想使研究可行，他们会每周对学生的表现进行一次观察，而不是在这 5 周中每天进行一次观察。这样一来，他们未能观察到关键学习事件的可能性就增加了，因为当研究者没有记录学习事件的时候，关键学习事件很可能就发生了。这样的研究就不再适合采用微观发生法。

因此，在研究实践中，研究者需要对样本大小、观察密度和持续时间进行权衡。在学习科学中采用微观发生法，需要在这几个方面做出取舍。与其进行大量的短期观察，不如对小样本进行更长期和持续的观察。比如，一段时间内对个别学生进行连续的观察可能要花费多个小时。当观察的时间变长 179

的时候，样本的容量和观察的次数都可能需要减少。

一种具有前景的新技术，*教育数据挖掘*（EDM；Baker & Siemens，本书第 13 章），给这个问题的解决带来了可能。当学习者与教育软件进行交互的时候，他们每一刻的交互都能被记录下来，形成他们学习的微观发生记录。教育数据挖掘能够对大量学习者的学习过程进行详细的分析，但是只有学习是以计算机软件为中介的情况下该方法才适用。这是未来很有前景的研究领域。

取自学习科学的一个原型案例

接下来我们将描述一个学习科学中应用微观发生法的例子。该例子来自一本内容广泛的书中的一章，题目是“学习：一个学生理解复杂主题领域的微观发生分析”（Schoenfeld et al.，1993）。就像我们先前讨论的西格勒和詹金斯撰写的著名的专著一样，这一章的题目中有“微观发生”这个词。虽然它们都可以被称为微观发生研究，但是，在方法的运用方面还是非常不同的。

整个 80 多页的内容都聚焦于研究一个学生的学习，作者称该生为 IN。IN 是一个 16 岁的志愿者，她参与了为期 7 周，共 7 个小时的访谈。每次访谈都相对较长，第一次访谈是 1 个小时，随后是两三个小时的访谈。整个访谈过程中，一个 35 岁名为 JS 的研究生给予 IN 指导。

访谈开始的目的是对名为《绘图》（Grapher）的软件进行测试。当时，《绘图》还是新奇的软件。当学生输入参数时，《绘图》就依据这些参数画出一条线。IN 的任务是使用软件的部分功能来画出线，并使该线通过显示器上的目标点。

在某些方面，这个学习环境有点像发现学习环境。很多的访谈是关于 IN 尽力找到答案的——改变参数并看显示器上画出的线的情况。然而，在很多
180 重要方面，IN 的学习受到了学习环境的引导。软件本身提供了重要的支持。在她对线进行描述的过程中，软件要求她所提供的参数与标准的代数形式保持一致。而且，JS 不仅简单地观察和提出问题，他还采用类似辅导的方式与 IN 进行交流。

这一章用 80 多页呈现了对 IN 的 7 个小时学习的丰富描述。虽然舍恩菲尔德及其同事使用的方法与西格勒采用的方法有非常多的不同，但是其在揭示学习的很多方面的特征上还是很相似的。

IN 面临的学习挑战主要是理解以 $y=mx+b$ 形式描述的线和利用《绘图》在计算机显示器上画出的线的关系。可以想象，IN 可以通过对相对简单的策略和程序进行发展与修正来学习。但是舍恩菲尔德及其同事描述的学习过程证明这一过程涉及丰富的概念。比如，舍恩菲尔德及其同事描述了 IN 学习中的一个关键要素，即从他们所说的三狭槽图式（three-slot schema）转到两狭槽图式（two-slot schema）。当一条线采用 $y=mx+b$ 的形式进行描述时，我们就认为这条线由 m 和 b 的值来决定，即斜率和纵截距。这就是一个两狭槽图式。相反，IN 以三狭槽图式开始学习，认为一条线由斜率、纵截距（y 截距）和横截距（x 截距）来决定。就像舍恩菲尔德及其同事描述的那样，从三狭槽图式转到两狭槽图式需要时间，三狭槽图式在认知中的消退需要一段时间，而不是瞬间就完成了。作者也讨论了 IN 逐渐理解斜率和横截距的过程。

虽然舍恩菲尔德及其同事发现了学习的证据，但是他们几乎没发现多少学习事件。当研究团队试图去定位和理解 IN 学习的驱动力时，问题出现了。为了解决这些难题，他们开发了一种被称为竞争性辩论的方法：研究团队集体观看录像，对不同的解释进行辩论，并且他们的论证要达到相对具体的证据标准。

舍恩菲尔德及其同事使用的方法在很多方面与西格勒和詹金斯使用的方法不同，但是，目标和结果却非常相似。在这两个研究案例中，目标都是观察学习发生的时刻，理解触发学习的因素。在更高水平上，两个研究的结论非常相似。比如，两个研究都认为学习事件是不易察觉的，学习似乎包含进步和退步的步骤。

适合采用微观发生法研究的问题

在这一部分，我们将讨论哪类问题尤其适合用微观发生法进行研究。我们也会讨论为什么其他常用的教育研究方法不能回答这些问题。我们将讨论五类尤其适合采用微观发生法的研究问题：有关策略的变异性和稳定性的问 181
题，有关变化的诱发事件的问题，有关同时发生的过程或事件的问题，有关学习轨迹的问题，以及学习速度的问题。

策略的变异性和稳定性

微观发生研究尤其擅长对学习者应用策略或者表达特定想法的变异性和

稳定性进行分析。实际上，微观发生研究中最重要的发现就是策略的运用几乎随时都是变化的。比如，西格勒和詹金斯（Siegler & Jenkins，1989）关于最小策略的研究表明，学生们在面对同样的问题类型时会频繁地应用不同的策略，即使那些问题被分散在一些不同的实验中也是如此。不是一次只应用一个策略，学生们好像会或多或少随机地尝试不止一个可获得的策略。随着时间的推移，不同策略使用的频率有增有减，并且几乎没有发现学生只使用一种策略的情况。

这个发现是普遍而稳定的，但是只有用微观发生法探测，才能仔细地研究在多个不同实验中学生的策略使用情况。与之相反，很多已发表的教育研究不能确定在问题解决或者情境中学生策略的运用（或者其他类型的知识）是稳定的还是变化的。在这些研究中，研究者经常给学生一两个某种类型的问题，如果学生对这些问题的回答不同，那么就不可能说这反映了策略的根本变化，或者简单地认为学生对一种问题持续地使用一种策略，对于其他的问题采用不同的策略。需要采用微观发生法对大量的问题和情境进行研究，以获得关于认知变化程度的可靠信息。因为非微观发生研究的盛行，认知变化可能已经被大大低估了。

变化的诱发事件

微观发生研究能够让研究者回答是否有关键性的事件能够诱发学习这样的问题，以及如果是这样，这些事件是什么。比如，一项有关儿童在探究环境中学习物理学“密度”概念的研究表明，儿童当前概念框架不能解释的异常信息能诱发儿童概念的发展。也就是说，那些认为密度等同于重量的儿童，直到给他们呈现重量相等的物体却在水中浮沉状况不同的信息时，
182 他们的观念才会转变（Chinn & Brewer，1993；Smith，Snir，& Grosslight，1992）。同样，微观发生研究也许还能证明学生一定会在使用一种特殊的策略之后才发现另外一种策略。比如，就像我们先前讨论的最小策略那样，捷径求和策略总是在最小策略首次使用之前出现（Siegler & Jenkins，1989）。理解什么诱发变化对于学习环境设计者是非常有用的，他们能够整合诱发变化的关键事件，或者在他们的设计中推进某种策略的使用。传统的评估学习表现的方法可能忽略关键的诱发变化的事件，因为观察的密度太小不能捕捉到这些事件。微观发生研究非常适合解决是什么引起观念转变的问题。

同时发生的过程或事件

与诱发事件紧密联系的问题是那些与变化同时发生的过程和事件的问题。比如，对手势的研究已经表明，当儿童在学习有关数学的主题时，策略变化的关键时刻，首先表现在手势上而不是言语中——儿童的手势表明他们在使用一种新的策略，即使他们当时的言语还指向旧的策略（Broaders，Cook，Mitchell，& Goldin-Meadow，2007；Goldin-Meadow，Alibali，& Church，1993）。与之相似，在最小策略研究中，西格勒和詹金斯（Siegler & Jenkins，1989）发现在首次使用最小策略之前，儿童会花费很长时间在实验中保持沉默，这表明静静的反思对这种变化是有贡献的。这些发现表明，支持这些过程的脚手架可以被整合到有效的学习环境中。比如，如果反思与学习收获是同时发生的，学习环境的设计者就可以纳入提示，以鼓励对问题的反思。这种设计建议，源于对学习过程足够密集的观察，以便学习一发生就捕捉到它。

学习轨迹

有关学习轨迹的研究问题尤其适合采用微观发生法，比如概念转变的轨迹问题（diSessa，本书第 5 章）。例如一项研究采用微观发生法长期对学生理解物质和分子的过程进行研究。人们可能会发现学生们突然从一个稳定的前教学理论转到一个稳定的正确的理论。比如，学生们可能从不正确的理论［物质是由极小的微粒（小水滴、小钢粒等等）构成的］，转向正确的理论
［即物质是由与它们本身有不同性质的分子（比如，水分子不是湿的）构成 183
的］。此外，人们可能发现学生们拥有很多不稳定的“不正确的”观念，甚至这些观念中的部分观念是学生接受科学理论的必要的中转站。例如，学生们可能会经历这样的过程，认为水分子是硬的，在分子的硬壳内有水，虽然这种认识不正确，但这种认识最终会引导学生们开始认识一个硬的分子如何在总体上有类似于水的可以倾倒的性质。因此，这些中间的步骤能够帮助学生朝着一个更准确的分子理论迈进。微观发生法提供足够密集的观察以探测这种变化，但是传统的研究只检验学生的前测概念和后测概念，不能探测学习发生的中间步骤。这些轨迹的知识又为设计学习环境提供了关键信息，它们甚至在学生学习已经公认的科学模型的道路上，鼓励一些不规范不正确的模型的存在。

学习速度

最后，微观发生研究允许研究者考察策略或概念变化的速度。一项传统的教学研究持续几周，从前测开始到后测结束，它能说明变化是否发生了，但是对于变化有多快却所知甚少。变化是在某一天的几分钟内发生的？还是在三周之内逐渐发生的？微观发生研究提供了密集的、系列的观察，允许研究者更准确地判定学习发生的速度。

总结

前面部分讨论的五个问题，不能穷尽微观发生研究中数据收集的所有问题。正如我们前面所讨论的，微观发生研究可以与其他设计（如实验）相结合，这就要求微观发生研究的设计能够对回答实验研究中的问题有所贡献。这部分讨论的问题是用微观发生研究才能解决的问题，而其他研究设计很难或者不能解决。

应用微观发生法的挑战

这一部分，我们将讨论应用微观发生法的研究在设计、实施和分析时所面临的几个方面的挑战。

184 收集和分析言语和非言语数据的成本

在现实世界的学习环境中，无论是学校还是科学中心，或者任何地方，语言在学习中都起着中心作用（Mercer，2000，2013）。因此，捕捉真实的学习形式需要我们在学习者说话的环境中观察他们。同时，不断增加的证据表明，手势在学习中也扮演着重要的角色（Goldin-Meadow et al.，1993）。因此，为了研究自然的学习环境，需要捕捉促成学习的言语的和非言语的活动。这经常需要对很长时间的学习进行录像，包括学习者在与访谈者或者同伴互动时的学习、交谈以及手势（Goldman，Zahn，& Derry，本书第 11 章）。研究者需要花费大量的时间来实施研究和分析研究结果。经常需要对谈话进行转录，研究转录的文本，也需要对视频和音频进行直接研究（Enyedy & Stevens，本书第 10 章）。开发和实施分析大量数据的方法也非常费时。

虽然可以通过给学生书面任务、频繁地让他们回答书面问题来实施看起来像是微观发生研究的研究，但是这样的研究不能捕捉到这些书面评估（written assessments）之间发生的言语和非言语事件，也不能回答完成这些评估过程时学生正在想什么的问题。如果口头交流通常是学习的一部分，那么单凭书面的评估就不能提供进入关键学习过程的路径。在很多研究中，没有其他办法能够替代对口头数据的大量分析。（再次说明，一个有前景的研究路径是在基于计算机的学习环境中应用教育数据挖掘技术。）

对微观发生法的曲解

一些研究者认为，依靠那些鼓励出声思维或者探寻学习者策略使用情况的口头报告进行研究是有问题的（Enyedy & Stevens，本书第10章）。这种方法致使学生投入到他们不会自然投入的活动中，口头报告可能会促进学习或者阻碍学习，这可能和任务有关。这个问题本质上是广泛谈论的口头报告的真实性的问题（Chi，1997；Ericsson & Simon，1993；Siegler，2006）。埃里克森和西蒙（Ericsson & Simon，1993）认为，如果口头报告直接针对的是尚在工作记忆中的痕迹，这些痕迹在工作记忆中能至少保持一秒，且对它的描述也足够简单，那么口头报告就是准确的（关于这项研究的简短回顾参见Siegler，2006）。此外，出声思维是一种常用的促进有效学习的方法，这一方法鼓励学生公开思维，并参与自我解释（Chi，de Leeuw，Chiu，& Lavancher，185
1994；Collins，Brown，& Newman，1989）。因此，在精心设计的教育情境中学习时，这些行为就是自然的。

推理策略或知识

微观发生研究必须面对所有认知心理研究所面对的挑战：研究者如何从言语的和非言语的行为中推测出认知结构和过程（在这个研究案例中应用了知识还是策略）？在很多研究案例中，一个特定行为可能不只是一个认知过程导致的。比如，一个学生不正确地识别了图像上点的 *x-y* 坐标，把点（1，3）说成了（3，1），这可能是由于这个学生不清楚如何标注点的坐标，或者可能只是由于口误（Schoenfeld et al.，1993）。类似地，一个被要求报告他使用的一种策略的学生可能不能准确报告他的策略使用情况，或者可能没有合适的词语来准确地描述他实际使用的策略。或者，想象一项微观发生研究，该研究考察学生学习物质粒子的性质的情况，研究中学生在交流时首次谈到水是由小的粒子组成的。这可能表示学生对物质理解的一个很大的概念转变，也可能只限于对水了解，或者只是表面上口头的或者表达上的变化，而根本不涉及什么概念转变。

解决这个问题的一个常见方案是使用多个行为和观察到的信息的来源，这些信息来源汇聚在单个基础学习机制上。比如，为了推测学生在加法问题上已经使用了哪种策略，西格勒和詹金斯（Siegler & Jenkins，1989）考察了解决加法问题时学生明显的行为，也考察了他们对自己所使用的策略的口头描述。解决这个问题的另外可能的办法是，研究团队讨论和辩论潜在的解释，让赞同一种解释的小群体寻找数据其他层面的解释，直到小群体对某一种解释达成共识（Schoenfeld et al.，1993）。

学习轨迹推理中的意外

在大多数微观发生研究中，研究者都试图回答学习轨迹（也被称为学习进程或学习序列）的问题。比如，一个研究项目考察一旦学生经常使用 X 策略，其是否会更有可能导致学生使用 Y 策略（或者只有经常使用 X 策略才能导致学生在使用 Y 策略方面的发展）。举一个生物课上关于进化的更具体的例子，一个研究项目要研究，学生对于一个物种中个体变异的理解是不是其在认知方面理解自然选择的前提条件。

186 设计微观发生研究要求研究者识别这些意外，研究者必须使得研究设计能够全方位地控制影响学习轨迹的混杂的因素。例如一项研究要求学生在一段时间内完成 10 次一个小时的学习，并逐渐给予他们更难的代数题。研究者的意图是评估这 10 次学习的顺序是否最贴近学生自然的学习进程。假如在第 5 次学习中，教师对学生所犯的错误提供反馈，让学生反思两个不同问题之间的联系。如果这些反馈之后学生有比较大的发现，也许就是这些反馈促成了这些发现。但是，还有其他的解释：学生也在第一次解答一个新型问题，也许就是这种新的任务触发了改变；也许学生在持续学习材料的过程中就在那时跨越了一个认知的门槛；也许任何一个学生集中精力完成 4 次或者 5 次学习后都能做出相似的发现，有没有教师的反馈都无所谓。尽管微观发生研究使得研究人员得出其他研究无法发现的学习事件发生的过程，但仍旧不可避免地存在解释上的挑战。这些问题的解决可以通过尽可能收集有关学习事件的丰富的信息以减少貌似合理的解释来解决，但是，研究者在对他们的数据进行解释的过程中也要承认其他可能的解释的存在。

形成化分析方法

微观发生研究采用小样本和重复测量的方法，针对每一个被试经常要测量几十次或者上百次。因此，社会科学中最常用的统计方法不能适用于分析微观发生研究的数据。然而，有几个形成化分析方法可以适当地运用于此（Siegler，2006；Chinn，2006；Lavelli，Pantoja，Hsu，Messinger，& Fogel，2005）。

1. 检验在一个事件发生之前或之后另外一个事件发生的条件概率。就像早些时候讨论的，西格勒和詹金斯在最小策略的研究中使用了条件概率，通过检查在首次使用最小策略之前发生了什么，他们发现，相对于不使用最小策略，学生在应用最小策略之前的问题上停顿了更长的时间。西格勒和詹金斯也发现，在学生首次使用最小策略之前，他们经常遇到一个加数非常大的加法问题（比如，27+3）。这种分析对于分析什么事件触发了其他事件非常有用。比如，一项关于学习进化论的微观发生研究可能揭示，在学生们理解 187
自然选择过程之前，他们必须理解物种的变异，来自学生的证据是，直到学生们持续地注意到相同物种个体内性状的变异，他们才能给出对自然选择的解释。

2. 滞后分析（Bakeman，Adamson，& Strisik，1989）是一个统计上可用于检测长期严重事件中的意外事件的分析方法。研究者输入的是一系列编码后的数据，比如孩子们在一起解决数学问题时使用的一系列策略。滞后分析可能能够揭示当孩子们互相提问支持他们观点的理由时，孩子们的确倾向于给出理由，但是他们倾向于直到问题被提出两三轮之后延迟给出理由（Jadallah et al.，2011）。

3. 趋势和轨迹的图像分析。很多微观发生研究者采用图像来表示趋势和轨迹。这种分析已经为策略使用的变化提供了证据。比如，当学生进行加法运算时，运用图像分析学生使用的策略，西格勒（Siegler，1996）描述了学生在解决问题的过程中随时采用多种策略的趋势。这些图像显示较早使用的策略的使用频率逐渐下降，而其他策略（比如，最小策略和捷径求和策略）的使用变得更加经常。这些图像也能表示出在整个学习过程中不同策略的使用频率是如何增加或减少的。

4. 使用深入的质性案例研究分析学生思维的进展。微观发生研究需要我们采用的研究方法尽量聚焦于获得有关学习现象的最丰富的信息。因此，细致的质性案例研究从本质上更为适合。比如，帕奈菲斯（Parnafes，2012）呈现了两个学生学习解释月相的案例研究。这两个学生以一个不规范的解释开始，随后，大约过了一个小时，他们通过学习建构了一个复杂的和大体上正确的解释。她认为当这两个学生不断地把暂时一致的结构转向下一个结构时，变化就发生了。帕奈菲斯的解释采用了叙事的方式进行呈现，包含转录的摘录，同时还有根据她的理论做出的解释。与之类似，谢林、克拉科夫斯和李（Sherin，Krakowski，& Lee，2012）也介绍了一个单个学生建构对季节的解释的叙事案例。

就像舍恩菲尔德及其同事的研究，这些基于叙事的解释是通过研究团队细致的分析实现的，他们努力提出一个理论框架并依据这个框架分析数据。细致的质性案例研究有许多缺点，它们很难应用于对大量案例的研究，分析
188 数据的方法很难被编纂归类，在发表后也很难与同行交流。但这种方法也有重要的优点：它允许研究者将注意力集中于学习现象的丰富性上。这对于理论的发展和发现可以用其他方法进一步研究的新的学习现象也是特别有用的。

设计、使用和分析的工艺

与其他学习科学研究方法相比，比如和基于设计的研究相比，微观发生研究的研究者必须应用很多的*工艺知识*（craft knowledge），即部分隐性的关于实践的知识。比如，访谈者在访谈学生的过程中不能简单地依赖脚本：访谈者必须有能力使得学员长时间地投入到学习任务中，这些任务有时好像是重复性的。与之相似，有很多隐性的实践性知识要进入任务安排中，这些安排要能够使学生持续地投入到这些重复性的任务中。研究者也需要专业知识来对言语的和非言语的他们感兴趣的行为进行有用的转录，同时需要专业知识来促进对海量信息的理解。

结论

在本章中，我们讨论了用微观发生法研究学习的优势。学习科学家感兴趣的很多学习类型都涉及学习者在一段时间内逐渐学习具有挑战性的概念和

策略。微观发生法研究可以非常紧密地追踪这些学习事件，以便当学习变化发生的时候能够探测到它们，这样研究者就能理解学习发生的详细轨迹，还有每时每刻促进成长的关键性事件。正因为如此，微观发生法是学习科学家不可或缺的工具。

参考文献

Bakeman, R., Adamson, L. B., & Strisik, P. (1989). Lags and logs: Statistical approaches to interaction. In M. H. Bornstein, & J. S. Bruner (Eds.), *Interaction in human development: Crosscurrents in contemporary psychology* (pp. 241–260). Hillsdale, NJ: Lawrence Erlbaum Associates.

Broaders, S. C., Cook, S. W., Mitchell, Z., & Goldin-Meadow, S. (2007). Making children gesture brings out implicit knowledge and leads to learning. *Journal of Experimental Psychology: General*, 136, 539–550.

Buckland, L. A., Chinn, C. A., & Duncan, R. G. (2010, May). *Epistemic growth in model-based argumentation.* Paper presented at the annual meeting of the American Educational Research Association, Denver, CO.

Catán, L. (1986). The dynamic display of process: Historical development and contemporary uses of 189
the microgenetic method. *Human Development*, 29, 252–263.

Chi, M. T. H. (1997). Quantifying qualitative analyses of verbal data: A practical guide. *The Journal of the Learning Sciences*, 6, 271–315.

Chi, M. T. H., de Leeuw, N., Chiu, M., & Lavancher, C. (1994). Eliciting self-explanations improves understanding. *Cognitive Science*, 18, 439–477.

Chinn, C. A. (2006). The microgenetic method: Current work and extensions to classroom research. In J. L. Green, G. Camilli, & P. Elmore (Eds.), *Handbook of complementary methods in education research* (pp. 439–456). Washington, DC: American Educational Research Association.

Chinn, C. A., & Brewer, W. F. (1993). The role of anomalous data in knowledge acquisition: A theoretical framework and implications for science instruction. *Review of Educational Research*, 63, 1–49.

Collins, A., Brown, J. S., & Newman, S. E. (1989). Cognitive apprenticeship: Teaching the crafts of reading, writing, and mathematics. In L. B. Resnick (Ed.), *Knowing, learning, and instruction: Essays in honor of Robert Glaser* (pp. 453–494). Hillsdale, NJ: Lawrence Erlbaum Associates.

Crowley, K., Shrager, J., & Siegler, R. S. (1997). Strategy discovery as a competitive negotiation between metacognitive and associative mechanisms. *Developmental Review*, 17, 462–489.

Ericsson, K. A., & Simon, H. A. (1993). *Protocol analysis: Verbal reports as data*. Revised Edition. Cambridge, MA: MIT Press.

Goldin-Meadow, S., Alibali, M. W., & Church, R. B. (1993). Transitions in concept acquisition: Using the hand to read the mind. *Psychological Review*, 100, 279–297.

Hmelo-Silver, C. E., Duncan, R. G., & Chinn, C. A. (2007). Scaffolding and achievement in problem-based and inquiry learning: A response to Kirschner, Sweller, and Clark (2006). *Educational Psychologist*, 42, 99–107.

Jadallah, M., Anderson, R. C., Nguyen-Jahiel, K., Miller, B. W., Kim, I. -H., Kuo, L. -J., & Wu, X. (2011). Inluence of a teacher's scaffolding moves during child-led small-group discussions. *American Educational Research Journal,* 48, 194–230.

Kuhn, D. (1995). Microgenetic study of change: What has it told us? *Psychological Science*, 6, 133–139.

Kuhn, D., & Phelps, E. (1979). A methodology for observing development of a formal reasoning strategy. *New Directions for Child Development*, 5, 45–57.

Kuhn, D., & Phelps, E. (1982). The development of problem-solving strategies. *Advances in Child Development and Behavior*, 17, 1–44.

Kuhn, D., Schauble, L., & Garcia-Mila, M. (1992). Cross-domain development of scientific reasoning. *Cognition and Instruction*, 9, 285–327.

Lavelli, M., Pantoja, A. P. F., Hsu, H. -C., Messinger, D. S., & Fogel, A. (2005). Using microgenetic designs to study change processes. In D. M. Teti (Ed.), *Handbook of research methods in developmental science* (pp. 40–65). Malden, MA: Blackwell.

Lin, X., & Lehman, J. D. (1999). Supporting learning of variable control in a computer-based biology
190 environment: Effects of prompting college students to reflect on their own thinking. *Journal of Research in Science Teaching,* 36, 837–858.

Mayer, R. E. (2004). Should there be a three-strikes rule against pure discovery learning? The case for guided methods of instruction. *American Psychologist*, 59, 14–19.

Mercer, N. (2000). *Words and minds: How we use language to think together*. London: Routledge.

Mercer, N. (2013). The social brain, language and goal-directed collective thinking: A social conception of cognition and its implications for understanding how we think, teach, and learn. *Educational Psychologist,* 48 (3), 148–168.

Parnafes, O. (2012). Developing explanations and developing understanding: Students explain the phases of the moon using visual representations. *Cognition and Instruction*, 30, 359–403.

Rittle-Johnson, B., & Alibali, M. W. (1999). Conceptual and procedural knowledge of mathematics: Does one lead to the other? *Journal of Educational Psychology*, 91, 175–189.

Schauble, L. (1996). The development of scientific reasoning in knowledge-rich contexts. *Developmental*

Psychology, 32, 102–119.

Schoenfeld, A. H., Smith, J. P., & Arcavi, A. (1993). Learning: The microgenetic analysis of one student's evolving understanding of a complex subject matter domain. In R. Glaser (Ed.), *Advances in instructional psychology* (vol. 4, pp. 55–175). Hillsdale, NJ: Lawrence Erlbaum Associates.

Sherin, B. L., Krakowski, M., & Lee, V. R. (2012). Some assembly required: How scientific explanations are constructed during clinical interviews. *Journal of Research in Science Teaching*, 49, 166–198.

Siegler, R. S. (1996). *Emerging minds: The process of change in children's thinking*. New York: Oxford University Press.

Siegler, R. S. (2006). Microgenetic analyses of learning. In D. Kuhn, & R. Siegler (Eds.), *Handbook of child psychology* (pp. 464–510). Hoboken, NJ: John Wiley & Sons.

Siegler, R. S., & Chen, Z. (1998). Developmental differences in rule learning: A microgenetic analysis. *Cognitive Psychology*, 36, 273–310.

Siegler, R. S., & Crowley, K. (1991). The microgenetic method: A direct means for studying cognitive development. *American Psychologist*, 46, 606–620.

Siegler, R. S., & Jenkins, E. (1989). *How children discover new strategies*. Hillsdale, NJ: Lawrence Erlbaum Associates.

Siegler, R. S., & Stern, E. (1998). Conscious and unconscious strategy discoveries: A microgenetic analysis. *Journal of Experimental Psychology*, 4, 377–397.

Smith, C., Snir, J., & Grosslight, L. (1992). Using conceptual models to facilitate conceptual change: The case of weight-density differentiation. *Cognition and Instruction*, 9, 221–283.

Taylor, J., & Cox, B. D. (1997). Microgenetic analysis of group-based solution of complex two-step mathematical word problems by fourth graders. *The Journal of the Learning Sciences*, 6, 183–226.

第10章

协作学习研究

诺埃尔·埃涅迪　里德·史蒂文斯

　　自学习科学诞生起，协作学习（为叙述方便本章有时也简称其为协作）
191 研究就是它的一部分。然而，不同的研究却在使用不同的协作学习研究定义，这些研究给出了使用该定义的不同理由，并且使用不同的研究方法来研究它们。这种反复不定的情况一直延续至今。为了帮助大家理解这种变化，从实用的角度出发，我们建议把协作学习研究的方法论谱系分为四组，它们分别与研究协作的四种不同的原因相关（见表 10.1）：作为透视思维窗口的协作，为了远期目标的协作，为了近期结果的协作，作为学习的协作。

192 **表 10.1　研究协作学习的四种原因**

研究协作的目标	分析单元	学习成果单元	近期的 / 远期的学习结果	标准的 / 内生性的	典型的方法
作为透视思维窗口的协作	个体	个体	近期的（和远期的）	标准的	基于所说的内容对单独的对话进行编码
为了远期目标的协作	集体	个体	远期的	标准的	关联一个序列（IRE）、交谈的类别，或具有个人远期效果的参与框架
为了近期结果的协作	集体	集体（以解释个体为目的）	近期的（以解释远期的为目的）	标准的	识别协作中的话语变动，这种变动会导致后续新的协作状态，根据这些变动过程和近期学习结果来解释远期的学习结果 应用转录的方法进行超越交谈内容的分析，记录谈话的多方的、多模态的本质
作为学习的协作	集体	集体	近期的	内生性的	聚焦将协作组织作为一个个体成员的现象

许多研究者都试图把这四种方法放在一个连续体上。譬如，豪利、梅菲尔德和罗斯（Howley，Mayfield，& Rose，2013）提供了一个很有条理的有关协作学习研究方法的讨论，从聚焦于把个人作为分析单元到聚焦于把文化适应的协作过程作为分析单元（也可参见本书第 2 章内森和索耶对“因素的”和“系统的”所进行的区分）。然而，我们发现没有必要从单一的维度来研究协作和学习。相反，我们认为这四种方法可以从四个维度进行区分，如表 10.1 所示：描述协作和认知过程的分析单元；记录学习成果的分析单元；这些学习成果被用于近期的（协作之内）或者远期的（协作之外）的程度；协作规范的程度。我们认为这四个维度以及伴随这四个维度的假设为研究者已经做出以及在将来可能做出的研究方法的选择提供了参考。

通过抓住这四种协作学习研究的方法在这四个维度中的一个或者多个中的不同，我们能更好地描述它们的特征。第一类——作为透视思维窗口的协作——应用协作情境更好地理解个体的认知。第二类——为了远期目标的协作——试图记录特定类型的协作如何促进或者阻碍个体产生积极或消极的学习结果（比如，后来写作测试中的成绩），这里的学习结果不包括交互本身。第三类——为了近期结果的协作——试图把协作过程与交互自身带来的学习结果 193
（比如，主体间性）联系起来，并且有时会应用这些来解释远期的学习结果。第四类——作为学习的协作——不把协作仅仅看作实现近期和远期学习结果的一种手段，而是聚焦协作过程和结果本身。协作的形式本身就是结果。这种观点使得研究的参与者致力于达成对协作的“内生性”的组织和协作本身的理解。

本章的目标就是通过回顾表 10.1 中描述的各种研究来给出协作和交互研究的方法选择的框架。在回顾这些研究的过程中，我们希望向读者说明的是，重要的不仅仅是研究方法的选择（这四种立场中的每一种都有理论支撑来说明协作是如何定义的以及学习是什么）正是对这些理论的有意识反思——为什么研究协作是最重要的——才推动了研究方法的选择。我们宁愿做出这种选择，而不是另外一种选择：所选的方法不知不觉地促进和阻碍着协作学习理论的发展。

研究协作学习的四个理由

我们把协作学习研究分为四类的原因就是它们回答了这个问题：“为什

么要研究协作？”在下面的部分，我们将描述四个不同目标驱动的关于协作的学习科学研究范式及四种相应的方法论路径。

作为透视思维窗口的协作

研究协作的一个原因是想更多地了解一个人是如何思考的。在这样的研究中，研究者聚焦的不是协作过程，那些研究过程中经常被采用的研究方法能反映出这一点。比如，学习科学深深植根于认知科学，在认知科学中，较早研究学习和问题解决的方法就是使用口头报告。在一个使用口头报告的研究中，一个人被要求在有研究者在现场的情况下，在完成一些任务时进行出声思维（Ericsson & Simon，1993）。

譬如，舍恩菲尔德（Schoenfeld，1992）对数学问题解决所开展的研究：依据问题解决的几个阶段（读题、分析、计划和执行）对小组成员协作对话中的单个人的“思考单元”进行编码。虽然这些认知活动发生在社会互动的过程中，但是互动本身却被看成是一种附属现象，这意味着，它与学习结果没有因果关系。社会互动仅仅是一种简易的个体用语言表达思维过程以使其
194 可以被编码的方式。其他有关课堂互动的研究也采用了相同的方法。比如，埃利斯（Ellis，2007）最近的一项研究中，无论是整节课的话语，还是半结构化的访谈，都以构建一种对学生归纳类型的分类为目的进行编码。研究者将学生的归纳类型分为两种：归纳行为和归纳陈述。具体的编码结果对所说的话语进行了分类（比如，联系、寻找和拓展）。埃利斯（Ellis，2007）在研究方法方面，合并了协作话语和半结构化的访谈，应用相同的编码方案进行编码和聚类，这样就弱化了一对一访谈和多方会话的区别。更进一步，分析仅仅依赖所说的内容，而不是会话的交互情境。如果一个人接受了这样一种假设——协作只是进入头脑的一个窗口，互动本身是附带性的，因而互动对研究是偶然的——那么根据其揭示的知识状态和认知过程来编码个人谈话这一行为就会出现一种看似合理的简化。然而，我们认为，那种将协作视为附带的方法忽略了协作学习的核心假设——学习者相互回应的方式既关系到学习过程，也关系到学习结果。

表征和分析作为透视思维窗口的协作的方法

本章聚焦的是协作如何影响学习的研究，同时，因为将协作作为透视思维窗口的方法把话语看作附带品，所以我们将简化对这种方法的讨论。把

协作话语作为透视思维窗口的研究者主要关注对话的内容，而不是对话的交互过程，他们经常会对单独的话轮（turns）进行编码、聚类、量化、统计分析（Chi，1997）。他们经常通过应用人为情境来使社会影响最小化，比如使用临床访谈或者实验室中的问题解决。之所以说这些情境是人为的，是因为这些对话和行为没有发生在自然的情境之中，但是其优势在于研究者能够充分利用他们所设计的可控情境，从而使得对话聚焦于研究者最关心的问题并最小化其他因素的影响，这些因素可能会使得研究者难以获取感兴趣的主题内容或者行为表现。提出这类研究问题的研究者通常不分析对话者变量，不分析想法得以产生的顺序，也不分析人与人之间的互动对想法的表达有什么影响。

协作作为促进（或者阻碍）远期学习结果实现的情境

对于第二类研究者，协作被作为一种情境看待，这种情境促进或者阻碍着可观察的不同类型的行为和思维方式。不同类型的协作可以被识别，并 195
与不同水平的个体学习结果相联系，这些学习结果可以在即时的交互情境之外被识别出来，譬如在学习者随后的认知任务表现中或者对学习者动机的测量中被训别出来。这种方法有很长的历史，并在很多研究中被采用。研究已经发现了话语类型与许多远期学习结果之间的多种关系，这些远期学习结果包括作为协作结果的人工制品（Mercer，2008）、学生成绩（Nichols，1996；Webb，1991；Webb & Mastergeorge，2003）、学生发展性的成长（Sun，Zhang，& Scardamalia，2010）和动机（Jones & Issroff，2005）。因为这些研究的焦点是与交互序列（即协作话语的形式）相关的学习结果，所以这些研究有时也被看成结果导向的研究，目的在于记录特定类型的话语对学习结果的影响（Dillenbourg，Baker，Blaye，& O'Malley，1996；Janssen，Erkens，& Kirschner，2011；Erickson，1986）。

应用这种方法研究协作话语最早、最著名的例子就是对普遍使用的三轮对话序列的识别，即IRE（Cazden，1986；Mehan，1979）。IRE通常包括：教师提出一个已知答案的问题［启动（initiate）］，学生做出简短的回答［回应（respond）］，教师评价学生回答的对错［评价（evaluate）］。但学习科学家对于这种促进学习的话语类型提出了广泛而深刻的批评。这些批评认为IRE引导学生认为学习就是对已知事实的快速回忆，而不是对概念的学习或者批判性思考（Wood，1992）。需要注意的是，最开始发现IRE的研究者更感兴趣的是将这种对话作为学校教育的制度化普遍模式以及它在课堂中是如何起作用的，而不是它本身的效果。在很大程度上，他们认为“三轮对话本身不好也不坏，它的优点或者不足取决于它在特定情境下的应用目的，也取决于这些目的所依据的更大的目标”（Wells，1993，p.3）。

但是，当前带有基于其有效性的普遍批评的IRE的确是我们所说的第二种协作的一个例子，因为它将一种可识别的协作话语模式与特定的学习结果联系了起来，而在这个例子中，研究者普遍认为它是对学习有害的。不像第一种方法，该方法将伴随个人学习结果的会话顺序和过程直接作为分析的焦点。

一个更加积极的例子来自奥康纳和迈克尔斯（O'Connor & Michaels，1996）很有影响力的一项研究，这两个研究者发现了一种话语类型，它能够让学生投入到对概念的深入理解中。他们称这种话语类型为转述
196 （revoicing）。与IRE不同，转述这种话语类型以学生的谈话开始，然后教师通过转述学生所说的内容来做出回应［教师仔细阐述或者给予定位（比如，将该学生的观点与其他学生的观点进行比较）］，接下来，学生可以同意或者不同意教师对其所言的转述。转述大多数情况下会与促进学生对学习的投入和对学科的认同相联系（Forman，Larreamendy-Joerns，Stein，& Brown，1998；Strom，Kemeny，Lehrer，& Forman，2001）。

虽然我们认为这种研究范式是结果取向的（也就是说，通过发现导致积极学习结果的协作话语类型来驱动），但它也会经常涉及对于协作过程和为什么这种过程能够导致有效学习的丰富而又理论化的描述。比如，奥康纳和迈克尔斯（O'Connor & Michaels，1996）从理论上阐述了这种话语类型产生积极学习结果的机制，即这种话语类型创建了有效参与的框架。参与框架描述了权利、角色和参与者的责任以及它们如何为不同的学习方式创造条件（Erickson，1982；O'Connor & Michaels，1996）。他们的发现表明转述提高了学生解释的清晰程度，拓展了他们的推理能力，而且促使学生有目的地寻找证据来支持他们的观点［Enyedy，Rubel，Castellon，Mukhopadhyay，& Esmond，2008（该研究列举了转述更多的功能）］。

同时，这种研究也不局限于识别短的对话序列。研究者也识别与远期目标以及个体学习结果相联系的更宽泛的对话类型。这些更宽泛的对话类型不一定可以被归结为前面例子中的单次话轮。默瑟（N. Mercer）发现了课堂中多种类型的有效对话，比如：探究性对话（exploratory talk），这种对话的

特征是具有广泛的参与性，参与者倾听其他人的观点，提出替代观点；*可解释对话*（accountable talk），这种对话的特征是挑战观点并为挑战提供理论依据。默瑟和霍奇金森（Mercer & Hodgkinson，2008）从经验主义上证明了这些常规的课堂对话的呈现过程：课堂上如何更好地促进学生个体的学习（比如，提升考试分数），更好地提高个体的问题解决能力，产生更好的小组产品。与此类似，斯卡尔达马利亚和贝赖特（Scardamalia & Bereiter，1994）提出了*知识建构话语*，其以一种文化为特征，这种文化能够促使每个个体对共享的知识基础做出贡献。知识建构话语会导致对内容更好的理解、更高的阅读分数和词汇量的增长（Sun et al.，2010）。

最后，一些研究个体远期学习结果的研究者采用更宽泛的视角来描述协作话语，这些视角经常涉及促进和阻碍有效互动的社会规范。规范是指关于教师和学生进行合适的活动和互动的期望（Cobb，2002）。科布（Cobb， 197
2002）阐述了一套规范如何能够引导学生的课堂参与，以便促进学生对数学概念的理解，最终能帮助其更容易地解决实践中的数学问题。与之类似，科尼利厄斯和赫伦科尔（Cornelius & Herrenkohl，2004）考察了改变教师与学生之间的关系如何能在科学课堂上建立民主参与的结构进而加深学生对科学概念探究的深度。就像科布（Cobb，2002）一样，他们直接改变课堂的参与框架（权利、角色和责任），这反过来导致学生参与和投入课堂科学内容方式的改变。

将对话的顺序和规范与远期学习目标联系起来的方法

第二种方法论路径需要识别话语中的协作类型（或者是一个具体的过程，比如转述；或者是更宽泛的对话类别，比如可解释对话），并且把它与远期的学习目标联系起来，这些目标经常被具体化为一个产品（Erickson，1986）。

这种研究类型很大程度上依赖研究者组织和定义感兴趣的协作现象和学习结果的能力，以便使其可观察和可测量。在等式的一边是协作过程，研究者必须选择可观察的感兴趣的现象的规模，比如一个固定的话轮序列（比如，IRE）、某些类别的对话（比如，可解释对话）或者课堂水平的结构（比如，规范）。当一个研究者研究这些不同的时间尺度和现象规模时——从特定的序列到课堂水平的结构——研究者就会发现更多的特定的对话类型与学习功能之间的关系。也就是说，发现 IRE 或者转述是相当直接的，而挑战或者证实一种观点的方法是多样的，所有这些都需要被编码为可解释对话。

有必要在这里针对方法论给出一些提醒。为了远期目标的协作中采用的过程－产品的方法可以很快地简化为作为透视思维窗口的协作所使用的方法。最终对个体学习结果感兴趣的研究者可能会简单地把交互看成一系列个体连续的贡献，这些个体的贡献可以被单独编码和分析。我们认为把交互看成一个反复的交流（exchange）的过程——对个体对话序列进行孤立的编码和分析，并把它看成对个体认知过程的输入——基于的是协作效应可以被分离出来的精细假设，格里诺和恩格斯托姆（Greeno & Engeström，本书第7章）称之为分解式假设（factoring assumption）。

198 这一类研究从根本上不同意将协作视为思维窗口的前提，西蒙对此做了简洁的概括，他写道："整个研究的基石是，学习发生在学习者内部，而且只是发生在内部。……课堂讨论和学习小组中的窃窃私语——除非影响了存储在学习者'头脑'中的知识和技能，所有这些都与学习完全无关。"（Simon，2001，p.210）相反，那些认为协作是为了实现远期目标的研究者经常分析与远期结果或者产品相关的多轮交互过程。

一旦交互得以运行，研究者的任务就变成了从基本的视听资料中产生一个数据语料库，这些语料库要能经得起这些交互的检验。这意味着研究者要建构一个交互的表征（Barron，Pea，& Engle，2013）。这种对话的转录形式经常与简单的剧本类似，记录了说话者和他们所说的话，但几乎不记录与时间、语调以及身体姿势等有关的信息（见图10.1）。

马修	好的。你是怎么想到那些的？
莎伦	我不知道。猜（声音太小听不清）。好像是在中间。
马修	是在中间。**那是我希望他们听到的。因为如果你完全靠猜，你也许会说很多。**
莎伦	对的。
马修	*因此你没有猜，你思考了*。好的。

图10.1 一个标准的转录片段（Enyedy et al.，2008）

注：这里用了加粗和斜体等来强调复述的理论建构过程，并忽略了互动的细节。

研究者还关注产品或者学习结果，操作性的学习结果可以通过相当简单的测量方式得出，譬如完成任务的时间或者测验分数（Klein & Pridemore，

1992），也可以包含更加复杂的学习结果，比如学生的学习投入（Engle & Connant，2002；Forman et al.，1998）。

在这个基本的结构之下也会有很多的变化。研究可以是归纳的（基于从数据语料库开发的编码），也可以是演绎的（基于一套先前的编码）[Erickson，2006（该研究对这些方法的内涵和历史进行了深入讨论）]。研究可以基于对数据语料库所有记录的系统回顾，也可以基于某个案例。进一步，研究可以完全是质性的（O'Connor & Michaels，1996），也可以包含多种方法（Puntambekar，2013），或者采用聚类、量化以及对已经编码的转录信息进行统计分析的方法（Cress & Hesse，2013）。

围绕交互自身、为实现近期集体目标的协作 199

第三类研究方法紧紧围绕促进近期结果（比如主体间性的协作）的实现，聚焦于交互自身。研究者认为这种研究能够协调话语类型与前面描述的远期目标之间的关系。这是当前学习科学中最具有活力的研究领域之一，因为它的目标是解释协作过程如何直接作用学习（Enyedy，2003；Hmelo-Silver，2000）。

这种方法的一个范例就是沃茨和斯通（Wertsch & Stone，1999）对互动如何促进问题解决的解释。在他们的研究中，一位母亲正在和她的孩子完成一项拼图游戏。母亲首先开始用语言指导孩子观察模型，发现相应的碎片（piece），然后把它放在拼图玩具适当的位置上。在稍晚的时候，在相同的互动中，他们发现那个孩子可以与她自己对话，应用她母亲指导她的相同的话语指导她自己的活动。沃茨和斯通认为互动已经被孩子掌握并转化为了头脑中思考的工具。他们的分析让我们意识到了一系列符号学方面的挑战，以及其他具体的交互行为，这些行为导致了他们所说的对情境的共同定义（也就是说，母亲和女儿对活动的意义理解），这允许那个孩子成功地模仿母亲并掌握母亲的策略。这里重要的是，要注意分析的中心是获得主体间性的互动过程，以及互动中产生的近期学习结果，该结果由互动双方关系的特性，而不是两个人或者两个人中某一个人的特性决定。

采用这种视角并不排除对远期学习结果的观察，远期学习结果假定学习结果存在于个人头脑中。《学习科学杂志》非常早的一篇有关协作学习的文章就是这类分析的典范，该文研究了集体理解的过程，这不仅与集体的近期对话的学习结果（也就是主体间性）紧密相连，而且也与个体远期的学习结果紧密相连（即能够促进个体更好地理解物理概念）。罗斯切利（J. Roschelle）的分析明显想把用以分析协作过程的集体分析单元与用以分析概念转变的个体分析单元整合起来。这项研究详述了这两种协作过程——迭代的话轮循环以及逐渐提高的证据标准——如何有益于每个人的概念转变。话轮循环的分析表明了，作为对要求、挑战和评估的回应，提供的框架、精细加工和澄清过程是如何有益于概念转变的。创建一个对问题深层结构的共同参照（这对于概念转变是如此重要）被认为是一种联合的成果，且不能被理解为独立的个体过程。

200 使用基于交互自身达到近期学习结果的证据表征和分析协作会话的方法

将协作过程视为共同生成的活动并给予深度关注，这伴随着主要的方法论的转变，即如何表征和研究交互。显而易见，交互要通过转录来表征。当一个研究者选取了一个集体的单元来研究协作时，为了识别包含不同话轮的活动单元，他需要一定的技巧来追踪交互如何在参与者之间展开。这也包括捕捉交互细节中的所有行为，这在其他我们已经讨论的方法中经常被“忽略”或者在转录中被省去。三十年来，话语分析研究大部分都完整记录了这些交互的细节（Garfinkel，1996；Schegloff，2006）：明显的细节，特别是谈话话轮开始和停止的界限；言语的韵律；特定词语音调高低的变化。这些对分析很重要，因为它们对于理解协作中人们的彼此帮助、彼此作用意义重大。与之相似，人们通过多种形式（比如，语言、手势和指向）和符号学资源（比如，文本、图片还有材料的结构）进行互动。最后，当小组在一起工作的时候，他们建构共同定义、简约的常规，以及通用规程。

协作话语的微观细节分析需要是可视化和经得起检验的，这使得学习科学领域发展和借鉴了话语分析的转录规范，从而有了对多方、多模态和短暂展开的交互进行细致研究的方法。比如，很多学习科学研究借鉴了杰斐逊（S. Jefferson）有关话语分析的转录规范（Atkinson & Heritage，1984），这种规范表征了话轮的时间和顺序以及话轮内的停顿和韵律（见图10.2、表10.2）。交互过程中的这些要素使得人们需要反思谈话中“命题的内容”这类简单的概念（比如，在协议分析中），因为人们在互动中做了什么，是依据参与者所认为的该如何做而被理解的。

德里克：我们认为游戏不公平。[我们认为游戏 ==A 队将会取得更多的胜利因为]

威尔：　　　　　　　　　　[我们认为 A 队……会赢得更多因为]==（当他数下面的横线的时候他指着 A 队的成绩）

德里克：== 它，我是指他们 ==

威尔：== 有更多……有更多 ==

德里克：　　　== 有更……更多 ==

威尔：== 更多空间。

德里克：机会。

图 10.2　应用杰斐逊转录规范的转录，包括互动中的展示（showing）、时机（timing）、重复（overlap）和锁定（latching）（Enyedy，2003）

表 10.2　杰斐逊转录规范节选（Atkinson & Heritage，1984）

规范	名称	应用
[谈话]	方括号	表示重复话语的开始和结束
=	等号	表示对话轮之间没有停顿的地方的锁定
（#，以秒计）	时间上的停顿	表示谈话停顿的时间，以秒计
(.)	小的停顿	短暂的停顿，通常小于 0.2 秒
. 或者↓	点号或者向下的箭头	表示音调下降
？或者↑	问号或者向上的箭头	表示音调上升
,	逗号	表示语调的简短上升或者下降
–	连字符	表示话语的突然中断

研究者也开发了其他的转录规范（Erickson，1996；Goodwin & Goodwin，1987）用以展现交互的不同方面，比如类似音乐的韵律或者表征行动的谈话的互动关系（见图 10.3）。学习科学家已越来越多地致力于研究交互的教学材料和具身方面（Enyedy，2005；Stevens & Hall，1998）——与他人的距离、手势、环境的物理特征、绘画和其他表征媒介——如何使得协作结构化（见图 10.4、图 10.5）。通过把转录的各种各样的元素综合起来，分析者就能够分析人们如何进行协作活动。这些交互的细节不具有研究上的选择性，因为正是通过所有这些细节，参与者才能相互引导，才能知道协作活动如何进行以及下一步该怎么做。 201

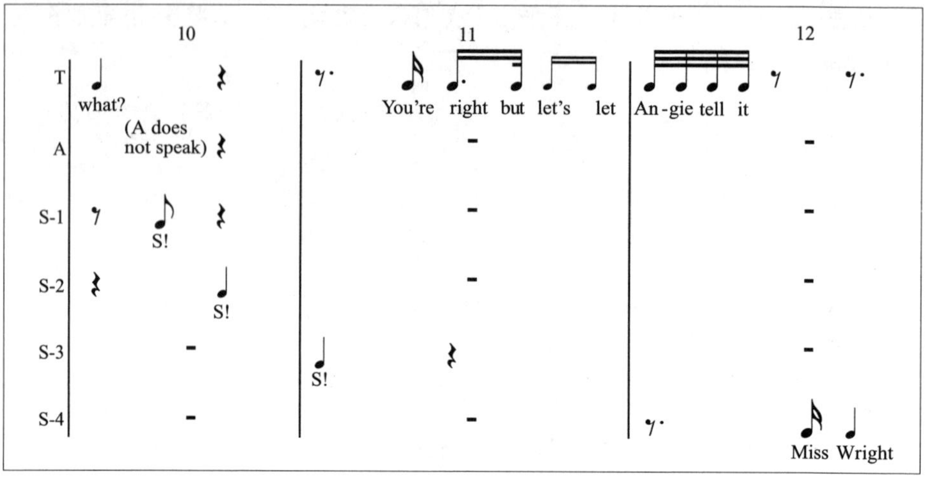

图 10.3 多方会谈同步节奏的转录规范（Erickson，1996）

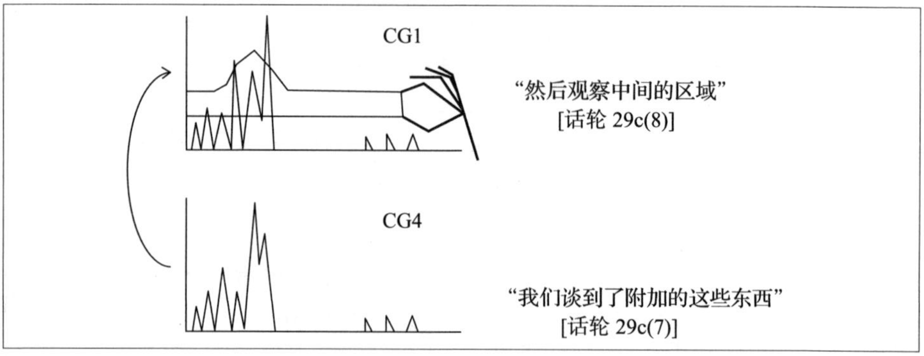

图 10.4 表示具身行动与表征媒介关系的转录规范（Hall，Stevens，& Torralba，2002）

说话者	对话
1 萨拉	真的很难展示，因为它小到难以看到（.） 他们怎么[1]（.）画出它来的，它似乎比我用手指比的还要小。
	 *用手指比出一个“C”的形状，随着手指围起的空间的缩小，闭上一只眼用另一只眼眯着看。
	所以很难看出如何展示其中的细节[2] [2]把一只手插入弯成杯状的另一只手中
	并将积木放在一起[3] 将她的手掌根放在一起[3]
2 教师	好的，你说的是比例，我们把它称为地图的比例尺，萨拉。 对吗? 绘制[4]如此小的比例是非常困难的。大家是否同意萨拉的观点? [4]一只手朝着她另一只手拿着的地图移动

图 10.5 表示一个话轮中手势时序的转录规范（Enyedy，2005）

我们要说明的是没有一种转录规范更优且适合所有的研究目的：所有规范都会为研究交互的不同方面而做出选择和侧重（Duranti，2006；Ochs，1979）。还有需要牢记且至关重要的是，要理解转录与录音录像这些转录来 202
源之间的关系（Duranti，2006；Pomerantz & Fehr，2011）。把具体化的转录作为交互的完全表征是非常危险的。想象一下你必须根据前面的转录来重新表演一次交互，另外一个人也必须根据相同的转录来进行相同的表演。就像 203
两个不同时期的戏剧，表演的过程可能会非常不同，因为转录只提供了部分信息。更重要的是，两种表演可能会与原始视频不同。

我们建议，在分析的早期阶段，研究者要反复地采用不同的转录规范并投入到不同的观看实践中，比如以小组的形式带着研究主题观看视频，或者以不同的速度观看视频（Barron et al.，2013）。我们认为这些混合的方法有相同的基本前提，并应用了多种互补的资源，每种方法都对现象进行了一种不同的解释。因为通过每一种特定的转录规范透视交互都是部分的和不完整的，对于相同的交互采用不同的转录规范是分析者对交互内的相互作用进行细致研究的一种方法。

虽然我们这里聚焦的是质性数据的分析，但是有时研究序列和相关关系的这类统计方法仍然适合协作会话的研究。比如，斯特罗姆及其同事（Strom et al.，2001）应用分布式分析单元对论证过程的序列进行了追踪。其他方法，比如滞后序列分析（Anderson et al.，2001；Jeong，2005）和社会网络分析（Cress & Hesse，2013）聚焦于协作话语如何互相依赖以及针对多话轮的协作话语的其他模式。不管这些方法是质性的还是量化的，至关重要的是它们把交互看作集体的过程，并且把这个过程与发生在会话过程中的集体学习结果联系起来。

作为学习的协作：致力于分布式的、内生性的分析单元 204

采用第四类分析方法的学习科学家认为协作学习的集体单元是非常重要的分析单元。学习被认为是一种与系统相关的转变，这个系统由多个部分组成，包括人还有其他物体（nonhuman）“在一个复杂系统中的适应性重组”（Hutchins，1995a，p.289）。为了澄清这种视角以及它与我们已经讨论过的三种视角的不同，让我们回忆一下哈钦斯（E. Hutchins）和其他人经常提起的“分布式认知”。在应用这个名词的过程中，哈钦斯把人们的注意力引向了包含多个人和工具的分析单元，这些人和工具在一个“社会文化系统”中互动协调。哈钦斯（Hutchins，1995b）的文章《驾驶舱如何记住它的速度》（How a Cockpit Remembers Its Speeds）在题目中就展示了这种分析取向。在这篇文章中，哈钦斯认为对于完成降落一架大型商业飞机来说，认知任务中的分析单元是非常重要的，相关分析单元应该包括飞行员、副驾驶和许多仪器及其他物质资源。减少认知分析单元——或者暗示只分析单个飞行员或者副驾驶的认知过程——会掩盖飞机降落过程中很多成功完成认知任务所必备的重要元素。正如哈钦斯所说："我们感兴趣的结果不是完全由个体的信息加工性质决定的。"（Hutchins，1995b，p.265）

在一些研究中，学习科学家借鉴了人类学的研究传统来拓展分析的焦点，使之超越个体层面，不仅分析协作过程也分析协作学习的结果。这方面的一个例子就是史蒂文斯（Stevens，2000）对中学数学课上建筑项目学习中的劳动力分工与专业建筑师的劳动力分工所进行的比较分析。在这里，史蒂文斯把团队作为他的基本分析单元，考察不断变化的劳动力分工中个人的参与和贡献情况。通过研究，史蒂文斯认为在这两个例子中，劳动力的分工是不断变化的，这种分布式分析单元的变化与小组项目的表现和结果是紧密相关的。与哈钦斯的方法相同，史蒂文斯没有忽略个体参与者的贡献和所处的位置，并且发现没有这种分布式的、无法简化的团队劳动力分工的单元，个体的贡献和学习机会就不能被正确地理解。

在另外一个很重要的研究中，巴伦（Barron，2003）的文章《当聪明的小组失败的时候》（When Smart Groups Fail）研究了学生小组之内的活动，发现"三人小组内的个体关系会导致问题解决结果的不同"（p.307），且这一现象不能被简化为之前对小组成员个体能力的测量。巴伦的研究中，任务团队成员之间交互的质量——比如，他们如何相互认可、倾听、利用其他小组成员的贡献——与问题解决的结果是相关的。在史蒂文斯和巴伦的研究中，他
205 们分析的是小组作为一个集体的表现以及小组如何"协调"它们的活动，而不是单独为了个体学习结果而聚焦于这些交互的序列。当小组或团队，或者其他规模和形式的集体，被简化为个体单独的贡献、能力和表现的时候，这些集体的能力和成就就会丧失。

虽然很多学习科学研究重视集体这一分析单元，但是很明显，占主导地位的方法仍然把协作作为一种理解和提升个体远期学习结果的手段，这种不平衡令人困惑。《学习科学杂志》中已发表的证据表明，这种研究方法对社会文化导向的研究者［例如莱夫（J. Lave）、科尔（M. Cole）、哈钦斯（E.

Hutchins)、古德温(C. Goodwin)、罗戈夫(B. Rogoff)]产生了明显的影响，社会文化导向的研究者强调参与和集体行动等结构。对这种不平衡现象的一种可能的解释是，从历史上看学习科学的研究一直紧密围绕学校教育的价值、目标和这种制度化的实践展开。学校教育只认为个体的表现(即评估和档案)很重要，并且只是在口头上重视集体活动的产品和过程。简而言之，学习科学家采用了学校教育的分析单元以及它的近亲——制度化心理学(institutionalized psychology)的研究思路(McDermott & Hood，1982)。

令人欣慰的是，在过去的几十年中，在情境中学习而不是在学校中学习最终成为学习科学研究关注的焦点(Bell，Lewenstein，Shouse，& Feder，2009；Ito et al.，2010；Stevens，Wineburg，Herrenkohl，& Bell，2005)。这种避免将学校作为学习研究的唯一地点的转变反过来也应该引导我们在未来的研究中把分布式的认识和学习分析单元作为焦点。我们期望如此是因为这些非学校情境的参与者真的认为集体(比如，团队、小组、家庭或者公司)的表现非常重要，甚至常常比个体成员的贡献更重要。

随着将研究拓展到非学校情境，这些观点会进一步证明，转向分布式协作单元以及对非学校情境中学习的广泛关注会在协作学习研究中引入一种更明显的内生性方法(Stevens，2010；Garfinkel，1996)。内生性方法抛弃了规范的或者规定性的考虑(至少开始是这样的)，强调基本的描述－分析目标，关心研究参与者自己如何理解和进行协作。对于我们的研究对象，什么才能算得上协作呢？内生性的研究方法认为，对于每一个社会组织，外在的分析者都有一个立场，同样地，参与者也有他们自己的立场。

我们对为什么采用内生性的分析方法研究协作提出两个理由：第一，就像我们所知道的，在许多有关语言应用的研究中，一个规范性的方法经常会引入占主导地位的群体的文化价值观(Michaels，2005；Philips，1983；Tharp & Gallimore，1988)。一般来讲，语言实践研究中正确的东西，对于协作学习研究也会是正确的。关于协作的内生性视角能帮助学习科学家克服理论化和 206
对其他人的协作实践强加具体的和规范化的标准的问题。

采用内生性方法研究协作的第二个原因涉及很多学习科学研究基本的建构主义的前提。皮亚杰学派认为，观念建立于已经存在的观念之上。当代学习科学研究者已经拓展了这种观点，先前知识——通常被认为是有关客观世界的知识——也包括关于文化的知识，研究者们认为理解当前存在的文化知识和青年人的实践为新的学习开辟了道路。这方面的例子包括科学辩论（Warren & Rosebery，1995），作为通向文学欣赏的桥梁的文化性语言实践（Lee，2001），以及与文化相关的数学教学（Enyedy，Danish，& Fields，2011）。换言之，假设采用建构主义核心的理论视角，对协作采用内生性的研究方法可以被看作为达成更好协作的规范性目标而迈出的非常有意义的第一步。

分布式的方法或内生性方法

与分布式的方法或者内生性方法一致的协作学习研究方法受到了社会生活和交互研究相关方法的相对清晰的引导，例如话语分析和民俗方法学的引导（Goodwin，2000；Goodwin & Heritage，1990；Lynch，1993；Schegloff，2006）。我们在本章早些时候已经讨论了很多研究多模态和多方社会交互的方法。然而，虽然话语分析的一些技巧和转录规范被使用其他方法研究协作（比如，为了远期目标的协作和为了近期结果的协作）的研究者所采用，但是他们对于协作的研究仍旧很少采用以话语分析和民俗方法学为核心的内生性的启发式方法。这种启发式方法认为，对协作这种社会性活动的分析，必须像社会科学家一样把它视为"'成员'现象"而不是"我们建构和管理的一件事情"（Stevens，2010）。因此，成功的对协作的内生性分析将表明成员自己如何共同管理和及时维持某种类型的协作，我们可以对这种协作进行集体性的解释，而不管外界的规范认为协作是好的还是不好的、有效的还是无效的。内生性的协作分析，就像学习自身（Stevens，2010），呈现了学习科学研究的新方向，我们希望能在未来看到这种研究。

作为一种学习方法，协作具有启发性，即以集体的分布式活动单元作为开始和结束，其也为学习研究提出了有趣的方法论方面的挑战。正如前面所
207 言，从一个典型的个体化的本体论的视角来看（Greeno & Engeström，本书第 7 章，有关因素假设的论述），协作的形式只是简单的个体临时凑在一起的组合。而学习视角的协作把这种熟悉的逻辑颠倒了过来（Goodwin，2003；McDermott，1993），且认为在很多案例中，分布式的单元在过去是持久的并被小组的成员所认可：每个成员参加的正是这种集体活动和有意义的单元。比如，专业情境中的工作小组随着新成员的加入和前辈的离去而不断演变，但是很少有工作小组以被要求设立新的目标和进行新的工作实践的全新的一群人重新开始，这提示我们注意一种认识集体远期目标的方法：我们需要理解个体如何团结起来，如何把他们自己作为成员整合进现有的集体单元中，并应用这个框架来思考当他们进入集体后将学习什么以及如何学习（Lave &

Wenger，1991）。

非正式情境中的协作学习与正式的学校情境中的协作学习的组织过程具有很明显的差别。在学校情境中，我们通过考试和其他形式的个体记录来把每个人分开。但是在很多其他的协作和共同学习的情境中，能以这些形式分离的个体是不常见的或者不存在的。在这些其他的情境中，比如分散的团队、小组、家庭和公司中，我们如何识别个体的贡献并将其清晰地分离出来？这是有关协作的内生性和分布式视角给我们带来的重要而有趣的问题之一。

结论

研究协作时，学习科学家采用了不同的方法，这反映了研究问题的广泛性，也反映了特定领域内关于什么是学习的一系列假设。很多学习科学家研究协作是为了更好地理解协作如何发现和产生有关个体学习的知识，同时他们在研究什么是好的学习上采取了一种规范化的视角。但是，一些我们借鉴的惯例（比如，协议分析、临床访谈）都携带着假设并且继承了个体心理学的研究视角，后来才被拓展到协作学习研究中。学习科学家借鉴的其他惯例（比如，民俗方法学和话语分析）致力于研究分布式的、内生性的分析单元。当研究领域不断向前发展，并且拓展到了课堂之外的领域的时候，关于研究协作的方法的选择、分析的单元、规范性或内生性立场的选择的讨论和辩论，对统一 208
（至少是理解）在广泛背景下研究协作学习的关键差异至关重要。

参考文献

Anderson, R. C., Nguyen-Jahiel, K., McNurlen, B., Archodidou, A., Kim, S., Reznitskaya, A., et al. (2001). The snowball phenomenon: Spread of ways of talking and ways of thinking across groups of children. *Cognition and Instruction*, 19, 1–46.

Atkinson, J. M., & Heritage, J. (1984). Transcription notation. In J. M. Atkinson, & J. Heritage (Eds.), *Structures of social interaction* (pp. ix–xvi). New York: Cambridge University Press.

Barron, B. (2003). When smart groups fail. *The Journal of the Learning Sciences*, 12 (3), 307–359.

Barron, B., Pea, R., & Engle, R. (2013). Advancing understanding of collaborative learning with data derived from video records. In C. Hmelo-Silver, C. Chinn, C. Chan, & A. O'Donnell (Eds.), *The international handbook of collaborative learning* (pp. 203–219). New York: Routledge.

Bell, P., Lewenstein, B., Shouse, A. W., & Feder, M. A. (2009). National Research Council. (2009). Learning science in informal environments: People, places, and pursuits. Committee on Learning Science in Informal Environments, Board on Science Education, Center for Education, Division of Behavioral and Social Sciences and Education, National Academy of Sciences. Washington, DC: The National Academies Press.

Cazden, C. (1986). Classroom discourse. In M. C. Wittrock (Ed.), *Handbook on teaching*. Third Edition (pp. 432–460). New York: Macmillan.

Chi, M. T. H. (1997). Quantifying qualitative analyses of verbal data: A practical guide. *The Journal of the Learning Sciences*, 6, 271–315.

Cobb, P. (2002). Reasoning with tools and inscriptions. *The Journal of the Learning Sciences*, 11, 187–216.

Cobb, P., Stephan, M., McClain, K., & Gravemeijer, K. (2001). Participating in classroom mathematical practices. *The Journal of the Learning Sciences*, 10, 113–163.

Cobb, P., Yackel, E., & McClain, K. (Eds.) (2000). *Symbolizing and communicating in mathematics classrooms: Perspectives on discourse, tools, and instructional design*. Mahwah, NJ: Lawrence Erlbaum Associates.

Cornelius, L. L., & Herrenkohl, L. R. (2004). Power in the classroom: How the classroom environment shapes students' relationship with each other and with concepts. *Cognition & Instruction*, 22 (4), 467–498.

Cress, U., & Hesse, F. (2013). Quantitative methods for studying small groups. In C. Hmelo-Silver, C. Chinn, C. Chan, & A. O'Donnell (Eds.), *The International handbook of collaborative learning* (pp. 93–111). New York: Routledge.

Dillenbourg, P., Baker, M., Blaye, A., & O'Malley, C. (1996). The evolution of research on
209 collaborative learning. In E. Spada, & P. Reiman (Eds.), *Learning in humans and machine: Towards an interdisciplinary learning science* (pp. 189–211). Oxford: Elsevier.

Duranti, A. (2006). Transcripts, like shadows on a wall. *Mind, Culture and Activity*, 13 (4), 301–310.

Ellis, A. (2007). A taxonomy for categorizing generalizations: Generalizing actions and reflection generalizations. *Journal of the Learning Sciences*, 16 (2), 221–262.

Engle, R. A., & Conant, F. R. (2002). Guiding principles for fostering productive disciplinary engagement: Explaining an emergent argument in a community of learners classroom. *Cognition and Instruction*, 20 (34), 399–483.

Enyedy, N. (2003). Knowledge construction and collective practice: At the intersection of learning, talk, and social coniguations in a computer-mediated mathematics classroom. *The Journal of the*

Learning Sciences, 12 (3), 361–408.

Enyedy, N. (2005). Inventing mapping: Creating cultural forms to solve collective problems. *Cognition and Instruction*, 23 (4), 427–466.

Enyedy, N., Danish, J. A., & Fields, D. (2011). Negotiating the "relevant" in culturally relevant mathematics. *Canadian Journal for Science, Mathematics, and Technology Education*, 11 (3), 273–291.

Enyedy, N., Rubel, L., Castellon, V., Mukhopadhyay, S., & Esmond, I. (2008). Revoicing in a multilingual classroom: Learning implications of discourse. *Mathematical Thinking and Learning*, 10 (2), 134–162.

Erickson, F. (1982). Classroom discourse as improvisation: Relationships between academic task structure and social participation structure in lessons. In L. C. Wilkinson (Ed.), *Communicating in the classroom* (pp. 153–182). New York: Academic.

Erickson, F. (1986). Qualitative methods in research on teaching. In M. C. Wittrock (Ed.), *Handbook of research on teaching*. Third Edition (pp. 119–161). New York: Macmillan.

Erickson, F. (1996). Going for the zone: The social and cognitive ecology of teacher-student interaction in classroom conversations. In D. Hicks (Ed.), *Discourse, learning, and schooling* (pp. 29–62). New York: Cambridge University Press.

Erickson, F. (2006). Definition and analysis of data from videotape: Some research procedures and their rationales. In J. Green, G. Camilli, & P. Elmore (Eds.), *Handbook of complementary methods in educational research*. Third Edition (pp. 177–191). Washington, DC: American Educational Research Association.

Ericsson, K. A., & Simon, H. A. (1993). *Protocol analysis: Verbal reports as data*. Second Edition. Cambridge, MA: MIT Press.

Forman, E., Larreamendy-Joerns, J., Stein, M., & Brown, C. (1998). "You're going to want to find out which and prove it": Collective argumentation in a mathematics classroom. *Learning and Instruction*, 8, 527–548.

Garfinkel, H. (1996). Ethnomethodology's program. *Social Psychology Quarterly*, 59 (1), 5–21.

Goodwin, C. (2000). Practices of seeing, visual analysis: An ethnomethodological approach. In T. Van Leeuwen, & C. Jewitt (Eds.), *Handbook of visual analysis* (pp. 157–187). London: Sage.

Goodwin, C. (2003). Conversational frameworks for the accomplishment of meaning in aphasia. In C. 210
Goodwin (Ed.), *Conversation and brain damage* (pp. 90 – 116). Oxford: Oxford University Press.

Goodwin, C., & Goodwin, M. (1987). Children's arguing. In S. Philips, S. Steele, & C. Tanz (Eds.), *Language, gender, and sex in comparative perspective* (pp. 200–248). Cambridge, MA: Cambridge University Press.

Goodwin, C., & Heritage, J. (1990). Conversation analysis. *Annual Review of Anthropology*, 19, 283–307.

Hall, R., Stevens, R., & Torralba, A. (2002). Disrupting representational infrastructure in conversations across disciplines. *Mind, Culture, and Activity*, 9, 179–210.

Hmelo-Silver, C. E. (2000). Knowledge recycling: Crisscrossing the landscape of educational psychology in a problem-based learning course for preservice teachers. *Journal on Excellence in College Teaching*, 11, 41–56.

Howley, I., Mayfield, E., & Rose, C. (2013). Linguistic analysis methods for studying small groups. In C. Hmelo-Silver, C. Chinn, C. Chan, & A. O'Donnell (Eds.), *The International handbook of collaborative learning* (pp. 184–202). New York: Routledge.

Hutchins, E. (1995a). *Cognition in the wild.* Cambridge, MA: MIT Press.

Hutchins, E. (1995b). How a cockpit remembers its speeds. *Cognitive Science*, 19, 265–288.

Ito, M., Horst, H. J., Finn, M., Law, L., Manion, A., Mitnick, S., Schlossberg, D., & Yardi, S. (2010). *Hanging out, messing around and geeking out*. Cambridge, MA: MIT Press.

Janssen, J., Erkens, G., & Kirschner, P. A. (2011). Group awareness tools: It's what you do with it that matters. *Computers in Human Behavior*, 27, 1046–1058.

Jeong, A. (2005). A guide to analyzing message-response sequences and group interaction patterns in computer mediated communication. *Distance Education*, 26 (3), 367–383.

Jones, A., & Issroff, K. (2005). Learning technologies: Affective and social issues in computer-supported collaborative learning. *Computers & Education*, 44, 395–408.

Klein, J. D., & Pridemore, D. R. (1992). Effects of cooperative learning and need for affiliation on performance, time on task, and satisfaction. *Educational Technology, Research and Development*, 40 (4), 39–47.

Lave, J., & Wenger, E. (1991). *Situated learning: Legitimate peripheral participation*. Cambridge: Cambridge University Press.

Lee, C. D. (2001). Signifying in the Zone of Proximal Development. In C. Lee, & P. Smagorinsky (Eds.), *Vygotskian perspectives on literacy research: Constructing meaning through collaborative inquiry* (pp. 191–225). Cambridge, MA: Cambridge University Press.

Lynch, M. (1993). *Scientific practice and ordinary action: Ethnomethodology and social studies of science*. Cambridge: Cambridge University Press.

McDermott, R. (1993). The acquisition of a child by a learning disability. In S. Chaiklin, & J. Lave (Eds.), *Understanding practice* (pp.269–305). London: Cambridge University Press.

McDermott, R. P., & Hood (Holzman), L. (1982). Institutional psychology and the ethnography of schooling. In P. Gilmore, & A. Glatthorn (Eds.), *Children in and out of school: Ethnography and education* (pp. 232–249). Washington, DC: Center for Applied Linguistics.

211 Mehan, H. (1979). *Learning lessons: Social organization in the classroom*. Cambridge, MA: Harvard University Press.

Mercer, N. (2008). The seeds of time: Why classroom dialogue needs a temporal analysis. *Journal of the Learning Sciences*, 17, 33–59.

Mercer, N., & Hodgkinson, S. (Eds.) (2008). *Exploring classroom talk*. London: Sage.

Michaels, S. (2005). Can the intellectual affordances of working-class storytelling be leveraged in school? *Human Development*, 48, 136–145.

Nichols, J. D. (1996). The effects of cooperative learning on student achievement and motivation in a high school geometry class. *Contemporary Educational Psychology*, 21 (4), 467–476.

Ochs, E. (1979). Transcription as theory. In E. Ochs, & B. B. Schieffelin (Eds.), *Developmental pragmatics* (pp. 43–72). New York: Academic Press.

O'Connor, M. C., & Michaels, S. (1996). Shifting participant frameworks: Orchestrating thinking practices in group discussion. In D. Hicks (Ed.), *Discourse, learning, and schooling* (pp. 63–103). New York: Cambridge University Press.

Osborne, J. (2010). Arguing to learn in science: The role of collaborative, critical discourse. *Science*, 328, 463–466.

Philips, S. (1983). *The invisible culture: Communication in classroom and community on the Warm Springs Indian Reservation*. Prospect Heights, IL: Waveland Press, Inc.

Pomerantz, A., & Fehr, B. J. (2011). Conversation analysis: An approach to the analysis of social interaction. In T. A. van Dijk (Ed.), *Discourse studies: A multidisciplinary introduction* (pp. 165–190). London: Sage.

Puntambekar, S. (2013). Mixed methods for analyzing collaborative learning. In C. Hmelo-Silver, C. Chinn, C. Chan, & A. O'Donnell (Eds.), *The International handbook of collaborative learning* (pp. 220–230). New York: Routledge.

Roschelle, J. (1992). Learning by collaborating: Convergent conceptual change. *Journal of the Learning Sciences*, 2 (3), 235–276.

Scardamalia, M., & Bereiter, C. (1994). Computer support for knowledge-building communities. *Journal of the Learning Sciences*, 3, 265–283.

Schegloff, E. A. (2006). Interaction: The infrastructure for social institutions, the natural ecological niche for language, and the arena in which culture is enacted. In N. J. Enfield , & S. C. Levinson (Eds.), *Roots of human sociality: Culture, cognition and interaction* (pp. 70–96). London: Berg.

Schoenfeld, A. H. (Ed.) (1992). Research methods in and for the learning sciences, a special issue of *The Journal of the Learning Sciences*, Volume 2, No. 2.

Simon, H. A. (2001). Learning to research about learning. In S. M. Carver, & D. Klahr (Eds.), *Cognition and instruction: Twenty-five years of progress* (pp. 205–226). Mahwah, NJ: Lawrence Erlbaum Associates.

Stevens, R. (2000). Divisions of labor in school and in the workplace: Comparing computer and paper-supported activities across settings. *Journal of the Learning Sciences*, 9 (4), 373–401.

Stevens, R. (2010). Learning as a members' phenomenon: Toward an ethnographically adequate science of learning. *NSSE 2010 Yearbook: A Human Sciences Approach to Research on Learning*, 109 (1), 82–97.

212 Stevens, R., & Hall, R. (1998). Disciplined perception: Learning to see in technoscience. In M. Lampert, & M. L. Blunk (Eds.), *Talking mathematics in school: Studies of teaching and learning* (pp. 107–149). Cambridge: Cambridge University Press.

Stevens, R., Wineburg, S., Herrenkohl, L., & Bell, P. (2005). The comparative understanding of school subjects: Past, present and future. *Review of Educational Research*, 75 (2), 125–157.

Strom, D., Kemeny, V., Lehrer, R., & Forman, E. (2001). Visualizing the emergent structure of children's mathematical argument. *Cognitive Science*, 25, 733–773.

Sun, Y., Zhang, J., & Scardamalia, M. (2010). Knowledge building and vocabulary growth over two years, Grades 3 and 4. *Instructional Science*, 38 (2), 247–271.

Tharp, R. G., & Gallimore, R. (1988). *Rousing minds to life: Teaching, learning, and schooling in social context*. Cambridge: Cambridge University Press.

Warren, B., & Rosebery, A. (1995). Equity in the future tense: Redefining relationships among teachers, students and science in linguistic minority classrooms. In W. Secada, E. Fennema, & L. Adajian (Eds.), *New directions for equity in mathematics education* (pp. 298–328). New York: Cambridge University Press.

Webb, N. M. (1991). Task-related verbal interaction and mathematics learning in small groups. *Journal for Research in Mathematics Education*, 22, 366–389.

Webb, N. M., & Mastergeorge, A. M. (2003). The development of students' learning in peer-directed small groups. *Cognition and Instruction*, 21, 361–428.

Wells, G. (1993). Articulation of theories of activity and discourse for the analysis of teaching and learning in the classroom. *Linguistics and Education*, 5, 1–37.

Wertsch, J. V., & Stone, C. A. (1999). *The concept of internalization in Vygotsky's account of the genesis of higher mental functions, Lev Vygotsky: Critical assessments: Vygotsky's theory* (vol. I, pp. 363–380). Florence, KY: Taylor & Francis /Routledge.

Wood, D. (1992). Teaching talk. In K. Norman (Ed.), *Thinking voices: The work of the National Oracy Project* (pp. 203–214). London: Hodder & Stoughton (for the National Curriculum Council).

第11章

学习科学中的数字视频前沿：领域划定

里基·戈德曼　卡尔姆·扎恩　沙伦·J. 德里

由保罗·霍金斯（Paul Hockings）编著且广受赞誉的1975年版《视觉人类学原理》（*Principles of Visual Anthropology*）一书中，人类学家玛格丽特·米德（Margaret Mead）曾经提到视频录像的未来应用以及开展研究的新式工具。米德在1975年以其先见之明意识到，不断发展的视频技术可以让研究者们在研究的同时收集、记录、回放“视觉以及声音材料”，并从中发掘未知。正如米德所说： 213

> 我们所面临的许多情境——上千年的人类历史所提供的这些情境——永远无法在实验环境中被复制。但是，如果用恰当的方法去收集、标注以及保存这些视听材料，我们就可以一遍又一遍地重现这个情境，不仅如此，我们还可以仔细地分析同一个材料。现如今，越来越精密的仪器增进了我们对世间万物的理解，我们也可以用越来越精细的记录来阐明我们不断增长的知识和鉴赏能力（Hockings，1975，p.10）。

本章描述了学习科学研究者将数字视频应用到对复杂学习环境的记录、研究之中以促进对其的学术性理解的各种方法。本文讨论了数字视频收集和使用的历史性、理论性、方法性和技术性事宜。本章也回顾了过去20年中学习科学家们使用视频研究方法所取得的实质进展。我们的目标是给出一个学习科学中视频研究学术圈风采的总瞰。正如玛格丽特·米德对我们的教诲一样，有了新的、更精密的工具，我们能够“阐明我们不断增长的知识”，即我们如何学习、我们如何了解人类。

我们会一开始首先介绍数字视频研究的基础资源，文中提到的每个作者都起到了关键的作用。然后我们会对历史上随后的改革者和早期试用者所总结出的方法论进行介绍，这些方法论来自视频人类学、教育民族志、认知民族志、符号学、社会学、数学和科学教育，以及对视频学习的认知研究。在本章的第三部分，我们将介绍与视频数据一起使用的一系列方法和工具。然后，我们会对目前正式及非正式学习环境中的视频研究案例进行介绍，包括在控制实验课堂中使用数字视频，以及博物馆等自然环境下的案例研究，等等。最后，本章会以我们对数字视频在学习科学研究中的应用前景的展望作为结尾。

214

数字视频研究的基础资源

本章的基础是学习科学中使用数字视频的四类开创性工作。

首先，我们来看看第一个开创性研究——数字视频民族志（digital video ethnography）：该研究于 1988 年左右采用了一个专门设计的多媒体分析工具——学习星图 ™（Learning Constellations ™），对一个富计算机化的小学数学课堂中的儿童学习方法进行了记录、分析与解读。该研究被记录在名为《学习星图：使用视频技术探索儿童思维模式的多媒体民族志研究环境》（Learning Constellations：A Multimedia Ethnographic Research Environment Using Video Technology to Explore Children’s Thinking Styles）（Goldman-Segall，1990a）的博士学位论文中。然后，著者将其精心整理成册——《观察儿童思维的不同角度：数字民族志学者的旅程》（*Points of Viewing Children's Thinking*：*A Digital Ethnographer's Journey*），其中描绘了教育中的数字视频民族志研究在未来的可能性（Goldman-Segall，1997）。这本书的前言在开篇就邀请研究者们对于能够从环境中获取、共享和分析的数据的多种表征的民族志和学习的本质进行重新思考。该著作还介绍了两个纵向研究，以及视频数据分析先驱软件——《星图 ™》（Constellations™）和《星图 ™（网页版）》（Web Constellations ™）的使用。这两种软件对于学习科学的创新在于：它们能够通过某种显著性度量来对视频片段中添加的描述性标签进行量化评分

（Goldman-Segall，1993）；它们能够使中学生参与视频的摄制、数字化以及编辑；它们能够将网络视频的观众和书籍读者统一起来，将其作为文化研究的一部分（您可以去网站 http://www.pointsofviewing.com 对视频进行评论）。

其次，另一种资源也对这一领域有较大的贡献——《学习科学中的视频研究》（*Video Research in the Learning Science*）（Goldman，Pea，Barron，& Derry，2007）。该手册共有 67 位作者，围绕四个基础主题展开：民族志、符号学、话语分析、美学、娱乐以及现象学的理论与方法论框架研究，并以此来呈现学习科学的相关研究；对同伴、家庭、非正式学习的视频研究，以揭示诸如博物馆、学习中心以及课外兴趣班环境中所产生的学习过程；对课堂与教师学习的视频研究，以借助数字视频媒介说明教师和学生是如何通过复杂的、真实情境的实践活动学习的；用视频协作实验与未来技术，来探索数字视频工具的表征、反馈、交互以及协作对研究的贡献与价值。

再次，我们依据了美国国家科学基金会（National Science Foundation， 215
NSF）近期编撰的《教育中的视频研究纲要：来自专家团的建议》（*Guidelines for Video Research in Education*：*Recommendations from an Expert Panel*）（Derry，2007），这一报告旨在向资助机构和研究人员阐明视频研究质量的构成。在 NSF 资助的会议基础上，撰写工作由一位专家完成。该报告由六个①部分组成：数据收集（记录）策略、数据选择与取样准则、分析方法、共享与汇报视频数据的模型、如何通过视频促进学习，以及视频研究开展中的伦理问题。该报告的部分内容解决了视频选择、分析、技术支持，以及伦理方面的交叉问题，在经过进一步细化和同行评议后，被发表在《学习科学杂志》中（Derry et al.，2010）。报告中，有关从视频中学习，尤其是教师从课堂视频中学习的部分，在改善后被发表到《剑桥多媒体学习手册》（*The Cambridge Handbook of Multimedia Learning*）之中（Derry，Sherin，& Sherin，2014）。

最后，我们的研究依赖于国际相关书籍和期刊上发表的关于数字化课堂学习环境的实验性实地研究，例如《学习科学杂志》和《国际计算机支持的学习杂志》（*International Journal of Computer Supported Learning*）发表的相关研究（Zahn，Karauskopf，Hesse，& Pea，2010，2012；Zahn，Pea，Hesse，& Rosen，2010）。本研究主要探讨现代网络视频与超视频工具（Hypervideo™）下的视频

---

① 原文中为五个，应是原著者笔误。——译者注

应用范式转变（Chambel, Zahn, & Finke, 2005；Pea et al., 2004；Zahn & Finke, 2003），以及它与教育情境中视频使用的传统模式的比较。数字视频技术曾作为认知和协作的工具，在实验和实地研究中被大量使用，这就为我们展示了不同视频使用模式能够为建构主义学习提供什么样的新可能，例如在历史（Zahn et al., 2010, 2012）和心理学（Stahl, Zan, & Finke, 2006）学习中。

视频与可视化研究的创新

历史根源

相比于为了娱乐或者梦幻效果拍摄的影片，出于研究目的所拍下来的第一部影像来自加利福尼亚州一个赛马主的赌局。利兰·斯坦福（Leland Stanford）认为，马在小跑的时候是四条腿离地的，因此他聘请了摄影师、发明家爱德华·迈布里奇（Eadward Muybridge）来证明他的观点。1878年，迈布里奇将照相机摆成一排，然后在地上布好了细线，并将这些细线与相机快门线接在一起，这样马踢到细线的时候就会触发快门。通过这种方法，迈布里奇将不同相机拍摄到的照片放在一起，创造了一个动态图像，并证明了这个加利福尼亚人的观点是正确的。与以往任何一种技术不同的是，并排放置
216 并连续播放图像能够让观众在观看事件时感知到肉眼看不到的东西。

早期的人类学家在异域四处游历时都会带着摄像机，这样他们就能够用胶片作为媒介来记录下自然生活的影像，至少表面上看起来是这样。事后看来，人类学家表现“异族”生活的过程和他们所形成的劳动成果有许多不同之处——他们往往以西方白人的视角观察这些异域风情（Trinh，1993）。人类学家坚信，收集标本、文化产品以及记录“异族”人们生活的经历的文字和视频影像会对人类学这一领域有巨大的贡献，而且他们认为他们记录的是西方文明入侵后就会消失的“本土”习俗（Peck，1981）。

人类学家与视频民族志学家一致认同琼·鲁什（Rouch，1975）的说法，即人类学家玛格丽特·米德和控制论专家格雷戈里·巴特森（Gregory Batson）是领域内最早使用模拟胶片的，也是在民族志研究中使用动像（moving image）的最具影响力的研究者。1936年到1939年期间，格雷戈里·巴特森和玛格丽特·米德一起在印度尼西亚的巴厘岛使用手摇摄像机研究土著舞蹈的时候，采用了一种叫纵向影像研究（longitudinal filmmaking research）的方法（Rony，2006）。包括费利克斯－路易·勒尼奥（Felix-Louis Regnault）在内的早期先驱研究者还拍摄了一个沃洛夫族（塞内加尔的一个民族）女人不用转盘徒手捏陶器的录像，这个研究发表在 1895 年的西欧非洲民族志博览会上；还有罗伯特·弗莱厄蒂（Robert Flaherty），他用写实主义手法展现了因纽特人的生活，并给他的无声纪录片起名为《北方的纳努克》（*Nanook of the North*，1922）。

使用影像在早期研究中的好处在于，研究者可以在异国他乡记录那里人们的行为举止，时隔数月后再将这些活动的图像分享给千里之外的同事们。这些影像记录了拥有不同文化习俗、手势符号、语言文字、舞蹈动作以及育儿方式的男女老少的故事。

社会学与民族志研究的贡献

早在 1888 年，雅各布·里斯（Jacob Riis）就拍了一组引人注目的摄影作品——《布兰德的寒舍》（*Brandt's Roost*），它揭露了曼哈顿下东区的贫穷状况，社会学家和人类学家就此意识到相机可以作为一种工具评价他人在家庭、学校、工作或者娱乐场所中的生活，而这么做的目的是推动社会向好的方面变革。

托雄（Tochon，2007）认为，符号语言学（semiotics）的目的在于论述视频研究、符号、社会效应以及社会参与之间的联系。他提出，视频应成为被记录人的镜子，用以反思他们的行为，并以此改进社会。莱姆基（Lemke，2007）是这么说的："视频的符号语言学用法，旨在让我们有意义地（并且充满感情地）跨越直接的和间接的注意空间。"莱姆基在最近的研究中对这个观点也有进一步的探究，这个研究中视频记录者与中学生一同参与圣地亚哥研究情感与共同游戏的课后项目，该研究强调了富情感性（feelingfulness）的重要性（Lemke，2013）。

科施曼、斯塔尔和泽梅尔（Koschmann，Stahl，& Zemel，2007）使用民族志的方法，利用小段的视频数据来研究学习者是如何在协作共同体中工作和表现的。他们认为哈罗德·加芬克尔（Harold Garfinkel）提到的可索引性（indexicality）这一概念强调了情境中言语的重要性，这使得分析者可以理解言语究竟意味着什么。麦克德莫特和戈德曼（McDermott & Goldman，2007）通过对内容与情境的研究发现，案例研究是内嵌于我们称之为行为主义和社会互动论（social interactionist）这一理论框架之中的。简言之，有经 217

验的研究者一定要认识到所选视频片段的来龙去脉。

学者们一致认为克利福德·格尔茨（Clifford Geertz）关于局部知识（local knowldege）（1983年）和深度描写（thick description）（1973年）的研究是人类学研究的精髓所在，这是因为这两个概念揭开了局部性（locality）与一般化（generalization）二者之间的分歧。格尔茨的原话是："这种'人类学'的作用在于保留事物的个性，与此同时还能在更广阔的感觉世界中呈现它们。"（Geertz，1983，p.xi）在格尔茨的指引之下，戈德曼（Goldman，2007b，2004）认为，在视频的"个性化"环境下使用透视性框架，能够让视频数据"在更广阔的感觉世界中显露出来"，这是因为这一框架允许所有的利益相关者拍摄视频并且对数据集进行分析，并以此产生深度描写，来创建她所谓的深度解释（thick interpretation）。

一个类似的研究方法被称为认知民族志（cognitive ethnography）（Williams，2006），这种方法采用传统的民族志方法来建构实践共同体的知识，然后使用得到的知识对特定事件或活动的微观层面进行分析。认知民族志的目的在于揭示认知活动是如何在真实世界的情境中实现的。这种研究的先驱包括古德温（Goodwin，1996）、霍尔（Hall，Stevens，& Torralba，2002）和哈钦斯（Hutchins，2005）。这些研究者提供了视频采集、分析以及结果表征的范例，同时也对用视频开展认知民族志研究的可行性给予了直接的建议。

数学与科学教育研究的贡献

数学和科学学习与教学的研究者对视频研究做出了非常有影响力的方法论贡献。举例来讲，罗斯切利（Roschelle，1992）和他的同事们从认知角度出发率先做出了用视频剖析科学学习的研究。还有历史上的著名项目——第三届国际数学与科学趋势研究（TIMSS；Stigler，Gonzales，Kawanaka，Knoll，& Serrano, 1999），该研究是首个为了做国际性数学学习比较研究而用视频记录下课堂教学的可比较案例的研究。该研究成了国际研究取样的标杆。

数学教育研究者保罗·科布和他的同事们（Cobb & Whitenack，1996）
218 开发了一种使用视频研究儿童在社会情境下数学能力发展的方法。通过使用两台摄像机记录儿童协作解决数学问题的过程，这一研究记录了包含27节课的一整门课程（还记录了学生访谈以及全班的互动）。他们开发了一种三步法：首先对所有事例逐个进行分析，这种分析的结果随后就变为了元分析的数据，最终研究者将其整合为产生儿童社会发展与数学概念发展的大事记。

他们将这种方法描述为进行设想与寻求证实或证伪的“之”字形运动。研究者的诠释在所有阶段都受到特定研究问题和理论假设的影响。

鲍威尔、弗朗西斯科和马厄（Powell，Francisco，& Maher，2003）通过对于儿童在建构主义学习环境中数学发展的纵向研究提出了一种分析方法。这种方法一共七步，以用心观察视频开始，然后要经历找出关键事件、转录、编码以及编写分析性叙述等一系列步骤。与科布和怀特纳克（Cobb & Whitenack，1996）一样，他们的方法也强调诠释性框架和研究问题的重要性，同时也对研究计划外的发现保持开放的态度。

认知研究与视频学习研究的贡献

传统认知领域中的研究者开创了另一类研究，他们记录和使用视频案例，并将其作为学习者在复杂情境中对问题解决进行分析的工具。此类研究课题的目的在于对学习者将真实世界中的问题（会在视频片段或者说“案例”中进行描述）与更为抽象的理论知识进行心智层面的关联给予支持和研究。此类研究的案例代表是范德堡大学认知与技术小组（Cognition and Technology Group at Vanderbilt，1997）在 20 世纪 80 年代末和 90 年代所做的交互性视频故事——贾斯珀·伍德伯里系列（Jasper Woodbury Series）。学生在课堂中观看故事的主人公贾斯珀以及他的历险并通过交互视频一同协作来解决数学问题。

此外，斯皮罗、柯林斯和拉姆钱德朗（Spiro，Collins，& Ramchandran，2007）也进行了相关研究，他们解释了为何提供随机视频的系统能够支持学习者发展，尤其是高阶学习者认知弹性的发展。德里、梅洛-西尔弗、纳加拉贾、切尔诺比茨基和贝策尔（Derry，Hmelo-Silver，Nagarajan，Chernobilsky，& Beitzel，2006）的研究让我们看到了学习与学习活动的社会技术环境研究（sociotechnical environment for learning and learning activity research，STELLAR）中教师教育课程的有效性，该系统支持基于问题的学习（PBL），促进了视频案例研究与概念知识的整合，这与认知弹性理论的观点是一致的。同样，格策、措特曼、施雷德和费希尔（Goeze，Zottmann，Schrader，& Fischer，2010）为我们展示了如何通过分析与评估复杂的课堂情 219
境、利用网络学习环境（www.videofallarbeit.de），大幅度、可持续地提升新手教师的能力。该研究在设计时也采用了认知弹性理论的原则，研究中的视频案例都通过超链接对应到了概念知识以及不同的观点上。

虽然这类视频研究项目的目标（促进学习）与将视频作为数据收集工具来深度审视学习者的学习环境这一目的有所不同，但它们在不少情况下还是有所重合的。举例来讲，支持学习的视频案例往往是从基础学习研究收集的视频数据集中筛选和改进而得来的（Derry et al., 2010）。

数字视频研究的方法与工具

视频研究者为解决拍摄、分享与分析等这些视频研究与生俱来的问题，发展出了一系列方法与工具。我们所使用的有形的视频工具以及它们如何被使用，会对数据、分析以及如何与他人共享数据和分析等方面产生基础性影响。请想象这样一个视频：使用一台摄像机录制教师的讲台视角，俯瞰全班。或者我们可以想象，在同样的课堂、同样的情境中，使用多台相机捕捉多个角度，然后将其编辑成一个“视频案例”。我们还可以想象如果使用 360° 全景相机来记录这个课堂的话会是什么样子，或者使用移动机位进行纪录片一样的观察，并且在学习者学习的过程中与他们交互，这些视频数据会有什么不同，对他们的分析又会有哪些不同。

研究人员应该在现有的工具中做出明智的选择来收集、分析和存档视频数据。为了做出这样的选择，研究人员需要了解可用的视频功能、工具和它们的不同用途，以及它们对数据收集和分析的影响。在本节中，我们将描述可能的拍摄、分析和共享视频记录的方法。

视频数据的收集

一个好的视频研究往往要从对研究的清晰描述，即如何提出研究问题，或者如何有效阐明主题开始，在开始的时候还要考虑研究应该在哪种理论框架和研究方法论下实施。由于视频数据可以被存档，被重复使用，也能被重新定位，以服务于特定研究初始目标之外的目标，因此研究者也需要考虑在
220 数据收集期间和之后可能会出现的研究问题。进而，有经验的视频研究者在领域环境内工作时往往会找到数据收集的重点以确保视频集合能够妥善地对应研究最初的主题和问题，同时考虑数据收集过程的弹性与适应性，并在这二者之间找到一个平衡。数据收集过程的灵活程度依赖于使用的工具和具备的人力资源情况。

在决定我们应用的技术设备和数据收集过程之前，研究者一定要能够详细地预想他们所希望观察的情境，以及这些情境是如何与他们的研究目标所联系的。在实验室环境中，我们可以很容易地为了研究目的模拟相对应的情境。而在自然环境下的实地观察中，我们强烈建议研究者事前先去实地观察，与相关人员进行细致的研究讨论，尽量得到与研究有关的细节，并且考虑我们应该在什么位置、以什么方式运用这些摄像机。

理想情况下，在数据收集之前要先解释以下问题：研究的重点是什么？如果使用量化研究框架，应选取哪些研究目标与研究问题来引导研究？研究的假设是什么？要检验这些假设需要收集哪些信息？如果使用质性研究框架，那么对应的问题是：研究者录制的哪些事件能够有助于观察到研究主题的本质？如何在探究共同体中建立人与人之间的信任？无论是质性研究还是量化研究，研究者都要问的问题有：我需要收集哪些信息？这些通过视频收集的信息比通过诸如实地记录和调查问卷等其他方法收集的好出多少？我需要什么类型的摄像机和麦克风？我有这些设备吗？如果有这些设备的话，我的数据收集需要多少人手？拍摄的光照情况是怎样的？研究者还要考虑研究环境中需要安排多少人、多少台设备才能够满足捕获尽可能多的信息的要求，并且愿意对研究做出相应的调整。

视频记录 / 捕捉

实际上，视频拍摄的工作在按下摄像机“录像 / 停止”按钮之前就已经在进行了，你需要选择适当类型的音频与视频记录设备，并且根据研究所需要记录的事件，决定哪些人员带着哪些设备在哪些位置开展工作。这就需要我们仔细地选择摄像机单机的位置、镜头的可视角度、拍摄距离以及观察视角，同时，我们还要考虑到可能需要的录像策略（例如摇拍或者推拉）以及这些策略对数据产生的影响。同时，我们也要考虑手持记录摄像策略的使用（Goldman-Segall，1990b，1991）。关于这些主题和其他方面的具体内容请参见我们已经发表的方法论文章：德里（Derry，2007）的研究和德里及同事们撰文（Derry et al.，2010）的附录 A。

目前可用的摄像设备比较广泛，从消费级的摄像机、手机、计算机摄像头到专业级的摄像套装应有尽有。有一些优秀的研究是用单个消费级的便携 221
摄像机做出的，因为这种设备对于课堂情境或工作情境来讲比较普遍。如果说视频记录的作用是记录准备重点分析的数据、访谈数据或者小组交互数据的话，由于近些年相关方面的技术进步，消费级便携摄像机已经足以应对我们的需求了。摄像头往往用于记录通过计算机屏幕或者由计算机屏幕配合的社会交互，这样摄像头记录的画面就能和录屏一起捕获学生基于计算机的学习活动了（Zahn et al., 2010）。摄像头的缺点在于其视频和音频的质量有限，并由此影响视频或者音频数据的价值，导致我们即便很仔细地反复观看，也会丢失部分我们想要的数据。另外一个选项就是使用多个摄像机、使用专业级的相机，或者使用具备 360° 全景摄像功能以及高品质音效的设备。

多台摄像机能够让研究者从不同的距离、不同的视角，使用不同的焦距记录同一事件，每个摄像机的机位可能都需要研究者事前先进行确定。举例来说，塞德尔、达莱赫夫特和迈耶（Seidel, Dalehefte, & Meyer, 2005）在一个物理课的研究之中，使用了一个“全景摄像机”来记录整个课堂的整体情况，然后用了一个单独的“教师摄像机”来从一个“理想的学生视角”记录教师与学生之间的交互，并将这两个不同视角的数据整合起来，最后，使用 360° 的摄像机不间断地捕获整个研究场景。

视频分析：个体与社会 / 协作技术

我们在视频分析方面有着诸多的选择，而且随着研究的日益推进，学习科学家还在不断开发新的、专业化的和越来越复杂的分析技术。这些工具可以帮助研究者创建和整理视频集合，搜索视频数据库，创建转录文本，对视频片段进行编辑、分块和注释，研发编码系统，进行协作分析以及在多媒体信息架构下存储过程记录和分析结果。

诸如 NVivo™ 和 ATLAS.ti™ 的质性社会科学研究的专用软件能够支持视频分析，尤其是那些基于视频的文本转录研究。在这里我们还要提一下最近出现的许多容易获得又经济实惠的视频工具（例如 iMovie），这些工具丰富了研究者的选择。虽然这些商业软件并不是以编码和反思为定位的，但是结合其他的工具，就能成功地被设置成符合研究者需要的工具。研究者必须考虑清楚他们的研究需要哪些分析功能，哪些能满足研究需要的工具是可获得的、可依赖的并且有支持该研究环境的用户共同体。本章后面有选择性地综
222 述了一些工具，我们的目的就是让大家看到这些工具都有哪些功能，以及我们可以使用它们做哪些研究。

德里和他的同事们（Derry et al., 2010）在《学习科学中的视频研究》（*Video Research in the Learning Sciences*,）一书的第四部分做了一份关于数字

视频分析工具的详细描述，这些工具可用于单独工作或视频合作。本章中我们主要介绍以下研究工具。

Orion™ 最早诞生于 20 世纪 80 年代，经过了四代大的更新，它是一个从星图隐喻出发为个人用户和协作视频分析提供在线环境的软件。通过 Orion™，每个研究者都能创建一个主页，里面有可以上传的协作工具、数字标签和批注、搜索以及分类工具。通过协作工具，研究者还能够邀请他人上传视频到自己的星图，或者创建一个新的星图（Goldman，2007a）。我们可以对用户组进行分类，并为他们设定不同的隐私权限。

Transana™（2005 年版）是一个实惠好用的开源独立工具，它有相当大的用户群，并被应用到许多方面之中，甚至还会作为电子游戏和模拟测试的平台使用。Transana™ 既可以为研究者个人建立视频集合、创建视频剪辑或者将它们进行批注与分类，也可以为视频剪辑设定可搜索的分析关键词，还允许我们同千里之外的同事们一起共享、分析标记。它能够方便地用于转录，并且还能提供不同类型的报表，同时具备一定的数据挖掘与假设验证的功能。

HyperVideo™ 在线协作系统（Zahn & Finke，2003；Zahn et al.，2005）是基于影像标注（annotating movies）的想法开发的，这种做法实际上就是从视频源中选取一个片段，并为它加上对应空间与时间的超链接。HyperVideo™ 系统的用户能够在视频材料中创建动态感应区，并且在这些感应区上增加多个链接。这些链接可以是本地计算机上传的文件数据，也可以是一个网址。软件用户可以通过自带的网络聊天工具对这些链接进行讨论。这样，用户就可以对视频进行自己的标注，分享自己的知识，并在小组或者共同体中与他人共享。

DIVER/WebDIVER™ 系统为我们提供了视频虚拟缩放功能（Pea & Hoffert，2007；Pea et al.，2004）。研究者可以从一个视频中创建出多种不同的视频片段。DIVER™ 提供了一个虚拟摄像机，让我们能够通过全览面板对源视频进行潜入（dive into）、缩放或者平移。这个虚拟相机允许我们对视频片段进行静态截图，或者动态地录制一段视频路径（path），由此创建出一系列的不同的重新定向的屏幕画面（panels），每一个屏幕画面都选取一个视频中的主要帧作为代表，并且还有一个文本区，让我们可以对其进行注释、编码或者其他的解读。用户可以在更大的视频时间与空间的数据结构中，通过虚拟的指向来选定视频信息。

考虑到学习科学目前主要注重于社会性的过程，我们想向大家强调一些

223 其他的可共享的视频分析方法和工具。这些工具能够让研究者收集和储存大量的视频数据，让研究共同体能够广泛使用这些数据，搜索视频案例，通过视频标签对其进行标注，并且进行视频转录，还能通过特定的研究方法对选定的视频进行重新组织。其中一种环境曾被用于职前教师的教育之中（Derry et al., 2006），另一种则被用于在职教师的专业发展之中。

有效教学测量项目（The Measures of Effective Teaching Project；Bill & Melinda Gates Foundation，2010）主要致力于系统地开发和测量促进教学实践和教学有效性的多种措施——其在线视频工具既可以被用于反思，也可以被用于课堂观察以比较评价大规模的教学实践（Kane，Wooten，Taylor，& Tyler，2011）。

协作视频分析工具的另一个案例来自罗格斯大学（Rutgers University）的图书馆服务 RUAnalytic。罗格斯大学图书馆允许指定的用户上传他们的视频集合到一个可搜索的、可标记的图书馆流媒体数据库中。RUAnalytic 工具能让用户搜索他们可以接触到的视频集合，并从集合中创建标注性的剪辑，用户还能将不同视频片段整合起来进行描述性的“分析”，如果视频所有者允许的话，这些被剪辑的视频也可以成为视频集合中的一部分。RUAnalytic 也支持分析方法的协作开发和共享。RUAnalytic 的一个应用是 VMCAnalytic（http://videomosaic.org/VMCanalytic），这个工具是视频马赛克协作团队（Video Mosaic Collaborative）根据罗伯特 · B. 戴维斯学习研究所（Robert B. Davis Institute for Learning，RBDIL）的儿童数学推理视频集合所开发的。

我们以不用特定软件就能开展的社会 / 协作分析来结束本节的内容。例如，我们可以想象这么一个场景：我们通过计算机将视频播放给远方正在开远程会议的协作研究者们。研究团队可能需要快速地定位和播放视频案例，而不是费劲地找遍所有实地材料和视频集合。如果我们能够合理安排自己的数据，并且花一些时间来对实地记录编辑索引的话，就很容易达到快速高效的目的。在标准的可搜索数据库中，收集的记录可以以多种方式被链接到特定视频片段的某个时间点上。

课堂与教师学习中的视频研究发现

课堂和教师学习是学习科学中视频研究的另一大领域。视频技术已经被学校、研究者和教师广泛用于记录课堂情境。在这个领域进行视频研究的典型目标包括进行量化的和质性的科学研究、科学评价，还包括完善教师教育 224 和促进教师专业发展（Tochon，2007）。

在 TIMSS 中，施蒂格勒和他的同事们（Stigler et al.，1999）比较了德国、日本和美国的 231 节八年级数学课堂——这 231 节课是从这些国家大量的样本中随机抽取出的子样本。TIMSS 所记录的样本包括这些国家中同意参与项目的学校录制的科学和数学课程视频。课程录制是贯穿整个学年的，所以这些课程能够较为完整地代表每个国家的课程教学。研究者主要采用双机位策略，一个机位从“理想的”学生角度出发，另一个则跟拍教师。研究随后也收集了教师和学生问卷、学生作业、课程所用教科书等一系列的数据。施蒂格勒和同事们（Stigler et al.，1999）的研究将数学课程转录出来，然后请对应国家的本国研究小组根据一系列的维度进行编码。分析主要致力于课程内容和组织（教师课堂脚本）的跨文化比较，同时也对教师在视频数据中展现的教学实践有所触及。研究结果给出了不同国家课程目标和课程结果的跨文化区别，同时也展现了学生数学思维发展的不同类型。

另一个近期的课堂研究探究了历史课堂中计算机支持的小组协作模式的质量（Zahn et al.，2010，2012）。在研究中，研究者通过网络摄像头记录学生两两一组协同完成计算机上的创造性设计任务的过程（学生要使用真实历史记录和视频工具，来协作设计一个虚拟历史博物馆网页）。研究者还用录屏软件记录所有学生与计算机和软件的交互。随后，研究者将摄像头拍摄到的学生和学生的交互，以及录屏得到的学生和电脑的交互进行整合和转录。接受过培训的研究者浏览这些视频，形成一个初步的重要行为分类编码方案，该方案针对与特定任务相关的活动和会话。然后评分者根据该方案，独立地对这些视频进行编码。一些使用这种方法的研究揭示了学生是如何在计算机上使用数字视频技术协作学习的，他们是如何产生科学理解和历史观点的，以及他们是如何学会重要的分析技能的。

德里和他的同事们（Derry et al.，2006）还提供了一种独特的混合方法，该方法将视频研究数据用到教师教育和专业发展之中。他们给职前教师展现特定的经过编辑的教学情境视频案例。研究的目的是让职前师范生获得他们将来有可能在教学过程中遇到的事件的感性知识和概念知识。每个视频案例都包含视频片段和对内容的转录。视频的信息与对应的理论概念相连。同 225
时，他们也准备了一些迷你案例来联系（或者说明）不同的概念。每个视频案例所包含的概念都与其他的资源相连。根据这个研究所开展的课程要求学生在学习环境中观看视频后，通过其他资源（例如讨论工具）对视频进行个体的和协作的分析。最近的研究表明，参与到使用相关网络环境的课堂中的学生比传统比较型课堂中的学生更好地掌握了相关概念（Hmelo-Silver，Derry，Bitterman，& Hattrak，2009）。

格策等人（Goeze et al.，2010）为我们展示了类似的研究，他们研究新手教师通过基于认知弹性理论（Spiro et al.，1992）设计的在线学习环境显著地、可持续地提升自己分析和评估复杂课堂情境的能力：概念知识和多种视角的超链接使得数字视频案例更加丰富。他们的团队目前正在研究如何将这个结果应用到教师培训项目之中。

控制实验环境与自然环境下的视频研究发现

家庭、同伴和非正式学习也是视频研究探索已久的主要领域之一（相关综述请参见 Barron，2007；Derry et al.，2010）。与家庭学习有关的基于视频的研究是深深地扎根于发展心理学上的，比如研究母亲与孩子的亲子关系或者家庭交互的跨文化差异等。巴伦（Barron，2007）的综述描述了不同文化家庭中母亲帮助儿童解决复杂问题的区别。例如，在夏瓦杰伊和罗戈夫（Chavajay & Rogoff，2002）的研究中，母亲和三个孩子为家庭小组，一起完成一个画有图腾柱的拼图游戏，以便研究者观察母亲与孩子交互中的问题解决行为。研究采用一分钟作为分析间隔，以得到最常见的任务协调形式。研究者用图表的形式来比较不同的家庭协作范式——这种过程被他们称为*图表编码*（diagrammatic coding）（Angelillo，Rogoff，& Chavajay，2007）。

有关家庭和同伴的非正式学习中，对参观博物馆的研究在学习科学中日益展现出其重要性，因为这些研究能够为我们提供有关非正式科学学习机制的深刻见解（Knipfer，Mayr，Zahn，& Hesse，2009）。这种对参观博物馆的研究一般包括对博物馆参观者的行为、对话、互动以及引导的研究。

这种对参观者行为的质性研究决定了其背后拥有的悠久的民族志传统更偏向于使用视频记录而不是文字记录，因为与学校情境相比，摄像机对于博物馆情境来讲并不会产生那么大的干扰。我们用视频研究了参观者与展品的

226

交互，或者参观者在展品附近相互之间的社会交互（Vom Lehn，Heath，& Hindmarsh，2002）。一些研究根据视频数据，通过参观者行为、浏览路径以及表现来评估展品设计的吸引力，以及其具有的教育功能。史蒂文斯和霍尔（Stevens & Hall，1997）曾经研究了加利福尼亚州旧金山市旧金山探索博物馆（Exploratorium）的科学中心所举行的名为“龙卷风”的展览，他们请参观者通过视频访谈机器来反思他们在这个展览中表现的行为。其他研究大都注重于博物馆中的社会交互与学习行为，以及研究参观过程中同伴间的深度会话和肢体接触（Vom Lehn et al.，2002）。

沃莫莱恩和希思（Vom Lehn & Heath，2007）描述了他们是如何在英国布里斯托尔名为“探索”（Explore）的科学中心展览上记录参观者的交互（交谈的、手势的、视觉的以及与展品相关的行为）的。他们在展厅架设好摄像机和麦克风以后就离开了。他们录下了参观者所做和所述的所有信息。视频记录同样包括研究开始之前与博物馆员工的交谈，他们记下了实地笔记，并对参观者进行了访谈。在录像之后，研究者首先通过第一印象来检查是否有需要进一步收集和分析的重要数据。随后的分析中研究者对每个案例都进行了针对参观者对话和行为的横向（horizontal）转录（Vom Lehn & Heath，2007，p. 291），然后通过话语分析技术对特定的行为和活动进行了深度分析。通过这种方法，他们能够评价这个展览的吸引力及其对于参观者交互所造成的影响。

阿什（Ash，2003）使用视频来理解家庭是如何在博物馆中理解科学的（例如有关生物的主题）。她在一项研究中记录了一家人参观蒙特利湾海洋馆的 40—60 分钟的行为，并且使用一个三级的方法进行视频数据分析（Ash，2003）。第一级是创建整个参观的简要流程图。第二级是根据转录文本，对流程图中的某些片段进行深度分析。第三级是对选中片段进行细粒（fine-grained）话语分析。根据这种分析方法，研究者描述了一家人在参观海洋馆时是如何进行有关科学的意义建构的。

还有研究者通过便携式眼动仪开展了一种新式的博物馆研究（Mayr，Knipfer，& Wessel，2009；Wessel，Mayr，& Knipfer，2007）。他们为参观者提供便携式眼动仪记录其眼球运动，然后记录下参观者所视的方向和持续的时间。眼动的数据随后以视频的形式呈现，根据这个视频，研究者可以对参观者的这次参观进行深入研究。根据这些综合数据，研究者可以获得对动机、知觉、信息加工以及展览可能带来的认知效果的深刻理解。

227 学习科学中的数字视频研究展望

在线数字视频将会成为学习科学中探究工具的新成员，这一点毋庸置疑。本章中，我们给出了教育数字视频研究前25年的典型案例。先驱研究者们往往通过将视频上传到电脑或者服务器上对数据集进行归档与数据分析。我们预测，未来将会有更加先进的视频数据挖掘与存储工具出现。新的数据储存、检索以及分析工具将会被开发出来。使用5D（或更多维度）环绕声音和视频技术的高端数字视频摄像机与计算设备可能会被融合到一台设备（就类似于现在的平板电脑）之中。这些技术有可能让我们能够使用全息的动图来进行虚拟的探究。你也可以想象你能够走进你正在研究的实际课堂之中——同样的时间，不同的地点（same time，different place，STDP）！

我们也预测，未来国内或者国际的学习科学项目会提供视频研究方法课程。高校的审查委员会（lnstitutional review boards，IRBs）也会将视频研究重视起来，并且用它来促进基于制度的技术发展，以满足研究者收集和存储视频数据的需求，同时又对被拍摄者的隐私保护提供支持。最重要的是，我们预测因为这些可分享的、易于使用的数字视频，学习科学研究会变得更加深入、更加广泛、更加细致，且更具情境性。

国际视频研究共同体情境下的无缝工作会变得更为普遍，也会备受支持。即便如此，基于视频的大数据研究团队、使用大量图像自动处理和音频自动识别技术的研究，也不应掩盖个体研究者（和小组研究者）使用视频来建立局部知识（Geertz，1983）的光彩。正如之前提到的，格尔茨指出，“这种人类学的作用在于保留事物的个性，与此同时还能在更广阔的感觉世界中呈现它们”（Geertz，1983，p.xi）。

让我们携手共建一个未来，一个能让我们从研究者的视角，在研究现场观察、体验，解释收集到的情境知识，并且通过一系列数据挖掘工具在更大的视频数据库中形成自己的研究结论的未来。让这种研究范式以一种提供宝贵洞察力和结论的方式促进学习科学研究。

参考文献

Angelillo, C., Rogoff, B., & Chavajay, P. (2007). Examining shared endeavors by abstracting video coding schemes. In R. Goldman, R. Pea, B. Barron, & S. J. Derry (Eds.), *Video research in the learning sciences* (pp. 189–207). Mahwah, NJ: Lawrence Erlbaum Associates.

Ash, D. (2003). Dialogic inquiry and biological themes and principles: Implications for exhibit design. *Journal of Museum Education*, 28 (1), 8–13. 228

Barron, B. (2007). Video as a tool to advance understanding of learning and development in peer, family and other informal learning contexts. In R. Goldman, R. Pea, B. Barron, & S. Derry (Eds), *Video research in the learning sciences* (159–187). Mahwah, NJ: Lawrence Erlbaum Associates.

Bill & Melinda Gates Foundation (2010). *Measures of effective teaching (MET) project–Working with teachers to develop fair and reliable measures of effective teaching*. Retrieved on December, 7, 2012 from http://metproject.org/ downloads/met-framing-paper.pdf.

Chambel, T., Zahn, C., & Finke, M. (2005). Hypervideo and cognition: Designing video-based hypermedia for individual learning and collaborative knowledge building. In E. M. Alkhalifa (Ed.), *Cognitively informed systems: Utilizing practical approaches to enrich information presentation and transfer.* Hershey, PA: Idea Group, Inc.

Chavajay, P., & Rogoff, B. (2002). Schooling and traditional collaborative social organization of problem solving by Mayan mothers and children. *Developmental Psychology*, 38, 55–66.

Cobb, P., & Whitenack, J. W. (1996). A method for conducting longitudinal analyses of classroom videorecordings and transcripts. *Educational Studies in Mathematics*, 30, 213–228.

Cognition and Technology Group at Vanderbilt. (1997). *The Jasper Project: Lessons in curriculum, instruction, assessment, and professional development.* Mahwah, NJ: Lawrence Erlbaum Associates.

Derry, S. (Ed.) (2007). Guidelines for video research in education: Recommendations from an expert panel. Retrieved October 13, 2012 from http://drdc.uchicago.edu/what/video-research.html.

Derry, S., Hmelo-Silver, C., Nagarajan, A., Chernobilsky, E., & Beitzel, B. D. (2006). Cognitive transfer revisited: Can we exploit new media to solve old problems on a large scale? *Journal of Educational Computing Research*, 35 (2), 145–162.

Derry, S., Pea, R., Barron, B., Engle, R., Erickson, F., Goldman, R., Hall, R., Koschmann, T., Lemke, J., Sherin, M., & Sherin, B. (2010). Conducting video research in the learning sciences: Guidance on selection, analysis, technology, and ethics. *Journal of the Learning Sciences*, 19, 1–51.

Derry, S., Sherin, M., & Sherin, B. (2014). Multimedia learning with video. In R. Mayer (Ed.), *Cambridge handbook of multimedia learning* (pp. 785–812). New York: Cambridge University Press.

Geertz, C. (1973). *The interpretation of cultures*. New York: Basic Books.

Geertz, C. (1983). *Local knowledge: Further essays in interpretive anthropology*. New York: Basic Books.

Goeze, A., Zottmann, J., Schrader, J., & Fischer, F. (2010). Instructional support for case-based learning with digital videos: Fostering pre-service teachers' acquisition of the competency to diagnose pedagogical situations. In D. Gibson, & B. Dodge (Eds.), *Proceedings of the Society for Information Technology and Teacher Education International Conference,* San Diego, CA (pp. 1098–1104). Chesapeake, VA: AACE.

229 Goldman, R. (2004). A design ethnography: Video perspectivity meets wild and crazy teens. *Cambridge Journal of Education*, 34 (2), 147–178.

Goldman, R. (2007a). Orion™, an online digital video analysis tool: Changing our perspectives as an interpretive community. In R. Goldman, R. Pea, B. Barron, & S. Derry (Eds.), *Video research in the learning sciences* (pp. 507– 520). Mahwah, NJ: Lawrence Erlbaum Associates.

Goldman, R. (2007b). Video representations and the perspectivity framework: epistemology, ethnography, evaluation, and ethics. In R. Goldman, R. Pea, B. Barron, & S. Derry (Eds.), *Video research in the learning sciences* (pp. 507– 520). Mahwah, NJ: Lawrence Erlbaum Associates.

Goldman, R., Pea, R., Barron, B., & Derry, S. J. (Eds.) (2007).*Video Research in the Learning Sciences*. Mahwah, NJ: Lawrence Erlbaum Associates.

Goldman-Segall, R. (1990a). Learning Constellations: A multimedia ethnographic research environment using video technology to explore children's thinking. Unpublished doctoral dissertation. Massachusetts Institute of Technology. Retrieved December 9, 2012 from http://mf.media.mit.edu/pubs/thesis/goldmanPhD.pdf.

Goldman-Segall, R. (1990b). Learning constellations: A multimedia research environment for exploring children's theory-making. In I. Harel (Ed.), *Constructionist learning* (pp. 295–318). Cambridge, MA: MIT Media Lab.

Goldman-Segall, R. (1991). A multimedia research tool for ethnographic investigation. In I. Harel, & S. Papert (Eds.), *Constructionism* (pp. 467–496). Norwood, NJ: Ablex Publishers.

Goldman-Segall, R. (1993). Interpreting video data: The importance of a significance measure. *Journal for Educational Multimedia and Hypermedia*, 2 (3), 261–282.

Goldman-Segall, R. (1997). *Points of viewing children's thinking: A digital ethnographer's journey*. Mahwah, NJ: LEA. http://pointsofviewing.com.

Goodwin, C. (1994). Professional vision. *American Anthropologist*, 96 (3), 606–633.

Goodwin, C. (1996). Transparent vision. In E. Ochs, E. A. Schegloff, & S. A. Thompson (Eds.), *Interaction and grammar* (pp. 370–404). New York: Cambridge University Press.

Hall, R., Stevens, R., & Torralba, A. (2002). Disrupting representational infrastructure in conversations across disciplines. *Mind, Culture, and Activity*, 9 (3), 179–210.

Hmelo-Silver, C., Derry, S., Bitterman, A., & Hattrak, N. (2009). Targeting transfer in a STELLAR PBL course for preservice teachers. *The Interdisciplinary Journal of Problem-based Learning*, 3 (2), 24–42.

Hockings, P. (Ed.) (1975). *Principles of visual anthropology*. Den Hague/Paris: Mouton Publishers, 79–98.

Hutchins, E. (2005). Material anchors for conceptual blends. *Journal of Pragmatics*, 37 (10), 1555–1577.

Jacknis, I. (1988). Margaret Mead and Gregory Bateson in Bali: Their use of photography and film. *Cultural Anthropology*, 3 (2), 160–177.

Kane, T. J., Wooten, A. L., Taylor, E. S., & Tyler, J. H. (2011). Evaluating teacher effectiveness in Cincinnati public schools. *EducationNext*, 11 (3).

Knipfer, K., Mayr, E., Zahn, C., & Hesse, F. W. (2009). Computer support for knowledge communication 230
in science exhibitions: Novel perspectives from research on collaborative learning. *Educational Research Review*, 4, 196–209.

Koschmann, T., Stahl, G., & Zemel, A. (2007). The video analyst's manifesto. In R. Goldman, R. Pea, B. Barron, & S. Derry (Eds.), *Video research in the learning sciences*. Mahwah, NJ: Lawrence Erlbaum Associates.

Lemke, J. (2007). Video epistemology in-and-outside the box: Traversing attentional spaces. In R. Goldman, R. Pea, B. Barron, & S. J. Derry (Eds.), *Video research in the learning sciences* (pp. 39–52). Mahwah, NJ: Lawrence Erlbaum Associates.

Lemke, J. (2013). Feeling and meaning in the social ecology of learning: Lessons from play and games. In M. Baker, J. Andriessen, & S. Järvelä (Eds.), *Affective learning together: The socio-emotional turn in collaborative learning* (pp. 71–94). New York: Routledge.

Lesh, R., & Lehrer, R. (2000). Iterative refinement cycles for videotape analyses of conceptual change. In R. Lesh (Ed.), *Handbook of research data design in mathematics and science education* (pp. 665–708). Mahwah, NJ: Lawrence Erlbaum Associates.

Mayr, E., Knipfer, K., & Wessel, D. (2009). In-sights into mobile learning: An exploration of mobile eye tracking methodology for learning in museums. In G. Vavoula, N. Pachler, & A. Kukulska-Hulme (Eds.), *Researching mobile learning: Frameworks, tools and research designs* (pp. 189–204). Oxford: Peter Lang.

McDermott, R., & Goldman, S. (2007). Staying the course with video analysis. In R. Goldman, R. Pea, B. Barron, & S. Derry (Eds.), *Video research in the learning sciences* (pp. 101–113). Mahwah, NJ: Lawrence Erlbaum Associates.

Pea, R., & Hoffert, E. (2007). Video worklow in the learning sciences: Prospects of emerging technologies for augmenting work practices. In R. Goldman, R. Pea, B. Baron, & S. Derry (Eds.), *Video research in the learning sciences* (pp. 427–460). Mahwah, NJ: Lawrence Erlbaum Associates.

Pea, R., Mills, M., Rosen, J., Dauber, K., Effelsberg, W., & Hoffert, E. (2004). The DIVER project: Interactive digital video repurposing. *IEEE Multimedia*, 11 (1), 54–61.

Peck, A. (Director). (1981). *Margaret Mead: Taking Note*. [Film] In Odessey Series (Series Editor, M. Ambrosino). Boston, MA: Boston Public Broadcasting.

Powell, A. B., Francisco, J. M., & Mager, C. A. (2003). An analytical model for studying the development of learners' mathematical ideas and reasoning using videotape data. *Journal of Mathematical Behavior*, 22, 405–435.

Rony, F. T. (2006). Photogenic cannot be tamed: Margaret Mead and Gregory Bateson's Trance and Dance in Bali. *Discourse*, 28 (1), 5–27.

Roschelle, J. (1992). Learning by collaborating: Convergent conceptual change. *The Journal of the Learning Sciences*, 2 (3), 235–276.

Rouch, J. (1975). The camera and the man. In P. Hockings (Ed.), *Principles of visual anthropology*. Den Hague/Paris: Mouton Publishers, 79–98.

Seidel, T., Dalehefte, I. M., & Meyer, L. (2005). Standardized guidelines – How to collect videotapes. In T. Seidel, M. Prenzel, & M. Kobarg (Eds.), *How to run a video study: Technical report of the IPN video study* (pp. 29–53). Münster, Germany: Waxmann.

231 Seidel, T., Kobarg, M., & Rimmele, R. (2005). Video data processing procedures. In T. Seidel, M. Prenzel, & M. Kobarg (Eds.), *How to run a video study: Technical report of the IPN video study* (pp. 54–69) Münster, Germany: Waxmann.

Seidel, T., Prenzel, M., Schwindt, K., Stürmer, K., Blomberg, G., & Kobarg, M. (2009). LUV and Observe: Two projects using video to diagnose teacher competence. In T. Janik, & T. Seidel (Eds.), *The power of video studies in investigating teaching and learning in the classroom* (pp. 243–259). Münster: Waxmann.

Spiro, R. J., Collins, B. P., & Ramchandran, A. R. (2007). Reflections on a post-Gutenberg epistemology for video use in ill-structured domains: Fostering complex flearning and cognitive flexibility. In R. Goldman, R. Pea, B. Barron, & S. Derry (Eds.), *Video research in the learning sciences* (pp. 93–100). Mahwah, NJ: Lawrence Erlbaum Associates.

Spiro, R. J., Feltovich, P. J., Jacobson, M. J., & Coulson, R. L. (1992). Cognitive flexibility, constructivism and hypertext: Random access instruction for advanced knowledge acquisition in ill-structured domains. In T. M. Duffy, & D. H. Jonassen (Eds.), *Constructivism and the technology of instruction: A conversation* (pp. 57–75). Hillsdale, NJ: Lawrence Erlbaum Associates.

Stahl, E., Zahn, C., & Finke, M. (2006). Knowledge acquisition by hypervideo design: An instructional program for university courses. *Journal of Educational Multimedia and Hypermedia,* 15 (3),

285–302.

Stevens, R., & Hall, R. (1997). Seeing *Tornado*: How video traces mediate visitor understandings of (natural?) phenomena in a science museum. *Science Education*, 81 (6), 735–747.

Stigler, J. W., Gonzalez, P., Kawanako, T., Knoll, S., & Serrano, A. (1999). *The TIMSS video classroom study*: *Methods and findings from an exploratory research project on eights grade Mathematics Instruction in Germany, Japan and the United States*. Washington, DC: National Center for Education Statistics, U.S. Department of Education.

Stigler, J. W., & Hiebest, J. (1999). *The teaching gap*. New York: Free Press.

Tochon, F. (2007). From video cases to video pedagogy: Video feedback in an educational culture sharing differences. In R. Goldman, R. Pea, B. Barron, & S. Derry (Eds.), *Video research in the learning sciences*. Mahwah, NJ: Lawrence Erlbaum Associates.

Trinh, T. M. H. (1993). The totalizing quest of meaning. In M. Reno (Ed.), *Theorizing documentary*. New York: Routledge.

Tochon, F. V. (2007). From video cases to video pedagogy: A framework for video feedback and reflection in pedagogical research practice. In R. Goldman, R. Pea, B. Barron, & S. Derry (Eds.), *Video research in the learning sciences* (pp. 53–66). Mahwah, NJ: Lawrence Erlbaum Associates.

Van Haneghan, J. P., Barron, L., Young, M. F., Williams, S. M., Vye, N. J., & Bransford, J. D. (1992). The Jasper series: An experiment with new ways to enhance mathematical thinking. In D. F. Halpern (Ed.), *Enhancing thinking skills in the sciences and mathematics* (pp. 15–38). Hillsdale, NJ: Lawrence Erlbaum Associates.

Video Mosaic Collaborative (2009). Retrieved December 19, 2011 from videomosaic.org.

Vom Lehn, D., & Heath, C. (2007). Social interaction in museums and galleries: A note on video-based 232
field studies. In R. Goldman, R. Pea, B. Barron, & S. Derry (Eds.), *Video research in the learning sciences* (pp. 287–301). Mahwah, NJ: Lawrence Erlbaum Associates.

Vom Lehn, D., Heath, C., & Hindmarsh, J. (2002). Video-based field studies in museums and galleries. *Visitor Studies Today, 5* (*3*), 15–23.

Wessel, D., Mayr, E., & Knipfer, K. (2007). Reviewing the museum visitors view. In G. N. Vavoula, A. Kukulska-Hulme, & N. Pachler (Eds.), *Research methods in informal and mobile learning* (pp. 17–23). London: WLE Centre.

Williams, R. F. (2006). Using cognitive ethnography to study instruction. *Proceedings of the 7th International Conference of the Learning Sciences*. Mahwah, NJ: Lawrence Erlbaum Associates.

Zahn, C., & Finke, M. (2003). Collaborative knowledge building based on hyperlinked video. In B. Wasson, R. Baggetun, U. Hoppe, & S. Ludvigsen (Eds.), *Proceedings of the International Conference on Computer Support for Collaborative Learning – CSCL 2003, COMMUNITY EVENTS – Communication and Interaction* (pp. 173–175). Bergen, NO: InterMedia.

Zahn, C., Krauskopf, K., Hesse, F. W., & Pea, R. (2010). Digital video tools in the classroom: How to support meaningful collaboration and advanced thinking of students? In M. S. Chine, & I. M. Sale (Eds.), *New science of learning: Cognition, computers and collaboration in education* (pp. 503–523). New York: Springer.

Zahn, C., Krauskopf, K., Hesse, F. W., & Pea, R. (2012). How to improve collaborative learning with video tools in the classroom? Social vs. cognitive guidance for student teams. *International Journal of Computer-Supported Collaborative Learning*, 7 (2), 259–284.

Zahn, C., Pea, R., Hesse, F. W., Mills, M., Finke, M., & Rosen, J. (2005). Advanced digital video technologies to support collaborative learning in school education and beyond. In T. Koschmann, D. Suthers, & T. -W. Chan (Eds.), *Computer supported collaborative learning 2005: The next 10 years* (pp. 737–742). Mahwah, NJ: Lawrence Erlbaum Associates.

Zahn, C., Pea, R., Hesse, F. W., & Rosen, J. (2010). Comparing simple and advanced video tools as supports for collaborative design processes. *Journal of the Learning Sciences*, 19 (3), 403–440.

第12章

学习科学视角下教育评价的设计与应用

詹姆斯·W. 佩莱格里诺

无论是教师的随堂小测验、期中考试、期末考试，还是全国性乃至国际性的标准化测试，这些对学生知识与技能的评价都已成为教育领域不可或缺的重要部分。教育者、管理者、政策制定者、学生、家长以及研究者们，能够通过对学生在校学习的评价，判断当前学生学习所处的状态，并且据此做出行动和相关决策。使用评价的特定目的是设计评价的各个阶段都需要重点考虑的问题。例如，由于课堂评价的目的在于促进或监控学习过程，与政策制定者和认证机构所采用的评价相比，课堂评价就需要为教师提供更多的细节信息。 233

促进学习的评价（assessment to assist learning）。在课堂环境中，教师通过多种评价方式来制定事关接下来的教学步骤的短期和中长期的教学决策，来为学生的学习进程提供反馈，并且激励学生（Black & Wiliam，1998；Wiliam，2007）。一种常见的课堂教学评价形式是教师制定的测验，但是为了确定学生的学习进展，教师也会采用许多非正式的方法，如课堂项目，以及来自计算机辅助教学、课堂观察、书面作业、家庭作业、师生间及学生间对话的反馈，所有这些都是由教师根据学生的附加信息、教育背景以及学习内容进行解读的。

上述的情形被称作促进学习的评价或评价的形成性应用（formative use of assessment）。这些评价提供了关于学生学习过程中困难与优势的特定信息。例如，教授统计课程的教师不能只知道学生不理解“概率”，还需要知道更详细的信息，如学生有可能混淆了“条件概率”与“组合概率”的概念。教师可以依据评价提供的信息来调整他们的教学，以满足学生的需求，而这些 234
需求往往是难以预料且因人而异的。学生们可以通过这些信息确定他们需要进一步学习哪种知识与技能，以及如何调整自己的思维（Chinn & Sherin，本书第 9 章）。

个人成就评价（assessment of individual achievement）。许多评价被用来帮助确定学生在完成一个特定的教育阶段后是否达到一定的能力水平，无论这些教育阶段是两周的课程单元，较长的学期课程，抑或是 12 年的学校教育。这被称为个人成就评价或评价的总结性应用（summative use of assessment）。最常见的总结性评价（summative assessment）是授课教师常用的方法——单元测试或者结课测试，这类评价的结果往往是在结课后给出的优良中差（字母）的等级。那些在国家教育委员会及学区指导下进行的大规模评价（large-scale assessment），不仅能提供学生的个人成绩信息，也能提供个人成绩与他人成绩之间的比较信息。这些大规模评价通常每年只进行一次，并且要经过一段时间的间隔才能获取结果，因此，这些结果就很难为师生日常教学决策的制定提供信息支持。

对项目与机构的评价。评价的另一个常用目的是，帮助管理者、政策制定者、研究者鉴定教育项目与机构的质量和有效性（Pellegrino，Jones，& Mitchell，1999）。评价既可以是形成性的，也可以是总结性的。例如，当教学评价被用来提高教学效果时，它就是形成性的。学校领导与政策制定者越来越倾向于使用总结性评价来制定个人、项目及机构的相关决策。例如，学校与地区的国家评估结果的公开报告，就旨在为家长和纳税人提供学校质量与有效性的相关信息，这类评价有时也会影响资源配置决策的制定。

不存在任何一种评价可以同时适用于上述所有目标与情境。但可惜的是，政策制定者常常试图以一种单一的评价方式来达到多重目标。这样做要么是想节省经费，要么是想缩短评价时间，要么是想为教师提供改善教学的相关信息。然而问题在于，若用单一评价来达到多重目标，就可能导致没有任何一种具体目标的达成效果能令人满意。强行确定一种普适的评价，往往导致对教学或研究目标评价的不当，最终会得到关于人员、项目以及机构的无效结论。

所有评价的最终目标都是促进学生学习（Wiggins，1998）。但有时为了
235 达到评价目标而进行的评价却离这一最终目标有些遥远。鲁伊斯 - 普里莫、谢弗而森、汉密尔顿和克莱因（Ruiz-Primo，Shavelson，Hamilton，& Klein，2002）提出了一个能反映出评价与课堂教学及学习相近性（proximity）的五要素连续模型：直接评价（immediate）（如，对具体教学活动实施过程的直接

观察或其教学产出），课中评价（close）（如，对一个或多个学习活动的嵌入式评价和半正式测验），近端评价（proximal）（如，对某一具体课程学习的正式课堂测试），远端评价（distal）（如，《不让一个孩子掉队》规定的标准参照成就测验），以及间接评价（remote）（如，随时间推移而产生的更宽泛的测量结果，包括标准参照成就测验、国家的以及国际性的成就测量）。评价和教与学发生时间的相近程度影响着评价能够如何、在何种程度上满足这些不同的目的（Hickey & Pellegrino，2005；National Research Council，2003；Pellegrino & Hickey，2006）。举例来讲，如果评价是用来诊断学生学习状态以帮助教师调整教学的，那么它就需要考虑已经使用的课程和教学材料，并且需要考虑到相关的知识与技能以包含更具细粒度的内容，进而达到辅助教学的目的。因此，这个评估就不能够包含大量的内容，并且应该使用学生熟悉的语言和问题情境。进而，这个评估也就无法成为完全客观且“公正”的用来评价所有学习相同内容的学生的总结性评价了。反过来，大规模的评价则需要包括大量的内容，粒度较粗，因为如果依赖于课程或情境，就无法保证“公平”地测试所有学生。这样，我们就必须使用具有普遍性，且对课程来讲是中立的问题格式。这样的评价在提供教学可用信息方面的能力非常有限。此外，此类评价往往与教学和学习发生的时间相去甚远，所以其反馈能力也同样有限。

概念框架

尽管出于不同目的、应用于不同情境的种种评价在不同的时间跨度中表现出非常大的差异，但它们遵循了一些共同的原则。其中一条便是：评价往往是一个从证据中进行推理的过程。另外，评价的本质决定了，评价在某种程度上是不精确的。在这一部分，我将对这些问题进行详细的解释。

评价是一个证据推理过程：评价三角

评价教育成果并不像测量身高、体重一样直接：需要被测量的属性往
往是无法直接观察的心理表征或心理过程。这也是认知心理学中最基本的问 236
题：研究者如何能通过外显行为来推测内部心理状态和过程？为此，认知心
理学家们开发了大量的实践和理论来解决这一问题。评价是一种用来观察学
生行为的工具，它能提供一些数据来帮助我们对“学生知道什么”做出合理

的推断。

使用评价三角（assessment triangle）能够帮助我们描述从证据中推理的过程（见图 12.1；Pellegrino，Chudowsky，& Glaser，2001）。评价三角三个顶点代表着任何评价都存在的三个关键元素：一个评价学科领域内学生的认知与学习的模型；一套能够提供学生能力证据的各类观察的假设与原则；根据评价目标和学生的理解，而对证据进行理解的解释过程。如果没有完全包含这些内容，评价就不能被设计、实施与评估（尽管在许多情况下，可能仍然存在一个或多个要素是隐含在设计中的，而并非明确且有意识地被纳入其中）。

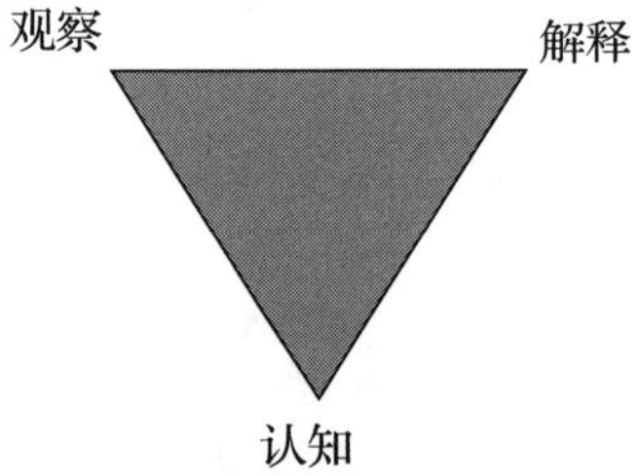

图 12.1　评价三角

评价三角中的*认知*角代表着理论、数据和在某一学科领域内（如分数、牛顿定律、热力学）与学生如何表述知识和发展能力有关的一系列假设。任何特定评价的应用，都需要根据该领域内的学习理论来确定哪些知识和技能对于评价的应用情境是重要的：无论是要对学生在某一时刻的已习得能力做出总结性评价，还是为了指导后续教学，最大限度地提高学习，而做出形成性评价。认知理论应该与领域内最新的对"学习者如何表征知识、如何发展专长"的理解保持高度一致（正如本手册中不同章节所展现的一样）。

评价三角中的*观察*角代表了对会引发出学生启发性反馈的评价任务的描述和一系列详细说明。评价以关于这些任务及情境的一系列假设和原则为
237 基础，它们能促使学生说出、做出或创造出一些东西来展示重要知识和技能。我们必须小心谨慎地设计这些评价任务（无论它是完成一个多项选择测试，撰写一篇文章，还是对教师的口头提问做出回应），只有确保这些任务与"学习认知模型"紧密相关，才能够保证从评价结果中得到一系列的有效推断与决策。

所有评价都是基于解释假设和模型的，并以此解读从观察中收集的相关证据。评价三角中的解释角是指在对观察进行推理时用到的所有工具和方

法。它表明了，与被评价的知识和技能相关的证据是如何通过对一系列评价任务的观察而形成的。在进行大规模评价时，解释方法通常涉及一个统计学模型，该模型对被评价的特征进行界定或总结，据此人们能以数据形式看到不同层次学生的能力。例如，在一个州级或国家级的年终成就测试中，学生获得的成绩往往在允许我们对结果进行多种不同的比较的统计指标上呈现，例如我们可以对学生在一年内参与的不同形式的测试进行比较，或者将学生当年的成绩与去年的成绩进行比较。有时，按照学生成就水平的不同，分数也被划分为基本、熟练和优秀。类似的使用统计学模型来得出分数范围的考试有美国的研究生入学考试（GRE）和学术能力评估测试（SAT），以及国际学生评估项目（PISA）。在进行课堂评价时，无论是对话、提问，还是“正式”测验，教师对评价的解释大多是非正式的。因为这些解释往往基于的是一个直觉的或定性的模型，或者是一个简单的定量模型（如正确率），而并非正式的统计学模型。尽管如此，教师依然会对学生的理解与学习在哪些方面相关、学生在一个或多个任务上表现如何以及学生知识和理解的相关成绩代表着什么，这些问题做出协调性判断。无论教师是否使用了总分、正确率之类的定量指标，他们都会做出以上判断。

最后要明确的是，评价三角中的三个元素不仅独立发挥作用，而且会与另外两个有意义地联结起来，只有这样才能形成有效的评价与可靠的结论。

特定领域的学习：学习进程的概念

如前文所述，对任何评价进行推理，其对象都应该在很大程度上由认知和学习模型（例如，知识是如何组织的）决定。这些模型描述了学生在其兴趣领域（评价三角中的认知元素）是如何表述知识和发展能力的，以及这些能力中哪种最重要。从学习模型切入的主要目的是，将前文中提出的评价 238
设计方法同其他现在使用的方法区分开。该模型表明了人们想要通过推理得出的学生成绩的最重要方面，并且提供了不同评价任务类型的线索，这些任务能够引出证据来支持这些推论（Pellegrino，Baxter，& Glaser，1999；Pellegrino et al.，2001）。

与这些观点相互佐证的是，最近人们对学习进程（learning progressions）相关话题的兴趣呈井喷式增长（Duschl，Schweingruber，& Shouse，2007；National Research Council，2012；Wilson & Bertenthal，2005）。学习进程，也叫学习轨迹（learning trajectories），由于学者们的关注点和研究目的不同，它

有许多不同的定义（Alonzo & Gotwals，2012；Corcoran，Mosher，& Rogat，2009；Daro，Mosher，Corcoran，Barrett，& Consortium for Policy Research in Education，2011；Duncan & Hmelo-Silver，2009）。学习进程都是基于实证经验的、可测量的假设：随着时间的推移，在适当的教学指导下，学生对于核心概念、解释和相关学科实践的理解与应用能力，是如何变得日益复杂的（Duschl et al.，2007）。这些假设描述了学生在掌握核心概念时可能遵循的路径。假定的学习进程都要经过实证检验它们的结构效度（在合适的教学指导下，该假设序列是否描述了大多数学生经历的一个路径？），最终还要评价其结果效度（对于大多数学生来说，基于学习进程的教学是否带来了更好的结果？）（Chinn & Sherin，本书第 9 章）。对实证数据的依赖，将学习进程与传统的局限性视野和线性规范区分开来。局限性视野和线性规范仅注重个人教学经验以及对当前学科知识的逻辑分析。

任何假定的学习进程对评价都有影响，因为有效的评价应该与一个基于实证经验的认知模型相一致。一个学习进程模型至少要包括以下元素：

1. 目标表现或学习目标（target performances or learning goals），这是学习进程的终点，由社会期望、对学科的分析以及下一层次教育水平的要求决定。

2. 进程变量（progress variables），这是理解、应用和实践的维度，其会随着时间发展和被跟踪。它们也许就是学科的核心概念或文学、科学及数学工作的实践中心。

3. 成就水平（levels of achievement），这是取得学习进展所要遵循的发展路径的中间环节。这些水平将反映出学生思维发展的整合程度或一般阶段。
239 某些中间环节或许并非典型，但却是形成典型观点的阶梯。

4. 学习表现（learning performances），这是指处在特定成就水平的学生能够做出的表现。它们能提供有关发展的详细评价信息，学生们借此也能证实他们的知识和理解。

5. 评价（assessments），这是依据假设来追踪学生发展进程时使用的具体措施。学习进程模型应至少包括一种评价方法，因为评价对于其发展、验证和运用都是不可或缺的。

经过认知与学习的相关研究，人们对特定领域的学习与表现产生了丰富的认识。特别是阅读、数学和科学领域，这些成果能为评价的设计提供指导（AAAS，2001；Bransford et al.，2000；Duschl et al.，2007；Kilpatrick，Swafford，& Findell，2001；Snow，Burns，& Griffin，1998；Wilson & Bertenthal，2005）。即便如此，对于如何通过能有效引导教学与评价设计的方式来勾勒出多种课程领域内的学习进程，我们仍需努力。无论怎样，关于学生的认知与学习我们已经有了一些有效的认识，在设计评价系统（尤其是那些试图覆盖跨年级学习进程的评价系统）时我们可以立刻运用它们。

评价发展：以证据为中心的设计

教育评价的设计应该以其目标（例如，促进学习、测量个人成就以及对项目进行评估等）、实施情境（例如，课堂或大规模）和实际限制（例如，资源和时间）为指导。从对学生应该知道什么以及做些什么（例如，标准或课程框架）的模糊描述，再到他们需要解决的问题与任务的发展，都是评价设计应该考虑的，这已成为一种趋势。考虑到评价设计过程是如此复杂，如果中间没有大量的艺术技巧、幸运成分以及反复试误，那么自身复杂且不紧密的设计过程就不太可能产生高质量的评价。因此，在对认知结构的表述、内容覆盖，以及可从任务表现上得出的推论范围等一系列维度上，许多评价都存在不足。

解决这些常规问题的方法是，设计评价要基于认知与学习的实证证据进行。这种方法被称为*以证据为中心的设计*（evidence-centered design；Mislevy & Haertel，2006；Mislevy & Riconscente，2006）。如图 12.2 所示，首先，要尽可能准确地定义想要学生了解的知识，以及学生应了解并理解的内容领域的某些 240
特定方面［*需求*（claim）］。例如，代数思维、比率与比例、力与运动、热与温度等方面。设计者要尽可能精确地了解被研究的认知因素，并且在表达上使用精确的认知动词，如*对比、描述、分析、计算、阐述、解释、预测、证明*。

接下来，要确定什么形式的*证据*（evidence）能支持以上需求，例如：产品或表现应具有什么样的特点［包括哪种特点需要被呈现，以及它们在证据方案中所占的权重（即，什么最重要，什么最不重要）］。举例来讲，如果需求是学生要具备运动规律的知识（即学生能够通过作用于所有物体上的力来分析一个物理情境），证据或许就是学生所绘的自由体受力分析图，并且图中要标明所有受力的大小与方向。

最后，要设计任务（task），这些任务要能够提供必要的证据。如果设计者能够精确地说出“需求”与“证据”的话，那么设计出能提供所需证据的任务就会变得相对容易。这些任务要以尽可能明确的方式，允许学生展示他们所知道的，也就是说，从给定一组评估任务或项目中得出的对学生认知的推断，应在允许误差范围内且是可持续的。

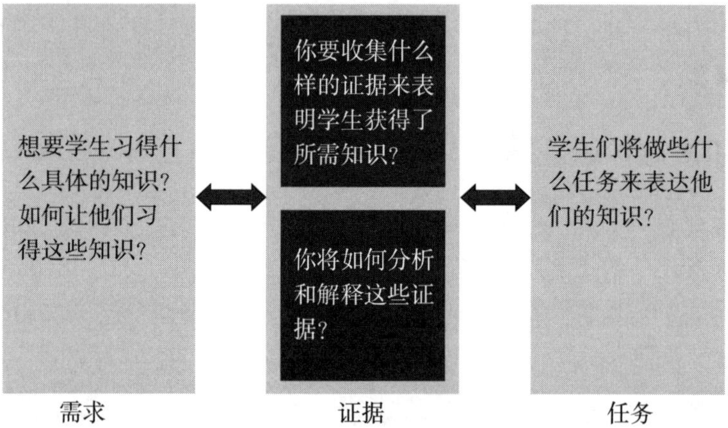

图 12.2 以证据为中心的设计过程的三个关键部分及其相互关系简图

评价效度：论点与论据

在评价的设计与应用过程中，使用以理论为驱动、以实证为基础的方法，其最终目的是创造任务与情境，为我们提供关于学生学习最确实可信的信息。因此，效度是所有评价工作的核心。由美国教育研究协会（American Educational Research Association，AERA）、美国心理学会（American Psychological Association，APA）和全美教育测量理事会（National Council on Measurement in Education，NCME）共同颁布的标准框架在效度上认为，“设计测试的目的在于衡量”（AERA/APA/NCME，1999，p.5）。当前，关于效度框架主要有这样一个论点：通过从可观察到的表现以及在此基础上做出的决策出发设计推论与假设，可以导致特定的解释以及测验结果的使用（Kane，2006，p.23）。

241 卡内（Kane，2006）以及其他学者们（Haertel & Lorie，2004；Mislevy，Stenberg，& Almond，2003）对解释性论点，即支撑测试成绩解释的论点，以及能为解释性论点的相关建议或要求提供必要证明的论点和论据进行了区分。梅斯雷弗及其同事（Mislevy et al.，2003）对这一观点进行了阐述。依据一个结构化的论点，他们认为效度证据能被更加正式地呈现出来。这一方法最先是在法律推理的情境下，由斯蒂芬·图尔明（Toulmin，2003）提出并概括出来的。在图尔明看来，一个好的论据能够提供强有力的证据来支持论点，反过来，也经得起批判（Andriessen & Baker，本书第 22 章）。图尔明的实践方法是，首先明确各种“利益需求”，然后通过确定证据（数据或者专家观点）来支持这些利益需求，为其提供辩护。这种方法也需要提供一种“依据”，来解释数据并说明这些数据如何支持利益需求。图尔明的研究历来注重论点的正式作用，并且被用来评估那些法庭上的论证的理性基础。利用这种方法，当代的教育测量理论家们已经将测验效度框定成了一种在证据支持下的推理论证（Kane，2006，2013）。“给定的证据是什么、它们产生了什么作用以及它们的分数是如何被解释的”，这些人们想要弄明白的需求都与特殊形式的证据相关。一些关键的需求都与特定的评价设计的理论基础相关，那些解释性需求必须得到各种类型的实证证据的支持，证明我们所观察到的表现确实反映了潜在的认知结构。

评价设计与测量的含义

课堂评价的设计与应用

学习科学家们普遍认为课堂评价（classroom assessment）的实践需要变革以更好地支持学习（Shepard，2000）。尤为重要的是，我们需要改善评价的内容与特性以反映最新的学习实证研究结果；另外，依据我们对于学习进程的了解，对评价信息与观点的收集与使用应该被作为当前学习过程中的一部分。从后者的角度看来，教师教育项目应该帮助教师深刻理解其教学中的评价。许多教育评价专家相信，如果评价、课程与教学三者能有效整合，学生学习就可以得到提高（Pellegrino et al.，1999；Stiggins，1997）。 242

根据萨德勒（Sadler，1989）的观点，如果教师打算成功使用评价来促进学习，以下三个元素缺一不可：

- 清晰的学习目标（源于课程）；
- 学习者当前的状态信息（源于评价）；
- 弥补差距的行动（源于教学）。

三个元素之间相辅相成。例如，通过制定课堂使用的评价程序可以激励教师对学习目标进行思考，从而引导对课程与教学的修改。反过来，这些修改也可以影响评价程序的完善。然而，只靠按部就班的课堂评价并不能确保有效学习的发生。课程目标的清晰界定与恰当应用、与这些目标有关的评价的效度、评价结果的解释、教学与目标的相关性和质量等，都是决定学习成果的因素。

要实现有效教学，首先要有一个该领域的认知与学习模型。对于大多数教师来说，最终的学习目标都是由外部强加的课程决定的（如国家课程标准）。但是这些外部强加的课程并没有详细说明有效评价需要的以实证为基础的认知与学习结果。于是，教师们（以及其他课程、教学、评价设计的责任人）必须设计能为有效达成外部设定的目标铺路的中间目标，为了能有效达此目的，他们必须理解学生在某领域内如何呈现知识与发展技能（见本手册第5部分的相关章节）。形成性评价应该基于学生如何学习特定学科内容的认知理论设计和应用，确保教学的中心是“对下一步学习来说最重要的内容”，并为教师提供学习者当前的学习状态。

职前教师教育和教师的持续性专业发展都需要帮助教师规划学习进程模型，这样他们才可以明确学生本能的、最原始的意义建构策略，并在此基础
243 上引导学生向更加复杂的理解发展（diSessa，本书第5章）。这将提高教师的诊断能力，使他们能够对学生下一步的学习做出明智决策。研究表明，有几种基于认知的教学与评价方法对学生学习有积极影响，包括认知指导型教学程序（Cognitively Guided Instruction Program；Carpenter，Fennema，& Franke，1996），以及其他学者提出的方法（Cobb et al.，1991；Griffin & Case，1997）。

大规模评价的设计与应用

大规模评价虽然离教学相对遥远，但如果经过合理地设计与应用，同样能对学习有所助益。如果先前在本章中所确定的设计原则能够被应用于大规模评价的设计，我们将获得更多有效的、有用的且公平的信息。然而，学校及学区在利用现代理论与研究之前，首先要从根本上改变目前实施大规模评价的方法。尤其是，像下文所提及的一样，它们必须放松当前对大规模评价实施的约束。

大规模总结性评价应该聚焦于某领域学习中最重要、最核心的方面，例如课程标准所确定的或是认知研究与理论所描述的那些。大规模评价的特点

是以学习模型为基础，相对课堂评价来说少了许多细节信息。出于总结性目的，我们需要了解学生是否已经掌握了多位数减法中更复杂的方面（包括退位和借零等），而不是像教师那样需要知道到底哪一步出了错。尽管政策制定者和家长们可能不需要在教学过程中对教师和学生有用的所有诊断性细节信息，但是大规模总结性评价也应该像课堂评价一样，以一个学习模型为基础，这个学习模型应源于并兼容于有关学习的知识与假设。

认知与学习研究认为，在测量学生成就时需要评价学生一系列的能力，其中有许多核心能力是当前评价未能涉及的。例如知识管理、问题呈现、策略应用、元认知以及活动参与（如制定问题、构建和评价观点、帮助群体解决问题等）。这些都是现代关于专业能力获取研究与理论中最重要的因素，也是先前“特定领域的学习”部分所提及的各种文献深入讨论和详细描述过的。大规模评价不应该忽视这些方面的能力，也不该简单地依据一般能力评价对学生进行排名，而应该提供有关学生理解的本质的信息。测试如果能够基于以研究为基础的认知与学习理论，就能够为教学提供积极的导向，使 244
“为了考试的教学”（teaching to the test）这一观点能够为学习提供更多帮助，而非传统观念中的一无是处（这一点在本章的后面部分会再讨论）。

不幸的是，由于当前标准化测试管理的限制，我们只能在有限的范围之内对大规模评价做出不多的改进。这些限制包括：为个人和小组提供可信且可比较的分数的需要；在有限的测试时间内，对每位学生依据一套广泛的课程标准进行取样的需要；在发展、评分、管理过程中提高成本效率的需要。为了满足这些需要，设计者通常要创造一些评价，可以在给定时间内，让每位学生在严格的标准化条件（通常被称为“按需评价”）下进行相同的（或平行的）测试。任务通常以纸笔形式呈现，学生可以快速完成并且获得可信有效的分数。这么做的结果就是，我们评价了此类评价任务所能够体现的学习产出，但是却无法触及这种约束条件中不能观察到的内容。要想在设计新评价时抓住认知与学习的复杂性，就需要检视当前驱动评价设计选择的假设与价值观，打破当前探索大规模评价替代方法的范式，在技术上进行创新（Quellmalz & Pellegrino，2009）。

测量模型

心理测量学关注如何以一种清晰、正式的最佳方式来收集、合成与传达关于学生的理解的证据。心理测量模型大都基于一种概率推理方法，即使用统计学模型来表征处于不同认知能力水平的学生的数据中最有可能表现出的模式。这些心理测量学模型允许研究者从大量数据中归纳意义，并且说明与结论相关的不确定程度。

各式各样的心理测量学模型被广泛应用于大规模总结性评价，但是在跟踪和引导学生学习的形成性评价中却用处有限。幸运的是，我们现在能使用不同的测量模型，以支持各种必要的推论，支持教师教学，引导学生学习。尤其要指出的是，我们现在可以从能力的不同方面来表征学生成就，而不是仅仅通过一个分数：可以随着时间画出学生学习进程图表，而不是简单地在一个特殊时间点测量学生成绩；可以结合多种途径或不同方法评价学生的表
245 现；可以根据评价结果进行建模、监测以及做出更好的判断；可以不仅在学生层面上，而且在小组、班级、学校以及国家层面上制作学习表现模型。

目前，在测量方法和解决评价所面临的挑战方面有了许多重大的发展。例如，测量模型相关研究的发展经历了这样一个过程：从（1）建构旨在衡量一般能力或对学生进行排名的模型；到（2）让学生完善标准心理测量模型，以使其更符合不断变化的学习、认知、课程重点观念；再到（3）将认知因素（包括学习和课程模型）作为变量直接纳入心理测量模型；最后（4）创建一个能适应一系列情境的模型系列。每一个模型和每一次改进都有其特殊的用途、优势与局限（Pellegrino et al.，2001）。

然而，许多相对较新的模型和方法并没有被广泛应用，因为它们难以被理解，或者是对于没有强技术背景的人来讲，这些模型是不易获得的。技术具有弥补这一缺陷的可能性。例如，在基于技术的课堂学习环境中，通过构建统计学模型，教师可以采用更为复杂的任务、捕捉和回放学生的表现、分享成功表现的相关典型案例，并且在此过程中获得有关学生能力的关键信息（Baker & Siemens，本书第 13 章）。

仍有许多困难的工作等待我们去做，这些工作需要将心理测量模型的构建集中于认知与学习模型的关键特征以及能够揭示特定领域有意义的认知变化的观察之上。如果说这些工作和之前有什么区别的话，就在于这些工作已经变得越来越困难，因为现在我们必须加上一个额外步骤——确定必须被归纳出的推论、得到推论所需要的观察、能提供这些推论与观察的任务以及能够有效地表达必要模式的统计学模型。科学家、教育者、评价设计者以及心理测量专家长期各自独立的研究传统，也是我们必须努力克服的障碍之一（Pellegrino，DiBello，& Brophy，2013）。

均衡评价系统

在学校中，根据需求和对象的不同，使用的评价类型也不尽相同。或许最大的不同就存在于外部的大规模评价与课堂评价之间。前者的目的是提供总结性评价，让政策制定者们做出比较，后者主要用来帮助教师开展教学工作。这样的差异导致的结果是，令使用者纠结于不同的评价目标与结果之间。在以下情况，比如当评价的目的明确指向对不同学习结果的衡量时，这 246
些差异却是有意义且有用的。然而，更多情况下，相互冲突的目标和反馈将引起教育者、学生和家长的困惑。在这一部分，我将描述一种协同工作的多维评价系统，它与课程和教学一同被用于促进学生的学习。

在世界上许多教育系统中，评价的重点在于课堂活动，以提供学习进程的相关信息，而外部的大规模标准评价在教育系统中扮演着一个相对次要的角色（NRC，2003）。然而，在美国，出于资金、教学时间、研究和发展等原因，投入在生产和应用大规模评价上的资源远大于投入在有效课堂评价的设计与应用上的资源。更为不幸的是，我们有充足的证据表明：今天在美国和其他国家所使用的大规模评价对课堂教学和评价有负面影响。正如前面我们举的例子一样，教师若为了测试而教学，往往会有压力，这（鉴于目前评价的重点中，事实与技能并不相关：Sawyer，本书第 1 章）将使教学变得狭隘。如果基于这种测试所得的评价质量很高，并且能全方位地展现学生在我们所期望掌握的思考与推理方面的水平，上述问题就不一定会发生。因此，我们应该使评价具有教学价值，使任务有助于在课堂情境中通过教学改善学生的学习与参与。那么这些任务与表现就值得教师和学生花费时间和精力。如果能做到这样，现有问题就不再存在，因为教师是抛开了典型的标准化测试中高度限制的、不理想的任务后建构自己的课堂评价的（Linn，2000；Shepard，2000）。考虑到当外部测试对诸如问责等目的至关重要时，教师也会参考此类建模练习，因此，如果他们能建构出针对学生成绩的高质量且有效的评价，那就更好了。为了取得课堂评价与大规模评价之间的平衡，我们需要能够支持一系列教学与学习目标的协调性评价系统，而不是背道而驰。为了达到这样的目的，这个评价系统就应该具备以下三个特性：综合性、一致性和持续性。

综合性指的是应该有一系列测量方法被用来为教学决策制定提供支持

性证据。单一的测试分数不能被认为是对学生能力的决定性评价。要采用多种测量手段，通过为学生提供多种证明自身能力的方式与机会，提高结果的有效性与公平性。可以用多种测量的结果中分数上的提高证明学习中的进
247 步，这就可以避免针对特定考试进行教学导致成绩提高的现象（Heubert & Hauser，1999）。

一致性在这里指的是，各种课堂评价系统以及其他外在系统所用的学生学习模型应该是相互兼容的。虽然一个大规模评价所基于的学习模型较课堂评价中的学习模型要粗糙一点，但是好的大规模评价的概念基础应该更为广泛，且在更精细的级别上具有意义（Mislevy，1996）。这样，外部评估的结果就与对课堂教学和评价中对学习更详细的理解一致。无论是从课堂到学校，再到区、国家，或者反过来由大到小地观察，只要在这一垂直的维度中，该系统内所有层级上的评价都应该是相互匹配的。只要潜在的学习模型具有一致性，各种评价就会相互补充，而不是展露出相互冲突的学习目标。

最后，一个理想的评价系统设计应具有持续性。也就是说，评价应该随时间变化来测量学生的进步，应该像一个录像带一样呈现出学生的变化，而现在的多数测试则更像照片（Chinn & Sherin，本书第9章）。为了获得这些进程的影像，应从概念上使用多种观察方式将不同时间的内容联系起来，以此观察并解释相关变化。学生的学习进程模型应该成为评价系统的基础，而测试应提供有助于回溯进程的信息。

评价系统是什么样的？其各要素是如何配合达到平衡的？它们是如何支持上述三个原则的？图12.3以图示的方式为我们做出了详细解释。图12.3表明了，这样一个评价系统应该是（1）跨层次相互协调的；（2）与共同的学习目标相统一的；（3）与统一的进程变量相同步的。目前还没有哪种评价系统在具备这些特点的同时，还能满足综合性、一致性和持续性这三大标准，但是有一些评价的案例展现出向上述目标靠近的趋势。例如，澳大利亚发展性评价项目（Australia's Developmental Assessment program；Forster & Masters，2001；Masters & Forster，1996）以及伯克利评估与评价研究（BEAR）的评价系统（Wilson & Sloane，2000），为我们展示了进程地图（progress map）是如何被用于完善形成性评价、总结性评价，以及提升课程、教学和评估之间一致性的。另外，进程地图也有助于对发展的测量（这满足了“持续性”标准）。澳大利亚教育研究委员会（Australian Council for Educational Research）已经取得了一系列优秀的资源，可以帮助教师使用各种评价策略——从书面

测试到课堂中的项目成长文件袋组合——这些评价策略都可以与进程地图联系起来（这满足了“综合性”标准）。

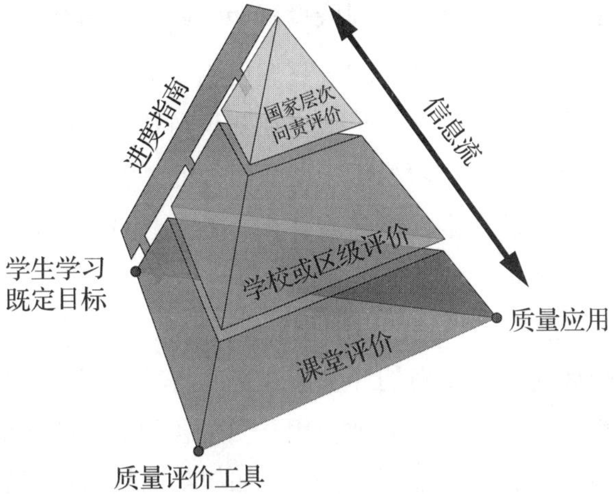

图 12.3　学生学习评价与评估中心（Center for Assessment and Evaluation of Student Learning，CAESL）关于一个协调的多层次评价系统的陈述（Herman，Wilson，Shavelson，Timms，& Schneider，2005，经作者允许使用）

最终观点：学习科学研究中评价的作用 248

学习科学研究者们需要高质量的证据，这些高质量的证据允许我们询问并回答与学习和教学成果相关的关键问题：学生掌握了什么？他们能够做什么？开发高质量评价的第一个需求，在于我们要理解并尽可能地描述那些标志着掌握一个领域内知识过程的概念和技能。这些具体活动组成了一个能应用于多个课程与内容领域的前瞻性学习科学议程的基本元素。对教学总体结果的评价对学习科学来说非常重要，因为它可以允许我们对项目有效性进行测量。但是更重要的是，这种评价内容可以影响教学实践的走向。另外，对基于学习科学的课程的影响性评价也同样重要。使用项目评价时，需要采用一些对学习自身以及有效教学造成的影响较为敏感的评估措施。研究者、教育者和管理者必须考虑如何支持合适且高效的评价措施的研究与开发，这些 249
措施作为协调的评价系统的一部分，能够服务于多种目标与功能。

因此，重新强调本章的主题是非常重要的：从学习科学的角度看，高品质和高效的评价的本质是什么？这些评价都基于三个相辅相成的关键元素：（1）它们都来源于基于内容的认知理论和数据，并且指出了应该评价的知识和技能；（2）它们通过任务与观察提供了一些证据与信息，可以证明学生是否掌握了应会的知识与技能；（3）它们使用了定性和定量的技术来解释学生的学习表现，可以捕捉到被评价学生在知识与技能上的区别。因此，评价的设计与应用应该被作为学习科学中概念研究的一种主要形式。它不应该被留给那些不了解“知道和学习意味着什么”的人。另外，它还需要学科间的协作，例如学术研究者与测量专家的跨学科合作等。

从实践角度看，如果要使用评价来引导教学与学习，未来研究应该探索：（1）教师如何能获得新的评价形式，并将其应用于课堂；（2）它们如何能在K-16+教学环境中被有效地应用；（3）各种形式的评价如何影响学生学习、教师实践以及教育决策制定；（4）如何帮助教师将新的评价形式整合进教学实践，以及如何最好地利用从评价得来的信息；（5）在教育中，教学授课的结构化特点（如：课堂时间长度，班级规模与组织，以及师生共同工作的机会，等等）如何影响新型评价实施的可行性和有效性。

随着对评价重要性的意识的增强，学习科学领域将继续关注学与教关键问题的进展。希望本章对于评价设计与应用方法的讨论，能够为学习科学领域的进一步发展提供一些观点与方法。要解决评价设计中的挑战，学习科学还要解决很多的难题，这与目前不断发展的对“知道和学习意味着什么”的理解是一致的。从一方面来说，评价设计促使我们更加明确建构的本质，以及它们如何体现在学生表现的各个方面。从另一方面来说，这也有助于设计收集证据的方法，来测试和证明我们所设计的学习环境、工具和技术的有效性。我们所能做的许多事情都远远超出了传统的学生成就评价方式，因此我
250 们有机会塑造教育评价的未来。当谈及能提供学生成就证据的任务以及情境的设计与应用时，在新标准时代，无论是出于在数学、语言艺术、科学等领域改善教育材料和工具的目的，还是为了设计和解释具有国家性以及国际性意义的评价，对学习科学家来说，参与教育评价与政府公共社群都是非常重要的。针对后者有一个典型的案例，即学习科学共同体曾帮助经济合作与发展组织为2015年的PISA开发了一个协作问题解决的设计框架。参与框架的开发不仅仅有助于指导与21世纪技能相关的有效评价的设计，而且对于我们将协作学习和问题解决的相关研究综合起来，帮助学习科学家了解“我们知

道什么？不知道什么？未来的理论发展与研究应该从哪里着手？”这些问题也是非常有用的。

参考文献

Alonzo, A. C., & Gotwals, A. W. (2012). *Learning progression in science: Current challenges and future directions*. Rotterdam, Netherlands: Sense Publishers.

American Association for the Advancement of Science (AAAS). (2001). *Atlas of science literacy*. Washington, DC: Author.

American Educational Research Association, American Psychological Association, and National Council of Measurement in Education (AERA/APA/NCME). (1999). *Standards for educational and psychological testing*. Washington, DC: American Educational Research Association.

Black, P., & Wiliam, D. (1998). Assessment and classroom learning. *Assessment in Education*, 5 (1), 7–73.

Bransford, J. D., Brown, A. L., Cocking, R. R., Donovan, M. S., & Pellegrino, J. W. (Eds.) (2000). *How people learn: Brain, mind, experience, and school*. Expanded Edition. Washington, DC: National Academies Press.

Carpenter, T., Fennema, E., & Franke, M. (1996). Cognitively guided instruction: A knowledge base for reform in primary mathematics instruction. *Elementary School Journal*, 97 (1), 3–20.

Cobb, P., Wood, T., Yackel, E., Nicholls, J., Wheatley, G., Trigatti, B., & Perlwitz, M. (1991). Assessment of a problem-centered second-grade mathematics project. *Journal for Research in Mathematics Education*, 22 (1), 3–29.

Corcoran, T. B., Mosher, F. A., & Rogat, A. (2009). *Learning progressions in science: An evidence-based approach to reform*. New York: Columbia University, Teachers College, Consortium for Policy Research in Education, Center on Continuous Instructional Improvement.

Daro, P., Mosher, F. A., Corcoran, T., Barrett, J., & Consortium for Policy Research in Education. (2011). *Learning trajectories in mathematics: A foundation for standards, curriculum, assessment, and instruction*. Philadelphia, PA: Consortium for Policy Research in Education.

Duncan, R. G., & Hmelo-Silver, C. (2009). Learning progressions: Aligning curriculum, instruction, 251
and assessment. *Journal for Research in Science Teaching*, 46 (6), 606–609.

Duschl, R. A., Schweingruber, H. A., & Shouse, A. W. (Eds.) (2007). *Taking science to school: Learning and teaching science in grade K-8*. Washington, DC: The National Academies Press.

Forster, M., & Masters, G. (2001). *Progress maps*. Victoria, Australia: Australian Council for Educational Research.

Griffin, S., & Case, R. (1997). Re-thinking the primary school math curriculum: An approach based on cognitive science. *Issues in Education*, 3 (1), 1–49.

Haertel, E. H., & Lorie, W. A. (2004). Validating standards-based test score interpretations. *Measurement: Interdisciplinary Research and Perspectives*, 2 (2), 61–103.

Herman, J. L., Wilson, M. R., Shavelson, R., Timms, M., & Schneider, S. (2005, April). *The CAESL assessment model*. Paper presented at American Educational Research Association annual conference, Montreal, Canada.

Heubert, J. P., & Hauser, R. M. (Eds.) (1999). *High stakes: Testing for tracking, promotion, and graduation*. Washington, DC: National Academies Press.

Hickey, D., & Pellegrino, J. W. (2005). Theory, level, and function: Three dimensions for understanding transfer and student assessment. In J. P. Mestre (Ed.), *Transfer of learning from a modern multidisciplinary perspective* (pp. 251–293). Greenwich, CO: Information Age Publishing.

Kane, M. T. (2006). Validation. In R. L. Brennan (Ed.), *Educational measurement*. Fourth Edition (pp. 17–64). Westport, CT: Praeger.

Kane, M. T. (2013). Validating the interpretations and uses of test scores. *Journal of Educational Measurement*, 50 (1), 1–73.

Kilpatrick, J., Swafford, J., & Findell, B. (Eds.) (2001). *Adding it up: Helping children learn mathematics*. Washington, DC: National Academies Press.

Linn, R. (2000). Assessments and accountability. *Educational Researcher*, 29 (2), 4–16.

Masters, G., & Forster, M. (1996). *Progress maps. Assessment resource kit*. Victoria, Australia: Commonwealth of Australia.

Mislevy, R. J. (1996). Test theory reconceived. *Journal of Educational Measurement*, 33 (4), 379–416.

Mislevy, R. J., & Haertel, G. (2006). Implications of evidence-centered design for educational assessment. *Educational Measurement: Issues and Practice*, 25, 6–20.

Mislevy, R. J., & Riconscente, M. M. (2006). Evidence-centered assessment design: Layers, concepts, and terminology. In S. Downing, & T. Haladyna (Eds.), *Handbook of test development* (pp. 61–90). Mahwah, NJ: Lawrence Erlbaum Associates.

Mislevy, R. J., Steinberg, L., & Almond, R. (2003). On the structure of educational assessments. *Measurement: Interdisciplinary Research and Perspectives*, 1, 3–67.

National Research Council. (2003). *Assessment in support of learning and instruction: Bridging the gap between large-scale and classroom assessment*. Washington, DC: National Academies Press.

National Research Council. (2012). *A framework for K-12 science education: Practices, crosscutting concepts, core ideas*. Washington, DC: National Academies Press.

252 Pellegrino, J. W., Baxter, G. P., & Glaser, R. (1999). Addressing the "two disciplines" problem: Linking theories of cognition and learning with assessment and instructional practice. In A. Iran-Nejad, & P.

D. Pearson (Eds.), *Review of research in education* (vol. 24, pp. 307–353). Washington, DC: American Educational Research Association.

Pellegrino, J. W., Chudowsky, N., & Glaser, R. (Eds.) (2001). *Knowing what students know: The science and design of educational assessment*. Washington, DC: National Academies Press.

Pellegrino, J. W., DiBello, L., & Brophy, S. (2013). The science and design of assessment in engineering education. In A. Johri, & B. Olds (Eds.), *The Cambridge handbook of engineering education research*. Cambridge: Cambridge University Press.

Pellegrino, J. W., & Hickey, D. (2006). Educational assessment: Towards better alignment between theory and practice. In L. Verschaffel, F. Dochy, M. Boekaerts, & S. Vosniadou (Eds.), *Instructional psychology: Past, present and future trends. Sixteen essays in honour of Erik De Corte* (pp. 169–189). Oxford: Elsevier.

Pellegrino, J. W., Jones, L. R., & Mitchell, K. J. (Eds.) (1999). *Grading the nation's report card: Evaluating NAEP and transforming the assessment of educational progress*. Washington, DC: National Academies Press.

Quellmalz, E., & Pellegrino, J. W. (2009). Technology and testing. *Science*, 323, 75–79.

Ruiz-Primo, M. A., Shavelson, R. J., Hamilton, L., & Klein, S. (2002). On the evaluation of systemic science education reform: Searching for instructional sensitivity. *Journal of Research in Science Teaching*, 39, 369–393.

Sadler, R. (1989). Formative assessment and the design of instructional systems. *Instructional Science*, 18, 119–144.

Shepard, L. A. (2000). The role of assessment in a learning culture. *Educational Researcher*, 29 (7), 4–14.

Snow, C. E., Burns, M., & Griffin, M. (Eds.) (1998). *Preventing reading difficulties in young children*. Washington, DC: National Academies Press.

Stiggins, R. J. (1997). *Student-centered classroom assessment*. Upper Saddle River, NJ: Prentice-Hall.

Toulmin, S. E. (2003). *The uses of argument*. Cambridge: Cambridge University Press.

Wiggins, G. (1998). *Educative assessment: Designing assessments to inform and improve student performance*. San Francisco, CA: Jossey-Bass.

Wiliam, D. (2007). Keeping learning on track: formative assessment and the regulation of learning. In F. K. Lester Jr. (Ed.), *Second handbook of mathematics teaching and learning* (pp. 1053–1098). Greenwich, CT: Information Age Publishing.

Wilson, M., & Sloane, K. (2000). From principles to practice: An embedded assessment system. *Applied Measurement in Education*, 13 (2), 181–208.

Wilson, M. R., & Bertenthal, M. W. (Eds.) (2005). *Systems for state science assessments*. Washington, DC: National Academies Press.

第13章

教育数据挖掘与学习分析

瑞安·贝克 乔治·西门子

253 在过去的几十年中，数据分析（analytics）与数据挖掘（data mining）——从大量的数据集中提取有用的、可实践的信息的方法论——已经为不止一个科学探究领域带来了转型（Collins，Morgan，& Patrinos，2004；Summers et al.，1992）。数据分析在过去几十年中已经变为一种趋势，这种趋势反映在大量的研究生培养计划中，这些计划承诺能够将一些人培养成数据分析的大师，并且声称数据分析的技能能为他们提供报酬丰厚的就业机会（Manyika et al.，2011），机场候机室也充满了不同咨询公司提供的广告，保证用户能够通过数据分析获得显著的收益增长。当这种方法应用到教育之中时，我们就称其为学习分析（learning analytics）和教育数据挖掘（educational data mining）。本章中，我们将主要介绍这两个类似领域的共同之处，同时也会强调二者间的重要差异。

使用本章中所介绍的方法，你能够快速地浏览大量的数据集以发现只在少数学生中出现的，或者说仅仅是偶发的（sporadically）模式（Baker，Corbett，& Koedinger，2004；Sabourin，Rowe，Mott，& Lester，2011）；你可以探究不同的学生如何去选择不同的学习资源并产生了怎样不同的结果（Beck，Chang，Mostow，& Corbett，2008）；也可以对一个长期的时间段内发生的现象进行细致的分析（高精度的分析）[学生之间的不同随着上学时间的增长变得越来越大（Bowers，2010）]；还可以通过对大量的范例进行分析，明白学习环境设计是如何影响不同类型的学习兴趣的（Baker et al.，2009）。在下面的部分，我们会讨论，学习分析具备的大幅提高学习科学领域对学习的理解的潜质，以及它如何同时为理论和实践服务。

分析的起源

如果与物理学、生物学或者气候学相比，学习科学使用数据分析还是比较晚的。举例来说，第一本生物科学领域中的数据分析杂志《生物与医药学中的计算机应用》（*Computers in Biology and Medicine*）发刊于1970年。相比起来，第一个学习科学领域中的数据分析杂志《教育数据挖掘杂志》（*Journal of Educational Data Mining*）则发刊于2009年，这个杂志是一系列会议的后续（开始于2008年），这些会议又是一系列研讨会的延续（开始于2005年），研讨会还可以追溯到更早的2000年与2004年的会议。目前，我们有一些机构（期刊）接收和发表本领域的研究，现在有《教育数据挖掘杂志》，国际教育数据挖掘会议（International Conference on Educational Data Mining），学习分析与知识会议（Conference on Learning Analytics and Knowledge），还有一部分会议越来越偏向本领域的研究，例如教育中的人工智能国际会议（International Conference on Artifical Intelligence in Education）、美国计算机协会数据库知识发掘会议（ACM Knowledge Discovery in Databases）、国际学习科学大会（International Conference of the Learning Sciences）、美国教育研究协会（American Educational Research Association）的年度会议。 254

近年来，数据分析在教育领域中的应用日益增多，这主要出于四个原因：持续增长的数据量；改进的数据格式；计算能力的进步；可获得的分析工具的复杂性的增强。

数据量

引起近年来学习分析出现的因素之一就在于可分析数据量的增多。类似于匹兹堡学习科学中心的数据仓库（Pittsburgh Science of Learning Center Datashop; Koedinger et al.，2010）的公共存储空间极大地提升了学习科学研究者能够接触的数据量级。移动、数字以及网络技术被不断地运用到教育环境当中。当学习者接触这些数字设备的时候，他们的交互数据就能够被轻松捕获，或者说“记录”下来，这也就为后面的分析提供了可能。近期发表的一些研究是从数万名学生中获得数据的。随着在线学习的持续增加（Allen & Seaman，2013），以及新的数据收集技术的使用（Choudhury & Pentland，2003），未来的数据收集技术可以应用到更大规模的学习活动中，尤其当像培生（Pearson）集团和麦格劳–希尔（McGraw-Hill）集团这样的大公司对教育数据挖掘、慕课（Massive Online Open Courses，MOOCs）感兴趣的时候，以及 Coursera、edX 以及 Udacity 这些课程提供机构为我们提供了大量的可供研究使用的数据集的时候。

数据格式

贝克（R. S. Baker）回顾了他第一次分析教育数据记录的体验：这次分析花了他大概两个月的时间将记录下来的数据转换成可用的格式。今天我们已经有了记录特定教育数据的标准格式（Koedinger et al.，2010），也对如何高效地记录教育数据有了长足的知识积累，这些知识有一部分出现在学术期刊中，还有一部分非正式的知识更多地通过研究培训之类的项目扩散和传播，此类项目有匹兹堡学习科学中心暑期学校（Pittsburgh Science of Learning Center Summer School），还有学习分析研究社团（Society for Learning Analytics Research）的在线公开课①。

255 更强的计算 / 处理能力

对于学习分析越来越多的关注也来自现有设备计算能力的不断增强（Mayer，2009）。如今手机的处理能力已经超过了不到十年前的台式电脑，而强劲的大型机能够完成几年前看起来完全不可能完成的任务。计算能力的增强也就使研究者分析大量数据成为可能，同时帮助他们在医疗保健、地质学、环境科学和社会学这些领域运用那些大量的数据。

分析工具的研发

本领域最明显的进步体现为对大量数据集的管理，软件使以更容易分析的方式对数据进行储存、管理以及筛选成为可能。谷歌公司开发了 MapReduce 来解决互联网量级数据的管理挑战（Dean & Ghemawat，2008），该软件还能够利用计算机网络分布式地分发数据和数据相关的应用（之前的数据库模型没有能力处理互联网量级的数据）。MapReduce 软件引导了 Apache Hadoop 的开发，目前该软件常被用于数据管理之中。

除了管理数据的工具，还有一系列工具是为了支持数据分析而产生的。

---

① 详见 https://learn.canvas.net/courses/33。

近年来，这些高度成熟的且简单易用的工具使得越来越多的研究者可以在没有多年计算机编程经验的情况下使用数据挖掘方法。这些工具中的大部分都源自商业智能领域。正如 SAS 和 IBM 为教育提供的著名工具一样，这些工具最初用在公司的部门中，通过可视化表征和可交互格式（这对情境化评价尤其重要）对大量数据进行分析，起到预测性分析和完善组织决策的作用。在 21 世纪初，很多分析工具从技术角度来讲都是十分复杂的，都需要用户有高阶编程水平和统计学知识。而现在，即便是之前需要这些复杂知识背景的 SAS、RapidMiner 和 SPSS，也更容易被用户使用，这使得个人用户在没有具备那么多技术知识的情况下就能够开展分析。就连一般的桌面软件，例如微软的 Excel，在近些年里都合并了许多可视化和分析的功能，有了显著的改进。类似于 Tableau Software 的工具还能让没有什么高阶分析技术知识的用户轻松地使用。这些易于使用的工具日益普及，让教育数据挖掘和学习分析能够为更多的学习科学研究者所采纳与使用。

发展中的研究共同体

本章我们综述的两个研究共同体，教育数据挖掘与学习分析，对于教育数据方面的分析有着互补的方面。西门子和贝克（Siemens & Baker，2012） 256
曾认为，这两个研究共同体有着相当大的重合部分（无论是从研究方面，还是从研究者方面来讲都是如此），这两个研究共同体都坚信研究的开展既要对学习者产生作用，也要对学习科学领域有所贡献。同时他们也介绍了二者的区别。

1. 教育数据挖掘的研究者更注重教育数据挖掘的自动化方法；学习分析的研究者则偏向对教育数据的人工指导方法。这种区别与更广义的科学文献中“数据挖掘与探索性数据分析的区别”比较类似。自动化的挖掘方法能够帮助我们实现最有可能的预测；而人工指导的挖掘方法能够让我们对这种现象有更多的解释，产生更多容易理解的模型。

2. 教育数据挖掘的研究者强调对于具体结构的建模以及模型之间的关系；而学习分析的研究者偏向对结构的整体的、系统性的理解。这种区别在采用不同方法的学习科学研究者中并存已久。这种类型的教育数据挖掘研究与理论方法联系更为紧密，例如J. R. 安德森（J. R. Anderson）的ACT-R理论（Anderson & Lebiere，1998）或者PSLC理论框架（Koedinger，Corbett，& Perfetti，2012）；而对应的学习分析研究则与试图将系统理解为整体或采取情境主义方法的理论研究相关（Greeno，1998；Nathan & Sawyer，本书第2章，关于学习科学的基础方法与系统性方法方面内容）。也就是说，我们相信以上这些研究者们可能发现来自这两种类型研究共同体的方法都是有用的。

3. 教育数据挖掘的研究者主要对自适应系统的应用感兴趣，比如说，通过教育软件提供根据学习者个性化经验自动识别的其所需的学习支持（Arroyo et al.，2007；Baker et al.，2006；Corbett & Anderson，1995）； 而学习分析的研究者则试图找到对教师与学生进行训练和提升的方法，比如说让教师看到哪些学生遇到了哪些学习困难，并以此为依据对这些学生进行帮助（Arnold，2010）。在这个方面教育数据挖掘和学习分析都适用，它们在关注点上的不同主要在于各自共同体历史上的研究兴趣，或者应用中体现的区别。

无论是教育数据挖掘还是学习分析都十分强调其与学习科学和教育哲学理论的联系。发表在教育数据挖掘和学习分析会议中的大部分研究都使用了学习科学和教育学中的理论来指导他们对于数据的分析，并且试图用他们的分析结果来促进理论的发展。

257 这种以理论为导向的视角就决定了教育数据挖掘和学习分析与将分析数据作为单一出发点的技术方法的本质区别。[C. 安德森（C. Anderson）认为，大数据会淘汰科学研究方法："如果面临大量的数据，这种科学的研究方法——假设、建模、验证——就会逐步变得无用。"（Anderson，2008）]

主要方法与工具

教育数据挖掘与学习分析使用的方法论来源于一系列不同的地方，但是对于这个领域贡献最大的两个理论来源还是数据挖掘与分析方法，以及心理测量学与教育测量。在很多情况下，教育数据的特征及属性决定了不同类型的方法在教育数据挖掘和学习分析中会比在一般的数据挖掘中起到更为显著的作用，根据已有的心理测量方法改编的方法也会更为有效。在这一部分，我们会概述领域内一些主要的研究方法，然后讨论这些研究方法在应用方面的对应案例。我们会引用过去的综述内容（Baker & Yacef，2009；Ferguson，2012；Romero & Ventura，2010；Siemens & Baker，2012），并在这些综述的内容上增加最新的研究进展。

预测方法

根据贝克和亚塞夫（Baker & Yacef，2009）的综述，时至今日，最突出的一类教育数据挖掘方法还要数预测方法。预测的目的就是根据数据中的其他因素的组合［预测变量（predictor variable），类似于传统统计分析中的自变量］，发展出可以从数据中推断出单个因素［被预测变量（predicted variable），类似于传统统计分析中的因变量］的模型。开发预测模型需要知道一小组数据中，哪些变量是被预测变量，然后对这一小组数据建立模型，并从统计角度验证其有效性，以及其是否可以被应用到更广泛的尺度之上。举例来说，我们可以收集 1000 名大学辍学学生的信息，然后开发一个预测模型来推测是否有学生会中途辍学，然后找 1000 名不包含在预测模型样本中的学生子集合来验证模型的有效性，最后将这个模型运用到新生预测之中。就像这样，预测模型一般被用于预测未来会发生什么事情（Dekker，Pechenizkiy，& Vleeshouwers，2009；Feng，Heffernan，& Koedinger，2009；Ming & Ming，2012），或者预测一些即时的，但无法直接收集的变量的情况——例如，要收集实时的关于效果或者参与度的数据，就需要采用较为昂贵的观察方法，或者（对环境）具有高破坏性的自我报告测量方法，而基于学生档案数据的预测模型则可以做到完全没有干扰（Baker et al.，2004；D'Mello，Craig，Witherspoon，McDaniel，& Graesser，2008；Sabourin et al.，2011）。

这些方法成功支持了提高学生学习效果的干预措施，例如，普渡信号 258
（Purdue Signal）项目使用预测模型来识别大学中可能有退课甚至退学倾向的学生。使用普渡信号能够让学生更乐于寻求帮助，让课程成绩得到提高，还明显提高了续读率（Arnold，2010）。

在教育数据挖掘和学习分析中有三种常见的预测模型：分类型（classifiers）、回归型（regressors）以及潜在知识估值型（latent knowledge estimation）。分类型预测模型中，被预测变量要么是一个二元变量（例，0 或 1），要么是分类变量。教育领域常见的分类方法有决策树法（decision trees）、随机森林法（random forest）、决策规则法（decision rules）、逐步回归分析法

（step regression）以及逻辑回归分析法（logistic regression）。在回归型预测模型中，被预测变量是一个连续变量，例如一个数字。教育数据挖掘中最常用的回归预测方法还是线性回归分析（linear regression）（需要说明的是，教育数据挖掘和学习分析中的线性回归分析与传统统计学中的线性回归分析虽然名字相同，但并不是一回事）。

教育数据挖掘和学习分析中第三类重要的预测模型（严格地说它是分类型预测模型的一种特殊类型）是潜在知识估值型预测模型。在潜在知识估值型预测模型中，有关学生某种特定技能和概念的知识会通过他们在这些技能中的行为模式的正确性被评估（有些时候也会用到其他信息）。在线学习中使用的预测模型往往和卷面测验、计算机自适应测验的心理测量模型有较大的区别，因为在交互式学习应用之中，学生的知识是不断改变的。有关潜在知识估值的算法有很多，目前最常用的两种是贝叶斯知识追踪（Bayesian Knowledge Tracing，BAK；Corbett & Anderson，1995）和绩效因素分析（Performance Factors Analysis，PFA；Pavlik，Cen，& Koedinger，2009），这两种方法在一系列分析中被认为是不相伯仲的（Pardos，Baker，Gowda，& Heffernan，2011）。知识预测算法（knowledge estimation algorithms）正在成为智能导师系统的基础和支撑，目前，美国高中课堂中6%的代数课程都使用了认知导师系统。

结构挖掘

结构挖掘算法（structure discovery algorithms）的目的与预测方法完全不同，它致力于在不设定想要找到什么东西的先前观念的条件下找出数据的结构。在预测的条件下，教育数据挖掘和学习分析的研究者试图对特定变量进行建模；与其相比，结构挖掘并没有任何特定变量。研究者要在数据自然呈现的内容中判断哪些结构是自然出现的。教育数据挖掘和学习分析中常见的结构挖掘方法有聚类分析（clustering）、因素分析（factor analysis）、社会网络分析（social network analysis）、领域结构挖掘（domain structure discovery）。

在聚类分析中，挖掘的目标是找到自然聚集在一起的数据点，并以此将整个数据集分成一系列的数据簇（cluster）。聚类分析在我们预先不知道数
259 据集中有哪些常见数据类型的情况下使用最为有效。如果数据簇的选定是非常合适的，那么相比于其他数据簇的数据点们，某个数据簇中的数据点就应

该与本数据簇中其他的数据点更加类似。数据簇常被用于分类学生（Beal，Qu，& Lee，2006）和学生行为（Amershi & Conati，2009）。举例来讲，阿莫士和科纳蒂（Amershi & Conati，2009）找到了学生应用探究性学习环境的特征模式，并应用这一特征模式来识别学生学习策略的有效性。

因素分析是与聚类分析非常相近的一种方法，其目的是找到自然聚集在一起的变量，并以此将变量集（与之前的数据点不同）分为不同系列的潜在（不能直接观察到的）因素。因素分析在心理测量上经常被用于验证或者构建量表。在教育数据挖掘与学习分析中，因素分析在那么多应用中，主要被用于维数约减（例如，降低变量的数量）。举例来讲，贝克和同事们（Baker et al.，2009）使用因素分析来确定智能导师系统的设计者一般都会做出哪些设计决策（例如，在智能导师系统需要简短的情境问题会话的条件下，智能导师系统的设计者在设计时倾向于使用针对某种原理的提示，而不是针对具体内容的提示）。

在社会网络分析中，我们会分析个体之间的关系和交互，并以此发展对应模型（model），同时还会分析这些关系和交互中出现的模式（pattern）。下面我们用一个简单的案例来进行解释。我们可以通过可视化分析项目小组之间联系的强度，理解高效项目小组和低效项目小组的区别（Kay，Maisonneuve，Yacef，& Reimann，2006）。社会网络分析也被用于研究不同时间段中学生交流行为的变化（Haythornthwaite，2001）以及学生在社会网络中的位置与他们对于自己在学习共同体中的角色意识有什么关系（Dawson，2008）。这些都是很有价值的信息，因为交互和联结的模式能够揭示对学业成绩的预期，同样也能说明学习者在一个课程中的参与程度（Macfadyen & Dawson，2010；Suthers & Rosen，2011）。

社会网络分析虽然能够揭示交互的结构，但却无法对这些交互的本质，以及连通性的影响的本质做出解释。所以，社会网络分析逐渐地与其他的分析方法一起使用，以对通过社会网络分析观察到的模式进行更好的理解。举例来说，社会网络分析就可以与话语分析一同使用（Enyedy & Stevens，本书第 10 章；Buckingham Shum，& Ferguson，2012）。

领域结构挖掘的目的是找到一个教育领域中的知识结构（例如，特殊的内容是如何与具有特殊知识或技能构成的学生联系起来的）。这种挖掘可能包括教育软件中的映射问题（mapping problems）以及特殊知识构成问题和分类问题，进而有效地为潜在知识估值以及问题选择服务（Cen，Koedinger，&

Junker，2006），或者将对应技能映射到考试项目中（Tatsuoka，1995）。近期，教育数据挖掘领域开展了大量的此类研究，有针对考试数据的研究（Barnes，Bitzer，& Vouk，2005；Desmarais，2011），也有在智能导师系统中追踪学习行为的研究（Cen et al.，2006）。

260

关系挖掘

关系挖掘的主要目标，是发掘拥有大量变量的数据集中变量之间的相互关系。关系挖掘是教育数据挖掘研究中历史最为悠久的一类，同时也是时至今日最常见的一类。它有可能为我们找出哪些变量与我们关心的某个变量的联系最为紧密，也有可能试图发掘所有变量中究竟哪两个变量之间的联系最为密切。概括地讲，关系挖掘一共有四种子类型：关联规则挖掘（association rule mining）、相关性挖掘（correlation mining）、序列模式挖掘（sequential pattern mining）以及因果数据挖掘（causal data mining）。

关联规则挖掘的目的是，找到如果确定了一系列变量的值，那么另外一个变量往往会有一个特定的值的此类条件 – 假设形式规则。举例来讲，本 – 纳伊姆和同事们（Ben-Naim et al.，2009）采用关联规则挖掘模型来找出模拟工程项目中成功学生的表现模式，并对那些更有可能遇到问题的学生提供建议。相关性挖掘的目标是找到变量之间的线性正相关或者负相关关系［在合适的时候使用事后矫正（post hoc correction）或者维数约减方法，以避免找到的关系是伪关系（spurious relationships）］。我们可以用贝克和同事们（Baker et al.，2009）的研究作为例子，该研究计算了智能导师系统课程设计中一系列特征之间的相互关系，以及学生对该系统的游戏偏好（有意地误用教育软件来产生非学习性材料的行为），研究发现较少指引会比详细的指引与完全没有指引（只给出操作公式）引发更多的游戏行为。序列模式挖掘的目的在于找出事件之间的时序关系。比如佩雷拉、凯、科普林斯卡、亚塞夫和扎亚尼（Perera，Kay，Koprinska，Yacef，& Zaiane，2009）的研究就成功揭示了学生协作行为的顺序路径是如何导致更好的最终结果的。因果数据挖掘的目标是判断某个事件（或者观察到的结构）是否是由另一个事件（或者观察到的结构）造成的，例如，预测哪些因素能导致学生在班级中成绩表现不佳（Fancsali，2012）。这些方法都能够找出变量间没有人为预设但有意义的联系，它们都可以被用于一系列应用之中，为未来研究产生新的假设，以及为自动化系统识别适合干预的情境。

人类评价数据的提纯

要使这些数据为教育工作者所应用，这些数据就一定要是即时的。如果能将学生协作和交互中反映出的学生的交互数据与迷思概念以可视化的方式呈现给教育工作者，那么他们就能够根据这些数据快速地将其应用到教学活动之中。出于这个原因，学习分析中的一个常见的方法就是人类评价数据的提纯（distillation of data for human judgment）。使用数据可视化方法作为手段 261
来影响基础研究与研究参与者（教师、学校领导和其他参与者）决策的做法由来已久。举例来讲，如果我们把不同学年中的学生学习轨迹以可视化的形式展示出来，那么我们就可以识别出绩优生和绩差生的不同学习模式，并以此提前判别哪些学生有可能需要帮助（Bowers，2010）。教育中使用的可视化方法包括：热区图（heat map）[与散点图（scatterplot）能体现的信息差不多，但是可缩放性更强（Bowers，2010）]，学习曲线（learning curves）[展示随时间发展的绩效曲线（Koedinger et al.，2010）]，还有 Learnograms [展示学生不同时间活动之间的交互（Hershkovitz & Nachmias，2008）]。

通过模型进行挖掘

通过模型进行挖掘（discovery with models；Baker & Yacef, 2009；Hershkovitz, Baker，Gobert，Wixon，& Sao Pedro，即将出版）指的是将一种数据挖掘分析的结果应用到另一种数据挖掘分析之中。一般来讲，要先通过预测得到某种结构的模型，然后再将这个模型应用到数据之中，以对模型识别的结构进行评估。对于该模型的预测随后作为输入信息被应用到另外一种数据挖掘方法之中。通过模型进行挖掘可以通过几种不同的方式实现。

最常见的通过模型进行挖掘的方法恐怕要数将一个预测模型应用到另外一个预测模型中了。在这种情况中，第一个模型的预测结果（原模型之中的被预测变量）就成了新预测模型之中的预测变量。这样的话，一个模型就可以由另一个模型构成，也可以基于另外的模型产生，有时候还有多层的结构。举例来讲，对于学生稳健学习（robust learning）的预测模型（Baker，Gowda，& Corbett，2011）是依赖于学生元认知行为模型的（Aleven，McLaren，Roll，& Koedinger，2006），而学生元认知模型是基于对学生内隐性知识评估的（Corbett & Anderson，1995），学生内隐性知识评估又是基于领域结构模型的（Koedinger et al.，2012）。

通过模型进行挖掘中第二常见的方法是将预测模型应用到关系挖掘分析中。这类研究一般都要搞清楚最初模型的预测与后来产生的变量之间的关系。这就允许研究者剖析复杂的内隐性结构（通过预测模型体现）及其与一系列的不同变量之间的关系。例如，有研究者针对学生利用学习系统做游戏的行为提出了一个预测模型，然后将预测模型与学生个体差异相互关联，并以此理解哪些学生最有可能有参与游戏的行为（Beal，Qu，& Lee，2008）。

262 有必要指出的是，挖掘中使用的模型并不一定非得是通过预测方法得到的模型。这些模型也可以通过其他方法，比如说聚类分析或者知识工程（knowledge engineering）（Feigenbaum & McCorduck，1983；Studer，Benjamins，& Fensel，1998）获取，这些方法中的模型都是人类理性地发展出来的，而不是通过数据挖掘创造的。这种分析中知识工程相比于数据挖掘的优点不属于本章的内容，如果想知道更详细的讨论，请参见赫斯科维兹及其同事（Hershkovitz et al.，即将出版）的文章。

教育数据挖掘和学习分析的工具

近年来，商业领域和学术领域发展出不少的数据挖掘和分析工具。大部分的相关论文发表在教育数据挖掘和学习分析与知识会议之中，或者是发表在《教育数据挖掘杂志》及其共同体之中［例如教育中的人工智能国际会议、智能导师系统，以及用户建模、自适应与个性化国际会议（User Modeling，Adaptive and Personalization）］，这些研究中广泛使用的工具有RapidMiner、R、Weka、KEEL以及SNAPP。这些工具包含能够将我们之前讨论的方法运用到数据中的算法，并且能够为这些方法所需要的数据准备提供支持。这些工具也可以供不同需求的用户（RapidMiner对于复杂模型的验证十分灵活好用，促使它在教育数据挖掘研究者中越来越受欢迎）对模型适用性进行统计验证，或对数据进行可视化处理。

除了这些用途较为广泛的软件外，还有很多针对特殊用途的工具。举例来讲，贝叶斯知识追踪中就有两种相互竞争的软件可以预测学生的知识状态（Baker et al.，2010；Chang，Beck，Mostow，& Corbett，2006）。现在也出现了支持预测模型进一步发展的软件，它能够让我们通过手工标注日志文件得到预测变量数据（Rodrigo，Baker，McLaren，Jayme，& Dy，2012）。能够呈现学生在不同时间中的学习、不同问题或者项目中的学生表现模式的工具也被嵌入了匹兹堡学习科学中心的数据仓库中，数据仓库是一个针对学生使用教育软件的非常庞大的公用数据库。

一些分析工具是开源的，这就允许研究者开发一些插件来增强这些分析工具的核心功能。举例来说，R（http://www.r-project.org）就是开源的统计计算环境，该软件在统计与高级数据分析中十分流行（Muenchen，2012）。R 非常有价值的一点就在于它能够根据特殊领域的研究需求创造特殊的 R 包（packages）。Weka（Witten & Frank，2005；http://www.cs.waikato.ac.nz/ml/weka）同样也是一个开源的软件，Weka 中的不少数据挖掘工具都被并入了其他的工具之中，例如 RapidMiner 中。像 R 和 Weka 这样的开源软件能够让 263
研究者仔细地审阅其他研究者所使用的研究方法和具体算法。

商业软件正在引领着不少学校和区域对于数据分析的使用。像 IBM 的 Cognos 以及 SAS 一样的企业级工具，还有诸如 Blackboard 的学习管理系统、诸如 Ellucian 的学生系统所提供的数据分析功能，让我们能够使用整合的研究方案与应用手段来解决问题。行政管理人员和教育工作者所提出的问题有可能与教育数据挖掘研究者关心的问题不同，举例来说，研究者会关心数据中的模式，关心算法验证，或者开发促进学习成功的算法模型。而机构性的分析活动则可能更偏重于促进学习者成绩提升或者提供支持系统。

对学习科学的影响

近期，教育数据挖掘和学习分析对于学习科学的影响如下。

我们的方法在教育中大展拳脚的方向之一就是对于教育软件的脱离性（disengagement）开展研究。在分析方法出现之前，脱离性是很难被测量的（Corno & Mandinach，1983），但是教育数据挖掘和学习分析方法就可以为这些脱离性行为进行细粒度（fine-grained）分析，并提供相应的推断模型。通过预测方法或者知识工程模型，我们能提供一系列脱离性行为的自动探测器，这些脱离行为包括前面提到的使用教育系统做游戏的行为（Baker et al.，2004；Beal et al.，2008；Muldner，Burleson，Van de Sande，& VanLehn，2011；Walonoski & Heffernan，2006）、脱离任务的行为（Baker，2007；Cetintas，Si，Xin，& Hord，2010）、粗心大意的行为（San Pedro，Baker，& Rodrigo，2011），还有无法解释的行为（Sabourin et al.，2011；Wixon，Baker，Gobert，Ocumpaugh，& Bachmann，2012）。

研究者将这些探测器用到实践之中，来研究这些行为与学习之间的关系（Baker，2007；Baker et al.，2004；Baker et al.，2011；Cocea，Hershkovitz，& Baker，2009；Walonoski & Heffernan，2006），包括研究这些行为是如何导致学习差异的（Cocea et al., 2009）。在一些案例中，出现的行为虽然看起来是脱离性行为，但是在某些情况下它反过来说明了一种深层的参与（Shih，Koedinger，& Scheines，2008）。这些工具也被用于研究这些行为会带来什么影响（Sabourin et al.，2011；San Pedro，Rodrigo，& Baker，2011）以及哪些学生个体差异会与这些行为相关（Beal et al.，2008；Walonoski & Heffernan，2006）。

智能导师系统中也嵌入了基于学生脱离性进行调整的探测器。举例来讲，贝克和他的同事们（Baker et al.，2006）将游戏系统的自动检测器构建成一个软件代理，如果学生用系统做游戏，软件代理就会给他们额外的练习来
264 做，这样，既让学生通过另一种方式学习了玩游戏时跳过的内容，又让游戏行为变得更为耗时。阿罗约和同事们（Arroyo et al.，2007）采用了自动游戏探测器为学生提供他们最新做的游戏的信息，这样就为他们提供了关于如何有效使用软件的元认知信息。这些方法都减少了学生的游戏行为，并提高了成绩。

教育数据挖掘和学习分析方法同样有助于理解学生在各种协作环境中的学习，它们通过分析不同的情境中的协作学习行为，决定哪些行为能够代表更优秀的小组，并界定更成功的学习者，这些情境包括以计算机为中介的讨论（McLaren et al.，2007；McLaren，Scheuer，& Mikšátko，2010）、在线协作使用软件开发工具（Kay et al.，2006），还有交互式桌面协作（Martinez，Yacef，Kay，Kharrufa，& AlQaraghuli，2011）。举例来讲，普拉塔、勒图泽、科斯塔、普拉塔和布里托（Prata，Letouze，Costa，Prata，& Brito，2012）研究发现，如果学习者出现错误的时候同伴做了纠正，那么他们就要比没有被同伴纠正错误的学习者学得更多。戴克和他的同事们（Dyke，Adamson，Howley，& Rosé，2012）发现，讨论（合作学习）中所产生的题外话在某些阶段对讨论效果造成的危害要比另一些阶段高，具体来讲，在学习基础事实时的题外话造成的不良影响要比讨论替代性问题解决方案中的题外话大得多。

对于学生在线讨论的分析模型甚至能让我们预测学生的最终考试成绩（Ming & Ming，2012）。随后这一模型就被嵌入了支持更有效协作的自动代理

软件之中（Dyke et al.，2012；McLaren et al.，2010），还有支持教师为学生协作搭建框架的工具之中（Martinez，Yacef，Kay，& Schwendimann，2012）。

对教育实践的影响

在教育数据挖掘和学习分析研究中，我们经常观察到正反馈循环——研究结果导致实践的改变，然后这一结果导致对新的内容进行研究的可能性。这种案例可以参见多年以来认知导师领域的学生知识研究（Koedinger & Corbett，2006）。在 20 世纪 90 年代中期，我们首次引进了掌握学习理论（学生不断地接受某一类型的问题，直到他或她成功地展示出知识的掌握为止），它就是通过教育数据挖掘的贝叶斯知识追踪算法来对学生进行评估的（Corbett & Anderson，1995）。研究者为认知导师的目录开发了一个前提性的结构——举例来说，哪些知识要先于其他知识学习，因为后学的知识需要前面的知识才能理解——并将其运用到课程教学的设计之中。然而，实际教学的教师可以根据他们的教学目标偏离这些预设的结构，换言之，如果教师认为某个预先 265
设定好的主题与后面的主题没有什么大的关系，他们就可以跳过这个预设的主题。这就允许我们对于预设教学法结构的价值进行判断（Vuong，Nixon，& Towle，2011）。研究的结果发现，教师忽略预设的结构对学生是不利的。

社会学习和话语分析的发展对于增强人们有关学习的社会维度的影响以及提升学习环境设计对后续学习效果影响的意识来讲非常重要。一些开放的在线课程，例如 etmooc（http://etmooc.org）和 edfuture（http://edfuture.mooc.ca）都在设计时参考了社会网络理论（以及相应的分析），这些课程都属于分布式的、网络的学习系统，与其形成对比的系统则更为集中，例如学习管理系统。举例来说，对于集中化数据收集的平台（比如学习管理系统）来讲，研究人员可以选择的分析方法不同于针对在许多技术和社会空间中分布和分散的数据所可能采用的分析方法。类似于普渡信号这类预测学生学习效果的工具，从学习管理系统的学生交互与学生信息系统中获得数据。相比之下，在分布式社交网络中学习产生的数据反映了学习者在个人控制下的多个空间的兴趣和参与。随着对于学习的分析走向更为广阔的应用之中——例如，高校中、工作中的学习或者终身学习中同伴网络内的信息交互——教育数据挖掘与学习分析能够帮助我们认清学习是如何在不同的环境之中发生的，以及分布式学习系统中不同类型的参与或者成功学习的预测因子等与集中化学习系统中的有何不同。

学习科学与教育数据挖掘和学习分析：未来展望

教育数据挖掘和学习分析虽然是新的研究领域，但是已经为学习科学和相应实践做出了不少贡献。目前的趋势表明，这种贡献在未来的实践中还会继续，甚至会更多。

这些方法的一个核心趋势是，他们会被运用到更多领域的数据之中。早期教育数据挖掘的大部分研究都是在智能导师系统之中完成的（Koedinger & Corbett，2006），而大部分的学习分析研究都是在基于网络的在线学习和社会学习环境之中完成的。近年来，我们将这两种方法实施到了一系列更广泛的教育应用中去，包括学生围绕学习资源的协作（Martinez et al.，2012）、科学仿真模拟（Sao Pedro，Baker，Gobert，Montalvo，& Nakama，2013）、教师新闻组（Xu & Recker，2011）以及学校校区评级数据系统（Bowers，2010）。

266 第二个主要趋势在之前引用的案例中也有体现，即在本书所体现的扩展的领域之中，使用教育数据挖掘方法来解答一系列扩展的研究问题：计算机游戏（Steinkuehler & Squire，本书第19章；Hernández，Sucar，& Conati，2009；Kerr & Chung，2012）、辩论学习（Andriessen & Baker，本书第22章；Lynch，Ashley，Pinkwart，& Aleven，2008；McLaren et al.，2010）、计算机支持的协作学习（Dyke et al.，2012；Kay et al.，2006；Stahl，Koshmann，& Suthers，本书第24章）、虚拟世界中的学习（Kafai & Dede，本书第26章；Sil，Shelton，Ketelhut，& Yates，2012）以及教师学习（Fishman，Davis，& Chan，本书第35章；Xu & Recker，2011）。

由于教育数据挖掘和学习分析已经被用到更加广泛的领域之中，参与其中的研究者来自不同的学科以及不同地域的多元化教育系统，我们希望这些研究方法能够进一步促进学习科学中理论与实践的发展。届时，我们就能够对学习科学中的研究进行维度上更细致、尺度上更广泛的分析，从而有利于学习科学领域以及受该领域发展影响的学习者。

致谢

我们在此诚挚地感谢莉萨·罗西（Lisa Rossi）和 R. 基思·索耶所提的建设性意见与建议。

参考文献

Aleven, V., McLaren, B., Roll, I., & Koedinger, K. (2006). Toward meta-cognitive tutoring: A model of help seeking with a cognitive tutor. *International Journal of Artificial Intelligence and Education*, 16, 101–128.

Allen, I. E., & Seaman, J. (2013). *Changing course: Ten years of tracking online education in the United States*. Sloan Consortium. Available from: http:// sloanconsortium.org/publications/survey/changing_course_2012.

Amershi, S., & Conati, C. (2009). Combining unsupervised and supervised machine learning to build user models for exploratory learning environments. *Journal of Educational Data Mining*, 1 (1), 71–81.

Anderson, C. (2008). The end of theory: The data deluge makes the scientific method obsolete. *Wired*.

Anderson, J. R., & Lebiere, C. (1998). *Atomic components of thought*. Mahwah, NJ: Lawrence Erlbaum Associates.

Arnold, K. E. (2010). Signals: Applying academic analytics. *Educause Quarterly*, 33, 1–10.

Arroyo, I., Ferguson, K., Johns, J., Dragon, T., Meheranian, H., Fisher, D., Barto, A., Mahadevan, S., & Woolf. B. P. (2007). Repairing disengagement with non-invasive interventions. *Proceedings of the 13th International Conference on Artificial Intelligence in Education*, 195–202. 267

Baker, R. S., Corbett, A. T., & Koedinger, K. R. (2004). Detecting student misuse of intelligent tutoring systems. *Proceedings of the 7th International Conference on Intelligent Tutoring Systems*, 531–540.

Baker, R. S. J. D. (2007). Modeling and understanding students' off-task behavior in intelligent tutoring systems. *Proceedings of ACM CHI 2007: Computer-Human Interaction*, 1059–1068.

Baker, R. S. J. D., Corbett, A. T., Gowda, S. M., Wagner, A. Z., MacLaren, B. M., Kauffman, L. R., Mitchell, A. P., & Giguere, S. (2010). Contextual slip and prediction of student performance after use of an intelligent tutor. *Proceedings of the 18th Annual Conference on User Modeling, Adaptation, and Personalization*, 52–63.

Baker, R. S. J. D., Corbett, A. T., Koedinger, K. R., Evenson, S. E., Roll, I., Wagner, A. Z., Naim,

M., Raspat, J., Baker, D. J., & Beck, J. (2006). Adapting to when students game an intelligent tutoring system. *Proceedings of the 8th International Conference on Intelligent Tutoring Systems*, 392–401.

Baker, R. S. J. D., de Carvalho, A. M. J. A., Raspat, J., Aleven, V., Corbett, A. T., & Koedinger, K. R. (2009). Educational software features that encourage and discourage "gaming the system". *Proceedings of the 14th International Conference on Artificial Intelligence in Education*, 475–482.

Baker, R. S. J. D., Gowda, S. M., & Corbett, A. T. (2011). Automatically detecting a student's preparation for future learning: Help use is key. *Proceedings of the 4th International Conference on Educational Data Mining*, 179–188.

Baker, R. S. J. E., & Yacef, K. (2009). The state of educational data mining in 2009: A review and future visions. *Journal of Educational Data Mining*, 1 (1), 3–17.

Barnes, T., Bitzer, D., & Vouk, M. (2005). Experimental analysis of the q-matrix method in knowledge discovery. *Proceedings of the 15th International Symposium on Methodologies for Intelligent Systems*, May 25–28, 2005, Saratoga Springs, NY.

Beal, C. R., Qu, L., & Lee, H. (2006). Classifying learner engagement through integration of multiple data sources. Paper presented at the 21st National Conference on Artificial Intelligence (AAAI-2006), Boston, MA.

Beal, C. R., Qu, L., & Lee, H. (2008). Mathematics motivation and achievement as predictors of high school students' guessing and help-seeking with instructional software. *Journal of Computer Assisted Learning*, 24, 507–514.

Beck, J. E., Chang, K. -M., Mostow, J., & Corbett, A. T. (2008). Does help help? Introducing the Bayesian evaluation and assessment methodology. *Proceedings of Intelligent Tutoring Systems, ITS 2008*, 383–394.

Ben-Naim, D., Bain, M., & Marcus, N. (2009). User-driven and data-driven approach for supporting teachers in reflection and adaptation of adaptive tutorials. *Proceedings of the 2nd International Conference on Educational Data Mining*, 21–30.

Bowers, A. J. (2010). Analyzing the longitudinal K-12 grading histories of entire cohorts of students: Grades, data driven decision making, dropping out and hierarchical cluster analysis. *Practical Assessment, Research & Evaluation (PARE)*, 15 (7), 1–18.

268 Buckingham Shum, S., & Ferguson, R. (2012). Social learning analytics. *Educational Technology and Society*, 15 (3), 3–26.

Cen, H., Koedinger, K., & Junker, B. (2006). Learning factors analysis – A general method for cognitive model evaluation and improvement. *Proceedings of the 8th International Conference on Intelligent Tutoring Systems*, 164–175.

Cetintas, S., Si, L., Xin, Y., & Hord, C. (2010). Automatic detection of off-task behaviors in intelligent tutoring systems with machine learning techniques. *IEEE Transactions on Learning Technologies*, 3 (3), 228–236.

Chang, K. -M., Beck, J., Mostow, J., & Corbett, A. (2006). A Bayes net toolkit for student modeling in intelligent tutoring systems. *Proceedings of the 8th International Conference on Intelligent Tutoring Systems*, 104–113, Jhongli, Taiwan.

Choudhury, T., & Pentland, A. (2003). Sensing and modeling human networks using sociometer. *Proceedings of the Seventh IEEE International Symposium on Wearable Computers (ISWC'03)*.

Cocea, M., Hershkovitz, A., & Baker, R. S. J. D. (2009). The impact of off-task and gaming behaviors on learning: Immediate or aggregate? *Proceedings of the 14th International Conference on Artificial Intelligence in Education*, 507–514.

Collins, F. S., Morgan, M., & Patrinos, A. (2004). The Human Genome Project: Lessons from large-scale biology. *Science*, 300 (5617), 286–290.

Corbett, A. T., & Anderson, J. R. (1995). Knowledge tracing: Modeling the acquisition of procedural knowledge. *User Modeling and User-Adapted Interaction*, 4, 253–278.

Corno, L., & Mandinach, E. B. (1983). The role of cognitive engagement in classroom learning and motivation. *Educational Psychologist*, 18 (2), 88–108.

D'Mello, S. K., Craig, S. D., Witherspoon, A., McDaniel, B., & Graesser, A. (2008). Automatic detection of learner's affect from conversational cues. *User Modeling and User-Adapted Interaction*, 18, 45–80.

Dawson, S. (2008). A study of the relationship between student social networks and sense of community. *Educational Technology & Society*, 11 (3), 224–238.

Dean, J., & Ghemawat, S. (2008). MapReduce: Simplified data processing on large clusters. *Communications of the ACM*, 51 (1).

Dekker, G., Pechenizkiy, M., & Vleeshouwers, J. (2009). Predicting students drop out: A case study. *Proceedings of the 2nd International Conference on Educational Data Mining, EDM'09*, 41–50.

Desmarais, M. C. (2011). Conditions for effectively deriving a q-matrix from data with non-negative matrix factorization. In C. Conati, S. Ventura, T. Calders, & M. Pechenizkiy (Eds.), *4th International Conference on Educational Data Mining, EDM 2011* (pp. 41–50). Eindhoven, Netherlands.

Dyke, G., Adamson, D., Howley, I., & Rosé, C. P. (2012). Towards academically productive talk supported by conversational agents. *Intelligent Tutoring Systems*, 531–540.

Fancsali, S. (2012). Variable construction and causal discovery for cognitive tutor log data: Initial results. *Proceedings of the 5th International Conference on Educational Data Mining*, 238–239.

Feigenbaum, E. A., & McCorduck, P. (1983). *The fifth generation: Artificial intelligence and Japan's computer challenge to the world*. Reading, MA: Addison-Wesley.

Feng, M., Heffernan, N., & Koedinger, K. (2009). Addressing the assessment challenge in an intelligent 269 tutoring system that tutors as it assesses. *User Modeling and User-Adapted Interaction*, 19, 243–266.

Ferguson, R. (2012). The state of learning analytics in 2012: A review and future challenges. *Technical Report KMI-12-01*, Knowledge Media Institute, The open University, UK. http://kmi.open.ac.uk/publications/techreport/kmi-12-01.

Greeno, J. G. (1998). The situativity of knowing, learning, and research. *American Psychologist, 53* (1), 5–26.

Halevy, A. Y., Norvig, P., & Pereira, F. (2009). The unreasonable effectiveness of data. *IEEE Intelligent Systems*, 24 (2), 8–12.

Haythornthwaite, C. (2001). Exploring multiplexity: Social network structures in a computer-supported distance learning class. *The Information Society: An International Journal*, 17 (3), 211–226.

Hernández, Y., Sucar, E., & Conati, C. (2009). Incorporating an affective behaviour model into an educational game. *Proceedings of FLAIR 2009, 22nd International Conference of the Florida Artificial Intelligence Society*, ACM Press.

Hershkovitz, A., Baker, R. S. J. D., Gobert, J., Wixon, M., & Sao Pedro, M. (in press). Discovery with models: A case study on carelessness in computer-based science inquiry. *American Behavioral Scientist.*

Hershkovitz, A., & Nachmias, R. (2008). Developing a log-based motivation measuring tool. *Proceedings of the 1st International Conference on Educational Data Mining*, 226–233.

Kay, J., Maisonneuve, N., Yacef, K., & Reimann, P. (2006). The big five and visualisations of team work activity. *Proceedings of the International Conference on Intelligent Tutoring Systems*, 197–206.

Kerr, D., & Chung, G. K. W. K. (2012). Identifying key features of student performance in educational video games and simulations through cluster analysis. *Journal of Educational Data Mining*, 4 (1), 144–182.

Koedinger, K. R., Baker, R. S. J. D., Cunningham, K., Skogsholm, A., Leber, B., & Stamper, J. (2010). A data repository for the EDM community: The PSLC DataShop. In C. Romero, S. Ventura, M. Pechenizkiy, & R. S. J. D. Baker (Eds.), *Handbook of educational data mining* (pp. 43–56). Boca Raton, FL: CRC Press.

Koedinger, K. R., & Corbett, A. T. (2006). Cognitive tutors: Technology bringing learning science to the classroom. In K. Sawyer (Ed.), *The Cambridge handbook of the learning sciences* (pp. 61–78). New York: Cambridge University Press.

Koedinger, K. R., Corbett, A. T., & Perfetti, C. (2012). The Knowledge-Learning-Instruction (KLI) framework: Bridging the science-practice chasm to enhance robust student learning. *Cognitive Science*, 36 (5), 757–798.

Koedinger, K. R., McLaughlin, E. A., & Stamper, J. C. (2012). Automated student model improvement. *Proceedings of the 5th International Conference on Educational Data Mining*, 17–24.

Lin, L. (2012). edX platform integrates into classes. http://tech.mit.edu/V132/ N48/801edx.html.

Lynch, C., Ashley, K., Pinkwart, N., & Aleven, V. (2008). Argument graph classification with genetic programming and C4.5. In R. S. J. D. Baker, T. Barnes, & J. E. Beck (Eds.), *Educational data* 270
mining 2008: Proceedings of the 1st International Conference on Educational Data Mining (pp. 137–146). Montréal, Québec, Canada, June 20–21.

Macfadyen, L. P., & Dawson, S. (2010). Mining LMS data to develop an "early warning system" for educators: A proof of concept. *Computers & Education*, 588–599.

Manyika, J., Chui, M., Brown, B., Bughin, J., Dobbs, R., Roxburgh, C., & Byers, A. H. (2011). *Big data: The next frontier for innovation, competition, and productivity*. McKinsey Global Institute.

Martinez, R., Yacef, K., Kay, J., Kharrufa, A., & AlQaraghuli, A. (2011) Analysing frequent sequential patterns of collaborative learning activity around an interactive tabletop. *Proceedings of the 4th International Conference on Educational Data Mining*, 111–120.

Martinez, R., Yacef, K., Kay, J., & Schwendimann, B. (2012). An interactive teacher's dashboard for monitoring multiple groups in a multi-tabletop learning environment. *Proceedings of Intelligent Tutoring Systems*, 482–492. Springer.

Mayer, M. (2009). The physics of big data. http://www.parc.com/event/936/innovation-at-google.html.

McLaren, B. M., Scheuer, O., DeLaat, M., Hever, R., Degroot, R., & Rosé, C. P. (2007). Using machine learning techniques to analyze and support mediation of student e-discussions. *Proceedings of the 13th International Conference on Artificial Intelligence in Education* (*AIED 2007*).

McLaren, B. M., Scheuer, O., & Mikšátko, J. (2010). Supporting collaborative learning and e-discussions using artificial intelligence techniques. *International Journal of Artificial Intelligence in Education* (*IJAIED*), 20 (1), 1–46.

Ming, N. C., & Ming, V. L. (2012). Predicting student outcomes from unstructured data. *Proceedings of the 2nd International Workshop on Personalization Approaches in Learning Environments*, 11–16.

Muenchen, R. A. (2012). The popularity of data analysis software. http://r4stats. com/articles/popularity/.

Muldner, K., Burleson, W., Van de Sande, B., & VanLehn, K. (2011). An analysis of students' gaming behaviors in an intelligent tutoring system: Predictors and impacts. *User Modeling and User-Adapted Interaction*, 21 (1–2), 99–135.

Pardos, Z. A., Baker, R. S. J. D., Gowda, S. M., & Heffernan, N. T. (2011). The sum is greater than the parts: Ensembling models of student knowledge in educational software. *SIGKDD Explorations*, 13 (2), 37–44.

Pavlik, P. I., Cen, H., & Koedinger, K. R. (2009). Performance factors analysis – A new alternative to knowledge tracing. *Proceedings of AIED2009*.

Perera, D., Kay, J., Koprinska, I., Yacef, K., & Zaiane, O. R. (2009). Clustering and sequential pattern mining of online collaborative learning data. *IEEE Transactions on Knowledge and Data Engineering*, 21 (6), 759–772.

Prata, D., Letouze, P., Costa, E., Prata, M., & Brito, G. (2012). Dialogue analysis in collaborative learning. *International Journal of e-Education, e-Business, e-Management, and e-Learning*, 2 (5), 365–372.

Reimann, P., Yacef, K., & Kay, J. (2011). Analyzing collaborative interactions with data mining methods for the benefit of learning. *Computer-Supported Collaborative Learning Series*, 12, 161–185.

271 Rodrigo, M. M. T., Baker, R. S. J. D., McLaren, B., Jayme, A., & Dy, T. (2012). Development of a workbench to address the educational data mining bottleneck. *Proceedings of the 5th International Conference on Educational Data Mining*, 152–155.

Romero, C., & Ventura, S. (2010). Educational data mining: A review of the state-of-the-art. *IEEE Transaction on Systems, Man and Cybernetics, part C: Applications and Reviews*, 40 (6), 610–618.

Sabourin, J., Rowe, J., Mott, B., & Lester, J. (2011). When off-task is on-task: The affective role of off-task behavior in narrative-centered learning environments. *Proceedings of the 15th International Conference on Artificial Intelligence in Education*, 534–536.

San Pedro, M. O. C., Baker, R., & Rodrigo, M. M. (2011). Detecting carelessness through contextual estimation of slip probabilities among students using an intelligent tutor for mathematics. *Proceedings of 15th International Conference on Artificial Intelligence in Education*, 304–311.

San Pedro, M. O. C., Rodrigo, M. M., and Baker, R. S. J. D. (2011). The relationship between carelessness and affect in a cognitive tutor. *Proceedings of the 4th bi-annual International Conference on Affective Computing and Intelligent Interaction*.

Sao Pedro, M. A., Baker, R. S. J. D., Gobert, J., Montalvo, O., & Nakama, A. (2013). Leveraging machine-learned detectors of systematic inquiry behavior to estimate and predict transfer of inquiry skill. *User Modeling and User-Adapted Interaction*, 23 (1), 1–39.

Shih, B., Koedinger, K., & Scheines, R. (2008). A response time model for bottom-out hints as worked examples. *Proceedings of the 1st International Conference on Educational Data Mining*, 117–126.

Siemens, G., & Baker, R. S. J. D. (2012). Learning analytics and educational data mining: Towards communication and collaboration. *Proceedings of the 2nd International Conference on Learning Analytics and Knowledge*.

Sil, A., Shelton, A., Ketelhut, D. J., & Yates, A. (2012). Automatic grading of scientific inquiry. *The 7th Workshop on the Innovative Use of NLP for Building Educational Applications*, 22–32.

Studer, R., Benjamins, V. R., & Fensel, D. (1998). Knowledge engineering: Principles and methods. *Data and Knowledge Engineering* (*DKE*), 25 (1–2), 161–197.

Summers, D. J., et al. (1992). Charm physics at Fermilab E791. *Proceedings of the XXVIIth Recontre de Moriond, Electroweak Interactions and Unified Theories*, Les Arcs, France, 417–422.

Suthers, D., & Rosen, D. (2011). A unified framework for multi-level analysis of distributed learning. *Proceedings of the 1st International Conference on Learning Analytics and Knowledge*, 64–74.

Tatsuoka, K. K. (1995). Architecture of knowledge structures and cognitive diagnosis: A statistical pattern recognition and classification approach. In P. D. Nichols, S. F. Chipman, & R. L. Brennan (Eds.), *Cognitively diagnostic assessment* (pp. 327–359). Hillsdale, NJ: Lawrence Erlbaum Associates.

Vuong, A., Nixon, T., & Towle, B. (2011). A method for finding prerequisites within a curriculum. *Proceedings of the 4th International Conference on Educational Data Mining*, 211–216.

Walonoski, J. A., & Heffernan, N. T. (2006). Detection and analysis of off-task gaming behavior in intelligent tutoring systems. In M. Ikeda, K. Ashlay, & T. -W. Chan (Eds.), *Proceedings of the 8th International Conference on Intelligent Tutoring Systems* (pp. 382–391). Jhongli, Taiwan; Berlin: Springer-Verlag. 272

Witten, I. H., & Frank, E. (2005). *Data mining: Practical machine learning tools and techniques*. San Francisco, CA: Morgan Kaufmann.

Wixon, M., Baker, R. S. J. D., Gobert, J., Ocumpaugh, J., & Bachmann, M. (2012). WTF? Detecting students who are conducting inquiry without thinking fastidiously. *Proceedings of the 20th International Conference on User Modeling, Adaptation and Personalization* (*UMAP 2012*), 286–298.

Xu, B., & Recker, M. (2011). Understanding teacher users of a digital library service: A clustering approach. *Journal of Educational Data Mining*, 3 (1), 1–28.

第三部分

促进有效学习的实践

第14章

基于项目的学习

约瑟夫·S. 克拉切克　申南秀

生活在21世纪的学生将会经历科学技术的巨大突破。同时，这些学生要面对各种社会性和全球性的问题，只有具备广泛的科技素养才能解决这些问题。长期以来，科学教育共同体都认为社会需要有科学素养的公民，然而研究表明，现在世界上很多教育系统并没有培养出这样的学生（OECD, 2007）。为了让学生能够在21世纪的社会中生存，我们需要在很大程度上改变我们的教育方式。 275

学习科学研究可以告诉我们如何培养学生以帮助其应对21世纪的这些发展。通过借鉴认知科学和其他学科的研究，学习科学家们正在揭示深层次概念理解的认知结构以及学习管理的原理。这些研究已经发现，很多学校教授的是浅层知识而不是综合知识，综合知识可以使得学生根据自己的理解来解决问题、做出决定以及学习新的知识。根据这些研究，很多学习科学家正在开发新型课程，目的是增加学生的投入并帮助他们发展对重要知识的深层次理解。基于项目的学习就是其中一种（Blumenfeld, Fishman, Krajcik, Marx, & Soloway, 2000；Blumenfeld et al., 1991；Krajcik, Blumenfeld, Marx, & Soloway, 1994）。基于项目的学习使学生在实践中学习、实现想法并解决问题。这样，学生可以像那些专业的科学家一样参与到现实世界的活动中。

基于项目的学习是一种基于建构主义理论的情境式学习方式（Greeno & Engeström，本书第7章；Lave & Wenger, 1991），它认为当学生通过理解概念并将所学知识运用于真实情境中积极建构他们的理解时，他们能够加深对学习材料的理解。学习科学研究已经表明，学生如果没有参与到学科实践中，他们将无法学习学科内容，同时，如果没有学习学科内容，他们也将无法进行学科实践，这就是情境学习的基本前提。不幸的是，很多课堂将学科内容与学科实践分割开了（Brown, Collins, & Duguid, 1989）。为了形成有用的理解，知识与实践不能被分割开，而应该合并在一起学习，从而解决问题、做出决定、解释现实世界中的现象以及连接新的知识。

276 在基于项目的学习中，对学生来说重要的是，他们能够像科学家、数学家、经济学家、作家以及历史学家一样参与到真实且有意义的问题当中。在科学教育的领域中，这种“做”（doing）与科学工程实践是一致的（NRC，2012）。基于项目的学习的课堂允许学生去调查问题、提出假设、解释或论证自己的观点、挑战他人的观点并且试验新想法。研究已经表明，相比于传统课堂，在基于项目的学习的课堂中，学生会获得更好的学习结果（Geier et al.，2008；Marx et al.，2004；Rivet & Krajcik，2004；Williams & Linn，2003）。

基于项目的学习环境具有六大关键特征（Blumenfeld et al.，1991；Krajcik et al.，1994；Krajcik & Czerniak，2013）。

1. 从一个需要解决的问题开始学习，这个问题被称为*驱动性问题*。

2. 课堂关注于学习目标，要求学生能够达到关键的科学标准并通过评估。

3. 学生通过参与*科学实践*来对驱动性问题展开探究——问题解决过程是学科领域中专家行为的核心。学生在探究驱动性问题的过程中学习并应用重要的学科思想。

4. 学生、教师以及共同体成员参与*协作性的活动*，一同寻找解决驱动性问题的办法。这与专家解决问题时所处的复杂的社会情境相类似。

5. 在参与科学实践的过程中，*学习技术*（learning technologies）给学生提供了*脚手架*，帮助学生参与到通常超出他们能力的活动中。

6. 学生要创造能解决驱动性问题的*一系列有形产品*。这些有形产品是同伴共享的学习产物，是可公开获得的课堂学习成果的外在表现。

在下一节中，我们将对支持基于项目的学习的学习科学理论和研究进行总结。我们注重把基于项目的学习的方法应用到科学课堂中，因此接下来，我们将展示我们是如何根据基于项目的学习原则来开展实践的。经过十多年的科学课堂的研究，我们已经掌握了如何在学校中应用基于项目的学习的若干重要经验。本章将主要围绕基于项目的学习的六大关键特征介绍我们的这些经验，并在结尾部分讨论我们在推广基于项目的学习的过程中遇到的问题。

基于项目的学习的研究基础

基于项目的学习的根源可追溯到一百多年前教育学家和哲学家杜威（Dewey，1959）的教育理论。杜威认为，如果学生参与到模仿现实世界中的专家所做的真实的、有意义的任务与问题中，那么学生将会对学习材料产生自己的理解。在过去 20 年中，学习科学的研究者们精炼和细化了杜威最初的理论，即积极的探究可以引发更深层次的理解。学习科学方面的新发现也引出了理解“如何促进儿童学习”的新方式（Bransford，Brown，& Cocking，1999；NRC，2007）。基于项目的学习主要依据四种学习科学的观点：（1）积极建构，（2）情境学习，（3）社会交互，（4）认知工具。 277

积极建构

学习科学研究发现，当学习者根据自己的经验与外界交流、积极建构意义时，深层次的理解就发生了。而当学习者被动地从教师、电脑或书本中接收信息时，发生的是浅层学习（Sawyer，本书第 1 章）。理解的发展是一个持续不断的过程，需要学生从新的经历和概念中建构、从先前知识和经历中重构（NRC，2007；Smith，Wiser，Anderson，& Krajcik，2006）。教师和学习材料是不能把知识传递给学习者的，相反，学习者只有通过探究周围的世界、观察现象并与其进行交互、接受新概念、在新旧概念之间建立联系、同他人进行讨论和交互，才能够积极地建构知识。

当学生花费了一定的时间致力于完成一个需要他们综合各种知识、技能的有意义的任务后，深层次的理解就发生了。通过关注深层次的概念，学生获得关键概念与原则之间的联系，从而在从未遇到的情境中应用自己的理解，形成我们所知的综合理解（integrated understanding）（Fortus & Krajcik，2011）。

情境学习

学习科学研究表明，真实情境中发生的学习最有效（Nathan & Sawyer，本书第 2 章；NRC，2007）。在一些科学领域中，科学家在实验室中做实验；在其他领域中，他们系统地观察自然界并且从观察结果中得出结论。科学教育中的情境学习需要学生通过参与各种各样的科学实践体验科学现象，如设

计调查、做出解释、建构模型和表达观点。情境学习的一个益处是，学生能
278 够更方便地看到自己正在执行的任务和活动的价值与意义。学生按照教科书中的详细步骤来完成一个科学活动，这并不比被动地听讲座好到哪里去。无论哪种方式，都无法让学生理解学习的意义所在。只有当他们设计出自己的调查方案，并且回答一个他们帮助建构的并且对自己和社会都有意义的问题时，他们才会明白如何应用科学来解决重要的问题。在这样的环境下，学生发展了综合理解，建立起概念之间的丰富联系（Fortus & Krajcik，2011）。

相比于传统课堂，情境学习可以推广到更广泛的情境中（Kolodner，2006）。当学生通过记住那些与重要的、有意义的情境没有联系的离散的事实来获得信息时，他们很难将所得到的浅层理解应用到新的情境中。当学生按照教科书中的步骤完成科学实验时，他们往往并不知道如何把这些相同的步骤应用到课堂之外的地方。然而，当学生在有意义的情境中获得信息（Blumenfeld et al.，1991；Krajcik & Czerniak，2013），并把这些信息与他们的先前知识和经验联系起来时，他们就能在新知识与先前知识之间建立联系，从而发展出更好、更广泛以及更有关联性的概念理解。

社会交互

学习科学研究最可靠的发现之一就是社会交互在学习中起到的重要作用（Collins & Kapur，本书第6章；Greeno & Engeström，本书第7章；Scardamalia & Bereiter，本书第20章）。最好的学习结果通常源自某种特别的社会交互：教师、学生以及共同体成员在共同的情境性活动中建构共识。学习者通过分享、应用、辩论等形式发展对学科的理解能力（Blumenfeld，Marx，Krajcik，& Soloway，1996）。反复分享、应用和辩论促进了学习共同体的形成，在这个共同体中学生可以在概念之间建立各种联系。

认知工具

学习科学研究表明了认知工具在学习中的重要作用（Salomon，Perkins，& Globerson，1991）。图表是认知工具的一个例子，它能帮助学生分析数据中的模式。各种形式的计算机软件也可以被看作认知工具，因为它们允许学生完成各种任务，而这些任务在没有软件的帮助下是无法完成的。例如，某个计算机软件能使复杂的数据集可视化（Edelson & Reiser，2006）。

279 这些学习技术能通过以下方式支持学生的学习：（1）获取与收集一系

列的科学数据和信息；（2）提供与科学家使用的相似的可视化数据分析工具；（3）在不同的网站之间收集和分享信息；（4）设计、创建和检验模型；（5）制作多媒体文件，方便学生表达他们的理解（Novak & Krajcik，2004）；（6）提供与他人交互、分享以及辩论观点的机会。这些特征扩展了学生可调查的问题的范围，并且使学生能够多维度地体验各种现象。

基于项目的科学课程

在 20 世纪 90 年代初，教育学家逐渐认识到多数学生学习科学的动力不足，即使最好的学生也仅能获得对科学知识的浅层理解。研究者发现无效的教科书设计和教学方式是导致这一现象的主要原因。科学教科书肤浅地覆盖了很多主题，其知识点集中在技术术语方面，没有考虑学生的先前知识，缺乏对真实世界中的现象的连贯解释，并且没有给学生提供发展他们自己对现象的解释的机会（Kesidou & Roseman，2002）。尽管多数科学课教师都给学生安排了实验课，但大多数课堂所使用的学习教材只是确定了实验的步骤——就像菜谱一样。“菜谱式”步骤并不要求学生深度地理解学习材料，因而它最多只能达到浅层学习的效果。

针对这些发现，一些研究者开始与中小学科学教师合作，共同探究科学课中的基于项目的学习（Blumenfeld et al.，2000；Krajcik et al.，1998；Krajcik，McNeill，& Reiser，2008；Polman，1999；Tinker，1997；Williams & Linn，2003）。在基于项目的科学课程（PBS）中，学生参与到真实而有意义的问题中，这些问题对学生具有重要的意义，并且其探究过程与科学家的行为是相似的。基于项目的科学课程允许学生探索现象、调查问题、讨论观点、参与科学实践、挑战他人的观点、试验新的想法、建构并修正模型。研究表明，基于项目的学习能够帮助所有学生——无论他们属于何种文化、种族或者性别——积极参与到科学的学习当中（Haberman，1991；Lee & Buxton，2010；Moje，Collazo，Carrillo，& Marx，2001）。

基于项目的科学课程回应了一些全国性组织对科学教育的呼吁。《K-12 科学教育框架》（*Framework for K-12 Science Education*；NRC，2012）强调学生利用各种科学实践和科学核心理念的重要性，以促进个人决策能力、参与社会文化事务和经济生产能力的提升。通过参与科学工程实践，学生通过进 280

行科学实践而不是被动地接受信息来建构意义。学习科学家已经证实，从认知上探索现象能帮助学生发展深层次的理解（NRC，2012）。举例来说，尽管一些学生可以通过阅读生态系统的材料来学习它们，但是大部分学生仍需要在生态系统中栽种植物、观察动物、探究各种动物如何依赖植物和其他动物，从而建构有关生态系统的综合理解。

设计基于项目的学习环境是一个挑战。在20世纪90年代和21世纪初，一些学者提出了在基于项目的科学课程环境中促进学习的策略，使用基于项目的科学课程的原则设计并开发课程材料（Blumenfeld et al.，1991；Krajcik et al.，1998；Krajcik et al.，2008；Krajcik，Reiser，Sutherland，& Fortus，2011；Marx et al.，2004）。这些研究者和中学教师合作开发基于项目的科学课程学习情境，把不同的科学学科（生物、化学以及地理）整合到三年的课程中（Schneider，Krajcik，Marx，& Soloway，2001）。他们还帮助中学教师一起转变教学方式（Fishman & Davis，2006；Novak & Gleason，2001）。近期，这些研究者还开发了中学课程材料，以作为广泛改变科学教学的一种方式（Blumenfeld et al.，2000；Krajcik et al.，2008；Marx et al.，2004）。

基于项目的学习环境的若干特征

我们参与了城市学校学习技术中心（Center for Learning Technologies in Urban Schools，LeTUS）的研究工作（Blumenfeld et al.，2000；Geier et al.，2008；Marx et al.，2004），并参与了通过科学和技术探索世界（Investigating and Questioning our World through Science and Technology，IQWST）项目材料的设计、开发和测试（Krajcik et al.，2011），在这一过程中，我们与教师一起设计、开发和测试基于项目的科学课程的课程材料。LeTUS是底特律公立学校、芝加哥公立学校、西北大学和芝加哥大学共同努力的结果，目的是提高中学科学教学的质量。LeTUS合作项目的研究核心是应用科学探究和学习技术来支持城市课堂中的学习。IQWST是密歇根大学、西北大学和魏兹曼科学研究所（Weizmann Institute of Science）开展的联合研究项目，致力于开发下一代中学课程材料。在参与此项研究的过程中，我们进一步理解了如何设计促进综合理解的基于项目的学习环境，并且获得了许多与基于项目的学习相关的经验教训（Krajcik et al.，1998；Krajcik et al.，2008；Tinker & Krajcik，

2001）。基于这个研究，我们明确了有效的基于项目的学习的六大关键特征：驱动性问题、关注于学习目标、参与科学实践、协作、使用技术工具来支持学习和创造人工制品（artifacts）。 281

特征1：驱动性问题

基于项目的学习的标志性特征就是具有能引导教学的驱动性问题。驱动性问题应扎根于真实世界中的情境，是对学习者而言有意义且重要的问题（Blumenfeld et al.，1991；Krajcik & Czerniak，2013；Krajcik & Mamlok-Naaman；2006）。驱动性问题被用来组织并推动项目活动，提供一种情境以便学生可以探究学习目标并根据目标进行科学实践，使得整个项目活动连贯、一致。学生在寻求解决驱动性问题方案的过程中，加深了对核心科学概念的综合理解（NRC，2012）。好的驱动性问题能够引发学生的学习欲望（Edelson，2001），使学生认识到有一个重要的问题真正需要去解决（Reiser，2004）。在整个项目过程中，教师持续地回顾驱动性问题，从而把学生在参与项目过程中所探索到的各种观点联系起来。

好的驱动性问题具有以下几个特征：（1）具有可行性，即学生能够通过设计并执行研究方案来解决问题；（2）具有价值性，即包含丰富的科学内容，符合重要的学习目标，与科学家真正的研究方式相似；（3）具有情境性，即具有真实且非常重要的情境；（4）具有意义性，即所要探究的问题对学习者来说是有趣且令人兴奋的；（5）具有伦理性，即所要探究的问题不能对个人、集体或环境造成危害（Krajcik & Czerniak，2013）。

在基于项目的学习中，教师或课程设计者选择驱动性问题，有时候学生也会同教师一起选择驱动性问题（Krajcik & Czerniak，2013；Scardamalia & Bereiter，本书第20章）。一些基于项目的方法是从学生寻找自己的驱动性问题开始的。这样做的好处是，它会产生一个对学生而言有意义的问题。然而，对于学生来说，他们所找到的问题很难符合好的驱动性问题的所有特征，特别是很难与有意义的学习目标相匹配。我们的做法是，围绕一个驱动性问题来设计课程，这一问题由我们和教师共同选择，但是允许学生探索与自己相关的问题的解决方案，或者参与到项目中，在学习单元中提出相关的问题。在IQWST（Krajcik et al.，2011）中，我们从一个驱动性问题开始带领学生进行项目学习，随后提供机会，让学生提出与项目的驱动性问题相关

的问题。例如，七年级有关能量的单元的重点是能量的传递与转化，在该单
282 元中，我们提供四个锚事件（anchoring events），在这些事件中学生将体验与能量传递和转化相关的现象，我们通过这四个锚事件向学生介绍单元的驱动性问题，即“为什么在某些事物继续运动的时候，另外一些事物却停止了”（Fortus，Abdel-Kareem，Jin，Nordine，& Weizman，2012）。锚事件帮助学生把在项目中探索到的新概念联系起来（Rivet & Krajcik，2002；Sherwood，Kinzer，Bransford，& Franks，1987），同时为项目中探索到的科学概念提供有意义的情境。在能量单元的四个锚事件中，学生观察、描述、比较和对比四个物体的运动。其中一个物体是钟摆，另一个物体是保持旋转的旋转陀螺（spinner top，旋转运动是由电池装置来驱动的）。学生通过对锚事件的观察和描述来提出问题。锚事件都是经过精心挑选的，因此学生很有可能会提出特定的问题。例如：为什么陀螺能持续地旋转，而钟摆的运动却随着时间的推移而消失？这些问题将被张贴在班级的“驱动性问题板”上，作为一个路线图，问题板可以帮助教师和学生来检查哪些问题已经被解决，并对驱动性问题和单元学习中学生提出的问题做进一步的解释。通常，当学生完成各种项目任务时，这些问题也就得到了解决。

在一个历时 8 周的单元中，单元学习目标与细胞、系统、微生物以及疾病相关，教师讲述并讨论了一个患有艾滋病的非洲男孩最后变成艾滋病宣传员的故事，并通过这一活动，向学生介绍了本单元的驱动性问题，即“如何防止好朋友生病”（Hug & Krajcik，2002；Kolodner，Krajcik，Reiser，Edelson，& Starr，2009–2013）。这个故事是一个锚事件，通过提供情境来探讨疾病与学生的关系。在第二个锚事件中，学生参与一项模拟传染病在社区中蔓延的过程的活动。首先，每个学生手持装有混合物的试管，然后在教室自由走动，当碰到另一个学生时，彼此混合试管中的溶液。一些溶液中包含了能够与其他试管中的物质发生反应的指示剂，当这一指示剂四处传播时，越来越多试管中的溶液的颜色就发生了变化，这个过程模拟了社区性疾病的传播情形。这个活动为学生提供了一个共同的经历，学生可以在整个项目中讨论和回顾它（Hug & Krajcik，2002），同时这个活动允许学生提出与驱动性问题和锚事件相关的有意义的问题。

特征 2：关注于学习目标

很多学校要求学生掌握核心科学标准以及相关评价。为了保证基于项目的科学课程符合这些标准，我们采用三步走的过程。我们以选择与国家或州 283
立课程标准相符的重要概念为这一过程的开始（Krajcik et al.，2008）。基于项目的学习环境需要相当多的课程时间来使学生关注概念、回顾概念、与同伴合作、探索现象并发展综合理解。因此，教师必须确信，投入时间开展基于项目的科学课程能够保证地区和国家所要求的学习目标的实现。

在开发 IQWST 中学课程的过程中，我们利用了学习目标驱动进程的方式，来保证这些课程材料匹配关键的学习目标。这一过程包含三个主要步骤：（1）选择核心概念；（2）整理概念；（3）确定能够表明预期认知任务的学习表现（Krajcik et al.，2008）。为了选择核心概念，我们使用了两个主要标准。第一，核心概念必须具有解释能力，因为它们对于理解各种现象来说是十分必要的。第二，核心概念对未来学习是必要的，因为它具有生成性，且学生需要借助核心概念来理解相关主题。物质的颗粒性质就是这样一个核心概念，它可以用来解释从水的蒸发到化学反应中的质量守恒等大量现象。《K-12 科学教育框架》同样将物质的颗粒性质作为一个科学核心概念（NRC，2012），因为它对于理解很多进阶主题（advanced topic）（如光合作用和呼吸作用）来说是必要的。

确定好核心概念后，整理概念对于课程开发者来说就变得尤为重要。整理的过程包括将核心概念分解成它的组成部分和组成概念，然后扩展并明确这些概念。整理过程使得设计者可以更深层次地理解核心概念，以及课程设计中需要考虑的概念本质（Krajcik et al.，2008；整理概念的例子亦见 Krajcik et al.，2008）。当然，这些概念的组成部分必须适应于学生的年龄和年级水平。

为了说明我们希望学生使用核心概念来完成的推论，我们根据学习制定学习表现目标（Perkins，Crismond，Simmons，& Unger，1995）。学习表现将核心概念与科学实践整合起来（Krajcik et al.，2008），反映了工作中的科学家在专业领域中的实践：描述现象、使用模型来解释数据中的规律、建构科学解释、验证假说（Krajcik et al.，2008）。表 14.1 展示了提升学习表现的例子。

表 14.1　提升学习表现

整合核心概念与实践以提升学习表现		
所有物质都是由 100 种不同类型的原子构成的，它们通过各种各样的方式相互融合。原子形成的分子的大小从两个原子到几千个原子不等。纯物质是由一种单一的原子或分子组成的，每个纯物质都具有物理和化学性质特征。……这可以用来区分物质。气体和液体由相对运动的分子或惰性原子组成。在液体中，分子不断与其他分子相接触。在气体中，除非发生碰撞否则分子分隔很远。在固体中，原子间隔紧密，可能在适当的位置发生震动，但其相对位置不会发生改变（NRC，2012）。	开发模型并使用模型。	建构模型并进行交流以预测和解释分子在不同阶段以及阶段变化过程中的运动情况。

学习表现还可以作为设计驱动性问题、任务以及评价的指导。对学习表现的关注与情境学习的观点是一致的，即：学习表现整合了知识与实践。

这一过程的目的是保证基于项目的科学课程的课程材料既能够符合重要
284 机构规定的课程标准，又能帮助学生获得更深层以及更综合的理解。然而，这样可能会存在一个风险：不考虑驱动性问题，单纯从课程标准出发，可能会很难找到学生认为有意义且有趣的问题。在 IQWST 最初某个单元的开发中，我们从理解化学反应和质量守恒的学习目标出发开展工作（Krajcik et al.，2008）。我们与教师开了几次会，讨论应该使用什么样的驱动性问题。有些提议比较平淡，不能激发学生探究科学现象的愿望。最终，我们确定了驱动性问题——“我怎样从旧东西中造出新东西”，并设计了一个制造肥皂的例子作为锚事件。

特征 3：参与科学实践

从 20 世纪 60 年代美国科学教育改革开始，政策制定者和杰出的科学家就都认为科学教育应该效仿真实的科学研究过程（Hurd，1970；NRC，1996，2007，2012；Rutherford，1964）。科学的目标是解释和预测各种各样的现象，如侵蚀、疾病、生锈、植物生长以及自由落体等等。为了回答这些问题，科
285 学家参与到各种科学实践中（见专栏 14.1），提出问题、设计并实施调查、建构模型、使用证据并得出解释（NRC，2012）。尽管科学家们没有按照固定的步骤来获得新的科学理解，但是所有的科学家都使用了证据、模型和理论来解释并预测发生在自然界中的各种现象。科学是真正的非线性的尝试过程。例如，该过程中每个组成部分所提供的反馈都可能会指向不同的实践。例

如，探寻有关某个主题的信息可能会引导学生提炼自己的问题，或者重新设计调查方案，而数据分析则可能导向实验设计的修订。

- 提出问题（科学实践）并定义问题（工程实践）
- 开发并利用模型
- 设计并实施调查
- 分析并解释数据
- 使用数学与计算思维
- 建构解释（科学实践）与设计方案（工程实践）
- 从证据中进行论证
- 获得、评价与交流信息

专栏 14.1　科学与工程实践（NRC，2012）

在基于项目的科学课程课堂中，学生利用所学的新概念来探索驱动性问题，并且会持续地研究驱动性问题。这与传统的科学课堂是不同的，传统科学课堂的特点是短期的活动和菜谱式的实验步骤。例如，在“附近水质状况如何”这一项目中（Singer，Marx，Krajcik，& Chambers，2000），学生对不同的水进行质量检测。在“我怎样闻到一定距离之外的气味”这一项目中（Merritt，Sutherland，Shwartz，Van de Kerkhof，& Krajcik，2011），学生设计并实施不同的调查，来探索气味是如何穿越房间的。通过探索这些问题，学生参与到一系列的科学实践中，包括设计并实施调查、修订问题、建构并修复模型以及做出解释。

中学生也许会发现参与各种科学实践很难，特别是如果他们以往没有科学实践经验的话（Edelson & Reiser，2006；Krajcik et al.，1998）。为了支持教师，IQWST 的课堂材料提供非常详尽的注释，来说明在各种科学实践中教师如何为学生提供支持和帮助，特别是在建模（Krajcik & Merritt，2012）以及科学解释（McNeill & Krajcik，2012）方面。遗憾的是，很多研究发现学生在建构科学解释的过程中存在困难（McNeill & Krajcik，2008），如很难利用自己的 286
解释来表达和维护自己的主张（Sadler，2004）、很难理解什么是证据、很难使用适当的证据（Sandoval & Reiser，2004）以及很难不依赖自己的个人观点而做出宏观的判断（Hogan & Maglienti，2001）。使用已有的证据来描述和论证结论需要复杂的思维能力和大量的经验，但是大部分科学课堂并没有要求学生进行这种类型的推理。很多中学教师习惯了教科书中菜谱式的实验过程、采用现成的实验数据，但很少有机会使用与解释真实的数据。因此，教师也需要相关的支持，从而帮助学生创建解释和结论（Krajcik et al.，1998）。

为了应对这一挑战，我们明确了，在学生编写解释性文本时应如何为他们提供脚手架这一进程及其背后的原因（McNeill & Krajcik，2008；Moje et al.，2004）。我们的脚手架策略包括：明确解释背后的基本原理、为如何建构解释建模、为学生提供建构解释的机会、在学生的调查表中做脚手架式批注。我们让学生使用一个包含三个组成部分的解释框架：论点、论据和推理（亦可参考 Andriessen & Baker，本书第 22 章）。论点表明一个主张，内容是学生正在探索的现象。论据利用科学数据来支持这一论点，这些数据可以来自几个方面：观察、阅读材料、已获得的数据或者学生完成的调查。推理展示了把论点和论据连接在一起的论证过程，利用适当的科学概念来表明，为什么数据可以作为论据来支持论点（McNeill & Krajcik，2012）。这一框架提供了一个结构，该结构为学生和教师在科学课堂构建解释提供支持。

特征 4：协作

基于项目的学习为学生、教师以及社会中的成员提供了与他人协作探究问题与观点的机会。当学生提出问题、陈述解释、形成结论、感知信息、讨论数据以及呈现发现结果时，课堂就变成了一个学习者的共同体（Brown & Campione，1994）。例如，我们要求学生对其他学生的解释做评判并提出反馈。当学生与其他同学或课堂外的成人进行讨论时，协作就能帮助学生建立关于科学概念和学科本质的共同理解（shared understanding）。

在课堂中，学生很难自然地与其他学生一起合作（Azmitia，1996）。教师需要帮助学生发展协作技能，包括话轮转换（turn talking）、倾听、尊重别
287 人的意见等。因为学生缺乏协作的技巧和经验，所以教师需要在完整的学年中为学生建立协作关系。教师可以使用这样一个技术：首先要求学生写下自己的观点，然后要求学生与一个同伴协作来比较彼此的观点。写下诸如“我的观点与我同伴的观点在以下方面是相似的”以及“我的观点与我同伴的观点在以下方面是不同的”的提示，可以帮助学生学着去倾听他人的观点并将自己的观点与他人的观点进行比较（Krajcik & Czerniak，2013；Scardamalia & Bereiter，本书第 20 章）。

特征 5：使用技术工具来支持学习

把技术工具作为学习工具可以促使课堂转变为一种学习者积极建构知识的环境（Linn，1997；Tinker，1997）。埃德尔森（Edelson，2001）提出了学

校运用技术工具的三大原因：（1）技术与科学实践有内在的一致性；（2）技术能够动态、交互地呈现信息；（3）技术能为改变教授 – 接受的教学模式提供前所未有的机会。

学生利用学习技术可以接触到互联网上真实的科学数据，通过网络与别人协作（Novak & Krajcik，2004；Scardamalia & Bereiter，本书第 20 章；Stahl，Koschmann，& Suthers，本书第 24 章）、收集数据、为数据绘制图表并分析数据（Edelson & Reiser，2006）、创建模型（Lehrer & Schauble，2006）、共享并搜索信息、制作多媒体作品。学习技术帮助学生拓展了课堂视野，还是帮助教师促进探索以及促进学生学习的强有力的认知工具（Linn，1997；Metcalf-Jackson，Krajcik，& Soloway，2000）。

在“水质”项目中，学生利用各种传感器来收集河流的 pH 值、温度、浑浊度等数据。学生带着笔记本电脑到河边，数据能够立刻以图表的形式显示出来。有些传感器能让学生把收集到的数据带回去处理，在教室的电脑中将其显示成图表的样式。这些活动帮助学生分析并解释数据，以及进行计算推理实践。学生利用学到的新知识开发计算机模型，以显示各种因素如何影响水质。这些技术帮助学生在各种科学概念之间建立联系，形成更深层且更丰富的理解。

移动技术已经改变了人们的生活方式，其在课堂设置中的潜力和需求在过去几年中极大地增长（Sharples & Pea，本书第 25 章）。十几年前，廷克和克拉斯科（Tinker & Krajcik，2001）强调移动技术会变得不那么贵，因而学校可以为每个学生配备一个设备，今天这一论点得到了诺里斯和索洛韦（Norris & Soloway，2009）的研究的支持，他们鼓励每个学生都使用移动设备。密歇根大学的研究者们（Cahill，Kuhn，Schmoll，Pompe，& Quintana，2010）已经设计了一款移动工具——“柴迪科舞”（Zydeco），这款工具可以 288
在三个重要的科学实践中支持学生：说明并提炼问题，收集、分享和组织数据，以及建构科学解释。

技术对学生来说还有其他好处。申南秀（N. Shin）和她的合作伙伴使用增强现实（augmented reality，AR）技术，通过在移动学习环境中把微观世界与宏观世界联系起来，帮助学生理解化学中的核心科学概念。在这个研究中，当学生观察宏观世界现象时，学习工具利用增强现实技术来呈现虚拟的分子水平来展示分子的运动，从而以一种有意义的方式支持学生的概念理解。这一学习工具集成了手持设备（例如带着摄像头的平板电脑）以及各种技术（如模拟、视频、增强现实等），为学生在真实课堂中完成实验室实验提供帮助，以发展其对基础模型的理解。图 14.1 展示了增强现实环境演示气体与体积之间关系的例子。

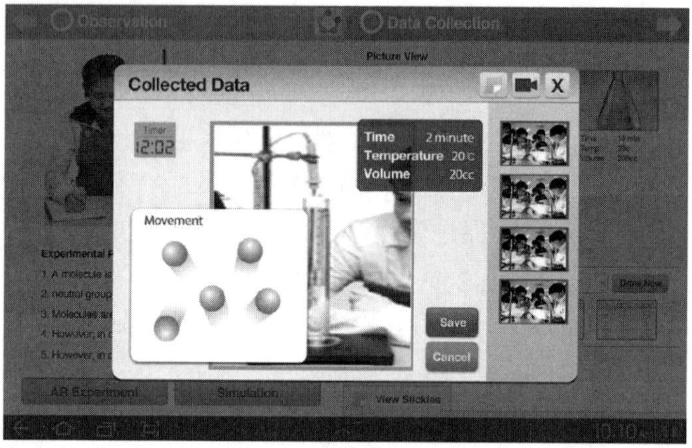

图 14.1 增强现实学习环境

最近，研究者设计了技术增强材料（technology-enhanced materials）来创建个性化的、友好的学习环境，让学生以各自不同的方式发展他们自己的理解，为所有的学生提供平等的学习机会（Choi & Shin，2009；Rose，Meyer，& Hitchcock，2005；Shin，Sutherland，& McCall，2011）。其关键原则就是在同一学习环境中给出统一的学习目标，让不同的学生采用不同的方式来发现并理
289 解新的信息以及呈现自己的观点（Bransford et al.，1999）。基于这一原则，对满足学习者兴趣以及个性化需要来说，多种表现方式的教育材料（如文本、图片、视频、动画 / 模拟、音频、增强现实等）、各种不同难度的学习任务以及不同水平的支持都是十分必要的（Rose et al.，2005）。例如，克拉斯科和申南秀与韩国的信息技术开发人员（VisangESL 公司）一起，利用学习的通用设计（Universal Design for Learning，UDL）原则以及学习进程（Learning Progressions，LP），并基于“我怎样闻到一定距离之外的气味”这一单元（Merritt et al.，2011），设计了个人学习环境。课程材料改编自最初使用学习的通用设计原则所设计的开发工作（http://udl-toolkit.cast.org/home）。学习进程支持科学内容、教学以及评价测量的组织与定位，从而为学习者提供发展更好的理解的机会。一个学习进程描述了“当学生在一段时间内对某个主题进行学习和研究时所需要的逐渐复杂的思维方式”（Duschl，Schweingruber，& Shouse，2007，p. 219）。我们把评估条目以及不同水平的学习进程嵌入到

学习任务中，从而在教学前对每个学生的个人表现水平进行评估（Shin & Stevens，2012）。个性化学习环境会基于学生的测试成绩，通过提供水平适当的教学给予他们不同的学习指导。图 14.2 显示了一个学生在使用学习材料时可能体验的个性化路径。在四个图像右上角出现的黑色“标志”给出了一个基于学生的测试成绩的建议学习路径。我们相信这样的教学材料可以使个性化的独立学习程度最大化，从而产生更有意义的学习。

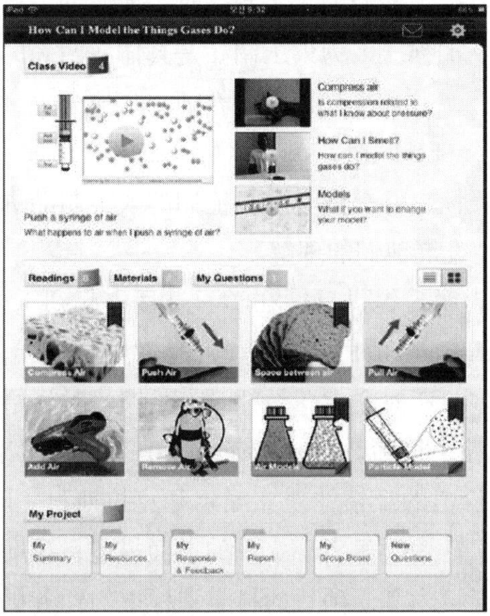

图 14.2 个性化学习环境（ILE）：触摸板装置

注：图 14.2 下半部分的四个图像的右上角出现的黑色“标志”显示了学生可以遵循的个性化学习路径。

特征 6：创造人工制品

学习科学研究表明，学生在创造人工制品的时候学习效果更好，因为人工制品是知识建构的外在表现。在基于项目的科学课程中，人工制品是学生调查驱动性问题的衍生结果（Blumenfeld et al.，1991）。学生创造的人工制品包括实体模型、计算机模型、报告、记录研究过程的视频、游戏、戏剧、网站以及计算机程序等。人工制品要能体现驱动性问题，支持学生发展与学习目标相关的理解并展现学生对学习目标的理解，只有这样它才能够发挥其作用。

基于项目的科学课程关注人工制品创造有以下几个原因。首先，通过创造人工制品，学生可以建构和重构自己的理解。学生在创造人工制品并对人工制品进行反思时，会积极地运用科学思维。其次，由于学习发生的过程是非线性的、非分离式的，我们不能基于细小的片段信息来实施评价
290 （Pellegrino，Chudowsky，& Glaser，2001）。通过人工制品，教师可以了解在整个项目中学生理解的发展情况。教师可以通过了解学生创造人工制品的过程，来评估学生更高水平的认知能力，如提出问题、设计调查方案、收集并处理数据以及做出科学解释的能力（Atkin & Coffey，2003；Carver，2006）。再次，当学生向外界展示他们的人工制品时，他们创造出别人可理解的人工制品的动机也得到了加强。因为人工制品是具体而明确的，这使得学生可以共享他们的人工制品，并且接受他人（教师、其他学生、父母以及共同体成员）的检验（Scardamalia & Bereiter，本书第 20 章）。通过对学生所了解以及不了解的方面给予反馈，并允许学生对他们的人工制品进行反思、修正，这些意见能够支持学生发展他们的理解。

学习科学研究表明，提供反馈在学习过程中起到重要作用（McNeill & Krajcik，2008；Pellegrino et al.，2001）。但是教师很少给每个学生足够的反馈。因为班级人数多、课时量大，教师没有足够的时间给予学生高质量的个性化反馈。除此之外，很多教师也缺乏提供高质量反馈的能力。为了帮助教师给学生提供有价值的反馈，麦克尼尔和克拉斯科（McNeill & Krajcik，
291 2011）为教师提供了针对学生表现水平的书面描述，帮助教师给学生的表现打分并给予反馈。通过为基于项目的科学课程中的任务提供一个通用且一致的规则，例如设置驱动性问题和提供解释，教师学会了如何给予反馈，学生学会了如何增进自身的理解。

结论

过去二十年的研究向我们展示了如何更好地设计基于项目的学习环境。在这一章中，我们强调了选择驱动性问题的重要性，它可以帮助学生认识重要的学习目标，帮助学生意识到驱动性问题的价值，并且使学生参与到科学实践当中。我们还强调了通过整合核心概念与科学实践来制定注重学习表现的学习目标的重要性。我们描述了使用技术的一些挑战，并探索了在课程中整合技术的各种技巧。我们强调了在复杂的教学过程中，需要通过提供明确的策略来支持教师。

关于基于项目的学习的研究表明，通过开发高度发达、高度明确的课程材料来帮助教师是非常重要的，这些材料把教学聚焦于学生认为有意义且重要的驱动性问题上，围绕这些问题，学生可以发展对核心学习目标的理解。通过使用这些材料，教师可以使学生参与到科学调查研究中，利用认知工具，开展协作学习并教会学生深层次的概念理解，而这些都是传统教学方式不能做到的。

尽管本章大部分内容集中于基于项目的科学课程，但是这种学习方式也可以应用到其他学科领域中。项目研究广泛应用在社会研究、艺术和英语课程中。在这些学科领域中，项目理念大多是口传身授的，或是从教师自身的简单想法发展而来。多数情况下这些项目并非以学习科学的研究为基础，因此研究者也没有找到最有效的方式来设计这些项目。我们在这一章中总结的研究发现可以提高所有学科中的项目教学的效果，因为我们的研究是基于学习科学的核心原则展开的，并且这些设计通过反复的实验已经逐步得到了改善。因此，它们可以为所有学科应用基于项目的学习方法提供参考。

致谢

感谢 R. 基思・索耶教授所提供的深刻且充满思想的反馈。

参考文献

Atkin, J. M., & Coffey, J. E. (2003). *Everyday assessment in the science classroom* (*science educators' essay collection*). Arlington, VA: National Science Teachers Associations. 292

Azmitia, M. (1996). Peer interactive minds: Developmental, theoretical, and methodological issues. In P. B. Baltes, & U. M. Staudinger (Eds.), *Interactive minds: Life-span perspectives on the social foundation of cognition* (pp. 133–162). New York: Cambridge University Press.

Blumenfeld, P. C, Fishman, B. J., Krajcik, J., Marx, R. W., & Soloway, E. (2000). Creating usable technology – Embedded project-based science in urban schools. *Educational Psychologist*, 35, 149–164.

Blumenfeld, P. C., Marx, R. W., Krajcik, J. S., & Soloway, E. (1996). Learning with peers: From small group cooperation to collaborative communities. *Educational Researcher*, 24 (8), 37–40.

Blumenfeld, P. C., Soloway, E., Marx, R. W., Krajcik, J. S., Guzdial, M., & Palincsar, A. (1991). Motivating project-based learning: Sustaining the doing, supporting the learning. *Educational Psychologist*, 26, 369–398.

Bransford, J., Brown, A. L., & Cocking, R. R. (1999). *How people learn: Brain, mind experience, and school*. Washington, DC: National Academy Press.

Brown, A. L., & Campione, J. C. (1994). Guided discovery in a community of learners. In K. McGilly (Ed.), *Classroom lessons: Integrating cognitive theory and classroom practice* (pp. 229–270). Cambridge, MA: MIT Press.

Brown, J. S., Collins, A., & Duguid, P. (1989). Situated cognition of learning.*Educational Researcher*, 18, 32–42.

Cahill, C., Kuhn, A., Schmoll, S., Pompe, A., & Quintana, C. (2010). Zydeco: Using mobile and web technologies to support seamless inquiry between museum and school contexts. *Proceedings of the 9th international Conference on interaction Design and Children* (Barcelona, Spain, June 09–12, 2010). IDC '10. ACM, New York, 174–177.

Carver, S. M. (2006). Assessing for deep understanding. In R. K. Sawyer (Ed.), *The Cambridge handbook of the learning sciences* (pp. 205–221). New York: Cambridge University Press.

Choi, J. I., & Shin, N. (2009). Digital textbook design principles Adapting the universal design for learning. *Journal of Educational Technology*, 25 (1), 29–59.

Collins, A., Joseph, D., & Bielaczyc, K. (2004). Design research: Theoretical and methodological issues. *Journal of the Learning Sciences*, 13 (1), 15–42.

Dewey, J. (1959). *Dewey on education*. New York: Teachers College Press.

Duschl, R., Schweingruber, H., & Shouse, A. (Eds.) (2007). *Taking science to school: Learning and teaching science in grades K-8*. Washington, DC: The National Academies Press.

Edelson, D. C. (2001). Learning-for-use: A framework for integrating content and process learning in the design of inquiry activities. *Journal of Research in Science Teaching*, 38, 355–385.

Edelson, D. C., & Reiser, B. J. (2006). Making authentic practices accessible to learners: Design challenges and strategies. In R. K. Sawyer (Ed.), *The Cambridge handbook of the learning sciences* (pp. 335–354). New York: Cambridge University Press.

293 Fishman, B. J., & Davis, E. A. (2006). Teacher learning research and the learning sciences. In R. K. Sawyer (Ed.), *The Cambridge handbook of the learning sciences* (pp. 535–550). New York: Cambridge University Press.

Fortus, D., Abdel-Kareem, H., Jin, H., Nordine, J. C., & Weizman, A. (2012). Why do some things stop while others continue going? In J. S. Krajcik, B. J. Reiser, L. M. Sutherland, & D. Fortus (Eds.), *Investigating and Questioning our World through Science and Technology* (*IQWST*). New York: Sangari Science.

Fortus, D., & Krajcik, J. S. (2011). Curriculum coherence and learning progressions. In B. J. Fraser, K. G. Tobin, & C. J. McRobbie (Eds.), *The international handbook of research in science education*. Second Edition (pp. 783–798). Dordrecht: Springer.

Geier, R., Blumenfeld, P., Marx, R., Krajcik, J., Fishman, B., & Soloway, E. (2008). Standardized test outcomes of urban students participating in standards and project based science curricula. *Journal of Research in Science Teaching,* 45 (8), 922–939.

Haberman, M. (1991). The pedagogy of poverty versus good teaching. *Phi Delta Kappan*, 73 (4), 290–294.

Hoffman, J., Wu, H-K, Krajcik, J. S., & Soloway, E. (2003). The nature of middle school learners' science content understandings with the use of on-line resources. *Journal of Research in Science Teaching*, 40 (3), 323–346.

Hogan, K., & Maglienti, M. (2001). Comparing the epistemological underpinnings of students' and scientists' reasoning about conclusions. *Journal of Research in Science Teaching*, 38 (6), 663–687.

Hug, B., & Krajcik, J. (2002). Students, scientific practices using a scaffolded inquiry sequence. In P. Bell, R. Stevens, & T. Satwicz (Eds.), *Keeping learning complex: The proceedings of the Fifth International Conference for the Learning Sciences (ICLS)*. Mahwah, NJ: Lawrence Erlbaum Associates.

Hurd, P. D. (1970). *New directions in teaching secondary school science*. Chicago: Rand McNally.

Kesidou, S., & Roseman, J. E. (2002). How well do middle school science programs measure up? Findings from Project 2061's curriculum review. *Journal Research in Science Teaching*, 39 (6), 522–549.

Kolodner, J. L. (2006). Case-based reasoning. In R. K. Sawyer (Ed.), *The Cambridge handbook of the learning sciences* (pp. 225–242). New York: Cambridge University Press.

Kolodner, J., Krajcik, J., Reiser, B., Edelson, D., & Starr, M. (2009–2013). *Project-based inquiry science. It's about time, publisher.* (Middle School Science Curriculum Materials). Mt. Kisco, NY.

Krajcik, J. S., Blumenfeld, P. C., Marx, R. W., Bass, K. M., Fredricks, J., & Soloway, E. (1998). Inquiry in project-based science classrooms: Initial attempts by middle school students. *Journal of Learning Sciences*, 7, 313–350.

Krajcik, J. S., Blumenfeld, P. C., Marx, R. W., & Soloway, E. (1994). A collaborative model for helping middle grade teachers learn project-based instruction. *The Elementary Schools Journal*, 94 (5), 483–497.

Krajcik, J. S., & Czerniak, C. M. (2013). *Teaching science in elementary and middle school classrooms: A project-based approach*. Fourth Edition. Taylor and Francis: London.

Krajcik, J. S., & Mamlok-Naaman, R. (2006). Using driving questions to motivate and sustain student 294
interest in learning science. In K. Tobin (Ed.), *Teaching and learning science: An encyclopedia.*

Westport, CT: Greenwood Publishing group.

Krajcik, J. S., McNeill, K. L., & Reiser, B., (2008). Learning-goals-driven design model: Developing curriculum materials that align with national standards and incorporate project-based pedagogy. *Science Education*, 92 (1), 1–32.

Krajcik, J. S., & Merritt, J. (2012). Engaging students in scientific practices: What does constructing and revising models look like in the science classroom? *Science and Children,* 49 (7), 10–13.

Krajcik, J. S., Reiser, B. J., Sutherland, L. M., & Fortus, D. (2011). *IQWST: Investigating and Questioning our World through Science and Technology,* (*Middle School Science Curriculum Materials*). Sangari Global Education/ Active Science, USA.

Krajcik, J. S., Slotta, J., McNeill, K. L., & Reiser, B. (2008). Designing learning environments to support students constructing coherent understandings. In Y. Kali, M. C. Linn, & J. E. Roseman (Eds.), *Designing coherent science education.* New York: Teachers College Press.

Lave, J., & Wenger, E. (1991). *Situated learning: Legitimate peripheral participation.* New York: Cambridge University Press.

Lee, O., & Buxton, C. A. (2010). *Diversity and equity in science education: Theory, research, and practice.* New York: Teachers College Press.

Lehrer, R., & Schauble, L. (2006). Cultivating model-based reasoning in science education. In R. K. Sawyer (Ed.), *The Cambridge handbook of the learning sciences* (pp. 371–387). New York: Cambridge University Press.

Linn, M. C. (1997). Learning and instruction in science education: Taking advantage of technology. In D. Tobin, & B. J. Fraser (Eds.), *International handbook of science education* (pp. 265–294). The Netherlands: Kluwer Publishers.

Marx, R. W., Blumenfeld, P. C., Krajcik, J. S., Fishman, B., Soloway, E., Geier, R., & Revital, T. T. (2004). Inquiry-based science in the middle grades: Assessment of learning in urban systemic reform. *Journal of Research in Science Teaching*, 41 (10), 1063–1080.

McNeill, K. L. (2009). Teachers' use of curriculum to support students in writing scientific arguments to explain phenomena. *Science Education*, 93 (2), 233–268.

McNeill, K. L., & Krajcik, J. S. (2008). Middle school students' use of appropriate and inappropriate evidence in writing scientific explanations. In M. Lovet, & P. Shah (Eds.), *Thinking with data* (pp. 233–265). New York: Taylor and Francis.

McNeill, K. L., & Krajcik, J. S. (2012). *Supporting grade 5–8 students in constructing explanations in science: The claim, evidence and reasoning framework for talk and writing*. New York: Pearson Allyn & Bacon.

Merritt, J., Sutherland, L., Shwartz, Y., Van de Kerkhof, M. H., & Krajcik, J. (2011). How can I smell things from a distance? In J. Krajcik, B. Reiser, L. Sutherland, & D. Fortus (Eds.), *IQWST: In-*

vestigating and Questioning our World through Science and technology, (Middle School Science Curriculum Materials). Sangari Global Education/Active Science, USA.

Metcalf-Jackson, S., Krajcik, J. S., & Soloway, E. (2000). Model-It: A design retrospective. In M. Jacobson, & R. B. Kozma (Eds.), *Innovations in science and mathematics education: Advanced designs for technologies and learning* (pp. 77–116). Mahwah, NJ: Lawrence Erlbaum Associates. 295

Moje, E. B., Collazo, T., Carrillo, R., & Marx, R. W. (2001). "Maestro, what is 'quality'?": Language, literacy, and discourse in project-based science. *Journal of Research in Science Teaching*, 38 (4), 469–498.

Moje, E. B., Peek-Brown, D., Sutherland, L. M., Marx, R. W., Blumenfeld, P., & Krajcik, J. S. (2004). Explaining explanations: Developing scientific literacy in middle-school project-based science reforms. In D. Strickland, & D. E. Alverman (Eds.), *Bridging the gap: Improving literacy learning for preadolescent and adolescent learners in grades 4–12* (pp. 227–251). New York: Teachers College Press.

National Research Council (NRC). (1996). *National science education standards*. Washington, DC: National Research Council.

National Research Council (NRC). (2007). *Taking science to school: Learning and teaching science in grades K-8*. Washington, DC: National Academies Press.

National Research Council (NRC). (2012). *A framework for K-12 science education: Practices, crosscutting concepts, and core ideas*. Washington, DC: National Academies Press.

Norris, C., & Soloway, E. (2009). A disruption is coming: A primer for educators on the mobile technology revolution. In A. Druin (Ed.), *Mobile technology for children: Designing for interaction and learning* (pp. 125–139). Amsterdam, the Netherlands: Elsevier, Inc.

Novak, A., & Gleason, C. (2001). Incorporating portable technology to enhance an inquiry, project-based middle school science classroom. In R. Tinker, & J. S. Krajcik (Eds.), *Portable technologies: Science learning in context* (pp. 29–62). The Netherlands: Kluwer Publishers.

Novak, A., & Krajcik, J. S. (2004). Using learning technologies to support inquiry in middle school science. In L. Flick, & N. Lederman (Eds.), *Scientific inquiry and nature of science: Implications for teaching, learning, and teacher education* (pp. 75–102). The Netherlands: Kluwer Publishers.

Organization for Economic Cooperation and Development (OECD). (2007). *PISA 2006 Science Competencies for Tomorrow's World*. Paris: OECD.

Pellegrino, J. W., Chudowsky, N., & Glaser, R. (2001). *Knowing what students know: The science and design of educational assessment*. Washington, DC: National Academy Press.

Perkins, D., Crismond, D., Simmons, R., & Unger, C. (1995). Inside understanding. In D. Perkins, J. Schwartz, M. West, & M. Wiske (Eds.), *Software goes to school: Teaching for understanding with new technologies* (pp. 70–88). New York: Oxford University Press.

Polman, J. (1999). *Designing project-based science: Connecting learners through guided inquiry*. New York: Teachers College Press.

Reiser, B. J. (2004). Scaffolding complex learning: The mechanisms of structuring and problematizing students work. *Journal of the Learning Sciences*, 13 (3), 273–304.

Rivet, A., & Krajcik, J. (2002). Contextualizing instruction: Leveraging students' prior knowledge and
296 experiences to foster understanding of middle school science. In P. Bell, R. Stevens, & T. Satwicz (Eds.), *Keeping learning complex: The Proceedings of the Fifth International Conference for the Learning Sciences* (*ICLS*). Mahwah, NJ: Lawrence Erlbaum Associates.

Rivet, A., & Krajcik, J. (2004). Achieving standards in urban systemic reform: An example of a sixth grade project-based science curriculum. *Journal of Research in Science Teaching*, 41 (7), 669–692.

Rose, D. H., Meyer, A., & Hitchcock, C. (2005). *The universally designed classroom: Accessible curriculum and digital technologies*. Cambridge, MA: Harvard Education Press.

Rutherford, J. F. (1964). The role of inquiry in science teaching. *Journal of Research in Science Teaching*, 2 (2), 80–84.

Sadler, T. D. (2004). Informal reasoning regarding socioscientific issues: A critical review of the research. *Journal of Research in Science Teaching,* 41 (5), 513–536.

Salomon, G., Perkins, D. N., & Globerson, T. (1991). Partners in cognition: Extending human intelligence with intelligent technologies. *Educational Researcher*, 20, 2–9.

Sandoval, W. A., & Reiser, B. J. (2004). Explanation-driven inquiry: Integrating conceptual and epistemic scaffolds for scientific inquiry. *Science Education*, 88 (3), 345–372.

Schneider, R. M., Krajcik, J., Marx, R., & Soloway, E. (2001). Performance of student in project-based science classrooms on a national measure of science achievement. *Journal of Research in Science Teaching*, 38 (7), 821–842.

Sherwood, R., Kinzer, C. K., Bransford, J. D., & Franks, J. J. (1987). Some benefits of creating macro-contexts for science instruction: Initial findings. *Journal of Research in Science Teaching*, 24 (5), 417–435.

Shin, N., & Stevens, S. Y. (2012). Development and validation of a scale to place students along a learning progression. Paper presented at the International Conferences of the Learning Sciences, Sydney, Australia.

Shin, N., Sutherland, L. M., & McCall, K. (2011). Design research of features in inquiry-based science materials. Paper presented at American Educational Research Association, New Orleans, LA.

Singer, J., Marx, R. W., Krajcik, J., & Chambers, J. C. (2000). Constructing extended inquiry projects: Curriculum materials for science education reform. *Educational Psychologist*, 35, 165–178.

Smith, C. L., Wiser, M., Anderson, C. W., & Krajcik, J. (2006). Implications of research on children's learning for standards and assessment: A proposed learning progression for matter and the atomic molecular theory. *Measurement: Interdisciplinary Research and Perspectives* 14 (1 and 2), 1–98.

Spitulnik, M. W., Stratford, S., Krajcik, J., & Soloway, E. (1997). Using technology to support student's artifact construction in science. In B. J. Fraser, & K. Tobin (Eds.), *International handbook of science education* (pp. 363–382). The Netherlands: Kluwer Publishers.

Stevens, S. Y., & Shin, N. (April 2012). Developing and validating a "ruler" to locate and follow students along a learning progression. Poster presented at American Educational Research Association, Vancouver, Canada.

Tinker, R. (1997). Thinking about science. http://www.concord.org/library/papers.html. Cambridge, MA: Concord Consortium.

Tinker, R., & Krajcik, J. S. (Eds.) (2001). *Portable technologies: Science learning in context. Innovations in science education and technology*. New York, Kluwer Academic/Plenum Publishers.

Weizman, A., Shwartz, Y., & Fortus, D. (2008). The driving question board: A visual organizer in project-based learning. *Science Teacher Journal*, 75, 8.

Williams, M., & Linn, M. (2003). WISE inquiry in fifth grade biology. *Research in Science Education*, 297
32 (4), 145–436.

第15章

基于问题的学习

陆静妍 苏珊·布里奇斯 辛迪·E. 梅洛–西尔弗

298 基于问题的学习（problem-based learning，PBL）是一种积极的学习方式，在这种学习方式中，学习者通过协作去理解并解决复杂的、非良构的问题（Barrows，2000；Savery，2006）。因其复杂性和非良构的本质，这些问题需要学习者去分享其当前所具有的知识、在不同观点中进行协商、搜索信息、建构原则性论点以支持他们提出的解决方案。基于问题的学习的目标涵盖了大部分的认知与情感方面的内容，研究表明，基于问题的学习使学生能够有效地进行深层学习与问题解决（Walker & Leary，2009）。当学生处理非良构的问题时，他们会发展推理能力、自主学习能力和建构弹性知识（flexible knowledge）的能力（Hmelo-Silver，2004）。相比于传统教学方式，基于问题的学习提升了学生应用知识并获得更连贯理解的能力（Hmelo，1998）。

为了向读者们展示什么是基于问题的学习，我们举两个临床学科的例子。案例一为我们展示了医学院中典型的诊断式的基于问题的学习是如何运作的。①

案例一

一组医学院二年级的医学生参与了一项基于问题的学习活动，这一学习活动包含了两个部分，每个部分为时两个小时。在第一个部分开始的时候，教师给学生提供了写在一张纸上的问题情境（problem scenario）（也被称作“案例”）。这个问题情境发生在一个关于骨骼系统的课程单元中，其内容如下：

---

① 本案例引自香港大学医学院的基于问题的学习课程。

> 60 岁的霍先生是一个服装厂的机器操作员，他以前很健康。他已经结婚了，有一个儿子和一个 4 岁的孙子。他们在一栋公有住房的 4 楼住了 15 年，这栋楼没有电梯。霍先生拜访了他的家庭医生，抱怨双膝不适，而且右侧更严重一些。每天早上他得步行到公车站坐车去上班。在过去的几个月中，他发现这对他来说变得越来越难，特别是 299
> 在他下楼梯的时候。此外，他也没有像往常一样花那么多的时间陪伴他的孙子了。

在图 15.1 中我们用基于问题的学习环来说明该问题是如何解决的。在阅读完问题情境之后，教师要求学生确定重要信息，比如病人霍先生 60 岁，他正在经历着双膝不适，并且已经升级为行走困难的处境。

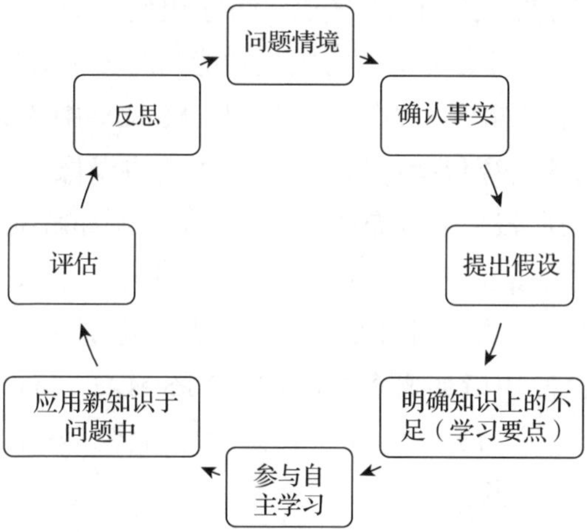

图 15.1　基于问题的学习环（Hmelo-Silver，2004）

学生运用自己的知识以及刚刚获得的重要信息对霍先生做出最初的诊断。随后，教师给予学生更多有关霍先生的病史和体检的信息，学生将使用这些信息来提出学习问题并找出自身知识上的不足，这一过程将引导他们参与到自主学习当中，从而明确自己的诊断并制定霍先生的治疗方案。在第二个为时两个小时的学习阶段中，学生应用第一部分自主学习过程中所习得的知识来解决问题，这些问题由额外的信息引出，比如化验结果、临床信息以及社会经济管理等。他们评估这些信息，对霍先生的问题做出最后的诊断和处理。最后，学生回顾这些学习要点并反思他们在基于问题的学习单元中所 300
学的内容。在整个学习中，教师提出许多问题为学生提供脚手架以帮助学生解决问题（Reiser & Tabak，本书第 3 章），这些问题包括产生症状的原因、诊断与鉴别诊断、体检与实验室检测的指标、治疗方案、手术的副作用等。白板是一个重要的工具，可用来展示有时被标记为“想法”（ideas）的关键信息（通常被列举在标记着“事实”和假设的表格中），从而记录“学习要点”，以促进自主学习、讨论、评价和反馈。

案例二

在牙医学科的一年级教学中（同样是在香港大学），关于另一种问题的教学也遵循了相似的周期，并且表明了教育技术在基于问题的学习中的作用。在第一个学习阶段（T1）中，利用学习管理系统（Learning Management System，本案例中使用的是模块化的面向对象的动态学习环境——Moodle）的定时发布功能，所有的六组学生都会同时获得一个以视频方式呈现的问题以及一些3D解剖图像形式的探索资料。各小组使用交互式白板（interactive whiteboard，IWB），通过大屏幕的可视化功能和对数字对象的操作来刺激与调节本小组问题探索（事实与想法）的过程。Moodle中的资源为进一步学习提供了脚手架，这些资源包括：与主题相关的演讲录像（内网与外网都可以获取）、第一个学习阶段之后发布的实践工作坊（例如解剖学）的支持材料、为自主学习发布的在线论坛的帖子等。在第二个学习阶段（T2），学生分享新的信息并把这些信息应用到问题当中，一些小组会协作完成一个文档。除此之外，学生还会使用诸如概念图软件（Bridges，Dyson，& Corbet，2008）等工具来巩固学习，并在最后一个学习阶段之后将其发布在Moodle上，以此作为问题解决后的任务。

在这些例子中，基于问题的学习是一种课程水平的教学策略。全课程水平的实施意味着基于问题的学习是课程教学的基础，而不仅仅是课程的一部分，也不是用说教和教授可以完成的。因此，根据历年课程学习结果，认真地规划问题的内容及其安排不仅会促进跨学科教学，而且能使各个学科的内容联系起来。成功的基于问题的学习环境包括如下特征：多学科内容整合、协作与团队合作、新知识的应用与综合、对现有问题各方面的更好的理解、对自我评价以及同伴互评的学习过程的反思、参与到真实情境下的问题与任务中、检查学习过程以考量现在的状态与基于问题的学习目标的距离等
301 （Savery，2006）。这些目标在宏观层面上，可以通过全面实施重要的、整合的课程设计来达成；在微观层面上，可以通过发生在小组中的复杂交互，以及以学生为主体、教育者推动的讨论来完成。

基于问题的学习的历史

基于问题的学习开始于 20 世纪 60 年代麦克马斯特大学健康科学中心（Health Sciences Centre at McMaster University）的医学教育。驱使它发展的原因是，一部分教师通过观察发现，医学院的学生没有学会如何将他们的基础科学知识应用于临床护理当中（Barrows & Tamblyn，1980）。开始于医学领域之后，基于问题的学习在高等教育中得到迅速发展，最初应用在其他健康科学课程当中，随后应用在如工程、建筑以及教育等专业课程当中，最后进一步应用在天才教育（gifted education）和其他中小学课堂当中（Walker & Leary，2009）。基于问题的学习在不同学科迅速蔓延的同时，也在地理方位上得以拓展。基于问题的学习首先应用在大多数西方高等教育环境中，随后在 20 世纪 90 年代应用到亚太地区的医学课程当中，主要集中在澳大利亚和中国香港地区，最近已经发展到东南亚和中国大陆地区（Hmelo-Silver，2012）。

事实上在全球范围内，教育对自身的看法以及社会对教育的看法正在发生着快速的变化，这个时代的特点就是充满不确定性、持续的风险以及源源不断的批判与反思信任。我们期望即时获取所需的信息，因此，我们对于知识与时间的观点也发生了改变。这些社会变化在高等教育中的影响反映了我们的知识观、学习观的根本转变。这些转变可以被描述为：从惰性的零碎的知识转变为作为思考与行动的工具的知识；学习者从个体转变为学习共同体中的一员；从教学动态转变为学习动态（Bridges，Whitehill，& McGrath，2012）。这可以看作在学习体验方面从重视内容和课堂表现到重视学生活动的变化，这一变化是通过对学习任务和环境的设计和为个体与协作小组提供帮助工具来实现的。

基于问题的学习的理论

基于问题的学习根植于建构主义理论和社会文化理论，它们是很多学习科学研究的基础（Nathan & Sawyer，本书第 2 章）。例如，基于问题的学习的问题是为了真实世界中的情境学习而设计的（Greeno & Engeström，本书第 7 章）。在一个基于问题的学习小组中，问题的确定、知识的整合以及知识的内化是一个社会性协商与建构的过程（Downing，2009；Hmelo-Silver & Barrows，

302 2006）。基于问题的学习采用基于过程的方法（process-based approach）来实现知识建构，并努力为学生提供学习的方式。它不仅仅包括发展学生获取信息和获得知识的技能，更包括发展学生对多种存在争议的信息来源进行分析和整合，从而处理信息的能力。基于问题的学习同样基于自主学习的成人学习原则，其目标是在一个合作的、诚实的、开放的、相互尊重且信任的环境中，促进以学生为中心的教育。

在基于问题的学习小组中，学生在最初的讨论中激活先前知识，这有助于他们为整合新的理解而做准备（Schmidt, Dauphinee, & Patel, 1987）。多尔曼和施密特（Dolmans & Schmidt, 2006）对基于问题的学习小组的认知与动机方面进行了综合研究，他们发现参与基于问题的学习的以下几个过程，能够激发学生对于“主题问题的内在兴趣”，这些过程是：

- 激活先前知识；
- 回顾信息；
- 逐步推理；
- 建构理论；
- 产生引发概念转变的认知冲突；
- 建构协作学习。

利用建构主义理论，施密特、罗特甘斯和姚（Schmidt, Rotgans, & Yew, 2011）最近提出了两个相关的假说，解释为什么基于问题的学习是有效的。第一个假说是“激活－精致假说”（activation-elaboration hypothesis），这一假说描述了基于问题的学习过程，在这个过程中学生激活先前知识，并随后在与同伴讨论问题和发现知识不足的过程中完善其心智模型（Schmidt et al., 2011, p.792）。跨问题周期理解知识建构的研究支持了这一假说，认为基于问题的学习过程中前一阶段的学习成果对下一阶段的学习有很重要的影响（Bridges, McGrath, & Whitehill, 2012）。换句话说，后一阶段的学习是建立在前一阶段的讨论和自主学习之上的。第二个假说是“情境化兴趣假说”（situational interest hypothesis），该假说解释了真实情境与所提问题的应用性是如何激发学生兴趣的。这一兴趣能够引发学生的持续参与并激发他们寻找新信息的欲望，直到“寻找与问题相关的新信息的欲望被满足了”为止（Schmidt et al., 2011, p.793）。

因为基于问题的学习要求学习者进行团队合作，因此在学习者协作探究解决真实情境中的复杂问题的过程中，基于问题的学习带来了社会性的知识建构。例如，医学院学生的学习过程是，使用医学实践的探究技能来解决真实病人的问题。从认知观点来讲，在解决问题的活动中，有组织的学习体验促进了学生对概念的理解，而情境观点认为，社会交互是知识建构不可或缺的一部分。情境观点认为，社会实践可以支持学生的发展，使其成为有能力的学习者，并且能够掌握学科知识和胜任问题解决（Greeno & Engeström，本书第 7 章）。 303

这些观点被整合进认知学徒制（cognitive apprenticeship）的概念当中（Collins & Kapur，本书第 6 章）。在学习者参与有意义的任务时，认知学徒制通过建模和训练使得专业知识的关键部分可视化（Hmelo-Silver，2004）。教师通过提出问题使得他们的专业知识可视化；通过建模、训练为学生的学习提供脚手架，并在最后逐渐撤离这些脚手架。在基于问题的学习中，教师建立有关学习策略的模型，而不是教授知识本身（Hmelo-Silver & Barrows，2006，2008）。在基于问题的学习中，教师必须持续地监督整个讨论过程，根据需要选择并实施合适的策略。有时教师提出问题来引导学生团队的探究过程；有时教师又可能会促使学生去证明他们的想法或者解释他们的观点。这会帮助小组成员意识到自己知识的局限并鉴别学习要点。当学生更熟悉基于问题的学习时，教师可以减少所要提供的脚手架，因为学生逐渐替代了教师扮演提问题的角色。如果我们认为基于问题的学习是一个内嵌于更大的文化情境当中的社会系统，那么社会文化观就可以为其提供进一步的理论依据。此外，对于学习小组，社会文化观体现了维果茨基观点的影响，其观点认为说话的行为转变了思想（John-Steiner & Mahn，1996）。布里奇斯、麦格拉斯和怀特希尔（Bridge，McGrath，& Whitehill，2012）追踪了连接真实与虚拟调查资料的符号中介和内部可视化内容是如何影响基于问题的学习的学习结果的。因此，在基于问题的学习过程中，通过协商来完成学术讨论的构建对学习来说极其重要。

其他研究者提出的知识建构观点（Scardamalia & Bereiter，本书第 20 章）可以解释基于问题的学习中的学习。梅洛－西尔弗和巴罗斯（Hmelo-Silver & Barrows，2008）记录了社会活动与认知活动的交互：基于问题的学习小组参与到团体活动中来共同完善他们的想法，从而协作完成知识建构。这与维果茨基的观点是一致的，即：知识始于外部世界（例如小组知识建构）并随后由个体进行内化。

基于问题的学习的教学设计

基于问题的学习的核心是基于问题的教学过程（见图15.1），在这个过程中教师首先为学生提供有关问题的信息，随后使学生参与到协作探究活动中，从而帮助学生更好地理解问题和确定学习要点。因此，问题的质量是基于问题的学习成功与否的基础。

304

基于问题的学习中问题的作用

基于问题的学习为不同学科领域的学生呈现各种各样的问题，比如诊断型问题、设计型问题、策略表现型问题和决策型问题。

- **诊断型问题**要求学习者判断问题的成因。最典型的案例就是病人的医学诊断问题，学习者需要针对这一问题建构一个病理生理学解释（Hmelo-Silver & Barrows，2008）。
- **设计型问题**需要创建作品，这一作品通常具备一系列功能特性。
- **策略表现型问题**要求学生“保持情境意识，应用策略来实现实时复杂的表现”（Jonassen，2000，p.75）。相关案例包括：管理证券投资组合或者玩交互式电脑游戏。
- **决策型问题**意味着要从许多存在竞争的选择中做出选择或决定。这一类型的问题通常应用在工商管理（Stinson & Milter，1996）、领导力培训（Bridges & Hallinger，1996，1997）或者制定急救医疗方案（全体人员需要在高风险的情境中做出高风险的决定；Lu & Lajoie，2008）当中。

尽管这些问题存在重大的差异，但是它们具有共同的特点，而这些特点对于设计与成功实施基于问题的学习活动来说非常关键。例如，问题通常会被归类为良构问题和非良构问题（Newell & Simon，1972）。然而，结构性是一个连续体，沿着这个连续体，问题从高度良构问题（如算法问题）变化到高度非良构问题（如设计型问题和两难问题）（Jonassen，2000）。良构问题的目标、问题空间、解决途径以及解决问题所需的信息都是清晰且有明确规定的。而非良构问题的目标、问题空间、解决途径和解决问题所需的信息则是不清晰且没有明确规定的。在基于问题的学习中，问题通常是适度非良构的，根据学习者的年龄和专业知识以及他们的学习目标，其结构化程度会得到适当的调整。

基于问题的学习中问题也可以以其复杂性作为特征，这一特征考虑的
是解决这些问题所需知识的广度、理解和应用相关概念的难度、探索问题所
需的技能和知识水平以及问题空间变量关系的线性程度（Jonassen & Hung，
2008）。基于问题的学习中问题的结构和复杂性决定了学生解决问题的难度
以及他们解决问题的意愿。然而，在问题设计过程中，问题的结构与复杂性
这些理论驱动因素并没有从学生的角度做出考虑，如促进自主的有意义的学 305
习、激发批判性的思考以及激发兴趣等。由于问题的质量是决定学习结果的
重要因素（Van Berkel & Schmidt，2000），因此在设计问题时，应同时考虑研
究者与学生认为有价值的特征，即使它们可能存在差异。典型的非良构问题
是多维度的，它可能无法提供一个直接或简单的解决方案。然而通过参与结
构化的推理过程，学生能够获得对问题复杂性的理解，并且应用适当的推理
方法和进行规范的学科研讨实践。

在近期完成的元分析中，沃克和利里（Walker & Leary，2009）发现，在促进学习方面，特定类型的问题比其他类型的问题更加有效。尽管在基于问题的学习研究中，诊断型问题应用得最多，但是其他类型的问题也已经被成功地应用了。元分析表明，最具成效的问题类型是设计型问题和策略表现型问题。在基于问题的学习中应用的非良构问题是与问题相关的高水平协作交互的基础。然而，由于问题缺乏结构性，合作小组需要得到高质量的帮助，从而使得这一交互具有成效（Van Berkel & Schmidt，2000）。

脚手架

学生在基于问题的学习中探索并解决问题时，如果没有脚手架的帮助，可能不会成功（Hmelo-Silver & Barrows，2006）。基于问题的学习中的脚手架帮助学习者把握非良构问题空间的复杂性以及团体动力，同时温和地引导学习者学习内容，完成推理目标。脚手架是临时性的帮助，促使学习者完成他们的目标。它的支持作用表现在：（1）帮助学生完成其无法完成的任务；（2）即使在没有其他支持的情况下也能促使学习成功完成。设计良好的脚手架能够保证学生成功完成新的任务并且拓展他们的能力（Reiser & Tabak，本书第 3 章）。总的来说，脚手架会逐渐减少甚至消失，从而使学习者在没有支持的情况下也能成功完成学习任务。在基于问题的学习中，脚手架具有以下三种形式。

1. 沟通过程（communicating process）型脚手架，它需要向学生展现解决问题的过程，结构化过程并根据需要简化过程。这种脚手架约束并引导学生进行探究。基于问题的学习过程是应用这一方式的一个很好的例子。白板通过提醒学生他们所需要完成的工作来帮助协调整个过程。

306 2. 训练（coaching）型脚手架，它需要在学生完成任务时为其提供指导。当学生解决问题时，训练型脚手架可以通过突出问题解决过程中的关键步骤来实现。训练型脚手架包括有关问题分析框架的陈述以及有关目标的探究式表达。在基于问题的学习中，教师通过提出问题，对学生所应学习的思维方式进行建模，从而帮助学生完成训练。例如，问学生为什么他们需要特定的信息才能针对特定的目标提出问题，而不是简单地去收集所有可能的信息。

3. 引出表达（eliciting articulation）型脚手架，它要求学生（向自己或其他学生）进行解释。这可以促进建构，使想法可视化，并因此得到讨论与修订的对象。学生清晰地表达自己的想法可以引发有意义的反思以及随后的学习。鼓励反思可以帮助学生准备好转化他们所学的知识和技能（Salomon & Perkins，1989）。

把教师作为脚手架

在基于问题的学习中，教师的作用是加入学生团队引导他们积极地学习，而不仅仅是通过讲座或教学为学生提供信息。基于问题的学习中，教师通过提出开放性问题并实施一系列的策略来完成大部分的脚手架支持（Hmelo-Silver & Barrows，2006，2008）。梅洛－西尔弗和巴罗斯（Hmelo-Silver & Barrows，2006）对一个专业教师的录像带进行了交互分析，确定了以下策略（见表15.1）。

表 15.1　促进策略（Hmelo-Silver & Barrows，2006）

策略	如何完成
使用开放式和元认知式的问题	生成策略以鼓励解释和对知识漏洞的认知
推动解释	建构非正式的模型； 学生认识其知识的不足
重新表达	明确想法； 合理化低水平学生的想法； 标注重要想法并略微影响讨论的方向
总结	保证对问题的共同表征； 邀请较少发声的学生参与； 帮助学生合成数据； 推动小组前进； 解释学生认为重要的事实

续表

策略	如何完成
生成并评估假设	帮助学生关注他们的探究； 检查假设与所收集的证据之间是否匹配
将特征与假设相对应	进行非正式的建构
检查白板的内容与所反映的讨论的一致性	保证所有的想法都被记录并且没有遗失重要想法
清除白板内容	评估想法； 保持关注； 推动学习进程
创建学习要点	以意识到不足作为学习的机会
鼓励建构视觉表征	建构完整的知识结构，以此形成相关机制，并观察效果

把表征作为脚手架

在基于问题的学习中，学生把他们的想法写在一块白板上进行展示或者讨论，以此将他们的想法形象化。形象化表征有助于建构共同的知识，这表现在以下几个方面（Roth，1998）。首先，表征为小组成员提供了一个可共同参考的对象，并为他们提供了讨论的基础。其次，表征的结构可以引导学生的讨论（Suthers & Hundhausen，2003）。在基于问题的学习中，学生团队在教师的指导下建构了表征性的作品。每种表征都是一个形式上结构化的基于问题的学习白板，包含了事实、想法或假说、学习要点以及行动计划（Lu，Lajoie，& Wiseman，2010）。它可以帮助学生思考那些特定的教师认为可以引发更有效的学习的讨论要点。白板作为学生的外部记忆存储器，提醒着学生他们确定或不确定的想法，以及他们需要去检验哪些假说。基于问题的学习过程中的一个仪式化的部分是“清除白板内容”（Hmelo-Silver & Barrows，2006）。白板在学习空间里持续地提供参考点，使得教师（或学生本身）可 307
以利用学生关于问题的想法的外在陈述。这一仪式化的过程可能会发生很多次，特别是在学生讨论完他们自主学习所使用的资源之后。这一过程是重要的，因为它为学生提供了机会，使得学生可以评估他们的每一个假说，查看适合的数据，以及反思从自主学习中所得到的收获。根据白板上所需要填写的内容，学生可以探讨哪个假说是更重要的，哪个假说是不那么重要的（有关这些讨论的示例见图 15.2）。

308 （a）

事实		想法	学习要点
安·乔治（Ann George）		糖尿病神经病变	高血压防治指南
72岁，女性		多发性硬化	糖尿病神经病变
CC：足底麻木		~~酗酒~~ ~~神经病变~~ ~~营养不良~~	多发性硬化
HPI（病史）	足部麻木4—5周	传入神经病变 末梢神经炎	末梢神经炎
	手指微微刺痛	~~吉兰－巴雷综合征~~ 脊髓损害	足部神经支配与血液供应
EXAM HR 72 T 98.6 RESP 16 宽基步态		腰椎间盘突出 ~~甲状腺机能减退~~ 中毒 砷 铅	麻木的病理生理学 吉兰－巴雷综合征
ROS 0 HA 偏头痛		~~贫血~~ ~~凶险的~~ 硬皮病 电解质	中风 传入神经病变

（b）

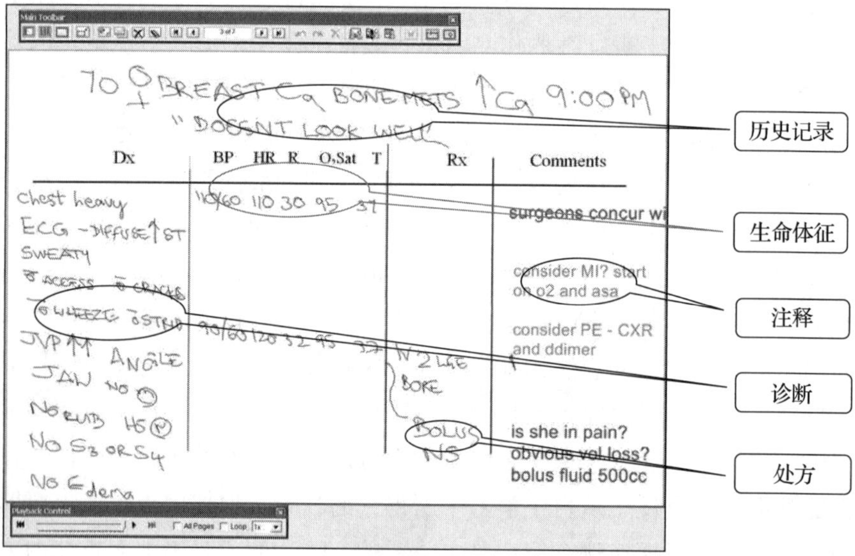

图 15.2

（a）对医学教育中基于问题的学习白板的转录（Hmelo-Silver & Barrows，2008）；

（b）在解决医疗急诊问题中所使用的基于问题的学习电子白板的案例（Lu et al.，2010）

学生们通常会讨论如何对假说进行排列或者什么时候添加、删除这些假说。这些结构化的白板为学生提供了一个焦点，使得他们可以围绕这个焦点讨论他们的想法，并确认哪些想法为了后续的讨论可以丢弃。当学生在白板上把某些内容标进去时，这意味着这些内容经过了小组成员的同意，是值得加上去的。白板的使用支持了学生的推理、知识建构以及自主学习，因为通过使用白板，学生可以提醒自己他们所需要考虑的、所知道的以及仍需要去学习的内容。学生建构所使用的其他表征性工具并没有那么正式，比如流程图、概念图（Bridges et al.，2008）以及其他图表等。梅洛－西尔弗和巴罗斯（Hmelo-Silver & Barrows，2008）提供了一个例子，展示了在活动中如何使用其中一种表征来引发丰富的讨论。 309

自主学习

基于问题的学习的一个关键特征就是自主学习（self-directed learning，SDL），它是由确认学习要点以及讨论学习问题而开始的。学生最初是基于自己的先前知识来讨论问题的。学习要点是学生已经确认了的对基于问题的学习任务来说是重要的，并且无法通过他们现有的知识来理解的概念（Hmelo-Silver，2004）。基于问题的学习以学生为中心的本质有助于学生开展自主学习，因为学生需要明确自己的知识漏洞、计划研究，以处理学习要点、批判性评价他们所发现的信息来源并且参与到自我评价中，从而评价他们所学习的是否能够实现他们的学习目标（Hmelo & Lin，2000）。这需要使用自我监控的学习策略，因为这一过程要求学生对他们的知识具有元认知意识、能够计划他们的研究、能够适当地分配其时间与精力且具有内在动机。

协作

协作要求学生在讨论其发展性理解与假说时，将想法可视化，从而使其能被公开讨论与修订。开展基于问题的学习的一个阻碍是，许多医学院校认为小组学习的成效比较低，学校承担的经济压力也会更大。常见的基于问题的学习已经把小组变成了中等规模，以 5—8 个学生为最优，这些学生能够参与到学习过程以及学术成果的构建当中（Barrows，2000；Dolmans & Schmidt，2006）。洛曼和芬克勒斯坦因（Lohman & Finkelstein，2000）的测试发现，学生的自主性在小规模小组（3 个学生）和中规模小组（6 个学生）中会得到提升，而在大规模小组（9 个学生）中会下降。此外，他们认为，为了促进学生问题解决能力的发展，需要在相当长的一段时间里循环实施基于问题的学习，从而像其他研究结果所提出的那样，使基于问题的学习成为课程的核心基础，而不是添加到其他教学课程中的一个元素——就像某个学期的一门课程一样。学习科学研究显示，这是由发展与基于问题的学习实践相关的新的文化规范所需的时间来决定的（Kolodner et al., 2003）。

310

对学习与转化的反思

在基于问题的学习中教师会鼓励学生持续地对其所发展的理解进行反思，从而支持其对广泛的、灵活的且有用的知识的建构（Salomon & Perkins, 1989）。反思可以帮助学生：（1）联系新知识与先前知识，（2）有意识地对知识进行抽象，（3）理解策略如何被重复应用。在整个学习过程中，以及在解决一个问题时，基于问题的学习都伴随着反思。学生抓住机会反思其假说以及与问题相关的知识。在解决问题后，学生反思自己所学习的内容，反思自己与小组成员之间的合作关系，反思自己作为自主学习者的学习的有效性。当学生进行推理，把一般概念及技能与和问题相关的特定细节进行联系时，他们就建构了更加连贯的知识。这种发生在整个反思过程中的“有意识的抽象”（mindful abstraction）是基于问题的学习过程中的一个关键方面。基于问题的学习中的反思过程帮助学生进行推理、明确知识漏洞，以及为把问题解决策略、自主学习策略以及知识迁移到新情境而做准备。

评价

考虑到基于问题的学习（以及其他基于学习科学的 21 世纪技能学习方法）的目的是促进更深层次的概念理解、整合情境性的知识、发展适应性专长以及迁移，我们就需要更好地理解如何发展适当的形成性评价与总结性评价。基于问题的学习的评价会集中在知识与技能的掌握或者问题解决过程的掌握上。毕竟在很多实践导向的专业中，知识既不是惰性的也不局限在课堂环境中，相反，掌握知识的目标是促进专业实践。例如，在医学中，学生学习基础医学科学，如生理学和生物化学，是在为临床实践做准备。基于问题的学习的目的是帮助学生应用基础医学知识，因此，相比于要求学生写下他们所具备的知识内容，考查学生将生理学或生物化学知识整合到临床实践中的能力将会更有意义。因此，基于问题的学习评价力求关注临床实践中涉及的元素。

基于问题的学习的效果

许多元分析关注于基于问题的学习的效果（Albanese & Mitchell，1993；Dochy，Segers，Van den Bossche，& Gijbels，2003；Gijbels，Dochy，Van den Bossche，& Segers，2005；Strobel & Van Barneveld，2009；Vernon & Blake，1993）。例如，研究者对不同教学方法下学生的学业成绩、认知、元认知、 311
态度以及行为进行评价，从而评价基于问题的学习的效果。大多数评价关注知识结构和元认知能力（Gijbels et al.，2005）。例如，相比于接受传统教学的学生（Albanese & Mitchell，1993；Vernon & Blake，1993），基于问题的学习中的学生具有更丰富的程序性知识，并且能够更好地把陈述性知识和程序性知识连接起来并应用到不同的情境中，而接受传统教学的学生则具有更为稳定的基础科学知识（Gijbels et al.，2005）。基于问题的学习被预测为可以促进学生元认知能力的发展，特别是计划与监控能力的发展（Winne & Azevedo，本书第 4 章）。一些研究证实了这一预测，例如，完成了为时一年的基于问题的学习项目的大一学生在所有方面的元认知能力明显高于那些没有在基于问题的学习项目中学习的学生（Downing，2009）。

学生对基于问题的学习持有积极的态度。例如，医学院的学生发现基于问题的学习项目更能调动他们的参与性且更加有用，但是也比非基于问题的学习项目更难（Albanese & Mitchell，1993）。基于问题的学习使学生更有信心去应对不确定性，并且更能认识到社会与情感因素在疾病中的重要性（Silverstone，1998）。学生发现基于问题的学习环境更加有趣且与实践更加相关（de Vries，Schmidt，& de Graaff，1989；Schmidt et al.，1987），更具团队精神，并且能更好地支持医患关系（Bernstein，Tipping，Bercovitz，& Skinner，1995）。

研究者还发现，基于问题的学习可以促进学生的自主学习。通过比较基于问题的学习与非基于问题的学习培养的医学学生，梅洛和林（Hmelo & Lin，2000）发现，基于问题的学习培养的学生在计划学习中更有可能使用假设驱动策略，并且更能将新信息整合到修订的解释当中。基于问题的学习培养的学生倾向于使用自主选择的学习资源，而非基于问题的学习培养的学生倾向于使用课堂讲稿（Blumberg & Michael，1992），相比于非基于问题的学习培养的学生，基于问题的学习培养的学生倾向于使用更多样化且有意义的学习技术（Coles，1985）。

由于基于问题的学习来源于医学教育，因此对其结果的评价也倾向于集中在这一领域中。然而，更多的研究已经开始关注其他领域（Abrandt Dahlgren & Dahlgren，2002）以及不同水平的学习者。进一步研究应调查基于问题的学习为什么、如何以及在什么样的情境中可以引发态度的改变以及改变的程度如何。

大部分评价研究关注知识的类型和知识的应用，然而基于问题的学习也支持推理（Wood，Cunnington，& Norman，2000）、问题解决（Hmelo，Gotterer，& Bransford，1997）和决策（Lu & Lajoie，2008）能力的发展，所有的这些都应该在对基于问题的学习的进一步研究中得到重视。

转变中的基于问题的学习和转向基于问题的学习

基于问题的学习：进一步实践

从基于问题的学习被提出到现在已经过去了约 40 年，基于问题的学习
312 经历了一系列的转变和修正。例如，麦克马斯特大学原来的本科医学博士项目（MD program）自 1969 年采用基于问题的学习以来经历了两次重大的课程修订（Neville & Norman，2007）。最初基于问题的学习课程强调小组教学、自主学习以及基于表现的评价，而第一次修订后的基于问题的学习课程则注重以一个常见医疗问题为基础，使学生具备理解和处理常见医疗状况的知识与技能。第二次修订后的课程注重建构与整理概念和体系，使其变成逻辑序列。这些修订反映了医学教育的要求与需求的变化，也反映了项目水平下课程衔接中可能存在的矛盾。

任何基于问题的学习项目，特别是那些在课程设计层面采用了基于问题的学习方法的项目，其课程发展的一个最大的挑战都是教师的投入。各个机构相互独立的、以课程为基础的处理方法给予了每个教师更多的自主权，却没有对基于问题的学习课程所需要的教师的协调与协作能力做出要求。情境性知识要求教师对课程进行详细的规划，从而能在螺旋式的课程结构中系统

地从横向和纵向上进行知识的整合。例如，一个单独的问题通常整合了两到三个学科领域的知识。因为没有哪个教师能够成为解决所有方面问题的内容专家，因此需要在定期的简报与任务报告中设计与共享详细的教师指导。为了避开这一挑战，一些项目在特定学科课程（如解剖学）层面应用基于问题的学习，这样对跨学科合作以及配套的基础设施要求就较少，因而就像许多人认为的那样更加可行。然而，这样只改变了组织课堂的方法，却没有解决课程设计与整合中更大的问题，而研究人员已经发现这些问题对学习非常重要（Mok, Dodd, & Whitehill, 2009）。

尽管基于问题的学习强调了在问题解决过程中教师作为促进者的支持作用，但是却很少提及教师为这一过程所带来的知识与技能、专业发展项目中应该发展的知识与技能的类型，以及如何发展这些知识技能。对于课程管理者来说，在基于问题的学习方面，教师的持续发展与质量保证仍然是一个挑战。虽然已经有了许多针对新教师或助教的入门项目，但是仍迫切需要为教师提供进一步的学术发展机会。沃克和他的同事（Walker et al., 2011）已经表明，对教师进行关于技术能力和基于问题的教学法的培训会导致以下几个方面的差异：他们获得知识与经验的方法、他们对于基于问题的学习中技术整合的信心，以及培训后基于问题的学习设计的实际质量。这一结果意味着，教师接受培训的方式会影响他们设计基于问题的学习活动的方式，特别是在使用技术的时候。我们需要对进行基于问题的教学的教师和课程设计者的专业发展进行进一步的研究。在创建专业发展项目和促进教学有效性，包括在情境中评价判断个体表现这些方面，我们都大有可为。在持续的质量保证方面，教师反馈的可靠性和反馈标准的一致性问题与基于问题的学习以及其他教育项目越来越相关。 313

基于问题的学习与技术

最近，越来越多的参与基于问题的学习的大学生开始使用可实时互动的 Web 2.0 技术。新的教育技术的崛起正看着“网络一代”（Net Generation），或擅长使用技术的学习者和他们的促进者走向基于问题的学习的下一个混合学习时代。临床教育中当代基于问题的学习课程的设计者正在调整传统基于问题的学习过程的设计原则，以适应正在变化的项目、学生和技术（Howe & Schnabel, 2012）。随着可视化技术变得更有优势，对于参与数字化学习的学生来讲，文本之间的视觉关系越来越能够支持和促进集体与个人的认知，这是因为，在“基于问题的社会化学习过程的最后辅导阶段，视觉工具和学习对象把社会与学业两个方面关联起来了”（Bridges，Botelho，& Green，2012，p.117）。

技术在基于问题的学习中的作用还包括提供丰富的情境、交流空间以及脚手架等。梅洛－西尔弗和他的同事们（Hmelo-Silver et al.，2013）使用视频案例作为基于问题的学习的触发器来帮助医学院的学生学习表达坏消息。在 STELLAR 系统（Hmelo-Silver，Derry，Bitterman，& Hatrak，2009）中，当学生参与到混合的基于问题的学习模式时，交互式白板被用来引导学生落实教学计划。这个交互式白板改编自前面所描述的一般白板，它是专门为了持久的理解、理解相关证据以及将活动作为重点的教学计划任务而设计的。它为学生及教师提供了一个交流空间，在这个交流空间里，学生可以对其他同学的作品进行评论和质疑。在另一个关于医疗急救的基于问题的学习案例中，交互式白板被用作协同讨论工具，参与的学生可以在白板上标注患者的信息、进行评论或提出可能的替代性决策方案（Lu et al.，2010）。因此，技术可以通过促进有关各种行为与计划的讨论，成为协同决策的脚手架。遗憾的是，目前只有少量关于技术如何支持基于问题的学习的案例。

未来的研究方向

近期的研究已经为基于问题的学习的研究提出了新的方向。布里奇斯、怀特希尔以及麦格拉斯（Bridges, Whitehill, & McGrath，2012）指出了以下几种潜在的研究方向：学生的学习结果、新的研究方法论以及教师的专
314 业发展。还需要新的研究（特别是纵向研究和比较研究）去理解基于问题的学习对于毕业生能力的长期影响（Shuler，2012）以及对专业实践的影响（Toulouse，Spaziani，& Rangachari，2012）。

特别是，我们预期在基于问题的学习方面，有三大领域值得学习科学家去研究。

对其他学科与年级的研究

对基于问题的学习的研究需要将研究范围拓展到医学之外的学科，并且需要对中小学学生进行研究，而不仅仅是研究大学生。目前，大部分研究集

中在医学教育领域，缺乏对其他学科（如历史和工程）和其他层次学习者的有关基于问题的学习的发展、实施与评价的研究。这些研究对于学习科学家来说是重要的，通过它们可以去理解在什么情况下基于问题的学习可以得到较好的学习结果。部分研究可以关注新情境下的基于问题的学习可能需要的脚手架的适应性和类型，新的情境指的是在不同学科（与学科规范）中，小组成员数量较大、学习者年龄较小并具有更多样的先前知识的情境。

对评估与评价的研究

相对于其他学科，基于问题的学习的效果应该通过测量基于问题的学习情境的组成部分进行评价，而不是仅仅从整体上关注基于问题的学习项目。例如，一些基于问题的学习项目强调模块结构，而一些项目关注技术与基于问题的学习项目的融合。因此，当评估或评价基于问题的学习时，这些部分需要被重视。进一步说，系统评价应该超越相关知识结构，或者它在促进被特别认可的基于问题的学习能力（如推理、问题解决以及制定决策的能力）以及自主学习与协作的"软能力"方面的效力。对基于问题的学习来说，更大的挑战在于对"过程"（如对小组所做出的贡献的质量）的评价，而不是对学生"成果"（如书面作业或考试）的标准测量。创建嵌入式的形成性评价和总结性评价时也面临着挑战，它既需要与基于问题的学习的价值观相一致，也需要符合对学生学习的心理测量学方面的测量标准。

对大规模应用基于问题的学习的研究

大规模地应用基于问题的学习存在一个重要的问题，即研究者需要弄清楚如何在教师、技术以及其他情境性特征中分配脚手架（Hmelo-Silver et al., 2009）。未来的研究可以关注设计促进教师专业知识发展的技术，通过在线技术把基于问题的学习案例分享给更多的教师，由专家型教师将基于问题的 315
学习数字化并把它们共享至学校，以及把数字化的基于问题的学习指导作为教师发展的工具。

对学习科学的启示

本章所提到的这些研究领域有可能对学习科学产生广泛的影响。基于问题的学习的很多特征与其他学习科学所提的教学方法是相关的。

- 在以学生为中心的学习环境中，基于问题的学习中的促进者与支持学生的代理这些更宽泛的问题是相关的。
- 要理解在基于问题的学习中，不同的脚手架和表征以及其他的探究方法如何调节学生的学习。
- 技术在创建基于问题的学习的情境、脚手架以及话语空间中的功能，也能用来支持其他形式的探究或引导式发现。
- 基于问题的学习中生成性问题的本质是设计原则中被广泛讨论的一部分。

探索协同效应以及创建关于共同点和重要差异的对话，有助于我们目标的实现，即：更好地理解学习并设计更有效的学习环境。

参考文献

Abrandt Dahlgren, M., & Dahlgren, L. O. (2002). Portraits of PBL: Students' experiences of the characteristics of problem-based learning in physiotherapy, computer engineering and psychology. *Instructional Science*, 30, 111–127.

Albanese, M. A., & Mitchell, S. (1993). Problem-based learning: A review of the literature on its outcomes and implementation issues. *Academic Medicine,* 68 (1), 52–81.

Barrows, H. S. (2000). *Problem-based learning applied to medical education*. Springfield: Southern Illinois University School of Medicine.

Barrows, H. S., & Tamblyn, R. (1980). *Problem-based learning: An approach to medical education*. New York: Springer.

Bernstein, P., Tipping, J., Bercovitz, K., & Skinner, H. A. (1995). Shifting students and faculty to a PBL curriculum: Attitudes changed and lessons learned. *Academic Medicine*, 70, 245–247.

Blumberg, P., & Michael, J. A. (1992). Development of self-directed learning behaviors in a partially teacher-directed problem-based learning curriculum. *Teaching and Learning in Medicine*, 4, 3–8.

Bridges, S. M., Dyson, J. E., & Corbet, E. F. (2008). Tools for knowledge co-construction: Online concept mapping to support self-directed learning. Paper presented at the 5th International PBL conference, Newport, RI, April 20–24.

316

Bridges, E. M., & Hallinger, P. (1996). Problem-based learning in leadership education. *New Directions for Teaching and Learning, 1996* (68), 53–61.

Bridges, E. M., & Hallinger, P. (1997). Using problem-based learning to prepare educational leaders. *Peabody Journal of Education*, 72 (2), 131–146.

Bridges, S. M., Botelho, M. G., & Green, J. (2012). Multimodality in PBL: An interactional ethnography. In S. Bridges, C. McGrath, & T. Whitehill (Eds.), *Researching problem-based learning in clinical education: The next generation* (pp. 99–120). Netherlands: Springer.

Bridges, S. M., McGrath. C., & Whitehill, T. (2012). *Researching problem-based learning in clinical education: The next generation.* Netherlands: Springer.

Bridges, S. M., Whitehill, T., & McGrath, C. (2012). The next generation: Research directions in PBL. In S. Bridges, C. McGrath, & T. Whitehill (Eds.), *Researching problem-based learning in clinical education: The next generation* (pp. 225–232). Netherlands: Springer.

Coles, C. R. (1985). Differences between conventional and problem-based curricula in their students' approaches to studying. *Medical Education*, 19, 308–309.

de Vries, M. W., Schmidt, H. G., & de Graaff, E. (1989). Dutch comparisons: Cognitive and motivational effects of problem-based learning on medical students. In H. G. Schmidt, M. Lipkin, M. W. de Vries, & J. M. Greep (Eds.), *New directions for medical education* (pp. 230–240). New York: Springer-Verlag.

Dochy, F., Segers, M., Van den Bossche, P., & Gijbels, D. (2003). Effects of problem-based learning: A meta-analysis. *Learning and Instruction*, 13, 533–568.

Dolmans, D. H. J. M., & Schmidt, H. G. (2006). What do we know about cognitive and motivational effects of small group tutorials in problem-based learning? *Advances in Health Sciences Education*, 11, 321–336.

Downing, K. (2009). Problem-based learning and the development of metacognition. *Higher Education*, 57 (5), 609–621.

Gijbels, D., Dochy, F., Van den Bossche, P., & Segers, M. (2005). Effects of problem-based learning: A meta-analysis from the angle of assessment. *Review of Educational Research*, 75, 27–61.

Hmelo, C. E. (1998). Problem-based learning: Effects on the early acquisition of cognitive skill in medicine. *Journal of the Learning Sciences*, 7, 173–208.

Hmelo, C. E., Gotterer, G. S., & Bransford, J. D. (1997). A theory-driven approach to assessing the cognitive effects of PBL. *Instructional Science*, 25, 387–408.

Hmelo, C. E., & Lin, X. (2000). The development of self-directed learning strategies in problem-based learning. In D. Evensen, & C. E. Hmelo (Eds.), *Problem-based learning: Research perspectives on learning interactions* (pp. 227–250). Mahwah, NJ: Lawrence Erlbaum Associates.

Hmelo-Silver, C. E. (2004). Problem-based learning: What and how do students learn? *Educational*

Psychology Review, 16, 235–266.

Hmelo-Silver, C. E. (2012). International perspectives on problem-based learning: Contexts, cultures, challenges, and adaptations. *Interdisciplinary Journal of Problem-based Learning*, 6, 10–15.

Hmelo-Silver, C. E., & Barrows, H. S. (2006). Goals and strategies of a problem-based learning facilitator. *Interdisciplinary Journal of Problem-based Learning*, 1, 21–39.

317 Hmelo-Silver, C. E., & Barrows, H. S. (2008). Facilitating collaborative knowledge building. *Cognition and Instruction*, 26, 48–94.

Hmelo-Silver, C. E., Derry, S. J., Bitterman, A., & Hatrak, N. (2009). Targeting transfer in a STELLAR PBL course for pre-service teachers. *Interdisciplinary Journal of Problem-based Learning*, 3 (2), 24–42.

Hmelo-Silver, C. E., Khurna, C. A., Lajoie, S. P., Lu, J., Wiseman, J., Chan, L. K., & Cruz-Panesso, I. (2013). Using online digital tools and video to support international problem-based learning. The 46th Hawaii International Conference on System Sciences (HICSS). January 7–10. Hawaii.

Howe, E. L. C., & Schnabel, M. A. (2012). The changing face of problem-based learning: Social networking and interprofessional collaboration. In S. Bridges, C. McGrath, & T. L. Whitehill (Eds.), *Problem-based learning in clinical education* (pp. 121–137). Dordrecht: Springer.

John-Steiner, V., & Mahn, H. (1996). Sociocultural approaches to learning and development: A Vygotskian framework. *Educational Psychologist*, 31, 191–206.

Jonassen, D. (2000). Toward a design theory of problem solving. *Educational Technology Research and Development*, 48, 63–85.

Jonassen, D. H., & Hung, W. (2008). All problems are not equal: Implications for problem-based learning. *Interdisciplinary Journal of Problem-based Learning*, 2 (2), 6–28.

Kolodner, J. L., Camp, P. J., Crismond, D., Fasse, B., Gray, J., Holbrook, J., & Ryan, M. (2003). Problem-based learning meets case-based reasoning in the middle-school science classroom: Putting Learning by Design™ into practice. *Journal of the Learning Sciences,* 12, 495–547.

Lohman, M., & Finkelstein, M. (2000). Designing groups in problem-based learning to promote problem-solving skill and self-directedness. *Instructional Science*, 28, 291–307.

Lu, J., & Lajoie, S. P. (2008). Supporting medical decision making with argumentation tools. *Contemporary Educational Psychology*, 33, 425–442.

Lu, J., Lajoie, S. P., & Wiseman, J. (2010). Scaffolding problem-based learning with CSCL tools. *International Journal of Computer Supported Collaborative Learning*, 5, 283–298.

Mok, C. K. F., Dodd, B., & Whitehill, T. L. (2009). Speech-language pathology students' approaches to learning in a problem-based learning curriculum. *International Journal of Speech-Language Pathology*, 11, 472–481.

Neville, A. J., & Norman, G. R. (2007). PBL in the undergraduate MD program at McMaster University:

Three iterations in three decades. *Academic Medicine*, 82, 370–374.

Newell, A., & Simon, H. A. (1972). *Human problem solving*. Englewood Cliffs, NJ: Prentice-Hall.

Reiser, B. J. (2004). Scaffolding complex learning: The mechanisms of structuring and problematizing student work. *Journal of the Learning Sciences*, 13, 273–304.

Roth, W. -M. (1998). Inscriptions: Toward a theory of representing as social practice. *Review of educational research*, 68, 35–60.

Salomon, G., & Perkins, D. N. (1989). Rocky roads to transfer: Rethinking mechanisms of a neglected phenomenon. *Educational Psychologist*, 24, 113–142.

Savery, J. (2006). Overview of problem-based learning: Definitions and distinctions. *The Interdisciplinary Journal of Problem-based Learning*, 1 (1), 9–20. 318

Schmidt, H. G., Dauphinee, W. D., & Patel, V. L. (1987). Comparing the effects of problem-based and conventional curricula in an international sample. *Journal of Medical Education,* 62, 305–315.

Schmidt, H. G., Rotgans, J. I., & Yew, E. H. (2011). The process of problem-based learning: What works and why. *Medical Education*, 45, 792–806.

Shuler, C. F. (2012). Comparisons in basic science learning outcomes between students in PBL and traditional dental curricula at the same dental school. In S. Bridges, C. McGrath, & T. L. Whitehill (Eds.), *Problem-based learning in clinical education*. Netherlands: Springer.

Silverstone, Z. (1998). Tomorrow's doctors – Tomorrow's attitudes? *Medical Education*, 32 (2), 219.

Sockalingam, N., & Schmidt, H. G. (2011). Characteristics of problems for problem-based learning: The students' perspective. *Interdisciplinary Journal of Problem-based Learning*, 5 (1), 6–33.

Stinson, J. E., & Milter, R. G. (1996). Problem-based learning in business education: Curriculum design and implementation issues. *New Directions for Teaching and Learning*, 1996 (68), 33–42.

Strobel, J., & Van Barneveld, A. (2009). When is PBL more effective? A meta-synthesis of meta-analyses comparing PBL to conventional classrooms. *Interdisciplinary Journal of Problem-based Learning*, 3 (1), 44–58.

Suthers, D. D., & Hundhausen, C. D. (2003). An experimental study of the effects of representational guidance on collaborative learning processes. *Journal of the Learning Sciences*, 12, 183–218.

Toulouse, K., Spaziani, R., & Rangachari, P. K. (2012). In S. Bridges, C. McGrath, & T. L. Whitehill (Eds.), *Problem-based learning in clinical education*. Netherlands: Springer.

Van Berkel, H. J. M., & Schmidt, H. G. (2000). Motivation to commit oneself as a determinant of achievement in problem-based learning. *Higher Education*, 40, 231–242.

Vernon, D. T. A., & Blake, R. L. (1993). Does problem-based learning work? A meta-analysis of evaluative research. *Academic Medicine*, 68, 550–563.

Walker, A., Recker, M., Robertshaw, M. B., Osen, J., Leary, H., Ye, L., et al. (2011). Integrating technology and problem-based learning: A mixed methods study of two teacher professional development designs. *Interdisciplinary Journal of Problem-based Learning*, 5 (2), 70–94.

Walker, A. E., & Leary, H. (2009). A problem based learning meta analysis: Differences across problem types, implementation types, disciplines, and assessment levels. *Interdisciplinary Journal of Problem-based Learning*, 3, 12–43.

Wood, T. J., Cunnington, J. P. W., & Norman, G. R. (2000). Assessing the measurement properties of a clinical reasoning exercise. *Teaching & Learning in Medicine*, 12, 196–200.

第16章

复杂系统和学习科学

尤里·威伦斯基　迈克尔·J. 雅各布森

复杂系统是由多种元素构成的系统，并且各元素之间以及元素与环境之间相互作用、相互影响。例如，一个经济体由许多独立的买家和卖家组成，一个生态系统由许多动物和植物组成，一个气象系统由降水和空气组成，等等。复杂系统的一个重要特征是，即使所有的组成成分都是已知的，也往往很难预测或是理解整个系统的行为。我们用涌现（emergence）这个术语，来描述大规模模式（large-scale pattern）是如何在个体的多元互动中诞生的，由此产生的现象被称为涌现现象（emergent phenomenon）。即使我们对系统的要素都非常熟悉，其涌现模式也往往是令人吃惊的。同样，即使我们对整个模式非常熟悉，也会对这种模式是如何从底层元素中产生的感到惊讶。

在过去的三十年里，复杂系统科学本身已经从对类似的复杂模式的认识中产生了，且在许多不同的内容领域出现（Bar-Yam，1997，2003；Epstein，2006；Holland，1995；Kaput et al.，2001；Kauffman，1995；Mitchell，2009；Sawyer，2005；Waldrop，1992；Watts & Strogatz，1998；Wolfram，2002）。复杂性研究者研究有多个原因和后果的事件和行为，以及有许多不同的时间、空间和组织维度的系统。

伴随着计算科学的发展，复杂系统领域也得到了进一步的发展。从历史上看，望远镜的发明使得天文学得以进步，与之类似，随着计算机变得更快更强大，它使我们能够建立大规模的涌现现象的模型，并促进复杂系统领域的发展。复杂系统科学家利用计算机模拟来研究涉足领域非常广泛的涌现现象。例如，在动物生物学中，他们研究了在某种鸟类的迁移中自发形成的鸟群，或是聚集在蚂蚁巢穴里分发食物的蚂蚁。在人类的世界里，计算机模拟揭示了这样一些动态现象，如流行趋势的出现，交通事故的形成以及疾病的

320 扩散。所有的这些复杂的现象，都是根据个人的行为规则构成的——例如，鸟在飞行过程中并没有想要去创造一个群体，人在开车时也没有想要去制造交通堵塞——尽管如此，复杂现象仍然自组织并且出现了。

在本章中，我们认为学生在学校（所有教育水平）都应该学习复杂系统，因为几乎所有的自然现象和社会现象都是涌现现象，它们产生于各种分散元素的交互作用中，包括雪花和飓风、城市扩张和土路、病毒衣壳和银河系。事实上，复杂系统的研究并不是专门针对某些特定的现象展开的，而是建立在所有的现象上的。所有的现象都可以被描述为存在着许多简单组成成分的复杂系统——这些成分各有各的行为特征，它们之间交互作用从而产生涌现模式。即使是我们自身——我们生动、真实且单一的自我意识——也只能被科学地解释为一个由数百万计的神经元交互作用从而组成的复杂系统。科学的历史可以被看作对以下内容的逐步揭示：观察到的模式有哪些组成部分，以及这些模式是如何从这些组成部分的相互作用中涌现的。

复杂系统理论已经大大影响了纯科学（pure sciences）的发展，而且从中获得的深刻见解也被融入如工程、商业和法律等应用型专业领域的概念框架之中。这种观点还引发了企业管理者对他们的员工以及他们与其他合作公司的关系的思考（例如相对于协同联盟的竞争优势）（Axelrod & Cohen，1999；Brown & Eisenhardt，1998；Senge，1990）。此外，相当多的工作也已经利用了复杂系统中基于网络的组织行为的观点（Gulati，1998；Reagans & Zuckerman，2001；Uzzi，1997；Watts & Strogatz，1998）。

复杂系统的观点提供了一个可以将许多不同科学领域的内容集于一体的框架。这可能对学习科学家而言是非常宝贵的，因为几十年的研究已经证实了，在K-12课程中，缺乏跨学科整合是给学生造成极大混淆的罪魁祸首，它会导致“惰性知识”的产生，使学生反复地参与同一种测试而不能将这一知识与其他的知识点或实践经验联系起来。因为复杂系统的观点是一个包罗万象的总体架构，所以它可以使学生接触到跨领域的内容，并使知识在有限的学校环境之外依旧有用。

最后，我们生活在一个日益紧密相连的世界里。随着技术的进步，世界上越来越多的组成部分相互联系、相互作用。如：人们现在可以到世界的任意一个角落去旅游；病毒以它们的方式从遥远的热带雨林来到内陆的大城市；工业气体的排放影响着极地冰盖，这反过来又会影响赤道的气候；一个欧洲小国的经济衰退，可能导致美国的银行倒闭。总之，我们无法透过孤立的系统理解这个世界。为了解决我们面临的许多社会和自然的挑战，让学生和有见识的公民理解“世界是由许多交互作用的组成部分构成的复杂系统”就显得尤为重要。 321

教育中的复杂系统

复杂系统思想引发了一个戏剧性的变化，它打开了新的知识视野、创建了解释性架构、构建了在科学和专业环境中日益重要的方法。一些复杂系统的概念，如自然选择的演变，在学校的自然科学和社会科学课程中会出现，然而，这些概念的跨域性目前还没有被广泛认同或有效利用。一些概念和方法论正在成为定性推理、定量建模、复杂系统模拟仿真以及合成系统或人工系统的关键概念工具。它们包括相互依赖性（interdependence）、涌现模式（emergent patterning）、元胞自动机（cellular automata）、基于主体建模（agent-based modeling）、动力吸引子（dynamical attractors）、决定论混沌（deterministic chaos）、无标度（scale-free）和小世界的网络拓扑结构（small-word network topologies）、系统 – 环境交互（system-environment interaction）、适应值曲面（fitness landscapes）以及自组织（self-organization）（Bar-Yam，1997；Pagels，1988；Simon，1999）。

遗憾的是，复杂系统中快速发展的观点和工具所体现的概念的力量很少在人们的不同层次的教育经验中显现出来。虽然有关基于主体建模和网络理论的某些课程已经达到本科课程的水平，但在大学教育中一般很少有课程涉及复杂系统，在中小学教育中更是没有。主流教育中对复杂系统教育的缺乏，使其错过了很多在不同课程内容之间建立联系和提供统一的、一致的概念架构的机会。然而，在系统地将复杂系统的观点引入初中、高中和本科课程前，最重要的是考虑与这些观点相关的“易学性问题”。接下来，我们会对相关文献进行简要回顾，探讨以学习科学为基础的教学怎样帮助学生理解复杂系统中的重要维度，进而思考，对复杂系统的概念与方法的研究是如何提出学习科学本身核心领域中的重要理论和方法问题的。

复杂系统与学习：文献综述

现有的对复杂系统的理念和观点的研究分为两大类：关于理解复杂系统
322 概念的认知层面的研究；关于学习复杂系统视角的教育学层面的研究。我们接下来会从这两个方面进行评述。

关于理解复杂系统概念的认知层面的研究

许多对复杂系统核心思想的思考，对于学生的学习而言，是具有挑战性的。大量的研究证明，学生在学习与理解现有的科学课程中与复杂系统相关的概念时，遇到了各种各样的困难。例如，有许多学生，甚至是大学水平的学生，仍持有这样的误解：化学反应达到平衡点时停止（Kozma，Russell，Johnston，& Dershimer，1990；Stieff & Wilensky，2003）；演进是使用或废弃某些特性的结果，已经获得的特性会从一代传给下一代（Bishop & Anderson，1990；Samarapungavan & Wiers，1997）。此外，涉及复杂系统的重要概念可能会与直觉相违背（Casti，1994；Wilensky & Resnick，1999）。比如，很多人认为一个动作的大小和与其对应的效果之间存在线性关系：一个小的动作可能产生的是较小的影响力；而一个大的动作，可能会产生相对应大的影响（Casti，1994）。然而，现在人们普遍知道，在复杂系统里，一个小的动作可能会由于系统的交互作用和扩增造成大的影响（Gleick，1987；Lorenz，1963），研究人员将其称为“临界点”（tipping point；Gladwell，2000）或“蝴蝶效应”（Lorenz，1963）。

也有研究人员提出，人们倾向于赞成这样的解释：集中控制和确定性之间具有因果关系（Resnick & Wilensky，1993；Wilensky & Resnick，1995，1999）。在描述现象的涌现、自组织、随机和分散的过程的时候，人们有着根深蒂固的先前观念（Feltovich，Spiro，& Coulson，1989；Resnick，1994，1996；Wilensky，1997；Wilensky & Resnick，1995）。研究表明，具有复杂系统专长的个体会从新手没有的角度（在他们接受的额外的正式教育之外）对概念进行理解，同时，在构建解决复杂系统问题的时候，复杂系统领域的新手和专家也会运用不同的本体论（Jacobson，2001）。我们发现，作为理解复杂系统新手的本科生，在解决复杂系统问题时，会使用一套机械本体论的话语以及可集中控制的来源和可预测的行为范式。与此相反，复杂系统的专家解决这些问题时会使用一组“复杂系统”的本体论，其中系统控制成为分散的元素交互作用的一部分。

其他研究人员，例如梅洛－西尔弗和普费弗（Hmelo-Silver & Pfeffer，2004）已经证明，当儿童描述一个复杂的水生系统时，他们更着眼于结构，很少能提出对功能或机理内容的描述。相反的是，专家的描述则集中在该系统的结构要素、不同组成部分的行为或机制以及该系统的功能方面。 323

这些发现与其他有关专家和新手差异的研究结果一致（Bransford，Brown，& Cocking，2000；Chi，Glaser，& Farr，1998；Larkin，McDermott，Simon，& Simon，1980），同时，最近概念变化理论认为认知结构，如个体的认识论和本体论的信念，能够强烈地影响学习者对特定类型的高级概念的理解（Chi，1992，2005；diSessa，1993；Vosniadou & Brewer，1992，1994）。希、罗斯科、斯洛塔、罗伊和沙斯（Chi，Roscoe，Slotta，Roy，& Chase，2012）认为，学生学习思考复杂系统，可能需要经历“强大的”或“激进的”概念改变的过程，因为用来解释简单系统的因果模式的标准，是不足以解释复杂系统的。为了理解涌现现象，如扩散、渗透和自然选择，他们声称一个涌现也是有因果模式的，而且这种模式与学生带到课堂中的直接因果模式不相称。也有人持不同意见，认为学生不需要改变他们概念中的因果模式，而可以利用资源，通过这些已有的模式来思考复杂系统（Levy & Wilensky，2008；Sengupta & Wilensky，2009）。有证据表明，即便没有被直接教授涌现的因果模式，学生对电力和自然选择的理解也可以有所增强，学生能够通过使用基于主体的模型，利用能把微观层面的直接因果关系和其涌现结果相联系的资源，增强自己的理解。在一组31个面向8—16年级学生的关于涌现现象的访谈中，巴斯－科恩（Barth-Cohen，2012）发现，学生的涌现思维不是一种统一的实体，相反，它具有多样性，根据问题情境以及学生已有的知识类型有所不同。她认为，教学应注重学生已有的知识的生成性的解释过程，而不是教授学生已有解释形成的分类学知识。这一争论尚未达成一致，一定程度上，这一争论与迪塞萨（本书第5章）所描述的关于概念转变研究的争论极为类似。

关于学习复杂系统的教育学层面的研究

雷斯尼克和威伦斯基早些年开展了一些调查学生对复杂系统的学习的研

究项目（Resnick & Wilensky，1993；Wilensky & Resnick，1995，1999）。这些定性研究探索学生是如何运用 StarLogo（一个 Logo 语言的扩展版本——译者注）基于主体建模的程序对复杂系统常见例子——如交通拥堵和蚂蚁觅食——进行思考和学习的。这些研究表明，学生们能够使用基于主体建模的
324 工具来支持他们对那些不同类型复杂系统的推理和思考。然而，学生的新知识往往是不牢固的，当被问到一些与新情境有关的问题时，他们又会回到简单系统的思维方式。

如前所述，涌现是复杂系统的研究中相当重要的概念：它表示了复杂系统元素在微观层面的局部的交互作用是如何促进高级、宏观的模式的建立的，该模式可能存在性质层面的不同特征。彭纳（Penner，2000，2001）的研究已经证明，复杂系统涌现模式的概念对于学生来说是很难从课堂活动中学习的。即使学生已经普遍认可了微观和宏观层面的关系，他们还是会认为因果关系主要归咎于系统的宏观层面，这与复杂系统的观点相反，在复杂系统的观点中，更高阶的特性来自局部交互，而不是宏观层面。

威伦斯基和他的同事在美国西北大学学习与计算机建模中心（Northwestern's Center for Connected Learning and Computer-Based Modeling）对学生使用 NetLogo（即多主体建模仿真集成环境）基于主体建模的环境学习复杂系统进行了广泛的研究（Wilensky，1996b）。为了用基于主体的模型模拟一种现象，模型制造者把现象分解为微观层次的组成成分或主体（agent），发现了能形成宏观层面的涌现现象的主体行为与交互的规则（Sawyer，2003）。威伦斯基和他的同事使用 NetLogo 研究了各种背景和年龄层次的主体（尤其是城市学校的初中和高中学生），来探索、修改和构建基于主体的模型。他们让普通学生在以下环境中做一些特定的项目，比如：让初中和高中的学生根据盒子中气体粒子微观层面的相互作用，推导出理想的气体定律（Levy & Wilensky，2009；Wilensky，1999a，2003；Wilensky，Hazzard，& Froemke，1999）；让初中和高中的学生探索进化过程并为其建模（Centola，Wilensky，& McKenzie，2000；Wagh & Wilensky，2012a；Wilensy & Novak，2010）；让他们探索材料科学的核心现象（Blikstein & Wilensky，2009，2010）；让他们构建和萤火虫同步闪烁的模型（Wilensky & Reisman，2006）。

这些研究人员还研究了学生在呈现基于主体的观点或对宏观现象的涌现进行解释时存在的困难。他们描述的这些困难被统称为“确定性 – 集中化思维”（deterministic-centralized mindset）（Resnick & Wilensky，1993；Wilensky

et al.，1999）。帮助学生摆脱这种思维的方法之一，就是将学生置于有关日常复杂现象的讨论中，在这种讨论中，学生不仅仅是观察员，也是真正的参与者（Levy & Wilensky，2004）。例如，学生可以运用“参与式模拟”的技术，在课堂上扮演微观层面的系统元素，然后将课堂中的讨论结果与日常复杂系统的行为进行比较（Abrahamson & Wilensky，2004；Abrahamson，Blikstein，& Wilensky，2007；Colella，Borovoy，& Resnick，1998；Resnick & Wilensky，
1998；Wilensky & Stroup，1999）。为了发展创新的参与式模拟，威伦斯基和 325
斯特鲁普（Wilensky & Stroup，1999）开发了 HubNet 仿真体系框架（一种分布式仿真工具——译者注）。基于 HubNet 的参与式模拟已被用来帮助学生学习各种复杂系统——从分子间的交互作用到流行疾病的传播（Wilensky & Stroup，2000）。学生对特定情境中的参与式模拟进行的推理和对这些不同类型的复杂系统的理解显示，学生需要两个基本且互补的推理形式：（1）“基于主体”的形式，学生从单个系统元素的行为和特性方面进行推理；（2）“聚合”的形式，学生基于这种形式推理有关群体的特性和变化率以及其他宏观层面的结构（Berland & Wilensky，2005；Levy & Wilensky，2004；Wilensky & Stroup，2000；Wilkerson-Jerde & Wilensky，即将出版）。

学生在模拟复杂现象的互动中可以意识到自己的错误想法，并且获得阐明和修改这些概念的机会（Goldstone & Wilensky，2008）。亚伯拉罕森和威伦斯基（Abrahamson & Wilensky，2005a）通过研究让学生进行参与式模拟的课堂讨论，描述了引发从微观到宏观不正确推论的复杂现象的特征。这些特征包括模拟中的空间动态线索，如主体的密度和沿某一方向运动的速度，以及更多与空间动态线索交互的概念或心理模拟推理，例如：（1）在主体基于规则的交互作用内未能预见的涌现；（2）比例 / 线性推理的不适用；（3）随机性与确定性的混淆；（4）对反馈循环的影响的忽视。威伦斯基和亚伯拉罕森得出的结论是，学生很难建立“复杂系统启发式思维”，因为他们经常回到“线性系统启发式思维”中，这一思维方式似乎更植根于学生的日常经验。他们建议学生们使用复杂系统模拟来积累一些案例，以帮助他们对复杂系统进行推理（另见 Goldstone & Wilensky，2008）。他们观察到，使用这种模拟的学生已经开始建构一种复杂系统的思维模式，这种思维模式可以让他们建构的系统现象模型复杂化，进而创建并维护自己的主张。

威伦斯基和斯特鲁普（Wilensky & Stroup，2000）推测，“基于主体”（微观层面）和“聚合”（宏观层面）两者是互补的——这两种都需要对复杂系统

有深刻的理解。研究者观察到，参加HubNet模拟的学生可以在自下而上（微观层面，基于主体）和自上而下（宏观层面，聚合）这两种观点之间快速切换，这种切换还可以反过来帮助他们解释不同类型的复杂系统。威伦斯基、哈扎德和朗格内克（Wilensky，Hazzard，& Longenecker，2000）通过利用他们所称的“应急演练”，明确地教导学生使用这种切换策略，进而取得了可喜的成果。

326 接下来，莱维和威伦斯基（Levy & Wilensky，2008）访谈了六年级的学生，以探索他们对复杂系统的主体层面和聚合层面的理解，研究中学生理解的对象是有可能从微观和宏观两个层面解释的日常现象。他们在学生中发现了一个普遍的策略，即构建一个“中层级”——一个介于微观和宏观之间的新的层级。该中层级通常由系统中个体元素的小群体组成，这可能会减少对系统进行推理时所需要的信息量。中层级的认知结构能够帮助学生形成一种心智模式，这种心智模式主要使用两种方式使学生对复杂系统原理的理解更加全面。一种方式是自下而上的方式，在这种方式中，局部交互产生了小团体。自下而上的中层级思维方式，与更好地理解复杂系统的原理——例如平衡和随机——相关。第二种方式是自上而下的方式，在这一方式中整个系统被分解成小团体，这些小团体会被视为单独的主体。自上而下的中层级思维方式与对复杂系统的理解不透彻相关。

允（Yoon，2008）的研究通过采用一种复杂观点，帮助学生更深入地理解一个具有挑战性的科学领域——基因工程，同时将课堂交互动态作为一个复杂系统来研究。另一个研究项目调查了学习复杂系统思想时学生概念的转变（Charles，2003；Charles & d’Appollonia，2004）。查尔斯（Charles，2003）设计了这样一个为期三天的实验：实验组的学生（16—18岁）听关于复杂系统概念的课堂上演讲，运行不同类型复杂系统的StarLogoT模型（Wilensky，1997），并在课堂上展开讨论。其间，查尔斯使用由雅各布森（Jacobson，2001）提出的修订版的复杂系统分析架构，发现实验组的学生会使用一个“涌现”的解释架构解决关于复杂系统现象的近迁移问题和适度迁移问题。与控制组的学生相比，实验组的学生明显地更少在近迁移问题上使用“发条式”（clockwork）解释。查尔斯和阿波罗尼亚（Charles & d’Appollonia，2004）进行的一项定性案例研究，选取了查尔斯研究中（Charles，2003）的9名学生，这些学生在使用一组StarLogoT复杂系统模型时接受了认知训练。第二项研究收集到的面向过程的数据表明，尽管学生获得了一些学习成果，且这些成果与他们所学的 6 个因果涌现过程概念中的 4 个相关，但是他们对复杂系统主体的“随机行动”和“非线性效应”概念的理解还是存在困难。最近的研究还表明，对于学习者而言，非线性是一种特别难理解的复杂系统结构（Jacobson，Kapur，So，& Lee，2011）。

霍恩和威伦斯基（Horn & Wilensky，2012）开发了另一个版本的 NetLogo，称其为 NetTango，该应用在桌面上运行。对主体的控制通过将积木放置在桌上实现，积木的位置可以被摄影机读取并被解读为对主体的指 327
令。他们发现，这种新的界面能够丰富更年幼的学习者（6—10 岁）对复杂系统概念的讨论（Olson & Horn，2011；Olson，Horn，& Wilensky，2010）。最近还有研究者在开发相关的课程教材，试图将复杂系统的思想与高中生物课程中的话题相结合，即在标准科学课程中实现促使学生对最重要的科学知识产生深层理解的目标（Goh，Yoon，Wang，Yang，& Klopfer，2012；Wagh & Wilensky，2012a，2012b，2013；Wilensky & Novak，2010）。

虽然我们仍然处于研究复杂系统学习的早期阶段，但整体而言，之前所述的研究发现，K-12 学生能够学习与复杂系统相关的重要概念和观点，并从中受益。尽管有些人可能会认为复杂系统的思维较难，应该只让研究生阶段的学生来学习，但是上述这些研究还是提供了大量的证据，表明年纪较小的学生是能理解复杂系统的观点的。部分观点（如非线性、涌现特性和随机过程），对于学生来说，具有一定的挑战性。但是，来自学习科学的不同理论和研究视角，已经开始应用于探究那些有助于学习难以理解的观点（比如上述这些）的因素。研究人员正在开发创新的教学方法和技术，它们可以帮助学生建立一套更丰富的认知资源，支撑他们学习有关复杂系统的思想和方法。

复杂系统与课程

当前的科学课程经常受到批评，因为其多而不精，导致学生在任何一个单独的领域都未能获得深入的理解（Bransford et al.，2000；National Research Council，1996）。因此，至关重要的是，对于已经饱和的科学、技术、工程和数学（STEM）课程而言，复杂系统教材不该被作为一种“附属物”来开发。

有很多种方法可以将复杂系统的概念注入学校课程中，从而为形成一种新型科学素养奠定基础（Jacobson，2001）。源于复杂系统观点的概念，可以被整合进物理和社会科学领域各种令人迷惑的现象中予以学习。像自组织和正向反馈之类的复杂系统的概念，可以被应用到生物系统和社会科学系统中去，如昆虫的聚居地（Dorigo & Stuetzle，2004；Resnick，1994）以及本国和全球经济（Anderson，Arrow，& Pines，1998；Epstein & Axtell，1996；Sawyer，2005）。有必要开展研究去探讨：围绕复杂系统的观点来组织的教
328 学方法和课程材料，是如何帮助学生在自然科学和社会科学，如化学、生物学、心理学和经济学中，建立起传统上各自独立的学科领域间的概念联系的。此外，强大的认知上跨领域的连接可以通过设计模型和仿真工具来培育，它们可以帮助学生在不同的系统中，识别结构和功能的相似性。大多数学生不会相信，模拟捕获细胞的基因网状结构和捕捉万维网的拓扑结构存在很多共同之处。然而许多自然网络和社交网络都是相似的，如无标度网络（Barabasi & Albert，1999）。不管在哪个层面放大观察，它们看起来都是一样的；且随着时间的推移，逐渐使用简单的增长和偏好性连接机制①。未来的研究可以进一步探索，注入复杂系统的课程能否考虑到传统的自然科学和社会科学学科所涵盖的额外的深度，或者考虑到跨学科的概念和认知是否能有效“挂钩”以支持知识在全新的情境和问题中发生远迁移。

在过去的十年里，学习科学家和计算机科学家呼吁学生学习计算思维（Bundy，2007）和培育计算素养（diSessa，2000）。虽然对于这些术语的准确定义仍然存在一些争论，但各界已经达成了广泛的共识，即 21 世纪的学生必须学会使用电脑，从中获取、处理和分析大量的数据集并操作计算模型。正如本章一开始所述，复杂系统伴随着计算发展起来并严重依赖于计算。因此，它为计算思维的实践提供了一个框架和背景。

此外，复杂系统现象能很好地与以问题和以探究为中心的学习相匹配，这两种学习能够实现教学的建构主义模型。研究可以探索，整合了复杂系统观点的且以学习者为中心的课程能否改善一些学生关于科学就是死记硬背那些与日常生活毫不相关的知识的看法。从研究中我们还可以探讨，这样的课程方式是否有助于学生学习，有助于学生在跨学科之间建立认知联系。

① 该机制的 NetLogo 模型参见 http://ccl.northwestern.edu/netlogo/models/preferentialattachment。

复杂系统对学习科学的启示

复杂系统的概念架构和工作原理为学习科学提出了许多重要的理论和方法论问题。这一研究各种类型的复杂系统的多学科领域，使用了一系列概念观点和科学方法，这些观点和方法在科学探究中被用来作为论述和表征的共同框架。考夫曼（Kauffman，1995）的观察很好地反映了复杂系统的潜在科学价值：我们可能处在一个历史的结合点，过去三个世纪科学研究中持续存 329
在的还原论（即将狭小的领域划分成零散的碎片）可能即将走向终点。对于学习科学的研究者来讲，他们关心的会是这样一个重要的问题：有哪些复杂系统的观点所提供的相关知识尚未在该领域的概念和方法集中被呈现？这一问题的答案可能在于，复杂系统的观点可以通过学习和教育系统的计算模型来完善学习科学的理论。雅各布森和卡普尔（Jacobson & Kapur，2012）声称，学习科学中传统的定性和定量方法不足以解释学习，因为学习本身是一个复杂的现象。他们认为现有的方法还不能充分解决非线性、时间性、空间性以及相空间的问题，这些问题是理解涌现现象的核心。他们提出，这些问题都可以通过将基于主体的计算模型与现有的定量和定性的方法融合起来加以解决。

近年来，我们对科学信息的正统来源的认识发生了重大转变（Jackson，1996）。现代科学的起源往往归功于亚里士多德和他通过细心观察获取相关信息进而做出的充满智慧的决策，而不是对哲学观点的逻辑论证。现在被视为科学的下一阶段的研究则是通过布拉赫、伽利略、牛顿、开普勒、莱布尼兹和欧拉的智力贡献而推进的，他们不仅推动了数学领域的进步，还展示了科学家如何通过对观测到的数据进行数学处理来得到新的科学发现。在接下来的 300 年中，令人瞩目的科学成就大多是基于这两种方式得到的：迄今为止，几乎所有已发表的学习和认知科学以及教育领域的研究都以观察和数学推导的信息为标准。

然而，杰克逊（Jackson，1996）也提出，我们正处在科学研究的第二个历史蜕变过程中，这一过程涉及使用计算工具生成科学信息的第三种正统来源。此外，如佩吉（Pagels，1988）一样的其他研究者，观察到了计算工具在科学中的使用是如何大幅度增强对复杂动态系统的研究能力的，如果没有计算工具，我们将无法对其进行系统的研究。这些计算建模方法包括元胞自动机、基于主体建模和遗传算法，通常与科学可视化技术结合使用。例如，已经通过先进的计算建模技术探究出的复杂系统包括：气候变化（West & Dowlatabadi，1999）、城市交通模型（Balmer，Nagel，& Raney，2004；Helbing & Nagel，2004；Noth，Borning，& Waddell，2000）和经济学（Anderson et al.，1988；Arthur，Durlauf，& Lane，1997；Axelrod，1997；
330 Epstein & Axtell，1996）。计算建模技术领域也出现了新的科学实践共同体，尤其是在基于主体建模和遗传算法领域，这一共同体被用来创造人造世界，如人造生命（Langton，1989，1995）和人造社会（Epstein & Axtell，1996；Sawyer，2003），在人造世界中，人们有极大的灵活性去探索自然科学和社会科学中那些在真实、非人造的世界中很难甚至不可能解决的理论和研究问题。

随着复杂计算建模工具的发展，及其在自然科学和社会科学领域的广泛应用，将计算方法应用于教育系统中复杂学习的学习科学研究具有很大的潜力。使用这些方法将会产生四个广泛的影响。第一，模型的表述，特别是“自下而上”的，如基于主体的模型的表述，通常会帮助研究人员从系统行为的角度获取关于关键因素的定性提示。第二，复杂系统模型可以成为科学上可检验的人工制品，它可以与真实世界的数据相比较，并被反复修改以提高模型的拟合度。第三，用一个或多个数据集验证的模型可以通过改变模型参数来探索系统的行为（通过运行所有的参数组合检查系统的随机特性）。第四，这种模型有助于将观察到的和建模得到的系统发现概括为具有不同特定局部特征的相似的系统类型。通过这四种方式，模型的使用和计算可以最终导致知识领域内容在计算表征方面的重新表述，威伦斯基和佩珀特（Wilensky & Papert，2010）将其称为“重构”。学习科学领域需要努力创建和选择这样的学科重构，并且评价它对研究人员以及学生的效用。

学习系统和学习环境中的计算模型的例子不胜枚举。莱姆克和萨贝利（Lemke & Sabelli，2008）设计了建设“模拟学校”或“模拟地区”的仿真模拟程序，它不仅仅能对学校（或区）的系统进行建模，还可以用来创建综合学校和地区系统，就需求、问题和可能出现的结果，研究它们随时间的演变。研究者已经开发了一些这方面的真实的系统，如将家长和学校负责人作为模拟的主体，模拟他们在教育政策这个领域，如在择校中的行为（Lauen，2007；Maroulis et al.，即将出版；Maroulis et al.，2010；Maroulis &

Wilensky，2005），或者对某些因素与成功或失败的教育改革政策的联系进行建模（Levin & Datnow，2012）。研究人员还利用基于主体建模的方法来阐明和检验社会科学理论，他们认为建模可以支持整合了对立理论的更丰富的理论模型的发展。亚伯拉罕森和他的同事（Abrahamson & Wilensky，2005b；
Abrahamson，Wilensky，& Levin，2007；Blikstein，Abrahamson，& Wilensky， 331
2006）使用基于主体的模型来使学习理论具体化，并且将其与皮亚杰的理论和维果茨基的理论进行对比。研究人员还利用网络分析法来研究一些主题——从社会结构如何影响学校对技术的采用（Frank，Zhao，& Borman，2004），到社会结构对学生成绩的影响（Maroulis & Gomez，2008）。雅各布森和卡普尔（Jacobson & Kapur，2012）还运用网络理论法，在概念转变的不同理论之间搭建桥梁。与此相关，布朗和哈默（Brown & Hammer，2008）提出，概念变化的过程是涌现的、动态的和嵌入式的，可以从复杂系统理论观点中得以理解。在其他研究中，一些研究人员（Frey & Goldstone，2013；Goldstone & Wilensky，2008）采用参与式模拟环境作为数据收集工具，其中，分布式对象可以被放置在一个有编程主体的环境中，他们的行为和交互也可以成为数据源。总体而言，在认知和教育系统的微观和宏观层面上，计算建模对于促进学习科学的研究似乎具有很大的潜力：从认知表征网络和课堂技术干预的实验设计的演变，到协作互动模式与教育政策倡议的社会网络分析。

结论

本章概述了“中小学生在自然科学和社会科学环境中学习复杂系统的潜在需要”这一话题的关键点、研究和反思。我们希望学习科学能继续产生出新的相关研究，希望这些研究能够促进我们对学习复杂系统的理解。这一类的研究主题可以包括概念的变化、知识迁移和动态的社会文化学习，这些主题在本手册的许多章节中都有所讨论。

在过去的几年里，美国已经建立了新的科学标准，为系统、建模和复杂性的研究开辟了前景。“下一代科学标准”（Next Generation Science Standards，NGSS）使用七种交叉概念来构建 K-12 阶段的科学学习：模式、相似性和多样性，因果关系，规模、比例和数量，系统和系统模型，能量和物质，结构和功能，稳定和变化。可以说，所有的这些概念都涉及复杂系统，其中两种明确地提到复杂系统。它为将对复杂系统的科学认识注入中小学课程中提供了一个机会。那些探讨学生学习复杂系统思想的研究，拓宽了
332 我们对什么类型的深层知识是学生能够学习的这一主题的认识，这些知识包括在概念上较难理解的内容。此外，复杂系统的概念、观点和方法，有可能对学习科学自身领域内重要的理论和研究问题产生影响。

十几年以来，研究人员开始大量探索那些与复杂系统原理相关联的认知问题和学习问题，以及这些观点对学习科学的理论和研究意义。复杂系统的研究是如何影响学习科学领域和教育体系的，这仍有待探讨。在这些领域的下一阶段研究中，我们将会时刻留心普鲁斯特（M. Proust）给我们的提醒，即“真正的发现之旅不在于寻找新的风景，而在于拥有新的视角”。

参考文献

Abrahamson, D., Blikstein, P., & Wilensky, U. (2007). *Classroom model, model classroom: Computer-supported methodology for investigating collaborative-learning pedagogy. Proceedings of the Computer Supported Collaborative Learning (CSCL) Conference*. New Brunswick, NJ.

Abrahamson, D., & Wilensky, U. (2004). ProbLab: A computer-supported unit in probability and statistics. In M. J. Hoines, & A. B. Fuglestad (Eds.), *Proceedings of the 28th Annual Meeting of the International Group for the Psychology of Mathematics Education* (vol. 1, pp. 369). Bergen University College, Norway.

Abrahamson, D., & Wilensky, U. (2005a). Is a disease like a lottery? Classroom networked technology that enables student reasoning about complexity. Paper presented at the annual meeting of the American Educational Research Association, San Francisco, CA.

Abrahamson, D., & Wilensky, U. (2005b). *Piaget? Vygotsky? I'm game: Agent-based modeling for psychology research. Proceedings of the annual meeting of the Jean Piaget Society*, Vancouver, B.C.

Abrahamson, D., Wilensky, U., & Levin, J. (2007). Agent-based modeling as a bridge between cognitive and social perspectives on learning. Paper presented at the annual meeting of the American Educational Research Association, Chicago, IL.

Anderson, P. W., Arrow, K. J., & Pines, D. (Eds.) (1988). *The economy as an evolving complex system* (vol. 5). Redwood City, CA: Addison-Wesley.

Arthur, B., Durlauf, S., & Lane, D. (Eds.) (1997). *The economy as an evolving complex system* (vol. II).

Reading, MA: Addison-Wesley.

Axelrod, R. (1997). *The complexity of cooperation: Agent-based models of competition and collaboration*. Princeton, NJ: Princeton University Press.

Axelrod, R., & Cohen, M. D. (1999). *Harnessing complexity: Organizational implications of a scientific frontier*. New York: The Free Press.

Balmer, M., Nagel, K., & Raney, B. (2004). Large-scale multi-agent simulations for transportation applications. *Intelligent Transportation Systems*, 8, 1–17.

Bar-Yam, Y. (1997). *Dynamics of complex systems*. Reading, MA: Addison-Wesley.

Bar-Yam, Y. (2003). *Dynamics of complex systems*. New York: Perseus Publishing.

Barabasi, A. L., & Albert, R. (1999). Emergence of scaling in random networks. *Science*, 286 (5439), 509–512. 333

Barth-Cohen, L. (2012). Theoretical issues: Indicators of decentralized and centralized causality as a gauge for students' understanding of complex systems. In P. Freebody, T. de Jong, E. Kyza, & P. Reimann (Eds.), *Proceedings of the International Conference of the Learning Sciences: Future of Learning* (*ICLS 2012*). Sydney: University of Sydney/ICLS.

Berland, M., & Wilensky, U. (2005). Complex play systems: Results from a classroom implementation of VBot. Paper presented at the annual meeting of the American Educational Research Association, Montreal, Canada.

Bishop, B. A., & Anderson, C. W. (1990). Student conceptions of natural selection and its role in evolution. *Journal of Research in Science Teaching*, 27 (5), 415–427.

Blikstein, P., Abrahamson, D., & Wilensky, U. (2006). Minsky, mind, and models: Juxtaposing agent-based computer simulations and clinical-interview data as a methodology for investigating cognitive-developmental theory. *Proceedings of the annual meeting of the Jean Piaget Society*, Baltimore, MD.

Blikstein, P., & Wilensky, U. (2009). An atom is known by the company it keeps: A constructionist learning environment for materials science using multi-agent simulation. *International Journal of Computers for Mathematical Learning*, 14 (2), 81–119.

Blikstein, P., & Wilensky, U. (2010). MaterialSim: A constructionist agent-based modeling approach to engineering education. In M. J. Jacobson, & P. Reimann (Eds.), *Designs for learning environments of the future: International perspectives from the learning sciences* (pp. 17–60). New York: Springer.

Bransford, J. D., Brown, A. L., & Cocking, R. R. (Eds.) (2000). *How people learn: Brain, mind, experience, and school*. Washington, DC: National Academies Press.

Brown, D. E., & Hammer, D. (2008). Conceptual change in physics. In S. Vosniadou (Ed.), *Handbook of research on conceptual change* (pp. 127–154). Hillsdale, NJ: Lawrence Erlbaum Associates.

Brown, S. L., & Eisenhardt, K. M. (1998). *Competing on the edge: Strategy as structured chaos*. Boston, MA: Harvard Business School Press.

Bundy, A. (2007). Computational thinking is pervasive. *J. Scient. Pract. Comput.,* 1, 67–69.

Casti, J. L. (1994). *Complexificantion: Explaining a paradoxical world through the science of surprise*. New York: HarperCollins.

Centola, D., Wilensky, U., & McKenzie, E. (2000, May). Survival of the groupiest: Facilitating students' understanding of the multiple levels of fitness through multi-agent modeling – The EACh Project. Paper presented at the *International Conference on Complex Systems*. May 21–26, Nashua, NH.

Charles, E. S. (2003). An ontological approach to conceptual change: The role that complex systems thinking may play in providing the explanatory framework needed for studying contemporary sciences. PhD Dissertation at Concordia University, Montreal, Quebec, Canada, April 2003.

Charles, E. S., & d'Apollonia, S. (2004). Developing a conceptual framework to explain emergent causality: Overcoming ontological beliefs to achieve conceptual change. In K. Forbus, D.
334 Gentner, & T. Reiger (Eds.), *Proceedings of the 26th Annual Cognitive Science Society* (pp. 210–215). Mahwah, NJ: Lawrence Erlbaum Associates.

Chi, M. T. H. (1992). Conceptual change within and across ontological categories: Implications for learning and discovery in science. In R. Giere (Ed.), *Minnesota studies in the philosophy of science: Cognitive models of science* (vol. XV, pp. 129–186). Minneapolis: University of Minnesota Press.

Chi, M. T. H. (2005). Commonsense conceptions of emergent processes: Why some misconceptions are robust. *The Journal of the Learning Sciences*, 14 (2), 161–199.

Chi, M. T. H., Glaser, R., & Farr, M. J. (Eds.) (1988). *The nature of expertise*. Hillsdale, NJ: Lawrence Erlbaum Associates.

Chi, M. T. H., Roscoe, R., Slotta, J., Roy, M., & Chase, M. (2012). Misconceived causal explanations for "emergent" processes. *Cognitive Science,* 36, 1–61.

Colella, V., Borovoy, R., & Resnick, M. (1998). Participatory simulations: Using computational objects to learn about dynamic systems. Paper presented at the Computer Human Interface (CHI) '98 Conference, Los Angeles, CA.

diSessa, A. A. (1993). Towards an epistemology of physics. *Cognition and Instruction*, 10 (2), 105–225.

diSessa, A. A. (2000). *Changing minds: Computers, learning, and literacy*. Cambridge, MA: MIT Press.

Dorigo, M., & Stuetzle, T. (2004). *Ant colony optimization*. Cambridge, MA: MIT Press.

Epstein, J. M. (2006). *Generative social science: Studies in agent-based computational modeling*.

Princeton, NJ: Princeton University Press.

Epstein, J. M., & Axtell, R. (1996). *Growing artificial societies: Social science from the bottom up*. Washington, DC: Brookings Institution Press/MIT Press.

Feltovich, P. J., Spiro, R. J., & Coulson, R. L. (1989). The nature of conceptual understanding in biomedicine: The deep structure of complex ideas and the development of misconceptions. In D. Evans, & V. Patel (Eds.), *The cognitive sciences in medicine* (pp. 113–172). Cambridge, MA: MIT Press.

Frank, K. A., Zhao, Y., & Borman, K. (2004). Social capital and the diffusion of innovations within organizations: Application to the implementation of computer technology in schools. *Sociology of Education*, 77, 148–171.

Frey, S., & Goldstone, R. L. (2013). Cyclic game dynamics driven by iterated reasoning. *PLoS ONE*, 8 (2): e56416.

Gell-Mann, M. (1994). *The quark and the jaguar: Adventures in the simple and the complex*. New York: Freeman and Company.

Gladwell, M. (2000). *The tipping point*. New York: Little, Brown.

Gleick, J. (1987). *Chaos: Making a new science*. New York: Viking Penguin.

Goh, S. -E., Yoon, S., Wang, J., Yang, Z., & Klopfer, E. (2012). Investigating the relative difficulty of various complex systems ideas in biology. In J. van Aalst, K. Thompson, M. J. Jacobson, & P. Reimann (Eds.), *The future of learning: Proceedings of the 10th international conference of the learning sciences (ICLS 2012) – Volume 1, Full Papers* (pp. 72–79). Sydney, Australia: ISLS.

Goldstone, R. L., & Wilensky, U. (2008). Promoting transfer through grounding complex systems principles. *Journal of the Learning Sciences*, 26 (1), 465–516.

Gulati, R. (1998). Alliances and networks. *Strategic Management Journal*, 19 (4), 293–317.

Helbing, D., & Nagel, K. (2004). The physics of traffic and regional development. *Contemporary* 335
Physics, 45 (5), 405–426.

Hmelo-Silver, C. E., & Pfeffer, M. G. (2004). Comparing expert and novice understanding of a complex system from the perspective of structures, behaviors, and functions. *Cognitive Science*, 1, 127–138.

Holland, J. H. (1995). *Hidden order: How adaptation builds complexity*. Reading, MA: Addison-Wesley.

Horn, M. S., & Wilensky, U. (2012). NetTango: A mash-up of NetLogo and Tern. In T. Moher, (chair) & N. Pinkard, (discussant), *When systems collide: Challenges and opportunities in learning technology mash-ups*. Symposium presented at the annual meeting of the American Education Research Association, Vancouver, British Columbia.

Jackson, E. A. (1996). *The second metamorphosis of science: A second view*. Santa Fe, NM: Santa Fe Institute.

Jacobson, M. J. (2001). Problem solving, cognition, and complex systems: Differences between experts and novices. *Complexity*, 6 (3), 41–49.

Jacobson, M. J., & Kapur, M. (2012). Learning environments as emergent phenomena: Theoretical and methodological implications of complexity. In D. Jonassen, & S. Land (Eds.), *Theoretical foundations of learning environments*. Second Edition (pp. 303–334). New York: Springer.

Jacobson, M. J., Kapur, M., So, H. -J., & Lee, J. (2011). The ontologies of complexity and learning about complex systems. *Instructional Science*, 39, 763–783.

Kaput, J., Bar-Yam, Y., Jacobson, M. J., Jakobsson, E., Lemke, J., & Wilensky, U. (2001). Planning documents for a national initiative on complex systems in K-16 education: Two roles for complex systems in education: Mainstream content and means for understanding the education system itself. Final report to the National Science Foundation on Project #REC-9980241. Cambridge, MA: New England Complex Systems Institute.

Kauffman, S. (1993). *The origins of order: Self-organization and selection in evolution*. New York: Oxford University Press.

Kauffman, S. (1995). *At home in the universe: The search for laws of self-organization and complexity*. New York: Oxford University Press.

Kauffman, S. (2000). *Investigations*. New York: Oxford University Press.

Kozma, R., Russell, J., Johnston, J., & Dershimer, C. (1990). College students' conceptions and misconceptions of chemical equilibrium. Paper presented at the meeting of the American Educational Research Association, Boston, MA.

Langton, C. (Ed.) (1989). *Artificial life*. Redwood City, CA: Addison-Wesley.

Langton, C. (Ed.) (1995). *Artificial life: An overview*. Cambridge, MA: MIT Press.

Larkin, J. H., McDermott, J., Simon, D. P., & Simon, H. A. (1980). Expert and novice performance in solving physics problems. *Science*, 208, 1335–1342.

Lauen, L. L. (2007). Contextual explanations of school choice. *Education and Educational Research*, 80 (3), 179–209.

Lemke, J., & Sabelli, N. (2008). Complex systems and educational change: Towards a new research agenda. *Educational Philosophy and Theory*, 40 (1), 118–129.

Levin, J. A., & Datnow, A. (2012). The principal role in data driven decision making: Using case study data to develop multi-mediator models of educational reform. *School Effectiveness and School Improvement*, 23 (2), 179–201.

336 Levy, S. T., & Wilensky, U. (2004). Making sense of complexity: Patterns in forming causal connections between individual agent behaviors and aggregate group behaviors. Paper presented at the annual meeting of the American Educational Research Association, San Diego, CA.

Levy, S. T., & Wilensky, U. (2008). Inventing a "mid level"to make ends meet: Reasoning between the levels of complexity. *Cognition and Instruction*, 26 (1), 1–47.

Levy, S. T., & Wilensky, U. (2009). Students' learning with the connected chemistry (cc1) curriculum: Navigating the complexities of the particulate world. *Journal of Science Education and Technology*, 18 (3), 243–254.

Lorenz, E. N. (1963). Deterministic nonperiodic flow. *Journal of Atmospheric Science*, 20, 130–141.

Maroulis, S., Bakshy, E., Gomez, L., & Wilensky, U. (in press). Modeling the transition to public school choice. *Journal of Artificial Societies and Social Simulation*.

Maroulis, S., & Gomez, L. (2008). Does "connectedness" matter? Evidence from a social network analysis of a small school reform. *Teachers College Record*, 110 (9), 1901–1929.

Maroulis, S., Guimera, R., Petry, H., Stringer, M., Gomez, L., Amaral, L., & Wilensky, U. (2010). A complex systems approach to educational policy research. *Science*, 330 (6000), 38.

Maroulis, S., & Wilensky, U. (2005). Leave no turtle behind: An agent-based simulation of school choice dynamics. Paper presented at the annual meeting of the American educational Research Association, Montreal, Canada.

Mitchell, M. (2009). *Complexity: A guided tour*. New York: Oxford University Press.

National Research Council. (1996). *National science education standards*. Washington, DC: National Academies Press.

Noth, M., Borning, A., & Waddell, P. (2000). *An extensible, modular architecture for simulating urban development, transportation, and environmental impacts*. Department of Computer Science and Engineering, University of Washington.

Olson, I. C., & Horn, M. (2011). Modeling on the table: Agent-based modeling in elementary school with NetTango. *Proc. Interaction Design and Children IDC'11*, ACM Press, 189–192.

Olson, I. C., Horn. M. S., & Wilensky, U. (2010). NetLogo Tango: Scaffolding student programming with tangible objects and multi-touch tabletop displays. Workshop paper presented at the 9th International Conference of the Learning Sciences, June 29th, Chicago IL.

Pagels, H. R. (1988). *The dreams of reason: The computer and the rise of the sciences of complexity*. New York: Simon & Schuster.

Penner, D. E. (2000). Explaining systems: Investigating middle school students' understanding of emergent phenomena. *Journal of Research in Science Teaching*, 37, 784–806.

Penner, D. E. (2001). Complexity, emergence, and synthetic models in science education. In K. Crowley, C. D. Schunn, & T. Okada (Eds.), *Designing for science* (pp. 177–208). Mahwah, NJ: Lawrence Erlbaum Associates.

Reagans, R., & Zuckerman, E. W. (2001). Networks, diversity, and productivity: The social capital of corporate R&D teams. *Organization Science*, 12 (4), 502–517.

Resnick, M. (1994). *Turtles, termites, and traffic jams: Explorations in massively parallel microworlds*. 337

Cambridge, MA: MIT Press.

Resnick, M. (1996). Beyond the centralized mindset. *The Journal of the Learning Sciences*, 5 (1), 1–22.

Resnick, M., & Wilensky, U. (1993). Beyond the deterministic, centralized mindsets: A new thinking for new science. Paper presented at the annual meeting of the American Educational Research Association, Atlanta, GA.

Resnick, M., & Wilensky, U. (1998). Diving into complexity: Developing probabilistic decentralized thinking through role-playing activities. *Journal of Learning Science*, 7 (2), 153–172.

Samarapungavan, A., & Wiers, R. W. (1997). Children's thoughts on the origin of species: A study of explanatory coherence. *Cognitive Science*, 21 (2), 147–177.

Sawyer, R. K. (2003). Artificial societies: Multi agent systems and the micro-macro link in sociological theory. *Sociological Methods and Research,* 31 (3), 37–75.

Sawyer, R. K. (2005). *Social emergence: Societies as complex systems*. New York: Cambridge.

Senge, P. M. (1990). *The fifth discipline: The art and practice of the learning organization*. New York: Doubleday.

Sengupta, P., & Wilensky, U. (2009). Learning electricity with niels: Thinking with electrons and thinking in levels. *International Journal of Computers for Mathematical Learning*, 14 (1), 21–50.

Simon, H. A. (1999). Can there be a science of complex systems? In Y. Bar-Yam (Ed.), *Unifying themes in complex systems* (pp. 3–14). Cambridge, MA: Perseus Books.

Stieff, M., & Wilensky, U. (2003). Connected chemistry: Incorporating interactive simulations into the chemistry classroom. *Journal of Science Education and Technology*, 12 (3), 285–302.

Uzzi, B. (1997). Social structure and competition in interirm networks: The paradox of embeddedness. *Administrative Science Quarterly*, 42 (1), 35–67.

Vosniadou, S., & Brewer, W. F. (1992). Mental models of the earth: A study of conceptual change in childhood. *Cognitive Psychology*, 24, 535–585.

Vosniadou, S., & Brewer, W. F. (1994). Mental models of the day/night cycle. *Cognitive Science*, 18 (1), 123–183.

Wagh, A., & Wilensky, U. (2012a). *Breeding birds to learn about artificial selection: Two birds with one stone? proceedings of ICLS*, Sydney, Australia, July 2–6.

Wagh, A., & Wilensky, U. (2012b). Evolution in blocks: Building models of evolution using blocks. *Proceedings of Constructionism,* Athens, Greece, August 21–25.

Wagh, A., & Wilensky, U. (2013). Leveling the playing field: Making multi-level evolutionary processes accessible through participatory simulations. *Proceedings of CSCL,* Madison, Wisconsin, June 15–19.

Waldrop, M. M. (1992). *Complexity: The emerging science at the edge of order and chaos*. New York: Simon & Schuster.

Watts, D. J., & Strogatz, S. (1998). Collective dynamics of "small world" networks. *Nature*, (393), 440–442.

West, J. J., & Dowlatabadi, H. (1999). On assessing the economic impacts of sea-level rise on developed coasts. In T. E. Downing, A. A. Olsthoorn, & R. S. J. Tol (Eds.), *Climate change and risk* (pp. 205–220). New York: Routledge.

Wilensky, U. (1997). What is normal anyway? Therapy for epistemological anxiety. *Educational Studies in Mathematics*, 33 (2), 171–202.

Wilensky, U. (1999a). GasLab: An extensible modeling toolkit for exploring micro- and macro- views of gases. In N. Roberts, W. Feurzeig, & B. Hunter (Eds.), *Computer modeling and simulation in science education*. Berlin: Springer Verlag. 338

Wilensky, U. (1999b). *NetLogo*. Evanston, IL: Center for Connected Learning and Computer-Based Modeling. Northwestern University (http://ccl.northwestern.edu/netlogo).

Wilensky, U. (2003). Statistical mechanics for secondary school: The GasLab Modeling Toolkit. *International Journal of Computers for Mathematical Learning*, 8 (1), 1–41.

Wilensky, U., Hazzard, E., & Froemke, R. (1999). An extensible modeling toolkit for exploring statistical mechanics. *Proceedings of the Seventh European Logo Conference – EUROLOGO'99,* Sofia, Bulgaria.

Wilensky, U., Hazzard, E., & Longenecker, S. (2000). *A bale of turtles: A case study of a middle school science class studying complexity using StarLogoT.* New York: Spencer Foundation. October 11–13.

Wilensky, U., & Novak, M. (2010). Understanding evolution as an emergent process: Learning with agent-based models of evolutionary dynamics. In R. S. Taylor, & M. Ferrari (Eds.), *Epistemology and science education: Understanding the evolution vs. intelligent design controversy*. New York: Routledge.

Wilensky, U., & Papert, S. (2010). Restructurations: Reformulations of knowledge disciplines through new representational forms. In J. Clayson, & I. Kalas (Eds.), *Proceedings of the Constructionism 2010 Conference,*. Paris, France, Aug 10-14. pp. 97.

Wilensky, U., & Reisman, K. (2006). Thinking like a wolf, a sheep, or a firefly: Learning biology through constructing and testing computational theories. *Cognition and Instruction*, 24 (2), 171–209.

Wilensky, U., & Resnick, M. (1995). New thinking for new sciences: Constructionist approaches for exploring complexity. Paper presented at the annual meeting of the American Educational Research Association, San Francisco, CA.

Wilensky, U., & Resnick, M. (1999). Thinking in levels: A dynamic systems perspective to making sense of the world. *Journal of Science Education and Technology*, 8 (1), 3–19.

Wilensky, U., & Stroup, W. (1999). Learning through participatory simulations: Network-based design for systems learning in classrooms. *Proceedings of the Computer Supported Collaborative Learning Conference* (*CSCL '99*), Palo Alto, CA.

Wilensky, U., & Stroup, W. (2000). Networked gridlock: Students enacting complex dynamic phenomena with the HubNet architecture. In B. Fishman, & S. O'Connor-Divelbiss (Eds.), *Fourth International Conference of the Learning Sciences* (pp. 282–289). Mahwah, NJ: Lawrence Erlbaum Associates.

Wilkerson-Jerde, M., & Wilensky, U. (in press). Designed and emergent pedagogical supports for coordinating quantitative and agent-based descriptions of complex dynamic systems. Accepted for presentation at PME-NA 2011.

Wolfram, S. (2002). *A new kind of science*. Champaign, IL: Wolfram Media.

Yoon, S. A. (2008). An evolutionary approach to harnessing complex systems thinking in the science and technology classroom. *International Journal of Science Education*, 30 (1), 1–32.

第 17 章
学习中的有形界面和全身界面

迈克尔·艾森伯格　纳尔奇斯·帕雷斯

在过去的半个世纪里，教育技术的发展在很大程度上与计算机密切相关，以至于其他教育技术的形式很少受到关注。毫无疑问，在过去的 50 年中，我们所认为的教育技术设备已经发生了巨大的演变，从由研究人员帕特里克·苏佩斯（Patrick Suppes）在 20 世纪 60 年代率先推出的全教室教学系统（classroom-wide instructional system），到 20 世纪 80 年代推出的个人台式电脑，再到近些年的便携式和手持设备。尽管如此，所有这些教育技术设备都具备计算机的核心特征：一个中央处理单元，一个屏幕（在智能手机中，它可能是一个微小的触控屏），一个键盘（有可能是一个在屏幕上直接显示的写字板）和一个存储器（其存储量可能由于网络资源的连接而大大增强）。

更广泛的技术创新不限于计算机技术领域，也包括机械、工业、材料和电气设计（这里只列举这几个主要领域）。今天，这些技术创新的要素使教育技术领域拥有更广泛、更具有挑战性的视野。通过将技术视野超越计算机本身（即将技术视为一个由技术、材料和研究构成的动态生态系统），我们就能以更有效的方式去看待教育和学习。本章关注的是学习中的“有形界面”（tangible interface）和“全身界面”（full-body interface），本质上就是将计算理念和设备与更广泛的其他技术视角（如材料科学、建筑工程、机械设计）相融合，这样用户就能以一种更具身的、更自然的方式与技术交互，不是通过键盘和屏幕，而是通过触摸、操作（在有形界面情况下）以及幅度比较大的手势和身体运动（对应于全身界面）来实现交互。直到最近[①]，教

① 最近几个关于这个问题的关键参考资料包括安特尔（Antle，2009，2013）、布埃奇利和佩纳－威尔逊（Buechley & Perner-Wilson，2012）以及扎曼及其同事（Zaman et al.，2012）的研究。

育技术依旧很少讨论有形计算（tangible computing）和全身计算（full-body computing）①。

340 本章将首先概述最近引发了相关教育关注的有形界面技术和全身界面技术的发展情况。这些技术反过来促进了教育设计新方法的产生，例如，在设计儿童制品、工具、游乐场等方面。然后，我们将在“通过整合物理要素与计算要素开展学习”这一部分讨论几个主要方法。接下来，我们将探讨有形界面与学习科学中重要思想的连接方式，例如，将学习的情感（以及认知）和动作维度进行连接。最后，我们将从社会学的角度出发，讨论有形界面或全身界面作为一种学习方式的缺陷（或者风险），并预测在未来更广泛的强调“自己动手”（do-it-yourself）的技术发展前景下“有形”（tangibles）的作用。

有关学习的有形界面和全身界面的主要技术主题

在本节中，我们将描述几项最重要的共同奠定有形和全身教育设计的基础的技术新发展。这里我们不把主要精力放在这些技术的具体技术性实现过程上（当然无论怎样，这都是一个令人兴奋的话题），而会对目前“教育计算”是如何演变为多种新形式的做一个整体概述。

制造和加工技术

也许21世纪初最明显的和令人兴奋的技术新发展发生在可获得的个性化制造领域。这个领域几个代表性的设备有：

- 3D打印机（该设备利用计算机对一个固体的详细说明，输出一个物理形式的固体模型，该模型通常是塑料的）；
- 激光切割器（该设备利用计算机控制的激光切割或蚀刻木材、丙烯酸材料、纸或纺织物品）；
- 铣床（该设备使用计算机控制的钻头加工材料，如木材、蜡以及轻金

① 举例来说，2004年权威教育技术著作（Jonassen，2004）在其41章中，讨论了基于互联网的学习、虚拟现实、远程教育，但没有涉及有形计算。近期一本有关数学教育的著作（Clements et al.，2013）中有8个章节讨论“数学课程中的技术”，但也没有提到有形计算。

属装置）；
- 电脑控制缝纫机（该设备使用计算控制来刺绣）。

现在这种设备越来越便宜且容易获得，爱好者、业余工程师和（对我们的研究来说最重要的）学生和幼儿都能够使用。简单地说，这些技术的出现使儿童能在类似“商店”的环境中，以电脑为中心，利用各种材料，把创意和模型转化为各种物质形态。学工程的学生可以使用制造工具制造各种机械模型，学数学的学生可以定制自己的掌上拼图游戏；学化学的学生可以塑造他们自己的复杂分子模型；学物理的学生可以制作自己设计的陀螺和平衡玩具；学历史的学生可以创建历史文物、战斗场景或城市景观的模型。 341

对于在教育环境中使用类似可行的制造技术，格申费尔德（Gershenfeld，2005）早期有一个乐观的预测，随着可负担得起的家庭和学校对这些设备的使用，该预测已经逐渐变成现实。撰写本文时，市面已有商用台式 3D 打印机、台式铣床和激光切割机，它们的售价大约与一台高端台式电脑（少于 5000 美元）相同。为了达到本次讨论的目标，关键的一点是要明白，“学习科学中的有形计算”会深深地被学生制作各种物理制品的能力所影响。

嵌入式计算

过去十年中，第二项重大的科技进步，就是迅速增长的不同种类和质量的可以嵌入到物理制品中的小型计算设备的出现。目前，最流行的平台是阿杜伊诺（Arduino）微处理器（www.arduino.cc），它可以通过台式电脑进行编程，也可以连接许多的兼容传感器（sensors）和执行器（actuators）。典型的此类传感器包括能对光（可见光谱）、声音（在指定的频率范围内）、触摸或加速度做出回应的设备；典型的执行器包括 LED 灯、扬声器或小马达。实际上，Arduino 及其变体和类似的平台有很多，这些平台有睡莲（LilyPad）、弗洛拉（Flora）、树莓派（Raspberry Pi）、便携板（Handy Board）、谋划者（Schemer）[①] 等，它们允许学生和设计师赋予多种物体可编程的行为。

以上这些对于学习科学的启示在于，与前面讨论的制造设备一样，以嵌入式设备为中心，学生自己可以制造可编程的玩具、科学仪器、机器人、服

① 相关网址见：www.sparkfun.com（LilyPad）；www.adafruit.com（Flora）；www.raspberrypi.org（Raspberry Pi）；bandyboard.com（Handy Board）；www.aniomagic.com（Schemer）。

饰、珠宝、艺术品等等。换句话说，学习中的有形计算的强大在于可以让学生的设计本身不亚于成人设计师的设计。孩子们可以创建能对光或声音做出反应的乐高建筑（Lego constructions），可以设计自己的 LED 帽子和项链，可以制造一挤压就会播放音乐的毛绒玩具，还可以创建能自我供能的动感雕塑。

342

新型材料

制造设备和嵌入式设备着实让人兴奋，以致有形计算技术发展的一个关键领域——强有力的新型材料开拓的设计新境界，常常被人忽视。其中具有代表性的例子是导电丝、油漆、磁带和陶瓷，它们能够连接各类计算单元（computational elements）和电子元件（electronic elements）。例如，通过使用导电丝，类似 LilyPad 和 Arduino 这样的计算单元能够直接被缝到纺织物的衬背（textile backing），并连接到传感器和执行器上。还有其他的材料可与计算单元组合使用，以提供各种类型的趋力，例如，形状记忆合金可用于将电流转换为机械力，而用电的发光线和薄膜可用于产生照明效果。

虽然不是全部，但有很多为儿童提供的极具表现力的新型材料能通过直接连接数字电子器件发挥效用，它们能在各个器件之间导电，或者随着所施加的电压的变化而改变自身的形状（还包括颜色、黏度等）。在某些情况下，对新型材料的兴趣在于将其应用于其他情境，例如，使用铣床加工特殊的蜡材料、在紫外线下改变颜料颜色，或者制造低熔点塑料模具。

光学和追踪：照相机、投影仪和 GPS

然而，还存在另一个广阔的，使技术可能更适合于全身界面而不是有形界面（一般规模较小）的技术领域，这个领域涉及使用高性能光学技术、投影和位置传感技术。例如，通过家庭娱乐设备（比如微软的 Kinect™ 和任天堂的 Wii™）而被大家而熟悉的传感技术也可以被用来创造环境和人工制品，它们可以感知用户的位置、手势或距离，并对用户位置、手势或距离的变化做出响应。通常，将这些技术与大型设计或建筑设计相结合是很有好处的，比如，一个科学博物馆中的展览可能会对观众的手势做出响应，或者每当一大批观众出现的时候，它可能以意想不到的方式做出响应。射频识别传感器（radio frequency identification sensors，RFID）可用于检测特定目标物体的距离，比如，使可计算的人工制品对各种不同的物理信号做出不同的响应。感应技术也不仅仅限于短程的 RFID 或者手势识别技术。当有形设备（或其用户）置于指定的地理位置时，全球定位系统（GPS）技术的使用可以对一些有形的设备或结构做出响应。

在结合使用位置感应技术的过程中，也有越来越多的技术和设备用于定制投影（customized projection）。例如，一个手持的“纳米投影机”可能会允 343
许用户将信息投射到人工制品上；或者，反过来，人工制品本身可能配备投影仪，可采用附近的任何平面作为一个非正式的“屏幕”。

以上几段总结了各种技术的发展，它们共同使得创新教育设计可以超越标准的计算机屏幕。关键的一点是，这些技术不是单独作用，而是联合作用的。它们（以及其他技术）构成了更大的生态系统的一部分。诸如一些网站（如 thingiverse.com）的存在，增强了 3D 打印机的威力，用户可以借此分享他们的三维设计；形状记忆合金的威力部分在于他们可以对 Arduino 控制信号产生响应；通过使用激光切割机或研磨机，可以将标签置于物体表面或者内部，这样就能提高射频识别技术的应用水平。换句话说，“有形界面和全身界面”不仅仅与一项技术相关联，而是一个与广泛的和相互支持的新兴技术相关联的领域。

通过整合物理要素与计算要素开展学习

前一节所描述的技术发展使设计人员能够为学习创造新型的工具和活动。在这一节中，我们将概述几个“有形教育设计”的主要方向，在随后的部分，我们将讨论这些设计对学习科学更普遍的影响。

计算手工艺品

教育中有长期通过手工活动进行学习的传统。举例来说，儿童可以通过折纸学习几何，通过制作立体纸制产品（paper pop-ups）学习工程设计，或通过制作和装饰动物模型学习生物。在某种意义上，传统的儿童手工“课程”超越了学科（几何、工程等）的界限。还有人认为这种耐心的、富有表现力的制作活动对情感或动机的学习都是有益的，比如，教会学生实践的价值或者忍受失败。

新技术的出现对类似的儿童活动有着深远的影响。例如，通过使用

LilyPad 或 Arduino，孩子们不仅能设计服装，还能“编排”设计过程（或许
344 可以设计一种缝制的产品，让其通过发出声音来对触摸进行回应）。通过使用 3D 打印，孩子们可以自己创造优质的娃娃屋家具、铁路环境模型或场景要素。利用计算机控制的切纸机，孩子们可以制作精确的剪纸。

前面讨论的许多技术都可以被解释成孩子们经常使用的制造材料的一种自然延伸。激光切刀（用来切木头）是手持锯和钻头的延伸；铣床（当用来加工蜡时）是雕刻工具的扩展；导电丝和油漆是古老的不导电的相似物的延伸。在探讨这些想法的过程中，重要的是反思应用特定的技术将使我们获得或失去什么。用剪刀剪纸会比使用电脑控制装置（在某种意义上）对儿童更好吗？它在促进儿童认知或动机发展方面会更有效吗？这些问题没有简单的或直接的答案。从长期来看，任何人拒绝让孩子使用计算技术制作手工制品时都应该牢记，手工活动一直是“高科技”（high-tech）的。人类并不是伴随剪刀、胶带、便宜的纸张或色彩鲜艳的纱线进化的，这些新近的创新对孩子们来讲已经习以为常了。这并不是说，孩子们使用技术完全是好事，制作手工制品的过程中，技术的价值必须从教育目的的角度进行分析。我们希望孩子们制作手工制品能够获得什么（以及他们自己想要获得什么）？新技术是如何促进或阻碍这些目标的达成的？我们在本章会再次讨论这个问题。

游乐场、环境和全身互动

一类主要的全身界面研究涉及创建各种“充满计算的空间”，让孩子们可以在空间中走动。这项工作从开展到现在至少有 30 年了：事实上，当前的一些建议和想法曾一直待在研究者的文档中，直到现有技术成熟到终端用户能够使用的程度。前文描述的技术进步使得许多建议跳出实验室的文档，进入家庭、学校和其他教育空间。

虚拟现实（VR）技术是研究者最早研究的领域之一，研究者利用该项技术，通过学习者的空间探测活动来促进其学习。这种想法充满了争议，甚至在一开始，人们就对将虚拟现实作为一个有用的教育工具持有强烈的反对意见。令人惊讶的是，其中的一些意见来自技术人员自己。鲁索斯和他的同事（Roussos et al.，1999）在开发第一个面向儿童的沉浸式学习环境时，描述了这一备受争议的工作。孩子们在这个环境中可以构建简单的虚拟生态系统，
345 与其他儿童进行远程的协作，并通过互动编写故事。鲁索斯及其同事提出了非常严肃和合理的质疑，即虚拟现实是否可以扩大学习成果，其成本是否会

无底线，它的开发、使用和维护的技术知识是否超出了大多数终端用户和教育工作者的实际水平。

那时，很少有人能想象得到，科技和互动媒体会如此迅速地发展到目前这样的小型化、便宜和容易获得。尽管如此，一些早期的研究人员依旧认为，这些技术和媒体的潜力尚需探究，看看教育策略是否由于这些有趣的新的可能性而得到拓展。这导致了被称为虚拟学习环境（virtual learning environments，VLEs）的子领域的出现。在虚拟空间或物理空间或两者的组合中，研究者开展了一系列虚拟现实实验研究：从故事屋（story room）到课程学习环境（curricular learning environment）。这方面的研究在头戴式显示器配置环境、像 CAVE 一样的虚拟现实显示环境以及桌面版本环境中都已经完成。

小型摄像机（及其相关技术）的价格已经下降到让人吃惊的程度，这为那些有兴趣创建和探索类似应用的人们提供了广泛的可能。例如，任天堂的 Wii™ 系统、无线定位和指向棒状界面就是基于低成本红外照相机和传感器的。随着微软 Kinect™ 系统的到来，这类界面的发展又向前迈了一步。该系统也是基于像相机一样的传感器的——Kinect™ 系统能检测景深，提供一些人所说的 2.5 维场景。借助开源工具和语言，这项技术很容易获得，目前这项技术正被用于开发许多教育的、休闲的以及创意的体验。

这个过程中，技术的应用也在不断得以改进，从应用在具有僵化教学结构的相对正式的“教学”中，到应用在更多的体验式学习和非正式学习经验中。在基于空间的交互或者全身交互的教育中，我们越来越多地看到非传统的方法的运用，例如，通过多用户配置学习社交技能，或利用儿童对自己身体的了解促进儿童的发展（比如，通过动觉或本体感觉）。

从这个意义上来看，10 年或者 20 年前，恐怕很少有人会想到技术会以这样的方式渗透到这些空间和领域中。例如，我们可以看到企业创建的能够利用技术提供互动式体验的城市游乐场。通过这种方式，游乐场的传统优势（Barbour，1999）实现了技术升级，而这些技术对这一代的儿童和青少年来讲已变得非常熟悉和自然了。

以课堂为中心的教育应用也已经将嵌入式技术整合于其中。这改变了技术和计算机在课堂中应用的方式：从桌面式应用转变为课堂必要组成部 346
分的系统式应用，把教室空间转变为全面互动的实验教育环境（educational environment for experimenting）（Moher et al.，2010）。

家庭、教室、游乐场并不是可以整合全身技术的唯一环境。例如，科学博物馆已经使用新的空间探测系统，提供类似游乐场的环境，使人们不仅可以进行物理属性和规律的实验，也可以对实验进行分析，甚至可以进行某些违背常规的实验。我们从旧金山的探索博物馆（Exploratorium）和雅典的机械科学博物馆（Polymechanon）的工作中就可以看到，当技术整合进来的时候，学习是如何转变为一种完全不同的体验的。

人体增强（Body Augmentation）

在大多数情况下，当研究人员使用“有形计算”这个术语时，他们指的是具有计算功能的有形的人工制品，或者使用电脑来制造有形的人工制品（例如在制造设备的情境下）。在这个描述中，“有形”，即人类触摸的本质以及人体的概念被理解为一个常量或者已知量。但是，同时也应该指出，有形的概念就像计算的概念一样，在不断发展变化。例如，类似眼镜一样简单的仪器，逐渐巧妙地改变了“可见度”的概念，我们可以看到关于人们给他们自己与物质世界的交互带来什么的假设发生了稳步的变化。

在一个典型的增强现实的例子中，人类对于物质世界的视觉印象由一种专业的眼镜得到了补充，该眼镜提供了可叠加在自然风景上的派生计算信息。视觉不是唯一可以被增强的感觉，一个人可以同样想象利用专业的手套或者手持工具增强对物体的触觉。可穿戴式计算（wearable computing）领域特别擅长将“计算制品”（computational crafting）的设计样式（如前所述）与感觉增强结合起来。例如，儿童可以设计可编程的服装，这些服装能对偏振光、高频音调或者空气中潜在的敏感源做出响应（还有其他可能性）。[①]

总之，有形以及全身教育设计可以被看作各种载体的组合。孩子们可以将有形技术作为传统制品的延伸：有形界面和全身界面技术可通过“无处不
347 在的计算”纳入儿童的环境以及玩耍空间中，儿童可以利用感觉装备与环境和物体进行互动。

---

① 基什（Kirsh，2013）的文章虽然没有直接专注儿童或教育本身，但却为这种设计提出了一个令人振奋的前景。

有形和全身界面为学习科学提供了什么

到目前为止，我们专注于设计者视角的有形和全身设计。特别是，我们探索了很多使得这些设计成为现实的最新的技术发展，而前一节讨论的几种设计则将有形和全身界面与教育联系起来。在这一节中，我们将聚焦于学习科学中的理论问题，即有形和全身设计是如何有助于研究这些理论问题的。

与具身认知的连接

也许对于学习科学来说，有形计算最自然的应用是在对具身认知的研究中［或者，对主题或重点稍有不同的"基础认知"（grounded cognition）或"扩展认知"（extended cognition）的研究中］（Abrahamson & Lindgren，本书第 18 章）。一般来讲，越来越多的研究支持这种观点：人们是通过身体活动来学习抽象问题［例如，数学中的有限集合（Lakoff & Nuñez，2000）或物理学的质量守恒（Goldin-Meadow，2003）］的（Clark，1997）。在此我们只选取一些自然的例子：传统教学使用数学教具，如计数杆、平衡梁和时钟，这可以被看作用一个物理的、"具身的"的方式来引入早期数学概念，比如计数、加法、交换律、乘法和模运算。具身理解并不仅限于浅显的材料：例如，人们可以认为，操作魔方（Rubik's Cube）实际上就是在用具身的方式介绍群论的概念。

操作物体可以被看作以具身的方式理解各种各样概念的基础。纸可以被作为一个近似的二维表面，一根金属棒可以被作为一个刚性导管，一根绳子可以代表施加一个"拉"（而不是"推"）的力的途径，台球可以被近似看作理想的气体分子，等等。在这些例子以及更多的例子中，对物理材料和物体的体验为学习者提供了直觉以及隐喻性洞见和意象的来源。我们必须记住，这样的物理体验也是有风险的：把分子想象为台球在某些情况下（早期统计力学）合理，但在其他情况下（理解氢键）会适得其反。然而，佩珀特 348
（Papert，1980）提出，一旦物理材料被慎重采用，这些物理材料就会一直充当思考的伴随物。

有形和全身界面设计与学习中的具身认知研究的理论兴趣非常一致。事实上，有很多方法可以支持这个领域的研究：

- 设计者可以使用包括手势和运动传感器在内的新技术，创建能对身体活动进行响应的“教具”[例如，亚伯拉罕森和他的同事（Abrahamson et al.，2011）设计了可以感知学生手的运动的教具，以支持通过动觉来理解比率的概念]。
- 设计师可以制造有形制品来说明先进的或者正在探究的内容，比如动力系统[例如，雷斯尼克等人（Resnick et al.，1998）为探讨动态系统中的概念，制作了“数字珠”（digital beads）]。
- 设计人员可以利用可获得的制造工具来创建系统，这些系统使孩子可以建构或定制自己的教具。例如，孩子们可以（想象）创建自己的个性化的数学难题、多面体模型（Eisenberg & Nishioka，1997）、珠子、施工套件等等。
- 设计师可以制造新奇的计算功能丰富的服装、可穿戴物或者配饰，它们能够拓展学生的直觉：可以识别并以信号的形式告知学生环境中存在“数学上很有趣”的物体的眼镜，能对某些类型的“内容恰当”的手部动作（例如，计数动作）做出有趣回应的手套，或者配上传感器的能对复杂的节奏做出响应的手持式乐器。

以上例子，不管是假设的还是来自实际项目的，都试图表明，更加宽阔视野下的数学和科学认知能够以多种多样的方式与有趣的有形设计以及全身设计相匹配。反过来，它也表明，对于这些人工制品的设计师来讲，熟悉具身认知的文献将帮助他们创造有价值的教育活动。技术和认知科学两个领域相得益彰：在某种程度上，对数学或科学的理解是与物理体验和身体的直觉相联系的，这种体验和直觉，可以通过精细的经过设计的技术加以丰富。

超越屏幕：儿童的学习场所的设计

当前的认知理论告诉我们，我们可以理解世界，是因为我们有一个身体
349 可以作用于这个世界（Dourish，2001）。自从技术允许人的身体与虚拟环境、物理环境或者二者混合的环境进行全身或者具身交互的那一刻起，人机交互（human-computer interaction，HCI）领域就很自然地吸取了这些洞见。事实上，正如格鲁丁（Grudin，1990）指出的，计算机界面的历史一直是向物理世界延展的历史。近期有关将物理活动融入学习体验的研究表明，物理活动

能提高学生的参与性和主动性，提高学生对自己行为的意识，增强创造力，并能促进反思（Price & Rogers，2004；Rogers，Scaife，Gabrielli，Harris，& Smith，2002）。

从早期受到重点关注的人机工程学，比如利用界面最大限度地减少身体活动及其消耗，到如今基于空间的交互或者全身交互的相关研究，都已经开始产生很多有趣的结果。尽管身体活动经常不被看作教育活动，但是促进这种活动在儿童和青少年中的应用是与教学相关的。一方面，游戏日益被看作人类及其发展的重要方面（Salen & Zimmerman，2003）。另一方面，这些应用不仅能促使不从事体育运动的儿童进行身体运动，还能教会儿童身体运动背后的价值：教他们有关健康的问题，教他们了解自己的身体，教他们学会处理与其他儿童的关系，教他们在追求共同目标的过程中学会协调与协作。

例如，任天堂 Wii™ 成功的原因不仅在于其具备体感游戏的要素，还在于游戏的背后存在社交性：用户可以共享空间，与游戏、与其他用户进行互动。研究人员已经对玩游戏的同时进行身体活动的效果进行了研究。比如穆勒、阿迦马诺里斯和皮卡德（Mueller，Agamanolis，& Pickard，2003）提出了术语*运动界面*（exertion interfaces）来描述这些类型的技术，同时也研究其在促进儿童社会性发展方面的效果。他们发现，与只玩游戏而不进行身体活动相比，当要求用户在操作游戏界面的时候做一些身体上的努力时，用户就会有更多的投入，用户之间的关系也会更紧密。伯图泽等人（Berthouze et al.，2007）认为，交互式游戏体验过程中的高水平的运动改变了用户的参与方式，她把这一转变描述为从“轻松的快乐”（easy fun）到“艰难的快乐”（hard fun）。这可能对学习和创新过程产生有趣的影响。

卡斯塔尼、卡梅里诺、帕雷斯和兰德里（Castañer，Camerino，Pares，& Landry，2011）已经使用了一个被称为“互动幻灯片”（Interactive Slide）（Soler-Adillon，Ferrer，& Pares，2009）的体感活动平台来探索身体活动的教育意义。丹麦的康潘（Kompan）公司，英国的普雷得尔（Playdale）公司，以及芬兰的乐普森（Lappset）公司都在探索传统的游乐场如何利用基于空间的互动使这些游乐场更贴近儿童和青少年的喜好（Hodgkins，Caine，Rothberg， 350
Spencer，& Mallison，2008）。本着同样的精神，丹麦成立了 Playware 中心来探索游戏体验中互动技术的潜力，并特别关注全身交互（Lund，Klitbo，& Jessen，2005）。

为了实现理解我们周围世界的目标，全身交互研究能为我们提供不同的视角。例如，安特尔、科尔内斯和德鲁梅瓦（Antle，Corness，& Droumeva，2009）定义了具身隐喻（embodied metaphors），而莱考夫和约翰逊（Lakoff & Johnson，1980）则研究了语言（语言反映了人类文化及其理解世界的方式）如何整合这种考虑了周围世界物理特性的隐喻。这是一个非常有趣的方向，它不仅使用户更容易参与互动，而且能帮助用户更好地理解我们这个世界的机制和逻辑。

博物馆已经开始进行基于空间的互动（space-based interaction）的实验。雅典的机械科学博物馆已经完全基于全身交互技术来帮助孩子学习物理规律和我们的世界的特性了（Kynigos，Smyrnaiou，& Rousson，2010）。它包括了一些包含身体活动的体验，用户可以通过协作或者竞争实现目标。在此仅列举诸多例子中的一个，巴塞罗那的宇宙盒（CosmoCaixa）科学博物馆已经进行过实验，探讨当人在虚拟航行中逐渐变小到纳米尺度时，身体是如何作为恒常的指代物与周围的世界进行具身互动的（Mora，Pares，& Rodriguez，2012），或在混合现实环境是如何协作的，以帮助青少年理解科学研究中也需要协作（Carreras & Parés，2009）。

类似 Kinect™ 这样的技术提供了使传统教学策略与当代儿童文化相融合的新机遇。最近的两个例子分别是 Kinect Nat Geo TV™ 和 Kinect Sesame Street TV™。第一个游戏强化了经典而优质的纪录片格式的运用，向儿童介绍简单的游戏，在游戏中儿童可以模拟动物的行为，以更好地理解动物的生活和环境。非常有趣的乔装改扮策略得到了运用，比如，在一个游戏中，孩子们看到自己在屏幕上有着猫头鹰的头和翅膀。他们必须用他们新获得的喙来捉蚱蜢，喂附近鸟巢里的雏鸟。这种乔装改扮不仅深受孩子们的喜爱，还使他们摆脱了约束，允许他们以更加开放的方式，按照自己的意愿行动。第二个游戏采用了经典的芝麻街教学场景和人物引导策略。但是这次，游戏允许孩子们在特定时候依据所描述的元素或情境采取行动。例如，孩子们可以把椰子放进一个盒子里，当他们这样做的时候，游戏中的虚拟人物会鼓励孩子们数一数他们已经收集的椰子的数量。这些策略不仅能够激励孩子，而且还以自然的方式把他们引入教学环境中，这种全身活动能帮助他们获得理解特定概念和情境的能力。

351 全身交互设计在促进儿童社会性发展方面借鉴了维果茨基（Vygotsky，1978）开创的理论。维果茨基的理论是教育中的建构主义理论基础的一部分，这方面的研究反过来又影响了许多交互设计师，比如佩珀特（Papert，

1980）和雷斯尼克与西尔弗曼（Resnick & Silverman，2005）。特别在有形互动和基于空间的互动中，维果茨基的理论（比如孩子们如何开始使用工具操作环境中的要素，而且把它们转化成他们理解世界的符号，并对它们进行编码，获得内部表征）影响着设计交互体验的方式。维果茨基一个主要的思想是，儿童首先通过社会化发展一种新的能力，然后将其内化。这与基于空间交互设计的哲学是一致的，它允许多用户交互和社会交往以交互系统为中介。

基于空间的交互也能帮助自闭症谱系障碍（autistic spectrum disorder，ASD）的儿童。带有预测系统且能与其他儿童、教育工作者或者父母协作的全身交互在这一领域具有巨大的潜力。正如在象形图工作室项目（Pictogram Room project）（Casas，Herrera，Coma，& Fernández，2012）中一样，这类全身交互为需要了解自己身体的自闭症谱系障碍儿童提供了强有力的支持。在该项目中，孩子们通过模仿策略了解自己的四肢，学习左和右的概念，等等。

学习科学研究的"有形方式"

正如我们在本章开始时讲到的，有形和全身界面体现的是一个相对比较近期的——对于许多研究者来说，甚至是相对非正统的——思考教育技术的方式。至少在当前，我们尚不熟悉与该领域相关的以下情景：电脑不再被放在桌子上，而是被有策略地置于游戏环境中，或是附着在纸张表面，或是被缝在可编程的毛绒玩具上，或是被孩子穿戴在衣服上。此外，由于这项工作导致了一种新的技术设计方式，它也带来了一种颇具潜力的非传统的思考教育设计的方式。

让我们思考基于桌面电脑（或笔记本电脑）的传统的教育技术形式如何与教育本身的古老形象完美契合：一排排静静坐着的儿童，注视着主要通过初级的符号（文字的或图表的）这一表现手段呈现的文字或者图表材料。尽管，图表的呈现方式是新的——呈现在高分辨率屏幕而不是纸质表面上，尽管技术的呈现应用了大量的底层计算资源，但更高层面的教育本身的结构依旧是我们熟悉的：教育是在指定地点和时间发生的事情，同受限的身体活动相联系。

有形和全身设计意欲对这些情境提出挑战。首先，有形研究者经常设计用在非正式教育情境（而非课堂）中的人工制品：用在游乐场、公园、博物馆和主题公园中，等等。这是强调身体活动和运动的一个自然的结果：毕 352

竟，课堂不是一个鼓励孩子们跑来跑去的地方，所以专为这些地方设计的人工制品的类型将是相对静态的。但是，有形和全身研究人员自然想要设计儿童通过活动来学习的环境。研究人员可能会在孩子步行上学的路上看到机会：也许社区可以对孩子走路的位置做出回应（由全球定位系统测量）。研究者可能会把注意力集中在户外设置上：也许可以通过智能地使用增强现实技术提高植物园游览效果，或可以用红外信号代替游乐场游戏中的物理标记。

其次，有形研究者倾向于为孩子们设计丰富的或具有挑战性的活动，而不是开发课程材料以解决传统的学习问题。以工艺技术为例，可以想象孩子们用新奇的方式来度过他们的创意时光：将电脑缝制在服装中，或制作复杂的立体卡片，或在纸张上制作电路。这种方法较少关注学科问题的结构，也较少关注传统的“认知”概念，其关注的是态度、性格、毅力、美学等。一位工艺技术研究人员更可能聚焦于长期的、开放式的、需要耐心的建构上，在这样的情境中，设计师对给孩子的实时显示信息的控制相对较少。因此，有形研究者较少关注传统的认知问题，比如，材料的顺序，调度问题，或测试材料的设计。对于工艺技术专家来讲，成功的指标更趋于孩子们是否能长期专注于内容丰富的材料（电路设计，Arduino 编程，造纸工程），以及他们是否正在经历深感兴趣的挑战性的活动。孩子们所学的具体内容可能因人而异。学习的情感维度在有形设计的教育研究文献中正变得越来越重要，这些维度包括：强烈的创造愿望，工作中的喜悦，项目完成后的自豪，对智力挑战的偏好。

最后，因为有形和全身界面置身于长期活动和多种多样的情境中，它们同样也为学科问题本身提供了一个更广泛的视野。不是单独聚焦于课堂主战场，比如英语和数学，有形设计师可能会为制陶、园艺或者芭蕾等创造产
353 品，这些主题类型与物理材料（有时很凌乱）或人体运动紧密相关。有形和全身设计最自然的应用，往往与传统的课堂相反，它们更适合在工作室、车间或游乐场使用。

应该指出的是，在所有这些方面中，这一设计理念很可能代表了一个刚刚出现的教育技术前沿，届时传统的课堂将失去主导地位。最近，慕课（MOOCs）和在线教育企业（Khan，2012）的爆炸性增长，可能随着时间的推移，会真正促进其他学习结构和环境的发展。在未来的几十年里，一个孩子的教育可能会更少依赖课堂，一个孩子可能会花一天的部分时间在“黑客

空间”，或者当地的工艺制造中心，或自然保护区。当然，还有更多的反乌托邦的未来场景，但人们至少可以期待这种发展。在这种替代的环境中，新颖的教育人工制品的设计，结合了长期的建构性的或者身体层面的活动，可以被看作在线课程、模拟和测验的一个必要和有力的补充。

学习中有形和全身设计的发展性问题

本章主要关注的是目前有形教育技术在教育中使用的机会：可获得的最新的技术、教育设计的新方式、学习科学研究中重要的新领域。在最后一节，我们会讨论一些学习科学中有关有形技术的角色的中心议题。

有形设计的认知局限

正如前一节所言，教育中的有形和全身设计方法与一些认知理论相吻合，那些理论强调身体活动和身体本身在理解中的作用。在这个意义上，有形设计和具身认知与更“抽象”的教育表征（例如，通过文字和其他符号进行交流）以及更“抽象”的理解（例如，数字、函数、群等数学概念）形成了对比。

具身理解和抽象理解之间的对比［或许“紧张关系”（tension）是一个更好的词］正好反映了历史上有关教育的争辩，特别是数学和自然科学领域的争辩。尤其在数学家当中，他们长期以来认为身体在产生真正的理解方面并不必要，而且也不可靠（这是一个很早就出现在柏拉图著作中的议题，以后无数的学者和研究者对此进行了辩论）。毕竟，我们从来没有真正见过或体验过一条直线或者一个圆：这些都是抽象概念。我们从来没有触摸过数字、函数或整个代数领域的任何东西。的确，我们的身体似乎在告诉我们，354
平行线永不交叉（欧几里得著名的“第五公理”的主题），但 19 世纪更抽象的推理告诉我们，我们世俗的直觉在这一点上绝不是必然正确的（Trudeau，1987）。

数学并不是身体直觉遭受怀疑的唯一领域。现代物理学的思想就是在命名一些令人不解的概念：我们并不能依靠身体理解空气的特性、无摩擦的运动，或海森堡不确定性原理。在生物学中，我们对时间自然的直觉的感受，也很难让我们理解跨越数千年或者数百万年的进化过程。

总之，数学和自然科学充满了抽象观念和概念理解障碍，这些尤其与具身理解不相吻合。出于这些原因，人们可能会对过于注重有形计算，以致将其作为教育设计的基础而持谨慎的态度：毕竟，如果教育的关键挑战是要超越具身理解，那么也许教育设计应专注于对最抽象的、最不接地气的推理的练习。

我们反对这一结论，并从两个方面来看待这个问题：第一，有形体验本身就是一个“活动的目标”，它受到技术或者物质环境的影响。有形体验，比如加工导电涂料、记忆合金或者电子工具包（仅举几例），可以让儿童形成与上一代儿童不同的“基础认知”。其次，即使是对数学和科学中最抽象的概念的理解，也常常会得益于有形体验，即使这一体验来自完全不同的其他领域：空气曲棍球台（air-hockey table）可以让人产生（相对的）无摩擦运动的直觉体验，尽管大多数日常的情况与此体验背道而驰。综上所述，我们认为，有形计算可以用来引发新的和意想不到的身体层面的直觉，在许多情况下，对过度抽象和不容易理解的内容也是如此。

有形计算和 DIY 社区

学习科学的发展史与计算的历史深刻地交织在一起。认知科学本身，作为一个跨学科领域，起源于对心理活动计算模型的兴趣（Gardner，1987），创造性地运用计算机模拟、认知模型和人机界面往往也是学习科学研究的特征。

对设计有形和全身界面的兴趣反映了学习科学赖以建基的思想的自然延续。关键是，我们对于技术、头脑中关于技术的隐喻、最适合儿童教育的技
355 术的观念是不断变化的。计算并不是把一个处理器放在桌子上这样简单（即使处理器连接了网络也不行），大脑也不仅是一个静态的信息加工设备，一幅更完整的教育和学习图景应是各种技术与各种活动和环境的整合。

比起20世纪七八十年代的家用电脑行业，学习科学中的有形和全身设计代表着不同的时代精神。现在有越来越多的社区支持各种类型的“创客”（makers）（Anderson，2012）：DIY社区创建者，业余科学家和工程师，家庭工匠，等等。他们得到网站和商业公司的支持，这些网站和商业公司提供“如何（做）”（how-to）的信息（例如 instructables.com、makezine.com）或制造服务（例如 shapeways.com、ponoko.com），或提供新型的制作材料（inventables.com）。“创客运动”有时是指一种现象，这种现象与学习中的有

形和全身技术相吻合。我们认为孩子们在新设计的物理制品和环境中学习，是他们理解世界的重要方式。我们希望有一个令人满意、富有创意的世界。在这个世界中，计算技术和材料技术会相得益彰，得到越来越普及的应用，并对儿童的智力发展提供充分的挑战。

参考文献

Abrahamson, D., et al. (2011). From tacit sensorimotor coupling to articulated mathematical reasoning in an embodied design for proportional reasoning. Presented at AERA 2011. At: edrl.berkeley.edu/sites/default/files/Abrahamson-et-al.AERA2011-EmbLearnSymp.pdf.

Anderson, C. (2012). *Makers*. New York: Crown.

Antle, A. (2009). Embodied child-computer interaction: Why embodiment matters. *ACM Interactions*, (March/April), 27–30.

Antle, A. (2013). Research opportunities: Embodied child-computer interaction. *International Journal of Child-Computer Interaction*, 1 (1), 30–36.

Antle, A. N., Corness, G., & Droumeva, M. (2009). What the body knows: Exploring the benefits of embodied metaphors in hybrid physical digital environments. *Interact. Comput*., 21 (1–2) (January), 66–75.

Barbour, A. (1999). The impact of playground design on the play behaviors of children with differing levels of physical competence. *Early Childhood Res. Q.*, 14 (1), 75–98.

Berthouze, N,. et al. (2007). Does body movement engage you more in digital game play? And why? *Affective computing and intelligent interaction* (pp. 102– 113). Berlin/Heidelberg: Springer.

Buechley, L., & Perner-Wilson, H. (2012). Crafting technology: Reimagining the processes, materials, and cultures of electronics. *ACM Transactions on Computer-Human Interaction*, 19 (3), Article 21.

Carreras, A., & Parés, N. (2009). Designing an interactive installation for children to experience abstract concepts. *New trends on human-computer interaction* (pp. 1–10). New York: Springer.

Casas, X., Herrera, G., Coma, I., & Fernández, M. (2012). A kinect-based augmented reality system for individuals with autism spectrum disorders. *GRAPP/IVAPP*, 440–446. 356

Castañer, M., Camerino, O., Pares, N., & Landry, P. (2011). Fostering body movement in children through an exertion interface as an educational tool. *Procedia-Social and Behavioral Sciences*, 28, 236–240.

Clark, A. (1997). *Being there*. Cambridge, MA: MIT Press.

Clements, M. A., et al. (Eds.) (2013). *Third international handbook of mathematics education*. New

York: Springer.

Dourish, P. (2001). *Where the action is*. Cambridge, MA: MIT Press.

Eisenberg, M., & Nishioka, A. (1997). Orihedra: Mathematical sculptures in paper. *International Journal of Computers for Mathematical Learning*, 1, 225–261.

Feiner, S., et al. (1993). Knowledge-based augmented reality. *Communications of the ACM*, 36 (7), 53–62.

Gardner, H. (1987). *The mind's new science*. New York: Basic Books.

Gershenfeld, N. (2005). *Fab*. New York: Basic Books.

Gibson, J. J. (1979). *The ecological approach to visual perception*. Boston: Houghton Mifflin.

Goldin-Meadow, S. (2003). *Hearing gesture*. Cambridge, MA: Harvard University Press.

Grudin, J. (1990). The computer reaches out: The historical continuity of interface design. *Proceedings of CHI '90*, 261–268.

Hodgkins, P., Caine, M., Rothberg, S., Spencer, M., & Mallison, P. (2008). Design and testing of a novel interactive playground device. *Proceedings of the Institution of Mechanical Engineers, Part B: Journal of Engineering Manufacture*, 222 (4), 559–564.

Jonassen, D. (Ed.) (2004). *Handbook of research on educational communications and technology*. Mahwah, NJ: Lawrence Erlbaum Associates.

Khan, S. (2012). *The one world schoolhouse*. New York: Twelve.

Kirsh, D. (2013). Embodied cognition and the magical future of interaction design. *ACM Transactions on Computer-Human Interaction*, 20 (1), Article 3.

Kynigos, C., Smyrnaiou, Z., & Roussou, M. (2010). Exploring rules and underlying concepts while engaged with collaborative full-body games. *Proceedings of IDC 2010*, 222–225.

Lakoff, G., & Johnson, M. (1980). *Metaphors we live by*. Chicago: Chicago Press.

Lakoff, G., & Nuñez, R. (2000). *Where mathematics comes from*. New York: Basic Books.

Lund, H. H., Klitbo, T., & Jessen, C. (2005). Playware technology for physically activating play. *Artificial Life and Robotics Journal*, 9.

Moher, T., et al. (2010). Spatial and temporal embedding for science inquiry: An empirical study of student learning. *Proceedings International Conference of the Learning Sciences*, June, Chicago, 1, 826–833.

Mora, J., Pares, N., & Rodriguez, N. (2012). Analysis of an embodied interaction installation for museum to enhance learning of the nanoscale. *Workshop Designing Interactive Technology for Teens*, NordiCHI 2012, Copenhagen.

Mueller, F., Agamanolis, S., & Picard, R. (2003). Exertion interfaces: Sports over a distance for social bonding and fun. *Proceedings of CHI'03*, 561–568.

Myron, W., Krueger, T. G., & Hinrichsen, K. (1985). VIDeoPLACE – An artificial reality. *Proceedings of CHI '85*, 35–40.

357

Norman, D. A. (2002). *The design of everyday things*. New York: Basic Books.

Papert, S. (1980). *Mindstorms*. New York: Basic Books.

Price, S., & Rogers, Y. (2004). Let's get physical: The learning benefits of interacting in digitally augmented physical spaces. *Journal of Computers and Education*, 15 (2), 169–185.

Resnick, M., et al. (1998). Digital manipulatives: New toys to think with. *Proceedings of CHI '98*, 281–287.

Resnick, M., & Silverman, B. (2005). Some reflections on designing construction kits for kids. *Proceedings of IDC 2005*, 117–122.

Rogers, Y., Scaife, M., Gabrielli, S., Harris, E., & Smith, H. (2002). A conceptual framework for mixed reality environments: Designing novel learning activities for young children. *Presence*, December.

Roussos, M., Johnson, A., Moher, T., Leigh, J., Vasilakis, C., & Barnes, C. (1999). Learning and building together in an immersive virtual world. *Presence: Teleoper. Virtual Environ*, 8 (3) (June), 247–263.

Salen, K., & Zimmerman, E. (2003). *Rules of play: Game design fundamentals*. Cambridge, MA: MIT Press.

Soler-Adillon, J., Ferrer, J., & Pares, N. (2009). A novel approach to interactive playgrounds: The interactive slide project. *Proceedings of IDC 2009*, 131–139.

Trudeau, R. (1987). *The non-Euclidean revolution*. Boston: Birkhäuser.

Vygotsky, L. S. (1978). *Mind in society*. Fourteenth Edition. Cambridge, MA: Harvard University Press.

Zaman, B., et al. (2012). Editorial: The evolving field of tangible interaction for children: The challenge of empirical validation. *Personal and Ubiquitous Computing*, 16 (4), 367–378.

第18章

具身和具身设计

多尔·亚伯拉罕森　罗布·林格伦

358 想象一下下面的情景：一个尚不会说话的婴儿跨越跷跷板的中心，她缓缓地前后倾斜自己身体，将自己身体的重量从跷跷板的一端放到另外一端，感受着一端倾斜下去，然后又倾斜上来。这个孩子不能用简单的话语描述她观察到的现象，更别说用科学术语去描述。他能从这一经验中学到什么吗？如果能，他正在学习什么？这样的学习将在他与世界未来的互动中扮演什么角色？当然，这是一段非言语的身体体验，是一种需要身体体验才能发生的学习——身体的学习。但是，这种非言语的身体体验与在学校里学习的语言的和抽象的概念有什么联系呢？在这一章，我们认为身体与学习的各个方面都有联系，甚至与学习抽象概念也有联系。

以数学为例。人们常常认为数学的实践就是制造和操纵任意符号标志，这些标志代表的是抽象的、未被人类破坏的宇宙中的自明之理。在世俗的物质环境中，人类的身体任意地被地球环境支配，数学被认为是人类超越，又或许是摆脱了这种世俗的物质环境的集体成就的缩影。因此，数学不是具身的。

我们拒绝这种普遍的观点，相反，我们认为学校里的所有学科，甚至数学，都是具身的。具身的观点拒绝柏拉图式的观念，即把数学对象看作我们这些普通人可能希望去理解的理想的实体。此外，这种观念促进了数学认识论上的概念化，实际上，所有的科学、技术、工程和数学（STEM）内容都不建立在其符号系统和标志形式上（很明显，这些形式对它们的实践是很关键的），而建立在情境、空间动态变化以及标记为“数学的”从事社会活动的人的身体现象上。我们甚至更坚定地认为，基础的科学、技术、工程和数学知识本身就是由人类大脑的具身本质所塑造的。

本章的目的是概述具身方法，解释它如何有助于促进我们对学习的理解，并建议和举例证明这种理解如何贯穿于科学、技术、工程以及数学学习环境的设计之中。

具身的原则

359

当我们深入专业实践中时，我们会采用特殊的方法来看待和讨论某些情况（Goodwin，1994）。在许多领域，尤其是在科学、技术、工程和数学等领域，这些领域的专业习惯很难获得，因为它们采用分析的视角，而这样的视角背离了它们在真实世界中的自然存在方式（Bamberger & diSessa，2003）。进一步说，在科学、技术、工程和数学学科的学习中，为了参与专业的实践，学生必须熟练使用专门的符号系统，这些系统使用的是他们本不熟悉的符号标志（Harnad，1990）。

我们认为具身方法能够帮助教育者创设学习环境，这些学习环境能够引导学习者走进这些学科的视角。广泛汲取学习科学的发现后，本部分将阐明三个原则，我们发现这三个原则有益于我们理解学生学习科学、技术、工程和数学内容时持续存在的困难，并对这些困难做出回应。第一，我们将讨论两种认知系统（原始的和形式的），我们认为对形式化分析的深入理解是建立在与物质世界无中介交互获得的意义的基础之上的。第二，我们认为即使不在学科学习的初始阶段，所有正在进行的理解、问题解决，甚至对符号标志的操纵依旧是具身的——它们都激活了身体在空间运动中的自然感觉运动体系。第三，我们认为，不管是生物的、物质的还是认知的设备总在支持和塑造感知活动。

以下三个分主题都将以一个小结和一个数学、技术、工程和数学学习环境设计所面临的挑战结束。

韵与理：协调两个认知系统的学习

当我们沉浸在任意一种感觉运动活动中时，我们都在使用高度复杂的认知与运动系统，这个过程几乎不需要任何思考。但是，当我们停下来开始思考和讨论知觉和行动时，我们则在使用一种不同的认知系统，这个系统的活动与其所涉及的身体经验不同。理解即时的“行动”与作为中介的“思考”

这两种认知模式的区别，对于具身学习的理论和实践是非常重要的，因为教育者试图引导学习者从沉浸式的活动转向结构化的反思。

通过结构化的反思，吸收的经验流能得到更好的理解。就像杜威指出的："事件变成有意义的物体、事物，……能在想象中任意地组合和重新安排，……由此，它便更服从管理，更持久，更容易适应。"（Dewey，1958，p.167）当我们把我们的无意识知识、隐性知识显性化时，我们就像是在自
360 己和经验之间投射了一个概念化屏幕（Polanyi，1958，p.197）。这种双系统命题在学习科学的基础性文献中有相似的存在：比如，认知发展心理学家皮亚杰对知觉知识和概念知识进行的非常著名的区分（Piaget & Inhelder，1969，p.46）；社会历史心理学家维果茨基对自发概念和科学概念进行的比对（Vygotsky，1962；）。

卡内曼（Kahneman，2003）对毫不费力的直觉过程和深思熟虑的推理过程进行了比较，认为前者是快速的、启发式的，相对难以修改，而后者是慢速的，但是更准确和易于修改。值得注意的是，这两个系统是相互渗透的，因此，深思熟虑的推理可以随时间的积累变得更省力和快速（Dreyfus & Dreyfus，1999；Fischbein，1987）。甚至对符号标志的加工也能变成直觉：最近的研究表明，简单的言语的和算数的加工可以是无意识的（Sklar et al.，2012）。

认知心理学家认为新知识的获得首先是以有意识的、深思熟虑的模式进行的，随后就变成以直觉的模式进行。但是具身活动使用的是直觉的、非反思的模式。我们认为直觉整体模式中体验到的意义能够导致典型学科实践的定量分析和符号表达。

小结：在大多数的日常活动中，在给定的环境下实现目标所获得的意义都有隐性的、情境的和系统化的倾向——直觉模式。但是，科学、技术、工程和数学等学科都采用分析模式，对自然的交互进行具体化、解析、分析和量化。为了理解科学、技术、工程和数学的内容，学生们必须利用学科实践协调过的结构去协调他们未协调的观念和行为。

挑战：能够把学习环境设计得可以促进基础学习吗？在此学习环境中，学生能保持从身体活动中获得的对意义的隐性感觉，即使有人引导他们重新正式地对这个活动进行思考，这一感觉也依旧存在。这将导致更重要的学习结果吗？

将抽象作为模拟的动作：学习正在新的道路上前进

在本部分，我们认为操纵符号的概念在认知意义上与在物理空间中移动物体是非常类似的。戴维·兰迪（David Landy）进行了精巧的实验设计，证明了口头上的“操纵符号”（比如，“把 +2 移至等号另一边就变成了 –2”），并不仅仅是言语形式上的一个暗喻，在我们“头脑中的眼睛里”，我们确确实实把这些符号移到了等号的另一边，这样，如果正在移动的符号必须面对一股“逆流”，我们也能随后到达我们的目的地（Goldstone, Landy, & Son, 2009）。

很多人认为思考是一种重要的心理活动，它与感觉输入或者运动输出是分离的。与此相反，很多认知科学研究已经发现“抽象的概念是感知觉的，它扎根于内外部事件暂时的延展模拟”（Barsalou, 1999, p.603）。如果是这样，361 思考就是对有关物质世界的知觉的唤起和动态操作。麦尔瑟（Melser, 2004）认为思考是一种隐蔽的、被删节了的行为——说“删节了”是因为有关计划和执行外部身体行动的心理机能被调动了，但是肌肉组织没有被调动。来自神经影像的实验证据支持这些观点，发现“理性思考……直接采用感觉 – 运动身体机制，……它是一种对我们身体正常运作的开发”（Gallese & Lakoff, 2005, p.473）。比如，当我们进行想象的时候，我们激活了大脑中与实际看到时被激活的相同的部分（Kosslyn, 2005）。当我们听到动词“舔”“捡”“踢”的时候，我们其实偷偷地激活了控制嘴、手、腿的运动系统（Hauk, Johnsrude, & Pulvermüller, 2004）。这些发现已经导致一些学者抛弃了传统的心理表征的概念，用主体 – 环境动态（agent-environment dynamics）这一术语来阐明认知过程（Chemero, 2009；Clark, 2013；Hutto & Myin, 2013；Thelen & Smith, 1994；Varela, Thompson, & Rosch, 1991）。

发展心理学大体上赞同身体的活动在概念发展中扮演着中心角色这一观点。维果茨基曾有一个很著名的说法：“语言不是开始，行动才是。”（Vygotsky, 1962）皮亚杰认为当人们处理具体问题时，例如学习数学或者科学中诸如“面积”或者“重力”的概念时，行为取向的心理过程也会牵涉其中并发挥作用。他主张“逻辑思维不仅根源于语言，……更普遍的情况是来自运动的协调过程，这是反思性抽象的基础”（Piaget, 1968, p.18）。

就像皮亚杰一样，很多当代认知科学家提出用模型来解释抽象的概念如何从具体的感觉运动经验中浮现出来。特别是有关概念隐喻的认知符号理论，它假设所有的人类推理都扎根于图像图式（image schemas），“我们身体的方向、运动和互动的类型，……充满想象地构造着我们的抽象推理”（Lakoff & Johnson，1980，p.90）。比如，我们能理解一个“集合”的数学概念，那是因为我们能理解把物体收集起来放到一个容器里的意义（Núñez, Edwards, & Matos, 1999）。

几位心理学家已经研究了人们说话或者解决问题时会做出什么样的动作，这些研究已经为“思考是具身的”提供了进一步的证据。比如，当人们谈论他们如何操作人工制品时，研究者观察他们如何比画他们的双手，这能帮助我们理解现实的互动如何发展为模拟行为，而这些行为将影响我们未来身体的和认知的表现（Goldin-Meadow & Beilock，2010；Kirsh，2013）。波多野、三宅和宾克斯（Hatano，Miyake，& Binks，1997）对珠算专家的心算进行了研究，结论是“珠算操作内化为心算操作需要通过一个过渡阶段，其中
362 心算操作不能完全独立于运动系统，模拟打算盘的手指的运动对其提供了重要的支持”（Hatano，Miyake，& Binks，1977，p.53）。手势的加入，促成了观看和思考新方式。

小结：概念的推理源于身体的互动，身体的互动逐渐内化为模拟的动作。

挑战：为了实现教学目标、提高概念层面的推理和思考能力，我们该如何选择、创造和促成身体层面的互动？

人工制品：用生物、物质和认知工具促进学习

人的认知和技术人工制品之间的关系让学者们长期着迷。这两个对象，精神的和物质的，有生命的和无生命的，以何种方式在人类的神经生物系统中进行合成？通过操作外在于人脑的人工制品来体验概念转变过程究竟意味着什么（Sfard & McClain，2002）？在参与这些活动之后，我们仍能保留着一些有用的残留知识，以便即使人工制品不存在的时候也能应用它们吗（Salomon, Perkins, & Globerson, 1991）？

有证据表明学习者是这样做的，波兰尼（Polanyi，1958）提供了下面的例子。想象一个盲人通过盲杖在物理空间中行走。当盲人首次使用盲杖的时候，盲人有了很简单的感受——盲杖的质地和它触到手指和手掌的感觉。但是当一个人学着使用盲杖去探路的时候，简单的感觉就发生了转变——渐渐地，当盲杖触碰到物体时，他能感受到盲杖上的触点给他的感觉（Polanyi, 1958, p.13–14）。

这个例子说明了人工制品是如何影响认知的。当我们发展操作人工制品的技能时，我们的适应性也逐渐加强。当我们“工具化”人工制品的时候，我们也有必要“装备”我们自己（Véillon & Rabardel，1995）。这也就是说，当我们想着如何将人工制品根据我们的需要应用于外部世界时，我们也通过这个中介的人工制品发展了控制和解释世界的技能。一旦人工制品不能达到我们的预期，它的潜在的结构和隐性的功能就会变得显而易见（Koschmann，Kuuti，& Hickman，1998）。

有大量证据表明，即便没有对思想和行为产生影响的人工制品的存在，思想和行为依然能够持续。这种以人工制品为中介的活动的影响能够残留的最有力的证明是，在如下的案例中，平淡无奇的符号的结构要素对符号的意义悄悄地产生了重要的影响。比如，贾斯明和卡萨桑托（Jasmin & Casasanto，2012）的研究已经表明，键盘上QWERTY的布局暗暗地影响我们对于单词的情感知觉，我们的知觉与单词构成相一致，对左手边的字母我们知觉到消极，对右手边的字母我们知觉到积极。

小结：我们应用人工制品来发展我们的知觉运动能力和认知能力。在这 363
样做的过程中，我们借助以人工制品为中介的结构，内化与世界互动的身体和心理的习惯。当这些符号的、可操作的或者认知上的人工制品不能达到期望的效果时，我们会有意识地反思、调整或者修改参与世界的方式，这就是我们的学习。

挑战：我们如何优化学习者与生物的、物质的和认知的设备的互动以实现学习目标？

通过本部分的研究案例我们可以看出，具身的视角似乎在学习科学的对话中找到了立足点：权威杂志和会议针对这一视角有专题研究和研讨会（Abrahamson，2012；Hall & Nemirovsky，2012；Kiverstein & Clark，2009；Marshall，Antle，Hoven，& Rogers，2013；Nemirovsky & Borba，2004）。我们已经描述了从这个视角进行教育设计的三个挑战。更广泛地讲，我们已经提出教育设计者如何帮助学习者将课堂内容知识，尤其是在科学、技术、工程和数学学科中的知识，变成他们的内隐知识，以及在这一过程中，活动和装备应该发挥的作用。下面一个部分的内容，采用了对教育设计具有启发性指导的方式，提供了对这些挑战的一些回应，同时还提供了两个在科学、技术、工程和数学内容学习研究中应用的实例。

具身设计：从理论到实践

当我们应用具身认知理论创设学习环境的时候，我们就是在进行具身设计。具身设计这个说法最早是由托马斯·范龙保伊（Thomas van Rompay）创立的，当时的他由一个认知心理学家转变为一个工业设计者，他应用概念隐喻理论调整了公共设施（比如候车亭）引发的情感经验（Van Rompay, Hekkert, & Muller, 2005）。亚伯拉罕森（Abrahamson, 2009）把这个说法引入学习科学来描述工程教学人工制品的制造以及与人类自然感知世界相一致的活动，这些活动同时还有助于学科的再分析和意义理解。在一个基于具身设计原则的环境中，学习者可以应用自然的身体本能和运动来研究化学、生物、物理、材料科学或者数学问题。本章的这一部分提供了促进具身学习的原则，然后描述了几个科学、技术、工程和数学领域的设计来证明这些原则，这些案例均采用了一系列的学习科学研究成果（Abrahamson, 2013; Antle, Wise, & Nielsen, 2011; Birchfield & Johnson-Glenberg, 2010; Diénès, 1971; Edwards, 1995; Howison, Trninic, Reinholz, & Abrahamson, 2011; Kamii & DeClark, 1985; Levy, 2012; Lindgren, 2012; Montessori, 1967; Papert, 1980; Pratt & Noss, 2010）。

364

具身设计的原则：身体的经验，引导的意义

在前面的部分，我们提出了三个教学设计的挑战：

- 能够把学习环境设计得可以促进基础学习吗？在此环境中，学生能保持从身体活动中获得的对意义的隐性感觉，即使有人引导他们重新正式地对这个活动进行思考，这一感觉也依旧存在。这是个有关“活动”（activities）的问题。
- 为了实现教学目标，提高概念层面的推理和思考能力，我们该如何选择、创造和促成身体的互动？这是个有关“材料”（materials）的问题。
- 我们如何优化学习者与生物的、物质的和认知的设备的互动以实现学习目标？这是个有关“促进”（facilitation）的问题。

我们用三套粗略的具身设计指南来对以上三个挑战做出回应。

第一个挑战：活动

最有效的学习活动需要在真实的或者虚拟的三维空间中引出并运用学生的先前能力。活动需要学生运用知觉感觉和动觉协调来判断刺激的性质并且进行新的活动。

初始的活动应该包含少量甚至不包含符号的刺激，而且应优先使用形象的、图表的表征。

活动应该以让学生参与表面上简单的任务开始（使屏幕变绿、打击一个目标等）。初始活动的意义应该是明确的，但是整个活动的目标在开始可能是模糊的，随着时间的推移更复杂的目标会浮现出来。

第二个挑战：材料

学习活动应该置于精心策划的环境中，这一环境应该包括技术人工制品和能够发挥促进作用的中间人（比如，导师、博物馆的讲解员或者教师）。学生应该有机会在这些环境中找到目标和意义，就像他们徜徉在无中介世界的复杂材料结构中一样。

学习环境应该经过设计，以便身体的活动——从一个手指的运动到一个人整个身体的倾斜——能够通过行动－反馈的循环与环境结合起来。

在基于计算机的环境中，比如增强现实、虚拟世界和仿真中，学生应该有操作屏幕上、桌面上、地板上等的虚拟物体的体验。

通过呈现用学生已经掌握的方法和配置不能实现的目标，活动－环境连接的故障才会被逐渐揭示出来。任务也许突然需要用新的方式使用工具、采 365
用新工具或者使用新的参考框架；或者材料本身可能需要新的灵活配置。学生应该发展新的知觉运动图式以便他们在实现更复杂的任务目标时能有效地控制物体。

第三个挑战：促进

能够促进概念发展的运动的类型和身体的投入并不总能自然地发生。学生经常需要脚手架（Reiser & Tabak，本书第 3 章）来辅助行动，用模拟核心机制和空间关系的方法来运动身体为特定目标知识领域制定功能性隐喻。应该应用身体的提示和情境中的实时反馈来强化这些隐喻，引发能够导致预期概念领悟的运动类型。

环境中的指导者和其他中间人应该帮助学生让其知觉运动图式向专家水平发展。这通常包括以新的方式看待情境、对环境中隐蔽的细节变得更加敏感。有效的教学实践包括物理演示、共同制作和手把手培训，也包括应用媒体技术来呈现视听的，甚至触觉的经验，以传递专家的观点。

如果学生被要求描述他们与环境中材料的互动策略，具身设计对其概念发展就更有效。比如，学生也许会被要求基于他们的活动在反馈过程中描述规则，被要求详细阐述这些活动引发的与内容知识相关的规则，被要求发展策略以应用这些观察来更有效地完成任务，被要求去为变量条件申请特定设置和额外的工具。

上文已经列出了一系列的指导设计的原则，我们现在描述几个有关数学和科学学习的具身设计研究。

数学图像教练：作为标志性操作图式的概念

接下来我们讨论可作为在数学教育中创建具身设计的例子的一项研究，该研究围绕帮助学生学习比例概念的活动展开。比例的概念是早期数学课程的一个重要内容，因为中学、大学、专业工作中以及每天的计算中它都是进行科学、技术、工程和数学推理的关键。但是，很多中学生甚至更高年级的学生在按照比例进行推理方面存在困难，经常对问题进行“加法的”而不是
366 “乘法的”可视化操作。比如，学生可能认为1∶2=2∶3，因为他们只注意到了数值的绝对区间（也就是1）。这个项目的一个假设就是，如果用熟悉的加法运算来概念化新的乘法步骤，学生将更有效地学习比例的概念，通过在比例情境中对互补的乘法可视化形象和加法可视化形象进行协调，学生们能够达到这个学习目标（Fuson & Abrahamson，2005；Harel & Confrey，1994）。

比例的教学经常以一些增大的连续比例数情境开始。一个连续的比例数，比如1∶2=2∶4=3∶6，等等，展开来就像是“∶”左右两边数字重复地相加，也就是1∶2=（1+1）∶（2+2）=（1+1+1）∶（2+2+2），等等。学生可以通过比例表的形式，也可以通过乘法这样的捷径，学会产生这样连续的数对。但是，当学生们做这些的时候，他们没有经历的是，思考比例等量中的“=”是什么含义。也就是，在加法扩张或者乘法缩放的过程中，学生从来没有系统地制定、可视化、概念化和准确计算什么被保留了下来，即在什么意义上，1∶2和2∶4以及3∶6是相同的。与此形成对比的是，等式2+3=4+1相当好理解，因为每个表达式加起来的总和相等——它们都表示5个事物。

相反，学习者很难理解在何种意义上 1 : 2 和 2 : 4 是相同的。

一些课程试图通过用文字和图片调用熟悉经验的方法来教学生比例相等的观念，即两个比例——比如 1 : 2 和 2 : 4——与相同的感知觉有关。例如，同等比例的模型类似于分别以相同单位按照 1 : 2 或者 2 : 4 的比例混合两种食材，这可以使它们具有相同的风味，或者类似地，分别按这两个比例混合蓝色和黄色油漆得到相同的颜色。但是，学生没有在课堂上直接获得这些经历，而是完全靠想象的。而且，这些数字的例子都是听任教师摆布而不是由自己决定的。因此，学生没有获得有关比例的直接经验，计算比例的过程没有被探索、发现、操作、解释、挑战、分享或者详细阐述。

具身设计研究实验室提出的一个设计方案就是数学比例图像教练（Mathematical Imagery Trainer for Proportion，MIT-P；见图 18.1）。这个设备可以测量出学生的手高出基准线的高度，计算两次测量的比例，然后与教师控制台上的一个特定比例进行比较。如果比例是一致的，屏幕就是绿色的，否则就是红色的。呈现给学生的学习目标是升高或者降低他们的双手从而让屏幕保持绿色而不是红色。请注意，学生这种连续地按比例移动双手的过程是定性的（没有测量或者计数）：在连续空间里同时移动双手。这种设计原则被称为动态守恒（dynamical conservation），因为学生需要发现一种行动模式（过程的规律）以保持屏幕具有固定特征。一旦学生发展和清晰表达了这 367
一新技能，我们就在交互空间添加上一个参考框架（见图 18.2）。

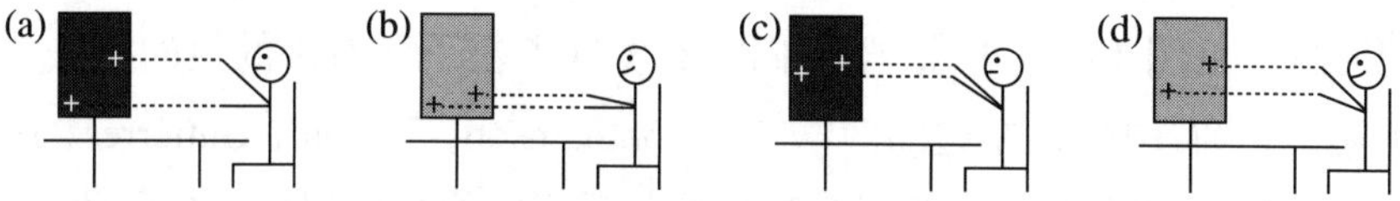

图 18.1　数学比例图像教练（MIT-P）(1)

注：设置 1 : 2 的比例，当右手在显示器中的相对高度是左手的两倍时，这就算一次“成功”。本图显示了一个探索过程中相互作用的范例，学生：(a) 两手之间的距离比例“不正确”；(b) 偶然发现一个“正确的”位置；(c) 使两手保持恒定的间距，举起双手；(d) 校正位置。注意，对比图 (b) 和图 (d)，光标距离基准线的间距不同。

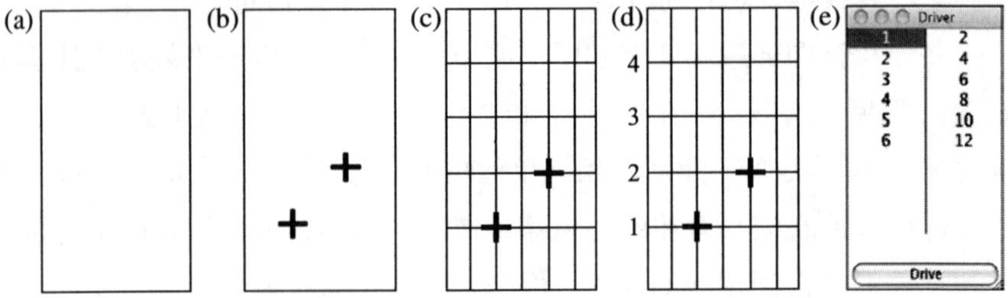

图 18.2　数学比例图像教练（MIT-P）(2)

注：活动中展示配置序列的示意图。(a) 以一个空白的屏幕开始，然后在屏幕上设置一组象征性的物体；(b) 分别作为用户左手和右手“镜像”的一对光标；(c) 网格；(d) 网格 y 轴方向的数值；(e) 用数值控制而不是手控制的“驱动程序”。

我们通过有指导的基于任务的临床访谈来应用“数学比例图像教练”这一设计，其中有 23 名 4—6 年级的学生（9—11 岁）单独参加或者结对参加这一实验。当学生首次说明如何保持一个屏幕处于绿色时，他们通过操作两手之间的区间来进行说明，这与他们双手高出桌面的高度有关，他们的描述话语是：“我的手抬得越高，距离越大。”当我们把人工制品引入他们的学习空间时（见图 18.2），学生们就采用这些来提高他们的学习表现。在这样做的过程中，学生开始更多采用数学语言交谈。比如，学生应用网格［见图 18.2（C）］来设计“更高 – 更大”(higher-bigger) 策略，这样做可以引导他
368 们重新安排他们的策略来对比例的规律进行迭代研究，比如“每在左边向上移动一个格，我就要在右边向上移动两个格。”再后来，当相应的数字被引入的时候［见图 18.2（d）］，学生们突然发现了左手和右手的值的乘法关系，并陈述说：“右边的是左边的两倍。”(Abrahamson，Trninic，Gutiérrez，Huth，& Lee，2011）当我们让学生对各种策略关系进行推理的时候，他们能够解释关于比例的非乘法概念化策略和乘法概念化策略的联系（Abrahamson，Lee，Negrete，& Gutiérrez，即将出版）。

在 128 个学生参与的对照实验中，不管是直接还是间接利用“数学比例图像教练”进行活动的参与者，在概念获得上都比控制组的表现好（Petrick & Martin，2011）。这款计算机软件已经有几个版本可供下载使用（Abrahamson，2012；Rick，2012）。

MEteor：引导身体的活动与科学原则一致

第二个具身设计的例子是科学领域的，来自一个仿真模拟技术研究项目，这个项目的目的是增强中学生关于动力的直觉。学生总是努力获得有关物体运动规律的正式理解，但是在对物理现象进行推理的时候，却经常不能基于他们日常与世界的互动来对知识进行系统组织（diSessa，1993）。将日常的实践与正式的概念联系起来的一种方法就是让学生参与类比思考，让他们对他们自己的前概念进行批判性反思（Clement，1993）。通过让学生参与相似领域的身体层面的活动，并把这些经验与正式的表征相连接，完全沉浸式的交互式虚拟现实环境就能支持学生探索动力学的概念。有几个项目已经对利用沉浸的虚拟世界来教给学生物理学知识进行了探索（Kafai & Dede，本书第26章；Dede et al.，1996；Enyedy，Danish，Delacruz，& Kumar，2012；Johnson-Glenberg，Birchfield，Megowan-Romanowicz，Tolentino，& Martinez，2009），但是这些环境不能明确地促使学生按照理想的物理系统的原则来开始活动，以与我们提出的有关促进的具身设计原则一致。

MEteor项目支持利用运动线索，并能把正确的行动与正式地解释这些行动的框架联系起来。MEteor是一个房间大小（30英尺[①]×10英尺）的综合性模拟现实游戏，它试图让学生进行类似小行星在空间的运动，以加强和结构化他们对牛顿定律和开普勒定律的直觉。学生用他们的身体预测在万有引力作用下，当小行星遇到行星和其他物体时，它将往哪运动。视听线索引导他们进行运动，让他们实时调整他们的预测。MEteor是一个相对短期的干预，
设计者是想通过它来打破学生先前存在的迷思概念，且引发有可能建立在正 369
式的教学之上新观点。

一个MEteor的使用者首先走上一个平台，将自己身体的运动与投射到地面上的小行星图像联系起来（MEteor发出视听效果来增强这种联系）。学习者控制着小行星的运动，直到它进入一个空间区域，在这个区域一颗行星的引力或者其他的力影响了小行星的运动轨迹。通过一系列难度逐渐增加的游戏，学生的目标是准确地预测小行星的运动。游戏中评分的标准是学生与正确的路径的贴近程度，可视化的指示器（即，一个有颜色梯度变化的围绕学生脚的光圈）引导他们的实时运动。比如，这个游戏的三级水平，要求学

---

① 1英尺≈0.3048米。——译者注

生带着小行星穿过地板中央展示的行星后面的区域。为了成功地到达目标区域，学生必须发现小行星接近行星的时候会围绕行星做曲线运动，并有一个加速过程。当完成一次试测后，学生通过墙壁上显示的运动图像来回顾他们的尝试过程（见图 18.3）。他们被启发去解释小行星为什么沿着那样的轨道飞行，指导者帮助他们重构他们的描述，通常情况下，第一人称模式会促使学
370 生使用日常语言，比如吸引力和轨道。当学生的运动与小行星的不一致，或者当一个水平的目标没有达到时，失败就产生了。墙壁上的可视化数据让学生有机会反思自己的行动，并重新调整以备下一次的尝试。

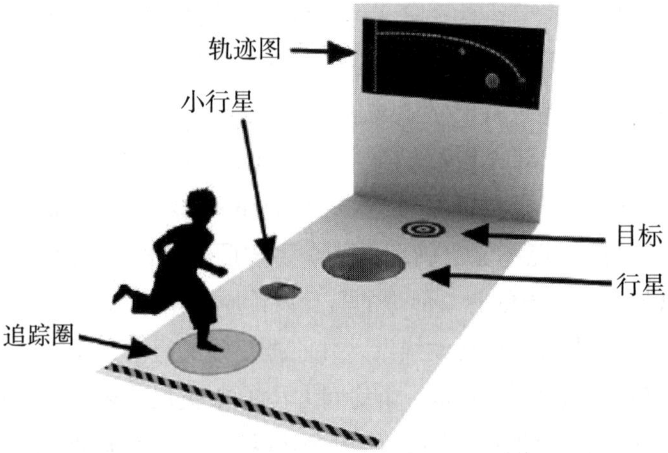

图 18.3 MEteor 模拟游戏：基于全身隐喻的交互

注：一个学生发射一颗小行星，当小行星与太空中的其他物体（比如行星）相互作用的时候，学生必须对小行星的运动进行预测。在该图的情境中，学生已经落在小行星的后面，导致他的追踪圈改变了颜色。墙上展示的图像让参与者能够回顾先前的尝试。

在 MEteor 中，学生通过突出的线索机制，采用功能性隐喻来获得帮助。比如，如果学生开始脱离空间运动物体正确的轨迹，所有可以获得的模拟的动态可视化要素都会发生变化，引导学生回到正确的轨道上。我们预测 MEteor 的经验将带来组织程度更高的知识系统，目前收集到的数据证明这的确是事实。研究表明，与应用相同模拟的桌面版的学生相比（Lindgren & Moshell，2011），参与全身模拟的学生可能较少聚焦模拟经验的表面特征（比如，背景上的星星或者行星的纹理）。有机会用他们的身体研究物理概念的学生好像更能理解模拟传递的重要动态关系，这可由在模拟后的图解中他们使用了箭头和其他运动表征得到证明。此外，应用全身模拟的学生似乎对模拟空间有更稳健的理解，这可由相比不成功的发射条件，他们更有能力识别

能够导致成功发射的条件得到证明（Lindgren & Bolling，2013）。

结论和未来研究方向

我们认为所有的认知都建立在身体的经验基础之上，我们特别证明了数学和科学概念的理解基于身体的经验。由此，如果数学和科学的学习环境在设计时利用了身体的、来自现实生活的经验，或者新的“知道如何做”的学习经验，数学和科学的学习环境就能设计得更加有效。

本章综述的研究表明，数学和科学概念不是从物质世界中剥离出的抽象的概念化的心理实体。更确切地说，它们是深度躯体化的、动觉的和意象性的。典型的具身设计的交互任务引导着学生发现、精炼和实践身体活动方案来解决当前的问题，这些任务随后能引导学生概括出对数学或者科学概念的理解（Trninic & Abrahamson，2012）。具身设计者设计的方案强调学科层面的推理。

科学、技术、工程和数学教育在理论和实践上的具身转向暗示了身体技能研究（Bernstein，1996）应该直接与概念发展研究相关（Thelen & Smith，
1994），比如，应用正式的模型把神经生理学的和临床的研究结合起来，例 371
如动态场理论（Spencer，Austin，& Schutte，2012，p.415）。进一步，在利用具身设计引导学生身体参与的过程中，教师的关键角色表明了认知和社会人类学的领域相关性，比如研究职场的认知学徒制或者工作场所中的分布式认知（Collins & Kapur，本书第 6 章），从而利用理论的和分析的方法理解学生如何开始通过利用他们的身体进行思考来靠近专业实践（Becvar Weddle & Hollan，2010；Ingold，2011）。运动发展心理学和社会认知人类学的结合对学习科学来讲是个好兆头，因为它提供了强有力的方式来实现认知与社会文化理论的交叉辩证研究（diSessa，2008；Greeno & Engeström，本书第 7 章）。

研究已经证明，在跷跷板上寻求平衡的小孩正在发展的不仅是身体的协调能力——他在建构一种关于平衡的具身感觉，也许哪一天这将帮助他进行有关社会公平的道德推理（Antle，Corness，& Bevans，即将出版）。当认知的和社会的实体进入学科的活动结构时，学生会开发出新的身体活动方案。研究者也提出了新的教育概念来解释具身知识如何转变为知识的实体。从不止一种意义上来讲，学习都在新的道路上前进发展。

致谢

我们衷心感谢肖恩·加拉格尔（Shaun Gallagher）、杰夫·萨克斯（Geoff Saxe）和凯瑟琳·G. 杨（Katharine G. Young）对于本章初稿所做出的精彩评论。感谢珍妮·班贝克（Jeanne Bamberger）、劳尔·桑切斯·加西亚（Raúl Sanchez Garcia）以及克利夫·史密斯（Cliff Smyth）具有启发意义的对话与建议。感谢 R. 基思·索耶建设性的评论和建议。感谢加州大学伯克利分校教师研究资助委员会（UC Berkeley Committee on Research Faculty Research Grant）对"数学图像教练"的支持。感谢美国国家科学基金会对 MEteor 项目的支持。本文表述的所有观点、发现和结论都只是作者的看法，不代表加州大学伯克利分校、伊利诺伊大学厄巴纳－香槟分校或美国国家科学基金会的立场。

参考文献

Abrahamson, D. (2009). Embodied design: Constructing means for constructing meaning. *Educational Studies in Mathematics*, 70 (1), 27–47. (Electronic supplementary material at http://edrl.berkeley.edu/publications/journals/ESM/Abrahamson-ESM/).

372 Abrahamson, D. (2012). Mathematical Imagery Trainer – Proportion (MIT-P) IPhone/iPad application (Terasoft): iTunes. Retrieved from https://itunes. apple.com/au/app/mathematical-imagery-trainer/id563185943.

Abrahamson, D. (Chair & Organizer). (2012). You're it! Body, action, and object in STEM learning. In J. V. Aalst, K. Thompson, M. J. Jacobson, & P. Reimann (Eds.), *Proceedings of the International Conference of the Learning Sciences: Future of Learning* (*ICLS 2012*) (vol. 1: Full papers, pp. 283–290). Sydney: University of Sydney / ISLS.

Abrahamson, D. (2013). Toward a taxonomy of design genres: Fostering mathematical insight via perception-based and action-based experiences. In J. P. Hourcade, E. A. Miller, & A. Egeland (Eds.), *Proceedings of the 12th Annual Interaction Design and Children Conference* (*IDC 2013*) (pp. 218–227). New York: The New School and Sesame Workshop.

Abrahamson, D., Lee, R. G., Negrete, A. G., & Gutiérrez, J. F. (in press). Coordinating visualizations of polysemous action: Values added for grounding proportion. In F. Rivera, H. Steinbring, & A. Arcavi (Eds.), Visualization as an epistemological learning tool (Special issue). *ZDM: The International Journal on Mathematics Education*.

Abrahamson, D., Trninic, D., Gutiérrez, J. F., Huth, J., & Lee, R. G. (2011). Hooks and shifts: A dialectical study of mediated discovery. *Technology, Knowledge, and Learning*, 16 (1), 55–85.

Antle, A. N., Corness, G., & Bevans, A. (in press). Balancing justice: Exploring embodied metaphor and whole body interaction for an abstract domain. To appear in *International Journal of Arts and Technology, Special Issue on Whole Body Interaction*.

Antle, A. N., Wise, A. F., & Nielsen, K. (2011). Towards utopia: Designing tangibles for learning. In P. Blikstein, & P. Marshall (Eds.), *Proceedings of the 10th Annual Interaction Design and Children Conference (IDC 2011)* (vol. Full Papers, pp. 11–20). Ann Arbor, MI: IDC.

Artigue, M., Cerulli, M., Haspekian, M., & Maracci, M. (2009). Connecting and integrating theoretical frames: The TELMA contribution. In M. Artigue (Ed.), Connecting approaches to technology enhanced learning in mathematics: The TELMA experience (Special issue). *International Journal of Computers for Mathematical Learning*, 14, 217–240.

Bamberger, J., & diSessa, A. A. (2003). Music as embodied mathematics: A study of a mutually informing affinity. *International Journal of Computers for Mathematical Learning*, 8 (2), 123–160.

Barsalou, L. W. (1999). Perceptual symbol systems. *Behavioral and Brain Sciences*, 22, 577–660.

Becvar Weddle, L. A., & Hollan, J. D. (2010). Scaffolding embodied practices in professional education. *Mind, Culture & Activity*, 17 (2), 119–148.

Bernstein, N. A. (1996). On dexterity and its development. In M. L. Latash, & M. T. Turvey (Eds.), *Dexterity and its development* (pp. 3–244). Mahwah, NJ: Lawrence Erlbaum Associates.

Birchfield, D., & Johnson-Glenberg, M. C. (2010). A next gen interface for embodied learning: SMALLab and the geological layer cake. *International Journal of Gaming and Computer-Mediated Simulation*, 2 (1), 49–58.

Chemero, A. (2009). *Radical embodied cognitive science*. Cambridge, MA: MIT Press. 373

Clark, A. (2013). Whatever next? Predictive brains, situated agents, and the future of cognitive science. *Behavioral and Brain Sciences*, 36, 181–253.

Clement, J. (1993). Using bridging analogies and anchoring intuitions to deal with students' preconceptions in physics. *Journal of Research in Science Teaching*, 30 (10), 1241–1257.

Dede, C., Salzman, M. C., Loftin, R. B., Brusilovsky, P., Kommers, P., & Streitz, N. (1996). *The development of a virtual world for learning Newtonian mechanics: Multimedia, hypermedia, and virtual reality B2 – Multimedia, hypermedia, and virtual reality.* Berlin: Springer/Verlag.

Dewey, J. (1958). *Experience and nature*. New York: Dover Publications. (Original work published 1927).

Diénès, Z. P. (1971). An example of the passage from the concrete to the manipulation of formal systems. *Educational Studies in Mathematics*, 3 (3/4), 337–352.

diSessa, A. A. (1993). Toward an epistemology of physics. *Cognition and Instruction*, 10 (2–3), 105–225.

diSessa, A. A. (2008). A note from the editor. *Cognition and Instruction*, 26 (4), 427–429.

Dreyfus, H. L., & Dreyfus, S. E. (1999). The challenge of Merleau-Ponty's phenomenology of embodiment for cognitive science. In G. Weiss, & H. F. Haber (Eds.), *Perspectives on embodiment: The intersections of nature and culture* (pp. 103–120). New York: Routledge.

Edwards, L. (1995). Microworlds as representations. In A. A. diSessa, C. Hoyles, & R. Noss (Eds.), *Computers and exploratory learning* (pp. 127–154). New York: Springer.

Enyedy, N., Danish, J. A., Delacruz, G., & Kumar, M. (2012). Learning physics through play in an augmented reality environment. *International Journal of Computer-Supported Collaborative Learning*, 7 (3), 347–378.

Even, R., & Ball, D. L. (Eds.) (2003). Connecting research, practice, and theory in the development and study of mathematics education (Special issue). *Educational Studies in Mathematics*, 54 (2–3), 139–146.

Fischbein, E. (1987). *Intuition in science and mathematics*. Dordrecht, Holland: D. Reidel.

Fuson, K. C., & Abrahamson, D. (2005). Understanding ratio and proportion as an example of the apprehending zone and conceptual-phase problem-solving models. In J. Campbell (Ed.), *Handbook of mathematical cognition* (pp. 213–234). New York: Psychology Press.

Gallese, V., & Lakoff, G. (2005). The brain's concepts: The role of the sensory-motor system in conceptual knowledge. *Cognitive Neuropsychology*, 22 (3–4), 455–479.

Goldin-Meadow, S., & Beilock, S. L. (2010). Action's influence on thought: The case of gesture. *Perspectives on Psychological Science*, 5 (6), 664–674.

Goldstone, R. L., Landy, D. H., & Son, J. Y. (2009). The education of perception. *Topics in Cognitive Science*, 2 (2), 265–284.

Goodwin, C. (1994). Professional vision. *American Anthropologist*, 96 (3), 603–633.

Hall, R., & Nemirovsky, R. (Eds.) (2012). Modalities of body engagement in math ematical activity and learning (Special issue). *Journal of the Learning Sciences*, 21 (2).

374 Harel, G., & Confrey, J. (Eds.) (1994). *The development of multiplicative reasoning in the learning of mathematics*. New York: State University of New York.

Harnad, S. (1990). The symbol grounding problem. *Physica D*, 42, 335–346.

Hatano, G., Miyake, Y., & Binks, M. (1977). Performance of expert abacus operators. *Cognition*, 5,

57–71.

Hauk, O., Johnsrude, I., & Pulvermüller, F. (2004). Somatotopic representation of action words in human motor and premotor cortex. *Neuron*, 41 (2), 301–307.

Howison, M., Trninic, D., Reinholz, D., & Abrahamson, D. (2011). The Mathematical Imagery Trainer: From embodied interaction to conceptual learning. In G. Fitzpatrick, C. Gutwin, B. Begole, W. A. Kellogg, & D. Tan (Eds.), *Proceedings of the annual meeting of The Association for Computer Machinery Special Interest Group on Computer Human Interaction: "Human Factors in Computing Systems" (CHI 2011), Vancouver, May 7–12, 2011* (vol. Full Papers, pp. 1989–1998). New York: ACM Press.

Hutto, D. D., & Myin, E. (2013). *Radicalizing enactivism: Basic minds without content.* Cambridge, MA: MIT Press.

Ingold, T. (2011). *The perception of the environment: Essays on livelihood, dwelling, and skill.* Second Edition. New York: Routledge.

Jasmin, K., & Casasanto, D. (2012). The QWERTY effect: How typing shapes the meanings of words. *Psychonomic Bulletin & Review*, 19 (3), 499–504.

Johnson-Glenberg, M. C., Birchfield, D., Megowan-Romanowicz, C., Tolentino, L., & Martinez, C. (2009). Embodied games, next gen interfaces, and assessment of high school physics. *International Journal of Learning and Media*, 1 (2).

Kahneman, D. (2003). A perspective on judgement and choice. *American Psychologist*, 58 (9), 697–720.

Kamii, C. K., & DeClark, G. (1985). *Young children reinvent arithmetic: Implications of Piaget's theory*. New York: Teachers College Press.

Kirsh, D. (2013). Embodied cognition and the magical future of interaction design. In P. Marshall, A. N. Antle, E. V. D. Hoven, & Y. Rogers (Eds.), The theory and practice of embodied interaction in HCI and interaction design (Special issue). *ACM Transactions on Human-Computer Interaction*, 20 (1), 1–30.

Kiverstein, J., & Clark, A. (Eds.) (2009). Introduction: Mind embodied, embedded, enacted: One church or many? *Topoi*, 28 (1), 1–7.

Koschmann, T., Kuuti, K., & Hickman, L. (1998). The concept of breakdown in Heidegger, Leont'ev, and Dewey and its implications for education. *Mind, Culture, and Activity*, 5 (1), 25–41.

Kosslyn, S. M. (2005). Mental images and the brain. *Cognitive Neuropsychology*, 22 (3/4), 333–347.

Lakoff, G., & Johnson, M. L. (1980). *Metaphors we live by*. Chicago: University of Chicago Press.

Levy, S. T. (2012). Young children's learning of water physics by constructing working systems. *International Journal of Technology Design Education*.

Lindgren, R. (2012). Generating a learning stance through perspective-taking in a virtual environment.

Computers in Human Behavior, 28 (4), 1130–1139.

Lindgren, R., & Bolling, A. (2013). Assessing the learning effects of interactive body metaphors
375 in a mixed reality science simulation. Paper presented at the Annual Meeting of the American Educational Research Association, San Francisco, CA.

Lindgren, R., & Moshell, J. M. (2011). Supporting children's learning with body-based metaphors in a mixed reality environment. Paper presented at the Interaction Design and Children, Ann Arbor, MI.

Marshall, P., Antle, A. N., Hoven, E. V. D., & Rogers, Y. (Eds.) (2013). The theory and practice of embodied interaction in HCI and interaction design (Special issue). *ACM Transactions on Human-Computer Interaction*, 20 (1).

Melser, D. (2004). *The act of thinking*. Cambridge, MA: MIT Press.

Montessori, M. (1967). *The absorbent mind*. (E. M. 1, Trans.). New York: Holt, Rinehart, and Winston. (Orignal work published 1949).

Nemirovsky, R., & Borba, M. C. (2004). PME Special Issue: Bodily activity and imagination in mathematics learning. *Educational Studies in Mathematics*, 57, 303–321.

Núñez, R. E., Edwards, L. D., & Matos, J. F. (1999). Embodied cognition as grounding for situatedness and context in mathematics education. *Educational Studies in Mathematics*, 39, 45–65.

Overton, W. F. (2012). Relationism and relational developmental systems: A paradigm for the emergent, epigenetic, embodied, enacted, extended, embedded, encultured, mind. Paper presented at the "Rethinking Cognitive Development" – The 42nd annual meeting of the Jean Piaget Society, Vancouver.

Papert, S. (1980). *Mindstorms: Children, computers, and powerful ideas*. New York: Basic Books.

Petrick, C. J., & Martin, T. (2011). *Hands up, know body move: Learning mathematics through embodied actions*. Manuscript in progress (copy on file with author).

Piaget, J. (1956). *The child's conception of physical causality*. Totowa, NJ: Littlefield, Adams and Company.

Piaget, J. (1968). *Genetic epistemology* (E. Duckworth, Trans.). New York: Columbia University Press.

Piaget, J., & Inhelder, B. (1969). *The psychology of the child* (H. Weaver, Trans.). New York: Basic Books (Original work published 1966).

Polanyi, M. (1958). *Personal knowledge: Towards a post-critical philosophy*. Chicago: University of Chicago Press.

Pratt, D., & Noss, R. (2010). Designing for mathematical abstraction. *International Journal of Computers for Mathematical Learning*, 15 (2), 81–97.

Rick, J. (2012). Proportion: A tablet app for collaborative learning. In H. Schelhowe (Ed.), *Proceedings of the 11th Annual Interaction Design and Children Conference* (*IDC 2012*) (vol. Demo Papers, pp. 316–319). Bremen, Germany: ACM-IDC.

Salomon, G., Perkins, D. N., & Globerson, T. (1991). Partners in cognition: Extending human intelligences with intelligent technologies. *Educational Researcher*, 20 (3), 2–9.

Sfard, A., & McClain, K. (Eds.) (2002). Analyzing tools: Perspectives on the role of designed artifacts in mathematics learning (Special Issue). *Journal of the Learning Sciences*, 11 (2 & 3).

Sklar, A. Y., Levy, N., Goldstein, A., Mandel, R., Maril, A., & Hassin, R. R. (2012). Reading and 376
doing arithmetic nonconsciously. *Proceedings of the National Academy of Sciences*, 109 (48), 19614–19619.

Spencer, J. P., Austin, A., & Schutte, A. R. (2012). Contributions of dynamic systems theory to cognitive development. *Cognitive Development*, 27 (4), 401–418.

Thelen, E., & Smith, L. B. (1994). *A dynamic systems approach to the development of cognition and action*. Cambridge, MA: MIT Press.

Trninic, D., & Abrahamson, D. (2012). Embodied artifacts and conceptual performances. In J. V. Aalst, K. Thompson, M. J. Jacobson, & P. Reimann (Eds.), *Proceedings of the International Conference of the Learning Sciences: Future of Learning* (*ICLS 2012*) (vol. 1: Full papers, pp. 283–290). Sydney: University of Sydney / ISLS.

Van Rompay, T., Hekkert, P., & Muller, W. (2005). The bodily basis of product experience. *Design Studies*, 26 (4), 359–377.

Varela, F. J., Thompson, E., & Rosch, E. (1991). *The embodied mind: Cognitive science and human experience*. Cambridge, MA: MIT Press.

Vérillon, P., & Rabardel, P. (1995). Cognition and artifacts: A contribution to the study of thought in relation to instrumented activity. *European Journal of Psychology of Education*, 10 (1), 77–101.

Vygotsky, L. S. (1962). *Thought and language*. Cambridge, MA: MIT Press. (Original work published 1934).

第19章

视频游戏与学习

康斯坦茨·施泰因屈勒　库尔特·斯夸尔

377 近年来视频游戏产业欣欣向荣。单是2010年，美国的消费者们花费在游戏产业上的资金总计就有251亿美元之多（Siwek，2010），这让音乐产业（150亿美元）和电影产业（105亿美元）都望尘莫及。视频游戏产业也是美国经济当中增长最快的一个产业。比如，从2005年到2010年，美国视频游戏产业的国内生产总值（GDP）增长了一倍还要多，而整个美国的GDP才增长了16%。通常，年轻人花费在娱乐媒体上的时间是令人惊叹的。8—18岁的青少年每天花费在媒体上的时间大约是10.45小时（由于可以同时关注多种媒体，这个数字可以压缩至每天7.38小时；Rideout，Foehr，& Roberts，2010）。控制台式和手持型视频游戏所占的屏幕时间大概为其中的1小时13分钟，这其中还不包括计算机游戏。销售量占比最大的是针对儿童的游戏。依据娱乐软件分级委员会（ESRB）的分级标准，E级（适合任何年龄）视频游戏占总销售量的56%，E10+级（适用于10岁及以上）视频游戏占总销售量的18%，T级（适用于13岁及以上）视频游戏占总销售量的21%（Entertainment Software Association，2011）。这些数据说明，视频游戏占有和吸引了学龄青少年大量的时间和兴趣。

学习科学家们之所以会对视频游戏感兴趣，并不是由于它们深受年轻人的欢迎，而是由于它们在改善学习方面有巨大的潜力。一系列研究领域（包括神经科学、社会学、读写能力、健康和心理学等）在游戏的作用方面都取得了相应的实证性发现。研究表明，动作游戏可以提高玩家的视敏度和注意力（Green，Pouget，& Bavelier，2010）。历史模拟辅助系统能够帮助玩家理解世界历史和地理知识（Squire & Barab，2004）。《舞蹈革命》（*Dance Dance Revolution*）和任天堂出品的《Wii运动》（*Wii Sports*）等健身游戏对儿童来说，可以增加卡路里消耗、改善久坐不动的生活习惯（Graf, Pratt, Hester, & Short, 2009）。《宝石迷阵 2》（*Bejeweled II*）之类的休闲游戏可以改善情绪、缓解压力（Russoniello, O'Brien, & Parks, 2009）。通过阅读《魔兽世界》（*World of Warcraft*）之类视频游戏的攻略，水平欠佳的玩家可以像成功玩家一样表现得更好，尽管这些视频游戏攻略通常只有高中的写作水平（Steinkuehler, 2012）。在线游戏社区讨论板被证明有助于科学推理（Steinkuehler & Duncan, 2008）。三维拼图平台《折叠吧》（*FoldIt*）能够囊括研究蛋白质结构时的各种特殊疑难问题，促使玩家在游戏过程中产生真正的科学发现，有些游戏玩家已经作为作者将他们的成果发表在《自然》（*Nature*） 378
杂志以及其他的核心科学杂志上（Eiben et al., 2012）。

纵览这些研究，不难发现视频游戏有以下几个特点。第一，视频游戏往往都很引人入胜。一些媒体也被指控它们在某种程度上像游戏一样令人上瘾，它们的交互性和设计原则是其吸引力的核心。第二，商业游戏往往能体现出良好的教育学原则（Gee, 2010）。所有成功的商业游戏的初级阶段都不仅包含了让玩家能够成功地掌握游戏的系统和界面，还包含了让玩家能够成功地掌握游戏目标和规则的学习原则。不同的成功游戏的粉丝社区中体现出相同的学习原则，这些社区中的活动不仅仅补充了游戏内容，而且体现了游戏中的学习机制。第三，游戏能够提供丰富的学习评价机会：从学习对一个给定的游戏数据（遥感勘测或点击流数据；Baker & Siemens，本书第 13 章）进行分析，到将学生在游戏中和在线游戏粉丝社区中的学习轨迹与学生在家或教室里的参与结构联系起来（Kafai & Dede，本书第 26 章）。第四，也是最后一个，视频游戏强大的流行性和现有的在线分销渠道证明，它们可以轻而易举地扩散到整个学校或学区。

无论是在课堂内还是课堂外，抑或是在学校课程结束后和家里，由于这些特点，人们在学习中使用视频游戏的兴趣都被大大提高了。在本章中，我们将回顾视频游戏与学习的相关研究。首先，我们将讨论视频游戏在学习中的四个功能性角色。其次，我们将总结最近关于证明视频游戏在学习方面的有效性的争论。最后，我们将讨论当前与未来该领域所面临的挑战。

视频游戏所扮演的角色

根据各种各样的因素（例如情境、目标、参与者结构、视频游戏的性质、局部相关主题、目标玩家的人口学特征等）可以看出视频游戏在学习中发挥着各种作用。例如使用《文明 4》（*Civilization IV*）等历史模拟游戏在大学预科历史课程中教授高中学生全球资源的地理学知识（McCall，2011），与使用如《魔兽世界》这样的大型多人在线游戏（massively multiplayer online game）在课后活动中吸引低水平读者的阅读兴趣相比，在前者中，视频游戏扮演内容提供者的角色，其有效性取决于使用模型的准确性、将其与其他资
379 源联系起来的结构化的教学活动和预科历史的内容标准；而在后者中，视频游戏的任务是组织参与结构，其有效性取决于它能够多大程度地激发玩家以正确的方式（应对复杂性、词汇的使用等）来处理文本。前者的有效性测量或许要看玩家是否能对游戏中的模拟采取批判性的态度。对于后者来说，看游戏是否能激励低水平读者克服困难并坚持阅读或许才是一个更好的测量方向。本部分将详细介绍视频游戏的这些关键作用。

游戏是一种内容

或许关于视频游戏作用的理解，最普遍的观点是把其当作可以被学习的内容（尤其是知识和技能，但有时也包括性格）。游戏已经被应用到了学习的各个领域：从数学［《神龙宝盒》（*Dragon Box*）、《M 维度》（*Dimension M*）等］到健康（运动型游戏《舞蹈革命》等）。在本章中，我们主要关注三个学科：历史、科学和语言学习。

《文明》（*Civilization*）系列、《刺客信条》（*Assassin's Creed*）以及《罗马：全面战争》（*Rome*：*Total War*）等游戏在商业市场的成功，从世纪之交开始就激励着学习科学家们去研究游戏对于学习的作用。对于世界历史或者特定历史时期的生动模拟允许学生去"重播历史"（Squire & Barab，2004）：不论是在整体规模上（游戏能够呈现一些机制规则，包括稳定城市的发展、资源的分配、与竞争性文明的对话等），还是在局部规模上（游戏呈现的机制规则包括：历史人物的角色扮演、历史村庄或地形的导航、重要战争的重演、与其他历史人物的对话等），均是如此。莫什尔尼亚和伊斯雷尔（Moshirnia & Israel，2010）在 2010 年使用被修改过的《文明 4》游戏地图来传授与美国革命相

关的历史内容，除此之外，他们还使用了定制的信息显示方式和弹出式窗口等。他们发现，这些干预措施对于学生的内容性知识和记忆力的发展是非常有效的。另外，一些有关视频游戏作用的研究证实了这些发现，并且证明了这些游戏与传统教学方法相比更能够吸引学生（Devlin-Scherer & Sardone, 2010；Squire & Barab, 2004；Watson, Mong, & Harris, 2011），尤其是当它们与高超的教学联合使用的时候（Lee & Probert, 2010；Squire, 2005a；Squire, DeVane & Durga, 2008）。让学生反思自己的游戏表现、对比游戏与真实历史记述的区别，这种做法在帮助学生对历史产生细微的理解上有很大潜力（Charsky & Mims, 2008），例如，学生意识到了任何特定的历史记述都有其局限，以及存在误解和错误的可能。

或许最著名的使用游戏来传授内容性知识的案例出现在科学领域。部
分原因是，通过美国国家研究委员会 2011 年的报告，该学科获得了全国性 380
关注。伴随着关于游戏在科学学习中的恰当角色的辩论，不论是像《粘粘世界》（*World of Goo*）之类的商业游戏，还是非商业的《折叠吧》（*FoldIt*）和《公民科学》（*Citizen Science*）等游戏，它们都获得了公众和研究者的关注。美国国家研究委员会认为："模拟和游戏在促进多种科学学习目标的达成上有巨大的潜力，这些学习目标包括获得学习科学的积极性、增强对科学概念的理解、获得科学探究的能力、增进对科学本质的理解、进行科学层面的对话与辩论以及增进对科学和科学学习的认同等。"（NRC, 2011, p.25）然而，这里的关键词是"潜力"。在审查了相关证据之后，委员会得出以下结论：游戏对科学概念理解的作用虽然引人深思，但仍无定论；对于获得科学探究的能力和进行科学层面的对话而言，游戏的作用也无定论。尽管该报告出版于 2011 年，美国国家研究委员会综述的却是 2009 年以前的文献资料。自那时起，大量的研究和进展产生了。我们将在"关于游戏有效性证据的争论"中讨论并总结这些最新研究。

我们讨论的第三个领域是语言学习，或许这是迄今为止游戏应用得最有力的领域。相关案例有《异能》（*XENOS*）这样的大型游戏，也有《躲猫猫》（*Peekaboo Barn*）这样的小游戏。通过多种元分析和文献综述，一直有关于其巨大效用的证据出现（Peterson, 2010；Young et al., 2012；Wouters, Van Nimwegen, Van Oostendorp, & Van der Spek, 2013）。游戏提供的丰富的多态环境将语言学习融入与其自身意义和使用相关的情境中，因此能够促使富有意义的语言习得的发生。不论是在虚拟环境，还是通常的社会性环境，游戏

允许学生在丰富的环境中使用语言。扬及其同事（Young et al., 2012）认为，当前的语言学习教学模式关注沉浸式体验和社会性交互，这与游戏所具有的特性是非常吻合的。

游戏是一种诱饵

视频游戏可以作为一种交互性的内容应用于科学等领域，这虽然也算适得其所，但并不是它们对学习的唯一贡献。近来的研究表明，目前在售和停售的游戏产品的目的并不是教学，也并不直接针对某一目标领域，但在恰当条件下它们可以改进思考与学习的形式，这在学校环境中被认为是非常重要的。我们之所以提出游戏具有“诱饵”功能，是因为玩家通常是出于非教育性原因而被游戏吸引的，并且这些游戏的内容可能与学校学习没有明显联系，但是作为一种附加价值，玩家们通过游戏习得的技能和能力有助于
381 他们在学校相关课程中获得成功。这些结果在许多学科和研究领域都有所体现，例如感知与注意（Green & Bavelier, 2003）、协作问题解决（Squire, Giovanetto, DeVane, & Durga, 2005；Steinkuehler, 2005）、数字化读写能力与传统读写能力（Leander & Lovvorn, 2006；Steinkuehler, 2006, 2007, 2008, 2012）、计算机与信息技术熟练度（Hayes, 2008）、历史学（Squire, DeVane, & Durga, 2008）、系统思维（Squire, 2005a）、伦理学推理（Simkins & Steinkuehler, 2008）和科学推理（Steinkuehler & Duncan, 2008）。从定义上讲，视频游戏是交互性的，且涉及一定形式的问题解决。玩家必须克服重重困难，才能最终达成一个与其当前水平不匹配的目标。在游戏中，除非玩家做出一种行动或选择，否则什么都不会发生。因此，即便游戏内容并不时常明显与教育相关，但是最终玩家经过一定的智力练习，却能产生一种教育成果，这种成果是游戏中普遍需要的基本问题解决能力的一种副产品。当然，问题是玩家通过一定的方式方法是否真正学到了有价值的内容。再者，扬和他的同事指出：“许多关于视频游戏的发现都来源于游戏过程中出现的亲密群组，这些群组分布在一些‘元游戏’（metagame）资源平台上，如博客、维基百科和提供攻略、作弊器及破解方案的讨论页等。”（Young et al., 2012, p.82–83）这些“元游戏”社区和资源平台可以证明，即使某些游戏的目的是纯娱乐，它们对学习也是有帮助的。

在设计精良的游戏中，玩家为了闯关，必须投入到复杂巧妙的智力工作当中。不管是在游戏中，还是在课堂内外，这些智力工作都包含非常重要的

知识和技能。这里有一些经典的案例：玩《梦幻棒球》（*Fantasy Baseball*）需要统计推理（Halverson，2008）；《模拟人生》（*The Sims*）赋予杰出玩家进行媒体开发和讲故事的权力（Gee & Hayes，2010）；另外，在线游戏往往是引导玩家去展示领导力的重要形式（Brown & Thomas，2006）。在许多情况下，一个游戏的在线粉丝社区就像知识社区一样，玩家在其中分享一些有价值的知识和技能。例如，在一项研究当中（Steinkuehler & Duncan，2008），研究者通过对商业游戏《魔兽世界》的讨论板的帖子进行代表性样本分析发现，86% 的帖子是关于社会性知识建构的，而非日常娱乐。超过半数的帖子被证明与基于系统的推理有关，十分之一的帖子与基于模型的推理有关。65%的帖子体现了评价认识论（evaluative epistemology）的内容，该理论认为知识的获得过程是一种开放的评价与争论过程（这是一个想要真正了解科学实践的人对知识应该具有的态度；Songer & Kali，本书第 28 章）。在其他情况下，玩家对视频游戏的某一功能大伤脑筋而写出的文档或其他作品，可以成为各式各样出人意料的教学材料。施泰因屈勒（Steinkuehler，2012）在研究中指出，通常被引用到游戏中的文本在本质上大多是解释性的，并且符合高中学生的阅读水平，仅有 4%的学术词汇。通过让学生阅读指定话题中水平相当 382
的文本，对比发现：无论是阅读与游戏相关的文本，还是阅读与学业相关的文本，学生在阅读表现上没有差异。然而，当学生被允许选择话题时，因为有了双倍的自我校正率（self-correction rates，即阅读者在阅读过程中校正自己错误的次数），所谓的低水平阅读者表现出高于诊断结果 6.2 年级的阅读水平。因此，与游戏相关的阅读或许可以帮助那些在学校里苦苦挣扎的阅读者，不是因为这些阅读本身与游戏相关，而是因为它们是以兴趣为驱动的：这种阅读培养了那些面对阅读挑战时想要退缩的学生在阅读方面的持久力。

视频游戏被作为“诱饵”的第二个著名的应用是将游戏看作对未来学习的准备（Belenky & Nokes-Malach，2012；Bransford & Schwartz，1999）。让学习者在进行课堂学习之前事先玩一个与学习目标领域相关的游戏，这样做的目的是为学习者提供间接的与学习领域或现象相关的经验，这与先前在科学中心使用的野外实地考察的方式相似（Crowley，Pierroux，& Knutson，本书第 23 章）。在这种情况下，游戏主要用来帮助学生处理学校课堂教学中的教学材料（Hammer & Black，2009；Reese，2007）。阿里纳（Arena，2012）的研究是一个典型的案例：在这个研究中，社区大学生们在超过 5 周的时间里，每天被随机指定玩《使命召唤 2》（*Call of Duty 2*，一种第一人称射击游戏）

和《文明4》（一种历史模拟游戏）这两款商业游戏中的一款，作为对第二次世界大战相关课程学习的准备。而处于控制组的学生们在上课之前并不玩任何游戏。研究者通过比较学生们课前和课后测试的结果，发现在课前测试上两组没有差异，但是课后测试的结果却证明了游戏对学生们的学习有重大的积极影响。正如假设的那样，玩视频游戏为学生做好了从课程中学到更多内容的准备。另外的一些分析表明，以上两种游戏对参与者的注意力有不同程度的影响：第一人称射击游戏的玩家能够更多地注意局部的战略因素；而历史模拟游戏的玩家能更多地注意整体的战略因素。因此，在适当条件下玩休闲娱乐游戏可以帮助学生从传统学习材料中学到更多。

游戏是一种评价

游戏有转变成一种评价的潜质，因为胜出或者提前通关本身就是一种评价形式。吉（Gee，2005）发现：我们从来没有想到要在《光晕》（*Halo*）这样的游戏当中来评价学习，游戏本身就在游戏过程中评价玩家的理解。随着教育媒体市场从“基于印刷”向“基于数字”转变，教育研究者和评估专家们可以捕捉到在线环境中学生进行选择时的“数据尾气”（data exhaust），从
383 而更好地为学生传递内容并评价学习（Pellegrino，本书第12章；Schoettler，2012）。根据相关的假设，对学生表现进行跟踪和建模，能够更好地设计并且进行教学与评价（Shute & Becker，2010）。普遍被认可的观点是［（或许对此最坚信不移的是列维和米斯列维（Levy & Mislevy，2004）］，模拟仿真类游戏可以与教学的内容标准保持高度一致，对玩家表现给予及时反馈，并且呈现现场问题解决的相关数据，这远远优于通过传统数据收集方式（如测验）获得的数据。相关研究（Barab，Gresalfi，& Ingram-Goble，2010）证明了学生在游戏中的学习收益，甚至将游戏成就与学习收益联系了起来。但是，教育游戏可以迫使学生通过自身意志去取得瞩目成就，这种理想化的观点仍然有待考证（Klopfer，Osterweil，& Salen，2009）。

截至目前这些技术主要被应用在发现类游戏（discovery games）中，如《折叠吧》，这类游戏的玩家通过集体行动可以为一个给定领域的科学发现做出实际贡献。这些技术也被应用到一些拥有相对约束型路径的游戏中，如思科集团（Cisco Systems）的《立志》（*Aspire*，其以证据为中心进行设计；Behrens，Mislevy，Bauer，Williamson，& Levy，2004；Honey & Hilton，2011）。近年来机器学习的相关进展为基于游戏的学习环境中的学习测量提供了可靠

的技术（Dangauthier，Herbrich，Minka，& Graepel，2008；Gee，2004）。机器学习技术包括监督和无监督技术（比如强化学习和半监督回归），它们在学习系统设计的重塑上有巨大的潜力。当教育系统通过移动系统向传递数字化内容转变时（Sharples & Pea，本书第 25 章），这些机器学习技术就会开始被应用于研究性学习。与之伴随的更严峻的问题是：这些学习经验将会变成什么样，学习该如何被评估，不同的利益相关者们（包括学习科学家、研究者、教师、家长、学生）又将扮演什么样的角色。

当前研究者正在探索的问题是：如何将这些技术应用到开放性游戏（其中典型问题可以通过多种方式解决）、建构和设计任务、学习者在线交互中的社会力学（social mechanics）中。霍尔沃森、欧文、威尔斯和夏皮罗（Halverson，Owen，Wills，& Shapiro，2012）等人对玩《生物起源 X》（*Progenitor X*，一个构建干细胞的游戏）的学生进行调查后发现，玩家如果能玩到最高关卡，其往往就能获得广泛的学习收益。欧文和霍尔沃森时下正在将这种框架应用到其他游戏中，并且假设它是将游戏数据［即遥测数据（telemetry data）］应用于评价的一个通用模型。他们正在开发可以广泛应用于一系列游戏的通用数据结构，使研究者可以通过游戏来辨别其游戏模式。有了这种通用数据结构，研究者们可以研究（例如）某款游戏中的成功是否也可以预测另一款游戏中的成功。

游戏是一种参与性建构 384

数字化游戏长久以来就作为一种参与式学习工具而被研究（Gee，2007；Malone & Lepper，1987）。马隆（Malone，1981）研究了《打砖块》（*Atari Breakout*）游戏后，发展了一种内在动机理论，并且得出结论：游戏利用幻想、控制、挑战和好奇心等来激励玩家。随后，马隆和莱珀（Malone & Lepper，1987）探索了游戏的社会情境，并且将协作和竞争也纳入了内部激励的范畴。科多瓦和莱珀（Cordova & Lepper，1996）使用上述成果设计了数学学习游戏，经研究发现在同类数学问题上，获得更多激励的学生比其他学生表现得更好。

在 21 世纪，社会化情境学习（socially situated learning）理论研究者主要使用现象学、民族志和话语研究等方法，将游戏作为参与性建构来研究（Davidson，2011；Gee，2007）。与社会文化取向一致，这项研究已经调查了人们为什么和如何玩游戏，以及为了利于人们学习，游戏系统是如何设计的（Steinkuehler，Squire，& Barab，2012）。随着游戏愈加庞大复杂，出现了一些好的设计原则：如为玩家提供实时指导（Gee，2005，2007）。从《半条命》（*Half Life*）开始，游戏抛弃了冗长的教程和手册［最后一个需使用手册的游戏是《文明3》（*Civilization Ⅲ*），其手册长达236页；Squire，2006］。在充满竞争的娱乐游戏市场里，技术日新月异，游戏也需要有以下特点：具备嵌入式指导、实时指导和适应性人工智能（AI）等（Sawyer，2003）。通过多种游戏和平台来追踪这些设计创新的效果是非常有挑战的，因此戴维森（Davidson，2011）创办了《玩得好》（*Well Played*）杂志来作为记录这些创新的阵地。在《玩得好》的文章（都是很容易读懂的）里，作者们通过深入分析某些选定的主题来剖析游戏的设计特点。戴维森和拉马钱德（Davidson，2011；Davidson & Lamarchand，2012）设计了一种参与性游戏模型，这一模型描述了玩家从最初接触游戏，到沉浸于游戏，再到投资游戏的过程。通过分析《粘粘世界》和《神秘海域2》（*Uncharted 2*）这两款游戏，戴维森证明了某种叙事特点如何让玩家沉浸其中。

另一个研究分支利用特征理论来研究玩家类型（Bartle，2003）。起初研究者对玩家的论坛交互进行扎根分析，巴特尔（Bartle，1996）的理论强调多元、分离的游戏激励（探索、成就、竞争和社会化），这样玩家可以随时投入游戏。意（Yee，2006）对游戏玩家进行了因素分析后，提出了一个基于三个核心激励因素（也有一些次要因素）的备择模型，即：成就、社会和沉浸的备择模型。意的模型以这些因素为组件，与“类型”相对，认为它们是正态分布的、相辅相成的（而非相互取代）一个群集，任何一个玩家都是这些群集的一部分。这一研究提醒学习科学家（尤其是那些设计教育游戏的学习
385 科学家），不同的玩家因不同的动机而玩游戏，因此对设计游戏来说，要捕捉广大人群的特征仍是一项挑战。

游戏化（gamification）是一个新兴术语，表示将游戏思维或游戏机制应用到非游戏环境中，从而令用户投入其中（Deterding，2013）。此类技术包括：构建叙事结构、创造追求与挑战、实行分数制度和成就制度。《第五维度》（*5th Dimension*）是一个流行时间最久并被深入研究的游戏化的学习系统（Cole，2006）。《第五维度》作为一种对科尔（Cole，1996）的文化心理学理论的探索机制，问世于20世纪90年代。在《第五维度》中，5—14岁的青少年可以组成小组或俱乐部，共同完成一系列由虚拟巫师制定的迷宫任务。这些任务以任务卡片的形式呈现，并且通常基于一些如《神偷卡门》

（*Carmen San Diego*）、《不可思议的机器》（*The Incredible Machine*）以及《俄勒冈之旅》（*Oregon Trail*）之类的游戏。所有的学习都在一个虚拟的帮助巫师的叙事情境下完成，而不是通过通关和赚取分数完成。成年人（通常是大学生）扮演虚拟巫师的助手，并像导师一样工作。已经有超过 100 项研究和评估通过《第五维度》实施，并且在世界各地的网站上公布（Cole，2006；Mayer，Blanton，Duran，& Schustack，1999；Simmons，Blanton，& Greene，1999）。学生们通过参与《第五维度》，可以发展能被应用到多种情境的学术能力（Blanton，Moorman，Hayes，& Warner，1997；Mayer et al.，1997）。

随后，像《亚特兰蒂斯探密》（*Quest Atlantis*）这样的学习游戏，为玩家创造了一个沉浸式的仿真世界，这一世界并不是围绕着尊重多样性或者创造性表达之类的社会承诺而构建的（Barab，Thomas，Dodge，Carteaux，& Tuzun，2005）。《亚特兰蒂斯探密》的目标是帮助小学高年级学生完成一系列的课程。《亚特兰蒂斯探密》拥有实时的 3D 画面，学生通过完成任务来改善公民生活。任务的过关模式不仅是线上的，也可以是线下的，通常由教师通过线上资讯仪表板来认证。学生所能获得的在线资源包括以下内容：项目清单、信誉系统及各类币种等。《亚特兰蒂斯探密》中的许多任务都非常注重传统的学术惯例，但这些都是通过亚特兰蒂斯中的叙事来解释的。任务结构也是重新组织学习的一种激励因素，即使将传统的学术任务作为一种新的活动也是如此（Barab et al.，2007）。参与《亚特兰蒂斯探密》的学生被身份、游戏、沉浸式体验和社会关系所激励。对一些学生而言，它将学术活动从基于奖励转变为以愿望为驱动，可以让学生变为不一样的人去玩耍，或者去参与正当的社会活动。《亚特兰蒂斯探密》的设计者巴拉布、阿里厅和杰克森（Barab，Arici，& Jackson，2005）认为，在该游戏的众多交互方式中，其叙事特征是最能引人投入的。将《亚特兰蒂斯探密》应用于课堂的相关研究表明，无论是通过传统的还是表现层面的测量，该游戏都可以提升学生的科学探究能力、推理能力及辩论技巧（Hickey，Ingram-Goble，& Jameson，2009）。巴拉布和其同事将这一过程描述为“课程叙事”，其对于正规的游戏化课程结构的设计者来说是一种有效方法。 386

关于游戏有效性证据的争论

尽管，近十年间将游戏作为学习科学领域的学习技术的研究从未停歇，但是一些学者仍然对它的有效性以及不同研究结果的一致性争论不休。沃格尔及其同事（Vogel et al.，2006）发现，就对认知和态度的影响而言，游戏远胜于许多传统方法，然而其结果会被某些变量所干扰，这些变量有：性别，在游戏内容中进行的导航是自我驱动的、教师驱动的还是计算机驱动的，等等。克（Ke，2009）对 89 个相关研究进行了综述，发现游戏对学习确实有效，但是不同研究中的证据却是矛盾的，因为一旦实际的游戏机制被指定了，研究中的干预措施也就在很大程度上被指定了。然而克拉克、耶茨、厄尔利和莫尔顿（Clark，Yates，Early，& Moulton，2010）发现，严肃游戏并不比传统课堂教学方法更有效。与之相反，西茨曼（Sitzmann，2011）通过元分析发现，相比传统课堂，游戏提高了学生 20% 的自我效能、11% 的陈述性知识掌握、14% 的过程性知识掌握和 9% 的记忆力，但是此结果仅限于和被动学习，而非主动学习干预相比。

最近两个元分析研究使一些讨论变得合理，并且对这些相互矛盾的结论进行了有效梳理。扬及其同事（Young et al.，2012）将游戏应用融入 K-12 课堂中，并针对玩学习型视频游戏与学业成绩之间的关系进行了元分析。研究者收集了 363 篇文章，然而由于干预变量的模糊性（即没有被清晰描述的游戏机制）和与学校有关的因变量或者结果变量的不确定性，其中相关的文章仅有约 10%（3 篇历史的、8 篇数学的、7 篇体育教育的、11 篇科学的和 10 篇语言学习的）。作者认为，有证据表明视频游戏对于语言学习、历史、体育教育（特指极限游戏）有积极影响，但是对于科学与数学有价值的证据不足。“科学领域的证据不足”这一观点也在美国国家研究委员会 2011 年的报告中被证实。

武泰及其同事（Wouters et al.，2013）进行了第二个元分析研究，他们对 39 项相关研究进行了分析，这些研究都将游戏同传统教学方法（演讲、阅读、训练和练习、超文本环境等）相比较。其中大部分的研究出现于此前的五年间，都发现游戏要比传统方法更有效：学生们学到了更多长期有效的知
387 识与认知技能。当辅助使用一些其他教学方法，或者组成小组（而非独立）玩游戏时，游戏会更加有效。但令人惊讶的是，元分析结果显示游戏并不比许多传统方法更加激励人。作者认为，当游戏变成一种强制行为、游戏机制与内容关联不大，或者玩家选择有限时，游戏吸引玩家参与的能力就会减弱。

有四个难题令研究者对实证资料的理性总结变得困难重重。第一，游戏背后所用的技术名不副实。例如沃格尔及其同事（Vogel et al.，2006）提到的一些包含“交互模拟”技术的游戏，以及克（Ke，2009）提到的一些基于计

算机的教育游戏，由于并不涉及竞争，它们并没有真正运用模拟仿真技术。另外，克拉克及其同事（Clark et al., 2010）关注的是“严肃游戏”，然而，通常游戏都被视作一种“基于发现的教学”的特殊案例。西茨曼（Sitzmann, 2011）则关注了计算机模拟游戏。美国国家研究委员会（NRC，2011）的报告认为计算机模拟和游戏是两个独立的范畴，但是在综述当中这两个概念常常被混为一谈。只有扬及其同事（Young et al., 2012）和武泰及其同事（Wouters et al., 2013）给出了一个原则性的分类定义，明确了应该被综述和评估的是什么。即使有明确的定义，关于视频游戏是否有助于学习这一严肃问题仍然充满不确定性。

第二，由于缺乏有关游戏机制及目标学习结果的明确细节，因此总结游戏有效性的证据变得相当困难（NRC，2011；Young et al., 2012）。具体表现为，由于对何种游戏机制针对何种特定结果的探讨尚且不足，对于如何设计游戏以及如何确定课程目标，目前仍然没有实实在在的结论。

第三，由于视频游戏往往是交互性的，个体玩家往往有独特的目标和游戏模式，进而玩家之间所获得的经验也是不同的（Harris，Yuill，& Luckin, 2008），且很难在各种条件内或之间进行归纳。就像扬及其同事所写的那样：

> 为了解释游戏的独立特质，当前的方法论必须超越其现有范畴，认识到使用同种方式精确地进行两次同样的游戏是不可能的，并且要将游戏作为一种情境学习来研究。（Young et al., 2012，p.62）

第四，像其他任何教学技术一样，视频游戏的效果在很大程度上要视其具体应用情境而定。这里的情境不仅包括玩家依个人喜好而选择的玩游戏的方式，也包括社会情境、线上或线下的辅助文本、伴随游戏的其他相关工具、是否有一个知识渊博的教师或同伴，以及引出超越游戏本身的反思的 388
程度。如果不考虑游戏情境，那么游戏对学习有效的相关研究就很难得到解释。

当前与未来的挑战

未来的研究存在几个挑战。首先，研究者需要开发一个可操作的视频游戏的定义，确定不同的游戏机制，并且评估不同游戏机制对于学习的影响。其实已经有过许多关于视频游戏的定义，其中最直接的要属克洛普弗等人（Klopfer et al., 2009）等人提出的，该定义不仅被作为由美国教育部主办的2011年科学、技术、工程和数学视频游戏挑战赛（STEM Video Game Challenge）的基础，也是泰、洛温斯坦、钦、雷耶斯基（Thai, Lowenstein, Ching, & Rejeski, 2009）和扬及其同事的元分析研究与报告的基础。在他们的研究中，教育游戏被定义为：

> 一种自愿的活动，这种活动由相关规则进行组织，有明确的结果（如赢、输）或者其他量化的反馈（如分数）等，这些结果或反馈能够帮助实现对游戏玩家表现的可靠对比。……（这种活动的）目的是使个体获得知识，并且培养他们通用的或者有益于学术情境的理解与智力习惯。教育游戏也许会与正式教育环境（如学校、大学，线上的或线下的）、非正式学习场所（如博物馆），以及想获取新知识或新理解的自学者相联系。（Young et al., 2012, p.11, 21）

因此，服务于学习的视频游戏可被定义为数字教育游戏。这个定义允许我们排除一些其他的模拟与数字可视化工具，同时接纳一些当代重要的游戏形式，如移动终端上的替代现实游戏（alternate reality games, ARGS）。这一定义与尤尔（Juul, 2005）的研究以及其他相关的游戏研究非常一致。

即使有这样一个可操作的定义，对于进行有用的归纳来说，该定义的范畴仍然太过宽泛。在扬及其同事（Young et al., 2012）的元分析研究中，他们认为这一定义太过宽泛，以至于不能根据游戏效果得出有意义的结论。抛开这一定义，我们希望能开发出一种关于游戏机制与特点的分类，然后分别研究它们对学习的影响，即使这并非易事。

教育视频游戏领域的另一挑战是，如何解释与基于游戏的学习成果有关的情境及环境因素。视频游戏应该与优秀的教师配合使用。因为，这些教师能够为学生的表现建立脚手架、使学生进行反思，并且能将游戏与其他课程材料联系起来（Baek，Kim，& Park，2009；Young et al.，2012）。与游戏相关 389
的学习不仅发生于视频游戏本身，而且往往更重要的是通过一些视频游戏之外的相关活动与材料（如附加文本、作品）发生。特别是询问和反思练习，以及个人反思和同伴评价（Ke，2008），它们在其中起到了重要作用。对于"如何促进学习"这一问题的"概念化"来说，过于狭隘地关注视频游戏是一种糟糕的方式。

例如，正式教学情境似乎减轻了游戏干预的有效性（Sitzmann，2011），并且在许多情况下是与视频游戏对学习的益处相矛盾的。就像扬和其同事所写的那样：

> 游戏的教学功能与如何将其整合进课堂之间出现了断层。游戏往往是多人的、合作的和竞争性的：它们允许充满"游戏提示与作弊器"的网站来发展周围的玩家亲密群组，能够吸引玩家长达几个小时，日复一日，年复一年。然而，许多学校都用课程覆盖、个人游戏、短时体验来替代长时间的沉浸，这与视频游戏的做法是不一致的。（Young et al.，2012，p.80）

随着学习科学对视频游戏与学习的研究兴趣不断增加，以及一些将视频游戏整合进课堂的创新学习环境的不断应用，我们应该注意不要故意破坏视频游戏的一些特性，正是因为它们，视频游戏才成了一种有力的、独特的、激励性的学习工具。

参考文献

Arena, D. A. (2012). Commercial video games as preparation for future learning. Dissertation, Stanford University, School of Education.

Baek, Y., Kim, B., & Park, H. (2009). Not just fun, but serious strategies: Using metacognitive strategies in game-based learning. *Computers & Education*, 52, 800–810.

Barab, S., Arica, A., & Jackson, C. (2005). Eat your vegetables and do your homework: A design-based investigation of enjoyment and meaning in learning. *Educational Technology*, 45 (1), 15–21.

Barab, S. A., Gresalfi, M. S., & Ingram-Goble, A. (2010). Transformational play: Using games to position person, content, and context. *Educational Researcher*, 39 (7), 525–536.

Barab, S., Thomas, M., Dodge, T., Carteaux, R., & Tuzun, H. (2005). Making learning fun: Quest Atlantis, a game without guns. *Educational Technology Research and Development*, 53 (1), 86–107.

Barab, S., Zuiker, S., Warren, S., et al. (2007). Situationally embodied curriculum: Relating formalisms and contexts. *Science Education*, 91 (5), 750–782.

390 Bartle, R. (1996). Hearts, clubs, diamonds, spades: Players who suit MUDs. *Journal of MUD Research*, 1 (1). Available: http://www.mud.co.uk/richard/hcds.htm (May 19).

Bartle, R. (2003). *Designing virtual worlds.* Indianapolis, IN: New Riders.

Behrens, J. T., Mislevy, R. J., Bauer, M., Williamson, D. M., & Levy, R. (2004). Introduction to evidence centered design and lessons learned from its application in a global e-learning program. *The International Journal of Testing*, 4 (4), 295–301.

Belenky, D. M., & Nokes-Malach, T. J. (2012). Motivation and transfer: The role of mastery-approach goals in preparation for future learning. *The Journal of the Learning Sciences*, 21 (3), 399–432.

Blanton, W. E., Moorman, G. B., Hayes, B. A., & Warner, M. W. (1997). Effects of participation in the Fifth Dimension on far transfer. *Journal of Educational Computing Research*, 16, 371–396.

Bransford, J., & Schwartz, D. (1999). Rethinking transfer: A simple proposal with multiple implications. In A. Iran-Nejad & P. Pearson (Eds.), *Review of Research in Education*, 24, 61–101.

Brown, J. S., & Thomas, D. (2006). You play World of Warcraft? You're hired! *Wired*, 14 (4).

Charsky, D., & Mims, C. (2008). Integrating commercial off-the-shelf video games into school curriculums. *Tech Trends*, 52, 38–44.

Clark, R. E., Yates, K., Early, S., & Moulton, K. (2010). An analysis of the failure of electronic media and discovery-based learning: Evidence for the performance benefits of guided training methods. In K. H. Silber, & R. Foshay (Eds.), *Handbook of training and improving workplace performance: Vol.I. Instructional design and training delivery* (pp. 263–297). Somerset, NJ: Wiley.

Cole, M. (1996). *Cultural psychology: A once and future discipline*. Cambridge, MA: Harvard University Press.

Cole, M. (2006). *The Fifth Dimension: An after school program built on diversity*. New York: Sage.

Cordova, D. I., & Lepper, M. R. (1996). Intrinsic motivation and the process of learning: Beneficial effects of contextualization, personalization, and choice. *Journal of Educational Psychology*, 88 (4), 715–730.

Dangauthier, P., Herbrich, R., Minka, T., & Graepel, T. (2008). TrueSkill through time: Revisiting the history of chess. *Advances in Neural Information Processing Systems*, 20, 931–938.

Davidson, D. (Ed.) (2011). *Well played.* Pittsburgh, PA: Entertainment Technology Press.

Davidson, D., & Lamarchand, R. (2012). Uncharted 2: Among thieves – How to become a hero. In C.

Steinkuehler, K. Squire, & S. Barab (Eds.), *Games+learning+society* (pp. 75–107). Cambridge: Cambridge University Press.

Devlin-Scherer, R., & Sardone, N. B. (2010). Digital simulation games for social studies classrooms. *Clearing House*, 83, 138–144.

Deterding, S. (2013). Designing gamification: Creating gameful and playful experiences. SIG-CHI Workshop. *Proceedings of the Association for Computing Machinery (ACM).*

Eiben, C. B., Siegel, J. B., Bale, J. B., Cooper, S., Khatib, F., Shen, B. W., Foldit Players, Stoddard, B. 391
L., Popovic, Z., & Baker, D. (2012). Increased Diels-Alderase activity through backbone remodeling guided by Foldit players. *Nature Biotechnology*, January 22.

Entertainment Software Association. (2011). Industry Facts. Retrieved March 12, 2013 from http://www.theesa.com/facts.

Gee, J. (2004). *Situated language and learning: A critique of traditional schooling*. London: Routledge.

Gee, J. (2005). Learning by design: Good video games as learning machines. *E-Learning*, 2 (1), 5–16.

Gee, J. P. (2007). *What video games have to teach us about learning and literacy*. Second Edition. New York: Palgrave Macmillan.

Gee, J. P., & Hayes, E. R. (2010). *Women and gaming: The Sims and 21st century learning*. New York: Palgrave Macmillan.

Graf, D. L., Pratt, L. V., Hester, C. N., & Short, K. R. (2009). Playing active video games increases energy expenditure in children. *Pediatrics*, 124 (2), 534–540.

Green, C., & Bavelier, D. (2003). Action videogame modifies visual attention. *Nature*, 423, 534–537.

Green, C. S., Pouget, A., & Bavelier, D. (2010). Improved probabilistic inference as a general mechanism for learning with action video games. *Current Biology*, 23, 1573–1579.

Halverson, E. R. (2008). Fantasy baseball: The case for competitive fandom. *Games and Culture*, 3 (3–4), 286–308.

Halverson, R., Owen, E., Wills, N., Shapiro, R. B. (2012, July). *Game-based assessment: An integrating model for capturing learning in play*. ERIA Working Paper.

Hammer, J., & Black, J. (2009). Games and (preparation for future) learning. *Educational Technology*, 49 (2), 29–34.

Harris, A., Yuill, N., & Luckin, R. (2008). The influence of context-specific and dispositional achievement goals on children's paired collaborative interaction. *British Journal of Educational Psychology*, 78, 355–374.

Harris, D. N. (2011). *Value-added measures in education: What every educator needs to know*. Cambridge, MA: Harvard University Press.

Hayes, E. (2008). Game content creation & IT proiciency. *Computers & Education*, 51 (1), 97–108.

Hickey, D., Ingram-Goble, A., & Jameson, E. (2009). Designing assessments and assessing designs in virtual educational environments. *Journal of Science Education and Technology*, 18, 187–208.

Honey, M. A., & Hilton, M. L. (Eds.) (2011). *Learning science through computer games and simulations*. Washington, DC: National Academies Press.

Juul, J. (2005). *Half-real: Video games between real rules and fictional worlds*. Cambridge, MA: MIT Press.

Ke, F. (2008). A case study of computer gaming for math: Engaged learning from gameplay? *Computers & Education*, 51, 1609–1620.

Ke, F. (2009). A qualitative meta-analysis of computer games as learning tools. In R. E. Ferdig (Ed.), *Handbook of research on effective electronic gaming in education* (vol. 1, pp. 1–32). Hershey, PA: Information Science Reference.

392 Klopfer, E., Osterweil, S., & Salen, K. (2009). *Moving learning games forward*. Cambridge, MA: Education Arcade.

Leander, K., & Lovvorn, J. (2006). Literacy networks. *Curriculum & Instruction*, 24 (3), 291–340.

Lee, J. K., & Probert, J. (2010). Civilization III and whole-class play in high school social studies. *Journal of Social Studies Research*, 34, 1–28.

Levy, R., & Mislevy, R. J. (2004). Specifying and refining a measurement model for a simulation-based assessment. *International Journal of Testing*, 4, 333–369.

Malone, T. W. (1981). Toward a theory of intrinsically motivating instruction. *Cognitive Science*, (4), 333–369.

Malone, T. W., & Lepper, M. R. (1987). Making learning fun: A taxonomic model of intrinsic motivations for learning. In R. E. Snow, & M. J. Farr (Eds.), *Aptitude, learning, and instruction: III. Cognitive and affective process analyses* (pp. 223–253). Hillsdale, NJ: Lawrence Erlbaum Associates.

Mayer, R. E., Blanton, W., Duran, R., & Schustack, M. (1999). *Using new information technologies in the creation of sustainable afterschool literacy activities: Evaluation of cognitive outcomes*. Final Report to the Andrew W. Mellon Foundation.

Mayer, R. E., Quilici, J. H., Moreno, R., Duran, R., Woodbridge, S., & Simon, R. (1997). Cognitive consequences of participation in a Fifth Dimension after-school computer club. *Journal of Educational Computing Research*, 16, 353–370.

McCall, J. (2011). *Gaming the past: Using video games to teach secondary history*. New York: Routledge.

Moshirnia, A., & Israel, M. (2010). The educational efficacy of distinct information delivery systems in modified video games. *Journal of Interactive Learning Research*, 21, 383–405.

National Research Council (NRC). (2011). *Learning science through computer games and simulations* (Committee on Science Learning: Computer Games, Simulations, and Education, M. A. Honey & M. L. Hilton, Eds.). Washington, DC: National Academies Press, Board on Science Education, Division of Behavioral and Social Sciences and Education.

Peterson, M. (2010). Computerized games and simulations in computer-assisted language learning: A meta-analysis of research. *Simulation & Gaming*, 41, 72–93.

Reese, D. D. (2007). First steps and beyond: Serious games as preparation for future learning. *Journal of Educational Multimedia and Hypermedia*, 16 (3), 283–300.

Rideout, V. J., Foehr, U. G., & Roberts, D. F. (2010). *Generation M2: Media in the lives of 8- to 18-year-olds*. Menlo Park, CA: Henry J. Kaiser Family Foundation.

Russoniello, C. V., O'Brien, K., & Parks, J. M. (2009). EEG, HRV and psychological correlates while playing Bejeweled II: A randomized controlled study. *Annual Review of Cybertherapy and Telemedicine*, 7, 189–192.

Sawyer, B. (2003). *Monster gaming*. Phoenix, AZ: Paraglyph.

Schoettler, S. (2012). Learning analytics: What could you do with five orders of magnitude more data about learning? Keynote address at the 2012 Strata Conference, February 29, Santa Clara, CA.

Shute, V. J., & Becker, B. J. (2010). *Innovative assessment for the 21st century*. New York: Springer. 393

Simkins, D., & Steinkuehler, C. (2008). Critical ethical reasoning & role-play. *Games & Culture*, 3 (3–4), 333–355.

Simmons, E. C., Blanton, W. E., & Greene, M. W. (1999). The fifth dimension clearinghouse: One strategy for diffusing, implementing and sustaining core principles. In J. Price, et al. (Eds.), *Proceedings of Society for Information Technology & Teacher Education International Conference* (pp. 1135–1140). Chesapeake, VA: AACE.

Sitzmann, T. (2011). A meta-analytic examination of the instructional effectiveness of computer-based simulation games. *Personnel Psychology*, 64, 489–528.

Siwek, S. E. (2010). *Video games in the 21st century: The 2010 report.* Entertainment Software Association.

Squire, K. D. (2005a). Changing the game: What happens when video games enter the classroom? *Innovate: Journal of Online Education, 1* (6). Retrieved from http://www.innovateonline.info/index.php?view=article&id=82.

Squire, K. D. (2005b). Educating the fighter. *On the Horizon*, 13 (2), 75–88.

Squire, K. D. (2006). From content to context: Videogames as designed experience. *Educational Researcher,* 35 (8), 19–29.

Squire, K., & Barab, S. A. (2004). Replaying history. *Proceedings of the 2004 International Conference of the Learning Sciences*. Los Angeles: UCLA Press.

Squire, K. D., DeVane, B., & Durga, S. (2008). Designing centers of expertise for academic learning through video games. *Theory into Practice*, 47 (3).

Squire, K. D., Giovanetto, L., Devane, B., & Durga, S. (2005). From users to designers: Building a self-organizing game-based learning environment. *Technology Trends*, 49 (5), 34–42.

Steinkuehler, C. A. (2005). Cognition and learning in massively multiplayer online games: A critical approach. Unpublished dissertation. University of Wisconsin-Madison.

Steinkuehler, C. A. (2006). Massively multiplayer online videogaming as participation in a discourse. *Mind, Culture, & Activity*, 13 (1), 38–52.

Steinkuehler, C. A. (2007). Massively multiplayer online gaming as a constellation of literacy practices. *eLearning*, 4 (3) 297–318.

Steinkuehler, C. A. (2008). Cognition and literacy in massively multiplayer online games. In J. Coiro, M. Knobel, C. Lankshear, & D. Leu (Eds.), *Handbook of research on new literacies* (pp. 611–634). Mahwah, NJ: Lawrence Erlbaum Associates.

Steinkuehler, C. A. (2012). The mismeasure of boys: Reading and online videogames. In W. Kaminski, & M. Lorber (Eds.), *Proceedings of Game-based Learning: Clash of Realities Conference* (pp. 33–50). Munich: Kopaed Publishers.

Steinkuehler, C., & Duncan, S. (2008). Scientific habits of mind in virtual worlds. *Journal of Science Education & Technology*, 17 (6), 530–543.

Steinkuehler, C., Squire, K., & Barab, S. (Eds.) (2012). *Games, learning, and society: Learning and meaning in the digital age*. New York: Cambridge University Press.

394 Thai, A., Lowenstein, D., Ching, D., & Rejeski, D. (2009). *Game changer: Investing in digital play to advance children's learning and health*. New York: Joan Ganz Cooney Center at Sesame Workshop.

Vogel, J. J., Vogel, D. S., Cannon-Bowers, J., Bowers, C. A., Muse, K., & Wright, M. (2006). Computer gaming and interactive simulations for learning: A meta-analysis. *Journal of Educational Computing Research*, 34, 229–243.

Watson, W. R., Mong, C. J., & Harris, C. A. (2011). A case study of in-class use of a video game for teaching high school history. *Computers & Education*, 56, 466–474.

Wouters, P., Van Nimwegen, C., Van Oostendorp, H., & Van der Spek, E. D. (2013, February 4). A meta-analysis of the cognitive and motivational effects of serious games. *Journal of Educational Psychology*.

Yee, N. (2006). Motivations for play in online games. *CyberPsychology and Behavior*, 9, 772–775.

Young, M. F., Slota, S., Cutter, A. B., Jalette, G., Mullin, G., Lai, B., Simeoni, Z., Tran, M., & Yukhymenko, M. (2012). Our princess is in another castle: A review of trends in serious gaming for education. *Review of Educational Research*, 82 (1), 61–89.

* 这个单词云（word cloud）根据英文原著中的所有文本生成，显示了本手册中应用频率最高的100 个单词。每个单词的大小表示它在本手册中出现的频率高低。像“the”和“of”这样常见的单词被排除在外，以单数和复数形式出现的单词被合并在一起。最小的单词大概出现了 150—200 次。最大的单词出现的次数依次为：学习（learning）3266 次，学生（students）1726 次，知识（knowledge）1029 次，研究（research）931 次，学习者（learners）697 次，教师（teachers）687 次。

本单词云由 R. 基思·索耶应用 wordle.net 生成。

［美］R. 基思·索耶（R. Keith Sawyer） 主编
徐晓东 杨 刚 阮高峰 刘海华 等 译

THE CAMBRIDGE HANDBOOK OF THE LEARNING SCIENCES

剑桥学习科学手册

第2版

SECOND EDITION

下

教育科学出版社
·北 京·

Contents

目录

第二部分 方法论

第三部分 促进有效学习的实践

下 册

第四部分 一起学习

第五部分 学科知识学习

第六部分 将学习科学研究引入课堂

图 目 录

表 目 录

本书撰稿人

多尔·亚伯拉罕森 Dor Abrahamson	加州大学伯克利分校 University of California, Berkeley
杰里·安德里森 Jerry Andriessen	智慧和蒙罗学习研究中心 Wise & Munro Learning Research
罗杰·阿塞韦多 Roger Azevedo	北卡罗来纳州立大学 North Carolina State University
迈克尔·贝克 Michael Baker	法国国家科学研究中心 Centre National de la Recherche Scientifique
瑞安·贝克 Ryan Baker	哥伦比亚大学教育学院 Teachers College, Columbia University
萨沙·巴拉布 Sasha Barab	亚利桑那州立大学 Arizona State University
卡尔·贝赖特 Carl Bereiter	多伦多大学 University of Toronto
苏珊·布里奇斯 Susan Bridges	香港大学 University of Hong Kong
马里奥·卡雷特罗 Mario Carretero	马德里自治大学 Autonoma University of Madrid
陈桂涓 Carol K. K. Chan	香港大学 University of Hong Kong
卡拉克·A. 钦 Clark A. Chinn	罗格斯大学 Rutgers University

保罗·科布 Paul Cobb	范德堡大学 Vanderbilt University
艾伦·柯林斯 Allan Collins	西北大学 Northwestern University
凯文·克劳利 Kevin Crowley	匹兹堡大学 University of Pittsburgh
伊丽莎白·A. 戴维斯 Elizabeth A. Davis	密歇根大学 University of Michigan
克里斯·迪德 Chris Dede	哈佛大学 Harvard University
沙伦·J. 德里 Sharon J. Derry	北卡罗来纳大学教堂山分校 University of North Carolina at Chapel Hill
安德烈·A. 迪塞萨 Andrea A. diSessa	加州大学伯克利分校 University of California, Berkeley
迈克尔·艾森伯格 Michael Eisenberg	科罗拉多大学博尔德分校 University of Colorado, Boulder
于尔约·恩格斯托姆 Yrjö Engeström	赫尔辛基大学 University of Helsinki
诺埃尔·埃涅迪 Noel Enyedy	加州大学洛杉矶分校 University of California, Los Angeles
巴里·J. 菲什曼 Barry J. Fishman	密歇根大学 University of Michigan
里基·戈德曼 Ricki Goldman	纽约大学 New York University
詹姆斯·G. 格里诺 James G. Greeno	匹兹堡大学 University of Pittsburgh

埃丽卡·罗森菲尔德·霍尔沃森
Erica Rosenfeld Halverson
威斯康星大学
University of Wisconsin

辛迪·E. 梅洛-西尔弗
Cindy E. Hmelo-Silver
印第安纳大学
Indiana University

迈克尔·J. 雅各布森
Michael J. Jacobson
悉尼大学
University of Sydney

桑纳·耶尔韦莱
Sanna Järvelä
奥卢大学
University of Oulu

亚思明·B. 卡法
Yasmin B. Kafai
宾夕法尼亚大学
University of Pennsylvania

雅埃尔·卡莉
Yael Kali
海法大学
University of Haifa

马努·卡普尔
Manu Kapur
南洋理工大学国家教育学院
National Institute of Education, Nanyang Technological University

保罗·A. 基施纳
Paul A. Kirschner
荷兰开放大学
Open University of the Netherlands

卡伦·克努森
Karen Knutson
匹兹堡大学
University of Pittsburgh

蒂莫西·科施曼
Timothy Koschmann
南伊利诺伊大学医学院
Southern Illinois University School of Medicine

约瑟夫·S. 克拉切克
Joseph S. Krajcik
密歇根州立大学
Michigan State University

卡罗·D. 李
Carol D. Lee
西北大学
Northwestern University

彼得・李
Peter Lee

伦敦大学教育学院
Institute of Education, London

罗布・林格伦
Robb Lindgren

伊利诺伊大学厄巴纳-香槟分校
University of Illinois at Urbana-Champaign

陆静妍
Jingyan Lu

香港大学
University of Hong Kong

理查德・E. 迈耶
Richard E. Mayer

加州大学圣巴巴拉分校
University of California, Santa Barbara

三宅直美
Naomi Miyake

东京大学
University of Tokyo

纳伊拉・苏亚德・纳西尔
Na'ilah Suad Nasir

加州大学伯克利分校
University of California, Berkeley

米切尔・J. 内森
Mitchell J. Nathan

威斯康星大学
University of Wisconsin

纳尔奇斯・帕雷斯
Narcis Pares

巴塞罗那庞培法布拉大学
Universitat Pompeu Fabra, Barcelona

罗伊・佩亚
Roy Pea

斯坦福大学
Stanford University

詹姆斯・W. 佩莱格里诺
James W. Pellegrino

伊利诺伊大学芝加哥分校
University of Illinois, Chicago

威廉・R. 毗努伊勒
William R. Penuel

科罗拉多大学博尔德分校
University of Colorado, Boulder

帕尔米尔・佩鲁
Palmyre Pierroux

奥斯陆大学
University of Oslo

布赖恩・J. 赖泽
Brian J. Reiser

西北大学
Northwestern University

K. 安・伦宁格 K. Ann Renninger	斯沃斯莫尔学院 Swarthmore College
安・S. 罗丝伯里 Ann S. Rosebery	美国技术教育研究中心 TERC
R. 基思・索耶 R. Keith Sawyer	北卡罗来纳大学教堂山分校 University of North Carolina at Chapel Hill
玛琳・斯卡尔达马利亚 Marlene Scardamalia	多伦多大学 University of Toronto
安娜・斯法德 Anna Sfard	海法大学 University of Haifa
迈克・夏普尔斯 Mike Sharples	(英国)开放大学 The Open University
金伯利・M. 谢里登 Kimberly M. Sheridan	乔治梅森大学 George Mason University
布鲁斯・L. 谢林 Bruce L. Sherin	西北大学 Northwestern University
申南秀 Namsoo Shin	首尔大学 Seoul National University
乔治・西门子 George Siemens	阿萨巴斯卡大学 Athabasca University
彼得・司马格林斯基 Peter Smagorinsky	佐治亚大学 University of Georgia, Athens
南希・巴特勒・松格 Nancy Butler Songer	密歇根大学 University of Michigan
詹姆斯・P. 斯皮兰 James P. Spillane	西北大学 Northwestern University

库尔特・斯夸尔
Kurt Squire
威斯康星大学
University of Wisconsin

格里・斯塔尔
Gerry Stahl
德雷塞尔大学
Drexel University

康斯坦茨・施泰因屈勒
Constance Steinkuehler
威斯康星大学
University of Wisconsin

里德・史蒂文斯
Reed Stevens
西北大学
Northwestern University

丹尼尔・苏瑟斯
Daniel Suthers
夏威夷大学马诺阿分校
University of Hawai' i at Manoa

艾丽斯・塔巴克
Iris Tabak
内盖夫本古里安大学
Ben Gurion University of the Negev

贝思・沃伦
Beth Warren
美国技术教育研究中心
TERC

尤里・威伦斯基
Uri Wilensky
西北大学
Northwestern University

菲利普・H. 温尼
Philip H. Winne
西蒙弗雷泽大学
Simon Fraser University

卡尔姆・扎恩
Carmen Zahn
瑞士应用科学与艺术大学
University of Applied Sciences and the Arts

第四部分

一起学习

第20章

知识建构与知识创造：理论、教学与技术

玛琳·斯卡尔达马利亚　卡尔·贝赖特

术语知识建构（knowledge building）和知识创造（knowledge creation）是同一时间进入应用行为科学研究文献的（Nonaka，1991；Nonaka & Takeuchi，1995；Scardamalia & Bereiter，1991；Scardamalia，Bereiter，& Lamon，1994），但它们却出现在不同领域：知识建构出现在学习科学领域，而知识创造出现在组织科学领域。因为它们起源于不同的认识论，所以这两个术语本质相同的特征并不明显。知识建构源自波普尔认识论，它将观念视作独立的，有自己的性质、关系以及独立于持有此观念的个人的实体（Bereiter，2002；Popper，1972；Scardamalia et al.，1994）。野中（I. Nonaka）和他的助手们认为知识创造是社会认知的过程，在这个过程中，个体的隐性知识作为源头和结果得以被描绘。然而，知识建构和知识创造又是相似的，它们都认为新知识是被“创造的”，而不像旧的认识论所认为的那样是被“发现的”。 397

这两个方面都需要为“学习”提供概念空间，例如“探究式学习”和“学习型组织”。为了在教育领域创造这个空间，我们必须区分学习（心理状态的改变）和知识建构（设计、理论、问题解决、假设、证据之类的产出）。这两者或许是齐头并进的，教育领域也期望它们如此，但是从设计的观点来看，它们代表着不同的问题空间。“小组认知”（group cognition）（Stahl，2006），认知论领域的新生物，并不否认这种差异。小组可以学习，也就是说，最好从小组层次来描述技能和理解的获得。同时，从一个不同且重要的角度来讲，知识创造通常起源于小组加工过程。为了强调这种差异，我们在本章中用资本化的知识建构表示这样一种方法：它旨在将知识创造型组织

（例如，科学研究小组和工业设计团队）的目标和活动过程作为代表带入教育之中。

在成功的知识创造型组织中，发明和设计“即使不是惯例，也是普通人
398 或事的重要部分”（Drucker，1985），人们因他们为组织或者共同体知识做出的贡献被认可，而不是他们脑海中的知识。在教育领域，情况通常是相反的。尽管学生也会因其所完成的优秀作业而受到奖励，但这“优秀的作业”（书面作业等）通常因作为学生脑海中知识的证明而显得重要，因此成为了学习的证据。然而，在知识建构的理论、教学和技术中，人们首先关注的是学生的作品主要为共同体做了什么贡献，其次才是它揭示了学习者个体什么样的知识。

为了判断学生是否真的有能力进行真正的知识创造，我们认为所研究的学生并不应该处于比以知识的原创性贡献发表文章或者获得职位的大学研究者更高的水平，我们的研究对象不是某个领域的爱因斯坦或皮亚杰（Bereiter & Scardamalia，2010）。对他人的作品提供有见解的阐述或解释也会被视为知识创造。对问题的鉴定和阐明、提供支持性的或反对性的证据、提供看待事物的不同视角，甚至普及知识的进展——将它们置于不那么复杂的环境中，都可以被视为知识创造。所有的这些都是学生协作能力的体现（Van Aalst，2009；Van Aalst & Truong，2011）。做出知识贡献的团体通常是该领域的人，但这并不排除偶尔他们也能为世界性的知识做出贡献的可能性。当然，在协作和研究领域也是如此。

尽管团体在知识创造活动中具有公认的价值，但学校仍对学生个体的学习负有责任。教育活动，从记课程笔记到创造理论、进行计算机模拟，最终都是根据学生个体从中学习到的内容来评估的。这种评估导致了有关教育政策的长期争论，且没有哪种教育方法能置身事外。就传统的评估方法而言，有证据表明，知识建构促进了相关领域的个体学习，同时并没有减弱个体其他方面的学习（Chuy et al.，2010；Scardamalia et al.，1992），且随着协作型知识建构的开展，个人的学科学习也随之取得了进步（Zhang，Scardamalia，Reeve，& Messina，2009）。有文献记载，在缺乏阅读指导的情况下，持续参与知识建构活动，确实能够提高学生的阅读和写作的动机，进而提高学生的文字水平（Sun，Zhang，& Scardamalia，2010）。

然而，传统学习活动的目的大多是使学生能够在创新型的知识社会中适应新的学习和工作环境。也有许多当代的教育方法在追求实现这个目标：一

些通过测试来提升所谓的“21 世纪技能”，其他的则通过让学生参与一些知识创造型组织的特色活动来实现以上目标。然而，知识建构则采用更直接的方法，使知识创造本身成为学科教育的基础。简而言之，就是让学生通过实际行动在知识创造中获得能力。从更广的范畴来说，这意味着允许学生作为协作者在知识创造中寻找相关的、积极的角色。 399

尽管知识建构和知识创造指向的是同样的过程，但实际上，知识建构所关注的范围更大，这主要是因为，它关注了有关学习和人类发展的问题。这些问题并没有完全从组织性的知识管理中消失，但是也没有像在教育性的知识建构中那样突出。因此，尽管从概念上讲知识建构与知识创造是类似的，但是*知识建构*这个词有一个明确的内涵空间。在接下来的部分，我们将阐述五个主题，它们代表着当知识创造被引入教育时，我们必须面对的挑战。

共同体知识的发展

不管是对共同体进行广义的还是狭义的定义，创造知识活动都可以被定义为为提高共同体知识状态而开展的活动（Scardamalia & Bereiter，2006）。在每个学术领域都会有对知识状态（或“艺术状态”）的周期性回顾。不同学者对某一学科的知识状态会有不同的陈述，然而也就是这些不一致促进了知识状态的发展。知识状态并不是指某个领域中每个人或平均来说大家知道什么，也不是某个领域中知识最丰富的人知道的内容。相反，它是一种自然发生的集体现象，代表着整个领域知识状态的分布式特征。由此而言，知识的状态并不能从某个人的脑海中找到。如果我们回顾史前时期，使用考古证据，我们就可以对特定时期特定文明中的知识状态做出阐述，在这一过程中我们不用知道任何人的任何事情以及他们的想法和所知。

知识建构教学法基于这样的前提：真正的知识创造性工作可以产生在学校课堂中，这些工作并不仅仅是对成熟的学者或设计者工作的模仿，而是试图在课堂团体中持续地推进知识的状态并且使其置于更大的社会知识建构中。像在学术学科中一样，课堂中的知识状态是一种自然发生的集体现象，并不能从某个学生的脑海中找到。与之相应，共同体知识状态也只是间接地反映了共同体个体成员们的知识。在共同体知识的发展中，一些成员比较落 400
后，一些成员比较靠前，一些成员偏离了方向。然而，对个人成就的发展会伴随着共同体知识的进步而推进抱有期待仍旧是合理的。张建伟及其同事（Zhang et al., 2009）引用的一个先前的研究表明，教师实践的一年年的改变旨在使全面地参与协作知识建构的学生获得社会所期望的改变，并在后续的多年中持续取得学习的进步。

观念提升

工程师和设计者并不会以获得完美的最终状态为目的进行思考（Petroski，1998）。技术的进步带来了需要解决的新问题，也提供了进一步前进的新可能，永无止尽。但是人们仍旧认为知识是朝向最终真理的（尽管可能从未获得）：宇宙是怎样开始的，入侵伊拉克的真实历史，等等。然而，理论和历史知识的发展提出了新的问题和新的可能性，正如技术的进步一样。在知识建构中，观念的提升是一个明显的原则，即使在基础教育层次也是如此（Scardamalia，2002）。与其说是一种教育学原则，观念提升更被认为是一种社会认知规范，旨在描述知识建构共同体中全部的生活方式。每个观念都被认为是具有提升潜力的。在这样一种社会文化环境中，“批判性思维”的表现与其说是怀疑或争论，不如说是“设计思维”的普遍应用（Martin，2009）：持续使用“让它变得更好”的启发式教育法，而不是“支持 / 反对”的启发式教育法（Bereiter & Scardamalia，2003）。

在任何教育项目中，学生们都被期望获得比最初持有的观念更好的观念。不同的教育项目不仅仅在促进观念提升的方法上，也在促进观念提升的责任分配上有所不同。例如，在概念转变的教学中（diSessa，本书第 5 章），人们普遍认为，观念的提升来自学生自我对概念冲突的调和，教师则需要认识到学生现有概念的不足，组织引起概念冲突的活动，并且评价概念转变的结果。然而，在知识建构中，学生则需要在教师、技术和同伴的帮助下，自己对这些事情负责。尽管观念的产生在年轻人中是自然而然的，但是观念的提升却不是如此。学生需要大量的支持来维持自己在观点提升活动中的参与状态。如果想要将观念提升作为一种课堂常规，教师和学生就需要更多的支
401 持。一旦这种课堂常规建立起来，学生自我就会有一种持续发展的动力。正如本章接下来的部分所展示的那样，在设计更强大的知识建构技术中，提供持续的创造性努力是我们需要面对的原则性挑战。

知识建构的对话

从 50 年前的科学哲学家们的普遍科学观点来看，科学家之间的对话的重要价值来自正式出版物和口头报告，以及这些活动之后的问答环节、辩论中的知识分享和观点批判。实际上，对话是一种过滤器，决定着什么能纳入合理的信念标准之中（Latour & Woolgar，1979）。拉卡托斯（Lakatos，1976）也许第一个提出，真正的科学并不是通过这种方式运作的。相反他认为，对话通常具有创造性的功能——提升观点，而不是仅扮演一个批判性过滤器的角色。有关科学对话的实证研究支持了这个观点。例如，邓巴（Dunbar，1997）指出，发生在研究型实验室中的对话就与发生在演讲和文献中的对话有根本上的差异，前者更具协作性，更关注于分享那些能促进当前理解进步的目标。对话的创造性角色也在有关组织的知识创造的文献中得到了广泛的认可：它也是丘卡斯（Tsoukas，2009）知识创造理论的核心部分。公开型对话和协作型对话具有相互补充的功能，学科实践者需要在两个方面都精通（Woodruff & Meyer，1997）。在知识建构中，对抗性的争论有其作用，但是协作型对话才是创新型知识活动的领路者。

权威信息的建设性使用

自从以学生为中心的教育和建构主义教育出现以来，教师们就在权威信息的使用方面充满了疑问。一方面，我们不想学生温顺地接受权威信息；另一方面，在社会中不采用大量的权威信息是不太现实的。即使在挑战权威信息时，采纳其他的权威信息作为论据也是一种有效的方式。对知识建构的关注有助于再次解决这些问题。所有的信息，不管来自一手经验还是二手资源，对知识建构的对话都有其价值。

网络信息的爆炸式增长提高了什么是“足够的”读写素养的门槛。艾 402
伦・刘（Liu，2012）认为，“长时共享注意”（学术型教科书就是一个突出的例子）正在让路给“短时共享注意”［“推特”（Tweet）就是一个极端的例子］。因此，传统的由作者或者教师承担的构建连贯性的工作就被移交给了读者或者学生。除了使用各种信息丰富、表达形式多样的媒体的能力［多模态识读能力（multiliteracy）]之外，在这个信息开放的世界中的人们也需要从碎片化信息中建构内容连贯的知识的能力，艾伦·刘将其定义为跨媒体信息素养（transliteracy）。在学习中使用多个文档已成为学习科学中的热门研究领域（Britt & Rouet，2012；Goldman & Scardamalia，2013）。一致性建构已成为知识创造的正式类型，是建设性使用可获得信息的基本组成部分，而不仅仅处于初级或附属的地位。因此，进行知识建构的学生有必要培养自己的跨媒体信息素养，也能够从支持培养跨媒体信息素养的技术和教学中获益。

通过协作的解释建构进行理解

在组织科学家研究的多种知识创造型组织中，知识创造通常直接指向产品创新、操作问题解决等实践性目标。然而在纯科学和学术性学科中，知识创造的最高目标通常是理解和解释，这也是学校学科教学的顶层目标。随着标准和成就测试从强调记忆向强调理解转变，这一点愈发明显。在知识社会的教育中，学生具有面向实践性目标的知识建构经验是十分重要的，例如产品设计和社会重要问题的解决。尽管提倡在实践中创新，经济合作与发展组织（OECD）仍然强调了作为所有知识创造活动基础的概念理解的重要性："知识型劳动者需要理解复杂概念，并具有创造性地产生新观念、新理论、新产品和新知识的能力。"（OECD，2008，p.1）

除了基础的理论概念，创新同样依赖于"原则性的实践性知识"（principled practical knowledge），其非正式的定义是知道"如何做"（know-how）并知道"为什么这么做"（know-why），其正式的定义是"解释性的连贯的实践性知识"（explanatorily coherent practical knowledge）（Bereiter，2014）。这种知识是在问题解决的过程中创建的，有用且并不局限于解决迫在眉睫的问题的这种知识的产生需要投入更多的努力——知识要足以推动一个领域的
403 实践的进步。在采用半工半读、校外参观学习、服务学习以及类似形式学习的学校中，学生的学习通常会伴随着讨论，这些讨论旨在将学生的具体实践与更概括的知识联系起来。在这种情境中，知识建构代表着产生"原则性的实践性知识"的原则性方式。

知识建构教学法

知识建构教学法强调指导性原则而不是规定性程序（Scardamalia，2002；Zhang，Hong，Scardamalia，Teo，& Morley，2011）。尽管许多创造性教育方法会对指导性原则进行阐述，但它们同时也会具备清晰的程序来指导教师如何将原则转化成实践，例如，布朗和坎皮奥内（Brown & Campione，1996）“学习者共同体”（communities of learners）中的“活动结构”（activity structures）。“编排脚本”（orchestration scripts；Dillenbourg & Jermann，2006）则通过提供清楚的程序在教学科学方面取得了进展（有时是为了促进知识创造；Sandoval & Reiser，2004；Weinberger，Ertl，Fischer，& Mandl，2005）。

教学当然需要通过各种程序来执行。然而，规定性程序的一个显著缺点是它们很容易陷入布朗和坎皮奥内（Brown & Campione，1996）所说的“致命突变”（lethal mutations）中，即程序以自我的方式起步并以破坏最初设计的目的进化。程序本应进化，问题在于如何使程序以我们期望的方式进化。因为实际的进化，如生物进化一样，是不可控制和不可预测的。“真实的问题和观念”“认知代理”“提升性观念”（Scardamalia ，2002）等原则能够为教师和学生提供重要的规范，帮助他们在头脑中维持更高水平的目标，阻止“致命突变”的发生或后退至以前的实践。学生可以在概念化自己的学习任务的过程中使用知识建构原则。卡斯韦尔和比拉克瑞克（Caswell & Bielaczyc，2001）报告了学生对“提升性观念”的有效使用。在其他的课堂中，一所位于城市中心的小学的学生——多伦多最贫困的学生群体之一——已经学习并开始应用那些如“认知代理”、“普遍的知识建构”和“共同体知识”等原则，并在国际会议中对其做了报告。我们不会直截了当地拒绝使用这些程序，因为某些地区可能会需要它。但是，正如我们所强调的那样，为了知识创造和革新的教育仍旧存在很多尚未解决的问题。有效的解决办法不仅仅需要学习科学共同体所进行的设计研究，也需要教师、管理者、工程师以及学生自己的发明创造。为了支持这种发明创造，我们将在本章末尾指出“知识建构创新枢纽”的技术设计和制度安排。然而，我们在这里想强调的 404
是刺激和指导教学发明（而非阻碍教学发明）的调节性原则和生成性程序的重要性。

知识建构的技术

1983 年开始应用的计算机支持的有意义学习环境（Computer Supported Intentional Learning Environment，CSILE）代表了人们通过开发网络计算机应用来支持知识建构的第一次努力。基于 CSILE 研究而于 1995 年设立的知识论坛®（Knowledge Forum®）为所有教育层次和非教育环境中的共同体知识提供了强有力的支持（Scardamalia，2004）。目前，相关人员正在设计一个国际开放资源共同体，来更好地支持早期目标的实现并确保它与其他平台、社会媒体、移动技术之间在操作上的互通。

知识论坛®是一个多媒体知识建构环境，论坛的内容及其组织都依赖于论坛的使用者。使用者创造共同体知识空间［“视窗”（views）］并贡献观点［“记录”（notes）］，这是一种自然发生的现象，代表着共同体知识的发展。“视窗”为使用者提供了经过组织的情境，这些情境可能是一张表格、一个场景、一个模型、一幅概念图等等，这些情境给了“视窗”中的“记录”（“记录”的标题在视窗内）以结构和意义。“视窗”的背景也可以在开始前、过程中或者过程后创建，甚至可以在任何时候进行编辑。“记录”从属于“视窗”，“记录”的标题出现在“视窗”中，这样就能够概括“记录”所谈及的问题。“记录”也是可以被编辑和移动的，同样的“记录”可能出现在多个“视窗”中。

图 20.1 显示了一个学生自我创作的图形化“视窗”背景，该“视窗”同时伴有学生工作过程的“记录”。每位学生的“记录”都能够被其他学生看到，并得到建构或者回应。“记录”之间的连线表明“记录”之间的联系源自学生的共同建构和相互参考。通过这种方式，共同体建构知识，并在“视窗”中呈现出集体的贡献，每个“视窗”都能呈现自然生成的集体知识（collective knowledge）。

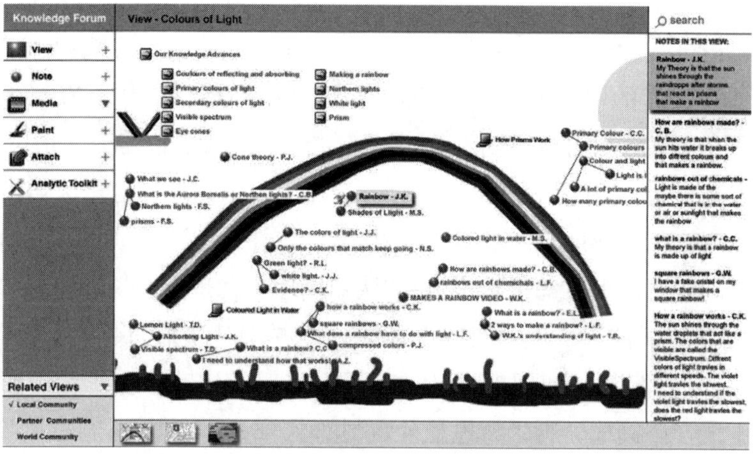

图 20.1 知识论坛®的“视窗”：支持用户生成“记录”和“记录链接”的图形化表征

图 20.2 显示了一位学生在共同体空间贡献的一条“记录”。“记录”的左边是简单易用的有关理论–建构脚手架的下拉菜单［包括“我的理论”（My Theory）、“我需要理解”（I Need to Understand）、“新信息”（New Information）等］。通过“记录”的文本可以看出，这位同学选择了“我的理论”脚手架。“记录”的底部是进行记录的一些操作选项，包括：“基于”（build on）、“注释”（annotate）、“参考”（reference）。右边是与一项搜索有关的“记录”列表（例如，“视窗”中具有相同脚手架类型并公开的“记录”、具有相同关键词的“记录”以及语意相近的“记录”）。

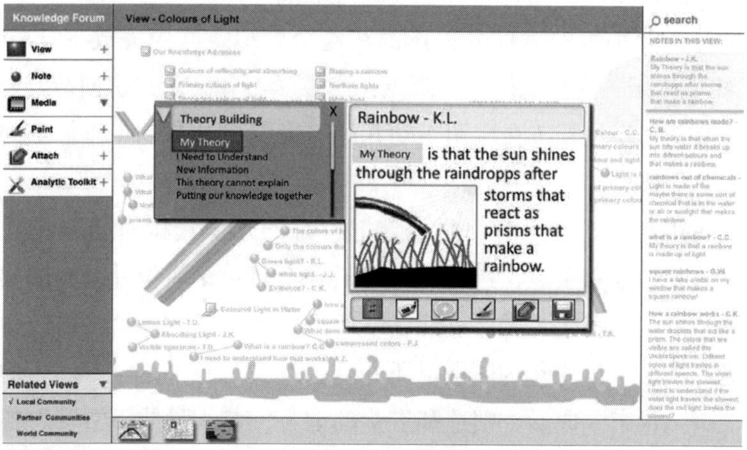

图 20.2 知识论坛®的“记录”：支持用户利用“理论–建构”脚手架产生图形化的表征和文本

不管“记录”是否在知识论坛®数据库中，用户总是能够向下产生较低
405 层级的“记录”“评价”“子视窗”，也能够向上产生更具包含性的“记录”或者有关“视窗”的“视窗”，还能够平级地将“视窗”与“视窗”链接，或链接不同“视窗”中的“记录”。“记录”自身可能包含图形、动画、电影、
406 音频以及与其他应用程序和小程序的链接等。知识论坛®比“认知代理”具有更高的层次（Scardamalia，2002）。尽管“认知代理”一词在不同的语境下会有不同的含义，但在知识建构中，“认知代理”就是指参与者拥有对知识建构所有内容的掌控权，包括目标、策略、资源、对结果的评估。为此目的，“视窗”及其内容都由使用者设计，或者由授权的访客、合作者、被邀请的课外人士设计。同样，脚手架也是可定制的。

我们已经看到了学生们积极参与设计脚手架以支持更有效的思考的情境。例如，四年级一个班的学生认为他们做了太多的“知识讲述”，因此决定引入新的脚手架来重点深化他们的观点。知识论坛®脚手架的设计者希望使用者能适时地使用它，而不是以一种固定的顺序使用。当然，并没有任何东西来阻挡校本活动，因此每个学生都处在常规的、阶段性的过程中（一些学习软件就是以这样的活动结构设计的）。但是为了通过直接参与活动保持学习中创新的知识建构目标的达成，我们建议，在使用者觉得合适的情况下使用脚手架和其他知识共同体的功能，且不固定顺序。这一结论是令人印象深刻的，它表明学生可以承担更多角色，正如我们在“用观点支持持续的创造性工作”中阐述的一样。

我们不仅把知识论坛®当作一个工具来设计，也把它当作一种知识建构环境来设计，即小组的大部分工作都在这个虚拟空间中完成（Scardamalia，2003）。知识论坛®支持这样一种观点：学校学习和高阶知识创造要经历同样的过程。由此知识论坛®在应用于幼儿园、大学以及专业工作等不同情境中时并没有进行修改。

学生使用知识论坛®时，并不会把所有的知识建构时间都花费在电脑上。他们阅读书籍和杂志，进行小组讨论和全班讨论，设计并开展实验，构建事物，进行实地考察，做所有能让学习经验更丰富的事情。与教学管理系统中典型的将线上讨论作为附属品不一样，知识论坛®是学习发生的主要场所，是“知识状态”成形、塑造和进步的地方，是大量线下活动对整个学习活动做出贡献的地方。如果学生遇到问题，他们经常会在知识论坛®中创建空间来保存并解决这个问题。学生将其看作一个对观点提升有价值的地方。

在一年级结束时，没有使用知识论坛®的一个学生问道："我的观点要放到哪里呢？谁会来帮助我提高它们？"于是，二年级的教师决定使用知识论坛®。因此，学生一年级时的观点会依旧存在，并随二年级产生的新观点改进。

用观点支持持续的创造性工作 407

支持所有的学生带着创意参与持续的创造性工作已经被证明是设计知识建构/知识创造技术中最具挑战性的问题。这是一种设计层面的挑战，它与之前的主题中讨论过的挑战相伴而生。我们将在本部分讨论目前处在试验阶段的设计解决方案，它还没有被整合到新的知识论坛®的资源开放版本中。

对已有知识建构环境进行两大计划性拓展的目的是帮助观点起作用并使其达到更高层次。其中，一个计划的重点是支持*元对话*（metadiscourse），即学生针对正在进行的知识建构的对话，它关注于评价过程、意识和障碍处理等等。另一个计划的重点是对先前出现的观点给予强有力的视觉支持，即合成更高层次的观点。图 20.3 展示了一种可以支持元对话的简单工具：各种脚手架的使用频率图。

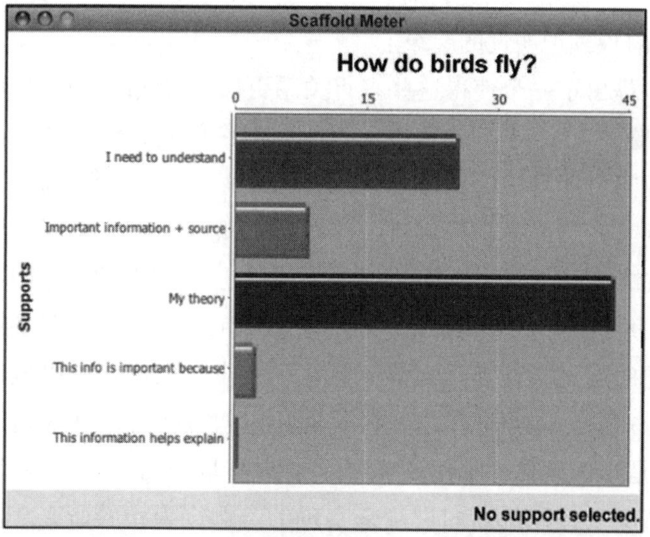

图 20.3　源信息"脚手架计量器"（Scaffold Meter）

注：该"脚手架计量器"表明了在"鸟儿是怎样飞行的？"课程中 2 年级学生使用知识论坛®脚手架的频率。

图 20.3 所示的“脚手架计量器”的一项试验中，二年级的学生在标题为“鸟儿是怎样飞行的？”的“视窗”中进行学习。看看在相同类目上进行叠加的图表，学生们很快关注到这样一个事实：他们得出了很多关于鸟儿如何飞行的理论，但是却没有太多具有权威性的源信息的支持［比如，他们较少使用“重要信息 + 来源”（important information + source）脚手架］。他们也注意到他们没有对源信息的重要性做出解释［他们几乎没有使用“这条信息能够帮助解释”（this information helps explain）的脚手架］。这些结论引起的讨论使学生获得了重要的问题意识，而这个意识之前在学生或教师中并不明显。学生立即对补救问题承担起责任。例如，他们决定阅读书籍来寻找与理论相关的信息。因此，一场似乎已经结束的对话获得了一个新的、富有成效的方向（Resendes，Chen，Acosta，& Scardamalia，2013；Resendes，Chen，Chuy，& Scardamalia，2012）。

知识论坛®还支持通过上层“记录”和“视窗”，让观点在更高层次进行整合。图 20.1 中包含了上层“记录”，这种类型的“记录”图标的下方有一些线条［“记录”的名称为：“水中的有色线条”（Coloured Light in Water）和“棱镜的工作原理”（How Prisms Work）］。“记录”之间的层次结构通过图 20.1 中“视窗”顶部的链接进行管理以及呈现。然而，这些层级关系却难以在此“视窗”中使用，因此，需要更强的视觉效果来呈现一种感觉：观点存在于不同包容性和说明性的层级上。

图 20.4 提出了一个使得这些多重关系更加可视化的可行设计。在底层，学生的“记录”如之前一样呈现。对于一般的问题，个人的“记录”中可
408 能会包含疑问、理解上的困难（“我需要理解”）、来自多方面的相关信息、解释性观点等。被选为有希望进一步提升的观点在下一个更高层级中得以呈现，并被链接到其源“记录”，发展和提升这些观点的工作则在这个更高的层级中展开。由此，复杂的观点结构（例如，理论或类理论结构、模型、关于新问题的定义、行动计划等）就在下一个更高层级得以呈现，以此类推。因此，知识创造的进步与其说是通过对权威信息的逐次逼近来实现的［这本质上是知识测试（如论文考试）通常衡量的内容］，不如说是通过朝着更大的解释一致性的纵向进步来实现的。迄今为止的研究表明，在知识论坛®中，合作参与的程度和理解的深度是考试成绩的一个很好的预测因素（Chan，Lam，& Leung，2012）。

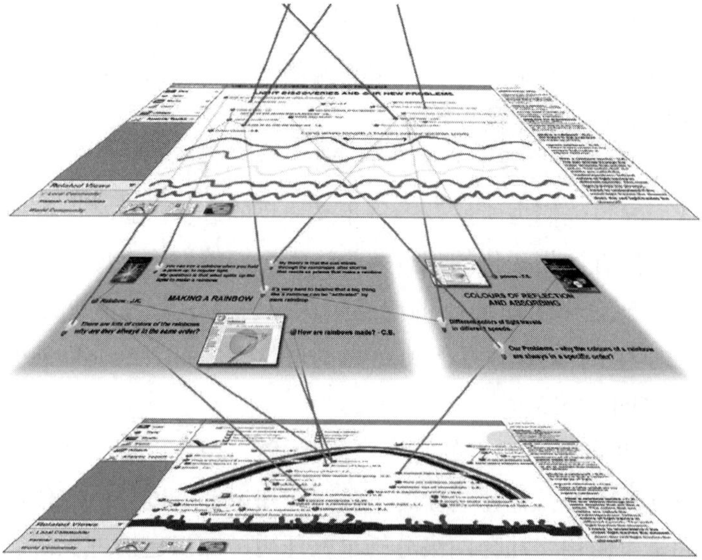

图 20.4　下一代知识建构技术中的使用者界面的跨层可视化展示

注：具有更高的解释一致性的学生观点将在更高层级中呈现。

除了视觉上的形象化之外，同样也需要在更高层级帮助学生重新建构观点。这一过程中最基本的要求就是在一个层次上对有希望深化的观点进行标 409
记，并在下一个更高的层次上把它们组合起来，以便进一步学习。“潜力点”（promisingness）工具（Chan et al.，2012）使得使用者能从自己或者同伴的“记录”里选择有希望深化的观点。之后，这些被选中的观点就可以按照被选择的数量从最有希望到最没希望排序，这些被选中的观点也是下一步小组讨论的基础，同时，这些观点也可以输出到新“记录”中。完整的“记录”中将保留一个链接，表示某个想法是来自这个“记录”中的。为了与之前谈论的知识建构的对话保持一致，“潜力点”工具的使用就需要将其他地方找到的观点也引入协作讨论中。因此，例如，在图 20.4 的中间部分，灯泡图所标注的有希望进一步深化的观点链接着材料的来源和新的学生观点。中介空间中的信息合成帮助学生将思维提升至更高的层级。

在三年级的预研究中（Chen，Scardamalia，Resendes，Chuy，& Bereiter，
2012），研究者使用了一个简单的流程：学生挑选有希望深化的观点，在课 410
堂讨论中对所有被选择的观点进行回顾，并按被选择次数从高到低排序，然后选择三个观点将其转移到新的“视窗”中，这个新的“视窗”就是他们最新的团队活动空间。这就带来了对值得进一步深化的观点的讨论。这一过程会再重复进行一次。结果是，与上一年那些在同一年级、学习同一单元、有

更富经验的教师但没有使用该工具的学生相比，这两次迭代（选择有希望深化的想法且再次关注它们）导致了学生显著的知识收获。教师们觉得这个结果显然是由使用了这个工具导致的。

学习科学正在探究学生是否能持续地从已有观点中选择出有希望深化的观点，从而导致他们力所能及的一年又一年的进步。总之，目前的预实验数据表明，选择有希望深化的观点并关注于它们的讨论有助于重新点燃学生的学习兴趣，减轻学生所面临的信息负荷，引导学生进行更加有效的知识建构，帮助学生的个体学习达到更高的层次（Chen，Scardamalia，Acosta，Resendes，& Kici，2013）。

为了支持更高层级观点的真实产生，我们需要更强有力的工具。我们假设知识论坛®中有一整套这样的工具，在知识创造过程中的任何时刻都能够供教师和学生使用。社会网络分析早就证明了知识建构过程研究的可行性（Philip，2010；Zhang et al.，2009）。“观点线程映射器”（Idea Thread Mapper；Zhang，Chen，Chen，& Mico，2013）按照时间顺序呈现了知识论坛®中的“记录”。对“记录”内容的语义分析有助于知识建构的开展，而不是仅仅明确“记录”的主题，它也能根据有关主题的对话将不同的主题联系起来。KB-Dex是一种高度通用的知识建构工具，以可视化社会-语义关系为目的将社会和语义分析结合了起来，并且在知识论坛®中得到了有效使用（Oshima，Oshima，& Matsuzawa，2012）。

下一代的技术发展方向是支持用户定制，定制的内容包括分析工具：自己设计工具使得教师和学生都能从中获益。为了使学生有效使用工具，设计者需要解决工具使用和道德方面的问题：确保有效匿名，且能够在避免学生被不公平地比较时提供有用的信息。过去的经验表明，学生能够处理复杂到足以让人惊讶的层次的观点，并且，他们还是令人印象深刻的设计合作伙伴，能够帮助推进知识的实践和技术的设计，以实现持续的创新性学习。

411 趋势

设计教育来满足知识社会日益增长的需求是全世界教育系统需要优先考虑的事。正如本文所说，这些工作多以可测验的“21世纪技能”为中心，且通常由大型企业发起。然而，最近几个月，我们发现不同职能的教育行政人员对“超越 21 世纪技能”的观点产生了共鸣。尽管不会有人去质疑创造、问题解决、协作以及其他“21 世纪技能”核心词汇的价值，但是，“21 世纪技能”的爱好者却在试图掩饰可教授性、学习的迁移、测验合理性等重大问题。有经验的教育者意识到将“技能”这个词汇套用在理想的人类特征上并不能使其变得可教授，因此，他们想要找到类似于“共情能力”这样的表达。并且，对于已有许多年经验的教育者来说，“技能运动”也唤起了其“在其位，谋其职”的反应。它与“更高秩序的思维技能运动”以及过去六十年来来往往的相关运动并没有多大的区别。我们旨在借助知识建构提供关注于评价和教授“21 世纪技能”的明确方法。我们将教师和学生作为活动参与者，并使学习活动伴有研究者、工程师和政府官员的参与，这样做的目的是帮助教师发展新的教学模式和技能，为其提供有潜力的新方式来超越现有的教学标准和期望。

参与知识建构的研究者和改革者提出了两个倡议来促使人们将其作为知识社会的教育方法。其中一个是会员协会——国际知识建构协会（http://ikit.org/kbi/），另一个则是一个名为“构建文化创新能力”（Building Cultural Capacity for Innovation，BCCI）的国际项目。BCCI 包含了广泛的目标：解决本章中谈及的问题；构建创新中心来支持教学改革及其传播；促进知识建构环境、评估工具以及资源的开源发展。BCCI 既有知识先进性的一面，也有广告宣传的一面。正如本章所讲的一样，我们仍需要应对许多设计方面的挑战，其中一个典型案例就是要找到方式来实现对所有学生在观点提升阶段学习活动的管理，类似的案例还有很多。同时，稳固对教育活动有价值的学校项目中的知识建构的地位需要的不仅仅是有效结果的证据，同样也需要对“什么是可能的”提出新的视角。因此，BCCI 最重要的功能之一将是收集和宣传学生产生与阐述想法的案例，家长和记者认为这些观点才是真实的知识创造。

我们主张所有的观点都是可以被提升的，所以我们也意识到知识建构本身也是建立在可改善的观点中。其中一些观点通过其他的研究项目得以 412
完善，例如，解释一致性长期以来都是知识建构的核心观点，在撒加德（P. Thagard）及其同事的引导下经历了非凡的发展。它曾经一度被认为是与科学解释最相关的模式，也因此得到了更详细的阐述：它不仅包含了逻辑，更整合了社会、情感和由神经限制决定的解释一致性（Thagard，2000，2006）。这使得其能直接地适应历史、社会科学以及以动机作为核心因素的人文科学中的基于案例的理论。并且，反过来，它也能将这些领域中的理论引入教育的知识建构潮流中（Bereiter & Scardamalia，2012）。其他的观点提升可能来自知识建构与其他方式或者其他文化形式的整合（Chan，2011）。一系列的调查已经探究了知识建构与相关学习科学研究的关系：例如，基于问题的学习（Hmelo-Silver & Barrows，2008；Lu，Bridges，& Hmelo-Silver，本书第 15 章）、认知游戏（Bielaczyc & Kapur，2010）、小组认知（Stahl，2006）以及开放资源共同体（Hemetsberger & Reinhardt，2006）。然而，在知识建构中得以提升的最直接的形式可能是，在生产教学和技术创新的课程中通过建构“原则性实践知识”来解决在多样的环境中应用知识建构的实际问题（Bereiter，2014）。这也是创新中心想要在 BCCI 项目中实现的。

结论

张建伟及其同事（Zhang et al.，2011）在其案例研究中总结到，如果想要基于原则的知识建构得以盛行，就需要教师自身持续进行知识建构，只有这样才会产生不断与理想型原则更加接近的教学设计。尤其重要的是，有原则的知识建构必须要面对一系列相反的信念：学生在能够进行更高层次的任务前必须要掌握基础；教学计划必须以清晰的技术规范和即将学习的概念开始。这些教授主义概念（Sawyer，本书第 1 章）可以追溯到学习和认知的自我组织特征未得到很好的认可之前。它们并不是完全基于证据得到的，而是作为当时的常识而得到的。

尽管教授主义方法对教学的持续进行可能具有价值，但是它们对于知识社会所需的更开放的教育方法的发展也是一种障碍。即便像识字这样的基
413 本目标也在改变，且会持续改变，这种改变是影响信息的形式和信息流的新技术的产物。教授主义方法或许能够在新的信息媒体到来的时候融入这些媒体，并且可能会制定与使用新媒体的技能相关的新目标。

正如前面对跨媒体信息素养的简短讨论一样，更深层次的变化正在发生。新兴的素养挑战是建构连贯的知识，而不是掌握来自多个地方的碎片化信息。尽管研究者已经开始研究这个挑战，但是人们仍然不能很好地理解所需的必要技能和策略，更不用说去掌握它们了。尝试去明确特定的目标并且以发展性的顺序来组织它们是不成熟的，学校目前需要做一些事情来帮助学

生面对今天的挑战（学生可能还没意识到）。并且，简单的目标有必要被发展为更深、更重要的目标。聚集相关人员一起来制定目标（正如“21 世纪技能”目标的起草中所做的）还不够。我们需要从学生中学习下一个迭代目标是什么，这就意味着要将学生放置到会产生新竞争和新问题的教育环境中（Scardamalia，Bransford，Kozma，& Quellmalz，2012）。知识建构就旨在提供这样一个环境。虽然它看上去似乎是一个非常乐观的方法，但是在做出关于什么是可教授的、21 世纪的教育目标又是什么的假设时，我们还需谨慎。至于学生究竟具有什么能力这一问题，知识建构的回答就是：让我们一起来寻找吧。

致谢

感谢杰克曼儿童研究院（Jackman Institute of Child Study）的学生、教师和管理者们，感谢知识创新和技术协会（Institute for Knowledge Innovation and Technology team；www.iki.org）的团队，以及加拿大社会科学和人文科学研究协会（Social Sciences and Humanities Research Council of Canada）的资助。感谢 R. 基思·索耶，他对本研究的帮助和付出远超过了一个主编的职责范畴。

参考文献

Bereiter, C. (2002). *Education and mind in the knowledge age*. Mahwah, NJ: Lawrence Erlbaum Associates.

Bereiter, C. (2014). Principled practical knowledge: Not a bridge but a ladder. *Journal of the Learning Sciences,* 23 (1), 4–17.

Bereiter, C., & Scardamalia, M. (2003). Learning to work creatively with knowledge. In E. D. Corte, L. Verschaffel, N. Entwistle, & J. V. Merriënboer (Eds.), *Powerful learning environments: Unravelling basic components and dimensions* (pp. 73–78). Oxford: Elsevier Science. 414

Bereiter, C., & Scardamalia, M. (2010). Can children really create knowledge? *Canadian Journal of Learning and Technology*, 36 (1). Published online at http://www.cjlt.ca/index.php/cjlt/article/view/585.

Bereiter, C., & Scardamalia, M. (2012). Theory building and the pursuit of understanding in history, social studies, and literature. In J. R. Kirby, & M. J. Lawson (Eds.), *Enhancing the quality of learning: Dispositions, instruction, and learning processes* (pp. 160–177). New York: Cambridge University Press.

Bielaczyz, K., & Kapur, M. (2010). Playing epistemic games in science and mathematics classrooms. *Educational Technology*, 50 (5), 19–25.

Britt, M. A., & Rouet, J. -F. (2012). Learning with multiple documents: Component skills and their acquisition. In J. R. Kirby, & M. J. Lawson (Eds.), *Enhancing the quality of learning: Dispositions, instruction, and learning processes* (pp. 276–314). New York: Cambridge University Press.

Brown, A. L., & Campione, J. C. (1996). Psychological theory and design of innovative learning environments: On procedures, principles, and systems. In L. Schauble, & R. Glaser (Eds.), *Innovations in learning: New environments for education* (pp. 289–325). Mahwah, NJ: Lawrence Erlbaum Associates.

Caswell, B., & Bielaczyc, K. (2001). Knowledge Forum: Altering the relationship between students and scientific knowledge. *Education, Communication & Information*, 1, 281–305.

Chan, C. K. K. (2011). Bridging research and practice: Implementing and sustaining knowledge building in Honk Kong classrooms. *International Journal of Computer-Supported Collaborative Learning*, 6, 147–186.

Chan, C. K. K., Lam, I. C. K., & Leung, R. W. H. (2012). Can collaborative knowledge building promote both scientific processes and science achievement? *International Journal of Educational Psychology*, 1 (3), 199–227.

Chen, B., Scardamalia, M., Acosta, A., Resendes, M., & Kici, D. (2013). Promisingness judgments as facilitators of knowledge building. In N. Rummel, M. Kapur, M. Nathan, & S. Puntambekar (Eds.), *To see the world and a grain of sand: Learning across levels of space, time, and scale: CSCL 2013 Conference Proceedings Volume 2 – Short papers, panels, posters, demos & community events* (pp. 231–232). International Society of the Learning Sciences.

Chen, B., Scardamalia, M., Resendes, M., Chuy, M., & Bereiter, C. (2012). Students' intuitive understanding of promisingness and promisingness judgments to facilitate knowledge advancement. In J. Van Aalst, K. Thompson, M. J. Jacobson, & P. Reimann (Eds.), *The future of learning: Proceedings of the 10th international conference of the learning sciences (ICLS 2012) – Volume 1, Full Papers* (pp. 111–118). Sydney, Australia: ISLS.

Chuy, M., Scardamalia, M., Bereiter, C., Prinsen, F., Resendes, M., Messina, R., Hunsburger, W., Teplovs, C., & Chow, A. (2010). Understanding the nature of science and scientific progress: A theory-building approach. *Canadian Journal of Learning and Technology*, 36 (1). Published online at http://www.cjlt.ca/index.php/cjlt/article/view/580.

Dillenbourg, P., & Jermann, P. (2006). Designing integrative scripts. In F. Fischer, I. Kollar, H. Mandl, & J. Haake (Eds.), *Scripting computer-supported communication of knowledge: Cognitive, computational, and educational perspectives* (pp. 259–288). New York: Springer. 415

Drucker, P. (1985). *Innovation and entrepreneurship: Practice and principles.* New York: Harper and Row.

Dunbar, K. (1997). How scientists think: Online creativity and conceptual change in science. In T. B. Ward, S. M. Smith, & S. Vaid (Eds.), *Conceptual structures and processes: Emergence, discovery and change* (pp. 461–493). Washington, DC: American Psychological Association.

Goldman, S. R., & Scardamalia, M. (Eds.) (2013). Multiple document comprehension (Special issue). *Cognition and Instruction*, 31 (2).

Hemetsberger, A., & Reinhardt, C. (2006). Learning and knowledge-building in open-source communities: A social-experimental approach. *Management Learning*, 37 (2), 187–214.

Hmelo-Silver, C. E., & Barrows, H. S. (2008). Facilitating collaborative knowledge building. *Cognition and Instruction*, 26 (1), 48–94.

Lakatos, I. (1976). *Proofs and refutations: The logic of mathematical discovery*. New York: Cambridge University Press.

Latour, B., & Woolgar, S. (1979). *Laboratory life: The social construction of scientific facts*. Beverly Hills, CA: Sage Publications.

Liu, A. (2012). This is not a book: Transliteracies and long forms of digital attention. Paper presented at the Translittératies Conference, ENS Cachan, Paris, 7 November 2012. Web: www.stef.ens-cachan.fr/manifs/translit/Alan_Liu_ this-is-not-a-book-slides_2012_11_07.pdf.

Martin, R. (2009). *The design of business: Why design thinking is the next competitive advantage*. Cambridge, MA: Harvard Business Press. powerpress http:// gsbm-med.pepperdine.edu/gbr/audio/spring2010/designofbiz.mp3.

Nonaka, I. (1991). The knowledge-creating company. *Harvard Business Review*, 69 (6), 96–104.

Nonaka, I., & Takeuchi, H. (1995). *The knowledge creating company*. New York: Oxford University Press.

Organization for Economic Co-operation and Development (OECD). (2008). *21st century learning: Research, innovation and policy*. Paris: OECD.

Oshima, J., Oshima, R., & Matsuzawa, Y. (2012). Knowledge Building Discourse Explorer: A social network analysis application for knowledge building discourse. *Educational Technology Research and Development*, 60, 903–921.

Petroski, H. (1998). *Invention by design: How engineers get from thought to thing*. Cambridge, MA: Harvard University Press.

Philip, D. N. (2010). Social network analysis to examine interaction patterns in knowledge building communities. *Canadian Journal of Learning and Technology*, 36 (1). Published online at http://cjlt.csj.ualberta.ca/index.php/cjlt/article/ view/577.

Popper, K. R. (1972). *Objective knowledge: An evolutionary approach*. Oxford: Clarendon Press.

Resendes, M., Chen, B., Acosta, A., & Scardamalia, M. (2013). The effect of formative feedback on vocabulary use and distribution of vocabulary knowledge in a grade two knowledge building class. In N. Rummel, M. Kapur, M. Nathan, & S. Puntambekar (Eds.), *To see the world and a grain*
416 *of sand: Learning across levels of space, time, and scale: CSCL 2013 Conference Proceedings Volume 1 – Full Papers & Symposia* (pp. 391–398). International Society of the Learning Sciences.

Resendes, M., Chen, B., Chuy, M., & Scardamalia, M. (2012, August). The effect of meta-discourse on ways of contributing to an explanation-seeking dialogue in grade 2. Paper presented at the 16th Knowledge Building Summer Institute (KBSI2012), Toronto, Canada. Web:ikit.org/SummerInstitute2012/Papers/3024-Resendes.pdf.

Sandoval, W. A., & Reiser, B. J. (2004). Explanation-driven inquiry: Integrating conceptual and epistemic scaffolds for scientific inquiry. *Science Education*, 8, 345–373.

Scardamalia, M. (2002). Collective cognitive responsibility for the advancement of knowledge. In B. Smith (Ed.), *Liberal education in a knowledge society* (pp. 76–98). Chicago: Open Court.

Scardamalia, M. (2003). Knowledge building environments: Extending the limits of the possible in education and knowledge work. In A. DiStefano, K. E. Rudestam, & R. Silverman (Eds.), *Encyclopedia of distributed learning* (pp. 269–272). Thousand Oaks, CA: Sage Publications.

Scardamalia, M. (2004). CSILE/Knowledge Forum®. In A. Kovalchick, & K. Dawson (Eds.), *Education and technology: An encyclopedia* (pp. 183–192). Santa Barbara, CA: ABC-CLIO.

Scardamalia, M., & Bereiter, C. (1991). Higher levels of agency for children in knowledge building: A challenge for the design of new knowledge media. *The Journal of the Learning Sciences*, 1 (1), 37–68.

Scardamalia, M., & Bereiter, C. (2006). Knowledge building: Theory, pedagogy, and technology. In K. Sawyer (Ed.), *The Cambridge handbook of the learning sciences* (pp. 97–118). New York: Cambridge University Press.

Scardamalia, M., Bereiter, C., Brett, C., Burtis, P. J., Calhoun, C., & Smith Lea, N. (1992). Educational applications of a networked communal database. *Interactive Learning Environments*, 2 (1), 45–71.

Scardamalia, M., Bereiter, C., & Lamon, M. (1994). The CSILE project: Trying to bring the classroom into World 3. In K. McGilley (Ed.), *Classroom lessons: Integrating cognitive theory and classroom practice* (pp. 201–228). Cambridge, MA: MIT Press.

Scardamalia, M., Bransford, J., Kozma, R., & Quellmalz, E. (2012). New assessments and environments for knowledge building. In P. Griffin, B. McGaw, & E. Care (Eds.), *Assessment and teaching of*

21st century skills (pp. 231– 300). New York: Springer Science+Business Media B.V.

Stahl, G. (2006). *Group cognition: Computer support for building collaborative knowledge*. Cambridge, MA: MIT Press. Web: http://GerryStahl.net/mit.

Sun, Y., Zhang. J., & Scardamalia, M. (2010). Developing deep understanding and literacy while addressing a gender-based literacy gap. *Canadian Journal of Learning and Technology*, 35 (1). Web: http://www.cjlt.ca/index.php/cjlt/ article/view/576.

Thagard, P. (2000). *Coherence in thought and action*. Cambridge, MA: MIT Press.

Thagard, P. (2006). *Hot thought: Mechanisms and applications of emotional cognition*. Cambridge, MA: MIT Press.

Tsoukas, H. (2009). A dialogical approach to the creation of new knowledge in organizations. *Organization Science*, 20, 941–957.

Van Aalst, J. (2009). Distinguishing knowledge-sharing, knowledge-construction, and knowledge-creation discourses. *International Journal of Computer-Supported Collaborative Learning*, 4 (3), 259–287. 417

Van Aalst, J., & Truong, M. S. (2011). Promoting knowledge creation discourse in an Asian primary five classroom: Results from an inquiry into life cycles. *International Journal of Science Education*, 33 (4), 487–515.

Weinberger, A., Ertl, B., Fischer, F., & Mandl, H. (2005). Epistemic and social scripts in computer-supported collaborative learning. *Instructional Science*, 33 (1), 1–30.

Woodruff, E., & Meyer, K. (1997). Explanations from intra-and intergroup discourse: Students building knowledge in the science classroom. *Research in Science Education*, 27 (1), 25–39.

Zhang, J., Chen, M. -H., Chen, J., & Mico, T. F. (2013). Computer-supported meta-discourse to foster collective progress in knowledge-building communities. *Proceedings of the International Conference of Computer-supported Collaborative Learning* (CSCL), Madison, Wisconsin.

Zhang, J., Hong, H. -Y., Scardamalia, M., Teo, C., & Morley, E. (2011). Sustaining knowledge building as a principle-based innovation at an elementary school. *Journal of the Learning Sciences*, 20 (2), 262–307.

Zhang, J., Scardamalia, M., Reeve, R., & Messina, R. (2009). Designs for collective cognitive responsibility in knowledge building communities. *Journal of the Learning Sciences*, 18 (1), 7–44.

第21章

协作学习中的社会交互

三宅直美　保罗·A. 基施纳

418　许多学习科学研究发现，协作学习中的社会交互有利于课堂知识的建构（Sawyer，2006；本书第四部分的其他章节）。然而，其具体的机制和在课堂中的有效实施方法仍未可知（Rozenblit & Keil，2002）。以计算机为媒介的全球通信网络使在同一时间、同一地点的学习群体变为利用计算机支持的协作学习（computer-supported collaborative learning，CSCL）环境进行非实时的分布式学习的学习群体（Stahl，Koschmann，& Suthers，本书第24章）。尽管课堂和CSCL环境都可能支持交流及协作，然而研究和实地观察表明，情况并非总是如此（Kreijns，Kirschner，& Jochems，2003）。主要的问题在于，尽管我们已经花费了大量的精力用来从技术和教学层面改善协作学习，但其社会应用层面的研究进展仍然十分缓慢。在这方面，科瑞金及其同事（Kreijns et al.，2003）认为，这是因为协作学习社会层面的意义通常被认为是理所当然的。教育者和研究者通常认为学习，特别是协作学习社会层面的意义往往是非常自然或理所应当的，所以不需要被特别对待——不管是在实践层面上，在学习情境层面上，还是在理论层面上，抑或在研究情境层面上。

为什么会这样？学习科学主要集中于研究人类学习，特别是研究正式和非正式学习的影响，并帮助个人实现其最大潜能，以达到社会期望的学习结果（Bransford，Brown，& Cocking，2000），如掌握“21世纪技能”（Collins & Halverson，2009）。学习科学的核心发现之一是，有效的学习更可能发生在经过设计的日常生活和非正式场合的学习环境中。因此，许多学习科学家进行了针对认知发展、家庭成员间的互动和全世界各种学徒制环境的研究（Collins & Kapur，本书第6章）。在大多数自然发生的学习环境中，人们通过社会交互来学习。这是一个重要的信息，然而，在这种自然环境下学习的发生历时较长，且很难被研究。这可能正是学习社会层面的意义被认为是理所应当的原因。因此，社会交互和学习的机制仍然没有被完全理解，尤其是 419
如何在课堂上实施有效的协作学习。在本章，我们试图捕获某些难以捉摸的交互机制，以便我们能在正式和非正式的环境下激活它们（同见 Enyedy & Stevens，本书第 10 章）。

一些研究强调协作的情境、社会层面是促成学习的需要，同时，另外一些研究强调个体间的自然交互才是促进学习的机制。前者以社会认识论层面的内容为特征——例如人际环境和有关社会凝聚力的信念，而后者与协作中自然发生的结果有关。在本章的两个主要部分，我们陈述这两种方法，以期帮助读者理解它们的不同优势。

协作的情境与社会层面研究

许多人越发意识到团队是知识建构的主要来源，特别是在他们共同解决问题或者执行任务的时候。由拥有不同经验、价值和知识的成员组成的团队与单一个人相比，能更有效地解决问题或完成任务。然而，为了能充分地解决问题或者完成任务，团队中的成员面临着整合各自不同的观点和增进对现有问题的共同理解的挑战。这可以通过丰富的交互、互相讨论和沟通达成（Daft & Weick，1984；Roschelle，1992）。学校团队工作以及组织中小组工作的不断落实，都是尝试在小组中解决问题或执行任务的实例。[①] 然而，研究和实践表明，这样做并不总能获得预期的效果（Barron，2003）。这些研究表明，富有成效的协作并不仅仅是把具有相关知识的人们放在一起工作。我们必须理解成功协作的要素。

本部分研究了一个协作学习模型，明确了团队成员应何时以及如何沉浸于团队协作学习环境以支持彼此分享认知，进而取得更好的表现。基于不同研究线索的优势，该模型提出了一个整合观点。它包括了对彼此分享认知的协作建构进行管理的对话实践，以及在人际环境中有助于人们参与知识建构 420
实践的条件。

① 为了帮助阅读，本章余下篇幅谈论到的“问题”拥有更广的含义，包括“开展工作或完成学习任务”等。

我们首先提出我们的团队协作学习模型，并明确从模型中得出的六种假设。如下是对这个模型的实地研究测试。

团队协作学习：一个模型

图 21.1 提出的模型体现了对人际关系的信念是如何促进团队的自发学习行为的。学习行为被定义为建构和协同建构意义的过程，并以建构性冲突作为促进（共同）建构的载体，加深团队成员间彼此的认知分享，从而促成更好的团体效应。

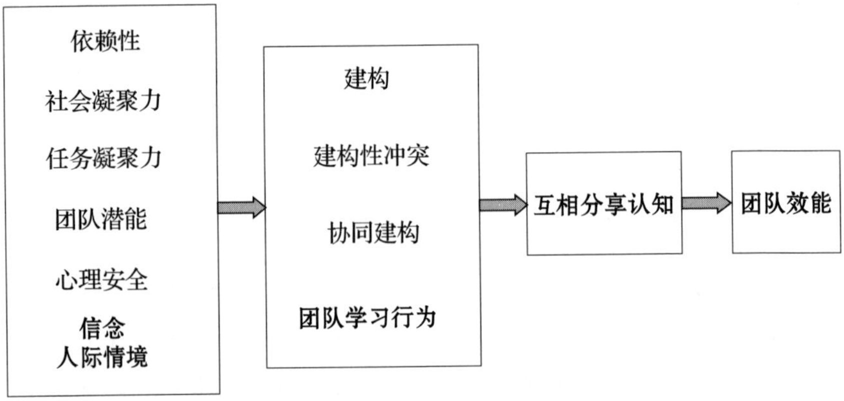

图 21.1　一个有关团队协作学习的信念和行为的模型

当前有两种观点支持这种模型。第一，协作学习被认为是知识建构的基础社会过程。我们提出了协作学习的观点和发生在协同知识建构环境中的对话的特性。第二，这种观点将通过对社会环境的关键层面的描述而被补充。学习发生在此社会环境中，且在此环境中的学习对话被此环境潜在地影响着。

通过互相分享认知来促进有关概念理解的协作学习

在协作学习环境中，参与者共同进行着一个任务。这一任务的目标是让学习者在任务和团队协作中进行学习。通过协作学习是主要的小组级别的现象（group-level phenomenon；Dillenbourg，Baker，Blaye，& O’Malley，1996）。
421 协作被定义为建构和持续分享问题或任务的过程，小组成员分担组内的任务、分享经验以及互相建构和协商认知（Roschelle，1992）。

从这个角度看，小组成员间的交互和对话可以被认为是互相理解和分享认知的过程。在这个过程中，协商（negotiation）是决定什么样的交互——

对话的模式——可被认为是团队学习行为的形式的关键，这种行为可促成彼此认知的分享（Baker，1995；Dillenbourg et al.，1996）。协商是成员间达成一致的过程。贝克（Baker，1995）指出，实现“真正的”一致性的前提是共同理解，这种共同理解有两个要素。首先，解释问题，给其下定义，然后通过协作解决问题。这不能通过简单的个人努力的积累来完成，因为每一个人的努力被设定在前一个人努力的基础上。其次，一致性需要建立在共同建构意义和解决问题的基础上。

意义的建构和协同建构

当团队中的某个成员在描述问题情境并给出解决方法，然后转向其他团队成员时，一个共同建构问题概念的过程就开始了。其他成员通过用给定的解释赋予现有情境以意义，来努力地倾听并试图理解给定的解释。该过程的结果即出现了新的意义，而这种新意义是小组协作之前没有的。

达成一致：建构性冲突

在共同建构理解时，协作就达成了，认知的互相分享也得到了发展。如果被接受的话，被提出的意义能够变成大家一致同意的情境解释，我们称之为互相分享认知。

对于互相分享认知，我们提出两种假设：

假设 1：增加团队交互中的共同建构和建构性冲突会为互相分享认知带来积极的影响。

互相分享认知为高效的团队决策创造了一个情境。首先，小组成员在这个情境中通过了解不同的观点，接受备选观点的存在合理性，以及思考它们是如何与自己的观点相关的，获得了学习其他人的表现和观点的机会（Engeström，Engeström，& Kärkkäinen，1995）。其次，互相分享认知促进了协调行动的发展，因为它确保了所有的参与者都在解决同一问题，并有助于开发整个团队的认知能力。最后，积极地运用不同的观点来解决问题可能会给这一过程带来更加丰富的选择和讨论，从而使交流与问题解决方案的本质变得更有创造性。这带来了我们的第二种假设。 422

假设 2：互相分享认知的程度越高，团队越高效。

作为社会系统的小组：关于人际情境的信念

对团队努力去互相分享认知的社会条件的认同，是发展成功协作高阶理解的先决条件。本部分主要讨论新兴的团队水平上的关于成员关系的信念，换言之，关于人际关系的信念。主要待解决的问题是：团队成员如何感知他们形成的人际关系。随后，这些信念将会影响团队的行为（Cohen & Bailey，1997），更具体一点，影响团队的学习行为。这些信念形成了一个激发或者抑制学习行为的情境。哪一种人际情境信念更能够影响团队学习和认知的发展呢？

目前对社会和结构心理学的大量研究主要集中在人际情境信念在小组运转中的作用和在校外背景下的成效这些方面（Cohen & Baily，1997）。小组信念（group-level beliefs）潜在地影响了团队的学习行为：心理安全，凝聚力，潜能和依赖性。

心理安全

在团队中学习可能给参与者带来胁迫感和压力感（Homan，2001）：小组成员不了解彼此，被排除在权力游戏之外，人们责备彼此的错误，等等。学习通常会在心理安全的情境下得以促进，因为在这种情境中参与者更愿意冒风险和自由思考。埃德蒙森（Edmondson，1996，1999）在从事组织学习和团队工作时，指出了心理安全作为一种促进团队学习的人际情境的重要性。团队心理安全被定义为团队能够包容人际风险的共同信念（Edmondson，1999）。虽然心理安全不直接对团队的绩效带来影响，但它促进了带来更好绩效的恰当行为（Edmondson，1999）。

假设 3：心理安全与团队学习行为正相关。

423

凝聚力

凝聚力作为团队运转的一个重要方面得到了广泛的研究。费斯汀格（L. Festinger）定义凝聚力为“作用于所有成员并使其留在组内的力的合成”（Festinger，1950，p.274）。凝聚力是一个多维度的概念（Mullen & Copper，

1994）。其中一个维度，任务凝聚力，涉及成员间共同承诺达成某个目标，这需要集体的努力。另外一个维度，社会凝聚力，涉及友谊的情感纽带的性质和特点，如小组成员的喜好、彼此的关心和亲密度等。如果凝聚力表现主要来自个体间的吸引，团队成员将会为了他们喜爱的成员而付出努力。如果凝聚力表现主要由对任务的承诺而导致，团队成员就会为了完成任务而产生的愉悦感而努力工作。

相关研究引导我们假设，任务凝聚力与学习行为正相关，因为高度的任务动机让团队成员拥有共同的目标和奋斗的动力。

假设 4a：任务凝聚力与团队学习行为正相关。

假设 4b：社会凝聚力与团队学习行为无关。

依赖性

任务依赖性（task interdependence）和结果依赖性（outcome interdependence）之间存在典型的区别。任务依赖性是指子任务之间的彼此联系，例如一个子任务的完成依赖另一个子任务的完成（Van der Vegt，Emans & van de Vliert，1998）。与独立任务相比，任务依赖性导致了更多的交流、帮助和信息分享（Crawford & Gordon，1972；Johnson，1973）。结果依赖性被定义为成员的个人利益和付出在多大程度上依赖于其他成员目标的成功实现（van der Vegt et al.，1998）。研究表明，团队成员在积极结果依赖的环境下工作，会对他人的观点和愿景有着更开阔的思维，更关心每一个人的结果，更倾向于寻找解决办法和折中措施（Deutsch，1980；Johnson & Johnson，1989）。

假设 5：任务依赖性和结果依赖性与学习行为正相关。

团队潜能

基于自我效能感在个人表现中的作用的观点（Bandura，1982），研究者概念化了团队潜能（group potency；Shea & Guzzo，1987）或者团队效能（group efficacy；Janssen，Kirschner，Kirschner & Paas，2010），并将其作为团队表现的一项决定性因素。团队潜能被定义为“团队成员的集体信念——该 424

团队是有效的”（Shea & Guzzo，1987，p.26）。在最近的研究中，居利、因卡尔卡泰拉、乔希和博宾（Gully，Incalcaterra，Johi，& Beaubien，2002）表示，通过高水平的团队潜能所产生的信任感可帮助团队在面临逆境时坚持下去。这将影响团队有效调节团队进度和分享信息的能力。

假设 6：团队潜能与团队学习行为呈正相关关系。

直至现在，大多数的研究都只是独立地研究这四个因素。所以关于这些因素是如何互相影响的这一问题仍未被解决。我们假设这四个因素是互相依存的——四个因素中的每一个都对团队学习行为有着叠加的积极影响：对当前任务的共同承诺（任务凝聚力），团队成员需要彼此一起完成任务的信念（依赖性），团队成员提出新定义时不会得到排斥（心理安全），以及关于团队能够使用这种新信息产生有用的结果的信念（团队潜能）。

模型评估：设置和过程

我们中有一位研究者［保罗 · A. 基施纳（Paul A. Kirschner）］开展了一项研究来评价图 21.1 的模型。该项研究在荷兰国际商学院的两个大学一年级课程（物流学和国际经济学）中进行。学生们有团队协作的先前经验。作为课程需要，学生们在七个星期内通过面对面的团队来完成任务。其中一个课程的团队由教师创建，另一个课程中学生自主成立团队。团队的任务是对公司或者机构的策略提出建议、将结果写成论文并陈述。两个课程的任务相似，只是任务情境不同。

参与者

数据从 99 个团队中收集。研究者只分析了超过 2/3 成员产生反馈的那些团队（这可能是因为研究者需要测量团队层面的建构，对团队中不同个体的测量可被视为“重复测量”）。总共有 75 个团队被选为分析对象。这些团队平均有 3.45 个成员（$SD = 0.68$，$range = 3—5$），平均有 0.49 个团队成员的数据丢失（$SD = 0.43$）。另外，36%的成员是女性。

工具

研究者在课程的最后一个星期发放团队学习信念与行为问卷（Team

Learning Beliefs & Behaviors Questionnaire），并在成员们完成问卷前给出如下指示："请指出你在何种程度上同意关于你所在团队和你所处理任务的以下陈述。"对心理的评估分析通过分析主要的维度要素来进行，这些维度与模型的相同水平相关，以此来确保每个维度的独立性（Van den Bossche, Gijselaers, Segers, & Kirschner, 2006）。这些维度和子维度如下： 425

团队学习行为。我们的协作学习概念集中在对话行为上，这使得团队成员成为共享知识的建构者（Roschelle, 1992）。问卷调查的团队学习行为（即：建构，协作建构，建构性冲突）包括："团队成员正在认真倾听对方"（建构），"从成员中来的信息由其他成员补充完整"（协作建构），以及"该团队倾向于通过直接处理不同的意见来处理冲突"（建构性冲突）。

关于人际环境的信念。为了对假设进行评估，我们接下来用到了这些子维度：

- 心理安全；
- 依赖性——任务依赖性和结果依赖性；
- 凝聚力——社会凝聚力和任务凝聚力；
- 团队潜能。

研究者使用因素分析对维度进行了分析，发现任务凝聚力维度中的一个项目与其他两个因素高度相关，缺乏辨别力。剩下的项目与两个不同的因素高度相关，它们在概念上与建构的本质相关。对维度内部一致性的分析确认了这一观点。

互相分享认知。这部分的问卷是由马尔德和他的同事（Mulder, 1999; Mulder, Swaak, & Kessels, 2002）分析的，他们评估了对任务和任务需求的共同理解。

团队效能。团队效能通过四个自我报告的项目来评估。针对团队表现有两个项目：一个针对过程，一个针对结果。另外的两个项目用来了解团队发展能力和团队学习能力。

团队层面的累积

在团队层面上，这种建构具有概念上的意义。因此，从团队成员个人而来的用于评估团队层面的变量被累积起来。研究者使用多项目评估来评估团 426

队内的一致性（James，Demaree，& Wolf，1984）。其中，依赖性的平均值为 0.81，社会凝聚力的平均值为 0.89，任务凝聚力的平均值为 0.76，心理安全的平均值为 0.81，团队潜能的平均值为 0.85，学习行为的平均值为 0.88，互相分享认知的平均值为 0.83，团队效能的平均值为 0.78。这些结果证明了创造一个团队层面的数据集是合理的。

分析方法

我们从三个部分开展我们的分析。类似于理论框架，我们首先分析了协作学习是否建构了互相分享认知。然后，我们分析了关于人际环境的信念是否会影响团队学习行为。最后，我们分析了提出的模型是否与数据契合。

分析的前两部分主要基于（多重）回归分析。最后一部分的分析通过路径分析而达成。表格中只统计了具有显著性的数据。

协作学习的认知维度

为了验证团队学习行为能引起互相分享认知，以及其与更高的团队效能相关这两个假设，我们做了三个回归分析。计算的结果在表 21.1 中，该结果表明互相分享认知受团队学习行为的影响显著（β= 0.67，p = 0.000，adj.R^2 = 0.44），支持假设 1。互相分享认知显著地预测了团队效能（β = 0.66，p = 0.000，adj.R^2 = 0.43），该结果支持假设 2 第三个回归分析表明团队学习行为和团队效能的关系受互相分享认知的部分中介。

表 21.1　结果的回归模型

	互相分享认知			团队效能					
	β	t	p	β	t	p	β	t	p
团队学习行为	0.67	7.644	0.000				0.41	3.799	0.000
互相分享认知				0.66	7.514	0.000	0.39	3.560	0.001
adj.R^2	0.44			0.43			0.52		

协作学习的社会维度

我们用了一个多重回归分析来判断四个团队的人际情境信念是否可以预测团队学习行为的发生。结果总结在表 21.2 中。这些结果为假设 3、假设 4a、假设 4b、假设 5 和假设 6 提供了支持，同时为这些信念是互补的这一假设提供了支持。

表 21.2　团队学习行为的回归模型

	B	*t*	*p*	adj. R^2
依赖性	0.245	3.317	0.001	
社会凝聚力	0.083	0.866	0.390	
任务凝聚力	0.247	2.550	0.013	
心理安全	0.299	3.243	0.002	
团队潜能	0.202	2.376	0.020	
				0.070

注：报告的是标准化的 β 系数。

第二部分的分析围绕对人际情境和团队学习行为的两种信念间的关系而展开。该分析展示了在特定环境下，团队学习行为的社会认知过程。以上所有关于人际情境的信念为团队学习行为的发生打下了基础。依赖性、任务凝聚力、心理安全和团队潜能形成了这样一种环境，在这种环境下，团队被激发了，展示出来关键性的学习行为。在这样的情境下，社会凝聚力似乎是唯一没有起作用的一个信念。 427

模型验证

在接下来两步中，我们验证了整个团队协作学习模型。第一个模型解释了不包括团队效能的互相分享认知的发展。第二个模型纳入了团队效能。

对互相分享认知的模型的分析

最初假设的模型由两条路径组成，一条来自对团队学习行为和信念的四个结构测量，另一条来自对互相分享认知的学习行为的测量。尽管该模型的拟合度指标是可接受的，但其仍然可以被提高（$x^2 = 21.71$，$df = 4$，$p < 0.05$，CFI = 0.94，NNFI = 0.76，SRMR = 0.065）。

对修正指标的分析表明，任务凝聚力和互相分享认知之间有一条附加路径。这个模型如图 21.2 所示，更能与数据吻合（$x^2 = 3.08$，$df = 3$，$p < 0.38$，CFI = 1.00，NNFI = 1.00，SRMR = 0.022）。

该模型通过数据证实了人际情境信念支持团队学习行为，进而促进了互相分享认知的发展。我们可以看到，对互相分享认知的信念的影响是通过团队对学习行为的支持来进行的，这一点很重要。唯一的例外是任务凝聚力，它与互相分享认知的提升除了有间接关系外，还有着直接关系。对任务的共 428

同承诺似乎对不被学习行为单独掌控的互相分享认知有影响。

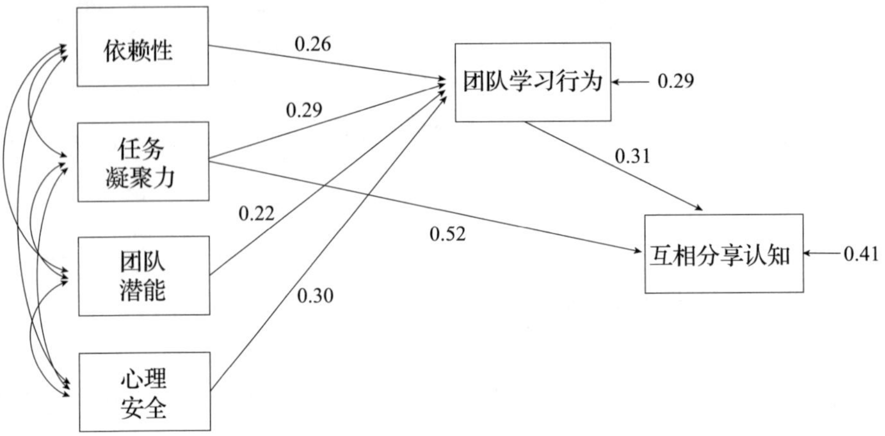

图 21.2　互相分享认知模型

对团队效能模型的分析

首先，我们尝试通过不同的团队效能拓展图 21.2 提出的模型，将从互相分享认知到团队效能的路径包括在内。然而，拟合指数表明这种模式是不合适的（$x^2 = 43.29$，$df = 8$，$p < 0.05$，CFI = 0.91，NNFI = 0.77，SRMR = 0.096）。对修正指标的分析表明，有必要添加两条附加的路径：一条路径从任务凝聚力到团队效能，另一条路径从团队潜能到团队效能。

图 21.3 显示了这种经调整的模型。拟合指数的值表明数据路径模型是可接受的。卡方指数显著（$x^2 = 13.18$，$df = 6$，$p = 0.04$），但是所有其他的拟合度指数都表明这个模型是可接受的（CFI = 0.98，NNFI = 0.94，SRMR = 0.031）。这些发现论证了模型结构的合理性。

团队效能受互相分享认知的影响，这正是团队学习行为带来的结果。这意味着通过团队学习信念与行为问卷收集的数据证实了与我们与团队学习模型有关的假设。我们唯一需要做的修改是增加两条额外的路径：（1）从任务凝聚力到团队效能，（2）从团队潜能到团队效能。这大概是因为对任务的高度共同承诺和高度团队潜能体现在了其他的团队行为上，从而导致团队效能没有完全被可识别的团队学习行为所体现。

429 这些分析表明团队学习行为和团队效能之间的关系以互相分享认知为完全中介（见图 21.3）。

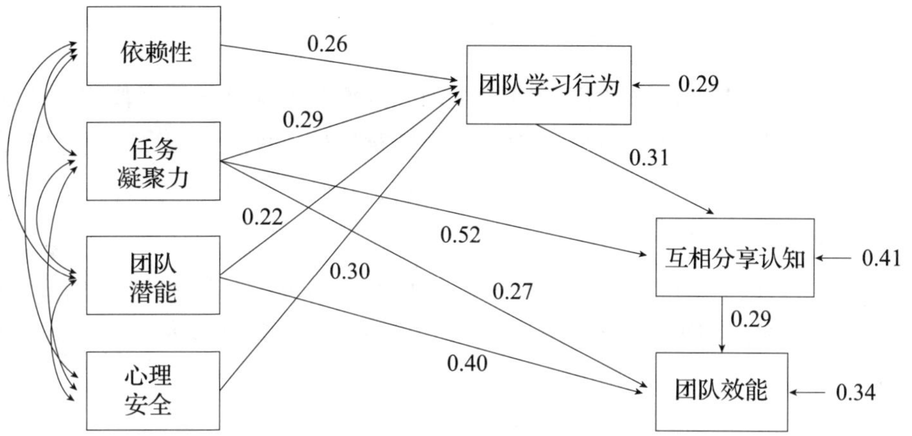

图 21.3　团队效能模型

关于交互是如何促成协作学习的研究

为了更好地理解在协作时参与者是如何学习的，在本部分我们将研究点放在交互和认知的水平上。通过对协作话语进行研究，我们可以得到两个不同的分析维度：团队维度或者个人维度［Nathan & Sawyer，本书第 2 章（该章涉及系统法和元素法的比较）］。在本部分，我们将集中于个人维度，分析协作是如何促进个人学习的。

建构性交互框架

三宅直美和她的同事（Miyake，1986；Shirouzu，Miyake，& Masukawa，2002）通过几对参与者来探索“建构性的交互”，以及这种交互模式是如何促进个体学习的。在对某对参与者进行观察时，结合问题解决情境，可以观察到参与者在用他们自己的方式解决自己的问题。在该情境中，由于每个参与者都有着不同的思维模式，所以某种方式对一个人来说是显而易见的，但对他人未必如此。因此，在听者有不同意见时，说者就应该反思他自己的解决方法，转换观点来寻求更深刻的理解，从而改变他们最初的想法，形成更抽象的科学形式。当他们交换听、说和监控的角色时，每个人都有更大的机会获得更加深刻的理解。三宅直美和她的同事得出结论，即社会交互式或联合的问题解决很有可能以不同的方式引起不同参与者的概念改变。 430

通过建构性交互得到更深刻理解的机制

当团队参与者确信他们理解了彼此时，即使这种理解是不完整的，它也能促进社会交互。当发言的人获知了自己不被搭档所理解的信息时，他们会试着停止发言并默默地反思他们自己的理解，让听者去讲述。这种角色的转变，以及这种不完整的理解，几乎就是建构性交互的本质。

为了研究交互的过程，三宅直美（Miyake，1986）开发了两个框架：一个是识别对机制的理解水平的框架，另一个是抓取理解和未理解循环本质的框架。

功能机制结构中的理解和未理解

理解的过程，就像一套物理装置，遵循着一种功能机制结构：一个级别的功能由下一个较低级别的功能所解释。

当一个 n 级机制的作用被识别和质疑时（即，功能是如何得以实现的），这就需要开启寻求 n+1 级别的机制，以提出一个试探性的解决方案。该方案可被批判，但如果它通过了这种批判，它就得到了认可。因此，在每一个级别上，通过对第 n 级功能的识别和质疑，再调查，提出假设，然后确认相应的第 n+1 级机制，以此，理解水平得到了进步。第 n+1 级机制可被分解为它独有的功能和那些低一个级别的功能，并可继续探索至第 n+2 级机制。

当人们参与到“识别”、“提议”以及“确认”这些步骤时，他们认为理解了当前的现象。当他们“探索”、“批判”和“质疑”时，他们感到自己未理解。大体上，当一个人为第 n 级的功能向第 n+1 级机制寻求解释的时候，他会觉得自己理解了；当第 n 级的功能被质疑了，一个人开始寻找它的机制时，他就会觉得自己未理解。因此，向前的步骤和级别下降产生了理解和未理解这两个感觉的交替。

431 对原始记录进行分析的结果

三宅直美分析了三对[①]参与者试图理解缝纫机的交互过程。所有的参与者均达到了第 5 级机制。对他们的理解过程的分析符合上述框架：理解和未理解的感觉交替产生。他们的语言表明，在理解的时候，概念上的观点是稳

---

① A、B、C 三组（A1 和 A2 是 A 组）。

定的，而在未理解的时候情况相反。另外，根据每一个下降的级别，对个人的原始记录进行分析，结果显示了个人以及社会支持的建构性互动的一些基本机制。

每一对参与者都能解决问题，但是每一对参与者都采用了不同的方法。他们常常在机制的不同层次上交换意见：对于 A 组而言，交换意见 91 次，其中有 31 次（36.3%）两人在不同的理解级别上。这种差异在一开始的时候更加明显。在前 1/3 的环节，他们之间只通过纸和笔交流，有 57.7% 的时间思维是异步的。在实验后采访他们，他们表示没有意识到这种差异。

不同参与者最后的模式往往也不同。在实验的末尾，三宅直美要求其解释缝纫机是如何工作的，此时他们有着不同的观点。在六个月以后他们被要求做同样的任务时，差异再次出现。

*批判能够提供效度检查机制。*由于每个参与者有着不同的思维图式，所以某种方式对一个人来说是显而易见的，但对他人未必如此。这就导致了“批判”的产生，我们将其定义为表达一个人解释上的不充分的话语。自我批判仅占 12%，这意味着对于单独的个体而言，效度的检查是很困难的。有意思的是，大多数的批判都是“向下的”，批判的人并不怎么理解他人。这似乎意味着批判者不能理解该提议机制。这些批判，尽管是源于认识的缺乏，但能促进其他有更深认识的人去坚持探寻他想要提出的更好的机制，或是更好的解释。在观察到的 22 个“向下批判”中，有 10 个促进了对方对答案更深的探寻。

*提议——监控者的角色。*提议指建议团队用一种新的方式来处理问题。例如：提议取下机器的底板或用绳来模拟螺纹的运动。

有两种不同的提议，一种与主题密切相关，另一种相对发散。实干者（task doers）或是此刻引领问题解决的人更能提出主题相关型提议（topic-related motions）。而监控者更多地给出主题发散型提议（topic-divergent motions），这表明他们改变问题解决方法的速度更快，视角也随之更广阔。主题发散型提议源于更广泛的关注点，这对于实干者而言是较难做到的。在建构性交互中，正在观察的监控者有助于批判并能给出主题发散型的提议。 432

这套建构性交互的虚拟机制在认知研究、联合的问题解决研究和学习科学研究方面得到了独立验证。然而，大多数的研究都集中在团队层面，往往忽略了个体如何通过深化自己的理解来获得更抽象、更具适应性的知识。

执行

建构性的交互框架提出了一套指导课堂活动实施的设计原则。建构性交互要求共享目标，所有人都需要对这个问题进行理解并尝试解决［Lu, Bridges & Hmelo-Silver，本书第 15 章（该章涉及基于问题解决的学习）］。它还需要成员间的社会交互，每个人都被期望贡献出与他人不同的想法、意见、观点以及知识。这种差异能够创造鼓励成员间共享意见、知识等的气氛。

我们发现在许多知名的协作学习环境中都存在这些特质。知识论坛®（Scradamalia & Bereiter，本书第 20 章）让各个想法的差异更加清晰，并让它们彼此联系、整合。基于网络的科学探究环境（WISE）项目的 Sensemaker（“意义建构者”）工具及其他类似的工具可使一些意见变得非常明显，从而促进理性思想之间的高效探讨（Linn，Davis，& Bell，2008；Andriessen & Baker，本书第 22 章）。在通过设计学习中（Kolodner，2006），学习者被鼓励仔细考察其他团队使用的“物理事实”：他们设计了一个气球车，它在白板形式上与其他人的完全不同。他们根据其他团队的经历和报道过的已有“证据”来进行设计，进而赢得比赛。

在假设-实验教学（hypothesis-experiment instruction，HEI；Itakura，1963）中，一节课由一套可讨论的策略程序和一个“问题”组成，实验的结果由学生讨论和预测。一个假设-实验教学单元由多个这样的被认真有序引导的科学问题组成。每一个假设-实验教学中的学生都被期望用自己的方式整合实验的结果，以形成假设。这些不同的假设被用来促进整个班级的讨论（Hatano & Inagaki，1986）。

433 这和用来克服科学的迷思概念中所用到的“预测-观察-解释”的方法相类似，该方法被广泛地应用于美国的教师教育项目（Kearney，2004；Liew & Treagust，1995；White & Gunstone，1992；diSessa，本书第 5 章），其鼓励学生去预测将会发生什么，观察已经发生了什么，并且尝试去解释它们为什么会发生。但是在假设-实验教学中，教师会设计实验的顺序来让学生创造一个与教科书中出现的材料相联系的“假设”，并且希望这些假设能超越那些材料。

知识建构拼图

“让思想可视化”在成功的知识交互中一直是一个被广泛使用的设计原

则（Linn et al.，2008；Linn & Hsi，2000）。当思想变得可视化的时候，其更有可能促进建构性交互。拼图方法是由社会心理学家“作为一种教学协调性的技能”首次提出来的（Aronson & Patnoe，1997，p.14），旨在帮助增加共同任务中观点的多样性（Brown，1997），因为它让学生明白了，班级中处于不同专家组的成员会准备不同的材料和观点去解决一个共同的问题。它非常灵活，可修改，以促进多种不同类型的协作（Brown & Campione，1994；Johnson & Johnson，1989）。

这个建构交互框架被用来指导一个名叫“未来教育改革联盟”（CoREF）的日本学校教育改革项目，该项目旨在将以教师为中心的讲授教学法转变成以学生为中心的协同知识创造。CoREF 基于三个原则设计：（1）建构交互的结果是个人化的，不会被同一团队（或班级）中的其他成员所共享，因此每个学习者都应该被允许持有自己解决问题的态度，并宣称他对自己的理解的所有权；（2）倾向于听和观察的学习者能够和倾向于实践的学习者学到同样多的知识，因此班级活动没有必要去假设或强调相等数量的发言；（3）基于建构主义的交互能够带来有效的（有产出的）学习，不需要去决定谁要在团队里面扮演领导者的角色，但对于成员来说，分享问题的解决方法却是必需的。

教师在一开始会得到一个准确而典型的课堂模型，教师可利用这一框架去直接体验知识建构拼图式课堂。这是一个描述性强且动态可修改的协作学习情境。知识建构拼图强调每个学生都应该将他们自己的理解与所给材料和其他同学的观点整合在一起。课堂设计涉及被回答的可供分享的问题和相关的学习材料，这些学习材料来自分布在不同团队中的不同观点——首先是专家组的观点，随后这些观点被转换与整合，并且被用于回答由每个专家组的 434
一个成员组成的拼图组的问题（Miyake，2011）。课堂设计要求每个学生成为拼图组中任务的执行者。同样，该设计为每个学生提供成为监控者的机会。监控者要能推断出其他学生说什么并且为什么会这样说，同时将其他人的思想与自己的思想整合在一起。尽管每个参与者扮演执行者的时间与频率是不同的，但这个比例不会影响结果的质量。

通过协作来支持学习

随着向21世纪的过渡，学习的概念也在发生动态改变（Collins & Halverson，2009）。技术现在可以用来定制学习——学习者可以在任何地方以适合他们自己的方式来学习感兴趣的内容。目前许多新技术仍然围绕单向的信息流来设计，它们基于陈旧的教授主义式被动学习模型（Sawyer，本书第1章）。但是学习科学研究正趋向于对社会和协作学习进行研究。我们怎样才能使协作学习的优点与个性化和定制学习的优点相整合呢？

我们认为这两种趋势并不是矛盾的，而是互相补充且能够完全整合的。学习环境应该被设计用来促进知识、意义的共同建构，并且生成相互共享的意义建构。与此同时，学习环境应该能够培养个人的自我调节和可持续学习能力。不存在一个通用的方法可以做到这一点，而需要一个定制的学习环境设计去适应即将到来的情境。

未来，协作和学习的研究应该记录每个参与者的学习情况，去了解学习的个体单元。研究也应该从团队层面来分析，以理解社会的和交互的因素。

参考文献

Aronson, E., & Patnoe, S. (1997). *The jigsaw classroom: Building cooperation in the classroom*. New York: Longman.

Baker, M. J. (1995). Negotiation in collaborative problem-solving dialogues. In R. -J. Beun, M. J. Baker, & M. Reiner (Eds.), *Dialogue and instruction* (pp. 39–55). Berlin: Springer-Verlag.

Bandura, A. (1982). Self-efficacy mechanism in human agency. *American Psychologist*, 37, 122–147.

Barron, B. (2003). When smart groups fail. *The Journal of the Learning Sciences*, 12, 307–359.

435 Bereiter, C. (2002). *Education and mind in the knowledge age*. Mahwah, NJ: Lawrence Erlbaum Associates.

Bereiter, C., & Scardamalia, M. (1993). *Surpassing ourselves: An inquiry into the nature and implications of expertise Knowledge Forum*. open Court.

Bransford, J. D., Brown, A. L., & Cocking, R. R. (Eds.) (2000). *How people learn: Brain, mind, experience, and school*. Washington, DC: National Academy Press.

Brown, A. (1997). Transforming schools into communities of thinking and learning about serious matters. *American Psychologist*, 52, 399–413.

Brown, A., & Campione, J. (1994). Guided discovery in a community of learners. In K. McGilly (Ed.), *Classroom lessons: Integrating cognitive theory and classroom practice* (pp. 229–270). Cambridge, MA: Bradford Books, MIT Press.

Chang, A., & Bordia, P. (2001). A multidimensional approach to the group cohesion-group performance relationship. *Small Group Research*, 32, 379–405.

Cohen, S. G., & Bailey, D. E. (1997). What makes teams work: Group effectiveness research from the shop floor to the executive suite. *Journal of Management*, 23, 239–290.

Collins, A., & Halverson, R. (2009). *Rethinking education in the age of technology*. New York: Teachers College Press.

Crawford, J. L., & Gordon, A. H. (1972). Predecisional information-seeking and subsequent conformity in the social influence process. *Journal of Personality and Social Psychology*, 23, 112–119.

Daft, R. L., & Weick, K. E. (1984). Toward a model of organizations as interpretation systems. *Academy of Management Review*, 9, 284–295.

Deutsch, M. (1980). Fifty years of conflict. In L. Festinger (Ed.), *Retrospections on social psychology* (pp. 46–77). New York: Oxford University Press.

Dillenbourg, P., Baker, M., Blaye, A., & O'Malley, C. (1996). The evolution of research on collaborative learning. In E. Spada, & P. Reiman (Eds.), *Learning in humans and machine: Towards an interdisciplinary learning science* (pp. 189–211). Oxford: Elsevier.

Edmondson, A. C. (1996). Learning from mistakes is easier said than done: Group and organizational influences on the detection and correction of human error. *Journal of Applied Behavioral Science*, 32(1), 5–28.

Edmondson, A. C. (1999). Psychological safety and learning behavior in work teams. *Administrative Science Quarterly*, 44, 350–383.

Engeström, Y., Engeström, R., & Kärkkäinen, M., (1995). Polycontextuality and boundary crossing in expert cognition. *Learning and Instruction*, 5, 319–336.

Ericsson, K. A., & Smith, J. (1991). Prospects and limits in the empirical study of expertise: An introduction. In K. A. Ericsson, & J. Smith (Eds.), *Toward a general theory of expertise: Prospects and limits* (pp. 1–38). Cambridge: Cambridge University Press.

Festinger, L. (1950). Informal social communication. *Psychological Review*, 57, 271–282.

Greeno, J. G., & Van de Sante, C. (2007). Perspectival understanding of conceptions and conceptual growth in interaction. *Educational Psychologist*, 42(1), 9–23.

Gully, S. M., Incalcaterra, K. A., Johi, A., & Beaubien, J. M. (2002). A meta-analysis of team efficacy, potency and performance: Interdependence and level of analysis as moderators of observed relationships. *Journal of Applied Psychology*, 87, 819–832. 436

Hatano, G., & Inagaki, K. (1986). Two courses of expertise. In H. A. H. Stevenson, & K. Hakuta (Eds.), *Child development and education in Japan* (pp. 262–272). New York: Freeman.

Hatano, G., & Inagaki, K. (1991). Sharing cognition through collective comprehension activity. In B. Resnick, J. M. Levine, & S. D. Teasley (Eds.), *Perspectives on socially shared cognition* (pp. 331–348). Washington, DC: American Psychological Association.

Homan, T. (2001). *Teamleren: Theorie en facilitatie*. [Team learning: Theory and facilitation.] Schoonhoven, Nederland: Academic.

Itakura, K. (1963). Kasetsu-Jikken-Jugyo no Teisho [The proposition of hypothesis-experiment-instruction]. *Riko Kyoshitsu [The Journal of Science Education]*, November issue.

Itakura, K. (1997). *Kasetsu-Jikken-Jugyo no ABC, Dai 4 han*. (*The ABC of the Hypothesis-Experiment-Instruction: Invitation to enjoyable classes, Ver. 4.*), Kasetsu-Sha. [in Japanese].

James, L. R., Demaree, R. G., & Wolf, G. (1984). Estimating within-group interrater reliability with and without response bias. *Journal of Applied Psychology*, 69(1), 85–98.

Janssen, J., Kirschner, F., Kirschner, P. A., & Paas, F. (2010). Making the black box of collaborative learning transparent: Combining process-oriented and cognitive load approaches. *Educational Psychology Review*, 22, 139–154.

Johnson, D. W. (1973). Communication in conflict situations: A critical review of the research. *International Journal of Group Tensions*, *3*, 46–67.

Johnson, D. W., & Johnson, R. T. (1989). *Cooperation and competition: Theory and research*. Edina, MN: Interaction.

Kearney, M. (2004). Classroom use of multimedia-supported predict-observe-explain tasks in a social constructivist learning environment. *Research in Science Education*, 34, 427–453.

Kolodner, J. L. (2006). Case-based reasoning. In R. K. Sawyer (Ed.), *The Cambridge handbook of the learning sciences* (pp. 225–242). New York: Cambridge University Press.

Kolodner, J. L., Camp, P. L., Crismond, D., Fasse, B., Gray, J., Holbrook, J., Puntambekar, S., & Ryan, M. (2003). Problem-based learning meets case-based reasoning in the middle-school science classroom: Putting learning by design into practice. *The Journal of the Learning Sciences*, 12, 495–547.

Kreijns, K., Kirschner, P. A., & Jochems, W. (2003). Identifying the pitfalls for social interaction in computer-supported collaborative learning environments: A review of the research. *Computers in Human Behavior*, 19, 335–353.

Lave, J., & Wenger, E. (1991). *Situated learning: Legitimate peripheral participation*. Cambridge, MA: Cambridge University Press.

Liew, C., & Treagust, D. F. (1995). A predict-observe-explain teaching sequence for learning about students' understanding of heat and expansion of liquids. *Australian Science Teachers' Journal*,

41, 68–71.

Linn, M. C., Davis, E. A., & Bell, P. (Eds.) (2008). *Internet environments for science education* (pp. 29–46). Mahwah, NJ: Lawrence Erlbaum Associates. 437

Linn, M. C., & Hsi, S. (2000). *Computers, teachers, peers: Science learning partners*. Mahwah, NJ: Lawrence Erlbaum Associates.

Mesch, D., Marvin, L., Johnson, D. W., & Johnson, R. T. (1988). Impact of positive interdependence and academic group contingencies on achievement. *Journal of Social Psychology*, 128, 345–352.

Miyake, N. (1986). Constructive interaction and the iterative process of understanding. *Cognitive Science*, 10, 151–177.

Miyake, N. (2011). Fostering conceptual change through collaboration: Its cognitive mechanism, socio-cultural factors, and the promises of technological support. *Proceedings of the 9th International Conference on Computer-Supported Collaborative Learning* (*CSCL2011*), Hong Kong.

Mulder, I. (1999). *Understanding technology mediated interaction processes: A theoretical context*. Enschede, Netherlands: Telematica Instituut.

Mulder, I., Swaak, J., & Kessels, J. (2002). Assessing group learning and shared understanding in technology-mediated interaction. *Educational Technology & Society*, 5(1), 35–47.

Mullen, B., & Copper, C. (1994). The relation between group cohesiveness and performance: An integration. *Psychological Bulletin*, 115(2), 210–227.

Nunally, J. C., & Bernstein, I. H. (1994). *Psychometric theory*. Third Edition. New York: McGraw-Hill.

Roschelle, J. (1992). Learning by collaborating: Convergent conceptual change. *Journal of the Learning Sciences*, 2, 235–276.

Rozenblit, L., & Keil, F. (2002). The misunderstood limits of folk science: An illusion of explanatory depth. *Cognitive Science*, 26, 521–562.

Saito, M., & Miyake, N. (2011) Socially constructive interaction for fostering conceptual change. *Proceedings of the 9th International Conference on Computer-Supported Collaborative Learning* (*CSCL2011*) (pp. 96–103), Hong Kong.

Sawyer, K. R. (Ed.) (2006). *The Cambridge handbook of the learning sciences*. New York: Cambridge University Press.

Scardamalia, M., & Bereiter, C. (1994). Computer support for knowledge-building communities. *Journal of the Learning Sciences*, 3, 265–283.

Shea, G. P., & Guzzo, R. A. (1987). Group effectiveness: What really matters? *Sloan Management Review*, 28, 25–31.

Shirouzu, H., Miyake, N., & Masukawa, H. (2002). Cognitively active externalization for situated reflection. *Cognitive Science*, 26, 469–501.

Sörbom, D. (1989). Model modification. *Psychometrika*, 54, 371–384.

Stahl, G. A. (2000, June). A model of collaborative knowledge building. Paper presented at the 4th International Conference of the Learning Sciences, Ann Arbor, MI.

Van den Bossche, P., Gijselaers, W., Segers, M., & Kirschner, P. A. (2006). Social and cognitive factors driving teamwork in collaborative learning environments: Team learning beliefs and behaviors. *Small Group Research*, 37, 490–521.

Van der Vegt, G. S., Emans, B. J. M., & Van de Vliert, E. (1998). Motivating effects of task and outcome interdependence in work teams. *Group & Organization Management*, 23(2), 124–143.

438 Wageman, R. (1995). Interdependence and group effectiveness. *Administrative Science Quarterly*, 40, 145–180.

Webb, N. M., & Palincsar, A. S. (1996). Group processes in the classroom. In D. C. Berliner, & R. C. Calfee (Eds.), *Handbook of educational psychology* (pp. 841–873). New York: Macmillan.

White, R. T., & Gunstone, R. F. (1992). *Probing understanding*. Great Britain: Falmer Press.

第22章 辩论学习

杰里·安德里森　迈克尔·贝克

许多人认为辩论会妨碍学习，对于某种对抗性的辩论来说，事实的确如此，并且这种情况在我们的媒体文化中也越来越普遍。坦嫩（Tannen，1998）分析了在脱口秀节目和政治领域中常见的富有攻击性的辩论，其中持对立观点的双方代表滔滔不绝地倾吐论点。在这种形式的辩论中，双方的目的并不是朝着同一方向共同合作，而是简单地想要在辩论中占据上风。教师和家长们都曾见过儿童参与这样的辩论，他们中大多数可能都同意这样的辩论对教育毫无裨益。 439

学习科学正在研究一种新的辩论形式，我们称之为*协作辩论*（collaborative argumentation）。协作辩论在科学领域起着重要作用，因为科学进步的动力并不是事实的堆砌，而是争论与辩论（Osborne，2010）。即使两位科学家不同意彼此的观点，他们仍然具有共同的科学价值观，并且有兴趣实现同样的目标（确定哪种观点应该被支持）。科学领域中的辩论不应该主要是对立性和攻击性的，它应是协作讨论的一种形式，双方通过合作来共同解决问题，并且双方的最终目的是达成一致。参与协作辩论可以帮助学生在面对重要问题和有争议的评价时，进行批判性和独立性的思考。要想成功地进行协作辩论，学生必须克服理智与情感之间传统且根深蒂固的对立（Baker，Andriessen，& Järvelä，2013；Picard et al.，2004）：不要攻击性地反对他人，而要将积极的动机和情绪聚焦到被讨论的问题和他人对这个问题的观点上。

当学生在课堂上进行协作辩论时，他们是在进行*辩论学习*（arguing to learn）。当被作为一种协作实践时，辩论就能帮助学生达成更广泛多样的重要学习目标。辩论可以通过多种方式促进学习。第一，辩论涉及知识阐述、推理以及反思。这些活动已经被证明有助于更深层次的概念学习（Bransford, Brown, & Cocking, 1999）。第二，参与辩论可以帮助学生学习辩论的结构
440 （Kuhn, 2001）。第三，由于有效辩论是一种协作形式，因此它可以帮助学生更广泛地发展社会意识与协作能力（Wertsch, 1985）。第四，无论是在工作场所、家里，还是在社会环境中，各种团体的人们通常都具有辩论传统（Billig, 1987），并且，有效地参与这些团体能让人们学会如何成功地与群组内成员进行辩论（Koschmann, 2003）。在以知识为基础的社区中尤其如此，比如在由科学家、医生、律师和管理人员等经过高度专业化的训练的人们组成的知识社群中。

学者们从多种角度（尤其是哲学、逻辑学、文学和公众演讲的角度）研究辩论的历史由来已久。近几年来，学习科学家正在研究辩论的教育应用，本章将总结这些研究。辩论学习的相关研究有望帮助学习者、教师和研究者通过设计学习环境来促进协作辩论。首先，我们将从词汇和辩论的不同视角讨论辩论理论。其次，我们将讨论辩论与学习的关系。最后，我们会总结不同学习环境（如聊天室、网络新闻组）中的学习，需要说明的是，辩论在其中是以计算机网络为媒介的。

辩论理论

辩论理论（Van Eemeren, Grootendorst, & Snoeck Henkemans, 1996）研究辩论的生成、分析和评价。其目的在于建立一个标准，来判定辩论的合理性。描述和评价辩论是一组最古老的学术命题。亚里士多德将辩论分为以下几种：说教、辩证、修辞、审问和争论。在 20 世纪，大部分关于辩论的研究都出自关注辩论的逻辑性和序列结构的学者之手。在这一传统下，一个好的辩论被认为应该有某种结构，学者们试图通过类比一个组织良好的句子的句法规则，指明辩论潜在的“语法”结构。例如，图尔明（Toulmin, 1958）确定了日常讨论当中合理辩论应该具有的要素。

> 论点（claim），对观点或结论的陈述：“出台《京都议定书》对于减缓全球变暖是必要的。”
>
> 论据（data），为“论点”提供观点或事实层面的基础：“在过去的

一个世纪，地球温度的持续上升是温室气体排放的结果。”

论证（warrant），为使用该数据来支持“论点”提供理由：“科学家们认为没有其他原因可以解释气温升高这一现象。”

佐证（backing），选择性提供一些特定信息来支持“论证”：“科学 441
家们确定了温室气体导致地球表面变暖的大气机制。”

修饰（qualifier），比如“可能”，暗示辩论者对于“论点”的确定程度。

反驳（rebuttal），对“论点”漏洞的反驳：“除非可以证明地球温度的升高完全是因为随着地理时间变化而产生的温度波动，与人类活动无关。”

这种结构划分方式很有影响力，尤其是在分析口头和书面辩论时（Voss，2005）。它简明扼要地描述了一条合理的推理路线，甚至是有效的探究路线。然而，近些年来，辩论研究更倾向于实证性与科学性。实证分析已经表明，这些语法方式与协作型对话中所表现出的辩论方式并不十分一致。范爱默伦和荷罗顿道斯特（Van Eemeren & Grootendorst，1999）认为这种模式没有考虑到真实世界中辩论的双方：只考虑到了支持者，而忽略了反对者。与此相关的问题是，它并没有意识到辩论是一种对话现象，且时常在特定情境或社会环境中出现。对于学习科学来说，另一个严肃的问题是：“语法观”对于“辩论结构是如何随发展过程而变化的”这一问题不能提供任何洞见（Leitão，2001）。

与这种语法式和独白式的辩论概念相反，最近许多辩论理论将辩论看作一种对话形式。例如，*正式论辩术*（formal dialetics；Barth & Krabbe，1982）将辩论描述为一种正反双方围绕特定问题进行的对话。*语用论辩术*（pragma-dialectics；Van Eemeren & Grootendorst，1999）根据批判性辩论的必要条件而不是产生辩论的逻辑规则，来解释正反双方之间的互动。范爱默伦和荷罗顿道斯特（Van Eemeren & Grootendorst，1999）解释了如何运用语用论辩术来分析辩论对话。在对话理论（dialog theory；Walton，2000）中，辩论被视作一系列的对话行为（moves）。沃尔顿（D. Walton）描述了六种对话行为类型——说服、询问、协商、信息搜索、商议和辩论（个人冲突）。

这些新的理论对于学习科学家来说非常有用，因为它们能够为分析和评价学生的协作辩论提供指导，例如，是否采取了令人满意的行为，以及对话是否趋向于形成建构性的结果。在教育研究领域已经出现了类似的研究方案，这些研究方案将学生对话作为一种“谈话类型”（例如，“辩论性的”“探

索性的”），并认为它们都有相关的“基础规则”。相关研究证明，向学生
442 传授这些基础规则有助于他们的协作与学习（Mercer，Wegerif，& Dawes，1999）。一些基于计算机的学习环境也已经被设计出来以促进辩论对话游戏的开展（详见本章）。

辩论与学习

在辩论学习中，学生一开始并没有尝试说服彼此，而是参与到问题解决及其背后的基础概念的“对话空间”中进行协作探究（Nonnon，1996）。贝克（Baker，2009）确定了五种与有效辩论学习相关的潜在学习机制。这些机制基于普适性的学习科学发现，且这些发现已经被广泛应用于一系列内容知识之中（Nathan & Sawyer，本书第2章）。

改变观点：辩论的结果可能使学生改变他们对于问题领域的基本信念或者整体观点（Harman，1986）。不仅是简单地改变信念，当学生阐述更理性且细微的观点、考虑可替代的观点时，他们的观点也可能会发生更微妙的变化。

明确知识：对他们的问题解决行为做出解释或明确的推理的学生，在学习上应获益最多（Chi & Van Lehn，1991）。辩论为学生提供了许多解释的机会，同时，为辩解或辩论中的防御做准备能够促进反思，而反思常常能导致更深层的学习。

转变概念：就一个问题展开讨论可能导致学生对有关该问题最初的迷思概念产生疑问。当学生通过辩论发现概念间新的区别或阐述新的定义时，辩论就支持了概念转变（diSessa，本书第5章）。

共同阐述新知识：学生通过协同工作来阐述新的意义。口头交流的人际交互性特征有助于为个体学习搭建脚手架。

提高表达能力：辩论促使学生准确地阐述问题与观点。

辩论技能的发展

参与和理解辩论的能力在人类早期发展中就有所显现。儿童3岁时就能运用并理解辩论的主要组成成分（Stein & Albro，2001）。在辩论中建构详细连贯的推理来维护自身立场的能力会随年龄的增长而提高。然而，这种发展

却不能保证学生能深刻地理解对手，因为辩论知识的发展是不对称的（Stein & Bernas，1999）。相比对手而言，人们通常更了解自身的优势。相反，与自身 443
的弱点相比，人们更了解对手的弱点。我们可以训练人们以更加准确而复杂的方式了解对方的立场，但只有当他们被迫改变自身立场时，学习者才开始产生支持对方立场的理由。

人们对辩论的理解与其关于社会冲突和目标导向行为的发展性知识有关。例如，展现良好的辩论技能与参与道德和社会责任协商之间可能存在冲突。有时，与低能力辩手相比，优秀辩手对对手所知更少，且与之关系更差。我们应该以一种新的方式来教授辩论，这种方式能导致个体间的成功，而不是以他人失败为代价来获取个人成功（Stein & Albro，2001）

辩论学习有助于推理技能的发展

在推理过程中，个体从给定的知识出发进行推理，以达到一个结论。这种支持有效推理的推论与有效辩论的结构相似。非正式推理技能随辩论而发展，因为辩论能有利于提高记忆中的知识存储容量、方便提取知识和发展精细心理模型，这都有助于推理的产生（Voss & Means，1991）。

库恩（Kuhn，1991）通过要求人们准备关于社会重要问题（比如：是什么引发罪犯在出狱后再次作案？是什么引起在校学生的学业失败？）的论点和反驳研究了辩论技巧。库恩采访了四个年龄组（10 岁、20 岁、40 岁和 60 岁）共 160 位参与者，以了解他们的因果理论、支持理论的证据、独自生成可选择理论的能力以及对他们的理论进行争辩和反驳的能力。

大多数参与者提供的是薄弱的辩论结构和伴随着一系列无关因果的理论。只有 16% 的参与者能够为他们自己的理论提供确实的证据。他们所呈现的大部分证据都被库恩称为伪证据（例如，当问到“是什么引发罪犯在出狱后再次作案？”这个问题时，参与者可能会给出一个伪原因，如“他们中有一些人可以拥有正常的生活”）。更多参与者（33%），尽管仍然是少数，能够构思出一种替代性理论。反驳是一项重要的辩论技能，仅有 34% 的参与者能够持续地为他们的理论进行争辩。最后，能够对自身理论进行有理有据的驳 444
论的参与者占全部参与者的 21%—32%。

库恩认为辩论技巧的基础是个人的认识论理论，即其所持有的对知识与认识的本质的观点。她认为个人的认识论理论落在两个不同的极端之间：绝对认识论（absolutist epistemology）和评价认识论（evaluative epistemology）。

在绝对认识论中，认识（knowing）意味着个人完全忽略其他可能的选择。在评价认识论中，认识是一个持续的、需要付出努力的永无休止的过程。评价认识论与辩论技巧和理解相关。只有一小部分人（9%—22%）坚持评价认识论。对于这些学习者来说，为了进一步了解辩论，他们首先要改变自身的认识论。

在小组中学习辩论

学习科学研究已经表明，课堂上的协作式交互常常有助于个体学习（Greeno & Engeström，本书第 7 章；Enyedy & Stevens，本书第 10 章；Miyake & Kirschner，本书第 21 章）。这对协作辩论来说尤为正确。例如，库恩、肖和费尔顿（Kuhn，Shaw，& Felton，1997）让参与者（学生和成年人）写一篇关于死刑的论文，然后让这些学生几个星期都进行有关这个话题的辩论，之后要求他们写一篇证明自己观点正确的文章。参与者依次与多个伙伴进行两两之间的辩论，每场辩论持续 10—15 分钟。结果显示，学生和成年人明显产生了更多的双边的（而非单边的）、有用的（而非无用的）辩论。

里兹尼茨卡亚及其同事（Reznitskaya et al.，2001）使用了一种协作推理（collaborative reasoning）的方法，该方法旨在为小学生提供熟练掌握辩论的机会。协作推理能帮助学生建立辩论图式（argument schema）——抽象知识结构，这种抽象知识结构是辩论对话的拓展与延伸。辩论图式能够组织和检索与辩论相关的信息，促进辩论的构建和纠正，同时也为预先提出反对意见和寻找本人辩论和他人辩论中的错误提供基础（Reznitskaya et al.，2001）。实验组五年级的学生连续 5 周、每周 2 次参与小组辩论，对有争议的问题进行讨论。在故事信息的基础上，学生被要求选择自己的立场，为自己的观点提
445 供支持的理由和证据。学生从教师那获得指导并相互辩论，进行争辩和驳论，力求辨明是非。此外，教师还引导学生参与活动以接触正式辩论图式。在 5 周结束时，通过分析学生基于现实困境事例的辩论文章来评价学习。研究者根据相关辩论、争辩和反驳对文章进行评价。相比没有体验过协作推理的学生的文章，参与过协作推理的学生的文章中明显多了很多辩论、争辩、反驳以及有关文章信息的参考资料（Reznitskaya et al.，2001）。

通过协作辩论来学习

辩论是协作学习的众多特点之一，它可以使小组在促进个体学习方面更

加行之有效。基弗、蔡茨和雷斯尼克（Keefer，Zeitz，& Resnick，2000）通过四年级口语课中的同伴对话来研究辩论。他们的出发点是，陈述、主张和辩论的背后有一种（默认的）共识，即对话的参与者如果受到质疑就必须辩护（Walton & Krabbe，1995）。这项研究的一个重要贡献是，它试图从实证的角度确定不同的辩论类型（Walton & Krabbe，1995）。每一个对话都有原始出发点、既定目标、参与者目标以及达到目标的典型方法。在辩论过程中参与者目标的改变，有可能导致对话类型的改变。

最适合学习文学内容的对话类型是*批判性讨论*（critical discussion）。批判性讨论的特点有：（1）始于有分歧的意见；（2）旨在协调与理解不同观点；（3）思维方式平衡，最有说服力的辩论在其中占有优势；（4）参与者以说服他人、共享理解为目标。

第二种有利于学习的对话类型是*解释性探究*（explanatory inquiry），它具有以下特征：（1）以知识不足为出发点；（2）目标是获得正确的知识；（3）以积累的方式获得知识；（4）参与者的目标集中于得到一个解决方案或结论。

在学年开始和结束时，研究者要求学生参与不同组的同伴讨论（6 组安排在年初，6 组安排在年末），并进行 4 分钟的对话推理，以此来对学生进行评价。研究者在这一年的课堂中进行记录，确定了辩论的许多特征，它们与大幅提高对话推理水平有关。其最明显的效果是提高了学生恪守承诺对一个问题进行持续探究的程度。对话中的持续性承诺包含做出让步（即承认自己正在被说服），以调整对话开始时的意见分歧。有时，这也包括改变一些共 446
识，这一改变要么通过攻击那些支持先前所述结论的辩论来进行，要么通过在那些攻击先前所述结论的基础上发起新的辩论来进行。在年末，包含太多质疑（批判性问题或攻击）的对话不一定会带来好的效果，这或许是因为，质疑之后学生并不总是会深入考虑其对自己某些观点的影响。而那些参与者们十分轻易就放弃立场的对话也是没有成效的，因为这样一来没有任何争论会发生。

情境中的辩论学习

有证据表明，在不同的文化和社会背景下，辩论的表现也不尽相同（Muller Mirza，Perret-Clermont，Tartas，& Iannaccone，2009）。例如，在学校中被认为是合适的辩论，可能是一种特定文化下校本形式的对话（Wertsch，

1991）。这些校本形式的辩论与辩论理论所提出的理想化辩论几乎一致。在校外，不同的文化具有不同的影响辩论的规范，例如，在一定程度上，文化的不同也可以避免社会冲突并提出共识。根据彭和尼斯比特（Peng & Nisbett，1999）的观点，来自亚洲国家（特别是中国和日本）的人具有避免矛盾、寻求共识（中间道路）的取向。再例如，在以色列，文化催生了一种特定形式的对话——“直接谈话”（dugri speech），该对话明显是基于对立观点的，但是主张和谐融洽地承认差异（Matusov，2009）。一些国家，如法国，不允许人们在学校等公共场合进行某些辩论，例如那些提出种族主义论点的辩论（Golder，1996）。

即使是在单一的文化背景下，人们也会发现学校会使用不同的教学方法。安德里森和桑德伯格（Andriessen & Sandberg，1999）描述了三种基本的教育场景——“传输”“演播”“协商”，它们的差异在于获得知识的形式（从教师那里获得、通过探究活动获得、通过讨论获得等）。协作辩论与协商场景相一致。但即使个体教师试图通过介绍协商场景，鼓励学生进行讨论与辩论，这也可能与学生先前的学校经验相矛盾，那些经验更像是发生在一个教授主义课堂中（Sawyer，本书第 1 章），其含蓄地支持了一个观点：权威的文本通常被简单地进行了总结（Andriessen，2009）。

即使在同一间学校，不同班级儿童的辩论也很不一样，研究者确定了这
447 些重要的差异。这些差异可以通过回答“教师是如何设计活动的？”这一问题进行解释，即讨论教师是将活动设计成一种学习他人观点的协作性机会，还是将其作为一种竞争（Berland & Reiser，2011）。教师在设计活动时有复杂的任务，包括在恰当的时机提供相关信息、解决问题以及为辩论搭建脚手架，以使其朝着一个清晰、可被理解的结果发展（Simonneaux，2007）。

依据学校课程的不同，最有效的协作辩论形式也有所不同。在数学和科学课中，当学生提出的解决方案被批判时，他们会进行激烈的辩论，但是这并不会挑战他们的自我认同和自尊，而在历史、心理学、社会学或人类学课堂上，讨论的主题涉及根深蒂固的价值体系和个人或群体的自我认同，激烈的辩论会引起对他们自我认同和自尊的挑战（Goldberg，Schwarz，& Porat，2011）。

总结：辩论与学习

许多人都不能进行有效的辩论。他们不擅长区分论据和理论，也不倾向

于考虑不同的立场。因为威胁良好关系的社会成本实在太高，人们不愿意在令人不舒服的环境中辩论。在这一点上，可能存在着重要的文化差异。但是在西欧和美国背景下，学生必须明确地参与到学校的有效辩论中。

有证据表明学生能从协作辩论中受益，当辩论作为一种使所有学习者受益的协作活动时，其效果是最好的。当辩论学习被嵌入协作活动中，并且以理解他人和与他人分享的愿望为驱动时，辩论学习才是最有效的（Scardamalia & Bereiter，本书第 20 章）。

电子环境中的协作辩论

学习科学发现，很多知识在协作学习中会更加有效（参见本书第四部分的相关章节）。虽然如此，我们仍旧对指出人们在协作辩论时存在困难的大量研究进行了综述。与此同时，计算机技术为我们提供了一种潜在的解决方案。例如，计算机支持的协作学习（CSCL；Stahl，Koschmann，& Suthers，本书第 24 章）能够支持、引导有效辩论从而帮助学生形成更深层的理解。在本节中，我们将描述几种软件系统，在这些软件系统中学生可以通过计算机进行辩论。这些系统的目的是以某种方式为学生的辩论提供脚手架，这些方式可能是：为对话中学生的角色以及他们彼此之间的关系提供框架、提供新颖且多样的方式来表征辩论地图、允许学生控制辩论的结构与内容。 448

这一节中我们涉及的主题有：（1）通过对话游戏为辩论搭建脚手架；（2）为基于文本的辩论搭建脚手架；（3）通过图表为辩论搭建脚手架；（4）在学习环境中为科学辩论搭建脚手架。

通过对话游戏为辩论搭建脚手架

受对话理论的启发（Walton，2000），*对话游戏理论*（dialogue game theory；Levin & Moore，1980）认为我们应该通过指定角色和约束条件来建构参与者的行为。在辩论的每一个点上，参与者只被允许做出一系列合适的辩论行动。基于对话游戏理论，马凯斯（Mackenzie，1979）开发了一个名为 DC 的计算机辩论游戏，该游戏允许用户在其内容中选择一种行动步骤及类型。这些行动步骤包括：询问、陈述、质疑、决议和退出。该系统依据事先设定的一系列规则来评价用户的贡献。这些规则界定了可以或必须做出行动的时间以及行动的结果，也阻止每位玩家回避问题、循环辩论以及使用无法支持自己论点的论据。

449 麦卡利斯特、雷文斯克罗夫特和斯坎伦（McAlister, Ravenscroft, & Scanlon, 2004）基于对话游戏理论开发了一个名为“学术交流”（Academic Talk）的工具，该工具可以支持同伴间的同步辩论。该系统要求学生通过选择一个句子来发起一个新帖（见表 22.1），然后完成该帖（类似知识论坛®中的脚手架；Scardamalia & Bereiter，本书第 20 章）。起始句是为了支持辩论而设计的，在整个辩论过程中特定的起始句会作为建议而被着重考虑。学生通过阅读原始材料来准备辩论并进行辩论，最后在整合阶段向小组展示对关键论点的总结。

研究者将“学术交流”与类似工具进行了对比，这些工具支持在线讨论，但没有脚手架。从 34 名学生组成的小组中得出的结论表明：学生使用“学术交流”工具可以更直接地了解他人的立场和观点（论点、质疑和反驳），进行更广泛的辩论。相反，参与普通聊天的学生则较少参与辩论，只简单地交换信息。

表 22.1　“学术交流”中的起始句（McAlister et al., 2004）

告知	询问	质疑
我认为……	为什么你认为……呢？	我不同意，因为……
让我解释一下……	为什么……？	我不怎么确定……
让我详细说明一下……	你能详细说明一下……吗？	这是如何相关的呢？
因为……	你能举一个……的例子吗？	一个反驳是……
举一个例子……	是……这样的情况吗？	有……的证据吗？
我的论据是……	难道我们不需要更多……证据吗？	证据有多少可信度？
推理	**支持**	**主张**
因此……	我同意，因为……	是
我认为你所说的……	我理解了你的观点……	不
你的假设是……	而且……	好的
因为……所以两者都正确	是的	谢谢
总结一下……	观点很好	抱歉，……
让我们商议一下……		……这样可以吗？
		你可以……吗？
		好的，让我们继续吧
		我们可以……吗？
		再见……

使用以计算机为媒介的交流论坛为辩论搭建脚手架

在一门“以计算机为媒介的交流”大学研究生课程中，皮尔金顿和沃克（Pilkington & Walker，2003）要求学生在三种辩论角色中选择一种，这些角色以一项研究为基础。该研究指出，被迫选择角色能够提高学生的辩论推理能力（Mercer et al.，1999）。角色 1：学生通过提供证据和指出替代方案或相反方案（例如，“不，因为……”，或者“是的，但是……”）来对他人提出质疑。角色 2：学生要求解释和澄清。角色 3：学生提供信息，其要么是自发地，要么是为了回答询问。在整个课程中，师生定期在电子环境中进行讨论。在课程初始时，教师负责在辩论中做出大量的贡献（27%—42% 的质疑都是由教师发起的）。到中期时，学生被要求选择三个角色中的任意一个，并参与到角色扮演练习中，经过角色扮演阶段之后，教师将不再提及角色。经过这一环节后，教师为学生搭建脚手架的贡献比例下降到了 21%—25%；学生开始承担起让辩论继续下去的责任。随着其他角色行为的增加，信息提供的水平（角色 3）相应下降。研究者认为信息提供水平的下降，证明了学生更加具有自主性（可能与学习相关），因为它导致了更少但更深层次的平行讨论。这些练习表明，学生在通过角色扮演活动了解了更多潜在的辩论角色之后，能够进行更有效的辩论。

在 20 世纪 90 年代，这些基于文本的论坛被认为是学生分享观点并进 450
行深层辩论的有效途径。学习科学家对异步论坛很感兴趣，因为用户不需要同时登录论坛，他们可以在几小时或几天之后再做出回应。异步论坛对用户没有时间上的限制，让他们有时间形成一个周密的观点（Tiberghien & de Vries，1997）。不幸的是，这种基于文本的论坛使用效果很令人失望，尤其是在辩论的频率与质量方面。安德里森（Andriessen，2005）对这类项目进行了概述，包括使用论坛来促使学生进行共同建构知识的对话或辩论，以及使用论坛增强学生的社区意识和参与意识。例如，在所谓的理论论坛（theoretical forums）中，学生被要求探索科学论文中作者的推理线索。其目标是让学生参与学术辩论——将学生拉进科学共同体的对话中，帮助他们找到自己的声音，并潜移默化地形成他们作为共同体成员和科学家的自我认同感（Matusov，2009）。关于这个问题的一个案例是，讨论一下你对于下面陈述的看法：对于学习过程来说，与教学设计、智能导师系统或者教育心理学相比，现象图析学能提供一个更有前景的取向（Andriessen，2005）。问题在于，尽管事实上这些问题与前沿研究者的研究内容非常相似，但对学生来说它们太抽象了，没有吸引力。按照目前的状况，许多数字化层面的讨论都缺少一种主体间性：尽管参与者能感觉到他人对其观点的反应，但事实上经常发生的却是共同异化（co-alienation）——矛盾的陈述（辩论）并列存在（Schwarz，Kolikant，& Mishenkina，2012）。

通过辩论地图为辩论搭建脚手架

许多系统使用当前个人电脑的图形功能来展示辩论中各个行动之间的关系。早期的系统使用可视化辩论地图来为辩论提供脚手架，这些系统有Belvedere、CHENE以及Connect。CHENE（Chaines ENErgetiques；Tiberghien & de Vries，1997）的设计目的是供两个学生协同创作电路图。C-CHENE（Baker & Lund，1997）为10种不同的对话行动提供了对话按钮，也为辩论的持续进行提供支持按钮、反对按钮和操作按钮。Connect（de Vries，Lund，& Baker，2002）可以显示两个学生的所有陈述，并为他们提供按钮来支持或反对每个陈述。

图22.1显示的是辩论地图系统Belvedere 3.0的一个界面。Belvedere旨
451 在培养中学生复杂的批判性的科学探究能力（Suthers & Weiner，1995）。该图是为了让学生参与复杂的科学推理过程而设计的。方框代表着假设与数据，线段代表着支持与反对之间的联系。早期的版本比图22.1有更多的可视化基元（visual primitives），允许学生按照原理、理论、假设、论点或报告来对陈述进行分类。这个早期版本表明许多有趣的辩论并不是以计算机为媒介的，而是学生在共同使用一台电脑时进行的口头讨论。因此，之后的版本对图进行了简化，关注数据与假设之间可以被证明的关系，这就是图22.1所示的版本。这些陈述作为资源服务于学生的口头交流与推理，而不是作为交流的媒介或辩论过程的正式记录而存在（Suthers & Hundhausen，2003）。

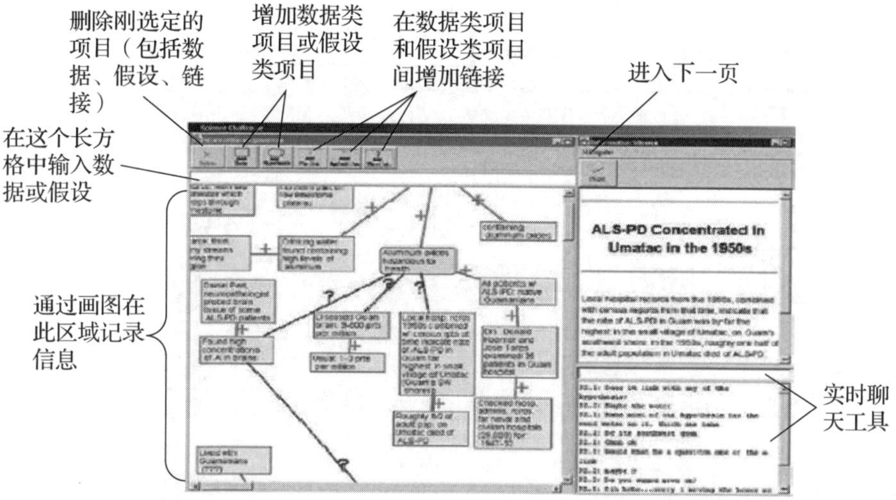

图 22.1 苏瑟斯和洪德豪森（Suthers & Hundhausen，2003）设计的 Belvedere 3.0 在线情境下的界面

使用辩论图的学习系统已经被广泛地评述过了（Andriessen & Baker，2013）。总体来说，这些结果显示出了一定的希望（Van Amelsvoort，Andriessen，& Kanselaar，2007）。然而，利用相关技术进行小组辩论，对大多数学生的能力，尤其是社交与认知能力来说，仍旧构成了重大的挑战。

未来使用辩论图的系统应该明晰学习目标和教师角色，并且确保所使用的技术能兼容于整体的课堂环境：日常如何对学生进行评估？学生拥有什么协作经验？他们的任务动机是什么？（Andriessen & Baker，2013）作为在中学课堂提高协作推理实践水平这一长期目标的一部分（Clark et al.，2003），452
施瓦茨和阿斯特汗（Schwarz & Asterhan，2011）汇报了一项关于 Argunaut 系统的研究，该系统使用辩论地图来满足以上这些需求（见图 22.2）。Argunaut 允许学生使用不同的几何形状来代表不同的对话动作，这些形状将被分享到一个共享的图形（辩论）空间。Argunaut 包括了一些监控参与者行为（用户活动）的认知工具、辩论工具和针对讨论中其他人员（群组关系）的相关材料。这些工具意味着教师可以同时快速对不同小组的协作进展进行评述，也可以在不打断整体流程的情况下，通过发送弹出消息或附加注释等对讨论进行远程干预（见图 22.2）。

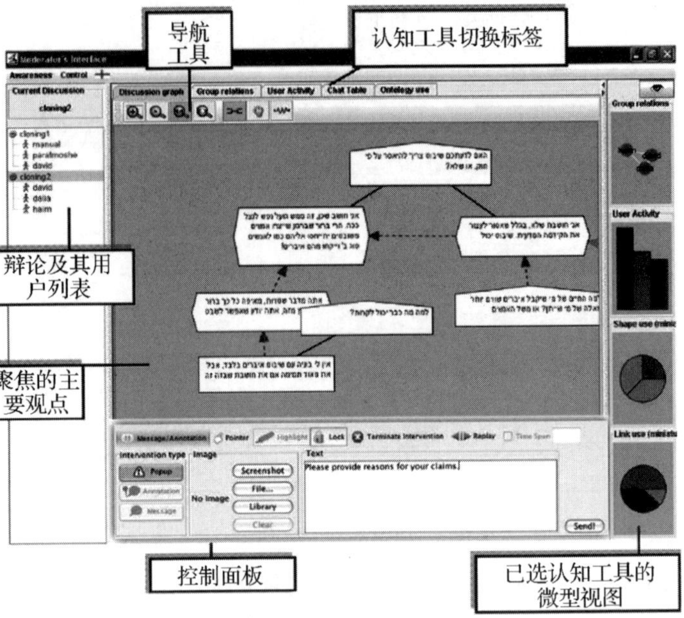

图 22.2　Argunaut 教师用户界面截图（Schwarz & Asterhan，2011）

教师可以通过饼图状的链接（见图 22.2 右下角）来检测论证中的不足之处，例如从图中可以看出一些小组只使用同意链接。这个讨论图以及所列出
453 的贡献可以表明该讨论缺乏深度，而整个讨论过程是由教师在前期通过通用性提示、在后期通过具体内容提示来掌控的。教师也会将讨论者的注意力引导到做出具体贡献上来，以形成一个具有挑战性的观点。Argunaut 之所以能和辩论学习联系起来，是因为它有潜力帮助教师支持小组辩论的进行。

在学习环境中为科学辩论搭建脚手架

在日常对话中，我们通常擅长在讨论时表示质疑、反质疑、辩护或赞同，但是根据分析标准，我们的日常辩论的水平通常很一般（Pontecorvo，1993）。然而，在科学领域，我们极少有人会觉得自己有资格去质疑、反质疑，或者陈述科学论点。相反，我们通常简单地接受专家论点，但又不会使
454 用它们去说明、质疑或论证自己的观点（Schwarz & Glassner，2003）。21 世纪科学教育的一个重要目标就是，让学生为理解科学辩论的本质做准备，使其成为科学研究的关键使用者，并且能理解与科学辩论（不论是全球气候变化，干细胞研究，或是转基因生物）密切相关的国家级或国际辩论。学生们参与科学问题辩论的方式通常与其自身对科学的看法有关。因此，科学辩论应该与科学探究相结合，以影响学生的认识论观念，而不仅仅是促使学生进行辩论（Sandoval，2003）。在这一部分，我们讨论使用电子学习环境促进学

生科学理解的发展，进而为辩论搭建脚手架，同时也为交互式探究提供机会。

如果不知道一些相关领域的事实，你就不能进行有效辩论，但是了解了事实并不一定会带来良好的辩论（Goldman, Duschl, Ellenbogen, Williams, & Tzou, 2003）。戈德曼及其同事（Goldman et al., 2003）使用知识论坛®（Scardamalia & Bereiter，本书第 20 章）标明了单个学生和小组学生的知识论点。这些公共的知识论点被作为出发点来发展学生的辩论技能。知识论坛®为学生提供了工具来建构、协调和评价彼此的知识论点，这些知识论点包括理论（何种知识重要）、方法（获取和分析数据的策略）以及目标（结果和如何确定他们达到了某种结果）。教师在全班讨论和小组讨论中的作用是积极地监督学生的交流，通过提问、评论和鼓励学生进行更多的讨论来进行干预，而且教师的这种干预通常以基于证据来建立共识为导向。然而，研究者们仍在探索教师的最优角色。

科学家们使用辩论来解决理论争议，他们明确地使用证据来支持具有竞争性的理论。林（Linn, 2006）以及她的团队设计了基于网络的科学探究环境（WISE，见图 22.3），并利用其为学生搭建脚手架。知识整合是一个动态的过程。在此过程中，学生将他们概念化的观点联结起来，用于解释现象：将社会经验添加到他们的观点集合中，重新建构出更加连贯的观点（Bell & Linn, 2000）。

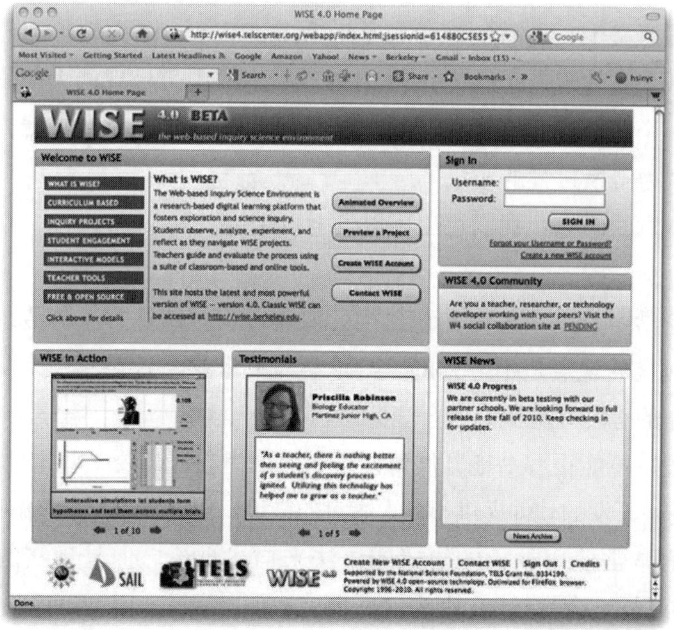

图 22.3 WISE 界面截图

该研究团队发现，学生只关注他们相信能有力支持其观点的一两条证据，并且会忽略反证。此外，他们进行的辩论也没有得到详细的描述。这使得林的同事菲利普·贝尔（Bell，1997）开发了一个名为“意义建构者”（SenseMaker）的工具，该工具使用可视化的辩论地图来支持学生协调论点与论据。

455 当学生在辩论中不使用辩论地图时，他们会用最有力的证据来支撑他们的观点。然而，当辩论地图被结合进辩论之后，对话模式就发生了变化。虽然学生仍然会使用最有力的证据，但听众所提出的质疑会更加关注没有被呈现的证据。辩论地图成为一种由集体共享的脚手架，允许学生对同一证据的相悖解释进行比较。听众使用辩论地图来促使陈述者对项目中所涉及的证据提供更多的解释。

最后的评价表明，在辩论活动中，学生更深刻地理解了科学辩论的论据基础、辩论与学习之间的一般关系以及他们个人综合理解的社会化改善（Bell & Linn，2000；Clark，Sampson，Chang，Zhang，& Tate，2012）。

结论

在某种意义上，所有的教学都是一项辩论活动，因为教师的任务是劝说学生接受一个新的观点（Laurillard，1993）。本书中所呈现的大部分研究都将学习看作一个积极建构和协作建构知识的过程。从这个角度来看，所有的学习都可被视为辩论过程的成果。

基于本章的研究，我们得出了以下七点结论。

1. 辩论学习是一个集体知识建构的协作过程。这种方法与传统的将辩论视为一种对抗的观点是不一致的。辩论学习要求参与者对其他人所说的内容持一个协作的态度并充满兴趣。

2. 学生并不能很容易地开展辩论学习，因为它还需要一些重要的脚手架。以此为目的而开发的软件提供了令人满意的结果，但这并不是最终解决方案。

3. 人们常常使用抽象的模式或语法来描述辩论。但是现实的课堂交互过程很少能揭示这些模式。因为这些模式表明的都是知识之间特定的认知关系，并不包括个人目标和小组工作中的社会关系或情感方面。

4. 在不同的课堂学习环境（比如协同写作或者基于项目的科学课堂）中，辩论的角色和本质也有所不同。未来研究应该关注如何更好地帮助学生在不同的活动中（不管是个体辩论还是协作辩论）进行合作。

5. 辩论在学习中的角色与人们对某一共同体中知识的普遍信念（即认识论）深深交织在一起。关于知识的观点是相对的，而且总要被改变来适应辩论学习。然而，这可能会被持其他观点（比如某种确定的、不变的，或对国家认同至关重要的观点；Carretero & Lee，本书第 29 章）的人视为对建立价值与结构的一种挑战。在课堂中使用辩论也常常会受到认识论和共同体价值观的约束。 456

6. 媒介类型对于辩论学习有重大影响。我们已经看到过一些使用工具的事例。一方面，这获得了与口头交流环境下的辩论相类似的结果；另一方面，我们也发现，相比于单纯的口头交流环境，基于计算机的脚手架有改善辩论的可能性。真正决定辩论效果的不是媒介，而是学习环境的总体设计，包括学习活动中的学习目标、真实的作业，以及合适的辩论角色。

7. 如果学生必须花费大量的时间来掌握一个软件工具，那么辩论的教育质量就会大打折扣。软件开发者面临的挑战是尽可能使用户界面以学习者为中心。

目前，许多学习者感到与同伴进行辩论是令人沮丧的，因为它需要投入时间和精力：他们只想让教师告诉他们答案。教师在培养和评价协作辩论中也面临着一些困难（Baker，2009）。但研究表明，如果这些困难可以被克服，协作辩论就是一项有效技术，可以培养深层学习和高效课堂文化，以及增强被授权的探究者和学习者的身份认同。如果学习情境中的辩论能够在某种程度上远离竞争、失败和空洞的修辞——为事先设计好的辩论提供足够的支持，将关注理解、解释和推理作为一种准则，而不是关注异议——那么辩论学习和计算机支持学习的共识将会变成现实。如果这样的话，学生将不再希望仅仅得到答案，而会想去为得到答案而辩论。由此，他们将会体验到自主的、有效的学习。

参考文献

Andriessen, J. (2005). Collaboration in computer conferencing. In A. O'Donnell, C. Hmelo, & G.

Erkens (Eds.), *Collaboration, reasoning, and technology* (pp. 277–321). Mahwah, NJ: Lawrence Erlbaum Associates.

457 Andriessen, J. (2009). Argumentation in higher education: Examples of actual practices with argumentation tools. In N. Muller Mirza, & A. -N. Perret-Clermont (Eds.), *Argumentation and education: Theoretical foundations and practices*(pp. 195–213). New York: Springer.

Andriessen, J., & Baker, M. (2013). Argument diagrams and learning: Cognitive and educational perspectives. In G. Schraw, M. McCrudden, & D. Robinson (Eds.), *Learning through visual displays*. Charlotte, NC: Information Age Publishing.

Andriessen, J., & Sandberg, J. (1999). Where is education heading and how about AI? *International Journal of Artificial Intelligence in Education*, 10(2), 130–150.

Baker, M. (2009). Argumentative interactions and the social construction of knowledge. In N. Muller Mirza,& A. -N. Perret- Clermont (Eds.), *Argumentation and education: Theoretical foundations and practices* (pp. 127–144). New York: Springer.

Baker, M., Andriessen, J., & Järvelä, S. (Eds.) (2013). *Affective learning together: Social and emotional dimensions of collaborative learning*. London: Routledge.

Baker, M., & Lund, K. (1997). Promoting reflective interactions in a computer-supported collaborative learning environment. *Journal of Computer Assisted Learning*, 13, 175–193.

Barth, E. M., & Krabbe, E. C. W. (1982). *From axiom to dialogue: A philosophical study of logics and argumentation*. Berlin: Walter de Gruyter.

Bell, P. (1997). Using argument representations to make thinking visible for individuals and groups. In R. Hall, N. Miyake, & N. Enyedy (Eds.), *Proceedings of CSCL '97* (pp. 10–19). Toronto: University of Toronto Press.

Bell, P., & Linn, M. C. (2000). Scientific arguments as learning artifacts: Designing for learning from the web with KIE. *International Journal of Science Education*, 22(8), 797–817.

Berland, L. K., & Reiser, B. J. (2009). Making sense of argumentation and explanation. *Science Education*, 93(1), 26–55.

Berland, L. K., & Reiser, B. J. (2011). Classroom communities' adaptations of the practice of scientific argumentation. *Science Education*, 95(2), 191–216.

Billig, M. (1987). *Arguing and thinking: A rhetorical approach to social psychology*. Cambridge: Cambridge University Press.

Bransford, J. D., Brown, A. L., & Cocking, R. (1999). *How people learn: Brain, mind, experience and school*. Washington, DC: National Academies Press.

Chi, M. T. H., & Van Lehn, K. A. (1991). The content of physics self-explanations. *Journal of the Learning Sciences*, 1(1), 69–105.

Clark, A. M., Anderson, R. C., Archodidou, A., Nguyen-Jahiel, K., Kuo, L. -J., & Kim, I. (2003).

Collaborative reasoning: Expanding ways for children to talk and think in the classroom. *Educational Psychology Review*, 15, 181–198.

Clark, D. B., Sampson, V., Chang, H. -Y., Zhang, E., & Tate, E. D. (2012). Research on critique and argumentation from the Technology Enhanced Learning in Science Center. In M. S. Khine (Ed.), *Perspectives on scientific argumentation: Theory, practice and research* (pp. 157–199). Heidelberg: Springer.

De Vries, E., Lund, K., & Baker, M. J. (2002). Computer-mediated epistemic dialogue: Explanation and argumentation as vehicles for understanding scientific notions. *The Journal of the Learning Sciences*, 11(1), 63–103.

Goldberg, T., Schwarz, B. B., & Porat, D. (2011). Changes in narrative and argumentative writing by students discussing "hot" historical issues. *Cognition and Instruction*, 29, 185–217.

Golder, C. (1996). *Le développement des discours argumentatifs* (*The development of argumentative discourses*). Lausanne: Delachaux & Niestlé. 458

Goldman, S. R., Duschl, R. A., Ellenbogen, K., Williams, S., & Tzou, C. T. (2003). Science inquiry in a digital age: Possibilities for making thinking visible. In H. Van Oostendorp (Ed.), *Cognition in a digital age* (pp. 253–283). Mahwah, NJ: Lawrence Erlbaum Associates.

Harman, G. (1986). *Change in view: Principles of reasoning*. Cambridge, MA: MIT Press/Bradford Books.

Keefer, M. W., Zeitz, C. L., & Resnick, L. B. (2000). Judging the quality of peer-led student dialogues. *Cognition and Instruction*, 18(1), 53–81.

Koschmann, T. (2003). CSCL, argumentation, and Deweyan inquiry: Argumentation is learning. In J. Andriessen, M. Baker, & D. Suthers (Eds.), *Arguing to learn: Confronting cognitions in computer-supported collaborative learning environments* (pp. 259–265). Dordrecht: Kluwer.

Kuhn, D. (1991). *The skills of argument*. Cambridge, MA: Cambridge University Press.

Kuhn, D. (2001). How do people know? *Psychological Science*, 12, 1–8.

Kuhn, D., Shaw, V., & Felton, M. (1997). Effects of dyadic interaction on argumentative reasoning. *Cognition and Instruction*, 15(3), 287–315.

Laurillard, D. (1993) *Rethinking university teaching: A framework for the effective use of educational technology*. London: Routledge.

Leitão, S. (2001). Analyzing changes in view during argumentation: A quest for method. *Forum Qualitative Social Research*, 2, 2.

Levin, J., & Moore, J. (1980). Dialogue-games: Meta-communication structure for natural language interaction. *Cognitive science*, 1(4), 395–420.

Linn, M. C. (2006). The knowledge integration perspective on learning and instruction. In R. K. Sawyer (Ed.), *The Cambridge handbook of the learning sciences* (pp. 243–264). New York:

Cambridge University Press.

Mackenzie, J. D. (1979). Question-begging in noncumulative systems. *Journal of Philosophical Logic*, 8, 117–133.

Matusov, E. (2009). *Journey into dialogic pedagogy*. New York: Nova Science Publishers.

McAlister, S., Ravenscroft, A., & Scanlon, E. (2004). Combining interaction and context design to support collaborative argumentation using a tool for synchronous CMC. *Journal of Computer Assisted Learning*, 20(3), 194–204.

Mercer, N., Wegerif, R., & Dawes, L. (1999). Children's talk and the development of reasoning in the classroom. *British Educational Research Journal*, 25(1), 95–111.

Muller Mirza, N., Perret-Clermont, A. -N., Tartas, V., & Iannaccone, A. (2009). Psychosocial processes in argumentation. In N. Muller Mirza, & A. -N. Perret-Clermont (Eds.), *Argumentation and education: Theoretical foundations and practices* (pp. 67–90). New York: Springer.

Nonnon, E. (1996). Activités argumentatives et élaboration de connaissances nouvelles: Le dialogue comme espace d'exploration (Argumentative activities and elaboration of new knowledge). *Langue Francaise*, 112, 67–87.

Osborne, J. (2010). Arguing to learn in science: The role of collaborative, critical discourse. *Science*, 328, 463–466.

459 Peng, K., & Nisbett, E. (1999). Culture, dialectics, and reasoning about contradiction. *American Psychologist*, 54(9), 741–754.

Picard, R. W., Papert, S., Bender, W., Blumberg, B., Breazel, C., Cavallo, D., Machover, T., Resnick, M., Roy, D., & Strohecker, C. (2004). Affective learning – A manifesto. *BT Technology Journal*, 22(4), 253–269.

Pilkington, R., & Walker, A. (2003). Facilitating debate in networked learning: Reflecting on online synchronous discussion in higher education. *Instructional Science*, 31, 41–63.

Pontecorvo, C. (Ed.) (1993). *Cognition and Instruction*, 11 (3 & 4). Special issue: Discourse and Shared Reasoning.

Ravenscroft, A., & McAlister, S. (2008). Investigating and promoting educational argumentation: Towards new digital practices. *International Journal of Research & Method in Education*, 31(3), 317–335.

Reznitskaya, A., Anderson, R. C., McNurlen, B., Nguyen-Jahiel, K., Archodidou, A., & Kim, S. (2001). Influence of oral discussion on written argument. *Discourse Processes*, 32(2–3), 155–175.

Sandoval, W. A. (2003). Conceptual and epistemic aspects of students' scientific explanations. *The Journal of the Learning Sciences*, 12(1), 5–51.

Schwarz, B., & Asterhan, C. S. (2011). E-moderation of synchronous discussions in educational settings: A nascent practice. *The Journal of the Learning Sciences*, 20, 1–48.

Schwarz, B., & Glassner, A. (2003). The blind and the paralytic: Supporting argumentation in everyday and scientific issues. In J. Andriessen, M. Baker, & D. Suthers (Eds.), *Arguing to learn: Confronting cognitions in computer-supported collaborative learning environments* (pp. 227–260). Dordrecht: Kluwer.

Schwarz, B. B., Kolikant, Y. B. D., & Mishenkina, M. (2012). "Co-alienation" mediated by common representations in synchronous e-discussions. *Learning, Culture and Social Interaction,* 1(3–4), 216–231.

Simonneaux, L. (2007). Argumentation in socio-scientific contexts. In S. Erduran, & M. P. Jiménez-Aleixandre (Eds.), *Argumentation in science education* (pp. 179–199). New York: Springer.

Stein, N. L., & Albro, E. R. (2001). The origins and nature of arguments: Studies in conflict understanding, emotion, and negotiation. *Discourse Processes*, 32(2–3), 113–133.

Stein, N. L., & Bernas, R. (1999). The early emergence of argumentative knowledge and skill. In J. Andriessen, & P. Coirier (Eds.), *Foundations of argumentative text processing* (pp. 97–116). Amsterdam: Amsterdam University Press.

Suthers, D., & Hundhausen, C. D. (2003). An experimental study of the effects of representational guidance on collaborative learning processes. *The Journal of the Learning Sciences*, 12(2), 183–218.

Suthers, D., & Weiner, A. (1995). Groupware for developing critical discussion skills. In J. L. Schnase ,& E. L. Cunnius (Eds.), *Proceedings of CSCL '95* (pp. 341–348). Mahwah, NJ: Lawrence Erlbaum Associates.

Tannen, D. (1998). *The argument culture: Moving from debate to dialogue*. New York: Random House Trade.

Tiberghien, A., & De Vries, E. (1997). Relating characteristics of learning situations to learner activities. *Journal of Computer Assisted Learning*, 13, 163–174.

Toulmin, S. E. (1958). *The uses of argument*. Cambridge: Cambridge University Press. 460

Van Amelsvoort, M., Andriessen, J., & Kanselaar, G. (2007). Representational tools in computer-supported collaborative argumentation-based learning: How dyads work with constructed and inspected argumentative diagrams. *Journal of the Learning Sciences*, 16(4), 485–522.

Van Eemeren, F., & Grootendorst, R. (1999). Developments in argumentation theory. In J. Andriessen ,& P. Coirier (Eds.), *Foundations of argumentative text processing* (pp. 43–57). Amsterdam: Amsterdam University Press.

Van Eemeren, F. H., Grootendorst, R., & Snoeck Henkemans, F. (1996). *Fundamentals of argumentation theory: A handbook of historical backgrounds and contemporary developments*. Hillsdale, NJ: Lawrence Erlbaum Associates.

Voss, J. F. (2005). Toulmin's model and the solving of ill-structured problems. *Argumentation*, 19, 321–329.

Voss, J., & Means, M. (1991). Learning to reason via instruction in argumentation. *Learning and Instruction*, 1, 337–350.

Walton, D. (2000). The place of dialogue theory in logic, computer science and communication studies. *Synthese*, 123, 327–346.

Walton, D. N., & Krabbe, E. C. W. (1995). *Commitment in dialogue*. Albany: State University of New York Press.

Wertsch, J. V. (1985). *Vygotsky and the social formation of mind*. Cambridge, MA: Harvard University Press.

Wertsch, J. V. (1991). *Voices of the mind: A sociocultural approach to mediated action*. Harvard, MA: Harvard University Press.

第23章 博物馆中的非正式学习

凯文·克劳利　帕尔米尔·佩鲁　卡伦·克努森

19世纪，教育工作者开始把博物馆视为人类学习的场所。展览策划人面向公众开放馆藏以启蒙公众和灌输国家价值观（Bennett，1995；Hooper-Greenhill，1992）。在20世纪和21世纪，博物馆的类型和数量急剧增加，同时公众也越来越认同博物馆有着和文化机构一样的教育功能。19世纪，博物馆建设工作的重心围绕着馆藏展开，即把收藏和积累作为主要的功能（比如动物园和艺术、历史类博物馆）。但今天的很多博物馆，如交互式科学中心和儿童博物馆已经可以做到完全没有馆藏，这些博物馆主要向游客提供针对特定教育功能的参观体验。这些新型交互式博物馆形态上的成功也让很多传统博物馆开始反思自身作为教育场所的角色定位，特别是在接待与家人一起到访或由学校组织参观的学龄儿童时。这一对学习的关注也使得博物馆越来越意识到，它们的服务应该面向更广泛的公众，而不仅是受过良好教育的精英人群。

因为博物馆已经很自然地承担起教育使命，所以它们也开始越来越频繁地成为学习研究所关注的场所。在本章中，我们会探索新近的研究成果，指出如何设计博物馆体验以支持更有效的学习。我们也希望本章的内容可以激励新一代的学习科学家将博物馆作为他们开展研究的实验场所。博物馆中存在着复杂、丰富而又有趣的学习形式，有时它们也被视为自由的学习情境（free choice learning settings），因为游客可以凭自己的兴趣、目标和已有知识来进行学习。在此过程中，他们可以与展品、标识、工具、展示的对话以及新技术进行互动。同时学习的主题也十分多样化，可以包括艺术、科学、历史、地理、文化等各个方面。博物馆是公共和社会化的学习场所，在这里很容易就可以发现家庭或同伴群体开展的学习，他们会集体协商参观路线，决定在每个展品前做些什么，尝试理解他们遇到的每个事物。博物馆也会提供 462 面向不同层次受众的丰富案例以支持他们进行学习，无论他们是幼童还是老年人。以此，博物馆可以扩展我们已有的关于学习的定义，学习科学家需要关注这些与正规的学校学习迥异的学习现象。

学习研究的发展史可以概括为行为主义范式、建构主义范式和社会文化范式三个阶段（Greeno，2006a，2006b；Nathan & Sawyer，本书第2章）。对博物馆学习的研究某种程度上也与这个轨迹遥相呼应。第一阶段的研究关注对游客在博物馆中行为的追踪，根据他们在博物馆中游历的路线来了解何种类型的展览更具吸引力以及如何留住游客（Allwood & Montgomery，1989；Beer，1987；Bitgood，1988；Cone & Kendall，1978）。受建构主义影响的第二阶段的研究主要探索用户如何对博物馆的体验建构意义，关注他们的已有知识、参观目标以及参与程度是如何影响他们对博物馆的理解和建构的（Falk & Dierking，1992；Falk，Koran，Dierking，& Dreblow，1985；Screven，1986）。

第三阶段的研究是本章的重点，它们使用社会文化理论，引入参与的概念，试图理解博物馆中发生的学习，通常关注游客群组交谈和互动的方式，以及这些谈话如何促进学习。这一取向研究的典型代表当属莱因哈德和克努森（Leinhardt & Knutson，2004），他们对参观不同博物馆中七个展览的207个游客群组的对话进行了分析。游客群组的对话通过录音和笔记的方式记录。在参观后，游客群组自发组织了关于该次参观的访谈。研究者通过分析访谈中对话的精细程度来评价学习——包括群组成员除了列举展览细节之外对其与学科知识关联的方式进行概括和解释的程度。路径分析显示，更好的学习与游客的身份、学习环境的设计以及他们参与展览的意义建构的程度有密切的关系。这个里程碑式的研究在学习科学中的社会文化思想及方法与博物馆中的非正式学习之间架构起了桥梁。

通过分析群组互动如何促进学习，社会文化取向体现了超越建构主义取向的优势，因为后者试图将个人的学习从群组中“隔离”出来，最终会忽视群组的作用（Greeno & Engeström，本书第7章）。而在社会文化取向中，群组成为分析的单元，关注的是对话和互动如何促进学习（Vygotsky，1986；Wertsch，1991）。因为对话和互动成为社会文化取向研究的重点，所以用视频、录音记录游客互动的方式被大量采用。转录后的对话和互动内容脚本可
463 以被编码以用于分析互动模式、参与结构、群组活动，同时，灵活应用话

语分析等研究方法，还可以将谈话内容按时序进行分析（Derry et al.，2010；Enyedy & Stevens，本书第 10 章）。

我们研究博物馆是因为有时候它可以为我们揭示在其他情境中研究时或被高估或被低估的学习特性。通过比较，我们可以发现学习各方面的属性并为理解人类如何学习这一基本问题提供独特、有价值的视角。同时，借助研究博物馆，我们也可以了解如何设计博物馆以拓展和深化学习产出。我们将重点回顾近十年为深化对学习本质的理解以及对如何在博物馆中支持学习的理解重点探索的两个领域：博物馆中的家庭学习，以及以学校为单位组织的博物馆学习。

博物馆中的家庭学习：父母的角色

儿童在校外的时间占据了其非睡眠时间的大部分，并且他们大多数的科学、艺术、技术等领域的知识是从博物馆等非正式情境而不是学校中获得的（Falk & Dierking，2010）。但是，我们对于这种非正式学习是如何发生的还知之甚少。从学习科学的角度来看，家庭是分布式学习系统中非常有意思的代表。对博物馆而言，家庭也是当前（以及未来）重要的服务对象，他们在博物馆中度过闲暇时光，并有可能在他们参观时学到一些东西。过去十年博物馆学习研究的一个重要贡献就在于探索了家庭学习的运作模式以及家长作为儿童校外学习促进者的作用。

在陪同儿童参观博物馆时，家长在与儿童的互动中发挥不同的作用——有时在单次参观时还可以扮演多重角色（Ash，2004；Melber，2007）。有时家长会将博物馆当成儿童独立玩耍的游乐场，自己在边上监看，但更多的时候，他们自己也会参与其中。毕竟大多数家庭是来博物馆共度时光的，而且家长自己通常也想学一些关于科学、艺术、历史等方面的知识（Falk，Mousouri，& Coulson，1998；Knutson & Crowley，2010）。因此，研究者观察到，父母还扮演着教练、向导和解说员的角色，他们引领儿童、阅读标识、推荐参观路线、回答疑难，并帮助儿童提升在展览中更广泛、更深入地探索空间的可能性（Gleason & Schauble，1999）。

家长会频繁地在儿童的最近发展区内为其提供解释（Vygotsky，1986），464
进而为儿童的学习提供脚手架。克努森和克劳利（Knutson & Crowley，2010）

发现，在艺术博物馆中，父母参与了大多数的与艺术学科相关的对话（例如批判、创新、背景介绍），同时将家庭成员在博物馆之外形成的共同经验与艺术建立了个性化的联系。在互动式科学展览中，父母会向儿童指出因果联系、进行类比并给出结论（Crowley et al.，2001）。在自然历史博物馆中，他们通常在观看哈哈镜、恐龙化石或者动植物时率先提出问题，讨论相关的生物主题和学科观点（Ash，2004；Kisiel，Rowe，Vartabedian，& Kopczak，2012；Palmquist & Crowley，2007）。当儿童在参观科学展的过程中听到成人提供的自发解释时，他们会更容易从本质、概念的层面更深入地理解展览，而不是蜻蜓点水、按部就班地进行参观（Fender & Crowley，2007）。

在参观博物馆时，是什么支持父母去提供有效的脚手架？毫无疑问，父母的总体受教育程度或者他们有关博物馆展品的专业知识都会对其产生一定的影响（Siegel，Esterly，Callanan，Wright，& Navarro，2007）。但对父母而言，无论他们的知识如何精深，要为孩子引导参观、解释展品、阅读理解标识并解释，同时将博物馆与家庭成员在别的情境中已知的经验建立联系，始终是一项复杂的任务（Allen，2004）。

发现式、探究式学习方法的实践已经越来越多地对博物馆中的资源、游戏和其他设计产生了启发，以便其对家庭在博物馆中开展“玩中学”提供支持（Beale，2011；Katz，LaBar，& Lynch，2011）。古特维尔和艾伦（Gutwill & Allen，2010）研究了探究的作用：让家庭在与科学博物馆展览互动中，通过探究式游戏来促进学习。其中一个游戏让群组成员提前思考导游手册上的问题，以此来促进群体协作活动。另一个游戏让每个群组成员都可以自行判断可以学习到有价值的东西的时刻，其方法是在一般的展品互动模式上引入一个规则，给每个成员随时叫“停”的权利。有人叫停时，群组所有成员停止自己在做的事，倾听那个人的话并参与讨论。一项研究选取不同的家庭，随机分派以下四个实验控制条件对上述两个策略进行了探索：采用共享目标式的游戏、采用个人主导式的游戏、家庭在有经验的博物馆教育者引导下参观、家庭在完全没有脚手架和指导的条件下参观。研究发现，在采用探究式游戏的两个组在探究的深入程度上高于教育者引导等其他控制组。

465 标识同样会影响博物馆中的互动。在一项研究中，研究者对正在参观展览的不同家庭进行随机分组，让他们在以下条件中测试纸飞机的飞行属性：一组中采用的标识鼓励他们采用科学发现取向，发现改变飞行时间的不同因素；另一组中采用的标识则鼓励他们采用工程目标取向，整合探索到的特性来制作能飞行最长时间的飞机（Kim & Crowley，2010）。研究发现，采用科学发现取向的家庭讨论更多，而且有更多协作，同时也进行了更多的阶段性测试。采用工程目标取向的家庭中，父母更多地站在一边，让儿童在没有成年人提供脚手架的情况下进行设计与解释。结果是，科学发现取向家庭的儿童与工程目标取向家庭的儿童相比，学到了更多与任务相关的知识。

今天的博物馆已经采纳了很多基于探究思想的学习技术，对不同家庭成员的个性化参观路径、促进者角色、技能水平提供支持。博物馆中的家庭活动通常会采用集体探宝、探索神秘物品、猜谜等形式，此外还会使用移动设备以获得更多的帮助，这些移动设备能显示展品和协作任务相关的信息。波士顿科学博物馆的《博物馆探秘》（*Mystery at the Museum*）游戏采用了一个常见的方式来设计（Klopfer，Perry，Squire，Jan，& Steinkuehler，2005）。家庭成员利用手持设备在一个协作问题解决活动中收集射频标签的信息。在一项 20 名家长和儿童参与的有关该探索游戏的研究中，研究者发现参与者角色的相互依赖塑造了群组协作活动的结构，很多参与者认为他们承担的角色发挥了独一无二的关键作用。

豪陶洛及其同事（Hatala et al.，2009）在《酷游》（*Kurio*）中探索了自适应系统的学习潜力。《酷游》是当地历史博物馆采用的一个游戏，它能够根据个人和群组两个层面的需要和技能水平为玩家提供反馈，指引他们克服各种学习“挑战”。豪陶洛及其同事通过对使用该游戏的 58 名成员组成的 18 个家庭开展研究来发现影响学习的因素。这一游戏采用的形式与寻宝游戏类似，需要用户收集各种物品并共享信息。通过对问卷调查、半结构化的访谈和数据日志进行分析，研究发现平衡好学习的节奏、水平和家庭的成员数量，会促进学习，同时参观本身带来的整体价值也会更高。研究也发现在解决共同的挑战任务时，个体成员的经验对其自身的学习是积极有效的，还有助于其帮助其他家庭成员。此外，尽管家庭成员喜欢一些紧密互动，但也可能存在学习活动设计过于冗余，以致主导了整个参观的情况。后一种情况在先前的博物馆研究中也得到了佐证，即家庭成员参观博物馆是有多方面目的的，并且家庭成员间的学习动机也会有极大的差异。与之相应，由于家庭活动主要以游戏的形式进行设计，因此，有关研究首先需要关注的是如何支持家庭成员之间的协作与互动，其次才是对有效学习进行研究。 466

跨越正式与非正式的边界：学校组织的博物馆之旅

诸如学校之类的正式学习环境具有强制性，包括了标准化的课程，对课堂结构有所限制，同时更关注通过个体测试来判断教学的有效性。诸如博物馆之类的非正式学习环境，通常与学校恰好相反，认为学生具有自由的选择权。这类环境包括多样化和非标准化的学习主题，有更灵活的结构，有丰富的社会互动，同时也没有外部强加的评价（Callanan，Cervantes，& Loomis，2011）。当将这两个迥异的学习形式整合在一起时，比如当学校组织学生参观博物馆时，会有什么变化？

博物馆是学校组织学生短期出游的热门场所，受学校这种需求的驱动，博物馆的教育部门现在已经为教师提供了广泛的活动以及大量用于联结博物馆参观和学校课程的资源。在将展览和主题参观纳入教学规划之前，教师通常会事先进行实地考察，同时会对学生可能的认知产出做出评估，以改进博物馆参观，使其满足课堂标准（Mortensen & Smart，2007）。学校组织参观是为达成课程的目标，但同时也可以将其视为促进学生文化适应的基本部分，并利用其增强青少年独立使用博物馆的意识，培养学生被称为“博物馆素养”（museum literacy）的特定技能和能力（Stapp，1984）。

回顾对博物馆实地参观的研究，可以发现它在学习概念和事实时能产生适度、有效和持久的影响（DeWitt & Storksdieck，2008；Kisiel，2006），学生对与主题相关的内容以及与参观相关的社会情境的记忆尤其强烈（Dierking & Falk，1994）。对实地参观的研究同时也发现，按照参观前在课堂上进行准备工作、在参观时提供指导式教学、回到学校后回顾参观这样的顺序组织能最大限度地发挥其教学潜能（DeWitt & Storksdieck，2008；Kisiel，2006）。然而，教师并不能保证在参观前后腾出时间组织准备活动，在实践中也发现，学生、同伴以及很多教师倾向于将参观视为“自助旅行”（Kisiel，2006；Mortensen & Smart，2007）。总体上，博物馆教育者满足了师生关于学习目标和产出方面的诸多期望，也面临着如何让学生以有趣又具有教育意义的方式参与活动的挑战，这些都有望激励青少年成长为终身的博物馆参观者。

467 在展览中使用工作表（列举学生在参观展览过程中需要完成的任务和问题的表单）来满足课程目标同样具有悠久的历史，并且这一形式在今天仍被广泛使用。研究表明，精心设计的工作表可以在参观过程中引发更多与课程相关的对话（McManus，1985；Mortensen & Smart，2007）。但是，设计和使用工作表也会让博物馆变得更像学校，因为学生会投入更多的精力按预定程序完成任务，比如关注收集标签上的信息，而不是基于观察展品进行概念层面的对话（Griffin，1998）。对使用工作表的博物馆实地参观的分析已经发现了一些对学生学习具有借鉴价值的关键设计属性（DeWitt & Storksdieck，2008；Kisiel，2003；Mortensen & Smart，2007），包括任务的复杂性、信息资源的类型和位置、向导与自主游览之间的平衡以及探索博物馆独特价值的机会。

在学校组织的参观中，学生通常会由博物馆教育者引导，用 20 世纪 80 年代晚期的术语来说就是由“准专家”引导（Dobbs & Eisner，1987）。很多一线的博物馆教育者通常没有参加过博物馆教育方面的教育和培训，员工和志愿者在参观导览方面的训练、技能和经验差异很大，大部分的博物馆教育者甚至会依赖在正式教育情境下个人的学习经验而开展教学（Allen & Crowley，2014；Bevan & Xanthoudaki，2008；Cox-Petersen，Marsh，Kisiel & Melber，2003）。因此很多导览都基于完整的 IRE（initiation-response-evaluation，导入–反馈–评价）课堂教学模式，其限制群组只在专家预先选择的物品和展示间走动。现有研究已经揭示了这一教学式参观和关注促进非正式学习和社会技能发展的博物馆参观之间的矛盾，前者旨在引出特定学习产出来满足正式教育的需要，并被学校所接受，后者则关注探究、发现、观察、对艺术作品的精细描述、史实陈述以及对科学中的主题的探索等（Griffin & Symington，1997；Kisiel，2003；Pierroux，2005）。

最近，基于博物馆中的学习对话（Leinhardt，Crowley，& Knutson，2002）、最佳实践指导（Grinder & McCoy，1985）以及课堂对话研究中的社会文化理论，有关对话的分析方法在博物馆导览的研究与实践中应用得越来越多（Pierroux，2005，2010）。它将分析时关注的重心转移到了指导式的参观对话，以及形成问题、促进深入描述、介绍学科概念和知识的教学策略上，并致力于推动对话和行动的互补。在一项针对艺术博物馆中不同参观导览形式的研究中，佩鲁（Pierroux，2010）将旨在支持学生观察和描述艺术作品的对话式导览与其他主要关注教授历史知识的导览形式进行了比较（Rice & 468
Yenawine，2002），结果发现尽管在第一种方式下，学生在艺术作品上投入了更多的精力，且这一方式能够帮助未成年人群体在丰富的对话中成长为“意义建构者”，但其在艺术史课程概念建构方面效果不明显，而这恰好是此次参观的课程目标。学生建构学科概念的困难主要在于他们仅仅与展品及同伴之间存在互动，这也是科学博物馆研究中发现的共性问题（Achiam，2012）。对研究中采用的其他导览形式进行分析发现，介绍高深的艺术史概念或者提供导向明确的信息，会导致学生过于强调对知识的自我陈述，或者索性通盘接受所有陈述，其结果要么是学生没有通过对话建构起自己的概念，要么是新知识处于学生的最近发展区之外。

除了教育者导览的参观，关于创新和学习的视角也催生了很多面向参观学生的动手类教育活动，包括游戏、角色扮演、制作物品和实验。在艺术、历史和科学博物馆中，动手活动通常会与导览式参观和工作表活动的内容密切相关。但奇怪的是，关于在动手活动中学习的研究非常之少，并且大多数的研究也只是略微涉及（Ramey-Gassert，Walberg，& Walberg，1994）。包括开展游戏、生成作品、艺术创作和动手实验之类的教育方法已经无可争议地成为实地参观中用数字技术设计学习环境的核心（Hauser，Noschka-Roos，Reussner，& Zahn，2009；Pierroux & Ludvigsen，2013）。

在关于如何跨越学校和博物馆情境对探究和对话进行有效支持的研究中，移动社交媒体、智能手机以及泛在互联网接入技术的使用已经得到了突破性的发展（Naismith，Lonsdale，Vavoula，& Sharples，2006；Pierroux，2011；Tallon & Walker，2008；Wishart & Triggs，2010）。将移动设备作为博物馆学习工具的挑战早就已经在诸如“低头一族”现象、与团队其他成员孤立以及对话和互动总体下降等问题中体现了（Grinter et al.，2002；Heath & Vom Lehn，2002；Hsi，2002）。在博物馆中使用交互式设备和设计实验曾有过一段失败的历史，应用移动设备在参观中存在的问题可能是多方面的。在最近一项将移动设备作为增强现实技术的媒介用于动物园参观的研究中，学生参与的游戏要求他们将大部分的时间用于围绕任务展开活动，与控制组相比，他们用于观察动物的时间更少，对于游戏的讨论多于对展览本身的讨论（Perry & Nellis，2012）。同时，游戏设计时采用的正式教学的思想，提升了学生的概念理解水平、态度和对科学的信念。这些发现十分普遍，也显示出研究者有必要对学习观念、教学设计目标以及学生在博物馆中使用技术的需要和期望进行澄清。

469 在一项探索手机在实地参观中对学习的影响的早期研究中，一个班级的23位学生在整个参观之前、之中和之后都会使用一个网站和手机来访问、记录、收集和生成内容（Vavoula et al., 2009）。通过一个主要采用访谈、观察和问卷形式的三阶段评估过程，研究者发现手机比传统的工作表更能激励学生在博物馆中进行学习，它能支持学生在参观过程中产生与任务密切相关的有效互动，并且使得学生无论是在博物馆中收集信息，还是在参观后回到教室中收集博物馆的在线资源，都能更积极有效地参与。除了技术的问题，该研究同时也指出，在任务设计时，最大的挑战在于鼓励学生建构自己的陈述，而不是仅收集博物馆提供的信息。同时，当学生和教师将重心从在博物馆中的协作学习活动转移到教室中的个体学习和评价时，也会存在问题。

类似的研究已经探索了如何将任务与手机、社交媒体进行整合设计，以支持实地参观中的学习（Pierroux, Krange, & Sem, 2011）。Gidder 项目采用的设计模式强调了学生与博物馆情境中真实的物品和其他资源的互动，以帮助学生建构关于艺术史的自我陈述（Wishart & Triggs, 2010）。该项目同时探索了学生在博物馆中创建的内容在参观并返回教室后促进与支持批判性反思与分析的潜力。在两轮实验中，研究者对 6 个班级超过 150 位学生的行为进行了耗时 7 周的间断性观察，并将视频记录、博客文字以及数据日志作为主要的实证资料。当学生最初以小组形式进入博物馆时，他们对艺术作品进行协作陈述，使用手机拍摄照片和短片，录制与博物馆讲解员的对话，互发短信。这些资料都发布在博客上，以日志的形式面向全班开放。每个小组都有自己独立的博客空间，其中还包括博物馆教育者提供的任务和资源。课堂任务则要求每个小组将同伴、教师和博物馆教育者作为“受众”和“评论员”，结合自己的日志内容制作一个多媒体的总结陈述。评价主要依据日志中内容陈述的质量进行。结果发现，最初在博物馆中发布的直接、简短的文字陈述激发了学生协作编辑、扩展和进行进一步澄清的动机，并且日志被当作他们向其他人进行公开发言的一种形式（Pierroux et al., 2011）。

实地参观强调挖掘博物馆学习环境中独特体验和互动优势的重要性，同时也重视由教师和博物馆教育者提供的可为参与者搭建脚手架的干预和资源需求，以促进其学科知识的发展（Pierroux, 2005, 2010）。随着新技术和社 470
交媒体越来越多地被整合进博物馆教育活动中，研究发现，实地参观中最有效的学习设计形式是由展览策划人和教师适度地布局规划与指导，同时在任务上给学生探索、对话和协作留出时间。这些发现与学习科学家研究如何在教室情境中整合信息技术的发现是相似的，同时，这些研究表明，即使在最先进的数字学习环境中，也一样需要有丰富的情境资源和教师支持作为补充

（Furberg & Arnseth，2009）。最有效的博物馆学习设计需要关注博物馆的独特资源，需要整合教师和博物馆教育者的互补作用，同时也要提供支持学生协作和社会互动的任务。

展望：21 世纪的博物馆和学习科学

在未来的 10 年中，我们期待相关研究能取得巨大的突破，找到严谨、可靠和适宜的方法来对博物馆中的学习进行概括和评价。在博物馆中，对学习的即时影响相对比较容易实现、观察和测量，但我们猜想博物馆学习真正的价值在于其能引发长远的学习产出，例如提升学习的热情，提升探索的技能，掌握观察的方法，学会讨论科学、艺术或历史的主题——这些成果光靠一次博物馆参观是很难达成的。这些思维习惯只能通过不同时间不同地方的持续参与来培养，而我们通常的博物馆学习体验不过几个小时而已。在参观过程中，博物馆的作用往往不能充分显现，只有在参观者离开博物馆并有机会谈论、质疑或者使用在博物馆中所学到的知识和实践经验时它才会显现。

这其实也是学习科学研究者面临的一个共性问题之一：一系列相对短暂的经验是如何引发比单次课堂授课或博物馆参观更显著的改变的？单次的博物馆参观会如何影响长远的学习轨迹？通过对这些学习轨迹的回顾，我们会发现成年人常常认为自己对某门课程（比如科学）的兴趣发端于校外的情境，包括博物馆（Crowley，Barron，Knutson，& Martin，即将出版）。对很多儿童而言，获得扎根于非正式学习体验的早期知识往往会成为他们见识特定学科知识魅力的初次体验，同时他们（以及他们的父母）会第一次意识到他们对科学、工程、艺术等特定学科具有深入探索的兴趣。博物馆作为有着丰
471 富资源和经过高度设计的学习环境，可以成为学校或家庭无法替代的深入参与某项课程的场所。作为学习环境的博物馆某种程度上与作为学习环境的数字游戏是相似的（Steinkuehler & Squire，本书第 19 章）——两者均可促进学生的自我强化和自我激励，支持深度探究和学习，认可校外学习的作用，提供学习和发展的共同体，并且提升学习者终身参与的意识。在撰写本章时，我们已经看到有关于非正式学习的纵向研究，它们直接关注学习在博物馆体验和儿童学习生态的其他组成部分之间的迁移问题，包括正式与非正式学习的迁移问题。帮助联结博物馆与其他学习环境的新思路正在成形之中，希望

能将新的儿童群体带入博物馆中，并让他们与之亲密接触。

尽管本章主要关注博物馆如何帮助儿童学习学校的课程，但博物馆同样正在致力于吸引成人游客。进入 21 世纪，随着成人和儿童越来越多地转向校外学习的数字资源，很多博物馆在保持存在感和经济方面的可行性之间苦苦挣扎。在意识到它们在 19 世纪、20 世纪的那套模式已经无法满足游客期待参与并形成个人学习体验的需要之后，博物馆正在尝试重塑其馆藏和展览，并将其设计成类似城镇广场、文化俱乐部以及其他适合成人学习的个体化环境（Watson & Werb，2013）。这类尝试的其中一个是使用社交媒体来鼓励游客共享知识以及他们对博物馆藏品、展览和活动的观点（Kelly，2010；Russo et al.，2007），并将博物馆作为其对话的同伴（Giaccardi，2012；Marty，Sayre，& Fantoni，2011）。另外一些尝试则将博物馆当作跨界交流的空间，让学科专家和普通公众齐聚一堂，参与关于数据、发展、文明和社会问题的共同对话（Irwin，Pegram，& Gay，2013；Louw & Crowley，2013；Selvakumar & Storksdieck，2013）。成人是博物馆重要的受众，但学习科学研究中关注成人在博物馆中学习的还相对较少。

博物馆通常对实验持开放态度，并对学习问题有持续的兴趣，且越来越为学习科学界所熟悉。当然，还有很多问题悬而未决，让我们期待另一个研究飞速发展的十年。

参考文献

Achiam, M. F. (2012). A content-oriented model for science exhibit engineering. *International Journal of Science Education, Part B*, 1–19.

Allen, L., & Crowley, K. (in press). How museum educators change: Changing notions of learning through changing practice. *Science Education*.

Allen, L. B., & Crowley, K. (2014). Challenging beliefs, practices, and content: How museum 472
educators change. *Science Education,* 98(1), 84–105.

Allen, S. (1997). Using scientific inquiry activities in exhibit explanations. *Science Education*, 81, 715–734.

Allen, S. (2004). Designs for learning: Studying science museum exhibits that do more than entertain. *Science Education*, 88 Supplement 1 (July), S17–S33.

Allen, S., & Gutwill, J. P. (2009). Creating a program to deepen family inquiry at interactive science exhibits. *Curator*, 52(3), 289–306.

Allwood, J., & Montgomery, B. (1989). *Exhibition planning and design: A guide for exhibitors, designers and contractors*. London: Batsford.

Anderson, D., Kisiel, J., & Storksdieck, M. (2006). School field trip visits: Understanding the teacher's world through the lens of three international studies. *Curator*, 49(3), 365–386.

Ash, D. (2004). How families use questions at dioramas: Ideas for exhibit design.*Curator*, 47(1), 84–99.

Bamberger, Y., & Tal, T. (2007). Learning in a personal context: Levels of choice in a free choice learning environment in science and natural history museums. *Science Education*, 91, 75–95.

Barab, S. A., & Squire, K. D. (2004). Design-based research: Putting a stake in the ground. *Journal of the Learning Sciences*, 13(1), 1–14.

Beale, K. (Ed.) (2011). *Museums at play – Games, interaction and learning*. Edinburgh: MuseumsEtc.

Beer, V. (1987). Great expectations: Do museums know what visitors are doing? *Curator*, 30(3), 206–215.

Bennett, T. (1995). *The birth of the museum*. London: Routledge.

Bevan, B., & Xanthoudaki, M. (2008). Professional development for museum Educators: Underpinning the underpinnings. *The Journal of Museum Education*, 33(2), 107–119.

Bitgood, S. (1988). *A comparison of formal and informal learning*. Technical Report No. 88–10, Jacksonville, AL: Center for Social Design.

Borun, M. J., & Dritsas, J. (1997). Developing family-friendly exhibits. *Curator*, 40(3), 178–196.

Borun, M. J., Dritsas, J. I., Johnson, N. E., Peter, K. F., Fadigan, K., Jangaard, A., . . . Wenger, A. (1998). *Family learning in museums: The PISEC perspective*. Philadelphia, PA: The Franklin Institute.

Bruner, J. (1990). *Acts of meaning*. Cambridge, MA: Harvard University Press.

Callanan, M., Cervantes, C., & Loomis, M. (2011). Informal learning. *WIREs Cognitive Science*, 2, 646–655.

Cameron, F., & Kenderdine, S. (Eds.) (2007). *Theorizing digital cultural heritage: A critical discourse*. Cambridge, MA: MIT Press.

Castle, M. C. (2006). Blending pedagogy and content: A new curriculum for museum teachers. *The Journal of Museum Education*, 31(2), 123–132.

Cone, C. A., & Kendall, K. (1978). Space, time, and family interaction: Visitor behavior at the Science Museum of Minnesota. *Curator: The Museum Journal*, 21(3), 245–258.

Cox-Petersen, A. M., Marsh, D. D., Kisiel, J., & Melber, L. M. (2003). Investigation of guided school
473 tours, student learning, and science reform recommendations at a museum of natural history. *Journal of Research in Science Teaching*, 40, 200–218.

Crowley, K., Barron, B. J., Knutson, K., & Martin, C. (in press). Interest and the development of pathways to science. To appear in K. A. Renninger, M. Nieswandt, & S. Hidi (Eds.), *Interest in mathematics and science learning and related activity*. Washington, DC: AERA.

Crowley, K., Callanan, M. A., Jipson, J., Galco, J., Topping, K., & Shrager, J. (2001). Shared scientific thinking in everyday parent-child activity. *Science Education*, 85(6), 712–732.

Crowley, K., & Jacobs, M. (2002). Islands of expertise and the development of family scientific literacy. In G. Leinhardt, K. Crowley, & K. Knutson (Eds.), *Learning conversations in museums*. Mahwah, NJ: Lawrence Erlbaum Associates.

Davis, J., Gurian, E. H., & Koster, E. (2003), Timeliness: A discussion for museums. *Curator: The Museum Journal*, 46, 353–361.

Dawson, E., & Jensen, E. (2011). Towards a contextual turn in visitor studies: Evaluating visitor segmentation and identity-related motivations. *Visitor Studies*, 14(2), 127–140.

Derry, S. J., Pea, R. D., et al. (2010). Conducting video research in the learning sciences: Guidance on selection, analysis, technology, and ethics. *Journal of the Learning Sciences*, 19(1), 3–53.

DeSantis, K., & Housen, A. (2001). A brief guide to developmental theory and aesthetic development. *Visual Understanding in Education*, 17.

DeWitt, J., & Storksdieck, M. (2008). A short review of school field trips: Key findings from the past and implications for the future. *Visitor Studies*, 11(2), 181–197.

Dierking, L. H., & Falk, J. H. (1994). Family behavior and learning in informal science settings: A review of the research. *Science Education,* 78(1), 57–72.

Dobbs, S., & Eisner, E. W. (1987). The uncertain profession: Educators in American art museums. *Journal of Aesthetic Education,* 21(4), 77–86.

Eberbach, C. E., & Crowley, K. (2009). From everyday to scientific observation: How children learn to observe the biologist's world. *Review of Educational Research*, 79(1), 39–69.

Falk, J. H. (1997). Testing a museum exhibition design assumption: Effect of explicit labelling of exhibit clusters on visitor concept development. *Science Education*, 6(81), 679–687.

Falk, J. H., & Dierking, L. D. (1992). *The museum experience*. Washington, DC: Whalesback Books.

Falk, J. H., & Dierking, L. D. (2000). *Learning from museums: Visitor experiences and the making of meaning*. New York: AltaMira Press.

Falk, J. H., & Dierking, L. D. (2010). The 95% solution: School is not where most Americans learn most of their science. *American Scientist*, 98, 486–493.

Falk, J. H., Koran, J., Dierking, L. H., & Dreblow, L. (1985). Predicting visitor behavior. *Curator*, 28(4), 249–257.

Falk, J., Mousouri, T., & Coulson, D. (1998). The effects of visitors' agendas on museum learning. *Curator*, 41(2), 107–120.

Fender, J. G., & Crowley, K. (2007). How parent explanation changes what children learn from everyday scientific thinking. *Journal of Applied Developmental Psychology,* 28, 189–210. 474

Furberg, A., & Arnseth, H. C. (2009). Reconsidering conceptual change from a socio-cultural perspective: Analyzing students' meaning making in genetics in collaborative learning activities. *Cultural Studies of Science Education*, 4, 157–191.

Gates, J. (2010). Clearing the path for Sisyphus: How social media is changing our jobs and our working relationships. *Museums and the Web 2010: Proceedings*. Denver, Colorado, Toronto: Archives & Museum Informatics.

Giaccardi, E. (2012). *Heritage and social media: Understanding heritage in a participatory culture*. New York: Routledge.

Gleason, M. E., & Schauble, L. (1999). Parents' assistance of their children's scientific reasoning. *Cognition and Instruction,* 17(4), 343–378.

Grand, A. (2009). Engaging through dialogue: International experiences of café scientifique. In A. Grand, R. Holliman, J. Thomas, S. Smidt, & E. Scanlon (Eds.), *Practising science communication in the information age: Theorising professional practices* (pp. 209–226). London: Oxford University Press.

Greeno, J. G. (2006a). Learning in activity. In K. Sawyer (Ed.), *The Cambridge handbook of the learning sciences* (pp. 79–96). New York: Cambridge University Press.

Greeno, J. G. (2006b). Theoretical and practical advances through research on learning. In J. L. Green, G. Camilli, & P. B. Elmore (Eds.), *Handbook of complementary methods in education research.* Routledge.

Griffin, J. (1998). Learning science through practical experiences in museums. *International Journal of Science Education*, 20, 655–663.

Griffin, J., & Symington, D. (1997). Moving from task-oriented to learning-oriented strategies on school excursions to museums. *Science Education*, 81, 763–779.

Grinder, A. L., & McCoy, E. S. (1985). *The good guide: A sourcebook for interpreters, docents, and tour guides*. Scottsdale, AZ: Ironwood Press.

Grinter, R. E., Aoki, P. M., Hurst, A., Syzmanski, M. H., Thornton, J. D., & Woodruff, A. (2002). Revisiting the visit: Understanding how technology can shape the museum visit *CSCW'02*. New Orleans: ACM.

Gutwill, J. P., & Allen, S. (2010). Facilitating family group inquiry at science museum exhibits. *Science Education*, 94, 710–742.

Hatala, M., Tanenbaum, K., Wakkary, R., Muise, K., Mohabbati, B., Corness, G., Budd, J., & Loughin, T. (2009). Experience structuring factors affecting learning in family visits to museums. In U. Cress, V. Dimitrova., & M. Specht (Eds.), *Learning in the synergy of multiple disciplines* (vol. 4th European Conference on Technology Enhanced Learning, EC-TEL 2009 Proceedings. Nice, France, September 29-October 2, pp. 37–52). Berlin: Springer-Verlag.

Hauser, W., Noschka-Roos, A., Reussner, E., & Zahn, C. (2009). Design-based research on digital media in a museum environment. *Visitor Studies*, 12(2), 182–198.

Heath, C., & Vom Lehn, D. (2002). Misconstruing interaction. In M. Hinton (Ed.), *The proceedings of interactive learning in museums of art and design*. London: Victoria and Albert Museum.

Hein, G. E. (1998). *Learning in the museum*. New York: Routledge. 475

Hooper-Greenhill, E. (1992). *Museums and the shaping of knowledge*. New York: Routledge.

Horst, H. A., Herr-Stephenson, B., et al. (2008). Media ecologies. Digital Youth Project.

Housen, A. (1999). *Eye of the beholder: Research, theory and practice: Aesthetic and art education: A transdisciplinary approach*. Lisbon, Portugal: Visual Understanding in Education.

Housen, A. (2001–2002). Aesthetic thought, critical thinking and transfer. *Arts and Learning Research Journal*, 18(1), 99–131.

Housen, A. (2001). Voices of viewers: Iterative research, theory, and practice. *Arts and Learning Research Journal*, 17(1), 2–12.

Hsi, S. (2002). The electronic guidebook: A study of user experiences using mobile web content in a museum setting. *IEEE International Workshop on Wireless and Mobile Technologies in Education (WMTE '02)*. Växjö, Sweden: IEEE.

Irwin, B., Pegram, E., & Gay, H. (2013). New directions, new relationships: The Smithsonian's Twenty-first Century Learning in Natural History Settings Conference and the Natural History Museum, London. *Curator: The Museum Journal,* 56(2), 273–278.

Katz, J. E., LaBar, W., & Lynch, E. (Eds.) (2011). *Creativity and technology: Social media, mobiles and museums*. Edinburgh: MuseumsEtc.

Kelly, L. (2010). How Web 2.0 is changing the nature of museum work. *Curator: The Museum Journal*, 53(4), 405–410.

Kim, K. Y., & Crowley, K. (2010). Negotiating the goal of museum inquiry: How families engineer and experiment. In M. K. Stein, & L. Kucan (Eds.), *Instructional explanations in the disciplines*. New York: Springer.

Kisiel, J. (2003). Teachers, museums and worksheets: A closer look at the learning experience. *Journal of Science Teacher Education,* 14, 3–21.

Kisiel, J. (2006). Making field trips work. *The Science Teacher*, 73(1), 46–48.

Kisiel, J., Rowe, S., Vartabedian, M. A., & Kopczak, C. (2012). Evidence for family engagement in scientific reasoning at interactive animal exhibits. *Sci. Ed.*, 96, 1047–1070.

Klopfer, E., Perry, J., Squire, K., Jan, M. -F., & Steinkuehler, C. (2005). *Mystery at the Museum*: A collaborative game for museum education. Paper presented at the Proceedings of the 2005 Conference on Computer Support for Collaborative Learning: Learning 2005: The Next 10 Years! Taipei, Taiwan.

Knutson, K., & Crowley, K. (2010). Connecting with art: How families talk about art in a museum setting. In M. K. Stein, & L. Kucan (Eds.), *Instructional explanations in the disciplines*. New York: Springer.

Knutson, K., Crowley, K., Russell, J., & Steiner, M. A. (2011). Approaching art education as an ecology: Exploring the role of museums. *Studies in Art Education*, 52(4), 310–322.

Leinhardt, G., Crowley, K., & Knutson, K. (Eds.) (2002). *Learning conversations in museums*. Mahwah, NJ: Lawrence Erlbaum Associates.

Leinhardt, G., & Knutson, K. (2004). *Listening in on museum conversations*. Walnut Creek, CA: Altamira Press.

476 Louw, M., & Crowley, K. (2013). New ways of looking and learning in natural history museums: The use of gigapixel imaging to bring science and publics together. *Curator: The Museum Journal*, 52(1), 87–104.

Marty, P. F., Sayre, S., & Fillipini Fantoni, S. (2011). Personal digital collections: Involving users in the co-creation of digital cultural heritage. In G. Styliaras, D. Koukopoulos, & F. Lazarinis (eds). *Handbook of research on technologies and cultural heritage: Applications and environments* (pp. 285–304). Hershey, PA: IGI global.

Matusov, E., & Rogoff, B. (1995). Evidence of development from people's participation in communities of learners. In J. H. Falk, & L. D. Dierking (Eds.), *Public institutions for personal learning: Establishing a research agenda* (pp. 97–104). Washington, DC: American Association of Museums.

McManus, P. (1985). Worksheet induced behavior in the British museum (natural history). *Journal of Biological Education,* 19(3), 237–242.

Melber, L. M. (2007). Maternal scaffolding in two museum exhibition halls. *Curator*, 50(3), 341–354.

Miles, R. S. (1993). *Grasping the greased pig: Evaluation of educational exhibits, museum visitor studies in the 90s*. London: Science Museum.

Mortensen, M. F., & Smart, K. (2007). Free-choice worksheets increase students' exposure to curriculum during museum visits. *Journal of Research in Science Teaching,* 44(9), 1389–1414.

Naismith, L., Lonsdale, P., Vavoula, G., & Sharples, M. (2006). Report 11: Literature review in mobile technologies and learning. In FutureLab (Ed.), *FutureLab Series*. Bristol.

National Research Council (NRC). (2009). *Learning science in informal environments: People, places, and pursuits*. Washington, DC: National Academies Press.

Palmquist, S. D., & Crowley, K. (2007). From teachers to testers: Parents' role in child expertise development in informal settings. *Science Education,* 91(5), 712–732.

Perry, J., & Nellis, R. (2012). Augmented learning: Evaluating mobile location-based games at the zoo. Paper presented at the ISTE 2012, San Diego.

Pierroux, P. (2001). Information and communication technology in art museums. In G. Liestøl, & T.

Rasmussen (Eds.), *Internett i endring* (*Internet and change*)(pp. 87–103). Oslo: Novus.

Pierroux, P. (2005). Dispensing with formalities in art education research. *Nordisk Museologi*, 2, 76–88.

Pierroux, P. (2010). Guiding meaning on guided tours: Narratives of art and learning in museums. In A. Morrison (Ed.), *Inside multimodal composition* (pp. 417–450). Cresskill, NJ: Hampton Press.

Pierroux, P. (2011). Real life meaning in second life art. In S. Østerud, B. Gentikow, & E. G. Skogseth (Eds.), *Literacy practices in late modernity: Mastering technological and cultural convergences* (pp. 177–198). Cresskill, NJ: Hampton Press.

Pierroux, P., Bannon L., et al. (2007). MUSTEL: Framing the design of technology-enhanced learning activities for museum visitors. International Cultural Heritage Informatics Meeting (ICHIM). Toronto: Archives & Museum Informatics.

Pierroux, P., Krange, I., & Sem, I. (2011). Bridging contexts and interpretations: Mobile blogging on art museum field trips. *Mediekultur. Journal of Media and Communication Research*, 50, 25–44. 477

Pierroux, P., & Ludvigsen, S. (2013). Communication interrupted: Textual practices and digital interactives in art museums. In K. Schrøder, & K. Drotner (Eds.), *The connected museum: Social media and museum communication* (pp. 153–176). London: Routledge.

Ramey-Gassert, L., Walberg, H. J. III, & Walberg, H. J. (1994). Reexamining connections: Museums as science learning environments. *Science Education,* 78(4), 345–363.

Ravelli, L. (1996). Making language accessible: Successful text writing for museum visitors. *Linguistics and Education*, 8, 367–387.

Reisman, M. (2008). Using design-based research in informal environments. *The Journal of Museum Education*, 33(2), 175–185.

Rennie, L. J., & Johnston, D. J. (2004). The nature of learning and its implications for research on learning from museums. *Sci. Ed.*, 88, S4–S16.

Rice, D., & Yenawine, P. (2002). A conversation on object-centered learning in art museums. *Curator: The Museum Journal*, 45(4), 289–301.

Roberts, L. C. (1997). *From knowledge to narrative: Educators and the changing museum*. Washington, DC: Smithsonian Institution Press.

Roth, W. -M. (2001). Situating cognition. *The Journal of the Learning Sciences*, 10(1 & 2), 27–61.

Russo, A., Watkins, J. J., et al. (2007). Social media and cultural interactive experiences in museums. *Nordic Journal of Digital Literacy*, 1, 19–29.

Screven, C. G. (1986). Exhibitions and information centers: Some principles and approaches. *Curator,* 29(2), 109–137.

Selvakumar, M., & Storksdieck, M. (2013). Portal to the public: Museum educators collaborating with scientists to engage museum visitors with current science. *Curator: The Museum Journal*, 56(1),

69–78.

Siegel, D., Esterly, J., Callanan, M., Wright, R., & Navarro. R. (2007). Conversations about science across activities in Mexican-descent families. *International Journal of Science Education,* 29(12), 1447–1466.

Silverman, L. H. (1995). Visitor meaning-making in museums for a new age. *Curator*, 38, 161–170.

Stapp, C. B. (1984). Defining museum literacy. *Roundtable Reports,* 9(1), 3–4.

Steier, R., & Pierroux, P. (2011). "What is 'the concept'?" Sites of conceptual understanding in a touring architecture workshop. *Nordic Journal of Digital Literacy*, 6(3), 138–156.

Tallon, L., & Walker, K. (Eds.) (2008). *Digital technologies and the museum experience: Handheld guides and other media.* Lanham, MD: AltaMira Press.

Trant, J. (2006). Exploring the potential for social tagging and folksonomy in art museums: Proof of concept. *New Review of Hypermedia and Multimedia*, 12(1), 83–105.

Vavoula, G., Sharples, M., Rudman, P., Meek, J., & Lonsdale, P. (2009). Myartspace: Design and evaluation of support for learning with multimedia phones between classrooms and museums. *Computers & Education*, 53(2), 286–299.

478 Vom Lehn, D., & Heath, C. (2005). Accounting for new technology in museum exhibitions. *Marketing Management*, 7(3), 11–21.

Vom Lehn, D., Heath, C., et al. (2001). Exhibiting interaction: Conduct and collaboration in museums and galleries. *Symbolic Interaction*, 24(2), 189–216.

Vygotsky, L. S. (1986). *Thought and language*. Cambridge, MIT Press.

Watson, B., & Werb, S. R. (2013). One hundred strong: A colloquium on trans-forming natural history museums in the twenty-first century. *Curator: The Museum Journal,* 56(2), 255–265.

Wertsch, J. (1991). *Voices of the mind. A sociocultural approach to mediated action*. Cambridge, MA: Harvard University Press.

Wertsch, J. (2002). *Voices of collective remembering*. Cambridge, Cambridge University Press.

Wishart, J., & Triggs, P. (2010). MuseumScouts: Exploring how schools, museums and interactive technologies can work together to support learning. *Computers & Education*, 54(3), 669–678.

Yenawine, P., & Rice, D. (2002). A conversation on object-centered learning in art museums. *Curator* 45(4), 289–299.

第24章

计算机支持的协作学习

格里·斯塔尔 蒂莫西·科施曼 丹尼尔·苏瑟斯

计算机支持的协作学习（computer-supported collaborative learning，CSCL）是指以计算机和联网设备作为中介，并在其支持下开展的协作学习。CSCL可以“同步开展”，实现学习者之间的实时互动（例如聊天室）；也可以“异步实施”，此时每个人的贡献随时间而不断扩展（例如通过电子邮件交流）。CSCL可以完全以计算机和网络作为中介开展，学习者可以分布于不同楼宇甚至不同国家；它也可以由身处同一物理空间的学习者借助计算机设备（如手持设备、平板电脑）来进行，以促进他们的面对面学习。CSCL研究者们已经研究了计算机支持下学习者学习的各种方式。 479

研究者已经发现，协作学习与技术之间的互动关系是相当复杂的。将协作学习研究、计算机中介以及远程教育纳入学习科学领域，已经为学习带来了新的视角，同时也对当前主流的学习科学研究模式提出了质疑。特别是，CSCL研究显示了分析特定情境中小组实践与交互过程的优势，也折射出聚合个体学习者的传统认知主义研究取向的局限与不足。

教育领域中的CSCL

CSCL研究者已经在自幼儿园到研究生各个层次的正式教育中，以及诸如博物馆的非正式学习情境中开展了研究。随着各个学区以及世界各国政府将学生使用计算机与互联网作为发展目标，计算机在各个层次的教育中已经变得越来越重要。鼓励学生在小组中共同学习的观点在学习科学中也越来越被重视（参见本书的其他章节）。但是，如何整合这两者（计算机的支持以及协作学习，或者说技术与教育）以有效促进学习依然是一个挑战——这一挑战也正是 CSCL 研究所致力解决的。

480

计算机与教育

教室中计算机的作用常被人质疑，批评意见认为教室中的计算机是无聊与反社会的，是极客们（geeks）回避社会的温床，是一种机械的、非人道的训练形式。而 CSCL 则持恰好相反的观点：借助软件与应用程序将学习者集聚在一起，可以开展帮助其开发智力和进行社会性交互的创新活动。

CSCL 兴起于 1990 年代，初衷是破除当时将学生作为孤立个体开展学习的教育软件形态。互联网能以创新的方式联系不同用户的这种潜力是推动 CSCL 研究的动力。随着 CSCL 的发展，一些原先没有料及的障碍——诸如如何设计、分发以及有效利用创新的教育软件——逐渐显现。学校、教学以及学生自身的变化都呼唤学习概念的彻底转变。这些变化与本书第一部分诸如脚手架、认知学徒制、在活动中学习等学习科学的基本概念是高度一致的。

远程数字化学习

CSCL 通常和通过网络连接的数字化学习（e-learning）有所联系。数字化学习通常会使人产生一种天真的想法，认为课程的内容可变成数字化教学资源，并且，数字化学习利用非常少的教师资源和其他资源，例如教学大楼和通勤费用等等，就可以将这些数字化教学资源传递给大量的学习者。这种观点存在着非常多的问题。

其一，仅仅是将幻灯片、文本或视频等教学内容发布出去并不能构成有效的教学。这些内容可以成为学习者学习的重要资源，就好像传统教科书一直具有的功能那样。但要使它们发挥作用，就需要一个具有更强激励性与互动性的社会情境。

其二，在线教学需要教师投入和课堂面授教学同样的精力。教师不仅仅需要准备与制作可以在计算机上使用的材料，还必须通过持续的互动以及社会临场感的营造来激励和引导每个学生。借助互联网的连通性，在线教学允许来自全球各地的学生参与其中，也允许教师随时随地开展工作，总体上来说，教师在每位学生身上投入的精力也会显著增加。

其三，CSCL 强调学生之间的协作，因此学生不能仅仅各自孤立地对发布的教学资源做出回应。学习在很大程度上发生于学生间的互动过程中。学生通过表述自己的质疑、一起探索、互相教导以及观摩他人如何学习等形式来开展学习。

计算机支持的这种协作在数字化学习中是 CSCL 的关键。激发并维持学生的互动是很难的，它需要巧妙的规划，协调，以及课程、教学方法及各种技术的实施。 481

其四，CSCL 也同样关注面对面（face-to-face，F2F）的协作。计算机对学习的支持并非只有提供在线交流媒介一种形式，它同样也可以通过构建对科学模型的计算机模拟、提供交互式的共享表征等形式发挥作用。在这种情况下，协作的重点在于模拟或表征的构建与探索上。同样，学生小组可以使用计算机来访问互联网上的信息，也可以协作讨论、辩论、汇集或是呈现研究发现。因此无论同步还是异步，CSCL 都具有能够支持远程或面对面互动的形式。

小组中的合作学习

对小组学习的研究远远早于对 CSCL 的研究，它至少可以追溯到 20 世纪 60 年代——此时联网的个人计算机尚未发明。当时教育研究者就已经对合作学习（cooperative learning）做了不少研究。而在社会心理学领域，针对群组的研究还有更久的历史。

为了将 CSCL 研究与这些对小组学习的早期探索加以区分，有必要对合作学习与协作学习的差异做一说明。迪伦堡（P. Dillenbourg）对两者的区别进行了深入的探讨，他将其异同点归纳为以下几点：

> 在合作学习时，参与者需要先分解任务，各自解决其中的一个子任务，然后将所有个体的结果汇集为最终的成果。而在协作学习时，参与者则“一起”完成任务。（Dillenbourg，1999b，p.8）

后来，他又改进了这一定义，认为协作是“个体对要着手解决的问题彼此协调并共享意义的过程，……协作是（人们）在尝试对某一问题进行概念建构并彼此认同的持续过程中分工协作、同步完成的活动”（Dillenbourg，1999a，p.70）。

而在合作学习中，学习是由不同个体分立完成，最终再将各自结果聚而为一，并作为小组成果进行展示的。因此在合作型小组中的学习可以被视为单独发生的，也因此可以用传统的教育和心理学研究中的概念化（conceptualization）流程与方法研究。

然而，在协作学习中，学习发生于协作建构知识的社会过程中。当然，个体以小组成员的身份参与其中，但是个体在小组中参与的活动却不再是个体活动，而是诸如协商、共享之类的群组互动。参与者不再各自独立地参与活动，而是持续参与指派给小组的共同任务。这一协同会话和小组意义
482（group meaning）的社会化共享现象是协作的核心，不能以传统心理学研究方法对其加以研究（Nathan & Sawyer，本书第2章）。

协作学习包含个体学习，但又不能简单地被分解为个体学习。将协作学习视为群体过程，还是仅仅视为个体学习的聚合，一直是CSCL领域争论的焦点。早期的小组学习研究本质上还是将其视为个体学习的过程，但事实上个体在小组中学习本身就是影响其个体学习的情境变量。在当前的CSCL研究中，学习也被当作一个群体过程来加以分析，同时从个体和群组层面对学习加以分析是很有必要的。

某种程度上，CSCL项目设计与CSCL研究也正是为应对之前将信息技术应用于教育的尝试以及用传统方法研究协作问题的现象而诞生的。总体上，学习科学已经从仅仅关注单一的个体学习转移到同时关注个体与小组学习的阶段，而CSCL正是与这一转变同步发展的。

CSCL的历史演变

起源

加劳德特大学的“自然形式英语教学”（English Natural Form Instruction，ENFI）、多伦多大学的“计算机支持的有意学习环境”（Computer Supported Intentional Learning Environment，CSILE）以及加州大学圣迭戈分校的《第五维度》（*Fifth Dimension*，5thD）游戏这三个项目是后来诞生的CSCL领域项目的先行者。这三个项目均对如何用技术来提升学生的学习能力进行了探索。

ENFI项目开展了最早的计算机支持的作文写作（CSCWriting）实践（Gruber，Peyton，& Bruce，1995；Nussbaum，1993）。加劳德特大学招收的学生为聋人或者存在听力障碍的人，很多学生在进入大学时存在书面沟通技巧

方面的缺陷。ENFI 项目的目标是让学生以新的方式进行写作：让他们在头脑中虚构一个听众，用“声音”进行写作，并与其沟通。这个项目开发的技术尽管在当时十分超前，但以今天的标准来看可能十分原始。学校建设了特殊教室，在其中将安装了计算机的课桌围成一圈，采用的软件（有点类似于今天的聊天程序）使得学生和教师可以通过文字来互动。通过提供以文本为媒介的沟通方式，ENFI 项目中的技术提供了一种意义建构的新形式。

另一个早期的具有影响力的项目由多伦多大学的斯卡尔达马利亚和贝赖 483
特（Scardamalia & Bereiter，本书第 20 章）实施。他们对比了学校教室和诸如围绕一个问题进行研究的学者社区之类的“知识建构共同体”（Beretier，2002；Scardamalia & Bereiter，1996）中的学习，注意到学校之中的学习常常过于浮于表面且缺乏动机。在 CSILE 项目（后来改名为“知识论坛®”）中，他们开发了重构课堂知识建构共同体的技术与教学法。和 ENFI 项目一样，CSILE 也尝试让学生联合撰写文字来让写作更有意义。当然两个项目中生成的文本差异很大，ENFI 中的文本是对话式的，学生可以自由书写并且在课堂结束时不做保存；CSILE 中的文本则会像传统学术文献一样被保存起来。

与 CSILE 项目类似，5thD 项目早先也致力于提升学生的阅读技能（Cole，1996），它起源于洛克菲勒大学的科尔（M. Cole）及其同事组织的一个课后学习项目。当“比较人类认知实验室”（the Laboratory of Comparative Human Cognition，LCHC）迁至加州大学圣迭戈分校后，5thD 项目发展成为一个用于提升学生阅读与问题解决能力且主要基于计算机实施的完整系统。5thD 项目采用一个名叫“迷宫”的类似棋盘游戏的布局，里面有代表不同专题活动的房间，以此来标记不同学生的学习进度并用于分派学习任务。学生学习时由经验更丰富的同伴以及来自教育学院的研究生志愿者提供支持。该项目最早在圣迭戈的四所学校进行试点，后来逐步推广至全世界很多地方（Nicolopoulou & Cole，1993）。

ENFI、CSILE 和 5thD 这些项目的共同目标是为学习者的意义建构过程提供支持。这三个项目均将计算机与信息技术作为达成这个目标的资源，并且均以创新的形式探索了教学中的有组织的社会活动。从这个意义上说，他们为 CSCL 领域的诞生奠定了扎实的基础。

从学术会议到全球研究共同体

1983 年，一个以“合作问题解决与微型计算机”为主题的学术研讨会在圣迭戈召开。六年后，一个由北大西洋公约组织（NATO）赞助的研讨会在意大利马拉泰阿召开，许多人认为 CSCL 就诞生于 1989 年的这届研讨会，因为这是第一次面向全世界公开使用“计算机支持的协作学习”（CSCL）这一术语的国际学术会议。

484 第一次以 CSCL 作为独立主题的国际学术会议在 1995 年秋由印第安纳大学组织。之后这一国际会议的主办地包括加拿大多伦多（1997 年）、美国加利福尼亚州帕洛阿尔托（1999 年）、荷兰马斯特里赫特（2001 年）、美国科罗拉多州博尔德（2002 年）、挪威卑尔根（2003 年）、中国台湾（2005 年）、美国新泽西州新不伦瑞克（2007 年）、希腊罗得（2009 年）、中国香港（2011 年）以及美国威斯康星州麦迪逊（2013 年）等。

一份专业的文献认为 CSCL 的理论与研究始于意大利马拉泰阿举办的那次由北约赞助的研讨会。纽曼、格里芬和科尔（Newman，Griffin，& Cole，1989），布鲁菲（Bruffee，1993），克鲁克（Crook，1994），以及贝赖特（Bereiter，2002）的著作成为早期最具影响力的四部专著。此外，学者们出版了很多 CSCL 专题的论文集，分别由奥马利（O'Malley，1995），科施曼（Koschmann，1996a），迪伦堡（Dillenbourg，1999a）和科施曼、豪尔及三宅直美（Koschmann，Hall，& Miyake，2002）主编。克鲁沃出版集团［现为施普林格（Springer）出版集团］还持续出版了一整套有关 CSCL 研究的系列丛书。CSCL 会议论文集成为该领域论文出版的首要载体。一些期刊也在其中扮演着重要的角色，如《学习科学杂志》。2006 年，《国际计算机支持的协作学习杂志》正式创刊。尽管这一研究共同体最早发端自西欧和北美，但如今其已经在国际上有了广泛的参与度（Cox，Harrison，& Hoadley，2009；Kienle & Wessner，2005）。在 2005 年中国台湾的会议之后，中国香港又在 2011 年召开了会议，加上上述国际期刊的创立，CSCL 研究共同体已经真正实现了全球化。

从人工智能到协作支持

CSCL 与之前在教育中应用计算机（以下简称计算机教育应用）的研究有着鲜明的对比。科施曼（Koschmann，1996b）认为计算机教育应用按历史顺序可分为以下四个阶段：（1）计算机辅助教学；（2）智能导师系统；（3）虚拟探索系统（例如，Logo as Latin）；（4）CSCL。

计算机在教育中最早的应用形式是计算机辅助教学。行为主义的取向在自 20 世纪 60 年代起的计算机教育应用早期阶段中占据着主导地位。它将学习视为知识的记忆。领域知识被打散为零散的组块，学生则以计算机化的练习与实践按特定的逻辑顺序对这些组块进行学习。直到今天，很多教育软件产品还在沿袭这一思路。

计算机教育应用的第二种形式是智能导师系统，这些系统基于认知主义心理学建构，即从心智模型和可能出现的错误反应对学生学习进行分析。它们摒弃了行为主义认为无视学生知识表征与加工模式也可以对其学习给予支持的观点。这一模式在 20 世纪 70 年代广受推崇，相关研究创建了关于学生 485
理解的计算机模型，并能依据学生的心智模型，分析学生的典型错误进而对其操作进行反馈。

计算机教育应用的第三种形式起始于 20 世纪 80 年代，以 Logo 编程语言教学作为典型代表。Logo 采取了建构主义的取向，认为学生必须自己建构他们的知识。它提供了一个让学生来探索与发现推理力量的虚拟环境，就像函数、子程序、循环、变量、递归等软件编程技巧所体现的一样。

CSCL 代表了教育领域中计算机应用的第四种也是最新的形式。CSCL 取向关注如何借助计算机将学生以小组或学习共同体的形式齐聚一堂，协作开展学习。受社会建构主义和对话理论（dialogical theories）的启发，它通常会通过能促成集体知识建构的指导性会话（directed discourse），为学生提供共同学习的机会并加以支持。

在 20 世纪 70 至 80 年代，当大型机开始在学校中使用、微型计算机开始出现的时候，人们对人工智能的热情几乎达到了顶点。计算机科学家对计算机教育应用的兴趣也自然而然地被人工智能令人神往的潜力所吸引。人工智能是一种能够高度模仿人类决策智能（例如下棋时每下一步都会权衡对后续棋局的优劣势）的计算机软件。智能导师系统可以视为人工智能的一种基础形态，因为它可以复制人类导师的行为，通过分析学生的问题解决策略对其输入的信息（例如对数学问题的分步解答）进行反馈，或者将学生的行为与关于正确或错误理解的计算机模型进行对比来给出学习建议。这仍是学习科学中的一个活跃的领域（Koedinger & Corbett，2006），但受限于通过算法来定义心智模型的知识领域。人工智能取向的终极目标是希望计算机能够具有在传统上需要人类教师花时间进行干预的教学和指导功能。

在 CSCL 中，相对于直接接受教师教授，研究者对通过与其他学生开展协作来进行的学习关注更多。因此计算机的作用也从提供教学——无论是计算机辅助教学的零散知识组块还是智能导师系统的反馈模式——转变为通过提供沟通媒介和促进学生互动的脚手架（Reiser & Tabak，本书第 3 章）对协作进行支持。

对协作进行支持最常见的形式是借助联网计算机（通常是通过互联网进行联结）来提供沟通的媒介。其应用形态包括电子邮件、在线聊天、讨论
486 区、视频会议、即时通信等等。典型的 CSCL 系统会提供上述多种媒介形式的组合，同时还会添加一些特殊的功能。

此外，CSCL 软件环境也会提供不同种类的协作学习脚手架。它们有可能会借助比较复杂的计算机机制来实现，例如人工智能技术。它们可以为学生正在进行的讨论或是信息共享提供多种视角，可以根据针对小组探究活动的计算机模型提供反馈，还可以通过监测互动模式评估学生的社交能力并对学生提出建议。但在大多数情况下，相对于学生之间（通常也包括学生与教师、助学人员）的人际协作过程来说，计算机的作用还是次要的。设计软件的初衷是支持而不是替代这些小组过程。

从关注个体认知的心智模型到对小组协作进行支持，这一变迁对于学习研究的焦点和方法有巨大的启示意义，逐渐接受与揭示这些意义的过程同时也是 CSCL 领域形成和发展的过程。

从个体到互动小组

1995 年第一次 CSCL 学术会议举办后，迪伦堡、贝克、布来耶和奥马利（Dillenbourg，Baker，Blaye，& O’Malley，1996）分析后认为，协作学习研究的演变可以分为以下几个阶段。

> 多年以来，关于协作学习的理论倾向于关注个体如何在群组中发挥作用。这也反映了 20 世纪 70 年代和 80 年代在认知心理学和人工智能领域占据主流的认识，即将认知视为个体信息加工的产物，而社会交互更多地被视为个体活动的背景而不是研究的焦点。近年来，小组自身才开始成为分析的单元，对交互的研究焦点才开始迁移到其更新兴的社会建构属性上。
>
> 从实证研究的角度来讲，首先应论证的是协作学习是否对个体独立学习更加有效，以及在何种情境下更有效。研究者先尝试控制了多个独立变量（小组大小、小组结构、任务特性、沟通媒介等等）来开

> 展研究，但是这些变量彼此互相关联以至于几乎不可能建立起控制条件与协作效果之间的因果关系。因此，之后的实证研究开始较少关注这些变量与有效协作之间的关系，转而关注探索它们在支持小组互动中扮演的角色。因此这一更加关注过程的转变，就需要一些新的工具来对互动进行分析与建模。（Dillenbourg et al.，1996，p.189）

迪伦堡及其同事对操纵协作变量对个体学习的影响进行了回顾，但并未得出清晰的研究结果。性别与小组结构（如异质或同质水平分组）的影响可能随年龄、领域、教师的不同而大有不同。这不仅违反了变量独立性的方法论假设，也对如何理解影响的情境提出了疑问。理解影响的情境指的是理解造成这种影响的小组交互的细节。反过来，这也需要分析和解释小组交互的方法论的发展。研究关注的焦点不再是个体学习者身上发生了什么，而是小组成员在交互过程中发生了什么。 487

从心理表征到交互意义建构

这一关注小组分析的转变与关注共同体一起成为了情境学习（Lave & Wenger，1991）或协同知识建构（Scardamalia & Bereiter，1991）的主体。这一转变需要研究者构建一个关于心智的社会理论，例如维果茨基（Vygotsky，1930/1978）就曾着手起草这样的理论，它可以清晰界定独立学习者与小组或共同体中的协作学习的关系。

根据维果茨基的观点，与独立学习相比，学习者在协作环境中拥有不同的发展能力。他的“最近发展区”概念成为区别这两种能力不同之处的标准。这意味着学习者不能使用那些在独自学习时测量个体能力的前后测方法来测量协作环境中的学习，甚至协作环境下的个体学习。个体头脑中的心智模型的理论化对于了解协作学习过程中发生了什么并无帮助，因为其并没有捕捉到协作情境下发生的共同意义建构。

协作主要被概念化为一个共享意义建构的过程。这种意义建构并不是个体参与者心理表征的呈现，而是一种交互的结果，它可以在多个参与者的话语或信息序列中加以分析。这种意义的建构并不能归功于个别学生的个人话语，因为意义依赖于对共享情境的参照、对先前话语的省略和对未来话语的投射性偏好。

从定量比较到微观个案研究

在协作环境中观察学习与通过独立学习者来观察学习是不同的。首先，
488 在协作环境中，参与者必须将学习作为协作过程的一部分加以呈现。其次，在研究中，研究者每隔一小段时间就要对小组互动活动开展观察，而不是采用间隔很长时间的前后测方式开展观察。

具有讽刺意味的是，以小组为单位研究学习理论上可能比以个体为单位研究学习更加容易。这是因为协作的一个必要条件就是参与者需要彼此展示对正在建构的意义的理解（Enyedy & Stevens，本书第 10 章）。为了展示这种理解，参与者的发言、文本、图表就随着协作的过程生成了。这是有效协作的基础。而研究者就可以坐享这些展示材料带来的便利（假设他们可以了解参与者的表达能力，并且拥有充足的记录材料，如视频），他们可以了解参与者如何作为一个整体开展学习、建构共享意义，进而重新建构协作过程。

基于民族志方法（Garfinkel，1967）的话语分析（Have，1999；Sacks，1992）和视频分析（Koschmann，Stahl，& Zemel，2005）技术，可以用于开展详细的协作意义建构案例研究（Enyedy & Stevens，本书第 10 章）。案例研究并非只是记录逸事琐闻，它同样基于严谨的科学过程，并可以进行跨主题的校验，虽然它本质上是描述性的研究，不是定量的。在人们使用相似的互动方式的情境下（至少在特定的国家或文化中适用），它也可以产生用作推广和迁移的研究结论。

对交互方法的分析如何指导 CSCL 中技术与教学方法的设计？要回答这个问题就需要对 CSCL 中教育和计算机之间复杂的相互作用进行深入探析。

CSCL 中学习和技术的相互作用

关于学习的传统观点

传统教育观的奠基人埃德温・桑代克（Edwin Thorndike）曾经说过：

> 如果有这么一种新颖的机械设计，使得书本只有在完成前一页上要求的任务时才会显示后一页，那么今天的个别化教学完全可以由印刷品来代替。……儿童可以用这种方式来学习，并且最终学会最有用

的使用教学材料的方式。（Thorndike，1912，p. 165）

这段话有两个方面值得注意。首先，它表明计算机辅助教学的思想要早于实体计算机的发明，但是同样重要的是，它也显示了教育技术研究的目标 489 是如何与传统教育研究的目标紧密联系，又有着明显区分的，即对增强学习（enhance learning）做了操作性定义。桑代克对教育科学的展望是，所有学习形式都可以被测量，在此基础上，所有的教育创新也都是可以通过实验验证的。因此从历史上看，教育技术的研究沿袭了这一传统，并成为其中特定的一个分支（Cuban，1986）。

过去，教育研究者习惯将学习视为纯粹的个体现象，学习已经被赋予三个基本特征。首先，它是对经验的反馈与记录；其次，学习常被视为持久的变化；最后，学习通常被认为发生于个体内部，并最终要么在行动上（行为主义学习观）要么在心智上（认知主义学习观）给学习者带来变化（Koschmann，2002b）。这一观念是如此深入人心以至于人们很难再接受别的关于学习的定义。

但当代哲学还是质疑了这一传统，教化哲学家们（edifying philosophers；Rorty，1974），如詹姆斯、杜威、维特根斯坦和海德格尔挑战了这一认为学习以不可探知的方式在个体大脑中嵌入知识的学习观。他们希望构建一个关于学习和求知的新视角，一种认为学习根植于日常事务和生活世界的学习观。CSCL 支持了这种更情境化的学习观，也由此摒弃了传统教育心理学和认知心理学的理论基础。CSCL 认为，学习发生于社会世界的有意义协商的过程中，而不仅仅在个体的大脑中产生。在众多的社会取向的学习理论中，社会实践论（Lave & Wenger，1991）和对话理论（Hicks，1996）最直接地阐述了基于社会的意义建构的学习观。社会实践论关注意义协调中的一个特定方面：共同体中社会认同的协商。对话理论认为学习是在社会互动中逐渐涌现意义的过程。两者合在一起，为形成一种思考和研究学习的新方式提供了基础。

设计支持学习者意义建构的技术

CSCL 中设计的目的是创建用于改进小组意义建构实践的人工制品、活动和环境。最近几十年来，计算机和以互联网为代表的通信技术飞速发展，极大地改变了我们工作、娱乐和学习的方式。在以往历史中，无论如何精妙

和复杂的技术，都不曾具备这样巨大的变革力量。要创造改进实践的可能
490 性，就需要多种形式的设计（用专业术语来说，需要来自不同学科的理论与实践），包括：课程呈现（教学设计）、资源（信息科学、通信）、参与结构（交互设计）、工具（设计学）和物理环境（建筑学）的设计。

就如勒布朗（LeBaron，2002）一本自传的标题所述，“技术不会脱离其用途独立存在”，用“活动、人工制品和环境”来代替这句话中的“技术”也同样成立——这些元素本身并不能创造新的实践形态，相反，是实践塑造了它们。参与者有组织的行动构成了特定实践形态的环境，工具和人工制品也只有在特定的实践中服务于参与者并与之产生关联时，才成为“工具和人工制品”。甚至是活动，也只有在参与者将其视为有序的行动序列时才被认为是“活动”。

因此，CSCL设计必须与实践中意义如何建构的分析同时进行。意义是个体对过往经验的反映，同时也可以不断进行重新评估或协调改进。同时，无论外部分析还是参与者自身都没有方法了解其他成员的个人观点。尽管如此，参与者还是可以照例参与和实施被指派的活动，就好像共享的认知不仅可能而且可以被获得一样。因此存在一个问题：这是如何实现的？为了设计支持协作学习和知识建构的技术，我们需要更多、更深入地了解小组中的学习者如何借助多种人工制品和媒介建构共享的认知。

主体间性（intersubjectivity）是如何实现的这一问题已经被多种专业学科所研究，包括语用学（Levinson，2000；Sperber & Wilson，1986）、社会心理学（Rommetveit，1974）、语言人类学（Hanks，1996）以及社会学（Goffman，1974），特别是民族志取向的社会心理学（Garfinkel，1967；Heritage，1984）。主体间性的问题对于理解学习如何在互动中发生尤其重要，学习可以在聚集多种观点的过程中建构（Hicks，1996），而教学则作为促发这一协作行为的社会和资源因素存在。对意义建构加以分析需要采用合适的方法，并关注心理学（特别是涉及话语变量和文化变量的内容）、社会学（特别是微观社会学和传统的民族志方法）、人类学（包括语言人类学和环境建构人类学）、语用学、传播学和组织行为学等等。

CSCL研究同时包含分析和设计两个环节。对意义建构的分析是一个与研究目标无关的归纳提炼过程，它关注的仅仅是每时每刻人们在互动中做些
491 什么，不提供干预或是评价。而设计正好相反，它本身就负有改进实践的使命，包括从一开始建立的关于改进或是阻碍实践的假设到过程中付出的

所有努力均体现了这一点。然而要想为改进意义建构进行设计，就需要关于意义建构研究的严谨实践。从这个角度来看，分析和设计是一体的——设计必须以分析为前提，而分析也必须围绕设计阶段设定的分析对象展开（Koschmann et al.，2005）。

CSCL 必须在对其自身的自我干预中开展。新的理论已经引入，对学习者实践的分析已经开始，人工制品连同它们如何改进意义建构的理论也已经构建。负有创造协作学习新机遇使命的 CSCL，必须建立在分析协作学习本质的基础之上。

协作学习的分析

科施曼（T. Koschmann）在 2002 年 CSCL 会议的主题演讲中对 CSCL 做了一个纲领性的界定：

> CSCL 研究领域的中心议题是意义建构，这一意义建构在集体活动的情境中开展，并且这些活动的开展需要以专门设计的人工制品作为媒介。（Koschmann，2002a，p.18）

这一定义中，CSCL 的“意义建构在集体活动的情境中开展”可以从多个角度来理解。

关于协作学习最难理解的方面可能是被称为主体间性学习（intersubjective learning；Suthers & Hundhausen，2002）或小组认知（group cognition；Stahl，2006）的那部分。它指的是，学习不仅仅是通过互动获取的，还是在同伴互动的过程中逐渐建构的。在加芬克尔（H. Garfinkel）之后，科施曼和同事（Koschmann et al.，2005）认为应该对意义建构的方法开展研究，即研究“在教学情境中参与者究竟以何种方式开展学习”。此外，为了理解社会互动如何影响参与者的认知过程，我们也需要理解学习本身是如何在参与者的互动中发生的。

但关于集体意义建构的研究在当前还不是 CSCL 研究的主流。有些研究即使详尽分析了互动过程（而不是个体学习成果），但采用的分析方法通常也是先添加分类编码标签，再按其预设属性进行计数。这些编码标签实际上来自对通用行为的预设分类，而不针对研究所处的独特情境（Stahl，2006）。

492 一些 CSCL 研究的结果已经被发表成论文专门来描述主体间性如何在互动过程中建构的问题（Koschmann et al.，2005；Roschelle，1992；Stahl，2006）。罗谢尔（J. Roschelle）在早期研究中设计了专用于支持物理学科意义建构的软件，精心设计了活动来促成学习者集体进行问题解决，并详细地分析了他们的协作实践。科施曼的研究主要关注参与者的问题化过程，即他们在提炼需要后续详细分析的问题时所采用的方法。

斯塔尔（Stahl，2006）认为，从很多方面来讲，小组都是最有效果的分析单元。最显而易见的一点是，在小型小组中，成员的主体间性学习方法可以被观察到。由几个成员构成的小组中，小组成员可以开展各种形态的社会互动，并且其规模又不会大到让参与者和研究者无法跟进协作进程的程度。将小组作为分析单元时，共享的意义建构最容易以“小组认知”的形式涌现并被观察到。而且，小组介于个体和完整共同体之间，并可以为两者提供协调的中介作用。小组中构建的知识“可以通过个别化学习的形式被个体内化，也可以外化为共同体的共识成果”（Stahl，2006）。当然，也不是说小组是研究时唯一的社会单元。在共同体和组织层面对整体出现的变化进行分析有助于增进对新兴的社会化学习的理解，同时也有助于我们理解其内部小组是如何促成这些改变的。

对在互动中建构主体间性学习或小组认知这一问题的研究也引发了一系列在面对社会化行为时最具挑战性的问题，它们甚至有可能触及人类意识的本质：认知现象是否是在小组会话中的不同个体间发生的？传统上被视为个体认知过程的学习，是如何在不同的个体和人工制品中分布的？应当如何理解知识是逐渐在实践中建构的而不是一个心理实体（mental entity）这一观点？

对计算机支持的分析

在 CSCL 情境中，个体之间的互动是以计算机环境为媒介的。科施曼关于 CSCL 的纲领性定义的后半部分是“（集体意义建构活动的）开展需要以专门设计的人工制品作为媒介”（Koschmann，2002b，p.18）。计算机对主体间性意义建构的支持正是这一领域的独特之处。

CSCL 在技术方面主要关注本质上社会化技术的设计与研究。“本质上社会化”是指，这些技术的设计初衷就是协调和鼓励社会化行为，以构建小组
493 学习并引领个体的学习。设计应该发挥技术的独特优势，而不是简单复制用

其他途径也可以提供的学习支持，或者（更糟的是）刻意地将技术用于原本不适用的情境。那么，信息技术发挥这一潜能的独特之处是什么呢？

- 以计算机为媒介的环境是可以随时重新设置的，其表征形式也是动态的：要移动对象或是撤销操作十分容易。人们可以轻松地在别的地方复制这些操作，即可以跨越时空。这些特性使得信息技术成为很有吸引力的沟通渠道，但我们要注意将信息技术的潜力用于创造可能的新的互动，而不是刻意复制面对面互动的方式。
- 以计算机为媒介的通信环境“将沟通变成了有形的实体”（Dillenbourg，2005）。活动的记录连同学习的成果都可以被存储、回看甚至修改。我们应该探索把这些长期保存的互动和协作记录作为主体间性学习资源的潜力。
- 计算机媒介可以分析工作空间的状态和互动的序列，并根据两者各自的特性进行重新配置或生成提示。因此我们应该探索适应性媒介（adaptive media）对主体间性过程的影响，并发挥其生成提示、分析和针对性反馈的优势。

人类沟通，以及在沟通中使用表征资源（representational resources）的方式是高度灵活的：我们不能“固化”意义或者限定沟通方式（Dwyer & Suthers，2005）。基于这一事实，CSCL 研究应该探究计算机这一媒介的独特优势，探索协作者如何使用它们，而它们又如何对意义建构产生影响。这样技术设计就可以综合各种优势，为参与者参加互动、投入学习提供灵活的指导。

CSCL 的多学科性

CSCL 有三个方法论传统：实验研究传统、描述性研究传统和迭代设计传统。

很多实证研究采用了传统实验研究的范式通过一个或多个变量对干预组和控制组进行比较（Baker-Sennett & Matusov，1997；Horwitz & Weinberger，2005；Rummel & Spada，2005；Suthers & Hundhausen，2002；Van der Pol，Admiraal，& Simons，2003）。大多数研究在数据分析上采用“编码和计数”

的方式：对互动进行编码，对学习成果进行评价，然后用统计方法比较不同
494 组别的平均值，以此估计控制变量对各组（平均）行为的影响。这类研究并没有直接分析主体间性学习的建构，它们应该检视特定互动个案的结构和意图，而不是依据行为类别进行计数与汇总。

民族志方法论传统（Koschmann et al.，2005；Roschelle，1992；Stahl，2006）更适用于描述性的个案分析。研究者们会研究学习者和其他共同体成员的视频或转录文本来探索出小组成员完成学习的方法。扎根理论取向（grounded approach）的研究由数据驱动，倾向于通过数据而不是借助理论上的分类来探索模式（patterns）。这里的分析通常是微观层面的，会检视事物的每个细节。描述性研究方法非常适用于具有存在主义数量特点的研究场景（比如一个多次参与协作实践的共同体）。作为科学家和设计者，我们也可以对所设计的选项产生的结果进行归因。当特定的干预会直接影响观察到的结果时，描述性研究方法会不大适用，这类研究更适合使用实验研究方法。

传统的实验心理学研究方法不适用于研究主体间性的意义建构，但这也不意味着所有的CSCL研究都应该采用民族志方法论。相反，前文所述的意思是我们可以混合采用多种研究方法（Johnson & Onwuegbuzie，2004）。实验设计还是可以继续用于比较干预因素，但应在微观层面对信息技术的影响加以分析，并且也应该适用于小组成员的集体意义建构方式。理论上来说，对过程的分析要由原先的“编码和计数”转变为“探索与理解”变量对意义建构产生影响的方式。这类分析需要投入大量的时间，我们应该探索开发学习环境自动可视化以及互动记录查询等工作用来辅助研究（Cakir，Xhafa，Zhou，& Stahl，2005；Donmez，Rose，Stegmann，Weinberger，& Fischer，2005）。传统的分析方法特别是对学习成果进行评估的方式，连同“编码和计数”的方式，也许都可以继续用于快速获得更详细的分析指标，进而进行深入的分析（Zemel，Xhafa，& Stahl，2005）。

迭代设计研究的典型案例包括费希尔和奥斯特瓦尔德（Fischer & Ostwald，2005），林瑙、霍庇、曼豪普特（Lingnau，Hoppe，& Mannhaupt，2003），古兹迪阿尔及其同事（Guzdial et al.，1997）等人的研究（亦见Barab，本书第8章）。设计取向的研究者身处理论构想和非正式观察的边缘，同时又作为研究过程的主导者。他们通常会持续改进人工制品来协调学习和协作。他们的研究并非严格的定性或定量研究，而是“探索性”的（Goldman，2004）。当学习者在使用新的软件时，仅仅对他们的动作进行观
495 察是不够的。我们需要探索设计有可能达到的最大潜力，并确保其可以具备

用传统的研究方法无法达到的优势。设计者也需要通过技术工具对其在协作学习中的使用方式进行微观层面的分析，以便探索它们与有效学习之间的关系。当新的技术干预手段出现后，实验研究方法可以对其效果的显著程度加以验证，而描述性研究方法可以探索它们对协作中的互动行为有哪些改变。民族志研究方法的理论假设与这样的设计进行融合，将产生一种新的“技术民族志”（technomethodology），并由此改变设计的目的（Button & Dourish，1996）。

但必须注意描述性研究方法可能存在的一个局限：如果我们只关注个体如何开展有效学习的个案，就可能会忽视大量个体如何失败的案例。要判断事物是不是存在，我们首先需要知道要找什么。如果纯粹的数据驱动模式源于理论，但从不应用理论，这就是不行的。描述性研究方法加以修改后正好可以满足这一需求。在成功的协作学习案例中发现的通用模式可以成为我们后续在别的研究分析中采用的理论分类，但在失败的协作案例中或许就没有什么用。当发现研究中所用的方法不成功时，我们需要对情境加以分析，以确定缺少了什么关键因素。那些独特且不可以重演，但以有趣的方式在协作中应用技术的案例，以及那些通常被视为理所当然或是无法观察的东西，往往可以为我们提供关于实践机制最深入的见解。但需要小心，在我们选择的案例中有可能并不是协作互动，而是别的有价值的因素促成了参与者的有效学习。例如，对学习者而言真正起作用的是个体在小组中身份的建立与维护（Whitworth，Gallupe，& McQueen，2000），它也是“情境学习的形式”，但研究者有可能在开始时会认为其是“偏离方向”的社交聊天。

未来的 CSCL 研究

CSCL 研究共同体由拥有不同专业、不同学科背景和学习经历的成员构成。他们带来了不同的研究范式、数据对比视图、分析方法、报告格式、严谨的概念和技术语言。他们遍布全球，有不同的文化，说不同的语言。这些成员一起开展研究，但关于什么是 CSCL 的观点并不一致。例如，斯法德
（Sfard，1998）区分了两种宽泛的、互不关联的学习隐喻，它们都与 CSCL 496
相关：获取隐喻（acquisition metaphor），指的是学习通过个体获取知识并存储于自己大脑中而发生；参与隐喻（participation metaphor），指的是学习在实践共同体中随着参与程度逐渐提高而发生（Sfard & Cobb，本书第 27 章）。

利波宁、哈卡赖宁和帕沃拉（Lipponen，Hakkarainen，& Paavola ，2004）在贝赖特（Bereiter，2002）和恩格斯托姆（Engeström，1987）观点的基础上又提出了第三种——知识创造隐喻（knowledge creation metaphor），在这一模式中新知识或社会实践形成于协作的过程中。因此，要对 CSCL 理论、方法论、研究成果和最佳实践进行清晰、统一和全面的界定十分困难。我们建议在未来的研究中采用整合、混合的研究取向。

CSCL 的研究方法通常被分为实验取向、描述性取向和迭代设计取向三种。有时尽管它们在同一研究中被综合使用，但大多数情况下它们还是会在不同研究中被单独使用或者在同一研究的不同部分中被使用。不同的研究者有时会带着不同的观点走进某一研究，他们持有不同的研究兴趣，依循不同的研究方法。但这一情境依然存有价值，实验取向者继续致力于识别影响协作行为的变量，民族志取向者寻找对意义建构起关键作用的集体活动模式，设计取向者通过创意探索新的技术可能性。也许 CSCL 实验取向研究者很快就会开始关注那些描述取向者感兴趣的协作现象，并将其作为独立变量（Fischer & Granoo，1995）。民族志取向者有可能致力于挖掘技术支持的意义建构中的预测性机制从而给设计提供灵感，而设计取向者可以借此开发和评估有效支持意义建构活动的新技术。采用混合方法的范式，可以使这些方法实现双向的支持和紧密的协作，比如可以采用描述性分析方法来更好地理解控制实验的结果和新的设计，或者，作为研究者，我们也应该借助计算机的支持来开始我们自己的意义建构活动。

CSCL 研究者正以共同体协作的形式积极地建构新方法来设计、分析和实施 CSCL。在引进来自同源其他学科的思想、方法和功能之后，CSCL 有可能会进入下一发展阶段，即协作建构新的理论、方法论和专用技术，进而分析主体间性意义建构中的社会实践，以更好地支持协作学习。CSCL 研究对于学习科学的最大贡献可能在于它对协作小组中的意义建构实践进行了深入的分析，同时不同于以往关注个体学习的取向，它设计了支持互动的技术制品。

参考文献

497 Baker-Sennett, J., & Matusov, E. (1997). School “performance”: Improvisational processes in development and education. In R. K. Sawyer (Ed.), *Creativity in performance* (pp. 197–212).

Norwood, NJ: Ablex.

Bereiter, C. (2002). *Education and mind in the knowledge age*. Mahwah, NJ: Lawrence Erlbaum Associates.

Bruffee, K. (1993). *Collaborative learning*. Baltimore, MD: Johns Hopkins University Press.

Button, G. Y., & Dourish, P. (1996). Technomethodology: Paradoxes and possibilities. Paper presented at the ACM Conference on Human Factors in Computing Systems (CHI '96), Vancouver, Canada.

Cakir, M., Xhafa, F., Zhou, N., & Stahl, G. (2005). Thread-based analysis of patterns of collaborative interaction in chat. Paper presented at the international conference on AI in Education (AI-Ed 2005), Amsterdam, Netherlands.

Cole, M. (1996). *Cultural psychology: A once and future discipline*. Cambridge, MA: Harvard University Press.

Cox, C., Harrison, S., & Hoadley, C. (2009). Applying the "studio model" to learning technology design. In C. DiGiano, S. Goldman, & M. Chorost (Eds.), *Educating learning technology designers* (pp. 145–164). New York: Routledge.

Crook, C. (1994). *Computers and the collaborative experience of learning*. London: Routledge.

Cuban, L. (1986). *Teachers and machines: The classroom use of technology since 1920*. New York: Teachers College Press.

Dillenbourg, P. (Ed.) (1999a). *Collaborative learning: Cognitive and computational approaches*. Amsterdam: Pergamon, Elsevier Science.

Dillenbourg, P. (1999b). What do you mean by "collaborative learning"? In P. Dillenbourg (Ed.), *Collaborative learning: Cognitive and computational approaches* (pp. 1–16). Amsterdam: Pergamon, Elsevier Science.

Dillenbourg, P. (2005). Designing biases that augment socio-cognitive interactions. In R. Bromme, F. Hesse, & H. Spada (Eds.), *Barriers and biases in computer-mediated knowledge communication – and how they may be overcome*. Dordrecht, Netherlands: Kluwer Academic Publisher.

Dillenbourg, P., Baker, M., Blaye, A., & O'Malley, C. (1996). The evolution of research on collaborative learning. In P. Reimann, & H. Spada (Eds.), *Learning in humans and machines: Towards an interdisciplinary learning science* (pp. 189–211). Oxford: Elsevier.

Donmez, P., Rose, C., Stegmann, K., Weinberger, A., & Fischer, F. (2005). Supporting CSCL with automatic corpus analysis technology. Paper presented at the International Conference of Computer Support for Collaborative Learning (CSCL 2005), Taipei, Taiwan.

Dwyer, N., & Suthers, D. (2005). A study of the foundations of artifact–mediated collaboration. Paper presented at the international conference of Computer-Supported Collaborative Learning (CSCL 2005), Taipei, Taiwan.

Engeström, Y. (1987). *Learning by expanding: An activity-theoretical approach to developmental research*. Helsinki, Finland: Orienta-Kosultit Oy.

498 Fischer, G., & Ostwald, J. (2005). Knowledge communication in design communities. In R. Bromme, F. Hesse, & H. Spada (Eds.), *Barriers and biases in computer-mediated knowledge communication – and how they may be overcome*. Dordrecht, Netherlands: Kluwer Academic Publisher.

Fischer, K., & Granoo, N. (1995). Beyond one-dimensional change: Parallel, concurrent, socially distributed processes in learning and development. *Human Development*, 1995(38), 302–314.

Garfinkel, H. (1967). *Studies in ethnomethodology*. Englewood Cliffs, NJ: Prentice-Hall.

Goffman, E. (1974). *Frame analysis: An essay on the organization of experience*. New York: Harper & Row.

Goldman, K. J. (2004). An interactive environment for beginning Java programmers. *Science of Computer Programming*, 53(1), 3–24.

Gruber, S., Peyton, J. K., & Bruce, B. C. (1995). Collaborative writing in multiple discourse contexts. *Computer-Supported Cooperative Work*, 3, 247–269.

Guzdial, M., Hmelo, C., Hubscher, R., Newstetter, W., Puntambekar, S., Shabo, A., . . . Kolodner, J. (1997). Integrating and guiding collaboration: Lessons learned in computer-supported collaboration learning research at Georgia Tech. Paper presented at the international conference on Computer-Supported Collaborative Learning (CSCL '97), Toronto, Canada.

Hanks, W. F. (1996). *Language and communicative practices*. Boulder, CO: Westview Press.

Have, P. T. (1999). *Doing conversation analysis: A practical guide*. Thousand Oaks, CA: Sage.

Heritage, J. (1984). *Garfinkel and ethnomethodology*. Cambridge: Polity Press.

Hicks, D. (Ed.) (1996). *Discourse, learning, and schooling*. New York: Cambridge University Press.

Horwitz, E., & Weinberger, K. (2005, May). How to wake up your dormant trade marks. *Managing Intellectual Property*.

Johnson, R. B., & Onwuegbuzie, A. J. (2004). Mixed methods research: A research paradigm whose time has come. *Educational Researcher*, 33(7), 14–26.

Kienle, A., & Wessner, M. (2005). Our way to Taipei: An analysis of the first ten years of the CSCL community. Paper presented at the international conference of Computer-Supported Collaborative Learning (CSCL 2005), Taipei, Taiwan.

Koedinger, K. R., & Corbett, A. T. (2006). Cognitive tutors: Technology bringing learning sciences to the classroom. In R. K. Sawyer (Ed.), *The Cambridge handbook of the learning sciences* (pp. 61–77). New York: Cambridge.

Koschmann, T. (Ed.) (1996a). *CSCL: Theory and practice of an emerging paradigm*. Hillsdale, NJ: Lawrence Erlbaum Associates.

Koschmann, T. (1996b). Paradigm shifts and instructional technology. In T. Koschmann (Ed.), *CSCL: Theory and practice of an emerging paradigm* (pp. 1–23). Mahwah, NJ: Lawrence Erlbaum

Associates.

Koschmann, T. (2002a). Dewey's contribution to the foundations of CSCL research. In G. Stahl (Ed.), *Computer support for collaborative learning: Foundations for a CSCL community: Proceedings of CSCL 2002* (pp. 17–22). Boulder, CO: Lawrence Erlbaum Associates.

Koschmann, T. (2002b). Dewey's critique of Thorndike's behaviorism. Paper presented at the AERA 2002, New Orleans, LA.

Koschmann, T., Hall, R., & Miyake, N. (Eds.). (2002). *CSCL2: Carrying forward the conversation.* Mahwah, NJ: Lawrence Erlbaum Associates. 499

Koschmann, T., Stahl, G., & Zemel, A. (2005). The video analyst's manifesto (or The implications of Garfinkel's policies for the development of a program of video analytic research within the learning sciences). In R. Goldman, R. Pea, B. Barron, & S. Derry (Eds.), *Video research in the learning sciences*.

Koschmann, T., Zemel, A., Conlee-Stevens, M., Young, N., Robbs, J., & Barnhart, A. (2003). Problematizing the problem: A single case analysis in a dPBL meeting. In B. Wasson, S. Ludvigsen, & U. Hoppe (Eds.), *Designing for change in networked learning environments: Proceedings of the International Conference on Computer Support for Collaborative Learning (CSCL'03)* (pp. 37–46). Bergen, Norway: Kluwer Publishers.

Lave, J., & Wenger, E. (1991). *Situated learning: Legitimate peripheral participation*. New York: Cambridge University Press.

LeBaron, C. (2002). Technology does not exist independent of its use. In T. Koschmann, R. Hall, & N. Miyake (Eds.), *CSCL 2: Carrying forward the conversation* (pp. 433–439). Mahwah, NJ: Lawrence Erlbaum Associates.

Levinson, S. C. (2000). *Presumptive meanings: The theory of generalized conversational implicature*. Cambridge, MA: MIT Press.

Lingnau, A., Hoppe, H. U., & Mannhaupt, G. (2003). Computer supported collaborative writing in an early learning classroom. *Journal of Computer Assisted Learning*, 19(2), 186–194.

Lipponen, L., Hakkarainen, K., & Paavola, S. (2004). Practices and orientations of CSCL. In J. -W. Strijbos, P. Kirschner, & R. Martens (Eds.), *What we know about CSCL: And implementing it in higher education* (pp. 31–50). Dordrecht, Netherlands: Kluwer Academic Publishers.

Newman, D., Griffin, P., & Cole, M. (1989). *The construction zone: Working for cognitive change in schools*. Cambridge: Cambridge University Press.

Nicolopoulou, A., & Cole, M. (1993). Generation and transmission of shared knowledge in the culture of collaborative learning: The fifth dimension, its playworld and its institutional contexts. In E. Forman, N. Minnick, & C. A. Stone (Eds.), *Contexts for learning: Sociocultural dynamics in children's development*. New York: Oxford University Press.

Nussbaum, B. (1993, June 7). Hot products: Smart design is the common thread. *Business Week*, 40–43.

O'Malley, C. (1995). *Computer supported collaborative learning*. Berlin: Springer Verlag.

Rommetveit, R. (1974). *On message structure: A framework for the study of language and communication*. New York: Wiley & Sons.

Rorty, R. (1974). *Philosophy and the mirror of nature*. Princeton, NJ: Princeton University Press.

Roschelle, J. (1992). Learning by collaborating: Convergent conceptual change. *Journal of the Learning Sciences*, 2, 235–276.

Rummel, N., & Spada, H. (2005). Learning to collaborate: An instructional approach to promoting collaborative problem solving in computer-mediated settings. *Journal of the Learning Sciences*, 14(2), 201–241.

Sacks, H. (1992). *Lectures on conversation, Volume 1*. Cambridge: Blackwell.

Scardamalia, M., & Bereiter, C. (1991). Higher levels of agency in knowledge building: A challenge for the design of new knowledge media. *Journal of the Learning Sciences*, 1, 37–68.

500 Scardamalia, M., & Bereiter, C. (1996). Computer support for knowledge-building communities. In T. Koschmann (Ed.), *CSCL: Theory and practice of an emerging paradigm* (pp. 249–268). Mahwah, NJ: Lawrence Erlbaum Associates.

Sfard, A. (1998). On two metaphors for learning and the dangers of choosing just one. *Educational Researcher*, 27(2), 4–13.

Sperber, D., & Wilson, D. (1986). *Relevance: Communication and cognition*. Cambridge, MA: Harvard University Press.

Stahl, G. (2006). *Group cognition: Computer support for building collaborative knowledge*. Cambridge, MA: MIT Press.

Suthers, D. D., & Hundhausen, C. D. (2002, April). Influence of representations on students' elaborations during collaborative learning. Paper presented at the American Educational Research Association, New Orleans, LA.

Thorndike, E. L. (1912). *Education: A first book*. New York: Macmillan.

Van der Pol, J., Admiraal, W., & Simons, R. -J. (2003). Grounding in electronic discussions: Standard (threaded) versus anchored discussion. Paper presented at the international conference of Computer-Supported Collaborative Learning (CSCL 2003), Bergen, Norway.

Vygotsky, L. (1930/1978). *Mind in society*. Cambridge, MA: Harvard University Press.

Whitworth, B., Gallupe, B., & McQueen, R. (2000). A cognitive three-process model of computer-mediated group interaction. *Group Decision and Negotiation*, 9, 431–456.

Zemel, A., Xhafa, F., & Stahl, G. (2005). Analyzing the organization of collaborative math problem-solving in online chats using statistics and conversation analysis. Paper presented at the CRIWG International Workshop on Groupware, Racife, Brazil.

第25章 移动学习

迈克·夏普尔斯 罗伊·佩亚

自人类社会启蒙之日起，人们就已习惯在户外活动的过程中学习。今天，手机和平板电脑借助其跨越时空的能力正在助力这种学习形式。在很多发展中国家，包括大部分撒哈拉以南非洲地区的国家，由于缺乏传统线缆式的通信基础设施，无线移动设备为人们提供了与互联网甚至是语音电话的第一次亲密接触。在所有国家，无论儿童还是成人，都正在越来越多地借助移动终端来访问网络资源。 501

当代移动学习终端的创造者可以追溯到20世纪70年代美国施乐公司位于帕罗奥图研究中心的一个由凯（Alan Kay）领导的团队。这个团队设计了一款名叫Dynabook的低成本无线手持设备。受布鲁纳（Jerome Bruner）和佩珀特（Seymour Papert）教育理论的启发，Dynabook支持学习者主动参与并与动态物理仿真程序进行互动，还允许学习者分享其创新观点。图25.1显示了凯1972年的论文《为各年龄段儿童设计的个人计算机》（A Personal Computer for Children of All Ages）中的一张插图，图中两位儿童正在通过Dynabook无线联网，玩一个共享的仿真游戏，要赢得游戏，他们需要理解火箭在一个星球引力场中的运动规律并准确地控制火箭（Kay，1972）。

图25.1 凯展示的儿童在室外使用无线联网平板电脑，通过共享仿真游戏进行学习的插图（Kay，1972）

20世纪70年代的技术发展水平还不足以制造一台实用的Dynabook，但40多年过去了，技术已经有了飞跃，低成本的平板电脑和复杂的手机设备随处可见，并且接入了互联网。安装上精心设计的教育软件后，这些联网的手持设备就可以让学习者以交互的方式使用学习资源，并进行跨越地域和文化的学习对话。

最早的大型移动学习项目是“移动学习”（Mobilearn），成员由来自10个国家的24个学术机构和企业构成（Bo，2005）。它的愿景是基于移动环境中有效教学的理论，开发、实施并评价一个兼顾学习与娱乐的学习系统。项目的重心是设计与支持学生在教室外的学习，包括博物馆中的学习、攻读与工作相关的工商管理硕士学位、学习管理医疗工作场所中的紧急情况等。Mobilearn开发了一个整合室内外位置跟踪和面向多终端分发多媒体内容的通
502 用移动学习平台，并在几个大学和佛罗伦萨的乌菲齐美术馆开展了实验。

在Mobilearn的总结会议上，研究者们回顾了参与此项目的收获，认为移动学习更应该关注学习者的移动性（learner mobility）而不是技术，即应关注融合于日常活动中的学习，这种学习可以作为正式教育的补充，但有时也会与正式教育相冲突。这个项目确认了为移动学习者提供结构并对其进行支持的需求，而其面临的挑战主要在于对户外学习的评估，以及对学习者学习活动进行持续监控时的伦理问题。

当前，移动学习已经由研究和试验阶段发展到了大规模应用的阶段。“行动英语”（English in Action，EIA）就是最近的应用之一，这是一个发起于2008年为期9年的项目，用于提升孟加拉国2500万人的英语沟通水
503 平。项目由孟加拉国政府和英国国际发展署（Department for International Development，DFID）共同发起，成员单位还包括英国开放大学和英国广播公司（BBC）。项目通过手机Micro-SD卡分发音频和视频学习材料，借助充电式便携扬声器，来支持英语教师的专业发展。每个移动教学视频在开始会介绍一个教学活动，然后举例说明它在教学中的应用。项目组观察参与项目的350位小学教师和141位中学教师的课例，并将其结果与基准水平进行比较。研究发现，教师的英语能力得到了提升，他们在课堂中开始将英语作为主要的教学语言，在语法课教学中他们开始摒弃传统的教学而转为采用新的课堂沟通技巧（Walsh et al.，2012）。现在，这一先行研究的研究样本规模已经扩大到了12500位教师。

作为“行动英语”项目的一部分，“BBC之窗”（BBC Janala）尝试每天

向成人的手机推送三分钟的音频课程以提高他们的英语技能。任何人都可以通过呼叫一个特定的手机号码，以每分钟 50 卢比（0.5 便士）的费用学习和练习英语。在项目最初的两年中，将近 2400 万用户（孟加拉国成人的 25%）通过这一方式获取了“行动英语”的资源（English in Action，2013）。

无缝学习

随着儿童和成人逐渐拥有了联网的移动设备，网络学习也走出教室和家庭，成为日常生活的一部分（Sharples，2000），并模糊了正式与非正式学习的边界（Crowley，Pierroux，& Knutson，本书第 23 章）。

学校的教室仅能提供有限的感知经验和学习情境，相形之下，教室之外的世界则更加丰富和多样，但其缺点在于它本身不是为了尽可能促进学习而设计的。移动设备则给予了我们整合正式和非正式学习环境优势的可能性（Bransford et al.，2006），即整合教室中的直接教学和反思空间，以及发生于学校之外，在家庭中、社区里和大自然中的真实的、情境化的学习。

无缝学习（seamless learning）的倡导者们（Chan et al.，2006；Kuh，1996）提议先前泾渭分明的两种学习（教室之中的和教室之外的，学术的和非学术的，课程的和辅助课程的，校园之内的和校园之外的）应该互相整合并互为延续。这种学习可以是预先设计好的，比如一项学习活动可以先在课堂中开展，之后拓展至与同伴的讨论，甚至是在线的互动。它也可以是偶发 504
的，比如，浏览报纸、观看电视节目时感兴趣的一则信息，可以引发出一段探索、讨论甚至正式学习的历程。王和洛伊（Wong & Looi，2011；Wong，2012）概括了这种“移动设备支持下的无缝学习”（MSL）的十大特性：

- （MSL1）涵盖正式与非正式学习；
- （MSL2）涵盖个别化和社会化学习；
- （MSL3）跨越时间；
- （MSL4）跨越地域；
- （MSL5）能够随时随地访问学习资源（在线数据和信息、教师创建的材料、学生制作的产品、学生的在线互动，等等）；
- （MSL6）包括物理和数字世界；

- （MSL7）综合使用多种设备（包括固定的设备，如台式电脑以及交互式电子白板）；
- （MSL8）在多项学习任务中无缝切换（如数据收集、分析和沟通）；
- （MSL9）综合知识（整合先前知识和新获知识、不同层次的思维技巧、多学科的学习）；
- （MSL10）整合多种教学和学习活动模式。

由此我们可以看到移动学习如何跨越位置、机构和社会情境，从而融合成一个连续的学习路径。教师在其中扮演着核心的角色，但主要是作为学习的组织者而不是传递信息给学习者的权威而存在。在教室中，联网的移动终端可以方便教学信息的获取，同时帮助教师管理个体、小组和班级的学习活动（Goldman，Pea，Maldonado，Martin，& White，2004；Stroup，Ares，& Hurford，2005；White & Pea，2011）。在教室外，移动设备可以继续引导学生的学习，提供观测自然环境的工具，存储信息以备回溯或标注，同时还可以提供学习对话。

无缝移动学习为我们提供了一个关于学习的宏伟愿景，至少有四个理由可以佐证它比传统的课堂教学方式更为有效。第一，无缝学习与其他的日常活动如聊天、阅读、购物或看电视等交织在一起，而这些活动可以作为学习的资源。正如杜威（Dewey，1897，1938）所言，学习发生于个体在日常生活中努力克服困难解决问题，或是在活动或与人对话过程中认识到值得记忆的内容时。第二，在无缝学习中，对学习的监控与管理是分布式的。在教室中，教师对传统学习管理的关注点根深蒂固，但是在移动学习情境中，学习分布在学习者、指导者、教师、技术设备，以及诸如书本、建筑物、动植
505 物之类的学习资源中。第三，无缝学习利用了我们总处在一个情境之中的事实，即我们总处于周围有着客体、人物和资源的某个时刻某个地点，而且与此同时，我们可以通过对话、记笔记或者改变周围事物与情境进行互动，进而创造新的情境。第四，借助精心设计的移动应用，日常生活中的自然交互和人际互动可以通过记录客观事物、收集数据、与异地的用户对话、对经验开展反思等方式成为引发学习的机会。例如，增强现实技术可以在用户可以感知的环境经验上叠加计算机生成的图像、视频和音频。

实践中的移动学习

人们对移动学习的兴趣日益高涨的原因有两个。首先是出于为每位学生装备高效的个性化学习设备的渴望，因为它们可以为学习者提供个性化的学习体验，而我们知道当学生基于自己当前经验，并就学习路径进行选择时，学习效率最高（Gureckis & Markant，2012；Schwartz & Arena，2013）。其次，人们越发认识到在 21 世纪，人必须终身学习，因为知识的更新和技术的发展实在是太过迅速（NRC，2012）。

移动设备与 1 对 1 教室

科勒拉（Colella，2000）汇报了一项由麻省理工学院媒体实验室设计和实施的针对课堂教学的研究，他们设计并评价了小型可穿戴设备［“标签（Tags）”］在儿童参与物理仿真模拟时的作用，在这项研究中儿童不是通过观察计算机屏幕的画面，而是通过实地操作来完成仿真模拟的。每个“标签”都内置了一个两位数字的显示器和五个双色 LED 灯，当儿童彼此靠近到一定距离时，佩戴的“标签”会自动通信。在其中一个成功的游戏中，儿童扮演病毒传染媒介的角色。在游戏开始时，一位儿童在不知情的情况下携带了仿真的病毒，当他自由地在教室里移动时，病毒开始扩散，受感染的“标签”会亮红灯，表示已经中毒。游戏中大多数“标签”会被感染，但还有一些幸免于难，因为这些“标签”是“免疫”的。这个游戏由 5 个计算机编码的规则控制——儿童的任务是通过重复这个感染模拟过程来发现这些规则。这些规则是（Colella，2000）：

- 病毒会潜伏（不可见）大约 3 分钟；
- 任何携带中毒“标签”的人，即使不在可视范围内，也能感染其他人的“标签”；
- 当接触中毒“标签”时，传染的可能性是 100%；
- “标签”编号尾数为 1 或 2（1、2、11、12、21 等等，显示在数字显示器上）的用户对病毒免疫； 506
- 具备免疫功能的“标签”不会成为病毒的携带者。

这项对儿童在课堂中参与《病毒游戏》（*Virus Game*）的研究不仅揭示了这是一个让学生高度投入的游戏，还揭示了：学生集体开展了一个探究学习的过程并发现了游戏的预设规则。游戏中的教师负责监管活动，但不能将学生往正确答案引导。在科勒拉其中一项课堂研究中，儿童一开始没有按照预设规划的那样在教室中随机移动并观察行动结果，他们自愿接受自己“标签”显示的角色，并在红灯亮起时“死亡”。接着他们重复模拟了 5 次，在一系列尝试之后开始推断谁可能是潜在的病毒携带者（“零号病人”），以及为何有些学生永远不会死。在后续模拟中，他们开始改变行为——比如故意不移动——来尝试发现病毒传播的规律。科勒拉访谈了部分儿童，他们能够解释部分的病毒传播规律，有些还能将其与艾滋病病毒进行类比，声称他们“曾经携带过艾滋病病毒”。后来这个游戏进行了改版并被移植到了手持设备中（见图 25.2）。

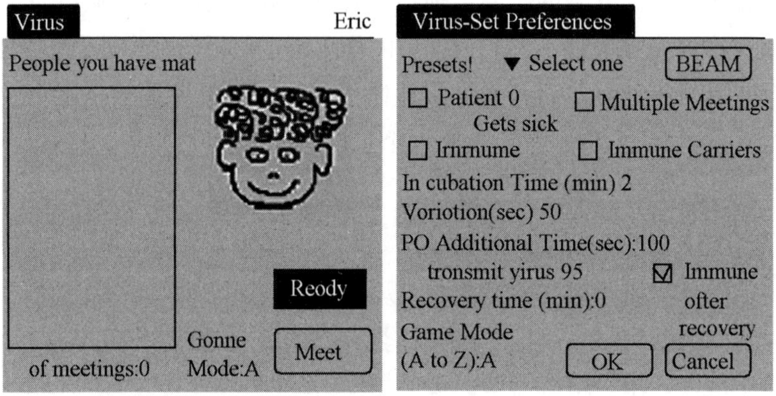

图 25.2　手持版《病毒游戏》的用户界面及设置界面

这一早期研究可被视为移动学习的原始版本，它有许多优势与不足。孩子们会在三周内用专门的五天时间玩《病毒游戏》，所以孩子们能多次参与游戏，对结果做出反应并讨论，计划不同的活动，并重新开始游戏。沟通
507 与协作是《病毒游戏》必不可少的元素，它整合于孩子们在房间里四处移动“传播病毒”的过程中，也体现在他们反思、讨论并协商如何开始下一轮游戏的过程中。潜在的学习是让每一个学习者体验一个不确定的情况，然后探究其潜在的结构（Colella，2000）。

使用移动终端开展个性化学习在活动发起与过程引导方面对教师提出了挑战。在像《病毒游戏》这样的自主探究学习活动中，教师必须引导学生建构对主题的共同理解。在类似上述案例的情境中，当所有活动都发生在教室

中时，教师还可以通过课堂观察和活动引导来掌控，但是如果学生使用移动终端在户外或是家中开展自主学习，那么教师就必须设计一个半即兴（semi-improvised）的教学安排，将学生的发现统整为一个有效的结果。要管理这样的教学流程，教师需要提升专业能力，以掌握这些新的教学策略。

最后，还需要关注学生究竟学会了什么，以及技术究竟是在促进还是阻碍学习。学生的确有过在病毒扩散模拟中积极参与的体验，但并没有证据表明他们对流行病学或是科学探究建构了深层的理解。随后的校本移动学习项目探索了诸如具身参与、个性化与协作、活动组织以及教师专业发展之类的主题。罗谢尔和佩亚（Roschelle & Pea，2002）发现，借助“无线网络学习设备”（Wireless Internet Learning Devices，WILDs）项目，教师可以分发问题至学生的终端，而学生的反馈可以集中显示于教师的交互式白板中，这种模式的确给学习注入了新的活力。例如，教师可以将某个教学主题的概念图发送到所有终端，让每个学生指出最难理解的概念或连接关系，所有的反馈都投影至教室的显示屏幕，并由此引发班级讨论。

“移动计算机支持的协作学习”（MCSCL）项目的努斯鲍姆及其同事（Nussbaum et al.，2009）与在GroupScribbles软件环境中研究的罗谢尔及其同事（Roschelle et al.，2011）基于“无线网络学习设备”项目的设计原则开展了一项联合探究，来了解手持设备在课堂协作学习中的作用。在“移动计算机支持的协作学习”项目中，学生以3—4人为一组，进行问题解决活动，教师首先发送相同的题目给所有的学生，题目类型包括封闭题（例如从多项选择题中选择答案）和开放题（例如写一段文本或提交一张图片）。每位学生先尝试自主回答问题，待所有学生提交后，小组成员彼此对比、分析问题答案，如果所有成员都回答正确（对于开放题型，则需要所有成员均一致），就将小组统一的答案发送给教师。如果答案不正确或是彼此有分歧，组员就需要进行小组讨论直至协商出正确的或是一致的回答。教师收到答案后则将意见反馈至每个小组，并将其作为班级讨论的主题。

苏里塔和努斯鲍姆（Zurita & Nussbaum，2004）将“移动计算机支持的 508
协作学习”与一个同类的协作学习项目进行了对比，两者均在数学和语言学科实施，均发送相同问题让学生回答，学生均被要求遵循相同的学习过程，只不过另一个项目没有使用手持设备，而采用了纸笔应答的模式。结果发现，“移动计算机支持的协作学习”项目的模式有显著的优越性，这之中很重要的一个原因是手持设备扮演了提供教学内容的外部表征以及协调不同类型的教学对话的双重角色。每位学习者都得到了尝试解决问题，然后在小组里重新表述知识并开展讨论，最后迅速地在教师管理的课堂讨论之中表达它的机会。

课堂外的移动学习

另一个移动学习研究的流派关注课堂外的学习，并已经探索了“自然环境中发生”的学习的价值，即能够对诸如多媒体仿真之类的现象，以及诸如博物馆、实地考察学习之类的情境形成个性化的体验。通常情况下，这类学习情境具有参与性，内容丰富又具有复杂性，这使得我们思考如何让学生参与到情境展开的相关方面，从而揭示其本质属性或内隐规则（Klopfer & Squire，2008）。在参观博物馆或实地考察式的移动学习中，教师需要对学生的反思过程加以管理，比如：通过设计技术工具引导学生适时暂停活动并进行思考（Lonsdale，2011）；或者在现场布置一个类似教室的环境（Facer et al.，2004）；也可以在现场让学生收集适宜、详细的情境信息，回到教室再做分析（Vavoula，Sharples，Rudman，Meek，& Lonsdale，2009）。

“无线网络学习设备”（WILD；Roschelle，Patton，& Tatar，2007；Roschelle & Pea，2002）、Collpad（Nussbaum et al.，2009）以及“个人探究”（Personal Inquiry；Anastopoulou et al.，2012）等移动学习项目，对允许每位学生体验现象与为协作意义建构、任务规划提供机会这两者之间的关系进行了探究。

课堂外的移动学习项目建基于长期以来非正式、体验式和探究式学习的研究成果。移动学习与这些实践的主要差异在于，技术工具不仅仅作为一种根据学习者需要随时随地提供学习资源的工具而存在，同时也发挥着在不同情境间提供脚手架、组织和连接学习的作用。

“个人探究”项目正是通过让 11—14 岁的青少年在正式与非正式的情境下主动参与科学探究过程，来帮助他们了解自己以及我们生存的这个世界的。这个项目采用了一种“脚本化探究”的取向，不同的脚本就像动态课程计划一样内置于学生的个人终端上，以此来引导他们的学习。在他们的个人上网电脑或智能手机上，运行着一个叫 nQuire 的软件，这款软件利用内置传
509 感器的功能，成为学生们移动的科学探究工具。这一项目设计了一个个人探究学习过程（见图 25.3），它既包括在课堂中互相展示对知识的理解，也包括在 nQuire 屏幕上使用交互式向导程序。

（a）

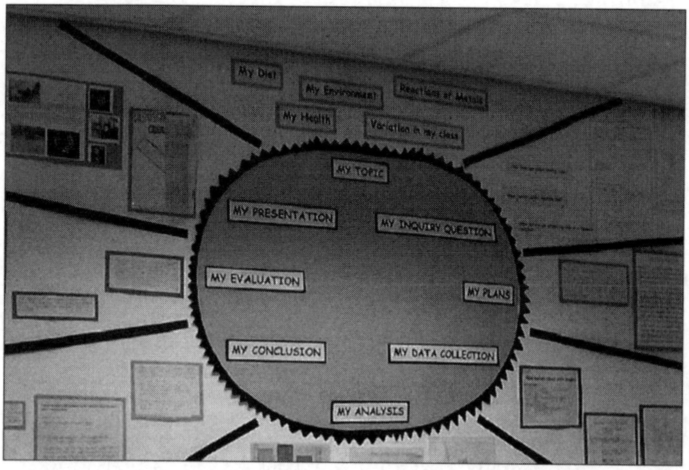

（b）

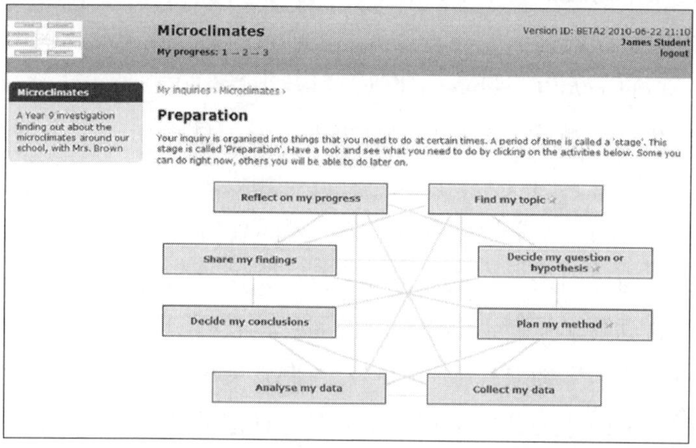

图 25.3　呈现在（a）教室墙壁和（b）nQuire 屏幕上的个人探索过程①

通常情况下，学生先在教师组织下参与一个课堂科学探究活动，然后在家里或户外，在 nQuire 的支持下进行探究，接着在课堂中分享、讨论和展示 510 最终的发现。“个人探究”项目最初在两所学校进行了试点，探究选择了与青

① 图 25.3（a）中，探究主题包括“我的饮食”“我的健康”“我的环境”“班里的变量”等；探究过程包括“探究主题”“探究的问题”“探究方案”“数据收集”“数据分析”“结论”“评价”“报告”等。在图 25.3（b）中，探究的主题是校园的微气候，该项目在布朗老师的指导下进行，历时 1 年，进行了 9 个调查，以发现学校里的微气候。在调查前学生要做一些准备工作，调查要求学生在特定的时间做特定的事情。一段时间被称为一个“阶段”。首先是“准备阶段”，单击屏幕上的按钮，可以看到需要做些什么，哪些工作现在就可以做，哪些工作以后才可以做。调查过程包括“寻找主题”“确定问题或假设”“制订方案”“收集数据”“分析数据”“确定结论”“分享发现”“反思”等。——译者注

少年生活密切相关的主题，如“健康饮食”“食品腐烂与浪费”“学校操场上的微气候”“噪声污染对禽类喂食的影响”。接着试点扩大到六所学校，对这一技术与教学的融合进行了评估。结果显示，与控制组相比较，“个人探究”项目的学生在学习表现上明显更优，这一模式也保留了科学课程的愉悦性。对参与试点者进行的访谈也揭示了学生和教师是如何增进对探究学习的理解的（Anastopoulou et al.，2012）。

“个人探究”以及同类的其他项目，包括LETS GO（Pea et al.，2012）、SCY（De Jong et al.，2010）已经证明，通过移动终端组织学习、推送与情境关联的资源是可以整合课堂内外的学习的，同时移动终端也可以作为探究工具使用。但这些实践也提出，在教育领域推广此类学习面临着巨大的挑战。首先，每个学习者在家里、户外和学校中都需要装备此类联网终端。其次，在学生完成课堂内教师教学的内容后走出教室时，教师需要通过软件对他们的探究与协作活动提供指导与支持。对教师而言，挑战在于如何管理一个充满了让人分心的个人电子设备的课堂，以及当学生在户外采集了数据回到教室后如何继续组织教学。学生回到教室时，有可能会带回一个破损的设备，或者是不完整、缺失的数据，以及不在教学预设之内的发现。例如，在“健康饮食”探究活动中，学生需要每天将三餐的食物拍成照片，使用nQuire记录每顿饭的食物并用条形图统计营养成分。在课堂的集中展示环节，很多学生一开始不愿意共享他们不健康饮食的照片，教师于是讲授了数据匿名方面的知识，向所有学生确保当他们的照片在课堂展示时，不会透露他们的个人信息。之后学生们才又开始了新一轮的图片日记活动，收集并共享了更完整的饮食习惯数据。

这类教学通过教师的组织，对学生在课堂之外收集的数据进行探析，并对其中与初始研究主题相关的发现进行解释，这可以被视为集体的意义建构过程。意义建构是“为了预测趋势、提升实践效果而意图明确、持续投入地去理解关系（包括人、地点及事件的关系）的过程”（Klein，Moon，& Hoffman，2006）。它是用来感知复杂情境（De Jaegher & Di Paolo，2007；NRC，2009）、理解人的社会地位、解释科学发现等的基本认知与社会过程。移动学习为将户外或家中的意义建构活动整合进课堂创造了可能，可以将不同个体收集的数据与集体的探究问题、研究假设进行关联，并依据新出现的研究证据来修正之前的问题。

移动学习理论 511

几十年来学习科学的研究已经证明，学习者之间的会话能够促进学习（Miyake & Kirschner，本书第 21 章；Andriessen & Baker，本书第 22 章；Stahl，Koschmann，& Suthers，本书第 24 章）。会话可能发生于学生与教师、专家之间，也可能发生于学习同伴之间。会话有助于学习的一个原因是它使得学习者能够，同时也必须尝试外化自己建构的理解（Eisenberg & Pares，本书第 17 章），而这有助于其元认知意识的提高（Winne & Azevedo，本书第 4 章）。在参与高效的学习会话时，每个成员都需要了解与主题相关的共享外部表征。

在计算机被发明之前，人类就已经设计了用于在课堂中帮助学生外化理解的技术，包括写字用的石板、学生用的笔记本、黑板和交互式白板，这些工具既可以帮助教师解释复杂的概念，也可以让学生表达他们的想法。学校引进计算机之后，学习科学家们就立刻着手开发软件用来帮助师生结构化学习会话，这类学习通常被称为计算机支持的协作学习（CSCL；Stahl et al.，本书第 24 章）。也有很多学习科学家开发了计算机应用来支持学生外化知识，甚至在诸如复杂系统这样抽象、复杂的学科中也是如此（Wilensky & Jacobson，本书第 16 章）。

为了优化学习，教师必须管理学习会话，以便使它们可以与课程主题及教学规划一致，进而达成预设的学习结果。学习科学家用“编排”（orchestration）这一概念来形容每个学生都可以访问一台计算设备时的课堂管理活动（Dillenbourg , Järvelä，& Fischer，2009；Dillenbourg & Jermann，2010；Roschelle & Pea，2002）。在编排时，教师会创建一个“脚本”（相当于一个动态的教学方案）并让它运行于每个学生的设备上，来协助教师分发资源、指派小组、展示材料、设置约束、监控过程、激活交流、共享活动以及整合学习结果（Collins，Mulholland，& Gaved，2011）。在《多脚本》（Many Scripts）这一软件中（Dillenbourg & Jermann，2010），教师可以选择和编辑脚本以引导学生的学习。其中一个脚本名为“辩论图”（ArgueGraph），教师可以设计一个多项选择题，让学生每人选择一个答案。答案的分布情况会显示给所有学生，然后教师可以依据答案的分布来组织课堂。在移动学习中，这些会话也可以发生于课堂之外，既可以在户外实施，也可以在远距离移动的人们之中实施。两者的共同点是，当参与者参与或退出交流，或者技术和情境发生改变时，会话能够持续进行。

512

情境与学习

社会文化情境观对学习科学产生了重要影响（Greeno & Engeström，本书第 7 章）。在社会文化情境观视角下，所有学习被不可避免地嵌入物理和社会情境之中，社会文化情境研究试图明确不同的情境是如何丰富或制约学习的。社会文化情境观的视角对于我们研究移动学习尤其重要，因为借助这些无线手持设备，学习可以在任何地方发生，可以在教室内也可以在教室外，可以有老师也可以没老师。不妨设想一群参观艺术展时站在一幅画前的小伙伴，他们每个人都基于自己在展览中的参观历程（领会布景、观看画作、阅读导览手册），同时结合个人生活中自孩童尝试绘画时开始的创作与解释艺术作品的经验，对这幅画形成了自己的理解。当齐聚在这幅画作前时，他们通过分享各自的艺术知识，辅之以导览手册以及作品简介，一起构建了一个学习的“微生态”。要理解移动学习，我们需要检视人是如何灵活地基于周遭环境随时创设学习微生态的，以及他们是如何将一种情境中的学习迁移到另一情境中的（Pea，1992，1993，1994）。

增强现实与泛在学习

今天的移动技术可以支持泛在学习——学习可以随时随地发生。智能手机与平板电脑已经成为可以引导学习活动的强大计算终端，同时它们也可以化身为科学探索工具箱，内置摄像机、录音机以及越来越多的传感器，并兼具多媒体通信的功能。此外，现在的技术甚至还可以支持学生在没有携带自己的移动终端的情况下进行移动学习。举例来说，有些建筑物会内置传感器，然后就可以侦测用户位于何处，并通过通信设备传送关于能源使用情况的信息（Eisenberg & Pares，本书第 17 章）。借助今天无线设备的 GPS 功能，生成基于地理位置的信息成为可能，例如，“虚拟旅行”（virtual tourist trails）可以模拟游客在城市中的游历。因此，技术被用来增强日常生活的体验，而司空见惯的物体和场所也就在相当程度上具有了“学习的功能”（Spohrer，1999）。

移动设备一旦与增强现实技术相结合，便具有让学习者自主选择学习时间和地点的能力。学习者不需要集结为班级，也不再非得跑到学校才能学到什么，相反，他们可以在日常活动中，在需要的时候来收集信息、获取知识及开展学习。

对于一个古代战争的遗迹、一个山区的沉积岩断层或是某个建筑物房间的每日能耗，我们无法轻易地通过肉眼察看或是对数据进行准确的测量来感受，这也是增强现实促进学习的潜力所在。例如，威斯康星州马凯特大 513
学（Marquette University）的建筑楼在设计时就允许学生通过测量风速、结构张力以及建筑的地基承压力来获取关于建筑设计以及能源再生方面的知识（Claeys，2001）。罗杰斯和同事们（Rogers et al.，2014）设计了可以作为户外学习体验［“野外林木”（Ambient Wood）］组成部分的数字增强技术形态及处理方法，来激励六年级学生开展情境化的科学探究，并就彼此的互动进行反思。奥加塔（H. Ogata）和同事们（Li，Zheng，Ogata，& Yano，2005；Ogata，Miyata，& Yano，2010；Ogata & Yano，2004）开发出了一个泛在学习环境，其采用嵌入了传感器的增强“智慧对象”来支持学习，例如可以用外语说出自身名称及用途的家具。在他们称之为“就在此处”（Out There In Here）的项目（Coughlan，Adams，Rogers，& Davies，2011）中，学生们与在基地的其他成员用语音和视频通信互相连接，开展实地探究。由两组学生组成一个双向的增强学习系统，在基地的学生提出探究主题并提供参考资料，而在现场的学生则负责收集数据来回答这些问题并分享“在此处”的经验。

扰乱性行为

儿童通常会挖空心思通过冒犯教师或是做些小动作来破坏课堂常规，而移动联网终端及智能手机可以将他们的这一能力提升至新的水平。利用这些设备，学生可以彼此交谈，甚至是通过社交媒体建立“秘密通道”与外部世界建立联系，这破坏了教室里的座位编排，也对教师成功组织教学提出了挑战（Sharples，2002）。

对此，绝大多数学校和教师在早期采用的应对方法是禁止学生在课堂上使用移动设备。然而，人们越来越认识到连接正式的课堂学习和非正式学习的必要性（Bevan，Bell，Stevens，& Razfar，2013），正如前文所提及的，移动设备可以非常有效地做到这一点。学生可以通过在学校之外使用移动设备创建社交网络进行持续会话，并提升共享信息和在线研究的技能，而这些技能尽管是出于个人与社交原因建构起来的，却在当前的知识经济中有宝贵的价值。尽管这些活动在学校中受到了严格的限制，我们依旧相信它们应该被视为对正式教育的补充而非抵抗。

融合这些主题，我们可以认为，移动学习是“跨越多个情境，在与他
514 人和交互式技术的对话或探索中获知的过程”（Sharples，Taylor，& Vavoula，2007）。由此我们应该关注个人和群体在各种固定或便携技术的支持下，在彼此对话、探索环境、跨越时空中获取知识并建构共同理解的认知和社会过程。

未来的发展趋势及挑战

在过去的十年间，移动学习领域已经从试点研究项目发展到大规模技术开发和服务部署的阶段。智能手机与平板电脑的广泛普及，意味着对很多人而言，移动互联网已经深度融入日常生活。电子书已经部分取代纸质书，移动互联网访问也正在替代桌面浏览，当前，移动互联网已经占到网络流量的三分之一（ComScore，2013）。英国国家统计局一项关于互联网访问的调查（Office for National Statistics，2013）显示，有51%的成年人使用手机来访问互联网，而在16—34岁年龄段人群中这一比例高达80%。在这一年龄段受众中，超过60%的人使用手机或其他移动设备访问社交网络，超过15%的人用其阅读电子书。相比之下，在超过55岁的英国人群中，使用移动设备进行社交或阅读的比例不足10%。

随着人们在日常生活中频繁地使用移动设备，他们的学习模式也会相应发生变化。移动设备正在成为终身教育和学习的管理工具，而不仅仅是书籍或者教学视频的直接替代品。社交网络成为同龄人之间正式学习的交互工具。诸如《印象笔记》（Evernote）、《多宝箱》（Dropbox）和谷歌文档（Google Docs）之类的工具为跨越设备和情境的无缝学习提供了支持；新兴的慕课（Massively Open Online Courses，MOOCs）为学习者提供了顶尖大学最好的课程以帮助他们进行深层学习（Sawyer，本书第36章）。增强现实和个人信息采集等新技术也使得标注地理位置并分享经验成为可能。

“情境化语言学习”和“公民科学”是这类创新应用的两个典型案例。在“情境化语言学习”中，学习者使用安装于自己智能手机上的应用程序来学习外语，这个应用会随着他们所处的位置显示关联的单词与词组（Sweeney，Pemberton，& Sharples，2011），其中的词汇表被其他的学习者共享。例如，一位语言学习者在一家当地餐馆为一道名为“banoffee pie”（香蕉

太妃派）的特色餐点添加了定义，并上传了一张照片。之后，当别的语言学习者来到这家餐馆时，这一词条就会作为当前位置的关联词汇，连同其他学习者在此地共享的词条一起将定义和照片显示给学习者。

在“公民科学”中，学习者使用的是典型的“众包”（crowd sourced）式 515
移动学习模式，即有成千上万人来贡献和分享与情境关联的信息。iSpot应用（Woods & Scanlon，2012）允许用户上传和共享附带位置信息的野生动物或自然观察笔记，同时用户也可以查阅在当前位置已经开展过的观察活动。iSpot网站目前已有超过18000名注册用户，他们拍照记录并以此区分不同的动植物。所有的观察记录都对其他用户开放，以便验证其是否正确。系统同时建有名誉管理功能，对定期分享、准确辨识的用户，会颁发虚拟徽章，同时他们的辨识结果的认证权重也将更高。

诸如此类的共享情境式学习活动正越来越多地融入我们的日常生活。现在的电子书已经允许读者通过共享书签与标注的方式参与社会化阅读；眼镜和徽章之类的可穿戴设备，可以捕获、分享及调取与地理位置相关的信息；楼宇和街道上的显示屏会显示自身结构、能源使用和历史沿革等信息；人们也可以在不同的位置留下“虚拟涂鸦”来记录观感与故事。

英特尔实验室的一个长期项目已经在致力于研究情境感知活动的识别。通过整合集成于用户移动设备感应器的“硬件”感知（侦测位置、用加速度计感知的相对运动以及周围环境的光线和声音）及“软件”感知（例如设备活动量、社交网络活动、日程表数据），形成的聚合数据流在被转译后就可以预测出用户当前正在从事的活动。英特尔实验室认为这一动作识别技术可以提供个别化的指导、教学、鼓励、信息等来支持用户的活动（Intel，2013）。英特尔实验室研究了动作识别技术与手势识别、社交亲密度、情绪类别等元素的结合方式，以此作为开发大量高度个性化的应用程序的基础（Healey，Nachman，Subramanian，Shahabdeen，& Morris，2010）。

这一对环境活动进行持续监测的新兴技术引出了深刻的伦理问题。这之中的有些问题已经成为当前信息革命的部分议题，包括信息过载的问题、逃离无处不在的连接的需要、从背景数字噪声中过滤和辨别有价值知识的技能。当信息越来越情境化后，这类问题也将不再局限于在线活动。未来会有更多的活动在网络上进行，因此与这些杂乱纷繁的数据关联的位置信息值得被关注。每个人都会面临如何使用移动工具来创建整合不同时间、地点、社会群体的统一生活体验，支持个性化的意义建构活动，以及过滤无关干扰的挑战。正规教育可以提供一个隔离情境信息侵入的避难所，这也为规划与反思移动学习项目提供了可能。要做到这些，教师们需要转换自己的角色：让
516 孩子们做好终身进行情境化意义建构的准备，帮助他们整合校外学习中收获的知识与经验，以及使用移动设备促进学习。

其中的一个伦理问题是，当学习不再被认为仅发生于教室或演讲厅内，而内嵌于日常生活中时，各级学校在引导这类跨越正式与非正式学习环境的教育时，享有哪些权利，又承担什么职责？学校现在已经要求大多数儿童完成家庭作业了，那么其他在学校外部发生的在线活动是否应该被管理、监控与评价？是否需要为了健康饮食类项目给儿童布置科学探究任务让他们来记录每天餐食的照片，或是为了一个健身或运动项目要求儿童对他们的心率进行监控？这些活动在技术上都是可行的，但是伦理的边界该划在哪里？

另一个相关的问题涉及青少年的权利，即他们有权拥有并掌控自己的数据，以及拥有在不受成年人监控和干扰下获取和共享观点的在线空间。父母对网络中恶意用户和失当行为的恐惧导致了一些孩子在家里的网络行为被持续监控。当在线活动延伸至户外时，青少年有可能会生活在一个完全没有隐私、所有活动都被监视的世界里。反过来对于教师也是如此，他们的课堂行为也会因为儿童的手机摄像头而持续置于监控之下。我们需要在无处不在的连通性与监管下的隐私和反思之间，协调好成效与伦理的平衡。移动学习的前沿正与生活融为一体。

结论

从技术的角度看，移动学习是指在多种设备，包括智能手机和平板电脑，以及墙壁大小的显示器上，为移动中的人们提供与他们位置相关的教育内容和服务。学习科学家把对移动学习的关注点放在学习情境与学习的持续性上，即：如何基于不同的位置和时间创设最佳的学习机会？

移动学习认为学习者持续性地处于移动之中是理所当然的。我们能够跨越空间学习，以多种目的、多重身份将在一个地方获得的观念和学习资源运用到另一个地方。我们能够跨越时间学习，对先前在不同环境下学到的知识重新审视。我们能够从一个主题转到另一个主题，管理一系列的个体学习项目，而非仅仅跟着某一门课程学习。我们也能够利用技术参与或者退出移

动学习，例如当我们进入或者离开手机信号覆盖区时（Vavoula & Sharples，2002）。

从很多原因来看，关注学习的移动性对于理解与支持学习都是十分重要的。作为家长和教师，我们需要让我们的孩子不仅具备针对特定主题的学习技能和策略，还要让他们具备管理学习项目，并将其迁移至新的物理或社会情境的能力。教师不仅要让学生把移动终端带进教室，同时也需要让他们将自己的个性化学习目标、资源以及学习共同体带入教室。情境是移动学习一个核心的并且在不断进化的理论组成要素，人总是在多样的情境中学习，通过切换、对比不同的情境，或者通过与位置、人工制品、资源和其他成员的互动来创设新的情境。 517

由于以前的教育研究大多是在学校情境中实施的，关于人们在课堂外是如何学习的，我们知之甚少：他们是怎样与他们周围的环境互动来构建微型学习生态的？他们又如何将一个情境中的学习拓延到另一个情境？移动学习研究不仅需要关注个体学习的移动性，也需要关注群体和社会中的移动性。现在，我们才刚刚开始了解如何使用建筑、公共空间与生活服务来设计城市，从而使之既具备商业和娱乐功能，又能通过技术支持来实现意义的建构，例如，通过交互式公共显示设备和个性化情境感知应用帮助移动学习者学习语言和社会文化。人如何在移动中学习，无论他是在体育运动还是舞蹈中，或者是在一个诸如博物馆或文物遗址这样概念丰富（conceptually rich）的空间中，始终是移动学习研究的核心问题。

借助位置感知传感器支持在移动中访问、交流、共享知识的功能，新技术可以为移动学习提供个性化的工具集。在诸如文物遗址的真实情境中，人们可以通过网络和处于同一位置的其他人共享情境化的知识。科学爱好者也可以使用智能手机或平板电脑进行实验，观察和共享关于自然的研究主题和信息。移动服务使得人们可以留下“虚拟涂鸦”，听到与情境相关的故事，或是同时参与到发生于不同地点的共享经验之中。这一切开拓了学习的新途径，但同时也提出了包括隐私、所有权、空间等在这个“永远在线”的社会里需要反思的伦理问题。学习发生在个体循环参与体验的过程之中，分布在反思性理解与知识共享活动之中。作为学习科学家，我们需要了解如何为不断移动的人、团体和社会点燃并维持这一学习引擎。

参考文献

Anastopoulou, A., Sharples, M., Ainsworth, S., Crook, C., O'Malley, C., & Wright, M. (2012). Creating personal meaning through technology-supported science learning across formal and informal settings. *International Journal of Science Education, 34*(2), 251–273.

518 Bevan, B., Bell, P., Stevens, R., & Razfar, A. (Eds.). (2013). *LOST Opportunities: Learning in out-of-school time*. New York: Springer.

Bo, G. (2005). MoBIlearn: Project Final Report. Available at http://www.mobilearn.org/results/results.htm. Accessed December 1, 2012.

Bransford, J. D., Barron, B., Pea, R., Meltzoff, A., Kuhl, P., Bell, P., Stevens, R., Schwartz, D., Vye, N., Reeves, B., Roschelle, J., & Sabelli, N. (2006). Foundations and opportunities for an interdisciplinary science of learning. In K. Sawyer (Ed.), *The Cambridge handbook of the learning sciences* (pp. 19–34). New York: Cambridge University Press.

Chan, T. -W., Milrad, M., & 15 others. (2006). One-to-One technology-enhanced learning: An opportunity for global research collaboration. *Research and Practice in Technology Enhanced Learning Journal*, 1(1), 3–29.

Claeys, M. (2001). Instrumentation of buildings to enhance student learning – A case study at Marquette University's Discovery Learning Complex. Master's Theses (2009–). Paper 86. Available at http://epublications.marquette.edu/ theses_open/86.

Colella, V. (2000). Participatory simulations: Building collaborative understanding through immersive dynamic modelling. *Journal of the Learning Sciences*, 9(4), 471–500.

Collins, T., Mulholland, P., & Gaved, M. (2011). Scripting personal inquiry. In K. Littleton, E. Scanlon, & M. Sharples (Eds.), *Orchestrating inquiry learning* (pp. 87–104). Abingdon: Routledge.

ComScore (2013, February). *Mobile future in focus – 2013*. ComScore.

Coughlan, T., Adams, A., Rogers, Y., & Davies, S. -J. (2011). Enabling live dialogic and collaborative learning between field and indoor contexts. *Proceedings of the 25th BCS Conference on Human Computer Interaction* , July 4–8, 2011 (pp. 88–98), Newcastle upon Tyne, UK.

De Jaegher, H., & Di Paolo, E. (2007). Participatory sense-making. *Phenomenology and the Cognitive Sciences*, 6(4), 485–507.

De Jong, T., Van Joolingen, W. R., Giemza, A., Girault, I., Hoppe, U., Kindermann, J., & the SCY Team (2010). Learning by creating and exchanging objects: The SCY experience. *British Journal of Educational Technology*, 41, 909–921.

Dewey, J. (1897). My pedagogic creed. *School Journal*, 54, 77–80.

Dewey, J. (1938). *Experience and education*. New York: Macmillan.

Dillenbourg, P., Järvelä, S., & Fischer, F. (2009). The evolution of research on computer-supported collaborative learning: From design to orchestration. In N. Balacheff, S. Ludvigsen, T. Jong, A. Lazonder, & S. Barnes (Eds.), *Technology-enhanced learning* (pp. 3–19). New York: Springer.

Dillenbourg, P., & Jermann, P. (2010). Technology for classroom orchestration. In M. S. Khine, & I. M. Saleh (Eds.), *New science of learning: Cognition, computers and collaboration in education* (pp. 525–552). New York: Springer.

English in Action (2013). English in action, media and adult learning. Accessed March 1, 2013 at http://www.eiabd.com/eia/index.php/en/2012-10-04-07-26-15/adult-learning.

Facer, K., Joiner, R., Stanton, D., Reid, J., Hull, R., & Kirk, D. (2004). Savannah: Mobile gaming and learning? *Journal of Computer Assisted Learning*, 20, 399–409.

Goldman, S., Pea, R., Maldonado, H., Martin, L., & White, T. (2004). Functioning in the wireless classroom. In *Proceedings of the Third IEEE International Workshop on Wireless and Mobile Technologies in Education* (WMTE'04, pp. 75–82). New York: IEEE Press. 519

Gureckis, T. M., & Markant, D. B. (2012). Self-directed learning: A cognitive and computational perspective. *Perspectives on Psychological Science*, 7(5), 464–481.

Healey, J., Nachman, L., Subramanian, S., Shahabdeen, J., & Morris, M. (2010). Out of the lab and into the fray: Towards modeling emotion in everyday life. *Pervasive Computing*, 156–173.

Intel. (2013). Context awareness activity recognition: Project. Available at http://goo.gl/PIJy4.

Kay, A. C. (1972, August). A personal computer for children of all ages. *Proceedings of the ACM National Conference*, 1(1), 1–11. Boston, MA.

Kuh, G. D. (1996). Guiding principles for creating seamless learning environments for undergraduates. *Journal of College Student Development*, 37(2), 135–148.

Klein, G., Moon, B., & Hoffman, R. F. (2006). Making sense of sensemaking I: Alternative perspectives. *IEEE Intelligent Systems*, 21(4), 70–73.

Klopfer, E., & Squire, K. (2008). Environmental detectives – The development of an augmented reality platform for environmental simulations. *Educational Technology Research and Development*, 56(2), 203–228.

Li, L., Zheng, Y., Ogata, H., & Yano, Y. (2005). A conceptual framework of computer-supported ubiquitous learning environment. *International Journal of Advanced Technology for Learning*, 2(4), 187–197.

Lonsdale, P. (2011). Design and evaluation of mobile games to support active and reflective learning outdoors. PhD Thesis, University of Nottingham. Available at http://etheses.nottingham.ac.uk/2076/.

National Research Council/NRC. (2009). *Learning science in informal environments: People, places, and pursuits. Committee on Learning Science in Informal Environments*. P. Bell, B. Lewenstein, A. W. Shouse, & M. A. Feder (Eds.). Washington, DC: National Academy Press.

National Research Council(NRC). (2012). *Education for life and work: Developing transferable knowledge and skills in the 21st century*. Inu J. W. Pellegrino, & M. L. Hilton (Eds.). Washington DC: National Academy Press.

Nussbaum, M., Alvarez, C., McFarlane, A., Gomez, F., Claro, S., & Radovic, (2009). Technology as small group face-to-face collaborative scaffolding. *Computers & Education*, 52(1), 147–153.

Office for National Statistics. (2013). Internet access – Households and individuals, 2012 part 2. Retrieved from http://www.ons.gov.uk/ons/dcp171778_301822. pdf.

Ogata, H., Miyata, M., & Yano, Y. (2010). JAMIOLAS2: Supporting Japanese mimetic words and onomatopoeia learning with wireless sensor networks for overseas students. *International Journal of Mobile Learning and Organisation*, 4(4), 333–345.

Ogata, H., & Yano, Y. (2004). CLUE: Computer supported ubiquitous learning environment for language learning. *IPSJ*, 45(10), 2354–2363.

Pea, R. D. (1992). Augmenting the discourse of learning with computer-based learning environments.
520 In E. de Corte, M. Linn, H. Mandl, & L. Verschaffel(Eds.), *Computer-based learning environments and problem-solving* (*NATO Series, subseries F: Computer and System Sciences*) (pp. 313–343). New York: Springer-Verlag.

Pea, R. D. (1993). Learning scientific concepts through material and social activities: Conversational analysis meets conceptual change. *Educational Psychologist*, 28, 265–277.

Pea, R. D. (1994). Seeing what we build together: Distributed multimedia learning environments for transformative communications. *Journal of the Learning Sciences*, 3(3), 285–299.

Pea, R., Milrad, M., Maldonado, H., Vogel, B., Kurti, A., & Spikol, D. (2012). Learning and technological designs for mobile science inquiry collaboratories. In K. Littleton, E. Scanlon, & M. Sharples (Eds.), *Orchestrating inquiry learning* (pp. 105–127). Abingdon: Routledge.

Rogers, Y., Price, S., Fitzpatrick, G., Fleck, R., Harris, E., Smith, H., & Weal, M. (2004). Ambient wood: Designing new forms of digital augmentation for learning outdoors. *Proceedings of the 2004 conference on Interaction design and children: building a community* (pp. 3–10), New York, Association for Computing Machinery (ACM).

Roschelle, J., Patton, C., Schank, P., Penuel, W., Looi, C-K, Chen, W., Chan, A., Prieto, P, Villagra, S., & Dimitriadis, Y. (2011). CSCL and innovation: In classrooms, with teachers, among school leaders, in schools of education. *Proceedings of Computer-Supported Collaborative Learning Conference, Volume III – Community Events,*(pp. 1073–1080), International Society of the Learning Sciences.

Roschelle, J., Patton, C., & Tatar, D. (2007). Designing networked handheld devices to enhance school learning. *Advances in Computers*, 70, 1–60.

Roschelle, J., & Pea, R. D. (2002). A walk on the WILD side: How wireless handhelds may change computer-supported collaborative learning (CSCL). *The International Journal of Cognition and Technology*, 1(1), 145–168.

Schwartz, D. L., & Arena, D. (2013). *Measuring what matters most: Choice-based assessment in the digital age*. The John D. and Catherine T. MacArthur Foundation Reports on Digital Media and Learning. Cambridge, MA: MIT Press.

Sharples, M. (2000). The design of personal mobile technologies for lifelong learning. *Computers & Education*, 34, 177–193.

Sharples, M. (2002). Disruptive devices: Mobile technology for conversational learning. *International Journal of Continuing Engineering Education and Lifelong Learning*, 12(5/6), 504–520.

Sharples, M., Taylor, J., & Vavoula, G. (2007). A theory of learning for the mobile age. In R. Andrews, & C. Haythornthwaite (Eds.), *The Sage handbook of e-learning research* (pp. 221–247). London: Sage.

Spohrer, J. C. (1999). Information in places. *IBM Systems Journal*, 38(4), 602–628.

Stroup, W. M., Ares, N. M., & Hurford, A. C. (2005). A dialectical analysis of generativity: Issues of network-supported design in mathematics and sciences. *Mathematical Thinking and Learning*, 7(3), 181–206.

Sweeney, T., Pemberton, R., & Sharples, M. (2011) Toponimo: A geosocial pervasive game for
English second language learning. *Proceedings of the 10th World Conference on Mobile and* 521
Contextual Learning (*mLearn 2011*), October 18-21, 2011(pp. 436–440), Beijing, China.

Vavoula, G. N., & Sharples, M. (2002). KLeOS: A personal, mobile, knowledge and learning organisation system. In M. Milrad, U. Hoppe, & Kinshuk (Eds.), *Proceedings of the IEEE International Workshop on Mobile and Wireless Technologies in Education* (*WMTE2002*), August 29–30(pp. 152–156), Vaxjo, Sweden.

Vavoula, G., Sharples, M., Rudman, P., Meek, J., & Lonsdale, P. (2009) Myartspace: Design and evaluation of support for learning with multimedia phones between classrooms and museums. *Computers & Education*, 53(2), 286–299.

Walsh, C. S., Shaheen, R., Power, T., Hedges, C., Katoon, M., & Mondol, S. (2012). Low cost mobile phones for large scale teacher professional development in Bangladesh. In 11th world Conference on Mobile and Contextual Learning (mLearn 2012), October 15–18, Helsinki, Finland.

White, T., & Pea, R. (2011). Distributed by design: On the promises and pitfalls of collaborative learning with multiple representations. *Journal of the Learning Sciences*, 20(3), 1–59.

Wong, L. -H. (2012). A learner-centric view of mobile seamless learning. *British Journal of Educational Technology*, 43(1), E19–E23.

Wong, L. -H., & Looi, C. -K. (2011). What seams do we remove in mobile-assisted seamless learning? A critical review of the literature. *Computers & Education*, 57(4), 2364–2381.

Woods, W., & Scanlon, E. (2012). iSpot Mobile – A natural history participatory science application. In *Proceedings of Mlearn 2012*, October 15–16, Helsinki, Finland.

Zurita, G., & Nussbaum, M. (2004). Computer supported collaborative learning using wirelessly interconnected handheld computers. *Computers & Education*, 42(3), 289–314.

第26章 虚拟世界中的学习

亚思明·B.卡法　克里斯·迪德

虚拟世界是发展最快的在线社区之一，经常有着数以百万计的参与者。 522
一些流行的虚拟世界，如《我的世界》（*Minecraft*）、《第二人生》（*Second Life*）、《魔兽世界》（*World of Warcraft,* 面向成年人）、《企鹅俱乐部》（*Club Penguin*）、《哈宝旅馆》（*Habbo Hotel*）、《尼奥宠物》（*Neopets*）和《网娃》（*Webkinz*，面向儿童；Kafai & Fields，2013）等，已经成为家喻户晓的名字。虚拟世界可以定义为“通过计算机系统建立的同步互动、长期存在的网络空间，用户在其中以虚拟形象的形式存在”（Bell，2008，p.2），它的特点是可以提供沉浸式的心理感受（feeling of immersion），即用户不需要真实存在于特定物理空间就可以获得真实、全面的主观感受（Dede，2012a）。商业运作成功的虚拟世界要么是多人游戏（如《魔兽世界》），要么是为了增加实体商品销售量或提升消费者品牌忠诚度而设计的，例如华特·迪斯尼公司的《企鹅俱乐部》《网娃》《尼奥宠物》的设计初衷就是提高毛绒动物玩具的销量。

近些年，一些学习科学家们对虚拟世界在教育领域的应用潜力开展了基于设计的研究，其中最著名的案例包括对《生态探索》（*EcoMUVE*）、《亚特兰蒂斯探密》（*Quest Atlantis*）和《河城》（*River City*）等的研究（Dawley & Dede，2014；Messinger，Stroulia，& Lyons，2008）。学习科学家们认为有四个原因使虚拟世界具备独特的潜力来促进学习。首先，虚拟世界能让参与者模拟特定的社会和经济现象（Bainbridge，2007；Castronova，2005），并且可以运行实验、控制微观世界，比如可以探索健康问题和发现环境问题（Kafai & Fefferman，2011；Metcalf，Kamarainen，Tutwiler，Grotzer，& Dede，2011）。虚拟世界的仿真模拟或可视化功能可以用于支持针对复杂对象的体验式学习，当离开虚拟世界时这几乎不可能实现（Wilensky & Jacobson，本书第

16 章）。

其次，虚拟世界的沉浸特质可以支持社会互动和身份探索（identity exploration）——学习科学家们已经证明，交互性和身份感是学习的关键要素，这与把学习视为共同体中的合法参与（legitimate participation）的社会文化理论所持的观点一致（Lave & Wenger，1991）。参与者以虚拟形象的形式呈现在虚拟世界的屏幕上，这个虚拟形象的形式可以由他们自行设计，或
523 者由他们从菜单中选择现有的形象。用户既可以作为社会群组的成员参与互动——例如用户可以组建游戏公会协同作战——也可以在不与其他人进行互动的情况下，与虚拟世界中的人工制品、建筑物以及自动化代理（automated agents）进行互动。与单人视频游戏相比，虚拟世界是长期性的，这意味着互动空间不会在用户离开时消失，相反它会继续存在，并且空间中的其他成员可以继续活动。由于虚拟世界具有很多探索空间以及鼓励培养公民意识的空间，因而参与其中的用户往往会随着参与的社会活动而分化为自己人（insiders）和外部人（outsiders），从而也就形成了成员的概念（Boellstorff，2008）。

再次，虚拟世界往往能提供高度的参与感和动机，大量的学习科学研究已经证实，参与和动机对于学习十分重要（Järvelä & Renninger，本书第 33 章；Dawley & Dede，2014）。许多虚拟世界允许用户自行决定如何探索环境、与哪些虚拟形象进行互动以及用虚拟货币购置什么物品。这些选择权增加了用户的自主性，也增强了学生的动机，当然，在自主探索过程中，虚拟世界也会提供一些引导来形成特定的学习成果（Nelson，2007）。此外，在虚拟世界中模拟科学现象可以提高用户的自我效能感和科学探究能力，这对表现欠佳的学生群体尤其有用（Ketelhut，2007）。同样，虚拟世界在设计时也引入了真实世界中的物质和组织法则，例如在《模拟学校》（*SimSchool*；Gibson，2012）中，参与者首先在虚拟世界中验证沟通协作的新策略，在掌握后再将其迁移到真实的课堂中。

最后，虚拟世界为教育者提供了真实、自动化和内嵌的学习评价方式，并能够将其反馈给其他教师、学生和家长（Dede，2012b；Pellegrino，本书第 12 章）。在虚拟世界中，所有的用户活动（包括聊天、电子邮件往来、评论或创建虚拟制品；Grimes & Fields，2012）都可以作为反映学习的数据，用于了解学生参与和探究的程度。收集和分析这些不同时段与不同形态的数据，对于记录和跟踪学生在校外的学习也很有帮助。

虚拟世界可以用于校内学习，也可以用于校外学习，或者在两种情境下混合使用。在下一节中，我们会对用作校内学习和校外学习环境的虚拟世界进行论述。我们会列举不同虚拟世界产品的案例，并对针对不同学习成果开展的虚拟世界研究结果进行分析。再之后，我们将论述可以内嵌于虚拟世界中的评价形式。尽管可用的评价方法很多，但在这里我们主要使用两种：学习分析法和民族志。这两种方法主要展示了虚拟世界的设计如何为收集和处理大规模的数据集提供可能。在本章的最后部分，我们将对虚拟世界领域未来的研究中需要注意的三个重要问题：扩大参与者的数量、整合专家与智能代理的教学指导以及创建整合虚拟世界和真实课堂功能的混合式学习环境。 524

虚拟世界中促进学习的设计

任何虚拟世界在设计时都允许用户在任何地点使用——无论是课堂内还是课堂外。但在用于课堂教学时，设计者所设计的活动框架会有很大的差异。当学生在家里或是任何其他校外环境中使用虚拟世界时，他可以完全自由地选择需要参加的活动——就好像在科学中心或是其他非正式学习环境中一样（Crowley，Pierroux，& Knutson，本书第 23 章）。但在课堂上则恰好相反，学生通常被限制在特定的时间里参与虚拟世界中教师布置的特定活动，同时教师或者课程自身也会提供某种形式的学习支持，这在家中往往很难做到。在课堂上或是在家中使用虚拟世界的优缺点往往是互相交织的，在设计使用的策略时也要权衡其利弊。

在校内使用虚拟世界

近年来，学习科学家已经开发设计了不少用于支持科学课教学的虚拟世界，它们已经被证明能带来比传统教学方式更好的学习效果。这些应用实践几乎都将虚拟世界和包括传统教学评价方式在内的线下课堂元素组合使用，《亚特兰蒂斯探密》（http://www.questatlantis.org/；Barab，Sadler，Heiselt，Hickey，& Zuiker，2007）是其中最成功的案例之一。在《亚特兰蒂斯探密》的大雅（Taiga）虚拟公园中，一个 11 岁的孩子会在教师的帮助下扮演一位科学家，利用其掌握的关于水质的课程知识去解决一个真实问题，并观察其操作结果，这样就为学生提供了在传统课堂中通常无法实现的体验式学习元素（Barab et al.，2007）。比较研究（Barab et al.，2009）表明，这一模式下学生的学习效果和动机水平会高于传统的科学课教学。

第二个以课堂内容为核心并应用于课堂教学的虚拟世界案例是《河城》（http://muve.gse.harvard.edu/rivercityproject），它的目标是让学生学会形成假
525 设、设计实验，并在此过程中学习相关国家标准和生物学与流行病学方面的评估（Dede，2009a）。学生需要像科学家一样相互协作，通过观察和推理发现问题，形成并验证假设，并基于证据形成结论，揭示潜在的因果关系。学生沉浸在这个模拟的古老（确切地说是19世纪的）城市（见图26.1）中，以三到四人为一组，尝试协同发现患病的人。他们与这个模拟环境的各类居民进行交谈——患病的儿童和成人、医院职员、商人和大学中的科学家。对《河城》课堂教学应用的评估表明，相比较传统教学或是棋盘类游戏提供的学习体验，在这一模拟体验中有更多的学生牢固地掌握了学科知识和科学探究技能（Clarke & Dede，2009）。

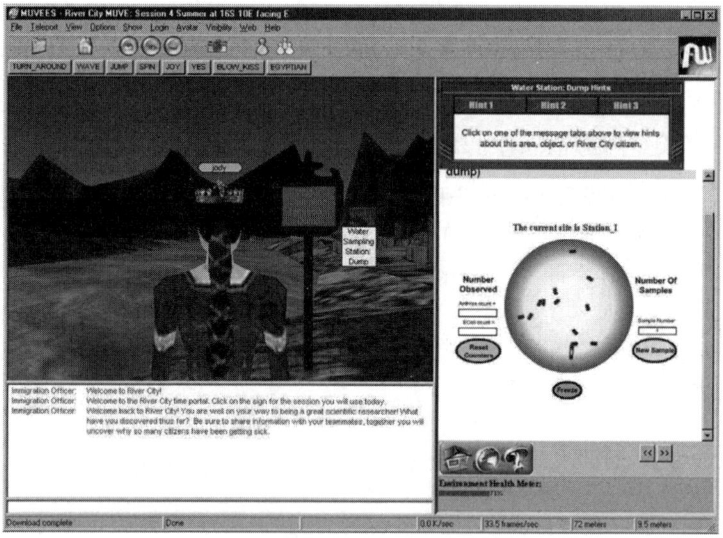

图 26.1 《河城》中的实验

此外，学生更深入地参与了这个课程，并熟练地掌握了发现问题的方法（在一个充斥了各种表象的复杂环境中，必须先识别和发现问题，然后才可以解决它们）。与有着类似实验操作但以纸质课本为基础的课程教学相比较，这种沉浸式互动方式下的学生总体上（无论何种性别、民族和英语水平）参与得更加深入，同时学到的知识一点不少甚至更多（Ketelhut，Nelson，Clarke，& Dede，2010）。

第三个例子是《生态探索》(http:// ecomuve.gse.harvard.edu)，它主要 526
关注于利用具有真实感的沉浸式模拟，教授学生相关的生态科学概念以及复杂的因果关系，并培养学生的科学探究（协作或个体的）能力(Metcalf, Kamarainen, Grotzer, & Dede, 2012)。《生态探索》构建了池塘和森林两个虚拟生态系统，每者均提供了包含复杂因果关系的生态场景（见图 26.2）。学生需要以生态科学家的身份探索虚拟生态系统，从各种来源收集不同时段的数据。《生态探索》采用拼图教学法（Dede, 2013），学生们四人一组，分别扮演具有不同专业知识的角色（如植物学家、微生物专家），通过交互式问答来学习各自模块中的专业知识（例如，什么是 pH）。然后，学生会根据各自的角色收集不同的数据，并在虚拟环境中通过图表的方式将其分享给组员。之后小组成员整合所有数据，协作分析并理解系统中的生态关系。最终
小组成员将生态系统中的因果关系用概念图的形式表现出来，并在班级中 527
展示。早期研究（Grotzer, Kamarainen, Tutwiler, Metcalf, & Dede, 2012; Kamarainen, Metcalf, Tutwiler, Grotzer, & Dede, 2012; Metcalf et al., 2012）的结果显示，无论学生参与的是生态科学学习，还是复杂推理学习，他们均很有收获。

图 26.2　在《生态探索》的“池塘”中收集数据

在教室环境中，教师可以作为一种资源，这也为设计与应用虚拟世界提供了机遇。当然这也有风险，比如教师不按设计者的意图去实施课程，或者无意间中止了学生的学习（Dede, 2005）。和所有的教育创新一样，教师的

专业发展对其是至关重要的（Fishman，Davis，& Chan，本书第 35 章）。例如在《河城》项目最后的两年中，94% 的教师认为在课堂实施前参与的 4 个小时在线培训十分有用。《河城》项目的培训师也发现，那些投入时间参与面对面或在线培训的教师，在实施中出现中止课程预设教学的情况较少（Dede，2009b）。

学校的信息技术基础设施往往达不到成功实施虚拟世界学习需要的一人一机条件。例如在《河城》项目的实施中，教师需要能够长期使用足够的、可靠的信息技术基础设施，因此在学校中他们只能将全班同学从教室带到技术实验室以便使用那里的计算机访问《河城》，这样其他想使用实验室的教师就有意见。有些学校采用配备笔记本并在需要时用推车送到教室的方式来构建信息技术设施，但这种情况下每次上课师生都要浪费宝贵的时间来建立电脑与服务器的网络连接。

此外，出于安全防护、学生安全、隐私的考虑，学区通常会采用特殊方法来限制外部网络的访问，有些极端的学区甚至会屏蔽所有的外部网站（Schofield，2006）。2008—2009 学年，为推动《河城》项目在几百所学校中的实施，项目团队中的技术专家花了四分之一的时间用来解决网络访问的问题，有时甚至会逐个学校上门配置网络（Dede，2009b）。比如有些学区以《儿童互联网保护法案》（CIPA）为由，默认禁用了很多虚拟世界运行所依赖的联网功能，这是在技术、逻辑和组织层面都很难改变的现状。在这一设定下，“虚拟”环境必须完全封闭（比如不包含任何的外部链接），为了支持这些学区，一个封闭版本的《生态探索》应运而生。

学生在虚拟世界中的投入程度非常之高，以至于他们在课堂结束后还想在家里继续使用。在家使用可以增加沉浸感、加强参与度，同时借助学生的非正式学习策略也可以更好地使这一学习与科学课教学整合起来。但是让学
528 生在学校和家中使用同样的虚拟世界存在诸多问题。那些具有较好计算机操作技能、家中配备了高速宽带网络的学生会比其他学生更有优势。此外，因为虚拟世界是多用户的，那么在没有监管的情况下，学生可能会做出一些失当行为（如网络欺凌、说脏话）。《为什么城镇》（*Whyville*，稍后讨论）之类的非正式社区，主要通过制造同伴压力来确保积极的社交规范，在《河城》项目中，为了提供安全的环境，设计者在设计时，限制其只能应用于学校情境中（课堂上、午餐期间、课间），并安排了成年人在线作为监控者。他们同时还开发了一个“敏感词检测器”，当学生使用不当词汇聊天时，系统会

提醒他们注意言辞。每天早上，系统还会将学生前一天的聊天记录发送给教师，这样他们就可以通过密切监控来鼓励适宜的与任务相关的在线行为（Clarke & Dede，2009）。学生们也很快意识到，他们在虚拟世界中也是被密切监督的。

在校外使用虚拟世界

在校外使用虚拟世界时，用户在活动中的自主性会更强，因此参与者也会明显增加。很多虚拟世界提供了休闲小游戏，用户可以通过游戏闯关来赚得虚拟“货币”。学习科学家设计的虚拟世界同样也会引入教育游戏和虚拟货币。例如在《为什么城镇》中，用户可以参与各种科学游戏积累虚拟资源，并用于装饰他们的虚拟形象及与他人交际（Kafai，2010）。《为什么城镇》中有一个叫作“热气球大赛”的单人环节，用户要闯关就必须通过控制燃料流量和热空气释放，处理好温度、空气密度、速度、风向的关系来调整气球在坐标图上的位置。《为什么城镇》中也有协作型的科学游戏环节，用户需要组建团队合作解决问题，“漫游冬至日”（Solstice Safari）就是其中的一个例子，这个环节需要用户协作收集世界各地日出和日落的数据，它刺激了《为什么城镇》用户的协作和社交互动，也教会了他们感知地球与太阳的相对位置以及时间、季节、温度和其他地理信息（见图 26.3）。

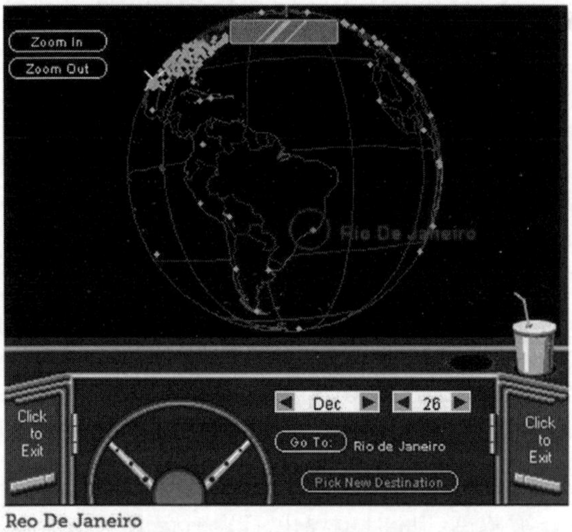

图 26.3　虚拟世界《为什么城镇》中的“漫游冬至日”

[图片由卡法（Yasmin B. Kafai）提供]

在《为什么城镇》中，用户还可以沉浸式地进行科学模拟，比如模拟疫情扩散。在这一虚拟环境中有一种名为“为什么病毒”（Whypox）的虚拟病毒每年都会暴发，受感染用户的虚拟形象会出现红疹，在进行文字聊天时也会不时被“阿嚏”（achoos）字样中断，表示他们在打喷嚏（Kafai，Feldon，Fields，Giang，& Quintero，2007），这样其他用户就都会知道这个用户感染了病毒。除了个体层面外，用户也可以在整个群体的层面感受疫情的扩散，这
529 一疫情在整个在线社区中的扩散将会持续几周的时间。这一过程中，虚拟疾病控制中心会以图片形式公布病毒在整个在线社区中的感染情况。论坛上将发起竞赛来对不同的疾病原因进行评测，在线报纸则发布关于各种疾病带来的影响的精选短文。此外，流行病学模拟程序允许用户自行建立和运行疫情暴发模型，并对其扩散和感染后果进行预测（见图 26.4）。

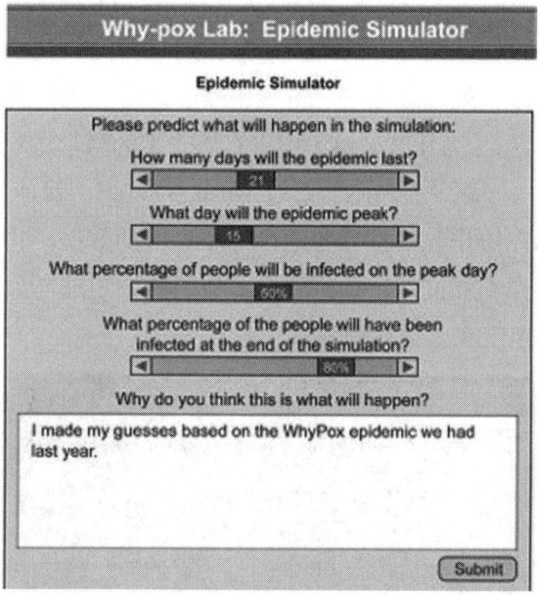

图 26.4　虚拟世界《为什么城镇》中的“疫情”（图片由卡法提供）

关于“为什么病毒”的影响的研究结果显示，在线用户参与了大量与科学探究相关的活动（Kafai，Quintero，& Feldon，2010）。根据日志记录，整个社区在疫情暴发期间的科学类讨论明显增加。在对“为什么病毒”暴发期间访问《为什么城镇》的校外学习俱乐部成员进行访谈后发现，他们的很多讨论不仅关注怎样会被感染，同时也提出了关于病毒感染途径和潜伏期时长的假设（Kafai & Wong，2008）。通过使用流行病学感染模拟器模拟一系列小规模的疫情暴发，对比分析暴发前后的情况，用户可以对疫情的影响和潜伏期时长提出假设并进行验证。用户不仅可以更加频繁地访问虚拟疾病控制中心

查看社区的感染图，而且也可以借助模拟器验证流行病学设计。这之中有个 530
重要的发现，即在用户持续使用模拟器的过程中，他们的预测在不断完善，这说明他们对参数的设置不是随机的。对用户向在线报纸递交的 100 多篇稿件加以分析后，研究者发现整个社区都在关注这一虚拟疾病，并且相关的讨论主题都围绕预防措施、社会交往和常见症状展开。

另一个案例展示了虚拟世界可以提供的一种非常特殊的学习形态，也就是作弊站点。这些由用户制作的站点会向其他人发布游戏的答案与闯关捷径，同时也会发布关于虚拟世界中文化规范与实践的信息（Fields & Kafai，2010a）。围绕每个虚拟世界都会出现数百个这样的作弊站点。有些仅仅提供游戏的答案与解决方案，另外一些则还会对相关的概念做详细的解释——通常辅以图表，用来帮助用户理解内隐于游戏中的思想和机制。这些站点作为游戏社区一部分，说明了教育游戏可以提供丰富的学习机会，至少在这些站点提供详尽的解释时是这样的。此外，作弊站点本身也可以作为教育游戏设
计的重要环节，因为它不仅需要用户提供一个可以轻易复制的正确答案，更 531
主要的是教育游戏可以借此让用户在解决问题和进行解释的过程中开展深入的探究。

第三个关于非正式虚拟世界的案例是《我的世界》，这个游戏允许用户使用带有纹理的 3D 组块来构建物体和建筑，以此设计自己的沉浸式环境。《我的世界》自身有一个简易的模板环境，附有不同的生物带，具有日夜循环的机制，同时还有大量计算机虚拟人物。这样游戏就有更多的玩法了，包括游历世界的不同地方，制作和共享物品，通过投入战斗角色来维持健康值，为了存活避敌以防止来自其他用户或生物的攻击。这一自行建构的模式因其潜在的学习潜力已经吸引了学习科学家的关注，例如游戏采用的物理引擎已经可以被用于开发包括简单机械装置、电路甚至诸如 CPU 这样高度复杂的系统。

这些非正式空间可以同时给大量用户提供不同的学习内容和探究方式。《哈宝旅馆》这一未成年人虚拟世界的引领者，已经拥有超过 2.68 亿的注册用户，每月的独立访问用户超过 900 万。《我的世界》有大约 2800 万的用户。《为什么城镇》拥有 650 万 8—14 岁的用户。与只能在规定时间段使用的学校环境相比较，校外学习者可以完全自由地使用虚拟世界。这也导致了用户在参与程度的分布上极不均衡，相对较少比例的用户（7%）完全沉浸于虚拟世界，稍大比例的用户（34%）会不时访问网站，而更多的普通用户（59%）

只会偶尔参与活动（Kafai & Fields，2013）。尽管在许多商业和非正式虚拟世界中，实际注册的用户常常数以百万计，但他们中只有极小部分的人真正参与到了教学活动中，并贡献了绝大部分的网络流量和学习产出。

也许在校外使用虚拟世界所面临的最大挑战是，它们之中最受欢迎的产品在设计时的目的并不是提升社会所期待的学习产出。《为什么城镇》和其游戏社区的成功，比如前文提到的虚拟的“为什么病毒”是个例外。这种类型的团体游戏较好地发挥了大量用户的优势，为他们提供了一个关于流行病暴发的沉浸式体验。这种沉浸式体验也可以借助虚拟世界中作为游戏方式一部分的社交体验展开，引领用户开展更深入的探究。尽管有些虚拟世界（例如《我的世界》和《为什么城镇》）会给用户提供创意空间，帮助用户以创造虚拟形象、建造虚拟建筑、撰写文章等方式设计和贡献内容，但大多数虚拟世
532 界里用户的选择仅限于菜单中的几个选项。校外使用虚拟世界的学习潜力和优势在于它能让用户深度投入，这不仅仅指用户会参与其中，更重要的是它允许用户以创造性的设计和写作等方式做出贡献，这从虚拟世界用户社区的飞速发展以及青少年程序设计、同人小说（fan fictions）在线社区的广泛流行可以窥见。

虚拟世界中的学习评价

虚拟世界收集并存储了用户及其行为的信息，这些信息可用于为教师和学生生成形成性、诊断性的反馈，并对学生的理解程度和学习表现进行总结性评价，此外还可以用民族志研究方法分析其参与模式。由于虚拟世界中的体验是相对开放的，产生的数据容量十分巨大但又只有部分与学习相关，所以分析这些数据极具挑战性（Dede，2012b）。此外，虚拟世界的很多学习产出都是基于复杂的高级技能的（例如如何在一个非结构化的情境发现一个好的研究问题），并且很难用程序算法来进行自动化分析。其结果就是，这种分析要比在高度结构化的基于计算机的学习环境（例如导师系统、简单模拟和游戏）中更难开展。在这些环境中，要分析的对象通常是界定清晰的，不存在干扰研究情境的无关信息，同时用户在操作时，可供选择的选项也被限定在少数几项之中，且这些选项都与最终要分析的对象直接关联（而不会偏离任务）。但是，由于虚拟世界产生的数据在细节上特别丰富，因此它们也

为高度准确地评估学生的理解和学习表现提供了极大的可能。

虚拟世界在提供形成性评价和总结性评价方面具有独特的优势，其可以概括为 3 个 “E”：*参与*（engagement）、*启发*（evocation）、*证据*（evidence）。首先，精心设计的虚拟世界能吸引学生深度*参与*并努力获得成功，这意味着与很多考试不一样，学生会尽最大的努力。其次，如前文所讨论过的，虚拟世界可以*启发*学生在更大范围内的行为表现。就如《生态探索》所展示的，通过分析学生对生态问题的陈述结构，我们可以预测学生在真实研究小组中实习时可能展现的所有表现。这意味着虚拟世界提供了关于学习体验和评价情境的广泛参照，教师可以借此评价学生的掌握程度——虚拟世界为学生展现参与程度，以及发挥自我效能感、理解力和表现力提供了大量机会。

第三个 “E”，即*证据*，比较复杂。在判断学生真正掌握或者不掌握的程度时，事先设定行为表现的参照体系十分重要。在一项对《河城》中学生持续活动和交互的分析报告中，研究者发现学生的学习并没有在前后测或者单元结束时举行的科学会议上的学生团队报告中体现出来（Ketelhut，Dede，Clarke，Nelson，& Bowman，2007）。借助内嵌于虚拟世界中的诊断性评价重构学生的学习轨迹可以体现更多的学习细节，通常也比采用快照式的总结性评价，甚至类似展示作品这样的综合评价更加真实可靠。 533

最后，虚拟世界可以收集丰富的佐证资料来了解学习者知道什么（和不知道什么）、能做什么（和不能做什么）以及是否知道何时如何将学科知识框架和先前知识应用于新的问题情境。虚拟世界因为其情境化属性及日志记录功能，可以很容易地进行用户行为引导设计、持续收集数据及研究数据结构。服务器会自动记录每位学生的操作及其发生时间：活动、交互、发言、数据保存等等。

展现学习路径

学生探索虚拟世界的路径——比如确定情境、辨别异常情况以及对异常情况进行假设并收集关联数据——可以用作预测学生对科学探究理解程度的重要依据。在《河城》中，我们使用日志文件中的数据为每位学生以及他们所在的三人小组创建了事件路径。学生和教师们发现这为相关探究和团队协作提供了非常有用的诊断性反馈。杜卡（Dukas，2009）对此问题进行了拓展研究，他开发了一个“虚拟日志可视化工具”（avatar log visualizer，ALV），这个工具可以生成一系列图片，依据学生在虚拟世界中的行为模式，以时序的方式展现学生群体中各类事件发生的相对频率。例如，ALV 可以将班级中的高水平学习者或者低水平学习者所采用的搜索策略进行对比，并显示出后测中表现最好（用绿色表示）或最差（用粉色表示）的 10 位学生的表现。高水平学习者偏好的虚拟场景和采用的搜索策略可以被诊断性反馈使用，或者在后续课程中用作展示给学生的样例。低水平学习者的场景偏好和搜索策略则可以用于分析他们还缺少对哪方面知识的理解。

通过虚拟世界分析用户的学习路径是一种有效且具有广泛应用潜力的嵌入式评价（embedded assessment）方式。然而，通过学习环境选择最好的学生学习路径显示方式涉及复杂的数据可视化技术，这一问题当前还没有很好地得以解决。同时，该诊断式方法的应用也取决于虚拟环境中的探索路径在整个学习中是否发挥着关键作用。以《生态探索》为例，其中的森林生态系统模块涉及大量的探索任务，但是在池塘生态系统模块中，四名团队角色中
534 只有一名需要搜寻这一区域。当然，学生可以在不同阶段中轮换扮演这个角色，这样所有团队成员就都可以获得探索的体验并从诊断性反馈中受益。

理解个别化指导的使用

另外一项研究也体现了日志文件在分析时的强大作用，纳尔逊（Nelson，2007）开发了一个《河城》系统的新版本，在其中植入了个别化指导系统（individualized guidance system，IGS）。这个指导系统根据每个学生的活动生成个性化互动记录，为其提供实时的、个别化的建议。IGS 在运行时会以虚拟世界中的当前事件和用户以前的事件纪录为基础，对学生在虚拟世界中的学习做出提示。例如，当学生点击《河城》中医院的接诊表时，如果他之前曾经到访过某个居民区并且与其中的居民交谈，那么就会涉及一个预先制定的规则：系统会显示一个定制的指导信息，提醒他曾经访问过该地区，并询问学生表格中列出的病人有多少是来自那个地方的。在经过多水平、多元回归分析之后，结果表明，《河城》中使用的该指导系统使学生学习产生了统计学意义显著的积极影响（Nelson，2007）。除了分析日志文件为每位学生提供的个别化指导之外，研究者也分析了指导系统的使用情况，以确定学生是否使用以及何时开始使用指导系统、查阅了哪些信息、何时在虚拟世界的什么位置查阅了这些信息，以及看到信息后又采取了什么行动。这样，日志文件提供的诊断性信息就可以在个别化教学中得到更深入的应用。

跟踪在线和离线参与情况

要理解用户在虚拟世界数以百计的公共和私人场所中的跳转和互动是一项复杂的工程。理解学生如何在虚拟世界中进行互动的一种方法是在教室、课后学习俱乐部或是与其他用户共处同一物理空间使用虚拟世界参与同步协作的场景中开展民族志研究（Boellstorff, Nardi, Pearce, & Taylor, 2012）。举例来说，我们可以历时数月跟踪某个用户或是某项实践，而这可以让我们深入了解学习在虚拟世界中是如何发生的（Kafai & Fields, 2013）。然后这些民族志研究数据可以与日志文件中的定量数据结合（Williams, 2005），构成关于个体或实践随着时间推移如何变化的丰富的案例研究资源。例如，这类案例研究可以分析日志文件了解用户的每次点击，生成每一分钟用户在线活 535 动的统计，再将它们浓缩为以天为单位的描述，来识别用户的行为模式和参与方式。之后研究者可以用视频、实地笔记以及从其他情境中观察的访谈数据来对其加以补充。统整这些民族志数据可以发现用户参与的中心和形式变化，而单纯依赖日志数据是无法发现这些的。同样，这一方法也可以用来记录用户是如何通过与其他用户协作来完成特定的实践的，比如利用一个秘密指令。在线跟踪数据不仅可以揭示用户何时开始使用秘密指令，还可以显示用户在哪里使用，是否寻求了在线帮助，以及这一实践如何在两周之内传遍整个社区。这种分析方法可以捕捉到用户不同的行为过程，包括他们如何学会在虚拟世界中游历、如何利用自己的在线和离线资源。民族志的研究方法尽管耗时，但收效很大，同样也可以用于探究更加复杂的社会实践（Fields & Kafai, 2010b）。

后续发展展望

这些案例为虚拟世界促进学习和创新评价方法的应用潜力提供了引人注目的愿景。虚拟世界允许学习者体验各种不同的学术身份，例如作为科学家去参与探究实践。我们知道，学术身份意识对学习是有帮助的（Nasir, Rosebery, Warren, & Lee，本书第 34 章）。虚拟世界使得运用新型的形成性评价和总结性评价指导学习成为可能，也为这两者的实施提供了独特、有力的支持机制。它能提供个别定制、即时的形成性评价来帮助学习者克服挑战，并促成更有效的学习（Pellegrino，本书第 12 章）。

未来对虚拟世界及之中学习的研究，应该重点关注如何设计能促成学习效果最大化的虚拟世界。从学习科学研究中我们可以越来越感受到，要促进学习需要各种类型的脚手架（Reiser & Tabak，本书第 3 章），并且这些脚手架在课堂情境和非正式情境中很可能存在差异。一方面要对学生获得预期的学习产出进行指导和约束，但同时又不能剥夺他们太多自由选择的权利，这是设计虚拟世界中的学习的关键挑战之一。接下来我们将从规模化、整合专家建议和开发混合模式这三个需要后续研究关注的方面进行论述，并以此结束本章。

设计大规模应用的虚拟世界

为产生根本性的教育影响，设计者需要针对虚拟世界进行大规模的开
536 发和实践。从那些用户人数多达百万的商业伙伴那里，我们知道虚拟世界是可以支持大量用户的。根据已有的研究我们知道，教育领域不同于其他的社会行业，即使通过创新使在少数情境下成功实施的教学项目在经济上或是逻辑上具备可行性，要想将其推广到更大范围的情境中使用也是十分困难的（Dede，2006；Dede，Honan，& Peters，2005；Penuel & Spillane，本书第 32 章）。已有研究发现，与情境相关的变量（如教师备课、学生自我效能感、先前的学术成就；Schneider & McDonald，2007）对教育干预的预期、实用性和最终的效果有着显著的影响。因此，要在教育中实现规模化推广就需要更灵活的设计，使该项目能够有效应用于更大范围的情境，适合各种类型的学习者及教师。

在借鉴科本（Coburn，2003）的部分研究工作的基础上，克拉克和迪德（Clarke & Dede，2009）应用了一个五维度的框架模型，用来实现《河城》在中学科学课程中的规模化运作。

- **深度**：深度关注教学创新的质量与有效性。通过对虚拟世界开展基于设计的研究来挖掘其深度。
- **持续性**：关注教学创新在长时使用中的维持情况。虚拟世界在设计时需要整合多种因素，吸引不同类型的学习者参与并留住他们。
- **扩散**：通过采用这一教学创新的用户或组织的数量来衡量其传播效果。虚拟世界通过已有用户邀请其他用户参与体验进而形成社区的方

式来实现扩散。

- **转变**：实现教学创新实施主体的去中心化。虚拟世界为用户提供了足够的自主选择权，使他们逐渐感到虚拟世界是属于他们的，而不是设计者的。
- **演进**：教学创新的设计者反转向用户学习。借助前文述及的各种形成性评价，设计者可以改进虚拟世界，推进其进化。

《河城》和《生态探索》表明，采用规模化的设计，虚拟世界可以在大范围的课堂、教师和学生中得到应用。

整合“专家”意见

“动画式教学代理”（animated pedagogical agent，APA）是“为了提供丰富的面对面互动而开发的，且和学生共同存在于学习环境中的自主的角色”（Johnson，Rickel，& Lester，2000，p.47）。一些研究表明，APA 可以以 537
专家、激励者、合作者以及学习同伴的形象为学生提供虚拟指导（Baylor & Kim，2005；Bowman，2011；Chou，Chan，& Lin，2003）。开发具有更广泛用途的 APA 来满足学生的不同需求，并将其嵌入虚拟世界中，可以进一步促进学生的学习（Dede，2012a）。另外，APA 还有两个优势。第一，学生会对自身学习进行诊断，并向 APA 提出疑问。很多情况下学生虽然不懂，但还是可以发现有价值的问题。有时候学生向 APA 提的一个问题，能反映出他们哪些方面懂了和哪些方面还不懂，这一问题抵得上被动回答教师的一长串诊断性问题。在诸如《生态探索》之类的课程中可以嵌入不同类型的 APA，当 APA 用于支持学习和鼓励学生参与时，一段时间后，学生形成的问题序列就可以反映他们的理解程度和动机水平。第二，散布于虚拟世界各个角落的 APA 可以通过多种方式反映学生的学习表现。同样以《生态探索》为例，学生有可能会遇到一个 APA 询问他的姓名和扮演的角色，此时即使再简单的模式识别系统也可以判断出学生给出的回答是具有较高自我效能感和动机水平的（“生态科学家”之类的回答），还是欠缺自信和不愿参与的（“六年级学生”之类的回答）。另一个案例是，APA 可以要求学生将目前为止所学的内容进行概括，某种形式的潜在语义分析系统可以扫描这些回答，识别出其中与术语和相关概念理解有关的关键词汇。用这一方法来提升学习表现，其设计思想是：（1）学习中的交互与总体陈述是一致的；（2）学习测量是相对内隐的；（3）交互本身也会增加沉浸感。

混合式学习环境的开发

虚拟世界的一个强大特点是它们可以用混合的方式支持学习，通过整合校内外的参与者，使得学习可以跨越不同的情境。尽管一些教育虚拟世界是封闭的环境，只有在特定的课程中才对学生开放，但是那些强大的虚拟世界（如《为什么城镇》）既可以在校内使用，也可以在校外使用。举例来说，在虚拟疫情的案例中，教师让学生在课堂访问《为什么城镇》，参与“为什么病毒”模块，并将其作为传染病学课程的单元组成部分。通过跟踪本班同学的“感染”情况，教师可以根据可能的病因和预防措施开展课堂讨论。在课外时间，学生也同样可以访问《为什么城镇》，得到更多观察和体验传染病暴发的机会。项目实施前后的调查结果显示，采用这种混合模式的学生在对疾病感染的理解上可以得到显著提升（Neulight，Kafai，Kao，Foley，& Galas，2007）。这项案例研究表明，在校内和校外同时使用虚拟世界的混合
538 模式是可行的，它可以通过有意义的方式将课堂教学延伸到课外的非正式学习中。当然，出于前文提到的管理和法律方面的原因，这一模式还未能得到广泛实施。

总之，虚拟世界为我们提供了研究学习的宏观与微观视角。它能发挥望远镜的作用，这是因为有数量巨大的用户在这一沉浸式的模拟情境中参与个体或协作学习，为学习科学家了解不同人在虚拟世界中独特的学习方式和偏好提供了大量数据。它同时也扮演着显微镜的角色，因为针对每个个体参与者，其中的日志文件和其他来源的数据都能提供非常丰富的信息来了解他们如何学习以及学到什么。学习科学家已经为虚拟世界具有的独特而强大的学习潜力提供了大量佐证。未来，我们预计会有越来越多的学校和教育工作者应用虚拟世界来促进学习。

致谢

在本章的写作中，本章的第一作者得到了美国国家科学基金会的拨款支持，第二作者得到了美国国家科学基金会、美国教育科学研究院以及美国教

育部的拨款支持。作者所表达的观点不代表资助方、美国宾夕法尼亚大学及哈佛大学的观点。

参考文献

Bainbridge, W. S. (2007). The research potential of virtual worlds. *Science*, 317, 472–476.

Barab, S. A., & Luehrmann, A. L. (2003). Building sustainable science curriculum: Acknowledging and accommodating local adaptation. *Science Education*, 87, 454–467.

Barab, S. A., Sadler, T., Heiselt, C., Hickey, D., & Zuiker, S. (2007). Relating narrative, inquiry, and inscriptions: A framework for socio-scientific inquiry. *Journal of Science Education and Technology*, 16(1), 59–82.

Barab, S. A., Scott, B., Siyahhan, S., Goldstone, R., Ingram-Goble, A., Zuiker, S., & Warren, S. (2009). Conceptual play as a curricular scaffold: Using videogames to support science education. *Journal of Science Education and Technology*, 18(1), 305–320.

Barab, S. A., Zuiker, S., Warren, S., Hickey, D., Ingram-Goble, A., Kwon, E. -J., Kouper, I., & Herring, S. C. (2007). Situationally embodied curriculum: Relating formalisms to contexts. *Science Education*, 91(5), 750–782.

Baylor, A. L., & Kim, Y. (2005). Simulating instructional roles through pedagogical agents. *International Journal of Artificial Intelligence in Education*, 15, 95–115.

Bell, M. (2008). Toward a definition of "virtual worlds." *Journal of Virtual Worlds Research*, 1(1), 1–5. 539

Boellstorff, T. (2008). *Coming of age in Second Life: An anthropologist explores the virtually human*. Princeton, NJ: Princeton University Press.

Boellstorff, T., Nardi, B., Pearce, C., & Taylor, T. L. (2012). *Ethnography and virtual worlds: A handbook of method*. Princeton, NJ: Princeton University Press.

Bowman, C. D. D. (2011). Student use of animated pedagogical agents in a middle school science inquiry program. *British Journal of Educational Technology*, 43(3). Retrieved from http://onlinelibrary.wiley.com/doi/10.1111/j.1467-8535.2011.01198.x/pdf.

Castronova, E. (2005). *Synthetic worlds: The business and pleasure of gaming*. Chicago: Chicago University Press.

Chou, C., Chan, T., & Lin, C. (2003). Redefining the learning companion: The past, present, and future of educational agents. *Computers and Education*, 40, 255–269.

Clarke, J., & Dede, C. (2009). Robust designs for scalability. In L. Moller, J. B. Huett, & D. M. Harvey (Eds.), *Learning and instructional technologies for the 21st century: Visions of the future* (pp. 27–48). New York: Springer.

Coburn, C. E. (2003). Rethinking scale: Moving beyond numbers to deep and lasting change. *Educational Researcher*, 32, 3–12.

Dawley, L., & Dede, C. (2014). Situated learning in virtual worlds and immersive simulations. In J. M. Spector, M. D. Merrill, J. Elen, & M. J. Bishop (Eds.), *The handbook of research for educational communications and technology*. Fourth Edition. New York: Springer Verlag.

Dede, C. (2005). Why design-based research is both important and difficult. *Educational Technology*, 45(1), 5–8.

Dede, C. (2006). Scaling up: Evolving innovations beyond ideal settings to challenging contexts of practice. In R. K. Sawyer (Ed.), *The Cambridge handbook of the learning sciences* (pp. 551–566). Cambridge: Cambridge University Press.

Dede, C. (2009a). Immersive interfaces for engagement and learning. *Science*, 323(5910), 66–69.

Dede, C. (2009b). *Learning context: Gaming, simulation, and science learning in the classroom.* Commissioned Paper for the National Research Council Workshop on Games and Simulations in Science Education. Washington, DC: NRC, September.

Dede, C. (2012a). Customization in immersive learning environments: Implications for digital teaching platforms. In C. Dede, & J. Richards (Eds.), *Digital teaching platforms: Customizing classroom learning for each student* (pp. 119–133). New York: Teacher's College Press.

Dede, C. (2012b). Interweaving assessments into immersive authentic simulations: Design strategies for diagnostic and instructional insights (Commissioned White Paper for the ETS Invitational Research Symposium on Technology Enhanced Assessments). Princeton, NJ: Educational Testing Service. http:// www.k12center.org/rsc/pdf/session4-dede-paper-tea2012.pdf.

Dede, C. (2013). Opportunities and challenges in embedding diagnostic assessments into immersive interfaces. *Educational Designer,* 2(6).

Dede, C., Honan, J., & Peters, L. (Eds.) (2005). *Scaling up success: Lessons learned from technology-based educational improvement.* New York: Jossey-Bass.

540 Dukas, G. (2009). Characterizing student navigation in educational multiuser virtual environments: A case study using data from the River City project (Unpublished doctoral dissertation). Harvard Graduate School of Education, Cambridge, MA.

Fields, D. A., & Kafai, Y. B. (2009). A connective ethnography of peer knowledge sharing and diffusion in a tween virtual world. *International Journal of Computer Supported Collaborative Learning*, 4(1), 47–68.

Fields, D. A., & Kafai, Y. B. (2010a). Knowing and throwing mudballs, hearts, pies, and flowers: A connective ethnography of gaming practices. *Games and Culture* (Special Issue), 5(1), 88–115.

Fields, D. A., & Kafai, Y. B. (2010b). Stealing from Grandma or generating knowledge? Contestations and effects of cheating in Whyville. *Games and Culture* (Special Issue), 5(1), 64–87.

Fields, D. A., & Kafai, Y. B. (2012). Navigating life as an avatar: The shifting identities-in-practice of a girl player in a tween virtual world. In C. C. Ching, & B. Foley (Eds.), *Constructing identity in a digital world*. Cambridge: Cambridge University Press, 222–250.

Gibson, D. (2012). Living virtually: Researching new worlds. *Journal of Gaming and Computer-Mediated Simulations*, 2(1), 59–61.

Grimes, S. M., & Fields, D. A. (2012). *Kids online: A new research agenda for understanding social networking forums*. New York: Joan Ganz Cooney Center.

Grotzer, T. A., Kamarainen, A., Tutwiler, M. S., Metcalf, S. J., & Dede, C. (2012, April). Learning for focus on processes and steady states in ecosystems dynamics using a virtual environment. Paper presented at the annual meeting of the American Educational Research Association, Vancouver, Canada.

Jenkins, H. (1998). Complete freedom of movement: Videogames as gendered playspaces. In J. Cassell, & H. Jenkins (Eds.), *From Barbie to Mortal Kombat: Perspectives on gender and computer games* (pp. 323–356). Cambridge, MA: MIT Press.

Johnson, W. L., Rickel, J. W., & Lester, J. C. (2000). Animated pedagogical agents: Face-to-face interaction in interactive learning environments. *International Journal of Artificial Intelligence in Education*, 11, 47–78.

Kafai, Y. B. (Ed.) (2010). The world of Whyville: Living, playing, and learning in a tween virtual world. Special issue of *Games & Culture*, 5(1), January 2010.

Kafai, Y. B., & Fefferman, N. (2011). Virtual epidemics as learning laboratories in virtual worlds. *Virtual Worlds Research*, 3(2). Retrieved from http://jvwre-search.org/index.php/past-issues/32-virtual-worlds-for-kids.

Kafai, Y., Feldon, D., Fields, D. A., Giang, M., & Quintero, M. (2007). Life in the time of Whypox: A virtual epidemic as a community event. In C. Steinfeld, B. Pentland, M. Ackerman, & N. Contractor (Eds.), *Communities and technologies* (pp. 171–190). Berlin: Spring-Verlag.

Kafai, Y. B., & Fields, D. A. (2013). *Connected play: Tweens in a virtual world*. Cambridge, MA: MIT Press.

Kafai, Y. B., & Giang, M. (2007). Virtual playgrounds. In T. Willoughby, & E. Wood (Eds.), *Children's learning in a digital world* (pp. 196–217). Oxford: Blackwell Publishing.

Kafai, Y., Quintero, M., & Feldon, D. (2010). Investigating the 'Why' in Whypox: Explorations of a virtual epidemic. *Games and Culture* (Special Issue), 5(1), 116–135. 541

Kafai, Y., & Wong, J. (2008). Real arguments about a virtual epidemic: Conversations and contestations in a tween gaming club. In V. Jonker, A. Lazonder, & C. Hoadley (Eds.), *Proceedings of the 8th International Conference of the Learning Sciences* (vol. 1, pp. 414–421). Utrecht, Netherlands.

Kamarainen, A., Metcalf, S., Tutwiler, S., Grotzer, T., & Dede, C. (2012). EcoMUVE: Shifts in affective beliefs and values about science through learning experiences in immersive virtual environments. Paper presented at the annual meeting of the American educational Research Association, Vancouver, Canada.

Ketelhut, D. J. (2007). The impact of student self-efficacy on scientific inquiry skills: An exploratory investigation in River City, a multi-user virtual environment. *Journal of Science Education and Technology*, 16(1), 99–111.

Ketelhut, D., Dede, C., Clarke, J., Nelson, B., & Bowman, C. (2007). Studying situated learning in a multi-user virtual environment. In E. Baker, J. Dickieson, W. Wulfeck, & H. O'Neil (Eds.), *Assessment of problem solving using simulations* (pp. 37–58). Mahwah, NJ: Lawrence Erlbaum Associates.

Ketelhut, D. J., Nelson, B. C., Clarke, J. E., & Dede, C. (2010). A multi-user virtual environment for building and assessing higher order inquiry skills in science. *British Journal of Educational Technology*, 41(1), 56–68.

Lave, J., & Wenger, E. (1991). *Situated learning: Legitimate peripheral participation*. New York: Cambridge University Press.

Messinger, P., Stroulia, E., & Lyons, K. (2008). A typology of virtual worlds: Historical overview and future directions. *Journal of Virtual Worlds Research*, 1(1), 1–18.

Metcalf, S., Kamarainen, A., Grotzer, T., & Dede, C. (2012). Teacher perceptions of the practicality and effectiveness of immersive ecological simulations as classroom curricula. Paper presented at the annual meeting of the American Educational Research Association, Vancouver, Canada.

Metcalf, S., Kamarainen, A., Tutwiler, M. S., Grotzer, T., & Dede, C. (2011). Ecosystem science learning via multi-user virtual environments. *International Journal of Gaming and Computer-Mediated Simulations*, 3(1) (January-March), 86–90.

Nelson, B. (2007). Exploring the use of individualized, reflective guidance in an educational multi-user virtual environment. *Journal of Science Education and Technology*, 16(1), 83–97.

Neulight, N., Kafai, Y. B., Kao, L., Foley, B., & Galas, C. (2007). Children's learning about infectious disease through participation in a virtual epidemic. *Journal of Science Education and Technology*, 16(1), 47–58.

Schneider, B., & McDonald, S. -K. (Eds.) (2007). *Scale-up in education: Ideas in principle* (Volume I) and *Scale-up in education: Issues in practice* (Volume 2). New York: Rowman & Littlefield.

Schofield, J. W. (2006). Internet use in schools: Promise and problems. In R. K. Sawyer (Ed.), *The Cambridge handbook of the learning sciences* (pp. 521–534). New York: Cambridge University Press.

542 Thomas, M. K., Barab, S. A., & Tuzun, H. (2009). Developing critical implementations of technology-

rich innovations: A cross-case study of the implementation of Quest Atlantis. *Journal of Educational Computing Research*, 41(2), 125–153.

Williams, D. (2005). Bridging the methodological divide in game research. *Simulation & Gaming*, 36(4), 1–17.

第 | 五 | 部 | 分

学科知识学习

第27章

数学教育研究：关于人类的学习，它能教我们什么？

安娜·斯法德 保罗·科布

在不同的知识领域中，数学领域一般被认为是体现教与学内涵的最佳领域。这一章总结了数学教育研究对理解人们如何学习的各种贡献。我们从一个简单的历史回顾开始，这一回顾解释了数学被选为研究人类学习的内容领域的原因。然后，我们着重关注两个独特的教育研究取向——获得主义（acquisitionism）和参与主义（participationism），这两个取向影响了我们对所有内容领域的学习的理解以及教学实践。数学教育研究对学习科学尤为重要，因为它质疑了第一种取向（该取向仍然在很多教育研究中占主导地位），并且有助于介绍和发展第二种取向。 545

对数学教育研究的历史回顾

数学教育是一个应用学科，其目的是提高数学教学实践。大概50年前，它成为一个完整的学科。然而，在19世纪末目前流行的基于证据的教育法出现后，许多学者才开始对数学教育进行研究。20世纪上半叶出现了大量的实验研究和准实验研究（Campbell & Stanley，1963），在这些研究中，研究者尝试去比较和评估不同教学方法的有效性。这些主要由数学教育者开展的研究引起了专业数学家的注意，这些数学家们所关心的数学教学被这样一个问题所困惑："为什么有的人会不理解数学？"（Poincaré，1929/1952，p.47）。数学教育者们所做的这些早期的研究无法回答数学家们的问题，这很大一部分是因为他们关注的是一个"输入-输出"的模型，这一模型测试了教学方法

546（输入）与学生成绩（输出）之间的因果关系，却没有对教学情境中学习的干预过程给予足够的关注（关注过程：Chinn & Sherin，本书第 9 章）。

20 世纪上半叶，一小部分心理学家研究了被数学教育者忽略了的数学学习过程。尽管具有学科特殊性，但是他们希望这种学习的特殊案例能够为人类学习带来有利的见解。一系列心理学家的研究由美国教育心理学家桑代克在 19 世纪末 20 世纪初发起，并且由皮亚杰建立“一系列智力胚胎学”（Piaget，1976，p.10）的抱负所推动，其目的是确定并描述所有人类所共有的认知的各方面的发展，而不考虑这些人的社会文化背景以及个人历史如何。在这个目标下，心理学家们的实证研究将其关注点集中于人类的技能与理解，他们认为这些在各个地方各种文化中或多或少会是相同的。数学作为“唯一准确且通用的语言”（Rees，2009），研究它似乎是理想的选择。

在 20 世纪 60 年代，关注数学教与学的三个学术共同体实现了合理的合并，这三个学术共同体是：心理学家、数学家和数学教育者。这是现代数学教育研究学科的起源。自 20 世纪 60 年代以来，大部分研究倾向于关注教或学，直到最近研究者们才开始觉得这两个过程的联系太过于紧密了，因而无法单独进行研究。最近，最初关注教学的研究者开始关注学习，而关注学习的研究者也开始关注教学。

数学教育者研究的基础问题是一样的：人们是怎么学习数学的？我们对人类认知的理解是如何指导数学教学的？为了产生预期的学习效果，什么样的学习环境和课程是更有效的？对这些问题的研究是从两种完全不同的认知框架展开的，这两种框架从不同的方面对以下问题予以解释：什么是数学？学习数学的意义是什么？第一个框架包含了这样的取向：把数学描述为既有的结构和程序，并且把学习数学看作对这些结构和程序的获得。所获得的这些东西被称为*知识*、*图式*或者*概念*。获得的过程可以是被动的，仅仅通过“传播”来发生；也可以是主动的，通过学习者自己的建构来完成。我们把这一框架称为*获得主义*（acquisitionism）。第二个框架把数学描述为一种人类活动的方式，而不是可以“获得”的某些东西，因而它把数学学习看作参与这一特殊活动的过程，我们把这一框架称作*参与主义*（participationism）。获得主义认为数学是知识的外部主体，由数学家发现并进行建构，并且由学习者获得或者重新建构。相反，参与主义认为，数学是人类进行的众多活动中
547的一种，它是发展的，并且不断地发生变化（Sfard，1998）。这两种框架在研究和教育中会带来截然不同的结果。

获得主义和参与主义在当前对数学教与学的研究中都是占主导地位的。基于获得主义的研究把学习概念化为概念的转变（diSessa，本书第 5 章）。基于参与主义的学习观则形成了两条重叠的研究路线。第一条研究路线在教室中实施调查，在这里数学学习被看作教学实践变化过程中的重要组成部分。第二条研究路线关注于交流（或讨论）的方式，把它看作数学学习变化中的重要对象。在本章中，我们会回顾这三条非常重要的针对数学教育的研究路线，即：关注于（1）概念转变的获得主义，以及关注于（2）实践中的转变和（3）对话中的转变的参与主义。

数学教育中的获得主义研究：数学学习就是一种概念的转变

很多科学研究者包括数学教育者认为，在 20 世纪中期得以成熟发展的皮亚杰的学习理论是开展研究的完美框架，研究的目的是以一种严格的方式去"探索人类大脑"。建构主义作为该方法的一个精细版本（Kafai，2006；Von Glasersfeld，1989），一直到 20 世纪 80 年代都是占据主导地位的研究框架。建构主义的中心假设是：学习者在建立对世界的理解时，主要是通过与环境的直接交互来完成的。在建构主义教育法中，教师被描述为学习机会的提供者，而不是向被动的学习者传递信息的某个人。教学情境中的这一学习的表征将学习者个人推向中心舞台，并且似乎表明没有需要去研究教学本身。

建构主义研究的两条互补路线为数学教育做出了系统性的贡献。第一条研究路线调查了作为数学学习成果的学生的概念的共性。第二条研究路线借助临床研究中的实证数据对概念转变的过程进行模型化，这些研究中最具意义的就是被称为教学实验的研究。

研究学生的概念

这一研究路线开始于科学教育对学生迷思概念的研究（diSessa，本书
第 5 章），迷思概念这一概念源自皮亚杰的论点，即：不同情境与群体中的 548
个体之间均可以发现对现实认识的不足（Piaget，1962）。迷思概念这一说法指的是学生"自己的不完全准确的理解"（Davis，1988，p.9）。20 世纪 70 年代，科学教育者开始质疑"学生的理解是不准确的"这一假设，并质疑迷

思概念这一说法（Driver & Easley，1978）。有弹性的学生的概念被视为违反科学经典的，因而后来更多地被描述为另有概念或朴素概念，并且被定义为正式概念不可避免的早期版本。在数学教育中，研究者依据的是隐性模型（Fischbein，1989）或学生概念的表象，而这与概念这个词的定义（Tall & Vinner，1981）是相反的。几乎所有在学校学到的数学概念都是使用这个框架来进行研究的。

参与这项研究的研究人员发现，不同的课堂、教室甚至国家之间的另有概念存在着惊人的一致性。这也被视为证据来表明，学生在处理数学问题时的偏好并不仅仅是由不完美的教学带来的。例如，对学生概念的研究已经不断地表明，很多高中学生只能识别那些可以用简单公式来表示的函数。即使对于可以背下函数定义知道函数并不一定需要公式的学习者来说，情况也往往如此（Malik，1980；Vinner & Dreyfus，1989）。同样，研究人员发现幼儿会抗拒某些知识点，比如乘法的结果小于乘数（想一下，比如 1/2 乘以 6），又比如除法的结果大于被除数（比如 3 除以 1/2）（Fischbein，1989；Harel，Behr，Post，& Lesh，1989）。

迷思概念的研究曾经在教师教育的项目中得到广泛的传播，并且相当有影响力，这在一定程度上是因为其方法论的简单性。最初，迷思概念研究使用开放式问题或多项选择问题来进行调查，使用多项选择问题的调查可以在大量的人员中实施，从而进行统计处理。后来，结构化或半结构化的访谈对调查进行了补充或者取代了调查。这些研究对于教育法的启示也出奇简单：为了转变迷思概念，教师需要创建一个认知冲突，在这一情境中，学生当前的概念会受到实证证据或者数学定义的冲击。大家认为当面对这样的冲突时，学生会意识到他们当前的概念是不准确的，从而向正确的概念转变。

曾经在一段时间内，对学生概念的调查是科学教育的核心。在数学教育中，迷思概念的研究开始得相当晚，在 20 世纪 80 年代达到顶峰，并在 20 世纪 90 年代开始减少。正是在这个时候，数学教育研究成为科学教育研究的一部分。科学教育研究意识到了迷思概念研究的各种各样的基础性弱
549 点，这些弱点包括与建构主义原则的矛盾以及缺乏可靠的理论基础（Smith，diSessa，& Rochelle，1993）。然而，他们选择了调整而不是更换这一研究的核心，因此，对学生迷思概念的研究演变成对概念转变的有理论依据的研究（diSessa，本书第 5 章）。相反，数学教育者逐渐开始拒绝迷思概念取向，这可能是由他们通过调查概念形成过程而获得的见解所导致的，我们将会在接

下来的部分对这一调查进行回顾。

对概念建构过程的研究

在数学教育中，对学生概念的研究已经从最初的对认知过程的研究转变为对概念发展的研究。数学教育中的这项研究的先驱者已经把皮亚杰的认知发展理论转化成了学科专门的研究框架（Skemp，1971）。他们的追随者提出了许多本土的有关数学思维及其发展的理论，这包括概念领域理论（Vergnaud et al.，1990）、数学概念的过程-对象二元性理论（Dubinsky，1991；Gray & Tall，1993；Sfard，1991）以及数学理解的发展理论（Pirie & Kieren，1994）。由此产生的研究的最终目的，是生成学生不断发展的概念模型（Steffe，Thompson，& Von Glasersfeld，2000）。这项工作的基本假设是，学生与老师或其他学生进行的特定的交互，能够引起其内在的认知扰动。然而，当学生试图通过重组其现有概念来消除扰动时，这些交互仅起到了有限的作用。学生通过一系列的发展阶段而得到进步，这被定义为能够通过与他人交互而沉淀下来的个体建构的过程。

这条研究路线产生了两个持续的贡献。第一，它产生了一系列数学学习的模型，这些模型告诉了研究者学生如何学习许多不同的数学题目。第二，它产生了方法论的创新，尽管这些方法论的原型在今天用得不多，但是它们是目前研究方法的基石，这在设计实验时表现得尤为显著（下节；Barab，本书第 8 章）。

描述学生如何逐渐建构不同的数学概念的模型所涉及的范围有很大的不同。由荷兰研究者迪娜·范耶勒（Dina Van Hiele）和皮埃尔·范耶勒（Pierre Van Hiele）提出的关注学生几何思维发展的模型可能是最有名的（Van Hiele，2004/1959）。根据皮亚杰的认知发展理论，该模型是基于这样一个假设而提出的：学生思考几何概念的方式经历了几个转换过程，其可以被判断为不同层次的理解之间的转换。然而，他们在一个重要的方面背离了皮亚杰的理论。他们认为，尽管从一个水平到下一水平的发展是不可避免的，就像皮亚杰认知发展理论里的发展一样，但是这些改变更多源自教师的教学，而不是学生自己独立的建构。根据他们的说法，通过适当的教学，学生能够从可视化水平（level of visualization；在此水平中，学生能够认出一个整体的形状）发展到分析水平（level of analysis；在此水平中，学生能够说出这一形状不同部分的名字），再发展到抽象水平（level of abstraction；在此水平中，学生 550

认识到一个正式的定义在创建一个形状的名称中的作用），接着发展到演绎水平（level of deduction；在此水平中，学生可以在逻辑规则的帮助下推导和证明其主张），最后，学生会达到严密性水平（level of rigor），从一小套公式开始推导出整个几何知识结构，使其成为一个正式的理论。迪娜·范耶勒和皮埃尔·范耶勒的模型引发了一系列的研究，这些研究表明，很少有高中毕业生能够达到演绎水平，他们大多数都停留在了分析水平或者抽象水平（Battista，2007）。

迪娜·范耶勒和皮埃尔·范耶勒的数学概念建构模型非常可靠，今天它仍然像以往一样有影响力。在皮亚杰方法的影响力已经下降的情况下，基于此方法而获得的模型仍然具有影响力，这是不寻常的。这种反弹的关键原因可能是他们关注于教学在认知转变中的关键作用，并且他们把语言当作学生从一个水平向另一个水平转变的主要改变对象来予以关注。因此，迪娜·范耶勒和皮埃尔·范耶勒的模型可以与一般的社会文化方法相匹配，并且与注重特殊交流方式的方法相协调（见“学习是对话中的转变”这一部分）。

受皮亚杰在数学思维方面的开创性工作的启发，对学生的算术和代数概念发展的研究一直是一个特别活跃的研究领域。研究者集中于具体的、有明确规定的数学活动形式，例如计算（Gelman & Gallistel，1978）、分数的使用（Kieren，1992）以及使用未知数解决问题（Filloy & Rojano，1989）。这类研究为相关概念和技能的发展提供了详细的描述（Kilpatrick，Swafford，& Findell，2001；Kieran，2007）。

最后，在 20 世纪 80 年代，研究者们尝试去描绘学生数学概念发展的轨迹，由此提出了教学实验的方法。这种方法的前提是假设只有通过教学，研究者才能接触到学生重构其思想的关键时刻（Steffe et al.，2000）。如此，研究人员就必须参与到长期的与学生一对一的教学过程中，从而去研究概念建
551 构的过程。基于建构主义原则的研究项目中，教学涉及精心挑选任务，并要求学生反思其问题解决的活动。研究者在每个教学环节后对视频记录的交互进行分析，以便为后续环节任务的选择提供启示（微观发生法：Chinn & Sherin，本书第 9 章）。一旦实验结束，研究者马上对视频和录音进行回顾性分析，从而对学生的学习，即“行动和操作的协调图式”进行建模（Cobb & Steffe，1983，p.24）。尽管实验的重点是一小部分个别学生，但是计划生成的模型是“既普遍又具体的”（Cobb & Steffe，1983，p.27）。教学实验方法论已经影响到了数学教育，这标志着在教学情境中对学习过程进行深入研究

的开始。

综上所述，对学生数学概念及其发展的研究从两个重要方面扩展了我们对数学学习的认识。首先，它获得了学生数学思维共有特质的完整记录。其次，它获得了关于数学学习机制的重要见解。除了生成详细描绘特定数学观点发展的模型之外，这项研究还表明，学习并不是一个线性的过程，一些现象甚至那些获得数学能力过程中的“意外事件”，就像一些昆虫发展过程中的幼虫阶段一样，都有可能是必不可少的，即使随后它们会被丢弃。

除了这些贡献，这项研究还产生了一些困惑，其中具有惊人反弹性的“迷思概念”可能是最令人费解的。研究结果表明，学生的不标准的观点常常对教师的预防性或治疗性的努力无动于衷。学习是“概念的获得”这种想法，似乎并不适合处理这种现象。的确，当概念被理解为向学生“传输”或者由学生“重构”的分离的实体时，我们就很难去解释学习的非线性的本质，事实是，学生往往不能通过已有知识的简单拓展来获得学习上的进步。在下一部分中，我们将呈现数学教育及其他研究中参与主义取向出现的其他原因。

从“学习是概念的获得”到“学习是活动中不断发展的参与”

20 世纪 90 年代初，一些研究人员总结得出，如果不对作为研究基础的一些默认的假设进行彻底的修改，就无法回答数学学习中的某些关键问题。很多针对获得主义的与数学相关的批评都来自跨文化与跨情境的研究，这些 552
研究是由发展心理学家来实施的，他们试图通过非西方社会中的有关数学实践的民族志研究来拓展和修复皮亚杰的理论。与其意图相反的是，这些研究表明了皮亚杰理论中一些站不住脚的主张，这些主张是关于人类智力发展中的跨文化不变性以及学习中发展的首要性的。皮亚杰的理论为自然发生的、人们所共有的变化保留了“发展”这一术语。数学思维被认为是人类所拥有的普遍能力，它很明显是跨文化与跨情境测量中的候选者。然而，数学思维很快否认了文化上的不变性。事实上，跨文化比较的想法本身就证明了问题的存在。在对数学思维进行调查的过程中，向参与者展现学校中的数学任务，与要求参与者解决与数学等价的日常问题，会得到不同的结论（Cole,

1996, p.74)。

有关数学思维的多样性而不是普遍性，以及因此而得到的其文化来源而不是发展来源的证据来自众多的研究，这些研究包括对巴布亚新几内亚的奥克萨普明人的技术实践进行的研究（Saxe，1982）、对巴西没上过学的街头小贩的货币交易与纸笔计算的研究（Nunes，Schliemann，& Carraher，1993），以及对在各种工作和日常任务中使用数字和测量的研究（Scribner，1997；Lave，1988）。这些研究表明，数学学习根植于情境性社会实践中，因而，学生能够在学习任务所在的情境性社会实践的特定特征的支持下解决特定的任务类型（Greeno & Engeström，本书第 7 章；Brown，Collins，& Duguid，1989）。看起来与数学无关的情境性的变化会导致以前成功的学生变得无助。这些发现揭示了学习及其结果的多样性，这比皮亚杰及其追随者所预期的多样性要大得多，而对很多研究人员来说，这些发现挑战了这样一个观点：人类智力的提升主要是发展的过程而不是学习的过程。

数学教育研究者即便在关注学习的时候也会关注教师与教学，并且对建构主义的一些原则提出质疑。他们的研究结果呼吁提升教师这一角色的重要性。在这些研究中，有一个研究（Erlwanger，1973）对六年级学生的学习进行了随访，该学生是通过一套“教师证明”系列数学小册子来进行独立学习的。该研究展示了学生通过发明朴素的方法来获得正确答案的过程，这一方法虽然是局部有效的，但不符合数学上解决问题的程序。这一研究发现震惊了数学教育者。这些发现使得许多学者得出这样的结论：数学教育研究必须承认教师在学习中的核心作用。

553 日益增长的不满也可以在许多研究人员中感受得到，这些研究人员从未低估过教学的重要性，并且他们更喜欢使用教学实验方法，而不是其他的研究手段。他们对教学的研究强调教师支持学生学习的重要性，但是在一对一的教学实验中，教师作用的有限与该结论是相悖的，这是造成他们不安的主要原因。此外，一对一教学实验中的交互与课堂上所发生的教师和多个学生的互动存在着质的不同，而且这一差异越来越明显（Cobb，2012）。

那些建构主义研究者认为，智力随学习发展而增长的视角既不能解释个体学习在跨文化与跨情境方面的多样性，也不能解释社会各层次中所发生的学习。后一种类型的学习可以从数学实践的历史变化中明显看出，更普遍来说，它存在于一代又一代人类逐渐增加的思考和行动方式的复杂性中。解决所有这些问题的方式是把学习再概念化为以人类独有的方式来行动的过程，这是由维果茨基及其同事的研究所启发的（Nathan & Sawyer，本书第 2 章）。人类活动一个重要的方面就是他们会受到人工制品的影响，也就是说，他们一方面在材料工具的帮助下完成工作，例如铁锤或者电脑，另一方面在符号系统的帮助下完成工作，例如语言、计数系统以及写作等等。这些人工制品以及相应的活动会不断地得到调整，并且从一代传给下一代。这些活动是历史性的，而不是预先确定的，它们随着文化的不同而有所差异。因此，对于维果茨基来说，学习意味着成为具有文化与时代特征的活动中的一个有能力的参与者。从这一理论角度来说，学习数学可以再概念化为：成为数学活动中的一个有能力的参与者。

综上所述，我们称之为参与主义的取向强调了共享文化活动中的共同参与。与上一节回顾的获得主义取向不同，参与主义研究人员关注社会性的、主要通过语言完成的交互（Enyedy & Stevens，本书第 10 章），并且他们常常对校外的日常实践以及课堂中的学习进行研究（Greeno & Engeström，本书第 7 章）。在下一节中，我们将会对当前参与主义针对数学教育研究的两个主要的相关趋势进行回顾。其中一个趋势以学校学习为重心，另一个趋势则以交流为重心，根据其最有力的说法，可以得出这样的结论：学习数学相当于对话参与模式的转变。

数学教育的参与主义研究 554

作为实践中的变化的课堂学习

参与主义取向认为个人的成长起源于“社会层面”（Vygotsky，1987，p.11），而不起源于个人与世界的直接交流。因此它强调儿童与知识渊博的人，如父母或老师进行的交流，在其学习过程中起着至关重要的作用。参与主义取向将对数学教育研究的关注转移到学生的数学学习上，这些学习发生在社会情境中，比如课堂、家庭或者其他情境中。在技术进步的支持下，这一研究可以记录下课堂中所发生的所有具有复杂性的事情，并且可以对所有层次上的细节进行分析（视频研究方法：Goldman，Zahn，& Derry，本书第 11 章）。

当研究者开始关注学校中的数学实践时，他们很快发现课堂中发生的学习不止一种类型。除了学生个体的学习之外，还有一种学习类型可以被称作集体学习，这一学习类型涉及在课堂上被认为可接受的做事方式的整体变化；另一种类型是教师学习，这一学习类型在之前仅获得了少量的关注。当然，对课堂交流中所有的参与者来说，要学习的东西不一定是相同的。但是，这三种学习类型之间存在着密切的联系，没有一种学习类型可以在不考虑其他两个的情况下得到充分的理解（因素法与系统法之间的区别：Nathan & Sawyer，本书第 2 章）。

概念层面的创新和方法论层面的创新，已经在当代数学课堂参与主义研究中形成了统一的主题。首先，集体学习往往被概念化为实践的变化，学生与教师的学习则是通过参与集体实践而获得的变化（Rogoff，1990）。科布（P. Cobb）和他的同事们提出了课堂常规的概念，它描述了课堂行为方式的特征。他们区分了三种类型的常规。社会常规和社会数学常规的抽象程度不同：社会常规是那些交互式规范，它们可以在任何一个主题的课堂中找到，而社会数学常规则是数学学习所独有的（Yackel & Cobb，1996）。第三类常规被统称为课堂数学实践，这些实践与用数学的方式来做事有关，涉及师生参与数学活动的目的、数学辩论的标准以及使用工具和符号进行推理的方式
555 （Cobb，Stephen，McClain，& Gravemeijer，2001）。由此可知，课堂数学实践已经被证明在课堂交互过程中得到了发展（Cobb et al.，2001）。常规的概念已经被证明在描述集体学习和解释个体参与者的行为与交互时是有用的。事实上，所有类型的课堂学习都可以被认为是集体常规与师生行为共同塑造的结果。

为了调查集体学习与个体学习的相互依赖性，并针对发展的课堂数学实践而对教学进行完善，参与主义研究者开发了一种叫作设计实验的研究方法（Barab，本书第 8 章）。这一方法包括教学设计与教学研究，研究者们在一段比较长的时间内负责一个班以及这个班的数学学习（Cobb et al.，2001；Barab，本书第 8 章）。研究者们明确学习的目标、预测可能的集体学习的轨迹并且识别可能的学习任务和工具的类型，而不是事先设计好全部教学任务。教学任务和工具的类型在“运行”的过程中决定，并且这一决定根植于对目前课堂上发生了什么的分析。

学生的学习

设计实验的一个总体目标是研究学生核心数学能力的发展，这些能力包括提出解决方案、评估解决方案的合理性、归纳方案以及在数学概念的

多元表征之间进行联系等（Common Core State Standards Initiative，2010；Kilpatrick et al.，2001）。设计实验的方法使得研究者能够支持这些数学能力的发展，观察其连续变化的模式，并将观察到的模式与用来支持学生学习的具体手段联系在一起。因此，对实验数据的分析强调，学生数学学习的过程及其所发展的数学能力与课堂学习环境是相适应的，并且高度依赖于学生与教师的交互（Brown et al.，1989）。

参与主义研究促使了一个广泛共识的出现，这一共识是关于数学课程应该如何组织以支持学生关键数学能力的发展的（Hiebert & Grouws，2007）。大量研究表明，教师引入具有挑战性的数学任务，学生随后以个人或小组的形式完成任务，最后教师组织整个课堂来讨论学生们的解决方案，这一过程是具有价值的。根据这一通用的建议，参与主义数学教育研究还做出了一个重大的贡献，他们分析了有效课堂学习环境的几个主要方面，包括教学任 556
务、每个阶段课程的课堂常规、课堂讨论的本质以及学生对符号和其他类型工具的使用（Lehrer & Lesh，2003）。根据这项研究，显而易见的是，课堂学习环境的各个方面是相互依赖的。在课堂中实施的、学生所经历的教学任务依赖于学生所能获得的工具，依赖于教师是简单地给学生的解决方案分级还是引导整个班级的讨论并在讨论中促使学生解释并证明他们的推理。在这方面，参与主义研究关注于教学任务的本质以及课堂活动，这些课堂活动里的任务对学生来说是有重大意义的。虽然这项研究是关于特定内容的，但是把课堂学习环境概念化为相互依赖的各个方面在其他内容领域的研究中也是能够适用的。

正如前面所指出的，参与主义研究把教师的关键角色定义为具备更丰富知识的能够支持学生学习的他人。在过去的十年中，数学教学研究已经成为一个充满活力的研究领域，并借鉴了对学生学习的研究。对关键课堂程序的描绘已得到了实质性的进展，这些课堂程序有可能扩大学生进行有意义学习的机会。作为一个例子，让我们来仔细分析一整个课堂的讨论，这一讨论的目的是展示、比较和巩固学生的解决方案。组织这样的讨论是具有挑战性的，因为它涉及描述学生的贡献，同时需要保证课堂讨论集中于核心的数学思想。施泰因、恩格尔、史密斯和休斯（Stein，Engle，Smith，& Hughes，2008）发现，优秀教师能预料到学生解决方案中最常见的类型，他们有目的地组织方案讨论的顺序从而使特定的数学问题解决方案能够脱颖而出。除此之外，他们对学生贡献的区别主要基于这些贡献能否促进教学进程，从而促使学生解释并证明他们的推理、评价同伴的解决方案或者在不同解决方案之间建立联系。正如这个例子所示的，研究分析确定了特定的教学程序，并对明确教师学习的潜在目标和教师专业发展的目标做出了重要的贡献。这是通用的教学建议中的一个重要进步，这些建议是相对抽象的，并且远离课堂的突发状况。

除了确定具体的教学程序之外，数学教学的研究也开始澄清制定这些程序时的一些固有的认识。在这方面最具影响力的发现是希尔（H. C. Hill）和她的同事们所说的*数学教学知识*（mathematical knowledge for teaching），他们
557 把这描述为具体教学工作中的数学特性（Hill，Sleep，Lewis，& Ball，2007）。这些知识所涉及的不仅仅是解决学生所要解决的问题。之前对教师知识的研究主要集中在这一能力上。与之不同的是，研究数学教学知识的研究者们会同时关注教师“是否以特定的教学所需的方式来理解数学，他们是否知道学生所掌握的内容，以及他们是否能够兼顾学生和数学以组织教学”（Hill et al.，2007，p.125）。以前的研究没能找到教师知识和教学质量之间的关系，在很大程度上是因为他们没有关注教学所需要的特定的能力。相反，希尔和她的同事们发现了教师的数学教学知识与教学质量、学生成绩之间存在着密切的联系，这表明我们应将教师的认知方式与他们工作过程中决策与判断的类型关联起来。

教师的学习

参与主义研究已经表明，教师与学生都可能以一致的方式通过课堂交互来学习（Leikin & Zazkis，2010）。这种学习涉及了教学程序的变化，这并不奇怪。然而，不太明显的是教师做事时所采用的数学方法也可以在实践的背景下得到发展。

最近的一些研究采用了设计实验的方法来研究数学教师的学习过程和支持这种学习的方法。这些研究都集中在教师的*战略性教学程序*的发展上，即关注于教师经常制定的可能为学生扩展有效学习机会的程序（Kazemi，Franke，& Lampert，2009）。相关实例包括激发和回应学生的贡献、组织小组完成挑战性任务以及引导全班讨论解决挑战性任务的方案。

这项研究的发现向一个共同的假设提出了质疑，这一假设是：教师的知识和信念的发展先于实践，并且当他们在课堂中推进教学活动时这一发展将保持不变。相反，有证据表明，相关的知识和信念是实践不可或缺的部分，

并且它们会在实践过程中得到完善。教师参与接近目标课堂程序的活动，并且得到更有成就的专业发展领导者的支持，似乎是至关重要的（Franke，Kazemi，& Battey，2007）。在这种类型的专业发展中，教师不会把其在一个情境中所学的知识直接应用于另一个情境中。相反，课堂实践才是他们理解参与专业发展活动的主要情境，在这一过程中他们将重新调整其课堂程序。 558

教师学习的参与主义研究发现为我们对学习的理解提供了更加广泛的背景。它们表明，不仅学习从根本上是情境性的，而且人们在一个情境中的学习（例如教师专业发展）可以影响他们在另一情境中（例如课堂中）的行为。这种情境性的观点（Greeno & Engeström，本书第 7 章）表明，将学习进行跨情境的转换是非常重要的，这不仅需要为学习者提供有联系的情境，而且还需要“更有能力的他人”来支持学习者的参与。除此之外，研究发现表明，当人们尝试着去识别和评估相关知识类型（例如教学的数学知识）的时候，他们会把参与（例如教学）作为参考的基准点，这样的实践是有价值的。

学习是对话中的转变

在 20 世纪后半期，一些欧洲和美国的哲学家，其中最突出的是福柯（Michel Foucault）和罗蒂（Richard Rorty），几乎同时提出建议：人类的知识应被看作“一种讨论”（Lyotard，1993，p.3），即多模式（不仅仅是口头形式）交流的一种特殊形式。在提出这一建议时，他们对下述观点进行了挑战，即：知识是由“与科学相关的抽象的外延的，或者具备逻辑性和认知性的认知程序”产生的去情境化命题的静态集合（Jameson，1993，p.xi）。虽然这项新的议题的提出涉及人类知识的各个类型，如科学、数学或者历史，但是很多数学教育研究者还是非常认真地考虑了它的启示（Kieran，Forman，& Sfard，2003；Lerman，2001）。无论是受到哲学家的直接影响还是受到时代思潮的鼓舞，这些研究人员都开始把数学学习者的对话本身作为研究对象，而不仅仅是作为某些其他东西的“窗口”，这些其他东西包括概念、心理图式等等（从不同方面研究对话的其他讨论：Enyedy & Stevens，本书第 10 章）。这些研究者明确声明，对话可被广义理解为由规则支配的多模态交流活动，他们把对话看作学习过程中的改变，这与获得主义的看法是相反的，获得主义认为改变是个体学习者内在的心智状态（Sfard，2008）。对话中的转变构成了学习，包括课堂上发生的和日常生活中发生的学习，包括个人的和社会平

均水平的学习。从这个角度来看，数学学习的研究是对话发展过程研究的同
559 义词。这一观点上的变化具有概念上的、方法论上的以及实践上的影响，其中的一些影响是相当深远的。

对数学对话本质及数学学习的认识必然会影响学习研究的根本。它直接挑战了有关人类大脑“内部”和“外部”发生了什么的严格的本体论上的分歧。[①] 本体论的统一至少有两个重大意义。第一，它完善了维果茨基的理论，即：大部分通过语言发生的人类交流是复杂性的主要所在地和创新的主要载体。这一理论解决的是人类能够在以往成就上不断获得新成就的能力之谜。第二，学习意味着对话中的改变这一论断为实施词汇研究和改进方法提供了一个机会。诸如“心理图式”或者“概念”的假设的心理结构随后被取消或者重新定义为对话中的组成部分，而无论对话是公开的还是发生在一个独立的学习者的实践中，它都被认为是同一类型的活动。

研究者们明确提出了公开的可获得的标准，以规定何时且如何应用不同的理论，在这样的规定下，他们要为自己提出的主张负责。他们的主张是通过定义良好的、具有严格程序的数据采集和分析而产生的。参与主义研究关注对话，其数据的基本类型是精心转录的交流事件。很多分析方法是应用语言学家或者话语导向的社会科学家开发的技术的改编（这些方法论及其历史起源：Enyedy & Stevens，本书第 10 章）。还有一类迅速普及的分析工具是为数学教育研究的特定需要而量身定制的（Moschkovich，2010）。尽管如此，这些技术大部分还是可以很容易地在其他科目的研究中得到应用。

基于对话的分析要求高且费时。然而做得好的话，它们会使得分析师能够看到那些实时对话中难免被忽略的内容。高分辨率的学习图片使得描绘事情或情境中表面相同但实际存在差异之处变成可能。分析师常常能够发现在实时交流过程中显得不合理的对话行为的合理性。一些新的见解是通过对
560 学习者交互行为的记录和前所未有的细致分析来获得的。其他的见解则从宏观的角度来寻找教学互动的常规交流特征。迄今为止，我们所知道的内容为一些长期以来存在的问题提供了初步的答案，与此同时，也对数学教与学的一些共同信念提出了疑问（Sfard，2008）。例如，有些对话的发展不仅仅扩大了讨论，还改变了讨论的规则（如，从无符号数字转换到有符号数字时）。

① 应强调的是，对数学的对话本质的认可并不意味着对人类大脑内部活动过程的否认。它只意味着对话成为上一级范畴，而心理现象不再被认为具有一个独立的本体地位。当然，不是所有的对话导向的研究者都接受这个绝对的非二元论，因而有人可以选择较弱或较强的对话取向。

在这种情况下，教师或者“更博学的他人”的支持就不能仅仅局限于鼓励学习者自己去创新上。相反，学生可以接触到并被积极地支持去参加专家参与的讨论是必要的，即使这是个新的讨论，而且看起来与学生自身不相符，教师也应该鼓励学生去坚持。

结论

今天，我们知道了大量关于学生进入数学世界时可能发生的事情，以及教师的教学程序是如何支持或者阻碍学生学习的。此外，数学教育研究人员现在似乎更有能力在不违背人类学习所预期的科学质量标准的情况下来处理其复杂性。近年来，越来越多的研究都能够满足以下这两个需求，尽管这两个需求以前似乎是不可调和的：一是深刻与实用的需求，二是可靠与严谨的需求。

尽管如此，我们还有大量的工作要做，我们需要不断地创新，从而在研究以及教学实践中带来巨大的改变。脑成像技术的最新进展为我们提供了新的机会。本章回顾的研究中出现的对数学学习过程的详细描述，可能有一天会被将数学学习看作一种特殊的突触结构转变过程的观点所补充。无论未来的发展如何，有一点是肯定的：数学教育研究会继续发挥其作用，其重要性和实用性会超越自己的领域，从而适用于整个学习科学。

参考文献

Battista, M. T. (2007). The development of geometric and spatial thinking. In F. Lester (Ed.), *Second handbook of research on mathematics teaching and learning* (vol. 2, pp. 843–908). Charlotte, NC: National Council of Teachers of Mathematics & Information Age Publishing. 561

Brown, J. S., Collins, A., & Duguid, P. (1989). Situated cognition and the culture of learning. *Educational Researcher*, 18(1), 32–42.

Campbell, D., & Stanley, J. (1963). *Experimental and quasi-experimental designs for research.* Chicago, IL: Rand-McNally.

Clements, D. H., & Barrista, M. T. (1992). Geometry and spatial reasoning. In D. A. Grouws (Ed.), *Handbook of research on mathematics teaching and learning* (pp. 420–424). New York: Macmillan.

Cobb, P. (2012). *Research in mathematics education: Supporting improvements in the quality of mathematics teaching on a large scale*. Paper presented at a meeting of the National Science Board Committee on Education and Human Resources, Washington, DC.

Cobb, P., Confrey, J., diSessa, A. A., Lehrer, R., & Schauble, L. (2003). Design experiments in education research. *Educational Researcher*, 32(1), 9–13.

Cobb, P., & Steffe, L. P. (1983). The constructivist researcher as teacher and model builder. *Journal for Research in Mathematics Education*, 14, 83–94.

Cobb, P., Stephen, M., McClain, K., & Gravemeijer, K. (2001). Participating in classroom mathematical practices. *The Journal of the Learning Sciences*, 10(1&2), 113–163.

Cole, M. (1996). *Cultural psychology: A once and future discipline*. Cambridge, MA: The Belknap Press of Harvard University Press.

Common Core State Standards Initiative (2010). *Common Core State Standards for Mathematics*.

Davis, R. (1988). The interplay of algebra, geometry, and logic. *Journal of Mathematical Behavior*, 7, 9–28.

Driver, R., & Easley, J. (1978). Pupils and paradigms: A review of literature related to concept development in adolescent science students. *Studies in Science Education*, 5, 61–84.

Dubinsky, E. (1991). Reflective abstraction in advanced mathematical thinking. In D. Tall (Ed.), *Advanced mathematical thinking* (pp. 95–125). Dordrecht, The Netherlands: Kluwer Academic Publishers.

Erlwanger, S. H. (1973). Benny's conception of rules and answers in IPI mathematics. *Journal of Children's Mathematical Behavior*, 1(2), 7–26.

Filloy, E., & Rojano, T. (1989). Solving equations: The transition from arithmetic to algebra. *For the Learning of Mathematics*, 9(2), 19–25.

Fischbein, E. (1989). Tactic models and mathematical reasoning. *For the Learning of Mathematics*, 9(2), 9–14.

Franke, M. L., Kazemi, E., & Battey, D. (2007). Mathematics teaching and class-room practice. In F. Lester (Ed.), *Second handbook of research on mathematics teaching and learning* (pp. 225–256). Greenwich, CT: Information Age Publishing.

Gelman, R., & Gallistel, C. R. (1978). *The child's understanding of number*. Cambridge, MA: Harvard University Press.

Gray, E. M., & Tall, D. O. (1993). Duality, ambiguity, and flexibility: A "proceptual" view of simple arithmetic. *Journal for Research in Mathematics Education*, 25(2), 116–140.

562 Grossman, P., Compton, C., Igra, D., Ronfeldt, M., Shahan, E., & Williamson, P. W. (2009). Teaching practice: A cross-professional perspective. *Teachers College Record*, 111, 2055–2100.

Harel, G., Behr, M., Post, T., & Lesh, R. (1989). Fishbein's theory: A further consideration. In G.

Vergnaud, J. Rogalski, & M. Artigue (Eds.), *Proceedings of the thirteenth annual conference of the psychology of mathematics education* (pp. 52–59). Paris: University of Paris.

Hiebert, J., & Grouws, D. A. (2007). The effects of classroom mathematics teaching on students' learning. In F. K. Lester (Ed.), *Second handbook of research on mathematics teaching and learning* (vol. 1, pp. 371–405). Greenwich, CT: Information Age Publishing.

Hill, H. C., Sleep, L., Lewis, J. M., & Ball, D. L. (2007). Assessing teachers' mathematical knowledge: What knowledge matters and what evidence counts? In F. K. Lester (Ed.), *Second handbook of research on mathematics teaching and learning* (vol. 1, pp. 111–156). Charlotte, NC: Information Age Publishing.

Jameson, F. (1993). Foreword. In J. -F. Lyotard (Ed.), *The postmodern condition: A report on knowledge*. Minneapolis: University of Minnesota Press.

Kafai, Y. B. (2006). Constructionism. In R. K. Sawyer (Ed.), *The Cambridge handbook of the learning sciences* (pp. 35–46). New York: Cambridge University Press.

Kazemi, E., Franke, M., & Lampert, M. (2009). Developing pedagogies in teacher education to support novice teachers' ability to enact ambitious instruction. Paper presented at the annual meeting of the Mathematics Education Research Group of Australasia, Wellington, New Zealand.

Kieran, C. (2007). Learning and teaching algebra at the middle school through college levels: Building meaning for symbols and their manipulation. In J. F.K. Lester (Ed.), *Second handbook of research on mathematics teaching and learning* (pp. 707–762). Greenwich, CT: Information Age Publishing.

Kieran, C., Forman, E. A., & Sfard, A. (Eds.) (2003). *Learning discourse: Discursive approaches to research in mathematics education*. Dordrecht, The Netherlands: Kluwer Academic Press. [Also published as a special issue of *Educational Studies in Mathematics,* 46(1–3).]

Kieren, T. E. (1992). Rational numbers and fractional numbers as mathematical and personal knowledge: Implications for curriculum and instruction. In G. Leinhardt, & R. T. Putnam (Eds.), *Analysis of arithmetic for mathematics teaching* (pp. 323–371). Hillsdale, NJ: Lawrence Erlbaum Associates.

Kilpatrick, J., Swafford, J., & Findell, B. (Eds.) (2001). *Adding it up: Helping children learn mathematics*. Washington, DC: National Academy Press.

Lave, J. (1988). *Cognition in practice: Mind, mathematics, and culture in everyday life*. New York: Cambridge University Press.

Lehrer, R., & Lesh, R. (2003). Mathematical learning. In W. Reynolds, & G. Miller (Eds.), *Comprehensive handbook of psychology* (vol. 7, pp. 357–391). New York: John Wiley.

Leikin, R., & Zazkis, R. (Eds.) (2010). *Learning through teaching mathematics: Development of teachers' knowledge and expertise in practice*. New York: Springer.

Lerman, S. (2001). Cultural, discursive psychology: A sociocultural approach to studying the teaching and learning of mathematics. *Educational Studies in Mathematics*, 46, 87–113.

563 Lyotard, J. -F. (1993). *The postmodern condition: A report on knowledge*. Minneapolis: University of Minnesota Press.

Malik, M. A. (1980). Historical and pedagogical aspects of definition of function. *International Journal of Math Science and Technology*, 1(4), 489–492.

Moschkovich, J. N. (Ed.) (2010). *Language and mathematics education: Multiple perspectives and directions for research*. Charlotte, NC: Information Age Publishing.

Nunes, T., Schliemann, A., & Carraher, D. (1993). *Street mathematics and school mathematics*. New York: Cambridge University Press.

Piaget, J. (1962). *Comments on Vygotsky's critical remarks concerning the language and thought of the child, and judgment and reasoning in the child*. Boston, MA: MIT Press.

Piaget, J. (1976). Autobiographie. Les sciences sociales avec et ýaprès Jean Piaget. *Cahiers Vilfredo Pareto. Revue européenne des sciences sociales*, XIV(38–39), 1–43.

Pirie, S., & Kieren, T. (1994). Growth in mathematical understanding: How can we characterize it and how can we represent it? *Educational Studies in Mathematics*, 26, 165–190.

Poincaré, H. (1929/1952). *Science and method*. New York: Dover Publications.

Rees, M. (2009). Mathematics: The only true universal language. *New Scientist*, 2695. http://www.newscientist.com/article/mg20126951.800-mathematics-the-only-true-universal-language.html. Retrieved August 15, 2012.

Rogoff, B. (1990). *Apprenticeship in thinking: Cognitive development in social context*. Oxford: Oxford University Press.

Saxe, G. B. (1982). Developing forms of arithmetic operations among the Oksapmin of Papua New Guinea. *Developmental Psychology*, 18(4), 583–594.

Scribner, S. (1997). *Mind and social practice: Selected writings of Sylvia Scribner*. New York: Cambridge University Press.

Sfard, A. (1991). On the dual nature of mathematical conceptions: Reflections on processes and objects as different sides of the same coin. *Educational Studies in Mathematics*, 22, 1–36.

Sfard, A. (1998). Two metaphors for learning and the dangers of choosing just one. *Educational Researcher*, 27(2), 4–13.

Sfard, A. (2008). *Thinking as communicating: Human development, the growth of discourses, and mathematizing*. Cambridge: Cambridge University Press.

Skemp, R. R. (1971). *The psychology of learning mathematics*. Harmondsworth, England: Penguin.

Skemp, R. R. (1976). Relational understanding and instrumental understanding. *Mathematics Teaching*, 77, 44–49.

Smith, J. P., diSessa, A. A., & Rochelle, J. (1993). Misconceptions reconceived: A constructivist analysis of knowledge in transition. *The Journal of the Learning Sciences*, 3(2), 115–163.

Steffe, L. P., Thompson, P. W., & Von Glasersfeld, E. (2000). Teaching experiment methodology: Underlying principles and essential elements. In E. A. Kelly, & R. A. Lesh (Eds.), *Handbook of research design in mathematics and science education* (pp. 267–306). Mahwah, NJ: Lawrence Erlbaum Associates.

Stein, M. K., Engle, R., Smith, M., & Hughes, E. (2008). Orchestrating powerful mathematical discussions: Five practices for helping teachers move beyond show and tell. *Mathematical Thinking and Learning*, 10(313–340).

Tall, D., & Vinner, S. (1981). Concept image and concept definition in mathematics with particular 564
reference to limits and continuity. *Educational Studies in Mathematics*, 12, 151–169.

Van Hiele, P. M. (2004/1959). A child's thought and geometry. In T. P. Carpenter, J. A. Dossey, & J. L. Koelher (Eds.), *Classics in mathematics education research* (pp. 60–67). Reston, VA: National Council of Teachers of Mathematics.

Vergnaud, G., Booker, G., Confrey, J., Lerman, S., Lockhead, J., Sfard, A., & Sierpinska, A. (1990). Epistemology and psychology of mathematics education. In P. Nesher, & J. Kilpatrick (Eds.), *Mathematics and cognition: A research study of the International Group of the Psychology of Mathematics Education* (pp. 14–30). Cambridge: Cambridge University Press.

Vinner, S., & Dreyfus, T. (1989). Images and definitions for the concept of function. *Journal for Research in Mathematics Education*, 20(4), 356–366.

Von Glasersfeld, E. (1989). Constructivism in education. In T. Husen, & T. N. Postlethwaite (Eds.), *The international encyclopedia of education, supplement vol. 1* (pp. 162–163). Oxford/New York: Pergamon Press.

Vygotsky, L. S. (1978). *Mind in society: The development of higher psychological processes*. Cambridge, MA: Harvard University Press.

Vygotsky, L. S. (1987). Thinking and speech. In R. W. Rieber, & A. C. Carton (Eds.), *The collected works of L. S. Vygotsky* (pp. 39–285). New York: Plenum Press.

Yackel, E., & Cobb, P. (1996). Sociomathematical norms, argumentation, and autonomy in mathematics. *Journal for Research in Mathematics Education*, 27(4), 58–477.

第 28 章

共同进化的科学教育与学习科学

南希·巴特勒·松格　雅埃尔·卡莉

565 科学教育已经成为学习科学中研究学习的一个备受欢迎的学科情境，尤其是在基于课堂情境研究学习方面。在 2006 年的《剑桥学习科学手册》中，很多章节，如概念转变（第 16 章）、基于项目的学习（第 19 章）、真实实践（第 20 章）、以探究为中心的课程单元的设计（第 21 章）以及基于模型的推理（第 22 章）等，都是基于科学情境和案例展开讨论的。对于学习科学和科学教育之间的协同作用有不同的解释，其中包括一个引人注目的关于科学思维和问题解决的重要性的国际共识，其涵盖的情境远远超过传统科学领域的范畴，已经包括了经济、心理学、医药学、农学和政治学（NRC，2007）。

生物学中，科学家使用共同进化的观点来描述随着时间的推移两个不同物种之间同步发生变化的过程，在进化过程中，两个物种之间会产生一种强大且通常相互有利的关系。在数千年的历史里，许多种类的昆虫和开花植物共同进化，并且互相支持彼此的生存。金合欢树和金合欢蚂蚁是共同进化的一个很好的例子。金合欢树在它的树叶上产生一种物质，这刚好是金合欢蚂蚁的食物。作为回报，当捕食者袭击树的时候，金合欢蚂蚁将释放一种化学物质（费洛蒙）并组织成一大群来战胜捕食者以保护树，使其免被吃掉。

在这一章，我们认为在过去的几年里学习科学与科学教育已经共同进化。尤其是，我们这一章是围绕四个方面的教育研究来组织的，近年来，在这些方面学习科学研究和科学教育研究已经以互利的方式展开工作，并彼此影响，产生了对两个领域都有利的结果。这一章将分别呈现这四个方面的研究，接着对学习科学和科学教育中的最近研究进行简要概述。在每一个方面的研究中，一些关键的观点都是通过一个情境丰富的例子进行描述的，以证明学习科学和科学教育共同进化的具体方面。我们通过一些提出的研究问题针对每一方面给出结论，这些问题都值得被进一步研究。在选择教育研究的这四个方面时，我们选择那些能够说明由于受到学习科学和科学教育的共同影响而产生大范围改变的主题，还有那些已经在多个国家和大洲出现的主题，尤其是自这本手册的上一版出版（2006 年）以来出现的主题。我们通过描述技术在科学教育和学习科学共同进化中的作用和关系得出结论，并为设计跨情境和跨学科的技术增强型学习提出四项原则。 566

什么是科学知识？哪些科学知识应该被强调？

多年来，许多国家和政府组织的国家政策和标准文件对科学知识的本质和数量进行了描述，并认为科学知识对大学预科生来说应该是教与学的重点（NRC，2012；OECD，2012）。在许多国家，有这样一种强烈的共识，即科学知识在任何时候都很重要。正如有关以色列科学教育的重大政策文件所陈述的那样：

> 为了以色列经济的蓬勃发展，……男孩和女孩都必须接受科学教育，它的范围和质量应与 21 世纪的需求相匹配。在以色列的教育系统中，教授所有学科和所有年龄段的学生时，教师都必须使用最新的科学与技术创新。不幸的是，本国的教育系统尚无法适应科学技术的时代。在各处，我们都能够指出某些领域的一些骄人的成绩，但是所有科学教育领域都迫切需要重大的改变，不管是在质量还是数量上。（Israeli Ministry of Education，1994，p.9）

在一个国家可以达成这些目标之前，教育者和政策制定者必须就预期的学习结果达成一致。在正式和非正式的教育环境中应该教授什么类型的科学知识？幸运的是，在许多国家和文件中对关于在正式和非正式的教育环境中应该教授哪些类型的科学知识从而为未来培养最好的公民有强烈共识。例如，一个来自加拿大安大略省的最近政策文件强调了两种类型的科学知识：

> 科学涉及人类为获取关于自然的知识而使用的某些过程，以及通过这些过程获取的关于自然的、有组织的知识体系。（STAO/APSO，

2006，p.1）

第一种科学知识被称为科学过程（scientific processes；NRC，1996）、认识的方式（ways of knowing）或者科学与工程实践（science and engineering
567 practices；NRC，2012）。这些术语指的是科学家在做科研工作时获得的、有关实践的知识与技能，包括构建科学论据、做实验、分析数据、使用模型进行预测（NRC，2012）。第二种类型的科学知识被称为内容知识（content knowledge）、学科核心理念（disciplinary core ideas；NRC，2012），或者科学知识体系（the body of scientific knowledge）。这种类型的知识指的是包括大量事实、概念和公式的科学信息，例如“物质由被称为原子的微小颗粒组成，而原子由更小的成分构成”（NRC，1996，p.178）。

有趣的是，尽管政策文件中通常声明两种类型的科学知识都很重要，但是针对不同国家和不同年龄组的科学研究表明，在大多数科普课堂和科学资源材料（例如教科书）中强调的都是第二种类型的科学知识——基于事实的学科知识，却很少强调第一种类型的知识——科学是认识的一种方式（NRC，2007；OECD，2012）。由于多年的教学和评估，对学科知识的强调现在已深深植根于学校，这些教学和评估都非常强调那些能够通过纸笔测验评估的对事实和定义的记忆（Shepard，2000）。

然而，在过去的十年间，特别是由于学习科学和科学教育研究的强调，这一“教授主义”的关注焦点（Sawyer，本书第 1 章）因为与今天的知识和创新时代不同步而遭受到越来越多的批评。最近的研究表明，科学教育中强调的知识应该从独立的、区分的、学科性的知识转为两种类型科学知识的融合或混合。由于认识到学科知识和认识的方式，都不能作为独立的部分代表对科学深入的、概念性的理解，政策文件和研究越来越强调融合的或者混合的知识，这些知识不仅仅能够强化和加深对学科的理解，而且也能够支持科学和其他学科的批判性思维和问题解决（NRC，2012；Songer，Kelcey，& Gotwals，2009）。于是，现在许多国家都强调在科学与其他学科中发展 21 世纪学习技能，比如强调批判性思维和问题解决的重要性（Partnership for 21st Century Skills，2011）。

这一从强调学科事实到强调涉及理解和批判性思维的混合知识的转变，在世界上许多地方都变得越来越普遍。例如，在美国，新的国家科学教育标准特别呼吁重视能够系统地将知识体系（在本文中被称为“学科核心理念”）

与一种或更多种认识的方式（在本文中被称为“科学与工程实践”）匹配起 568
来的科学知识。从学习科学家、科学家和科学教育者所开发的学习基础理论和概念框架文件（NRC，2012）中提取出来的新的国际标准包括：预期表现，以及对将知识体系与认识的方式结合起来的科学知识的陈述。

表 28.1 呈现了美国两个科学教育标准的比较，它说明了关于 K-12 科学课堂应该强调什么样的科学知识的转变。中间这一列呈现了一个来自 20 世纪 90 年代美国国家科学教育标准的生命科学教育标准（NRC，1996）。右边这一列呈现的是来自美国 2013 年的科学教育标准中的一个类似的生命科学教育标准（Achieve，2013）。我们可以看到，这两个标准都包括知识体系和认识的方式，但是 2013 年的标准强调将这两种知识混合或融合成一种科学知识。换句话说，新的标准使得学习者必须参与 21 世纪的问题解决和争论活动，并将其作为他们深入理解真实的生物学知识的方式，而不是将学习过程独立于事实性知识。

表 28.1　1996 年和 2013 年两个版本的美国国家科学教育标准中关于生态系统的对比和争论

	美国国家科学教育标准（1996 年） （标准的描述分别侧重于知识体系和认识的方式）	美国下一代科学教育标准（2013 年） （一个融合了学科知识和认识的方式的标准）
知识体系	内容标准 5-8：一个生态系统可以支持的有机体的数量由可利用的资源和非生物因素决定，例如，光和水的数量、温度的范围、土壤的成分。……缺少资源或其他因素，例如捕食和气候，都会限制特定生态系统中物种数量的增长。	中学，生命科学 2–1：构建由实证证据支持的以下论点：改变生态系统的物理或生物成分会影响物种的数量。
认识的方式	探究标准：利用证据进行描述、解释、预测和建模。	

在科学课堂上，知识的重点从孤立的事实转移到了关于某个主题的论点的建构上，这种转移使教学活动发生改变，并强调使用关于该主题的论点、
数据分析和模型来培养学生对学科思想的深刻的、概念性的理解。因此，尽 569
管引入将这两种类型的知识结合起来的混合标准看起来似乎只是一个微小的改变，但其结果是，我们现在已经推动了向这样一种教学活动的转变，这种教育活动不鼓励对惰性的学科科学事实的记忆，而是鼓励学生通过与学科知识和认识方法的接触来发展对科学内容的深度的概念化的理解。现在已经有

初步的证据表明，教学方面的改变能够带来较好的学习效果：准实验研究已经证明，参与到强调学习学科知识的同时注重认识方法的课程计划的学生比只参与到强调事实的课程计划的学生学习效果好（Songer et al., 2009）。

本领域潜在的研究问题

将学科知识与认识的方式进行混合可以带来新的研究问题，比如：

- 以描绘学生学科科学知识的替代观念（Driver, Guesne, & Tiberghien, 1985）为基础，在实施培养学生混合知识发展的教学干预之前，学生具有哪些有关混合科学知识的先前知识和替代概念？
- 当学生参与专注于促进混合知识发展的教学干预时，他们对混合知识有哪些替代概念和部分正确的观点？
- 如何监控和评估单个学生在学习实践中所取得的进步？对混合科学知识的评估会是什么样子的？

如何促进混合科学知识的学习？

第二个转变体现在支持学习的教学实践中，这是一种从以独立的方式教授事实与技能到以混合的方式教授事实与技能的转变。本节探索了为支持混合科学知识学习与复杂的科学推理的教师教学和教学材料方面的改变。

很显然，许多科学课堂的教授模型都强调讲授和高度具体的“菜谱式”实验的结合（当学生被准确告知应采取什么行动，以及准确的顺序，就好像他们在按菜谱的指示准备一道菜时，课堂中的实验室实验就是“菜谱式”
570 的）。在这些教学方法中，每一种都支持这样一种观点，即科学学习就是听讲座、记住讲座或者课本上的科学事实，或者以与前人完全一样的方式重复科学实验的步骤。从把科学知识视为陈述性的事实到把科学知识视为混合的学科知识的转变，要求新的教师行为、新的教学模式以及新的教学支持。我们将这第二个转变称为从讲座和“菜谱式”实验室到引导性教学的转变，这种教学建基于学生的先前知识，强调脚手架及其从教学中的逐渐撤离（Reiser & Tabak，本书第3章），强调元认知层面的反思（Winne & Azevedo，本书第4章）。

正如所强调的知识的转变一样，为支持混合科学知识而进行的教学法转变深深扎根于学习科学和科学教育研究之中。学习科学研究和学习理论提醒我们科学和其他主题的学习都要扎根于建构主义（Inhelder & Piaget，1958），而且这种学习涉及有组织的活动发展进程，包括高阶思维的发展，即便是年龄很小的学生也是如此（Metz，2000）。一些重要的学习科学家，如布朗、埃勒里和坎皮奥内（Brown，Ellery，& Campione，1998），在 19 世纪 80 年代和 90 年代指出，对科学概念的深入理解需要时间、方法层面的指导和持续努力（Brown et al.，1998；NRC，2007）。学习者对学科内容深入理解的发展是有组织的“循环”的结果，例如有丰富的概念化观点的结构化活动序列，是反复的抽象层面的交互带来的（Karplus，1977；Songer，2006）。反复交互的核心成分是有组织的、以学习者为中心的指导，这种指导经常采用认知脚手架的形式（Reiser & Tabak，本书第 3 章；Lee & Songer，2003；Palincsar，1998；Quintana et al.，2004）。

最近，许多研究扩展了我们对重点培养学生的批判性思维和帮助学生掌握混合科学知识的教师教学和教学资源的思考。新的研究已经意识到需要有效利用个体的先前知识开展教学，并且已经给我们提供了更多有效的工具和教学方法来捕捉和利用学生的先前观点（McNeill & Krajcik，2009；diSessa，本书第 5 章；Reiser & Tabak，本书第 3 章；Scardamalia & Bereiter，本书第 20 章；Andriessen & Baker，本书第 22 章）。一种新兴的方法——学习进程——指出，重要的不仅是认识到一个人的先前知识和经验，同时，为促进深层的 571
概念理解，组织一个系统的紧密联系的教学活动进程也很重要（Corcoran，Mosher，& Rogat，2009）。许多研究者还使用新兴技术构建了复杂的脚手架，这些脚手架是交互式的，会对学生进行指导，并根据需要适时减弱（Peters，Dewey，Kwok，Hammond，& Songer，2012）。

图 28.1 和图 28.2 举例说明了一个支持批判性思维和混合科学知识的教学方法。在这个例子中，中学生体验了一个为期 8 周的活动，专注于理解气候变化以及气候变化对红松鼠的影响，这种动物生活在美国北部中心地带的密歇根州。在这些活动中，想要强调的科学观点被融入了每一个科学实践环节：（1）数据收集，（2）数据分析，（3）利用模型和学科核心思想建构解释。

（1）收集关于生物体、互动以及它们在哪里被发现的数据，从而构建关于栖息地的定义。

（2）分析数据来描述红松鼠居住的地方。

（3）利用模型说明是否有证据表明气候变化会对其重点关注的红松鼠这一物种生活的地方产生影响，并建构相关的解释。

图 28.1 呈现了一个在线课程活动的插图，活动中学生通过参与将近 8 周的学习，来发展对先前呈现的知识的深刻理解：学生用一个模型去建构有关是否有证据表明气候变化会影响红松鼠居住地的解释。所有的课程单元都是在线的，并被利用在面对面的课堂环境中来为学生提供灵活的脚手架和动态可视化的资源，例如，美国地图，该地图能显示红松鼠当前和未来可以生存的地方的信息（见图 28.1）。图 28.2 呈现了一些在线课程活动，这些活动包含了引导学生对其进行解释建构的交互式脚手架。这些脚手架的设计能够充分利用学生的先前知识以帮助其发展混合科学知识，这些先前知识包括先前的学科内容以及本单元前面进行的实践（例如，什么是物种？解释应由哪些部分构成？）。以这种方式，这个例子阐明了（1）具有丰富脚手架的（2）引导性的学习活动的重要性。这些学习活动有着特殊的学习进程，该进程会带来（3）对学科知识更深层的概念化理解。为了促进参与和学习，在（4）降低认知负荷的同时，学习进程也应保持“适当的难度”（Bjork & Linn，2006）。

572

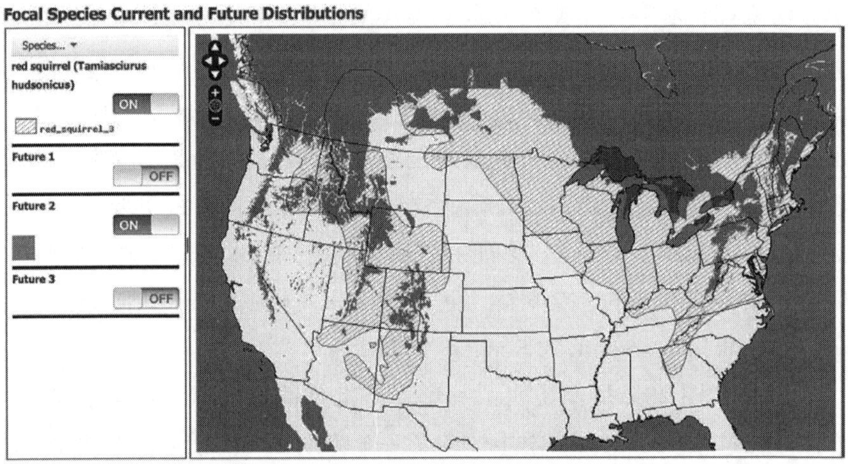

图 28.1　美国红松鼠当前可以生存的地方（浅阴影部分）和政府间气候变化专门委员会（IPCC）预测的 2100 年红松鼠可以生存的地方（深阴影部分）

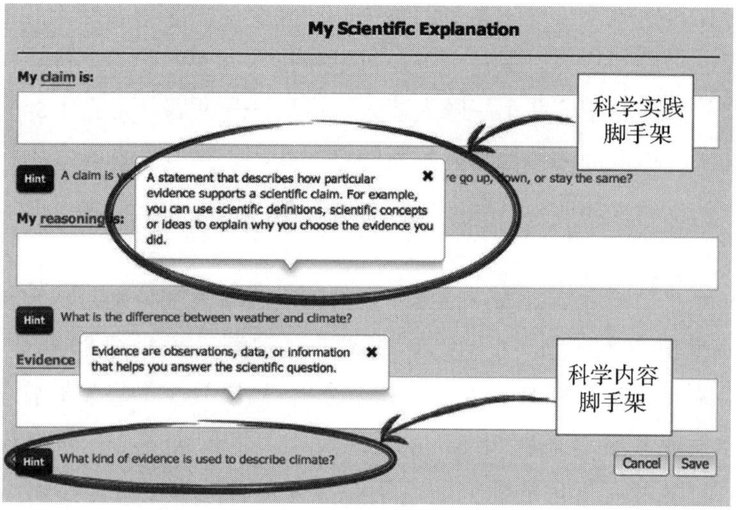

图 28.2　引导学生学习混合科学知识（包括学科内容知识和实践知识）的脚手架

本领域潜在的研究问题

573

从课堂讲授、“菜谱式”实验，到交互式的、引导性的教学活动以及建立在先前教学上的教学法的转变，给未来的研究提供了丰富且新颖的研究问题。这些问题包括：

- 技术的进步，例如大数据、快速反馈或动态的脚手架和支持，如何促进广泛的学习者和利益相关者学习混合科学知识？
- 视频教程、大数据、网络研讨会如何支持大范围的教师教学行为，以促进混合科学知识的学习？

谁应该学习科学？

在过去的 50 年里，科学教育的一个主要进步是观念的转变，即从科学教育只针对将成为未来科学家的学生到科学对所有的学生都是重要的，而且这些知识是成为有文化的社会成员所必需的。这个转变可以根据科学教育领域进行的各种改革去理解。佩亚和柯林斯（Pea & Collins，2008）描述了这一改革的四次浪潮。第一次改革浪潮发生在 19 世纪 50 年代到 60 年代的美国，随后在其他国家出现了类似的改革，这些改革的驱动力是人们感到学校不再能提供合适的教育以保持美国在科学和技术方面的领导地位。在很大程度上，这种担忧源于苏联第一颗人造太空卫星——斯普特尼克（Sputnik）的发射。这次改革浪潮的特征是开发新的科学课程，这些新课程介绍科学进步并强调科学方法。然而，这些课程针对的是精英学生，他们很可能会成为科学家。

根据佩亚和柯林斯的观点，接下来的三次改革浪潮分别是认知科学改革浪潮（20 世纪 70 年代至 80 年代）、标准改革浪潮（20 世纪 80 年代至 90 年代）和系统方法改革浪潮（20 世纪初至今）。如果关注这些改革浪潮的多样性，就会发现改革越来越倾向于满足所有学习者的需求。在认知科学改革浪潮中，对学习者推理的研究使科学课程开发者能够更好地诊断学生的发展水平，并设计相应的支持来应对各种迷思概念，比如利用桥接类比的策略。在标准改革浪潮中，对学习的评价得到了调整以更好地与之前提到的标准相匹配，即不仅应关注所有的学生*应该知道什么*，还应关注他们在特定年级*应该能够做什么*。最后，当前的改革浪潮促使了一系列系统的方法的开发，以便所有学生都能够达到这些标准。佩亚和柯林斯对这些方法的描述
574 如下："有计划地协调课程设计、活动和工具，以支持（1）不同的教学方法进而促使学生能够将不同的科学观点联系起来、（2）嵌入式学习评估以引导教学实践、（3）教师专业发展以促使教师持续地学习如何改进教学实践。"（Pea & Collins，2008，p.4）他们认为，目前的课程，如我们在这里描述的，就可以作为这类系统的方法的代表［也可参见卡莉、林和罗斯曼（Kali，Linn，& Roseman，2008）《设计连贯的科学教育》（*Designing Coherent Science Education*）一书中佩亚和柯林斯写的章节］。

为了说明当前的科学教育如何应对多样性的问题，我们将首先论述塔特、克拉克、加拉格尔和麦克劳克林（Tate，Clark，Gallagher，& McLaughlin，2008）提出的"一般性"和"有针对性"的设计策略之间的区别，以促进不同学习群体对科学的深入理解。在"一般性"的设计中，多样性来自先前知识、学术成就、学习能力或个人兴趣的不同。相反，在"有针对性"的设计中，多样性来自种族、语言、文化、性别身份以及学生带到课堂中的经验的不同。塔特及其同事（Tate et al.，2008）并不认为"一般性"的设计方法和"有针对性"的设计方法存在竞争，他们相信，旨在吸引和支持得不到充分支持的学生的课程材料有可能惠及所有学生。

一个技术支持的科学学习（TELS）模块——“我所在社区中的哮喘”——可以作为具有“有针对性”的策略设计的学习环境的典型例子（Tate et al., 2008）。这个模块针对来自欠发达社区的高中生，它的目的是最大限度地拉近学生的家庭生活与学校科学学习的距离。学生调查了哮喘如何影响人的身体，以及它如何受到环境因素，如污染的影响。他们的探索扎根于自己的社区，这使得调查者能够了解造成疾病管理差距的社会政治因素（见图 28.3）。为促进学生对哮喘的生理和环境方面的深入理解，学生除了参与课堂上基于网络的小组探究活动，也参与线下的社区证据收集活动以及全班对可能的解决方法的讨论。来自八个课堂的实施结果（Tate，2008）表明，学生解释复杂科学观点的能力得到了极大的提高，例如，学生认识到从生理方面来说哮喘就是一个过敏性免疫反应。他们也能够仔细考虑权衡不同的方案（在每个人症状出现之前就进行预防或只对有明显症状的患者进行治疗）去解决问题。不管学生是否来自医疗短缺的社区，我们都发现他们在学习上取得了进步，这就支持了塔特及其同事（Tate et al., 2008）的观点，即“有针对性”的设计策略能够使课程材料对所有学习者都有益。

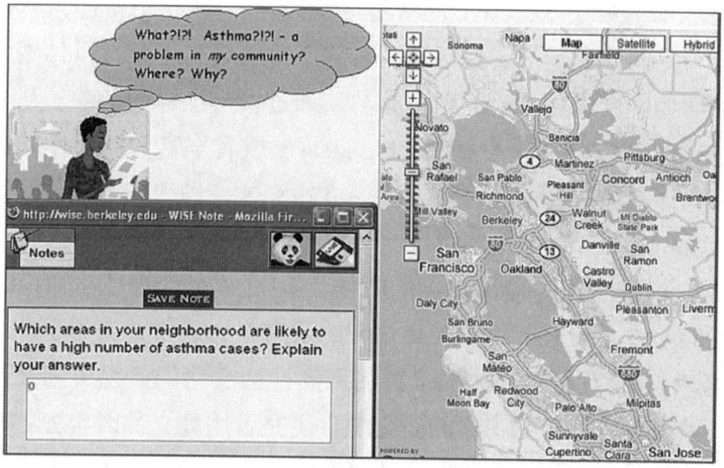

图 28.3　“我所在社区中的哮喘”模块的网页（Tate et al., 2008）

注：该模块是一门基于社区的课程，设计的目的是将学校科学学习与学生的日常生活联系起来。

本领域潜在的研究问题

科学教育的转变，即从只针对经过挑选的少数人的科学教育转变为针对所有年龄和性格的学生的科学教育（且这种科学教育是科学素养和批判性思维的核心成分），给未来的研究提供了丰富的新的研究问题。这些问题包括：

- 是否存在独特的“有针对性”的教学支持（这些教学支持适合特定的受众，并可能会不利于其他的受众）？与更通用的教学支持相比，这些教学支持有额外的价值吗？
- 如果有，该如何处理课堂的多样性？
- 该如何设计课程，以使现有的学校文化差异促进学生的科学学习而不是阻碍学生的科学学习？

科学知识是情境化的并需要通过社会交互来学习

学习科学领域最重要的一个进步是：不再将学习视为个体认知的过程，而认为知识和认知都是基于社会和文化情境的。这在科学教育研究领域业已
576 引起极大的共鸣。这个新观点被称为社会文化取向或情境化取向（Greeno & Engeström，本书第7章；Lave & Wenger，1991）。从这个角度，学习被看作积极地参与共同体真实的实践活动的过程。虽然最初学生会以外围的角色参与，但逐渐他们会以更中心的角色参与。通过参与这样的活动，初学者不仅逐渐理解了学习体验中的大概念（big ideas）或者丰富的概念性知识，而且学会了共同体专家独特的思考和做事的方式，这一过程被称为共同体中的文化适应（Collins & Kapur，本书第6章）。

当科学知识被认为是情境化的时候，有关如何学习科学知识的研究就以非常不同的方式展开了。在聚焦认知的研究中，通常被认为是噪音的事件（比如，学生之间意想不到的谈话）在聚焦社会文化的研究中则被认为是数据。这是因为在以认知为中心的研究中，研究者用独立的因素去解释个体的认知过程。相反，在社会文化取向的研究中，研究者从整体上探索学习发生的零散的自然环境（课堂、博物馆、家庭），以解释各种社会和文化因素如何在学习过程中共同发挥作用（Barab，本书第8章）。

在设计科学学习环境的时候，情境化的观点导致了丰富的、情境化的学习体验的产生，这些学习体验在某些情况下与传统的讲授-传递方法所带来的体验有很大的不同。例如，沙吉及其同事（Sagy et al.，2011）对一个传统讲授式的本科生物课程进行了改变，该课程通常以包含约350个学生的大班

教学的形式展开。他们让每 5 个学生组成 1 个知识建构（knowledge-building，KB）团队，每个团队利用 1 个基于维基百科（Wiki）的环境协作学习数周，来探索并准备有关课程中 10 个主题的 1 个（比如，细胞器）的某一具体方面（例如，1 个具体的细胞器）的介绍。每个团队的探索都通过 1 个具体的问题（例如，1 条河流中的氧气浓度和细胞内叶绿体之间的关系）来引导，为解决这些问题，教师会为学生提供相关资源以支持他们的协作知识建构过程。课程教学在一个由指导者提供协助的“迷你会议”（mini-conference，MC）中达到高潮，在这个会议中，选择某一个课程主题的 35 名学生对不同团队的展示进行讨论（见图 28.4）。沙吉及其同事（Sagy et al.，2011）证明，这种干预对他们所谓的“基于内部价值的学习文化”产生了显著影响。换句话说，与这种干预只被部分落实相比，干预得到全面落实的时候，学生会寻求对内容更深入的理解，同时学生在学习过程中也会拥有更多的自主权。而且，察乌舒（Tsaushu et al.，2012）认为，通过参与知识建构团队和“迷你会议”，学生对跨课程主题的生物观点有了更深入的理解。

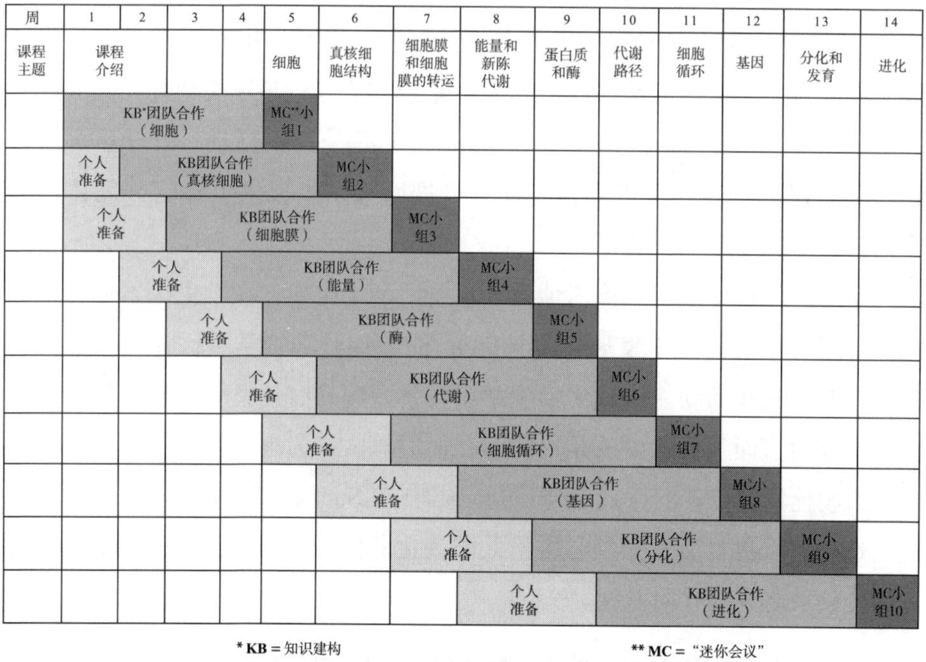

图 28.4　高干预水平的课程结构（Sagy et al.，2011）

注：本图显示了每一个课程主题里个人、团队（知识建构团队）和小组（“迷你会议”小组）的工作。

577 逐渐地，情境理论已经成为不同的学科领域设计创新学习环境和教育干预的基本理论，正如前面所描述的例子那样。反过来，这些干预使得进一步探索人类学习的方式成为可能。我们想在此特别强调情境取向驱动的科学教育的两个主要趋势。第一个与学习情境有关，其建议将社会科学问题（socio-scientific issues，SSIs）作为有效进行情境化科学学习的舞台（Sadler，2009）。第二个与创新技术有关，这些技术能够提供学生参与科学学习共同体的新方式。

作为情境化科学教育的情境的社会科学问题

萨德勒（Sadler，2009）在其综述中说明了深受科学知识影响的社会问题［如转基因食品（Walker & Zeidler，2007）或者全球气候变暖（Khishfe & Lederman，2006）］怎样才能成为情境学习理论中的那种科学教育的理想情境。

578 根据萨德勒的观点，利用社会科学问题开展教学，通过让学生参与探究具有复杂的、不确定答案的非良构问题（Kuhn，2010；Zohar & Nemet，2002），需要协调不同科学观点的非良构问题，以及在本质上常常存在争议的非良构问题（Bricker & Bell，2008），能够将学校的科学文化与实践共同体的文化相融合。换句话说，这些由社会科学问题支持的活动，让学生可以像积极的市民一样在现代世界执行任务，进而给学生提供了参与共同体内真实的问题解决实践的机会。

萨德勒的观点表明，恰当地设计这些活动（比如，在学生探索社会科学问题的过程中支持学生发展科学技能），能够提升学生学习科学的兴趣和动机。同时，这些活动能够成为学生学习科学内容的有效情境，发展学生的高阶思维能力，而且最重要的是，能够在他们探索并为解决当地问题做出贡献时，鼓励他们“以新的方式参与到共同体中”（Sadler，2009，p. 33）。

这是一个科学教育与学习科学共同进化的例子，同时，它也会继续促进这两个领域研究的共同发展。

支持学生以新的方式参与科学学习共同体的技术

研究学习的情境化取向的第二个趋势与日益增长的教育技术的使用有关，它在科学教育中扮演了关键的角色。20世纪80年代以来，技术工具在支持学校学习方面发挥着越来越重要的作用。当学习被视为在共同体中的积极参与的时候，能够使新的参与形式成为可能的技术就对支持这种学习有独特的附加价值。逐渐地，教师使用工具，如维基百科、博客和其他协作编辑和社交网络工具为学生提供参与学习共同体的新方式（Ben-Zvi，2007）。特定的协作学习环境，例如，知识论坛®（Scardamalia & Bereiter，本书第 20 章）也已经被开发用来支持共同体内知识建构的过程。最近，技术工具已经能够使学生用自己的虚拟形象在多用户虚拟环境（MUVEs）中进行协作学习（Kafai & Dede，本书第 26 章）。

许多不同的学科领域都在开发和探索支持学生参与学习共同体的技术，例如，艺术、历史、文学、数学和科学。其中，科学教育领域已经开发了独特的参与性技术以应对科学学习过程中的具体挑战。参与（或沉浸式的）模拟就是一个例子。这种技术通常被用来帮助学生发展对复杂的科学现象的理解（也可参见 Wilensky & Jacobson，本书第 16 章）。

例如，科莱拉（Colella，2000）研究了学生学习传染病的传播方式的过 579
程。为了帮助他们理解这个复杂的现象，她设计了一个真实情境的模拟，在这个模拟情境中，佩戴着很小的通信计算机（它被称为思维标签）的学生变成了一个大型微观世界的演员。当学生彼此碰面的时候，如果他们的标签带着“病毒”的话，他们就会互相传染。但是，在一个对真实的传染病的模拟中，病毒最初是潜伏的（是不可见的），这就使得学生不可能知道他们是否“生病”了，是否正在传染越来越多的同学。通过进行几次这个模拟，并尝试指出该模拟的基本规则，学生就会深度参与、协作探索这个现象，实际上，他们自发地设计了可以解释到底发生了什么的实验。

这种对技术的特殊应用，最初是为了应对科学教育面临的挑战，但它对改变目前学习科学领域中学习者对复杂系统的理解方式做出了重要的贡献，因此，它为这两个领域的共同进化做出了贡献。下一节，我们将进一步讨论关于跨学科和跨情境的设计原则的发展。

本领域的潜在研究问题

从将科学学习看作个体的认知过程，到认为科学领域的知识和认知都是基于社会和文化情境的，这一转变带来了大量新的研究问题。这些问题包括：

- 就传统的师生等级结构而言，模糊“学校文化”和更情境化的“科学文化”之间的界限意味着什么？
- 教师培训和专业项目应该如何支持教师发展教授情境化科学所需的技能？

源于两个领域共同进化过程的设计原则

我们选择的例子证明了最近科学方面的知识、教学行为、目标受众、新兴的科学学习环境的改变。上述例子都利用技术支持了科学的教与学。本节将讨论技术在学习科学和科学教育共同进化中的作用，以及我们对支持科学领域复杂思维的技术工具的了解。

580 在科学领域，技术增强型学习的有效设计结合了自下而上和自上而下的设计流程。在自上而下的流程中，设计者基于学习理论并利用技术的独特优势创建学习环境。正如劳瑞劳德（D. Laurillard）所认为的那样，设计者应该“利用我们对所要学习内容的了解，将其融入教学框架的构建中，并使数字技术与这个框架相结合，以提供一个真正增强的学习体验”（Laurillard，2009，p.5）。相反，自下而上的设计流程反映了这样一个事实，即设计是一个迭代的过程，在这个过程中，学习理论在重复的设计循环中得到发展和完善。这个循环是，首先设计一个学习环境，然后在真实的情境中应用设计，再对学生在设计的学习环境中的互动学习过程进行分析。该迭代中，自下而上的过程在过去的十年间已经发展成为一种方法论，被称为基于设计的研究（Barab，本书第8章）。

最近几年，研究者使用一些概念，例如设计原则（Kali，2006，2008；Kali & Linn，2007；Merrill，2002）和设计模式（Goodyear & Retalis，2010；Linn & Eylon，2006）来指导学习环境的设计。接下来的部分中，我们将使用设计原则来说明一些共同的理念，它们不仅与设计科学学习环境有关，而且可以用来指导除了科学之外的其他学科的学习环境的设计。这些原则跨越学科和情境，并同时采用了来自科学教育和学习科学的理念，这一事实说明了基于研究的有关如何支持学习的知识是如何在双领域协同进化的过程得到传播的。

我们利用设计原则数据库（DPD）中介绍的设计知识去证明这些。设计原则数据库是存档设计知识的地方，它包括一组相互关联的有关特性和原则的描述，这些特性和原则是由众多教育技术设计研究人员在 2001—2008 年进行协同知识建构时得出的（Kali，2006）。接下来我们将举例说明，本章介绍的例子是如何证明这些更具普遍性的原则的。

通过提供模板帮助学生在“红松鼠的分布”案例中学会推理

“红松鼠的分布”的例子中呈现的脚手架（见图 28.2）的设计目的在于将学生对科学内容的学习与他们对科学探究过程的掌握整合起来。这些脚手架表明了设计原则数据库中描述的一个普遍性的设计原理：“给学生提供模板来帮助其推理。”对此，珍妮特·科洛德纳（Janet Kolodner）等人的阐述如下：为了支持学生阐述复杂的科学观点，设计者创建了可以被称为模板的内容，这些模板可以支持学生表征他们的观点，并在他们完成复杂的活动后修改自己的观点（Kolodner，Owensby，& Guzdial，2004）。这些模板通过 581
把问题进行分解来帮助学生创建一个解决方案，并通过提供分析工具和可视化工具来帮助学生处理问题的每一部分。除了内在的分析，这些模板本身是一个整体，这就使得学生可以对解决方案的不同部分进行整合（The Design Principles Database，2007）。

这一通过给学生提供模板帮助其推理的设计原则可用于非科学的学科。例如，模板是知识论坛®的特点之一，它能帮助学生在一个广泛的情境中发展读写能力（Scardamalia & Bereiter，本书第 20 章）。

将个人相关情境连接到“我所在社区中的哮喘”案例中

“我所在社区中的哮喘”模块（见图 28.3）旨在将学校科学学习与学生的日常生活联系起来。设计原则数据库中对与个人相关情境的连接的描述如下：

> 学生往往发现科学学习缺乏个人层面的相关性。这种不相关的感觉会导致个人兴趣的缺乏和参与水平的降低。从学生日常生活中提取的与个人相关的问题——例如，确定如何保持饮料的冷却状态，或如何最小化与手机使用相关的、潜在的辐射危险——使科学真实且触手可及。因为学生有与问题情境相关的先前经验，这些问题能够引发相关直觉来推动探究。（The Design Principles Database，2007）

与个人相关情境连接作为设计原则也可以用在其他学科。例如，在教授例如古希腊文本之类的经典文学作品的课程中，教师需要将经典小说中的社会角色和冲突与学生在所在社区和现代社会中所面对的类似情况做类比（Wortham，1994）。

多种社会活动结构在“生物学课程的‘迷你会议’”案例中的应用

在生物学课程的“迷你会议”案例中，沙吉及其同事（Sagy et al.，2011）设计了不同的活动，这些活动在个体学习（利用在线指导提供的信息类内容学习）、团体知识建构（针对一个具体的方面进行知识建构）和小组会议（以“迷你会议”的形式展开）之间转换。虽然该课程所在的班级是有 350 名学生的大班，但这些转换还是给学生提供了感知科学家在会议上分享知识这一方式的机会。这样的设计原则绝对可以在其他学科，如数学的教学中使用（Sfard & Cobb，本书第 27 章）。在小团队中学习有时比在大团队中学习
582 更高效。在“将计算机作为学习伙伴”的研究中，学生与一个同伴合作完成一项复杂项目时是最成功的（Linn & Hsi，2000），这源于一对一讨论中个人的舒适感，而在大团队中学习会给人带来逻辑方面的困难。然而，大团队也给学生提供了机会。与和一个伙伴学习相比，在大团队中，学生需要更连贯地证明他们的观点以使别人明白，也需要更仔细地进行任务协商。多种社会形式也增加了所有参与者都能找到一个有效学习形式的可能性（The Design Principles Database，2007）。

使学习者在“流行病参与式模拟”案例中参与复杂的项目

在科莱拉（Colella，2000）的讨论中，她描述了几个设计参与式模拟的具体原则。同时，我们也可以从“流行病参与式模拟”中推导出其他更通用的设计原则，这些原则可用于设计各种学科的学习环境。例如，设计原则数据库中一个务实的设计原则呼吁让“学习者参与复杂的项目”。对这个设计原则的描述如下：

> 基于探究的学习环境往往以一种孤立的和过于简单方式介绍课程主题。在许多情况下，呈现的主题彼此之间是割裂的，这导致学生仅

> 能构建缺乏整合的表层知识。当给学生介绍真实世界问题的时候，他们有机会应对主题的复杂性和参与深度辩论。通过这种方式，学生可以在各种关于中心议题的观点之间创建联系，建构具有整合性的理解，为将来的学习做好准备。（The Design Principles Database，2007）

事实上，近年来利维和威伦斯基（Levy & Wilensky，2008）扩展了这种早期最常在科学学习研究中应用的参与式模拟，他们将其转变为了“日常复杂性”参与式模拟。在这些模拟中，六年级的学生们可以探讨普通的社会活动，这些活动可以用复杂系统理论的涌现现象来解释（Wilensky & Jacobson，本书第 16 章）。例如，学生们在以下情况中进行推论：

> 一个六年级班级的学生在操场上休息。人们可以看到，相同性别的学生聚集在一起。不需要复杂的模型就可以对这种模式进行解释。想一套简单的规则就足够了：每个人都喜欢与同性在一起。如果你身边大多是异性，你会选择离开。如果你身边主要是同性，你会留下来。这种涌现模式就导致了六年级学生两性隔离共同体的产生。然 583
> 而，并没有人告诉他们要以这种方式彼此隔离。（Levy & Wilensky，2008，p.10）

采用复杂性视角探索年轻学生对日常涌现现象的推理，使利维和维伦斯基描述和表征了他们称之为*中层策略*（mid-level strategy）的概念，他们用这个概念表达学生对复杂系统原则的理解。这是科学教育研究影响学习科学的另一个例子。

结论

学习科学和科学教育这两个领域是深深交织在一起的。尽管我们还说不清楚这两个学科变化的确切机制和方向，但我们认为，这两个学科都已经出现了有利于彼此和自身发展的转变和进步。特别是，我们看到它们彼此成就的证据，例如，来自学习科学的观点（比如，情境认知理论）对科学教育产生了影响，同时，科学教育的理念（例如，强调混合学科核心理念与实践的知识）也正在更广泛地融入学习科学领域内的其他学科中。我们预计，这种共同进化将继续为我们带来对学习的新理解。

参考文献

Achieve. (2013). Next generation science standards. Downloaded from www.nextgenscience.org on May 28, 2013.

Ben-Zvi, D. (2007). Using wiki to promote collaborative learning in statistics education. *Technology Innovations in Statistics Education*, 1(1), 1–18.

Bjork, R. A., & Linn, M. C. (2006). The science of learning and the learning of science: Introducing desirable difficulties. *APS Observer*, 19(3).

Bricker, L. A., & Bell, P. (2008). Conceptualizations of argumentation from science studies and the learning sciences and their implications for the practices of science education. *Science Education*, 92(3), 473–498.

Brown, A., Ellery, S., & Campione, J. C. (1998). Creating zones of proximal development electronically. In J. G. Greeno, & S. Goldman (Eds.), *Thinking practices: A symposium in mathematics and science education*. Hillsdale, NJ: Lawrence Erlbaum Associates.

Colella, V. (2000). Participatory simulations: Building collaborative understanding through immersive dynamic modeling. *The Journal of the Learning Sciences*, 9(4), 471–500.

Corcoran, T., Mosher, F. A., & Rogat, A. (2009). Learning progressions in science: An evidence-based approach to reform. Consortium for Policy Research in education Research Report RR 63.

584 The Design Principles Database (DPD). (2007). Multiple entries retrieved from http://www.edu-design-principles.org/dp/viewPrincipleDetail.php?prKey=308 (replace prkey number to access different entries cited).

Driver, R., Guesne, E., & Tiberghien, A. (1985). *Children's ideas in science*. Buckingham, UK: Open University Press.

Goodyear, P., & Retalis, S. (2010). *Technology-enhanced learning: Design patterns and pattern languages*. Rotterdam: Sense Publishers.

Inhelder, B., & Piaget, J. (1958). *The growth of logical thinking from childhood to adolescence*. New York: Basic Books.

Israeli Ministry of Education. (1994). Tomorrow 98: Report of the Superior Committee on Science, Mathematics and Technology Education in Israel.

Kali, Y. (2006). Collaborative knowledge building using the Design Principles Database. *International Journal of Computer Support for Collaborative Learning*, 1(2), 187–201.

Kali, Y. (2008). The Design Principles Database as means for promoting design-based research. In A. E. Kelly, R. A. Lesh, & J. Y. Baek (Eds.), *Handbook of design research methods in education* (pp. 423–438). New York: Routledge.

Kali, Y., & Linn, M. C. (2007). Technology-enhanced support strategies for inquiry learning. In J. M. Spector, M. D. Merrill, J. J. G. van Merriënboer, & M. P. Driscoll (Eds.), *Handbook of research on educational communications and technology*. Third Edition (pp. 445–461). Mahwah, NJ: Lawrence Erlbaum Associates.

Kali, Y., Linn, M. C., & Roseman, J. E. (2008). *Designing coherent science education: Implications for curriculum, instruction, and policy*. New York: Teachers College Press.

Karplus, R. (1977). Science teaching and the development of reasoning. *Journal of Research in Science Education*, 14(2), 169–175.

Khishfe, R., & Lederman, N. (2006). Teaching nature of science within a controversial topic: Integrated versus nonintegrated. *Journal of Research in Science Teaching*, 43(4), 395–418.

Kolodner, J. L., Owensby, J. N., & Guzdial, M. (2004). Case-based learning aids. In D. H. Jonassen (Ed.), *Handbook of research for education communications and technology*. Second Edition. Mahwah, NJ: Lawrence Erlbaum Associates.

Kuhn, D. (2010). What is scientific thinking and how does it develop? In U. Goswami (Ed.), *Handbook of childhood cognitive development*. Second Edition. Blackwell.

Laurillard, D. (2009). The pedagogical challenges to collaborative technologies. *International Journal of Computer-Supported Collaborative Learning*, 4(1), 5–20.

Lave, J., & Wenger, E. (1991). Situated learning: Legitimate peripheral participation. In R. Pea, & J. S. Brown (Eds.), *Learning in doing: Social, cognitive, and computational perspectives* (pp. 29–129). Cambridge: Cambridge University Press.

Lee, H. S., & Songer. N. B. (2003). Making authentic science accessible to students. *International Journal of Science Education*, 25(1), 1–26.

Levy, S. T., & Wilensky, U. (2008). Inventing a "mid level" to make ends meet: Reasoning between the levels of complexity. *Cognition and Instruction*, 26(1), 1–47. 585

Linn, M. C., & Eylon, B. (2006). Science education: Integrating views of learning and instruction. In P. A. Alexander, & P. H. Winne (Eds.), *Handbook of educational psychology*. Second Edition (pp. 511–544). Mahwah, NJ: Lawrence Erlbaum Associates.

Linn, M. C., & Hsi, S. (2000). *Computers, teachers, peers: Science learning partners*. Mahwah, NJ: Lawrence Erlbaum Associates.

McNeill, K., & Krajcik, J. (2009). Synergy between teacher practices and curricular scaffolds to support students in using domain specific and domain general knowledge in writing arguments to explain phenomena. *The Journal of the Learning Sciences*, 18(3), 416–460.

Merrill, M. D. (2002). First principles of instruction. *Educational Technology Research and Development*, 50(3), 43–59.

Metz, K. (2000). Young children's inquiry in biology: Building the knowledge bases to empower independent inquiry. In J. Minstrell, & E. van Zee (Eds.), *Inquiring into inquiry learning and teaching in science* (pp. 371–404). Washington, DC: AAAS.

National Academy of Science. (2007). *Rising above the gathering storm: Energizing and employing America for a brighter economic future*. Washington, DC: National Academies Press.

National Research Council (NRC). (1996). *National science education standards*. Washington, DC: National Academies Press.

National Research Council (NRC). (2007). *Taking science to school: Learning and teaching science in grades K-8*. Washington, DC: National Academies Press.

National Research Council (NRC). (2012). *A framework for K-12 science education: Practices, crosscutting concepts and core ideas*. Washington, DC: National Academies Press.

OECD. (2012). OECD Science, Technology and Industry outlook 2012. http://www.oecd.org/sti/oecdsciencetechnologyandindustryoutlook.htm.

Palincsar, A. S. (1998). Social constructivist perspectives on teaching and learning. *Annual Review of Psychology*, 49, 345–375.

Partnership for 21st Century Skills. (2011). Framework for 21st Century Learning. Downloaded from http://www.p21.org/tools-and-resources/policy-maker#defining on May 29, 2013.

Pea, R., & Collins, A. (2008). Learning how to do science education: Four waves of reform. In Y. Kali, M. C. Linn, & J. E. Roseman (Eds.), *Designing coherent science education: Implications for curriculum, instruction, and policy* (pp. 3–12). New York: Teachers College Press.

Peters, V., Dewey, T., Kwok, A., Hammond, G., & Songer, N. B. (2012). Predicting the impact of climate change on ecosystems: A high school curricular module. *The Earth Scientist*, (28)3, 33–37.

Quintana, C., Reiser, B., Davis, E., Krajcik, J., Fretz, E., Duncan, R., Kyza, E., Edison, E., & Soloway, E. (2004). A scaffolding design framework for software to support science inquiry. *The Journal of the Learning Sciences*, 13(3), 337–386.

586 Sadler, T. D. (2009). Situated learning in science education: Socio-scientific issues as contexts for practice. *Studies in Science Education*, 45(1), 1–42.

Sagy, O., Kali, Y., Tsaushu, M., Tal, T., Zilberstein, D., & Gepstein, S. (2011). Promoting a culture of learning that is based on internal values in an introductory undergraduate level biology course. Paper presented at the 14th biennial European Association for Research on Learning and Instruction (EARLI) conference, Exeter, United Kingdom.

Scardamalia, M. (2003). Crossing the digital divide: Literacy as by-product of knowledge building. *Journal of Distance Education*, 17 (Suppl. 3, Learning Technology Innovation in Canada), 78–81.

Shepard, L. (2000). The role of assessment in a learning culture. *Educational Researcher*, 7(20), 4–14.

Songer, N. B. (2006). BioKIDS: An animated conversation on the development of curricular activity structures for inquiry science. In R. K. Sawyer (Ed.), *The Cambridge handbook of the learning sciences* (pp. 355–369). New York: Cambridge University Press.

Songer, N. B., Kelcey, B., & Gotwals, A. (2009). How and when does complex reasoning occur? Empirically driven development of a learning progression focused on complex reasoning about biodiversity. *Journal of Research in Science Teaching*, 6(46), 610–631.

STAO/APSO. (2006). Position Paper: The nature of science. Downloaded from http://stao.ca/resources/position-statements/Nature_of_Science.pdf.

Tate, E. D. (2008). The impact of an asthma curriculum on students' integrated understanding of biology. Paper presented at the American Educational Research Association, Washington, DC.

Tate, E. D., Clark, D., Gallagher, J., & McLaughlin, D. (2008). Designing science instruction for diverse learners. In Y. Kali, M. C. Linn, & J. E. Roseman (Eds.), *Designing coherent science education: Implications for curriculum, instruction, and policy* (pp. 65–93). New York: Teachers College Press.

Tsaushu, M., Tal, T., Sagy, O., Kali, Y., Gepstein, S., & Zilberstein, D. (2012). Peer learning and support of technology in an undergraduate biology course to enhance deep learning. *CBE life sciences education*, 11(4), 402–412.

Walker, K. A., & Zeidler, D. L. (2007). Promoting discourse about socioscientific issues through scaffolded inquiry. *International Journal of Science Education*, (1129), 1387–1410.

Wortham, S. E. F. (1994). *Acting out participant examples in the classroom*. Philadelphia, PA: John Benjamins Publishing Company.

Zohar, A., & Nemet, F. (2002). Fostering students' knowledge and argumentation skills through dilemmas in human genetics. *Journal of Research in Science Teaching*, 39(1), 35–62.

第29章

学习历史概念

马里奥·卡雷特罗　彼得·李

587　历史是一门关于“人们曾经做了什么”以及“什么事情曾发生在他们身上”的学科，同时它也代表了过去特定时间内社会的状态或者制度的形态。历史似乎也与每日的常识性事物有关，比如人们所做的决定、所采取的行动。我们每天都会做决定，同样每天都会采取行动，因此，许多人就认为历史可以简单地通过应用这些常识性理解来学习。历史课中我们会讲到总统、企业家、宪法还有贸易，虽然我们之中的绝大多数人这辈子也没当面见过总统，但是我们很容易就将总统的行为和决策视为我们自己所参与的行为与决策的变体。虽然我们有时候会读到现代生活中从未遇到过的事情（比如法老、农奴、清教徒乃至火枪手），我们却很自以为然地将这些东西想象成我们已知事物的古典版本。这样的话，历史学习中的任务，就往往被描述成获取日常生活信息，而不是掌握陌生的、颇具神秘色彩的概念工具，就像它过去的和展现出来的那样。简言之，历史看起来似乎意味着某些常识，而且是累积性的（事实却并非如此）。

本章中，我们认为这种过分单纯的历史学习观是不正确的。四十余年的研究表明，历史思维是与直觉相悖的（Lee，2005）。历史需要我们理解不同于日常观点的概念。一些日常的观点与历史是完全矛盾的，举例来说，许多学生都认为我们只有通过直接体验才能真正了解某些事情。更多的学生认为，由于历史所发生的一系列事件都已经真真切切地发生了，那么对于过去就只存在一种正确的诠释。学生很有可能在我们的要求下学会如何对既定的过去进行所谓的“事实性陈述”，但实际上我们是无法衡量这些事实假说的。这种观点应用到社会习俗（conventions of relevance）所存在的日常之中没有问题，然而应用在历史中就完全失败。关于提什么问题可能有完全不同的观点，相关社会习俗也引起了争论。更甚者在于我们所声称的事实有可能并不是什么人都可以观察到的：价值、出生率或者环境的变化并不能像伟人出生或者战争一样被直接观察到，这些事情应该是被推测出来的，而不是被观察到的。

通过对科学教育中迷思概念的研究（diSessa，本书第 5 章），我们了解了科学科目的学习者必须抛弃常识性概念（比如重量或速度），然后努力地学习一套完全不同的对待世界的工具（比如质量或速率），甚至是在真实生 588
活中完全没有类似实物——虽然有时候这些名字我们很熟悉——的概念（比如量子纠缠理论或者中子）。我们认为成功地学习历史概念与学习物理概念是较为类似的——这二者都需要学习者克服他们的迷思概念。

如果我们调查不同国家和地区是如何讲述法国大革命这一主题的话，我们就可以观察到学生被教授了不少抽象的概念和论证，比如该时期法国社会的结构、自由思想观点的产生，以及它们与经济以及社会政治因素之间的联系。这个例子就证明了历史是与社会科学中的许多复杂问题密不可分的。举例来说，一系列的研究解释了一个诸如“贫穷为什么会存在？为什么它至今仍然存在？”的问题，这一解释包括了政治的、经济的、社会的、文化的以及其他方面的因素，这就形成了一个多因素结构，要理解这一结构，就需要复杂的、抽象的思维。比较起来，许多富裕的或者中产阶级的学生都更倾向于将这个问题的答案归结于一个简单的因素：贫穷之所以存在，是因为某些特定的个体并没有足够的意志去克服它（更多详情请参见 Barton，2008）。

上述关于贫穷的例子能在一定程度上解释真正的历史到底有多复杂，但是并没有触及学生有可能面对的更为本质的问题：我们如何了解过去的事情？考虑到在世的人都没有目睹过绝大多数的人类历史，历史试图为我们叙述的故事和解释似乎对很多学生来说充其量只是一种观点。对于这么思考的学生来讲，历史并不是什么常识，而是一种主观的观点——对于一个学术领域来讲这么说略显奇怪。

历史学家们口中的故事和解释是由第一层级的要素构成的，例如农民、将军、法律和牧师，但是在这些第一层级要素的背后往往有很多暗含的第二层级概念，例如史料证据、改革、显著性以及叙述。专业的历史学家会对史料证据、解释和叙述的本质做出假设，任何有关过去的实体性主张都要有它们在背后支持（Lee，2005）。本章中，我们将“学习历史”分为两个部分：学生如何学习有关过去的实体性知识，即第一层级的内容，以及他们如何理解第二层级的内容，这些内容会帮助他们组织和加强实体性知识的学习。

实体性历史概念的理解

研究表明，学生对于事件和过程的理解，其复杂性在青春期到成年之间是有着很大的不同的（Barrett & Buchanan-Barrow，2005；Furnham，1994）。
589 举例来说，一些学生把革命理解为一群人和另一群人之间的冲突，而不是影响到社会方方面面的结构性变革。这些学生同样只根据单个国王的行为来理解君主制，他们可能很难理解现代的国家并不是一个领地以及住在其中居民的集合，而是一个复杂的社会系统，出于经济上、知识上以及技术发展方面的原因，这个复杂系统只在近代人类历史中出现（Carretero，Castorina，& Levinas，2013）。

理解包含在社会变革的过程之中的概念框架——例如新石器时代的革命，或者从封建社会到资本主义社会的转变——需要学生掌握没有直接形式和实践性证据的概念，它们是社会科学家和历史学家的理论阐述。这些历史概念与理论有着与生俱来的不断变化的本质。任何历史教师都知道，任何历史概念，如民主，在古希腊时期的意思和今天的意思是不同的。这是一个众所皆知的教学问题，同时它在专业历史学家中也是一个未解决的核心问题。

同一个历史概念可能会有很多不同的含义。一些概念能被用于不同的地方，这不仅是由时间的流逝导致的，还有可能是在同一历史时期，被不同的人群使用或者出于不同的目的被使用而造成的。这一点不仅仅从理论角度来讲很重要，对于历史教学中需要被人解释的复杂概念——独立、解放、自由、人民、国家、州、爱国主义、公民等等——的教学也是很重要的。这些概念的含义会随着时间而改变，对不同的个体和群体来讲也有其独特的内涵。由此，历史教学就必须考虑学生如何使用这些历史概念、学生（以及班级）如何呈现相同概念的不同特点，从而基于先前知识和文化经验生成不同的含义。如果没做到这一点，就意味着教师可能没有传达出他们想表达的观点，这样学生就只能将教师所教的内容同化于自己已有的前概念中。

最近的研究表明，对历史概念的理解能力的发展与概念思维的发展是相辅相成的（Barton，2008；Limón，2002）。概念发展（conceptual development）不仅涉及概念得以定义的特征与属性，也涉及这些特征和属性之间建立的联系。概念发展主要有两种形式。第一种，学生通过较为具体的维度将较为抽象的特征匹配到概念之中，以这种方法实现概念理解（见表29.1）。这种概念发展以（例如）学生理解社会制度这一概念为典型。年龄更小的学生对制度和社会现象的理解是更为具体的：会受到代表了这些概念的人，以及特殊事件的影响。举例来讲，法国大革命的代表性人物就是拿破仑，工业革命的代表性事件就是蒸汽机的发明。那么在这种朴素的理解下，历史就是由 590
一系列的人物和事件所组成的，例如拿破仑或者蒸汽机的发明。随着理解的不断深入，学生逐渐开始更好地理解社会和历史的概念，但是这种理解是静态的、相互独立的。最终，学生将历史理解为越来越复杂的概念网络，在网络中，不同的要素相互联结，每个社会事实和历史事实都动态地被它自身以及它与其他事实之间的关系所影响。

表 29.1　实体性历史概念理解的发展

变革	概念	最初理解	最终理解
从具体到抽象	事实	表层现象（可直接感知的）	深层特征（需要理论要素）
	制度	个人化	制度化
从静态到动态	联立事实	社会和历史事实的不同领域（例如，政治、经济）看起来是相互独立的	将各个领域的社会和历史事实整合起来
	继承事实	将社会事实概念视为不可改变的（社会和历史信念的接纳）	理解社会的改变，将社会的、历史的客体和现象视为过程并以一种远距离的方式进行思考

在理解特定历史时期的社会时，学生一开始大多认为社会中的多数要素是不相关的，很少会在不同方面的社会事实之间（例如，政治的、经济的、社会的、文化的、军事的）建立起联系。举例来讲，他们往往会认为文化建设只能由纯文化的因素带来，与任何政治和经济因素都没有关系。博斯和卡雷特罗（Voss & Carretero，2000）曾要求一组高校学生解释 1991 年的苏联解体。其中一些学生就比其他学生提供了更为复杂的解释，但即便是复杂的解释，也很少提到不同因素之间的相互作用（例如，经济问题、民族主义、国际环境）。

在青少年理解的“随时间变化”中，他们往往认为这些事情一开始是什么样子，到后来还是什么样子，并没有多少改变的可能（见表 29.1）。在儿童乃至一些青少年和成人的概念里，历史和社会现象的表征基本上是静态的。 591
学生倾向于认为不同的社会情境是固定不变的，其结果就是很难理解社会变革，进而很难学好历史。

我们认为学校的历史教育不应该仅停留在“第一层级”的事实与概念之上，而应教会学生“从历史的角度来思考”，既我们所说的“第二层级”理解——能够使用史料来给出或者评估解释，并以此建构和评价对于过去的叙述。发展历史思维的课程与教学设计不能止步于要求学生对要记忆的事实进行抄写、分类还有加工。在这类方法的使用上，规模最大、影响最深远的项目要数 20 世纪 80 年代的英国学校委员会历史项目（Schools Council History Project），而近期最为著名的例子可能要数加拿大的历史思维项目（Historical Thinking Project）（Seixas，2010；Shemilt，1980）。

我们必须先了解不同年龄的学生如何理解历史，才能开发出此类教育领域的新方法。学生是将历史视为过去事实的严谨复刻？还是将历史理解为推理过程的产物，因此将其视为人类的解读？谢米尔特（Shemilt，1983）的研究讨论了这些问题，他证明了 13—16 岁学生对于历史的理解从关注一个历史进程的真实概念——他们在这时将历史简单地理解为发掘出的书面史料——逐渐转变为关注更具协商性的概念（negotiated conception）的过程，通过这个概念他们可以理解假设与史料证据间的明显不同。在主要针对 10—11 岁学生的研究中，布罗菲、范斯列季赖特和布雷丁（Brophy，VanSledright，& Bredin，1992）发现这个年龄段的学生往往将历史视为由一点也不含糊的真相构成的科学事实，他们还将历史学家想象成与发掘历史残留遗迹的典型考古学家差不多的形象。当学生克服了这个迷思概念，形成更具协商性的概念之后，他们就开始理解一手来源（primary sources）的功能，以及理解这些来源的历史和社会背景的重要性。

以下要求学生具备的历史思维受到了广泛的认同：

A. 能够使用历史证据对关于过去的单个事实陈述（singular factual statement）进行证实或者证伪。

B. 能够将历史理解为解释问题的答案的集合，而不是对过去的复制，亦不是单个事实陈述的集合。

C. 能够想象个人无法经历的情境，能够理解自己生活的世界中并不适用的价值观和信念（有些时候要用到陌生的、相互矛盾的、现今不存在类似观点的概念）。

592 D. 能够精确地定义抽象概念，表述这些概念的含义，并且展示它们随着时间不断变化的情况，还有他人对这些概念的界定和使用。

E. 能够通过仔细考量某个在时间上和产生的影响的分析上讲都是遥不可

及的原因，来建立关于过去事件的原因和影响的假设。这种类型的思维要求学生通过不同层面的分析增加思维的复杂性（例如，某些事件的政治方面的影响很有可能由宗教因素导致），而要分析这些方面，有时还需要结合时间的维度。

F. 能够检验提出的假设在何种程度上符合已知的事实，同时理解现实是复杂的，且一个人总是能够找到可以反驳目前观点的主张。

G. 能够分析前面 C、D、E 的内容随时间（不断）的变化。这也同样要求学生理解与时间相关的概念，比如时间阶段、时间顺序、时间惯例（temporal conventions）。

下面所综述的内容主要是 A 到 E 方面的内容，但是提及的研究也会涉及 F 和 G 方面的内容。

A：证据收集

历史学家会从历史中选择和评价相应的证据（evidence），这就包括了使用书面的材料来建立与历史事件相关的分析和解释。瓦恩堡（Wineburg，1991a，1991b）为我们演示了历史学家所用的三种启发式策略，它们分别是证实（corroboration）、溯源（sourcing）还有情景化（contextualization）。这三种策略并没有被缺乏具体历史知识的高校学生所使用。根据这些启发式策略中的第一种策略，历史学家在接受某个观点为可能或可信观点之前，都要从不同来源中寻找它们之中的重要细节。溯源这一启发式策略意味着历史学家在评价这些证据之前，都要对它们的最初来源进行检核。最后的情景化策略代表了历史学家将历史时间和空间中的事件按照时间顺序进行排列的一般倾向。

一个关于 17 世纪西班牙人驱逐摩尔人的质性研究证实了具有高专业水平的参与者（他们都是专攻现代史的大学教授）使用的情景化启发式策略（Limón & Carretero，1999，2000；VanSledright & Limón，2006）。他们的解读与大学五年级的历史专业学生（参与研究的另一个团体）明显不同，主要表现在以下两个方面。

1. 教授们的解释考虑到了不同层面分析之间的相互联系（经济、政治、社会、意识形态），这对于儿童和青少年来讲是很难的（Carretero，López-Manjón，& Jacott，1997）。

2. 教授们将问题所涉及的分析与评估的“时间”维度区分为短期、中期和长期，而五年级历史系学生并没有做出此类区分。这也阐明了前面提到的 G，即分析随着时间的变化。

要从历史的角度思考，学生就必须摒弃自己依靠报告（report）来了解过去的观念，然后真正发展出关于证据的概念。证据不再是一类特殊的事物：如果问题合适，任何东西都可以成为证据。如果这么看的话，证据就是来自问题的。

历史学家通常使用图像作为解决历史问题的方法。在一些调查中，我们给不同年龄的研究参与者展示一张经常在教材中出现的历史图片（见图 29.1），并且要求他们根据图片做出一段相关的历史性叙事。图 29.1 是德布里（Theodore de Bry）的雕刻作品，同时也是我们关于教材比较研究的调查重点（Carretero，Jacott，& López-Manjón，2002）。我们调查了来自三个不同
594 国家（阿根廷、智利、西班牙）的青少年和成人，结果表明 12 岁到 14 岁的学生的认识会从认为这个图像是“真实”的再现（即他们假定这几乎是真实场景的完全再现），转变为认为这张图片是一个编史的产物，即图片本身并不是历史真实场景的完全再现，而是历史的产物，因而需要对过去的内容进行理论解释和分析。在成人和 16 岁被试中，我们只得到后面那种认识。在比较了不同国家学生的表现，然后发现了一样的发展顺序之后，该研究认为解读历史图像的启发式演变不受不同文化的影响，而是由相关认知发展模式所决定的。案例中参与者对历史图片表征的变化为我们展示了从认为历史“客体”是固定、真实的到认为历史“客体”是抽象的、复杂的这一考虑方式的转变，有关历史和社会概念发展的研究也都表明了这一观点。

图 29.1　克里斯托弗 · 哥伦布接收伊斯帕尼奥拉岛（Hispaniola，现代的海地）夸那加里酋长的礼物［德布里（1528—1598）雕刻］

B：历史叙述

学生在理解历史叙述（accounts）的时候会经历一个发展性的过程。从专栏 29.1 中可以看出，这些理解一般都是越来越深刻的。这一模型基本上能准确地反映几个不同文化中的学生的发展（Lee & Ashby，2000）。在本章后面的部分，我们会对历史叙述中的一个比较常见的方面进行详述：历史叙事（narrative）。

专栏 29.1 暂行的学生历史叙述观点发展模型 595

1. 历史叙述只是（给定的）故事而已

历史叙述就是“本身就存在着的”故事。相互矛盾的故事是用不同的方式来描述相同内容的结果，就像学校要求我们用“自己的语言”讲同一个故事的作业一样。

2. 历史叙述并不是我们无法见证的历史的复制

这些历史叙述不可能是“准确的”，这是因为我们没有看到过去发生的事情，所以我们不知道它是什么样子的。历史叙述有所不同是因为它们只是“观点”，也就是我们永远都不会有的知识的替代。

3. 历史叙述是历史的准确复制，除了那些有错误或者缺陷的

如果我们知道事实，那么过去的事与历史叙述就会有一个一对一的对应关系。（这一点是上一观点的矫正。）“观点”是由信息鸿沟或者错误造成的。

4. 历史叙述会被某些不明的动机歪曲

历史叙述是被扭曲的历史副本。历史叙事的不同并不是简单地由缺乏知识造成的，有时作者也会有意地扭曲过去。“观点”就是从不同党派的角度出发的偏见、夸张和谎言。理想情况下的历史叙述应该是不从任何立场出发的。

5. 历史叙述是从个人观点组织出来的

历史叙述是历史学家对历史长河中重要部分的整理和组织。有这种思维的学生与有上一种观点的学生相比有着重大的突破，因为他们摒弃了这些历史叙述应该是历史的复制这种观点。在这里的再次出现的“观点”主要指的是历史学家们所做的个人选择，但是这并不是党派之争。观点和选择是历史叙述本身的合理特征。历史学家乐于对不同的问题做出解答。

6. 历史叙述必须回答问题且符合标准

不同历史叙述之间的区别并不仅仅由叙述者的选择造成。这些历史叙述必须是有选择性的，由特定的主题和时间维度构成。完整的历史叙述是不存在的。历史叙述之间——合理的——相互区别是很正常的：它们为了给出问题的答案（重新）建构了历史。这些历史叙述会在一系列的标准下被评估，以决定其合理程度和相对价值。同一主题下的不同版本的历史叙述可能由于考虑到与主题相关的有同样价值的不同问题而被采纳。学科领域的标准排除了很多可能的历史叙述，但是并不会限制可采纳历史叙述的数量。

C 和 D：共情能力

共情能力曾被定义为能够理解过去他人的行为，并且能意识到他人或者其他社会中的人与我们有不同的信念、价值以及目标的能力。学生通常会假定过去的人和他们有一样的信念和价值观（Ashby & Lee，1987；Shemilt，1984）。瓦恩堡（Wineburg，2001）将这种现象描述为一种“默认”的状态。确实有相当的证据证明，很多学生会认为因为过去的人们与现在的人们的行为不同，所以他们在智力上和道德判断上和我们相比都是有缺陷的（Lee & Ashby，2001）。与学生观点形成鲜明对比的是，专业的历史学家能够理解不同的历史阶段和不同社会中会有不同的信念与价值观：历史思考的核心要素之一就是能够将自己设身处地地放在不同的时间之中，以不同的世界观来看问题。同样，我们可以建构出一个学生在观点层面一步一步建立共情能力的模型（见专栏 29.2），这就能让教师对课堂中需要面对和解决的先前概念有所准备（Lee & Shemilt，2011）。

专栏 29.2　高度简化的学生历史共情能力发展模型

1. 认为过去的都是有缺陷的

过去的行为是不明智的，因为过去的人们都很愚蠢，不像我们现在这么聪明，他们是愚昧的、有道德缺陷的，或者说“不知道好坏”的。

2. 普遍存在的刻板印象

用传统的关于角色、制度的刻板印象解释过去的行为。会将历史归因为普遍的操作：“他们会这么做，不是吗？”

3. 日常的共情能力

会从自己的情境出发解释过去发生过的事情，但是所用的视角都是现代的。对于那时的人会知道什么、现代人能知道什么并没有一致的区分，信念与价值观方面也一样。

4. 受到限制的历史共情能力

意识到历史人物的知识、信念与价值观可能与我们的不大一样，还意识到意图和目的有可能是复杂的、受到一定限制的、有分歧的。

5. 情景化的历史共情能力

能够将行为置于更为广泛的信念与价值观情境中，这一情境需要被作为与事物的外表相联系的隐含对象而理解。

596

E：原因

研究的另一个核心领域在于检视随着在校年限的增加，学生对历史因果关系（causality）的理解的演变，还有给学生展现对特定历史和社会事件的叙述之后，学生对这些事件的解释的发展。在一项研究中，我们要求学生将事件和事件的原因做连线（Lee，Dickinson，& Ashby，2001）。该研究发现了学生建构因果解释的三个策略：*追加策略*（additive strategy），依据这种策略，原因以一种线性的、相互独立的方式构建起来；*叙事策略*（narrative strategy），这种策略中学生会将线性的因果关系通过“然后”或者“因此”相互连接起来；最后是*分析策略*（analytical strategy），在这种策略中学生会建立不同原因的连接节点。谢米尔特（Shemilt，1983）通过对学生观点的分析，建立了因果解释的发展模型。在该模型中，学习者逐渐从原因在历史事件中是固有的这种观点，转变为“原因”是人制造的（一个因果的力量）这种观点，最后发展出因果链或者因果网络的概念。当学生对于历史因果关系有了越来越复杂的理解之后，他们就能够意识到主要的社会、经济和政治条件能够开启的或限制的程度。在最高的等级中，这些历史条件被认为取决于他们所运作的情境，而因果解释则被认为与真实世界中能找到的东西相比，是更理论的东西。

理解因果关系的核心要素是理解*必要*（necessary）和*充分*（sufficient）条件。在另一项研究中，研究者要求大学生解释苏联的解体。该研究就发现参与的学生“对充分性和必要性的概念有一种合理的直觉”（Voss，Ciarrocchi，& Carretero，2000）。对于历史和时事感兴趣的参与者倾向于对他们的判断更为自信，受到了以充分性和必要性为主题的培训之后他们就更加自信了。

另一种理解因果关系的核心要素是学生关于如何验证因果解释的观点。虽然现有学者对此做出的研究很少，但仍有一项研究指出，10 岁和 14 岁的学生可获得的用来决定某种解释比另一种解释更好的假设或概念工具有相当大的差别（很可能与年龄相关）（Lee，2001）。

卡雷特罗和他的同事（Carretero et al.，1997）的研究要求高中学生和大学历史专业与心理学专业五年级的学生对一系列发现美洲大陆的“原因”进行评分。该研究的主要目标是研究了解鲜为人知的领域特殊知识的参与者所提供的解释特征与解释类型。研究结果表明有更多领域特殊知识的学生（五年级历史专业学生）明显地更关注“原因”，这就使他们可以将某个事件情境化到更广阔的、更复杂的社会政治背景下，相比之下，其他学生（12—16 岁的青少年和刚成年的心理学专业学生）则明显更为关注研究者故意设置的 597

历史人物（如前所述儿童对历史变化有更为“固定的”理解，他们将这些变化与特定的个体而不是宏观社会因素相联系）。还有一些研究者，比如哈尔登（Halldén，2000），也强调了故意设置的历史人物对学生诠释历史的重要性。

与青少年相比，年龄更小的儿童更难辨认因果性陈述与描述性陈述，也更难辨认导致某个特定行为的原因与解释行为结果所需的条件和因果前提（antecedents）。（特定行为可以导致意料之外的结果，因此，解释一个人做了什么事情的原因并不能够解释为什么产生了这样的结果。）还有证据证明，学生对于行为的原因解释与他们对于事件成因的解释是相互分离的，这就说明对这两个方面的原因的解释的发展并不是同步的（Lee et al.，2001）。

历史叙事的构建

人类会对自己的动作和行为做出解读，但对于他人的动作和行为，人类往往会通过叙事的方法进行解释。叙事思维是一个广为应用的，而且有可能是与生俱来的人类理解社会和历史事实的方法，这就意味着它对于学习历史来讲是尤为重要的（Rüsen，2005；Straub，2005）。一些研究者在历史哲学中（Ricoeur，1990；White，1987）强调了叙事是理解历史的强有力的文化工具，即便历史的解释和逻辑架构并不总是符合心理学概念上常规的叙事结构。

叙事并不是对一系列随机事件的排序，而更像是一种找出哪个事件导致了其他事件发生，以及影响这些关系的因素的尝试。然而，从直观上来看，心理叙事的结构要比事实真相更为简单一些：它并不包含造成某个特定结果的所有原因，或者参与到某个事件中的所有参与者。回到历史当中，许多学生都会将历史叙事看作既定过去事件的完整和准确的复制。但是专业的历史学家则会从完全不一样的角度来看待历史：首先，这是因为历史可以从无限种不同的角度进行描述；其次，这是因为我们对于过去的理解是动态的，是会随着后来发生的事件改变的。我们在 1920 年无法说出“1919 年的《凡尔赛条约》为日后纳粹在德国的统治埋下了种子”这种观点，但是到了 1940 年，这种描述就成了可能。如果要学习历史，学生就必须理解：叙事会简化历史，叙事会告诉你一些故事，然后忽略其他故事，它们会提到一些核心的人物，但同时忽视掉鲜为人知的个体，还有大部分匿名的人士（有时会忽略

掉一整个社会群体）。简而言之，叙事是理解历史的工具，但是并不是历史本身（见专栏 29.1）。 598

历史叙事在教育情境之中有着特殊的重要性，在该情境中，它们经常被错误地等同于历史本身（Halldén，1998，2000）。教育领域中有两种常见的具体的叙事类型：个体叙事和民族叙事（Barton & Levstik，2004；VanSledright，2008）。奥尔里奇（Alridge，2006）详细地分析了美国的教科书之后，揭示了许多历史学家和教科书宣传知识的典型做法：对伟人和大事件进行叙事，论述其引导着美国走向一个理想的进程和文明。

个体叙事（individual narratives）以个人生活为中心，重点描述和他相关的历史人物，这与那些更注重于抽象实体和事件的叙事，比如国家层面的、经济系统的、社会变革的、文化文明的和其他非个人概念的叙事有很大不同。个体叙事的案例很容易从我们的在校经验中获得：哥伦布的故事、尤利乌斯·恺撒的事迹、拿破仑的生平，都是经典的案例。使用个体叙事的课堂是有正当理由的，至少从部分层面上来讲，如果我们使用更为抽象的方法，那么学生就更难理解历史，也更没有学习的动机。有几位研究者都表明（Alridge，2006；Barton，2008），个体叙事的方法拥有使历史人性化的力量。学生会认同甚至效仿核心任务，他们有可能会想象引导这些人物的思想和感情，甚至会想象（学生）自己在这种情况下会如何应对。通过这些个体叙事，学生也了解了个体在社会中扮演着什么角色，并且会考虑特定个体能产生的可能影响，但是这些方面并不意味着学生理解了历史。在某些情况下，个体叙事是极简化的，甚至是不符合历史事实的。

虽然个体叙事是很能令人产生学习动机的学习材料，对学生来讲也更容易理解，但它也带来了一系列偏见，从而使学生历史思维的发展复杂化。举例来说，这种叙事可能没有对社会因素的、政治因素的或者经济因素的结构性质进行因果解释。集体行为的影响可能被忽略掉。这种方法几乎不可避免地传播了具有长期过程的变革可以通过个体的有意行为实现这种迷思概念（Barton，1996）。通常来讲，在个体叙事中，标准的历史都由一个历史事件和一个特殊的历史人物构成（这个人物将被视为事件的起因和事件的主要角色），这样就强调了个体是创造历史事件的人的概念（Rivière，Nuñez，Barquero，& Fontela，1998）。典型的案例就是，美国历史中有关“发现美洲大陆”的概念一定与克里斯托弗·哥伦布相关，或者一说到美国奴隶制的废除，学生就一定会想到亚伯拉罕·林肯。

另一种教育中和日常生活中都会出现的叙事类型是民族叙事（national narrative）（Carretero，Asensio，& Rodriguez-Moneo，2012；Symcox & Wilschut，2009）。这种叙事方法可以毫不夸张地在所有国家的任何历史课堂
599 中被找到（Barton & McCully，2005；Carretero，2011）。这是因为从19世纪末开始的历史教育的目的就是，巩固国家意识，建立民族-国家关系（Grever & Stuurman，2008）。这种类型的叙事会从实质上影响学生理解和分析过去信息的方式。民族叙事，举例来讲，会让我们更难从另一个国家或民族，或者非主流团体的角度来看问题。这也会影响学生历史思维的发展，因为历史素养的基础部分之一就是能够将不同角度的历史都考虑在内。从民族-国家历史出发的课堂很少解释不同观点间的冲突：大部分的课堂都在重复几乎无差的官方版本的历史。这样，在民族-国家历史课程中，学生就容易形成历史是封闭的、独一的、真实的这种观点（VanSledright，2008）。

这些民族叙事还有可能成为社会中共享的图式化模板（schematic templates）。就拿美国的案例来讲，就有两个被识别的图式化模板：发展的概念和自由的观点（Barton & Levstik，2004）。当你处理这些图式化模板时，美洲原住民的抵抗与欧洲殖民者的侵略都会被视为实现发展的阻碍。课堂中的学生往往都被呈现这些民族叙事的常规版本，他们很少能看到历史中有争议的方面，这就为发展更为高阶的历史思维造成了困难（Alridge，2006；Grever & Stuurman，2008）。

卡雷特罗和贝穆德斯（Carretero & Bermúdez，2012）就学校历史叙事开展了一个生产-消费交互过程的理论分析。通常来讲，生产过程与文化产品有关，在这个例子中就是包含了特定历史叙事的历史课本（Foster & Crawford，2006）。消费过程涉及学生和人们如何理解和使用所生产的文化产品（Bermudez，2012）。生产的和消费的历史叙事并不一定有完全相同的特征和要素，但是显著的交互还是存在的。我们确定了学校历史叙事的六个一般特征，它们既体现在生产过程中也体现在消费过程中。

1. 历史主题的建立是通过排除-包含的逻辑操作确立的。这也就是说，历史叙事一定会有从民族-国家角度出发正面的“我们”，和一个与之对应的负面的“他们”。这种逻辑操作是至关重要的，因为它决定了主流的观点，同时还有从民族-国家角度出发的逻辑行为。

2. 身份认同的过程是一个认知的，同时也是情感的锚点。很有可能这种

以国家区分的“我们-他们”的概念在儿童6—8岁时已经被他们熟记于心了。600
很有可能就是这种情感因素通过幼年间强烈的认同促使个体形成了民族-国家概念。

3. *频繁呈现具有神话主义色彩和英雄主义色彩的人物与动机。*神话与神话人物通过叙事方法进行描述，这通常是不受时间限制的。当我们将时间和时间所带来的限制引入叙述之中时，历史，作为一个学科就逐渐浮现了出来。在学校的情境中，学生不能很好地理解历史叙事，这是由于他们倾向于将历史人物视为和神话人物类似的存在。

4. *将自由或领土问题作为主要的或者常见的叙事主题。*学生把他们自己民族的独立进程作为历史的主要叙事，把它当作对自由的追求，独立于产生这一独立进程的多重和复杂原因之外。

5. *学校的历史叙事包含基本的道德取向。*历史取向的叙事总是会将本民族的行为描述成道德和正义的行动，为本国的主要行为提供合法化的背景。

6. *对国家和国民持有浪漫主义和本质主义两种观点。*这一特征意味着国家和国民是先于政治实体存在的，有一种永恒的和“本体论”的本质。

教学启示

我们在这里敬告大家：我们讨论的“研究对教学的启示”有可能是误导人的，因为无论是教学中的变化还是研究中的变化都应来自同一个内容的概念性变化，即“学习历史”究竟包含了哪些步骤。我们在本章中所综述的文章对教学有很重要的影响，美国的“*人们如何学习*”（How People Learn，HPL）项目提出的三项原则——总结了过去三十年间的主要认知研究——告诉了我们为什么它们很重要。“人们如何学习”首先强调了对学生先前概念的关注（以避免教学知识被同化于已有知识）；其次强调了任何领域的认知能力都应依赖于对事实知识的扎实掌握，这样才能够理解和组织概念框架，并以此为相关的学科服务，以便回溯和应用；最后强调了要用元认知的方法来让学生对他们自己的学习有所掌控。

正如我们所见，有关学生对历史知识的本质和状态的第二层级观点的研究，已经证明了学习历史并不仅代表着将常识中的事实知识进行扩展，以包含更多过去的事实，甚至是故事和解释等。这就告诫了教师，历史教学实际上没有那么简单，并给予了教师一定的指导，提醒他们当学生开始掌握特殊的第二层级的观点的时候学生是什么样子的，还有这些观点最有可能是如何
601 发展的。它同样也为我们提供了关于第二层级的概念如何促使学生发展元认知的描述，这样他们就可以问自己：他们想要做的陈述是否有证据支持，他们的解释在多大程度上解释了事实，或者他们所构建的叙事是否和观点相悖的故事一样有说服力。

如果学习历史像研究说的那么复杂的话，毫无疑问全球大部分的历史教学都必须继续改革。但这并不是有关学习和理解的实证研究自身就可以决定的。我们也要考虑更广泛概念上历史学习在社会中的地位和目标。本文中综述的研究加剧了政策制定者与大众之间的紧张关系——前者将历史教育视为加强社会凝聚力的工具，后者随着“历史思维”的不断发展与理解的增进，将学习历史视为一种获取审视世界能力的重要的方式。

如果历史确实是一种“非自然的行为”，那么学生应该如何学习历史、教师应该如何开展历史教学就是很严肃的问题，而且这个问题很可能只有正规教育才能解决。

致谢

本章受第一作者主持的 EDU-2010 17725（DGICYT，西班牙）和 PICT2008-1217（ANPCYT，阿根廷）两个项目的支持，在此对这两个项目的支持表示感谢。

参考文献

Alridge, D. P. (2006). The limits of master narratives in history textbooks: An analysis of representations of Martin Luther King, Jr. *Teachers College Record*, 108.

Ashby, R., & Lee, P. J. (1987). Children's concepts of empathy and understanding in history. In C. Portal (Ed.), *The history curriculum for teachers* (pp. 62–88). Lewes: Falmer Press.

Barrett, M., & Buchanan-Barrow, E. (Eds.) (2005). *Children's understanding of society*. London: Taylor & Francis.

Barton, K. C. (1996). Narrative simplifications in elementary students' historical thinking. In J. Brophy

(Ed.), *Advances in research on teaching: Teaching and learning history* (pp. 51–83). Greenwich, CT: JAI Press.

Barton, K. C. (2008). Research on students' ideas about history. In L. Levstik, & C. A. Thyson (Eds.), *Handbook of research on social studies education*. New York. Taylor and Francis.

Barton, K. C., & Levstik, L. S. (2004). *Teaching history for the common good*. Mahwah, NJ: Lawrence Erlbaum Associates.

Barton, K. C., & McCully, A. W. (2005). History, identity, and the school curriculum in Northern Ireland: An empirical study of secondary students' ideas and perspectives. *Journal of Curriculum Studies*, 37, 85–116. 602

Bermudez, A. (2012). The discursive negotiation of narratives and identities in learning history. In M. Carretero, M. Asensio, & M. Rodriguez-Moneo (Eds.), *History education and the construction of national identities* (pp. 203–220). Charlotte, NC: Information Age Publishing.

Brophy, J., VanSledright, B. A., & Bredin, N. (1992). Fifth graders' ideas about history expressed before and after their introduction to the subject. *Theory & Research in Social Education*, 20(4), 440–489.

Carretero, M. (2011). *Constructing patriotism: Teaching history and memories in global worlds*. Charlotte, NC: Information Age Publishing.

Carretero, M., Asensio, M., & Rodriguez-Moneo, M. (Eds.) (2012). *History education and the construction of national identities*. Charlotte, NC: Information Age Publishing.

Carretero, M., & Bermúdez, A. (2012). Constructing histories. In J. Valsiner (Ed.), *Oxford handbook of culture and psychology* (pp. 625–646). Oxford: Oxford University Press.

Carretero, M., Castorina, J. A., & Levinas, M. L. (2013). Conceptual change and historical narratives about the nation: A theoretical and empirical approach. In S. Vosniadou (Ed.), *International handbook of research on conceptual change* (pp. 269–287). New York: Routledge.

Carretero, M., Jacott, L., & López-Manjón, A. (2002). Learning history through textbooks: Are Mexican and Spanish children taught the same story? *Learning and Instruction*, 12, 651–665.

Carretero, M., López-Manjón, A., & Jacott, L. (1997). Explaining historical events. *International Journal of Educational Research*, 27(3), 245–253.

Foster, S. J., & Crawford, K. A. (Eds.) (2006). *What shall we tell the children? International perspectives on school history textbooks*. Greenwich, CT: Information Age Publishing.

Furnham, A. (1994). Young people's understanding of politics and economics. In M. Carretero, & J. F. Voss (Eds.), *Cognitive and instructional processes in history and the social sciences* (pp. 19, 25, 26). Hillsdale, NJ: Lawrence Erlbaum Associates.

Grever, M., & Stuurman, S. (2008). *Beyond the canon: History for the 21st century*. Basingstoke: Macmillan.

Halldén, O. (1994). Constructing the learning task in history. In M. Carretero, & J. F. Voss (Eds.), *Learning and reasoning in history* (pp. 187–200). Hillsdale, NJ: Lawrence Erlbaum Associates.

Halldén, O. (1998). Personalization in historical descriptions and explanations. *Learning and Instruction*, 8(2), 131–139.

Halldén, O. (2000). *On reasoning in history.* In J. F. Voss, & M. Carretero (Eds.), *Learning and reasoning in history* (pp. 272–278). London: Routledge.

Lee, P. J. (2001). History in an information culture: Project CHATA. *International Journal of Historical Learning, Teaching and Research*, 1(2), 75–98.

Lee, P. J. (2005). Putting principles into practice: Understanding history. In M. S. Donovan, & J. D. Bransford (Eds.), *How students learn history in the classroom* (pp. 29–78). Washington, DC: National Academy Press.

603 Lee, P. J., & Ashby, R. (2000). Progression in historical understanding among students ages 7–14. In P. Seixas, P. Stearns, & S. Wineburg (Eds.), *Teaching, learning and knowing history* (pp. 199–222). New York: New York University Press.

Lee, P. J., & Ashby, R. (2001). Empathy, perspective taking and rational understanding. In O. L. Davis Jr., S. Foster, & E. Yaeger (Eds.), *Historical empathy and perspective taking in the social studies* (pp. 21–50). Boulder, CO: Rowman & Littlefield.

Lee, P. J., Dickinson, A. K., & Ashby, R. (2001). Children's ideas about historical explanation. In A. K. Dickinson, P. Gordon, & P. J. Lee (Eds.), *Raising standards in history education: International Review of History Education, Volume 3* (pp. 97–115). London: Woburn Press.

Lee, P. J., & Shemilt, D. (2011). The concept that dares not speak its name: Should empathy come out of the closet? *Teaching History*, 143.

Limón, M. (2002). Conceptual change in history. In M. Limón, & L. Mason (Eds.), *Reconsidering conceptual change: Issues in theory and practice* (pp. 259–289). New York: Kluwers.

Limón, M., & Carretero, M. (1999). Conflicting data and conceptual change in history experts. In W. Schnotz, S. Vosniadou, & M. Carretero (Eds.), *New perspectives on conceptual change* (pp. 137–160). Amsterdam: Pergamon/ Elsevier.

Limón, M., & Carretero, M. (2000). Evidence evaluation and reasoning abilities in the domain of history: An empirical study. In J. F. Voss, & M. Carretero (Eds.), *Learning and reasoning in history: International review of history education* (vol. 2, pp. 252–271). London: Routledge.

Ricoeur, P. (1990). *Time and narration*. Chicago: University of Chicago Press.

Rivière, A., Nuñez, M., Barquero, B., & Fontela, F. (1998). Influence of intentional and personal factors in recalling historical text. In J. F. Voss, & M. Carretero (Eds.), *Learning and reasoning in history: International review of history education, volume two* (pp. 214–226). London: Woburn Press.

Rüsen, J. (2005). *History*. New York: Berghahn Books.

Seixas, P. (2010). A modest proposal for change in Canadian history education. In *Contemporary public debates over history education: International review of history education, volume Six* (pp. 11–26). Charlotte, NC: Information Age Publishing.

Shemilt, D. (1980). *History 13–16 Evaluation Study*. Edinburgh: Holmes McDougall.

Shemilt, D. (1983). The Devil's Locomotive. *History and Theory*, XXII(4), 1–18.

Shemilt, D. (1984). Beauty and the philosopher: Empathy in history and the classroom. In A. K. Dickinson, P. J. Lee, & P. J. Rogers (Eds.), *Learning history*(pp. 39–84). London: Heinemann.

Straub, J. (Ed.) (2005). *Narration identity and historical consciousness*. New York: Berghahn.

Symcox, L., & Wilschut, A. (Eds.) (2009). *National history standards. The problem of the canon and the future of teaching history: International review of history education, volume Five*. Charlotte, NC: Information Age Publishing.

VanSledright, B. (2008). Narratives of nation-state, historical knowledge and school history education. *Review of Research in Education*, 32(1), 109–146.

VanSledright, B., & Limón, M. (2006). Learning and teaching in social studies: Cognitive research on history and geography. In P. Alexander, & P. Winne (Eds.), *Handbook of educational psychology* .Second Edition (pp. 545–570). Mahwah, NJ: Lawrence Erlbaum Associates. 604

Voss, J. F., & Carretero, M. (Eds.) (2000). *Learning and reasoning in history: International Review of History Education, Volume Two*. New York: Routledge.

Voss, J., Ciarrocchi, J., & Carretero, M. (2000). Causality in history: On the "intuitive" understanding of the concepts of sufficiency and necessity. In J. Voss, & M. Carretero (Eds.), *Learning and reasoning in history: International Review of History Education* (pp. 199–213). New York: Routledge.

White, H. (1987). *The content of the form: Narrative discourse and historical representation*. Baltimore, MD: Johns Hopkins University Press.

Wineburg, S. (1991a). Historical problem solving: A study of the cognitive processes used in the evaluation of documentary and pictorial evidence. *Journal of Educational Psychology*, 83(1), 73–87.

Wineburg, S. (1991b). The reading of historical texts: Notes on the breach between school and academy. *American Educational Research Journal*, 28, 495–519.

Wineburg, S. (2001). *Historical thinking and other unnatural acts*. Philadelphia, PA:Temple University Press.

第30章

学会读与写

彼得·司马格林斯基　理查德·E. 迈耶

605 印刷媒介所体现的读写能力的普及是现代社会的一个关键性特征。大约在5500年前，恰好在人类大脑完全进化后，人类发明了文字系统，这意味着人类的认知架构在当时不可能已经进化到具备直接阅读和写作功能的程度。阅读能力和写作能力是以一般认知能力为基础的，一般认知能力的发展又是为了达到其他目的的。因此，针对读写能力的研究对认知与学习的所有研究都具有普遍意义。本章中我们将回顾大量的学习科学研究，这些研究考察了以人类的阅读写作学习为依靠的基础认知过程和社会过程。最后，我们为学习科学家明确了几种这些研究结论的普遍影响。

读写（literacy）一词源自拉丁语 litteratus，意思是“用字母做标记”。所以“有读写能力的人”（literate person）就指能读写字母所组成的文本的人。最近，读写表现（literate performance）被赋予了更为广泛的含义，适用于了传统上不单单关注印刷语言文本的领域：信息素养，媒体素养，多媒体素养，科技素养，实用读写素养，批判素养，修辞素养，艺术素养，生态素养，健康素养，统计素养，情感素养，计算机素养，科学素养，数学素养，视觉素养，数码素养，信息媒体素养，道德素养，舞蹈素养，古典素养及其他表明某人在特定领域能力的数不尽的概念（Tuominen，Savolainen，& Talja，2005）。读写概念的扩大进一步指明了媒介间性（intermediality）的重要性。媒介间性是指在复杂的21世纪所需的多种素养的综合（Elleström，2010）。

这一章中，我们将焦点放在读写的词源上，同时考虑学习字母文本阅读及写作的过程涉及什么。大部分研究读写的认知心理学家和学习科学家都把重点放在传统的读写概念上。同以往一样，我们还是希望已经将参考范围延伸到读写能力其他形式的学者依旧能发现这项研究的有用之处。

写作可被视为文本和言语的一一对应（Woods，2010a）。这种特性在区分写作和新定义的描述非语言表征形式的读写能力上尤为有效（Mayer，2008a）。克雷斯（Kress，2003）和其他人尝试过确定代表特定作者意图的视觉表征的特点，但是影像的模糊性不会让影像和言语之间出现像书面文本和言语之间出现的直接对应。而且根据我们的定义，生成这样的影像并不会被认为是“写作”。书面文本中使用的字母和语法象征着史前和历史的界限（Woods，2010a）。正字法系统形成之后，人类就能够记载现在和过去发生的事，因此可以提供社会演变过程的记录。 606

社会对读写能力的期望随着时间推移逐渐增加。在通过正规教育普及读写能力的行动开始之前，只要会用字母“X”来代表他们签名的成年人，都会被视为有读写能力的人（Reay，1991）。21世纪，美国国家核心标准要求幼儿园的小朋友（5—6岁）就要能够“结合画画、口述和写作的方式来表达一本书的主题或者名字，并且要对该主题或者该本书发表观点或者表达偏爱（例如，我最爱的书是……）”（National Governors Association，2012）。对读写能力期望的不断攀升表明，读写能力的定义随着时间的变迁不断发生改变。对于处在不同发展和教育阶段的学生，适用于他们的标准也随着时间的变迁不断发生改变。

读写知识的三种类型

吉尔里（Geary，2005）将生物学上的基础认知能力（通过自然选择进化而成的）和第二认知能力（通过文化实践发展而来的）区分开来。基础认知能力是遗传结构的一部分，第二认知能力的习得是通过与物质世界及其他人的接触而来的［维果茨基（Vygotsky，1934/1987）的低级心理机能的概念和高级心理机能的概念］。针对不同的文化和不同的人群，这些能力又有所不同。读写能力属于第二认知能力。大部分文化中，人们通过正规的教育机构获得读写能力（Gardner，1991），读写能力是大部分学校科目教学的必备条件之一。［这种一般模式有几个例外，斯克里布纳和科尔（Scribner & Cole，1981）记录了，在某些文化中，人们学习了正规教育以外的文字，这些文字体现了特定的文化知识形式，它们比起抽象的社会意义体现了更多的当地意义。］

司马格林斯基和史密斯（Smagorinsky & Smith，1992）认为，一般来说研究者会把焦点放在三种类型的知识上。第一，一般性知识，如解码单词的或者参与起草和修正的。人类可以参与这些实践活动而不用考虑需要看什么
607 或者写什么。第二，任务特殊性知识。小说阅读和食谱阅读的学习需要不同的陈述性知识和程序性知识。前者依赖于识别叙述性观点并判断其可靠程度的能力。后者要求阅读者遵循或者适应于明确的指示。第三，共同体特殊性知识。同一共同体的成员们有各种特殊形式的知识，其足以影响他们的读写活动。在这种情况下，来自不同共同体的人们接触特定文本时可能会使用不同的认知框架和诠释框架。举个例子，一名宗教激进主义基督徒刚学会阅读圣经时，可能会将圣经看作一个体现无可争议真谛的文本，之后便会将这种立场运用到其他阅读中，即使是在文本代码和阅读背景都暗示应该使用更具诠释性的方法时也是如此（Heath，1983）。

读写能力研究者对这三种读写知识进行了研究。每种研究取向会产生不同的见解，所有的见解加在一起使我们能全面了解读写能力的学习过程。

读写学习的一般性知识

学习科学家对人类如何学会阅读纸面文字、如何理解文章、如何写文章及如何参与其他读写实践活动进行了研究。这些研究给我们示范了研究者是如何将学习的一般科学运用到具体的教育问题上的（Mayer，2008b，2011），尤其是学科学习上（Mayer，2004）。学科心理学——研究人类在学科领域是如何学习和思考的——标志着学习科学20世纪前半个世纪占主导地位的一般学习理论的重要进步（Mayer，2004，2008b；本书第五部分的其他章节）。在本节中，我们总结了认知科学关于读写学习的一般性知识的代表性研究，包括流畅阅读、为理解而阅读以及写作，详见表30.1。

表30.1　认知科学中关于读写学习的三个范畴

名称	目标任务
流畅阅读	读一个纸面文字
为理解而阅读	理解一段话
写作	写一篇文章

流畅阅读

阅读纸面文字时，认知过程会参与其中，如阅读单词 cat（猫）。帮助学生培养这个看起来很简单的能力，让他们学会阅读纸面文字，可能是小学阶段最重要的任务了。弄清学生如何学会流畅阅读，正是学习科学的研究范畴。休伊（E. B. Huey）说过，学习科学的一项重要的挑战是："彻底弄清楚我们在阅读时做了什么，这几乎是心理学者成就的顶峰，因为它将为我们描述许多最为复杂的人脑活动，也将为我们解开最不平常的人类在其整个历史 608
都在学习的特定表现的谜团。"（Huey，1908/1968，p.6）休伊的挑战说之后，研究者在对认知过程的理解上取得了显著的进步，揭开了人类阅读时的认知过程的面纱（Rayner，Pollatsek，Ashby，& Clifton，2011）。如表 30.2 所示，迈耶（Mayer，2008b）分析了基于字母正字法阅读的过程，并将该过程分解为四个组合型认知过程：识别音素、解码单词、流畅解码单词、获取词义。

表 30.2 流畅阅读的四个认知过程

名称	任务举例
识别音素	替换第一个音素：听到单词"ball"，然后按要求将 /b/ 音改为 /t/ 音
解码单词	识别单词：读纸面单词 cat 猜度词汇：读纸面单词 blud
流畅解码单词	大声快速地读一段话，要求没有错误
获取词义	提供某个单词的某个词义，用这一单词来造句

识别音素。音素是语言的最小声音单位。英语有 40 多个音素，/c/、/a/、/t/ 这三个音素组成了单词 cat。语音意识是指识别和读出语言中每个声音单位的能力。阅读研究者提供了强有力的证据证明语音意识是必备的阅读学习技巧。将口头单词分解成音素并将音素组成口头单词是字母语言阅读学习的第一步，尽管这个过程没有书面文字的参与。英语阅读者必须对英语的 40 多个音素的每个音素进行认知分类。

有什么证据可以证明阅读学习中语音意识的地位呢？布拉德利和布莱恩特（Bradley & Bryant，1985）就语音意识对 4—5 岁的儿童进行了测试（如，要求他将口头单词"ball"的第一个音换成重音 /c/，并说出"call"），并在三年后对他们的阅读能力进行测试（如，阅读段落并回答相关问题）。相关系数 r 的值为 0.5，这表明了入校时的语音意识和经过三年教学后成功学会

609 阅读两者间强烈的正相关性。尤尔、格里芬和高夫（Juel，Griffin，& Gough，1986）发现了类似的效应，儿童刚踏入一年级时的语音意识与他们二年级结束时对书面单词进行发音的能力（$r = 0.5$）或写下口头单词的能力（$r = 0.6$）有强烈的正相关关系。纵向研究提供的有力的相关证据表明了语音意识在阅读中的作用（Wagner & Torgesen，1987）：入学时语音意识弱的学生在阅读学习中不如那些入学时语音意识强的学生。然而，这个相关性的调查结果并不能得出因果关系的结论。举个例子，可能存在这样一种原因，一般智力水平同时影响语音意识和阅读技巧。

实验研究提供了一种方法来测试语音意识所带来的因果关系，研究中，学习者被随机安排到不同的教学场景中。举个例子，布拉德利和布赖恩特（Bradley & Bryant，1983）给 5—6 岁的儿童提供了 40 个 10 分钟的关于语音意识的直接指令（如从四幅图片中选择一幅与其他三幅开头发音不同的图片）。接下来的测试在两年之后进行。在标准阅读测试中，受过这个训练的学生比没有受过训练的学生分数要高。富克斯及其同事（Fuchs et al.，2001）做了类似的研究，他们发现，比起没有受过特殊语音意识训练的学生来说，针对改善语音意识的为期 15 个小时的全班活动让学生在之后的语音意识测试和阅读理解测试中取得了更大的进步。总体说来，对类似这些训练研究的综述有力且一致地证明了这一主张：语音意识是改善阅读的第一步（Bus & Van Ijzendoorn，1999；Ehri et al.，2001a；Goswami & Bryant，1990；Spector，1995）。

解码单词。解码这一认知技巧指的是读纸面单词的过程。解码技巧可以通过*单词识别任务*（word identification tasks，如说单词：看到单词 cat 说 cat）和*假词辨认任务*（word attack tasks，如说假词：看到假词 blud 说 blood）这两项任务进行评估。主要需要考虑的问题是人们的解码技术是大体上通过学习将整个单词转换成声音获得的［称为*全字取向法*（whole-word approach）］，还是通过学习将每个字母转换成音素后再混合成一个单词获得的［称为*字母拼读法*（phonics approach）］。当然，对于象形文字来说，阅读学习需要全字取向法的参与，因为象形符号与单词是一一对应的关系。字母写作文化系统中，全字取向法受到了批评，因为比起成千上万个单词的学习，将字母（或者字母群）与单独音素进行配对学习效率更高。

然而，字母拼读法也受到了指责，因为字母拼读规则存在一些不一致的情况，至少在英语中是如此（Clymer，1963），所以某些单词通过全字取向法学习最佳，如“the”（当然，这种方法在象形文字中十分必要）。但是，在字母文字中，根据埃里、努内斯、斯塔尔和威洛斯（Ehri，Nunes，Stahl，& Willows，2001b）的综述，已有的证据表明，字母拼读教学是阅读学习不可或缺的部分，比起其他的传统的教学方式，字母拼读教学会在单词识别和假词辨认等任务中带来更好的解码表现。举个例子，布拉赫曼及其同事（Blachman et al.，2004）发现，给处于临界状态的学生提供 100 个环节的系统语音训练，会让他们在单词识别和假词辨认任务中比接受传统教学的学生取得更大的进步，哪怕是在一年后对他们进行阅读理解测试追踪，也是这样的结果。总的来说，已有研究强有力地表明，语音教学很大程度地提升了学生的解码能力。 610

流畅解码单词。在起始阶段，通过字母拼读法进行解码是认知上一项艰巨的任务，个体必须读出每个音素，然后将它们组合在一起形成每个单词，因此，读写能力习得的重要一步是将解码单词的过程自动化。自动化技能是学习科学的核心主题之一，解码自动化是指在无意识的状态下读单词。阅读者将解码过程自动化时，工作记忆里有限的认知资源会被解放，进而用于阅读中的理解（Perfetti & Hogaboam，1975）。

自动化解码的表征是能够快速而无误地阅读单词，它可以通过*解码流畅性*（decoding fluency）进行评估。布赖恩和哈特（Bryan & Harter，1897）做的关于电报操作员解码流畅性发展的经典研究表明，36 周的练习后，电报操作员的解码速度变得越来越快，从一次解码一个字母，到一次解码一个音节、一次解码一个单词、一次解码整个从句。最近，研究者发现解码流畅性可以通过重复阅读得到提高：学生反复大声地读一个短段落，直到阅读速度非常快、出错率非常低，在这之后再读下一个段落（Dowhower，1994；Kuhn & Stahl，2003；Samuels，1979）。总的来说，已有证据有力表明，自动化解码可通过重复阅读的系统训练实现。

获取词义。阅读者不仅要会解码单词，还要会确定单词的意思。获取单词意义的能力可以通过让阅读者下定义或者用单词造句的方式进行评估。为了获取单词的意义，阅读者必须从他们的长时记忆中搜寻这个纸面单词的意思，所以获取读写能力的一个重要方面是要有巨大的可获取的词汇量。学生每年应当学习 1000—2000 个单词，但是不幸的是，对单词的直接教学并不足以达到这个目标（Joshi，2005；Nagy & Scott，2000）。因此，每个人的词汇大部分都是在某种语境中习得的，也就是说，学生需要处于一个读写环境中，

611 耳听口头语，眼看纸面语，用嘴巴说，用手写。举个例子，布拉巴姆和林奇-布朗（Brabham & Lynch-Brown，2002）发现，如果老师大声地阅读并让小学生参与阅读前、阅读中和阅读后的讨论，这些小学生们会比那些没有参与课堂讨论仅仅是听老师阅读的学生习得更多新单词。我们需要更多的研究来更好地指出其机制，解释为什么处于口语和纸面语言环境中会促进词汇量的增长。

为理解而阅读

学习者一旦获得了阅读所需的认知能力，即*为阅读而学习*，就意味着他们做好准备为理解而阅读了，即*为学习而阅读*。为理解而阅读的转向一般发生在三、四年级，体现在学生能够理解短的文本段落（如能够回答关于理解的问题）上。为理解而阅读很长时间被认为是搭建结构的创造性行为（Bartlett，1932；Gernsbacher，1990），在这个过程中阅读者挑选相关信息，在脑子里将它们组织成连贯的结构，再将从长时记忆中激活的相关先前知识整合进来（Mayer，2011）。如表30.3所示，参与为理解而阅读的认知过程有：使用先前知识、使用散文[①]结构、推断、使用元认知知识。

表30.3　为理解而阅读的四个认知阶段

名称	任务举例
使用先前知识	重组材料以适应现有图式
使用散文结构	确定段落中的重要信息
推断	推断某个角色的行为动机
使用元认知知识	找一段话的矛盾点

使用先前知识。熟练的阅读者会运用先前知识来指导他们选择、组织和组合新信息的方式。巴特利特（Bartlett，1932）提到，散文理解是一个建构性的活动，在这个活动中，学习者将新信息同化到已有的图式中。现代研究证明了先前知识在散文理解中的地位：学生在有相关先前知识时做阅读理解测试题比没有相关先前知识时得分更高（Bransford & Johnson，1972；Pearson，Hansen，& Gordon，1979），而且对于那些与他们已有知识相符的材料，他们记得更牢（Lipson，1983；Pichert & Anderson，1977）。贝克、麦基

① 本章中的“散文”指与诗歌相对应的由具备完整语法结构的句子组成的文本，与现代文体中的散文不同。——译者注

翁、西纳特拉和洛克斯特曼（Beck，McKeown，Sinatra，& Loxterman，1991）指出，当重写一个历史文本使其清晰地唤醒对学生来说重要的图式时，学生在阅读理解测试中会表现得更好。举个例子，假设有一个关于领土战争成因的文本，当这个文本能唤起学生常见的童年图式时，学生就能更好地理解文本：两个想要同一件东西的小孩，为了玩这件东西而打了起来。 612

使用散文结构。熟练的阅读者能在脑海里对文本进行概述，并用这一概述帮助他们判断什么是最重要的。举个例子，布朗和斯迈利（Brown & Smiley，1977）要求学生对某个段落中的观点进行定级：1 级（最不重要）到 4 级（最重要）。他们发现了一个发展性的趋势：三年级的学生对重要和不重要的观点给予平均水平相等的等级评定，然而对于大学生来说，比起不重要的观点，他们会给予重要的观点更高的定级。许多研究证明，熟练程度更高的阅读者更有可能识别重要信息。举个例子，熟练程度更高的阅读者更有可能从课程中回想起更多的重要材料，而熟练程度不高的阅读者回想起的重要和不重要的信息则占比差不多（Taylor，1980）。当学习者练习概述段落并识别其中的重要材料时，他们在阅读完文本段落后进行的阅读理解测试中的分数更高（Bean & Steenwyk，1984；Taylor & Beach，1984）。

推断。熟练的阅读者在阅读时会进行推测以帮助他们理解阅读材料。帕里斯和林道尔（Paris & Lindauer，1976）在给学生读了一系列的句子（如“我们的邻居把门打开了”）后，让他们做带有*明显暗示*（explicit cues）和*不明显暗示*（implicit cues）的回忆线索测试，明显暗示即在文本中出现过的单词（如“门”），不明显暗示即在文本中没有出现过但暗示过的单词（如“钥匙”）。幼儿园学生相对于带有不明显暗示的测试，在那些带有明显暗示的测试中表现得更好，表明他们并没有推断出有把用于开门的钥匙；而四年级学生在带有明显暗示和不明显暗示的回忆线索测试中，表现得都很好，表明在听到句子时，他们的确进行了推断。受到这个发现的鼓舞，汉森和皮尔逊（Hansen & Pearson，1983）做了探讨推断训练能否提高理解力的调查。他们对四年级的学生进行了推断训练，发现该训练改善了阅读能力较差者的理解力，但对阅读能力好的阅读者没有帮助。关于这个发现的可能解释是，阅读能力较强者已经知道如何在阅读中进行推断了。

使用元认知知识。熟练的阅读者阅读时会监控他们的理解水平，换句话说，他们能够进行*理解监控*（comprehension monitoring）（Winne & Azevedo，本书第 4 章）。举个例子，马尔克曼（Markman，1979）发现，一般来说，3—6 年

级的学生不能识别段落中暗含的矛盾（如，海底里一点光都没有和鱼可以看到海底植物的颜色两者间的矛盾），而能识别明显的矛盾（如，鱼不能看到海底任何东西和鱼可以看到海底植物颜色两者间的矛盾）的学生在 3—6
613 年级中也只占 50%—60%。即使是成年阅读者，那些拥有更大工作记忆容量的阅读者也比工作记忆容量较小的阅读者更有可能使用理解监控过程（Linderholm & Van den Broek，2002）。吕布曼和瓦特斯（Rubman & Waters，2000）通过要求学生将能在视觉上代表短文内容的剪贴画放在磁力板上，提高了 3 年级和 6 年级学生识别短文中的矛盾的能力。带有例子的关于矛盾识别的直接教学，也能提高 8 岁和 10 岁儿童的理解监控技能（Markman & Gorin，1981）。

写作

最后，让我们谈谈参与文本写作的认知过程。通过对出声思考的学生写作者的写作步骤进行分析，海斯和弗劳尔（Hayes & Flower，1980；Hayes，1996）发现了写作的三种认知过程：计划（planning），转换（translating）和审查（reviewing）。这三种过程在文本写作中反复出现，而不是按照精确的线性顺序出现，详情可见表 30.4。

表 30.4　写作的三种认知过程

名称	任务举例
计划	写作前写提纲
转换	利用文字处理程序来写作文本
审查	发现和纠正文本中的错误

计划。计划过程包括产生（即从长时记忆中提取相关信息）、组织（即挑选最重要的信息并且将其系统地安排到写作计划中）和目标设定（即就如何与读者交流设定标准）。古尔德（Gould，1980）发现，写作者倾向于制订大量的局部计划（如在每个从句或者每个句子后停顿以计划下面的内容）而不是全局计划（如在写作前停下来进行计划）。若要求学生在写文本之前写提纲的话，他们文本的写作质量会比没有写提纲时要高（Kellogg，1994）。

转换。转换过程涉及通过打字方式或者手写方式等将文字反映到纸面上。尼斯特兰德（Nystrand，1982）指出，转换过程受到了图形约束（如文字必须清晰易读）和句法约束（如句子必须语法正确，单词拼写必须正确）

等低水平约束的影响，同时受到了语义约束（如句子必须能够表达出要表达的意思）和语境约束（如语气必须对读者来说是恰当的）等高水平约束的影响。因为工作记忆容量有限，所以如果写作者将太多精力放在低水平约束的 614
话，文本就不能满足高水平约束的要求，反之亦然。

举个例子，当学生接受书法训练时，他们的字迹会变得更加清晰易读。但令人意外的是，书法训练也会致使学生文本写作质量的提高。这个发现表明，学生一旦将写作技巧自动化，就能使用以应对高水平的语义约束和语境约束为主的工作记忆，语义约束和语境约束都是写好文本必需的约束（Jones & Christensen，1999）。在一个类似的研究中，格林、布里顿、穆思和多甘（Glynn，Britton，Muth，& Dogan，1982）要求学生写一篇文章，一部分学生要在正式写作前打一份草稿，研究者不对草稿句子结构和拼写的正确性提出要求，另一部分学生要直接写一篇语法和拼写均正确的优美文章。结果草稿组写出了更高质量的终稿。这个发现很好地解释了工作记忆转化能力的使用：草稿组会更多地利用工作记忆能力来应对草稿写作中遇到的高水平约束。

审查。审查即发现和处理书面文本中的问题，包括句法问题和语义问题。古尔德（Gould，1980）发现，成人写作者很少对短字母进行审查，巴特利特（Bartlett，1982）发现，年轻写作者倾向于忽视他们文本中的大多数错误且仅能够纠正他们发现的错误的一半不到。（请注意，做这些研究时，电脑软件还没有提示功能，如没有拼写自动检查，所以可能需要 21 世纪的研究对这一结果进行修正。）采取特定策略来提升察觉错误和纠正错误的能力可以成功改善文本写作的质量（De La Paz，Swanson，& Graham，1998；Saddler & Graham，2005）。

总的来说，了解人们如何学习阅读和写作能够通过将学习科学延伸到真实的学习任务中促进学习科学的发展。与聚焦一般学习原则的传统学习理论不同的是，学科领域的学习，如阅读和写作学习需要特定领域的知识和技巧并会受到工作记忆容量局限的影响。这种现象对大部分成熟的阅读者和写作者所采取的任务特殊性知识和共同体特殊性知识来说至关重要。在下面两节中，我们将会重点讲解这些内容。

阅读和写作中的任务特殊性知识

阅读和书写特定文本体裁既需要专业知识又需要一般性知识。举个例子，在前面的部分中，我们对“文本”写作的研究做了总结，研究发现写好“文本”涉及计划、转换和审查的过程。但是没有必要下这样的结论，即
615 所有的写作都有这些过程的参与。这取决于写作之人是否认为文本写作就是将成功写作所具备的所有过程和质量体现于一身的过程，以及一个人在多大程度上相信在其他体裁的写作或者其他任务中掌握额外的知识对有效书写起着至关重要的作用（Hillocks，1995；Smagorinsky，Johannessen，Kahn，& McCann，2010；Smagorinsky & Smith，1992）。

许多研究者认为当人们写作技巧成熟，开始辨别写作的体裁，并开始阅读越来越多类型的文本时，一般性知识是必要的但却不足够。这些研究者发现，人们完成不同类型的阅读任务时，会使用不同的陈述性知识和程序性知识。这个观点由来已久：古希腊人将对话分成四种古典形式——阐述（exposition），辩论（argumentation），描述（description）和叙述（narration）。这些形式的教学认为每一种对话都有不同特点，可供大家学习。

希尔洛克斯（Hillocks，1982，1986）及其学生和同事（如，Hillocks，Kahn，& Johannessen，1983；McCann，1989；Smagorinsky，1991；Smith，1989）都非常支持这种观点，即不同体裁或任务所需的写作知识与阅读知识具有差异性。举个例子，希尔洛克斯和他的同事描述了与定义抽象概念相关的写作所需要的特定“成就策略”：“（1）大体上对问题进行限定；（2）比较不同的例子，以便生成能够区分目标概念和表面上相关但本质上不同的概念的标准；（3）生成能够说明这一区别的例子。”（Hillocks et al.，1983，p.276）这些策略对于定义抽象概念这一任务来说是很重要的，但值得注意的是，人们不会在撰写个人叙事时使用它们。希尔洛克斯（Hillocks，2002）发现，在一些很有可能存在问题的写作测试中，不同的写作任务会由同一个评价标准进行评价。举个例子，教师会依据同一个有关评价标准的指导说明来为记叙文和议论文评分：文章必须有一个引言段，三个主体段，一个结尾段。这些评价标准说明，测试的开发者受到了一般性知识潜移默化的约束。与此相反，希尔洛克斯等学者认为，由于记叙文和议论文需要不同的认知技巧和认知能力，因此这两种类型的文本需要不同的写作标准和评价标准。

除了关于指导说明和评估的讨论外，任务特殊性知识取向还会对学校教育产生影响。具体来讲，文本写作的教学应该关注不同任务的特定需求。这一取向与一般性知识取向相对立，一般性知识取向即写作者可以用同样的方式和相同的程序来处理诗歌和备忘录的写作（Murray，1980）。任务特殊性知识取向则进一步认为，不同类型的诗歌——十四行诗、自由体诗歌、五行打油诗或任何其他诗歌类型——也需要各自独特的知识，每种类型的变体（例如，不同类型的十四行诗）则需要更加专门的知识。言下之意是，为这 616
些不同的写作任务营造一个有效的学习环境，需要对每种写作类型所需的专门知识进行任务分析，以及根据任务分析的结果采取具有恰当程序的针对性教学。

进行写作任务中认知变化的研究时，研究人员还证明了，特定类型的文本阅读需要独特的技能。例如，拉比诺维茨（P. J. Rabinowitz）认为，文学作品阅读“甚至不是关于语言系统及其书面符号的知识性与逻辑性活动。相反，它是一项单独的传统的学习活动”（Rabinowitz，1987，p.27）。史密斯（Smith，1989）发现，对学生进行关于理解讽刺的解释策略的直接教学（Booth，1974）能显著提高他们理解讽刺诗的能力，这一能力可由他们在客观题测试和回答访谈问题时的表现加以衡量。布斯（Booth，1974）认为，写作者通常会用五种线索来提醒他的读者讽刺手法的存在，一旦受到暗示，读者就会采用特定策略来重组对讽刺的理解。

在史密斯（Smith，1989）的研究中，学生被教导如何在歌曲、短诗、摘录的诗歌中运用关于讽刺的暗示和策略，以便之后他们能在更长和更难的诗歌中独自应用这些暗示和策略。除了提高学生理解讽刺诗的能力外，希尔洛克斯（Hillocks，1989）发现，比起传统的诗歌教学方法，这种方法引发了实质性的更高水平的课堂讨论。史密斯（Smith，1989）认为，直接对学生进行关于讽刺的指导可能会帮助他们更有效地解释讽刺所要表达的意义。

阅读和写作中的共同体特殊性知识

除了阅读和写作活动中的一般性知识以及用于特定体裁的任务特殊性知识，不同的共同体实践（Lave & Wenger，1991）还需要共同体成员在阅读和写作中使用更特定的知识，因为这是他们所在的社会和话语共同体的需求和传统。20世纪90年代以来，许多写作研究者共同推动了“社会大转折”的发生，人们转向支持不同共同体有不同读写实践的观点（Smagorinsky，2006）。

从这一取向出发的研究人员发现，举其中一例来说，不同文化群体的论证过程并非都是一样的。不同文化群体可能都认可图尔明（Toulmin，1958，参见Andriessen & Baker，本书第22章）关于辩论实践的一般性特征的论述，但程度有所不同，且需要额外增加其他要求以适应他们的文化实践。虽然图
617 尔明承认不同情况会导致特定辩论策略产生细微的差别，但是他那规定了辩论应包括哪些要素的图式依旧广为人所接受：

论点：论证中强调的观点或者结论。

论据：支撑论点的理由或者例子。

论证：证明论据的原则、规定或者环环相扣的推理，作为证据服务于论点。

佐证：为证明论证提供支持性和正当性的理由。

反驳：按照论证的驱动逻辑来辨别抗辩与回应。

修饰：承认以上论点、论据、论证、佐证的局限和条件性。

然而，这些要素在话语共同体中以不同程度的形式出现，各种文化群体的辩论过程常有额外的要素和要求。例如，科赫曼（Kochman，1981）发现，在美国的公共场所中，黑人参与者和白人参与者在交流中偏重于不同层面的辩论，且都不信任对方文化群体所采取的辩论实践。芝加哥白人参与者在关于社区问题的公开讨论中倾向于依靠以正确论据为基础建立的逻辑论证，然而这么做影响甚微。在此期间，黑人参与者则依赖于需求和想法的激昂表达。白人参与者认为黑人参与者的观点缺乏分析基础，因此是不可信的。黑人参与者则认为白人参与者缺乏激情，因而缺乏对观点的投入，因此是不可信的。

与这一结果类似，其他研究者发现，实践性的专业共同体和职业共同体对论证的侧重点有所不同。法内施托克（J. Fahnestock）和塞科尔（M. Secor）认为，文学批评是辩论话语的独特表现形式，一个纯粹的图尔明主义者（Toulminesque purist）可能会通过它发现论证结构实现过程中的不足。文学批评的有效性“不仅仅取决于说了什么，更取决于话语的载体（vehicle）”（Fahnestock & Secor，1991，p.91）。这里使用了一个隐喻（metaphor）：论点借由“载体”被置于话语中（Fahnestock & Secor，1991，p.92）。文学辩论

（literary argument）也有自己的特殊惯例，比如使用悖论，“或许是想要为论点的知识性内容服务，或许是想要达到本身的美学目标，它都展示了评论家的聪明之处”（Fahnestock & Secor，1991，p.88）。文学批评本身必须包括文学元素以说服文人学士相信文学批评的价值所在。

要是辩论仅与任务领域有关，不用与话语共同体的特殊价值观相适应的话，文学批评也就不会有以上的特定要求和期望了。然而，当阅读脱离其所期望的语境时，文学批评可能会陷入论证不充分的困境，因为“文学辩论往 618
往没有将某些结构上可预测的要素——源自古典修辞学静态的和常见的拓扑结构的定义、因果联系、比较——加以明确”（Fahnestock & Secor，1991，p.84）。但是，文学批评家的特殊惯例“唤起了文学学者共同体的共享假设，同时建构了文学学者共同体”（Fahnestock & Secor，1991，p.84）。

与之相反，施特拉特曼（J. Stratman）分析了法律短文的写作，发现法律写作有截然不同的、独特的写作技巧，这些技巧可以通过教学习得（Stratman，1990，p.196）。施特拉特曼的发现与法律院校普遍认可的观点相矛盾，法律院校认为批判性推理的一般实践会带来优秀的法律写作。施特拉特曼质疑这种方法，认为“法律推理和论证与普通的推理和论证相比，有不同的独特的修辞要求，这一要求源自上诉人和被上诉人（原告和被告）的关系，也反映了这种关系背景下法院重组反对意见的可能方式”（Stratman，1990，p.185）。上诉状的撰写者要能对常见于法官和被告律师的某些特征进行推断，推测法官和被告律师的思维方式，解释他们的意图。在法庭的背景下，文学批评家的隐喻表达无疑会让人分心和困惑。具有相关知识的读者的期待决定了辩论应突出哪方面的内容。

对学习科学的影响

我们回顾的关于人们如何学习阅读与写作的研究对学习科学的影响大体如下。

1. 一个复杂的认知技能的学习，如阅读和写作，需要一系列的多层面的认知成分的参与，从字母解码这一基本技能到依据特定共同体实践期望进行各种类型文本的写作和转换。这种复杂性可能在其他复杂的认知技能中也能找到，包括在那些被许多人认为缺乏认知成分需求的认知技巧中。举个例子，罗斯（Rose，2005）记录了服务员如何制定策略来在混乱的环境中帮助不断变化的顾客，服务员必须记得基本顺序和基本礼仪（如同客人打招呼、请客人点饮品、在上主菜之前先上沙拉等），以及更多的任务特殊性知识和
619 共同体特殊性知识，如酒水服务的不同常规——顾客对路边餐厅的上酒和五星级饭店的上酒期望是不同的。一般性知识、任务特殊性知识和共同体特殊性知识类别的划分似乎勾勒了不同领域工作所需表现的概况。

2. 不事先掌握字母解码和单词解码的低水平认知技巧是不可能学会高水平认知技巧（理解诸如议论文的体裁）的。由于工作记忆容量有限，在学习高水平技巧之前，必须自动化低水平技巧。这就类似，阅读者或写作者在不知如何将字母组成单词之前，是不能阅读论据和书写论据的。足球运动员如果不会踢球、传球和接球这些基础技巧，就不能对不同类型的防御进行突破。

3. 共同体实践在定义文学领域的专家认知行为上起到了重要的作用。随着学习者在自身专业领域的成长和对领域内不同思想流派观点的掌握，学习者必须学习相应的沟通惯例和行为惯例，以便适应本领域的要求。在不同的认知与行为领域中，元认知意识能帮助我们将已有知识运用于新的环境，在这一环境中，我们需要对知识进行识别和调整以使其有利于最佳的沟通和行动。

结论

在这一章中，我们对读写实践的讨论仅限于阅读学习与用字母正字法书写的文本的学习。我们这么做并不是不考虑丰富的多模式文本（multimodal textuality）领域。随着最近诞生的越来越多的数码设备的发展（数码设备让组合符号系统使其用于交流成为可能），多模式文本领域现今关系到了巨大的学术利益和现实利益。这些文本的新形式正以新的方式逐渐推动研究，以扩展本章中展示的发现。

本研究所论述的主体将继续给所有形式的多模式文本提供重要基础，因为对它们中的许多来说，书面文本是传达意义的一个核心要素。即便是不包含书面文本的，它们通常也会涉及对复杂序列和符号配置的书写与解释，因

此很可能是以与我们在这里综述的相同的潜在认知能力为基础的。

我们对一般性知识、任务特殊性知识和共同体特殊性知识的概要论述给大量研究提供了有用的组织框架。粗略地说，这三类知识遵循着课程的发展路径。关于阅读和写作的学习从幼儿和幼儿教育开始。任务特殊性知识的获取是在学生就读初中和高中时进行的，此时课程按主题领域和学生所喜爱的体裁进行划分。共同体特殊性知识的重要性体现在人们更多地把精力放在不同专业和学科领域之时，这种情况下要想利用不同体裁形式进行有效沟通，遵守共同体的习俗就是必要的。 620

这种时间顺序路径也有例外，如麦卡锡和拉斐尔（McCarthey & Raphael，1992）发现，为了满足特定话语共同体的要求，即使在年轻的阅读者中也有希望进行学科文本的阅读和写作。海斯和弗劳尔（Hayes & Flower，1980）让工程学院的大学生参与问题解决任务，通过这些大学生总结出了组合知识的一般模型。同时，这个课程进展模型也很好地反映出了学习科学的研究结论：人们对知识的掌握从一般性理解出发，发展出对更为特殊的知识的理解。调节着阅读和写作发展过程的学习顺序，似乎为我们呈现了认知范围内学习的基本过程。

参考文献

Bartlett, E. J. (1982). Learning to revise: Some component processes. In M. Nystrand (Ed.), *What writers know: The language, process, and the structure of written discourse* (pp. 345–363). New York: Academic Press.

Bartlett, F. C. (1932). *Remembering*. New York: Cambridge University Press.

Bean, T. W., & Steenwyk, F. L. (1984). The effect of three forms of summarization instruction on sixth graders' summary writing and comprehension. *Journal of Reading Behavior*, 16, 297–306.

Beck, I. L., McKeown, M., Sinatra, G. M., & Loxterman, J. A. (1991). Revising social studies text from a text-processing perspective: Evidence of improved comprehensibility. *Reading Research Quarterly*, 26, 251–276.

Blachman, B. A., Schatschneider, C., Fletcher, J. M., Francis, D. J., Clonan, S. M., Shaywitz, B. A., & Shaywitz, S. E. (2004). Effects of intensive reading remediation for second and third graders and a 1 year follow-up. *Journal of Educational Psychology*, 96, 444–461.

Booth, W. (1974). *A rhetoric of irony*. Chicago: University of Chicago Press.

Brabham, E. G., & Lynch-Brown, C. (2002). Effects of teachers' reading aloud styles on vocabulary acquisition and comprehension of students in the early elementary grades. *Journal of Educational Psychology*, 94, 465–473.

Bradley, L., & Bryant, P. (1983). Categorizing sounds and learning to read – A causal connection. *Nature*, 301, 419–421.

Bradley, L., & Bryant, P. (1985). *Rhyme and reason in reading and spelling*. Ann Arbor: University of Michigan Press.

Bransford, J. D., & Johnson, M. K. (1972). Contextual requisites for understanding: Some investigations of comprehension and recall. *Journal of Verbal Learning and Verbal Behavior*, 11, 717–726.

Brown, A. L., & Smiley, S. S. (1977). Rating the importance of structural units of prose passages: A problem of metacognitive development. *Child Development*, 48, 1–8.

621 Bryan, W. L., & Harter, N. (1897). Studies in the physiology and psychology of telegraphic language. *Psychological Review*, 4, 27–53.

Bus, A. G., & Van Ijzendoorn, M. H. (1999). Phonological awareness and early reading: A meta-analysis of experimental studies. *Journal of Educational Psychology*, 91, 403–414.

Clymer, T. (1963). The utility of phonic generalizations in the primary grades. *The Reading Teacher*, 16, 252–258.

De La Paz, S., Swanson, N., & Graham, S. (1998). The contribution of executive control to the revising by students with writing and learning difficulties. *Journal of Educational Psychology*, 90, 448–460.

Dowhower, S. L. (1994). Repeated reading revisited: Research into practice. *Reading & Writing Quarterly*, 19, 343–358.

Ehri, L. C., Nunes, S. R., Simone, R., Willows, D. M., Schuster, B. V., Yaghoub-Zadeh, Z., & Shanahan, T. (2001a). Phonemic awareness instruction helps children learn to read: Evidence from the National Reading Panel's meta-analysis. *Reading Research Quarterly*, 36, 250–287.

Ehri, L. C., Nunes, S. R., Stahl, S. A., & Willows, D. M. (2001b). Systematic phonics instruction helps students learn to read: Evidence from the National Reading Panel's meta-analysis. *Review of Educational Research*, 71, 393–447.

Elleström, L. (Ed.) (2010). *Media borders, multimodality and intermediality*. New York: Palgrave Macmillan.

Fahnestock, J., & Secor, M. (1991). The rhetoric of literary criticism. In C. Bazerman, & J. Paradis (Eds.), *Textual dynamics of the professions: Historical and contemporary studies of writing in professional communities* (pp. 74–96). Madison: University of Wisconsin Press.

Fuchs, D., Fuchs, L. S., Thompson, A., Al Otaiba, S., Yen, L., Yang, N. J., Braun, M., & O'Connor, R. E.

(2001). Is reading important in reading-readiness programs? A randomized field trial with teachers as program implementers. *Journal of Educational Psychology*, 93, 251–267.

Gardner, H. (1991). *The unschooled mind: How children think and how schools should teach*. New York: Basic Books.

Geary, D. C. (2005). *The origin of mind: Evolution of brain, cognition, and general intelligence*. Washington, DC: American Psychological Association.

Gernsbacher, M. A. (1990). *Language comprehension as structure building*. Mahwah, NJ: Lawrence Erlbaum Associates.

Glynn, S. M., Britton, B. K., Muth, D., & Dogan, N. (1982). Writing and revising persuasive documents: Cognitive demands. *Journal of Educational Psychology*, 74, 557–567.

Goswami, U., & Bryant, P. (1990). *Phonological skills and learning to read*. Mahwah, NJ: Lawrence Erlbaum Associates.

Gould, J. D. (1980). Experiments on composing letters: Some facts, some myths, and some observations. In L. W. Gregg, & E. R. Steinberg (Eds.), *Cognitive processes in writing* (pp. 97–128). Mahwah, NJ: Lawrence Erlbaum Associates.

Hansen, J., & Pearson, P. D. (1983). An instructional study: Improving the inferential comprehension of good and poor fourth-grade readers. *Journal of Educational Psychology*, 75, 821–829.

Hayes, J. R. (1996). A new framework for understanding cognition and affect in writing. In C. M. Levy, & S. Ransdell (Eds.), *The science of writing* (pp. 1–28). Mahwah, NJ: Lawrence Erlbaum Associates.

Hayes, J. R., & Flower, L. S. (1980). Identifying the organization of writing processes. In L. W. Gregg, 622
& E. R. Steinberg (Eds.), *Cognitive processes in writing* (pp. 3–30), Mahwah, NJ: Lawrence Erlbaum Associates.

Heath, S. B. (1983). *Ways with words: Language life, and work in communities and classrooms*. New York: Cambridge University Press.

Hillocks, G. (1982). The interaction of instruction, teacher comment, and revision in teaching the composing process. *Research in the Teaching of English*, 16, 261–278.

Hillocks, G. (1986). *Research on written composition: New directions for teaching*. Urbana, IL: ERIC, National Conference on Research in English.

Hillocks, G. (1989). Literary texts in classrooms. In P. W. Jackson, & S. Haroutunian-Gordon (Eds.), *From Socrates to software: The teacher as text and the text as teacher*. 88th Yearbook of the National Society for the Study of Education (pp. 135–158). Chicago: University of Chicago Press.

Hillocks, G. (1995). *Teaching writing as reflective practice*. New York: Teachers College Press.

Hillocks, G. (2002). *The testing trap: How state writing assessments control learning*. New York: Teachers College Press.

Hillocks, G., Kahn, E., & Johannessen, L. (1983). Teaching defining strategies as a mode on inquiry: Some effects on student writing. *Research in the Teaching of English*, 17, 275–284.

Huey, E. B. (1908/1968). *The psychology and pedagogy of reading*. Cambridge, MA: MIT Press.

Jones, D., & Christensen, C. A. (1999). Relationship between automaticity in handwriting and students' ability to generate written text. *Journal of Educational Psychology*, 91, 44–49.

Joshi, R. M. (2005). Vocabulary: A critical component of comprehension. *Reading & Writing Quarterly*, 21, 209–219.

Juel, C., Griffin, P. L., & Gough, P. B. (1986). Acquisition of literacy: A longitudinal study of children in first and second grade. *Journal of Educational Psychology*, 78, 243–255.

Kellogg, R. T. (1994). *The psychology of writing*. New York: Oxford University Press.

Kochman, T. (1981). *Black and white styles in conflict*. Chicago: University of Chicago Press.

Kress, G. (2003, May). Reading images: Multimodality, representation and new media. Paper presented at the International Institute for Information Design Conference, Expert Forum for Knowledge Presentation: Preparing for the Future of Knowledge Presentation, Chicago. Retrieved February 26, 2011 from http://www.knowledgepresentation.org/BuildingTheFuture/ Kress2/Kress2.html.

Kuhn, M. R., & Stahl, S. A. (2003). Fluency: A review of developmental and remedial practices. *Journal of Educational Psychology*, 95, 3–21.

Lave, J., & Wenger, E. (1991). *Situated learning: Legitimate peripheral participation*. New York: Cambridge University Press.

Linderholm, T., & Van den Broek, P. (2002). The effect of reading prose and working memory capacity on the processing of expository text. *Journal of Educational Psychology*, 94, 778–784.

623 Lipson, M. Y. (1983). The influence of religious affiliation on children's memory for text information. *Reading Research Quarterly*, 18, 448–457.

Markman, E. (1979). Realizing that you don't understand: Elementary school children's awareness of inconsistencies. *Child Development*, 50, 643–655.

Markman, E. M., & Gorin, L. (1981). Children's ability to adjust their standards for evaluating comprehension. *Journal of Educational Psychology*, 73, 320–325.

Mayer, R. E. (2004). Teaching of subject matter. In S. T. Fiske, D. L. Shallert, & C. Zahn-Waxler (Eds.), *Annual review of psychology* (vol. 55, pp. 715–744). Palo Alto, CA: Annual Reviews.

Mayer, R. E. (2008a). Multimedia literacy. In J. Coiro, M. Knobel, C. Lankshear, & D. J. Leu (Eds.), *Handbook of research on new literacies* (pp. 359–378). Mahwah, NJ: Lawrence Erlbaum Associates.

Mayer, R. E. (2008b). *Learning and instruction*. Second Edition. Upper Saddle River, NJ: Pearson.

Mayer, R. E. (2011). *Applying the science of learning*. Upper Saddle River, NJ: Pearson.

McCann, T. M. (1989). Student argumentative writing: Knowledge and ability at three grade levels. *Research in the Teaching of English*, 23, 62–76.

McCarthey, S. J., & Raphael, T. E. (1992). Alternative perspectives of reading/writing connections. In J. W. Irwin, & M. Doyle (Eds.), *Reading/writing connections: Learning from research* (pp. 2–30). Newark, De: International Reading Association.

Murray, D. (1980). Writing as process. In T. R. Donovan, & V. W. McClelland (Eds.), *Eight approaches to teaching composition* (pp. 3–20). Urbana, IL: National Council of Teachers of English.

Nagy, W. E., & Scott, J. A. (2000). Vocabulary processes. In M. L. Kamil, P. B. Mosenthal, P. D. Pearson, & R. Barr (Eds.), *Handbook of reading research* (vol. 3, pp. 269–284). Mahwah, NJ: Lawrence Erlbaum Associates.

National Governors Association. (2012). *Common Core State Standards Initiative: Preparing America's students for college & career, Kindergarten-Grade 12*. Washington, DC: Author. Available at http://www.corestandards.org/ELA-Literacy/W/K.

Nystrand, M. (1982). An analysis of errors in written communication. In M. Nystrand (Ed.), *What writers know: The language, process, and structure of written discourse* (pp. 57–74). New York: Academic Press.

Paris, S. G., & Lindauer, B. K. (1976). The role of inference in children's comprehension and memory for sentences. *Cognitive Psychology*, 8, 217–227.

Pearson, P. D., Hansen, J., & Gordon, C. (1979). The effect of background knowledge on young children's comprehension of explicit and implicit information. *Journal of Reading Behavior*, 11, 201–209.

Perfetti, C. A., & Hogaboam, T. (1975). The relationship between single word decoding and reading comprehension skill. *Journal of Educational Psychology*, 67, 461–469.

Pichert, J., & Anderson, R. C. (1977). Taking different perspectives on a story. *Journal of Educational Psychology*, 69, 309–315.

Rabinowitz, P. J. (1987). *Before reading: Narrative conventions and the politics of interpretation*. Ithaca, NY: Cornell University Press.

Rayner, K., Pollatsek, A., Ashby, J., & Clifton, C. (2011). *Psychology of reading*. Second Edition. New 624
York: Psychology Press.

Reay, B. (1991). The context and meaning of popular literacy: Some evidence from nineteenth-century rural England. *Past and Present*, 131(1), 89–129.

Rose, M. (2005). *The mind at work: Valuing the intelligence of the American worker*. New York: Penguin.

Rubman, C. N., & Waters, H. S. (2000). A, B seeing: The role of constructive processes in children's comprehension monitoring. *Journal of Educational Psychology*, 92, 503–514.

Saddler, B., & Graham, S. (2005). The effects of peer-assisted sentence-combining instruction on the writing performance of more or less skilled young writers. *Journal of Educational Psychology*,

97, 43–54.

Samuels, S. J. (1979). The method of repeated readings. *The Reading Teacher*, 32, 403–408.

Saxe, G. B. (2012). *Cultural development of mathematical ideas: Papua New Guinea studies*. New York: Cambridge University Press.

Scribner, S., & Cole, M. (1981). *The psychology of literacy*. Cambridge, MA: Harvard University Press.

Smagorinsky, P. (1991). The writer's knowledge and the writing process: A protocol analysis. *Research in the Teaching of English*, 25, 339–364.

Smagorinsky, P. (Ed.) (2006). *Research on composition: Multiple perspectives on two decades of change*. New York: Teachers College Press and the National Conference on Research in Language and Literacy.

Smagorinsky, P., Johannessen, L. R., Kahn, E., & McCann, T. (2010). *The dynamics of writing instruction: A structured process approach for middle and high school*. Portsmouth, NH: Heinemann.

Smagorinsky, P., & Smith, M. W. (1992). The nature of knowledge in composition and literary understanding: The question of specificity. *Review of Educational Research*, 62, 279–305.

Smith, M. W. (1989). Teaching the interpretation of irony in poetry. *Research in the Teaching of English*, 23, 254–272.

Spector, J. E. (1995). Phonemic awareness training: Application of principles of direct instruction. *Reading & Writing Quarterly*, 11, 37–51.

Stratman, J. (1990). The emergence of legal composition as a field of inquiry: Evaluating the prospects. *Review of Educational Research*, 60, 153–235.

Taylor, B. (1980). Children's memory for expository text after reading. *Reading Research Quarterly*, 15, 399–411.

Taylor, B., & Beach, R. W. (1984). The effects of text structure instruction on middle-grade students' comprehension and production of expository text. *Reading Research Quarterly*, 19, 134–146.

Toulmin, S. (1958). *The uses of argument*. New York: Cambridge University Press.

Tuominen, K., Savolainen, R., & Talja, S. (2005). Information literacy as sociotechnical practice. *Library Journal*, 75, 329–345.

Vygotsky, L. S. (1934/1987). Thinking and speech. In L. S. Vygotsky, *Collected works* (vol. 1, pp. 39–285) (R. Rieber & A. Carton, Eds; N. Minick, Trans.). New York: Plenum.

Wagner, R. K., & Torgesen, J. K. (1987). The nature of phonological processing and its causal role in the acquisition of reading skills. *Psychological Bulletin*, 101, 192–212.

625 Witte, S. (1992). Context, text, intertext: Toward a constructivist semiotic of writing. *Written Communication*, 9, 237–308.

Woods, C. (Ed.) (2010a). *Visible language: Inventions of writing in the ancient Middle East and beyond*. Chicago: The Oriental Institute of the University of Chicago. Retrieved February 11, 2011 from http://oi.uchicago.edu/pdf/oimp32.pdf.

Woods, C. (2010b). Introduction: Visible language: The earliest writing systems. In C. Wood (Ed.), *Visible language: Inventions of writing in the ancient Middle East and beyond* (pp. 15–27). Chicago: The Oriental Institute of the University of Chicago. Retrieved February 11, 2011 from http://oi.uchicago.edu/pdf/oimp32.pdf.

第31章

艺术教育和学习科学

埃丽卡·罗森菲尔德·霍尔沃森　金伯利·M. 谢里登

626 本章中，我们回顾了关于人们如何学习艺术学科知识与实践的研究。艺术学习与本书中所讨论的其他学科（数学、科学、历史和读写）的学习是截然不同的，原因有三。首先，艺术是一个集中关注表征的领域，学习艺术意味着越来越能够意识到选择的表征是如何向不同的观众表达某种意义的（Halverson，2013）。其次，在艺术中，形式和意义水乳交融：艺术表征充满意义，诸如线条的特性、语气、音调以及节奏等因素微妙的变化，对意义的表达来说都是非常重要的。最后，艺术领域的工作通常包含对身份和文化明确的探索和检验，因为艺术认知同这两者是交织在一起的。我们认为艺术学习的这三个与众不同的特征对我们理解学习有着广泛的潜在影响。

艺术教育的研究历史悠久（相关综述见 Deasy，2002；Fiske，2000；Gadsden，2008）。然而，本章是第一次从学习科学的角度回顾我们所知道的艺术学习的研究。我们对以下四个问题进行了思考：

- 我们对教育情境中的艺术知道些什么？
- 通过艺术学习或者在艺术学习中，我们能学会些什么？
- 为艺术学习而设计的环境的特点是什么？
- 基于艺术的视角如何促进学习科学的发展？

为了解决这些问题，我们将中小学艺术教育和其他环境的艺术教育认定为“艺术本位”型和“在其中学习”型。艺术教育通常包含四个主要学科：戏剧（叙事艺术）、音乐、舞蹈、视觉艺术（Fleming，2010；Gadsden，2008）。最近，数字媒体艺术作为当代众多艺术形式的实践之一以及艺术学科教育的第五个学科，加入其中（Peppler，2010）。

这五个学科的艺术教育旨在使学习者能够创作艺术作品和批判性地对艺术作品做出回应。学生通过操纵不同的材料来发展表达想法的能力，以及分析和解释从古至今不同文化的艺术家们所创造的作品的能力。在视觉艺术 627
中，工具包括二维和三维视觉媒介：从绘画到雕塑，从肢体到数码。戏剧包括任何意在讲故事的艺术形式：舞台剧、创意写作、表演艺术以及（最近的）数字视频 / 音频叙述。舞蹈包括有目的、有节奏的舞动，以及编排其他人的动作。音乐包括学习运用诸如乐器和声音等工具去作曲、表演，以及欣赏他人的表演。数字媒体艺术通常是指运用数字技术可实现的模式来创作视频、音频、图形设计、多媒体、虚拟设计、视频游戏和数字故事等。

艺术学习往往同时涉及多个艺术形式，尤其是数字媒体艺术。例如，嘻哈音乐涉及的艺术形式就包括视觉艺术（标签和服装设计）、音乐（创作节拍和节奏）、戏剧（故事音乐的现场表演）、数字媒体艺术（创作并录制专辑）（Hill & Petchauer，2013）。而传统艺术教育则把艺术媒介分离到特定领域，很明显，当代艺术的学习往往是一种多学科的行为，学生需要了解一个特定工具媒介能提供何种表征形式以及如何进行意义表达。

在下一节中，我们将讨论在教育情境下人们是如何学习艺术的。我们首先会介绍一下认知学习和艺术学习的简史，接着会回顾关于五种艺术形式的学习研究，然后确定并讨论四大主题（创建表征、参与身份建构过程、语言发展、创造性和批判性思维）。再接着我们会描述基于艺术的学习环境设计的关键特性：观众的角色、艺术批评、真实评估以及角色扮演的机会。最后，我们会讨论这些关键设计特性如何为学习科学的发展提供新的见解和方向。

定义教育情境下的艺术

艺术与学习简史

实验心理学建立以来，心理学家一直在研究艺术，早期，詹姆斯（William James）和费希纳（Gustav Fechner）进行了有关审美观念的实验。认知心理学出现初期，古德曼（Goodman，1976）认为，艺术中的认知涉及符号表征的心智处理。这个重要的研究使认知心理学家们开始研究儿童是如

何发展艺术语言的读说能力的（Goodman，1976）。在艺术领域，这些研究
628 人员发现了孩子是如何，在运用更正式与更常规的音乐符号系统、故事结构和视觉模式之前，创建直觉模式和符号系统来引导自己构建更复杂的表征符号的（Bamberger，1991；Hanna，2008；Karmiloff-Smith，1992；Winner，1982）。例如，卡尔米洛夫-史密斯（A. Karmiloff-Smith）展示了幼儿如何通过内隐的表征学习画图或弹奏乐曲进而精通动作。然后，儿童通过她称之为*表征重述*（representational redescription）的逐步系统化的过程，能够以更大的灵活性操纵表征形式，使表征变得越来越清晰和容易理解，如为了特定的效果而以更快的节奏演奏一部分曲调，或画图时改变以前绘制的机械图上的机械手臂的位置（Karmiloff-Smith，1992）。许多学术能力——如识字和计算能力——通常随着年龄和经验的增长呈现线性上升。相比之下，艺术的发展趋势比较模糊。例如，加德纳（H. Gardner）和维纳（E. Winner）认为儿童五岁之前，在隐喻语言、假装玩耍、视觉艺术和编曲等上面的表现力和创造性是稳定发展的；进入童年中期，随着儿童变得越来越有知识，越来越符合常规，这些能力的发展有一个下降的趋势，导致儿童在没有经过进一步艺术形式培训的成年时期之前，在五岁形成了一个艺术发展的高原状态（Gardner，1982）。这些关于艺术发展的断言并非没有争议。例如，对于同一张绘制于童年中期的图画，用传统方法评估视觉艺术的评委看到了绘画者技巧上的增长，而另外一些评委更容易看到其表现力和创造力上的缺失（Sheridan & Gardner，2012）。

更广泛地讨论艺术发展的一个方法是观察不同的艺术形式中专家级能力的“最终状态”。专家在着手处理艺术形式时，在方法上与新手有质的区别，特别是他们在思考整体和部分的关系时能够更流畅、更灵活（Ericsson，1996）。随着神经影像学的发展，研究人员已经确定了与艺术专长有关的神经基质。例如，索尔索（Solso，2001）表示，从神经影像［脑电图（EEG）和功能性磁共振成像（fMRI）］获得的数据表明，新手的脑往往把画画当作一个肌肉运动的任务，而专家的脑则把它当作一个高阶任务。

艺术学习研究的一个关键在于探索特定艺术形式的学习如何迁移到非艺术类技能、能力或成果中（Deasy，2002）。在对这些迁移研究的元分析中，维纳和赫特兰（Winner & Hetland，2000，2001）为一些迁移找到了支持，但是其首先强调，对向非艺术类领域的迁移需求远远大于现有发现。

这些基础性的认知心理学工作加深了我们对艺术、艺术思想的发展以及

不同艺术领域专家的特性的认知，但是较少涉及学习过程、非认知类学习成果，以及社会文化环境是如何影响艺术学习的。当前学习科学中的艺术研究 629
就在探索如何将这些维度编织到一起。

艺术学习的学科研究

许多研究都探讨了艺术活动中所共有的认知结构和过程。除了这种类型的研究，还有大量艺术学习的研究专注于五种截然不同的艺术形式。在视觉艺术中，研究人员描述了视觉艺术如何发展并整合思维习惯，如观察、想象、表达和反思等（Eisner，2002；Hetland，Winner，Veenema，& Sheridan，2013）。研究人员还研究了儿童的天赋和非凡的艺术成就以理解高水平的表现力和创造力（Gardner，1993；Simonton，1994）。艺术教育研究的发展已逐渐同视觉艺术、艺术世界以及艺术教育中流行的实践等观念的变化相结合。例如，早期的视觉艺术发展关注表征精度（Lowenfeld，1957），但是很快视觉艺术学习就变得抽象化，视觉艺术被当作象征性工具和沟通语言（Goodman，1976）而不是模仿工具，同时关于儿童如何灵活使用媒介和技术去表现和沟通的研究越来越多（Golomb，2002；Kindler，2004；Sheridan & Gardner，2012）。

叙事艺术研究主要集中在年轻人如何学习创建和共享原始叙事艺术上。戴森（Dyson，1997）关于小学生的研究已经证明，孩子能将戏剧化的表演和流行文化知识作为创意写作中表现意义的关键工具。专注于老年学习者和创意写作的研究探索了小众社区（niche communities），比如同人小说（fan fiction）网站，并描述了作者如何开始创作（Magnifico，2012）、如何运用综合的方法学习语言（Black，2008），以及如何参与 21 世纪创造性生产活动（Jenkins，Purushotma，Clinton，Weigler，& Robison，2007）。除了将创意写作当作一种叙事艺术形式来探讨，此类研究还探讨了创作戏剧的过程：讲述、改编并表演个人经历（Halverson，2009，2012；Wiley & Feiner，2001）。这项工作专注于研究年轻人如何将叙事创作从书面文字扩展到交流的多模式形式中，包括现场表演和数码产品中。

戏剧学习的研究通常是由创作过程中呈现的自发性的等级来区分的。最不正式、最有创意的戏剧被定义为“一个即兴、非表演性的、过程导向的戏剧”（Davis & Evans，1987，p.262），由领域的先驱多萝西·希斯科特（Dorothy Heathcote）和薇奥拉·斯波林（Viola Spolin）在学习环境中创作

（Heathcote & Johnson，1991；McCaslin，1995）。关于过程导向戏剧的研究
630 证明，戏剧为学生带来了阅读和写作评估方面的学习收益（DuPont，1992；Moore & Caldwell，1993；Podlozny，2000）。

认知科学家深入地研究了音乐。其中一个研究探索了儿童如何学会唱歌、弹奏、记录、欣赏他们所接触和学习的音乐，并解释了这些音乐的文化形态（Bamberger，1991；Stalinski & Schellenberg，2012）。研究人员还描述了音乐训练的影响，例如，音乐教学是如何影响神经和认知结果的（Schlaug，Norton，Overy，& Winner，2005），较早接受音乐训练是如何改善认知和神经过程以及整合音乐的构成元素，如音高、节奏和同步化等的（综述见Penhune，2011）。麦克弗森、戴维森和福克纳（McPherson，Davidson，& Faulkner，2012）跟踪调查了150多名儿童的音乐学习历程，发现音乐教育不只能发展儿童的器乐技能，还能发展儿童音乐理解方面的概念性知识。他们记录了当年轻的学习音乐的学生将他们音乐生活的不同方面编织在一起时，其动机、情绪表达以及同一性发展的变化。鉴于音乐在青少年的生活中并不属于正规教育的范畴，研究还探索了许多非正式的音乐学习，例如在没有正规音乐训练的情况下，玩音乐相关游戏如《吉他英雄》是如何帮助青少年发展音乐表演技能的（Miller，2009）。

汉纳（J. L. Hanna）将舞蹈定义为"一种目的明确、有节奏感、受文化影响的一系列时间和空间的非言语、无声的肢体行为"（Hanna，2008，p.492）。神经科学证据表明，活动（moving）发展了学习者的概念化能力、创造力和记忆力，如同口头诗歌和散文所做的一样（Grafton & Cross，2008）。汉纳（Hanna，2008）指出了"表演"（学习 / 模仿别人的舞蹈）和"编舞"（编造自己的舞蹈）所需要的知识和技能的差异，并指出这两个任务实质上属于不同类型的教学和学习。从学习科学的角度来看，舞蹈提供了一个与思想和学习的具体化形式建立友好关系以及将身体作为符号化发展的一个渠道的机会（Hanna，1987；Abrahamson & Lindgren，本书第18章）。

数字媒体艺术的学习对学习科学家们来说是一个很自然的主题，因为学习科学集中关注了技术是如何在分散式认知系统中被使用的。事实上数字媒体艺术重新引发了人们对艺术所扮演的角色的兴趣，使得艺术能够更为普遍地作为高效学习的一种路径。例如，伊托（M. Ito）和她的同事们拓展了对儿童技术生活的民族志研究，将"创造性创作"作为儿童参与数字世界的一种核心形式（Lange & Ito，2010）。现在有许多实证性研究在探索电子

艺术制作的特殊形式，包括电子游戏设计（Salen & Zimmerman，2004）、广播制作（Chávez & Soep，2005）、视频制作（Halverson，2013）和电子纺织（Buechley，Eisenberg，Catchen，& Crockett，2008）等。 631

人们如何学习艺术？

接下来，我们将明确能够应用于所有艺术学科的四大主题：创建表征、参与身份建构过程、语言发展以及创造性和批判性思维。

创建表征

建构主义，一种学习科学中核心的理论框架（Nathan & Sawyer，本书第 2 章），认为学习者通过人工制品来建构他们自己的知识，进而逐渐带来概念表征的建构。社会认知取向针对概念学习提出了一个分布式的方法——教师和学生一起设计、创建一个对外的公共的人工制品，这扩展了皮亚杰的原命题（Kafai，2006；Papert & Harel，1991）。人工制品的外形——无论是雕塑、太阳系的模型还是电子游戏——使深藏在学习者不断变化的设计中的理解、发现和误解变得可见，使知识渊博的人能够对其给予评判（Kafai，2006）。正如表征是艺术创作不可或缺的一环一样，人工制品的设计和评判是艺术学习非常重要的一部分。无论是对于绘画、诗歌、歌词、戏剧表演或互动游戏，艺术教育都包括对作品的感知、创造和对艺术作品及其制作过程的反思。

古德曼（Goodman，1976）认为，艺术创作从根本上来说是一个有关表征的领域。艺术生产是一种交际行为，要求学习者掌握相关艺术媒介的表征工具。在学习科学的研究中，对于许多学科来说，拥有建立一个复杂概念的外部表征的能力都是精通该学科的标志（Enyedy，2005；Eisenberg & Pares，本书第 17 章）。表征工具随着之前描述的语言形式的不同不断变化：舞蹈需要身体，数字媒体艺术需要多通道工具，视觉艺术则需要从画笔到黏土等各种东西。要有效地使用工具，艺术家必须理解他们工作对象的设计语法，知道工具在特定的环境中如何支持沟通（Halverson，2012）。知道如何使用类似《车库乐队》（*Garage Band*）的音频编辑工具是远远不够的。如果艺术创作者的目标是创作一个纪录片，他们就必须知道什么形式的音频编辑是人们所期待、所能够接受的。

632 霍尔沃森（Halverson，2013）提出，数字媒体艺术制造流程可以理解为以数字人工制品的创建为目标的“表征轨迹”。要想成功创建一个数字人工制品，学习者必须了解，要沟通的想法与如何将数字媒体艺术的工具用于沟通该想法，这二者之间的关系。这个过程反映了数学与科学教育中很重要的表征的不断形式化的过程（Azevedo，2000；Enyedy，2005），这就导致了元表征能力的产生，它标志着对复杂内容的深度参与（diSessa，2004）。

数字媒体艺术的学习与技术学习有着密切的联系，因为数字媒体艺术创作需要使用相当复杂的电脑技术，在某些情况下甚至需要进行计算机编程（Clark & Sheridan，2010；Peppler，2010）。STEM（科学、技术、工程与数学）中的学科学习环境已经开始采用丰富的表征形式，例如通过将数字视频产品纳入对科学建构和科学认同的调查中将其作为衡量能力的方法（Calabrese Barton & Tan，2010）。在学习创作数字媒体艺术时，年轻人沉浸于那些能够一直支持复杂想法的技术工具，这也是许多以改革为导向的学习科学的课程一直努力的目标（Songer & Kali，本书第 28 章）。

参与身份建构过程

对艺术在学习中的作用的研究表明了艺术在参与广泛的身份建构方面的社会心理效益，例如参加艺术组织如何促进年轻人，尤其是那些不在主流学术机构的人，走上积极的发展道路（Ball & Heath，1993；Heath，2000）。具体来说，参与一些基于艺术的活动能“将其本人作为观察者和行动者置于工作的中心”（Gadsden，2008，p.35），从而支持其身份探索。虽然有证据表明，这种形式的身份探索对学习者从童年开始就意义重大，但身份探索的重点工作仍在青春期。例如，在“青少年论坛”（Teen Talk）中，一个男孩女孩俱乐部（Boys and Girls Club）表演了一个剧院节目，一个女演员（罗莎）进行指定表演的过程如下：

> 在半个小时里，罗莎依次扮演了怀孕的母亲、酒驾遇难者的朋友以及被父母虐待的孩子三个角色，当不扮演这些角色时，她会作为幕后人员和舞台工作人员，由其他成员进行表演。

戏剧为罗莎提供了体验潜在自我的机会：当一个怀孕的少女是什么样的？罗莎能够拥有这样的体验而不用真的怀孕。此外，学习者可以自由地扮 633
演他们在“现实生活”中不可能有机会扮演的角色。威利和费纳（Wiley & Feiner，2001）在一个以社区为基础的剧院与年轻人一起工作，他们描述了一个有多发性硬化症的青年是如何有机会尝试一个不同的自我的：“她希望能够摆脱笨手笨脚的名声，团体中所有人都支持她挑战演出对白不多但肢体表演很丰富的角色。”（Wiley & Feiner，2001，p.128）

艺术中的身份探索已经被证明对那些感觉被主流机构边缘化的人来说特别有效。鲍尔和希思（Ball & Heath，1993）证明，年轻人通过舞蹈、拥抱表达了他们独具特色的自我。霍尔沃森（Halverson，2005）表明，同性恋青年在演绎他们同龄人的故事的同时也在探索着可能的自我，一丝不苟地尝试着那些他们从来没设想过会发生在自己身上的身份。艺术创作还支持青年参与去典型化过程（detypification），这是一种积极应对传统的被污名化的身份的机制（Halverson，2010a）。弗利特伍德（Fleetwood，2005）与青少年一起参与的数字媒体艺术创作表明，艺术创作鼓励学生讨论刻板印象的形成、其在艺术中的功能以及这些刻板印象如何反映个人的经历。

最后，参与艺术创作可以同时兼顾身份的个人层面和集体层面（Halverson，Lowenhaupt，Gibbons，& Bass，2009）。研究身份发展的研究人员倾向于将“身份”设想为个人财产（Fleetwood，2005；Wiley & Feiner，2001；Worthman，2002）。然而，在一些共同体，集体组织本身在学生的艺术作品创作过程和成果中就有着很重要的作用（Bing-Canar & Zerkel，1998；Mayer，2000）。在更以集体主义为导向的共同体中，团体（而不是个人）往往决定着青年人艺术创作的主题：团体合作完成作品，基于可用性、专长和兴趣互相交替着完成作品。霍尔沃森和他的同事们提供的证据表明，青少年使用艺术作品来探索集体认同的发展，特别是在农村地区，艺术作品能够使年轻人适应共同体取向的身份。在他们的研究中，一个艺术总监认为青春电影“不仅是艺术家个人的故事，它也有自主意识，它是由社区、社区中的人还有那里许许多多的故事共同组成的”（Halverson et al.，2009，p. 32）。

语言发展

在从事艺术实践的同时，艺术学习者也运用媒介工具与想象中的观众沟
通。在叙事艺术形式中，语言是沟通的核心工具，参与艺术实践为语言的发 634

展提供了独特的机会（Heath，2004；Soep，1996；Worthman，2002）。希思（Heath，2004）指出，语言学习者在从事艺术实践时参与各种各样的口头语和书面语活动，包括团体作曲、杂志写作和编辑等。艺术团体的成员，因为他们扮演的不同角色以及处于需要各种各样语言资源的组织中，在使用语言的过程中变得更灵活。

叙事艺术与语言的发展息息相关。在剧院项目中，学生自主设计表演，他们将语言作为一种创造灵感和给予自己力量的思维型工具（Worthman，2002），从而构建一个自我的表征和（或者）一个可以与观众共享的社区。结果，大部分工作集中在语言的选择上：为了表达一个特定的方面应该创造一个新角色吗？为了表达一个更广泛的文化观点，应该将多种语言进行组合，抑或改变一个角色的重要特征，比如性别，然后牺牲对一个角色的叙述吗？（Halverson，2010a）这些问题明确表示，在语言学习者学习如何用语言表达自己时，语言发展和自我的发展是互惠互利的。

新伦敦集团（New London Group，1996）首次提出，我们应该将读写的概念扩展到包含多种形式的沟通上。数字媒体艺术不仅包括语言，还包括许多其他的沟通形式：静态及动态图像、声音和音乐。因为简单的数字媒体工具的可访问性增加了，这种思想的转变已经加速了。有充分的证据表明，学习者可以通过参与数字媒体艺术学习来构建语言技能，包括数字故事讲述（Hull & Nelson，2005）、电影制作（Fleetwood，2005；Halverson, 2010b；Mayer，2000）和媒体混编（Chávez & Soep，2005）——对媒体内容进行采样和再混合（Jenkins et al.，2007）。

创造性和批判性思维

创造力不是艺术所特有的。许多 STEM 教育的国家和国际标准文件将创造力规定为所有学科的学习者必须有的一个技能（Sawyer，2012）。在这里，我们专注于探究艺术和学习科学的交叉点——个人及团体创造力的构建过程和经验的品质，以及有关创造力在学习环境设计中如何被评估的观点。

从历史上看，创造力被认为是一种个体特征（Sternberg，1999，2006）。契克森米哈赖（Csikszentmihalyi，1990）颇具影响力的关于心流（flow）的
635 研究将焦点从属于个体的创造力转向了对一直与创造力相关的主观经验的品质的判定。心流指的是深深沉浸在一个活动中的现象学经历，包括一种强烈的集中感、主动力、自我意识的缺乏和时间感知的扭曲（Csikszentmihalyi，

1990）。心流本质上是有益的，它鼓励更深入、更持续的支持创造性尝试的活动。

虽然心流最初被定义为一种个体的经验，但艺术活动通常涉及团体协作以及从协作中涌现的创造力（Sawyer，2003）。例如，索耶和德楚特（Sawyer & DeZutter，2009）提供的证据表明，创造性艺术过程是通过追踪团体戏剧表演的发展而进行的分散式的认知性努力。

创造性思维和设计思维有许多共同点。创造性思维的研究更多集中在新颖的、新奇的作品和与这些作品相关联的思维的类型上，同时此类研究也承认，一些艺术领域，如印度传统舞蹈，需要*垂直创造力*（vertical creativity）：常见的艺术形式中的小创新（Keinänen，Sheridan，& Gardner，2006）。对设计思维的研究集中在迭代过程中，包括规划、创建、测试和修改创意和产品，以达到各种各样的目的，如连贯性、功能性、工艺性、契合性和创意性。学习科学的一个重要贡献是明确区分了设计的创作过程的不同组件。

虽然不同创意领域的细节不尽相同，如建筑（Schön，1988）、数字和视频叙事（Halverson，2012）、工程（Campbell，Cagan，& Kotovsky，2003）和游戏设计（Salen & Zimmerman，2004）等领域，但研究人员已经指出了一个有关迭代过程的共同之处：从最初的探索和构想——通常涉及发现或描述一个问题——到图稿草图、设计和构成潜在设计或解决方案的雏形的构建，再到对这些的反思，如批评等过程。这个创作过程是迭代的，朝着一个更好的设计不断向前，最后往往以某种形式共享作品作为结束，这些形式包括使用、展览、销售或表演等（Cross，2011）。同样，在创作过程的不同阶段也有跨越设计和思维领域的共同点。例如，在构思阶段，教育工作者和研究人员高度强调深入探索的重要性。在视觉艺术的传统研究中，格策尔斯和契克森米哈赖（Getzels & Csikszentmihalyi，1976）发现，在完成一件艺术作品之前，探索行为与一些更有创造力的工作密切相关，而且与更多的对创造力的判断和晚年的艺术成功密切相关。赫特兰及其同事（Hetland et al.，2013）指出，视觉艺术教师不断采取一些策略，如生成多个草稿、从多个范例中学习、明确地尝试不同的技术、转换观点以及从不同角度进行过程中的批判
等，鼓励学生养成发展与探索的心理习惯。同样，对更加结构化的设计问题 636
的研究表明，教育者在提出明确的设计问题之前需要给予学生足够的探索时间、工具和材料来支持其度过一个*早期承诺陷阱*（early commitment pitfall）（Kafai & Resnick，1996；Puntambekar & Kolodner，2005）。在工程设计中，

研究者关注类似"设计偏执"的问题，在这一情境中，设计师专注于不太理想的设计而无法想出更有意义的替代方案（Jansson & Smith，1991；Purcell & Gero，1996）。要想克服设计偏执和早期承诺陷阱，学习环境应为学生提供多种多样的原型和脚手架工具以鼓励其进行多种类型的设计（Puntambekar & Kolodner，2005；Purcell & Gero，1996）。

基于艺术的学习环境的设计

赫特兰及其同事（Hetland et al.，2013）关于高中视觉艺术工作室的深入研究描述了三个具有视觉艺术教学特点的灵活的工作室结构：示范-讲授（demonstration-lectures），教师提出问题并展示工具和技术；工作中的学生（students-at-work），学生解决提出的问题而教师提供个性化的指导和反馈；批判评论（critique），学生和教师停下来进行反思，讨论学生正在制作或已完成的作品。这些结构无论如何变换顺序都能够被流畅使用，其中大部分的教学时间用于"工作中的学生"这种结构上。第四个总体结构是展览（exhibition）——作品创作出来并在这里呈现给观众。展览虽然是在课堂之外的，但作品却在其中。对艺术教室设计特点的额外洞察来自英国，在那里对媒介的研究已经被纳入正式的课程，这些研究将对观众的关注、表征的作用和媒介语言的使用作为设计空间的核心组件（Sefton-Green & Sinker，2000）。

除了这些对学校美术课程的研究，还有大量对非正式环境中的艺术学习的研究，如对青年组织、社区中心、课后项目和博物馆（Chávez & Soep，2005；Halverson，2012；Heath，2000；Sheridan，2011；Sheridan，Clark，& Williams，2013）以及网上艺术自主学习社区中艺术学习的研究（Jenkins et al.，2007；Lange & Ito，2010；Magnifico，2012；Sheridan，2008）。在正式的课堂和以上这些非正式的艺术学习的环境中，我们将讨论四个与有效学习息息相关的特性：对真正的观众的注意，对艺术批评的专注，嵌入在过程和作品中的真实性评估，以及角色扮演的机会。

637 观众的角色

意义是由艺术家和观众共同创造的。当人们学习创造艺术作品时，他们经常谈论外面的观众将如何理解该作品（Halverson，2012；Halverson et al.，

2009；Heath，2004；Wiley & Feiner，2001；Worthman，2002）。作品将如何被感知、被理解？作品可能唤起什么样的情绪、情感和思想？在艺术中，对于受众的考虑贯穿整个创作过程。首先，艺术被概念化的过程，部分是基于艺术被认为是什么的。例如，弗利特伍德（Fleetwood，2005）描述了她和一位非裔美国青年的合作，那位青年使用视觉修辞作为“种族化”刻板形象的外化，使他们的社会身份更容易被观众识别。这些视觉修辞虽然潜在地冒犯了该共同体内部的人士，但是为陌生的外来者提供了方便。学习者在考虑他们的作品的最终观众是谁的时候，会判断在他们的艺术作品中是否可以包括这些潜在攻击性的形象。这些应该是在创作的早期，在进行创作决策时所做的决定。其次，艺术学习包括频繁的同行和专家评议（Hetland et al.，2013），在每个阶段的工作中，学习者必须对这些直接的观众进行解释并且捍卫正在创作的作品。最后，与观众分享完成的作品通常会被作为对作品本身的评估或评价（Buckingham，Fraser，& Sefton-Green，2000；Halverson et al.，2012）。

艺术批评

艺术工作室的教师把大部分教学时间放在与学习者对正在创作的作品的讨论中，尤其是关于创作的意图方面：讨论未完成作品所表现出来的意图（通常是与创作者的意图完全不同的），并提供改进建议（Hetland et al.，2013）。通过艺术批评，学习者发展了赫特兰及其同事（Hetland et al.，2013）所说的“艺术工作室的思维习惯”，包括参与和持久性、想象可能性、观察和反思。索普及其同事（Soep，1996；Chávez & Soep，2005）曾从事媒体工作——从视觉艺术到数字视频和广播。研究表明，当学员共同参与艺术实践时，他们共同学习艺术批评的语言，发展与专业的艺术家相似的话语。这些相同的对话在青年游戏设计者团体评估其他年轻学习者设计的游戏时更加明显（Peppler，Warschauer，& Diazgranados，2010）。霍尔沃森和吉本斯（Halverson & Gibbons，2010）发现，艺术团体提供了艺术生产过程中的“关键时刻”，学习者必须停下来讨论他们所要表达的内容和他们计划如何运用媒介来表达这一想法。艺术批评作为一种真实的评估形式，可能会改变我们 638
理解许多非艺术类学科学习（包括人工制品的生产）的方式。

真实评估

艺术教育长期存在的一个漏洞是没有办法客观地衡量人们学习了什么以

及如何学习。一些人认为学校只可以衡量那些可以被客观地评估的内容，艺术作品无法被客观评估的特性注定了艺术仍然处在学校教育的外围（Eisner，2002）。然而，在所有艺术学科中，评估都是创作过程的核心。塞夫顿-格林和辛克（Sefton-Green & Sinker，2000）的文章为创造力在包括音乐、戏剧和数字媒体艺术在内的艺术学科中是如何被评估的提供了例子。

基于艺术的学习环境为进行贯穿艺术创作过程的反馈提供了机会，并让学习者已完成的作品能够为想要参与到作品创作中的外部观众所获取。每个艺术学科都在纠结，如何评估艺术学习以及评估标准中艺术创作过程和艺术作品的权重分配。

过程评估包括前面描述的艺术批评，作品创作过程中提供反思和表达的“关键时刻”（Halverson & Gibbons，2010），和按照时间顺序的作品创作记录（依据该记录可以事后构建整个艺术创作过程）。所有这些方法都指向创建参与的轨迹，这些参与过程中的进步、失败、迭代和反思与学习结果一样重要。将过程看作学习评估合理的组成部分，是基于艺术的学习环境对更广泛的学习科学评估形式创新的一个重要贡献（Pellegrino，本书第12章）。

在关注过程评估的同时，还应关注作品本身。当创意产品在研究中被评估时，阿马比尔（Amabile，1982）同感评估技术（consensual assessment technique，CAT）——两个或两个以上的专家各自评估不同的艺术作品的质量和创造力，然后对评估者间信度进行盲测——就是一个重要的、始终可靠的工具（Baer，Kaufman，& Gentile，2004）。专家的判断也可用于标准化艺术评估，如大学预修课程和国际学士学位的评估。

评估艺术作品的挑战之一是，艺术中的标准和（或）质量标准是基于文化背景的，因此经常改变（Ito et al.，2008；Sheridan & Gardner，2012）。这是无法避免的，因为开发、理解和应用基于文化的评价标准通常是艺术专业的标志（Halverson et al.，2012）。塞夫顿-格林（Sefton-Green，2000）认为，当艺术中的一小部分暴露给观众时，评估就开始了。电影观众的实证研
639 究证明了观众始终用一致的标准来评估电影质量，不管电影是由专业人士（Sheridan，2008）还是由学生制作（Halverson et al.，2012）的。这些标准专注于将艺术作品定位于某一流派，然后评估作品与该流派标准的契合程度，以及导演在这个流派中是否有所贡献。简单地说，评价艺术作品的一个强有力的方法就是与行外的感兴趣的观众分享最后成型的作品。

角色扮演的机会

在本章的前面，我们描述了艺术在学习者参与身份建构中所扮演的重要角色。身份建构的社会心理机制的关键之一是角色扮演，在表演艺术以及许多基于艺术的学习环境中都是如此。特别是在课外时间，学习者在环境中扮演着不同的角色，相关研究通常将其假设为领导者和指导者的角色（Chávez & Soep，2005；Heath，2000，2004；Jenkins et al.，2007；Sheridan et al.，2013）。许多这样的学习环境都是实践共同体（Greeno & Engeström，本书第 7 章），在这些实践共同体中，参与者从合法的外围参与者逐渐过渡为中央领导者（Wenger，1998）。希思（Heath，2000，2004）称，对于那些以艺术表演作为收入来源的艺术组织来说，角色扮演是保持组织实践的生机所必需的。没有青年领导完成从门票销售到市场营销等各种任务，组织就不能够继续生存。大部分基于艺术作品的工作鼓励（有时要求）学习者形成自己的创作理念，与成人导师发展互惠关系，因为导师可以在创意开发和表征工具的使用上提供专业指导（Halverson，2012）。这种形式的角色扮演经常出现在基于艺术的学习环境中，并且需要协调，因为年轻人需要平衡在这些情境中的参与状况和他们的先前经验，在这些先前经验中，成人控制与年轻人控制的空间是分开的（Ball & Heath，1993；Chávez & Soep，2005）。

对学习科学的贡献

在这一章的开始，我们论述的重点是艺术的三个重要概念：艺术表征的中心性和丰富性，形式和意义的融合，艺术学习中对身份和文化的检验与探索。这些概念每个都包含认知和社会文化元素，在艺术实践中无缝衔接，对每一个概念的阐释都给学习科学提供了重要见解。同样，我们认为，学习科学的观点将社会文化理论、非认知学习过程与结果以及对学习环境设计的明确说明整合到了我们日益增长的对学习和艺术的理解中，丰富了艺术学习的研究。 640

就表征而言，我们看到艺术始终如一地关注每种媒介工具是如何影响表征的创建的，以及产生的连续表征是如何表明了对被表征事物的不断深化的理解的。正是通过这一过程，艺术家发展了元表征能力（diSessa，2004），再加上艺术批评与观众的存在，他们的作品最终生成了一种社会和文化背景下的意义。学习者的表征轨迹记录了他们从提出最初的概念到最后完成作品的路径，强调了连续的表征如何既为评估进步和他们自己提供了机会，也为证明他们对艺术中的“更聪明”的表征的重要性有更多的理解提供了证据（Halverson，2013）。

艺术中的表征相对丰富，形式和意义密不可分（Goodman，1976）。此外，艺术表征随着艺术实践、工具和媒介的变化有规律地转变。这些特征表明，艺术可能需要不同于那些与STEM有关的学科的学习环境。艺术学习环境中的关键——如分析与青年正在研究的问题有关的专业的艺术作品、在创作过程中得到教师的个性化和迭代的支持，以及过程中的艺术批评——支持着年轻人对艺术思维习惯的理解及其自身艺术思维习惯的发展（Chávez & Soep，2005；Hetland et al.，2013）。随着新媒体设计工具——视频、互动游戏或音乐工具——变得越来越容易获得，它们通常可以被用作学术学科的学习工具。传统艺术工作室环境中关于支持多媒体中的设计过程的见解是至关重要的，但这些观点往往没有被充分利用（Peppler，2010；Sheridan，2011；Clark & Sheridan，2010）。

最后，身份建构在学习中扮演着非常重要但常被忽视的角色（Nasir，Rosebery，Warren，& Lee，本书第34章）。我们认为艺术使我们更理解学习者是如何与不同身份结合的。通过艺术创作，年轻艺术家探索可能的自我并从事去典型化过程。艺术创作可以容纳个人层面和集体层面的身份（Halverson，2009）。探索可能的自我是角色扮演的一种形式；艺术家从合法外围参与者最终变成核心参与者是角色扮演的另一种形式（Sheridan et al.，2013）。艺术环境为我们理解身份是如何通过学习环境中的参与而被探索和建构的提供了机会。

学习科学家西蒙·佩珀特（Seymour Papert）说，观察一堂美术课是他完成那份关于建构主义的有影响力的作品的最初灵感来源。他设想了，在对学习者的思维（比如孩子做肥皂雕塑时的思维）进行外在的、公开的和进化
641 的表征方面，其他学术领域如何才能达到艺术领域的水平（Papert & Harel，1991）。我们认为，这一章是建立在佩珀特最初的灵感基础之上的，为学习科学和教育从艺术学习研究中挖掘了更多潜力，并拓宽了学习科学的观察之路，丰富了我们对艺术教育的理解。

参考文献

Amabile, T. M. (1982). The social psychology of creativity: A consensual assessment technique. *Journal of Personality and Social Psychology*, 43, 997–1013.

Azevedo, F. (2000). Designing representations of terrain: A study in meta-representational competence. *Journal of Mathematical Behavior*, 19, 443–480.

Baer, J., Kaufman, J. C., & Gentile, C. A. (2004). Extension of the consensual assessment technique to nonparallel creative products. *Creativity Research Journal*, 16(1), 113–117.

Ball, A., & Heath, S. B. (1993). Dances of identity: Finding an ethnic self in the arts. In S. B. Heath, & M. McLaughlin (Eds.), *Identity and inner city youth: Beyond ethnicity and gender* (pp. 69–93). New York: Teachers College Press.

Bamberger, J. (1991). *The mind behind the ear: How children develop musical intelligence*. Cambridge, MA: Harvard University Press.

Bing-Canar, J., & Zerkel, M. (1998) Reading the Media and Myself: Experiences in critical media literacy with young Arab-American women. *Signs*, 23(3), 735–743.

Black, R. (2008). *Adolescents and online fan fiction*. New York: Peter Lang.

Buckingham, D., Fraser, P., & Sefton-Green, J. (2000). Making the grade: Evaluating student production in media studies. In J. Sefton-Green, & R. Sinker (Eds.), *Evaluating creativity: Making and learning by young people* (pp. 129–153). London: Routledge.

Buechley, L., Eisenberg, M., Catchen, J., & Crockett, A. (2008). The LilyPad Arduino: Using computational textiles to investigate engagement, aesthetics, and diversity in computer science education. *Proceedings of the SIGCHI conference on human factors in computing systems (CHI)* (pp. 423–432). Florence, Italy, April.

Calabrese Barton, A., & Tan, E. (2010). We be burnin! Agency, identity, and science learning. *The Journal of the Learning Sciences*, 19, 187–229.

Campbell, M. I., Cagan, J., & Kotovsky, K. (2003). The A-design approach to managing automated design synthesis. *Research in Engineering Design*, 14(1), 12–24.

Chávez, V., & Soep, E. (2005). Youth radio and the pedagogy of collegiality. *Harvard Educational Review*, 75(4), 409–434.

Clark, K., & Sheridan, K. (2010). Game design through mentoring and collaboration. *Journal of Educational Multimedia and Hypermedia*, 19(2), 125–145.

Cross, N. (1993). Science and design methodology: A review. *Research in Engineering Design*, 5(2), 63–69.

Cross, N. (2011). *Design thinking: Understanding how designers think and work*. Oxford: Berg

Publishers.

642 Csikszentmihalyi, M. (1988). Society, culture, and person: A systems view of creativity. In R. J. Sternberg (Ed.), *The nature of creativity: Contemporary psychological perspectives* (pp. 325–339). Cambridge: Cambridge University Press.

Csikszentmihalyi, M. (1990). *Flow: The psychology of optimal experience*. New York: HarperCollins.

Davis, J. H., & Evans, M. J. (1987). *Theatre, children, and youth*. New Orleans, LA: Anchorage Press.

Deasy, R. J. (Ed.) (2002). *Critical links: Learning in the arts and student academic and social development*. Washington, DC: Council of Chief State School Officers.

diSessa, A. (2004). Metarepresentational competence: Native competence and targets for instruction. *Cognition and Instruction*, 22(3), 293–331.

DuPont, S. (1992). The effectiveness of creative drama as an instructional strategy to enhance reading comprehension skills of fifth-grade remedial readers. *Reading Research and Instruction*, 31(3), 41–52.

Dyson, A. H. (1997). *Writing superheroes*. New York: Teachers College Press.

Eisner, E. (2002). *The arts and the creation of mind*. New Haven, CT: Yale University Press.

Eisner, E. W., & Day, M. D. (2004). *Handbook of research and policy in art education: A project of the National Art Education Association*. Mahwah, NJ: Lawrence Erlbaum Associates.

Enyedy, N. (2005). Inventing mapping: Creating cultural forms to solve collective problems. *Cognition and Instruction*, 23(4), 427–466.

Ericsson, K. A. (Ed.) (1996). *The road to excellence: The acquisition of expert performance in the arts and sciences, sports and games*. Mahwah, NJ: Lawrence Erlbaum Associates.

Fleetwood, N. (2005). Authenticating practices: Producing realness, performing youth. In S. Maira, & E. Soep (Eds.), *Youthscapes: The popular, the national, the global* (pp. 155–172). Philadelphia: University of Pennsylvania Press.

Fleming, M. (2010). *Arts in education and creativity: A literature review*. New Castle Upon Tyne, UK: Arts Council England.

Fiske, E. B. (2000). *Champions of change: The impact of the arts on learning*. Washington, DC: The Arts Education Partnership.

Freeman, N. H. (2004). Aesthetic judgment and reasoning. In E. W. Eisner, & M. D. Day (Eds.), *Handbook of research and policy in art education* (pp. 359–377). Mahwah, NJ: Lawrence Erlbaum Associates.

Gadsden, V. (2008). The arts and education: Knowledge generation, pedagogy, and the discourse of learning. *Review of Research in Education*, 32, 29–61.

Gardner, H. (1982). *Art, mind, and brain: A cognitive approach to creativity*. New York: Basic Books.

Gardner, H. (1993). *Creating minds: An anatomy of creativity seen through the lives of Freud, Einstein, Picasso, Stravinsky, Eliot, Graham, and Ghandi*. New York: Basic Books.

Gazzaniga, M. (2008). Arts and cognition: Findings hint at relationships. In M. deLong, & T. Wichmann (Eds.), *Learning, arts, and the brain. The Dana Consortium Arts and Cognition report* (pp. 7–11). New York: Dana Press.

Getzels, J. W., & Csikszentmihalyi, M. (1976). *The creative vision: A longitudinal study of problem finding in art*. New York: Wiley. 643

Golomb, C. (2002). *Child art in context: A cultural and comparative perspective*. Washington, DC: American Psychological Association Press.

Goodman, N. (1976). *Languages of art: An approach to a theory of symbols*. Cambridge, MA: Hackett Publishing Company.

Grafton, S., & Cross, M. (2008). Dance and the brain. In C. Asbury, & B. Rich (Eds.), *Learning, the arts, and the brain: The Dana Consortium Arts and Cognition report* (pp. 61–70). New York: Dana Foundation.

Halverson, E. R. (2005). Insideout: Facilitating gay youth identity development through a performance-based youth organization. *Identity: An International Journal of Theory & Research*, 5(1), 67–90.

Halverson, E. R. (2009). Artistic production processes as venues for positive youth development. *Revista Interuniversitaria de Formacion del Profesorado* (*Interuniversity Journal of Teacher Education*), 23(3), 181–202.

Halverson, E. R. (2010a). Detypification as identity development: The dramaturgical process and LGBTQ youth. *Journal of Adolescent Research*, 25(5), 635–668.

Halverson, E. R. (2010b). Film as identity exploration: A multimodal analysis of youth-produced films. *Teachers College Record*, 112(9), 2352–2378.

Halverson, E. R. (2012). Participatory media spaces: A design perspective on learning with media and technology in the 21st century. In C. Steinkuehler, K. Squire, & S. Barab (Eds.), *Games learning & society: Learning and meaning in a digital age* (pp. 244–270). New York: Cambridge University Press.

Halverson, E. R. (2013). Digital art-making as a representational process. *The Journal of the Learning Sciences*, 23(1), 121–162.

Halverson, E. R., & Gibbons, D. (2010). "Key moments" as pedagogical windows into the digital video production process. *Journal of Computing in Teacher Education*, 26(2), 69–74.

Halverson, E. R., Gibbons, D., Copeland, S., Andrews, A., Hernando Llorens, B., & Bass, M. (2012). What makes a youth-produced film good? The youth audience perspective. *Learning, Media, & Technology, 1–18*.

Halverson, E. R., Lowenhaupt, R., Gibbons, D., & Bass, M. (2009). Conceptualizing identity in youth media arts organizations: A comparative case study. *E-Learning*, 6(1), 23–42.

Hanna, J. L. (1987). *To dance is human: A theory of nonverbal communication*. Chicago: University of

Chicago Press.

Hanna, J. L. (2008). A nonverbal language for imagining and learning: Dance education in a K-12 curriculum. *Educational Researcher*, 37(8), 491–506.

Heath, S. B. (2000). Making learning work. *After School Matters*, 1, 33–43.

Heath, S. B. (2004). Risks, rules, and roles: Youth perspectives on the work of learning for community development. In A. Perret-Clermont, C. Pontecorvo, L. Resnick, T. Zittoun, & B. Burge, (Eds.), *Joining society: Social interaction and learning in adolescence and youth* (pp. 41–70). New York: Cambridge University Press.

Heathcote, D., & Johnson, L. (1991). *Collected writings on education and drama*. Evanston, IL: Northwestern University Press.

Hetland, L., Winner, E., Veenema, S., & Sheridan, K. M. (2013). *Studio thinking: The real benefits of visual arts education*. New York: Teachers College Press.

644 Hill, M. L., & Petchauer, E. (2013). *Schooling Hip-Hop: Expanding Hip-Hop education across the curriculum*. New York: Teachers College Press.

Hull, G. A., & Nelson, M. E. (2005). Locating the semiotic power of multimodality. *Written Communication*, 22(2), 224–261.

Ito, M., Horst, H., Bittani, M., Boyd, D., Herr-Stephenson, B., Lange, P. G., Pascoe, C. J., & Robinson, L. (2008). *Living and learning with new media: Summary of indings from the digital youth project*. Chicago, IL: MacArthur Foundation.

Jenkins, H., Purushotma, R., Clinton, K., Weigler, M., & Robison, A. (2007). *Confronting the challenges of participatory culture: Media education for the 21st century. Building the field of digital media and learning*. Chicago, IL: MacArthur Foundation.

Jansson, D. G., & Smith, S. M. (1991). Design fixation. *Design Studies*, 12(1), 3–11.

Kafai, Y. B. (2006). Constructionism. In K. Sawyer (Ed.), *The Cambridge handbook of the learning sciences*. Cambridge, MA: Cambridge University Press.

Kafai, Y., & Resnick, M. (1996). *Constructionism in practice: Designing, thinking and learning in a digital world*. Mahwah, NJ: Lawrence Erlbaum Associates.

Karmiloff-Smith, A. (1992). *Beyond modularity: A developmental perspective on cognitive science*. Cambridge, MA: MIT Press.

Keinänen, M., Sheridan, K., & Gardner, H. (2006). Opening up creativity: The lenses of axis and focus. In J. C. Kaufman, & J. Baer (Eds.), *Creativity and reason in cognitive development* (pp. 202–218). Cambridge: Cambridge University Press.

Kindler, A. M. (2004). Introduction: Development and learning in art. In E. Eisner, & M. Day (Eds.), *Handbook of research and policy in arts education* (pp. 227– 232). Mahwah, NJ: Lawrence Erlbaum Associates.

Lange, P. G., & Ito, M. (2010). Creative production. In M. Ito, et al. (Eds.), *Hanging out, messing around, and geeking out: Kids living and learning with new media* (pp. 243–293). Cambridge, MA: MIT Press.

Lowenfeld, V. (1957). *Creative and mental growth*. Third Edition. New York: MacMillan.

Magnifico, A. M. (2012). The game of Neopian writing. In E. R. Hayes, & S. C. Duncan (Eds.), *Learning in videogame affinity spaces* (pp. 212–234). New York: Peter Lang.

Mayer, V. (2000). Capturing cultural identity/creating community. *International Journal of Cultural Studies*, 3(1), 57–78.

McCaslin, N. (1995). *Creative drama in the classroom and beyond*. Addison-Wesley.

McPherson, G. E., Davidson, J. W., & Faulkner, R. (2012). *Music in our lives: Rethinking musical ability, development, and identity*. Oxford: Oxford University Press.

Miller, K. (2009). Schizophonic performance: Guitar Hero, Rock Band, and Virtual Virtuosity. *Journal of the Society for American Music*, 3(4), 395–429.

Moore, B. H., & Caldwell, H. (1993). Drama and drawing for narrative writing in primary grades. *Journal of Educational Research*, 87(2), 100–110.

New London Group. (1996). A pedagogy of multiliteracies: Designing social futures. *Harvard Educational Review*, 66(1).

Papert, S., & Harel, I. (1991). Situating constructionism. In I. Harel, & S. Papert (Eds.), *Constructionism* (pp. 1–11). Norwood, NJ: Ablex Publishing Corporation.

Penhune, V. B. (2011). Sensitive periods in human development: Evidence from musical training. 645
Cortex, 47(9), 1126–1137.

Peppler, K. A. (2010). Media arts: Arts education for a digital age. *Teachers College Record*, 112(8), 2118–2153.

Peppler, K., Warschauer, M., & Diazgranados, A. (2010). Game critics: Exploring the role of critique in game-design literacies. *E-Learning,* 7(1), 35–48.

Perani, D., Saccuman, M. C., Scifo, P., Spada, D., Andreolli, G., Rovelli, R., Baldoli, C., & Koelsch, S. (2010). Functional specializations for music processing in the human newborn brain. *Proceedings of the National Academy of Sciences of the United States of America*, 107(10), 4758–4763.

Podlozny, A. (2000). Strengthening verbal skills through the use of classroom drama: A clear link. *Journal of Aesthetic Education*, 34(3–4), 239–276.

Puntambekar, S., & Kolodner, J. L. (2005). Toward implementing distributed scaffolding: Helping students learn science from design. *Journal of Research in Science Teaching*, 42(2), 185–217.

Purcell, A. T., & Gero, J. S. (1996). Design and other types of fixation. *Design Studies*, 17(4), 363–383.

Salen, K., & Zimmerman, E. (Eds.) (2004). *Rules of play: Game design fundamentals*. Cambridge, MA: MIT Press.

Sawyer, R. K. (2003). *Group creativity: Music, theater, collaboration*. Mahwah, NJ: Lawrence

Erlbaum Associates.

Sawyer, R. K. (2012). *Explaining creativity*. New York: Oxford University Press.

Sawyer, R. K., & DeZutter, S. (2009). Distributed creativity: How collective creations emerge from collaboration. *Journal of Aesthetics, Creativity, and the Arts*.

Schlaug, G., Norton, A., Overy, K., & Winner, E. (2005). Effects of music training on the child's brain and cognitive development. *Annals of the New York Academy of Sciences, 1060*, 219–230.

Schön, D. A. (1988). Designing: Rules, types and words. *Design studies*, 9(3), 181–190.

Sefton-Green, J. (2000). From creativity to cultural production: Shared perspectives. In J. Sefton-Green, & R. Sinker (Eds.), *Evaluating creativity: Making and learning by young people* (pp. 216–231). London: Routledge.

Sefton-Green, J., & Sinker, R. (Eds.) (2000). *Evaluating creativity: Making and learning by young people*. London: Routledge.

Sheridan, K. M. (2008). Reading, writing and watching: The informal education of film fans. In J. Flood, D. Lapp, & S. B. Heath (Eds.), *Handbook on teaching literacy through the communicative, visual and performing arts*. Second Edition (pp. 259–269). Mahwah, NJ: Lawrence Erlbaum Associates.

Sheridan, K. M. (2011). Envision and observe: Using the studio thinking framework for learning and teaching in digital arts. *Mind, Brain, and Education*, 5(1), 19–26.

Sheridan, K. M., Clark, K., & Williams, A. (2013). Designing games, designing roles: A study of youth agency in an informal education program. *Urban Education*, 48(3), 734–758.

Sheridan, K. M., & Gardner, H. (2012). Artistic development: Three essential spheres. In A. Shimamura, & S. Palmer (Eds.), *Aesthetic science: connecting minds, brains, and experience* (pp. 276–296). Oxford: Oxford University Press.

646 Shimamura, A. P., & Palmer, S. E. (2012). *Aesthetic science: Connecting minds, brains, and experience*. Oxford: Oxford University Press.

Simonton, D. K. (1994). *Greatness: Who makes history and why*. New York: Guilford.

Simonton, D. K. (1996). Creative expertise: A life-span developmental perspective. In K. A. Ericsson (Ed.), *The road to excellence: The acquisition of expert performance in the arts and sciences, sports and games* (pp. 227–253). Mahwah, NJ: Lawrence Erlbaum Associates.

Soep, E. (1996). An art in itself: Youth development through critique. *New Designs for Youth Development*, 12(4), 42–46.

Solso, R. L. (2001). Brain activities in a skilled versus a novice artist: An fMRI study. *Leonardo*, 34(1), 31–34.

Stalinski, S. M., & Schellenberg, E. G. (2012). Music cognition: A developmental perspective. *Topics in Cognitive Science*, 4(4), 485–497.

Sternberg, R. (Ed.) (1999). *Handbook of creativity*. Cambridge: Cambridge University Press.

Sternberg, R. (2006). Creating a vision of creativity: The first 25 years. *Psychology of Aesthetics, Creativity, and the Arts*, 8(1), 1–12.

Wenger, E. (1998). *Communities of practice: Learning, meaning, and identity.* Cambridge: Cambridge University Press.

Wiley L., & Feiner, D. (2001). Making a scene: Representational authority and a community-centered process of script development. In S. C. Haedicke, & T. Nellahus (Eds.), *Performing democracy: International perspectives on urban community-based performance* (pp.121–142). Ann Arbor, MI: University of Michigan Press.

Winner, E. (1982). *Invented worlds: The psychology of the arts*. Cambridge, MA: Harvard University Press.

Winner, E., & Hetland, L. (2000). The arts in education: Evaluating the evidence for a causal link. *Journal of Aesthetic Education*, 34(3/4), 3–10.

Winner, E., & Hetland, L. (Eds.) (2001). *Proceedings from beyond the soundbite: What the research actually shows about arts education and academic outcomes.* Los Angeles, CA: J. Paul Getty Trust.

Worthman, C. (2002). *"Just playing the part": Engaging adolescents in drama and literacy*. New York: Teachers College Press.

第 | 六 | 部 | 分

将学习科学研究引入课堂

第32章

学习科学和政策的设计与实施：协作参与的关键概念和工具

威廉·R. 毗努伊勒　詹姆斯·P. 斯皮兰

对于许多学习科学研究者来说，政策是他们很少关注的领域。他们主要的目标是设计新的学习形式，并将其运用到少数班级中，从而研究儿童学习的理论。对于他们来说，影响这些班级将会发生什么的政策充其量就是“温柔的烦恼”（Donovan，Snow，& Daro，2013），因为这很少会妨碍他们在研究中所付出的努力。最糟糕的情况是，政策似乎阻碍了改革发生的可能性。 649

一些学习科学研究者参与了设计政策和支持政策的实施等复杂工作。他们的目标是和当地的政策制定者以及学校、教师、社区成员、其他学科中提倡改变教学和学习的研究者大规模合作。对于这些学习科学研究者来说，政策是促使教育体系发生改变的工具。他们知道对于教学和学习来说什么是重要的，能够将注意力和资源聚集在实践中的某些问题上。这些研究者并没有排斥政策，而是在用他们关于学习学科和设计研究方法的经验，对制定当地的政策和支持政策的实施提供帮助（Cobb & Jackson，2012；Penuel，Fishman，Cheng，& Sabelli，2011）。

本章将会描述学习科学研究者们如何促成政策的设计和实施工作。我们关注团队可采用的三个策略：

- 参与旨在重新设计系统和组织基础设施的政策设计；
- 运用执行研究中的概念和工具为改进设计提供信息；
- 与更多的利益相关者合作，以获得更广的影响和收益。

650 我们列举了学习科学领域内外的各种例子，提供了关于研究者、政策制定者、从业者以及其他教育利益相关者有效参与的模型。通过这样做，我们希望能够为学习科学研究者们提供一种途径来丰富他们组织研究和开发活动的策略。

参与旨在重新设计系统和组织基础设施的政策设计

政策是一群人（政策制定者）用来影响或协调其他人的一种尝试（Coburn & Stein，2006）。制定教育政策的人包括国家、州和地方的立法者，以及政府机构和教育组织的领导者。他们的政策设计关注教育领域中的关键问题，比如学生成绩低或对更高水平教师的需要。为了解决这些问题，政策制定者力图通过实施政策去影响相关的人，包括将委托管理、激励机制和处罚机制整合起来，同时通过资源配置来培养相关能力和改变体系（McDonnell & Elmore，1987）。

政策设计是一个持续、互动的过程，涉及大范围的政府和非政府人员，他们力图影响政策目标和政策工具（Feldman & Khademian，2008）。政策设计发生在各种领域里，由人们发起、商议和实施（Mazzoni，1991）。在一些领域中，个人和倡导小组可以公开、从容地讨论政策目标和策略，但是在部分领域，这一过程是不对外公开的。在这些不公开的领域，少数政策制定者——研究者常在此列——通过自己的工作来影响政策，他们是典型的促进革新和改变的力量（Kingdon，2010；Mazzoni，1991）。

最近几年，美国的一些学习科学研究者是国家层次上积极发挥作用的政策制定者。一个很好的例子就是新的《K-12 科学教育框架》（Framework for K-12 Science Education；NRC，2012），该框架利用学习科学研究，为如何在科学领域教授学生关键概念提供了建议。学习科学研究也为政策制定者和教育领域的带头人提供了建议，包括评估方面的（NRC，2001，2006）、课程方面的（NRC，2004）、与教学息息相关的学科方面的（NRC，2005），以及技术方面的（U.S. Department of Education，2010）。

尽管他们的影响主要体现在国家层面，学习科学领域的政策制定者在实际中的影响力仍然有限。在评估方面，大部分州在主要学科中的评估（以及国际学生成绩测试）中并没有像学习科学研究建议的那样在项目设计中考虑认知模型。在课程方面，除了几个例外［例如卡内基学习课程和认知导师®软件（Carnegie Learning Curricula and Cognitive Tutor® Software），在数量、数据和空间上的调查（Investigations in Number，Data and Space）］，学习科学研究者研究的课程并没有被学生广泛运用。与此相反，学校董事采用了数学和科学的专业教科书，这些教科书基于传统的“领域和顺序”模型设计。在教师教育方面，旨在改善教学的政策和计划——至少在以英语为第一语言的国家——仍然是混乱的，且用来支持有效教师学习的资源太少。 651

国家层次的政策制定者很少将改变付诸实践的一个原因是，当前水平的政策实施者总是在同一时间负责实施各种各样的政策（Hatch，2002）。这些政策并非全部遵循一个逻辑，它们在实施者中产生了一种竞争。想要把有积极作用的政策改革付诸实践，当地教育组织的领导者（例如提供教育服务的共同体组织的管理者和负责人）需要有策略地应对竞争性的政策需求（Honig & Hatch，2004）。某些时候，不同政策之间具有教学一致性，但大多数时候，它们会在实施水平和质量上产生不一致和很大的变异。

研究者可以协助地方领导者为学生在竞争性的政策需求下学习提供“一致”的机会，从而支持地方领导者为改革所付出的努力。例如，帮助校长和其他学校领导为走访（walkthroughs）或教学研讨（instructional rounds）做准备，这是一种确保教学实践一致性的机制（City，Elmore，Fiarman，& Teitel，2009；Goldman et al.，2004）。除此之外，研究者还可以根据教学一致性收集证据和提供反馈，从而协助学校和区域领导者推动特别项目的改革成功（Elmore & Forman，2010）。

地方教育体系是学习科学研究者们协助政策制定和调整从而影响实践的重要环境。中间机构和组织以及学习科学研究者能够通过引导设计的过程和提供重新设计学生学习和实施政策的相关证据来帮助教育领导者达到“实践一致性”（Donovan et al.，2013）。学习科学研究者把“学习的视角”带到了政策的设计过程中。这个视角对于地方教育领导者来说有很大的潜在价值，因为所有的新政策都要和已有实践有所区别，从而使教育系统的活动者产生新的学习需求。

设计活动中对实践影响最大的就是那些旨在重新设计系统和组织的基础设施的设计活动。基础设施包括标准、对人和过程的分类体系、网络和建筑物等——所有实现系统功能所必需的事物。大部分基础设施是不可见的。修复和使基础设施可视化需要深入的研究，而不仅仅是重新设计它们这么简单（Bowker & Star，1999；Star & Ruhleder，1996）。但重新设计基础设施是改变
652 系统的关键，而且许多改革需要运用新的基础设施——发电需要材料和发电的方法，还需要输电网把电能分配到不同的地理区域。与此相似，教育系统需要为教学者提供材料和方法，包括教学材料、教学技能、吸引和招收学习者的方法步骤等。基础教学设施的重新设计需要付出巨大的努力——比如当学校重新定义入学模型或一些州采用新的标准和评估系统时——但其结果一般是难以预料的，它直接或间接影响着基础教育设施的其他部分。

重新设计基础教育设施包含着各种各样的活动。最近十年美国国家层次和州层次的再设计越来越强调增强由标准、环境、评估和专业发展组成的系统的一致性和连贯性，减小系统的分散性（Cohen，Moffitt，& Goldin，2007）。就目前来看，再设计涉及在不同类型的活动和组织之间确定新的联结，比如在学校和非正式的学习环境之间进行协调（de Kanter，Adair，Chung，& Stonehill，2003）。再设计也需要创造新的有组织的方法和工具来支持组织机构之间的协调（Spillane & Coldren，2010）。再设计还包括重新组织区域办公室从而使之更好地支持学校教学，或者创立新的领导者角色，例如教学督导，以支持学校学科领域的具体教学（Coburn & Woulfin，2012；Honig，2013）。与之类似，综合学校改革模型为支持学校内部的教学提供了新的基础设施。

案例：MIST项目

学习科学研究者参与的一个致力于改变系统和组织基础设施的项目就是中学数学与教学制度环境（Middle School Mathematics and the Institutional Setting of Teaching，MIST）项目（Cobb & Jackson，2011，2012；Cobb & Smith，2008）。在这个项目里，学习科学研究者和政策研究者致力于帮助四个地区提高数学教学的质量。MIST项目的设计对象并非一系列课程或教学革新措施：事实上，这些区域已经实施了连接数学项目（II）[Connected Mathematics Project（II）] 的相关课程。相反，项目团队关注的是：教师的专业发展和培养领导者，为有效教学建立模型，在已开设课程的基础上提升教学水平，同时在区域水平上协调这些支持。如果成功，这些支持教师、领导者和督导学习的工具将会促进实践中行动理论的发展，该理论可以大规模促进教学提升，并由学习和组织理论支持及推进（Cobb & Jackson，2011）。

MIST 项目的关注点之一是把教育政策作为“支持学习的设计”（Cobb & Jackson，2012，p.488），这种设计详细说明了行为或实践的预期变化。科布和杰克森（Cobb & Jackson，2012）也认为政策应该明确地规定实施的方法及其原因，也就是说，人们应该学习如何实施政策，并且知道这些学习为什么能够支持政策的实施。MIST 项目的研究者和区域领导者的分析重点是不同区域不同水平层次教师和领导者可获得的支持的本质、效力和协调性，从而支持他们学习怎样实施政策和为何这么做（Jackson & Cobb，2013）。 653

为了再设计一个协调的支持系统从而改变教学实践，MIST 项目的研究者们和区域领导者们密切合作。他们引出了区域领导者自己的“行动理论”，即领导者们对他们实施的政策能够在多大程度上提升教学水平的假设。研究者们根据领导力、教师学习、课程和学习的研究，提出了解释这些理论的框架。

在项目初期研究者的角色仅仅是指导区域领导者通过自己的努力再设计组织基础设施。以一年为基础，研究者收集采访、观察和评估的相关数据去判断该区域的政策是否起到提升作用，比如判断该区域数学教师的专业发展策略是否有效。然后在数据分析的基础上，研究者会准备一份报告，向该区域提出具体的可行的建议。在反馈的部分，研究者和区域领导者思考这些发现的重要性，研究者在已得数据和区域领导者意见的基础上改善自己的行动理论。随着时间的推移，在一个实施 MIST 项目的地区，相关团队已经开始着手帮助这个区域在已有研究的基础上再设计教师专业发展策略。

MIST 项目团队的工作包括至少两种基础设施的设计。第一种设计的目标是提高区域教育水平。例如，项目团队致力于帮助区域和学校领导建立一种高质量数学教育资源共享机制，同时帮助该区域的教师高效率地运用已有的课程材料。第二种设计是 MIST 项目的研究者对自己工作的设计，在基础教育的再设计中，这种设计也很关键（Cobb，Jackson，Smith，Sorum，& Henrick，2013）。例如，团队创造了一种新的过程和人工制品——比如反馈报告和工作报告会议，它们不能在期刊上发表，但对于区域改革是有效的。报 654
告是研究的一种新类型，工作报告会议对于研究者和区域领导者来说是一种新的活动结构。

重新设计基础设施的挑战

对于区域领导者来说，精心设计一个一致的系统用以支持 MIST 项目区域内的学习是很有挑战性的。基础设施有不同的层次，基础设施的重新设计会带来新的冲突和非一致性（Bowker & Star，1999）。此外，学校是一个开放的体系，这意味着外部的人和过程会强烈地影响这个系统的输入和输出。辩护小组、社区中的教育服务提供者、课程研发者、学生家长，以及州或国家层次的政策制定者都会影响学校系统的输入和输出。

对于学习科学研究者来说还存在其他的挑战。一方面，MIST 项目团队的学习设计视角与大部分学习科学研究者的视角是相似的。这意味着他们把一种通用的目标运用到了许多不同的设计实验中，研究和设计在特定环境中支持学习的必要方式。但是另一方面，学习者及其学习环境不只包含传统课堂中的学生，还包括教师、督导、区域和学校领导，设计目标是协调专业发展活动和计划的非正式学习之间的相互作用，从而支持教育领导的学习。为了分析这些环境下的学习，团队需要额外的拥有相关专业知识的政策研究者，发现相关的概念和工具去指导调查、支持区域改革。我们认为一些关于政策实施的概念和工具对 MIST 项目是有用的。

运用执行研究中的概念和工具为改进设计提供信息

执行研究关注的是实践如何塑造政策的效果（Berman & McLaughlin，1975；Cohen et al.，2007；Majone & Wildavsky，1977；Werner，2004）。在 20 世纪 60 年代，执行研究只关注政策是否能像预期一样被执行。但是从 20 世纪 70 年代开始，执行研究开始记录那些实践者了解但政策制定者不了解的知识，以及实践者如何在现实中使用这些知识去改变政策。

655 经过数十年，政策研究者观察到，从上至下结盟和协作的策略很少能够像预计的那样运作（Cohen et al.，2007；Elmore，1980）。伯曼和麦克劳克林（Berman & McLaughlin，1975）观察到教师们在课堂层次上对项目的适应——这并不是政策制定者计划之内的——在很大程度上决定了项目的有效程度。然而，实践问题是多种多样的，随着项目规模的扩大，这成为教师们适应项目并做出改变的结果（McLaughlin，1987）。大部分政策研究者认为，有效改变的规模取决于地方的执行者——区域管理者、学校领导、教师——在教育体系中以自己的方式工作的同时能在多大程度上对项目做出持久的、核心的调整（Weinbaum & Supovitz，2010）。和学习科学研究者密切相关且重要的工具和过程能够用来支持系统执行者的学习，这是实现政策目标的重要条件（Cohen & Hill，2001）。

如今，教育领域的执行研究已不仅仅记录那些失败的改革，还会对支持政策或预期会对政策产生破坏的条件进行本质上的分析。它也包括对执行者通过个人努力为了使政策要求对其有实际意义而重组政策的微观过程的分析。组织理论、制度变革理论和领导力理论支撑着这些实证分析，也为诊断现实问题和设计改变提供了潜在有用的概念工具（Honig，2006）。

有些人认为政策执行研究的重点是系统和基础设施的重新设计。斯皮兰的研究为普适性的领导力和特殊的领导力提供了一种*分布式视角*（distributed perspective）（Spillane，2006）。该视角依托分布式认知理论、活动理论和微观社会学提供理论观点，并聚焦于实践——包括但不限于领导和管理学校——以及某一环境中实践受到组织和系统架构的支持与限制的方式。

有关学校领导力实践的分布式视角包括两个关键的方面。第一个方面要求我们不只关注学校校长，还要记录其他正式和非正式的领导者如何承担领导和管理工作的责任。第二方面同样重要（但经常被忽视），它意味着我们要将研究的核心定位于领导和管理的实践。在分布式视角中，实践不仅仅是领导者的个人行为，还包含学校职员与其所处环境的相互作用（Spillane，2006）。如此看来，实践不仅指学校成员之间的交互，还包括这些交互受到的环境的影响与调和（例如组织常规）。这一环境的各个方面通常会被我们忽略，它通过促进和限制人与人之间的互动来定义实践。实际上，环境的相关方面对学校领导者的行为及其行为的效果不仅是“影响”二字可以描述的，更是实践的核心要素（Spillane & Diamond，2007）。 656

案例：新组织常规的设计和部署

学校领导的实践包括组织常规的使用和重新设计。常规是一个组织机构的重要成分，在组织生活中通常被认为是理所当然的存在：各种各样的常规是组织日常实践结构的一部分（March & Simon，1958）。组织常规是“重复的、被普遍认可的、相互依赖的一种或多种行为模式”（Feldman & Pentland，2003，p.96）。组织常规通常涉及两名及以上组织成员相互依赖完成常规所表现出的社会交互。一些组织常规是根据地方情况制定用来满足特别的需求的，另一些则由外部的管理实体（例如学区、州、全国性的学校改革模式）下发实施，还有一些常规由组织成员在一种情境的使用后将其迁移到新的情境中另作他用（Spillane，2006）。

学校中的大部分工作都要通过践行组织常规来完成，如每周的职工例会、学校的年度改革计划、教师招聘、学生集会以及教师评估。常规——无论它们处于课堂层次、学校层次还是系统层次——都可以被理解为关于如何组织工作以及如何管理和组织已有实践经验的（短期）共识，从而使协作的效率或多或少地得到提高，即便面临潜在的变化也能够发挥自身效用（Argote，1999；Levitt & March，1988；March，1991）。当然，组织常规也会导致惰性产生、工作积极性降低以及一些其他不良后果（Ashforth & Fried，1988；Gersick & Hackman，1990）。

设计和部署组织常规或更新已有常规是协调课堂、学校、地区乃至各州实践变革的一种方式（Spillane，Parise，& Sherer，2011）。政策制定者想通过组织常规直接或间接地调整革新带来的变动。例如，一些州或学区会开展一些特殊的组织常规，例如校本改革、教学检查、走访（简明的、有组织的教学观察）。全国、各州以及各学区的政策制定者也通过支持外包团队提供的模式（例如，综合性学校改革模式），间接改变学校的组织常规，促使学校接受这些模式。这些模式也都包含了一系列的常规，对于在不同程度的支持下，应当怎样以辅导和检查的形式实施这些常规，也都有详略不等的具体说明（Rowan，Correnti，Miller，& Camburn，2009）。

657 计划内的改革[①]和计划外的变化都与组织常规密切相关。设计常规的目的是支持计划内的变革，但是个人对常规的落实可能会有意无意地偏离计划，产生意想不到的结果。除此之外，组织常规的设计和改善能够明显地体现出学校领导者在回应外部政策和提升教育质量方面付出的努力（Sherer & Spillane，2011；Spillane et al.，2011）。

通过组织常规实施改革所面临的挑战

诚然，要想通过改变组织常规实施计划内的改革面临着一系列挑战。组织常规涉及诸多的执行者，意味着执行过程中所涉及的专长也是分布式的，这进一步增大了对组织常规的观察、分析以及其在情境间转换的难度（Cohen & Bacdayan，1996）。组织常规涉及的不同知识都有各自的维度，所以政策制定者和学校改革者在理想情况下需要为组织常规提供一个涉及方方

---

① 本书中所述的计划内的改革指学校中执行的有目的教学与政策改革，为了尊重原文，统一译为“计划内的改革”。按照“教学改革”解读的话更容易理解原文。——译者注

面面的脚本，这个脚本在各个层面都有详尽的描述，并且符合地方的现实情况。更进一步，组织常规应该能够从单一的机构（例如学校或区域办公室）扩展到不同的教育系统机构中去，甚至超出教育部门，延伸到其他的领域之中（Petty & Heimer，2011）。如此看来，我们所关注的组织常规包括组织内部及组织间的实践，同时也涉及机构内部和机构之间的实践。

重构的组织常规的内部部分，应该是被“设计”出来的，而不是在组织中“生成”的。就好像在设计课堂学习时，我们有时会以尽量减少组织中的变革并改进可能性去改编该课堂的组织常规。然而，这一系列被设计好的实践在被实施的过程一定会被调整和改变，无论我们希望与否都是如此（de Certeau，2002）。若将以解构概念设计出来的组织与自然生成的组织相比较，就很容易看出在机构实际运作过程中，领导者及其他人对组织结构功能方面（包括角色、过程以及用于改善机构的人工制品）的实践总是会与预期存在一定的差距。这种差距为分析提供了大量的可能性。举例来讲，研究者们可以分析正式和非正式学校网络之间的区别与联系（Penuel，Riel，Joshi，& Frank，2009），也可以分析可能与新课程教学材料引入有关的学术交互的需求（Stein & Kim，2009）。

在一些人的眼中，这种设计和组织现状之间的差距是令人惋惜的——有些时候一些常规为了适应环境发生了极坏的变化，但这种差距的存在也恰好能够为分析和诊断提供有效的途径。举例来讲，学校要推进组织常规促进教师之间关于教学内容的进一步合作，就有可能产生一种与其紧密结合的新模式，以此帮助教师实现组织目标。但同时，新的方法与模式很有可能与原有 658
的经历、友谊等诸多因素所产生的非正式交互共存。新模式与非正式的交互有些时候能够和谐共存，有时候又相互矛盾产生冲突，导致大家对学校的教学改革各持己见、意见不一。

对组织常规的一致性分析可能需要迭代设计才能完成。学习科学研究者将一致化程度做成模型，以此评估新的常规在实现学校改革的新目标上的进度。学习科学研究者分析设计和组织现状的差距，并以此差距作为迭代的起点重新审时度势，设计组织常规，并为未来的设计提供新观点。迭代设计关键要避免“实施时的思维定势”（Spillane & Healey，2010），即不能仅仅关注静态设计的精确度，相反，应该像其他设计研究一样，采用更优化的观点，将诊断和设计视为不断持续的实践。

与更多的利益相关者合作，以获得更广的影响和收益

为了保证教师以及非正式教育环境中的教育者们能够将他们的创新应用到真实的环境之中，大量的学习科学研究者将教学人员作为设计研究中的同伴。这些教育工作者可以参与到设计的各个方面中去，从确定研究目标到开发模式再到最后对原型进行测试都可以参与。学习科学研究者和教育者成功地运用了这种合作设计（codesign）策略，在科学和数学学科中开发课程资源、评价教学材料，以及开展促进教师专业发展的活动（详例请参见 Penuel, Roschelle, & Shechtman，2007）。在大多数情况下，学习科学研究者在学校的主要搭档为自愿合作的教师。

在正式教育的环境下，如果改革创新不断持续和推进，其范围终归会超出参与设计的合作教师这个小团体，此时就需要各个学校和地方领导的大力支持和积极参与。学校和地区政府的官员要一起制定和解读政策，同时也要以可行的方式将国家和各州的政策落实到实践中去。例如，学校和区域领导人可以分配资源以推进某个项目、要求或鼓励人们参与某个项目、聘请教师以及专家促进教师的专业发展（Spillane, Diamond, Walker, Halverson, & Jita, 2001）。成功将此类合作设计项目推广开来的学习科学研究者一般都会安排好学校中各个系统层次各级领导的支持与参与（Coburn, Penuel, & Geil, 2013）。这种做法的必要性体现在以下两个方面，一是学校和地区参与的项目与课程材料的选择是由许多人共同负责的，二是很多地区领导层人员调动与领导政策变化的概率很高。

659 近年来，相关政策将更多的利益相关者纳入系统改革的倾向越来越明显，甚至包括没有组织体系的行为人，比如家长和社区成员。涵盖范围广阔对政策来说是很重要的，因为学校体系本身就受到数量繁多且多种多样的机构影响。这也反映出我们对学校产出结果的重新认识，即学生学习的结果与他们学习的方式有关，学生未来的实践随着时间的推移也会体现在各种各样、相互关联的环境之中（Banks et al., 2007；Bell, Tzou, Bricker, & Baines, 2012）。这么看来，针对没有组织体系的行为人的政策——例如为社区机构的年轻人提供学历教育——对系统实践的转变起到了至关重要的作用。类似政策的设计和实施需要代表社区各种不同利益的相关者的通力合作。

案例：两个原住民社区中基于社区的设计研究

邦和同事们的研究为我们提供了一个多方参与的改革案例，改革中的几个主要合作社区为：坐落在原住民保护区的部落学校、城市中的部落学校以及一所研究型大学（Bang，Curley，Kessel，Marin，& Suzokovich，2012；Bang & Medin，2010；Bang，Medin，Washinawatok，& Chapman，2010）。这些研究的目标之一是提升本土印第安社区居民的科学成绩，以及他们在相关职业方面的就业率。为了达到这一目标，研究团队设计了一个基于社区的创新型项目，项目致力于生态学、自然资源保护以及恢复人与自然环境和谐关系这几个方面。

若要达成这些目标，就需要团队在项目设计过程中将这些社区的特定历史经历以一种恰当的方式包含在项目目标中。关于原住民的人类学和教育学研究由来已久，但过去的研究大都不考虑被研究者的利益，也一直缺乏社区成员的主动参与。该项目中的学习科学研究者在原住民社区中使用了参与式行动研究的方法（Hermes，1999）。这种方式包含了当地长者的领导力、获取了部落教育机构的支持、使用了传统部落语言、尊重了当地的文化价值，并在研究计划、人员选择和科研预算过程中让社区成员广泛地参与其中。

项目目标本身就清晰地反映出了不同参与社区各自的历史经历，尤其强调年轻人应该对本族的文化有更多的了解和尊重。虽然该项目以科学为中心，但设计目标并非用科学的认知方式取代学生日常的认知方式。与此相
反，该项目旨在调动学生的文化认识论，帮助学生构建自身与科学的文化认 660
识论的联系，进而帮助学生在不同的环境下灵活地使用不同的文化认识论。除此之外，该项目的另一个重要目标是重塑社区成员在课堂中的权威，让他们能够参与到原住民儿童的教学中去。

为了达成最后这一目标，合作者需要通过活动的设计与实施确保原住民的权威能够影响到儿童和青年。参与项目的所有当事人，包括研究者都与参与项目的社区建立起了密切的关系。所有努力参与项目的原住民社区——包括威斯康星州农村地区的梅诺米尼人社区，以及芝加哥城镇地区的美国印第安人中心（American Indian Center），都有原住民的长者和社区专家参与到活动的设计与引领之中。还需要指出的是，这些活动是为社区量身定制的，它能够反映两个社区的不同社会生态情况及其与其土地的重要关系。

邦及其同事在有效性分析中指出，该合作项目之所以能够获得成功，关

键因素之一是社会历史因素。她和同事通过证据说明项目参与者会将项目视为社区历史中的一件有意义的事情。她也记录了参与者看待项目的方式是如何帮助社区与科学教学建构一种良性关系的——这一关系将科学教学作为解决社区问题的纽带。该分析认为所有参与设计的团队成员都朝着一个方向努力，其目标是完成实践系统的改变，即齐心协力地处理合作者间的关系，并且赋予参与其中的原住民社区成员与教育者恰当的权威。

扩大参与设计人员范围带来的挑战

扩大参与设计人员范围为团队创造了一系列新的挑战。让更多的人参加到设计工作中能够增加更多的视角、增强团队的多样性，但也就更难以达成明确的一致意见（详见：Coburn et al.，2013）。内部冲突和权利争斗也可能使努力付诸东流，尤其是这些冲突涉及传统权威和话语权的时候（Engeström，Engeström，& Karkkainen，1995）。正因如此，如果学习科学研究者希望更多人参与到设计之中，就应该使用一些针对组织结构的策略，也只有这样才能更好地利用他们所带来的多样性的视角。

通过研究支持社区式的成员联盟工作需要多方面的技术，包括引导技术、谈判技术、建立和维持信任的技术（O’Connor，Hanny，& Lewis，2011）。为了达成这一目标，研究者们必须和社区成员一起找出设计中存在的挑战，这些挑战既要符合社区成员的利益，也要对研究者有潜在价值。研究者必须对特定社区的历史和设计策略保持敏感，这些设计策略才能有潜力解决参与者在亲身体验的时候产生的担忧。

661 结论与展望

在本章中，我们为学习科学研究者有效地进行政策的设计和实施提出了三个支持策略。学习科学研究者需要承担重新设计系统和组织基础设施的工作，而不仅仅是开发、测试和拓展创新学习环境。政策和组织研究为学习科学研究者促进系统化变革提供了理论的和实践的工具，为学习科学提供了新的理论与方法。系统层次的工作会因利益相关者的增多而受益，因为机构中诸多的执行者可能存在相互冲突的目标，进而会对系统产生影响。除此之外，更多利益相关者的参与能够使一些处于特定社会位置的执行者无法发现的问题凸显出来，从而弥补教育体系的某些不公平。

在我们看来，想要高效地参与到政策的世界之中并不需要学习科学研究者在学习科学的理论方法与政策和组织研究的理论方法之间做出选择。因为两个领域的理论和方法都是必要的（Resnick & Spillane，2006）。想要有效地运用两个领域的方法需要多元化的团队，以确保在系统改革的设计和测试方面拥有足够的专长。除此之外，为了成功地应对政策制定者、教育领导者、教师、社区成员和家长所关心的问题，学习科学研究项目必须将大量的利益相关者纳入进来，即便他们原本并不是典型的设计研究项目的一部分。这么看来我们似乎还需要一种新的研究设计。

我们认为，为了影响学校实践和改革，学习科学研究者必须扩大已有的用于组织和发展研究的内容，不少著名的教育机构都曾提出过此类观点。2003 年美国国家研究委员会（NRC，2003）出示的一份报告就指出，需要在研究者和学区之间建立一种新的机制去支持两者之间的合作关系。于是该委员会成立了战略教育研究伙伴机构（Strategic Education Research Partnership，SERP）以支持这种关系。自成立以来，SERP 已经和两个不同的地区建立了合作关系，并在一定程度上促使这两个地区的教育水平和学习水平得到提高。近期，布雷克和戈梅（Bryk & Gomez，2008）提倡建立一种新的研究和发展机制，该机制吸取了医保改革中的一些方法。他们和卡内基教学促进基金会（Carnegie Foundation for the Advancement of Teaching）的同事们一起尝试将这些观点运用到 K-12 教育环境和社区大学的环境之中（Dolle，Gomez，Russell，& Bryk，2013）。菲什曼、毗努伊勒及其同事（Fishman，Penuel，Allen，& Cheng，2013；Penuel et al.，2011）从学习科学和政策的交集出发提出了一种组织研究的方法，这种方法能够解决参与和设计中出现的实际问题。要发展这些新的跨学科的研究方法、实施本章阐述的策略，也需要新的合作机制和资金提供模式，并且从美国国家科学基金会和美国教育部支持的数学、科学提升项目中吸取经验。 662

学习科学所提供的案例表明，学习科学研究者们在学区中进行系统改革时能够吸取他们常用的观点和方法。然而，本文重点强调的那些策略以及实施它们所需的专长却几乎不在学习科学研究者的学习范畴之内。这些专长包括系统动力学知识、教育机构和系统的组成结构的知识、政策和组织研究中的概念和工具，还包括将设计技能和不同环境相匹配的能力，例如关于利益相关者产生分歧的时候如何应对的知识。获得这种专业知识的方式之一，是为其提供在教育系统内处理政策问题的机会。

我们不提倡采用过分简单的“翻译”方式将学习科学研究付诸实践。相反，我们认为，学习科学研究者们应站在一个更重要的立场，将自己的位置与社区成员、政策制定者、学校领导者、教育家以及其他研究者放在一起，作为社会实践中政策设计和实施的代理人。将学习科学研究者当作政策的仲裁者或是旁观者既没用也不会产生任何结果。一个更有效的观点是把学习科学研究者作为支持改革与设计实践的新机制的参与者。作为参与者，学习科学研究者将自己在学科内容学习的专长应用到学习机制的建构中，就像拥有其他领域专业知识的人一样，这些知识对于变革实践也是关键的。同时，其他利益相关者也为我们带来了与政策设计和政策有效实施相关的目标、价值、观点和经验。学习科学研究者在未来要通过直接参与政策设计和实施不断地学习，以做出更多的贡献。

致谢

感谢巴里·J. 菲什曼（Barry J. Fishman）和洛丽·谢泼德（Lorrie Shepard）对本章的早期版本提出的建议。

参考文献

Argote, L. (1999). *Organizational learning: Creating, retaining and transferring knowledge*. New York: Kluwer.

663 Ashforth, B. E., & Fried, Y. (1988). The mindlessness of organizational behaviors. *Human Relations*, 41, 305–329.

Bang, M., Curley, L., Kessel, A., Marin, A., & Suzokovich, E. (2012, April). Muskrat theories, tobacco in the streets, and living Chicago as indigenous land. Paper presented at the Annual Meeting of the American educational Research Association, Vancouver, British Columbia.

Bang, M., & Medin, D. (2010). Cultural processes in science education: Supporting the navigation of multiple epistemologies. *Science Education*, 94(6), 1008–1026.

Bang, M., Medin, D., Washinawatok, K., & Chapman, S. (2010). Innovations in culturally based science education through partnerships and community. In M. S. Khine, & M. I. Saleh (Eds.), *New science of learning: Cognition, computers, and collaboration in education* (pp. 569–592). New York: Springer.

Banks, J. A., Au, K. H., Ball, A. F., Bell, P., Gordon, E. W., Gutierrez, K. D., ... Zhou, M. (2007). Learning in and out of school in diverse environments: Life-long, life-wide, life-deep. Seattle, Washington: The LIFE Center (The Learning in Informal and Formal Environments Center), University of Washington, Stanford University, and SRI International and Center for Multicultural education, University of Washington.

Bell, P., Tzou, C., Bricker, L. A., & Baines, A. D. (2012). Learning in diversities of structures of social practice: Accounting for how, why, and where people learn science. *Human Development*, 55, 269–284.

Berman, P., & McLaughlin, M. W. (1975). *Federal programs supporting educational change*, Volume 4: The findings in review. Santa Monica, CA: RAND.

Bowker, G., & Star, S. L. (1999). *Sorting things out: Classification and its consequences*. Cambridge, MA: MIT Press.

Bryk, A. S., & Gomez, L. M. (2008). Reinventing a research and development capacity. In F. M. Hess (Ed.), *The future of educational entrepreneurship: Possibilities for school reform* (pp. 181–187). Cambridge, MA: Harvard Educational Press.

City, E. A., Elmore, R. F., Fiarman, S. E., & Teitel, L. (2009). *Instructional rounds in education: A network approach to improving teaching and learning*. Cambridge, MA: Harvard Education Press.

Cobb, P. A., & Jackson, K. (2011). Toward an empirically grounded theory of action for improving the quality of mathematics at scale. *Mathematics Teacher Education and Development*, 13(1), 6–33.

Cobb, P. A., & Jackson, K. (2012). Analyzing educational policies: A learning design perspective. *Journal of the Learning Sciences*, 21, 487–521.

Cobb, P. A., Jackson, K., Smith, T., Sorum, M., & Henrick, E. C. (2013). Design research with educational systems: Investigating and supporting improvements in the quality of mathematics teaching at scale. In B. J. Fishman, W. R. Penuel, A. -R. Allen, & B. H. Cheng (Eds.), *Design-based implementation research: Theories, methods, and exemplars. National Society for the Study of Education Yearbook*. New York: Teachers College Record.

Cobb, P. A., & Smith, T. (2008). District development as a means of improving mathematics teaching and learning at scale. In K. Krainer, & T. Wood (Eds.), *International handbook of mathematics teacher education: Volume 3. Participants in mathematics teacher education: Individuals, teams,communities* 664
and networks (pp. 231–254). Rotterdam, The Netherlands: Sense Publishers.

Coburn, C. E., Penuel, W. R., & Geil, K. (2013). *Research-practice partnerships at the district level:*

A new strategy for leveraging research for educational improvement. Berkeley, CA and Boulder, CO: University of California and University of Colorado.

Coburn, C. E., & Stein, M. K. (2006). Communities of practice theory and the role of teacher professional community in policy implementation. In M. I. Honig (Ed.), *New directions in education policy implementation: Confronting complexity* (pp. 25–46). Albany: State University of New York Press.

Coburn, C. E., & Woulfin, S. L. (2012). Reading coaches and the relationship between policy and practice. *Reading Research Quarterly*, 47(1), 5–30.

Cohen, D. K., & Barnes, C. A. (1993). Pedagogy and policy. In D. K. Cohen, M. W. McLaughlin, & J. E. Talbert (Eds.), *Teaching for understanding: Challenges for policy and practice* (pp. 207–239). San Francisco, CA: Jossey-Bass.

Cohen, D. K., & Hill, H. C. (2001). *Learning policy: When state education reform works*. New Haven, CT: Yale University Press.

Cohen, D. K., Moffitt, S. L., & Goldin, S. (2007). Policy and practice: The dilemma. *American Journal of Education*, 113(4), 515–548.

Cohen, M. D., & Bacdayan, P. (1996). Organizational routines are stored as procedural memory: Evidence from a laboratory study. In M. D. Cohen, & L. Sproull (Eds.), *Organizational learning* (pp. 403–429). Thousand Oaks, CA: Sage.

de Certeau, M. (2002). *The practice of everyday life*. Berkeley: University of California Press.

de Kanter, A., Adair, J. K., Chung, A. -M., & Stonehill, R. M. (2003). Ensuring quality and sustainability in after-school programs: How partnerships play a key role. *Yearbook of the National Society for the Study of Education*, 102(2), 201–220.

Dolle, J. R., Gomez, L. M., Russell, J. L., & Bryk, A. S. (2013). More than a network: Building professional communities for educational improvement. In B. J. Fishman, W. R. Penuel, A. -R. Allen, & B. H. Cheng (Eds.), *Design-based implementation research: Theories, methods, and exemplars. National Society for the Study of Education Yearbook*. New York: Teachers College Record.

Donovan, M. S., Snow, C. E., & Daro, P. (2013). The SERP approach to problem-solving research, development, and implementation. In B. J. Fishman, W. R. Penuel, A. -R. Allen, & B. H. Cheng (Eds), *Design-based implementation research. National Society for the Study of Education Yearbook*, 112(1).

Elmore, R. F. (1980). Backward mapping: Implementation research and policy decisions. *Political Science Quarterly*, 94(4), 601–616.

Elmore, R. F., & Forman, M. (2010, May). Internal coherence: Building organizational capacity for instructional improvement. Paper presented at the Annual Meeting of the American Educational Research Association, Denver, Colorado.

Engeström, Y., Engeström, R., & Karkkainen, M. (1995). Polycontextuality and boundary crossing in expert cognition: Learning and problem solving in complex work activities. *Learning and Instruction*, 5(4), 319–336.

Feldman, M. S., & Khademian, A. M. (2008). The continuous process of policy formation. In K. Ahmed, & E. Sanchez-Triana (Eds.), *Strategic environment assessment for policies: An instrument for good governance* (pp. 37–59). Washington, DC: World Bank. 665

Feldman, M. S., & Pentland, B. T. (2003). Reconceptualizing organizational routines as a source of flexibility and change. *Administrative Science Quarterly*, 48(1), 94–118.

Fishman, B. J., Penuel, W. R., Allen, A. -R., & Cheng, B. H. (Eds.) (2013). *Design-based implementation research: Theories, methods, and exemplars. National Society for the Study of Education Yearbook*. New York: Teachers College Press.

Gersick, C. J., & Hackman, J. R. (1990). Habitual routines in task-performing groups. *Organizational Behavior and Human Decision Processes*, 47, 65–97.

Goldman, P., Resnick, L. B., Bill, V., Johnston, J., Micheaux, D., & Seitz, A. (2004). *Learning Walk Sourcebook*. Pittsburgh, PA: Institute for Learning, Learning Research & Development Center, University of Pittsburgh.

Hatch, T. C. (2002). When improvement programs collide. *Phi Delta Kappan*, 83(8), 626–639.

Hermes, M. (1999). Research methods as a situated response: Toward a First Nations' methodology. In L. Parker, D. Deyle, & S. Villenas (Eds.), *Race is ... race isn't: Critical race theory and qualitative studies in education* (vol. 4, pp. 83– 100). Boulder, CO: Westview.

Honig, M. I. (2006). Complexity and policy implementation: Challenges and opportunities for the field. In M. I. Honig (Ed.), *New directions in education policy implementation: Confronting complexity* (pp. 1–23). Albany: State University of New York Press.

Honig, M. I. (2013). Beyond the policy memo: Designing to strengthen the practice of district central office leadership for instructional improvement at scale. In B. J. Fishman, W. R. Penuel, A. -R. Allen, & B. H. Cheng (Eds.), *Design-based implementation research. National Society for the Study of Education Yearbook*, 112(1).

Honig, M. I., & Hatch, T. C. (2004). Crafting coherence: How schools strategically manage multiple, external demands. *Educational Researcher*, 33(8), 16–30.

Jackson, K., & Cobb, P. (2013). Coordinating professional development across contexts and role group. In M. Evans (Ed.), *Teacher education and pedagogy: Theory, policy and practice*. New York: Cambridge University Press.

Kingdon, J. W. (2010). *Agendas, alternatives, and public policies*. Second Edition. Harlow, UK: Longman.

Levitt, B., & March, J. G. (1988). Organizational learning. *Annual Review of Sociology*, 14, 319–338.

Majone, G., & Wildavsky, A. (1977). Implementation as evolution. *Policy Studies Review*, 2, 103–117.

March, J. G. (1991). Exploration and exploitation in organizational learning. *Organization Science*, 2, 71–87.

March, J. G., & Simon, H. A. (1958). *Organizations*. Oxford: Wiley.

Mazzoni, T. L. (1991). Analyzing state school policymaking: An arena model. *Educational Evaluation and Policy Analysis*, 13(2), 115–138.

666 McDonnell, L. M., & Elmore, R. F. (1987). Getting the job done: Alternative policy instruments. *Educational Evaluation and Policy Analysis*, 9(2), 133–152.

McLaughlin, M. W. (1987). Learning from experience: Lessons from policy implementation. *Educational Evaluation and Policy Analysis*, 9, 171–178.

National Research Council (NRC). (2001). *Knowing what students know*. Washington, DC: National Academies Press.

National Research Council (NRC). (2003). *Strategic education research partnership*. Washington, DC: National Research Council.

National Research Council (NRC). (2004). *On evaluating curricular effectiveness: Judging the quality of K-12 mathematics evaluations*. Washington, DC: National Academies Press.

National Research Council (NRC). (2005). *How students learn: History, mathematics, and science in the classroom*. Washington, DC: National Academies Press.

National Research Council (NRC). (2006). *Systems for state science assessment*. Washington, DC: National Academies Press.

National Research Council (NRC). (2012). *A framework for K-12 science education: Practices, crosscutting concepts, and core ideas*. Washington, DC: National Research Council.

O'Connor, K., Hanny, C., & Lewis, C. (2011). Doing "business as usual": Dynamics of voice in community organizing talk. *Anthropology and Education Quarterly*, 42(2), 154–171.

Penuel, W. R., Fishman, B. J., Cheng, B., & Sabelli, N. (2011). Organizing research and development at the intersection of learning, implementation, and design. *Educational Researcher*, 40(7), 331–337.

Penuel, W. R., Riel, M., Joshi, A., & Frank, K. A. (2009, April). The alignment of the informal and formal organizational supports for reform: Implications for improving teaching in schools. Paper presented at the Social Network Analysis Workshop for Math-Science Partnerships, Rockville, MD.

Penuel, W. R., Roschelle, J., & Shechtman, N. (2007). The WHIRL co-design process: Participant experiences. *Research and Practice in Technology Enhanced Learning*, 2(1), 51–74.

Petty, J., & Heimer, C. A. (2011). Extending the rails: How research reshapes clinics. *Social Studies of Science*, 41(3), 337–360.

Resnick, L. B., & Spillane, J. P. (2006). From individual learning to organizational designs for learning. In L. Verschaffel, F. Dochy, M. Boekaerts, & S. Vosinadou (Eds.), *Instructional psychology: Past, present and future trends. Sixteen essays in honor of Erik de Corte* (pp. 257–274). Oxford: Pergamon.

Rowan, B., Correnti, R., Miller, R. J., & Camburn, E. (2009). *School improvement by design: Lessons from a study of comprehensive school reform programs*. Ann Arbor, MI: Consortium for Policy Research in Education.

Sabelli, N., & Dede, C. (2013). Empowering design-based implementation research: The need for infrastructure. In B. J. Fishman, W. R. Penuel, A. -R. Allen, & B. H. Cheng (Eds.), *Design-based implementation research. National Society for the Study of Education Yearbook*, 112(1).

Sherer, J. Z., & Spillane, J. P. (2011). Constancy and change in work practice in schools: The role of organizational routines. *Teachers College Record*, 113(3), 611–657.

Spillane, J. P. (2006). *Distributed leadership*. San Francisco, CA: Jossey-Bass.

Spillane, J. P., & Coldren, A. F. (2010). *Diagnosis and design for school improvement: Using a distributed* 667
perspective to lead and manage change. New York: Teachers College Press.

Spillane, J. P., & Diamond, J. B. (2007). *Distributed leadership in practice*. New York: Teachers College Press.

Spillane, J. P., Diamond, J. B., Walker, L. J., Halverson, R., & Jita, L. (2001). Urban school leadership for elementary science instruction: Identifying and activating resources in an undervalued school subject. *Journal of Research in Science Teaching*, 38(8), 918–940.

Spillane, J. P., & Healey, K. (2010). Conceptualizing school leadership and management from a distributed perspective. *The Elementary School Journal*, 111(2), 253–281.

Spillane, J. P., Parise, L. M., & Sherer, J. Z. (2011). Organizational routines as coupling mechanisms: Policy, school administration, and the technical core. *American Educational Research Journal*, 48(3), 586–619.

Star, S. L., & Ruhleder, K. (1996). Steps toward an ecology of infrastructure: Design and access for large information spaces. *Information Systems Research*, 7(1), 111–134.

Stein, M. K., & Kim, G. (2009). The role of mathematics curriculum in large-scale urban reform: An analysis of demands and opportunities for teacher learning. In J. T. Remillard, B. A. Herbel-Eisenmann, & G. M. Lloyd (Eds.), *Mathematics teachers at work: Connecting curriculum materials and classroom instruction* (pp. 37–55). New York: Routledge.

U.S. Department of Education. (2010). *National Educational Technology Plan*. Washington, DC: Office of Educational Technology, U.S. Department of Education.

Weinbaum, E. H., & Supovitz, J. A. (2010). Planning ahead: Make program implementation more predictable. *Phi Delta Kappan*, 91(7), 68–71.

Werner, A. (2004). *A guide to implementation research*. Washington, DC: Urban Institute Press.

第33章

为学习设计：兴趣、动机和参与

桑纳·耶尔韦莱　K. 安·伦宁格

为了能在家中、学校、工作时和自由的时间里保持高效的学习状态，学习者经常会使用交流、协作、问题解决以及批判性思考这些技能。这些技能也是他们有效融入社会的必修内容（McLaughlin，2008）。国际组织［如，经济合作与发展组织（OECD）、欧盟（EU）、联合国教科文组织（UNESCO）］、公私合作组织［如，21世纪技能合作组织（Partnership for 21st Century Skills，P21）］、教育机构和研究人员制定出了21世纪所需的技能的描述性框架，以及培养这些技能的学习环境的设计原则（Trilling & Fadel，2009）。然而，促进这些技能发展的一系列因素，例如兴趣、动机和参与程度等方面还需要进一步的深入研究。 668

一般而言，学习者倾向于参与到他们有信心能够完成的任务和活动中，并逃避参与自己没有信心的活动（Bandura，1997）。对于一部分学习者来说，有挑战性的任务会降低他们的学习意愿；而对另一些人来说，挑战则是他们坚持下去的原因。然而，只有那些相信个人行为会影响他们预期学习结果的人才有参与的动机（Schunk，1995）。数十年的研究表明，对个人能力有较强信心的学习者才会将困难的任务和情况当作可以克服的挑战，而不是需要避免的威胁（Zimmerman & Schunk，2011）。学习者自身的问题解决经验和个人兴趣会影响他们应对挑战与失败的能力（Tulis & Ainley，2011）。例如，关于小组学习的研究表明，对于小组活动来说，如果学习者对其进行积极的解读，会提升其参与动机和活动参与度；与之相反，一旦学习者有负面想法，就会降低其学习动机和活动参与度（Van den Bossche，Gijselaers，Segers，& Kirschner，2006）。

一旦提起高参与度的学习者，我们总会默认这些学习者的学习兴趣与学习动机都高于他人。他们能在行为、智力和情感层面都参与到学习任务中（Fredricks，Blumenfeld，& Paris，2004）。相比之下，我们会认为低参与度的学习者缺乏兴趣、没有动力。理解怎样为这两种类型的学习者提供支持就显得尤为重要。有强烈兴趣的学习者愿意深入参与学习活动、希望掌
669 握更高等级的技能，但与此同时，缺乏兴趣的学习者则需要更基础的支持（Renninger，2010）。因此，对于学习科学来说，有两个与学习设计中兴趣、动机和参与的作用相关的核心问题：

1. 我们如何提升低参与度学习者的学习意愿与学习技能？我们如何让没有学习动机的学习者变得有学习动机？

2. 为了继续支持高参与度的学习者，我们要如何设计，才能进一步增强他们的学习兴趣，继续提升他们学习学科特殊内容的动机？

在本章中，我们通过综述已有研究的结果回应这两个问题。首先，我们将兴趣、动机以及参与这三者对学习的影响视为相互独立的和相互补充的。随后我们从研究中提炼出一系列主题关键词，对关注各种学习环境中的不同参与者团体以及提到了兴趣、动机与参与的一部分研究进行了梳理。通过本章的综述，我们最终总结出研究中潜在的相关设计原则。

概念化兴趣、动机和参与

为了设计支持深层学习的学习环境（Mathan & Koedinger，2005），我们首当其冲地对日常使用中通常被混淆的三个概念进行了区分，这三个概念就是兴趣、动机和参与。

兴趣

虽然日常的使用可能会使我们误认为，兴趣就是喜欢某一种学习活动或学科主题而已，但关于兴趣的研究则对兴趣进行了精确界定：兴趣是一种心理状态，一种随着时间的推移不断重新接触特定学科内容的倾向（Hidi & Renninger，2006；Renninger & Hidi，2011）。兴趣是一个有关认知和情感的动机性变量，该变量的发展会经过四个阶段。兴趣由触发阶段开始［此时的

兴趣未必会持续（如，偶尔通过望远镜看到了云的形成）]，最终发展为成熟的个体兴趣（如，一个相对持久的倾向——为了跟踪云带，开始寻找大孔径望远镜）。也就是说，学习者可能会发现气象知识非常吸引人，并且会对了解闪电或云的不同类型产生兴趣，但他们所处的兴趣的阶段可能大相径庭。

在海蒂和伦宁格（Hidi & Renninger，2006）的兴趣发展四阶段模型里，学习者的兴趣可能处于以下四个阶段之一。例如，对气象知识的兴趣可能是： 670

- **被触发的情境兴趣**（triggered situational interest），也就是说，学习者的注意力被有关天气的信息所吸引，他可能会进一步了解这些信息，也有可能将其抛于脑后；
- **得以保持的情境兴趣**（maintained situational interest），这意味着其他人或学习任务（比如了解云的形成）都可能有助于学习者保持兴趣，但学习者未必会自愿重新投入相关内容的学习。例如，如果学习者的主要社会经验来源是课堂学习，那么他们对气象信息的学习可能就只是在教室里与其他学习者进行讨论了。
- **形成中的个体兴趣**（emerging individual interest），这意味着学习者关于天气有他自己想要了解的问题，一旦课堂活动讨论到相关的问题，学习者就会在小组讨论中成为有建设性的参与者。因为处在这一兴趣阶段的学习者已经具备了一些关于气象的基本知识，并且愿意利用这些知识。课堂教学可能会引发他们对其他问题的兴趣，例如，如果没有云还会不会有闪电。此类问题可以被称为好奇类问题（curiosity question），此类问题反映了学习者注意力的焦点，就学习者而言是全新的未知领域，而且未必能通过口语表述出来（Renninger，2000）。这样的问题往往能够促使学习者通过饶有兴趣地向他人提问、主动在课外环境做相关研究进而独立地去寻找他们的答案。当然，课堂讨论也有可能仅仅让学习者对问题产生兴趣而已。总而言之，处在形成中的个体兴趣阶段的学习者能够产生好奇类问题，但问题的范围是有限的。
- **成熟的个体兴趣**（well-developed individual interest），在这一阶段，学习者有个人的好奇类问题，并且致力于解决这些问题，甚至会考虑解决问题的替代方法以及各类的不同信息。因此，在课堂情境中，这类学习者会对他人关于闪电和云之间关系的提问和观点以及实验产生浓厚的热情并认真参与其中——这一状态可能看起来与兴奋类似，但他们的兴奋与处于兴趣前期阶段的学习者的状态有本质上的不同。

处于各个兴趣阶段的学习者都可能表现出兴奋的状态，然而，兴奋不是判断其所在兴趣阶段的指标，最新的神经科学发展也指出兴奋不能作为兴趣的生理指示器（Berridge，Robinson，& Aldridge，2009；Hidi，2013）。相反，学习者的情感、价值判断和知识才是判断其所在兴趣阶段的指标，它们可以共同预测随着时间的推移学习者再次自愿投入到特定学习内容的可能性
671（Renninger & Su，2012）。无论处于何种年龄段、何种兴趣阶段，兴趣都可以被触发——即便对一开始不感兴趣的学习者也是如此。兴趣可以被多个变量触发：新颖性、挑战性、惊奇性、复杂性以及不确定性（Berlyne，1960；相关的研究参见 Durik & Harackiewicz，2007；Hidi & Barid，1988；Mitchell，1993；Palmer，2009）。

动机和参与程度能够通过学习者所处的兴趣阶段进行预测。当学习者有更高阶的学习兴趣时，他们就具备了充分的学习动机，能够对学习行为进行自我调节，能够为自己设定目标，并达成这些目标（Harackiewicz，Durik，Barron，Linnenbrink，& Tauer，2008；Hidi & Ainley，2008）。他们也可能对感兴趣的学科内容和相关职业有初步的认识（Krapp，2007）。

在兴趣发展的后期阶段，当学习者开始针对学科内容做出有意义的联系和询问好奇类问题时（例如，闪电和云之间的关系是什么？），他们就能够识别已知内容与待解决问题之间的联系。他们也开始寻求自己的问题的答案并从已经学到的内容中设想哪些内容与自己的问题相关。

与学习环境中的他人（例如，同伴、教育者）和任务（例如，软件、展览、工作表）进行交互，也能促进兴趣的发展。这么看的话，兴趣也是可塑的。兴趣可以在任何年龄被触发并在支持下得以发展，但前提是有引发兴趣的触发机制。不管处于何种兴趣阶段，学习者的兴趣都是通过新颖性、挑战性、惊奇性、复杂性和不确定性得以维持的——正是这些变量的集合促使着学习者提出好奇类问题。如果缺乏恰当的触发机制或者活动支持（例如，如果老师或父母认为学习者对科学感兴趣，但没有为其提供继续学习的条件），学习者的兴趣就会降低、转移甚至完全消失（Bergin，1999；Hidi & Renninger，2006）。

动机

相比兴趣，动机有更广泛的内容结构，并且不受到单一学科内容的限

定。动机（motivation）一词来自拉丁语 motivare，其含义为转移（to move）。和兴趣一样，动机涉及环境、认知和情感三者的复杂交互（Volet & Järvelä，2001）。然而，尽管兴趣总是能够产生动机，但产生的动机并不总是源于兴趣（Renninger，2000）。

针对动机这一主题存在大量的研究文献与清晰的逻辑梳理，研究者通常会对内在动机（比如个体欲望）和外部动机（如成绩）这两方面进行讨论，神经科学研究目前已经证明内在动机和外部动机二者都是动机的必要组成部分，是不能脱离对方而独立存在的（Hidi & Harackiewicz，2000）。在本文中，我们主要讨论动机与成就之间的关系，或者说成功所需要的意愿或行动，即目标导向行为的发起、指引和保持过程（Wigfield，Eccles， 672
Schiefele，Roeser，& Davis-Kean，2006）。根据埃克尔斯（Eccles，2009）提出的期望价值理论（expectancy-value theory），只有在学习者期望成功，且重视学习任务的价值时，他们才会选择有挑战性的任务。换句话说，学习者要看到自己投入的成本会产生效益。由此，指向成功的动机可能与自我效能感、对参与内容的喜好或者对其实用性的预期、对付出成本的考虑这些因素相联系（Wigfield et al.，2006）。

对提高学习者动机的支持可能需要从兴趣的触发开始，这种触发既可以是对学科的深度理解，也可以是对任务的务实解析（Harackiewicz，Rozek，Hulleman，& Hyde，2012），还可以是直接激起的注意力［例如，教室中忽然有人跑进来大喊一声："性"（Schank，1979）］。然而，动机不具备兴趣那样的发展性，这意味着兴趣可以通过触发、意义联系和兴趣类问题得以发展，而我们认为学习者的动机或多或少和他们个体性格相关：他们的自我效能感、自我调节能力和个体期望价值。通常来讲，对个体动机高低的评价是相对其他个体的状态比较出来的，这意味着对于实现学习目标而言，学习者未必会进行自我调节，也未必理解参与活动的实用性。如果一个学习者目前的动机低于他人的状态，他的兴趣仍然有可能被特定学科（如科学）触发，被他人或专门设计的内容所支持而进一步发展（Renninger，2010）。为学习者提供支持的质量对其动机改变有所影响（Eccles & Midgley，1989）。

当学习者能够独立完成一个任务的时候，我们就认为他们能够对个人行为进行自我调控了，无论这一任务是解答一系列特定的问题、用日常英语解释方程，还是练习千分尺的使用（Järvelä，Järvenoja，& Malmberg，2012）。自我调节学习包括有策略地采用一系列的适应性工具和策略，尽可能地使自己的任务表现与学习结果最优化；如果学习结果与计划产生偏离，学习者会检查进展并进行干预；面对挑战时，学习者能继续坚持并进行适当的调整（Hadwin & Winne，2012）。

当学习者能够有效地自我调节时，我们就可以说他们是有动机的学习者了。能够进行自我调节并不意味着个体需要对学习内容有兴趣。对学习内容有兴趣，意味着——即使在年龄尚小的时候——学习者很有可能在没有支持的情况下进行自我调节，他们为了解决自己的好奇类问题会掌握、弄清楚或者坚持学习相关的内容（Renninger，2009）。而年长一些的学习者尽管对学习内容没多大兴趣，也能够有效地管理自身的行为（Sansone & Thoman，2005；Sansone，Weir，Harpster，& Morgan，1992）。

673 齐默尔曼（Zimmerman，1989，2001）的自我调节社会认知模型指出，可以通过示范、脚手架和来自同伴、教师和父母的支持等促进自我调节的发展。该模型通过为学习者提供一系列行为、操作流程以及因果关系的信息促进学习者的自我调节（Zimmerman & Kitsantas，2002）。同伴、教师以及父母可以通过提供相应的脚手架——元认知发展、策略使用和诸如如何使用资源或执行任务的学习过程支持——促进学习者概念理解的发展（Järvelä & Hadwin，2013）。

这一系列的研究也明确了能够支持自主学习发展的环境特征、要素和特点（Malmberg，Järvelä，& Kirschner，2013；Perry，VandeKamp，Mercer，& Nordby，2002）。举例来说，佩里（Perry，1998）的研究指出，二年级和三年级的写作教学基于下列几点可被归类为不同水平层级的自我调节教学：任务类型以及问题难度的选择、自我评价、得到老师和同伴的支持的机会。她的研究表明，课堂上获得高水平支持的学生可能比获得低水平支持的学生更容易发展成为具备自我调节能力和态度的学习者。

参与

参与（engagement）的概念涉及学习者是否对学习环境做出回应，以及做出回应的方式，与其说它是一种心理建构的途径，倒不如说它是对学习者与学习环境建立联系的一种描述。此类研究最初是为了了解学校教育中学生在学习任务中不参与的现象，而目前有关参与的研究已经深入到各个层次的不同水平了：从一般的学校教育到特定类型的任务参与都有涉猎（Christenson，Reschly，& Wylie，2012；Tytler & Osborne，2012）。

斯金纳和贝尔蒙特（Skinner & Belmont，1993；亦见 Skinner & Pitzer，2012）从学习者的初始行动、对学术任务的努力与坚持程度以及学习者在参与学习活动时的情绪状态等方面研究参与。弗雷德里克等人（Fredricks et al.，2004）详述了参与概念包含的多个层次，包括行为、影响和认知。安利（Ainley，1993，2012）描述了学习者积极参与学习的程度，这里的“积极参与”表明，个体能够维持或扩展他们与学习内容的联系，以增加个体掌握的知识。

在本章中，我们所探讨的参与包含了学习环境的社会性情绪方面和认知维度，但参与自身并不是一个心理上的变量。对学习者的参与下了这样一个定义也就意味着它包含了以下若干方面：经验框架（Engle，2006），对得到 674
促进与沟通的设计与期望（Gresalfi & Barab，2011），兴趣和动机等心理变量对参与有效性的影响（学习者在任务具有挑战性时坚持的意愿与能力，以及完成任务或实现目标的自控力）。研究也指出，尚未认识到学习环境所设定的期望时，学习者缺乏相应的反应，在这种情况下，学习者需要相应的支持。

学习环境和个体

兴趣、动机和参与是学习者与学习环境交互的产物。这种交互可以发生在教室、博物馆、电子游戏、书籍、综合型项目或与他人（如，教育者、家长和同伴）等的交往中。因此，交互具备构成和塑造学习者经验的两个重要特质。一些学习环境能够促进学习者对环境的探索，鼓励学习者进行创新并发展解决问题的能力；另一些学习环境则会受时间、任务的设计和实施的限制（Azevedo，2006；Flum & Kaplan，2006）。

如果能够根据学习者能力和需求的变化进行不同的交互，学习发生的可能性就会增加（Eccles & Midgley，1989；Volet & Järvelä，2001）。一些学习者善于根据轻重缓急安排任务，在遇到困难任务时坚持完成，并有策略地计划他们的工作和生活。他们大多数已经学会自我控制，能够根据形势的要求对个人行为进行调节（Hadwin，Järvelä，& Miller，2011）。这些学习者可以被描述为参与的（engaged）学习者，或与学习材料和任务建立了联系的学习者。他们的兴趣已经被触发并且得以保持，他们会自主提问以寻求答案（Renninger，2000）。学习者为了得到答案，可能会对自己的活动进行调节

（Renninger，2010）。从这个意义上讲，动机性行为来自被触发并得以维持的兴趣，学习者为了得到自己心中问题的答案不断地进行自我调节，这种自我调节也是动机行为的来源。

研究表明，根据学习者不同的兴趣、动机与参与情况，他们可能需要不同类型的脚手架来执行任务。脚手架相关研究进一步表明，比起拥有更多知识的学习者，初级学习者需要更多的支持（Reiser & Tabak，本书第3章）。脚手架可以通过加强个体与学习内容的联系，帮助个体学会那些不感兴趣或不理解的特定内容，进而引导学习者针对学习内容提出好奇类问题并
675 进行自我调节以寻求答案（Renninger & List，2012）。可以通过将不同主题插入文章或问题中为学习搭建脚手架（Renninger，Ewen，& Lasher，2002；Walkington，Petrosino，& Sherman，2013），也可以通过提升实用价值来为学习搭建脚手架。例如，胡勒曼和哈拉克维兹（Hulleman & Harackiewicz，2009）发现，鼓励对生物没什么兴趣的九年级学生来认识学习生物学的实用性能够使他们成功地被吸引到生物课中，而同一个班对生物有更多兴趣的学习者并没有受益于这些干预措施，这大概是因为他们已经意识到学习内容的实用性并且准备将生物学作为一门学科来学习并接受挑战了。

虽然说学习环境的设计初衷都是设计具备适应性的学习环境，但最大的问题依然是如何应对以下两个方面：（1）为处于兴趣发展阶段早期的学习者提供支持，促使他们产生学习的动机并参与其中；（2）继续为处于兴趣发展阶段后期的学习者提供挑战，促使他们继续发展并深化自己的兴趣，同时维持他们的动机和参与水平。

有关兴趣、动机和参与的研究

在本节，我们将综述五个研究，讨论其所使用的方法及其所得出的结果，并将其作为学习科学研究中解决兴趣、动机和参与问题的范例。精心选择出这些研究是因为它们可以代表不同层次下的参与团体和学习环境。虽然这些研究有不同的研究问题，并且使用不同的方法论，但是他们提供的证据集中表明，学习环境的设计需要：（1）考虑不同学习者之间参与学习的兴趣、动机或参与程度的差异；（2）通过基于学习内容的交互支持学习者的学习，尤其要注重搭建有关学科内容的脚手架。

参观科学中心、访谈、参与者抽样与更广泛的社区

参观科学中心时，游客会根据自己的情况选择他们感兴趣的展馆以及在每个展览停留的时间（Crowley，Pierroux，& Knutson，本书第 23 章）。和其他的校外环境一样，科学中心的环境被认为是“自主选择”的，因为科学中心的活动对参与并没有门槛限制，同理，我们也可以说其对于学习者的兴趣、动机以及参与度没有要求。为了深入了解参观者的参与度和科学中心对其所在社区的影响，福尔克和尼德姆（Falk & Needham，2011）采访了参观者和更广泛的社区。他们对科学中心参与者进行随机抽样，并进行了两次半结构化的深度电话访谈（$n_1 = 832$；$n_2 = 1008$），两次访谈间隔九年左右，科学中心改造升级了之后他们进行了第二次访谈。结果表明，参观科学中心增 676
加了参观者学习科学的兴趣和动机。参加相对轻松的、自由选择的学习活动的人（如，阅读有关科学的书籍或去参加科学俱乐部）重访科学中心的意愿明显更高。参观过科学中心的人认为科学中心在他们对科学和技术的理解、态度和行为上有很大的影响。例如，一些成年参观者称，参观科学中心之后，他们的孩子参与了更多与科学相关的活动。对于成年人自身来说，参观科学中心也有很多的积极结果，例如对科学的态度变得更积极了，或学习了一个或多个他们之前不知道的知识。

福尔克和尼德姆（Falk & Needham，2011）使用了一种“由外逐内”的方法来对更广泛的社区进行调查。在学习者自我报告的影响中，认知影响（如，增进了对科学的理解和思考）略高于情感影响（如，兴趣与态度的提升）。对此，福尔克和尼德姆的解释是，因为选择去参观科学中心的人可能本身就对科学有较强的兴趣。该研究表明，参观科学中心能够帮助个体建立对科学学科理解的真实连接，从而进一步加强已有的兴趣。研究还表明，参观科学中心增强了低参与度学习者学习科学的兴趣。生活在一个新建了科学中心的社区意味着那些还没有去过科学中心的人可以从别人的参观中学习并受到影响。这些研究结果还指出，参观者和社区成员在展览和学科知识间建立的联系能够为其提供基于学科内容的交互以及促进兴趣和动机发展的脚手架，进而促进他们在科学学习中的参与。

PISA、针对特定科学主题的大规模评估

国际比较研究通过比较学习结果为评估教育系统及其实践提供了依据。国际学生评估项目（PISA）对 OECD 成员及伙伴国 15 岁的学习者的多个学科的学习成就进行评估（OECD，2006）。M. 安利和 J. 安利（Ainley & Ainley，2011）的研究分析了学生对科学问题的回应，这些问题强调理解和真实情境中的知识应用，数据来自哥伦比亚、美国、爱沙尼亚和瑞典的超过 4000 名学生（全部样本量：n = 19044）。PISA 的内容允许研究者检视科学为学生带来的兴趣是如何激发其发现更多针对特定主题的兴趣的。这些具体内容记录了学习者对正在学习的特定主题的反应。

677 M. 安利和 J. 安利的研究表明，学生所报告的趣味性和他们的 PISA 科学成绩存在相关；他们还发现学生对科学的兴趣和其 PISA 科学成绩也存在相关。解决了正在学习的科学问题（兴趣评估被包含到科学问题的评估中）之后，学习者被要求完成一份问卷，评估科学对个人的价值和科学所带来的趣味。研究结果证实了预期的关于科学的趣味性和学习科学的兴趣之间的关系，并且发现它们能够对学习特定主题的兴趣进行预测。路径分析进一步表明，在学习的过程中，学习内容对个体的价值和个体对学习内容的兴趣之间的关系在一定程度上是由科学的趣味性进行中介的。

我们对于研究的发现进行以下的解读：学习者不仅需要（1）将他们在学习过程中所体验到的兴趣和他们所学的内容联系起来，还需要（2）同其他教育者或同伴互动，并尽可能从中或任务包含的环境中获得脚手架。这样的互动使学习者能够识别学习内容的意义及其与自身的关联，有可能进一步引导他们对科学学习的观念进行重新评估。

社交在五年级数学课堂中的作用、调查和成绩数据

我们往往认为课堂学习的社会环境所带来的影响是有益的，但这种影响究竟如何作用在学习之中仍需进一步研究。帕特里克、瑞恩和卡普兰（Patrick，Ryan，& Kaplan，2007）研究了五年级学生（n = 602）对课堂社交环境的看法、他们的动机信念和他们在数学课堂中的参与。基于调查数据和学习者的成绩数据（学生档案中的数学成绩），研究提出了三个问题：（1）学习者对课堂社会环境的各个方面的看法（教师和学习者所获得的支持，相互间的尊重和与学习任务相关的交互）与数学学习的参与有什么关

系？（2）参与的方式（使用自我调节策略，以及与学习任务相关的与同龄人进行的交互）与数学成绩是否有联系？（3）学习者的动机信念（学习者的目标是否为掌握目标，以及学习者对所学内容学术和社会效能的感受）能否调解问题（1）和问题（2）之间的假定存在的关联？

简而言之，来自本研究的发现有助于详细了解课堂社会环境在学习者参与学习中的作用。研究表明，课堂中学习者与教师针对数学问题的互动与学习者的数学成绩相关，其作用超出我们认为的个体先前知识与现在成绩的关系。他们的研究还表明，社会交互可以提高学习者对掌握知识的关注度和对知识效用的感知，学习者的参与也通过这种方式被促进了。最后，他们强 678
调了社会环境、学习者需要学习的内容、学习者的动机和参与三者之间的关系，并指出针对学科内容的交互有助于对这些内容的学习。

计算机支持的协作学习、观察型个案分析、访谈、人工制品分析和经验取样

课堂环境下计算机支持的协作学习（CSCL）中的学习者的动机特征是耶尔韦莱、费尔曼斯和莱诺宁（Järvelä，Veermans，& Leinonen，2008）研究的焦点。该研究的对象是两个 14 岁的芬兰女孩在知识论坛®（Scardamalia & Bereiter，本书第 20 章）中的科幻小说项目，研究者根据课堂任务中的动机特征的差异选择了这两个学习者进行研究，所对照的课堂任务不涉及计算机支持的协作学习。研究者使用了综合的研究方法，包括观察、访谈、对计算机笔记的内容分析以及经验取样的问卷调查。

分析结果显示，尽管在传统的课堂里这两个学习者有不同的动机水平（一人高，一人低），但在计算机支持的协作学习情境中，两个人都有所收获并且获得了继续发展。我们可以推断，因为计算机支持的协作学习涉及了针对学习内容的交互，具备与学习者能力相匹配的支持目标实现的脚手架，进而能够帮助学习者构建活动、进行自我调节和参与学习，所以这两个女孩都能够成功学习。研究结果进一步表明，当学习任务是真实的、有意义时，学习者可能会努力解决出现的困难，因为他们与学习任务之间建立了联系：他们发现了他们想要获得答案的好奇类问题，并且愿意为解决问题付出努力。此外，识别与个人经验相关的研究问题的过程有助于激发和保持具有不同动机水平的学习者的兴趣。

非强制性在线工作坊中的动机与学习、描述性调查、人工制品分析、日志文件分析和访谈

伦宁格、卡伊、刘易斯、亚当斯和恩斯特（Renninger, Cai, Lewis, Adams, & Ernst, 2011）对数学教师的在线教师专业发展进行了研究。通过数学论坛[Math Forum（mathforum.org）]开发的非强制性参与模块，他们研究了数学教师参与数学论坛时的动机的作用及其学习情况。他们的研究问题主要有以下三点：（1）在工作坊培训的教师具备什么特征以及他们的目标是什么？（2）在在线数学工作坊中，老师参与的本质，也就是他们的学习行为和动机是什么？（3）在线教师研讨会中的行为可以被预测吗？

679 研究者通过13个先前工作坊的迭代数据评估了在线研讨会情景下的动机和学习。针对其中一个拥有164名教师的工作坊进行了具体分析。研究数据包括描述性问卷的前后测数据、日志文件、研讨会作品和包括有关教师动机一般性和情境性信息的访谈资料。

研究结果表明，参与者在活动初始时的兴趣、自我效能感以及先前的数学教学水平可以预测他们对非常规状态下技术支持的挑战性问题（nonroutine technology-enhanced challenge）的解决质量，以及对自身工作进行探索和反思的质量。研究通过聚类将教师分为三种类型：（1）低兴趣、高自我效能感、具有一定数学教学经验的教师；（2）低兴趣、低自我效能感、数学教学经验较少的教师；（3）高兴趣、高自我效能感、具有较多数学教学经验的教师。不同程度的参与引出了三个针对在线研讨会设计的一般性建议：（1）要认识到任何角色的学习者都不会全部参与到有相同的激励设置的学习环境中，尽管本例中所有的学习者的角色都是“教师”；（2）初始任务的设计要允许所有的学习者共同参与并构建共同体，这需要考虑到学习者之间背景以及先前经验的不同情况；（3）要设计一系列的活动，让参与者可以从中进行选择。这一系列研究结果说明，根据学习者的动机特征设计学习环境（本例中即非强制性在线工作坊）能够有效地增强该环境的效果。

潜在的设计原则与结论

这些研究为我们关于学习设计中的兴趣、动机、参与的作用的问题提供了解答。强有力的证据表明，学习者出于以下因素，会在学习活动中有不同的兴趣和准备程度：

- 个体的动机和参与；
- 个体感觉到的成功的可能性；
- 学习所需的支持的类型。

上述文献表明，我们可以而且应该为学习者准备理想的学习环境，即为学科内容、学习兴趣与动机做出多样的准备，学习环境的设计也应该为学习者提供对应类型的支持。此外，学习者的兴趣、动机和参与水平往往是正相关的，这意味着如果兴趣程度较高，学习者的动机就会更强，还会产生更有效的参与。换句话说，设计团队应该能够预测学习者的兴趣、动机和参与的不同水平，并根据预测对学习项目或者问题进行设计，这样的方案更有可能 680 提高不同水平学习者学习的有效性。对上述内容的加强能够激发学习者的兴趣、提高其动机并支持有效的参与与学习行为。

当然，一些学习者在课程中可能会比其他人需要更多的支持，因为他们还不能理解其他人眼中所看到的学习机会。对于那些没有多少学习兴趣或对特定学习内容缺乏理解的学习者，可以相应调整学习环境的设计，以提升学习者参与的质量和参与的可能性。对于那些有更强烈学习兴趣的学习者，也可以通过调整学习的支持程度，为其提供更具挑战性的内容以发展和强化他们的兴趣与理解。

总之，学习过程的设计原则需要考虑学习者的兴趣、动机和参与程度的差异，并通过（1）支持基于内容的交互和（2）为学习者提供思考和学习的脚手架来实现。

支持基于内容的交互

如果学习者很早就开始从事某一领域的学习，或是说暂时还未能与该领域建立有效的联系，学习者可能会缺乏兴趣、动机或参与度。考虑到这一情况，学习环境的设计就需要明确要学习内容的效用及其与学习者的相关性，并且通过新颖性、挑战性、惊奇性、复杂性或不确定性来激发学习者对学习内容的兴趣。学习环境的设计需要帮助学习者在现实世界和学习内容之间建立联系，或者在学习领域中的不同主题之间建立联系。

兴趣、动机或者参与度处在高水平的学习者，能够认识到要学习内容的效用及其与自身的相关性。虽然他们的兴趣也是通过新颖性、挑战性、惊奇性、复杂性或不确定性触发的，但相对于那些兴趣、动机或参与度较低的学习者来说，其所引发的新奇感是不同的。对这部分学习者来说，他们需要学习环境的设计来支持自己对特定领域内容思考的继续深化。

允许学习者以多种方式获得学习内容、利用不同的方法来思考和处理针对学习内容的设计活动和设计任务，能够增加学习者参与的可能性。这种类型的设计可以发生在博物馆、校外工作坊、课堂以及网络环境中。学习环境中的基于计算机的工具、基于计算机的协作学习、在线模块和社交媒体在区分不同的学习和教学方面显示出了特殊的潜质，这是因为它们可以提供量身定制的学习支持，促进自我调节和主动任务交互，例如对学习内容的细化、自主表达和对信息的收集与管理（Dabbagh & Kitsantas，2012；Gresalfi & Barab，2011；Laru，Näykki，& Järvelä，2012）。当学习者与教师或同伴的交
681 互受到限制，需要独立学习时，基于计算机的工具和在线模块可以有效支持主动的基于学习任务的交互（Mathan & Koedinger，2005；Renninger et al.，2011）。

脚手架与学科内容交互

处于兴趣、动机和参与早期发展阶段的学习者要找到学科内容的实用性或与自身的相关性，抑或找到能够激发他们兴趣的内容，这一点至关重要。帕特里克及其同事（Patrick et al.，2007），以及海曾、布查特斯和韦德尔（Hijzen，Boekaerts，& Vedder，2007）指出，合作、归属感和获得社会支持的机会与学习者的参与和学习质量相关。肯普勒·罗加塔和林嫩布林克-加西亚（Kempler Rogat & Linnenbrink-Garcia，2011）对 6 个小学高年级学生协作小组进行了定性观察和分析，研究认为构成积极互动的要素是积极倾听、相互尊重和团队凝聚力。

对于具有高水平的兴趣、动机和参与度的学习者来说，设置能够帮助他们直接参与学习、能够支持他们拓展对学习内容的理解的脚手架是至关重要

的。学习者需要继续发展和深化他们的思维，学习环境需要能够支持他们找到好奇类问题的答案。结合了学科内容的脚手架为学习者提供了独立探索学习内容的基石——没有人逼着他们去做，而是他们自己想要去学习。

本节所提供的研究证据表明，学习环境可以通过以下方法得到改善：

- 构建基于学科内容的交互；
- 构建与学科内容交互的脚手架。

具备这些设计特征的学习环境更有可能激发、维持和支持学习者兴趣的发展。因此，它们也更有可能对学习者的动机和参与产生积极的影响。

参考文献

Ainley, M. (1993). Styles of engagement with learning: Multidimensional assessment of their relationship with strategy use and school achievement. *Journal of Educational Psychology*, 85, 395–405.

Ainley, M. (2012). Students' interest and engagement in classroom activities. In S. L. Christenson, A. L. Reschly, & C. Wylie (Eds.), *Handbook of research on student engagement* (pp. 283–302). New York: Springer International.

Ainley, M., & Ainley, J. (2011). Learner engagement with science in early adolescence: The contribution of enjoyment to learners' continuing interest in learning about science. *Contemporary Educational Psychology*, 36(1), 4–12.

Azevedo, F. S. (2006). Personal excursions: Investigating the dynamics of student engagement. 682
International Journal of Computers for Mathematical Learning, 11, 57–98.

Bandura, A. (1997). *Self-efficacy: The exercise of control*. New York: W. H. Freeman & Company.

Bergin, D. (1999). Influences of classroom interest. *Educational Psychologist*, 34(2), 87–98.

Berlyne, D. (1960). *Conflict, arousal, and curiosity*. New York: Mcgraw-Hill.

Berridge, K. C., Robinson, T. E., & Aldridge, I. W. (2009). Dissecting components of reward: "Liking," "wanting," and learning. *Current Opinion in Pharmacology*, 9, 65–73.

Christenson, S. L., Reschly, A. L., & Wylie, C. (Eds.) (2012). *Handbook of research on student engagement*. New York: Springer International.

Dabbagh, N., & Kitsantas, A. (2012). Personal learning environments, social media, and self-regulated learning: A natural formula for connecting formal and informal learning. *The Internet and Higher*

Education, 15(1), 3–8.

Durik, A. M., & Harackiewicz, J. M. (2007). Different strokes for different folks: Individual interest as a moderator of the effects of situational factors on task interest. *Journal of Educational Psychology*, 99(3), 597–610.

Eccles, J. S. (2009). Who am I and what am I going to do with my life? Personal and collective identities as motivators of action. *Educational Psychologist*, 44(2), 78–89.

Eccles, J. S., & Midgley, C. (1989). Stage/environment it: Developmentally appropriate classrooms for early adolescents. In R. E. Ames, & C. Ames (Eds.), *Research on motivation in education* (vol. 3, pp. 139–181). New York: Guildford Press.

Engle, R. A. (2006). Framing interactions to foster generative learning: A situative explanation of transfer in a community of learners classroom. *Journal of the Learning Sciences*, 15(4), 451–498.

Falk, J. H., & Needham, M. D. (2011). Measuring the impact of a science center on its community. *Journal of Research in Science Teaching*, 48(1), 1–12.

Flum, H., & Kaplan, A. (2006). Exploratory orientation as an educational goal. *Educational Psychologist*, 41, 99–110.

Fredricks, J. A., Blumenfeld, P. C., & Paris, A. H. (2004). School engagement: Potential of the concept, state of the evidence. *Review of Educational Research*, 74, 59–109.

Gresalfi, M., & Barab, S. (2011). Learning for a reason: Supporting forms of engagement by designing tasks and orchestrating environments. *Theory into Practice*, 50(4), 300–310.

Hadwin, A., Järvelä, S., & Miller, M. (2011). Self-regulated, co-regulated, and socially shared regulation of learning. In B. Zimmerman, & D. Schunk (Eds.), *Handbook of self-regulation of learning and performance* (pp. 65–84). New York: Routledge.

Hadwin, A. F., & Winne, P. H. (2012). Promoting learning skills in undergraduate learners. In M. J. Lawson, & J. R. Kirby (Eds.), *The quality of learning: Dispositions, instruction, and mental structures* (pp. 201–229). New York: Cambridge University Press.

683 Harackiewicz, J. M., Durik, A. M., Barron, K. E., Linnenbrink, L., & Tauer, J. M. (2008). The role of achievement goals in the development of interest: Reciprocal relations between achievement goals, interest, and performance. *Journal of Educational Psychology*, 100(1), 105–122.

Harackiewicz, J. M., Rozek, C. R., Hulleman, C. S., & Hyde, J. S. (2012). Helping parents motivate their teens in mathematics and science: An experimental test. *Psychological Science*, 23(8), 899–906.

Hidi, S. (2013). Revisiting the role of rewards in motivation and learning: Implications of neuroscientific research. Under review.

Hidi, S., & Ainley, M. (2008). Interest and self-regulation: Relationships between two variables that influence learning. In D. H. Schunk, & B. J. Zimmerman (Eds.), *Motivation and self-regulated learning: Theory, research, and applications* (pp. 77–109). Mahwah, NJ: Lawrence Erlbaum Associates.

Hidi, S., & Baird, W. (1988). Strategies for increasing text-based interest and students' recall of expository texts. *Reading Research Quarterly*, 23, 465–483.

Hidi, S., & Harackiewicz, J. (2000). Motivating the academically unmotivated: A critical issue for the 21st century. *Review of Educational Research*, 70, 151–179.

Hidi, S., & Renninger, A. (2006). The Four-Phase Model of Interest Development. *Educational Psychologist*, 41(2), 111–127.

Hijzen, D., Boekaerts, M., & Vedder, P. (2007). Exploring the links between learners' engagement in cooperative learning, their goal preferences, and appraisals of instructional conditions in the classroom. *Learning and Instruction*, 17(6), 673–687.

Hulleman, C. S., & Harackiewicz, J. M. (2009). Promoting interest and performance in high school science classes. *Science*, 326, 1410–1412.

Järvelä, S., & Hadwin, A. (2013). New frontiers: Regulating learning in CSCL. *Educational Psychologist*, 48(1), 1–15.

Järvelä, S., Järvenoja, H., & Malmberg, J. (2012). How elementary school students' regulation of motivation is connected to self-regulation. *Educational Research and Evaluation*, 18(1), 65–84.

Järvelä, S., Veermans, M., & Leinonen, P. (2008). Investigating learners' engagement in a computer-supported inquiry – A process-oriented analysis. *Social Psychology in Education*, 11, 299–322.

Kempler Rogat, T. M., & Linnenbrink-Garcia, L. (2011). Socially shared regulation in collaborative groups: An analysis of the interplay between quality of social regulation and group processes. *Cognition and Instruction*, 29(4), 375–415.

Krapp, A. (2007). An educational-psychological conceptualisation of interest. *International Journal of Educational and Vocational Guidance,* 7(1), 5–21.

Laru, J., Näykki, P., & Järvelä, S. (2012). Supporting small-group learning with use of multiple Web 2.0 tools in blended learning setting: A case study with learning sciences students. *The Internet and Higher Education*, 15, 29–38.

Malmberg, J., Järvelä, S., & Kirschner, P. (2013, accepted). Elementary school students' strategic activity and quality of strategy use: Does task-type matter? *Metacognition and Learning*.

Mathan, S. A., & Koedinger, K. R. (2005). Fostering the intelligent novice: Learning from errors with metacognitive tutoring. *Educational Psychologist*, 40(4), 257–265.

McLaughlin, C. (2008). Emotional well-being and its relationship to schools and classrooms: A critical 684
reflection. *British Journal of Guidance & Counselling*, 36(4), 353–366.

Mitchell, M. (1993). Situational interest: Its multifaceted structure in the secondary school mathematics classroom. *Journal of Educational Psychology*, 85, 424–436.

OECD. (2006). *PISA 2006 science competencies for tomorrow's world*. Paris: OECD.

Palmer, D. H. (2009). Student interest generated during an inquiry skills lesson. *Journal of Research in Science Teaching*, 46(2), 147–165.

Patrick, H., Ryan, A., & Kaplan, A. (2007). Early adolescents' perceptions of the classroom social environment, motivational beliefs, and engagement. *Journal of Educational Psychology*, 99, 83–98.

Perry, N. E. (1998). young children's self-regulated learning and contexts that support it. *Journal of Educational Psychology*, 90, 715–729.

Perry, N. E., VandeKamp, K. O., Mercer, L. K., & Nordby, C. J. (2002). Investigating teacher-student interactions that foster self-regulated learning. *Educational Psychologist*, 37(1), 5–15.

Renninger, K. A. (2000). Individual interest and its implications for understanding intrinsic motivation. In C. Sansone, & J. M. Harackiewicz (Eds.), *Intrinsic motivation: Controversies and new directions* (pp. 373–404). San Diego, CA: Academic Press.

Renninger, K. A. (2009). Interest and identity development in instruction: An inductive model. *Educational Psychologist*, 44(2), 105–118.

Renninger, K. A. (2010). Working with and cultivating interest, self-efficacy, and self-regulation. In D. Preiss, & R. Sternberg (Eds.), *Innovations in educational psychology: Perspectives on learning, teaching and human development* (pp. 158–195). New York: Springer.

Renninger, K. A., Cai, M., Lewis, M. C., Adams, M. M., & Ernst, K. L. (2011). Motivation and learning in an online, unmoderated, mathematics workshop for teachers. *Educational Technology Research and Development*, 59(2), 229–247.

Renninger, K. A., Ewen, E., & Lasher, A. K. (2002). Individual interest as context in expository text and mathematical word problems. *Learning and Instruction*, 12, 467–491.

Renninger, K. A., & Hidi, S. (2011). Revisiting the conceptualization, measurement, and generation of interest. *Educational Psychologist*, 46(3), 168–184.

Renninger, K. A., & List, A. (2012). Scaffolding for learning. In N. Seel (Ed.), *Encyclopedia of the sciences of learning* (pp. 989–992). New York: Springer.

Renninger, K. A., & Su, S. (2012). Interest and its development. In R. Ryan (Ed.), *Oxford handbook of motivation* (pp. 167–187). New York: Oxford University Press.

Sansone, C., & Thoman, D. B. (2005). Interest as the missing motivator in self-regulation. *European Psychologist*, 10(3), 175–186.

Sansone. C., Weir, C., Harpster, L., & Morgan, C. (1992). Once a boring task always a boring task? Interest as a self-regulatory mechanism. *Journal of Personality and Social Psychology*, 63, 379–390.

Schank, R. C. (1979). Interestingness: Controlling inferences. *Artificial Intelligence*, 12, 273–297.

Schunk, D. H. (1995). Self-efficacy, motivation, and performance. *Journal of Applied Sport Psychology*, 7(2), 112–137. 685

Schunk, D. H., & Zimmerman, B. J. (Eds.) (1994). *Self-regulation of learning and performance: Issues and educational applications*. Hillsdale, NJ: Lawrence Erlbaum Associates.

Skinner, E. A., & Belmont, M. J. (1993). Motivation in the classroom: Reciprocal effects of teacher behavior and student engagement across the school year. *Journal of Educational Psychology*, 85, 571–581.

Skinner, E. A., & Pitzer, J. R. (2012). Developmental dynamics of student engagement, coping, and everyday resilience. In S. L. Christenson, A. L. Reschly, & C. Wylie (Eds.), *Handbook of research on student engagement* (pp. 21–44). New York: Springer International.

Trilling, B., & Fadel, C. (2009). *21st century skills: Learning for life in our times*. San Francisco, CA: Jossey-Bass.

Tulis, M., & Ainley, M. (2011). Interest, enjoyment and pride after failure experiences? Predictors of learners' state-emotions after success and failure during learning in mathematics. *An International Journal of Experimental Educational Psychology*, 31(7), 779–807.

Tytler, R., & Osborne, J. (2012). Student attitudes and aspirations towards science. In B. J. Fraser, K. Tobin, & C. J. McRobbie (Eds.), *Second international handbook of science education* (pp. 597–625). New York: Springer International.

Van den Bossche, P., Gijselaers, W., Seger, M., & Kirschner, P. A. (2006). Social and cognitive factors driving teamwork in collaborative learning environments. Team learning beliefs and behaviors. *Small Group Research*, 37(5), 490–521.

Volet, S., & Järvelä, S. (Eds.) (2001). *Motivation in learning contexts: Theoretical advances and methodological implications*. London: Pergamon/Elsevier.

Walkington, C., Petrosino, A., & Sherman, M. (2013). Supporting algebraic reasoning through personalized story scenarios: How situational understanding mediates performance. *Mathematical Thinking and Learning*, 15(2), 89–120.

Wigfield, A., Eccles, J., Schiefele, U., Roeser, R., & Davis-Kean, P. (2006). Development of achievement motivation. In R. Lerner, & W. Damon (Series Eds.) and N. Eisenberg (Vol. Ed.), *Handbook of child psychology: Vol. 3. Social, emotional, and personality development*. Sixth Edition (pp. 933–1002). New York: Wiley.

Zimmerman, B. (1989). A social cognitive view of self-regulated academic learning. *Journal of Educational Psychology*, 81, 329–339.

Zimmerman, B. (2001). Theories of self-regulated learning and academic achievement: An overview and analysis. In B. J. Zimmerman, & D. H. Schunk (Eds.), *Self-regulated learning and academic achievement: Theoretical perspectives*. Second Edition (pp.1–37). Mahwah, NJ: Lawrence Erlbaum

Associates.

Zimmerman, B., & Kitsantas, A. (2002). Acquiring writing revision and self-regulatory skill through observation and emulation. *Journal of Educational Psychology*, 94(4), 660–668.

Zimmerman, B., & Schunk, D. (2011). Self-regulated learning and performance: An introduction and an overview. In B. Zimmerman, & D. Schunk (Eds.), *Handbook of self-regulation of learning and performance*. New York: Routledge.

第 34 章

作为文化过程的学习：通过多样性实现公平

纳伊拉·苏亚德·纳西尔　安·S. 罗丝伯里
贝思·沃伦　卡罗·D. 李

在本章中，我们将学习与教授的本质视为一种文化过程（Cole，1996； 686
Lee，2008；Lee，Spencer，& Harpalani，2003；Nasir & Bang，2012；Rogoff，2003）。学习科学还不能充分解释文化影响学习的方式。我们所说的文化，是指共同体为了实现他们所看重的目的而历史性发展出的和动态塑造的实践的集群，具体包括共同体所使用的工具、个体相互联系的社会网络、组织共同活动的方式、他们概念化世界以及与其交互的方式。基于这一观点，学习与发展可以被看作在整个生命历程中对重叠、互补甚至是冲突的文化实践中的多样行为库（repertories）[①] 的获得。

多维度中的多样性是人类社会最基本的特性。国界的发展和变化将不同种族、不同语言、不同世界观以及不同文化习俗的人们会集在一起。移民和移居都不是近些年才产生的现象，然而技术的进步的确加速了国家之间的人口流动。2010 年，国际移民占到世界人口的 3.1%。相对于本国人口，国际移民最集中的地区是美国、沙特阿拉伯、加拿大、欧洲全境以及大洋洲（主要是新西兰和澳大利亚）。

然而，无论在历史上还是在当代，国家中的民族多样性水平都往往被忽

① Repertoire（s）的本意为可表演的全部曲目或节目，在其他领域内，也用其描述计算机的“指令集”和生物学中的“所有组成成分”。部分译者将教育学中的 repertoire 翻译为“能力”，这一翻译显然和本文中的词意不符。我们取该词汇在文中的意义，将其翻译为“行为库”，即学习者所有行为能力的总和。——译者注

视。举例来说，第一代移民占据着比利时、法国、荷兰、瑞典和英国人口的10%—15%，占据着新西兰、加拿大和瑞士人口的24%。综上所述，多民族国家的政治、社会、经济的多样化将会是一个持续存在的现象，也会对教育产生复杂的影响。

不同国家通过学校教育以各种方式来应对多样化问题，有越来越多的证据表明哪些政策才是最有效的应对方式。虽然并不是普遍情况，但少数民族
687 和新移民更有可能成为整个国家的低收入人群并且处于较低的社会经济地位（socioeconomic status，SES）。然而，无论是贫穷还是处于移民状态都不能与学业成绩差画等号。经济合作与发展组织（OECD）根据那些在本国社会经济地位位于后25%，但在国际学生评估项目（PISA）中成绩位于所有国家中类似社会经济地位的前25%的学生定义了复原力的概念（Organization for Economic Cooperation and Development，2010）。根据2009年的PISA数据，拥有高复原力学生占比的国家分别包括：土耳其、加拿大、葡萄牙、芬兰、日本和新加坡（39%—48%），韩国（50%），中国［中国澳门（56%）、中国香港（72%）和中国上海（76%）］。我们无法将复原力归因于文化的同质性，因为这些国家的学生都来自不同的地区，有着不完全相同的文化，说着不完全相同的语言。这些国家为不同的家庭提供了社会安全保障，其中一些国家针对学校系统内语言和其他方面的多样性，制定了学校层面的政策。此外，许多国家都针对文化多样性在学习中的作用制定了国家政策，包括：

- 西班牙的加泰罗尼亚地区将加泰罗尼亚语作为官方语言，并着力解决摩洛哥和其他北非地区移民以及历史悠久的罗姆人的教育需求；
- 在巴西和委内瑞拉，国家课程的内容包括了非洲大迁徙的历史和文化；
- 北美和南美、澳大利亚、新西兰和太平洋岛国都对土著人在本土知识体系中的作用给予了国家之间的关注。

虽然这些政策和实践是不完整的，并且经常会产生争议，但它们帮助我们了解了当学生的人口特征处于多样状态时，应如何通过对文化多样性的理解来提高学习质量。这一章我们将讨论的实例主要来源于美国，但其反映出的是针对人类学习及其各种变体的基本原则，放之四海而皆准。

纵观世界范围内，个体在不同的实践共同体之中都会随着时间参与到各

式各样由行为库所组成的文化实践（cultural practices）中去，这里的文化实践指的是社会认可的、符合文化价值观的存在与行为方式。在儿童的日常环境中——从家里到学校、从数学课到语文课、从篮球队到课堂中——他们在不同的文化实践情境行为库中接触、学习和协调着各种各样的文化实践。每一种行为库都代表了特定的世界观，有它自己的对象、意义、目的、象征与价值（Bakhtin，1981；Gee，1990）。在不同的行为库之间交互对任何人来
讲，无论处于何时何地都可能遇到问题。然而，对于来自非主流群体的青少 688
年（例如，讲非官方认证语言的学生、来自低收入家庭的学生等），上述情况会由于文化、民族、社会等级、性别和语言导致的不可避免的非对称的权力关系变得更为严重。因此，这些青少年必须学会应对多种发展任务：除了普通生活过程中的发展任务，还必须克服关于种族、贫穷、语言、性别和残疾等的组织层面的不平等所带来的压力（Burton，Allison，& Obeidallah，1995；Spencer，1999）。因为对于某些群体的青少年而言，这些情况会带来学校和工作中的机会不均等。

在过去，文化研究经常将非主流群体的学生与非主流共同体看作“另类”或是“缺陷”群体，并且为他们的发展假想了一条基于主流文化规范的单一路径。从这个观点出发，应对多样化的恰当方法是帮助非主流群体变得更像主流群体。在本章，我们会抛弃这个历史上曾经存在的观点，提出一种对多样性和学习之间关系的更加复杂的理解，帮助学校使用多样性来促进学习，而不是简单地将它当作一个需要克服的问题。

在本章，我们对学习的文化本质进行了实证研究，研究内容主要包括：（1）学校环境内与学校环境外的学习；（2）日常知识、学科知识和会话之间的关系，特别是对于非主流青少年群体来说；（3）基于课堂的设计研究，以探索青少年不同实践行为库与学科训练之间的联系。这些研究从不同的维度，包括认知、会话、情感、动机和个性等方面，对学习进行解读。我们认为学习的文化观点与适应性专长（adaptive expertise）密切相关（Hatano & Inagaki，1986），适应性专长是指在多样的背景和任务中能够带领个体有效前进的灵活性知识和问题处理方式。适应性专长对通常要面对并解决一些极端社会挑战的非主流群体中的青少年来说非常重要。

我们将在本章解决三个重要的相关问题：

- 儿童在参与本土文化的日常实践行为库时是如何学习的？

- 应怎样把日常的实践行为库与学校环境中的学科实践联系起来？
- 是否能够利用我们对这些实践行为库的了解来促进儿童的学习？

我们将通过对科学、语文和数学学科中的教学研究，一一回答以上问题。

689 问题1：儿童在参与本土文化的日常实践行为库时是如何学习的？

许多在学校中似乎存在学习困难的孩子，反而在日常的课外文化实践学习中没有任何问题。本节中我们将综述有关非主流群体儿童的校外学习研究，解释这样的学习是什么样的以及学习是如何发生的。让我们先来看一则对多米诺骨牌游戏中的学习进行研究的一个片段：

> 4个10岁的非裔美国男孩在玩多米诺骨牌游戏。他们的游戏规则是，如果推倒的多米诺骨牌的数量加起来是5的倍数，就得分。组中的新手玩家把多米诺骨牌放到板上，并用手指计算板上的多米诺骨牌的数量，但并不知道自己是否得分。一个有经验的玩家发现了他的困惑，就说："你没有得分！"在这一局结束之后，这个有经验的玩家为新手玩家提供了关于放多少枚多米诺骨牌才能得分的建议。（Nasir & Stone，2003）

在这个片段中，有经验的玩家对于新手玩家来说，是重要的支持意义建构的资源，因为有经验的玩家为新手玩家提供了直接反馈，并且示范了游戏的高级玩法。通过这样的互动，多米诺骨牌玩家不但学到了更加高级的玩法，还学到了关于倍数和连续加法的概念。

学习可以在学校外的各种各样的活动之中发生，比如在牛奶厂工作（Scribner，1985）、铺设管道（Rose，2004）、理发（Majors，2003）、销售糖果（Saxe，1991）、打篮球（Nasir，2000）、进行园艺活动（Civil，2007）、编织物品（Rogoff，2003）以及应用日常语言（Ball，1992，1995；Heath，1983；Lee，1993）。一些研究已经指出在非正式环境中学习语言与技能的情境特殊性（Cole，Gay，Glick，& Sharp，1971；Lave，1988）。在很多时候，我们完成非正式学习环境中复杂认知任务的能力绰绰有余，但在学校类型的任务中却无法表现出这种能力。这一发现表明了在校外环境中理解学习的本质以及如何基于这一本质去支持学校中的学习的重要性。

在讨论我们选出的成功课外学习环境的研究案例时，我们认为，搭建脚手架（参见 Reiser & Tabak，本书第 3 章）对学生的适应型专长发展能够起到关键的作用。搭建的脚手架可以做到：（1）以满足人类的基本需要——安全感和归属感——的方式来组织学生参与活动；（2）使学习领域的结构可视化，让学生形成与专家实践中必需的观点和习惯类似的观点和习惯；（3）帮助新手理解能力发展的可能轨迹与领域相关性；（4）提供及时、灵活的反馈。

690

满足基本需要的活动参与

校外学习脚手架的一个关键要素是以能满足人类的基本需要［安全感、归属感与认同感、自尊与尊重（Maslow，1962）］的方式来组织学生参与活动。对安全感需要（生理的与心理的）的满足是创建有效学习环境的重要部分。心理安全感可以定义为一种舒适感，愿意去冒险也愿意保持自我，以及一定的接纳感。斯蒂尔（Steele，1997）的著作显示了缺乏心理安全感会对学习产生巨大的负面影响。这一研究工作证实：当学习气氛不能提供心理安全感时（例如，当学校环境使非裔美国学生认为他们在测试中的成绩是用来做医学诊断时，就会引起他们对种族偏见的恐惧），学生的学习表现会变得糟糕。当测试情境没有让学生感到存在针对自己的刻板印象时，学生的成绩就会提高。在其他的学习情境中，包括基于社区的青少年学习项目中（Heath & McLaughlin，1993），成年人组织者认识到了为学习活动创建安全空间以支持年轻人实现高水平的参与和获得高水平的能力的重要性。

成功的学习情境也应注意到学生对归属感以及认同感的需要（Hirsch，2005）。成功的学习情境既可能发生在实践组织中，也可能发生在上述情境下的社会交互中。例如，在一个对美国高中田径队的研究中（Nasir & Cooks，2009），教练明确地把归属感的获得作为一种重要的成果。运动员认为归属感和认同感是他们坚持不懈训练、通过比赛提高自己表现的一个关键因素。

使学习领域的结构可视化

有效的校外学习情境同样会使专业知识的深层结构可视化。以一种在很多非裔美国人和南美社区中流行的多米诺骨牌游戏玩法为例（Nasir，2002），有经验的玩家不仅能让新手玩家知道自己是如何思考游戏策略的（包括加法和概率），还能以一种促进新手发展的形式去做这件事。也就是说，新手玩家的技能得到提升之后，所得到的反馈会让他们理解这个游戏更深层的玩法。语言交流对于帮助新手玩家理解该领域的脚手架至关重要。

语言交流同样在探究者俱乐部（Investigators Club，I-Club）中起重要作用，探究者俱乐部是美国的一个初中课后科学项目，为那些没有在学校中体验到学习成就的学生而设（Sohmer & Michaels，2005）。在探究者俱乐部中，将真实情境和科学概念联系起来的动态隐喻为学生探究者的科学会话提供了
691 脚手架。参与者要清晰地解释科学会话和日常会话二者间的差异。这样一来，探究者俱乐部就为参与者提供了特定的科学会话是如何进行的可视化数据。

一些研究记录了大量植根于美国校外情境的读写实践，这些案例涉及教堂（Baquedano-López，1997）、蓝领工作环境（Rose，2004）、运动（Mahiri，1998）以及艺术（Ball，1995）。费希尔（Fisher，2003）论述了大量非传统的基于社区的组织如何创建代际空间。在代际空间中，非裔美国青年与拉丁裔美国青年聚集起来，创作书面与口头诗歌。在这一实践共同体中，公开讨论高质量写作及游戏的标准成为日常活动。

能力发展的轨迹

另一种形式的脚手架是为新手提供的发展专业能力的明确观点。这允许新手看到专家是如何参与的，并为新手提供可能的学习轨迹。已有研究已经观察到了大量这种形式的脚手架。这些研究已经记录了在与专家一起完成任务的过程中作为学徒的新手是如何表现的（Collins & Kapur，本书第 6 章）。罗戈夫（Rogoff，2003）将这种学习称为“有意参与”，强调参与者通过观察实践的过程来学习。在课后环境中，如波士顿科学博物馆的计算机俱乐部（Computer Clubhouse）中，青少年有机会接触他人的实践和经验。在计算机俱乐部，青少年有机会一起紧密合作，从成人导师那里获得支持和鼓励，使用最新的软件创作他们自己的作品，如动画、仿真作品、虚拟现实作品、音乐作品、网站和机器人（Resnick & Rusk，1996）。

及时、灵活的反馈

及时、灵活的反馈在校外实践中有多种表现形式，经常涉及评价与即时

纠正。在巴西儿童卖糖果的案例中，当销售者正在给糖果定价或者结算收益时，评价和纠正就会发生。萨克斯（Saxe，1991）描述了销售者在活动过程中对其他人定价惯例的纠正。在多米诺骨牌游戏中（Nasir，2000，2005），不仅仅在游戏过程中存在纠正（通常由更多有能力的参与者提出建议并纠正不太精通的参与者），在游戏之后的分析中，评价也常常作为游戏结构的一部分而存在。在游戏之后的分析中，玩家讨论了参与者在前一轮游戏中的优势与劣势。这种对评价与纠正的关注是实践中重要的和常规的一个部分，而不是判定能力高下的一种方式。

上述四个特征通常是协同发挥作用的，意识到这一点有非常重要的
意义。这种协同作用对于学习的影响巨大。这种协同作用在美国的《第 692
五维度》课外俱乐部中表现得尤其明显（Cole & The Distributed Literacy Consortium，2006）。在这个俱乐部中，青少年可以很方便地获得支持他们发展游戏技能的资源，包括大学生导师、同伴、资料卡以及时下著名的虚拟巫师（青少年和成年人都可以向其寻求帮助）。此外，古铁雷斯、巴克达诺-洛佩斯和特哈达（Gutiérrez，Baquedano-López，& Tejada，2000）认为，游戏的参与体系涉及投入以及多层次的支持，从而增进玩家的毅力并促进玩家个人目标的达成。当我们的关注点在校外情境时，我们强调的提供脚手架的方式可能也已经在校内学习情境中出现了。

问题 2：应怎样把日常的实践行为库与学校环境中的学科实践联系起来？

在这一部分，我们将回顾那些重要的学科知识与日常实践相交叉的研究。我们认为教育者可以使用青少年在校外生活获得的多样的资源来帮助他们理解与学习内容相关的观点。

与科学知识的交叉

以下片段阐明了小学科学课堂中不同学生意义建构实践的不同。

当讨论“植物每天都在生长吗？”这个问题时，在美国的一个西

> 班牙语 - 英语双语课程中，三年级的儿童对植物生长的模式及其可见性进行了讨论。塞雷娜（Serena），一个公认为很优秀且父母受过高等教育的女生，跳出了现象本身，从逻辑的角度说明了这个问题。她提出，可以通过测量表见证植物每天的生长。另一个女生，埃琳娜（Elena），提出了不同的见解。她的父母是移民、工人，她在三年级复读，她认为我们可以通过联想自己的生长来观察植物的生长——当她的脚长得比袜子大时，有很“挤”的感觉。（Ballenger，2003）

这篇短文证实了两种重要的科学实践，一种被普遍认同，另一种则没有。塞雷娜的方法在学校里受到重视，因为她的方法与一般的科学推理一致。这无疑是重要的，这一方法在科学领域的意义建构实践中被广泛应用。相反，埃琳娜的方法被低估了，有时甚至由于较难理解而被教师和研究者不予考虑（Warren & Rosebery，2011）。事实上，埃琳娜透过自己的成长来想
693 象植物生长的举动，恰恰反映了科学实践。科学家为了探索物理事件和过程如何发生，通常使用可视的、叙述性的资源来将自己置于物理事件和过程中（Keller，1983；Ochs，Gonzales，& Jacoby，1996；Wolpert & Richards，1997）。

科学实践的研究认为，科学行动的基本性和多样性源于概念性、想象性、物质性、推论性、象征性、情感性和经验性资源的复杂交织（Biagioli，1999；Galison，1997）。人们通常认为，科学家的日常工作在本质上就是假设并演绎的过程，他们的工作是与现实生活的日常经验割裂的，他们同样有着与日常生活迥异的思维方式，而上述论断极大地挑战了这一观点。而像这样的主流理解决定了传统科学教育会优先考虑像塞雷娜的那种理解而不是像埃琳娜的那种理解。

基于课堂的研究已经证实了科学家的意义建构实践和那些来自非主流群体的年轻人的意义建构实践之间存在共通之处。其结果就是拓展了我们对科学思维和科学活动的理解，包括在理论化和建构知识的过程中使用嵌入式的想象、辩论和比喻（Bang，Warren，Rosebery，& Medin，2012）。我们这里就举一个辩论的例子（Andriessen & Baker，本书第 22 章）。

在《实验室生活》（*Laboratory Life*）中，拉图尔和伍尔格（Latour & Woolgar，1986）认为，科学家将他们的观察转换为：发现是通过辩论与说服的方法，而不是测量与探究的手段完成的。他们将实验室科学家的工作描

述为持续地多代人的努力和让自己的陈述越来越接近事实。与之相似，工作在波士顿双语课堂环境中的研究者发现：海地裔少年使用海地常见的会话实践——“贝约迪恩斯”（bay odyans）——来对生物学和物理学的主张与证据进行辩论（Hudicourt-Barnes，2003；Warren & Rosebery，1996）。“贝约迪恩斯”是一种充满激情且目标明确的对观点进行讨论的娱乐形式。参与者从证据与逻辑的角度提出观点，对观点进行论证，同时提出质疑，迫使其他人缩小自己的主张的范围，这与林奇（Lynch，1985）关于专业科学活动的研究中论述的处理分歧的过程相似。“贝约迪恩斯”已经被证明可以通过帮助学生具体化关键术语的意义、探索潜在的解释模型以及发展科学问责的模式来支持学生学习科学（Rosebery & Warren，2008；Warren & Rosebery，1996）。其他的研究已经证明了非主流群体的年轻人如何运用叙述实践与隐喻表达科学中的争论与解释（Gee & Clinton，2000；Sohmer & Michaels，2005；Warren，Ogonowski，& Pothier，2005）。虽然这些会话实践看起来、听起来都和学校所注重的（实践）不一样，但是它们与科学共同体中的会话实践有密切的联系。

与读写知识的交叉 694

在历史上很多国家中，与正规学校环境中的学术语言相比，那些非标准语音使用者所讲的语言［非裔美式英语（African American English，AAE）或者美国阿巴拉契亚英语（Appalachian English）］，以及那些没有完全掌握国家规定语言的新近移民所讲的语言是不足够（好）的。然而，许多研究指出，非主流语言是非常复杂的，具有与学习学术性读写相关的特征（Smagorinsky & Mayer，本书第 30 章）。例如，吉（Gee，1989）记录了迈克尔（Michaels，1981）所说的“AAE 主题联想叙述方式”复杂读写特征。保尔（Ball，1995）描述了非裔美国青少年更喜欢的论述方法，这种方法反映了著名的非裔美国演讲家使用的修辞上强有力的模式，但这种模式不是美国高中所教授的常用模式。李及其同事（Lee et al.，2003）为说 AAE 的青少年提供了叙述知识的日常惯例脚手架，从而带来了高质量的书面叙述。这些日常惯例包括史密斯曼（Smitherman，1977）所说的非裔美国人修辞传统（African-American Rhetorical Tradition）以及从非裔美国人文化生活事件的脚本中总结出的方法。史密瑟曼（Smitherman，2000）对 1984 年和 1988/1989 年美国国家教育进步评估（NAEP）中非裔美国人的写作样本进行了事后分析，她发现非裔美国人的修辞特征与那些被 NAEP 检测者认定为高质量的文章高度相关。

另一些研究记录了双语者如何把母语的读、写、说能力运用到第二语言词汇、句法和语篇水平的学习中（Garcia，2000；Jimenez，Garcia，& Pearson，1996；Langer，Bartolome，Vasquez，& Lucas，1990；Moll & González，2004）。第一语言（母语）的读写可以为第二语言的读写提供脚手架，尤其是在主题领域的学习、做出科学方面技术上的区分（Warren，Ballenger，Ogonowski，Rosebery，& Hudicourt-Barnes，2001）以及数学推理中（Moschkovich，1999）。其他研究者（Orellana，Reynolds，Dorner，& Meza，2003；Valdes，2002）研究得出：在重要场合中为（只能讲一种语言的）父母翻译的双语青少年具有元语言能力，也就是选择适合特定场合的用语、理解复杂的专业语句和处理复杂的权力关系的能力。

与数学知识的交叉

数学研究表明了非主流学生是如何通过多种实践行为库产生复杂的数学思维的。例如，高中篮球队中的非裔美国球员学会使用平均数和百分比来计算自己队伍和其他队伍的比赛统计数据（Nasir，2000），拉丁裔美国学生
695 与他们的家人一起将空间设计与几何学设计知识应用到家庭缝纫与园艺中（Civil，2007；Moll & González，2004），做预算，以及使用标准化运算计算棒球的平均击球率（Goldman，2001）。关于年幼儿童的研究描述了巴西裔与非裔美国学生在买（Taylor，2009）、卖（Saxe，1991）活动中的参与情况。

这些研究是引人关注的，因为参与者很少（几乎没有）将自己所做的看作数学，还经常认为自己不善于数学。这让教师和研究者面对着一项挑战：研究者、教师和参与者如何从（参与者）所做之中“发现”隐含的数学原理？一方面，如果我们仅将数学视为计算，那么认识它是很容易的。然而，当考虑到更加复杂的数学时，比如，几何以及概率论的时候，这一过程就会变得更加困难。另一方面，即使当数学涉及简单的计算时，实践中，这些问题也通常可以通过估算来解决。尽管估算并不能产生出那种为学习所重视的精确的数学答案，但估算策略可能会引发对数学关系更深层的理解。

我们的观点是，为了找出非主流群体青少年的日常生活知识和实践与学校知识的真实联系，我们必须更深刻地看待日常生活知识和实践与学校课程的传统联系，并明确一系列的重要实践。通过识别和使用这些实践，如具身想象、“贝约迪恩斯”或 AAE 的会话形式，我们不仅要为学生创建参加

学科训练的实践空间，自身也需要更好地理解上述实践在学习中起到的作用（Lee，1993，2007；Rosebery，Ogonowski，DiSchino，& Warren，2010；Warren et al.，2001）。

问题 3：是否能够利用我们对这些实践行为库的了解来促进儿童的学习？

如果日常实践行为库中的文化嵌入式学习与学科学习确实有着理性上的联系，那么我们就可以从中得到两点结论：第一，我们应当拓展对这些科目的传统观点；第二，我们应当重视并充分利用这些多样化的推理性实践活动的潜力，去帮助那些来自非主流群体的青少年更好地学习。为了做到这些，教师和研究者必须不断努力，理解青少年的各种观点和经验（Ballenger & Rosebery，2003；Lee，2001；Warren et al.，2001），突破学术会话、学与教、语言、文化和种族的限制性假设（Ball，2000；Foster，1997；Ladson-Billings，2001；Lee，2005；Warren & Rosebery，2011）。

为了利用这些实践行为库来设计更好的学习环境，我们必须明确日常 696
的和基于学校的这两种知识与会话之间的联系，并从这个角度上认识学校实践。为了有效进行这样的设计，我们需要遵循如下原则：

- 使学科知识的结构可视化；
- 通过创建包含角色和关系的参与结构，让青少年积极参与有意义和意图的学术会话，帮助青少年认同该学科的实践；
- 为青少年建构进行元水平分析（例如，讨论思维与语言）的机会，帮助青少年看到日常隐性知识和会话、学术知识和会话之间的联系。

这样的设计工作也要求研究者、课程设计者和教师认识到学术科目学习不仅是掌握概念知识体系，更重要的是，它还涉及带着认识论假设的批判性参与、观点、价值观与立场（Bang et al.，2012；Collins & Ferguson，1993；Lee，2007；Perkins，1992；Warren et al.，2005；Songer & Kali，本书第 28 章）。它唤起了青少年，特别是那些在学校中没有获得学术成功的青少年，参加学术冒险的激情（Heath，2004）。

许多基于学校的干预开始着手解决这些设计上的难题。在美国，这些干预包括：代数项目（Algebra Project；Moses & Cobb，2001）、谢什·康南项目（Chèche Konnen；Rosebery et al.，2010；Warren et al.，2001，2005）、文化模型项目（Cultural Modeling Project；Lee，1993，1995，2007）、知识基金项目（Funds of Knowledge Project；Amanti，González，& Moll，2008）、卡梅哈梅哈早期教育项目（Kamehameha Early Education Project；Au，1980；Tharp & Gallimore，1988）、加州大学洛杉矶分校移民学生暑期项目（Migrant Student Summer Program at UCLA；Gutiérrez，2005）和霍华德大学人才发展项目（Talent Development Project at Howard University；Boykin，2000；Boykin & Bailey，2000）。我们将讨论其中的三个项目，看看这些例子是如何设计课堂以支持非主流群体学生对于重要学科观点和实践的深层学习的。其他例子包括由欧盟支持的西班牙学习共同体（Learning Communities in Spain；Díez，Gatt，& Racionero，2011）以及澳大利亚的北部地区教学方法重新设计项目（Redesigning Pedagogies in the North；Hattam，Brennan，Zipin，& Comber，2009）。

文化模型项目（Lee，1993，1995，2001，2007）是学习环境设计的一个框架，它利用日常经验构建的知识来支持学科学习。对文化模型项目的研究集中于文学与非裔美国青少年的叙述型写作上（Lee，Rosenfeld，Mendenhall，Rivers，& Tynes，2004）。该研究发现，对这些知识领域结构的详细分析产生
697 了具有较大影响的文化实践以及日常知识的类型。研究明确了生成性问题的类型、解决策略、识别和解决这些问题的一般启发式方法，以及必要的理性处理方式。这就需要对于文学体裁观点的不同态度，以帮助初学者理解所阅读的内容。在阅读跨越国家与文化传统时，演绎的方式（例如象征主义、反讽、讽刺文学、超现实叙述）对于文学阅读来说是至关重要的。所有这些演绎任务都要求学生具有处理比喻和类比推理的能力。例如，李（Lee，2007）发现有关AAE演讲者所使用的“象征”（一种需要类比推理、进行戏剧化语言表达和理解比喻语言的表达惯例）的知识（Smitherman，1977），能够有效地促进文学推理的学习。

下面的片段阐释了学习环境设计的原则：

> 一个非裔美国高中班的学生以象征手法为始对流浪者乐团（The Fugees）说唱歌曲《面罩》（The Mask）的歌词进行文学评论。琼塔（Jonetha）解释第二节：“我认为当他打架的时候，当他把对手打倒的

时候，他是戴着面罩的，因为他想把面罩戴到对手的脸上。他原先在监视他的对手。反正他在监视某个人，我也不知道他到底在监视谁。但是为了确认他的对手在监视他，他不得不脱下他的面罩。他要知道他的对手在说什么，……我不知道，……他开了枪。（全班大笑。）我的意思是，为了确认对手在监视他，那个人不得不摘下他的面罩。”（Lee，2007）

在这个例子中，设计原则涉及说唱歌词的使用（亦见 Mahiri，2000/2001；Morrell，2002），李（Lee，2007）称之为文化数据集（cultural data sets），学生在课堂上表达了他们是如何理解“面罩”的：“面罩”不是字面的意思，而是一种象征。在没有教师直接教学和不存在对能力方面的威胁的情况下，琼塔的论述展现了儿童是如何进行类比推理、语言表演欣赏和细致的语篇分析的。这些学生接下来会继续应用这些演绎性的策略来分析托妮·莫里森（Toni Morrison）的经典作品《宠儿》（*Beloved*）。

通过利用优秀学生已经具备的能力模型（例如，知道可以通过哪些特点区分说唱的好坏），围绕“文化数据集”的讨论将会优先考虑主要知识领域的特定问题结构、解决这些问题的策略，以及评价解释是否恰当的标准。简言之，就是公开化该知识领域的实践和可视化能力发展的轨迹。对这样的“文化数据集”的考察为学生提供了植根于日常经验的特定知识领域的生成性问题的模型，从而有助于学生进行类比推理。这是新手及历史上有所新发现的前沿科学家使用的一种非常有效的问题解决的策略。学习环境的设计所面临的挑战在于，要使类比充分地植根于学生的日常经验中，以便学生带着 698
相关的知识和兴趣完成学习任务，并与学习对象的重要特点相联系。当学生在某方面有着比老师更广泛的知识的时候，在对这一知识的讲授中，师生关系将彻底重组。这种对专家和新手之间关系的认识（在这种情况下，学生和教师同时都扮演着专家和新手的角色）促进了一种对实践的认同感的形成，同时也导致了学习者共同体中所具有的一种更强的归属感。

谢什·康南中心的教师与研究者开发了一种他们称之为“科学工作坊”（Science Workshop）的实践（Warren & Rosebery，2004），“科学工作坊”的设计旨在让学生在科学课堂中探索自己和他人的不同“词汇用法”的可能意义与功能。比起传统的学校中的科学课，“科学工作坊”通过把学生的注意力集中到更加广泛的实践行为库中，强调以语言作为探究的一个目的，同时“科学工作坊”比起那种由非主流群体的学生带到课堂中的实践也更加具有代表性。在“科学工作坊”中，不论是学生的、科学家的还是教材中的话语，其潜在意义和作用都得到了充分的探讨。

例如，当讨论一幅学生所创作的南瓜生命周期壁画的可能题目时，一个二年级的非裔美国男孩认为有必要扩大讨论的范围。他运用非裔社区中普遍运用的比喻方式，将南瓜种子的生命周期比喻为蜘蛛的生命过程，“因为蜘蛛妈妈在死之前产卵”。接着，全班一起讨论他的比喻，他们使其中暗含的关系可视化（例如，南瓜在枯萎之前形成种子与蜘蛛在死亡之前产卵一样）。

这种集中于“科学工作坊”中的扩展性探究（概念化不同的方法、展示和评价科学现象的可能意义）有如下作用：第一，它带领学生进入更深层次的科学知识领域（例如，卵和种子有何相似和不同）；第二，它让学生以多种方式扩展他们的词汇，并以此作为他们探索自己思想的工具；第三，它把学生置于语言分析者的地位，通过解释和类比的可见性特征与限制，让学生参与到思考中来，进而帮助学生弄清楚此类活动是如何作为意义建构的工具的；第四，“科学工作坊”中的会话是混合式的，它结合了严肃的分析工作、有趣的语言和其他符号系统（例如模型、表格、图形）。对学生在科学学习中的思维和会话多样性的重视与直接关注、学习者共同体的建构、教师提供的脚手架，都是帮助学生在科学学习中习得结构意识和认知方法的重要方面。

代数项目是另一个我们已经确定的、能够成功应对学习环境设计的挑
699 战的项目。它曾在 28 个城市中开展，每年服务 10000 名儿童。代数项目包括课程、教师专业发展和一个校外子项目——青年人项目（Young People's Project），这个项目中的年轻人认为数学是 21 世纪公民应掌握的内容。罗伯特·摩西（Robert Moses）博士，代数项目的创始人，认为从“算术”到“代数”的概念转变是学生通往更高层面的数学的绊脚石。他研究了城市青少年（尤其是非裔美国青少年）的日常实践中哪些实践体现了位移与等价等数学问题。他将利用城市交通系统出行作为探讨这些问题的切入点。代数项目因此构建了一些关于比率与比例的学习单元——其中一个单元将非洲的击鼓传统作为了学习材料。

通过将数学学习与社会正义联系起来（Gutiérrez，2002；Gutstein，2003；Tate，1995），代数项目显著地发展了成年人与青少年在校内外共同体之间的重要关系。它也很重视将学生日常语言转换为体现具有数学会话特征的象征

符号时所面临的挑战。与文化模型项目以及谢什·康南项目相似的是，代数项目也把对数学的理解植根于学生的日常文化实践之中。由此，无论在家里还是在“数学实践者”学术共同体中，学生都被看作有能力的成员。

结论

无论是历史上还是当前，多民族国家在处理其文化多样性问题上都采取了多种方法。在大多数国家中，大规模的、义务性的和免费的学校的出现促进了大一统国家文化的出现（通常来讲，这种文化是与政治上占主导地位的群体相联系的），并且使人们趋于同质化。然而，多样性是人类生存的核心要素（Bang et al., 2012），虽然经过了超过一个世纪的同质化进程，但世界各国正变得比以往任何时候都更加多样化。我们认为，如果不把学习看作文化多样性实践行为库，研究者就不能充分理解学习（Gutiérrez & Rogoff, 2003; Rogoff, 2003）。从这种观点上来看，多样性不是一个需要解决的问题，而是教学的无价之宝（Gutiérrez et al., 2000；Rosebery et al, 2010；Warren et al., 2001）。学校应该平等地对待每个人，并且尊重每个人的文化，这是一种相对简单的观点，而我们的观点则远比这种观点深刻，也比这种观点更加具有变革性。我们认为，特定的种族、民族和阶层的结构特点要求青年人能够应对随处可见的挑战（Spencer, 1999），由此，学习环境的设计必须处理好（那些经常被忽略的）学习中的多种元素，包括身份认同感和情感要素。

这一观点对于学习环境的设计和学习理论的发展有重要的启示。关于学 700
习环境的设计，我们呼吁对学校学习方式的组织进行根本性的重构，并彻底重构我们对有关学习者及其所具有的相关知识的假设。一方面，这种重构包括改变我们的理解——对日常语言和社会实践以及它们和学校学科教学之间的联系的理解；另一方面，这种重构要求我们设计出能够支持发生于多种情境的学习的课堂。学习科学家可以利用学校里的多种实践行为库来更好地支持学生核心学科的学习，以及学生归属感与认同感等基本需求的满足。

本章回顾的研究表明，公平不只是向所有学生提供相同的资源，真正的公平只有当我们创造了一种能够更深层地与所有学生的经验建立连接的学习环境时才会实现。

关于作者的说明

本章所有作者的贡献不分先后。

参考文献

Amanti, C., González, N., & Moll, L. (2008). Case study: Using students' cultural resources in teaching. In A. S. Rosebery, & B. Warren (Eds.), *Teaching science to English language learners* (pp 99–102). Washington, DC: National Science Foundation.

Au, K. (1980). Participation structures in a reading lesson with Hawaiian children: Analysis of a culturally appropriate instructional event. *Anthropology Education Quarterly,* 11(2), 91–115.

Bakhtin, M. M. (1981). *The dialogic imagination: Four essays.* Austin: University of Texas Press.

Ball, A. F. (1992). Cultural preferences and the expository writing of African-American adolescents. *Written Communication*, 9(4), 501–532.

Ball, A. F. (1995). Community based learning in an urban setting as a model for educational reform. *Applied Behavioral Science Review*, 3, 127–146.

Ball, A. (2000). Teachers developing philosophies in literacy and their use in urban schools. In C. D. Lee, & P. Smagorinsky (Eds.), *Vygotskian perspectives on literacy research: Constructing meaning through collaborative inquiry*. New York: Cambridge University Press.

Ballenger, C. (2003). The puzzling child: Challenging assumptions about participation and meaning in talking science. *Language Arts*, 81(4), 303–311.

Ballenger, C., & Rosebery, A. (2003). What counts as teacher research? Continuing the conversation. *Teachers College Record*, 105(2), 297–314.

Bang, M., Warren, B., Rosebery, A. S., & Medin, D. (2012). Desettling expectations in science education. *Human Development*, 55(5–6), 302–318.

Baquedano-López, P. (1997). Creating social identities through Doctrina narratives. *Issues in Applied Linguistics*, 8(1), 27–45.

Biagioli, M. (Ed.) (1999). *The science studies reader*. London: Routledge.

701 Boykin, A. W. (2000). The talent development model of schooling: Placing students at promise for academic success. *Journal of Education for Students Placed at Risk*, 5, 3–25.

Boykin, A. W., & Bailey, C. (2000). *Experimental research on the role of cultural factors in school relevant cognitive functioning: Synthesis of findings on cultural contexts, cultural operations and individual differences.* (Center for Research on the Education of Students Placed at Risk (CRESPAR) Technical Report #42 ed.). Washington, DC and Baltimore, MD: Howard University and John Hopkins University.

Burton, L., Allison, K., & Obeidallah, D. (1995). Social context and adolescents: Perspectives on development among inner-city African-American teens. In L. Crockett, & A. Crouter (Eds.), *Pathways through adolescence: Individual development in social contexts* (pp. 119–138). Mahwah, NJ: Lawrence Erlbaum Associates.

Civil, M. (2007). Building on community knowledge: An avenue to equity in mathematics education. In N. Nasir, & P. Cobb (Eds.), *Improving access to mathematics: Diversity and equity in the classroom* (pp. 105–117). New York: Teachers College Press.

Cole, M. (1996). *Cultural psychology: A once and future discipline*. Cambridge, MA: Belknap Press of Harvard University Press.

Cole, M., & The Distributed Literacy Consortium (2006). *The Fifth Dimension: An after-school program built on diversity*. New York: Russell Sage Foundation.

Cole, M., Gay, J., Glick, J., & Sharp, D. (1971). *The cultural context of learning and thinking.* New York: Basic Books.

Collins, A., & Ferguson, W. (1993). Epistemic forms and epistemic games: Structures and strategies to guide inquiry. *Educational Psychologist*, 28(1), 25–42.

Díez, D., Gatt, S., & Racionero, S. (2011). Placing immigrant and minority family and community members at the school's centre: The role of community participation. *European Journal of Education*, 46(2), 184–196.

Erickson, F. (2002). Culture and human development. *Human Development*, 45(4), 299–306.

Fisher, M. T. (2003). Open mics and open minds: Spoken word poetry in African diaspora participatory literacy communities. *Harvard Education Review*, 73(3), 362–389.

Foster, M. (1997). *Black teachers on teaching*. New York: The New Press.

Galison, P. (1997). *Image and logic: A material culture of microphysics*. Chicago: University of Chicago Press.

Garcia, G. E. (2000). Bilingual children's reading. In M. Kamil, P. Mosenthal, D. Pearson, & R. Barr (Eds.), *Handbook of reading research* (vol. 3, pp. 813–834). Mahwah, NJ: Lawrence Erlbaum Associates.

Gee, J. P. (1989). The narrativization of experience in the oral style. *Journal of Education*, 171(1), 75–96.

Gee, J. P. (1990). *Social linguistics and literacies: Ideology in discourses.* London: Falmer.

Gee, J. P. (1996). Vygotsky and current debates in education: Some dilemmas as afterthoughts to discourse, learning, and schooling. In D. Hicks (Ed.), *Discourse, learning, and schooling* (pp.

269–282). Cambridge: Cambridge University Press.

702 Gee, J. P., & Clinton, K. (2000). An African-American child's "science talk": Co-construction of meaning from the perspective of multiple discourses. In M. Gallego, & S. Hollingsworth (Eds.), *What counts as literacy: Challenging the school standard* (pp. 118–135). New York: Teachers College Press.

Gentner, D. (1989). The mechanisms of analogical learning. In S. Vosniadou, & A. Ortony (Eds.), *Similarity and analogical reasoning*. New York: Cambridge University Press.

Goldman, S. (2001). Factoring families into math success. Unpublished manuscript.

González, N. (2004). Disciplining the discipline: Anthropology and the pursuit of quality education. *Educational Researcher*, 33(5), 17–25.

Goswami, U. (1992). *Analogical reasoning in children*. Hillsdale, NJ: Lawrence Erlbaum Associates.

Gutiérrez, K. (2005). *Intersubjectivity and grammar in the third space*. Talk presented at the annual meeting of the American Educational Research Association, April.

Gutiérrez, K. D., Baquedano-López, P., & Tejada, C. (2000). Rethinking diversity: Hybridity and hybrid language practices in the third space. *Mind, Culture, and Activity*, 6, 286–303.

Gutiérrez, K., & Rogoff, B. (2003). Cultural ways of learning: Individual traits or repertoires of practice. *Educational Researcher*, 32(5), 19–25.

Gutiérrez, R. (2002). Enabling the practice of mathematics teachers in context: Towards a new equity research agenda. *Mathematical Thinking and Learning*, 4(2 & 3), 145–187.

Gutstein, E. (2003). Teaching and learning mathematic for social justice in an urban, Latino school. *Journal for Research in Mathematics Education*, 34(1), 37–73.

Hattam, R., Brennan, M., Zipin, L., & Comber, B. (2009). Researching for social justice: Contextual, conceptual and methodological challenges. *Discourse*, 30(3), 303–316.

Hatano, G., & Inagaki, K. (1986). Two courses of expertise. In H. W. Stevenson, H. Azuma, & K. Hakuta (Eds.), *Child development and education in Japan*(pp. 262–272). New York: Freeman.

Heath, S. B. (1983). *Ways with words: Language, life, and work in communities and classrooms*. Cambridge: Cambridge University Press.

Heath, S. B. (2004). Risks, rules, and roles: Youth perspectives on the work of learning for community development. In A. N. Perret-Clemont, C. Pontecorvo, L. B. Resnick, T. Zittoun, & B. Burge (Eds.), *Joining society: Social interaction and learning in adolescence and youth* (pp. 41–70). New York: Cambridge University Press.

Heath, S. B., & McLaughlin, M. (1993). *Identity and inner-city youth*. New York: Teachers' College.

Hirsch, B. (2005). *A place to call home: After-school programs for urban youth*. New York: Teachers College Press.

Hudicourt-Barnes, J. (2003). The use of argumentation in Haitian Creole science classrooms. *Harvard*

Educational Review, 73(1), 73–93.

Jimenez, R. T., Garcia, G. E., & Pearson, P. D. (1996). The reading strategies of Latina/o students who are successful English readers: Opportunities and obstacles. *Reading Research Quarterly*, 31(1), 90–112.

Keller, E. F. (1983). *A feeling for the organism: The life and work of Barbara McClintock.* New York: W. H. Freeman. 703

Ladson-Billings, G. (2001). *Crossing over to Canaan: The journey of new teachers in diverse classrooms*. San Francisco, CA: Jossey-Bass.

Langer, J., Bartolome, L., Vasquez, O., & Lucas, T. (1990). Meaning construction in school literacy tasks: A study of bilingual students. *American Educational Research Journal*, 27(3), 427–471.

Latour, B., & Woolgar, S. (1986). *Laboratory life: The social construction of scientific facts*. Second Edition. Princeton, NJ: Princeton University Press.

Lave, J. (1988). *Cognition in practice*. New York: Cambridge.

Lee, C. D. (1993). *Signifying as a scaffold for literary interpretation: The pedagogical implications of an African American discourse genre*. Urbana, IL: National Council of Teachers of English.

Lee, C. D. (1995). A culturally based cognitive apprenticeship: Teaching African American high school students' skills in literary interpretation. *Reading Research Quarterly*, 30(4), 608–631.

Lee, C. D. (2000). Signifying in the zone of proximal development. In C. D. Lee, & P. Smagorinsky (Eds.), *Vygotskian perspectives on literacy research: Constructing meaning through collaborative inquiry* (pp. 191–225). New York: Cambridge University Press.

Lee, C. D. (2001). Is October Brown Chinese: A cultural modeling activity system for underachieving students. *American Educational Research Journal*, 38(1), 97–142.

Lee, C. D. (2005). The state of knowledge about the education of African Americans. In J. King (Ed.), *Black education: A transformative research and action agenda for the new century.* Mahwah, NJ: Lawrence Erlbaum Associates (joint publication with the American Educational Research Association).

Lee, C. D. (2006). "Every good-bye ain't gone": Analyzing the cultural underpinnings of classroom talk. *International Journal of Qualitative Studies in Education*, 19(3), 305–327.

Lee, C. D. (2007). *Culture, literacy and learning: Taking blooming in the midst of the whirlwind.* New York: Teachers College Press.

Lee, C. D. (2008). The centrality of culture to the scientific study of learning and development: How an ecological framework in educational research facilitates civic responsibility. *Educational Researcher*, 37(5), 267–279.

Lee, C. D., Rosenfeld, E., Mendenhall, R., Rivers, A., & Tynes, B. (2004). Cultural modeling as a frame for narrative analysis. In C. L. Dauite, & C. Lightfoot (Eds.), *Narrative analysis: Studying the development of individuals in society* (pp. 39–62). Thousand Oaks, CA: Sage Publications.

Lee, C. D., Spencer, M. B., & Harpalani, V. (2003). Every shut eye ain't sleep: Studying how people live culturally. *Educational Researcher*, 32(5), 6–13.

Lynch, M. (1985). *Art and artifact in laboratory science: A study of shop work and shop talk in a research laboratory.* Boston, MA: Routledge and Kegan Paul.

Mahiri, J. (1998). *Shooting for excellence: African American and youth culture in new century schools.* New York: Teachers College Press and National Council of Teachers of English.

Mahiri, J. (2000/2001). Pop culture pedagogy and the end(s) of school. *Journal of Adolescent & Adult Literacy*, 44(4), 382–386.

704 Majors, Y. (2003). Shoptalk: Teaching and learning in an African American hair salon. *Mind, Culture and Activity*, 10(4), 289–310.

Masingila, J. (1994). Mathematics practice in carpet laying. *Anthropology & Education Quarterly*, 25(4), 430–462.

Maslow, A. (1962). *Toward a psychology of being*. Princeton, NJ: Von Nostrand.

Michaels, S. (1981). "Sharing time," Children's narrative styles and differential access to literacy. *Language in Society*, 10, 423–442.

Moll, L. (2000). Inspired by Vygotsky: Ethnographic experiments in education. In C. D. Lee, & P. Smagorinsky (Eds.), *Vygotskian perspectives on literacy research: Constructing meaning through collaborative inquiry* (pp. 256–268). Cambridge: Cambridge University Press.

Moll, L., & González, N. (2004). Engaging life: A funds of knowledge approach to multicultural education. In J. Banks, & C. McGee Banks (Eds.), *Handbook of research on multicultural education.* Second Edition (pp. 699–715). New York: Jossey-Bass.

Morrell, E. (2002). Toward a critical pedagogy of popular culture: Literacy development among urban youth. *Journal of Adolescent & Adult Literacy*, 46(1), 72–78.

Moschkovich, J. N. (1999). Supporting the participation of English language learners in mathematical discussions. *For the Learning of Mathematics*, 19(1), 11–19.

Moses, R.P., & Cobb, C. E. (2001). *Radical equations: Math literacy and civil rights*. Boston, MA: Beacon Press.

Moss, B. (1994). Creating a community: Literacy events in African-American churches. In B. Moss (Ed.), *Literacy across communities* (pp. 147–178). Cresskill, NJ: Hampton Press, Inc.

Nasir, N. (2000). "Points Ain't Everything": Emergent goals and average and percent understandings in the play of basketball among African-American students. *Anthropology and Education Quarterly*, 31(3), 283–305.

Nasir, N. (2002). Identity, goals, and learning: Mathematics in cultural practice. In N. Nasir, & P. Cobb (Eds.), *Mathematical thinking and learning*, *Special issue on diversity, equity, and mathematics* learning, 4(2 & 3), 211–247.

Nasir, N. (2005). Individual cognitive structuring and the sociocultural context: Strategy shifts in the game of dominoes. *Journal of the Learning Sciences*, 14(1), 5–34.

Nasir, N., & Bang, M. (Eds.) (2012). *Conceptualizing culture and racialized processes in learning*. Special issue of *Human Development,* 55(5–6), January 2013.

Nasir, N., & Cooks, J. (2009). Becoming a hurdler: How learning settings afford identities. *Anthropology & Education Quarterly*, 40(1), 41–61.

Nasir, N., & Stone, L. (2003). "'Mo' money, no problem': Learning to talk and play dominoes." Unpublished manuscript, Stanford University.

Ochs, E., Gonzales, P., & Jacoby, S. (1996). "When I come down I'm in the domain state": Grammar and graphic representation in the interpretive activity of physicists. In E. Ochs, E. A. Schegloff, & S. A. Thompson (Eds.), *Interaction and grammar* (pp. 328–369). Cambridge, England: Cambridge University Press.

Organization for Economic Cooperation and Development (2010). *PISA 2009 Results: Overcoming Social Background. Equity in Learning Opportunities and Outcomes*. Paris: OECD Publishing.

Orellana, M., Reynolds, J., Dorner, L., & Meza, M. (2003). In other words: Translating or "para- 705
phrasing" as a family literacy practice in immigrant households. *Reading Research Quarterly*, 38(1), 12–34.

Perkins, D. (1992). *Smart schools: Better thinking and learning for every child*. New York: The Free Press.

Polya, G. (1945). *How to solve it: A new aspect of mathematical method*. Princeton, NJ: Princeton University Press.

Resnick, M., & Rusk, N. (1996, July–August). Access is not enough: Computer clubhouses in the inner city. *American Prospect*, 27, 60–68.

Rogoff, B. (2003). *The cultural nature of human development*. New York: Oxford University Press.

Rogoff, B., & Angelillo, C. (2002). Investigating the coordinated functioning of multifaceted cultural practices in human development. *Human Development*, 45(4), 211–225.

Root-Bernstein, R. S. (1989). *Discovering: Inventing and solving problems at the frontier of scientific knowledge*. Cambridge, MA: Harvard University Press.

Rose, M. (2004). *The mind at work*. New York: Viking.

Rosebery, A. (2005). "What are we going to do next?" A case study of lesson planning. In R. Nemirovsky, A. Rosebery, B. Warren, & J. Solomon (Eds.), *Everyday matters in mathematics and science: Studies of complex classroom events* (pp. 299–328). Mahwah, NJ: Lawrence Erlbaum Associates.

Rosebery, A., & Warren, B. (Eds.) (2008). *Teaching science to English language learners*. Washington,

DC: The National Science Foundation.

Rosebery, A., Ogonowski, M., DiSchino, M., & Warren, B. (2010). "The coat traps all your body heat": Heterogeneity as fundamental to learning. *Journal of the Learning Sciences*, 19(3), 322–357.

Saxe, G. B. (1991). *Culture & cognitive development: Studies in mathematical understanding*. Mahwah, NJ: Lawrence Erlbaum Associates.

Scribner, S. (1985). Knowledge at work. *Anthropology and Education Quarterly*, 16(3), 199–206.

Smitherman, G. (1977). *Talkin and testifyin: The language of Black America*. Boston, MA: Houghton Mifflin.

Smitherman, G. (2000). African American student writers in the NAEP, 1969–1988/89 and "The Blacker the berry, the sweeter the juice". In G. Smitherman (Ed.), *Talkin that talk: Language, culture and education in African America* (pp. 163–194). New York: Routledge.

Sohmer, R., & Michaels, S. (2005). The "two puppies" story: The role of narrative in teaching and learning science. In U. Quasthoff, & T. Becker, (Eds.), *Narrative interaction* (pp. 57–91). Philadelphia, PA: John Benjamins Publishing Company.

Spencer, M. B. (1999). Social and cultural influences on school adjustment: The application of an identity-focused cultural ecological perspective. *Educational Psychologist*, 34(1), 43–57.

Steele, C. M. (1997). A threat in the air: How stereotypes shape intellectual identity and performance. *American Psychologist*, 52, 613–629.

Tate, W. F. (1995). Returning to the root: A culturally relevant approach to mathematics pedagogy. *Theory into Practice*, 34, 166–173.

706 Taylor, E. (2009). The purchasing practice of low-income students: The relationship to mathematical development. *Journal of the Learning Sciences*, 18(3), 370–415.

Tharp, R., & Gallimore, R. (1988). *Rousing minds to life: Teaching, learning, and schooling in social context.* New York: Cambridge University Press.

Valdes, G. (2002). *Expanding the definitions of giftedness: The case of young interpreters from immigrant countries*. Mahwah, NJ: Lawrence Erlbaum Associates.

Warren, B., Ballenger, C., Ogonowski, M., Rosebery, A., & Hudicourt-Barnes, J. (2001). Rethinking diversity in learning science: The logic of everyday sensemaking. *Journal of Research in Science Teaching*, 38, 529–552.

Warren, B., Ogonowski, M., & Pothier, S. (2005). "Everyday" and "scientific": Re-thinking dichotomies in modes of thinking in science learning. In R. Nemirovsky, A. Rosebery, J. Solomon, & B. Warren (Eds.), *Everyday matters in mathematics and science: Studies of complex classroom events* (pp. 119–148). Mahwah, NJ: Lawrence Erlbaum Associates.

Warren, B., & Rosebery, A. (2004, February). "What do you think Hassan means?" Exploring possible meanings of explicitness in the science classroom. Invited talk at the Center for the Scholarship of

Teaching, Michigan State University.

Warren, B., & Rosebery, A. (1996). “This question is just too, too easy!”: Perspectives from the classroom on accountability in science. In L. Schauble, & R. Glaser (Eds.), *Innovations in learning: New environments for education* (pp. 97–125). Hillsdale, NJ: Lawrence Erlbaum Associates.

Warren, B., & Rosebery, A. (2011). Navigating interculturality: African American male students and the science classroom. *Journal of African American Males in Education*, 2(1), 98–115.

Wolpert, L., & Richards, A. (1997). *Passionate minds: The inner world of scientists.* Oxford: Oxford University Press.

第35章

学习科学视角下的教师学习研究

巴里 · J. 菲什曼　伊丽莎白 · A. 戴维斯　陈桂涓

707 学习科学研究者进行着关于人们如何学习的基础研究，并把这些基础研究应用于设计新的常规、工具和课程中，以提高学习效果。当这些设计变成学校中课堂层次的干预措施时，教师就是关键的参与者，决定着每一项干预措施在实践中如何实现与持续。正是出于这个原因，当我们的目标是提高学生课堂学习效果时，理解教师如何学习以及如何支持教师发展就是非常重要的事情了。在本章中，我们考察学习科学对于教师学习研究的贡献，特别是认知科学、社会认知、社会文化和系统取向（systems-oriented）等这些领域中占主导地位的视角是如何在新的和重要的方向上拓展对教师学习的研究的。自从本书第一版有关教师学习的研究（Fishman & Davis，2006）发表以来，对聚焦教师如何学习的研究的需要变得越来越突出。这些年来基于问责的改革导致世界范围内很多的教育系统更加关注教师的质量和绩效（Chetty，Friedman，& Rockoff，2012）。国际政策文件也强调了教师学习是教育进步的关键（Directorate-General for Education and Culture，2005；Singapore Ministry of Education，2010；U.S. Department of Education，2010）。

学习科学中的教师学习研究聚焦教师如下方面的发展：教师的知识、信念、身份认同感和情境化实践。自从20世纪80年代，学习科学从认知科学发展而来后，学习科学研究者已经分析了学科知识以及不同内容领域的实践，比如数学、科学和历史领域的知识和实践，也一直致力于对教师专业知识这一拓展领域的研究。舒尔曼（Shulman，1986）将教师知识概括为三个基本领域。前两个领域中，*学科知识*和*教学法知识*是许多传统的教师学习研究的焦点。舒尔曼认为教师还需要第三个领域的知识，即*学科教学知识*（pedagogical content knowledge，PCK），研究者已经发现这个概念在理解哪种形式的教师知识会导致有效教学方面极其有用（Magnusson，Krajcik，& Borko，1999；Van Driel & Berry，2010；Van Driel，Verloop，& de Vos，1998）。最近，鲍尔、泰晤士和费尔普斯（Ball，Thames，& Phelps，2008）拓展了舒尔曼的观点，认为教师知识有六个领域，包括水平内容知识（horizon content knowledge，也有研究者译为“眼界知识”，即对每年课程内容的主题如何联
系在一起的理解）、一般内容知识（common content knowledge）、专门内容知 708
识（specialized content knowledge）、内容与学生知识（knowledge of content and students）、内容与教学知识（knowledge of content and teaching）以及内容与课程知识（knowledge of content and curriculum）。这一拓展后的教师知识分类提出了一系列需要探究和支持的研究领域。

除了聚焦教师知识，学习科学研究者也研究教师的知识、身份认同感和信念如何塑造他们的工作情境，又是如何被他们的工作情境所塑造的（Enyedy，Goldberg，& Welsh，2006）。学习科学研究者通常认为学习不可避免地要与情境相联系（Brown，Collins，& Duguid，1989），因此，这些研究总是在实践情境中研究教师的学习（Ball & Forzani，2009；Putnam & Borko，2000）。知识与情境的关系非常重要，因为教师增长的知识如果不能被转化到实践中，就不能影响学生的学习（Desimone，2009；Fishman，Marx，Best，& Tal，2003）。

教师学习主要发生在三个主要的职业阶段：职前教育阶段（成为教师之前的大学教育阶段），入职教育阶段（专业实践的最初几年），以及贯穿职业生涯的持续发展阶段（Feiman-Nemser，2001）。学习科学研究者研究所有这三个阶段的教师学习。*教师教育*（teacher education）更多是指教师在大学教育学院中接受的职前教育或者其他有认证的课程教育。同时，教师教育课程的差别很大。比如，课程可能聚焦于如何教各种各样的学生、如何整合建构主义到教学中，或者如何促进反思。对职前教育和入职教育的研究开始于对教师实践的聚焦，它探索了新手教师是如何学会教学的（Ball & Forzani，2009）。

教师专业发展（professional development，PD）指的是教师全职工作后的学习，经常指在职教育，与职前教育不同。教师专业发展可能涉及指导、支持性课程材料、工作坊、会议和在线共同体。研究表明最有效的教师专业发展具有如下特征：

- 具有持续性（而不是单独的一次研讨或者一次工作坊）；
- 强调内容知识（除领域一般教学策略之外），聚焦学生的理解；
- 与标准、期望或者教师其他的主动性相一致（Borko, Jacobs, & Koellner, 2010; Garet, Porter, Desimone, Birman, & Yoon, 2001; Fishman, Penuel, Hegedus, & Roschelle, 2011）；
- 要求教师检视和反思他们自己的实践（Putnam & Borko, 2000; Richardson & Anders, 1994）；
- 能为教师提供进行协作和获得社会支持的机会（Borko et al., 2010; Putnam & Borko, 2000）；
709 • 与预期或期望的课堂实践紧密联系（Cohen & Hill, 1998; Fishman et al., 2003），以便教师不需要做很多的工作就能把教师专业发展中获得的信息迁移到他们自己的课堂实践中去。

学习科学中大量有关教师学习的研究都是嵌入课堂实践情境中的，通过教师协作、提供认知工具和应用课程材料来为教师学习提供支持。目标是充分利用课堂和在职情境使得教师学习更加有效。

理解教师学习需要强调情境学习与实践，为了达到这个目标，学习科学研究者提供了超越传统认知科学研究者或者心理学研究者的有关教师专业知识的研究：学习科学研究经常在跨学科的团队中实施，这里融合了不同的学科领域的专家和不同的学科视角（Hill, Rowan, & Ball, 2005）。其结果就是，学习科学研究能够很好地帮助我们理解具体学科、具体情境中的教师知识与实践的本质及变化。

城市学校学习技术中心（Center for Learning Technologies in Urban Schools, LeTUS）项目提供了一个学习科学的研究方法对教师学习研究具有潜在益处的实例。LeTUS通过开发新的课程资料和支持技术来帮助学生和教师掌握科学探究的技能。这个项目由来自不同领域的研究者和实践者组成的协作团队来实施，这些领域包括科学教育、心理学、计算机科学、学习技术和素养教育。LeTUS项目并没有以聚焦教师学习开始，但是最初的研究很快表明，要达成学生的学习目标，教师的学习至关重要，于是有关教师学习的研究议程很快成为项目组整体目标的核心。因此，LeTUS项目聚焦于基于设计的工作以连接教师学习与学生学习（Fishman et al., 2003），聚焦于课程材料是如何促进教师学习的（Schneider & Krajcik, 2002），聚焦于开发在线的教师专业发展环境，以创建围绕课程材料（Fishman，2003）的实践共同体（Wenger，1998）。

一个被广泛接受的、简单的有关教师学习如何促进学生学习的逻辑模型是：教师教育或者专业发展导致了教师信念和知识的变化，教师信念的变化导致教师课堂行为的变化，这些行为的变化有助于促进学生的学习（Desimone，2009）。然而，同时研究这一线条上的所有步骤，进而精确地证明教师教育如何促进学生的学习仍然是个挑战（Fishman et al.，2003）。此外，反馈循环和双向关系使研究更加复杂了。而基于设计的研究（design-based research，DBR；Barab，本书第 8 章）则尤其适合研究教师学习，它能够包含上文中提到的逻辑模型上的所有要素。基于设计的研究植根于“真实世界”的实践情境中，能够达成改善课堂设计和指导课堂设计的学习理论的双重目 710
标（Collins，Joseph，& Bielaczyc，2004）。在基于设计的研究中，教师通常作为共同的设计者与研究者进行协作（Oshima et al.，2003；Penuel & Gallagher，2009），这样研究团队就能开发出扎根于课堂实践的课程材料和教学支持。因为研究者与教师的亲密协作，研究者能观察到教师的实践及变化，这为研究者提供了研究真实情境中教师学习的机会（Bielaczyc，2013）。

关于教师学习的学习科学研究实例

关于教师学习的学习科学研究可以归结为两大类：

- 关注为教师学习提供社会支持和知识的分布式属性的研究；
- 关注实践中教师学习的情境属性的研究。

关注社会支持和分布式专业技能

几十年的学习科学研究表明，学习具有社会性的和分布式的属性（参见本书第四部分的有关章节），教师学习也是如此。我们的综述表明，为教师学习提供有效的社会支持能帮助教师建构、分配和共享专业知识。

建立实践共同体

当教师能够有效地互相学习时，教师的学习就会得到加强（Grossman，

Wineburg, & Woolworth, 2001; Kubitskey, 2006; Putnam & Borko, 2000）。学习科学对于教师共同体的研究包括对线下和线上教师共同体的研究，这些教师共同体存在于中小学、大学、本地和跨国网络中。在一个有关教师学习的综述中，博尔科等人（Borko et al., 2010）认为，最有效的教师专业发展能为教师提供在专业学习共同体中协作的机会。不幸的是，教师通常每天都独立进行工作。很多基于学习科学的创新试图为教师提供在线交流技术，比如博客、聊天室和论坛，以便教师建立和展现专业身份，也让教师有机会为其他教师提供示范和支持（Luehmann, 2008）。其目标是建
711 立一个教师的实践共同体（community of practice, CoP），一个能够分享共同目标和兴趣的专业的支持性小组（Wenger, 1998）。有效设计的教师实践共同体能够支持教师分享各种专业知识，支持他们协同构建专业知识的基础，支持作为学徒的新手逐渐深入参与专业实践（Collins & Kapur，本书第6章）。

支持多种素养的引导式探究项目（Guided Inquiry supporting Multiple Literacies project, GIsML; Palincsar, Magnusson, Marano, Ford, & Brown, 1998）中的教师实践共同体受到三个设计原则的指导：（1）共同体应该聚焦于发展具体的教学取向（比如，探究式学习需要与知识内容联系，而不是与学生活动中的模糊观念相联系）；（2）共同体应该包含来自不同教学情境的教师以丰富能共享的智力资源；（3）共同体应该为教师提供多样化的机会来进行计划、实施和对实践的反思。这个项目说明了设计如何支持教师改善反思和协作。当然，实践共同体可以出现在任何人类社会组织中，但是GIsML项目的一个主要目标是引导实践共同体的创建和互动，并最大限度地促进教师学习。

格罗斯曼等人（Grossman et al., 2001）应用一个被称为“图书俱乐部”（book club）的模型支持教师围绕英语和历史学科的学科观念和实践进行学习。在这一模型中，来自同一所中学的英语和历史教师每月聚会一次，阅读英语文学和历史著作。该研究的目标是创建一个跨学科的课程，以支持教师发展对自己学科本质的理解以及对其他学科的更好理解。研究者把他们自己的基本角色定位于项目组织者和共同的参与者，而不是促进者和小组领导者（针对参与教师最初的挫败）。格罗斯曼及其同事对这个不断发展的小组（从伪共同体到一个真正的共同体）的研究强调了研究者和教师共同工作这一方式的重要性，这种方式能为教师提供在专业共同体中学习的机会和结构。

网络和其他通信技术具有拓展教师专业发展机会的潜力，也能通过提供合适的脚手架来促进协作。早期的三个相关项目包括网络实验室（LabNet）项目（Ruopp，Gal，Drayton，& Pfister，1993），数学论坛（Math Forum）项目（Renninger & Shumar，2004），和键入（Tapped In）项目（Schlager，Fusco，& Schank，2002）。

- 网络实验室项目应用电子邮件和公告板创建了一个实践共同体，该共同体由采用基于项目的教学方法的中学科学教师组成。研究者把该共同体的成功归因于有一个良好的在线共同体，它能够促进成员中同伴领导者的发展，这是实践共同体的核心组成部分，并且至今一直是学习科学研究的一个主题（Chan，2011；Fogleman，Fishman，& Krajcik，2006）。
- 数学论坛已经发展为一个非常有活力的共同体，在这个共同体中教师 712
可以讨论观点和提出问题。一个主要的创新是该共同体有一个“问问数学博士”服务，通过这种方式志愿者能够为其他教师提供同伴指导。
- 键入项目应用了“虚拟场所”（virtual place）的隐喻，每个学校和每名教师都能创造自己的“空间”（room），他们也能造访彼此的“空间”。键入项目可以被其他教师实践共同体用来拓展自己的专业发展课程。比如，数学论坛项目应用键入项目，作为教师会见“数学博士”的场所。

在每一个案例中，技术都不仅仅是获取信息和资源的机制，还是支持教师实践共同体产生和保持的知识建构工具。这些项目，以及我们随后描述的项目，都是从学习科学视角研究教师在线学习发展的很好的例子，从有关教师专业发展的文献可以看出，这是一个正在成长的领域（Dede，Ketelhut，Whitehouse，& McCloskey，2009）。

创立知识建构共同体

知识建构共同体和实践共同体非常类似，因为它们都通过社会的和技术的支持来增进教师的理解，但是与实践共同体不同的是，知识建构共同体强调教师是知识的创造者和设计者。参与知识建构共同体的教师不仅分享现有的共同体实践，而且持续地改善这些实践并开发新的实践。知识建构共同体聚焦集体的进步和教师创新能力的发展（Scardamalia & Bereiter，本书第20章）。教师集体工作的原则强调通过创新而不是从事固定的活动（也可参见即兴创作，Sawyer，2011）来为共同体创造新的知识和新的实践。

知识建构共同体经常包括具有不同经历的研究者和教师，他们存在于不同的情境中，包括中小学课堂、大学课程以及技术支持的研究环境中（Chan & Van Aalst，2006）。拉费里埃、埃里克森和布雷洛（Laferrière，Ericksen，& Breuleux，2007）考察了加拿大几所大学职前教师与在职教师之间的大学-中小学伙伴关系。通过参与由在职教师和大学教育者组成的网络共同体，职前教师学会了如何将数字化资源整合到他们的课堂实践中。职前教师和在职教师在知识论坛®系列工具的支持下，应用知识建构的原则来探究他们的课堂实践，与此同时，他们创建了虚拟导览来描绘共同体中集体知识的进步。

713 香港教师知识建构网络（Knowledge-Building Teacher Network in Hong Kong，KBTN；Chan，2011）的设计就旨在通过让教师参与知识建构，支持教师专业发展以实现教育创新。香港教师知识建构网络的三个设计主题是：基于原理的理解、指导（coaching）和辅导（mentoring），以及技术促进的评估。香港教师知识建构网络鼓励教师工作时遵循原则，通过参与创新、发展创新从而实现创新的利用。香港教师知识建构网络支持教师共同工作、创新实践，支持教师把西方的课堂实践进行转化以更适合亚洲的文化。

知识建构共同体经常由来自不同部门和不同国家的参与者组成，这为教师专业发展提供了新的维度。比如，知识社区网络（Knowledge Society Network，KSN；Hong，Scardamalia，& Zhang，2010）的成员来自20个国家，将教师、教师教育者、研究者、工程师、科学家和政策制定者聚集在一起发展教学创新。作为一个跨部门和跨文化的网络，知识社区网络提供了帮助教师与来自世界各地的其他专业人士共同创造知识的情境。

从学习科学中涌现的情境视角和社会文化视角有助于说明如何设计教师共同体以支持教师学习。在这些共同体中，教师有机会建构知识、发展可供分享的实践、解决真实情境中的真实问题。这些在线共同体也提供了大量数据，学习科学研究者能够用其来考察教师协作的动态，进而对我们更广泛地理解协作和学习有潜在的贡献。比如，计算机支持的协作学习（CSCL）的研究者（Stahl，Koschmann，& Suthers，本书第24章）对线上和线下专家和新手教师进行协作的会话进行了考察（Cesareni，Martini，& Mancini，2011）。对具有多样化专业知识的教师如何协作以及他们如何在教师共同体中创造知识的研究，能够丰富我们对人们如何从协作和交流中进行学习的理解（Enyedy & Stevens，本书第 10 章）。

指导和辅导

柯林斯和卡普尔（Collins & Kapur，本书第 6 章）观察到指导是认知学徒制的重要组成部分。指导——定期的、持续的和个性化的围绕实践的互动——可能对新手教师和有经验的教师都非常有益（Lampert & Graziani，2009）。让指导者（coaches）[有时也被称为“导师”（mentors）] 对教师进行指导是一种为其提供社会支持和分布式专业知识的方法，这种方法经常在更小规模、更个性化的情境中被使用。更有经验的教师和专家教师能为新手教师和经验少的教师在知识、信念和实践发展方面提供脚手架。

基于网络的科学探究环境（Web-based Inquiry Science Environment，WISE）是一个为学生设计的以技术为中介的学习环境（Linn，Clark，& Slotta，2003），这个环境为教师学习如何在课堂中应用这个环境提供了面对面的和在线的支持（Varma，Husic，& Linn，2008；Slotta，2004）。导师式的WISE 模式把教师与个人导师联系起来，其中个人导师主要通过面对面的互动提供辅导。这种提供辅导的专业发展模式以在线的支持为补充，比如为教师提供讨论空间、为教师提供评估和反馈工具、为教师采用现有的课程单元或者创造新的课程单元提供环境。对“WISE-导师”这种教师专业发展模式的研究表明，在全校应用这种模式的过程中，这种模式为具有不同教学风格的美国教师提供了支持（Slotta，2004）。有关这一模式近些年的研究也表明了教师利用在线共同体和面对面的会议互相提供支持的价值（Madeira & Slotta，2011）。 714

基于实践的教师教育和教师专业发展（Ball & Forzani，2009）非常依赖来自教师教育者的指导。在基于实践的教师教育中，教师的学习围绕教学材料和教学活动展开，以便他们将这些材料和活动直接应用到自己的课堂实践中，或者作为新手，他们也可以在将这些内容应用于学生之前，面向自己的同事进行试讲。指导是试讲的要素之一，可以支持新手教师投入到更复杂的教学实践中去。在进行试讲的时候，教师教育者作为指导者，能给新手教师提供非常有针对性的反馈（Grossman et al.，2009）。在试讲中，新手教师实施教师实践的一小部分，并通常与同伴以及一个或多个教师教育者共同进行。同伴或者教师教育者可以打断实施过程，提供暂停或者“倒回”重来的机会。教师教育者也可以对实施过程提供非常有针对性的反馈。比如，兰珀特、比斯利、古塞尼、卡齐米和弗兰克（Lampert，Beasley，Ghousseini，Kazemi，& Franke，2010）探究了教师教育者如何让三个机构的新手教师投入到数学课程的试讲中，其目的是提高这些职前教师把所学应用于学校情境的能力。与此类似，霍恩（Horn，2010）探究了有指导的试讲如何支持经验丰富的教师的学习，研究聚焦于与同事的试讲如何支持教师"调整"他们细致的教学工作。这种学术研究倾向仍然很新，具有广阔前景。

这些研究，以及之前所述的有关教师共同体的研究，证明了社会支持在教师学习中扮演着至关重要的角色。这些共同体提供了扩展教师专业知识的机制，使教师能接触到更广泛的观念。这些系统或者在线共同体所带来的其他有趣的效果是，它们提供的信息能够用于评估教师的学习，比如，通过评估教师所创造的人工制品来评估教师，或者，当教师开始在自己的学生身上使用新的实践方法或者材料时，通过仔细分析教师与指导者的互动来对教师进行评估。

715 通过聚焦实践来强调情境

情境是学习科学研究的一个核心概念，其中心思想是真实情境中的学习更加有效（Greeno & Engeström，本书第7章）。下面的例子说明了情境学习是如何促进教师学习的。

将视频和其他实践表征作为教师学习的媒介

教师经常希望能去参观其他教师的课堂实践，因为他们感到这是一种非常有效的方式，能够让他们理解如何将教学的理念应用到实践中去（Fishman & Duffy，1992）。但是在大多数学校，在相同的时间段内所有的教师都在教学，这使得他们不可能离开自己的课堂而走进其他教师的课堂。最普遍的解决办法是收集教师实践的视频。比如，几项研究已经探究了应用视频俱乐部或者研究小组的方式来促进在职教师的不间断学习（Frederiksen，Sipusic，Sherin，& Wolfe，1998；Sherin，2004）。一个面对面的视频俱乐部对两名参与项目的中学数学教师的课堂实践进行录像，然后所有参与教师每月对视频录像讨论一次（Sherin & Van Es，2009；Van Es，2009）。这项实践持续整个学年，帮助这些教师发展专业洞察力（professional vision）——"观察和解释课堂事件关键特征的能力"（Sherin，2004，p.179）。教师——即使是他们的实践没有成为讨论焦点的教师——变得更愿意考虑学生的想法以及学生思维与教学决策之间的关系。视频日益成为教师教育中的关键部分，它不仅能够帮助职前教师“看透”（see）多种多样的课堂，而且能够让他们有机会选择和呈现自己的教学视频案例，用以评论和反馈。设计能够表征实践并激发有效评论的视频案例是一个活跃的研究领域（Zembal-Saul，2008）。学会如何观看教学视频、如何产生有效的评论、如何通过视频发展与分享实践的思维模式，是很多职前课程正在教授的技能（McDonald，2010；Star & Strickland，2008）。

威斯康星大学和罗格斯大学的学习科学研究者协作开发了中小学教师教育项目（Elementary and Secondary Teacher Education Program，eSTEP），该项目开发的工具能够对创建面向职前教师的在线课程和活动提供支持，这些课程和活动把协作教学计划与文本及视频研究系统地整合起来（Derry & Hmelo-Silver，2002）。这两所大学的 eSTEP，包含一个应用于教学的学习科学概念超媒体图书馆，这个图书馆链接了一个课堂视频案例数据库。这个项目面临着一些挑战，包括在教师期望与学习环境的目标之间寻求平衡（Derry，Seymour，Steinkuehler，Lee，& Siegel，2004）。

一些项目甚至采用计算机生成的具有动画形象的视频以及计算机生成的 716
图形来帮助教师研究和反思实践。比如，数学教学思维实验项目（Thought Experiments in Mathematics Teaching project，ThEMaT；Chazan & Herbst，2012；Chieu，Herbst，& Weiss，2011）采用不能凭借特征区分性别和民族的动画形象，让教师聚焦于它正在说什么，聚焦于教师如何与学生互动，而不用太注意教师或者学生的性格、种族或者服饰。ThEMaT 团队利用预设方案和容易应用的创作工具进行实验，允许教师创作他们自己的动画方案。在职前教师教育中利用这些材料能支持新手教师理解课堂中师生互动和生生互动的精妙之处（Chen，2011）。

这些项目通过将教师学习置于实践的表征中而促进教师学习，这与更普遍的教师教育或者教师专业发展方式形成鲜明对比——更普遍的方式聚焦于宽泛的概念，比如“建构主义教学”“探究”“协作学习”，却把将这些观念应用于课堂实践的任务留给了教师自己。本部分论述的这种观点在强调教师专业发展设计“一致性”和“实用性”的重要性的研究中得到了回应：当教师意识到教师专业发展实践与他们所在的情境和需求相联系时，教师就会认为这种专业发展实践更有价值（Fishman et al.，2011；Penuel，Fishman，Yamaguchi，& Gallagher，2007）。

使用教育性课程材料支持教师学习

因为课程材料是教师教学中基本的引导性资源，鲍尔和科恩（Ball & Cohen，1996）建议应该把教师学习的机会直接嵌入他们的课程材料中。这些教育性课程材料对教师学习是强有力的，因为它们把教师学习置于每天的实践中，并且有研究表明了它们在支持教师学习方面的价值（McNeill，2009）。戴维斯和克拉切克（Davis & Krajcik，2005）描述了这些教育性课程材料促进教师学习的过程，比如帮助教师获得关于教学的新观点，将实践原则与具体的教学活动结合起来，想象新的、更大胆的实践。比如，除了提供有效的教学方法，它们也为教师学习的具体方面提供不间断的支持。这是一种根本性的变化，因为大部分课程材料不是以帮助教师学习为目的设计的（Beyer，Delgado，Davis，& Krajcik，2009）。教育性课程材料能够为提高教师的教学设计能力，或者运用个人的或者材料性资源为学生设计有效的学习体验的能力提供支持（Brown，2009；Remillard，2005）。

小学科学课程获取系统（Curriculum Access System for Elementary Science，CASES）意在为职前和小学新手科学教师提供支持，目标是帮助小学新手科
717 学教师应对其所面对的主要挑战（Davis，Petish，& Smithey，2006）。CASES 研究探索了教育性课程材料支持教师学习的不同方式，比如，将教学的概念植入教师的实践故事情境中的叙事，以及解释概念背后的原则的解释性支持（Beyer & Davis，2009；Davis，Beyer，Forbes，& Stevens，2011）。其他的项目探究了更有经验的教师应用教育性课程材料的情况（Schultz，Arias，Davis，& Palincsar，2012）。课堂系统本身具有一定的复杂性（Linn，Davis，& Bell，2004），研究和开发课程材料必须承认和解释这种复杂性。

基于互联网的知识网络（Knowledge Networks On the Web，KNOW；Fishman，2003）是一个在线的教师专业发展环境，它是对 LeTUS 项目情境性中开发的探究取向中学课程材料的一个拓展。KNOW 的设计者选择为教师提供两种基本类型的视频："实践影像"视频，这种视频提供了观察课堂实践的窗口；"如何做"视频，这种视频提供了有关如何安装和使用科学仪器的可视化教学步骤指导。KNOW 在与其他教师专业发展活动相结合，包括与面对面的工作坊相结合时，效果最好。这种整合的教师专业发展方法已经被证明能促进课堂实践和学生的学习（Fishman et al.，2003；Kubitskey，Fishman，& Marx，2004）。

使用认知工具和数字化工具支持教师学习

认知分布于人和工具的观念是社会认知学习理论的核心要素（Greeno，Engeström，本书第 7 章；Vygotsky，1978），它构成了大量学习科学研究的基础。当我们对教学的观念从一项单一的活动转变为对网络上的工具和各种链接进行协调、统筹和管理时，我们有关应如何教以及如何更好地支持教的观念也发生了改变。这也是美国国家教育技术计划（National Educational Technology Plan，NETP；U.S. Department of Education，2010）想描绘和呈现的未来的教育实践，该计划采用的是“连接起来的教学”的隐喻。在某种意义上，任何分担部分教学任务的工具都隶属于这种类型。我们在这聚焦于两个例子：第一，认知导师和为学生提供个性化教学的 ASSISTments；第二，支持教师使用课程材料的工具。

认知导师应用人工智能的方法创造工具，为学习者提供引导、反馈和线索，它几乎和人类导师具有同等效果（Koedinger & Corbett，2006；VanLehn，2011）。通过应用认知导师为学生学习提供个性化的支持，教师能够花更多的时间在那些有困惑的或者需要额外帮助的学生身上，课堂时间也被分成学生与认知导师在一起的时间以及小组或者全班教学时间（Corbett，Koedinger，& Hadley，2001）。ASSISTments 是认知导师技术中的一个变体，它是一个“评估和提供教学帮助的混合体”（Heffernan，Heffernan，Bennett Decoteau，& Militello，2012，p.89）。ASSISTments 通过收集学生学习过程的数据，使得教 718
师能够细致地监控学生的学习过程。虽然有时这一技术会直接为学习者提供帮助，但是更多时候教师会借助其为学生提供帮助或干预。这些系统所面临的关键问题是如何设计给教师呈现的信息，以及个性化教学引发的课堂管理的诸多挑战（Connor et al.，2011）。

教师经常根据他们所处的现场情境对材料进行重新解读，以致违背了这些材料的设计初衷（Barab & Luehmann，2003；Davis，2006）。这就是布朗和坎皮恩（Brown & Campione，1994）所指的“致命变动”（lethal mutation）的本质。最近学习科学研究者正努力提供嵌入式的支持以帮助教师做出“一致性调整”（congruent adaptations；Blumenfeld et al.，2006），这允许教师对材料做一些改变以适应现场情况的需要，同时也不违背该材料设计的核心原则。这方面的一个例子就是“计划制订和反思工具”（Planning Enactment and Reflection Tool，PERT；Lin & Fishman，2006），它是与 LeTUS 项目（Blumenfeld，

Fishman, Krajcik, Marx, & Soloway, 2000）中教育性课程材料结合开发的一个原型。PERT 能够帮助教师表明他们想对课程做出的修改。比如，因为计算机使用方面的困难，教师可以跳过基于技术的课程部分，或者由于时间限制而省掉最后的展示环节。PERT 给教师呈现操作界面，教师可以利用仪表盘或者其他界面要素说明他的计划如何在教学和内容学习目标方面与课程设计者的意图一致，然后教师才可以做出进一步的调整。

这些环境日益被当作数字化教学平台（digital teaching platforms, DTP）看待（Dede & Richards, 2012）。数字化教学平台是一种技术支持的教学环境，它把学习者模型、丰富的数据分析和展示整合起来以支持教师做出教学计划和反思。数字化教学平台的研究与开发在不久的将来很可能会是一个研究不断增加的领域。数字化教学平台提供了一种把有关学习科学取向的教学和学习进行整合的研究环境。

不管是植根于教师自己的实践还是以其他人的实践为基础，本部分综述的实例都表明了情境在设计对教师学习的支持方面的巨大效力。就像学生一样，教师也能从真实情境的学习中受益。

研究展望

学习科学理论与方法论对于揭示和理解情境在教师学习中的重要性尤其有用，能够确保实践在我们研究中的核心地位。随着该领域研究的进步，我
719 们会拓展相关的研究工作，将其聚焦于可扩展的和持续创新的教和学中。其中的一个方向就是进行基于设计的实施研究（design-based implementation research, DBIR；Penuel & Spillane, 本书第 32 章），它将基于设计的社会认知方法与政策研究的理论和方法相结合，以更好地理解干预如何在课堂和更大的系统中起作用（Fishman, Penuel, Allen, & Cheng, 2013；Penuel, Fishman, Cheng, & Sabelli, 2011）。

不断变化的人口、不断进步的通信基础设施和技术将为教师学习提供新的机遇和环境。学习科学研究影响了政策制定者和实践者思考这些新机遇的方式，它已经体现在了 2010 年的美国国家教育技术计划（U.S. Department of Education, 2010）和很多其他国际的政策文件中。我们预计，学习科学研究的范围将不断扩大，这些研究既可向教师取经，也可为教师的学习做出贡

献。这项工作的进展不仅对于学习科学至关重要，而且对更广泛的教育研究和改革议程也非常重要。

致谢

第三作者陈桂涓受到了中国香港大学教育资助委员会（University Grants Committee of Hong Kong）优配研究金（General Research Funds）的支持（Grant HKU 740809H）。

参考文献

Ball, D. L., & Cohen, D. K. (1996). Reform by the book: What is – or might be – the role of curriculum materials in teacher learning and instructional reform? *Educational Researcher*, 25(9), 6–8.

Ball, D., & Forzani, F. (2009). The work of teaching and the challenge for teacher education. *Journal of Teacher Education*, 60(5), 497–511.

Ball, D., Thames, M., & Phelps, G. (2008). Content knowledge for teaching: What makes it special? *Journal of Teacher Education*, 29(5), 389–407.

Barab, S. A., & Luehmann, A. L. (2003). Building sustainable science curriculum: Acknowledging and accommodating local adaptation. *Science Education*, 87(4), 454–467.

Beyer, C., & Davis, E. A. (2009). Using educative curriculum materials to support preservice elementary teachers' curricular planning: A comparison between two different forms of support. *Curriculum Inquiry*, 39(5), 679–703.

Beyer, C. J., Delgado, C., Davis, E. A., & Krajcik, J. (2009). Investigating teacher learning supports in high school biology curricular programs to inform the design of educative curriculum materials. *Journal of Research in Science Teaching*, 46(9), 977–998.

Bielaczyc, K. (2013). Informing design research: Learning from teachers' designs of social infrastructure. *Journal of the Learning Sciences,* 22(2), 258–311.

Blumenfeld, P., Fishman, B., Krajcik, J., Marx, R., & Soloway, E. (2000). Creating usable innovations 720
in systemic reform: Scaling up technology-embedded project-based science in urban schools. *Educational Psychologist*, 35(3), 149–164.

Blumenfeld, P., Krajcik, J., Kempler, T., Kam, R., Gallagher, S., & Geier, B. (2006). *Opportunities to learn: Teacher instructional practices that account for variation in achievement in project-based science*. Annual Meeting of the American Educational Research Association. San Francisco, CA.

Borko, H., Jacobs, J., & Koellner, K. (2010). Contemporary approaches to teacher professional development. In P. L. Peterson, E. Baker, & B. McGaw (Eds.), *International encyclopedia of education* (pp. 548–556). New York: Elsevier.

Brown, A. L., & Campione, J. C. (1994). Guided discovery in a community of learners. In K. McGilly (Ed.), *Classroom lessons: Integrating cognitive theory and classroom practice* (pp. 229–270). Cambridge, MA: MIT Press/Bradford Books.

Brown, J. S., Collins, A., & Duguid, P. (1989). Situated cognition and the culture of learning. *Educational Researcher*, 18(1), 32–42.

Brown, M. (2009). The teacher-tool relationship: Theorizing the design and use of curriculum materials. In J. T. Remillard, B. Herbel-Eisenman, & G. Lloyd (Eds.), *Mathematics teachers at work: Connecting curriculum materials and classroom instruction* (pp. 17–36). New York: Routledge.

Cesareni, D., Martini, F., & Mancini, I. (2011). Building a community among teachers, researchers and university students: A blended approach to training. *International Journal of Computer-Supported Collaborative Learning*, 6, 625–646.

Chan, C. K. K. (2011). Bridging research and practice: Implementing and sustaining knowledge building in Hong Kong classrooms. *International Journal of Computer-Supported Collaborative Learning*, 6(2), 147–186.

Chan, C. K. K., & Van Aalst, J. (2006). Teacher development through computer-supported knowledge building: Experience from Hong Kong and Canadian teachers. *Teaching Education*, 17, 7–26.

Chazan, D., & Herbst, P. (2012). Animations of classroom interaction: Expanding the boundaries of video records of practice. *Teachers' College Record*, 114(3), 1–34.

Chen, C. L. (2011). Planning ahead in learning to teach: Attending to mathematical interactions with students. Unpublished doctoral dissertation, University of Michigan, Ann Arbor.

Chetty, R., Friedman, J. N., & Rockoff, J. E. (2012). The long-term impacts of teachers: Teacher value-added and student outcomes in adulthood. Retrieved May 9, 2012, 2012, from http://obs.rc.fas.harvard.edu/chetty/value_added. html.

Chieu, V., Herbst, P., & Weiss, M. (2011). Effects of an animated classroom story embedded in online discussion on helping Mathematics teachers to notice. *The Journal of the Learning Sciences*, 20(4), 589–624.

Cohen, D. K., & Hill, H. C. (1998). *State policy and classroom performance: Mathematics reform in California* (*CPRE Policy Brief No. RB-23*). Philadelphia, PA: Consortium for Policy Research in Education.

721 Collins, A. (2006). Cognitive apprenticeship. In R. K. Sawyer (Ed.), *The Cambridge handbook of the learning sciences* (pp. 47–60). New York: Cambridge University Press.

Collins, A., Joseph, D., & Bielaczyc, K. (2004). Design research: Theoretical and methodological issues. *The Journal of the Learning Sciences*, 13(1), 15–42.

Connor, C. M., Morrison, F. J., Schatschneider, C., Toste, J. R., Lundblom, E., Crowe, E. C., & Fishman, B. (2011). Effective classroom instruction: Implications of child characteristics by reading instruction interactions on first graders' word reading achievement. *Journal of Research on Educational Effectiveness*, 4(3), 173–207.

Corbett, A. T., Koedinger, K. R., & Hadley, W. (2001). Cognitive tutors: From the research classroom to all classrooms. In P. Goodman (Ed.), *Technology enhanced learning: Opportunities for change* (pp. 235–263). Mahwah, NJ: Lawrence Erlbaum Associates.

Davis, E. A. (2006). Preservice elementary teachers' critique of instructional materials for science. *Science Education*, 90(2), 348–375.

Davis, E. A., Beyer, C., Forbes, C., & Stevens, S. (2011). Understanding pedagogical design capacity through teachers' narratives. *Teaching and Teacher Education*, 27(4), 797–810.

Davis, E. A., & Krajcik, J. S. (2005). Designing educative curriculum materials to promote teacher learning. *Educational Researcher*, 34(3), 2–14.

Davis, E. A., Petish, D., & Smithey, J. (2006). Challenges new science teachers face. *Review of Educational Research*, 76(4), 607–651.

Dede, C., Ketelhut, D. J., Whitehouse, P., & McCloskey, E. (2009). A research agenda for online teacher professional development. *Journal of Teacher Education*, 60(1), 8–19.

Dede, C., & Richards, J. (2012). *Digital teaching platforms: Customizing classroom learning for each student*. New York: Teachers College Press.

Derry, S. J., & Hmelo-Silver, C. (2002). Addressing teacher education as a complex science: Theory-based studies within the STEP project. In P. Bell, R. Stevens, & T. Satwicz (Eds.), *International Conference of the Learning Sciences* (*ICLS*) (pp. 611–615). Mahwah, NJ: Lawrence Erlbaum Associates.

Derry, S. J., Seymour, J., Steinkuehler, C., Lee, J., & Siegel, M. A. (2004). From ambitious vision to partially satisfying reality: An evolving socio-technical design supporting community and collaborative learning in teacher education. In S. A. Barab, R. Kling, & J. H. Gray (Eds.), *Designing for virtual communities in the service of learning* (pp. 256–295). Cambridge: Cambridge University Press.

Desimone, L. (2009). Improving impact studies of teachers' professional development: Toward better conceptualizations and measures. *Educational Researcher*, 38(3), 181–199.

Directorate-General for Education and Culture. (2005). CPD for teachers and trainers. European Commission. Retrieved 12/2/2012 from http://ec.europa.eu/ education/lifelong-learning-policy/doc/clusters/reportpeer1_En.pdf.

Enyedy, N., Goldberg, J., & Welsh, K. M. (2006). Complex dilemmas of identity and practice. *Science Education*, 90(1), 68–93.

Feiman-Nemser, S. (2001). From preparation to practice: Designing a continuum to strengthen and sustain teaching. *Teachers College Record*, 103(6), 1013–1055.

722 Fishman, B. (2003). Linking on-line video and curriculum to leverage community knowledge. In J. Brophy (Ed.), *Advances in research on teaching: Using video in teacher education* (vol. 10, pp. 201–234). New York: Elsevier.

Fishman, B., & Davis, E. A. (2006). Teacher learning research and the learning sciences. In R. K. Sawyer (Ed.), *The Cambridge handbook of the learning sciences* (pp. 535–550). New York: Cambridge University Press.

Fishman, B., & Duffy, T. M. (1992). Classroom restructuring: What do teachers really need? *Educational Technology Research and Development*, 40(3), 95–111.

Fishman, B., Marx, R., Best, S., & Tal, R. (2003). Linking teacher and student learning to improve professional development in systemic reform. *Teaching and Teacher Education*, 19(6), 643–658.

Fishman, B., Penuel, W. R., Allen, A., & Cheng, B. H. (2013). Design-based implementation research: Theories, methods, and exemplars. *National Society for the Study of Education Yearbook*, 2(112), 320–349.

Fishman, B., Penuel, W. R., Hegedus, S., & Roschelle, J. M. (2011). What happens when the research ends? Factors related to the sustainability of a technology-infused mathematics curriculum. *Journal of Computers in Mathematics and Science Teaching*, 30(4), 329–353.

Fogleman, J., Fishman, B., & Krajcik, J. S. (2006). Sustaining innovations through lead teacher learning: A learning sciences perspective on supporting professional development. *Teaching Education*, 17(2), 181–194.

Frederiksen, J. R., Sipusic, M., Sherin, M., & Wolfe, E. (1998). Video portfolio assessment: Creating a framework for viewing the functions of teaching. *Educational Assessment*, 5(4), 225–297.

Garet, M. S., Porter, A. C., Desimone, L., Birman, B. F., & Yoon, K. S. (2001). What makes professional development effective? Results from a national sample of teachers. *American Educational Research Journal*, 38(4), 915–945.

Greeno, J. G. (2006). Learning in activity. In R. K. Sawyer (Ed.), *The Cambridge handbook of the learning sciences* (pp. 79–96). New York: Cambridge University Press.

Grossman, P., Compton, C., Igra, D., Ronfeldt, M., Shahan, E., & Williamson, P. (2009). Teaching practice: A cross-professional perspective. *Teachers College Record*, 111(9), 2055–2100.

Grossman, P., Wineburg, S., & Woolworth, S. (2001). Toward a theory of teacher community. *Teachers College Record*, 103(6), 942–1012.

Heffernan, N. T., Heffernan, C. L., Bennett Decoteau, M., & Militello, M. (2012). Effective and meaningful use of educational technology: Three cases from the classroom. In C. Dede, & J. Richards (Eds.), *Digital teaching platforms: Customizing classroom learning for each student* (pp. 88–102). New York: Teachers College Press.

Hill, H. C., Rowan, B., & Ball, D. L. (2005). Effects of teachers' mathematical knowledge for teaching on student achievement. *American Educational Research Journal*, 42(2), 371–406.

Hong, H. Y., Scardamalia, M., & Zhang, J. (2010). Knowledge Society Network: Toward a dynamic, sustained network for building knowledge. *Canadian Journal of Learning and Technology*, 36(1).

Horn, I. (2010). Teaching replays, teaching rehearsals, and re-visions of practice: Learning from colleagues in a mathematics teacher community. *Teachers College Record*, 112(1), 225–259.

Koedinger, K., & Corbett, A., (2006). Cognitive tutors: Technology bringing learning sciences to the classroom. In R. K. Sawyer (Ed.), *The Cambridge handbook of the learning sciences* (pp. 61–77). New York: Cambridge University Press. 723

Kubitskey, B. (2006). Extended professional development for systemic curriculum reform. Unpublished doctoral dissertation. University of Michigan, Ann Arbor.

Kubitskey, B., Fishman, B., & Marx, R. (2004). *Teacher learning from reform-based professional development and its impact on student learning: A case study.* Annual Meeting of the National Association of Research on Science Teaching. Vancouver, Canada.

Laferrière T., Erickson, G., & Breuleux, A. (2007). Innovative models of web-supported university-school partnerships. *Canadian Journal of Education*, 30(1), 211–238.

Lampert, M., Beasley, H., Ghousseini, H., Kazemi, E., & Franke, M. (2010). Using designed instructional activities to enable novices to manage ambitious mathematics teaching. In M. K. Stein, & L. Kucan (Eds.), *Instructional explanations in the discipline* (pp. 129–141). New York: Springer.

Lampert, M., & Graziani, F. (2009). Instructional activities as a tool for teachers' and teacher educators' learning. *Elementary School Journal*, 109(5), 491–509.

Lin, H. T., & Fishman, B. (2006). *Exploring the relationship between teachers' curriculum enactment experience and their understanding of underlying unit structures. 7th International Conference of the Learning Sciences* (vol. 1, pp. 432–438). Mahwah, NJ: Lawrence Erlbaum Associates.

Linn, M. C., Clark, D., & Slotta, J. (2003). WISE design for knowledge integration. *Science Education*, 87(4), 517–538.

Linn, M. C., Davis, E. A., & Bell, P. (2004). *Internet environments for science education*. Mahwah, NJ: Lawrence Erlbaum Associates.

Luehmann, A. L. (2008). Using blogging in support of teacher professional identity development: A case study. *Journal of the Learning Sciences*, 17(3), 287–337.

Madeira, C. A., & Slotta, J. D. (2011). Technology-mediated reflection and peer exchange: Supports for teacher professional development communities. In H. Spada, G. Stahl, N. Miyake, & N. Law

(Eds.), *Connecting computer-supported collaborative learning to policy and practice: CSCL 2011 Conference Proceedings*. Volume I – Long Papers (pp. 558–565). International Society of the Learning Sciences.

Magnusson, S., Krajcik, J., & Borko, H. (1999). Nature, sources, and development of pedagogical content knowledge for science teaching. In J. Gess-Newsome, & N. Lederman (Eds.), *Examining pedagogical content knowledge: The construct and its implications for science education* (pp. 95–132). Dordrecht, The Netherlands: Kluwer Academic Publishers.

McDonald, S. P. (2010). Building a conversation: Preservice teachers' use of video as data for making evidence-based arguments about practice. *Educational Technology*, 50(1), 28–31.

McNeill, K. (2009). Teachers' use of curriculum to support students in writing scientific arguments to explain phenomena. *Science Education*, 93(2), 233–268.

Oshima, J., Oshima, R., Inagaki, S., Takenaka, M., Nakayama, H., Yamaguchi, E., & Murayama, I.
724 (2003). Teachers and researchers as a design team: Changes in their relationship through a design experiment using computer support for collaborative learning (CSCL) technology. *Education, Communication & Information*, 3(1), 105–127.

Palincsar, A., Magnusson, S., Marano, N., Ford, D., & Brown, N. (1998). Designing a community of practice: Principles and practices of the GIsML community. *Teaching and Teacher Education*, 14(1), 5–19.

Pea, R. D. (1993). Practices of distributed intelligence and designs for education. In G. Salomon (Ed.), *Distributed cognitions: Psychological and educational considerations* (pp. 47–87). New York: Cambridge University Press.

Penuel, W. R., Fishman, B., Cheng, B. H., & Sabelli, N. (2011). Organizing research and development at the intersection of learning, implementation, and design. *Educational Researcher*, 40(7), 331–337.

Penuel, W. R., Fishman, B., Yamaguchi, R., & Gallagher, L. (2007). What makes professional development effective? Strategies that foster curriculum implementation. *American Educational Research Journal*, 44(4), 921–958.

Penuel, W. R., & Gallagher, L. P. (2009). Preparing teachers to design instruction for deep understanding in middle school earth science. *Journal of the Learning Sciences*, 18(4), 461–508.

Putnam, R., & Borko, H. (2000). What do new views of knowledge and thinking have to say about research on teacher learning? *Educational Researcher*, 29(1), 4–15.

Remillard, J. (2005). Examining key concepts in research on teachers' use of mathematics curricula. *Review of Educational Research*, 75(2), 211–246.

Renninger, K. A., & Shumar, W. (2004). The centrality of culture and community to participant learning at and with The Math Forum. In S. A. Barab, R. Kling, & J. H. Gray (Eds.), *Designing for virtual communities in the service of learning* (pp. 181–209). Cambridge: Cambridge University Press.

Richardson, V., & Anders, P. L. (1994). The study of teacher change. In V. Richardson (Ed.), *Teacher change and the staff development process: A case in reading instruction* (pp. 159–180). New York: Teachers College Press.

Ruopp, R. R., Gal, S., Drayton, B., & Pfister, M. (1993). *LabNet: Toward a community of practice.* Hillsdale, NJ: Lawrence Erlbaum Associates.

Sawyer, R. K. (2011). What makes good teachers great? The artful balance of structure and improvisation. In R. K. Sawyer (Ed.), *Structure and improvisation in creative teaching*. New York: Cambridge University Press.

Schlager, M. S., Fusco, J., & Schank, P. (2002). Evolution of an online education community of practice. In K. A. Renninger, & W. Shumar (Eds.), *Building virtual communities: Learning and change in cyberspace* (pp. 129–158). Cambridge: Cambridge University Press.

Schneider, R. M., & Krajcik, J. S. (2002). Supporting science teacher learning: The role of educative curriculum materials. *Journal of Science Teacher Education*, 13(3), 221–245.

Schultz, A., Arias, A., Davis, E. A., & Palincsar, A. S. (2012). Connecting curriculum materials and teachers: Elementary science teachers' enactment of a reform-based curricular unit. Paper presented at the annual meeting of the National Association for Research in Science Teaching.

Sherin, M. G. (2004). Teacher learning in the context of a video club. *Teaching and Teacher Education*, 20(2), 163–183.

Sherin, M. G., & Van Es, E. (2009). Effects of video club participation on teachers' professional vision. 725
Journal of Teacher Education, 60(1), 20–37.

Shulman, L. S. (1986). Those who understand: Knowledge growth in teaching. *Educational Researcher*, 15(2), 4–14.

Singapore Ministry of Education (2010). Building a national education system for the 21st century: The Singapore experience. Retrieved from http://www.edu.gov.on.ca/bb4e/materials.html.

Slotta, J. (2004). The Web-based Inquiry Science Environment (WISE): Scaffolding knowledge integration in the science classroom. In M. C. Linn, E. A. Davis, & P. Bell (Eds.), *Internet environments for science education* (pp. 203–231). Mahwah, NJ: Lawrence Erlbaum Associates.

Star, J., & Strickland, S. (2008). Learning to observe: Using video to improve preservice teachers' ability to notice. *Journal of Mathematics Teacher Education*, 11(2), 107–125.

U.S. Department of Education. (2010). *Transforming American education: Learning powered by technology*. Washington, DC: U.S. Department of Education.

Van Driel, J. H., & Berry, A. (2010). The teacher education knowledge base: Pedagogical content knowledge. In P. L. Peterson, E. Baker, & B. McGaw (Eds.), *Third international encyclopedia of education* (vol. 7, pp. 656–661). Amsterdam: Elsevier.

Van Driel, J., Verloop, N., & de Vos, W. (1998). Developing science teachers' pedagogical content knowledge. *Journal of Research in Science Teaching*, 35(6), 673–695.

Van Es, E. (2009). Participants' roles in the context of a video club. *Journal of the Learning Sciences*, 18(1), 100–137.

VanLehn, K. (2011). The relative effectiveness of human tutoring, intelligent tutoring systems, and other tutoring systems. *Educational Psychologist*, 46(4), 197–221.

Varma, K., Husic, F., & Linn, M. (2008). Targeted support for using technology-enhanced science inquiry modules. *Journal of Science Education and Technology*, 17(4), 341–356.

Vygotsky, L. S. (1978). *Mind in society: The development of the higher psychological processes*. Cambridge, MA: Harvard University Press.

Wenger, E. (1998). *Communities of practice: Learning, meaning, and identity*. Cambridge: Cambridge University Press.

Zembal-Saul, C. (2008). What were you thinking?! Designing video cases to provide novices access to experienced elementary teachers' reasoned decision-making during science teaching. In K. McFerrin, et al. (Eds.), *Proceedings of Society for Information Technology & Teacher Education International Conference 2008* (pp. 4834–4838). Chesapeake, VA: AACE.

第36章

结论——学习的未来：将教育创新建立在学习科学的基础之上

R. 基思 · 索耶

自2006年第1版《剑桥学习科学手册》出版至今，教育格局已经发生了巨大的变化。在2006年，很多新事物还不存在；而今天，下列的每一个产品都在教育中产生了重大的影响。 726

- **平板电脑**。比如苹果的iPad和微软的Surface。在2012年，苹果发布了iBooks Author，这是一款帮助教师开发自己的定制教材的免费教科书编写应用。
- **智能手机**。尽管在2006年，智能手机就已经广为商务人群所接受［当时流行的设备包括黑莓（BlackBerry）手机和奔迈（Palm Treo）手机］，但它们的市场占有率自从2007年第一代苹果手机发布之后才大幅增加，尤其是在学生群体中。
- **应用程序商店**。智能手机，包括苹果手机、运行谷歌安卓系统的手机以及运行微软Windows系统的手机的用户们可以从应用商店中轻松下载数十万种免费或者极其便宜的应用程序。
- **价格便宜的电子阅读器**。像Kindle和Nook这样价格相对便宜的阅读器十分畅销。它们可以与在线商店相连接，人们可以通过它们轻松快捷地下载书籍。

除此之外，2006年之后，下列的基于网络的教育创新也被广泛传播、大量使用和深入讨论。

- **慕课**（Massive open online courses，MOOCs，也称大规模网络公开课）。慕课作为大学课程发布在互联网上，对每个人来说，都是开放的，旨在支持成千上万的学生学习。这种产品主要应用于Udacity、Coursera、edX、FutureLearn（英国的开放大学）这样的平台中。由于美国顶尖研究性大学的参与，慕课就逐渐成为正规课程。Coursera发布的课程由布朗大学、加州理工学院、普林斯顿大学、斯坦福大学和许多其他学校提供；edX发布的课程由麻省理工学院、哈佛大学等提供。在2014年，谷歌和edX创建了非营利慕课域名MOOC.org，任何一个大学都可以使用这一开放的资源平台。
- **学习管理系统**（Learning Management Systems，LMS）。学习管理系统现在被很多大学用于支持全日制学生的在校课程学习。学习管理系统
727 提供在线论坛，教师可以在网上发布阅读材料与作业，还能在网上反馈批改后的作业。市场上处于领先地位的学习管理系统是Blackboard平台，其他的还有Moodle和Sakai平台。新兴的学习管理系统如Piazza和Classroom Salon则通过与Facebook之类的网站合作，增加了更多的社交网络功能（Kaufer，Gunawardena，Tan，& Cheek，2011）。
- **翻转课堂**。可汗学院（Khan Academy）最开始由在You Tube网站上传的一系列教学视频组成，“翻转课堂”的理念正是由此开始的，学生可以在家看录好的课程，然后用课堂时间与同伴合作和实践，通过交互来学习。iTunes U提供麻省理工学院和斯坦福大学的完整课程。教师可以在iPad上用iTunes U课程管理器创建课程。
- **在线大学学位**。北卡罗来纳大学教堂山分校自2011年起开始提供在线工商管理硕士学位（MBA@UNC），这一创举获得了极大的成功。在2013年5月，佐治亚理工学院开创了第一个在线计算机科学硕士学位，其费用是传统在校学位学费的四分之一。

这些创新与当今的学校形成了鲜明的对比，当今学校的主要理念是在19世纪和20世纪期间形成的，其目的是为工业社会提供劳动力。这就意味着这些教育创新可能会比传统的学校更有效，传统学校采取的主要教学方法有时会被称为教授主义——教师将信息传递给被动学习的、聚精会神的学

生。本书在第一章中就说过，这种教授主义在帮助学习者获得 21 世纪所需的技能和知识方面，基本上是无效的。自百余年前现代学校成形至今，世界已经发生了巨大的变化。早在 20 世纪 70 年代，经济学家和其他社会科学家就开始意识到，世界经济正从工业经济转向知识经济（Bell，1973；Drucker，1993；Toffler，1980）。到了 20 世纪 90 年代，教育工作者已经意识到，如果社会不再是 20 世纪 20 年代的工厂经济，那么设计这种教授式的、一刀切的、只关注机械记忆和死记硬背的传统学校就是在为正在消失的世界做嫁衣（Bereiter，2002；Hargreaves，2003；Sawyer，2006）。在 21 世纪的前十年，世界正在逐步并持续进入创新时代，且这一迹象愈发明显。今天，人们普遍认为现在的企业和国家一样，都必须不断地创新，创造新知识，而不是满足于掌握已有知识。

在商业、政治和教育领域中的领军思想家们现已达成共识，我们必须重新设计学校和其他学习环境，以适应创新教育。2013 年 5 月，教育顾问迈克尔·巴伯（Michael Barber）、凯特琳·唐纳利（Katelyn Donnelly）和萨阿德·瑞兹维（Saad Rivzi）以典型的论调谈道："我们认为高等教育系统迫切需要和基础教育系统一样的、更深刻的、彻底的转变。"（Barber，Donnelly，& 728
Rivzi，2013，p.3）。这些争论已经不限于智库公司和政策圈子了，而是扩展到普通公众中。例如，2013 年 9 月 15 日出版的《纽约时报》（*The New York Times*）有这样一篇文章：《各级学校正在大力、全面地开展改革》（The All-Out, All-Ages Overhaul of School Is Happening Now）（*The New York Times*，2013）。

似乎每个人都认同 21 世纪的教育转型需要创新。但需要什么样的创新？创新的过程将会是什么样的？我们应怎样做出转变？大多数决策者和媒体报道倾向于两种教育创新。

1. *教育的市场模式的应用*。市场模式的倡导者认为，引入竞争和增加客户选择将推动创新。市场竞争的倡导者认为，今天的公立学校在提供教育方面具有垄断地位，就常理来讲，垄断会抑制有效性和创造性。因为公立学校有来自政府税收的收入保障，所以它们没有教育质量和成本竞争的压力。

2. *增加私立教育在教育方面的参与度*。许多有影响力的商业领袖都高调地公开发表言论，认为学校没有培养出适应 21 世纪经济发展的毕业生。发表过此类言论的首席执行官、公司和商业组织数不胜数，包括微软创始人、前首席执行官比尔·盖茨，IBM 的前首席执行官郭士纳（Gerstner，2008），洛克希德和英特尔（Chaker，2008），美国商会和美国制造商协会（Hagerty，2011），等。最近，美国最具影响力的两项教育改革已经加强了私立教育的参与：被 50 个州中的 45 个州通过的“共同核心标准”（Common Core Standards，早期由英特尔、保德信金融集团、巴特尔、和 IBM 的首席执行官和高级管理人员参与），以及“21 世纪技能运动”[the 21st-century skills movement；长期由 21 世纪技能伙伴协会（Partnership for 21st Century Skills）赞助，成立该协会的组织包括时代华纳-美国在线、苹果、思科、戴尔和微软]。许多成功的商业领袖也出资推动学校的市场化改革，包括比尔及梅琳达·盖茨基金会（Bill and Melinda Gates Foundation）、沃尔顿家族基金会（Walton Family Foundation）、埃利和艾德斯·布罗德基金会（Eli and Edythe Broad Foundation）、迈克尔和苏珊·戴尔基金会（Michael and Susan Dell Foundation）（Ravitch，2010）。

但到目前为止，这些潜在的教育创新驱动力并没有导致学校在学习科学方面做得更为扎实——并未落实本书某些章节中所建议的参与性教学、基于项目化的教学、建构主义、协作教学等教学法。大多数改革都造成了南辕
729 北辙的效果：把竞争和私立教育引入教育系统，带来了更过时的、老旧的教学形式——教授主义的激进版。举例来讲：成功的市场竞争需要一个量化指标来检测产品质量与市场成败，因此，美国对于学习结果的检测——著名的《不让一个孩子掉队》（No Child Left Behind，NCLB）法案——造成了“高风险”升学考试（high-stakes testing）。（大部分其他国家一直采用的都是高风险的国家级升学考试。）而且，最近美国专注的升学考试评估，已经在很大的程度上造成了教授主义教学法的复兴。（该结果与国际经验一致：在大部分采用升学考试制度的国家中，教授主义都是根深蒂固的。）再比如，慕课教学法“成了一种传输模式，该模式依赖视频课程、推荐阅读内容和分级评估”（Sharples et al.，2013，p.3）——正好与学习科学研究建议的相反。

这些年，使用技术“修复”学校的尝试造就了越来越多的技术怀疑论者（Collins & Halverson，2009）。例如，在 2010 年，计算机先驱和富有远见的艾伦·凯（Alan Kay）就讲过，最近 30 年学校中的技术尝试都以失败告终（Cult of Mac，2010）。2012 年，彼得·J. 斯托克斯（Peter J. Stokes）说：“整个慕课就是一种群体性癔症，人们只是把意大利面甩在墙上，看下粘在墙上

的是啥（像碰运气一样）。”（Carlson & Blumenstyk，2012，p.A4–A5）说这话的时候，他正任职美国东北大学专业研究学院承担高等教育创新项目的执行主任。美国政府还调查了 10 款有关代数、阅读和数学的大型软件产品，发现有 9 款对考试成绩没有显著影响（Gabriel & Richtel，2011）。

如果我们想成功地创建未来学校，教育创新和技术应用就必须以学习科学为基础。学习科学会为我们展示如何设计未来的学习环境——对创新时代需要的深层知识和适应性专长进行教学的学习环境。美国政府和知名国际机构都出资委托过综述学习科学研究的报告，最早的报告是颇具影响力的美国国家研究委员会出版的——《人们如何学习》（*How People Learn*；Bransford，Brown，& Cocking，2000）。自 2006 年该手册首次出版起，经合组织发表了许多此项研究的优秀综述，包括《创新学习环境》（*Innovative Learning Environments*，2013），《学习的本质：以研究启迪实践》（*The Nature of Learning*：*Using Research to Inspire Practice*，2010），以及《创新学习，学习创新》（*Innovating to Learn*，*Learning to Innovate*，2008）。

能够有效地根据学习科学重组自己学校的国家和地区将成为 21 世纪的领导者（OECD，2000，2004，2008，2010，2013）。学习科学领域提出的问题已经被国际教育技术协会的 28 个成员国认定为关键问题（Kozma，2003）。成员国的领导人一致认为，世界经济已经转变为一种以创新和知识为基础的经济，而教育的转变就是社会成功转变的基础。本书延续了上述报告所力推的 730
重要研究，包含的章节描述了如何设计未来的学习环境。如果你仔细阅读了这些章节，就会发现各式各样的未来学校已经成型——但是大体轮廓仍然模糊不清。在未来 10 到 20 年间，学习科学所面临的主要问题就是勾勒出未来学习越来越具体的轮廓。本章将首先提出对未来学校的愿景，然后讨论学习科学领域将面临的未解决的问题，以便这些研究发现被用来建立未来的学习环境。

校内与校外

学习科学具备很大潜力，它可以转变学校使得学生学习得更好、更深入、更适应知识经济社会的需求，在开放的、民主的社会中更积极地参与。本书的这些章节为应该如何设计学习环境提供了宝贵的研究基础。需要说明的是，这些章节中提到的是“学习环境”，而不是“学校”或“教室”。这是因为学习环境不但包括学校或教室，还包括许多非正式的学习环境，它们在历史上长期存在并将继续存在于正规教育之中。本书同时也介绍了新的可以替代教室的以计算机和互联网为基础的学习环境。真正的学习科学必须将所有对学习环境的理解结合起来，取其精华、去其糟粕，以构建未来学校。学习科学研究者们并不止步于在现在的学校中做出累加性的小改革，而是试图提出更值得我们深思的问题：当今的学校真的是知识社会应有的学校吗？

大多数学习科学的研究者都致力于改善学校，他们认为学校改革应该包含：与教师共同合作，致力于教师专业发展，以及将新的软件整合进课堂。设计性实验是学习科学研究者开发的新方法，允许我们在真实的教室中开展研究，并要求研究者与教师在课程开发、教师专业发展以及教学评价中倾力合作（Barab，本书第 8 章）。

但是学习科学的研究也会有更激进的一面，会提供一些方案淘汰我们今天所熟知的学校，让那些高大的教学楼变得像大萧条时期倒闭的工厂一样空无一人。两个学习科学最有影响力的领域的创始人，罗杰·尚克（Schank，1999）和西蒙·佩珀特（Papert，1980）认为，计算机技术带来的变革会是翻天覆地的，在其自身潜能被完全实现之前，我们今天所熟识的学校就得烟消云散了。前面所述的最新的技术发展似乎最终会使这一切成为可能。一切
731 都会改变：学校可能不再是每个人都去的实体场所，学生可以不受年龄或年级分组的限制而在任何时间、任何地点学习。在 2006 年版《剑桥学习科学手册》的结论中，我也做了同样的声明，那时候它看起来是激进的且令人震惊，时至今日的 2014 年，大家对这种观点已习以为常。我还提到过，2013 年 9 月《纽约时报》的封面报道的《各级学校正在大力、全面地开展改革》这篇文章的封面配图是一个废弃了的红砖校舍。2013 年 5 月，安迪·凯斯勒（Andy Kessler）在看到一项表明只有不到 8% 的高中毕业生为上大学做好了准备的研究之后，在《华尔街日报》（*The Wall Street Journal*）上为芝加哥公立学校描述了一个去学校化的未来：

> 我们为什么不直接开除所有的（芝加哥）教师，直接为 404151 名（芝加哥）学生购买 iPad 或安卓平板电脑呢？这只会花 1.61 亿美元的费用，这还不到教师工资的 10%。就算再给每一名学生软件费、家教费和 2000 美元的毕业奖金，总共加起来的费用仍然远不及教师工资。

你再怎么做都不可能比 7.9% 的大学准备水平差。（Kessler，2013）

截至 2013 年，美国已有 27 个州建立了虚拟的在线学校，31 个州加上华盛顿特区建立了全州范围的全日制在线学校。这些学校会和正规学校一样，按学生数量收到政府的经费（通常来讲这个数额会比招收普通在校学生的经费低一些）。2009—2010 学年，约有 181.64 万名美国学生参加了远程学习课程，全日制在线学校录取了大概 20 万名全日制学生（International Association for K-12 Online Learning，2013）。佛罗里达州在 2012 年成为美国第一个面向 K-12 基础教育阶段学生提供全日制和非全日制在线教育的州。

想象一下，整个国家都以在线家庭教育为基础，在社区建立小型学习小组，而所有的活动都通过高速网络软件组织。没有教科书，只有少许的讲座，我们所熟知的“课程”也不复存在。“教师”将作为独立的顾问，大部分时间在家工作，偶尔会在学习俱乐部与特定小组的学生会面。每次的会议在本质上是完全不同的，其取决于这些学生参与的基于项目的学习和自主学习的情况。事实上，每种类型的学习活动都可能有不同的学习专家参与。教育行业会变得多层次，专家教师与软件开发者合作开发课程同时担任学校的顾问，学习中心的教工是各式各样的合同工，他们的工作不再是备课或改作业，而是通过计算机或者实地收集数据来尽可能地辅助学生（Stallard & Cocker，2001）。

当一个教师要负责班额为 25 名学生的 6 个班级时，为学生提供个性化学习就是天方夜谭，教育软件却可以为每一位学生提供独特的学习体验。通 732
过使用学习分析技术，精心设计的软件可以感知每一个学习者独特的学习风格和发展水平，量身定制和呈现学习材料（Baker & Siemens，本书第 13 章）。自 2013 年起，个性化教育公司 Knewtons 的适应性学习课程已在基础教育和高等教育中施行（Selingo，2013，p.73–78；Webley，2013）。一些学生可能会花很长的时间去掌握一门课程，而另一些学生很快就能掌握，这是因为计算机会为每位学生按照他们自己的节奏提供知识信息。每个学生可以按照不同速度学习不同的学科。比如，学生可以同时学习我们现在认为是“五年级”的阅读课程和“三年级”的数学课程。这种情况在按年龄划分的班级里是不可能的，未来的学校可能不需要按照年龄分级，这样我们就不会限制天才学生，也不会抛下那些需要更多帮助的学生，更没有理由让学生按相同的进度来学习所有科目。当然，按年龄分级授课有利于青少年的社会化，为他们提供交朋友的机会，也便于同龄小组参加团队运动项目。如果学校不再按年级划分，那么一定也会有其他的机构出现去提供这些机会。

公立学校的保守派批判家认为，未来会出现一个开放的竞争市场体系，在这个体系里家长可以使用地方财政收入为孩子选择范围广泛的学习环境。举一个可能的假设，营利性的辅导中心［例如公文式教育中心（Kumon Learning Centers）］可以在工作日中提供三小时的集中式辅导环境，通过教师和个性化教育软件进行辅导，随后学生把自己的便携式电脑带回家来完成剩下的作业。因为每个辅导教师可以排出一天内两个三小时的工作，所以在不增加成本的前提下班级规模可以减半。同时，课程和软件的融合会使设计更协调，软件也将自动批改作业，未来的辅导教师有可能真的只在工作时间工作，不用像现在这样每天熬夜，花费大量的周末时间备课和批改。考虑到那些因为工作繁忙没时间整天陪孩子的家长，以盈利为目的的辅导学校可能会大量出现，每个机构提供的课程或软件包都有些许的差别。特级教师或者名师可以利用自己的名气创立他们自己的“小学校”，在平时上学期间带着 10 个或 20 个学生回教师家学习——他们中最优秀的名师会给现在的高端私立学校带来激烈的竞争，同时这些教师终于可以像律师、医生和高管这样的知识工作者一样拿到合理的报酬。在 2010 年，韩国最有名的英语教师赚了四百万美元（Ripley，2013，p.167–174）。

博物馆和公共图书馆在教育上将会发挥更大的作用。它们可能会收到各
733 种基金去支持他们加快转变为资源中心的步伐，甚至可能会收到政府基于税收的教育预算中的一部分。它们可以通过几种方法为学生学习服务，例如开发网络课程计划与教学计划供网络上分布各地的学生使用，然后通过重新设计建筑布局，为学校提供教学所需的实体学习环境。科学中心已经是该领域的领头羊了，它可以开发探究性课程并指导教师专业发展，艺术和历史博物馆不久也会紧跟这一步伐。

正规教育和继续教育的界限将会越来越模糊。高中毕业证书的重要性逐渐降低，因为在校学习从本质上来看越来越像在职学徒教育和成人远程教育。价格平易近人的平板电脑和手机允许人们在任何时间、任何地点进行学习。16 岁的年轻人可以在白天做兼职，在晚上上课，就像现在许多成人学生那样。许多类型的知识在工作环境中更加容易被学会，这种学习将会逐渐地转变为随时随地的学习。举例来讲，职场新人可以直接拿着平板电脑或智能手机上班，装上专门设计的软件来获得实习期所需的帮助。职业学校会受到很大的影响。新型便携式的学习方式将会让传统的学校教育模式陷入危机。

上面提到的这些场景都是假设，目前我们仍不清楚学校应该如何应对这些学习科学的新研究，以及计算机技术如何使这些新的学习环境成为现实。但是如果学校不以学习科学为基础进行重新设计，那么这么做的其他替代性学习环境就会逐渐吸引更多的学生，突出体现为特许学校（charter schools）、教育券（vouchers）和在线学习将得到进一步普及。学习专家艾伦·柯林斯（Allan Collins）和理查德·霍尔沃森（Richard Halverson）预测，学校变革会失败，替代性学习环境会出现并会渐渐占据主要地位（Collins & Halverson，2009）。即使学校没有面对来自特许学校和教育券的竞争，学习仍然会拓展到学校内外，比如图书馆、博物馆、课后兴趣班、在线虚拟学校、网络课程、模块化学习课程以及考证机构和家庭中。

学习的证据由什么构成？

大多数现代学校都采取了“学分模式”[也被称作卡内基单元（Carnegie Unit）]，采取了九月制的日程表。比如，在大学里，一门“课程”通常会每周上 3 个小时，在 1 间教室由 1 个教师授课 1 个学期。（在美国，9 个月的一学年会被分成 2 个学期，大概 15 周一个学期，叫作 semesters；或者被分成 3 个学期，每个学期 10 周，称作 quarters。）一个学生如果在课程结束时通过考 734
试，就能获得 3 个学分。一个学生的成绩单是他好好学习的证据，而成绩单由学期、学分等部分组成。小学和中学都采取了类似的模式。

许多教育革新都在挑战这种模式，尤其是在线远程教育。它们的倡导者问：为什么教与学的基础与实体校园环境和面对面的交流密切相关？归根到底，他们认为学分制是相当差的测量学习质量的方式。相反，他们提议用结业考试来直接测量学习结果。

学分制的替代方法有很多，最著名的一种，就是用成就（badges）来作为学习的基本单元。能力基础（competency based）和熟练程度（proficiency based）两个指标是同意授予等级和资格证书的重要参考，它们都取决于最终的评估表现，而不是在课堂的平时表现（Selingo，2013，p.112–116）。美国目前有 34 个州正在通过不同的方法实现能力教育（competency education）（Carnegie Foundation，2013）。基于网络的西部州长大学（The online Western Governor University）就不使用分数或学分，而是单纯地依靠评估指标判定成绩（Kamenetz，2010，p.101）。

第二种替代方法就是为大学设立一个“毕业考试”来代替在校记录

和平均绩点。举个有代表性的例子：美国在2013年实施的大学学业评估（Collegiate Learning Assessment，CLA）。世界上的很多国家，包括亚洲和欧洲的绝大部分国家，证明中学阶段学习效果的方法都是使用升学考试作为结业测评。这样学生的平时成绩也就不那么重要了。在美国，一个高中生的平时成绩仍然是十分重要的，而且所有读大学的学生都要参加考试公司提供的或者私立大学的入学考试，即我们熟知的美国大学入学考试ACT或学术能力评估测试SAT。

未来的挑战是，基于人们如何学习的最新研究，设计成就和其他评价指标，并以此准确体现21世纪技能——创造能力、协作能力和深层概念理解能力。评估的设计是研究中较为活跃的一部分（Pellegrino，本书第12章），也是在为不久的将来的重大发展做准备。

计算机和未来学校

学习科学研究者建立了基于科学原则的学习环境。正如本书中所介绍到的一样，细心设计的计算机软件会在这些学习环境中扮演关键角色。然而，学习科学研究者也指出，计算机将会改变学校这一观点已经被教育改革的提倡者说了50年——并且这些预测从来没有实现过。第一个高调的预测恐怕
735 要数20世纪50年代权威的行为主义专家斯金纳所宣称的“教学机器”将会使得教师“变得过时”（Skinner，1954/1968，p.22）。对基于计算机的学习方式的批判已经在1951年出现，记录在艾萨克·阿西莫夫（Isaac Asimov）的经典科幻短篇小说《他们的乐趣》（*The Fun They Had*）中，故事讲的是在未来，孩子会在家里被机器人教育。（这里的“乐趣”指的就是故事中虚构的过去儿童每天都要去学校的经历。）几十年过去，理论框架发生了巨大的变革。从建构主义的角度出发，西蒙·佩珀特在1980年出版的书《头脑风暴》（*Mindstorms*）中表示，给每一个孩子一台计算机，会让学生积极地建造自己的学习模式，会使教师的职责变得模糊不清：“如今我们所了解的学校在未来将不复存在。”（Papert，1980，p.9）行为主义和建构主义学家很少会认同彼此的理论，但是在计算机的力量会变革学校这一点上他们的观点却难得地一致。很可惜，斯金纳和佩珀特的预言都是错误的。2001年，拉里·库班（Larry Cuban）在他的书《卖得多用得少》（*Oversold and Underused*）中，对于计算机和互联网促进美国学校的发展的全面失败进行了详细记录。这段令人失望的历史给了技术空想家一个沉重的教训——他们至今认为互联网能改

变学校教育。那么学习科学研究者所设计的软件又会有哪些不同呢？

最根本的差异是学习科学研究者首先会在学习的科学中建立理论基础，他们设计软件的过程是有教师参与的，是基于人们如何学习的理念的。学习科学研究者不仅会与学校密切合作，同时也会与科学中心之类的非正式学习环境合作。基于设计的研究方法（Barab，本书第 8 章）对于研究实践如此重要的部分原因就在于，这种方法把计算机和程序嵌入到了一个复杂的、整合的课程中。学习科学研究者意识到，如果只是把计算机附加到现在的教室配备中，那么它将永远不会实现自身应有的作用，这就是为什么他们致力于设计完整的学习环境，而不像前几代教育软件设计师那样，只单纯地考虑计算机应用程序设计。

课程

在二年级的数学课上或者六年级的社会研究课上应该教什么？学习科学研究者已发现，一个成年的专家所认为的“简单”，对学习者来讲可能并非如此。最有效的学习的顺序也并不是这些专家所规定的从简单到复杂的顺序。儿童在学校学习的时候，会带着他们的朴素理论（naïve theory）和迷思概念。随着学校中的不断学习，他们开始经历一系列不同的认知发展阶段。而基于教授主义的教科书和课程设计是在学习科学研究者探究教育与认知发展的相关性之前就已经完成的。

在未来的 10 到 20 年里，基础教育中将会出现一批基于学习科学的新 736
课程。而主要的经费应该花在明确每个学科独特的、最有效的学习活动顺序与概念顺序上——这个顺序有时候也被称为“学习轨迹”或是“学习进程”（Daro，Mosher，& Corcoran，2011）。发展此类的新课程，将要求所有年级和所有学科的大量研究者们共同参与，找出学习资料最合理的排列以及最有效的学习活动，除此之外还应该以儿童认知能力发展的研究，以及儿童如何通过参与情境实践活动构建自己的深层知识的研究为基础。

与课程问题相关的另一个重要话题是知识的覆盖面，即学生在每个年龄阶段应该了解多少教学内容和多少学习主题。教授主义实践中，有关课程的讨论几乎完全是关于覆盖面的讨论，即每个年级应该学什么课程，学多少课程。但是对广度的关注其实是令人困惑的。根据国际数学与科学趋势研究（TIMSS）项目（该项目每隔 4 年就对 50 多个国家的学生在数学和科学上的成就进行比较研究），相较于其他国家，美国的科学和数学课程包含了更多的内容，但这不仅没有增强学生的能力，反而起了负面作用（Schmidt & McKnight，1997；Stigler & Hiebert，2009）。与其他国家相比，美国科学课程“广而不精”（Vogel，1996，p.335）。每个主题都被作为独立的单元来教，这就使得当学生开始学习下一个单元时，刚刚学到的新知识就会被忘记。TIMSS 项目研究报告的数据显示，使用更为集中、连贯、有深层联系的教材的国家，其学生在数学评估上的表现会全方面优于美国的儿童。这与当前学习科学研究结果相一致，即当学生学习深层次的知识时，他们的学习效果更好，因为深层次的学习促使他们运用正在学习的知识去思考和解决问题。

学习科学面临的一项近期任务就是确定每一门学科及每个年级的课程要包含的内容，然后设计一个综合的、连贯的、统一的课程来取代现有的教科书。学习科学研究可以对每个年级应该学会什么深层知识进行辨识。这些课程可能含有更少的单元和整体项目，这样时间就能够更多地花在每个项目中。这在政治上可能面临很大挑战，因为有些人会认为我们减少了课程中的教学内容，降低了对学生的要求或者说“低能化”了我们的学生。在美国，政客们和校董会经常表达对于教育的关心，他们的做法是增加课程中的教学内容，然后就进一步强化了“广而不精”的现象。要改变此类政治辩论的结果，需要一个整体范式上的变化，学习科学研究者在此可以贡献出中坚力量。

737

未来的教师

学习科学的重点在于学习和学习者，许多教育研究者也关注于教师与教学。关心教师与教学的读者也许会发现这些章节所描述的班级活动对教师构成了极大的挑战。那么我们要怎么才能够找到那么多称职的专业教师配备给学校呢？未来的教师将会是知识工作者，与律师、医生、工程师、经理和专家顾问类似的脑力劳动者。他们对于儿童如何学习的理论知识和最新前沿研究应有深刻的理解。他们应对专业的科学家、历史学家、数学家以及文学家的真实实践非常熟悉。他们必须享受与其他脑力劳动者一样的薪酬，否则这个职业将难以招聘能教深层知识的新教师。未来的班级里将会有更多的自主权、创造力和学科内容知识（Sawyer，2011）。

在国际上各种各样的学校里，出现了一系列的围绕教育技术的优秀的教育实践（Kozma，2003；Schofield & Davidson，2002）。传统的教授主义实践——基于知识传播与获取的教学方式——将会被取代，新的课堂会注重真实问题与情境化的问题解决活动。如果你观察这样的课堂，你将会看到教师为学生提供建议，创造学生活动的脚手架，并且监控学生的学习进程。你还会看到学生积极参与到项目之中，自己组织和引导自己的活动，与其他同学合作，有时遇到问题也会寻求教师的帮助。

未来的教师将是训练有素的专家，他们对于技术非常在行，对于学科知识及其教学方法有深刻的理解，而且能够通过教学即兴处理每个课堂中出现的不同情况（Sawyer，2004，2011）。他们将像公司中的经理，或者工作室中的老师傅一样引导学生团队，让学生完全具备知识社会所需的能力。

未来道路中的阻碍

想要准确预测未来的学习环境，目前还为时过早。但是目前我们可以确定三件事情：首先，学习环境必须进行转变，以满足现代知识型社会的需要；其次，学校作为一个复杂机构，已经被证明对改革有极大的阻抗性；最后，新兴技术会快速推动新型学习环境的兴起，对目前的学校系统提出挑战。从教授主义到未来学校的路将会是漫长且无法预测的，但是我们可以预测其中会出现的一些障碍。

学校与学习科学不兼容的问题 738

在一本有影响力的书中，学习专家艾伦·柯林斯和理查德·霍尔沃森指出了一些公立学校根深蒂固的特点，这些特点使公立学校无法做出学习科学研究所倡导的必要变革（Collins & Halverson，2009）。

统一化学习 vs 个性化学习。学校教育的初衷，是让每个学生在同一时间接受同等教育。课程的设置让每个学生在同一时间阅读同样的内容，最后，所有人都在同一天参加同一场考试。但是在未来学校，每一个学习者都会进行个性化学习。

教师是知识的权威 vs 多样化的知识来源。由学习科学研究者们所倡导的建构主义和基于项目的学习中，学生能够从网上、图书馆或业内人士的邮件交流中获得大量的资源，而教师将不再是课堂上唯一的专家。如今的学校仍建立在教师是全科型专家的概念基础上，教师的职务就是向学生传授他们的专长。

标准化评估 vs 个性化评估。当今的评估要求所有学生在同一时间学习同样的内容。标准化运动以及它所带来的升学考试都变得越来越标准化，同时，学习科学和技术也为每一个学生进行个性化学习提供了可能。结合了多样知识来源的个性化学习能够让学生通过不同的事情学习。学校仍然需要考核教学效果，但是我们目前还不知道应该如何完成个性化学习的考核评估。

需背诵的知识 vs 分布式知识。在现实世界里，人们通过高效率地利用书本、文件和技术来处理信息。在大多数的专业领域中，知识成果往往产生于团队或组织中，在这些地方，你可以每隔一段时间就与其他人进行一些互动交流。但是在如今的学校中，我们总是认为学生只有靠自己，不借助于任何外界的帮助，才算是了解了这项知识。今天的学校文化偏离了知识社会所需要的情境化知识。

单一途径与系统方法的连接

在第2章中，我和米切尔·J. 内森（Mitch J. Nathan）将学习科学研究分成因素研究与系统研究两大类。因素研究关注个体学习，而系统研究关注的是小组和班级。许多学习科学研究者强调小组学习的重要性，在某种程度上
739 是因为大多数的知识工作都在具有复杂组织的团队中产生。对于这些小组的分析往往要通过系统研究进行。但是，许多心理学家却一直将研究重点放在个体学习之中，并且假设所有知识都是个体知识。对于此类的个体认知过程的分析使用的是因素研究。在这些研究者眼中，学习科学的根基在于有关个体如何学习的科学，而社会情境位居其次——他们认为社会环境仅仅会对思维过程造成影响。然而许多学习科学研究者并不认同个体化论点，他们认为所有的知识在某些层面上都应是小组知识，因为知识通常是在社会和文化背景中被应用的（Rogoff，1998）。

学习科学面临的挑战之一，就是如何整合因素研究与系统研究产生的结果，进而产生教与学的“大一统理论”。对于如何实现这个目标，学习科学结合了多种不同层次的观点：从研究表征知识的心理结构的认知心理学观点，到认为情境化社会实践所对应的心智结构可能难以识别的社会文化学观点。大多数的学习科学研究者都参与到这场争论之中，他们认为想要充分了解学习必须要结合因素研究和系统研究。但是，对于应该把学习的重点放在哪里以及关注个体学习有多重要，学习科学研究者们仍有分歧。

个体学习永远是学校学习中的重要内容。对于一些知识来讲，个体在社会和协作环境中的收获往往比在孤立环境中的更大，但是学校仍会继续采用

个体评估方式来评估学生的表现。学习科学认为当今的评估方式从设计上就出现了偏差，部分原因在于他们将个体从有意义的情境中孤立了出来。新的评估应该包含对团队合作能力，对于多样化环境的掌控能力，或者是在复杂的、不断变化的环境中沟通的能力进行的评估。新的评估方式虽然会将个体放在小组中，但我们仍须从小组中梳理出个体学习的部分。

评估与学业能力测试

学习科学的终极目标是设计一种能提升学生学习效果的学习环境。学生的成功与否必须以对其学习的评估为指标。然而，学习科学认为现在许多标准化测试都是不合格的，因为它们只关注教授主义所强调的浅层知识，并未对知识型社会所要求的深层知识进行评估。标准化测试正如其名，评估的内容只是脱离情境的碎片化知识。例如，科学测试不会考评学习者之前的迷思概念是否真正被学习者抛弃（diSessa，本书第 5 章），也不会去评估学习者的 740
问题解决能力或探究能力（Krajcik & Shin，本书第 14 章）。只要还是采用此类方式去评估学生，学校就很难摆脱教授主义的模式。

学习科学面临的关键问题之一，是如何设计一种与当下知识型社会所需的深层知识相对应的评估方式（Pellegrino，本书第 12 章）。一些学习科学研究者正在开发这种评估方式。例如，莱勒和朔伊布勒（Lehrer & Schauble，2006）开发了一种基于模式的推理测试，这针对的就是课程中所强调的深层理解，也是传统标准化数学测试中找不到的部分。自然科学理念（Views of the Nature of Science，VNOS）问卷能够对科学实践的深层理解进行测评，而不只测评领域知识（Lederman，Adb-El-Khalick，Bell，& Schwartz，2002）。

在一个学习者天天使用软件、人人都配备个人电脑的环境中，存在一种评估的新可能——评估可以被内嵌到软件之中（Baker & Siemens，本书第 13 章；Pellegrino，本书第 12 章）。毕竟，学习科学研究证明，有效的教育软件必须能紧密追踪学生的发展。既然我们是一定要去记录学生的发展的，那么还不如提前一步直接将内容收集起来并提供给教师。新的学习科学软件正研究如何追踪学习过程中深层学习的痕迹。有些时候，我们能通过一些细小的线索，例如学习者的鼠标移动到哪儿、在哪儿点击来探究学生的学习，这为我们提供了在学习过程之中进行评估的可能性，而不用要求学生再做额外的多选测验（Gobert，Buckley，& Dede，2005）。

新的评估方式展现了学习科学研究的前沿。未来的主要方向就是继续这项工作，无论是在研究环境中还是政治舞台上，我们都需要继续努力——在与标准化测试的开发者和国家教育委员会共事的情况下，开发更广范畴的标准化测试。编制测试是非常复杂的工作，它需要经过效度和信度领域的检验。这就要求学习科学研究者们与心理测量学家和政策制定领域的专家合作。

新的方法论

随机将学生分成两组，安排一组在新的教育干预中学习，另一组在传统环境中学习，最后比较他们的学习成果的实验研究，一直是评价什么能促进学习的黄金方法。这种方法有时被称为随机对照实验（randomized controlled trial，RCT）。这一方法通常被用于医学中，以评估新药和治疗的有效性。不
741 少教育家和政治家近期也将这种医学研究模式用到教育研究中（Shavelson & Towne，2002）。但是医学研究并不仅仅使用随机对照实验，医学研究通常按照以下 5 个阶段进行。

临床前阶段：基础的科学研究。运用大量不同的方法论开展。

阶段 1：探讨可行性。怎样开展治疗？合适的量是多少？大量运用不同的方法论。

阶段 2：探讨初效果。效果如何？通常采用准实验的方法。

阶段 3：随机对照实验。随机对照实验是验证治疗有效性的唯一标准。

阶段 4：后续评估以及追踪研究。

学习科学目前还处于研究的临床前阶段和阶段 1，并正在努力向阶段 2 迈进。实验研究还不足以创设出未来学校，原因如下（Raudenbush，2005）。

1. 学习科学研究仍处于临床前阶段，还正在确定学校应具备的目标，即我们期待学生能够得到什么样的认知水平和社会性发展结果。仅凭实验方法论是无法帮助我们严谨地识别出我们需要学生去学习的知识的。

2. 实验方法论相对于临床前阶段和阶段 1 的方法论来讲是不成熟的，与此同时，学习科学研究者们在致力于开发未来的学习环境。在这些早期阶段，混合的方法和基于设计的实验的使用都更为合适。实施实验研究是非常昂贵的，并且在基于设计的研究的每一个迭代中都进行实验研究也不切实

际。当新课程有了合理的构想，通过系统的研究之后，实验方法论就可以准确地将其效果进行比较。

3. 实验方法论能够找出输入和产出的因果关系，但是并不能解释导致这层因果关系的缘由——学习中一步一步的过程，结果就是这些方法始终不能对如何改善课程以及促进学生学习提出具体而详细的建议。

典型的学习科学研究项目至少要在课堂之中开展一年，有时候需要一年或者更长的时间来设计新版软件和以学习者为中心的界面，然后还需要一年或者更久的时间对从课堂中采集的海量录像、访谈以及评估数据进行分析。许多学习科学研究者们为了分析这些大量的复杂数据开发了新的技术工具（Baker & Siemens，本书第 13 章），与此同时，有关数字视频的民族志工具也正在研发之中（Goldman，Zahn，& Derry，本书第 11 章）。

本书所收录的研究通常至少花了三年来完成——每个章节的研究结果都形成了诸多书籍、科学论文以及研究报告。这是复杂、困难和耗资巨大的工作，而且几乎不可能由一个研究者单独完成：大多数学习科学研究是由研究人员、软件开发人员、教师团队合作进行的，研究助理拿摄像机记录内容并将其转录成文本，学者对数据进行筛选，每个人使用不同的方法论，试图去了解学习的发生过程以及在下一个迭代时怎样去改善学习环境。正是由于学习科学研究需要大量人工的付出，所以它大多只会出现在少数符合条件的大学之中，这些学校往往具备足够的核心研究人员和研究生，也往往拥有美国国家科学基金会大额资助的合作性项目。美国国家科学基金会在 2003 年和 2005 年意识到了这些项目重要性，并构建了几个大型的学习科学中心予以支持。 742

要创造未来的学习环境，我们会需要更多的研究中心，政府也必须大幅增加其资金投入。幸运的是我们正迈出关键的第一步：提供大量博士培养项目培养新一代学者，让他们能够在高校任职并开始自己的研究项目。自 2006 年第 1 版《剑桥学习科学手册》出版以来，学习科学的研究生学位数量已经大幅增加；国际学习科学学会现在与 NAPLES 集团研究生学位培养项目合作，截至 2013 年 9 月已拥有 23 名成员。这些硕士生和博士生正在接受跨学科的课程培养，他们的学习内容包括了广泛的理论框架和研究方法论，并试图将学习的基础科学研究与实际问题联系起来，例如课堂组织、课程与软件设计、教师教育以及评估等等。

构建共同体

学习科学领域总的来说还是比较年轻的——这个名字在 1989 年才被人提出，且有关方面的研究最早也只能追溯到 1970 年。有一些参与学习科学研究的研究者虽然也在本领域中，但是会用其他名字来表述自己的研究：

- **教育技术学**和**教学系统设计**的大量研究者，通常以教学为目的开发计算机软件。这个共同体不仅包括大学的研究人员，也包括以营利为目的的软件公司，他们为公司和学校开发了一系列用于教育的技术。
- 大量的**认知心理学家**和**认知神经科学家**，主要研究大脑中有关学习的基础脑功能。
743 - 大量的**教育心理学家**，主要研究有关学习的一系列心理功能。此研究共同体的一个子共同体对于学习科学能产生尤其重要的影响，即关于评估的研究共同体，包括大学中的研究者和教育考试服务中心的工作人员（美国教育考试服务中心开发了美国大量广为传播的考试，比如美国学术能力评估测试 SAT、美国研究生入学考试 GRE）。

当今社会面临的任务是设计未来学校，这是一项艰巨的任务，将涉及许多不同的实践共同体。

教育创新之路

在未来的十到二十年中，所有知识型社会所面临的任务都是把学习科学研究成果转化到教育实践之中。关于学习科学最重要的发现，可能是我们发现在以教授主义为核心的教育系统周边修修补补是不可能造成任何明显改进的。那么，我们必须用基于学习科学的新学习环境取代整个教授主义教育系统，但要做到这一点，我们任重而道远：

- 我们必须让家长、政治家和学校董事会了解这次改革的必要性。该转变首先要求对计算机、软件、网络等基础设施进行投资，甚至可能包括一些尚未确定设计理念的新建筑。但是这些改革投资一旦到位，它们每年的运行成本便不会超过目前教科书和课程材料的支出。

- 我们必须要重编教科书（或将其重新编到笔记本电脑或平板电脑的电子教材包中），以学习科学倡导的发展性的合理顺序来呈现知识，并且以连贯的、整合的架构进行展示，而不是呈现现在这种脱离情境的、互不相关的事实片段。
- 我们要转向个性化、实时化的学习，这将会导致教学时间的彻底重构，并且会让目前学校的种种特征变得过时：学年可能不再以年龄作为划分标准，每天可能不再以课时为组成部分，标准化考试可能不再把大批学生集中到大会堂来开展，每个人高中毕业和大学入学的年龄可能不再这么一致。许多学校中目前已经固定的与教育不直接相关的社会因素也得做出相应改变，例如有组织的体育活动、课外活动以及仪式性的班级聚会。
- 学校和社会其他机构之间的关系也会改变，网络技术能让校内学习者与校外的成年专业人士进行互动，且课堂活动也会逐渐变得越来越真实，并且嵌入在现实生活的实践中。
- 我们要重构标准化测试，使其能够评估深层知识和表层知识，同时兼顾由于个性化学习造成的不同学习者可能会学习不同主题的问题。 744
- 教师教育计划必须为未来学校培训新型教师——这些教师应精通学科内容，了解有关人们如何学习的最新研究，还能够创造性地优化每位学生的学习。

目前对于学习的研究，正处于一个激动人心的年代。本书是由一大批致力于揭开学习奥秘的学者团队撰写的。这些学者自 20 世纪 70 年代以来就一直从事并发展学习科学——起初研究心理学、认知科学、社会学和其他传统学科；到了 20 世纪 80 年代和 90 年代，他们与教育工作者和学校开展了密切合作；自 20 世纪 90 年代以来，认知神经科学研究取得了长足的进展，由此也被纳入学习科学研究领域。由于这些学者本着跨学科精神一起相互合作，最终的结果会是对“人们如何学习”越来越具体的理解。一旦我们获得了这种理解，我们就必须调动整个社会的力量来完成学校改革的最后一步，这将包括家长、教师、创新者、企业家以及将教育托付于其的学校管理者和政治家。

参考文献

Barber, M., Donnelly, K., & Rivzi, S. (2013). *An avalanche is coming: Higher education and the revolution ahead*. London: Institute for Public Policy Research.

Bell, D. (1973). *The coming of the post-industrial society: A venture in social forecasting*. New York: Basic Books.

Bereiter, C. (2002). *Education and mind in the knowledge age*. Mahwah, NJ: Lawrence Erlbaum Associates.

Bransford, J. D., Brown, A. L., & Cocking, R. R. (Eds.) (2000). *How people learn: Brain, mind, experience, and school*. Washington, DC: National Academy Press.

Carlson, S., & Blumenstyk, G. (2012, December 21). The false promise of the education revolution. *The Chronicle of Higher Education*, A1, A4.

Carnegie Foundation. (2013). *50-State Scan of Course Credit Policies*. Stanford, CA: Carnegie Foundation for the Advancement of Teaching.

Chaker, A. M. (2008, March 6). High schools add classes scripted by corporations. *The Wall Street Journal,* pp. A1, A13.

Collins, A., & Halverson, R. (2009). *Rethinking education in the age of technology: The digital revolution and schooling in America*. New York: Teachers College Press.

745 Cuban, L. (2001). *Oversold and underused: Computers in the classroom*. Cambridge, MA: Harvard University Press.

Cult of Mac. (2010). Computers in schools are a failure, says computer pioneer Alan Kay. Retrieved September 17, 2013, from http://www.cultofmac.com/68757/ computers-in-schools-are-a-failure-apple-fellow-alan-kay/.

Daro, P., Mosher, F. A., & Corcoran, T. (2011). *Learning trajectories in mathematics: A foundation for standards, curriculum, assessment, and instruction*. Philadelphia, PA: Consortium for Policy Research in Education.

Drucker, P. F. (1993). *Post-capitalist society*. New York: HarperBusiness.

Gabriel, T., & Richtel, M. (2011, October 9). Inflating the software report card: School-technology companies ignore some results. *The New York Times*, pp. A1, A22.

Gerstner, L. V. (2008, December 1). Lessons from 40 years of education “reform”. *The Wall Street Journal*, pp. A23.

Gobert, J., Buckley, B. C., & Dede, C. J. (2005). Logging students’ learning with hypermodels in BioLogica and Dynamica. Paper presented at the American educational Research Association, Montreal, Canada.

Hagerty, J. R. (2011, June 6). Industry puts heat on schools to teach skills employers need. *The Wall Street Journal*.

Hargreaves, A. (2003). *Teaching in the knowledge society: Education in the age of insecurity*. New York: Teachers College Press.

International Association for K-12 Online Learning. (2013). *Fast facts about online learning*. Vienna, VA: International Association for K-12 Online Learning.

Kamenetz, A. (2010). *DIY U: Edupunks, edupreneurs, and the coming transformation of higher education*. White River Junction, VT: Chelsea Green.

Kaufer, D., Gunawardena, A., Tan, A., & Cheek, A. (2011). Bringing social media to the writing classroom: Classroom Salon. *Journal of Business and Technical Communication*, 25(3), 299–321.

Kessler, A. (2013, June 3). Professors are about to get an online education, *Wall Street Journal*.

Kozma, R. B. (Ed.) (2003). *Technology, innovation, and educational change: A global perspective*. Eugene, OR: International Society for Technology in Education.

Lederman, N. G., Adb-El-Khalick, F., Bell, R. L., & Schwartz, R. S. (2002). Views of Nature of Science Questionnaire (VNoS): Toward valid and meaningful assessment of learners' conceptions of nature of science. *Journal of Research in Science Teaching*, 39(6), 497–521.

Lehrer, R., & Schauble, L. (2006). Cultivating model-based reasoning in science education. In R. K. Sawyer (Ed.), *The Cambridge handbook of the learning sciences* (pp. 371–387). New York: Cambridge University Press.

OECD. (2000). *Knowledge management in the learning society*. Paris: OECD Publications.

OECD. (2004). *Innovation in the knowledge economy: Implications for education and learning*. Paris: OECD Publications.

OECD. (2008). *Innovating to learn, learning to innovate*. Paris: OECD Publications.

OECD. (2010). *The nature of learning: Using research to inspire practice*. Paris: OECD Publications. 746

OECD. (2013). *Innovative learning environments*. Paris: OECD Publications.

Papert, S. (1980). *Mindstorms: Children, computers, and powerful ideas*. New York: Basic Books.

Ravitch, D. (2010). *The death and life of the great American school system: How testing and choice are undermining education*. New York: Basic Books.

Raudenbush, S. W. (2005). Learning from attempts to improve schooling: The contribution of methodological diversity. *Educational Researcher*, 34(5), 25–31.

Ripley, A. (2013). *The smartest kids in the world and how they got that way*. New York: Simon & Schuster.

Rogoff, B. (1998). Cognition as a collaborative process. In D. Kuhn, & R. S. Siegler (Eds.), *Handbook of child psychology,, Volume 2: Cognition, perception, and language. Fifth Edition* (pp. 679–744). New York: Wiley.

Sawyer, R. K. (2004). Creative teaching: Collaborative discussion as disciplined improvisation. *Educational Researcher*, 33(2), 12–20.

Sawyer, R. K. (2006). Educating for innovation. *The International Journal of Thinking Skills and Creativity*, 1(1), 41–48.

Sawyer, R. K. (Ed.) (2011). *Structure and improvisation in creative teaching*. Cambridge: Cambridge University Press.

Schank, R. C. (1999). The disrespected student, or, the need for the virtual university: A talk with Roger Schank (interview with John Brockman, 8/16/1999), http://www.edge.org/3rd_culture/schank/schank_index.html, accessed August 1, 2005.

Schmidt, W. A., & McKnight, C. C. (1997). *A splintered vision: An investigation of U.S. science and mathematics education*. Dordrecht, The Netherlands: Kluwer Academic.

Schofield, J. W., & Davidson, A. L. (2002). *Bringing the Internet to school: Lessons from an urban district*. San Francisco, CA: Jossey-Bass.

Selingo, J. J. (2013). *College (un)bound: The future of higher education and what it means for students*. New York: Houghton Mifflin Harcourt.

Sharples, M., McAndrew, P., Weller, M., Ferguson, R., Fitzgerald, E., Hirst, T., & Gaved, M. (2013). *Innovating pedagogy 2013: Open University innovation report 2*. Milton Keynes, UK: The open University.

Shavelson, R. J., & Towne, L. (2002). *Scientific research in education*. Washington, DC: National Academy Press.

Skinner, B. F. (1954/1968). The science of learning and the art of teaching. In B. F. Skinner (Ed.), *The technology of teaching* (pp. 9–28). New York: Appleton-Century-Crofts. (Original work published in 1954 in the *Harvard Educational Review*, 24, (2), 86–97).

Stallard, C. K., & Cocker, J. S. (2001). *The promise of technology in schools: The next 20 years*. Lanham, MD: Scarecrow Press.

Stigler, J. W., & Hiebert, J. (2009). *The teaching gap: Best ideas from the world's teachers for improving education in the classroom*. New York: Free Press.

The New York Times. (2013). *The education issue: The all-out, all-ages overhaul of school is happening now*. New York: The New York Times.

Toffler, A. (1980). *The third wave*. New York: Morrow.

Vogel, G. (1996). Global review faults U.S. curricula. *Science*, 274(5286), 335.

Webley, K. (2013, June 17). A is for Adaptive. *TIME Magazine*, 40–45.

索　引

各词条后所列数码，为英文版原著页码，即本书边码。

译者后记

在21世纪最初的这20年里，学习科学的研究与实践呈现出了前所未有的迅猛发展，并涌现出了大量使人振奋的新成果，这与各国政府、学术机构、各级各类学校、教育企业、教师和学生甚至家长和普通市民对此寄予的极高期望以及高度关注这些领域对教育和教学改革的引领作用有关。本手册是索耶等人的第2版关于学习科学成果的汇集，而且，我们从索耶博士处得知，这些著者还在以初始的极大热情继续这种荟萃性的工作。

《剑桥学习科学手册（第2版）》延续了第1版的风格。著者索耶等人致力于研究真实情境中的学习，并希望利用这些知识来重新设计课堂和其他学习环境，使人们可以更加有效和深入地进行学习。因此，它还是一门有关学习实践的设计科学，主编索耶称之为学习的新科学。

2006年问世的第1版《剑桥学习科学手册》被公认对教学、学习以及教育技术的创新方法做出了权威性的介绍，而手册的第2版更凝聚了学习科学家们的集体智慧，为读者提供了该领域最新的研究成果，并就该领域普遍存在的问题提出了可行的建议。著者们一致认为，创新的教育系统应该采用最好的方式来精心编写教材、设计教育软件、培育优秀教师、组织课堂，并且借助互联网来促进学生学习，以创造包括课后俱乐部、图书馆、博物馆在内的高效校内外学习环境。

事实上，学习科学发展至今天，在世界范围内形成了三种不同的研究与实践取向：致力于“人脑如何工作”的脑与神经科学研究取向、关于“人们如何学习”的认知与行为研究取向及“教育应如何设计”的设计科学实践取向。

第一种取向中，学习科学家通过脑与神经科学的研究成果理解“人脑如何工作”，借此形成系统的理论，并介绍给教育实践者，教师们通过应用这些理论，开发更加有效的教学。

第二种取向将视野放置在更广泛的领域中，将来自认知科学、发展心理学、神经科学、人类学、医学、教育学等领域的关于“人们如何学习”的研究成果系统化，以更好地将学习科学领域的研究发现与实际课堂教学连接起来，促进这些成果转化为有效的教学。

上述两种取向逐渐形成了两大研究与实践共同体。一是以经济合作与发展组织（OECD）为主的学术团体，他们带领世界范围内的神经科学、认知科学、医学和教育学专家，将这些学科进行融合以形成一套新的话语体系。他们侧重研究学习行为的生理和心理机制，如“学习脑”与“教学脑”，并将其用于指导教育和教学实践。另一个是以美国教育研究协会 (American Educational Research Association, AERA) 为代表的学习科学研究共同体。上述两种取向的目标均是建立一个描述性、解释性及预测人类学习行为和发展的可靠模型与通用理论，并将其作为实践的指导理论。

《剑桥学习科学手册（第2版）》的著者们所选择的是第三种取向。他们从多学科的交叉点中重点关注学习和学习环境的设计，应用学习科学和新的计算机技术来设计有效的课堂内外的学习环境，它是一门将研究与实践整合起来的“设计科学”，专门为现场学习而设计。这一取向的目标更加务实，不是向教师传输研究的结果，再由教师根据自己的特殊情境开展教学，而是基于“人们如何学习”的最新研究成果提供“教育应如何设计”的知识。设计科学的目标与解释性科学的目标不同，它不是为了解释“世界为何这样运作”的，而是为了提供“事情该如何做”的解决方案。所以，立足于学校特定实践的研究和设计，是本手册最主要的特色和贡献。

本手册所研究的不是实验室里的学习，而是整个现实情境中的学习，因此它区别于传统的学习研究。

首先，研究主题、研究内容区别于早期的学习心理学和教育心理学研究。本手册不但研究基础问题，也研究应用问题。例如，许多认知发展学研究者都研究过儿童的世界观，以及儿童的世界观从学前时期到早期学校教育阶段是如何发展的。这些建立在学习科学研究基础之上得出的认知发展的基础知识对于学校改革是至关重要的。

其次，创设学习环境是本手册中研究的重要产物，但在创设学习环境问题上，学习科学主张，不仅仅要提供教学技术，还要重视开发学习的新材料。学习材料作为学习环境中的一个重要因素，常常被研究者所忽视。在我国，学习材料等同于教材的观念根深蒂固，然而教材只是对课程标准的演绎，是众多教学和学习材料中的一种并非全部。如何才能设计出使学生积极和持续参与的学习材料与学习活动将成为学习资源开发的主要方向，关于这一点，读者可以从第 1 版《剑桥学习科学手册》中佩珀特的著述中寻找到相关信息。

早期认知科学研究的一大贡献在于对知识工作者工作的周密研究。例如，人工智能的研究者们通过对专家的访谈和观察，希望能用计算机程序来复制这些专家知识。除此之外，尚克的人工智能教育应用还包括对分布式认知、脚本等的研究。同时，20 世纪 90 年代有关社会文化、情境认知、非正式学习、协作等的研究发现，除正规教育外，几乎所有的学习都发生在一个复杂的社会环境中，所以，学习科学的研究成果不局限于实验室研究的结果，更多涉及的是在真实情境中的学习研究结论。

其实，学习科学的理论基础与认知主义和行为主义完全不同，它是建立在建构主义基础之上的。这三种理论在指导教学设计时的原则上有很大差异。例如，学习科学的指导原则之一是"学习总是在原有的知识背景下发生的"。另外，索耶曾提及：到 20 世纪 60 年代，社会学家、心理学家和人类学家对"科学家们究竟是如何工作的"开展了研究，发现科学知识并不仅仅是对世界的表述及其逻辑操作，还包括科学研究的方法和深层知识的模型，这二者通过解释性原理联结成为一个整体性的概念框架。为此，学习科学指导下的教学设计应该包含在教师指导下学生动手开展实验的社会性互动过程，这也是 STEM 学科学习的重要组成部分。

此外，学习科学的目标也与众不同，它的目标之一就在于确认哪种实践是适合学生参与和学习的，以及怎样在不损失这种实践的专业性的前提下设计出适合学生年龄阶段的学习环境。因此，在教学或学习中，让学生重走学科专家的道路是学习科学家们达成的广泛共识。这一道路是真实科学实践的简化版本。一个典型的例子是美国斯蒂文斯理工学院开展的 STEM 教育。该学习活动的指导教师是该学院化工专业教授，她对接下来的项目学习的主题和领域具有专长。指导教师事先准备好了学生可能需要的知识、材料等，为学生准备的材料取材于日常生活，比如食盐、苏打、水等；同时，她了解学生的发展水平，知道学生可能需要哪些知识。学生动手制作，调制出各种不同的色彩，完美地将科学（化学）、工程、数学（每一种材料需要的量）、艺术结合了起来。在活动中学生运用知识进行设计和制作，根据集体反思和反复调试，调制出了颜色不同且更鲜艳的色彩，用知识解决了问题。如果将这类项目系列化，按照学生的认知发展阶段设计，并将知识、技能和情感态度嵌入其中，这一学习活动的设计就是学习科学所追求的。

值得注意的是，学习科学的志向同样与众不同，为实践而设计是它的主要志向，设计学习环境是它的主要方向。本手册的著者们认为，有效的学习环境能为学生积极的知识建构提供脚手架。例如，学习的外化（表达）能够支持学生有效建构自身知识。历史上，外化的作用最早由维果茨基发现，其后的相关理论如精致化学习理论、同伴互教、相互启发学习及小组合作学习等都证实了这一结论。

最后，本手册回答了为什么需要重新设计学校这一问题。实际上，在 19 世纪至 20 世纪学校的形成和发展中，学校的设计者和管理者、教师、学者、教育学家还不了解人是如何学习的，而延续至今的学校已经极不适应这一迅猛发展和复杂多变的知识经济时代。针对于此，本手册也给出了与众不同的利用计算机设计新学校的方法。

翻译国外著作是一项细致、考验人耐力的艰苦工作，本手册的译者们可以说是这一优秀品质的代表者。本手册的翻译十分辛苦，但与此同时也为我们的工作带来了快乐。我们在翻译中首先是该成果的学习者，其次，我们试图将这些理解和喜悦分享给广大的教育研究者、教师、学生、基础教育的校长、其他教育管理者及教育企业的经营者，这就是我们不辞辛苦翻译本书的初衷。这些译者是：徐晓东、杨刚、阮高峰、刘海华、傅龙、李散散、谢海燕、向娅、任英杰、韩守英、林书兵、乔世伟、宁艳、曹旺、李东方、杨倩倩、张湘、陈丽婷、李江莲、谭姣连、李王伟、谭聪、王丹丹、邵珠珊、赵莉、曹鑫。最后，我们还要感谢教育科学出版社的赵琼英、王瑞等人，她们反复地审阅着约 100 万字的书稿，这是一项非常艰巨的任务和辛苦的工作，需要极大的耐心。顺便补充一句，因为页数过多，从读者阅读习惯的角度考虑，我们把本手册分为上下两册，便于读者携带，我们期盼着读者能够在公交车、地铁及机场等非正式学习环境进行阅读，那将是一幅美好的图景。如果您在阅读时发现了错误，请及时地反馈给我们，以便我们能够做出修改，使其尽善尽美。

译者代表　徐晓东

2020 年 10 月于广州

出 版 人　李　东
责任编辑　赵琼英
版式设计　博祥图文　孙欢欢
责任校对　张晓雯
责任印制　叶小峰

图书在版编目（CIP）数据

剑桥学习科学手册：第2版 /（美）R. 基思 · 索耶（R. Keith Sawyer）主编；徐晓东等译. —北京：教育科学出版社，2021.5（2022.1重印）
书名原文：The Cambridge Handbook of the Learning Sciences (Second Edition)
ISBN 978-7-5191-2534-9

Ⅰ. ①剑…　Ⅱ. ①R…　②徐…　Ⅲ. ①学习方法—手册
Ⅳ. ①G791-62

中国版本图书馆 CIP 数据核字（2021）第 063352 号

北京市版权局著作权合同登记　图字：01-2018-1239 号

剑桥学习科学手册（第2版）
JIANQIAO XUEXI KEXUE SHOUCE (DI 2 BAN)

出版发行	教育科学出版社		
社　　址	北京 · 朝阳区安慧北里安园甲9号	**邮　　编**	100101
总编室电话	010-64981290	**编辑部电话**	010-64981280
出版部电话	010-64989487	**市场部电话**	010-64989009
传　　真	010-64891796	**网　　址**	http://www.esph.com.cn

经　　销	各地新华书店		
制　　作	北京博祥图文设计中心		
印　　刷	三河市兴达印务有限公司		
开　　本	720毫米×1020毫米　1/16	**版　　次**	2021年5月第1版
印　　张	55.5	**印　　次**	2022年1月第3次印刷
字　　数	920千	**定　　价**	165.00元（上下册）

This is a Translated edition of the following title published by Cambridge University Press:

The Cambridge Handbook of the Learning Sciences, 2E

ISBN: 9781107033252